Jens Priewe
# ITALIENS GROSSE WEINE

# ITALIENS GROSSE WEINE

JENS PRIEWE

BUSSE
SEEWALD

CIP-Kurztitelaufnahme der Deutschen Bibliothek

*Priewe, Jens:* Italiens große Weine / Jens Priewe. –
Herford : BusseSeewald, 1987.
ISBN 3-512-00733-3


Alle Rechte vorbehalten
Verlag Busse + Seewald GmbH, Herford 1987
Layout: Christel Langer, München
Gestaltung: Dagmar Aalden, München
Umschlagfoto: Jan Priewe, Darmstadt
Übersichtskarten: Helmut Rohrer, München
Kartographie: Bertram Müller/MBM Landkartentechnik,
München
Satz: Typoservice Urban GmbH, München
Druck: Busse Druck, Herford
Buchbinder: Gehring, Bielefeld

Printed in Germany
ISBN 3-512-00733-3

# INHALTSVERZEICHNIS

»In den letzten zwei Jahrzehnten hat sich der italienische Wein stärker verändert als in den drei Jahrtausenden davor.«

**PIERO ANTINORI** Toskanischer Weinmacher

»Italien ist eine Mutter großer Weine.«

**LUIGI VERONELLI** Italienischer Weinjournalist

»In Italien gibt es große und dennoch wenig bekannte Weine. Das hat dieses Land anderen Weinbaunationen voraus.«

**ANGELO GAJA** Piemontesischer Weinmacher

»Selbst nach drei Jahrtausenden Weinmachens weiß niemand genau, wie groß der italienische Wein sein kann.«

**BURTON ANDERSON** Amerikanischer Weinjournalist

# VORWORT

Dieses Buch ist nicht von Ehrgeiz getragen, jeden Wein Italiens erwähnen und würdigen zu wollen. Es selektiert und nimmt sich heraus, weiße Flecken auf der Landkarte zurückzulassen. Einige Leser wird das ärgern, andere freuen. Aber so ist das immer, wenn vom Wein die Rede ist.

Dieses Buch ist auch nicht mit roter Tinte geschrieben. Es spricht nicht einigen Weinen Größe zu, um sie anderen heimlich abzusprechen. Noch weniger gilt das für die Menschen, die diese Weine machen. Italien ist als Weinland prominent und alt genug, um ertragen zu können, daß es Unterschiede gibt zwischen seinen Weinen, auch qualitative.

Es ist ein überquellendes Weinland. »Oenotria« nannten es die alten Römer. Wein wächst schon hinter den Deichen der Piave und noch in der Vulkanasche der Mittelmeerinsel Pantelleria. Wein findet sich an den Südhängen des Montblanc-Massivs und am Fuße des Vesuvs. Wein schlingt sich um die knotigen Äste von Ulmen und Maulbeerbäumen in der Emilia und klettert an stumpfen, graffitibunten Hinterhofwänden Roms empor. Auf Sardinien wird er in der Ebene von Campidano wie in Plantagen angebaut. An der Steilküste der Cinqueterre hingegen trägt man die Erde oft noch in Körben zu den handtuchgroßen Parzellen hinauf, in denen die Reben wachsen. Über keinen dieser Weine wird hier berichtet, und dennoch muß klar sein, daß es die großen Weine nicht gäbe ohne den anachronistischen Fleiß der bäuerlichen Kleinwinzer, ohne die häufig belächelten Traditionen, ohne die historischen Fehler des Weinbaus, sicher auch nicht ohne die Technik, die die industriellen Massenerzeuger entwickelt und bereitgestellt haben.

*Herrschaftlicher Landsitz, Fluchtburg und Weingut bei Sesto Fiorentino*

»Italien ist eine Mutter großer Weine«, schwärmt Luigi Veronelli, der italienische Weinjournalist, Weinpoet und Weinphilosoph. Große Weine? Vielleicht hat er recht. Doch wo sind sie, und was ist es, das ihnen dieses hohe Prädikat eingetragen hat? Die persönliche Überzeugung derer, die sie gemacht haben? Nationaler Stolz? Der Vergleich mit dem Ausland? Das schnelle Lob eines Zeitungsschreibers? Sicher von allem ein wenig. Doch wenn es darum geht, die Größe des italienischen Weins nicht nur zu behaupten, sondern plausibel zu machen, sind die Schwierigkeiten beträchtlich. Es gibt keine offiziellen Klassifizierungen von Weinerzeugern, auf die man sich berufen könnte. Es gibt keine amtlichen Lagenklassifizierungen. Die Anbaugebiete, aus denen hochwertige Weine kommen, zählen nach Dutzenden, beschränken sich also nicht nur auf zwei oder drei Zonen. Dabei ist das Spektrum der Qualitäten oft enorm groß, von der Individualität der Weinmacher oder der Wechselhaftigkeit der Moden, denen sie teils berechnend, teils arglos hinterherlaufen, ganz zu schweigen. So bleibt nur, mit Burton Anderson zu seufzen, dem in Italien lebenden, amerikanischen Weinjournalisten und Buchautor: »Selbst nach drei Jahrtausenden Weinmachens weiß niemand genau, wie groß der italienische Wein sein kann.«

Wenn in diesem Buch dennoch von großen Weinen die Rede ist, so aus zwei Gründen. Erstens besitzen die italienischen Weine Eigenständigkeit. Dies betrifft sowohl ihren Charakter als auch die Sorten. Italien verfügt über ein eigenes Rebensortiment, das so hochwertige Gewächse wie die roten Nebbiolo, Barbera, Sangiovese, Aglianico oder die weißen Tocai, Ribolla und Cortese umfaßt. Wenn sich in den letzten Jahren und Jahrzehnten auch viele Winzer auf die französischen Erfolgsreben konzentriert haben, so deshalb, weil diese in Italien ebenfalls vorzügliche Weine ganz eigener Prägung hervorgebracht haben. Die Mehrzahl der italienischen Winzer, die mit diesen Reben arbeiten, will den Unterschied zu den gleichsortigen französischen Weinen. Aber sie will ihn in Art und Charakter, nicht in Klasse.

Zweitens ist in Italien mehr als je zuvor der Wille erkennbar, »Größe« nicht mehr nur in quantitativen, sondern in qualitativen Kategorien zu interpretieren. Angesichts der dramatischen Überproduktion an Tafelweinen in Europa und des sinkenden Pro-Kopf-Verbrauchs kann es, so ist vielen Betrieben klar geworden, in Zukunft nur noch ein qualitatives Wachstum geben. Diese Einsicht hat Folgen gehabt. Wohl in keinem anderen Land Europas erschienen in den letzten Jahren so viele neue, qualitativ hochstehende Weine auf dem Markt wie in Italien. Sie kamen vorwiegend aus kleinen, neugegründeten Privatbetrieben, aber auch aus großen Traditionskellereien. Selten war bei einer so breiten Schicht von Weinmachern so viel Ambition spürbar. Nie wurde so viel experimentiert und so viel in den Wein investiert. Zwar ist nicht alles, was im Zuge dieser Entwicklung entstand, ein großer Wein, doch konnte es nicht ausbleiben, daß sich auch Spitzenprodukte darunter befanden.

Die Weinszene in Italien ist also in Bewegung geraten. Neue Weine entstehen, alte erscheinen unter neuem Namen. Andere Traubenmischungen werden ausprobiert, Lagenweine tauchen auf, die Ausbaumethoden verändern sich. Die Kellerwirtschaft orientiert sich bei immer mehr Betrieben am Rational der modernen Önologie. Nicht alles, was da geschieht, ist noch überschaubar, vieles unvernünftig. Es wird auch nicht ausbleiben, daß der eine oder andere Spitzenwinzer von heute morgen wieder in die Mittelmäßigkeit zurückfällt. Aber für ihn werden andere aufsteigen, die heute noch im Verborgenen und ohne jede Publizität arbeiten, vielleicht in einem der weißen Flecken, die dieses Buch zurückgelassen hat.

Einer dieser weißen Flecken ist der Süden Italiens, ein Land, das, was den Wein angeht, in der Vergangenheit keine oder nur negative Schlagzeilen geliefert hat. Doch es gibt Anzeichen dafür, daß sich der Süden nicht mehr länger vom Norden abkoppeln lassen will. Das Potential war immer schon da, um große Weine zu erzeugen, und am Ehrgeiz mangelt es heute nicht mehr so auffällig wie früher. Die Zukunft des italienischen Weins wird daher den Süden stärker als bisher einschließen müssen, gerade im Zeichen neuer Weinbereitungstechniken und Ausbaumethoden.

*Bäuerliche Hofstelle aus der Zeit der Feudalherrschaft im Mugello*

Das ewige Problem aller Weinbau treibenden Nationen ist die Überwachung der Qualität ihrer Weine. Deutschland hat sich ein sehr differenziertes Weingesetz gegeben, das die Weine nach Qualitätsstufen zu ordnen versucht. Frankreichs *Appellation d'Origine Controllée* ist vor allem wegen ihrer strengen Mengenbeschränkungen berühmt. Italiens *Denominazione di Origine Controllata* wird demgegenüber oft belächelt. Einige halten seine Bestimmungen nicht für streng genug, andere für zu unflexibel. In Wirklichkeit ist die D.O.C. nicht schlechter als die anderen Weingesetze. Mögen die Hektarhöchsterträge zu großzügig bemessen, die Grenzen der Anbaugebiete zu weit gezogen und die Bestimmungen bezüglich der Zusammensetzung der Trauben, vor allem ihrer Herkunft, nicht immer in einer nur der Qualität dienlichen Weise formuliert sein, so ergeben sich daraus doch keine Probleme, die die anderen Weinbauländer nicht auch hätten. Die tatsächlichen Hektarerträge werden nämlich in Frankreich von Jahr zu Jahr neu festgelegt. Sie können den – optisch sehr niedrigen – gesetzlichen Basisertrag um bis zu 60 Prozent übersteigen und bewegen sich damit in Dimensionen, die für italienische Weine auch gelten. Was die Ausweitung der Anbaugebiete angeht, ist in Deutschland zweifellos sehr viel sorgloser verfahren worden als in Italien. Von der Möglichkeit des Weinverschnitts macht der Winzer bestimmter deutscher Gebiete ebenso gern Gebrauch wie der bestimmter italienischer Zonen. Die Aufbesserung des Weins mittels rektifiziertem Traubenmostkonzentrat oder Zucker erfreut sich wiederum in bestimmten Gegenden Frankreichs einer Beliebtheit, die mit Notwendigkeit nicht immer etwas zu tun hat und die Begeisterung bei weitem übersteigt, die italienische Weinmacher für diese Maßnahme zeigen.

*Eine Erkenntnis setzt sich durch: Statt Quantität nur noch qualitatives Wachstum*

Italien ist der größte Weinerzeuger der Welt. Seine durchschnittliche Jahresproduktion lag zuletzt bei etwa 77 Millionen Hektoliter. Damit haben sich die Mengen, die dieses Land hervorbringt, seit den fünfziger Jahren um rund 70 Prozent erhöht, ohne daß die Ertragsrebfläche nennenswert gestiegen ist. Der Anstieg hat vor allem mit der Umstellung auf Monokulturen und der Intensivierung der Anbaumethoden zu tun. Gezielte Klonenselektion der Reben, zunehmende Düngung im Weinberg und die Entwicklung neuer Erziehungsformen haben die Erträge in die Höhe schnellen lassen. Der chemische Pflanzenschutz hat zugleich das Risiko von Ertragsausfällen gemindert. Hinzu kommt, daß auch die Methoden der Weinbereitung technisch verbessert wurden. Vor allem die Mostausbeute bei der Kelterung ist größer geworden. All das hat die Qualität des Weins nicht verbessert. Im Gegenteil. Ein erheblicher Teil der heutigen Weinproduktion ist nicht vermarktungsfähig. Er geht regelmäßig in den Destillen der Europäischen Gemeinschaft, damit der Markt entlastet wird. Knapp 30 Prozent beträgt dieser Anteil. Damit bewegt sich allein der Überschuß

Italiens in einer Größenordnung, die der der gesamten Weinproduktion Spaniens im Jahre 1983 entspricht.

Der immer wieder aufflackernde »Weinkrieg« mit Frankreich wirft ein bezeichnendes Licht darauf, welch dramatische Formen die Überproduktion an Tafelwein angenommen hat. Die Entwicklung ist alarmierend. Italien reagiert auf diese Situation mit der Ausweitung der Qualitätswein-Produktion. Die Zahl seiner D.O.C.-Zonen wächst ständig. Mengenbeschränkungen bei der Traubenproduktion werden damit wirksam. Trotzdem ist der Anteil der D.O.C.-Weine an der Gesamtproduktion immer noch gering. Er liegt bei gut 12 Prozent. Die französischen A.O.C.-Weine haben einen Anteil von 20 Prozent.

Politisch betrachtet mag diese Entwicklung ein Erfolg sein. Der Weinfreund kommt dennoch um die Erkenntnis nicht herum, daß viele Qualitätsweine nur so heißen, aber keine sind. Mindestens ebenso wichtig, wenn nicht wichtiger, sind die Appelle der Öffentlichkeit, Qualität statt Quantität zu produzieren und sich dabei nicht an gesetzlichen Normen, sondern an selbstgesetzten Standards zu orientieren. Luigi Veronelli, der Weinjournalist, hat bereits in den sechziger Jahren unermüdlich für die Anhebung und Individualisierung der Qualität geworben. In seinen Kolumnen in *Panorama* und im *Espresso*, in *Epoca* und in *Capital* hat der ehemalige Universitätsassistent mit den sozialistisch-anarchistischen Neigungen eine Art publizistischer Gegenkultur geschaffen, in der er dem hochklassigen Wein und dem originären Produkt das Wort redete. Mit seinem jährlich herausgegebenen *Catalogo Bolaffi*, der Bewertungen der wichtigsten italienischen Weine enthält, hat er viele Weinmacher seines Landes zu mehr Ehrgeiz und größeren Mengenbeschränkungen herausgefordert, als die staatlichen Verordnungen über die Produktion von

*Luigi Veronelli, Weinjournalist, Weinpoet, Weinphilosoph und Verfechter der Qualität*

Qualitätswein es je vermochten. Mag sein Urteil persönlich sein – das Bild, das er von der Elite des italienischen Weins zeichnet, ist zweifellos aktueller und weniger schief als das Bild, das die offizielle Bordeaux-Klassifikation von 1855 für die Weine des Médoc entwirft. Qualität ist, besonders beim Wein, keine Selbstverständlichkeit. Ebensowenig wie sie einfach unterstellt werden darf, können die Weingesetze sie garantieren. Das gilt auch für die »garantierte und kontrollierte Ursprungsbezeichnung«, die Italien eingeführt hat (D.O.C.G.). Eine Garantie für die Qualität kann, wenn überhaupt, nur der Hersteller sein, nicht aber das Urteil einer staatlich eingesetzten Verkostungskommission. Ob ein Wein als Qualitäts- oder Tafelwein auf den Markt kommt, ist angesichts dessen nur eine Etikettenfrage.

# FRIAUL – JULISCH VENETIEN

Flächenmäßig gehören das Friaul und das Julische Venetien (der Teil von Triest bis Gorizia) zu den kleinen Regionen Italiens, bieten aber eine große Vielzahl von Landschaften und Bodenformationen. In den küstennahen Regionen finden sich schwere, fette Böden, auf denen vor allem Mais und Getreide angebaut werden. Das Gelände zwischen den Ufern der Flüsse Tagliamento und Livenza, die das Friaul durchschneiden, besteht dagegen aus leichten, sandigen Böden, die nach Norden, zu den Alpen hin steiniger, nach Süden, zur Küste hin fruchtbarer werden. Hier dominieren Obstkulturen, dort Ackerbau. Beides wird begünstigt durch das warme mediterrane Klima. Eingefaßt wird das flache Land durch die Julischen und Karnischen Alpen, deren Gletscher und schneebedeckte Gipfel bei klarem Herbstwetter bis weit in die Ebene hineinleuchten. Zwischen dem montanen und mediterranen Einflußbereich liegt ein schmaler Gürtel Hügelland, eine typische Endmoränenlandschaft mit felsigem Untergrund, tiefen Einbuchtungen durch die Flußtäler, einer vielerorts wilden Busch- und Strauchvegetation, die eine ertragreiche Landwirtschaft sehr erschweren.

Wein wird, mit Ausnahme des Gebirges, an allen Stellen des Friaul angebaut, wenn auch nicht überall mit gleichem Erfolg. Im flachen Land von Aquileia, Latisana und Isonzo sind die Erträge hoch und die Rebanlagen leicht zu bearbeiten, die Weine hingegen weniger körperreich und rassig. Im hügeligen Gelände der Colli Orientali und des Collio Goriziano, wo die Erträge knapper, die Anlage und Bearbeitung der Weinberge aufwendiger sind, besitzen die Weine mehr Exquise. Die Hochgewächse des Friaul wachsen vor allem dort.

Gleichwohl scheinen die ersten Weine, die das Land hervorgebracht hat, in der Ebene gewachsen zu sein. In der sumpfigen, tiefbödigen Zone hinter der Küste wurden Weinkerne im Schlamm von Pfahlbauten gefunden, die aus der Bronzezeit stammen. Die ersten Zeugnisse eines geordneten Weinbaus datieren allerdings erst aus der Zeit um das Jahr 181 vor Christus, als die Stadt Aquileia gegründet wurde. Damals wurde das gesamte Flachland Norditaliens an die verdienten Krieger Roms aufgeteilt. Die Landvergabe erfolgte nach einem streng geometrischen System. Von einem topografischen Kreuz aus, dessen Achsen der »Decumanus Maximus« und der »Kardo Maximus« genannt, und die nicht selten durch Wege oder Kanäle, die man anlegte, bezeichnet wurden, unterteilten die Landvermesser den Boden in gleichmäßige »Centurien«. Von diesen erhielt jeder Legionär ein »Iugerum«, was etwa dem Viertel eines Hektars entsprach. Dort konnte er Getreide anbauen oder Reben pflanzen.

## COLLIO

*In den Weinbergen von San Floriano säumen seit Jahrhunderten Pfirsich- und Kirschbäume die Rebzeilen. Die Grenze nach Jugoslawien läuft quer durch diesen Landschaftsgarten. Auf den humusarmen Mergel- und Sandsteinböden des Hügellandes wachsen die vollsten und zartesten Weine des Friaul.*

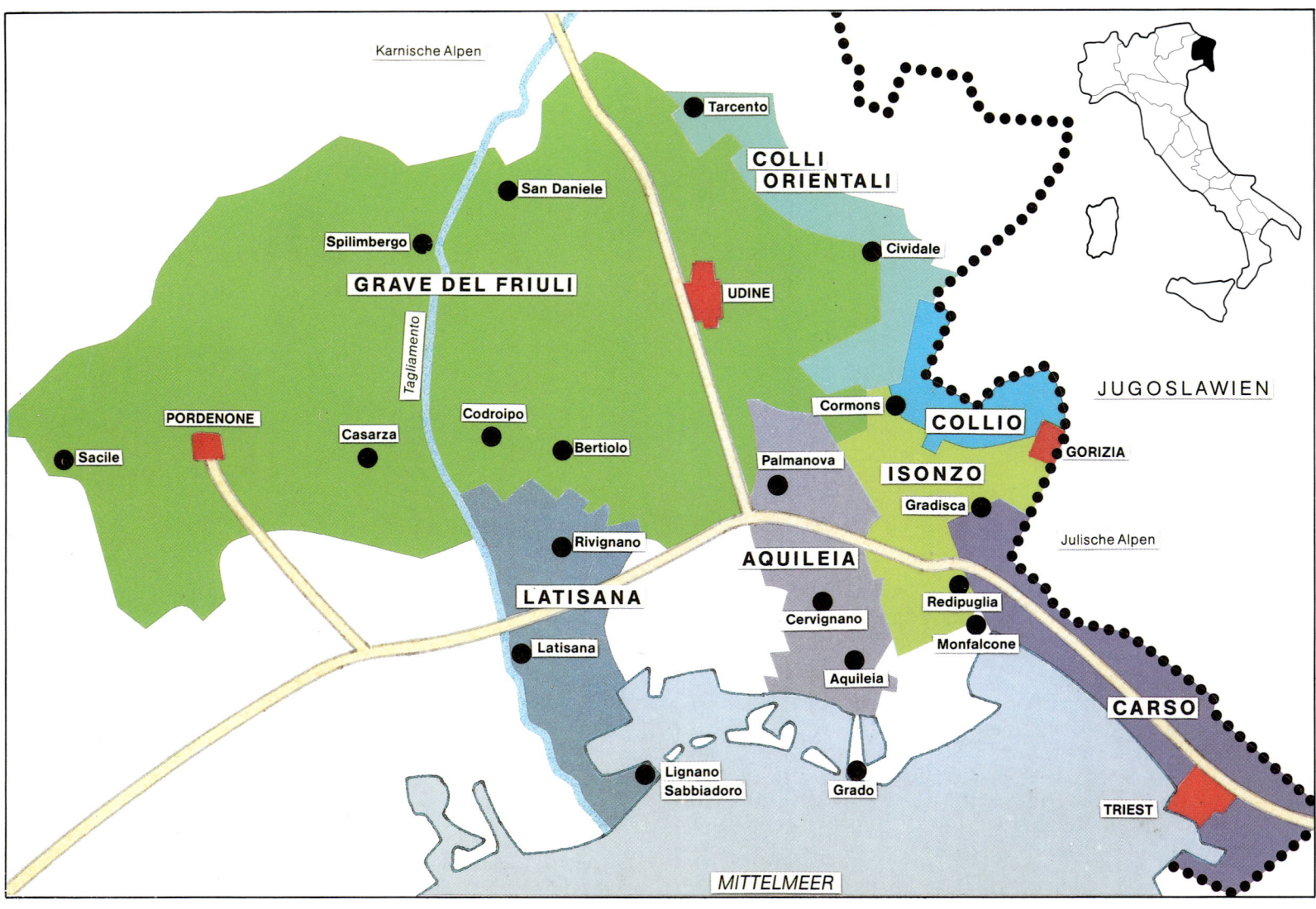

DIE SIEBEN ANBAUZONEN DES FRIAUL

Wie durch Vergil überliefert ist, trugen die Soldaten deshalb stets einen Rebschößling in ihrem Brotsack, den sie einpflanzten, wo immer sie auf eine Ulme oder einen Maulbeerbaum trafen. An ihnen konnte sich die Rebe emporranken. Über die Feinheit des Weins wurde damals wenig gestritten. Wichtig war nur der Alkohol, der sich durch die Gärung bildete, und die Menge der Trauben, die eine Rebe trug. Der Wein mußte für die aus der Armee entlassenen Soldaten nämlich den Sold ersetzen.

Nach der Spaltung des Römischen Reiches und dem Sturm der Langobarden aus dem Norden ins heutige Italien wurde das mühsam kultivierte Land zerstört und verwilderte. Als die Benediktinermönche den Boden im Spätmittelalter wieder unter den Pflug nahmen, war es teilweise von dichten Wäldern bedeckt. Nach der erneuten Urbarmachung begann man abermals Reben anzubauen, diesmal aber nicht nur in den Sümpfen von Aquileia, sondern auch in der schmalen Hügelzone des Hinterlands.

Die ältesten Zeugnisse der Existenz von Weinbergen in diesem besonders begünstigten Landstrich stammen aus dem 12. und 13. Jahrhundert. Das neue Weltbild, das die Renaissance entwarf, forderte eine genaue Beobachtung aller Vorgänge in der Natur, was in der Folge zu einer erheblichen Vermehrung der landwirtschaftlichen Kenntnisse führte, somit auch des Rebanbaus und der Weinbereitung. Der Wein wurde haltbarer gemacht und eignete sich dadurch mehr und mehr zum Tauschgegenstand.

Trotz mehrerer Reblauskatastrophen und zweier Weltkriege, die das Land samt Weinbergen schwer verwüsteten, hat die Weinwirtschaft des Friaul nie an Bedeutung verloren. Freilich bestand seine Bedeutung bis vor wenigen Jahrzehnten noch fast ausschließlich darin, lokale Märkte zu bedienen. Ein übergreifender Handel fand nicht statt. Der große Durchbruch gelang erst in den 60er Jahren dieses Jahrhunderts, als die moderne Önologie in den bäuerlichen Kellereibetrieben Tritt faßte und es gelang, den Weinen jene Feinheit zu geben, die die Gewächse anderer Regionen und Länder so begehrt macht. Heute zählen die Friauler Weißweine zu den ganz wenigen Spitzengewächsen, die Italien auf diesem Sektor hervorgebracht hat.

# DIE KLIMATISCHEN VERHÄLTNISSE IM FRIAUL

Das Friaul zählt zu den regenreichsten Landstrichen Italiens. Besonders in den alpennahen Anbaugebieten, dem Collio, den Colli Orientali und dem nördlichen Teil des Grave, fallen Niederschläge, die über der 1500-Millimeter-Marke liegen, nicht selten an die 2000 Millimeter heranreichen. Damit sind sie mindestens dreimal so hoch wie im Rheingau. Gleichwohl liegt die durchschnittliche Jahrestemperatur (zwischen 11,3 und 13,4 Grad Celsius) deutlich über den entsprechenden Werten dieses regenreichen deutschen Anbaugebiets (9,9 Grad Celsius). Der meiste Regen fällt im Friaul frei-

14

lich außerhalb beziehungsweise zu Beginn der Vegetationsperiode, so daß er dem Wachstum der Reben nicht abträglich, sondern sogar nützlich ist. Im Juni, Juli, August und September herrschen dagegen oft hohe Temperaturen, die die Trauben schnell reifen lassen und, zumindest bei einigen Sorten, eine frühe Lese ermöglichen. Im Grave, wo die Böden im Bereich des ehemaligen Tagliamento-Gletschers extrem steinig sind, müssen die Rebanlagen in dieser Zeit sogar regelmäßig beregnet werden. Seine klimatische Eignung für den Weinbau erfährt das Friaul jedoch in erster Linie durch die Julischen Alpen in Jugoslawien und die Karnischen Alpen an der Grenze zu Österreich hin. Sie schirmen das Land wie ein Kordon vor kalten Winden aus dem Norden ab. Spätfröste, die die Rebenblüte zerstören könnten, treten selten auf.

# DIE ÖNOLOGIE DES FRIAUL

Die Weinwissenschaft des Friaul ist noch jung. Die Erkenntnisse der modernen Önologie drangen erst Anfang der sechziger Jahre in die Keller der Winzerbetriebe ein. Bis dahin wurde der Wein aus Mischsätzen gemacht, die so beschaffen waren, wie der Weinbauer die verschiedenen Rebsorten im Weinberg verteilt hatte. Die einzigen technischen Gegenstände, die im Keller zu finden waren, bestanden aus Presse und einem Holzfaß.

Als erstes begann man die Holzfässer abzuschaffen, in denen der Most von alters her vergoren wurde. Man ging dazu über, große Zementbottiche zu mauern, in denen der Weißwein seinen natürlichen Geschmack behielt und keinen Faßton annehmen konnte. Man lernte, die Moste vor der Gärung penibel zu säubern und von unerwünschten Enzymen zu reinigen. Man benutzte die Technik der temperaturgesteuerten Gärführung, damit die Fermentation langsam einsetzte und die Düfte und Aromen, die der Most enthält, so weit wie möglich erhalten bleiben. Zudem ging man dazu über, den Wein reduktiv, das heißt unter Sauerstoffabschluß, zu keltern beziehungsweise auszubauen. Und man verzichtete auf die gemischten Sätze. All das hat dazu geführt, daß die Weine bouquetreicher, fruchtiger, frischer wurden: Tugenden, denen der Weißwein des Friaul jetzt zu entsprechen hatte. Freilich wurde er – trotz der Sortenvielfalt – so auch häufig uniformer, und wenn die Frische verflogen war, blieb von manchem nicht mehr als ein müder Tropfen übrig. Erst in den letzten Jahren besannen sich einige Winzer wieder auf Attribute wie Reife und Substanz. Ihre Weine sollen nicht jung getrunken werden. Sie haben Struktur, sind entwicklungsfähig. Für sie wurde auch das Holzfaß zum Ausbau wiederentdeckt.

In den Sechzigern waren es zwei Betriebe, die den Anstoß für die Neuentwicklung der Weinwirtschaft im Friaul gaben: *Angoris* und *Rocca Bernarda*. Sie waren die ersten, die ihre Keller mit moderner Technik ausstatteten, wie sie gerade für die Weißweinbereitung unerläßlich ist. Das Gut *Angoris*, südlich von Cormons im flachen Isonzo-Gebiet gelegen, hat sich auf Rinderhaltung und Rebbau spezialisiert. Ein Teil der Reben wächst in der Isonzo-Ebene, ein anderer in der Hügelzone der Colli Orientali. Der Betrieb, mit rund tausend Hektar Land eines der größten Güter im Friaul, ist das Geschenk des Habsburger Königs Ferdinand III. an den Baron Locatello Locatelli für dessen Verdienste im Dreißigjährigen Krieg. Seine Besitzer waren in den nachfolgenden Jahrhunderten stets kapitalkräftig genug, um den technischen Fortschritt in der Land- und Kellerwirtschaft zu nutzen.

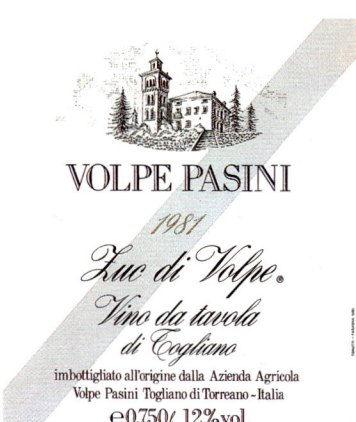

## VOLPE PASINI, TOGLIANO

*Es gibt nur wenige Betriebe im Friaul, deren Weine so wenig kontrovers beurteilt werden wie die von Volpe Pasini. Sie demonstrieren mustergültig, welche Möglichkeiten der Weinbau im Hügelland hat, wenn gewissenhaft gearbeitet wird und gute Lagen vorhanden sind. Beides trifft auf Volpe Pasini in hohem Maße zu. Das mittelgroße Privatgut, direkt in Togliano an der Straße von Nimis nach Cividale gelegen, verfügt über 30 Hektar Reben. Der größte Teil wächst an sehr mageren »poncé«-Böden direkt um den Ort, ein kleinerer Teil bei Prepotto an der Grenze zum Collio. Auffallend viele Reben sind schon über 30 Jahre alt. Die Picolit-Stöcke gehören sogar zu den ältesten im ganzen Friaul. Die Verantwortung für den Wein hat seit 1980 der junge Gianni Crosato. Er hat seine Sporen bei Mario Schioppetto verdient und Volpe Pasini in die erste Reihe der Weinmacher des Friaul geführt. Er ist nicht nur ein engagierter Kellermeister, sondern ein ehrgeiziger Önologe, ständig auf der Suche nach Verbesserung, nach Vertiefung seines Wissens. Die Weine, die unter seiner Regie entstehen, sind reintönig, gradlinig, zeigen sauber herausgearbeitete Sortenunterschiede. Sie verbinden, mehr als andere, Kraft und Eleganz, Fülle und Feinheit. Rund ein Dutzend D.O.C.-Weine werden erzeugt. Die besten sind am grauen Diagonalstrich mit dem Etikett erkennbar: Auslesen, die von der besten Lage des Besitzes kommen, »il Zuc« genannt. Von den gleichsortigen Standardweinen unterscheiden sie sich aber nicht nur durch ihre Herkunft. Sie werden nach der Methode der »criomacerzione« bereitet: also eine kurze Zeit lang auf den Schalen vergoren. Ein bestimmtes System der Vinifikation ermöglicht es zudem, fast ohne Schwefel auszukommen. Herausragend ist fast jedes Jahr der Tocai, aber auch Pinot Bianco und Sauvignon bringen gewöhnlich erstklassige Qualitäten. Daneben macht Crosato zwei »barrique« Weine: den Le Roverelle, der aus einem Mischsatz verschiedener weißer Sorten gekeltert wird, und den Le Marne, der aus Cabernet Sauvignon und Merlot zusammengestellt wird. Inhaber des Gutes ist Giampaolo Volpe Pasini, der aus einer alten venezianischen Händlerfamilie stammt und die Weinproduktion zusammen mit seiner Frau Claudia (und den Söhnen Antonio, Diego sowie der Tochter Lucila) kenntnisreich und kritisch verfolgt. Gesamtproduktion: 200 000 Flaschen.*

## RONCHI DI CIALLA, CIALLA DI PREPOTTO

*Dina und Paolo Rapuzzi, die das Weingut Ronchi di Cialla betreiben, sind Außenseiter unter den Weinmachern der Colli Orientali. So bauen sie nur alte, autochthone Rebsorten an: Verduzzo Giallo und Picolit, aus denen sie mild-süße, etwa fünf Gramm Restzucker aufweisende Dessertweine machen, sowie die roten Schioppettino und Refosco dal peduncolo rosso. Überdies waren sie die ersten im Friaul, die ihre Weine in »barriques« ausbauten, und sie sind bis heute diejenigen Weinmacher geblieben, die sich mit den geringsten Hektarerträgen zufriedengeben: 25 bis 28 Hektoliter. Ihre Weine besitzen eine so unnachahmliche Fülle und Feinheit, daß es den kalifornischen Meister-Önologen André Tchelitcheff bei einem Besuch auf dem Weingut zu der keinesfalls nur höflich gemeinten Bemerkung hinriß: »Ich hätte nie geglaubt, im Friaul solche Weine zu finden.« Das 200 Meter hoch gelegene Cialla ist eine von der Gunst eines besonders warmen Mikroklimas verwöhnte Kleinlage. Doch die ungewöhnliche Qualität der Weine resultiert aus dem Zusammenspiel von natürlichen Faktoren und elaborierter Kellertechnik. Paolo Rapuzzi, ein ehemaliger Olivetti-Ingenieur aus Mailand, Autodidakt der Önologie, hat ein raffiniertes System des Faßausbaus entwickelt. Schioppettino und Refosco bleiben drei Jahre im Keller. 20 Prozent des Weins werden in neuen »barriques« aus slavonischer Eiche ausgebaut, und zwar in der Regel 15 Monate. 10 Prozent kommen in ein Jahr alte, weitere 10 Prozent in noch ältere »barriques«. Der Rest des Weins bleibt im Stahltank. Er wird häufig umgezogen, wobei die Hülsen lange im Faß bleiben. Erst vor der Flaschenabfüllung werden die Partien verschnitten. Der Verduzzo bleibt sechs bis acht Monate in kleinen Eichenholzgebinden. Der Picolit schließlich, der wenig natürliches Tannin aufweist, geht nur zwei Monate in »barriques«. Die Rapuzzis, ökologisch arbeitende Winzer, benutzen auch im Keller so wenig Technik wie möglich. Ihre Produktion umfaßt etwa 20000 Flaschen. Die Preise sind dem Aufwand entsprechend hoch.*

*Rocca Bernarda* hingegen, ein auf den Hügeln bei Ipplis gelegenes, hinter dichten Laubwäldern verstecktes Schloß, gehörte damals der adeligen Familie der Perusini, die nicht nur dem Land und seinen Traditionen verbunden war, sondern auch der Wissenschaft. Dort nahm man eine offenere Haltung gegenüber den Fortschritten der modernen Önologie und des Rebbaus ein als in den meisten kleinbäuerlichen Winzerbetrieben der Umgebung. Wenn heute der Stern beider Kellereien nicht mehr ganz so hell glänzt wie einst, so haben sie doch zweifellos Geschichte gemacht. Die Etiketten ihrer Weine waren es, die den Ruf der friaulschen Gewächse über die Grenzen der Region getragen haben. Die Formel vom fruchtigen Naturwein, mit der sich das Friaul bewußt vom französischen und kalifornischen Weißweinstil abhebt, wird heute allerdings oft auf eine merkwürdige Weise konterkariert von einem ins Gigantische gehenden Einsatz der Technik. Der gute Zweck, die natürlichen Aromen unverfälscht zu erhalten, scheint manchmal alle Mittel zu heiligen. Was in einigen Großbetrieben des Friaul zentrifugiert, sterilisiert und pasteurisiert wird, ist einer Molkerei, aber keiner Kellerei angemessen. Auch die routinemäßige Anwendung von Reinzuchthefen kann auf die Dauer nicht der Weisheit letzter Schluß sein. Mancher Wein wirkt dadurch wie »ausgezogen«. Weniger Technik, das beweist die Arbeit vieler kleiner Winzer, muß keinesfalls einen Rückfall in die Zeit des Bauernweins bedeuten.

## WINZERGESICHTER

*In der Tür (oben rechts) steht Luciano Carletti, der alte Kellermeister von Rocca Bernarda; darunter Paolo Rapuzzi von Ronchi di Cialla mit seinen »barriques«; oben links: Vittorio Puiatti, Chef der Enofriulia, darunter Gradimiro Gradnik; oben rechts: Sylvio Jermann, darunter Girolamo Dorigo mit seiner Frau Rosetta; rechts unten: Mario Schiopetto, Walter Filiputti und Douglas Graf Attems.*

# REBENERZIEHUNGSSYSTEME IM FRIAUL

In den flachen Anbaugebieten Norditaliens pflanzt man rechts und links vom Stützpfahl je eine Rebe und läßt sie an Drahtrahmen in die Horizontale wachsen. Dieses System, »Metodo Friuli« genannt, sichert dem Winzer je nach Bodenbeschaffenheit hohe Erträge. Auf steinigem Untergrund, wie er in den Hügelzonen und Teilen des Grave angetroffen wird, dominiert hingegen das »Capuccina«-System. Nicht mehr als zwei Rebschenkel werden rechts und links vom Pfahl in einem Halbbogen an den Drahtrahmen gebunden. Dadurch ist das Wachstum der Rebe begrenzt. Dieses System, in den sechziger Jahren eingeführt, hat für die Qualität der Friauler Weine einen unerhörten Fortschritt bedeutet. Der Verzicht auf Mengenproduktion, ökonomisch riskant zu damaliger Zeit, markierte den Beginn der Qualitätsweinproduktion. Durch ihn wurde der Grund für die D.O.C.-Gesetzgebung gelegt, die die Hektarerträge auf maximal 110 Doppelzentner in den Hügelzonen festschrieb.

# DIE WEISSWEINE

Der Ruf des Friaul als Weinland gründet auf den Weißweinen. Der typische Friauler Weißwein ist durchgegoren und vollständig trocken. Er besticht durch sein zartes Bouquet und seine feinen Fruchtaromen. Diese Eigenschaften zeichnen die Weine aller sieben Anbaugebiete aus. Daneben aber gibt es deutliche Unterschiede zwischen den Weinen der verschiedenen D.O.C.-Zonen. Die Gewächse aus Aquileia, Latisana und dem Isonzo fallen meist etwas leichter aus als die der benachbarten Gebiete, haben eine relativ geringe Säure (meist unter fünf Promille) sowie einen niedrigen Alkoholgehalt (meist zwischen zehn und elf Prozent). Die Weine des Grave sind ebenfalls leicht, besitzen jedoch, soweit sie aus dem Norden des Anbaugebiets kommen, wo die Böden stark kieshaltig und sehr steinig sind, die größere Feinheit und Feingliedrigkeit. Die Weine vom Collio und den Colli Orientali sind mittelschwer, liegen im Alkohol zwischen 12,5 und 13,5 Prozent, in der Säure etwa bei sechs Promille. Durch die niedrigeren Hektarerträge (erlaubt sind 110 Doppelzentner, gelesen werden bei guten Produzenten zwischen 70 und 90 Doppelzentner) weisen sie einen höheren Extrakt auf, wodurch sie gehaltvoller und körperreicher ausfallen.

Vor allem unterscheiden sich die Weißweine des Friaul durch ihre Sortenvielfalt. Neben den Traditionsreben, die seit Jahrhunderten schon in dem Landstrich zwischen dem Golf von Triest und den Karnischen Alpen angebaut werden, sind die französischstämmigen Pinot-Reben sowie die weiße Sauvignon weit verbreitet. Sie wurden bereits zwischen 1850 und 1900 ins Friaul importiert. In den letzten Jahren und Jahrzehnten wurde zudem ein knappes halbes Dutzend weiterer Weißreben kultiviert, von denen die meisten ebenfalls ausländischen Ursprungs sind.

Die hochwertigsten Kreszenzen liefern Pinot Bianco (Weißburgunder), Sauvignon und Pinot Grigio (Ruländer). Sie machen in fast allen Anbaugebieten die Hälfte des weißen Rebensortiments aus. Die feinsten Weine liefert meist die **Pinot Bianco** – vorausgesetzt sie wächst in den besten Lagen. Pinot-Bianco-Weine sind stets etwas alkoholreicher als andere Weine, faszinieren aber durch ihre außergewöhnlich feine Frucht. Typisch ist der

## TENUTA SOTTOMONTE, BUTTRIO

*Die alte, ochsenblutrot getünchte Tenuta Sottomonte liegt etwa drei Kilometer südlich von Buttrio an der ehemaligen Landstraße nach Manzano. Dort am Fuße der Hügel (wie der Name Sottomonte sagt) befindet sich auch der größte Teil der 80 Hektar Rebflächen (dazu 20 Hektar Wald im Inneren der Hügelgruppe von Manzano, woher auch das Holz für die Pfähle in den Weinbergen kommt), die zum Gut gehören. Sie ziehen sich von der Ebene bis hinauf zum Castello Morpurgo. Meist sind sie terrassenförmig angelegt und fast ausschließlich nach Südwest ausgerichtet. Für die Weine der Tenuta ist seit 1967 Antonio Spitalieri verantwortlich, ein aus Sizilien stammender Önotechniker, der sein Handwerk an der Weinbauschule in Conegliano gelernt hat. Mit großem Einsatz und erheblichen technischen Anstrengungen ist es ihm gelungen, einen modernen, reduktiv ausgebauten Wein zu machen, der mit erstaunlicher Konstanz zu den Spitzen der Weinproduktion der Zone zählt. Fast jedes Jahr überragend ist der Pinot Bianco, der »männlichste« aller Sottomonte-Weine. Er wird leider nur in geringen Mengen erzeugt. Aber auch Pinot Grigio sowie der rote Cabernet wissen zu gefallen. Besonders gepflegt werden die alten Reben: Tocai, Ribolla, Verduzzo, Malvasia und Picolit. Die Tenuta gehört zu den schönsten Kellereien der Colli Orientali. Der Innenhof von Sottomonte mit seiner kleinen Kapelle stammt noch aus dem 17. Jahrhundert und erinnert daran, daß zur Zeit der Halbpacht ein reges gemeinschaftliches Leben in den alten Gemäuern stattfand. Der alte Flaschenkeller, obwohl während des Erdbebens 1976 schwer beschädigt, ist eine Sehenswürdigkeit. Graf Gianfranco d'Attimis-Maniago, dessen Vorfahren seit dem hohen Mittelalter als Landbesitzer im Friaul aktenkundig sind, lebt heute überwiegend auf seinem Schloß bei Maniago (in der Provinz Pordenone), wo die Familie noch umfangreiche Ländereien besitzt. Es gehörte nach dem Zweiten Weltkrieg zu den ersten im Friaul, die ihren Wein in Flaschen abfüllten und nicht mehr in »damigiane« verkauften. Mit rund 3500 Hektolitern Wein zählt Sottomonte nicht mehr zu den kleinen Betrieben in den Colli Orientali.*

## RONCHI DI FORNAZ, FORNALIS DI CIVIDALE

*Südlich von Cividale, auf einem Hügel östlich der Straße nach Barbeanis, liegt, nur über einen serpentinenartig gewundenen Landweg zu erreichen, das alte Gut von Fornalis. Die Hänge sind nach Süden und Westen mit Rebkulturen bestanden, von denen schon seit alten Zeiten ein ausgezeichneter Wein kommt. 12 Hektar Weinberge gehören zu dem Anwesen, das sich jahrelang im Besitz des Reben- und Pflanzenzüchters Giovanni Battista Cragnolinic befand, bis es im Jahre 1976, kurz vor dem verheerenden Erdbeben, von dem Bauunternehmer Italo Marin übernommen wurde. Marin kam bei dem Erdbeben ums Leben. Das Baugeschäft mußte von seinen beiden Söhnen Angelo und Giovanni allein weitergeführt werden. Sie kümmerten sich aber auch mit großem Engagement um die Geschicke des neu erworbenen Weingutes, restaurierten die beschädigten Gemäuer, bauten den Keller aus und bepflanzten einen Teil der Weinberge mit neuen Reben. 1979 kamen die ersten Weine unter den neuen Besitzern auf den Markt. Sie wurden mit großem Beifall aufgenommen, und auch in den Folgejahren wurde das einmal erreichte Niveau nicht mehr unterschritten. Die Betonung der Fornaz-Weine liegt auf Eleganz. Sie sind nicht sonderlich körperreich, aber nervig und der relativ nördlichen Lage der Weinberge entsprechend säurehaltig. Der Riesling Renano ist nicht selten der beste Wein, der aus dem Keller dieses Guts kommt. Fornaz besitzt aber durch seine außergewöhnliche Sonnen-Exposition und die ausgedehnten, vor Kälte schützenden Wälder im Hinterland ein besonderes Mikroklima, das auch für den Pinot Bianco und Verduzzo – zwei Weine, die es nur bei hohen Mostgewichten zu guten Qualitäten bringen – ausgesprochen günstige Voraussetzungen. Bemerkenswert ist auch der Picolit, während unter den Rotweinen der Refosco dal peduncolo rosso hervorsticht.*

# REBSORTEN DES FRIAUL

## FRANCONIA

*Auch Blaufränkisch oder Lemberger genannt, ergibt vorzügliche Qualitäten, ist aber fast ausgestorben.*

## TOCAI

*Friaulsche Traditionsrebe, aus der schlanke und sehr fruchtige Weine mit milder Säure gepreßt werden.*

## REFOSCO DAL PEDUNCOLO ROSSO

*Alte Sorte, aus der violettrote, tanninhaltige Weine entstehen.*

## PINOT GRIGIO

*Auch Grauburgunder oder Ruländer genannt. Ergibt körperreiche Weine mit typischem Brotkrustengeschmack.*

## PINOT BIANCO

*Spitzenrebe, die schon Mitte des 18. Jahrhunderts ins Frie kam und hochfeine Weine m leicht erhöhtem Alkoholgeha ergibt.*

## SCHIOPPETTINO

*Autochthone Sorte, aus der tanninhaltige, langlebige Rotweine gekeltert werden können.*

## CABERNET FRANC

*Kam bereits 1822 nach Italien und ergibt im Friaul stoffige, jung zu trinkende Weine.*

## RIESLING ITALICO

*Auch Welschriesling genannt, zählt nicht zu den hochwertigsten Rebsorten.*

## MERLOT

*Massenträger, aus dem sich aber auch sehr feine, fruchtige Weine machen lassen.*

## RIBOLLA

*Einheimische Rebe, aus der im Hügelland feine, leicht säurebetonte Weine gemacht werden.*

## RIESLING RENANO

*Der echte Weißriesling, aus dem in den Hügelzonen sehr finessereiche Weine entstehen können, die mit dem deutschen Riesling unvergleichbar sind.*

Geschmack von Akazie, wenn die Weine jung getrunken werden. Nach zwei oder drei Jahren changieren die Aromen in Richtung Pfirsich und Honig. Ins Friaul importiert wurde die Rebe durch den Grafen Theodore de La Tour um das Jahr 1870 (siehe auch »Villa Russiz«).

Die **Sauvignon,** aus der im Bordelais die hochwertigen Sauternes-Süßweine gekeltert werden (zusammen mit der Sémillion), an der Loire der Sancerre und der Pouilly-Fumé, ergibt auch im Friaul einen hochklassigen Wein. An der richtigen Stelle und in der richtigen Weise angebaut, liefert diese Rebe sehr feinfruchtige, körperreiche Weine, in denen als Unterton nicht selten die schwarze Johannisbeere zu finden ist. Wenn die Rebe jedoch auf zu schweren Böden angebaut und nicht zurückgeschnitten wird, wirken die Weine fett und seifig.

Die **Pinot Grigio** ist von allen Weißweinreben im Friaul diejenige, die die höchsten Zuwachsraten in den letzten Jahren zu verzeichnen hatte. Der Wein, der aus ihr gepreßt wird, ist zu einem Modewein geworden, was vielleicht damit zu tun hat, daß er häufig etwas aromatischer und geschmacksreicher ausfällt als andere Sorten. Viele neue Weinberge wurden angelegt, weil sich mit dem Pinot Grigio der Absatz steigern ließ. Ob die italienische Weinwirtschaft gut beraten war, so zu handeln, ist zweifelhaft. Zum einen wechseln die Konsumentenmoden sehr schnell, zum anderen befinden sich inzwischen viele fragwürdige Weine gerade unter den Pinot-Grigio-Gewächsen. Die besseren zeichnen sich durch ihre kräftige Statur und ihre eher feinen Aromen aus, unter denen häufig der Apfelgeschmack dominiert. Aber auch andere Obstaromen können sich in ihm spiegeln.

Zu den hochwertigen Weinen des Friaul zählt auch der **Chardonnay.** Die Edel-Rebe bedeckt zwar noch verhältnismäßig geringe Flächen, könnte jedoch, gemessen an den Zuwachsraten, die sie schon heute aufweist, eines Tages die Nachfolge des Pinot Grigio antreten: also der nächste Modewein werden. Ein Chardonnay aus dem Friaul ist immer körperreich und weist leicht erhöhte Säurewerte auf. Er kann zweifellos große Feinheiten entwickeln. Im Gegensatz zu den kalkhaltigen Böden um Chablis, wo der Wein einen unverwechselbaren Rauchgeschmack annimmt, verleihen ihm die Sand- und Mergelböden des Friaul fruchtige Aromen: Apfel, Akazie, Pfirsich, dazu als Unterton häufig Lakritze. Die Chardonnay-Rebe wird von vielen Winzern fälschlich für eine Spielart der Pinot Bianco gehalten. Tatsächlich aber ist sie ein eigenständiges Gewächs, das in Frankreich schon seit vielen Jahrhunderten kultiviert wird. In Italien darf die Chardonnay offiziell erst seit 1978 angebaut werden. Bei aller Anerkennung ihrer Vorzüge – im Friaul erreicht sie nur selten das Niveau der besten Pinot-Bianco-Weine.

Der **Riesling Renano** (Weißer Riesling) spielt im Friaul nur eine geringe Rolle. Sein Anteil an den Weißweinreben liegt knapp über einem Prozent. Qualitativ kann er jedoch manch anderen Weißwein in den Schatten stellen, obwohl weder das Klima noch die meist nur hängigen Lagen der Colli Orientali beziehungsweise des Collio einen idealen Standort für diese Rebe darstellen. Im Vergleich zum Rhein und zur Mosel werden die Trauben früh gelesen, um die Säure zu erhalten. Eine Edelfäule versuchen die italienischen Weinbauern um jeden Preis zu vermeiden. In trockenen und sonnigen Jahren (wie 1976 und 1983) gehören die Riesling-Weine jedoch – auch wenn sie vom deutschen Riesling völlig verschieden sind – wegen ihrer hohen natürlichen Säure zu den Spitzen der Friauler Weinproduktion. Ihr feiner Muskat-Geschmack läßt die Italiener sie zu den aromatischen Weinen zählen.

Weniger hochstehend ist der **Riesling Italico** (Welschriesling), der außer seinem Namen nichts mit dem berühmten Weißen Riesling zu tun hat. Er ist wahrscheinlich italienischen Ursprungs. Einige Ampelographen bringen ihn mit dem apulischen Falerno in Verbindung, andere mit der Vesuv-Rebe Lacrima Cristi und der Greco di Tufo, die in Kampanien wachsen. Er

## ABBAZIA DI ROSAZZO, MANZANO

*Die alte Abtei von Rosazzo liegt ein paar Meter unterhalb des Gipfels des Monte Santa Caterina, der höchsten Erhebung der Ronchi di Case. Die acht Hektar Weingärten (geplant ist eine Erweiterung auf 15 Hektar) liegen windgeschützt und sind fast vollständig nach Süden ausgerichtet. Diese bevorzugte Lage ist der Grund, weshalb die Mönche von Rosazzo schon seit dem ausgehenden Mittelalter Weinbau betrieben. Ribolla und Pignolo sind zum ersten Mal schriftlich in Dokumenten der Abtei erwähnt.*
*Als 1981 der letzte Priester der Abtei starb, pachtete die neugegründete Gesellschaft »Abbazia di Rosazzo«, in der sich einige Industrielle aus den umliegenden Ortschaften zusammengefunden hatten, das Anwesen und die Ländereien. Ein Teil der Weinberge wurde neu bepflanzt und mit viel Geld einer der modernsten Keller im gesamten Friaul geschaffen.*
*Die Initiative dazu ging von dem Weinjournalisten Walter Filiputti aus, der aus dem benachbarten Percotto stammt und sich schon auf vielfältige Weise für die Eß- und Trinkkultur des Landes sowie ihre gebührende Darstellung in der Presse Verdienste erworben hatte. Nach dem Studium der Soziologie, das er mit einer Doktorarbeit abschloß, arbeitete er als Sommelier in New York, betrieb ein Restaurant im Friaul und versuchte sich – allerdings erfolglos – als Finanzmakler.*
*Die ersten unter seiner Regie produzierten Weine erregten in der Fachwelt großes Aufsehen. Die nachfolgenden Jahrgänge gerieten noch besser. Ribolla und Sauvignon sind Spitzenweine geworden. Tocai und Picolit stehen kaum nach. Vorzüglich ist der Lagenwein »Ronco delle Acacie«, von Trauben alter Rebstöcke (Tocai, Ribolla, Malvasia und Pinot Bianco) stammend und in »barriques« ausgebaut.*
*Dasselbe gilt für den roten »Ronco dei Roseti«, der nach alter Tradition aus Cabernet Sauvignon, Cabernet franc, Merlot, Refosco, Franconia und Tazzelenghe gemacht wird. Das Geheimnis der Weine von der Abbazia di Rosazzo liegt in der gelungenen Verbindung von friaulscher Winzermentalität, ehrgeiziger Mengenbeschränkung (50 Hektoliter pro Hektar) und moderner Önologie (wobei die Technik sanft eingesetzt wird). Die Produktion beläuft sich auf 50 000 Flaschen.*

## CANTINA GIGI VALLE, BUTTRIO

*Die Kellerei von Gigi Valle befindet sich in einem modernen Industriebau direkt an der Staatsstraße 56 in Buttrio. Das 1973 fertiggestellte Gebäude birgt in seinem hinteren Teil weitläufige, voll gefliste Produktionsräume, in denen penibel auf Hygiene geachtet wird. Valle, Jahrgang 1927, ist ausgebildeter Önotechniker. Er hat, bevor er sich in Buttrio niederließ, die Cantina Sociale im apulischen Castellana Grotte geleitet und später als önologischer Berater im Friaul gearbeitet. Er ist weniger Winzer als Kellermeister, und als solcher besitzt er den Ruf eines Technokraten. Die Weißwein-Moste werden bei ihm unter Sauerstoffabschluß zentrifugiert. Die stählernen Gärbehälter sind ebenfalls völlig von der Luft isoliert. Die Kohlensäure entweicht durch ein Ventil an der Oberseite der Tanks. Für die Fermentation werden eigens gezüchtete Hefen verwendet. Nach dem Ausbau in glasfaserbeschichteten Zementzisternen werden die Weine filtriert und abgefüllt. Dabei wird nicht nur darauf geachtet, daß Maschine und Korken steril sind. Die Temperatur des Flaschenglases wird auch genau der des Weins angepaßt, damit dieser keinen Temperaturschock erleidet. All das geschieht, um frische, möglichst saubere Weine zu erhalten. Die Valle-Kreszenzen zeichnen sich denn auch durch ihre ungewöhnlich spritzige, leichte Art aus. Sie verfügen über eine feine Säure und ein duftiges Bouquet. Doch nicht alle Weißweine gefallen immer gleichermaßen. Die Rotweine werden bei Valle dagegen nach der traditionellen Art gekeltert und ausgebaut. Cabernet, Merlot und Pinot Nero gehören regelmäßig zu den besten ihrer Art in den Colli Orientali, besonders die »Riserva«, die in guten Jahren hergestellt wird. Valle verfügt über 52 Hektar Weinberge im Bosco Romagno (Colli Orientali) und über 10 Hektar bei Ruttars (Collio). Die Erträge hält er niedrig. Sie liegen bei 50 bis 60 Hektolitern pro Hektar. Ein kleiner Teil der Trauben wird aus dem Grave zurückgekauft. Die Gesamtproduktion beläuft sich auf etwa eine Million Flaschen im Jahr.*

ist verhältnismäßig körperarm, besitzt einen niedrigen Alkoholgehalt und stellt selten mehr als einen einfachen Zechwein dar.

Selten anzutreffen, wenngleich sehr geschätzt, ist im Friaul der **Traminer Aromatico** (Gewürztraminer). Da die Rebe im Ertrag sehr wechselhaft ist und die Verarbeitung der Trauben viel Kellertechnik und Kenntnisse erfordert, scheuen die meisten Winzer die Arbeit mit diesem Gewächs. Richtig an- und ausgebaut, ergibt er jedoch einen unübertreffbar würzigen, körperreichen Wein mit edlem Bouquet, der die gleichsortigen Südtiroler Kreszenzen nicht selten um Längen übertrifft.

Der Vorliebe vieler Italiener für aromatische Weine entspricht auch der verstärkte Anbau der **Müller-Thurgau** im Friaul. In der Lombardei und in Südtirol hat sich die Kreuzungsrebe schon lange durchgesetzt. Sie, die normalerweise keine großen Ansprüche an die Lage stellt und in Deutschland deshalb vielfach auch in der Ebene angebaut wird, findet sich im Friaul ausschließlich in den Hügelzonen und ergibt dort sehr zartfruchtige, keineswegs übertrieben würzige Weine, die in mittelmäßigen Jahren oft zu den Spitzen der Weinproduktion gehören.

Die **Malvasia**, zu Zeiten der venezianischen Republik Serenissima aus Griechenland nach Istrien und Italien gebracht, hat im Friaul schon lange Wurzeln geschlagen und ist deshalb auch heute noch relativ weit verbreitet. Während die Rebe in anderen Teilen Italiens oft nur zum Verschneiden gut ist, hat sie sich im Nordosten des Landes so gut angepaßt, daß die Trauben sortenrein gekeltert werden können. Die Malvasia zählt zwar nicht zu den edelsten Gewächsen, liefert aber einen feinwürzigen Wein von kräftiger Statur, der im Geschmack an Ananas erinnert. Bisweilen fällt er etwas fett aus.

Malvasia, Müller-Thurgau, Traminer, Chardonnay, Riesling Italico und Riesling Renano sind Ergänzungs- oder Spezialsorten. Ihr Stellenwert im Rebensortiment ist gering. Ein wesentlich größeres Gewicht fällt den alten, autochthonen Sorten zu. Sie bilden das eigentliche Gegengewicht zu den französischen Erfolgsreben.

Die größte Bedeutung unter ihnen besitzt die **Tocai**. Sie ist weder mit dem ungarischen Tokayer noch mit dem Elsässer Tokay verwandt. Um Verwechslungen zu vermeiden, schreiben viele Winzer deshalb »Tocai Friulano« auf ihr Etikett. Die Tocai stammt, soweit sich ihre Geschichte zurückverfolgen läßt, aus dem Friaul. Möglich ist, daß sie im 13. Jahrhundert von Bertold von Andechs, dem damaligen Patriarchen von Aquileia, nach Ungarn gebracht und dort dann kultiviert wurde. Sicher hat jedoch der Wein, der im Friaul aus ihr gemacht wird, nichts mit dem gemein, der heute in Ungarn gekeltert wird. Die Tocai ist mit Abstand die häufigste Weißweinrebe des Friaul. Fast die Hälfte aller Weißweinkulturen sind mit ihr bestockt. Wegen ihrer großen, langen Trauben gilt sie als Massenträger. Hektarerträge von 200 Doppelzentnern und mehr sind keine Seltenheit. Vor allem in den flachen Anbaugebieten mit ihren fruchtbaren Böden werden gewaltige Mengen dieses Weins geerntet. Dort sind auch die traditionellen Erziehungssysteme noch weit verbreitet, die der Rebe ein nahezu ungehindertes Wachstum erlauben. Ein großer Teil der Tocai-Weine fällt daher leicht und körperarm aus. Da er zudem von Natur aus säurearm und nicht besonders alkoholhaltig ist, ergibt er meist einfache, unkomplizierte Trinkweine.

Der Tocai ist der typische Weißwein des Friaul. Wenn die Alten in ihrer Osteria einen »tajut« bestellen, meinen sie nicht irgendeinen Schoppen, sondern nur diesen Wein. Dennoch bereitet der Tocai den Winzern heute viele Sorgen. Außerhalb Italiens ist er wenig bekannt. Innerhalb Italiens genießt er den Ruf eines Massenweines, woran allerdings weniger die Weinbauern des Friaul als vielmehr die des benachbarten Venetiens schuld sind, die die Rebe im flachen Küstenlitoral östlich von Venedig (Tocai del Piave, Tocai di Lison) in Kulturen von mehreren Quadrat-

kilometern Größe anbauen. Die Absatzschwierigkeiten haben dazu geführt, daß die Rebe auch im Friaul an vielen Stellen herausgerissen und durch Pinot Bianco oder Pinot Grigio ersetzt wurde. Dies geschah nicht selten in besseren und besten Lagen. So wurde die Tocai langsam in Rand- oder Flachlagen verdrängt, wo sie keine optimalen Qualitäten hervorbringt.

Dennoch gibt es genügend Winzer, die den Ehrgeiz nicht verloren haben, mit dieser alten, einheimischen Rebe zu arbeiten. Man findet sie auch in den flachen Anbaugebieten, vor allem aber im Hügelland von Gorizia und Cividale. Dort entsteht aus dieser Rebe einer der besten Weißweine des Friaul. Die Hanglage sorgt dafür, daß die Trauben ausreifen, auch wenn sie früh gelesen werden. Der steinige Boden begrenzt das Wachstum auf natürliche Weise. Das »Capuccina«-Erziehungssystem, das dort verbreitet ist, senkt die Hektarerträge pro Stock noch weiter. Der Tocai, der von dort kommt, ist ein mild-würziger Wein mit subtilen Fruchtaromen. Der hohe Glycerinanteil verleiht ihm ein gewisses Rückgrat. Der bitter-herbe Nachgeschmack macht ihn unverwechselbar.

Die **Ribolla** ist eine Rebe, deren Ursprung zweifelsfrei im Friaul liegt. Sie wurde und wird bis heute nur im Hügelland angebaut. Dort wird aus ihrem Most ein sehr feiner, zartfruchtiger Wein gemacht, der durchaus zu den Glanzlichtern der Produktion des Landes gehören kann. Der Rat der Stadt Udine verordnete diesen Wein im 14. Jahrhundert allen Fremden, die zum ersten Mal durch die Stadttore kamen. Im Oktober 1592 übergab der Senat der Republik Venedig Kaiser Karl V., als dieser das Land eroberte, unter anderem zwei Flaschen Ribolla als Gastgeschenk, die ihm, wie die Chronisten vermerkten, sehr gut geschmeckt hätten. Boccaccio hielt den Wein für eine der größten Wohltaten der Kehle. Wie verschieden der damalige Ribolla von dem heutigen gewesen sein mag – man erkennt ihn am leichten Limonenduft in der Nase. Am Gaumen erinnern kann er den Geschmack vieler Obstsorten annehmen. Bisweilen wirkt er auch etwas neutral im Geschmack.

Auch die **Verduzzo Friulano** ist eine autochthone Rebe, die es nur im Friaul gibt (die Verduzzo, die in der Gegend um Treviso angebaut wird, ist anderen Ursprungs und ergibt einen ganz anderen Wein). Die ersten Dokumente, die von ihrer Existenz zeugen, stammen aus dem späten Mittelalter. Heute unterscheidet man zwei Klone: die Verduzzo Giallo, die praktisch nur im Norden der Colli Orientali angebaut wird und dort einen gepflegten, fein-süßen Dessertwein ergibt, und die Verduzzo Verde, die einen frischen, mäßig fruchtigen und nicht besonders hochstehenden trockenen Wein ergibt. Sie wird nur in der Ebene angebaut.

## ISONZO

*In der roten Erde von Marano wachsen charaktervolle Cabernet- und Merlot-Weine. Die Rebenvielfalt des Friaul wird im Herbst sichtbar, wenn sich die Blätter, je nach Sorte, ganz unterschiedlich färben, so daß der Weinberg zu einem Rebenspiegel des Anbaugebietes wird (oben).*

## GIROLAMO DORIGO, BUTTRIO

*Hinter dem Fußballplatz von Buttrio, fast am Fuße der ersten Hügel, steht das prächtige Landhaus von Girolamo Dorigo, eines früheren Steuerberaters aus Udine, der in den siebziger Jahren der Faszination des Weinmachens erlag, kurzerhand seinen Beruf aufgab und das schöne Anwesen samt dazugehörigen Reblands erwarb, um fortan nur noch Winzer zu sein. Er ist es mit Haut und Haaren, tagsüber sowieso, wenn er die Weinberge inspiziert oder eigenhändig den Grünschnitt vornimmt, nicht selten aber auch nachts, wenn ihm der Wein im Keller keine Ruhe läßt und er glaubt, ihn umziehen oder eigenhändig die »rémuage« seiner Spumanteflaschen vornehmen zu müssen. Es ist ein Abenteuer geworden, auf das er sich eingelassen hat. Er gibt es ehrlich zu. Er erzeugt mehr Weine als er Hektare hat, die mit Reben bestockt sind. Außer der Pinot Bianco gibt es keine friaulsche Rebe, die sich nicht in seinen Weinbergen findet. Einige der Reben hat er bis heute nicht einmal richtig identifizieren können. Er hat sie vorgefunden, als er kam. Sein feinster Weißwein ist der Ronc di Juri. Er wird überwiegend aus Chardonnay, Tocai und Ribolla gekeltert und ist ein paar Monate in »barriques« ausgebaut worden. Ein großer Teil von Dorigos Reben weist ein beträchtliches Alter auf und bringt nur geringe Erträge. Kennzeichen aller Weine ist daher der Extraktreichtum – neben der Reife. Insbesondere gilt das für Tocai und Ribolla, normalerweise eher zwei einfache, »arme« Weine, die bei Dorigo jedoch viel Substanz und Länge aufweisen. Bei den Rotweinen gefällt besonders der Montsclapade, ebenfalls ein Tafelwein, der aus einem Bordeaux-Mischsatz von Merlot, Cabernet franc, Cabernet Sauvignon sowie fünf Prozent Malbeck gewonnen wird: ein eleganter, weicher, nicht zu schwerer Wein, der viel Eigenart zeigt und stark vom Holz geprägt ist. »In barrique« druckt Dorigo aufs Etikett, damit alle es wissen. Überhaupt macht er von den kleinen französischen Fässern recht häufig Gebrauch. Am besten paßt der Holzton, den sie abgeben, wohl zum roten Pignolo, dem beeindruckendsten Rotwein seines breiten Sortiments. Von ihm gibt es leider nur wenige Flaschen, weil Dorigo nur tausend Reben dieser alten Sorte besitzt. Der gesamte Rebbestand umfaßt 23 Hektar. Sie verteilen sich auf zwei Lagen: Ronc di Juri bei Buttrio und Montsclapade bei Premariacco.*

## LIVIO FELLUGA, BRAZZANO

*Livio Felluga gehört zu jenen Betrieben im Friaul, deren Weine eine große Verbreitung und einen hohen Bekanntheitsgrad haben, die jedoch selten die Aufmerksamkeit von Fachjournalisten erregen. Das Motiv für diesen Mangel an Publizität hat viel mit dem Vorurteil zu tun, daß große Betriebe keine ebensolchen Weine erzeugen können. Und Livio Felluga ist ein großer Betrieb. Er hat knapp 120 Hektar Rebland in den Colli Orientali und im Collio und ist damit der größte Weinbergsbesitzer des Hügellands. Daß von einem Unternehmen, das in solchen Dimensionen arbeitet, weniger Anziehungskraft ausgeht als von kleinen, mehr handwerklich ausgerichteten Winzerbetrieben, liegt auf der Hand. Doch die Weine von Livio Felluga widerlegen die Skepsis. Es sind durchweg sehr gute, ebenso feine wie typische Gewächse der jeweiligen Anbaugebiete: gehaltvoll und gleichzeitig nervig, feinfruchtig und elegant. Sicher, auch sie folgen dem Stil der extrem reduktiv vinifizierten, daher bouquetbetonten und frischen Weißweine, wie sie das Friaul kreiert hat und wie sie heute in ganz Italien anzutreffen sind. Doch besitzen sie, im Gegensatz zu vielen anderen Weinen dieses Stils, auch Substanz. Livio Felluga mag viel Wein erzeugen, er ist deswegen kein Massenproduzent. Er verfügt über beste Lagen bei Rosazzo (85 Prozent des Weins kommt von dort) sowie bei Vencò und Ruttars. Sein schönster Wein besteht aus einer Cuvée von Pinot Bianco, Sauvignon (je 40 Prozent) und Tocai. Er wird als Tafelwein unter dem Namen »Terre Alte« vertrieben. Die Trauben für ihn wachsen in den höchstgelegenen Weinbergen bei Rosazzo und werden von Hand verlesen, so daß die Erträge bei etwa 40 Hektoliter pro Hektar liegen. Er ist ein körperreicher Wein, dessen Feinheiten anfangs noch vom Extrakt und Glycerin verdeckt sind, der sich auf der Flasche jedoch gut entwickelt und zu einem großen Wein ausbaut. Livio Felluga (Jahrgang 1915) hat das Unternehmen 1955 gegründet und in einer Zeit, als im Friaul die Landflucht einsetzte, umfangreiche Ländereien erworben, die zum Grundstock seines Gutes wurden (er ist der ältere Bruder von Marco Felluga). Geleitet wird der Betrieb von seinem Sohn Maurizo. Gesamtproduktion: 700 000 Flaschen.*

# DIE ROTWEINE

**D**ie Tradition der Rotweine ist älter als die der Weißweine, obwohl es diese und nicht jene waren, die den Ruf des Friaul als Weinregion begründet haben. Die Menge des roten Weins, der produziert wird, übertrifft noch immer die des weißen Weins, so daß es nicht verwunderlich ist, wenn die Winzer, wie es vor allem in den flachen Anbaugebieten der Fall ist, den roten Trauben ihr Auskommen verdanken und nicht den weißen.

Brotsorte ist die **Merlot**, im Friaul ein Massenträger mit Hektar-erträgen, die nicht selten die 200-Doppelzentner-Grenze über-schreiten. Sie macht fast zwei Drittel des Rotweinreben-Sorti-ments aus. Die größte Menge Merlot-Wein kommt aus dem Grave, wo die Reben in riesigen Spezialkulturen ohne nennens-werten Beschnitt wuchern und Früchte tragen können. Der Wein, der aus ihnen gekeltert wird, ist meist leicht, säure- und tanninarm. Er wird reinsortig vergoren, bleibt nur ein paar Monate im Holzfaß und wird jung getrunken. Mit den Hoch-gewächsen des Saint Emilion oder Pomerol ist er nicht zu vergli-chen. Bessere Qualitäten, die sorgfältiger und länger ausgebaut wurden, muß man lange suchen. Hat man sie gefunden, können sie sich jedoch als sehr charaktervolle Weine mit einem Anflug von Feinheit präsentieren.

Der **Cabernet franc** wird mehr Aufmerksamkeit geschenkt. Der Glanz, der die großen Weine des Médoc umgibt, hat dazu geführt, daß diese Rebe auch im Friaul stärker als früher angebaut wird. Besonders im Hügelland des Collio und der Colli Orientali weist sie beachtliche Zuwachsraten auf. Im Isonzo ist sie traditio-nell gut vertreten, was wohl damit zu tun hat, daß sie auf den sandigen Böden dieses Anbaugebiets schon immer hervorragen-de Qualitäten geliefert hat. Die Cabernet-franc-Weine sind in ihrer Jugend noch aggressiv und recht verschlossen, öffnen sich jedoch nach ein bis zwei Jahren und bestechen durch ihr gra-siges, schmalziges Aroma. Der Cassis-Geschmack, der die fran-zösischen Cabernet-Weine auszeichnet, findet sich bei ihnen höchstens als Unterton. Trotz ihrer Säure sind sie keine Weine, die sich fünf Jahre oder länger auf der Flasche konservieren. Zunehmendes Interesse wird im Friaul auch für die **Cabernet Sauvignon** gezeigt, die in den vergangenen Jahrzehnten kaum angepflanzt wurde, weil sie viel Pflege verlangt und überhaupt nur auf den mageren, steinigen Böden nennenswerte Qualitäten hervorbringt. In den letzten Jahren experimentieren vor allem im Collio und den Colli Orientali einige Winzer mit dieser Edel-rebe, wobei teilweise schon hervorragende Ergebnisse erzielt werden.

Die Burgunderrebe **Pinot Nero** führt im Friaul nur ein Schatten-dasein. Noch mehr gilt das für **Gamay** und **Malbeck**, derer sich nur noch eine Handvoll Winzer annehmen. Auch die **Fran-conia**, in Österreich als Blaufränkisch, in Württemberg als Blauer Limberger bekannt, hat die Neuordnung des Rebensor-timents nur mit Mühe überlebt. Dabei ergibt sie bei entsprechen-der Standortwahl einen ausgezeichneten, gut gedeckten, säure-haltigen Wein, der keineswegs hinter anderer Sorten zurück-steht. Der beste Franconia-Wein des Friaul kommt von der Kellerei *Roncada* zwischen Capriva und Cormons.

*Die im viktorianischen Stil erbaute Villa Russiz (ganz oben) und der vene-zianisch geprägte Palazzo des Grafen Volpe Pasini sind Herrensitze des alten friaulschen Landadels, die sich sichtbar von dem Betonklotz der Eno Friulia abheben. Doch die Unterschiede im Äußeren lassen keine Rückschlüsse auf die Qualität der Weine zu: Die aller drei zählen zu den Spitzengewächsen des Friaul.*

Wiederentdeckt wird derzeit auch der **Refosco dal peduncolo rosso**, ein unvergleichlicher, typisch friaulscher Wein: tieftönig, tanninhaltig, rauh, niedrig im Alkohol. Nicht selten liegt dieser unter zehn Prozent. Er wird aus den Trauben der gleichnamigen Rebe gewonnen (*dal peduncolo rosso = mit dem roten Stiel*), die im Laufe der letzten Jahrhunderte durch Selektion verschiedener Refosco-Reben entstanden ist. Bekannt waren zum Beispiel der Refosco de Faedis, der Refosco di Rauscedo, der Refosco del Carso und der Refosco d'Istria. Diese unter dem Familiennamen Refosco nostrano zusammengefaßten Reben sind älteren

## VIGNETI PITTARO

*Der Keller von Pietro Pittaro liegt wie eine Insel inmitten grüner Rebanlagen. Er ist mit seinen Batterien chromblitzender Stahltanks einer der modernsten des Grave und der architektonisch eigenwilligste des ganzen Friaul. Die moderne Technik dient hier allerdings nicht dazu, die Weine zuzurichten, sondern ihre natürlichen Eigenschaften zu bewahren. Die Weine aus dem Grave sind allgemein weniger kräftig als die aus dem Hügelland, dafür sehr feingliedrig, von zarter Säure geädert und finessereich – etwa die von Vigneti Pittaro.*

## RONGO DEL GNEMIZ, SAN GIOVANNI AL NATISONE

*Dieser kleine Winzerbetrieb kann auf eine lange Weinbautradition zurückblicken, hat sich aber erst in den letzten Jahren in die vordere Reihe der Qualitätsweinproduzenten der Collio Orientali vorgearbeitet. Er thront auf einem sanft gewölbten Buckel, der zu den Ausläufern der Ronchi di Case gehört. Früher gehörte das Anwesen samt der 4,5 Hektar Weinberge, um das Haus liegen, den Grafen von Trient, die noch große Ländereien im Friaul besitzen. Es war eine der zahlreichen Hofstellen, die im Halbpacht-System bewirtschaftet wurde (Gnemiz ist der Name eines früheren Halbpächters), bis es vor einigen Jahren von dem Finanzmakler Enzo Palazzolo aus Manzano erworben wurde. Er kümmerte sich anfangs wenig um die Weinproduktion und ließ den größten Teil des Rebensaftes in großen Korbflaschen verkaufen. Erst 1980 ließ er sich überzeugen, daß sich aus den Gewächsen von Ronco del Gnemiz mehr machen ließ als ein einfacher Bauernwein. Daraufhin wurden große Investitionen in den Keller getätigt: neue Stahltanks aufgestellt und ein System der Temperaturkontrolle installiert. 1982 erschien der erste Jahrgang auf dem Markt, der nach den Regeln der modernen Önologie produziert worden war. Pinot Grigio, Müller-Thurgau, Malvasia, Traminer, Ribolla und Tocai sind typische Vertreter der »grossa struttura«-Weine, wie man sie im Süden der Colli Orientali findet. Der ausgezeichnete Chardonnay sowie die von Natur aus leicht tanninhaltigen Verduzzo und Picolit, beide ebenfalls vorzüglich gelungen, werden drei Monate lang in »barriques« aus junger Eiche ausgebaut. Die letzteren beiden weisen einen Restzuckergehalt von fünf Gramm pro Liter auf. Auch in kleinen Eichenfässern gelagert hat der »Ronco del Gnemiz Rosso«, ein hochklassiger, tiefgründiger Rotwein, der zu 80 Prozent aus Cabernet-Sauvignon-Trauben zu 20 Prozent aus Cabernet franc gekeltert ist. Alle diese Weine werden nur in sehr geringen Mengen hergestellt. Die Gesamtproduktion beläuft sich auf 35 000 Flaschen. Verwaltet wird das Weingut von der Familie Mauri.*

## VIGNE DAL LEON, ROCCA BERNARDA DI IPPLIS

*Vigne Dal Leon ist ein kleines Weingut mit knapp sieben Hektar Weinbergen, die sich in den nördlichen Ausläufern der Hügel von Rocca Bernarda befinden. Das Anwesen selbst, aus zwei großen, prächtigen Herrenhäusern bestehend, stammt aus dem 17. Jahrhundert und gehörte bis vor nicht allzu langer Zeit noch zum Besitz des Schlosses von Rocca Bernarda. Vor einigen Jahren hat es der Industrielle Tullio Zamò erworben, ein Küchenmöbelfabrikant aus Manzano, der sich mit großem Ehrgeiz um Weinberge und Keller kümmerte. Unter fachkundiger Leitung entstanden so in kurzer Zeit einige hochfeine Weine. In besonderem Maße gilt dies für die Rotweine. An erster Stelle zu nennen ist der »Vigne Dal Leon«, aus einem Mischsatz von Cabernet franc, Cabernet Sauvignon und Merlot gekeltert. Letztere Rebsorte kommt von einem Weinberg mit 60 Jahre alten Stöcken. Auch der Tacelenghe stellt einen kraftvollen, »männlichen« Wein dar, gewonnen aus einer alten friaulschen Rebsorte. Der Schioppettino ist dagegen aus einem eher feingewobenen Stoff, herb zwar und tanninhaltig, doch von unübersehbarer Eleganz. Alle diese Rotweine sind nach der malolaktischen Gärung vier bis 12 Monate lang (je nach Jahrgang) in »barriques« aus junger Eiche ausgebaut worden. Sie werden nur in ganz geringen Mengen produziert. Die Weißweine von Vigne Dal Leon zeichnen sich durch Geschmeidigkeit und Leichtigkeit aus. Sauvignon, Malvasia und Pinot Bianco bringen in der Regel die besten Qualitäten. Abgerundet wird das Sortiment durch einen halbtrockenen, ebenfalls in »barriques« ausgebauten Verduzzo. Vigne Dal Leon produziert nicht mehr als 30 000 Flaschen im Jahr. Es liegt direkt an der Straße, die von Ipplis hinauf nach Rocca Bernarda führt. Man hat von dort einen weiten Blick bis nach Cividale und Udine. Die Gestalt des Hügels, die an einen sitzenden Löwen erinnert, hat dem Weingut seinen Namen gegeben.*

Ursprungs als der Refosco dal peduncolo rosso. Dieser wurde von frühen Ampeliographen jedoch als der edelste Refosco geschätzt, was zweifellos ein gerechtes Urteil war. Wird die Rebe nämlich entsprechend zurückgeschnitten und der Wein mit Sorgfalt ausgebaut, gibt er seine harte, knochige Art auf und wird zu einem sehr feinen Tropfen, dem wohl urtümlichsten unter den Rotweinen des Friaul. Mindestens zwei Winzer haben dies bis heute bewiesen: Dina und Paolo Rapuzzi (*Ronchi di Cialla*) und *Giovanni Dri* in Ramandolo.

Der Refosco ist außerhalb Italiens kaum bekannt. Selbst viele Italiener wissen mit dem Namen dieses Weins wenig anzufangen. Allein im Friaul genießt er hohes Ansehen. Das Friaul ist auch die einzige Region, in der diese Rebe angebaut wird. Am häufigsten zu finden ist sie in den Colli Orientali, der mutmaßlichen Heimat der Rebe. Die ältesten Spuren führen in die Dörfer Torreano und Faedis, nördlich von Udine gelegen.

Aber auch die verschiedenen Spielarten des Refosco nostrano sind noch nicht ausgestorben. Zumindest der Refosco del Carso erfreut sich bei einigen Winzern großer Beliebtheit und findet sich noch häufig in den Weingärten zwischen Triest und Gorizia. Der Wein, der aus seinen Trauben gepreßt wird, ist unvergleichlich delikat und fruchtig, aber kompromißlos hart, fast aggressiv. Sein Alkohol liegt nicht selten unter zehn Prozent. So originell und original er sein mag, über das Niveau eines Bauernweins kommt er kaum hinaus. Im Carso, dem Hauptanbaugebiet, wird er **Terrano** genannt und besitzt eine lange, sagenumwobene Geschichte. Livia Drusilla, die Frau des römischen Kaisers Augustus, soll diesem Wein den Vorzug gegeben haben, weil er ihre Gesundheit förderte. Sie wurde 71 Jahre alt. Plinius der Ältere empfahl ihn ebenfalls als hervorragende Medizin. Er nannte ihn »Pucino«, aber mit großer Wahrscheinlichkeit war er mit dem Refosco d'Istria oder Refosco del Carso identisch.

Der neuerlichen Wertschätzung für den Refosco entspricht auch der Respekt vor einer Reihe anderer alter, autochthoner Rebsorten, die schon beinahe vergessen sind, zum Teil sogar als ausgestorben gelten. Ihre Namen sind Cianora, Cividino, Coneute, Corvino, Fumatt, Grand Rasp, Negratt, Pignolo, Tazzelenghe und Schioppettino. Sie stammen alle aus dem Friaul und haben außerhalb dieser Region kaum Verbreitung gefunden. Aber auch im Friaul sind viele von ihnen aufgrund ihrer Krankheitsanfälligkeit oder der unsicheren Erträge wegen herausgerissen worden. Es begann mit den Reblauskatastrophen des vergangenen Jahrhunderts, als viele Weinberge mit französischstämmigen Reben bepflanzt wurden. Nach den beiden Weltkriegen, die nicht nur die Städte des Friaul, sondern auch zahlreiche Weinkulturen total verwüsteten, wurde das Rebensortiment weiter zugunsten der ausländischen Erfolgsreben verändert. Den letzten Todesstoß erhielten sie mit der Zuerteilung der »Denominazione di Origine Controllata«. Da sie nämlich nur noch in geringen Mengen vorhanden waren, verweigerte man dem aus ihnen gekelterten Wein den D.O.C.-Status. Die letzten Winzer, die sich um sie kümmerten, mußten ihren Wein fortan als Tafelwein vermarkten. Trotzdem haben einige an ihnen festgehalten – zum Glück, wenn auch wider alle ökonomische Vernunft und teilweise sogar wider die Gesetze, weil einige Sorten bereits aus dem autorisierten Rebensortiment gestrichen worden waren. Nicht zuletzt Luigi Veronelli und seinem Einfluß als Weinjournalist ist es zu verdanken, daß wenigstens Pignolo, Tazzelenghe und Schioppettino heute wieder angepflanzt und vermehrt werden dürfen. Diese drei Rotweinsorten können nämlich, auch wenn sie noch ziemlich unbekannt sind, Weine ergeben, die den Merlot- und Cabernet-franc-Gewächsen mindestens ebenbürtig sind. Die **Pignolo**-Rebe (auch Pignùl genannt) ist zwar sehr unergiebig, bringt aber einen einzigartigen, mit anderen völlig unvergleichlichen Wein von hellroter Tönung hervor, der in den Dörfern Prepotto, Premariacco, Albana und Rosazzo angebaut wird, wo die Rebe wahrscheinlich ihren Ursprung hat. Er wird traditionell auch zu Fischgerichten getrunken, jedenfalls im Friaul.

Die **Tazzelenghe** (auch Tacelenghe geschrieben) ist ebenfalls ein autochthones friaulsches Gewächs, dem in den Weinbergen um Buttrio, Manzano und Cividale neuerdings wieder mehr Aufmerksamkeit geschenkt wird. Der Wein, von tiefroter bis violetter Tönung, ist extrem tanninhaltig und daher etwas rauh auf der Zunge. Selbst nach drei Jahren im Holzfaß präsentiert er sich oft noch sehr verschlossen. Mit den Jahren entwickelt er jedoch eine außerordentliche Feinheit.

Der hochwertigste unter den alten Weinen ist der **Schioppettino**. Er besitzt nur wenig Alkohol, aber eine hohe Säure, was ihn zu einem langlebigen, entwicklungsfähigen Wein macht. In früheren Jahren wurde er so gekeltert, daß die zweite, malolaktische Gärung auf der Flasche stattfand. Beim Öffnen derselben wirkte er deshalb oft »frizzante« wie ein Sekt. Diese Eigenart hat ihm seinen Namen eingetragen: *schiopettare* heißt nämlich im Italienischen »prasseln«. Die Winzer, die sich heute wieder dieses edlen Gewächses annehmen (*Giuseppe Toti* in Albana, *Giorgio Rieppi* in Udine, *Giordano Ninino* bei Prepotto und als Spitzenproduzent *Ronchi di Cialla*), vinifizieren den Wein natürlich auf moderne Art.

Daß die alten Reben vor allem in den Colli Orientali wieder zu Ehren kommen, hat zwei Gründe. Erstens haben viele der autochthonen Sorten dort ihren Ursprung und sind bestens an den Boden und die niedrigen Temperaturen dieser alpennahen Grenzregion angepaßt. Zweitens sind die Colli Orientali von allen Anbauzonen des Friaul die am stärksten noch kleinbäuerlich geprägte. Die traditionalistische Einstellung vieler Winzer hat dazu geführt, daß die Weinwirtschaft dort einen gewissen Rückstand gegenüber dem benachbarten Collio aufweist. Dieser Rückstand hat aber zugleich das Überleben der alten Rotweinreben möglich gemacht. Dies könnte sich eines Tages als Vorteil erweisen. Die Zukunft des hochwertigen friaulschen Rotweins liegt zu einem entscheidenden Teil in den Colli Orientali.

# DIE DESSERTWEINE

Der Wein, auf den die Einheimischen besonders stolz sind, ist der **Picolit**: ein geheimnisvoller, fast mystischer Wein, der außerhalb des Friaul kaum bekannt ist. Ursprünglich ein süßer Tropfen von fast likörartiger Konsistenz, wurde er in den letzten Jahren zunehmend halbtrocken ausgebaut. Geheimnisvoll ist an dem Wein aber eigentlich nur die Rebe, aus der er hergestellt wird. Sie heißt, wie der Wein, Picolit und ist ein altes, autochthones Gewächs, das schon zu Zeiten des ersten Römischen Reiches im Friaul bekannt war, dann jahrhundertelang als verschwunden galt und erst im 18. Jahrhundert wieder auftauchte. Die Besonderheit dieser Rebe besteht darin, daß sie zum Verrieseln neigt und in den meisten Jahren nur wenige Beeren pro Knospe hervorbringt, die kernlos und sehr klein sind, aber einen Most mit hoher Zuckerkonzentration ergeben. Auch nach Abschluß der Gärung befinden sich noch immer bis zu neun Gramm Zucker im Wein.

Die Ursache der geringen Fruchtbarkeit dieser Rebe ist den Wissenschaftlern bis heute nicht vollständig bekannt. Sicher ist nur, daß die Rebe eine normale Blüte durchmacht. Daß es dann so selten zu einer Befruchtung der weiblichen Blüte kommt, hat wahrscheinlich damit zu tun, daß ein großer Teil des Pollens steril ist. Ob die wenigen Beeren, die eine Traube trägt, durch Wind- oder Insektenbestäubung entstehen, ist umstritten. Die Hektarerträge liegen bei der Picolit-Rebe jedenfalls mit 25 bis 40 Doppelzentnern weit unter dem Niveau anderer Sorten, weshalb der Preis für eine Flasche dieses Dessertweins um ein Vielfaches höher liegt als derjenige anderer Weine.

## GRADNIK, PLESSIVA DI CORMONS

*In der Gemeinde Plessiva, die nur aus einigen weit in der Landschaft verstreuten Bauernhäusern besteht, besitzen die Gradniks knapp 15 Hektar Weinberge. Sie liegen, wie auch ihr Keller, direkt an der Grenze nach Jugoslawien. Die Trauben, die dort reifen, weisen fast jedes Jahr die höchsten Zuckergehalte im Collio auf. Sie zählen daher zu den voluminösesten, die im Friaul gekeltert werden. Sie sind körperreich, ungemein stoffig und weisen häufig einen hohen Alkoholgehalt auf. Die Gradniks stammen aus Medana, einem kleinen, fünf Kilometer hinter der Grenze in Jugoslawien liegenden Dorf. Sie hatten jedoch schon um die Jahrhundertwende unter einer alten Eiche bei Plessiva (sie steht noch immer) eine neue Hofstelle mit einem mächtigen, unterirdischen Keller errichtet, wo sie einen guten Wein kelterten, der damals vor allem nach Österreich verkauft wurde. Nach dem Zweiten Weltkrieg gingen die bei Medana liegenden Weingärten verloren. 1951 begannen die Gradnik, um den Hof bei Plessiva neue Reben zu pflanzen und die Weinproduktion wieder aufzunehmen. Der Erfolg, auch der finanzielle, ließ jedoch auf sich warten und stellte sich erst Mitte der sechziger Jahre ein. Seitdem gelten die Gradniks allerdings als Spitzenproduzenten. Heute kümmert sich Gradimiro Gradnik, der aus seiner slowenischen Kulturzugehörigkeit kein Geheimnis macht, nur noch um die Weinberge. Seine Tochter Wanda ist für die Kellerarbeit zuständig. Sie ist Absolvent der Önotechnikerschule in Conegliano und hat einige Jahre bei Gaspare Buscemi gearbeitet. Sie ist Vertreter der sanften Kellertechnik. Die Moste werden bei ihr durch Kälte gesäubert, der Wein häufig umgezogen und nur mit Bentonit geklärt. Sie verwenden auch keine Zuchthefen für die Gärung. Pinot Bianco, Tocai, Ribolla und Sauvignon sind Weine von hoher Klasse. Der Pinot Grigio besitzt viel Eigenart und fast das Gewicht eines Rotweins. Traminer und Picolit sind halbtrocken. Eine kleine Partie des letzten Weins wird jedoch trocken und in »barriques« ausgebaut – ein ungewöhnlich feiner Tropfen! Besonders gut sind auch die Rotweine geraten, die Körper, Kraft und Tiefe besitzen. Ein Teil des Cabernet franc hat in »barriques« gereift. Er zählt zu den besten Weinen dieser Sorte im Friaul.*

## MARIO SCHIOPETTO, SPESSA DI CAPRIVA

*Schiopetto lebt mitten in seinen Weinbergen im Hinterland von Capriva, nur einen Steinwurf vom Castello di Spessa entfernt. Er, ein Autodidakt der Önologie und Winzer aus Leidenschaft, aber nicht etwa, wie die meisten, mit Kellermeister-Diplom, hat sich innerhalb der letzten Jahre zum führenden Weinproduzenten des Friaul emporgearbeitet. Seine Kreszenzen legen Zeugnis davon ab, welche Exquise die Weine des Collio aufweisen können. Sie sind nicht leicht, nicht schwer, aber perfekt ausbalanciert, von zarter, fruchtiger Säure geädert, von oft überwältigender Fruchtigkeit und von einer seidigen Konsistenz, die ihresgleichen sucht. 16 Hektar Weinberge besitzt er rund ums Haus. Daraus kommen 50000 bis 100000 Flaschen jedes Jahr. Tocai und Bianco überragen alles – wenn die Witterung entsprechend ausfällt. Sonst sind es andere Sorten, die den Spitzenwein bringen. In großen Jahren (wie 1975, 1976 und 1983) produziert er auch Auslesen. Sie sind am weißen Etikett zu erkennen.*
*Schiopetto hat sich aus kleinsten Verhältnissen hochgearbeitet. Sein Vater besaß in einem der benachbarten Dörfer eine Trattoria und schenkte dort Weine aus, die er von bestimmten Bauern aus der Umgegend kaufte. Genaugenommen nur zwei Weine: einen roten und einen weißen. Aber es waren »Naturweine«, denen außer ein paar Gramm Schwefel und einigen Hühnereiweiß zur Klärung nichts weiter hinzugefügt worden war. Als 1959 der letzte dieser bäuerlichen Weinlieferanten starb, mußte der Sohn Mario es übernehmen, für den Nachschub zu sorgen. Also lernte er die alten Methoden der Kelterung, eignete sich das Wissen um Gärung und Ausbau der Weine an und sorgte so dafür, daß die Gäste der Trattoria weiterhin ihren »Naturwein« trinken konnten. 1965 pachtete er dann die alte Villa bei Capriva, in der er seine Kellerei unterbrachte. Sie war früher Sommersitz und Meditationsort der Bischöfe von Görz. Ihnen gehörte auch das Land um das Anwesen, und der Wein, der dort wuchs, war schon Mitte des 19. Jahrhunderts so gut, daß er über die Tafeln der geistlichen Herren hinaus großen Zuspruch fand. Fortan baute Schiopetto auch seine eigenen Trauben an, wobei er, was zum Beispiel das Prinzip der engen Bestockung und des starken Beschnitts (er produziert nicht mehr als 55 Hektoliter pro Hektar) angeht, ebenfalls zu den Pionieren im Friaul gehört.*

## GIOVANNI DRI, RAMANDOLO

*Giovanni Dri ist ein noch junger Angestellter aus dem Landwirtschaftsamt in Udine, der als Nebenberufswinzer einen ungewöhnlichen und hochfeinen Wein aus der Verduzzo-Giallo-Rebe bereitet. Er ist von brillanter, goldgelber Tönung und besitzt ein unnachahmliches, nach Honig und Akazien duftendes Bouquet. Er fließt wie Seide über die Zunge, fasziniert dabei durch seine milde Süße, seine fruchtigen Aromen, wobei er sein bitteres, überaus delikates Tannin spüren läßt. Er stellt einen der elegantesten Dessertweine Italiens dar.*

*Giovanni Dri besitzt in Ramandolo vier Hektar Weinberge. Den größten Teil hat er von seinem Vater geerbt, einen kleinen Teil hat er zugekauft. Er zählt zu den wenigen Winzern des Ortes, die diese schon nach modernen Gesichtspunkten angelegt haben. Es sind kleine, parzellenartige Weinberge mit meist alten Rebstöcken, die aufwendig gepflegt und konsequent zurückgeschnitten werden. Die Hektarerträge überschreiten selten 30 Hektoliter. Seine besten Lagen sind Ronchat und Baratovo. Sie befinden sich direkt im Steilhang des Monte Bernardia. Von dort kommen die Trauben mit den höchsten Mostgewichten. Sie werden frühestens Mitte Oktober gelesen, weich abgepreßt und der Most dann 24 Stunden lang im wassergekühlten Stahltank gesammelt, damit sich der Trub absetzen kann. Dann wird er abgezogen und langsam vergoren. Die Gärung wird weder durch Temperaturabfall, noch durch Abfiltern der Hefen gestoppt. Der Wein gärt durch und besitzt, je nach Jahrgang, am Ende immer noch vier bis sechs Gramm Zucker. Er kommt normalerweise nicht ins Holzfaß, sondern wird im Februar in Flaschen gefüllt, in denen er noch eine mehrmonatige Reifezeit durchmacht. Er wird am besten jung getrunken. Sehr gute Jahrgänge (wie zum Beispiel 1974) halten sich jedoch durchaus zehn Jahre lang. 1983 – ebenfalls ein ungewöhnlich guter Jahrgang – ist ein Teil des Weins erstmals in »barriques« ausgebaut worden. Neben dem Verduzzo keltert Dri einen ausgezeichneten Refosco dal peduncolo rosso. Er ist von schwarzroter Farbe, sehr tanninhaltig und körperreich und braucht stets einige Jahre, um seine ganze Feinheit zu entfalten. Er wird allerdings nur in sehr geringen Mengen hergestellt.*

## AMADIO COMELLI, TORLANO DI NIMIS

*Amadio Comelli, Jahrgang 1949, gehört zu den wenigen Winzern der jüngeren Generation in Torlano, die bereit waren, das Erbe ihrer Väter weiterzuführen und sich des heimischen Weins anzunehmen, der zwar unbestritten hochwertig, aber unbekannt und daher nicht immer leicht zu vermarkten ist; der überdies mehr als die anderen Weine des Friaul klimatischen Risiken ausgesetzt ist; der schließlich in Weingärten wächst, die steil und daher äußerst mühsam zu bearbeiten sind. Von seinem Vater, der seit 1930 den Verduzzo di Ramandolo herstellt, hat er das alte Bauernhaus in Torlano, in dem auch die Cantina untergebracht ist, sowie vier Hektar Weinberge übernommen, die zum größten Teil mit Verduzzo-Reben bestockt sind. Sie liegen am Ortsrand von Torlano am Fuße des Monte Bernadia. Daneben hat Comelli zwei kleine Weinbergs-Parzellen (zusammen zwei Hektar) direkt unterhalb der Kirche von Ramandolo gepachtet – eine der ältesten, steilsten und wohl auch besten Lagen für den mild-süßen Wein. Die Trauben werden nie vor Mitte Oktober gelesen und schon am Stock sorgfältig selektiert. Rund 20 Prozent des Leseguts, das eingebracht wird, vergärt Comelli auf den Hülsen, damit Duft- und Aromastoffe, aber auch Farbpigmente in den Wein übergehen. Der Rest wird, nachdem die Trauben weich abgepreßt sind und eine Nacht im kalten Keller verbracht haben, damit der Trub sich setzt, wie normaler Weißwein bereitet. Wenn nur noch fünf bis sechs Gramm Zucker im Wein sind, wird die Gärung durch mechanisches Abfiltern der Resthefen gestoppt. Der Wein bleibt dann noch einige Monate im Stahltank, um dann im Frühjahr auf Flaschen gezogen zu werden.*

*Comelli ist, wie auch sein Neffe und Nachbar Giovanni Dri, ein Nebenerwerbswinzer. Das Handwerk des Weinmachens hat er von seinem Vater gelernt. Er produziert kaum mehr als 8500 Flaschen Verduzzo di Ramandolo im Jahr, daneben ein wenig Refosco und Marzemino. Im Hauptberuf betreibt er zusammen mit Luigi Giudici, der ihm auch beim Verkauf seines Weines hilft, die Trattoria „Vizzutti" in Torlano, in der er die alte friaulsche Küche auf den Tisch bringt.*

Im 18. Jahrhundert war die Picolit-Rebe in der Gegend von Treviso, Conegliano, Bassano, Vicenza bis hin in die Emilia und Toskana verbreitet. Es liegen keine Zeugnisse vor, daß sie zu jener Zeit auch im Friaul wuchs. Im 19. Jahrhundert war die seltsame Rebe dort hingegen häufig anzutreffen. Der Wein galt als ein Juwel des Landes, und die russischen Zaren, an deren Tafel dieser topasfarbene Wein häufig zu finden war, sollen hundert Rubel für einen Liter gezahlt haben. Auch die Könige von Sardinien schwärmten leidenschaftlich für den edlen Tropfen. Am österreichischen und englischen Hof triumphierte er ebenfalls. Luigi Veronelli, einer der bedeutendsten italienischen Wein-Journalisten, hat ihn einen »grandissimo vino« genannt, andere vergleichen ihn mit dem berühmten Sauternes vom Château d'Yquem.

Tatsächlich weist ein Picolit nie auch nur annähernd die barocke Fülle eines Château d'Yquem auf oder den Nuancenreichtum einer deutschen Trockenbeerenauslese. Der Vergleich mit solchen Hochgewächsen ist schon deshalb nicht angebracht, weil diese aus edelfaulem, extrem spätgelesenem Traubengut gepreßt werden, während der Picolit normalerweise Anfang Oktober gelesen wird. Der Wein kann deshalb auch nie einen Botritis-Ton aufweisen, der den unwiderstehlichen Reiz aller spätgelesenen Kreszenzen ausmacht. Zudem geht der Picolit heute meistens nur noch ein Jahr ins Holzfaß, ist längst nicht so reif und abgeklärt, wenn er auf die Flasche gezogen wird, und nur begrenzt haltbar: etwa drei bis fünf Jahre je nach Säurespiegel und Zuckergehalt.

Gleichwohl kann er innerhalb dieser Zeit eine große Feinheit auf der Zunge entfalten. Er wird fast ausschließlich in den Colli Orientali hergestellt, selten im Collio und fast gar nicht in den flachen Anbaugebieten. Die älteste Zone scheint im Dreieck der Ortschaften Corno di Rosazzo, Ipplis und Prepotto zu liegen, eine gleich gute bei Savorgnano del Torre nördlich von Cividale. Dort wird die Rebe heute wieder mit großer Leidenschaft angebaut, nachdem sie in den siebziger Jahren abermals fast ausgestorben war.

## GRAVE

*Auf dem Schutt der zurückgewichenen Gletscher wachsen, durch die Karnischen Alpen geschützt, rassige, elegante Weine heran (im Bild: Barbeano südlich von Spilimbergo).*

Der zweite große Dessertwein des Friaul ist der **Verduzzo di Ramandolo**. Er stammt von der Verduzzo-Giallo-Rebe, die praktisch nur auf den Hügeln von Cividale und Tarcento kultiviert wird. Die Rebe besitzt kleine Beeren mit dicker Schale, so daß der Wein bei geringer Mostausbeute viel Tannin aufweist. Die Reife, die er in den klimatisch begünstigten Nischen des Friaul erreicht, gibt ihm Körperreichtum und sorgt zugleich für ausreichend Alkohol.

Der Verduzzo di Ramandolo ist noch unbekannter als der Picolit, aber in seinen besten Qualitäten diesem mindestens ebenbürtig. Die Trauben werden jedes Jahr erst sechs Wochen nach der normalen Ernte gelesen, in manchen Jahren sogar erst um den 10. November herum. Nach der Gärung enthält der Wein noch durchschnittlich vier Gramm natürlichen Restzucker: in sonnenreichen Jahren etwas mehr, in kalten etwas weniger. Viele Experten haben diesem seltenen Wein einen Botritiston angedichtet. Tatsächlich aber zeigt der Verduzzo, wenn er richtig ausgebaut ist, saubere, klare Fruchtaromen. Fäulnispilze, die nur in extrem nassen Jahren (wie zum Beispiel 1984) auftreten, brechen die Schale der Beeren auf, so daß der Regen das Fruchtfleisch schnell auswäscht. Deshalb versuchen die Winzer eine Fäulnisbildung auf jeden Fall zu vermeiden, notfalls durch eine vorgezogene Lese.

Die Verduzzo Giallo wird auch an einigen Orten außerhalb von Ramandolo, Sedilis und Torlano angebaut: in Savorgnano del Torre etwa oder bei Cialla. Auch dort ergibt sie teilweise hervorragende Weine, deren Charakteristik derjenigen von Ramandolo durchaus nahekommt. Irreführend ist hingegen die Bezeichnung »Verduzzo Ramandolo«, die einige Winzer benutzen, um ihren süßen Wein leichter verkaufen zu können (zum Beispiel *Tenuta Sottomonte*, Cantina *Gigi Valle*). Sie verwenden zwar Traubengut von der Verduzzo Giallo. Es kommt jedoch aus anderen Gegenden. Außer der Tatsache, daß ihr Wein süß ist, hat er mit dem echten »Verduzzo *di* Ramandolo« wenig zu tun.

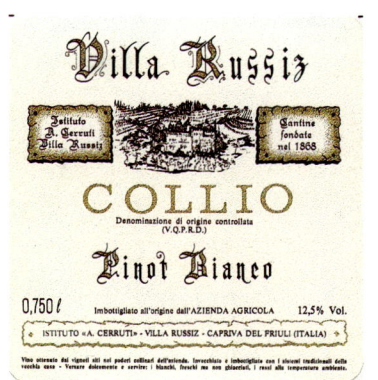

## VILLA RUSSIZ, CAPRIVA DEL FRIULI

*Die Villa Russiz liegt etwa einen Kilometer im Hinterland von Capriva inmitten einer kleinen Häusergruppe, die auf alten Landkarten noch unter der Bezeichnung Russiz di sotto eingetragen ist. Die Villa beherbergt ein Waisenhaus. Die angeschlossene Kellerei dient lediglich dazu, mit den Erlösen aus dem Weingeschäft die wohltätigen Zwecke zu finanzieren. Die Verantwortung für Wein und Geld trägt Edino Menotti, ein passionierter Winzer und Kellermeister. Er ist es gewesen, der den Weinen der Villa Russiz Glanz und Ansehen weit über Italien hinaus verschafft hat. Zur Villa gehören etwa 30 Hektar Rebland, die allesamt um Russiz di sotto liegen. Durchschnittlich 200 000 Flaschen werden abgefüllt, wobei ein deutliches Schwergewicht auf den französischstämmigen Rebsorten liegt. Die Villa-Russiz-Gewächse besitzen, vor allem auch in den Vereinigten Staaten, eine große Zahl von Liebhabern. Sie besitzen Körperreichtum und Fruchtfülle. Eine Klasse für sich ist der Pinot Bianco. Er zählt fast jedes Jahr zu den besten Weinen, die im Friaul aus dieser Sorte gekeltert werden. Die Geschichte der Villa Russiz ist für das gesamte Friaul von großer Bedeutung gewesen. Als im Jahre 1873 die Tochter des österreichischen Barons Ritter von Zahoni den französischen Grafen Theodore de La Tour heiratete, erhielt sie als Mitgift ein paar Hektar Land bei Russiz. Der Graf erkannte sofort, daß sich dort Reben anbauen ließen, und er schmuggelte im Schaft seiner Reiterstiefel geeignete Rebschößlinge aus Frankreich ins Friaul. Auf diese Weise wurde die Pinot Bianco nach Norditalien importiert. Nach dem Ersten Weltkrieg fielen das Land und die prächtige, im Windsor-Stil errichtete Villa, die der Graf bei Russiz hatte bauen lassen, an den italienischen Staat zu. Das Waisenheim, das die Gräfin de La Tour in den Anwesen hatte einrichten lassen, wurde von einer sagenumwobenen, barmherzigen Dame namens Adele Cerruti weitergeführt. Von da an hieß die Villa »Istituto A. Cerruti«. Als Edino Menotti 1954 die Kellerei übernahm, waren die Weinberge und der Keller völlig heruntergewirtschaftet.*

## RUSSIZ SUPERIORE, CAPRIVA DEL FRIULI

*Erst 1980 ist diese neue, von Marco Felluga errichtete Kellerei fertiggestellt worden. Sie wurde nach dem Ort, an dem sie steht, benannt: Russiz Superiore. Dieses höhergelegene Russiz liegt etwa drei Kilometer im Hinterland von Capriva und ist nur über schmale Sträßchen und Feldwege zu erreichen. Dort hat Felluga schon 1966 von einem italienischen Rechtsanwalt und Weinfachmann rund 70 Hektar uraltes Reben- und Waldland erworben, das er in modernen, breiten Terrassen angelegt und neu bestockt hat. Er war einer der ersten, die dort das »capuccina«-Rebenerziehungssystem praktizierte, wodurch das Wachstum der Reben erheblich beschränkt wird. Etwa 50 Hektoliter Wein pro Hektar werden auf Russiz Superiore produziert – das ist halb so viel wie in den flachen Teilen des Friaul. Die Weine sind körperreich und kräftig. Ihr Alkoholgehalt liegt nicht selten über 13 Vol.%. Gleichwohl besitzen sie nicht jene barocke Statur, wie sie manche Gewächse von Dolgena und Plessiva aufweisen. Gianni Bignucolo, Fellugas Kellermeister, gelingt es auf eine meisterhafte Weise, Körperreichtum mit Eleganz zu verbinden. Überragend ist der Sauvignon, sehr gut der Pinot Bianco. Außerdem gehören Pinot Nero, Cabernet franc und Merlot regelmäßig zu den besten Rotweinen des Collio. Sie bestechen durch ihre subtilen Fruchtaromen, ihren zarten Duft und ihre milde Säure. Sie sind langsam fermentiert (20 bis 30 Tage), minimal geschwefelt. Die neue Cantina ist ausschließlich mit Edelstahltanks ausgestattet und zählt zu den modernsten des Friaul. Marco Felluga gilt in den Vereinigten Staaten als bester Pinotwein-Produzent. Sicher ist, daß er mit Schiopetto und Puiatti zu den großen Weinmachern des Friaul zählt. Er kommt aus einer alten, ursprünglich aus Istrien stammenden Winzerfamilie. Seine Hauptkellerei befindet sich in Gradisca am Isonzofluß. Dort erzeugt er unter dem Etikett »Marco Felluga« noch einmal die gesamte Palette der friaulischen Weine – in sehr guter Qualität, aber aus Lesegut, das von 50 Vertragswinzern zu einem kleinen Teil auch von Russiz Superiore. Seit Mitte der achtziger Jahre baut Felluga einige seiner Weine auch in der »barrique« aus.*

**ABBAZIA DI ROSAZZO** *Die Akazien-gesäumten Weingärten sind die Heimat der Ribolla.*

# COLLI ORIENTALI
# DEL FRIULI

D ie Colli Orientali stellen das am stärksten kleinbäuerlich geprägte Anbaugebiet des Friaul dar. Seltener als in anderen Landstrichen finden sich dort große Kellereien. Genossenschaften existieren praktisch nirgendwo. Geprägt wird der Weinbau dieser Zone von Familienbetrieben, die ihr Land selbst bestellen und seit Jahrzehnten, oft seit Jahrhunderten auf dem gleichen Flecken leben. Die moderne Ökonomie ist dort

nur langsam vorgedrungen. Traditionelles Wirtschaften hat noch einen breiten Boden.

Die Colli Orientali grenzen im Süden an den Collio und erstrecken sich im Norden bis über Tarcento hinaus. Im Westen berühren sie das Anbaugebiet des Grave, im Osten reichen sie bis auf eine Höhe von etwa 350 Metern in die Julischen Alpen hinauf. In den Flußtälern und in der Ebene von Udine umfassen sie auch flache Lagen, wo dann Rebkulturen neben Maisfeldern stehen. Die Weine, die dort wachsen, erreichen nie die Feinheit derer, die von den Hügeln kommen. Der Anteil der flachen Lagen ist allerdings gering. Der deutlich überwiegende Teil befindet sich in der hügeligen Endmoränenlandschaft, die sich zu

Füßen der schneebedeckten Alpengipfel ausbreitet. Schichten von Mergel und Sandstein wechseln sich dort ab, die reich an Kalk, aber relativ arm an Stickstoff sind. »Flysch« nennen die Friauler diesen feinsteinigen Boden, über den sich eine nur zentimeterdünne Humusschicht legt. Geologisch unterscheidet er sich kaum von dem des Collio.

Die typische Kleinlage der Colli Orientali ist der »ronco«. Damit ist ein Hügel gemeint (oder mehrere Hügel: »ronchi«), der sich wegen seiner Ausrichtung und Neigung für den Rebenanbau eignet. Charakteristisch für die Colli Orientali sind die Hecken und Buschinseln, die an vielen Stellen die Hügel säumen. Nicht selten finden sich auch Kirschbäume zwischen den Rebzeilen, die zwar Sonne nehmen, aber den Menschen während der Lese Schatten spenden und deshalb Gnade vor den Augen vieler Weinbauern fanden. Lesehelfer besonders für die stark hängigen Lagen zu finden, ist auch im abgeschiedenen Friaul nicht immer leicht. Außerdem lieferten die Kirschbäume früher das Holz für den Faßbau, so daß der Respekt der Menschen vor diesem Baum groß genug ist, um ihn bei der Neuanlage der Weinberge zu schonen.

Die Weingärten ziehen sich normalerweise bis auf eine Höhe von 200 Metern hin. Danach breiten sich dichte Laubwälder aus, die bis zu den Bergdörfern an der Grenze der submontanen Zone reichen. Viel Kastanie findet sich dort, aber auch wertvolle Eiche, die von der Holz- und Möbelindustrie genutzt werden, einer der wichtigsten Erwerbszweige der Region. In tieferen Lagen finden sich an den Nordhängen der Hügel oft ausgedehnte Akazienhaine. Sie waren für einen Weinbauern früher ebenso wichtig wie die Reben, weil aus dem Holz dieses Baumes die Pfähle gemacht wurden, an denen diese sich emporrankten. Inzwischen werden zwar meist Betonpfähle benutzt, aber immer mehr Winzer kommen auf Holz zurück. Holz zieht im Sommer nämlich – im Gegensatz zu Beton – nicht die Feuchtigkeit aus dem Boden.

Die Weine, die im Süden der Colli Orientali wachsen, zeichnen sich durch Körperreichtum und Vollmundigkeit aus. Sie sind etwas schwerer als die aus dem Norden kommenden Gewächse. Man sagt, sie besäßen *grossa struttura*.

Unter den zahlreichen, meist kleinen und kleinsten Kellereibetrieben zwischen Buttrio und Manzano, wo sich die am weitesten westlich gelegenen Hügel aus der Ebene erheben, ragt die *Tenuta Sottomonte* heraus. Sie befindet sich direkt an der alten, am Fuße der Hügel von Buttrio nach Manzano verlaufenden Straße. In den letzten Jahren haben jedoch auch einige andere Winzer dieser Gegend erhebliche Anstrengungen unternommen, die Qualität ihrer Weine zu verbessern. So kommen aus den Kellern der Familie Taddei, deren *Villa Belvedere* mitten zwischen den grünen Hügeln von Manzano liegt, einige hervorragende Weine. Seit 1978 ist Sabino Scolamiero, ein pensionierter Alitalia-Pilot, für die Produktion verantwortlich. Einen guten Ruf genießen auch die Weine von *Ronchi di Manzano*, einem alten, etwas außerhalb von Manzano gelegenen Weingut (an der alten Straße nach Orsaria), das einst dem Grafen von Trient gehörte und später von dem bekannten italienischen Rebenzüchter Domenico Dorigo zu Ehren gebracht wurde. Nicht weit davon entfernt befindet sich die Kellerei *Bandut*, die einen ausgezeichneten Picolit erzeugt. Mit großem Ehrgeiz geht auch die junge Francesca Midolini zu Werke, eine promovierte Volkswirtschaftlerin. Ihr Weingut *Fornaci di Manzano*, etwa einen Kilometer außerhalb des Ortes gelegen, bringt einen der besten Tocai des Anbaugebiets hervor. In Buttrio kommen sehr gute Weine aus den Kellern von *Livio* und *Olivo Buiatti* sowie von *Girolamo Dorigo*, einem früheren Mitbesitzer von *Ronchi di Manzano*. Er experimentiert seit Jahren mit *barriques*. Viel Anerkennung haben auch die Weine der jungen Ärztin *Marina Danieli* erregt, die freilich nur geringe Mengen erzeugt. Der größte Produzent in Buttrio ist, neben *Fantinel*, einem industriellen Flaschenabfüller, *Gigi Valle*, ein studierter Önologe mit einem sehr modern eingerichteten Keller.

## CONTI ATTEMS, LUCINICO

*Die Attems leben seit tausend Jahren im Gebiet des Collio Goriziano. Sie gehörten stets zu den einflußreichsten und angesehensten Adelsgeschlechtern der Stadt. Einer der Bischöfe trug ihren Namen. Sie besaßen vor dem Ersten Weltkrieg nicht nur im Friaul, sondern auch in Österreich und in der heutigen Tschechoslowakei große Ländereien. Ihre Weine waren an den feinen Tafeln Wiens sehr begehrt.*
*Damals lebte die vielköpfige Familie in einer prächtigen, im venezianischen Stil erbauten Villa am Fuße des Berges Podgora, der sich auf dem westlichen Isonzo-Ufer gegenüber von Gorizia erhebt. Die Südflanke des Berges, die außerordentlich steil ist, war mit Reben bestockt und galt als eine der besten Lagen des gesamten Collio. Während des Krieges wurden Villa und Weinkulturen jedoch total zerstört. Die Attems zogen sich, nachdem auch ihr Palazzo in Gorizia verkauft worden war (er beherbergt heute ein Kriegsmuseum) nach Lucinico zurück und legten auf den Hügeln hinter den letzten Häusern des Ortes neue Weinberge an. Dort befindet sich auch heute noch der größte Teil der 30 Hektar umfassenden Rebpflanzungen. Der Malvasia, der dort wächst, ist war mit Reben und in der heutigen gut. Aber auch Tocai, Pinot Grigio und Cabernet franc bringen sehr gute Qualitäten.*
*In der Isonzo-Ebene verfügen sie ebenfalls noch über Rebenland. Die Weine, die dort wachsen (sie tragen ein Bild der alten Attem'schen Villa auf dem Etikett), sind allerdings von wesentlich einfacherem Zuschnitt als die Collio-Gewächse. Heutiger Inhaber des Betriebs ist Douglas Graf Attems. Der promovierte Landwirt hat das Gut 1935 von seinem Vater übernommen. Er ist der letzte männliche Nachkomme des Görzer Zweigs der Familie. Geprägt von der alten österreichisch-deutschen Kultur, hat er nach dem Zweiten Weltkrieg jahrzehntelang mit den italienischen Behörden gegen Enteignung und staatliche Landinanspruchnahme gekämpft, um den Besitz der Familie zusammenzuhalten. Als Winzer ist er frühzeitig den Weg von der Landwein- zur Qualitätsweinproduktion gegangen. Als Präsident des Konsortiums der Collio-Winzer hat er entscheidend an der Formulierung der D.O.C.-Regeln mitgearbeitet und sich große Verdienste um den Collio-Wein erworben.*

## FRANCESCO GRAVNER, OSLAVIA

*Francesco Gravner ist ein junger Winzer mit einem kleinen Weinbergbesitz, der gerade so groß ist, daß er ihn ohne Angestellte selbst bewirtschaften kann. Er versteht sich zuerst als Weinbauer, der von der Bearbeitung des Bodens bis zum Beschnitt alles, was zur Pflege des Weins gehört, mit eigener Hand ausführt. Er ist jedoch auch ein ausgezeichneter Kellermeister, der sich trotz seiner geringen Produktion einen hochmodernen Keller eingerichtet hat und dort – wie man es bei bäuerlichen Winzern selten sieht – nach allen Regeln der modernen Önologie arbeitet. Vor allem aber hat er sich konsequent der Qualitätswein-Produktion verschrieben. Er verwendet ausschließlich Vorlaufmost für seinen Flaschenwein, wobei die Saftausbeute nur 50 Prozent beträgt (bei anderen Winzern beträgt sie 65 bis 70 Prozent). Seine Weine zeichnen sich durch ihre rassige, säurebetonte Art aus. Die Gravners leben seit dem 17. Jahrhundert in Oslavia. Auf dem Gebiet dieser Gemeinde besitzt Gravner 5,5 Hektar Weingärten, in denen ein vorzüglicher Pinot Bianco wächst sowie ein bouquetreicher Chardonnay (diese Rebsorte wird in Oslavia viel angebaut), ein charaktervoller Sauvignon, ein leichtgewichtiger Riesling Italico und einige alte Rebsorten, aus denen Gravner einen Hauswein namens »Vinograd Breg« macht. Er besteht zu 60 Prozent aus der Rebsorte Glera, den Rest steuern Ribolla, Malvasia und Pagadebit bei. Er ist ein sehr feingliedriger, jedoch etwas gefälliger Wein. Die Krönung seiner Produktion stellt der Ribolla dar, der von 30 bis 50 Jahre alten Rebstöcken kommt, spät gelesen wird und dennoch fast sieben Promille Säure aufweist. Er verbindet Eigenart mit Exquise und muß zu den außergewöhnlichen Weinen des Friaul gerechnet werden.*
*Francesco Gravner zählt zur slowenischen Minderheit in Italien. Die Etiketten seiner Weine faßt er zweisprachig ab: italienisch und slowenisch. Er bewirtschaftet auch noch einen Weinberg in Jugoslawien, den sein Vater 1930 gekauft hatte, und der durch die Grenzziehung nach dem Zweiten Weltkrieg zum Ausland wurde. Unter anderem wachsen dort Merlot und Cabernet Sauvignon, aus denen er einen kraftvollen, ungemein feinen Rotwein keltert. Seine gesamte Produktion beläuft sich auf 50 000 Flaschen.*

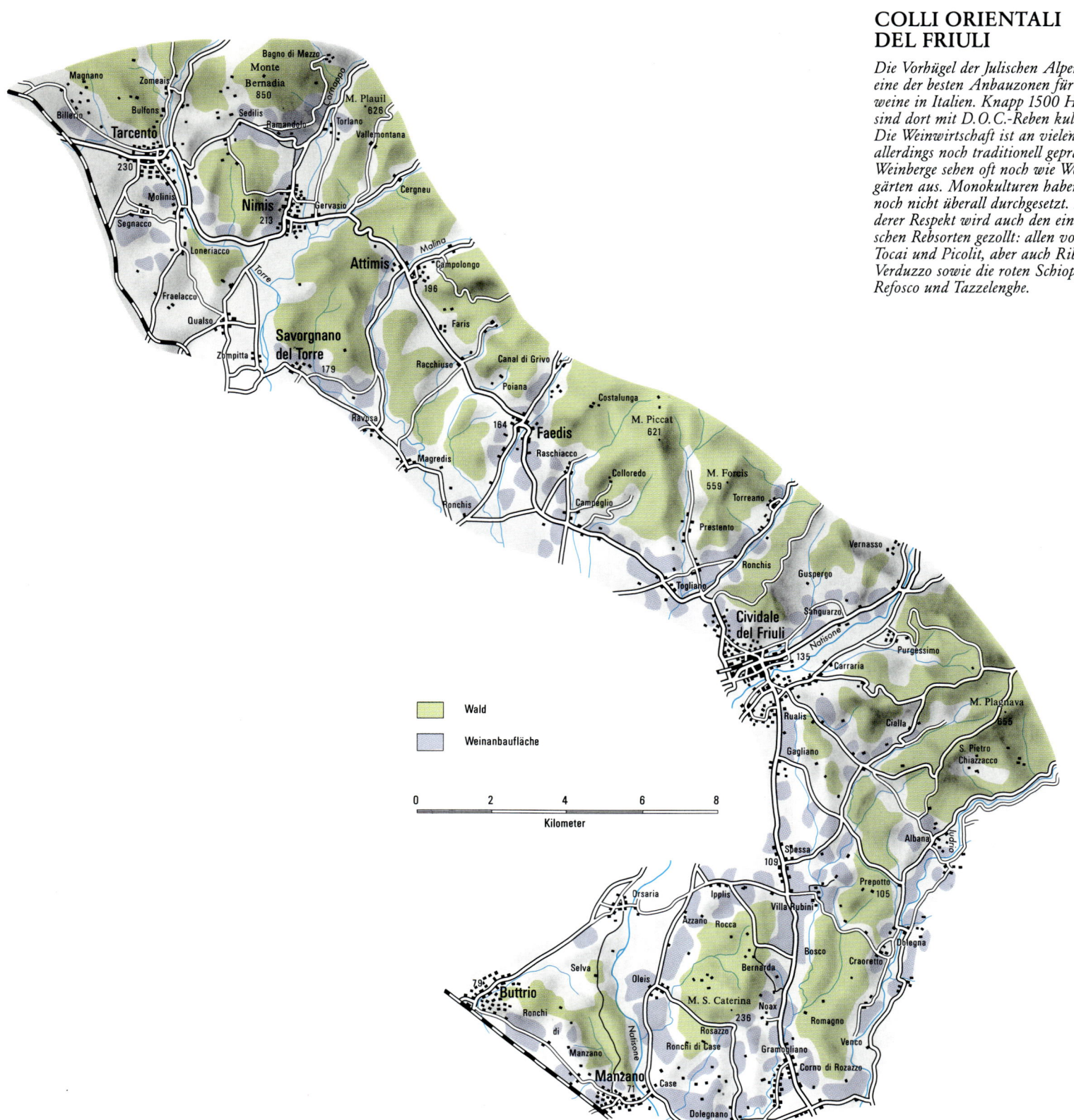

*Die Vorhügel der Julischen Alpen sind eine der besten Anbauzonen für Weißweine in Italien. Knapp 1500 Hektar sind dort mit D.O.C.-Reben kultiviert. Die Weinwirtschaft ist an vielen Stellen allerdings noch traditionell geprägt. Die Weinberge sehen oft noch wie Weingärten aus. Monokulturen haben sich noch nicht überall durchgesetzt. Besonderer Respekt wird auch den einheimischen Rebsorten gezollt: allen voran Tocai und Picolit, aber auch Ribolla, Verduzzo sowie die roten Schioppettino, Refosco und Tazzelenghe.*

Wald

Weinanbaufläche

0  2  4  6  8
Kilometer

Die zweite Hügelgruppe im Süden der Colli Orientali sind die Ronchi di Case. Am Fuße des Hügelzugs, noch innerhalb der Grenzen der Gemeinde San Giovanni al Natisone, liegen die Weingüter von *Alfiero Cantarutti* und Enzo Palazzolo (*Ronco del Gnemiz*). Beide machen vorzügliche Weine, wobei letzterer etwas experimentierfreudiger und ehrgeiziger ist. Ein paar Kilometer oberhalb liegt die alte Abtei von Rosazzo, ein prächtig erhaltenes, um das Jahr 1000 von Augustinermönchen gegründetes, aber wenig später von Benediktinern zu Glanz und Ansehen gebrachtes Kloster, das im späten Mittelalter zeitweise unter direkter Protektion des Heiligen Stuhls stand. Seit frühester Zeit wurden auf dem Land um das »Monasterium Rosarum« Feldfrüchte und Wein angebaut, wobei insbesondere der Ribolla einen guten Ruf besaß. Rosazzo ist einer der Orte, an denen diese Rebe ihren Ursprung haben könnte. Die Weinberge der Abtei, ein paar

Meter unterhalb des Monte Caterina, der höchsten Erhebung der Ronchi di Case gelegen und klimatisch besonders geschützt, sind ein idealer Ort für den Rebanbau. Entsprechend berühmt und geschätzt, aber auch teuer waren die Weine der Abtei schon zu früheren Zeiten. Einige ihrer größten Liebhaber waren Papst Gregor XII. und der Herzog von Braunschweig, der im Jahre 1509 in der Gegend zur Jagd weilte. Sein erster »Volltreffer« sei der Wein von Rosazzo gewesen, berichtet ein Dorfschreiber über den hohen Besuch, ohne freilich zu verschweigen, daß der edle Tropfen stets einen Taler mehr kostete als der Wein aus der Ebene. Im 18. Jahrhundert ging die Abtei mit der Vertreibung der Patriarchen von Aquileia, die den Besitz sechs Jahrhunderte lang gehalten und zu einem geistlichen, wissenschaftlichen sowie zu einem Zentrum des Handels in der Region ausgebaut hatten, in die Hände des Bischofs von Udine über, in denen sie sich noch heute befindet. Freilich sind Anwesen und Ländereien seit einigen Jahren an eine Gesellschaft verpachtet (*Abbazia di Rosazzo*), die unter der Regie des Journalisten Walter Filiputti die alten Gemäuer restauriert, die Weinberge neu angelegt und mit großem Erfolg begonnen hat, an die glorreichen Traditionen des Weinbaus an diesem Ort anzuknüpfen.

Die meisten Winzer, die an den Hängen der Ronchi di Case Weinbau betreiben, leben in und um Corno di Rosazzo, einem langgestreckten, wenig attraktiven Straßendorf in der Ebene. Weine mit viel Eigenart und Charakter macht zum Beispiel der junge *Angelo Nascig* (in Pra di Corte). Herausgehobene Qualitäten findet man auch bei *Mario Budini*, bei *Francesco Lui* (in Gramogliano, einem südlichen Vorort von Corno), *Elio* und *Celestino Magnan* (am Weg nach Rocca Bernarda, ein paar Kilometer nördlich von Corno), bei *Isidoro Tilatti* (in Gramogliano) oder bei *Angelo Butussi* (in Visinale südlich von Corno). In dem kleinen Flecken Noax nördlich von Corno gibt es mindestens zwei Winzer, aus deren Kellern sehr gute Gewächse kommen: *Leonardo Specogna* und *Ferruccio Gigante*. *Livio Felluga* in Brazzano (an der Straße nach Cormons) zählt zu den größeren Betrieben, dessen Weine teilweise ebenfalls Spitzenqualität aufweisen. *Collavini*, der größte Abfüller in Corno, ist ein industrieller Weinhersteller.

Auf der Rückseite der Ronchi di Case liegt das berühmteste und bekannteste Anbaugebiet innerhalb der Colli Orientali: *Rocca Bernarda*, oft auch als das Herzstück der Zone bezeichnet. Benannt nach einem roten Felsen, auf dem ein Baumeister aus Udine, Schüler Raffaels, im Jahre 1567 ein grandioses Schloß erbaute, ist es Jahrhunderte hindurch ein Zentrum des Weinbaus im Friaul gewesen. Schon Giacomo und Bernardo Valvason-Maniago, die ersten Besitzer (nach letzterem wurde das Schloß benannt), begannen mit dem Weinbau. Im 18. Jahrhundert ging der Besitz, zu dem ausgedehnte Ländereien gehörten, durch Erbfolge an Margherita Antonini Belgrado über, eine hochangesehene Intellektuelle und Nationalistin, die das Schloß nach der Rückkehr der Habsburger nach Norditalien zu einer Fluchtburg für Künstler und andere Verfolgte machte. Der Wein war schon zu ihrer Zeit eine wichtige Einnahmequelle. Seine Glanzzeit aber erlebte *Rocca Bernarda*, als im Jahre 1905 die Familie Perusini Antonini die Herrschaft übernahm. Sie ließen *Rocca Bernarda* zu einem großen Namen in der Geschichte des friaulschen Weinbaus werden. Die Perusini besaßen genügend Geld, um in einer Zeit, als für Wein noch nicht viel gezahlt wurde, die notwendigen Modernisierungen vorzunehmen. Vor allem besaßen sie in der Gräfin Giuseppina Perusini Antonini und ihrem Sohn Gaetano zwei Persönlichkeiten, die mehr als nur die Pflicht zum Broterwerb mit ihrer Arbeit verband. Während sich die Gräfin mit großer Hingabe und Leidenschaft dem Wein widmete, steuerte ihr Sohn, ein Professor der Ethnologie von Weltruf, fundierte landwirtschaftliche und önologische Kenntnisse bei. Glanzlicht der Produktion war immer der Picolit. An teilweise hundertjährigen Rebstöcken gereift, oft Beere für Beere gelesen, gekeltert und vergoren nach einer Methode, die Luciano Carletti, noch heute Kellermeister auf *Rocca Bernarda*, als *tutto mistero* umschreibt, hat dieser Paradieswein den famosen Ruf der Schloßkellerei begründet. Von Zeitgenossen wurden ihm nicht nur aphrodisierende, sondern auch heilende Wirkungen nachgesagt. Schwarmgeister sahen in ihm einen Spiegel der Sonne, der Erde und des Fleißes der Menschen des Friaul, aber selbst bei nüchterner Betrachtung konnte dieser Edelstein stets höchster Wertschätzung gewiß sein. Noch 1968 wurde für eine Flasche aus den Fässern von *Rocca Bernarda* doppelt soviel bezahlt wie für den Picolit anderer Winzer, nämlich tausend Lire. 1977 wurde Graf Perusini ermordet. Seine Mutter war bereits wenig vorher 103jährig gestorben. Mangels Erben ging *Rocca Bernarda* an den katholischen Malteserorden über, der den Besitz noch heute verwaltet: 220 Hektar Wald und Wiesen, 35 Hektar Wein mit 6000 Picolit-Reben in den besten und ältesten Lagen. Seitdem ist die Zeit auf dem Schloß stehengeblieben. Der Vorsprung, den das Weingut jahrelang besaß, ist zusammen-

## ENO FRIULIA, CAPRIVA DI CORMONS

*Vittorio Puiatti, Mitinhaber und Chef der Eno Friulia, ist eine der schillerndsten Figuren in der Weinszene des Friaul. Er ist ein Philosoph des Fortschritts. Er hat eine Lanze für die industriemäßige Weinproduktion gebrochen, weil ihm die bäuerliche Weinkultur obsolet ist. Sinnfälliger Ausdruck dieser Einstellung ist der graue Betonklotz, in dem die Eno Friulia untergebracht ist. Jeder Anflug von Weinromantik ist peinlich vermieden, jeder Hinweis, daß es Wein ist, der dort hergestellt wird, unterlassen worden. Puiatti ist ein Önologe und Kellermeister ohne Weinberge. Trauben zu produzieren, ist nicht sein Handwerk. Er kauft sie. Dennoch hat kein ehrlicher Verkoster je gezögert, seinen Weinen hohe Anerkennung zu zollen. Sie gehören zu den feinsten im Friaul. Puiatti versteht es meisterhaft, die subtile Zeichnung des Bouquets und der Aromen herauszuarbeiten, die filigrane Struktur des Weins zu erfassen. Ohne Zweifel liebt er den zarten, leichten Wein, nicht den lauten, vollmundigen. Diese Vorliebe hat ein Vorurteil gegen ihn genährt: Er sei ein Verfechter des jungen, schnell konsumierbaren Weins. Vielleicht war er es früher wirklich einmal. Doch seine Weine sind, ob gewollt oder nicht, immer auch Gewächse, die genügend Substanz besaßen, um sich lange auf der Flasche zu verfeinern – länger als die mancher Kritiker. Um diese sichtbar zu verlegen, hat er denn auch Mitte der achtziger Jahre eine zweite »Produktlinie« auf den Markt gebracht: gereifte Weine. Sie werden erst zwei Jahre nach der Lese verkauft und zum Zeichen dessen mit einem schraffierten Etikett versehen. Es sind dieselben Sorten wie die seiner normalen »Linie«. Nur kommen die Trauben von Rebstöcken, deren Ertrag um 40 Prozent niedriger liegt als bei gewöhnlichen Reben. Genau gesagt: von Weinbauern aus dem hochgelegenen San Floriano, die Puiatti seit langen Jahren beliefern, deren Zuverlässigkeit er kennt, vor deren Arbeit er Respekt hat. Damit fällt ein weiteres Vorurteil gegen ihn: daß er nur ein Önologe sei, den außerhalb seines Kellers nichts interessiere. Er könne sich, sagt er, sogar vorstellen, eines Tages selbst einen Weinberg zu kaufen. Puiatti erzeugt Weine von nahezu allen Sorten, die im Friaul wachsen, ausgenommen die alten, autochthonen. Unterstützt wird er von Giovanni, seinem Sohn.*

## RONCADA, CORMONS

*Roncada ist ein Gut zwischen Cormons und Capriva, das auf einem vorgeschobenen Hügel in der Isonzo-Ebene liegt. Von der Staatsstraße 56 führt eine Platanen-gesäumte, unbefestigte Straße zu dem majestätischen Herrensitz, dessen älteste Teile aus dem Ende des letzten Jahrhunderts stammen. Gut 16 Hektar Weinberge gehören zu Roncada. Sie liegen sämtlich um das Haus. In ihnen sind fast alle Rebsorten vertreten, aus denen im Collio D.O.C.-Weine produziert werden. Daneben kommen aus seinem Keller ein rassiger Chardonnay und ein duftiger Müller-Thurgau. Aushängeschild des Hauses ist jedoch der rote Franconia, ein vollmundiger, stoffiger Wein mit kraftvoller Säure, der im Geschmack an Kirschen und im Duft an exotische Früchte erinnert. Er zählt zu den besten Rotweinen, die im Friaul gemacht werden und ist ein Beweis dafür, daß diese alte Rebsorte, wenn sie in guten Lagen angebaut wird, nicht selten hochwertigere Rotweine ergibt als andere Sorten. Die Ursprünge des Weinguts Roncada reichen bis zum Beginn dieses Jahrhunderts zurück. Die aus Deutschland stammende, adelige Familie Wegenast, die ersten Besitzer des Anwesens, begannen die Flanken des Hügels mit Reben zu kultivieren. Damals wurden die ersten Franconia-Reben gepflanzt. Die Sorte erwies sich im Laufe der Jahre als ausgesprochen geeignet für die Böden und das Kleinklima von Roncada. Den Wegenast folgten dann die österreichischen Grafen Windischgraetz, ihnen wiederum die Coronini-Cronberg und die Mattioni. Sie alle müssen, wie Dokumente und Briefe von Kunden belegen, einen ausgezeichneten Franconia gemacht haben. Die Mattioni halten den Besitz noch heute in ihren Händen. Die beiden Schwestern Silvia und Lina, die das Weingut 1953 von ihrem Vater übernommen haben, besitzen in Gorizia eine große Kaffeerösterei und haben die Geschicke des Weins in die Hände des jungen Oscar Biasi gelegt, der Verwalter und Kellermeister auf Roncada gleichzeitig ist. Er hat die Hektarerträge bei der Franconia-Rebe auf etwa 55 Hektoliter gedrückt, was einer Produktion von 12000 Flaschen entspricht. Der Wein wird ein Jahr in alten Eichenfässern gelagert und kommt nach 18 Monaten in den Handel. Die Gesamtproduktion von Roncada beläuft sich auf 90000 Flaschen durchschnittlich.*

## BORGO CONVENTI, FARRA D'ISONZO

*Gian Luigi Vescovo zählt zu den ehrgeizigen Winzern des Collio. Obwohl er sich erst seit 1976 mit dem Weinmachen beschäftigt, hat er schon früh erstaunlich gute, fruchtige, rassige Kreszenzen auf den Markt gebracht, die sich stets durch eine eigene Note auszeichneten. Seine Weinberge ziehen sich den Nordwesthang des Monte Fortin hoch und umfassen 7,5 Hektar. Sie gestatten eine Produktion von durchschnittlich 50 000 Flaschen, wobei nicht selten die säurebetonten Weine wie Riesling, Ribolla und Sauvignon die feineren Gewächse darstellen. Aber auch Merlot und Cabernet franc wissen durch ihre Stoffigkeit zu gefallen. Vescovo, der zwölf Jahre lang als Landwirtschaftsingenieur auf dem Gut Angoris gearbeitet hat, ist ständig bemüht, die Feinheit seiner Weine zu steigern. Alle Errungenschaften der modernen Önologie haben in seinen winzigen, fast häuslichen Keller Eingang gefunden. Darüber hinaus zählt er zu den ersten, die mit kleinen Gebinden aus junger Eiche zu experimentieren begannen. Aus dem Experiment ist eine Institution geworden. Ein Teil seiner Weißweine wird heute regelmäßig in »barriques« ausgebaut, ein Teil seiner Rotweine sogar in »barriques« fermentiert. Der »Borgo Conventi Rosso«, aus einem Mischsatz von 80 Prozent Cabernet franc und 20 Prozent Merlot hergestellt, ist zweifellos ein sehr gelungener Versuch in dieser Richtung. Aber auch der »Borgo Conventi Bianco« hat durch das weiche Tannin des Holzes eine beachtliche Eleganz erhalten. Er ist aus reifen, gesunden Pinot-Bianco-Trauben gekeltert. Tatsache ist, daß kaum ein zweiter Weinmacher aus dem Collio einen so sicheren Platz in der italienischen Spitzengastronomie erobert hat wie der von Borgo Conventi. Der ehemalige Klosterkomplex, in den sich Vescovo 1976 eingemietet hat, befindet sich am Ortsausgang von Farra, wo sich die Straßen von Capriva und Villanova kreuzen. Die Anfänge des Klosters gehen bis ins Jahr 1646 zurück, als Riccardo di Strassoldo, Baron von Villanova, einem Mönch namens Basilio Pica ein Stück Land mit dem Auftrag vermachte, dort einen Ort der Meditation einzurichten. Heute erinnert nur noch die Mauer, die Anwesen und Garten umgibt, an die geistlichen Motive der Gründung. Das Gebäude selbst ähnelt eher einer prächtigen venezianischen Villa.*

## JERMANN, VILLANOVA DI FARRA

*Die Jermanns sind ein altes Bauerngeschlecht, das 1680 aus dem österreichisch-ungarischen Kaiserreich nach Görz zog und bei Villanova eine kleine Landwirtschaft aufbaute. Vater Angelo Jermann, der für die 13 Hektar Weinberge, die zur Hälfte an den Hängen des Monte Fortin, zur anderen Hälfte in der Isonzo-Ebene liegen, zuständig ist, hält noch heute einige Kühe, Schweine und Hühner, baut Mais an und pflegt seine Pfirsichkulturen. In erster Linie sind die Jermanns jedoch Weinbauern. Dank des ungewöhnlichen Talents, aber auch des Fleißes und Ehrgeizes von Sohn Sylvio, eines Verehrers der alten österreichischen Monarchie, zählen die Jermanns spätestens seit Mitte der siebziger Jahre zur Elite der Weinmacher in der Region. Ihre Weine sind, mit einer Ausnahme, nicht sonderlich körperreich. Ihren besonderen Charakter macht die rassige Art aus. Sie sind, im Vergleich zu den anderen Weinen des Collio, ungewöhnlich säurehaltig. Boden und Klima mögen dafür verantwortlich sein. Aber die Jermanns pflegen diesen Stil auch bewußt, indem sie einen Teil ihrer Weinberge nach Norden anlegen. Die Ausnahme ist, was Körperreichtum betrifft, der „Vintage Tunina“, ein Wein mit über 13% Vol.%. Er kommt von einem alten, oberhalb des Hauses gelegenen Weinberg, dessen früherer Besitzer Tunina hieß. In ihm wachsen Chardonnay, Pinot Bianco, Sauvignon, Malvasia, Ribolla und Picolit. Alle diese Rebsorten finden sich im „Vintage Tunina“ wieder. Er ist ein Wein, der seinen Höhepunkt erst nach einigen Jahren erreicht. Die anderen Jermann-Weine stehen ein wenig im Schatten des „Vintage Tunina“ – völlig zu Unrecht. Der Riesling Renano ist der beste Wein, der aus dieser Sorte im Friaul erzeugt wird. Chardonnay, Sauvignon, Vignac (Ribolla) und Tocai sind ebenfalls hochstehende Gewächse. Der „Engelwhite“, ein ohne Schalen vergorener Pinot Nero, besitzt viel Eigenart. Sehr gut sind auch Pinot Grigio, Malvasia und Gewürztraminer. Sylvio Jermann, Jahrgang 1954, ist ein leidenschaftlicher, skrupulöser Kellermeister. Jeden Wein macht er jedes Jahr anders, nichts wird im nächsten Jahr noch genauso gemacht. Nur eins blieb bislang: die Spitzenqualität.*

geschmolzen. Selbst für den Picolit erzielen andere Winzer heute beträchtlich höhere Preise.

Auch das Gut *Angoris* (bei Cormons) hat einige Weinberge bei Rocca Bernarda. Ansonsten aber gibt es wenige Weingüter auf diesem Höhenzug. Eines ist *Vigne Dal Leon*, oberhalb von Ipplis gelegen. Dort macht der Industrielle Tullio Zamò in einem winzigen Keller bemerkenswerte Weine, darunter einen Tazzelenghe, einen Schioppettino und einen großartigen Merlot. Ein anderer vorzüglicher Erzeuger ist *I Moros*. Zwar gibt es bei Ipplis noch mehr als ein Dutzend anderer Winzer. Die meisten arbeiten im Keller jedoch nach sehr traditionellen Methoden.

Die dritte südliche Hügelgruppe ist der Bosco Romagno. Sie reicht von Corno di Rosazzo bis nach Prepotto und ist mit einer nahezu geschlossenen Walddecke überzogen. Berühmt ist dieser Höhenzug für seine alten Buchen- und Eichenhaine, die sich auf einem parkartig angelegten, unter strengem Naturschutz befindlichen Areal an der Westflanke des Höhenzugs befinden. Direkt daneben befindet sich einer der größten Truppenübungsplätze der Gegend. Weinbau findet im Bosco Romagno praktisch nur an wenigen Stellen statt: bei Prepotto, Craoretto, Novacuzzo und Corno. Aber nur die Weine von Corno und Novacuzzo (dort befindet sich die Kellerei *Colli di Novacuzzi* und besitzt die *Vinicola Udinese*, die größte Kellerei von Udine, ihre besten Weinberge) ähneln in ihrer Charakteristik denen von Buttrio, Manzano und Rosazzo. Die weiter nördlich wachsenden Weine sind leichter, dafür aber häufig feinfruchtiger, eleganter und entwickeln sich langsamer auf der Flasche. Auch in diesem Teil der Colli Orientali dominiert bislang die bäuerliche Weinbereitung. Der Weißwein wird oft noch drei Tage lang auf den Hülsen vergoren, Filtration und sterile Abfüllung sind noch nicht überall bekannt. In Craoretto kommen die interessantesten Weine von Marco Lesizza. Seine *Casa di Legno* ist allerdings schwer zu finden. Man fährt vom Dorf in den Wald des Bosco Romagno hinauf. Auf Höhe der Kasernen biegt man scharf links ab und fährt etwa einen Kilometer auf einer unbefestigten, von unterirdischen Munitionsdepots gesäumten Straße bis zu dem alten Gehöft, auf dem die Lesizzas seit Generationen ihre Weine keltern. Aushängeschild dieses Kellers ist der Picolit. Er unterscheidet sich mit seinen knapp hundert Gramm natürlicher Restsüße (aber auch entsprechend hoher Säure) deutlich von den halbtrockenen Gewächsen dieser Sorte, wie sie im Friaul üblicherweise hergestellt werden. Relikte früherer Zeiten sind auch der süße Fragola und der liebliche Schioppettino, mit dem Marco Lesizza einen alten »Hochzeitswein« des Dorfes Craoretto wieder zu Ehren bringt. In Albana, einen Kilometer nördlich von Prepotto gelegen, ist es *Giuseppe Toti*, der einen ausgezeichneten Picolit macht (daneben zwei vorzügliche Rote: den Schioppettino und den Franconia).

Je näher man der jugoslawischen Grenze kommt, desto zersiedelter, wilder, verwunschener wird die Landschaft. Gemischte Wein- und Obstkulturen sowie Winzer, die noch wie zur Zeit des Halbpacht-Systems Schweine oder Rinderzucht neben dem Weinbau betreiben, sind keine Seltenheit. Weiter westlich in Richtung Cividale, wo die Hügel flacher, die Landschaft gegliederter wird, orientieren sich die Menschen schon eher am Rational der modernen Landwirtschaft. Die Flurstücke sind größer, die Rebzeilen in manchen Weinbergen bereits im Weitstand angelegt, um die Trauben eines Tages maschinell lesen zu können. In Spessa, einem kleinen Dorf am Straßenkreuz zwischen Rocca Bernarda und Bosco Romagno, leben gleich mehrere Winzer, die in den letzten Jahren durch gute Qualitäten aufgefallen sind. An erster Stelle steht Alessandro Zambotto, aus dessen Kellerei *Bosco Romagno* ungewöhnlich charaktervolle Weißweine kommen, die in ihrer Typik den Gewächsen von Prepotto ähneln. Wie allen Weinen der Hügel südlich von Cividale, haftet ihnen eine gewisse feminine Grazie an.

Nicht weit von Spessa, neben der Kirche San Isidoro, befindet sich die älteste Kellerei der Anbauzone. Sie existiert seit 1835 und befindet sich im Besitz der Familie *Rubini*. Die Rubini, eine Udineser Familie, sind durch die Herstellung von Seide bereits im letzten Jahrhundert zu Wohlstand gekommen und haben im Friaul ausgedehnte Ländereien erworben. In Spessa errichteten sie die Villa Rubini als einen Sommersitz für sich, die sie mit herrlichen Fresken ausmalen ließen. Die Villa, von einem kunstvoll angelegten Park umgeben, wurde durch das Erdbeben im Jahre 1976 schwer beschädigt. Pietro Rubini war der erste Präsident des Winzer-Konsortiums der Colli Orientali und ein engagierter Weinmacher. Als er 1983 starb, gingen die Geschicke der Villa Rubini und des Weins in die Hände seines Sohnes Leone über, eines Arztes aus Udine. Der beste Wein, der aus dem Rubini-Keller kommt, war und ist der rote Cabernet. Er wächst allerdings nicht in den Weinbergen, die die Villa umgeben, sondern bei Centa nördlich von Prepotto.

Das Dorf Spessa besteht nur aus wenigen Häusern, die zumeist direkt an der Staatsstraße 356 liegen. Neben Alessandro Zambottis *Bosco Romagno* liegt der Keller von *Mario Arzenton*, der sehr frucht- und bouquetbetonte Weine baut. Nicht weit davon entfernt arbeitet *Paolo Rodaro*, ein experimentierfreudiger Kellermeister. Er versucht neuerdings, durch ein verlängertes Faßlager seinen Weinen einen Hauch von Noblesse zu verleihen, wie sie den großen Weißweinen des Burgund eigen ist. Mit sehr hohen Ansprüchen arbeiten auch Gianfranco Pascolini in Gagliano (*Ronchi di Gagliano*) und die Gebrüder Marin (*Ronchi di Fornaz*) bei Fornalis.

Die bedeutendsten Weinmacher auf den Hügeln von Cividale aber sind, wenngleich Außenseiter, Dina und Paolo Rapuzzi (*Ronchi di Cialla*). Als die meisten Weinbauern die alten, friaulschen Reben herausrissen, begannen sie gerade, damit zu experimentieren. Sie waren auch die ersten, die ihre Weine in kleinen, neuen Eichenfässern ausbauten. Sie haben sich Mengenbeschränkungen auferlegt, wie sie bis heute niemand im Friaul akzeptiert hat. Zumindest ihr Refosco und ihr Schioppettino zählen zu den großen Rotweinen Italiens.

Nördlich von Cividale sind es nur die Weine aus Togliano und Torreano, die noch jene Eleganz aufweisen, die die Gewächse von Spessa und Prepotto auszeichnet. Etwa ein Dutzend Winzer bauen dort Reben an. Der herausragende Produzent ist *Volpe Pasini*. Cividale selbst ist der kulturelle und politische Mittelpunkt der Colli Orientali. Einst von Julius Caesar gegründet, ist es diese Stadt gewesen, die dem Land zwischen den Julischen und Karnischen Alpen den Namen gegeben hat: »Forum Julii« wurde sie getauft, woraus sich später die Bezeichnung »Friaul« bildete. Die Langobarden machten Cividale im sechsten Jahrhundert nach Christus zur Hauptstadt ihres Herzogtums. Das Archäologische Museum, gegenüber dem Dom gelegen, birgt viele Funde und Kultgegenstände aus dieser Zeit, die auch für den Weinbau von großer Bedeutung war.

Der nördliche Teil der Colli Orientali reicht bis über Tarcento hinaus. Dort sind die Niederschläge am höchsten und die Jahresdurchschnittstemperaturen am niedrigsten im gesamten Friaul. Entsprechend rassig fallen die Weine aus. Besonders gute Qualitäten liefern dort Refosco, Verduzzo und Picolit. Diese Reben sind am besten an die klimatischen Bedingungen angepaßt. Die dicken Schalen ihrer Beeren widerstehen der Feuchtigkeit, so daß es selten zu Botritisbildung kommt. Weinbau findet jedoch nur an wenigen Stellen statt. Faedis ist berühmt für seinen Refosco. Die Rebe, die dort angebaut wird, heißt Refosco di Faedis und ist älter als der im Friaul weit verbreitete Refosco dal peduncolo rosso. Sie ergibt harte, tanninreiche Weine, die normalerweise viel Zeit brauchen, um ihre Feinheit zu beweisen. Aus Savorgnano del Torre, ein paar Kilometer weiter nördlich gelegen, kommen ein ausgezeichneter Picolit und Verduzzo. *Giuseppe Picogna* ist ein sehr guter Produzent dieser beiden Weine, daneben der Arzt *Nino Arreghini* sowie *Dante Sara* und *Nani Bortoluzzi*. Noch weiter nördlich wird die Zahl der Winzer, die ihren Wein in Flaschen abfüllen, immer geringer. Eine Ausnahme machen allein die Flecken Sedilis, Ramandolo und Torlano, die nördlich von Nimis liegen. Dort wird der berühmte Verduzzo di Ramandolo gemacht, ein Dessertwein, der völlig zu Unrecht im Schatten des Picolit steht. Er wird aus spät gelesenen Trauben der Verduzzo-Giallo-Rebe gekeltert und weist nach der Vergärung noch ein paar Gramm natürlichen Restzucker auf, so daß daraus ein zart-süßer (halbtrockener), nach Akazien und Honig duftender, leicht tanninhaltiger, goldgelber Tropfen wird, der auch den letzten Gang eines Menüs noch zum Höhepunkt machen kann.

Der Verduzzo di Ramandolo, aus gutem Grund oft auch nur Ramandolo genannt, ist der Wein des gleichnamigen Dorfes, das eigentlich nur aus einer alten Kirche und einem Dutzend über die Hänge verstreuter Häuser besteht. Seit 1900 erst ist es bekannt für seinen lieblichen Wein – ein Umstand, der mit dem Kleinklima des Ortes zusammenhängt, das einzigartig im Friaul ist. Ramandolo (sowie die beiden Nachbargemeinden Sedilis und Torlano) liegen am Fuße des steil nach Süden abfallenden Monte Bernadia. Er schützt die Weingärten, die sich dort bis auf eine Höhe von 370 Metern hinziehen, vor Kälte. Zugleich werden die Rebzeilen wegen der Höhe so gut belüftet, daß es trotz der hohen Niederschläge (an jedem dritten Tag regnet es; die jährliche Niederschlagsmenge liegt bei etwa 2000 Millimetern) selten zu einer Naßfäule kommt. Die Südlage, der günstige Einfallswinkel der Sonne, der wärmespeichernde Untergrund (*Flysch*), der nur von einer dünnen Humusschicht bedeckt ist, sowie die aus Trockenmauern gefügten Terrassen, die ebenfalls Wärme abstrahlen – all das trägt dazu bei, daß die Trauben normalerweise spät gelesen werden und daher voll ausreifen können.

Ramandolo ist einer der letzten Orte im Friaul, an denen die Weinberge noch Gärten sind. Obstbäume, teilweise auch Gemüsebeete zwischen den Reben, Feldgehölze in Tallagen und auf der Kuppe der Hügel, Geranien, Iris und Lupinen am Rande vieler Weinbergsparzellen machen die Landschaft zu einem kleinen Naturmuseum, das dem Betrachter einen faszinierenden Einblick in eine traditionelle Kulturlandschaft gewährt. Freilich sind die Bauern nicht immer glücklich über diese Situation. Die Einkommen aus der Landwirtschaft sind spärlich, die Bearbeitung der Steillagen beschwerlich. Die Hektarerträge überschreiten kaum 60 Doppelzentner pro Hektar, die Mostausbeute ist, wie bei allen Spätlesen, gering (etwa 50 Prozent). Dabei liegt der Preis für den Verduzzo aus Ramandolo um ein Vielfaches niedriger als der des Picolit. Viele Winzer füllen ihn deshalb gar nicht erst in Flaschen, sondern verkaufen in *damigiane*. Die geringen Erlöse haben auch dazu geführt, daß die Rebenpflege nicht immer mit der gebotenen Sorgfalt betrieben wird. Viele Weingärten sind veraltet, und auch im Keller wird bei den meisten Winzern noch nach überholten, bäuerlichen Regeln vinifiziert. Als Gärbottiche werden oft veraltete Holzkufen verwendet, so daß mancher Verduzzo etwas muffig schmeckt und bereits oxidiert ist, wenn er den Keller verläßt. Der Ausgangsstoff ist freilich einzigartig, wenn es auch vorerst nur wenige Winzer gibt, die daraus Großes zu machen wissen. *Amadio Comelli* in Torlano gehört ebenso dazu wie die Gebrüder *Coos* in Ramandolo, der ambitiöse *Giovanni Dri*, der über einige der besten Lagen in Ramandolo verfügt.

Das Ansehen, das der Verduzzo di Ramandolo in den letzten Jahren gewonnen hat, scheint bei einigen Lokalpolitikern die Hoffnung auf einen ökonomischen Aufschwung der Weinwirtschaft der Region beflügelt zu haben. Sie wollen eine eigene »Denominazione di Origine Controllata« für den Verduzzo di Ramandolo beantragen, um den Wein vor jenen süßen Plagiaten zu schützen, die unter der irreführenden Bezeichnung »Verduzzo Ramandolo« im Handel sind. Freilich möchten sie zugleich die Grenzen für den echten Ramandolo ausweiten, nämlich in die Ebene bis nach Nimis und Tarcento hin. Dort bringt die Verduzzo-Rebe nicht dieselbe Qualität wie in Ramandolo, Sedilis und Torlano. Eine D.O.C.-Regelung nach diesem Vorbild wäre das Ende des echten Verduzzo di Ramandolo.

# COLLIO GORIZIANO

Der Collio Goriziano, kurz Collio genannt, stellt das flächenmäßig kleinste Anbaugebiet des Friaul dar. Es liegt im östlichen Zipfel der Region und zieht sich von den Ufern des Isonzo bei Gorizia (deutsch: Görz) fast bis nach Prepotto im Norden hin. Im Osten reicht der Collio bis an die jugoslawische Grenze, im Westen bis zum Flüßchen Judrio. Im Süden markieren die Eisenbahngleise der Linie Gorizia-Udine das Ende des Anbaugebiets. Nur bei Roncada, wo sich das Hügelland ein paar hundert Meter in die Ebene vorschiebt, wird diese Linie durchbrochen. Außerdem hat man die Hügelgruppe um den Monte Fortin, die um das kleine Dorf Farra ein wenig Isonzo-abwärts liegt, der Collio-Zone zugeschlagen. Diese Rebeninsel hat keine direkte Verbindung mit dem übrigen Anbaugebiet. Doch wachsen dort seit Jahrhunderten Weine, deren Eigenschaften denen der Collio-Gewächse ähnlicher als des Isonzo sind.

Die Weine des Collio werden von vielen Händlern und Weinbuchautoren für die hochwertigsten des ganzen Friaul gehalten. Richtig ist, daß sie im Durchschnitt ein wenig alkohol- und körperreicher sind als die Weine der weiter nördlich gelegenen Colli Orientali. Darüber hinaus unterscheiden sie sich aber wenig von diesen. Das Rebensortiment ist ähnlich. Die Bodenverhältnisse sind gleich. Auch die maximal erlaubten Hektarerträge für die D.O.C.-Weine liegen nicht niedriger (110 Doppelzentner für weiße und rote Trauben). Der vorgeschriebene Mindestalkoholgehalt der sortenreinen Weine ist, mit Ausnahme von Malvasia und Merlot, leicht angehoben worden (11,5 Vol.%). Damit hat man der Tatsache Rechnung getragen, daß der Collio eine etwas höhere Durchschnittstemperatur im Jahresmittel (Gorizia: 12,8° Celsius) und geringere Jahresniederschlagsmengen aufweist (Cormons: 1387 mm) als die stärker im Bereich kühleren Klimas liegenden Colli Orientali. Diese Tatsache ist auch für die höheren Mostgewichte der Collio-Weine verantwortlich. Eine Anreicherung mit Traubenzucker ist daher nur selten nötig. Probleme können in heißen Jahren höchstens durch die zu geringe Säure entstehen, wodurch die Weine flach werden und an Rasse verlieren. Die Winzer begegnen dieser Gefahr vor allem durch eine vorgezogene Lese. Einige haben einen Teil ihrer Weinberge auch bewußt in Nord- und Ostlagen angelegt, um ein Säureäquivalent zu dem hohen Zucker zu erhalten. So sind die Collio-Weine trotz ihrer Vollmundigkeit in den meisten Jahren nervige Kreszenzen von feiner Rasse. Ihre Gesamtsäure liegt in der Regel um sechs Promille (minimale Gesamtsäure bei den meisten Weinen laut D.O.C.-Statuten: 4,5 Promille). Harte Apfelsäure weisen die Trauben höchstens in schlechten Jahren auf. Dann kann eine Entsäuerung im Keller unumgänglich werden. Sie erfolgt bei den besseren Betrieben nach dem Prinzip des biologischen Säureabbaus. Das heißt: spontan bei den im Frühjahr ansteigenden Temperaturen.

Im Unterschied zu den Colli Orientali dürfen die D.O.C.-Weine des Collio ausschließlich in Hanglagen angebaut werden. Weine aus den flachen Lagen des Collio müssen als Tafelweine deklariert werden. Damit ist das D.O.C.-Reglement dieses Anbaugebiets schärfer als das seines Nachbarn. Die alten Rebsorten sind dafür im Collio fast völlig von den französisch-stämmigen Gewächsen verdrängt worden. Nur die Tocai hat die Umstellung des Sortiments überlebt. Vereinzelt wird noch (mit großem Erfolg übrigens) Franconia, Refosco, Ribolla und Picolit angebaut, doch spielen diese Sorten quantitativ keine Rolle mehr. Die höchsten Zuwachsraten haben in den letzten Jahren Pinot Grigio und Sauvignon gehabt, während Riesling Italico und Merlot rückläufig sind. Damit haben sich die qualitativ hochstehenden, leicht vermarktungsfähigen Sorten klar durchgesetzt. Unter den Tafelwein-Reben fällt vor allem der verstärkte Anbau der Chardonnay-Rebe auf. Aber auch Müller-Thurgau und Riesling Renano befinden sich auf dem Vormarsch.

Gorizia, jene Stadt, die der Anbauzone den Namen gegeben hat, ist weder durch seine Entwicklung noch durch sein Erscheinungsbild vom Wein geprägt. Es ist eine alte Handelsstadt, die einst das Friaul und das Julische Venetien mit dem Donauraum verband. Seine günstige geografische Lage machte die Stadt zu einem Zentrum für die Holz- und Papierindustrie, für Baumwolle und Seidenwaren. Heute liegt Gorizia in einem toten Winkel Italiens. Die Paläste und die stattlichen Bürgerhäuser im Zentrum strahlen höchstens noch den welken Charme vergangener Schönheit aus. Die Stadt, wegen ihrer Meeresnähe und der zahlreichen Gärten und Grünanlagen früher das »österreichische Nizza« genannt, hat Mühe, Anschluß an die moderne Entwicklung zu halten. Selbst der Weinhandel spielt sich auf dem Lande ab. Keine einzige größere Kellerei, kein einziges Weinhandelshaus findet sich in der Stadt. Auch die Gastronomie hat es vorgezogen, auf dem Lande zu bleiben.

Gorizia blickt auf eine ereignisreiche, wechselhafte Geschichte zurück. Gegründet im Jahre 1001, erlebte die Stadt in den folgenden drei Jahrhunderten unter den Grafen von Görz eine schnelle und hohe Blütezeit. Die Herren der Stadt errichteten auf dem Schloßberg eine schwer befestigte Burg, die bis heute erhalten ist und hoch über dem Häusermeer thront. Der Schloßberg ist das erste Siedlungsgebiet Gorizias und die eigentliche Altstadt des Ortes.

Die Grafen von Görz regierten bis zum Jahre 1500, und ihr Grundbesitz reichte zeitweise bis nach Tirol und Kärnten. Danach fielen Stadt und Umland den Habsburgern zu. Sie hielten den Besitz bis zum Jahre 1809, als Napoleon Bonaparte Italien eroberte. Doch die Herrschaft des Bonaparte, der sich nebenbei als großer Liebhaber des Friaulschen Weins erwies, war nicht von langer Dauer. Nach der endgültigen Zerschlagung seiner Armeen und der Neuordnung Europas auf dem Wiener Kongreß kam Oberitalien wieder zu Österreich. Görz und Gradisca wurden Kronlande. Erst der Zusammenbruch der königlich-kaiserlichen Monarchie im Ersten Weltkrieg machte der Habsburger Herrschaft endgültig ein Ende. 1919 wurde die Stadt Italien zugeschlagen. Aus Görz wurde Gorizia.

In den verheerenden Isonzo-Schlachten des Ersten Weltkriegs, die Ernest Hemingway in seinem Roman »In einem anderen Land« beschrieben hat, sind Gorizia und sein Umland schwer in Mitleidenschaft gezogen worden. Zentrum der Kämpfe waren zwei Berge: der Monte Sei Busi bei Ronchi dei Legionari (ein paar Kilometer Isonzo-abwärts gelegen) und der Podgora, gegenüber von Gorizia am westlichen Isonzo-Ufer (heute Calvario genannt). Der Podgora stellte eine der besten Weinlagen der Gegend dar. Die Kulturen wurden allerdings völlig verwüstet und bis heute nicht mehr rekultiviert. Die politischen Erschütterungen, die der Ausgang des Krieges mit sich brachte, sind noch heute spürbar. Der österreichische, slowenische und italienische Kultureinfluß haben sich nicht bruchlos miteinander verbinden können. Die Sprachenautonomie und andere ethnische Probleme sind teilweise noch ungelöst. Nach dem Zweiten Weltkrieg, der das Land abermals schwer zerstörte, verlor Gorizia auch noch sein Hinterland, das im neuen Jugoslawien aufging. Die willkürlich gezogene Grenze verläuft mitten durch die Weingärten des Collio und hat viele Winzerfamilien von ihren besten Lagen getrennt. Einige haben die Weinberge dennoch nicht aufgegeben. Sie bewirtschaften sie weiter (die Grenze ist für sie durchlässig) und machen aus den Trauben einen friaulschen Wein, der unter jugoslawischem Etikett verkauft wird.

An der Identität vieler Winzer in diesem Teil Italiens haben die Kriege wenig ändern können. Sie fühlen slowenisch, auch wenn sie einen italienischen Paß in der Tasche haben.

RONĊO

*Der Hügel, an dessen Hängen die
Reben wachsen, heißt im Friaul
»ronco«. Er ist das charakteristische
Element dieser norditalienischen Wein-
landschaft (im Bild: »ronchi« bei
Spessa di Cormons).*

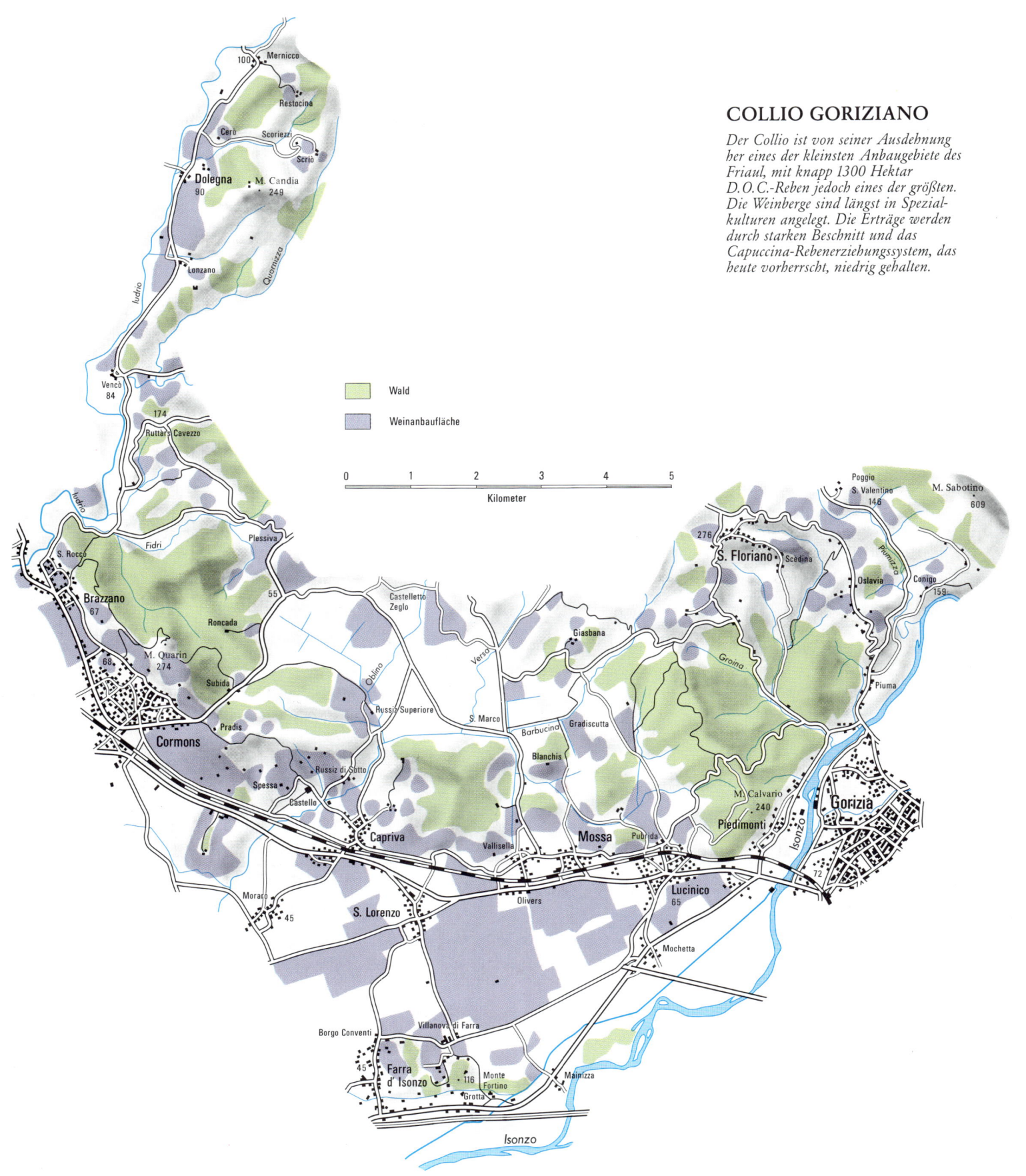

**COLLIO GORIZIANO**

*Der Collio ist von seiner Ausdehnung
her eines der kleinsten Anbaugebiete des
Friaul, mit knapp 1300 Hektar
D.O.C.-Reben jedoch eines der größten.
Die Weinberge sind längst in Spezialkulturen angelegt. Die Erträge werden
durch starken Beschnitt und das
Capuccina-Rebenerziehungssystem, das
heute vorherrscht, niedrig gehalten.*

Wald

Weinanbaufläche

Die Menschen im Hügelland lebten nach dem Zweiten Weltkrieg kärglich. Ackerbau, Seidenraupenzucht und Viehhaltung
bildeten das Rückgrat der Landwirtschaft. Der Weinbau stellte
keine große Erwerbsquelle dar. Ihren *vino nostrano* verkauften
die Bauern selten über die Grenzen der Provinz hinaus. Er blieb
im Dorfe und wurde in den Trattorien von Gorizia und Gradisca
ausgeschenkt. Häufig wurde er auch mit süditalienischen Weinen verschnitten. Der apulische San Severo war zu diesem Zweck
sehr gefragt, weil er neutral schmeckt und den eigenen Weinen
somit unbemerkt zugegeben werden konnte. Der Aufschwung
der Weinwirtschaft begann erst in den sechziger Jahren. Dabei
waren die Winzer des Collio die ersten, die begriffen, daß sich
aus ihren Trauben mehr machen ließ als ein einfacher Bauernwein. Sie begannen, die alten Reben herauszureißen, die neuen
in Spezialkulturen zu pflanzen, die Hektarerträge zu senken und
auch im Keller nach neuen Vinifikationsmethoden zu suchen.
Damit war der Grundstein für die heutige Entwicklung gelegt,
und wenn sich inzwischen auch manche Modernisierung als
etwas voreilig erwiesen hat, so bleibt den Winzern des Collio
doch das Verdienst, Pioniere der modernen Weinwirtschaft im
Friaul gewesen zu sein. Der Aufstieg des Friaul als Weinland
begann mit ihnen.

Eine offizielle Klassifizierung der Lagen existiert in keinem der sieben Anbaugebiete des Friaul. Gleichwohl läßt sich der Collio, so gering er an Ausdehnung sein mag, in drei verschiedene Unterzonen einteilen. Die Weine, die von dort kommen, unterscheiden sich zwar nicht in der Qualität, wohl aber in ihrer Charakteristik. Die Unterschiede sind in erster Linie auf die kleinklimatischen Bedingungen zurückzuführen, die jede dieser Zonen aufweist. Die Zusammensetzung des Bodens ändert sich vom östlichen bis zum westlichen Rand des Anbaugebiets nur geringfügig.

Die erste Zone reicht von Lucinico bis Brazzano und umfaßt die Lagen der südlichen Hügelkette. Die Weine, die dort wachsen, zeichnen sich vor allem durch ihre feine Harmonie aus. Sie sind nicht zu schwer, nicht zu leicht, weisen eine milde, fruchtige Säure auf und beeindrucken durch ihre außerordentliche Eleganz. In Lucinico, einem nicht sonderlich sehenswerten Straßendorf, sind es vor allem der Malvasia von *Conti Attems* und der Tocai von *Giulio Furlani*, die diese Eigenschaften aufweisen. Furlanis Weinberge liegen ein paar Kilometer tief im Hügelland bei Gardisciutta, diejenigen von Attems gleich hinter Lucinico. In Blanchis, im Hinterland von Mossa gelegen, arbeitet der promovierte Landwirtschafts-Ingenieur Redento Vazzolar (*Ronco Blanchis*) mit großem Ehrgeiz daran, schlanke Weißweine mit fruchtiger Säure zu produzieren. Sie zählen zum Besten, was im Collio erzeugt wird. Besondere Aufmerksamkeit verdient sein Rotwein: der in kleinen Eichenfässern ausgebaute Cabernet Sauvignon. In San Lorenzo, südlich der Eisenbahnlinie in der Isonzo-Ebene gelegen, macht der junge Marco *Scolaris* einige vorzügliche Weißweine, die sich durch ihre besonders fruchtige, fast aromatische Art von denen anderer Winzer unterscheiden. Scolaris ist Kellermeister. Er kauft sein Traubengut von verschiedenen Winzern auf. Bis vor wenigen Jahren schrieb er den Namen jedes Winzers und den Ort, aus dem die Trauben kamen, auf sein Etikett. Diese Ehrlichkeit scheint mit den D.O.C.-Formvorschriften für die Etikettengestaltung in Widerspruch zu stehen. Er mußte auf diese präzise Herkunftsangabe verzichten.

Die Weinberge von Capriva gelten ebenfalls als hervorragende Lagen für den Tocai. In den wannenartigen Mulden am Fuße der Hügel wachsen einige der besten Qualitäten dieses alten friaulschen Weins. Einen meisterhaften Tocai macht *Mario Schiopetto*, dessen Kellerei ein paar hundert Meter hinter dem *Castello di Spessa* liegt. Seine Weinberge sind an den Holzpfählen, an denen er die Reben ranken läßt, zu erkennen, während in den benachbarten Weingärten zumeist Betonpfähle benutzt werden. Beton zieht bei Hitze Wasser aus dem Boden, Holz nicht.

Schiopetto ist einer der großen Weinemacher des Friaul. Er hat nicht nur in der Art, wie er seine Weinberge bepflanzt, sondern auch in der Kellerarbeit Maßstäbe gesetzt. Er versuchte als erster, mit minimalen Dosen von Schwefel auszukommen, und er begann, diesen dem Wein erst nach der Gärung und nicht schon vorher dem Most zuzusetzen. Er perfektionierte die temperaturgesteuerte Gärung, erfand neue Methoden der Säuberung der Moste, bemühte sich, mit den natürlichen Enzymen und ohne Zuchthefen auszukommen. Sein Freund und Konkurrent *Marco Felluga*, aus dessen Cantina in Gradisca auch einige der besten Collio-Weine kommen, sagt über ihn: »Schiopetto hat alles, auf das wir in der Weinbergspflege und Kellerarbeit heute so stolz sind, ein paar Jahre eher gemacht als wir.«

Vor allem hat Schiopetto die Formel für den modernen Weißwein des Friaul geprägt. Sie läßt sich in wenigen Worten ausdrücken: »Wir wollen den Naturgeschmack.« Seine eigenen Weine sind eine Demonstration dieses Programms: bouquetreich, feingliedrig, zartfruchtig, vor Frische manchmal noch moussierend.

In Schiopettos Weinbergen bei Spessa wachsen zehn verschiedene Weißweine. Alle werden sortenrein gekeltert. Die Mengen sind freilich so klein, daß Schiopetto ständig in Lieferschwierig-

keiten ist. Doch um jedes Jahr wenigstens einen Spitzenwein zu machen, muß er alle Sorten anbauen. Es ist nämlich, je nach Witterungsverlauf, immer eine andere Sorte, die den besten Wein ergibt. So ist keineswegs der Tocai alle Jahre das Glanzlicht seiner Produktion. Häufig sind es Pinot Bianco und Sauvignon, nicht selten auch Müller-Thurgau, Traminer, Malvasia oder Riesling (Schiopetto verzichtet auf den Zusatz »renano« auf dem Etikett, weil es nur einen echten Riesling gibt, den Weißen Riesling).

Auch die Gebrüder *Pighin*, deren Kellerei sich in Risano südlich von Udine befindet, besitzen bei Spessa 30 Hektar Weinberge. Aus den Trauben, die dort wachsen, werden schlanke, eher elegante Kreszenzen gekeltert. Zu gefallen weiß insbesondere der Tocai. Nicht weit entfernt liegt Russiz Inferiore mit der berühmten *Villa Russiz*, die im letzten Jahrhundert von dem Grafen Teodore de La Tour im viktorianischen Stil erbaut wurde. Zur Villa Russiz gehört die gleichnamige Cantina, aus der ein hervorragender Pinot Bianco kommt. Die Rebe war um 1860 vom Grafen de La Tour ins Friaul importiert worden. Sein von Zypressen umwachsenes Grabmal thront unübersehbar auf einem Hügel oberhalb von Russiz. Die übrigen Villa-Russiz-Weine wirken bisweilen etwas altmodisch gegenüber den extrem reduktiv ausgebauten Weinen der umliegenden Mitkonkurrenten. Es fehlt Edino Menotti, der seit Jahrzehnten für die Cantina der Villa Russiz verantwortlich ist, das Geld, um die notwendigen Erweiterungen und Modernisierungen vorzunehmen. Ein großer Teil der Erlöse, die der Wein abwirft, muß nämlich an das Waisenhaus »Istituto A. Cerruti« abgezweigt werden, das in der Villa untergebracht ist.

Fährt man die schmale Straße, die durch Russiz Inferiore führt, weiter ins Hinterland von Capriva, gelangt man nach etwa einem Kilometer zu der von Marco Felluga neu errichteten Cantina *Russiz Superiore*, die an dem österreichischen Doppeladler an dem schmiedeeisernen Eingangstor zu erkennen ist. Sie wurde erst 1980 fertiggestellt und gehört technisch zu den modernsten Kellereien des gesamten Friaul. Aber auch äußerlich paßt sie sich durch ihre flache Bauweise und dem hölzernen Dachstuhl in Form und Material dem Landhaus-Stil des Collio an. Das alte Russiz Superiore, nicht mehr als eine Häusergruppe, liegt oberhalb der Cantina auf dem letzten Hügel vor der Talebene des Preval. Dort hat Marco Felluga einen Degustationsraum und ein Gästehaus eingerichtet. Die Weine von Russiz Superiore gehören jedes Jahr zu den Spitzen der friaulschen Weinproduktion. Hauptgründe dafür sind die vorzüglichen, von alters her renommierten Lagen sowie der hohe technische Standard bei der Weinbereitung. Obwohl bereits verhältnismäßig tief in der Hügelzone wachsend, weisen sie doch die Charakteristik der Weine des südlichen Collio-Teils auf.

Am Ortsausgang von Capriva liegt, direkt an der Staatsstraße 56, der Betonklotz von *Eno Friulia*. Der für die Önologie verantwortliche Inhaber Vittorio Puiatti hat, wie es seiner Art und Einstellung entspricht, nichts getan, um den Eindruck einer modernen Industriekellerei zu verbergen. Gut einen Kilometer weiter auf der Staatsstraße in Richtung Cormons sieht man das Gut *Roncada* wie auf einer Landzunge in der Isonzo-Ebene liegen. Aus seinem Keller kommen einige gute Weißweine, doch berühmt ist Roncada für seinen roten Franconia.

Cormons ist das Zentrum des Collio. Schon im 4. Jahrhundert als keltisch-karnische Siedlung gegründet, hat es als Stützpunkt auf dem Weg von Triest nach Cividale schon früh Bedeutung gewonnen. Auf dem Monte Quarin, zu dessen Füßen es errichtet ist, finden sich Rudimente einer alten, von den Venezianern erbauten Fluchtburg. Im 7. und 8. Jahrhundert residierten sogar die Patriarchen von Aquileia in Cormons. Später wurde ihnen die Stadt von den Grafen von Görz streitig gemacht. Die Auseinandersetzungen endeten im Jahre 1497, als Cormons den Habsburgern zufiel. Von da an bis zum Ersten Weltkrieg hat der Ort friedliche Zeiten erlebt.

## BORGO DEL TIGLIO, BRAZZANO

*Dieses kleine Gut, das nicht mehr als 25 000 Flaschen insgesamt abfüllt, hat sich vor allem wegen seines Rotweins einen Namen gemacht. Er wird überwiegend aus Merlot-Trauben hergestellt, einer Sorte also, die im Friaul oft als Massenträger benutzt wird und verhältnismäßig undifferenzierte, eher mastige Weine hervorbringt. Auf den mageren Böden oberhalb von Brazzano, wo die Weinberge von Borgo del Tiglio liegen, sind die Mengen, die geerntet werden, jedoch sehr niedrig. Zudem werden die Reben so stark zurückgeschnitten, daß am Ende kaum mehr als 35 bis 40 Hektoliter eingebracht werden können. Diese extrem niedrigen Erträge ergeben einen konzentrierten, extrakthaltigen Wein, der in seiner Art einmalig ist. Er ist von tiefer, schwarzroter Farbe, sehr körperreich, hat viel und deutlich spürbares Tannin, das den grasigen Geschmack, wie er für die Merlotweine des Friaul typisch ist, etwas zurückdrängt. Die Maischegärung wird auf acht bis zehn Tage ausgedehnt. Nach dem Abstich und der Klärung wird er mit rund zehn Prozent Cabernet franc und Cabernet Sauvignon verschnitten. Die Milchsäuregärung und der Ausbau (neun bis 12 Monate) vollziehen sich in »barriques« aus junger Eiche. Er wird als Tafelwein etikettiert. Name: Rosso della Centa. Der Mann, der ihn herstellt, heißt Nicola Manferrari, ein junger promovierter Pharmazeut, den es nach dem Studium in den Weinbau zog. Seine Mutter, ebenfalls eine Pharmazeutin, hatte das Gut in Brazzano von ihrer Familie geerbt. Sein Vater, der in Sizilien ein Unternehmen der Chemieindustrie besaß, hatte es durch Zukäufe vergrößert. Freilich war, bevor der Sohn die Verantwortung übernahm, der Wein nie selbst abgefüllt. Erst Nicola Manferrari begann 1982 mit der Flaschenweinproduktion. Er nannte das Gut »Borgo del Tiglio« (»Lindenhof«), legte neue Weinberge an und systematisierte die alten. Knapp fünf Hektar stehen derzeit unter Reben. Sie wachsen zumeist oberhalb des Gutes in stark hängiger Südwestlage. Neben dem Rosso della Centa, der nur in sehr geringen Mengen produziert wird, erzeugt Manferrari einen reinsortigen Merlot, einen weißen Malvasia und einen Tocai. Von letzterem Wein wird auch eine Art Auslese hergestellt, die aus einem kleinen Weinberg oberhalb der Kirche San Lorenzo kommt (Ronco della Chiesa).*

## STANISLAO RADIKON, OSLAVIA

*Wer das Haus des jungen Stanislao Radikon betritt, wird nicht an ein Weingut denken. Es ist ein kleiner Bauernhof mit Scheune und Stall, in welchem ein paar Milchkühe stehen und ein Schwein gehalten wird. In einem der hinteren Räume ist eine kleine Cantina eingerichtet. Dort wird der Wein gemacht. Freilich hat sich Stanislao Radikon nach Kräften bemüht, die Voraussetzungen zu schaffen, daß es ein guter Wein wird. Er hat eine moderne Presse gekauft, Stahltanks angeschafft, um die Gärungstemperaturen regulieren zu können, und er hat für Hygiene gesorgt. Ansonsten ist die technische Ausstattung eher karg. Nur eine Pumpe, ein Schichtenfilter und eine Aluminiumleiter sind noch da – mehr nicht. Aber viel mehr braucht er auch nicht, um einen Wein machen zu können, wie er ihn sich vorstellt: ehrlich und charaktervoll, ohne zugerichtet zu sein. Das klingt nach einem anspruchslosen Bauernwein. Doch was Radikon erzeugt, ist das Gegenteil: volle, relativ körperreiche, reife Weißweine mit schöner Säure, zarter Frucht und langem Abgang. Wer Stanislao Radikon näher kennenlernt, fragt sich, wie er es schaffen konnte, solche Weine zu erzeugen. Denn er ist eigentlich Automechaniker. Erst 1978 entschloß er sich, den Hof seiner Eltern zu übernehmen (der direkt an der Straße von Gorizia nach San Floriano liegt, genau 2,3 Kilometer hinter dem Kriegsmonument). Die Arbeit auf dem Land interessierte ihn, den Slowenen, mehr als die Arbeit in der Garage. Er pflanzte drei Hektar Weinberge in einer der hochgelegensten und besten Lagen des gesamten Collio (bei Tre Buchi), machte sich bei Kollegen und durch Bücher sachkundig und begann mit der Weinproduktion. Tocai, Pinot Grigio und Sauvignon sind die wichtigsten Sorten, die er anbaut. Dazu kommen Chardonnay, ein wenig Traminer und Ribolla, die typische Sorte für diesen Teil des Anbaugebietes. Sie wächst in einem ein Hektar großen Weinberg jenseits der Grenze in Jugoslawien, der noch zum Vorkriegsbesitz der Familie gehört (der Wein wird als »vino da tavola« in den Handel gebracht). Der originellste und vielleicht schönste Wein von Radikon aber ist der Slatnik, hergestellt aus einem Mischsatz von Chardonnay (mindestens 60 Prozent), Tocai und Sauvignon. Insgesamt beläuft sich die Produktion auf etwa 20 000 Flaschen.*

## RUSSIZ SUPERIORE

*Aus dem Mustergut von Marco Fel-luga (links zusammen mit seinem Sohn Roberto) kommen elegante Weine mit zarter Furcht. Sie gehören zu den fein-sten Gewächsen des Friaul. Sie besit-zen Substanz und Individualität und haben nichts mit der Mode der leich-ten, frischen Weißweine zu tun, die überall in Italien grassiert. Die Men-genbeschränkungen liegen bei Russiz Superiore deutlich unter den D.O.C.-Bestimmungen. Im Herbst werden die Trauben nochmals streng am Stock verlesen. Das Kapital dieses Gutes sind die sehr guten Lagen (unten). Sie wur-den völlig neu angelegt – in Terrassen-form mit genau berechnetem optimalen Neigungswinkel zur Sonne.*

In Cormons selbst befinden sich zahlreiche Kellereien, aus denen gute bis sehr gute Collio-Weine kommen (zum Beispiel *Mario Burdin*). Die meisten verarbeiten jedoch Traubengut aus dem Anbaugebiet des Isonzo. Die größte Kellerei ist die *Cantina Cormonese*, die auch einige vorzügliche Collio-Weine herstellt. Bemerkenswertere, weil individuelle Weine, kommen jedoch von einigen Winzern aus der Umgebung von Cormons. In Pradis gibt es mindestens drei ambitiöse Weinmacher: *Isidoro Princic*, dessen großartiger Tocai viel Anerkennung gefunden hat, und der aus Neapel stammende Jurist *Dr. Paolo Caccese*. Neben den Weißweinen macht er auch einen sehr guten Merlot und Caber-net franc. Die Weine der Gebrüder *Buzzinelli* in Pradis unter-scheiden sich dagegen deutlich von den schlanken, eleganten Tropfen, wie sie bei Capriva und Lucinico gekeltert werden. Sie bestechen eher durch ihre Vollmundigkeit und Reife. Dasselbe gilt für die Weine von Luigi Antonutti, dessen Kellerei *Subida di Monte* an der Straße nach Plessiva liegt. Auch die Weine, die um Brazzano an der Grenze zu den Colli Orientali wachsen, sind eher kräftig gebaut. Gute Qualitäten kommen zum Beispiel von *Luigi Zorzon* und Nicola Manferrari (*Borgo del Tiglio*).

Körperreichtum und Vollmundigkeit sind sonst das Zeichen der Gewächse von den weiter zurückliegenden Hügeln an der jugo-slawischen Grenze: aus Mernico, Restocina, Scoriezzi, Cero, Dolegna, Scrio, Lonzano, Venco, Ruttars bis hin nach Plessiva. Körperreiche, kernige Weißweine macht zum Beispiel der ehe-malige Textilfabrikant Sergio Comunello, der Mitte der siebziger Jahre die *Ca'Ronesca* in Lonzano aufgebaut ist. Erheblich verbes-sert sind seit einigen Jahren auch die Weine von *Livon* in Dole-gnano. Am besten aber gelingt es den *Gradnik*, die besondere Charakteristik der Weine aus diesem Teil des Collio zu treffen. Ihre Gewächse besitzen in guten Jahren eine unvergleichliche Reife und Fülle. Auch die Sortenunterschiede werden deutlich herausgearbeitet. Der Picolit ist eine Klasse für sich.

Die dritte Unterzone stellen die Hügel von San Floriano und Oslavia dar. Sie sind höher gelegen als die meisten anderen Er-hebungen des Collio, so daß sie bisweilen vom Bora gestreift werden, einem kalten, aus den Julischen Alpen kommenden Fallwind. Die Weinberge dieser beiden Dörfer sowie der um-liegenden Flecken liefern nicht sonderlich körperreiche, aber ausgesprochen rassige Weine mit verhältnismäßig hoher Säure. Sie besitzen eine unüberbietbare Feinfruchtigkeit und Finesse. Um sich zu öffnen, brauchen sie oft ein paar Monate länger als die Weine aus anderen Teilen des Friaul. Der Ribolla ist ein typischer Wein von San Floriano und Oslavia. Aber auch Ries-ling Renano und Riesling Italico bringen seit alten Zeiten gute Qualitäten.

Die Landschaft um San Floriano zählt mit ihren gemischten Obst- und Weinkulturen zu den schönsten des gesamten Collio. Im Orte selbst gibt es zahlreiche Winzer, wobei diejenigen ohne Adelstitel keinesfalls die schlechteren Weine anbieten. Der bekannteste Produzent ist Graf *Michele Formentini*, ein Rechts-anwalt aus Gorizia, der im Schloß von San Floriano ein Restau-rant, ein Weinmuseum und eine Önothek eingerichtet hat (seine Frau Alice Taxis Bordogna-Valnigra hat ein eigenes Etikett: die *Taxis*-Weine). Seit dem Weggang des Kellermeisters Gaspare Buscemi fehlt es den Formentini-Weinen freilich ein wenig an Glanz. Buscemi hat inzwischen eine eigene Kellerei im Ort auf-gebaut, in der er die Trauben einiger kleiner Winzer vinifiziert, unter anderem von *Fabio Berin*, der über ausgezeichnete Lagen in Uclanze und Valerisce verfügt. Sehr gute Produzenten in Vale-risce sind auch *Riccardo Terpin*, *Marcello* und *Marino Humar* sowie *Simone Komjanc*. *Alessio Komjanc*, ihr Bruder, besitzt bei Giasbana ebenfalls vorzügliche Lagen. Unter den Weinen von Oslavia ragen die Kreszenzen von *Francesco Gravner* heraus. Andere gute Produzenten sind *Carlo Dubrovka* und *Stanislav Radikon*. Oslavia liegt gegenüber dem Monte Sabotini, über dessen 609 Meter hohen Gipfel die Grenze nach Jugoslawien verläuft. Der Berg war im Ersten Weltkrieg zusammen mit dem südlich des Isonzo gelegenen Monte San Michele einer der

**AQUILEIA** *Früher einmal die viertgrößte Stadt Italiens, heute ein Dorf von 1500 Einwohnern.*

Stützpunkte der Österreicher zur Verteidigung Gorizias gegen die italienischen Truppen. In den jahrelangen, blutigen Schlachten sind auf beiden Seiten über 200000 Soldaten gefallen. Die Gebeine von 57000 liegen in Oslavia. Das dortige Ossarium ist eines der größten Soldatengräber Europas.

Die vierte Unterzone des Collio bildet die Hügelgruppe um den Monte Fortin bei Farra d'Isonzo. Dort werden die höchsten Jahresdurchschnittstemperaturen und die geringsten Niederschläge des gesamten Anbaugebiets gemessen. Die Rebblüte liegt etwa 14 Tage früher als in den nördlichen Ausläufern des Collio. Trotzdem läßt sich schwerlich von einer einheitlichen Charakteristik der Weine sprechen. Die Weine von *Borgo Conventi*, eines ehemals klösterlichen Besitzes am Ortsausgang von Farra, sind normalerweise körperreich und kräftig und besitzen *grossa struttura*. Diejenigen von *Jermann*, die nur zwei Kilometer weiter bei Villanova wachsen, zeichnen sich dagegen durch ihre feine, rassige Säure aus, die sie in gewisser Weise den Gewächsen von San Floriano und Oslavia ähnlich macht. Tocai und Merlot der *Tenuta Villanova*, die einzigen Collio-Weine, die aus deren Keller kommen, zeigen dagegen eher die Charakteristik von Isonzo-Weinen. Von *Mario Zampar* aus Farra, der nicht selber vinifiziert, kommen wiederum Weine von robuster Statur. Es scheint mithin, als dominierten in dieser kleinen Unterzone individuelle Winzer-Stile.

Homogen ist die Charakteristik der Weine aus den anderen Unterzonen freilich auch nicht immer. Letztlich sind es gleichermaßen Lagen und Stile, die die Weine des Collio prägen.

# AQUILEIA

Aquileia ist ein tiefliegendes, vollständig flaches Anbaugebiet, das gleich hinter den Deichen der Lagune von Grado beginnt und sich nach Norden bis über die Stadt Palmanova, eine alte venezianische Festung, hinaus erstreckt. Im Osten wird die Zone vom Isonzo-Fluß begrenzt, im Westen verläuft die Grenze quer durch das von schnurgeraden Gräben durchzogene Küstenlitoral, dessen einziger Reiz die beinahe baum- und strauchlose Weite ist, die sich vor dem Auge des Betrachters ausbreitet. Die Böden dieses Teils der norditalienischen Tiefebene sind fruchtbar, reich an Kalzium und Magnesium. Vor allem Mais, Obst und Gemüse werden dort angebaut. Weinkulturen findet man nur an ausgewählten Stellen.

Die Hauptzone und das klassische Anbaugebiet liegen um Cervignano. Auf den lehm- und tonhaltigen Böden entstehen leichte, nicht sonderlich körperreiche oder säurehaltige, aber relativ alkoholreiche Weine. Sie erreichen durchaus 12 Vol. %. Die Mengen, die pro Rebstock geerntet werden, liegen deutlich höher als in den Hügelzonen. Der nährstoffreiche Boden tut das Seinige, um die Erträge der Winzer nicht zu weit nach unten sacken zu lassen. Er entschädigt für die geringeren Preise, die Aquileia-Weine erzielen.

Cervignano ist das Zentrum der Weinproduktion von Aquileia. Dort befinden sich die beiden größten Kellereibetriebe der

Zone: die Cantina Sociale, die ihre Weine unter dem Etikett *Molin del Ponte* vermarktet und die *Tenuta Ca'Bolani*, die einst von den Grafen Bolani, den Statthaltern der venezianischen Republik in Udine, gegründet worden ist. Bei den Weißweinen sind es vor allem Tocai und Pinot Bianco, die auf den fruchtbaren Böden gute Ergebnisse bringen, bei den Rotweinen die Cabernet franc. Weiter südlich in Meeresnähe, wo die Böden etwas sandiger werden, können auch Traminer und Merlot mild-würzige Weine ergeben, die gleichwohl immer jung getrunken und nie lange gelagert werden sollten. Der hellrote Refosco ist eher ein Weinchen. Es kann sein, daß er dem Gast in kleinen Trattorien zum Fisch gereicht wird. Ein kräftiger, gehaltvoller Refosco dal peduncolo rosso kommt dagegen aus dem Keller von *Donda Osiride*, einem kleinen, voller Hingabe und Leidenschaft arbeitenden und nicht nur mit traditionellen önologischen Kenntnissen ausgestatteten Winzer. Cantina und Weinberge befinden sich bei Terzo d'Aquileia, ein paar Kilometer südlich von Cervignano. Kurios ist der verhältnismäßig häufige Anbau des Riesling Renano auf den sandigen Böden dieses Anbaugebiets. Die Weine, die aus dieser Edelrebe gekeltert werden, haben denn auch nichts mit den rassigen, säurebetonten Gewächsen zu tun, wie sie in anderen Gegenden Europas wachsen. Immerhin, manchem Liebhaber mag die »salzige« Art dieses Weines gefallen. Am häufigsten wird jedoch die Merlot-Rebe angebaut.

Auch außerhalb der Hauptzone gibt es viele, meist kleine Winzer, die mit großem Engagement und oft schon in der fünften Generation Reben anbauen. Sicher sind es keine Hochgewächse, die in ihren Fässern liegen. Aber es sind Weine mit Individualität. Das vor allem ist es, was sie von den technisch vielleicht besser vinifizierten, aber gefälligen Industrieweinen anderer Orte Norditaliens unterscheidet.

Aquileia ist wahrscheinlich das älteste Anbaugebiet des Friaul. In den Sümpfen der Lagune wurden vor gar nicht langer Zeit gut konservierte Kerne von Weintrauben gefunden, die darauf schließen lassen, daß dort schon zu vorrömischen Zeiten Weinbau betrieben wurde. Im zweiten Jahrhundert vor Christi Geburt war Aquileia zur römischen Kolonie geworden. Im Zuge der Kolonisierung pflanzten die Legionäre alles in die Erde, was in den urbar gemachten Böden gute Erträge versprach: vor allem Getreide, aber auch Wein. Nicht zuletzt der Landwirtschaft, die in jener Epoche eine Blütezeit erlebte, verdankt Aquileia seinen damaligen Reichtum und seine Größe. Es war die viertgrößte Stadt des Imperium Romanum. Knapp eine halbe Million Menschen lebten in dieser feucht-heißen, von den Sümpfen des Isonzo-Deltas umgebenen Metropole. Nur Rom, Mailand und Capua zählten damals mehr Einwohner.

Im Jahre 432 nach Christus wurde die Stadt von dem Hunnen Attila erobert, zerstört und wieder aufgebaut. Gut hundert Jahre später fielen dann die Langobarden aus dem Norden ein und übernahmen die Herrschaft über das Land. Der alte Patriarch der Stadt, Inhaber der geistlichen wie der weltlichen Macht, mußte nach Grado flüchten, das sich fortan Neu-Aquileia nannte. Alt-Aquileia erhielt einen eigenen, dem unierten Byzanz zugehörigen Metropoliten. Die beiden Patriarchate blieben auch nach der Zeit des Schismas bestehen und wurden später von Rom anerkannt.

1421 fiel die Stadt an das aufstrebende Venedig, dessen Glanz und Reichtum sie nichts entgegenzusetzen hatte. Von ständig sich ausbreitenden Sümpfen und Seuchen bedroht, verfiel sie langsam. Heute ist Aquileia ein Dorf von 1500 Einwohnern, an dem der Verkehr zu den Stränden von Grado vorbeirauscht. Ein paar Segelschiffe und Motorboote dümpeln noch in dem alten Flußhafen, und wenn nicht täglich einige Busse kämen, um Touristen zu den Ruinen aus der Römerzeit zu bringen oder die mit prächtigen Mosaiken geschmückte Basilika zu zeigen, würde der Schleier, der über der großen Vergangenheit dieser Stadt liegt, gar nicht mehr gelüftet. Vielleicht führt eines Tages der Wein die Menschen an diesen geschichtsträchtigen Ort.

# ISONZO

Benannt wurde dieses Anbaugebiet nach dem mächtigen, im jugoslawischen Trentatal entspringenden Isonzo-Strom, der bei Gorizia in die norditalienische Tiefebene eintritt und von da an in einem breiten Kiesbett dem Meer zustrebt. Der Strom wurde auf tragische Weise berühmt durch die zwölf Isonzo-Schlachten des Ersten Weltkriegs, in denen sich die italienische Infanterie mit den österreichisch-ungarischen Truppen erbitterte Kämpfe um die Vorherrschaft am südlichen Alpenrand lieferte. Sie wurden erst 1917 durch die zu Hilfe gerufene deutsche Armee zugunsten der Österreicher entschieden. 200000 Soldaten fielen in diesen Schlachten auf beiden Seiten. Die Gebeine von 100000 sind auf den Höhen des Karsts bei Redipuglia bestattet, dem größten Soldatenfriedhof der Welt.

Die Grenze des Anbaugebiets folgt der Eisenbahnlinie Gorizia – Triest bis Sagrado. Von da an läuft sie direkt am Fuße des Carso Isontino bis Monfalcone, der Hafenstadt am Golf von Panzano, die zugleich den südlichen Zipfel der Zone bildet. Im Westen begrenzt der Isonzo-Fluß das Anbaugebiet bis auf die Höhe von Turriaco. Dort überschreitet die Grenze den Fluß und verläuft über Medea bis zu den ersten Häusern von Cormons und Brazzano. Im Norden grenzt das Anbaugebiet unmittelbar an den Collio Goriziano.

Das Isonzo ist, bis auf ganz wenige Ausnahmen, ein flaches Anbaugebiet. Die Weine, die dort wachsen, erreichen normalerweise weder in bezug auf Körper noch in bezug auf Gradation das Niveau derjenigen des Collio oder der Colli Orientali. Der höher gelegene, nördliche Teil der Zone bringt jedoch nervige, schlanke Kreszenzen hervor, die mit einem feinen Bouquet ausgestattet sind und einen beträchtlichen Charme entwickeln können. Regelmäßig gute Resultate bringen die Tocai-Rebe bei Brazzano, die Pinot Bianco bei Cormons und die Malvasia bei Lucinico. Unter den Rotweinreben ist es vor allem die Cabernet franc, die auf den steinigen, an organischen Substanzen armen Böden die besten Qualitäten liefert. Von den »roten Böden« um Mariano, Corona und Moraro kommen sogar einige violettrote, sehr gehaltvolle und delikate Tropfen, die stets zur Spitze der friaulschen Rotweinproduktion gehören. Die anderen Rotweine sind jedoch eher helltönig, leicht und gefallen durch ihre milde, weiche Säure.

Das Isonzo ist nach dem Collio und dem Carso das flächenmäßig kleinste Anbaugebiet des Friaul. Außer im nördlichen Teil findet noch bei Fogliano, Redipuglia, Vermegliano und Cave di Selz südlich des Isonzo intensiver Weinbau statt. Die feuchten, humushaltigen Böden um Monfalcone sind von der D.O.C.-Weinproduktion ausgeschlossen.

Zentrum der Weinwirtschaft des Isonzo ist Cormons. Dort befindet sich die Cantina *Vini del Collio e dell' Isonzo*, eine 1968 gegründete Genossenschaftskellerei, deren Weine zu 80 Prozent aus dem Isonzo kommen, und die damit weit über die Hälfte zur Gesamtproduktion der Zone beiträgt. Sie wird kurz *Cantina Cormonese* genannt. Südlich von Cormons befinden sich Sitz und Weinanlagen des bekanntesten Weinerzeugers des Isonzo, des Gutes *Angoris*. Auf den tonhaltigen Böden um das alte, nicht mehr ganz taufrische Gutsgebäude wird vorwiegend Getreide angebaut und Grünlandwirtschaft betrieben. Die sand- und kieshaltigen Böden sind für den Rebbau reserviert. Die Weine, die dort wachsen (das Gut besitzt auch noch Weinberge bei Rocca Bernarda in den Colli Orientali), sind gepflegt, leicht, unkompliziert zu trinken. Unter den kleineren Produzenten in Cormons haben *Mario Burdin*, *Giovanni Ferlat* und der Baron *Enrico Codelli* in den letzten Jahren stets gute Qualitäten geboten.

Aber auch in den kleinen Dörfern des flachen Hinterlands findet man Erzeuger, die einige der bemerkenswertesten Weine zur Produktion dieses Anbaugebiets beisteuern. *Stellio Gallo* in Mariano, *Luisa Eddi* im benachbarten Corona und die alteingesessene Familie *Bader* in Fratta produzieren charaktervolle, anspruchsvolle Weine. Ihre roten Cabernets überstrahlen die Weißweine. In Romans sind es die Grafen *Prandi d'Ulmhorst*, die sich mit großem Ehrgeiz um ihre Weine kümmern. Auch die alte *Tenuta Villanova* bei Farra d'Isonzo erzeugt den typischen, mild-fruchtigen Isonzo-Wein.

Vom Fuße des Karsts bei Redipuglia kommen ebenfalls einige hervorragende Gewächse: etwa aus dem Keller der Familie *Gino Cosolo* in Fogliano (zwischen Gradisca und Redipuglia) oder von den Gebrüdern *Brotto* in Vermigliano, einem Flecken östlich von Ronchi dei Legionari direkt an der Autostrada nach Triest gelegen. Im benachbarten Cave di Selz macht der Professor Gian Paolo Zocche ausgezeichnete Cabernets und Merlots (*Cappelletti*). Er hat auch Picolit-Reben in seinen flachen Weinanlagen kultiviert.

Schließlich verarbeiten auch einige große Kellereien, die sich mit Collio-Weinen einen Namen gemacht haben, Traubengut aus dem Isonzo: Giovanni *Scolaris* in San Lorenzo, *Conti Attems* in Lucinico und die Cantina *Marco Felluga* in Gradisca d'Isonzo.

# LATISANA

Latisana heißt das D.O.C.-Gebiet im Hinterland der Lagune von Marano. Es reicht von den Ufern des Tagliamento im Westen über das Flüßchen Stella im Osten hinaus, um dann irgendwo in der Weite der fruchtbaren Marschenlandschaften zu enden, in denen Obstplantagen, Getreidefelder und Weinanlagen sich abwechseln. Im Norden erstreckt sich die Zone bis zu den öden Kiesbänken von Rivignano, im Süden bis zu den Touristenstränden von Lignano. Als im Friaul die Anerkennung als D.O.C.-Gebiet bevorstand, plante man zunächst, Latisana und Aquileia zusammenzulegen. Die Bodenverhältnisse sind sich ähnlich, die klimatischen Bedingungen gleich, und die Rebensortimente trennen nur Nuancen. So können auch die Weine von Aquileia und Latisana keine Welten trennen: Es sind fruchtige, mäßig körperreiche Gewächse mit niedrigen Säurewerten und vergleichsweise hohem Alkoholgehalt (mindestens 11 Vol.%). Aber schließlich siegte der im Friaul stark ausgeprägte Hang zur Eigenständigkeit und Autonomie. Aus einem großen entstanden zwei kleine Anbaugebiete. Latisana, ein verträumtes Provinznest hinter den Flußdeichen des Tagliamento, wurde zur Weinkapitale.

Die stärker kieshaltigen Böden am Ufer des Tagliamento, die von Pertegada im Süden über Latisana nach Ronchi, Teor, Rivignano und Varmo reichen, sind berühmt für ihre bouquetreichen, milden Weißweine. Besonders Pinot Bianco und Tocai wissen zu gefallen. Die Rotweine fallen eher leicht aus. In der zweiten Anbauzone, die von Palazzolo della Stella über Precenicco bis nach Muzzana reicht, sind die Böden tiefgründiger und enthalten mehr Lehm. Von dort kommen robuste, tanninhaltige Rotweine, die bis vier Jahre auf der Flasche reifen können.

Die bekanntesten Produzenten in Latisana sind die Kellereien *Isola Augusta* in Palazzolo della Stella (mit sehr guten Merlots und Cabernet Sauvignons), die *Tenuta San Francesco della Vigna* in dem kleinen Flecken Paradiso nördlich der Autostrada (Tocai) sowie Adalisa Galvan dal Ferro in Rivarotta bei Teor (Tocai und Pinot Bianco). Sie verkauft ihre Weine unter der Lagenbezeichnung *Volderie*.

# CARSO

Im äußersten Osten des Friaul zieht sich ein ausgedehntes Kalkhochplateau von den südlichen Ufern des Isonzo bis nach Triest. Dieser Karst, an vielen Stellen von einer Schicht roter, mineralienhaltiger Erde bedeckt, ist sehr porös und weist in seinem Untergrund zahlreiche höhlenartige Kammern auf, die besonders im Ersten Weltkrieg als Munitionsdepots und militärische Unterstände genutzt wurden. Auf dieser Hochebene findet seit Jahrhunderten, möglicherweise sogar seit zweitausend Jahren, Weinbau statt. Die Rebe, die dort traditionell angebaut wird, ist die rote Terrano. Sie gehört zur Familie der Refosco-Reben und ergibt einen sehr herben, fast aggressiven, körperreichen Wein, der nur einen geringen Alkoholgehalt aufweist (etwa 10 Vol.%). Er wird bei Kellertemperatur getrunken und stellt eher ein Unikum dar, weil er mit keinem anderen Wein des Friaul vergleichbar ist. Dabei besitzt er seine Qualitäten: ist saftig, durstlöschend und kann durchaus sehr delikat schmecken.

Die Terrano-Rebe wird von kleinen Winzern im Hinterland des Carso angebaut, wo der aus den Julischen Alpen kommende »Bora« im Winter oft tagelang weht und für zahlreiche Spätfröste sorgt. Dennoch ist die Rebe an die klimatischen Verhältnisse, die in der Hochebene herrschen, bestens angepaßt. Man findet sie zum Beispiel bei Castelvecchio, einem Vorort von Sagrado, bei Doberdo del Lago, aber auch weiter südlich bei Monrupino, Sgonico und Aurisina nahe Triest.

Die Weine des Carso haben erst 1985 die Anerkennung als D.O.C.-Qualitätsweine erhalten. Der Carso Terrano muß demzufolge zu mindestens 85 Prozent aus Terrano-Trauben hergestellt sein. Für den Rest sind Pinot Nero und Piccola Nera vorgesehen. Die Hektarerträge sind mit 70 Doppelzentnern die niedrigsten im ganzen Friaul.

Neben dem Terrano ist auch die Malvasia istriana im Carso weit verbreitet. Sie wird vor allem nahe der Küste angebaut und ergibt einen leichten, mäßig fruchtigen, delikaten Kneippwein. Nach den D.O.C.-Regeln darf er zu 15 Prozent aus anderen Traubensorten gekeltert sein.

**LATISANA** *Reben hinter den Deichen des Mittelmeeres.*

# GRAVE DEL FRIULI

Das Grave ist die flächenmäßig größte Anbauzone des Friaul. Sie erstreckt sich von Ausläufern der Karnischen Alpen an der Grenze zu Österreich bis nach Aquileia und Latisana im Süden. Im Osten umfaßt sie die gesamte Ebene von Udine. Im Westen reicht sie bis an die Ufer der Livenza. Die Klimaverhältnisse unterscheiden sich trotz der Größe des Anbaugebiets nur geringfügig von Norden nach Süden. Dafür gibt es eine große Vielfalt von Bodenformationen, die für die erheblichen Unterschiede zwischen den einzelnen Grave-Weinen verantwortlich sind.

Das Land südlich von Pordenone ist fruchtbar. Dort erstrecken sich weitläufige Mais- und Getreidefelder bis tief in die Ebene hinein. An einigen Stellen wird auch Gemüse gezogen und Obst angebaut. Dazwischen finden sich ausgedehnte Weinanlagen. Die Böden sind an dieser Stelle stark lehmhaltig, reich an Stickstoff und organischen Nährstoffen. Viel Merlot wächst dort, die um so dünnere Weine ergibt, je ungehinderter die Reben an den Drahtrahmen oder in den Pergolen wuchern können. Sie steuert über die Hälfte zur Gesamtproduktion der Zone bei. Das D.O.C.-Gesetz begrenzt die Hektarerträge zwar auf 130 Doppelzentner (Pinot Bianco und Cabernet 120 Doppelzentner), doch werden diese Obergrenzen gerade bei dieser Rebe häufig überschritten, so daß der Wein als »vino da tavola« vermarktet werden muß. Wein dieser Qualitätsstufe macht etwa 75 Prozent der Produktion des Grave aus.

Die größte Kellerei in diesem Gebiet – und die größte des gesamten Friaul – ist die Genossenschaft in Casarza, die ihre Weine unter dem Etikett *La Delizia* vertreibt. Sie bezieht ihr Traubengut jedoch keineswegs nur aus den fruchtbaren Landstrichen im Süden des Grave, sondern auch aus anderen Teilen. So finden sich in ihrem Sortiment eine Reihe ausgezeichneter, typischer Grave-Weine, insbesondere unter den Cabernets und Merlots. Aber auch aus einigen anderen Großkellereien des Gebietes kommen gehaltvolle, fruchtige, nicht selten aber auch etwas zu unkomplizierte Weine, so von den Grafen *Porcia e Brugnera* in Pordenone, von Giovanni Paolo *Morassutti* in Villutta di Chions und von der *Villa Frattina* in Prata bei Pordenone.

Die Böden östlich des Tagliamento zeigen eine ganz andere Struktur. Sie sind stark kies- und sandhaltig und von einer 30 bis 60 Zentimeter dünnen, oft rötlich schimmernden Humusschicht überlagert. Hier herrschen für den Weinbau ideale Bedingungen. Pinot Bianco, Pinot Grigio und Tocai bringen an vielen Stellen hervorragende Qualitäten. Unter den Rotweinen überzeugen am meisten Cabernet franc (vereinzelt auch Cabernet Sauvignon) und Refosco dal peduncolo rosso. Sie sind leicht bis mittelschwer, von einer feinen Säureader durchzogen, mäßig alkoholhaltig und reich an Glycerin.

Zentrum der Weinbauaktivitäten sind Codroipo und Bertiolo. In letzterem Ort steht die große *Cantina del Friuli Centrale*, in Codroipo die Kellerei *Duchi Badoglio-Ruta*, die einige der besten Grave-Weine und einen ausgezeichneten Spumante erzeugt. Der heutige Inhaber des Betriebes ist ein Enkel des in Italien berühmten Marschalls Pietro Badoglio, der nach der Verhaftung Mussolinis mit der Regierungsbildung beauftragt wurde und im September 1943 den Waffenstillstand mit den Alliierten schloß.

Zwischen Bertiolo und Codroipo liegt die historische Villa Manin, eines der schönsten, noch von Palladio beeinflußten zivilen Bauwerke im Friaul. Sie diente dem letzten Dogen der Serenissima, Lodovico Manin, als Residenz. 1797 wurde in der Villa zwischen Napoleon und den Österreichern der Friedensvertrag von Campoformio unterschrieben. Die Villa ist auch der Ort gewesen, an dem der Bonaparte zum ersten Mal dem Tocai begegnet ist und sein Loblied auf diesen Wein gesungen hat.

## VIGNETI PITTARO, RIVOLTO DI CODROIPO

*Pietro Pittaro gehört zu den großen Persönlichkeiten in der Weinszene des Friaul. Er war bis in die siebziger Jahre Direktor der »Cantina del Friuli Centrale« in Bertiolo, einer der größten Genossenschaftskellereien des Grave. In dieser Zeit hat er entscheidende Impulse für die Weißwein-Önologie der Region gegeben. Er ist ein leidenschaftlicher Weinmacher, der schon damals und auch noch heute sein Wissen als Berater an mehrere kleinere Weinbaubetriebe der Umgegend weitergab. Mit seiner Güte und seinem Humor, mit seiner Liberalität und Weisheit hat er sich unter seinen Kollegen unwiderruflichen Respekt verschafft und viele Freunde gewonnen. Bis 1983 war er zudem Bürgermeister von Bertiolo. Seit 1984 ist er Vizepräsident der Vereinigung italienischer Önotechniker. Seinen Traum, eine eigene Kellerei und eigene Weinberge zu besitzen, hat er sich 1979 erfüllt. Seitdem existiert jene hypermoderne, in der Nähe des kleinen Flugplatzes von Rivolto errichtete Kellerei mit ihren Phalanxen von glitzernden Chromstahltanks, die heute eine der eigenwilligsten des ganzen Friaul ist. Neben dem Gebäude hat er ein kleines Weinmuseum eingerichtet. Darum herum befinden sich die Rebpflanzungen. 52 Hektar sind derzeit bestockt. Das Alter der Reben beträgt wenigstens acht, höchstens 15 Jahre. Die Böden von Rivolto enthalten wenig Lehm, sind mager und sehr steinig. Chardonnay und Sauvignon sind fast jedes Jahr herausragend, aber auch der Riesling, die Pinots und der Tocai sind bouquetreiche Gewächse von ungemein subtiler Struktur. Unter den Rotweinen gefallen besonders der Cabernet und Refosco dal peduncolo rosso.*
*Die Qualität der Pittaro-Weine beruht, neben den natürlichen Faktoren, auf fachkundigem Anbau der Reben und gewissenhafter Vinifikation. Die Hektarerträge liegen mit durchschnittlich 110 bis 120 Doppelzentnern an der Obergrenze dessen, was die D.O.C. vorsieht. Aber die Trauben werden sehr sanft abgepreßt. Die Mostausbeute liegt, was den Flaschenwein angeht, bei nur 60 Prozent. Damit kommt Pittaro auf ungefähr 70 Hektoliter pro Hektar. Die Moste werden durch Kälte geklärt und mit Hilfe von selbst gezogenen Hefekulturen vergoren. Knapp eine halbe Million Flaschen verlassen schließlich den Keller (einschließlich Spumante).*

## PLOZNER, BARBEANO DI SPILIMBERGO

*Plozner ist ein großer Weinbaubetrieb, der jährlich über eine halbe Million Flaschen abfüllt. Er liegt bei dem Dorf Barbeano auf der westlichen Seite des Tagliamento. Die Böden dort sind flach und nur mit einer zentimeterdünnen Humusschicht bedeckt. An vielen Stellen schaut der weiße Kieselstein hervor, der den Untergrund bildet. Im Sommer, wenn häufig wochenlang Trockenheit herrscht, ist der durch den steinigen Untergrund verursachte Hitzereflex so groß, daß das Rebenlaub innerhalb weniger Tage verdorrte, wenn die Weinanlagen nicht beregnet würden. Am Fuße der Reben breitet sich ein Teppich von grüner Untersaat aus. Die Gräser halten die dünne Erdschicht fest, damit diese nicht weggeschwemmt wird, wenn im Oktober oder im Frühjahr heftige Regenfälle niedergehen. Traktoren können weder zur Bodenbearbeitung noch zur Lese eingesetzt werden. Sie würden durch ihr Eigengewicht die dünne Humusnarbe sofort zerstören. Plozner besitzt rund 80 Hektar Weinanlagen. In ihnen werden fast 80 Hektoliter Wein pro Hektar erzeugt. Außerdem wird Traubengut von Winzern aus der Umgebung zugekauft. Trotz der Größe der Produktion ist es Luciano Marchi, dem Verwalter des Betriebs, gelungen, die Qualitätsmaßstäbe aufrecht zu erhalten. Das gilt für die Kellerarbeit (beratender Önologe: Pietro Pittaro), aber auch für die Weinbergspflege. Das gilt besonders für den Chardonnay und Pinot Bianco. Aber auch der Pinot Grigio und vor allem die Rotweine wissen sehr zu gefallen. Der Betrieb wurde 1965 aufgebaut und war der erste im Friaul, der das Prinzip der temperaturgesteuerten Gärführung praktizierte. Inhaber ist Lisio Plozner. Seine Familie, die im Friaul große Ländereien besitzt, war vor allem im Gemüseanbau aktiv. Er selbst ist mit 20 Jahren nach Turin gegangen und hat dort als Arbeiter sein Geld verdient. Durch zahlreiche Erfindungen (unter anderem Taschenfeuerzeuge, Gegensprechanlagen, Warnblinklampen) ist er zum Industriellen geworden und besitzt heute in Cinto Caomaggiore (Venetien) eine große Elektronikfabrik.*

43

Heute beherbergt die Villa Manin unter anderem eine regionale Önothek des Friaul.

Unter den zahlreichen Winzern, die um Codroipo leben, ragt Pietro Pittaro hervor, der in Rivolto eine neue Kellerei aufgebaut hat, aus der zum Beispiel ein sehr guter Chardonnay und Sauvignon kommen (*Vigneti Pittaro*). Weiter nördlich in Colloredo di Prato macht Ermanno Franco *Antonutti*, obwohl kein kleiner Winzer mehr, einige vorzügliche, typische Grave-Weine. Auf hohem kellertechnischen Niveau arbeiten auch die Gebrüder *Pighin* in Risano, südlich von Udine an der Autostrada gelegen. Nicht weit davon entfernt befinden sich zwei Kellereien, aus denen traditionell gute Grave-Weine kommen: *Conti Maniago* in Soleschiano und Maria Antonietta *Morelli de Rossi* in Manzanello. Beider Weine wachsen nur wenige Kilometer von Manzano entfernt. Auch in dem nördlichen Teil der Ebene von Udine finden sich einige ehrgeizige, um Qualität sehr bemühte Winzer. Zu ihnen gehören die Brüder Battista, Nevio und Argo Castellarin, die im Jahre 1980 in Treppo Grande, im nordöstlichen Zipfel des Grave (wenige Kilometer von Tarcento entfernt) die moderne Kellerei *Banear* aufgebaut haben. Ihre Weine sind in den Vereinigten Staaten bekannter als in Italien. Udine selbst ist wenig vom Wein geprägt. Die Stadt, die ihre Glanzzeit in der Ära der venezianischen Republik erlebte, aus der auch die bedeutendsten Kunstwerke, die sie beherbergt, stammen, schloß sich bereits 1866 dem neugegründeten Italien an und ist, im Gegensatz zu Gorizia etwa, deutlich italienisch geprägt. Die einzige größere Kellerei, die sich in der Stadt befindet, ist die *Vinicola Udinese*.

Eine der interessantesten Unterzonen des Grave befindet sich auf den westlichen Bänken des Tagliamento, genaugenommen im Dreieck Casarza – Maniago – Spilimbergo. Auf diesem Schotterkegel, der die Reste des frühen Tagliamento-Gletschers enthält, bedeckt nur eine zentimeterdünne Humusschicht den Kies (»grave« = Kies). Dort finden sich die magersten Böden des ganzen Friaul. Die Nährstoffbasis für die Reben ist vor allem um Spilimbergo, aber auch um San Leonardo herum spärlich. »I Magredi« heißt dieser Landstrich bei den Bewohnern, und nicht wenige vergleichen ihn wegen der monatelangen Sommerhitze und der geringen Niederschläge, die dort fallen, mit bestimmten Landstrichen Süditaliens. Dieses Anbaugebiet stellt jedoch eine der besten Unterzonen des Grave dar. Die Weine, die dort wachsen, sind zwar leichtgewichtig, doch äußerst charaktervoll und feinnervig. Die Trauben, die im Sommer beregnet werden müssen, liest man ein paar Tage eher als im übrigen Friaul, damit der Wein später genügend Rasse bekommt. Pinot Bianco und Chardonnay können hervorragende Gewächse ergeben, ebenso Tocai und Sauvignon. Zu den Spitzenproduzenten in dieser Zone zählen Enzo *Pittau* in San Leonardo di Valcellina, Lisio *Plozner* in Barbeano und die *Tenuta S. Anna*, die am Fuße des Hügels von Sequals hundert Hektar Weinberge bewirtschaftet, von denen ein sehr guter Sauvignon kommt.

**ALTES REBLAND:**

*Weinbau wird wahrscheinlich seit drei-
tausend Jahren im Friaul betrieben.
Doch nie so ausschließlich wie heute:
Vor 50 Jahren noch waren Seidenraupenzucht, Ackerbau und Obstwirt-
schaft wichtige Erwerbszweige. Heute
dominiert, zumindest im Hügelland
(im Bild: Hinterland von Capriva),
der Rebbau. Teilweise finden sich dort
noch 50jährige Reben.*

## MACULAN, BREGANZE

*Schon vor vielen Generationen ist die Familie Maculan aus dem Sugana-Tal nach Breganze gezogen und hat dort mit dem Weinbau begonnen. Breganze ist ein eigentümliches Anbaugebiet. Ein Teil seiner Rebkulturen liegt am Hügel, ein anderer in der Ebene. Da jedoch auch die flachen Anbaugebiete magere, gut drainierte Böden haben, werden dort auch schon seit Jahrhunderten Reben kultiviert. Die Besonderheit dieses Bodens besteht darin, daß er aus feinem, fast schneeweißem Kies beseht, über dem nur eine zentimeterdünne Humusschicht liegt. Dem österreichischen Kaiser Franz Joseph I. gefiel dieser Kies so sehr, daß er ihn einsammeln und nach Wien bringen ließ, um die Gärten von Schloß Schönbrunn mit ihm zu verzieren. In diesem flachen Teil des Anbaugebietes wachsen die Reben für Maculans Palazzotto, einem reinsortigen Cabernet-Sauvignon-Wein. Er ist ein kraftvoller, tanninreicher Tropfen mit konzentrierter Frucht, der weit über dem Niveau der zahlreichen anderen Cabernets Norditaliens steht. Der zweite Cabernet von Maculan kommt aus der Hügelzone. Er wächst oberhalb des Dorfes und heißt – nach dem Hügel – Fratta. Was der Palazzotto an Kraft und Konzentration bietet, zeigt der Fratta an Eleganz: edler Kern mit reicher, »sättigender« Frucht und einem Bouquet, das nach grünem Pfeffer und Lakritz duftet. Die Unterschiede zwischen beiden Weinen, die nicht mehr als zwei Kilometer voneinander entfernt wachsen, sind nicht zufällig. Der Fratta wird zur Hälfte aus Cabernet franc gekeltert. Zudem werden die Trauben nach der Lese etwa einen Monat unter dem Dach getrocknet, bevor sie in die Traubenmühle kommen. Die Mostausbeute ist entsprechend gering. Sie liegt bei 45 Hektoliter. Der Most beider Weine wird acht bis zehn Tage vergoren und reift danach 12 bis 18 Monate in »barriques« aus junger Allier-Eiche. Geleitet wird das Gut von Fausto Maculan und seiner Schwester Franca. Beide sind sehr ehrgeizige Weinmacher, die ihre Spitzenweine ganz bewußt für die gehobene Gastronomie und einen kleinen Kreis von Liebhabern erzeugen. Dasselbe gilt für den weißen Prato di Canzio, der aus der friaulschen Tocai gekeltert wird, sowie für den süßen Torcolato, einen traditionellen Dessertwein des Dorfes, der aus teilgetrockneten Trauben überwiegend der Sorte Vespolina gewonnen wird. Alle diese Weine werden nur in guten Jahren in Mengen von 4000 bis 5000 Flaschen erzeugt.*

## LOREDAN GASPARINI, VENEGAZZÙ

*Das ehemalige Weingut der Grafen Loredan Gasparini liegt am Fuße des Montello, einer waldreichen, hübschen Hügellandschaft, in der zur Zeit der venezianischen Republik Serenissima viele Adelige siedelten. Auch die Loredan gehören zum alten venezianischen Adel. Zwei ihrer Familienmitglieder waren Dogen, einer Weggefährte Marco Polos bei dessen Weltumsegelung. Der letzte Nachkomme der Loredan hat das Anwesen 1973 verkauft. Seitdem befindet es sich im Besitz von Giancarlo Palla, einem Textilindustriellen aus Treviso, der die weinbaulichen Aktivitäten der Loredan konsequent weiterführt. Der letzte Graf hatte begonnen, Cabernet franc, Cabernet Sauvignon, Merlot und Malbec in seinen Rebgärten zu kultivieren und aus diesem Bordeaux-Mischsatz einen feinen Wein zu keltern, wie ihn die gehobene Gesellschaft Italiens damals den Gewächsen aus heimischen Sorten nur allzu gerne vorzog. Heute wird der Venegazzù della Casa, wie er heißt, noch immer aus diesem Mischsatz gekeltert. Seine Herstellungsweise hat sich jedoch geändert. Erstens wird ein kleiner Teil der Trauben bis Dezember auf Strohmatten getrocknet und ihr Most dann dem bereits vergorenen Wein zugesetzt. Man initiiert so – ähnlich dem »governo« im Chianti – eine erneute Gärung, um ein ausdrucksvolleres Bouquet zu erhalten. Zweitens wird ein Drittel des Weins auf der Flasche nachfermentiert, um später wieder mit den restlichen zwei Dritteln verschnitten zu werden. Drittens wird der Wein seit 1982 ein Jahr in französischen »barriques« ausgebaut. Er ist ein sehr stilvolles, wegen seines etwas kratzigen, an den Geschmack von Preiselbeeren erinnernden Untertons unverwechselbares Gewächs. Hochklassig ist die Auslese des Venegazzù, die mit einem schwarzen statt mit einem weißen Etikett ausgestattet wird (»Etichetta Nera«). Sie wird nur in guten Jahren aus gesondert verlesenen Trauben erzeugt. Auch diese Tradition geht auf den alten Graf Loredan-Gasparini zurück, der eine solche Auslese erstmals 1969 bei einem Staatsempfang für Charles de Gaulle vorstellte. Der Betrieb hat heute 60 Hektar unter Reben. Sie liefern auch die Trauben für einen ausgezeichneten Spumante und einen vorzüglichen Chardonnay.*

# VENETIENS HÜGEL

Venetien ist das größte Weinfaß Italiens. Nur Sizilien erlebt jedes Jahr eine ähnlich große Weinschwemme wie diese wohlhabende, norditalienische Region, die mit Reben ebenso gespickt ist wie mit Palazzi, Kirchen, Kunstsammlungen und Kulturdenkmälern. Der größte Teil der Produktion stammt aus den klassischen Massenweinanbaugebieten um Bardolino, Verona sowie aus der Ebene um Treviso. Doch das venezianische Weinfaß hat auch kleine, feinere Abteilungen. In den zahlreichen Hügelzonen, wo die Böden trocken und mager, die Weinwirtschaft gar nicht oder zumindest weniger industrialisiert ist als etwa um Verona, findet man gelegentlich Weine von erstaunlichem Format. Ihre Namen und ihre Herkünfte sind relativ unbekannt. Für ihre Güte bürgt nur der Name des Winzers. Sie sind nicht dem Diktat des Handels entsprungen, sondern das Ergebnis der unterschiedlichen natürlichen Voraussetzungen, die man in dieser Endmoränenlandschaft mit ihren oft ganz anders zusammengesetzten Böden und ihren verschiedenen Klimazonen vorfindet. Wohlgemerkt, nicht alle venezianischen Hügel liefern solche Weine, und dort, wo man sie findet, sind es meistens nur wenige Winzer, die sie erzeugen. Der größte Teil der Produktion ist von einfachem Zuschnitt und wird es immer bleiben.

Breganze liegt in einer dieser ökologischen Nischen, die solch feine, aber unbekannte Weine liefern. Es ist ein kleines, 15 Kilometer nördlich von Vicenza gelegenes Straßendorf, gerade dort, wo die Ausläufer des Hochlands von Asolo in die Ebene eintreten. Die Cabernet-Trauben sind es, die dort einen besonderen Wein ergeben: im Körper nicht zu leicht, im Geschmack kräftig. 90 Prozent der Produktion dieser D.O.C.-Zone kommen aus einem Keller: dem der *Cantina B. Bartolomeo da Breganze.* Hinter diesem Namen verbirgt sich eine Genossenschaft. Es sind zwar keine Hochgewächse, die sie erzeugt, doch mehr als nur solide Weine. Welche Feinheiten der Cabernet von Breganze erreichen kann, zeigt dafür ein anderes Weingut: *Maculan,* ein alter Familienbetrieb mit ehrgeizigen Zielen und aufwendiger Kellerarbeit. 40 Kilometer weiter östlich bei Valdobbiadene und Conegliano liegt das Reich der Prosecco-Rebe, einer weißen Sorte, die vor allem für die Spumante-Herstellung benutzt wird. Der schönste dieser Spumante heißt Cartizze und kommt aus dem Dörfchen San Pietro di Barbozza. Er kann sowohl nach der Charmat- als auch nach der Champagnermethode hergestellt werden. Viel populärer ist jedoch der einfache Prosecco, mal still, mal schäumend, doch immer unkompliziert und köstlich. Am südlichen Piave-Ufer bei Montebelluna erhebt sich eine bewaldete Hügelgruppe aus der Ebene: der Montello, ehemals ein bevorzugtes Siedlungsgebiet von Venedigs Kaufmannsadel, heute ein forstwirtschaftlich und vom Weinbau genutzter Landstrich. Vor allem Prosecco-, aber auch einige Cabernet-Reben werden dort angebaut. Ein vorzüglicher Wein im Bordeauxstil kommt von *Loredan-Gasparini*. Er heißt Venegazzù. *Le Case Bianche*, ein gepflegtes Privatgut in Soligo bei Treviso, bemüht sich um einen guten Prosecco. Sein Lagenwein Camoi aus Cabernet Sauvignon, Pinot Nero und alten Wildbachertrauben ist ein originelles, feines Gewächs. Weiter südlich zwischen Padua und Este erhebt sich abermals eine Hügelgruppe mit wuchtigen Tälern und bewaldeten Höhen. Es sind die Euganeischen Hügel, ein Bergland vulkanischen Ursprungs, dessen höchste Erhebung der Monte Venda ist (603 Meter). Zu dessen Füßen bei Castelnuova liegt das Weingut *Del Venda* des Grafen Nicolò Luxardo de' Franchi. Er erzeugt einen gepflegten, leichten Rotwein namens Sant'Elmo. Dieser besteht aus Merlot, Cabernet und Barbera und wird in manchen Belangen noch so erzeugt, wie die Benediktinermönche im Mittelalter es taten und der Bischof von Padua im 14. Jahrhundert es ausdrücklich für richtig befand. Andere gute Erzeuger sind *Villa Sceriman* in Vò Euganeo und Giancarlo Beccari in Villa di Teolo (*La Primavera*). Noch schroffer erheben sich die Colli Berici südlich von Vicenza aus der norditalienischen Tiefebene. Zwei Weinerzeuger verdienen in dieser Zone Beachtung: in Costozza die *Da Schio*, ein altes, aus Trient stammendes Grafengeschlecht, und Alfredo Lazzarino, ein Neuwinzer in einem prächtigen, alten Palazzo bei San Germano (*Villa Dal Ferro*).

Freilich sollte die Produktion der flachen Landstriche nicht ganz ausgeklammert werden. Im Piave-Distrikt um Treviso finden sich mindestens drei Produzenten, deren Weine nicht hinter denen aus der Hügelzone zurückstehen. Ein Spitzenerzeugnis ist Vincenzo Graf Ciani Bassettis *Castello di Roncade*, hergestellt aus einem klassischen Bordeaux-Mischsatz. Leichtere, aber charaktervolle Cabernet- und Merlot-Weine kommen von der Gutsverwaltung *Rechsteiner* bei Busco, im Besitze des deutschstämmigen Barons Stepski-Doliwa. Ebenfalls bei Busco liegt das Großgut *Liasora*, berühmt für seinen trockenen Weißwein Buschino, eine Spezialität aus Picolit- und trevisanischen Verduzzo-Trauben. Von vorzüglicher Qualität können auch die Cabernet von Pramaggiore sein. Bedarf es dafür eines Beweises, kommt er aus den Kellern der alten Benediktiner-Abtei von Summaga, in der die Industriellen-Familie Dal Moro seit vielen Jahren mit großem Engagement eine ehrgeizige Weinproduktion aufgebaut hat (*La Fattoria*).

**COLLI BERICI:** *Die besten Weine kommen von Alvise Da Schio und Alfredo Lazzarini (rechts). Er residiert in Sanmichielis »Villa Dal Ferro«.*

## VILLA DAL FERRO-LAZZARINI, SAN GERMANO

*Alfredo Lazzarini ist ein Neuwinzer. In den 60er Jahren erwarb er von dem Vermögen, das er als Besitzer einer Fabrik für Automobilzubehör in Padua gemacht hatte, eine alte herrschaftliche Villa in einem grünen Tal der Colli Berici. Dort begann er mit einer kleinen, aber ehrgeizigen Weinproduktion. Allerdings mußten die Weinberge völlig neu angelegt werden, angesichts der Tatsache, daß es sich um 250 Meter hoch gelegene, schwer zugängliche und teils steile Lagen handelte, nur unter großem Aufwand möglich war. Die amtlichen Weinberater versuchten ihn von seinem Vorhaben abzubringen. Sie fürchteten, daß eine Weinproduktion unter solch erschwerten Bedingungen niemals kostendeckend sein könnte. Sie irrten. Lazzarini gelang es, Weine von ungleich besserem Format zu erzeugen, als sie in den leicht zu bearbeitenden, flachen Teilen des Anbaugebietes wachsen, wo die meisten Reben für die D.O.C.-Weine der Colli Berici stehen. Lazzarini stellt drei rote und drei weiße Weine her. Die weißen (Tocai, Pinot Bianco und Weißer Riesling) sind allesamt nervige, sehr reduktiv gekelterte Weine. Die roten kommen von den drei hochwertigsten französischen Erfolgssorten: Cabernet, Merlot und Pinot Nero. Sie sind jedoch vollkommen verschieden von dem, was im Nachbarland Italiens aus ihnen gemacht wird: unvergleichlich fruchtige, harmonische Weine, die mehr durch die Reintönigkeit der Sorteneigenarten faszinieren als durch Gewicht oder Tanninreichtum. Der Cabernet »Le Rive Rosse«, genannt nach der Lage, in der er wächst, ist zu 60 Prozent aus Cabernet franc und zu 40 Prozent Cabernet Sauvignon hergestellt. Der »Campo del Lago«, ein reinsortiger Merlot, besticht ebenso durch seine Geschmacks- und Bouquetintensität wie der »Rosso del Rocolo«, ein reinsortiger Pinot Nero. Sie reifen zwischen einem und zwei Jahren im Holzfaßkeller unter der Villa Dal Ferro. Dieses sehenswerte Baudenkmal wurde im 16. Jahrhundert von Bartolomeo Sanmichieli errichtet, einem der drei großen venezianischen Renaissance-Baumeister. Die Weinbergsfläche Lazzarinis umfaßt etwa zehn Hektar. Für die Produktion ist seine Tochter Pamela zuständig. Gesamtproduktion: etwa 40 000 Flaschen.*

## CONTI DA SCHIO, COSTOZZA

*Die Geschichte des Weinbaus von Costozza war immer untrennbar verbunden mit den Grotten, die das vulkanische Hügelmassiv der Colli Berici aufweist. »Die größte Sehenswürdigkeit, die man dort findet, sind die Grotten von Costozza, wo der Wein sich bestens konserviert«, notierte schon 1330 ein Chronist aus Vicenza. Was für ein Wein es war, ist unbekannt, und wer ihn machte ebenfalls. Bekannt ist nur, daß die Grafen Da Schio, als sie sich 1690 in Costozza eine vornehme Villa errichten ließen, mit dem Weinbau begannen. Selbstverständlich nutzten auch sie die Grotten zur Lagerung. Im 19. Jahrhundert waren sie maßgeblich an der Einführung der französischen Reben nach Italien beteiligt. Anfang des 20. Jahrhunderts war ihr Cabernet-Wein immerhin so bekannt, daß er im »Meisterwerk der Speisen und Getränke« eines deutschen Schriftstellers lobend erwähnt wurde. Damals besaßen die Grafen Da Schio fünf Hektar unterirdische Grottenfläche. Sie nutzten sie allerdings bald weniger zur Lagerung ihres Weins als für Champignonkulturen. Die Grafen waren nämlich die ersten, die die Grundlagen der Champignonzucht wissenschaftlich erforschten. In den 20er Jahren galten sie als der größte Champignon-Produzent in Europa. Graf Alvise Da Schio, heutiger Herr der Villa, bedeutet der Pilz, über den er eine Doktorarbeit geschrieben hat, noch immer mehr als sein Wein. Im Zweiten Weltkrieg wurden die Grotten dann zweckentfremdet. Ein deutscher Rüstungskonzern brauchte sie, um in ihnen unerkannt Sturzkampfbomber zu montieren. Nach dem Krieg unternahmen die siegreichen Amerikaner Sprengversuche in dem Fels. Resultat: vier der fünf Hektar stürzten ein. Seitdem haben die Da Schio die Hoffnung aufgegeben, noch einmal Champignons zu ziehen. Sie machen nur noch Wein: einen vorzüglichen freilich. Ihr Cabernet franc, nur in guten Jahren erzeugt, ist einer der schönsten Weine aus dieser Sorte, die in Norditalien gekeltert werden. Er wird wenigstens zwei Jahre lang in großen alten Holzfässern ausgebaut, die letzten Monate im Faß Nr. 19, das stets noch ein wenig Wein von den vorhergehenden Jahrgängen enthält. Große Jahrgänge wie 1967, 1971, 1981 und 1983 sind unübertrefflich. Neben dem Cabernet franc erzeugt Alvise Da Schio auch Pinot Nero (als Rosé gekeltert), einen Riesling sowie – als Spezialität – einen trockenen Picolit.*

# VALPOLI–CELLA

Für manchen Winzer bedeutet es eine Bürde, im Valpolicella Reben zu ziehen. Wo immer der Name dieser Landschaft fällt, stellt sich eine gedankliche Verbindung ein zu Weinen, wie sie sich hinter Etiketten mit der Beschriftung Lambrusco oder Kalterer See verbergen. Bis heute hat der Valpolicella das Image eines Massenweins aus der Zwei-Liter-Flasche nicht abgelegt. Warum auch? Er wird weiterhin in Großgefäßen abgefüllt und in Mengen erzeugt, die gigantisch sind. Im Durchschnitt wird eine Ernte von 500 000 Doppelzentnern Trauben im Jahr eingebracht. Das entspräche 37 Millionen Normalflaschen, würde der Wein ausschließlich in solche abgefüllt und nur aus Trauben hergestellt, die im Anbaugebiet wachsen. Doch die D.O.C.-Statuten erlauben eine »Korrektur« mit Most oder Wein aus den meridionalen Zonen Italiens.

Der Valpolicella ist eine Marktmacht. Zusammen mit dem weißen Soave und dem Bardolino vom Gardasee hat er Verona zur größten Weinprovinz Venetiens gemacht. Er hat über Glanz und Größe der Veroneser Weinhäuser entschieden, die zu den mächtigsten in Italien gehören. Dem Namensdiktat dieses industriemäßig erzeugten Weins haben sich auch die Winzer unterwerfen müssen, die nach handwerklichen Methoden arbeiten, weder verschneiden noch große Mengen erzeugen und am feinen, traditionellen Valpolicella festhalten. Sie versuchen zwar, durch den Zusatz der Worte *classico* und *superiore* auf dem Etikett eine Gleichsetzung ihres Weins mit der Massenware zu verhindern. Doch wissen sie selbst, daß wenig Hoffnung besteht, auf diesem Weg den Verbraucher von der Güte ihres Produktes zu überzeugen. So kommt es, daß der feine Valpolicella nur einem vergleichsweise kleinen Kreis von Kennern bekannt ist. Zu denen, die am wenigsten auf ihn verzichten wollen, zählen übrigens die Veroneser selbst. Sie waren und sind noch immer die besten Konsumenten ihrer eigenen Weine. Allerdings beschränken sie ihr Trinkvergnügen sehr bewußt auf die Crème der Produktion. Jene Erzeugnisse, denen die Weinwirtschaft der Stadt ihren schlechten Ruf und das viele Geld verdankt, kommen bei ihnen kaum auf den Tisch.

Feiner Valpolicella? Wer die Rebenmeere betrachtet, die sich fast bis an die Ufer der Etsch und bis an die Autobahn nach Venedig ziehen, kann sich darunter wenig vorstellen. Wer sieht, wie viele Trauben unter den Pergolen hängen, an denen die Reben ranken, hat den Eindruck, es könne diesen Wein gar nicht geben. »Sprechen wir es klar aus«, sagt Renzo Tedeschi, einer derjenigen Produzenten, die für sich in Anspruch nehmen, den feinen Valpolicella zu erzeugen. »Man wird diesen Wein nur bei denen finden, die der Versuchung widerstehen, Menge zu erzeugen.« Wie schwierig das sein kann, weiß sein Bruder Silvino aus persönlicher Erfahrung. In der Zeit des Rebschnitts muß er seine eige-

nen Winzer immer wieder auffordern: »Laßt weniger Augen stehen! Schneidet mehr ab!« Spötter haben die Art der Traubenproduktion, wie sie im Valpolicella üblich ist, schon als »Veroneser Winzerkrankheit« bezeichnet. Renzo Tedeschi mag das Wort nicht, bekennt aber: »Der Mentalität der Veroneser Winzer entspricht es leider, den Herbst nur dann zu loben, wenn er viele Trauben gebracht hat.«

Was sich hinter der Bezeichnung »feiner Valpolicella« verbirgt, ist nicht leicht zu erklären. Es gibt mehrere Varianten dieses Weins, und »fein« ist ein relativer Begriff. Der Valpolicella mit dem Zusatz *classico* auf dem Etikett kann, aber muß kein feiner Wein sein. Er unterscheidet sich vom unspezifizierten Valpolicella nur durch seine Herkunft. Er kommt nämlich aus jenem Bereich des Anbaugebietes, der der klassische genannt wird. Grob gesagt, handelt es sich dabei um fünf nordwestlich von Verona gelegene Dörfer: Negrar, San Pietro in Cariano, Marano, Fumane und Sant'Ambrogio. Wiewiel es wert ist, daß seine Trauben in einer dieser Gemeinden wachsen, hängt allerdings vom Produzenten ab. Die einen machen aus ihm ein von der industriellen Massenware nicht unterscheidbares Produkt, die anderen einen delikaten, saftigen, leichten Zechwein, wie ihn möglicherweise Ernest Hemingway gemeint hatte, als er in seinem Roman »Über den Fluß in die Wälder« die Qualitäten des Valpolicella so rühmte: »Einladend wie das Haus eines Bruders, mit dem man sich versteht.«

Die zweite Variante ist der Valpolicella *classico superiore*. Er ist etwas kräftiger und muß statt elf mindestens 12 Vol.% Alkohol aufweisen. Um diese Gradation ohne Anreicherung zu erhalten, genügt es nicht, Trauben aus den flachen Stücken der *classico*-Zone zu verwenden. Man braucht bessere Lagen im höhergelegenen Teil des Anbaugebietes, wo die Böden trockener und die Erträge von Natur aus niedriger sind. Ein Valpolicella *classico superiore* ist daher nie ein Massenwein. Das heißt wiederum nicht, daß er ein feiner Wein sein muß. Auch im höher gelegenen Teil sind Hektarerträge von 80 bis 90 Hektolitern möglich. Zudem darf auch dieser Wein verschnitten werden. Die D.O.C.-Bestimmungen schreiben vor, daß er ein Jahr im Keller gereift sein muß, bevor er gehandelt werden darf. *Fratelli Tedeschi* lassen ihn aber zum Beispiel bis zu zwei Jahren im Faß, bevor sie ihn abfüllen. Andere gute Produzenten – *Bertani* etwa – bauen ihn sogar bis zu drei Jahren im Holz aus. Die Länge des Faßausbaus ist zwar nicht unbedingt ein Qualitätskriterium. Doch angesichts der zahlrei-

chen dünnen, substanzlosen Valpolicella mit den Worten *classico superiore* auf dem Etikett lernt der Weinfreund schnell die Erzeugnisse jener Hersteller zu schätzen, die wegen des Körperreichtums und der Stoffigkeit den verlängerten Ausbau des Weins nicht scheuen. Die besten Qualitäten dieser Valpolicella-Variante sind denn auch nicht nur feine, sondern edle Kreszenzen, die mehr halten als die Weine mancher Anbaugebiete, deren Name weniger belastet ist als der des Valpolicella.

Die dritte und vierte Variante bilden die Recioto-Gewächse. Damit sind Weine gemeint, die aus teilgetrockneten Trauben gekeltert worden sind. Das Lesegut wird also nicht gleich abgepreßt, sondern auf Horden oder in Spankörben unter dem Dach zum Trocknen ausgelegt. Erst wenn sich Zucker und Extraktstoffe in den Beeren konzentriert haben, wird die Maische angesetzt. Häufig geschieht das erst um Weihnachten herum. Dabei gibt es zwei Arten von Recioto-Weinen. Der eine ist süß, lebhaft, gelegentlich auch schäumend. Er heißt Recioto della Valpolicella, wird nur in sehr geringen Mengen hergestellt und ist eigentlich eine Veroneser Spezialität. Der andere ist trocken und still – aber ein mächtiger Wein von unüberbietbarer Fülle und Konzentration der Aromen. Er heißt Recioto Amarone della Valpolicella oder – der Einfachheit halber – nur Amarone. Er ist der Spitzenwein des Valpolicella und reiht sich, wenn er gut gemacht ist, nahtlos in die Phalanx der großen Rotweine Italiens ein. Allerdings ist er ein Spezialwein. Er weist mindestens 14 Vol.% Alkohol auf, manchmal sogar über 16 Vol.%. Die Engländer, die diesen Wein in den letzten Jahren für sich entdeckt haben (nach den Amerikanern, die ihn immer schon hoch schätzten), sehen in ihm eine Alternative zum Portwein. Die Wertschätzung ehrt den Amarone, darf jedoch nicht zu Mißverständnissen führen. Er ist nämlich ein alkoholstarker, aber kein alkoholverstärkter Wein. Seine Gradation ist nicht künstlich angehoben worden, sondern das Resultat der Umwandlung des hohen natürlichen Zuckergehaltes, der sich in den teilgetrockneten Beeren befand. Überdies ist er aus anderen Trauben gewonnen und in anderer Erde gewachsen. Mit dem Portwein hat er höchstens die wärmende Art und die Üppigkeit des Geschmacks gemein.

Die Weinwirtschaft des Valpolicella produziert in Dimensionen, wie sie kaum ein anderes Anbaugebiet Italiens kennt. Ein Betrieb wie *Fratelli Tedeschi*, der immerhin auch 240 000 Flaschen im Jahr abfüllt, zählt zu den kleinen Unternehmen. Entsprechend

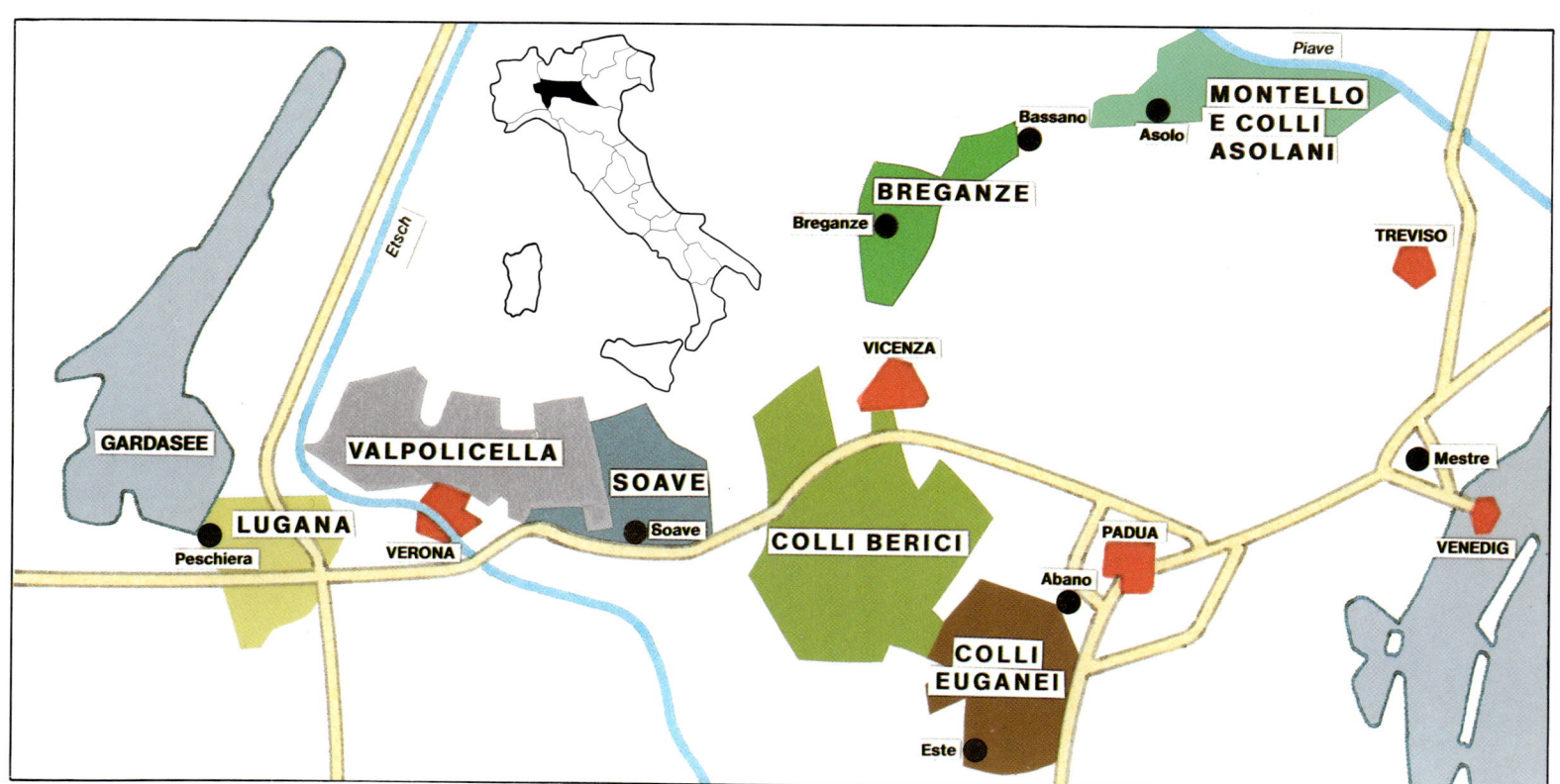

umfangreich ist die Produktion der großen. *Bolla*, das erste unter den Veroneser Weinhäusern, erzeugt 27 Millionen Flaschen im Jahr. Doch diese Ziffern allein machen die besondere Struktur der Weinwirtschaft Veronas noch nicht deutlich. Erstens gibt es nämlich nicht nur ein Weinhaus, das in solchen oder ähnlichen Dimensionen operiert, sondern mehrere. Zweitens handelt es sich bei ihnen meist um reine Abfüllbetriebe. »Imbottigliatori« nennt sie Carlo Speri, der Vorsitzende des Valpolicella-Konsortiums. Sie besitzen nur wenige, oft gar keine eigenen Weinberge. Viele kaufen nicht einmal Trauben, sondern nur Jungwein. Er wird in Tanklastzügen angeliefert und im eigenen Keller nur noch ausgebaut. *Biscardos* Hauptkellerei in Bussolengo, in der 9000 Flaschen pro Stunde abgefüllt werden, ist ein eindrucksvolles Beispiel für diese Art industrieller Weinproduktion. »Das handwerkliche Weinmachen«, betont Speri, »ist im Valpolicella aber nicht ausgestorben. Es gibt zahlreiche, teils bekannte, teils unbekannte Betriebe, die vom Rebschnitt bis zur Konfektionierung der Flaschen alles in eigener Verantwortung und manchmal auch noch mit eigener Hand ausführen. Diese Betriebe sind eine Minorität. Aber sie sollten angesichts der erdrückenden Marktmacht der Großen nicht vergessen werden.«

*Biscardo* ist nur einer dieser Großen, dabei nicht einmal ein typischer. Das Unternehmen besitzt nämlich immerhin hundert Hektar eigene Weinberge in der Valpolicella-Zone. Einen derart großen Weinbergsbesitz können die wenigsten seiner Konkurrenten aufweisen: *Giuseppe Campagnola, Fabiano, Lamberti, Montresor, Pasqua, Santa Sofia, Santi, Sartori, Scamperle, Zonin* — um nur die bekanntesten zu nennen. Betriebe wie *Bertani* und *Guerrieri-Rizzardi*, die zwar auch eine umfangreiche Produktion haben, aber grundsätzlich selbst keltern und dabei ausschließlich oder fast ausschließlich auf eigenes Traubengut zurückgreifen, stellen Außenseiter dar. Ihre Weine sind ein Beispiel, daß Größe nicht zwangsläufig mit dem Verlust von Qualität erkauft werden muß. Ähnliches gilt für *Bolla*. Dieses alte Familienunternehmen, das sich heute stark am nordamerikanischen Markt, aber weniger am Massenmarkt als an dem der gehobenen Qualitäten orientiert, zählt zweifellos zu den seriösen Großabfüllern. Es hat zwar seine gesamten Weinberge verkauft und arbeitet mit 600 Vertragswinzern zusammen. Doch liefern sie Trauben und keinen Wein ab. Die Trauben müssen überdies nach System und in einer genau festgelegten Qualität produziert werden. *Bollas* Jago (Valpolicella *classico superiore*) und sein Amarone gehören denn auch zu den sehr guten Weinen des Anbaugebietes.

## FRATELLI TEDESCHI, PEDEMONTE

*Die Tedeschi produzieren fast alle Veroneser Weine und haben selbst beim Soave und Bardolino, den beiden einzigen Produkten, die nicht aus eigenen Trauben hergestellt werden, ein höheres Niveau erreicht als die meisten Erzeuger direkt in deren Anbaugebieten. Ihr Hauptinteresse liegt jedoch im Valpolicella. Dort besitzen sie 13 Hektar Rebkulturen, die sich von wenigen Ausnahmen abgesehen im Hügelland um Pedemonte befinden. Die Palette beginnt mit einem jungen, heiteren Valpolicella classico (»Capitel delle Lucchine«) und einem Valpolicella classico superiore, der zweifellos einer der charaktervollsten, schönsten Weine dieser Kategorie ist und Hemingways Loblied auf diesen Wein alle Ehre machen würde. Der Tafelwein »Capitel San Rocco Rosso« ist ihr bester Valpolicella. Er wurde auf den Schalen der Recioto-Weine nachfermentiert: ein duftiger, rassiger, vollmundiger Wein (13,5 Vol.%), der trotz des »ripasso« sehr fruchtig geblieben ist und kein »kleiner Amarone« sein will. Die Amarone selbst bilden die Spitze ihrer Produktion. Der Standard-Amarone beeindruckt mit seinen 14 Vol.% weniger durch Schwere als durch reintönige Frucht und gute Balance. Der Amarone vom »Capitel Monte Olmi«, einer sehr guten Westlage am Hügel zwischen Pedemonte und San Floriano, bietet einen noch größeren, inneren Reichtum, eine hohe geschmackliche Konzentration und feinste Bouquetstoffe. Trotz 15 Vol.% Alkohol ist er eher von seidiger als von öliger Konsistenz. Nur etwa 4000 Flaschen können von ihm abgefüllt werden (Standard-Amarone: 10000 bis 15000 Flaschen). Beide lagern nicht sehr lange im Holzfaß. Schillernde Perlen ihrer Produktion sind die süßen Weine: der rote Recioto della Valpolicella vom »Capitel Monte Fontana« und der weiße »Vin de la Fabriseria« — ein traditioneller »Priesterwein«. Der Betrieb, der direkt im Dorfe liegt, wird von Silvino Tedeschi, der für die Reben zuständig ist, und seinem jüngeren Bruder Renzo geleitet. Er ist der Kellermeister — ein bäuerlicher von der Einstellung her, aber nicht altmodisch von den Werkzeugen, die er benutzt. Er hat das Weinmachen nicht aus Büchern gelernt, sondern arbeitet mit Nase und Zunge, auch mit offenen Augen und Ohren für das, was andere um ihn herum tun — und sei es nur, um guten Gewissens bei den alten Methoden zu bleiben.*

## FRATELLI SPERI, PEDEMONTE

*Die Speri gehören zu den letzten Traditionalisten unter den Weinmachern des Valpolicella. Sie erzeugen ihre Weine ausnahmslos aus eigenem Traubengut (außer den gebietsfremden Bardolino und Soave) und bereiten sie noch weitgehend nach den Prinzipien ihrer Väter und Großväter. Eine längere Holzfaßlagerung für den Valpolicella classico superiore ist für sie selbstverständlich (obwohl die D.O.C.-Bestimmungen sie nicht vorschreibt), und zur Herstellung eines Amarone brauchte es — außer guten Trauben — nach ihrer Meinung noch heute nicht viel mehr als auf einer alten Fotografie zu sehen ist, die sie zur ständigen Erinnerung in ihrem Büro aufgehängt haben. Sie zeigt ihren Amarone-Keller um die Jahrhundertwende: Nur ein Faß, eine Leiter, eine Pumpe und den Kellermeister zeigt das Bild. »Mehr braucht es eigentlich nicht um einen guten Wein zu erzeugen«, meint der sprachgewandte Carlo Speri, Vorsitzender des Konsortiums der Valpolicella-Winzer. Der ihre ist ein schwerer, körperreicher, sehr weicher Wein, der bis zu 16,5 Vol.% Alkohol und soviel Glycerin enthält, daß er eine zarte »süße« Ader aufweist, obwohl er völlig durchgegoren ist. Er fermentiert von Januar, wenn die getrockneten Trauben gemahlen werden, bis März auf den Schalen, wird dann abgezogen und in kleine Eichenholzfässer gefüllt, in denen er langsam weitergärt. Knapp 60000 Flaschen füllen die Speri nach fünf Jahren von ihm ab. Sie verfügen über 30 Hektar Reben in besten Lagen auf dem Kamm des Hügelrückens zwischen Negrar und Valgatara. Gegründet wurde der am Dorfrand liegende Betrieb von ihrem Urgroßvater, vergrößert und zu Ansehen gebracht von ihrem Großvater. Mit einer geschickten Spekulation hatte dieser im Jahre 1929 ein Vermögen gemacht. Von einem verarmten Grafen, der unbedingt Geld brauchte, hatte er ein großes Stück Land bei Pedemonte gekauft, um es schon einen Tag später an ein großes Veroneser Weinhaus zu verkaufen, von dem er wußte, daß es unbedingt Rebland suchte: Bolla. 5000 Lire verdiente er an der schnellen Transaktion — eine gewaltige Summe in der damaligen Zeit, die sofort in den eigenen Betrieb investiert wurde.*

## FRATELLI TEDESCHI

*Die Brüder Renzo und Silvino Tedeschi gehören zu den Weinmachern des Valpolicella, die in kleinen Dimensionen arbeiten wollen. Ihre Weine werden fast ausschließlich aus eigenen Trauben erzeugt. Es sind charaktervolle, typische und sehr feine Gewächse — im Gegensatz zu manch anderem Wein, der um Verona produziert wird. Nur an wenigen Stellen Italiens stehen so viele Reben auf so engem Raum und tragen so viele Trauben wie dort. Soave, Bardolino und Valpolicella sind Massenwein-Anbaugebiete geworden.*

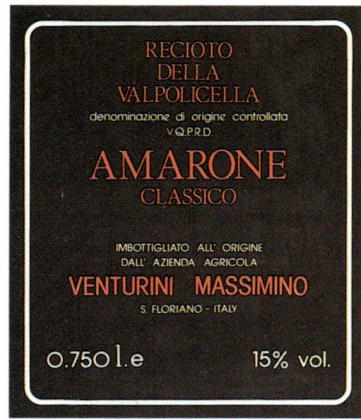

## MASSIMINO VENTURINI, SAN FLORIANO

*Die Venturini sind ein kleiner Familienbetrieb, dessen Keller unmittelbar an der Hauptstraße von San Floriano liegt. Sie besitzen zehn Hektar Reben an den Hängen des Monte Masur gleich oberhalb des Ortes in bester Süd- west- und Südostlage. Von dort kommen die Trauben für einen der schönsten Valpolicella classico superiore des Anbaugebietes und einen vorzüg- lichen Amarone. Dieser wird nur ein bis zwei Jahre im Holzfaß ausgebaut und schon früh auf die Flasche gezogen, wo er nach Meinung von Massimino Venturini besser reift. Auch kommt er schon relativ früh in den Handel. Was andere, traditionelle Weine an fast barocker Fülle vorweisen können, besitzt er an innerer Konzentration. Er besitzt mehr »Biß« als die Amarone alten Stils, ist fruchtiger. Er verbirgt sei- ne feine Beere nicht hinter Massen von Glycerin. Auch seine Säure ist noch deutlich spürbar. Ein traditioneller Wein ist er insofern allerdings auch, als er fast immer 16 Vol.% Alkohol auf- weist. Obwohl ein wenig bekannter Wein, muß er zu den großen Amarone- Gewächsen der Zone gezählt werden. Die Venturini keltern ihn zu 60 Pro- zent aus Corvina und zu je zehn Prozent aus Rondinella und Molinara. Auch der Valpolicella besitzt eine beein- druckende Fruchtigkeit mit viel Mark und Säure. Er wird im März kurz auf den Schalen des Amarone nachgefermen- tiert und ein Jahr im Holzfaß ausge- baut. Die Venturini haben erst in den 60er Jahren begonnen, ihren Wein in Flaschen zu füllen. Vorher wurde er offen verkauft. Sie waren nie Händler, sondern stets Winzer, die schon früh durch sehr kurzen Beschnitt auffielen. Noch heute produzieren sie nicht mehr als 80 Doppelzentner Trauben pro Hektar, was etwa 60 Prozent der zuläs- sigen Höchstmenge entspricht. Neben Massimino Venturini arbeiten seine beiden Söhne Daniele und Mirco mit in dem Familienbetrieb.*

## SANPERETTO, NEGRAR

*Zwei Dinge betont Roberto Mazzi besonders nachdrücklich: Seine Weine seien handwerklich hergestellt, und die Trauben für sie wachsen in der Hügel- zone. Damit sind sie zwar noch keine guten Weine, wie er zugibt. Aber sie erfüllen zwei Gütekriterien, die für das Valpolicella von fundamentaler Bedeu- tung sind. Denn nur in der Hügelzone erreichen die Trauben jene komplexe Reife, die aus dem Zusammenspiel von Mostgewicht, Extrakt, Säure und Mineralien besteht. Von ihr allein hängt die Feinheit eines Valpolicella ab. Was er unter handwerklicher Herstel- lung versteht, präzisiert Mazzi so: Trauben nur aus eigener Produktion, konsequenter Verzicht auf den erlaubten Verschnitt mit Weinen anderer Zonen, natürlicher Ausbau des Weins ohne Schönung oder anderweitige Behand- lung. Sichtbares Zeichen dafür, daß die Weine nicht geklärt und vor der Flaschenabfüllung nicht filtriert worden sind, ist das reichlich vorhandene Depot, das sich am Boden der Flaschen bildet. Roberto Mazzi will authentische Weine. Den Schliff solle die Natur ihnen geben, nicht der Kellermeister, lautet seine Überzeugung. Daß sie Schliff haben, zeigt zum Beispiel der Valpolicella classico superiore von der Lage Poiega, noch mehr der Amarone. Er ist ein weicher, säurearmer, fast »molliger« Wein mit einer gewaltigen Stoffülle und einem ungewöhnlich großen Geschmacksvolumen. Er kommt von einer leicht hängigen, sonnenrei- chen Südwestlage im Tal von Negrar. Die Lage heißt »Venetian«, weil einer der Vorbesitzer des Gutes ein wohl- habender Venezianer war. Alle acht Hektar Weinberge von Roberto Mazzi, einem Doktor der Landwirtschaft, lie- gen an einem kleinen Hügel zwischen Negrar und San Peretto, einem typi- schen, noch gut erhaltenen Bauerndorf, dessen Sehenswürdigkeiten zwei herr- schaftliche Villen, der romanische Kirchturm und eine alte, intakte Wassermühle sind. Sie gehört zum Gut von Roberto Mazzi. Gesamtproduk- tion: 60 0000 Flaschen.*

# DIE GEOGRAPHIE DES ANBAUGEBIETES

Die 1968 erlassenen D.O.C.-Bestimmungen haben das Valpolicella weit über die Grenzen der historischen Zone ausgeweitet. Es reicht heute von der Etsch im Westen bis in die Soave-Zone im Osten hinein. Damit ist das Anbaugebiet etwa dreimal so groß wie das des Valpolicella *classico*. Das heißt aber nicht, daß alles Mittelmäßige und Minderwertige außerhalb der klassischen Grenzen wächst. Im Gegenteil. Es gibt zumindest zwei weitere Täler der D.O.C.-Zone, die eine lange Weinbautradi- tion haben und vorzügliche Weine hervorbringen: das Tal von Illasi sowie das Valpantena. Letzterer Bereich hat, als die Groß- lage »Valpolicella« geschaffen wurde, sogar eine eigene Unter- Ursprungsbezeichnung erhalten. Der Wein, der von dort kommt, darf sich Valpolicella-Valpantena nennen. Er ist etwas körper- reicher und kräftiger als der aus dem Valpolicella *classico*.

Das Valpolicella wird als eine durchgehend hügelige Zone beschrieben. Sichtbar hügelig ist sie jedoch erst im Hinterland. Die Landstriche unmittelbar neben der Eisenbahnlinie Trento – Verona und Verona–Venedig, die die Grenze des Anbaugebietes bildet, sind nahezu flach. Sie zählen aber, weil sie höher als die Tiefebene südlich von Verona liegen, zu den Ausläufern der Hügelzone. Ihre Böden bestehen im wesentlichen aus Gletscher- schutt, der von einer mehr oder minder starken Schicht meist bräunlichen Löß bedeckt ist. Die Böden sind also fruchtbar und deshalb mit einem dichten Rebenteppich überzogen. Sie weisen zudem zahlreiche Drainagegräben auf, die ein Zeichen dafür sind, daß der Untergrund feucht ist. Es gibt dort zwar einzelne gute Lagen: etwa bei Castelrotto und Sant'Ambrogio. Doch davon abgesehen, bringt dieser breite Gürtel alluvionalen Verwitterungsgesteins mit seiner fruchtbaren Deckerde jene Trauben hervor, die nicht wegen ihrer Qualität, sondern wegen ihrer Menge angebaut werden. Die Mostgewichte reichen gerade aus, um den einfachen Valpolicella (beziehungsweise Valpolicella *classico*) zu erzeugen – und das in vielen Jahren auch nur, indem der Most angereichert wird, damit der Wein auf die vorgeschrie- benen 11 Vol.% kommt.

Die besseren Qualitäten wachsen im höhergelegenen Hügel- bereich zwischen 150 und 450 Metern. Im klassischen Valpolicel- la umfaßt diese Zone vor allem die Hanglagen von drei Tälern: dem von Negrar, dem von Marano (mit dem Dorf Valgatara) sowie dem Tal von Fumane. Dazu kommen die Südhänge bei San Pietro in Cariano (mit dem Dorf San Floriano) sowie Sant'- Ambrogio (mit Gargagnano). Gegliedert ist diese Zone, wie die Einheimischen sagen, nach der Art einer gespreizten Hand. Die schmalen Zwischenräume zwischen den Fingern entsprechen den drei Tälern. Der breite Zwischenraum zwischen Daumen und Zeigefinger bezeichnet die »Hochebene« (*semi-valle*) zwi- schen Sant'Ambrogio und San Pietro in Cariano. Jeder dieser Bereiche liefert übrigens anders nuancierte Weine.

# DIE BÖDEN DES VALPOLICELLA

Das Valpolicella liegt an den Ausläufern der südlichen Kalkalpen. An vielen Stellen tritt das weiße Kalkgestein deutlich hervor. An anderen Stellen findet man viel Basalt und Verwitterungsgestein aus der Kreidezeit, die mit röt- lichbrauner Deckerde überzogen sind. Die geologischen Boden-

formationen ändern sich von Tal zu Tal. Grundsätzlich gilt, daß die Böden in höheren Lagen magerer und daher für den Weinbau besser geeignet sind. Dennoch finden sich auch dort nicht an allen Stellen die Voraussetzungen für große Weine. Üppig wucherndes Grün zwischen den Rebzeilen und um die Weinberge herum deutet an, daß es sich vielerorts um fruchtbare Böden mit relativ hohem Phosphor- und Stickstoffgehalt handelt – ein Umstand, der sich auch in den hohen Hektarhöchsterträgen niederschlägt, die die D.O.C.-Statuten festgeschrieben haben: rund 90 Hektoliter pro Hektar. In den höheren Lagen sind solche Erträge jedoch selten.

## DAS KLASSISCHE VALPOLICELLA

*Das Valpolicella ist eine mediterrane Landschaft. Ihr Bild wird durch schlanke Zypressen und wilde Obstbäume ebenso geprägt wie durch eine üppige Buschvegetation und Olivenhaine (oben links: Landschaft bei Pedemonte). Weinbaulich betrachtet, ist es ein Land mit zwei Gesichtern. Die Böden in den flachen Teilen sind fruchtbar. Dort wird Masse produziert. Die Böden in der Hügelzone sind dagegen steinig und karg. Dort wachsen die feinen Weine: vor allem der Valpolicella classico superiore und der Amarone. Die Trauben für letzteren Wein werden gleich in Spankisten gesammelt (oben), in denen sie zum Trocknen unter dem Dach ausgelegt werden. Der Amarone reift langsam und lange in kleinen Fässern, die nicht selten auf den großen Valpolicella-Fässern stehen (links außen). Beide Weine erzeugt in bester Qualität Massimino Venturini mit seinen Söhnen Mirco und Daniele.*

## DIE KLIMATISCHEN VERHÄLTNISSE DES VALPOLICELLA

Das Valpolicella hat ein mildes, vorwiegend mediterran geprägtes Klima. Mit einer durchschnittlichen Jahrestemperatur von 13,9 Grad Celsius ist es dort deutlich wärmer als in den Hügelzonen des Friaul oder in der Barolo-Zone. Im September, dem für die Winzer wichtigsten Monat des Jahres, liegen die Temperaturen noch so hoch wie dort im Juli. Dieser Umstand ist es vor allem, der das Valpolicella schon früh zu einer Zone intensiven Rebbaus gemacht hat. Häufig ist auch vermutet worden, daß große Helligkeit, bedingt durch die Reflektion des Lichts im nahegelegenen Gardasee, die Anbauwürdigkeit positiv beeinflussen würde. Die Hypothese mag plausibel sein, bewiesen ist sie nicht.

Das Valpolicella genießt jedoch nicht nur klimatische Gunst. Das große Problem des gesamten Veroneser Weinbaus ist der Hagel. In manchem Jahr sind die Blüte oder der Traubenansatz durch faustgroße Hagelkörner zerstört worden, die im Frühjahr, bisweilen auch im Hochsommer, den südlichen Alpenrand heimsuchen. Die einzige Möglichkeit, sich vor einem Verlust der ganzen Ernte zu schützen, sind Hagelnetze, die über die Rebkulturen gespannt werden. Sie findet man vor allem in den Flachlagen. In den höher gelegenen Bereichen des Valpolicella mit ihren kleinflächigen, oft noch terrassierten oder aber hängigen Weingärten werden selten Hagelnetze aufgestellt.

ten auf einen guten Wein nicht schlecht. Wenn die Winzer manchmal trotzdem skeptisch sind, hat das seinen Grund in den feuchten Winternebeln, die in den letzten Jahrzehnten immer häufiger im Valpolicella zu verzeichnen waren. Die Feuchtigkeit, die sie mitbringen, begünstigt die Vermehrung von unerwünschten Schimmelbakterien. Wer die Möglichkeit hat, trocknet seine Recioto-Trauben deshalb unter dem Dach einer Hofstelle im hochgelegenen Teil des Valpolicella, der meistens nebelfrei bleibt.

# DIE REBSORTEN

Der norditalienische Rebengürtel weist eine große Sortenvielfalt auf. Zu ihr tragen unter anderem auch die aus Frankreich stammenden Trauben Merlot, Cabernet sowie die verschiedenen Pinot bei, die im 19. Jahrhundert nach Italien gelangten. In der Mehrzahl sind es jedoch einheimische Sorten, die in den Rebgärten des Piemont, der Lombardei und Venetiens wachsen. Dies gilt in besonderem Maße für das Valpolicella. Von wenigen Ausnahmen abgesehen, finden sich dort nur Gewächse, die seit wenigstens zweihundert Jahren, wahrscheinlich länger, angebaut werden. Wegen ihrer großen Verbreitung in diesem Landstrich konnten sie die Reblauskatastrophe überstehen, die das Valpolicella zu Beginn des 20. Jahrhunderts heimsuchte.

Die Basis für den Wein des Valpolicella bilden seit jeher drei einheimische rote Sorten: Corvina, Rondinella und Molinara. Sie stehen meistens noch nebeneinander in gemischten Kulturen. Die hochwertigste der drei Sorten ist die Corvina. Ihr Anteil am Mischsatz muß zwischen 40 und 70 Prozent liegen, wobei bessere Produzenten gewöhnlich eher mehr als weniger von ihr nehmen. Sie ist eine robuste, im Ertrag konstante Sorte, die den Körper und die feine Frucht für das Valpolicella liefert. Wenn sie getrocknet wird, bildet sich in ihr viel Glycerin, das ein Charakteristikum aller Recioto-Weine ist. Besonders gute Ergebnisse bringt sie im höhergelegenen Hügelland. Dort ist sie die »Königin der Veroneser Trauben«. Allerdings gibt es eine große Anzahl von Mutationen. In der ampelografischen Literatur wird von ihr deshalb meist im Plural gesprochen: Corvine. Andere, zwischen Padua und Brescia anzutreffende Unterarten sind zum Beispiel die Corvina Rizza, die Corvina Gentile und die Corvinona. Sie unterscheiden sich jedoch kaum von der Corvina Veronese, wie die im Valpolicella anzutreffende Spielart heißt.

Die zweite Basis-Sorte für den Valpolicella-Wein ist die Rondinella. Weil sie ihm einen fruchtigen Geschmack und eine prickelnde Frische gibt, genießt sie vor allem bei den großen Erzeugern große Beliebtheit. Sie verwenden sie nicht selten in Mengen, die über denen der D.O.C.-Bestimmungen liegen (20 bis 25 Prozent). Obwohl die Rondinella erst 1882 systematisch beschrieben wurde, ist sie ein altes Veroneser Gewächs. Möglicherweise war es in früheren Zeiten sehr viel häufiger in den Weingärten um die Stadt vertreten als die Corvina.

Die dritte Standard-Sorte ist die Molinara. Sie ist auf den ersten Blick schon durch ihre hellen Beerenhäute von den anderen Reben zu unterscheiden. Würde sie allein gekeltert, ergäbe sie einen leichten, blumigen, fast roséfarbenen Wein. Die Molinara darf in den Mischsatz des Valpolicella bis zu 25 Prozent eingehen, obwohl sie eigentlich nur eine »Bouquetsorte« ist. Da sie aber – wie auch die Rondinella – ein Massenträger ist, der vor allem in den flachen Teilen des Anbaugebietes in großen Mengen geerntet werden kann, benutzen sie viele Hersteller dazu, den Wein leichtgewichtiger zu machen. Ihren Namen verdankt diese Sorte

## QUINTARELLI

*Giuseppe Quintarelli ist ein handwerklicher Weinmacher. Nicht nur das strenge Verlesen der Trauben, selbst die Abfüllung und das Etikettieren der Flaschen erfolgt von Hand. Das Resultat kann sich sehen lassen. Die Weine, die aus den Kellern seines Gutes oberhalb von Negrar kommen, sind ein Beispiel dafür, welch große Qualitäten das Valpolicella hervorbringt.*

Getrübt wird die allgemein gute Wetterlage auch durch die relativ hohen Niederschlagsmengen. Sie liegen im langjährigen Durchschnitt bei 850 Millimeter (der sehr viel weiter nördlich gelegene deutsche Rheingau zum Vergleich: 780 Millimeter) und weisen Spitzen im April und im September/Oktober auf. Das heißt: Ein großer Teil der Feuchtigkeit tritt in der Zeit der Lese auf und kann diese erheblich behindern. Darin liegt einer der Gründe, weshalb das Valpolicella seltener große Jahrgänge registriert als das Piemont. Der November ist dagegen erstaunlich trocken. Dafür fallen die Temperaturen dann abrupt ab. Es machen sich – bedingt durch die Nähe zu den Alpen – typisch kontinentale Klimaeinflüsse bemerkbar. Der Temperatursturz mit dem folgenden, kalten Winter kommt den Winzern übrigens sehr zupaß. Damit sich *mufa nobile*, die Edelfäule, auf den Beeren der Recioto-Trauben bildet, braucht es kühles, trockenes Klima. Gelingt es also, die Recioto-Trauben gesund einzubringen, sind die Aussich-

übrigens dem Umstand, daß ihre Beeren oft aussehen, als seien sie mit Mehl bestäubt (die Mühle, in der das Mehl gemahlen wird, heißt italienisch *molino*). Daneben werden als Komplementärtrauben eine Reihe teils lokaler, teils auch überregional verbreiteter Rebsorten verwendet. Die wichtigsten sind die Negrara, die Rossignola, die Barbera und die Sangiovese Grosso. Sie dienen dazu, dem Valpolicella Farbe und Duft zu geben.

Im letzten Jahrhundert war die Artenvielfalt unter den Rebengewächsen ungleich größer als heute, so daß angenommen werden kann, daß die Weine anders und unterschiedlicher akzentuiert waren. Die meisten dieser Sorten besaßen jedoch keine große Verbreitung. Mit der Zerstörung der Kulturen durch die Reblaus sind sie daher für immer verschwunden.

# DAS »WUNDER« DES AMARONE

Der hochwertigste, aber auch ungewöhnlichste Wein des Valpolicella ist der Amarone. Er wird fast ausschließlich im *classico*-Gebiet hergestellt, obwohl die D.O.C.-Bestimmungen es nicht verbieten, ihn auch im erweiterten Valpolicella zu erzeugen. Die Trauben, die für ihn verwendet werden, wachsen allerdings nur im höhergelegenen Hügelbereich der Zone, wobei man für ihn nur die *reciè* nimmt, wie die alten Weinbauern im ländlichen Dialekt sagen. *Reciè* heißt Ohren. Gemeint sind mit diesem Ausdruck die im oberen Teil der Traube befindlichen Beeren, die gewöhnlich am meisten Sonne bekommen und daher am reifsten sind. Sie werden schon im September gelesen und danach mehrere Monate lang getrocknet, bevor man sie keltert. Während dieser Zeit bildet sich auf den Beeren die Edelfäule (Botritis cinerea). Die Sporen dieses Pilzes durchdringen die Beerenhaut, so daß der Sauerstoff unmittelbar an das Beerenfleisch gelangt. Ein Teil des Wassers, das darin gespeichert ist, evaporiert. Dadurch nimmt die relative Zuckerkonzentration in den Beeren zu, während der Säuregehalt abgesenkt wird. Außerdem konzentrieren sich die nicht-flüchtigen Substanzen wie Mineralsalze, Farb- und Gerbstoffe, Stickstoffverbindungen und andere Geschmackselemente. So werden die Voraussetzungen geschaffen, daß der Wein später sehr extraktreich ist. Während ein einfacher Valpolicella classico nur 22 Gramm zuckerfreien Extrakt aufweisen muß, um den Anforderungen der D.O.C. zu genügen, hat ein Amarone über 30 Gramm. Schon diese Ziffern lassen erkennen, daß es sich bei ihm um einen ungewöhnlich körperreichen und geschmacksintensiven Wein handeln muß.

Ungewöhnlich ist auch der hohe Alkoholgehalt. Laut Gesetz muß er mindestens 14 Vol.% betragen. Ein guter Amarone überschreitet diese Marke jedoch fast immer. Er hat 15, manchmal auch über 16 Vol.% Alkohol. Da er nicht gespritet ist, stellt sich die Frage, wie es möglich ist, eine derart hohe Gradation zu erreichen. Normalerweise kommt die Gärung nämlich von selbst zum Stillstand, wenn der Alkoholgehalt 14,5 Vol.% überschreitet. Der dann im Wein befindliche Alkohol tötet die Hefen ab. Die Zuckerreste, die in ihm noch vorhanden sind, werden nicht mehr vergoren. Der Wein bleibt süß. Der Amarone ist jedoch ein weitgehend durchgegorener Wein. Die Gärhefen können mithin ihre Tätigkeit nicht eingestellt haben, nachdem die Sättigungsgrenze erreicht war. Sie haben auch noch die letzten Zuckerreste in Alkohol umgesetzt. Für Nino Franceschetti, den Chef-Önologen von *Masi*, gibt es nur eine einzige Erklärung für dieses ungewöhnliche Verhalten der Gärhefen: »Ein Wunder«.

Franceschetti ist ein Amarone-Spezialist. Seit Jahrzehnten beschäftigt er sich praktisch mit der Herstellung dieses Weins.

## GIUSEPPE QUINTARELLI, CERÈ DI NEGRAR

*Was das Wort von den »handwerklichen« Erzeugern bedeutet, demonstriert keiner besser als Giuseppe Quintarelli. Er ist Winzer und Weinmacher in einer Person. Er geht selbst mit dem Rebmesser durch den Weinberg, um den Grünschnitt zu besorgen und füllt den Wein zusammen mit Frau und Töchtern eigenhändig ab, wozu es bei ihm nicht mehr als einen kleinen Gummischlauch braucht, den er ansaugt und dann in den Flaschenhals hält. Ein guter Wein, so seine Meinung, dürfe nicht unter Druck abgefüllt werden. Seine Weine erfreuen sich in England, Nordamerika und der Schweiz großer Wertschätzung, obwohl die Produktion minimal ist. Sie liegt unter 50 000 Flaschen. Doch jede dieser Flaschen enthält einen Wein, der mit Können und Hingabe erzeugt worden ist, gleichgültig ob es sich um einen einfachen Weißwein aus Garganega-Trauben, den halbtrockenen Recioto »mandorlato« oder den Amarone handelt. Den Amarone halten viele Kenner des Anbaugebietes für den besten Wein dieser Art. Er besticht durch seine enorme Geschmacksintensität, sein schweres, nach Veilchen und Süßholz duftendes Bouquet, seine Feinfruchtigkeit. Er ist ein Wein ganz eigenen Stils. Die Recioto-Trauben (darunter auch Nebbiolo-Trauben) werden bei Quintarelli solange getrocknet, bis die Mostausbeute nur noch 25 Prozent beträgt (erlaubt: 40 Prozent). Der Wein fermentiert durchweg zwei Jahre, bis er ganz durchgegoren ist. Je nach Jahrgang weist er dann zwischen 15,5 und 17,2 Vol.% Alkohol auf. Meist bleibt er sechs Jahre im Holzfaß, die »Riserva« sogar acht Jahre. Für sie wählt Quintarelli in guten Jahren sein bestes Faß aus (6000 bis 8000 Flaschen). Quintarellis Hauptprodukt (25 000 bis 30 000 Flaschen) ist jedoch der Valpolicella classico superiore. Er wird 15 bis 20 Tage auf den Schalen vergoren (normal: sechs bis acht Tage), im April noch einmal 14 Tage auf den Schalen des Amarone nachfermentiert und dann vier bis fünf Jahre ausgebaut. Er ist, wie diese Herstellungsweise erkennen läßt, vom Typ her ein Amarone (obwohl er nur 13,5 Vol.% aufweist). Quintarelli stammt aus einer Familie, die seit dem 16. Jahrhundert im Valpolicella ansässig ist. Er hat 12 Hektar Reben, die teils ums Haus (oberhalb von Negrar), teils im Tal liegen.*

## BERTANI, VERONA

*Schon in der Via Malenza in der Altstadt von Verona, wo Bertani lange Jahre residiert hatte, fand sich kein Name am Portal seines Palazzo. In dem neuen Verwaltungssitz am Stadtrand, wohin Bertani 1985 umgezogen ist, weist nur ein unscheinbares Schild auf dieses renommierte Veroneser Weinhaus hin, das – was den Valpolicella betrifft – unter den großen Erzeugern dieser Stadt vielleicht das bedeutendste ist. Guglielmo Bertani, der Senior des Unternehmens, liebt keine Publizität. Seine Söhne Giovanni und Gaetano, die den Betrieb heute leiten, halten es ebenso. Zurückhaltung und persönliche Bescheidenheit gehört zum Stil der Bertani, obwohl sie im Wirtschaftsleben Veronas eine herausragende Stellung innehaben. Sie besitzen zahlreiche Liegenschaften und gehören als Mitbegründer der Tageszeitung »Arena« noch heute zu den Anteilseignern dieses Blattes. Ihre hauptsächliche Aktivität galt jedoch immer dem Wein. Von den 400 Hektar Land, das sie um Verona besitzen, sind 100 Hektar mit Reben bestockt. 90 Prozent ihres Weins kommt aus eigenem Traubengut. Bertani besitzt drei Keller: bei Monteforte in der Soave-Zone; bei Grezzana im Valpantena und bei Novara in der Valpolicella-Zone. Dort werden unter dem Fundament der prächtigen venezianischen Villa Mosconi (sie beherbergte bis 1933 eine Genossenschaftskellerei) rund 100 000 Flaschen Amarone erzeugt. Damit ist Bertani der größte Produzent dieses Weins. Der Amarone kommt grundsätzlich erst zehn Jahre nach der Lese in den Handel. Er hat dann acht bis neun Jahre im Faß gelegen. Ein Drittel der Produktion wird als Reserve zurückgehalten. Es ist ein Wein von barocker Fülle, in dem das fruchtige Aroma der Valpolicella-Trauben sich zu einer exotischen Geschmacksfülle verdichtet hat. Ein hochkarätiger Wein ist auch der »Secco-Bertani« aus dem Valpantena: ein Valpolicella aus bestem Lesegut, der auf den Amarone-Schalen nachvergoren wurde. Auch die anderen, einfacheren Weine von Bertani zeichnen sich durch hervorragende Qualitäten aus. Der Soave classico superiore gehört zu den besten Weinen des Anbaugebietes.*

**WEINADEL** *Die Allegrini gehören seit vielen Jahren zu den besten und zuverlässigsten Valpolicella-Erzeugern. Vier Generationen leben heute gleichzeitig vom Wein.*

Daneben verfolgt er aber auch die wissenschaftlichen Bemühungen, die an den Universitäten von Bologna und Perugia sowie an der Versuchsstation für Önologie in Asti angestellt worden sind, um den Amarone zu erforschen und das »Wunder« zu erklären. Sein Fazit: »Trotz aller Fortschritte in der Erkenntnis der biologischen und biochemischen Vorgänge, die bei der Fermentation ablaufen, ist es bis heute ein Geheimnis geblieben, woher gerade dieser Wein die Kraft hat, so lange durchzugären.«

Der Amarone ist nicht der einzige italienische Wein, der aus teilgetrockneten Trauben hergestellt wird. Die bekanntesten sind der Sforzato aus dem Veltlin und der Vin Santo aus der Toskana. Der Sforzato aber hat nie mehr als 14 oder 14,5 Vol.% Alkohol; ebenso der Vin Santo, zieht man den unvergorenen Restzucker ab. Dasselbe gilt für den süßen Torcolato aus Breganze. Nur der Amarone schafft es, so hohe Zuckermengen zu vergären, wie sie sich im Most der Recioto-Trauben befinden. »In Einzelfällen erreichen wir sogar Alkoholgrade von 17 Vol.%«, berichtet Franceschetti. Soviel ist immerhin bekannt: Im Laufe der langsamen, sich über mehrere Monate hinweg ziehenden Vergärung des Recioto-Mostes bildet sich ein weitgehend alkoholresistenter Hefestamm heraus. Er heißt Saccharomyces Bayanus und wird erst bei höheren Gärtemperaturen aktiv, wie sie im Sommer in vielen Kellern herrschen. Diese Hefen sind es, die trotz des dann schon hohen Alkoholgehaltes den Wein weiter gären lassen.

Das Valpolicella ist die einzige Weinregion der Welt, die diese Hefestämme aufweist. Beim süßen Recioto della Valpolicella würden diese Hefen ebenfalls den im Most vorhandenen Zucker voll umsetzen, wenn der Kellermeister sie nicht daran hindern würde. Er hält die Keller kühl und achet darauf, daß die Temperatur nie über 12 Grad Celsius ansteigt. Bei so niedrigen Temperaturen bleiben die Saccharomyces-Bayanus-Hefen nämlich inaktiv.

Doch nicht nur dieser Hefestamm ist eine Kuriosität. Auch jene Hefen, die die Gärung einleiten, besitzen eine Eigenschaft, die andere Hefen nicht aufweisen: Sie arbeiten auch bei niedrigen Temperaturen. Wenn die Recioto-Traube gemahlen und die Maische für den Amarone angesetzt wird, ist es nämlich Winter. Im Keller herrschen Temperaturen von vier oder fünf Grad Celsius. Unter solchen Bedingungen nehmen andere Hefen ihre Tätigkeit nicht auf. Selbst im Herbst, wenn normalerweise gekeltert wird und die Temperaturen noch relativ hoch sind, müssen die Winzer ihre Keller gelegentlich erwärmen, damit die Fermentation überhaupt einsetzt. Im Valpolicella kann es zwar zehn Tage dauern, bis die Hefen im Recioto-Most sich zu rühren beginnen. Doch sie schaffen es immer, die kalte Recioto-Maische zu vergären. »Saccharomyces uvarum« heißt dieser Hefestamm, der praktisch die Vorarbeit für die Saccharomyces Bayanus leistet.

Der Amarone ist ein verhältnismäßig junger Wein. Erst in den zwanziger und dreißiger Jahren dieses Jahrhunderts begann man, ihn systematisch herzustellen. Vorher war der Recioto-Wein immer süß. Ende des letzten Jahrhunderts mehrten sich dann die Stimmen, die sich kritisch zu dem süßen Wein äußerten. Man bemängelte, daß »die Süße alle anderen geschmacklichen Feinheiten nivelliere« und nannte ihn gelegentlich sogar das »Produkt einer irregeleiteten Kellerwirtschaft«. 1873, so geht aus Unterlagen der Landwirtschaftlichen Versuchsanstalt Verona hervor, müssen schon einige durchgegorene Recioto vom Typ des Amarone existiert haben. Aus den Analysedaten geht nämlich hervor, daß der Zuckergehalt einiger untersuchter Weine mal bei zwei, mal bei fünf, mal bei null Gramm gelegen habe. In jedem Fall war der Recioto, ob süß oder trocken, ein Spezialwein, den die Weinbauern für besondere Anlässe kelterten, insbesondere hohe Festtage. Ein großer Teil wurde gar nicht verkauft, sondern im eigenen Hause getrunken. Sein Geld verdiente man mit dem

*Rechts die Villa der Grafen Serègo Alighieri, in der Dante einst gelebt haben soll.*

## SERÈGO ALIGHIERI, GARGAGNAGO

*Die Villa der Grafen Serègo Alighieri liegt unterhalb des Dorfes Gargagnago. Sie ist ein historischer Ort. In dem Landhaus, so wird vermutet, habe Dante während seines Veroneser Exils eine Zeitlang gelebt und einige wichtige Kapitel seiner »Divina Commedia« geschrieben. Wenn auch der letzte Beweis für den Aufenthalt des berühmtesten Dichters der Renaissance fehlt, so ist doch sicher, daß Dantes Sohn Pietro die Villa 1353 erwarb. Sie blieb bis ins 16. Jahrhundert in den Händen dieser Familie. Als Francesco Alighieri, ein Domherr und der letzte Sproß der Alighieri, 1563 ohne Nachkommen starb, vermachte er das Anwesen seiner Nichte Ginevra, die ihrerseits einen Grafen Serègo aus Vicenza ehelichte. So entstand die Familie Serègo Alighieri, deren Nachkommen den Besitz bei Gargagnago durch die Jahrhunderte gehalten und ausgebaut haben. Bereits zu Dantes Zeiten muß es Weingärten um die Villa gegeben haben. Aus alten Dokumenten geht hervor, daß man den besten Teil des umfangreichen Besitzes zur Kultivierung von Reben benutzte. »Vaio dell'Armaron« hieß diese Lage. Sie befindet sich oberhalb des Dorfes Gargagnago. Von dem Namen dieses »historischen Cru« leitet sich etymologisch die Bezeichnung »Amarone« ab. Der heutige Amarone der Serègo ist eines der rarsten Spitzengewächse des Valpolicella: ein Wein von gewaltiger Stoffülle, konzentriertem Fruchtkern, hohem Extrakt und einem Alkoholgehalt von wenigstens 16 Vol.%. Er wird seit 1980 erzeugt, und zwar unter der technischen Verantwortung und in den Kellern von Masi. Er trägt die alte Lagenbezeichnung »Vaio Armaron« auf dem Etikett. Seine Besonderheit besteht darin, daß fünf bis zehn Prozent der Trauben von alten, nur noch in den Weingärten der Serègo vorhandenen Sorten kommen. Sie finden sich auch in dem Valpolicella classico superiore der Serègo wieder – einem meisterhaften »ripasso«-Wein. Die Serègo besitzen 30 Hektar Reben. Der größte Teil der Trauben wird seit jeher verkauft. Vom Amarone wurden bislang nur 8000 Flaschen, vom Valpolicella 40000 Flaschen abgefüllt.*

## ALLEGRINI, FUMANE

*Die Weine dieses traditionsreichen Familiengutes, das Ende des 19. Jahrhunderts von Valentino Allegrini gegründet wurde, zählen seit vielen Jahren zur Spitze der Produktion des Anbaugebietes. Keller und Villa (»Corte Giara«) liegen etwas südlich des Ortskerns von Fumane. Auch die Reben wachsen – mit einer Ausnahme – im Tal von Fumane. Allegrini verfügt über 30 Hektar und zählt somit zu den mittelgroßen Betrieben. Zur Weinerzeugung wird ausschließlich eigenes Lesegut verwendet. Die Gesamtproduktion beläuft sich auf 250000 Flaschen. Man könnte 400000 Flaschen abfüllen, verzichtet aber darauf, um nur die besten Partien Weins unter dem Allegrini-Etikett auf den Markt zu bringen. Der Rest wird in Korbflaschen vermarktet. Der Amarone ist der Spitzenwein des Hauses (80000 Flaschen). Für ihn werden die besten Trauben reserviert, bei denen das untere Drittel weggeschnitten wird, um nur die Beeren des oberen Teils, die »reciè«, zu verwenden. So entspricht er der alten Recioto-Tradition. Die Trauben wachsen an verschiedenen Stellen des Fumane-Tals. Außerdem haben die Allegrini in den 70er Jahren knapp acht Hektar Rebland bei Sant'Ambrogio in der berühmten Lage La Grola gekauft – dort, wo die Corvina-Rebe ihren Ursprung haben soll. Auch die Trauben dieses Weinbergs werden für den Amarone verwendet. Daneben erzeugen die Allegrini einen Lagen-Amarone »Fieramonte« (12000 Flaschen). Er ist ein mächtiger Wein im traditionellen Stil, der immer 15 Vol.% Alkohol, häufig mehr aufweist. Von besonderer Güte ist der Valpolicella classico superiore, insbesondere der von der Lage »Palazzo della Torre«. Er wird nicht nur auf den Schalen des Recioto nachvergoren. Ihm wird auch Amarone-Most zugesetzt. Ausbauzeit im Holzfaß: vier Jahre. Abfüllmenge: 10000 Flaschen. Zu Ansehen wurde der Betrieb durch Giovanni und Francesco Allegrini gebracht, den Söhnen des Gründers. Giovanni starb 1983. Francesco war 1972 bei einem Verkehrsunfall ums Leben gekommen. Heute wird das Gut mit seinen sehenswerten Kellern von Giovannis Söhnen Walter und Franco sowie seiner Tochter Marilisa geleitet.*

einfachen Valpolicella. Der Amarone erlebte seinen Aufschwung erst, als die großen Veroneser Weinhäuser sich einer zunehmenden Nachfrage nach »noblen« Weinen ausgesetzt sahen, die, dem Vorbild des Barolo oder des Gattinara entsprechend, ohne Restsüße vergoren worden waren. Häuser wie *Bolla*, *Bertani* oder *Sartori* haben den Amarone zwar nicht erfunden, Aber sie gehörten zu den ersten, die ihn in größeren Mengen und besseren Qualitäten erzeugten als die kleinen Winzer. Sie besaßen die Holzfässer, um den Wein lange darin reifen zu lassen. Sie hatten Kellermeister, die die bäuerlichen Methoden zu perfektionieren wußten. Dennoch verlief der Aufschwung des Amarone nur langsam. Den immensen Körperreichtum und den hohen Alkoholgehalt, die die Eigenart dieses Weins ausmachen, wußte immer nur ein kleiner Kreis von Kennern zu schätzen. Bis heute hat sich daran nicht grundsätzlich etwas geändert. In Amerika und England hat der Amarone inzwischen einige Liebhaber gefunden. In Deutschland ist es noch still um ihn. Daß er regelmäßig zu den großen Rotweinen Italiens gezählt wird, hat nicht verhindert, daß viele auf Distanz zu ihm geblieben sind.

Der Amarone ist ein handwerklich hergestellter Wein. Rund eine Million Flaschen werden von ihm jährlich abgefüllt. Die Gesamtproduktion ist also gering. Die Recioto-Trauben werden immer früh gelesen und zum Trocknen auf alten Heuspeichern oder Dachböden ausgelegt. Der Winzer muß sie allerdings ständig kontrollieren. Alle drei Wochen werden sie gewendet, um faulige Beeren auszusondern. Gekeltert wird bei besseren Produzenten nicht vor Januar. Erst dann hat sich nämlich der Zucker in ihnen so stark konzentriert, daß ein hochwertiger Wein daraus entstehen kann. Häufig trocknen die Trauben auch bis Februar, gelegentlich sogar bis März, bevor die Maische angesetzt wird. Die Mostausbeute beträgt dann oft nur noch 25 Prozent des Traubengewichts. Nach den D.O.C.-Bestimmungen darf sie nicht höher als 40 Prozent liegen. In jedem Fall gilt: Je konzentrierter

## GUERRIERI-RIZZARDI, BARDOLINO

*Die Grafen Guerrieri sind ein aus den Marken stammendes Geschlecht, das sich im 17. Jahrhundert durch Einheirat in die Familie der Rambaldi, die umfangreiche Ländereien um den Gardasee besaß, in der Bardolino-Zone festsetzte. Noch heute entfalten die Guerrieri-Rizzardi dort ihre Hauptaktivitäten. Sie besitzen 100 Hektar Reben um Bardolino und erzeugen einen der schönsten Weine dieses Anbaugebietes. Der letzte weibliche Nachfahre der Guerrieri heiratete 1913 in die Rizzardi-Familie ein, die Landbesitzer im Valpolicella war und in Poiega bei Negrar eine elegante, inmitten von Reben errichtete Villa besaß. Heute besitzt die Gräfin Maria Cristina Rizzardi, die dem Unternehmen vorsteht, 60 Hektar Reben in Negrar, die zusammenhängend zwischen dem Palazzo Rizzardi in Poiega und einer zweiten Villa liegen, die 500 Meter weiter südlich bei Rovereti steht. Die Guerrieri-Rizzardi erzeugen dort einen Amarone und zwei Valpolicella classico superiore: einen feinen, acht Monate im Holzfaß ausgebauten Wein sowie einen jungen, frischen, mittels »macération carbonique« vergorenen, vollmundigen Wein. Seine Trauben wachsen in den Weingärten um den Palazzo (sie wurden bereits 1790 angelegt). Alle Rebkulturen werden nur mit Netzschwefel (gegen Oidium) und Bordelaiser Brühe (gegen Peronospora) gespritzt. Von besonderer Güte ist der Amarone. Er ist kein Wein traditionellen Stils, sondern ein fruchtiger, nur 18 Monate in kleinen venezianischen Holzfäßchen von sieben Hektoliter Inhalt gereifter und dann abgefüllter Wein, der bereits nach zweieinhalb Jahren den Keller verläßt. Er ist ein ungemein konzentrierter, aber in seiner Fülle disziplinierter, hochfeiner Amarone. Er hat 14,5 Vol.% und wächst größtenteils im Weinberg Pigozzara bei Rovereti. Mit dem Zukauf von 20 Hektar in der Soave-Zone haben die Guerrieri-Rizzardi Anfang der 80er Jahre ihr Weinbergsareal abgerundet. Damit gehören sie zu den größten Landbesitzern um Verona. Ein großer Teil des Weins, den sie erzeugen, wird offen an Händler verkauft. Die gesamte Abfüllmenge beläuft sich derzeit auf 700 000 Flaschen.*

## MASI SANT'AMBROGIO

*Masi wird gelegentlich schon zu den Großunternehmen des Valpolicella gezählt. Ist es eines, so hat es gezeigt, daß Qualität und Größe auch im Valpolicella nicht unvereinbar sind. Das Schwergewicht seiner Produktion liegt auf den Weinen, die im klassischen Valpolicella wachsen. Dort besitzt Masi 70 Hektar Rebkulturen im höhergelegenen Teil der Hügelzone. Masi ist ein Amarone-Spezialist. In Nino Franceschetti, der schon vor Jahrzehnten das Gut Santa Sofia zu Glanz gebracht hatte, besitzt er den erfahrensten, kenntnisreichsten und möglicherweise besten Önologen für diesen Spezialwein. Er hat eine umfangreiche Amarone-Produktion aufgebaut, die ihresgleichen in der Zone sucht. Schon der Standard-Amarone ist eine Klasse für sich und liegt weit über dem Durchschnittsniveau des Anbaugebietes. Er weist mindestens 15 Vol.% auf, gelegentlich auch 16 Vol.%. Er wird aus Trauben aller fünf Gemeinden der »classico«-Zone gekeltert, die schon Mitte September gelesen und mehrere Monate lang auf Horden getrocknet werden. Erst im Januar läßt Franceschetti sie sanft abpressen. Die beiden besten Lagen des Rebenbesitzes werden getrennt gelesen und separat gekeltert: »Campolongo« und »Mazzano«, jeweils in 400 Meter Höhe am Ende des Tals von Negrar bei Torbè gelegen. Beide ergeben Amarone von unvergleichlicher Wucht und Fülle: fast ölig in der Konsistenz, schwarzrot in der Farbe, mit zartestem Bouquet von Kirschen und Schokolade, auf der Zunge spürbar tanninhaltig, kompakt, von würdiger Eleganz. Beide haben mindestens 16 Vol.%, häufig mehr. »Mazzano« ist der opulentere Wein, »Campolongo« der weichere. Jeder wird in Mengen zwischen 5000 und 6000 Flaschen abgefüllt und mit handgeschriebenem Etikett versehen. Sie kommen, wie auch der Standard-Amarone, erst nach fünf Jahren in den Handel, wobei sie länger auf der Flasche als im Holzfaß reifen. Die süßen Recioto-Varianten (großartig der weiße Bianco della Campochiesa) stehen auf ihre Art den durchgegorenen Weinen nicht nach. Trotz seiner Größe ist Masi bis heute ein reiner Familienbetrieb der Boscaini geblieben. Drei Familienmitglieder arbeiten als Kellermeister, während Sandro Boscaini den Betrieb leitet.*

der Most, desto mehr Alkohol und Glycerin hat der Wein. Das ölige, leicht süßlich schmeckende Glycerin ist denn auch ein charakteristischer Bestandteil des Amarone.

Die Maische wird in der Regel dreißig bis 50 Tage lang vergoren. Danach sticht man den Wein ab und zieht ihn in andere Behälter um, damit sich der letzte Trub setzen kann. Die verbleibende Maische wird zwar ausgepreßt. Doch viele Erzeuger setzen den Preßwein nicht mehr dem Amarone zu, so daß dieser letztlich nur aus Vorlaufmost gekeltert ist. Im Frühjahr, oft auch erst im Sommer, wird der Wein ins Holzfaß umgezogen. Er weist dann meistens noch geringe Zuckerreste auf. Die Gärung geht also langsam weiter. Oft dauert es noch vier Monate, bis der Wein vollständig trocken ist. Man benutzt für den Amarone grundsätzlich kleine Fässer aus alter Eiche. Sie geben die Außenwärme schnell an den Wein weiter, was wichtig ist, weil die Hefen vom Stamme der Saccharomyces Bayanus gehobene Temperaturen brauchen, um den Restzucker umzusetzen. Die meisten Erzeuger lassen den Amarone wenigstens drei Jahre im Holzfaß reifen. Viele bauen ihn fünf Jahre aus. *Bertani* bringt ihn sogar regelmäßig erst nach zehn Jahren auf den Markt, wobei er mindestens acht Jahre im Faß gelegen hat. Wegen dieser langen Ausbauzeit braucht er normalerweise weder geklärt noch vor der Flaschenabfüllung gefiltert werden. Er weist eine kräftige, tiefrote Farbe auf und besitzt ein mächtiges, differenziertes Bouquet, in dem sich gelegentlich auch ein feiner Botritis-Ton spiegeln kann. Auf der Zunge ist er konzentriert fruchtig. Wenn in ihm, was häufig vorkommt, noch ein paar Gramm Restzucker enthalten sind (mit den D.O.C.-Bestimmungen vereinbar sind etwa sechs Gramm), zeigt er einen zarten Schokoladenton. Wegen des bitter-herben Nachgeschmacks wird ihm aber eher ein feines Mandelaroma nachgesagt. In jedem Fall besitzt er Volumen und eine beachtliche Länge. Wegen der niedrigen Säure ist er kein Wein, der die Alterungsfähigkeit eines Barolo oder die mancher Brunello besitzt. Seine beste Trinkreife erreicht er durchschnittlich nach sechs Jahren. Einzelne Jahrgänge können aber durchaus älter werden. Der 64er war ein solcher Jahrgang, auch der 69er. Letzterer wird manchen Jahrgang der siebziger Jahre überleben. Selbst der 71er Jahrgang, der von den Erzeugern als sehr gut eingestuft wird, besitzt nicht das Reifepotential seiner Vorgänger.

Freilich stellen nicht alle Amarone jenen großen Rotwein dar, als den ihn seine Liebhaber feiern. Das Spektrum der Qualitäten ist groß. Am unteren Ende der Qualitätsskala steht ein mastiger, alkoholischer Wein, der mit normalem Valpolicella aus besseren Jahrgängen oder mit Fremdweinen »aufgebessert« worden ist. Die D.O.C.-Statuten erlauben auch beim Amarone den Verschnitt mit Mosten oder Weinen anderer Anbaugebiete bis zu 15 Prozent. Hinzu kommt, daß mancher Hersteller seine Recioto-Trauben schon im November abpreßt, damit die Mostausbeute größer ist. Durch Anreicherung mit Mostkonzentrat wird dann die nötige Alkoholgradation erreicht.

# DER »WIEDERENTDECKTE« VALPOLICELLA

R iscoprire il Valpolicella lautete das Motto, das sich viele der besseren Weinmacher in den sechziger und siebziger Jahren auf die Fahnen geschrieben hatten. Die »Wiederentdeckung des Valpolicella« sollte nicht etwa der Versuch sein, am lädierten Ruf dieses Weins herumzuflicken. Es war das Bemühen, sich auf authentische Traditionen zu besinnen und den Valpolicella wieder auf die Art zu erzeugen, wie die angesehenen

Weinmacher des letzten Jahrhunderts ihn kelterten, als sein Stern über ganz Italien leuchtete. Gemeint war vor allem eine bestimmte Gärmethode, die unter dem Namen *ripasso* bekannt ist. Sie besteht darin, den bereits vergorenen Valpolicella im Februar oder März noch einmal nachzufermentieren, und zwar auf den Schalen der Recioto-Weine. Diese Weine werden nämlich im März, wenn die Winter-Gärung vorüber ist, von den Schalen abgezogen. Der junge Valpolicella kann in das freigewordene Faß gepumpt werden, in dem sich die noch nicht abgepreßten Hülsen des Amarone befinden. Die Recioto-Schalen enthalten noch Reste unvergorenen Zuckers, so daß sich der Alkoholgehalt des Valpolicella um ein oder eineinhalb Vol.% erhöhen kann. Vor allem aber enthalten die Schalen noch Tannin sowie Geschmacks- und Farbstoffe, die der Wein aufnimmt. Er erhält so den »Hauch eines Amarone«, wie Giuseppe Quintarelli es nennt, der einen meisterhaften Wein nach dieser Methode herstellt. Franco Allegrini, ebenfalls ein Spitzenproduzent, bezeichnet ihn als einen »hochgradig verfeinerten Valpolicella«.

Es ist eine Methode mit vielen Varianten. Die so erzeugten Weine können deshalb auch sehr verschieden ausfallen. Die einen sind auf diese Weise kräftiger, die anderen delikater geworden. Der erste, der das *ripasso* wieder systematisch einführte, war Nino Franceschetti von *Masi*. »Die Technik des *ripasso* ist alt und,

obwohl heute wenig gebräuchlich, auch unter modernen Gesichtspunkten immer noch gültig. Für den Weinbau im Hügelland ist sie sogar von grundlegender Bedeutung.« Dabei war es, wie Franceschetti sich erinnert, zunächst gar nicht der Wunsch, den Valpolicella zu verfeinern, der ihn zu dem Experiment bewegt hatte. Es war, wie er amüsiert zugibt, Sparsamkeit: »Ich fand es schade, daß die Traubenhülsen nach der Fermentation einfach auf den Kompost geworfen werden.« So nahm er Ende der fünfziger Jahre seinen besten Valpolicella, um ihn auf den Amarone-Schalen nachzufermentieren. Der Weinberg, aus dem dieser Valpolicella kam, hieß »Campo Fiorin«. Nach ihm wurde der Wein benannt. Er reifte drei bis vier Jahre im Keller und wies einen Alkoholgehalt von mindestens 13,5 Vol.% auf: ein Wein von gezügelter Fülle, aber mit dem üppigen Geschmack des Amarone. Bis heute taucht der Name »Valpolicella« auf seinem Etikett nicht auf. »Tafelwein aus der Provinz Verona« steht dort schlicht. Der Unterschied zu dem, was normalerweise als Valpolicella produziert wird, schien Franceschetti zu groß, um den »Campo Fiorin« unter dem gleichen Namen zu vermarkten. Andere Winzer waren in diesem Punkt weniger skrupulös. *Quintarellis* Wein erscheint ebenso als Valpolicella *classico superiore* wie der »Serego Alighieri«, *Bollas* »Jago« und der »Secco-Bertani«. *Tedeschis* »Capitel San Rocco Rosso« und »Le Sassine« von *Le Ragose* sind dagegen Tafelweine.

### MASI

*Masi ist ein kleines Gut. Aber aus seinen Kellern bei Sant'Ambrogio (unten links) kommen einige der schönsten Weine des Anbaugebietes. Verantwortlich für sie ist Nino Franceschetti, den viele für den besten Amarone-Spezialisten des Valpolicella halten. Daß die handwerklichen Traditionen des Weinmachens gepflegt werden, dafür sorgt auch die Familie Boscaini, die Besitzer von Masi. Aus einem alten Winzergeschlecht stammend, arbeiten sie heute in der sechsten Generation im Wein.*

59

# DAS HISTORISCHE VALPOLICELLA

Das Valpolicella wurde erstmals im Mittelalter als geographische Einheit betrachtet. 1311 übergab es der deutsche Kaiser Heinrich VII., als er sich nach Italien begeben hatte, um die zerrüttete Kaisermacht wiederherzustellen, dem Grafen Frederico della Scala als feudales Lehen. Dieser ließ als erstes die Grenzen seiner Grafschaft genau festlegen. Danach reichte die »Contea della Valpolicella«, wie sein Reich hieß, von den Höhen der lessinischen Alpen bis an die Ufer der Etsch. Das Territorium war also wesentlich größer als das heutige Anbaugebiet. Allerdings handelt es sich um Verwaltungsgrenzen, nicht um Grenzen, mit denen die Anbauwürdigkeit des Gebietes definiert werden sollte. Da Reben in nahezu allen Teilen der Grafschaft kultiviert wurden, hieß der Wein, wenn er in Verona unter dem Siegel der »Contea« auf den Markt kam, folglich Valpolicella. Daran änderte sich auch in der Folgezeit wenig, nachdem Frederico aufgrund eines versuchten, aber dilettantisch ausgeführten und fehlgeschlagenen Staatsstreiches gegen den Cangranden von Verona abgesetzt worden war und das Land unter die Herrschaft anderer Scaglieri, danach des Visconti und schließlich der venezianischen Republik Serenissima geraten war. Die meisten Reben wuchsen aber schon zu damaliger Zeit um dieselben Dörfer, aus denen noch heute der beste Valpolicella kommt: vor allem Negrar, aber auch Marano und Fumane.

Das benachbarte Valpantena sowie das in Richtung Soave liegende Hügelland gehörten nicht zum historischen Valpolicella. Fraglos befand sich dort aber wertvolles Rebland, das schon zu antiken Zeiten einen famosen Wein geliefert haben muß, der sich zusammen mit dem des historischen Valpolicella in vielen Teilen des Imperium Romanum größter Wertschätzung erfreute. Er hieß »Retico« und galt allgemein als Veroneser Gewächs. Er war der zweite berühmte Wein der Antike neben dem süditalienischen Falernum. Kaiser Augustus soll ihn in vollen Zügen genossen haben. Um der Wahrheit die Ehre zu geben, muß allerdings hinzugefügt werden, daß der Retico (später auch Rhaetico geschrieben) auch im Trentino oder im Veltlin gewachsen sein könnte und in Verona möglicherweise nur gehandelt wurde. Die historischen Dokumente sind in diesem Punkt nicht eindeutig. Unzweifelhaft ist dagegen, daß 500 Jahre später ein berühmter Wein tatsächlich auf den Hügeln von Verona wuchs. Cassiodorus, römischer Senator und Minister unter Theoderich, erwähnt ihn in seiner Schriftensammlung als »Acinatico«. Dieser sei, schrieb er, »ein sauberer Wein« mit einem »besonderen Geschmack«, und es gefalle ihm, die Herstellung des Weins zu schildern. So würden »die Trauben im Herbst genau verlesen« und »bis Dezember getrocknet«, damit sie ein »angenehmes, süßes Aroma« annähmen. »Der Most, das kalte Blut der Trauben, die in der Kälte des Winters abgepreßt werden, ist eine dunkelrote Masse, flüssiger Purpur, violetter Nektar«, schwelgte er. Mit anderen Worten: Der Retico muß ein aus teilgetrockneten Trauben hergestellter Wein gewesen sein. Anders können die Worte des Cassiodorus nicht gedeutet werden.

Der Name »Valpolicella« ist dagegen erst später entstanden. Das erste Mal taucht er 1177 in einem Dekret von Kaiser Barbarossa als »Val Polesèla« auf. In anderen Unterlagen ist vom »Valle Policella« oder »Val Pulicella« die Rede. Was der Name bedeuten könnte, ist unklar. Für einige heißt »Policella« soviel wie Paradies (griechisch: *polyzelos*), für andere »Tal der vielen Keller« (lateinisch: *poli* und *cella*). Es gibt noch weitere Deutungen, die alle plausibel, aber nie zwingend sind. Die Herkunft des Namens ist im Dunkel der Geschichte verloren gegangen.

Um so klarer tritt im ausgehenden Mittelalter die besondere Stellung des gleichnamigen Weins hervor. Seine Bekanntheit wuchs auch durch den Umstand, daß sich viele Veroneser Patrizierfamilien Landsitze im »Paradies« beziehungsweise im »Tal der vielen Keller« errichten ließen. Noch heute finden sich zahlreiche Villen und Schlösser im Valpolicella, die aus dieser Zeit stammen: die Villa Boccoli-Serègo, nach Plänen von Palladio entworfen (sie beherbergt die Großkellerei *Santa Sofia*), die Villa Galtarossa bei San Pietro in Cariano, die Villa Mosconi bei Novare (heute im Besitz des Weinhauses *Bertani*), die Villa Rizzardi in Poiega bei Negrar (im Besitz des Weinhauses *Guerrieri-Rizzardi*), die Villa Del Bene in Volargne an der Etsch (an ihr hat der berühmte venezianische Baumeister Michele Sanmichele mitgearbeitet) sowie die Villa Serègo Alighieri bei Sant'Ambrogio (Sitz der gleichnamigen Weinmacher-Familie). Sie gehörte einst den Scaglieri, den Herren von Verona, die zu den kaisertreuen Gibellinen gehörten und dem Florentiner Dante Alighieri politisches Asyl anboten, als dieser aus seiner Heimat fliehen mußte. Er soll sich einige Zeit in die Villa bei Gargagnano zurückgezogen haben, weil ihn das unruhige Leben in Verona zu sehr vom Schreiben abhielt. Dort habe er dann, so wird vermutet, einen Teil seiner »Divina Commedia« verfaßt. Dantes Sohn erwarb die Villa im Jahre 1353 samt umliegender Ländereien zum Preis von 475 Lire, was für damalige Verhältnisse nicht wenig Geld war. Die Ländereien – das waren Wiesen, Obstgärten, Äcker und wohl auch Weinberge. Der berühmteste ist der Vaio Armaron, etwas oberhalb von Gargagnano gelegen. Sein Name soll, so haben Etymologen herausgefunden, dem »Amarone« den Namen gegeben haben. Von diesem »historischen *cru*«, wie ihn die *Serègo Alighieri* nennen, kommt heute wieder der Amarone der Familie.

**1930:** *Weinbau-Studenten mit dem Bischof von Verona*

In den folgenden Jahrhunderten hat der Wein des Valpolicella beständig an Ruf gewonnen. Dem Rosso della Valpolicella eines Grafen Luigi Morando de' Rizzoni wurde 1845 von einer französischen Verkostungskommission höchstes Lob zuteil. Sie bezeichnete ihn als »besten Wein Italiens«, der es wert sei, »vielen echten Bordeaux- und Hermitage-Weinen vorgezogen zu werden«. Elf Jahre lang war er, so besagen die Aufzeichnungen der Landwirtschaftlichen Akademie von Verona, im Faß ausgebaut worden. Wenig später auf der Weltausstellung in Wien wurden mehrere Weine des Anbaugebietes ehrenvoll ausgezeichnet.

# DIE HANDWERKLICHEN ERZEUGER

Im klassischen Valpolicella arbeiten heute 1200 Winzer. Ihnen stehen etwa 80 Abfüller gegenüber. Von diesen 80 Abfüllern sind 60 kleine Betriebe. Die restlichen 20 erzeugen mindestens 90 Prozent des gesamten Valpolicella classico. Die kleinen Betriebe arbeiten weitgehend nach handwerklichen Methoden. Das heißt: Sie produzieren ihre Trauben selbst und bereiten den Wein in eigener Regie. Die Dimensionen, in denen sie wirtschaften, sind überschaubar. Der kaufmännische und der weinbauliche Teil der Arbeit sind integriert. All das ist zwar noch keine Garantie für Spitzenweine, doch eine gute Voraussetzung für solide Produkte.

# SANT'AMBROGIO

Der Ort ist vor allem für seinen Marmor bekannt, der an der westlichen, zur Etsch hin abfallenden Flanke des Valpolicella aus dem Gestein der lessinischen Alpen gebrochen wird. Gleichwohl ist Sant'Ambrogio immer ein Winzerdorf geblieben. Seine berühmteste Lage war La Grola, ein kleiner Hügel oberhalb des Ortes in Richtung des nahegelegenen San Giorgio, auf dessen Spitze eine von Zypressen umstandene romanische Kapelle thront. La Grola gilt als Ursprung der Corvina-Rebe, der wichtigsten Sorte im Mischsatz des Valpolicella. In einem besonders kalten Winter sollen einmal – der Legende zufolge – Tausende von ausgehungerten Raben aus den Alpen herabgeflogen sein, um sich auf dem Hügel niederzulassen. Mit ihrem schwarzen Gefieder und dem verschlagenen Blick hätten sie die Weinbauern sehr erschreckt, die sie als Unheilsbringer ansahen und beschlossen, sie zu töten. Da der Rabe im Veroneser Dialekt *la grola* heißt, erklärt sich so der Name des Hügels. Der Recioto, der dort wuchs, besaß in früheren Zeiten einen fast legendären Ruf. Er war der körperreichste und schwerste Wein des ganzen Anbaugebietes. Bei einer Flasche dieses Nektars stellten amtliche Weinchemiker im Jahre 1873 einen zuckerfreien Extrakt von 44 Gramm fest. Heute sind die meisten Rebkulturen in dieser Lage aufgegeben worden. Körperreichtum ist aber auch das Kennzeichen der Weine von anderen Lagen Sant'Ambrogios. Der Amarone des Ortes gilt als der wuchtigste des ganzen Anbaugebietes.

Der bedeutendste Betrieb von Sant'Ambrogio ist *Masi*, ein nicht mehr ganz kleines und sehr professionell geleitetes Unternehmen. Es liegt etwas außerhalb des Ortes an der Straße nach San Pietro in Cariano, wo sich auch sein Hauptkeller befindet. *Masi* besitzt mehrere Hofstellen im Valpolicella mit insgesamt 70 Hektar Rebland. Dazu werden in begrenztem Umfang Trauben und Jungwein aus benachbarten Zonen gekauft. Dem Amarone wurde seit jeher die größte Aufmerksamkeit geschenkt. Was die Kenntnis von der richtigen Art seiner Herstellung und die Sorgfalt der Traubenproduktion angeht, läßt sich *Masi* bei diesem Wein von niemandem übertreffen. Schon sein Standard-Amarone zählt zu den raren Spitzen der Produktion des Anbaugebietes. Die beiden lagenrein gekelterten Amarone »Campolongo Torbè« und »Mazzano« sind Weine der Extraklasse.

*Masi* ist ein Besitz der Boscaini, einer alten Winzerfamilie, die aus dem Valpolicella stammt und heute in der siebten Generation im Wein arbeitet. Als die Serenissima, Venedigs glanzvolle Republik, gefallen war, aber der größte Teil des Landes – obwohl verwahrlost – noch von Patrizierfamilien aus Verona gehalten wurde, arbeiteten die Boscaini als Halbpächter. Schon damals terrassierten sie Hügel um Hügel und pflanzten Rebe neben Rebe. Mit viel Fleiß überstanden sie das Abgabensystem des 18. Jahrhunderts, mit Glück die Reblauskatastrophen, ohne Resignation die Verwüstungen der zwei Weltkriege. Noch heute wird *Masi* von den Boscaini persönlich geleitet. Sie sind auch sehr auf die Pflege bäuerlicher Traditionen und des alten venezianischen Kulturguts bedacht, wofür sie eigens einen literarischen Wettbewerb ausgeschrieben haben. Erster Preis: ein Fäßchen Amarone.

## LE RAGOSE, ARBIZZANO

*Das Gut Le Ragose liegt verhältnismäßig dicht zur Stadtgrenze von Verona, aber tief im einsamen Hügelland des Valpolicella. Man erreicht es am leichtesten von Parona aus, indem man die Straße nach Montericco nimmt, die nach wenigen hundert Metern an der herrschaftlichen Villa San Dionigi vorbeiführt. Le Ragose ist ein kleines, privat geführtes Gut mit 12 Hektar Reben, die in einer Höhe von 250 bis 350 Metern wachsen. Sie liegen in einer alten, verwilderten Kulturlandschaft auf kargen, extrem steinigen Böden, die außer dem Weinbau kaum je eine andere landwirtschaftliche Nutzung zuließen. Maria Galli Bortoletto, die das Gut zusammen mit ihrem Mann, einem Veroneser Industriellen, in den 60er Jahren erworben hat, bezeichnet Le Ragose als einen »cru«. Seine Weingärten haben ein eigenes Mikroklima, und es finden sich in ihnen noch mehrere alte, als ausgestorben geltende Rebsorten (Pelara und Rossanella zum Beispiel), die jetzt als Komplementärtrauben verwendet werden und den Weinen eine eigene Prägung geben. Die Le-Ragose-Gewächse sind fruchtige, fast beerige Weine, nicht übermäßig schwer, aber so delikat, daß sie von der italienischen Weinkritik regelmäßig höchste Belobigungen erfahren. Der Valpolicella ist ein relativ leichter Wein, obwohl er auf den Schalen des Amarone nachfermentiert wird. Dasselbe gilt für den Tafelwein »Le Sassine«. Er ist jedoch ungleich gehaltvoller, weil er von sehr alten Reben mit sehr niedrigen Erträgen kommt. Zudem ist Le Sassine die beste und älteste Lage des Gutes. Die Galli Bortoletto nennen den Wein, der dort wächst, nur deshalb nicht »Valpolicella classico superiore«, weil er zu gut ist, um diesen Namen zu tragen. Der Amarone wird etwas kürzer auf den Schalen vergoren als die Weine der meisten Konkurrenten. Er reift früher und beweist schon nach vier, fünf Jahren seine bemerkenswerte Eleganz. An den Mengen, in denen er erzeugt wird, zeigt sich die handwerkliche Einstellung, mit der auf Le Ragose produziert wird. 1976 wurden 900 Flaschen Amarone abgefüllt, 1982 rund 20 000, ohne daß der Umfang der Rebkulturen verändert wurde. Man produziert gerade soviel, wie der Jahrgang zuläßt: mal mehr, mal weniger, aber stets von bestmöglicher Qualität.*

## TRAMANAL, NEGRAR

*Bei Montecchio, einer der höchstgelegenen und verlassensten Stellen des Valpolicella classico, liegt Tramanal, nicht mehr als ein Flecken in einer ebenso karstigen wie »süßen«, von Brombeeren, Farn und Eschengehölzen überwucherten, nach Absinth duftenden, von wilden Kirschbäumen, Kastanien und Steineichen gesäumten Landschaft, in der seit Jahrhunderten nur Wein und Oliven kultiviert werden. Dort oben hat Domenico Vantini, ein Medizin-Professor aus Verona, Ende der 60er Jahre ein Ferienhaus für sich und seine Familie erworben. Da er aus einem alten Winzergeschlecht des Valpolicella stammt, drängte es ihn bald, einen eigenen Wein zu erzeugen – weniger aus kommerziellem Interesse denn als Hobby und Herausforderung. So erwarb er knapp drei Hektar alte Weinberge, bestockte sie (größtenteils) neu und begann Anfang der 70er Jahre mit der Produktion eines sehr feinen Valpolicella classico superiore und eines meisterhaften Amarone. Die Höhe von Tramanal (400 Meter) und die basaltischen Böden geben dem Wein, der dort wächst, einen rauhen, nicht immer nur freundlichen Charakter. Dennoch sind beide Gewächse meisterhaft gelungen, typische Weine des Anbaugebietes. Sie werden nur in geringsten Mengen erzeugt (Valpolicella: 5000 Flaschen; Amarone: 3000 Flaschen). Doch seit sie im Catalogo Bolaffi von Luigi Veronelli höchste Anerkennungen erfahren haben, sind sie in Mailänder Weinboutiquen ein gesuchter Artikel – vor allem der Amarone. Vantini selbst nennt ihn »wild« und »ungezügelt«. Die Corvina-Traube ist in ihm nur zu etwa 35 Prozent vertreten. Er wird vollkommen handwerklich und nahezu ohne Eingriffe von außen erzeugt. Fünf Jahre reift er bisweilen im Holzfaß. 15 Vol.% weist er auf, wenn er abgefüllt wird. Der Valpolicella classico superiore ist ein Wein, der deutlich den »Hauch des Amarone« aufweist. Ein Teil der Trauben, aus denen er hergestellt ist, wird bis Oktober angetrocknet und erst dann abgepreßt. Im April findet das »ripasso« auf den Schalen des Amarone statt. Er bleibt durchweg zwei Jahre im Holz, bevor er auf Flaschen gezogen wird.*

Nur wenige hundert Meter von *Masi* entfernt liegt die Villa der Grafen Serègo Alighieri, die seit 1980 wieder Weine unter dem eigenen Etikett abfüllen. Jahrelang hatten sie ihre Trauben an andere Betriebe verkauft. Die ersten Jahrgänge sowohl des »Vaio Armaron« als auch ihres Valpolicella *classico superiore* (nach der *ripasso*-Methode erzeugt) waren vielversprechend und standen den gleichartigen *Masi*-Weinen an Distinktion und Charakter nicht nach. Die anderen Komplementärtrauben geben ihnen jedoch eine eigene geschmackliche Prägung. Ein weiterer guter Erzeuger von Sant'Ambrogio ist *Aldreghini*. Insgesamt gibt es nur relativ wenige Abfüller in dem Ort. Auch die Rebfläche ist die geringste der fünf *classico*-Gemeinden.

# SAN PIETRO IN CARIANO

San Pietro ist die größte Weinbaugemeinde des klassischen Valpolicella. Sein Gemeindeland umfaßt die benachbarten Dörfer San Floriano, Pedemonte, Castelrotto, Corrubio und Cengia. Der überwiegende Teil seiner Rebkulturen befindet sich im tiefgelegenen, flachen Teil des Anbaugebietes. Der größte Erzeuger ist die *Cantina Sociale della Valpolicella*. Ihre Produktion wird seit einigen Jahren *en bloc* vom Großabfüller *Lamberti* aufgekauft. Ein weiterer Großbetrieb ist *Villa Girardi*. Er besitzt aber umfangreiche eigene Weinberge um sein historisches Gutsgebäude am Eingang zum Tal von Fumane und ist sehr um gehobene Qualität bemüht. Ein Teil des Weins wird unter dem Etikett *Bure Alto* abgefüllt.

Im benachbarten San Floriano gibt es nur wenige Abfüller. Die besten Valpolicella und Amarone machen die *Venturini*, eine alte Winzerfamilie mit einem kleinen Rebenbesitz in bester Position oberhalb des Ortes. In San Floriano befindet sich auch die Scuola Professionale di Agricoltura. Sie ist in der historischen Villa Lebrecht untergebracht und beschäftigt sich mit Weinbau und Kellertechnik. Ihr Direktor ist Dario Boscaini, Mitinhaber von *Masi*. Die Forschungsarbeiten der Schule liefern wichtige Erkenntnisse für die Weinwirtschaft des Valpolicella. Zentrum der Weinwirtschaft ist Pedemonte, ein Straßendorf am Schnittpunkt von Ebene und Hügel. Dort haben sich zwei große Erzeuger niedergelassen: *Bolla*, der größte Veroneser Weinerzeuger, und *Santa Sofia*. Das letztere Unternehmen residiert in den Gutsgebäuden, die zur Villa Boccoli-Serègo am Ortsrand von Pedemonte gehören. In den fünfziger und sechziger Jahren, als der Besitz von den Grafen Campostreni und Boccoli bewohnt und bewirtschaftet wurde, galt *Santa Sofia* als der führende Erzeuger im Valpolicella. Heute sind die Weinberge verpachtet. *Santa Sofia* ist seit 1968 nur noch der Etikettenname für eine Kapitalgesellschaft, die Jungwein kauft, abfüllt und vermarktet. Unter den kleinen handwerklich arbeitenden Betrieben von Pedemonte sind *Fratelli Speri* und *Fratelli Tedeschi* von erster Güte. Beide sind Familienbetriebe mit eigenem Rebland, die ihre Valpolicella-Produktion vollständig aus eigenem Lesegut bestreiten können. Spitzenprodukt von *Fratelli Speri* ist der Amarone, dessen Trauben sowohl im Tal von Negrar als auch in dem von Fumane wachsen. *Fratelli Tedeschi* erzeugen den besten süßen Recioto des ganzen Anbaugebietes. Er wächst gleich hinter den letzten Häusern von Pedemonte (»Capitel Monte Fontana«). Obwohl mehr eine Veroneser Spezialität und von Weintrinkern im Ausland eher naserümpfend als begeistert aufgenommen, zeigt dieser Wein doch, daß auch der süße Recioto ein »nobles« Gewächs sein kann. Die Solidität, mit der diese Familie arbeitet, wird an der gesamten Palette ihrer Weine offenbar. Es gibt keinen zweiten Erzeuger im Valpolicella, der fast alle typischen Veroneser Weine erzeugt und dabei ein so hohes Niveau gehalten hat wie Renzo und Silvino *Tedeschi*.

# FUMANE

Das Tal von Fumane ist das kleinste des klassischen Valpolicella, aber ein wichtiges Zentrum der Weinproduktion. Die Weine, die von dort kommen, zeichnen sich vor allem durch ihre Eleganz aus. Zu erkennen sind sie am zarten Veilchen-Duft, den sie verströmen. Der führende Erzeuger von Fumane ist *Allegrini*, ein mittelgroßer, familiär geführter Betrieb mit besten Lagen bei Fumane. Außerdem hat er Reben in der berühmten Lage La Grola bei Sant'Ambrogio. Seinen hervorragenden Ruf verdankt das Haus Giovanni Allegrini, einem legendären Kellermeister und mutigem Winzer, der die Massenproduktion seit jeher entschieden ablehnte und schon früh gezeigt hat, wie man im Valpolicella auch mit hochklassigen Weinen Erfolg haben kann. Sechzigjährig reiste er das erste Mal nach Amerika, um seine Weine persönlich vorzustellen. Als man ihn in einem der besten Restaurants von San Francisco bat, einige seiner Flaschenetiketten zu signieren, mußte er sich bei den Anwesenden für seine schmutzigen Hände entschuldigen. Seit zwei Wochen versuche er, sie zu säubern, erklärte er. Ohne Erfolg. »Ein echter Weinmacher«, rief sein amerikanischer Agent unter dem Beifall des Publikums aus. 1983 ist Giovanni Allegrini gestorben. Der Betrieb wird seitdem von den beiden Söhnen und seiner Tochter weitergeführt.

# MARANO

Das mittlere der drei Valpolicella-Täler liefert die am wenigsten körperreichen Weine. Sie werden von den Einheimischen als *rustico* charakterisiert, was keineswegs negativ gemeint ist. Im Gegenteil: Der Ausdruck besagt, daß es sich bei ihnen um gut gebaute Weine mit einem kräftigen Aroma handelt. Das Tal von Marano ist relativ eng. Angesichts dessen sind die Mengen beachtlich, die es zur Produktion der *classico*-Zone beisteuert. Ausgesprochene Spitzenerzeuger finden sich weder in Marano selbst noch in Valgatara und den anderen kleinen Dörfern. Solide Weine liefert *Luigi Righetti* in Rugolin am Eingang zu dem Tal. *Fratelli Tommasi* bescheiden sich ebenso mit einfachen Qualitäten wie *Giuseppe Campagnola* und *Paolo Boscaini*, die beiden größten Abfüller im Tal. Letzteres Unternehmen gehört zum Besitz der *Masi*-Inhaber.

**VILLA BOCCOLI:** *von Palladio entworfen, heute Keller von Santa Sofia.*

# NEGRAR

**W**enn der Wein des Valpolicella eine Wiege hat, steht sie im Tal von Negrar. Negrar galt schon im Mittelalter als der Ort, der die feinsten Weine lieferte. Zeitgenossen berichten, daß die Hänge des Tals im 16. Jahrhundert von einer dichten Rebendecke überzogen waren, während in den benachbarten Tälern der Weinbau erst begann. Eine der lokalen Rebsorten, die dem Valpolicella als Komplementärtrauben zugesetzt werden dürfen, ist sogar nach dem Dorf benannt: Negrara. Es ist ein städtisch angelegtes Dorf mit einer breiten, alleeartigen Hauptstraße, die von Stadthäusern gesäumt ist, wie sie auch in Verona stehen könnten. Obwohl sein Gemeindeland nicht so ausgedehnt wie das von San Pietro in Cariano ist, erreicht die Weinproduktion, was die Mengen angeht, fast dessen Niveau. Die Reben stehen überwiegend in Lagen zwischen 150 und 450 Metern und ergeben größtenteils *superiore*- und Recioto-Qualitäten. *Bollas* Jago-Valpolicella kommt ebenso aus diesem Tal wie *Masis* Lagen-Amarone »Mazzano« und »Campochiesa Torbè«.

Die Weine von Negrar unterscheiden sich nur in Nuancen von denen anderer Täler des Valpolicella. Doch sind es eben diese Nuancen, auf die die Weinmacher so großen Wert legen. Der Valpolicella von Negrar gilt als ein strenger, tiefgründiger Wein. Über den Amarone schrieb ein Weinexperte vor 50 Jahren: »Er besticht vor allem durch seinen Duft...« Tatsächlich ist das nachhaltige Bouquet ein charakteristisches Merkmal des Weins aus diesem Dorf. Er duftet nach Rosen. Schon daran können ihn Fachleute blind von den Weinen der anderen Täler unterscheiden. Davon abgesehen, besticht er durch seine Ausgewogenheit. Sie macht ihn in vielen Jahren zum schönsten Wein des ganzen Anbaugebietes.

Der herausragende Produzent von Negrar ist *Giuseppe Quintarelli*. Aus einer alten, schon in den vorigen Jahrhunderten wegen ihrer Begabung, die Qualität eines Weins anschaulich in Worte zu fassen, überall bekannten und in Dokumenten erwähnten Familie stammend, erzeugt er die blumigsten, opulentesten, facettenreichsten Weine der Zone. Das gilt sowohl für den Amarone als auch für seinen Valpolicella, der stets auf den Schalen des Amarone nachvergoren wird. Er ist besser als der Amarone mancher Großabfüller, schwärmt seine Liebhabergemeinde – allerdings auch teurer. *Quintarellis* Amarone zählte zweifellos zu den *Premiers Crus*, existierte eine Klassifizierung der Weine des Valpolicella. Er ist das Ergebnis skrupulöser Traubenauswahl und äußerster Anstrengung im Keller. Trotz der Erfolge, die seine Weine in den letzten Jahren gehabt haben, ist *Quintarelli* immer ein Weinmacher mit Winzermentalität geblieben, der nicht nur im Resultat, sondern auch in der Art des Weinmachens eine bäuerliche Tradition hochhalten will. Wer jemals erlebt hat, wie er, assistiert von Frau, Tochter oder seinem Schwiegersohn, den Wein mit Hilfe alter Siphonen und Schläuche vom Glasballon in die Flasche füllt und – vor dem Kamin, in dem Maroni braten – jede einzelne Flasche von Hand konfektioniert, bekommt eine Ahnung davon, was es heißt, dem Wein eine »Handschrift« zu geben. Daß die Etiketten seines Weins handschriftlich gestaltet sind, ist kein Zufall.

Näher zu Verona und dicht an der Grenze zum Valpantena finden sich zwei weitere Spitzenerzeuger: *Tramanal* und *Le Ragose*. Beide Kleingüter gehören Personen, für die der Wein nur ein Nebenerwerb ist. *Le Ragose* wird von Marta Bortoletto Galli geleitet, der Ehefrau eines Industriellen aus Verona. *Tramanal* ist das Hobby eines Medizin-Professors: des Kardiologen Domenico Vantini. Beider Weine besitzen, obwohl recht unterschiedlich in Körperreichtum und an Eleganz, eine Eigenschaft, die den Gewächsen vieler großer Produzenten fehlt: Originalität. Auch aus dem kleinen Keller von Roberto Mazzi kommen Weine, die durch ihre Unverfälschtheit zu überzeugen wissen. Das Gut heißt nach dem gleichnamigen Dörfchen bei Negrar, in dem der

**RECIOTO-TRAUBEN** *Sie werden auf Horden unterm Dach getrocknet.*

Keller steht: *Sanperetto*. Auch für den Amarone von *Ca'Stupini* gilt, daß er ein authentischer, vollkommen handwerklich hergestellter Wein mit einer ganz eigenen Prägung ist.

Zu den Großproduzenten, die sich in San Vito bei Negrar niedergelassen haben, zählen *Lamberti* und *Premiovini*, ein in Brescia ansässiges Kellereiunternehmen, das seine Weine unter der Markenbezeichnung »Pegaso« vertreibt. Bessere Qualitäten kommen von der *Cantina Sociale di Negrar*, die in den letzten Jahren große Anstrengungen unternommen hat, ein gehobenes Niveau zu erreichen. Sie steht ebenfalls in San Vito. Auch *Sartori*, der zweitgrößte Abfüller des Valpolicella, produziert einen sehr guten Amarone. Die Villa Sartori befindet sich am Eingang des Tals von Fumane bei Santa Maria. Die Grafen *Guerrieri-Rizzardi*, deren Aktivitäten vor allem in der Bardolino-Zone liegen, erzeugen in Negrar einen meisterhaften, schon früh abgefüllten Amarone sowie einen jungen und einen reifen Valpolicella. Ihre Villa ist dem Dogenpalast in Venedig nachempfunden und liegt am Ortsrand bei Poiega.

Der herausragende Erzeuger unter den großen Abfüllern ist jedoch *Bertani*. Dieses renommierte Veroneser Weinhaus ist mit 100 000 Flaschen jährlich der größte Amarone-Produzent des ganzen Valpolicella. Wegen seines önologischen Vorsprungs galt *Bertani* jahrzehntelang als der führende Produzent des Anbaugebietes. Angesichts seiner Bedeutung und seiner Größe ist er ein auffallend zurückhaltendes, stilles Unternehmen, das sich ganz auf die Qualität seiner Arbeit verläßt und in der Öffentlichkeit wenig auf sich aufmerksam macht. Außerdem ist es ein konservatives Weinhaus. Es erzeugt seinen Amarone durchgängig traditionell, wozu vor allem ein bis zu neunjähriges Faßlager gehört. Er ist ein Wein von überwältigender Fülle, feinster Beere, hohem Alkoholgehalt. In manchen Jahren weist er soviel Glycerin auf, daß er fast »fett« wirkt. Ein Dittel der Produktion wird jedes Jahr nach dem Vorbild der großen französischen Châteaux im Keller unter der grandiosen Villa Mosconi bei Novare zurückgehalten, die die *Bertani* vor einigen Jahrzehnten erworben haben. Im Gegensatz zu manch anderem Amarone ist der ihre nahezu unverwüstlich. Selbst nach 30 Jahren wirkt er weder ausgezehrt noch müde.

# SOAVE

## ANSELMI, MONTEFORTE

Der junge Roberto Anselmi ist einer der imponierendsten Weinmacher in der Soave-Zone. Mitte der 70er Jahre übernahm er den alten Familienbetrieb in Monteforte, den bis dahin sein Vater geleitet hatte. Dieser war »Weinhändler«. Das heißt: er kaufte Jungwein, baute ihn aus und füllte ihn unter eigenem Etikett ab. Diese Art der Produktion wollte Roberto nicht weiterführen. Er kaufte fortan keinen Wein mehr, sondern nur noch Trauben. Diese kommen von 15 Winzern mit Rebenbesitz in Bestlagen der »classico«-Zone (daneben verfügt der Betrieb über zehn Hektar eigene Reben). Zwei dieser Lagen liest und keltert Anselmi separat: Capitel Croce und Capitel Foscarino. Der letztgenannte Weinberg liegt oberhalb von Soave und liefert gut 10000 Flaschen eines Weins, der zur absoluten Spitze der Produktion gehört. Er ist nicht schwer, besitzt aber Substanz und vor allem Eleganz. Der zweite Lagen-Soave wächst auf einem Hügel oberhalb von Monteforte in einer der herausragendsten Positionen der gesamten Zone. Die wegen der steinigen Böden sowieso schon geringen Erträge werden dort durch Beschnitt und Traubenselektion während der Lese bis auf 35 Hektoliter gesenkt. Der Wein, der so entsteht, ist von großer Ausdruckskraft und Feinheit. Er zeigt eine fast ölige Konsistenz und weist eine Finesse auf, wie sie kein zweiter Wein der Zone besitzt. Roberto Anselmi baut ihn sechs Monate lang nach einem bestimmten System in »barriques« aus. Die Sonderstellung dieses Weins wird auch daran deutlich, daß er nur aus Garganega-Trauben, also ohne Zusatz von Trebbiano gekeltert wird. Schließlich erzeugt Anselmi einen süßen Recioto, der in seinem Extraktreichtum und seiner Süße einzigartig ist. Seine Fülle und sein Facettenreichtum überbieten viele am Stock gereifte französische Sauternes (auf den Hektar umgerechneter Ertrag: sieben Hektoliter!). Auch dieser »Strohwein« reift in »barriques«. Über der Begeisterung für die »Spitzen« sollte jedoch nicht der Standard-Soave übersehen werden, Er ist das wirtschaftliche Rückgrat des Betriebes und wäre seinerseits ein Spitzenwein, produzierte Anselmi nicht seine Lagen-Soave. Abfüllmenge: 350000 Flaschen. In Vorbereitung sind außerdem ein weißer Chardonnay-/Sauvignon-Wein und ein roter Cabernet Sauvignon.

## PIEROPAN, SOAVE

Pieropan ist der König des Soave, vor dem selbst die Großen der Zone respektvoll den Hut ziehen. Das kleine Weingut im historischen Zentrum des Ortes hat die Erinnerung an den hochklassigen Soave auch in Zeiten wachgehalten, in denen von diesem wenig zu hören und zu sehen war. Über Jahre hinweg hat dieser Familienbetrieb, der heute in der dritten Generation geführt wird, ein fast anachronistisch hohes Qualitätsniveau gehalten, vergleicht man es mit dem seiner Konkurrenten. Zudem hat die Person von Fausto Pieropan, dem Vater des heutigen Inhabers, maßgeblich zur Wertschätzung des Weines und des Weingutes beigetragen, wenngleich ihm nicht immer nur Verständnis bei seinen Kollegen entgegenschlug. »Gott strafe ihn«, fluchten sie häufig genug, wenn sie sahen, daß er wieder einmal im Juni zur Schere griff, um den Ertrag seiner Reben noch mehr zu mindern. Dessen Vater, Leonildo geheißen, ist sogar eine historische Person in dem kleinen Winzerort. Von Beruf Arzt, hatte er 1860 das Weingut gegründet und das Verfahren zur Herstellung jenes Recioto-Weins erneuert, der schon bei den Römern höchste Wertschätzung genoß und heute wieder seinen eigenen Liebhaberkreis hat. Sein Enkel, der heute Inhaber des Gutes, heißt auch Leonildo. Jahrgang 1947, führt er die Tradition des Gutes ehrenvoll fort. Sein Wein, mit einem hohen Garganega-Anteil gekeltert (80 Prozent), zeigt alle Tugenden eines klassischen Soave in wohlausgewogenem Maße. Er besitzt Länge, ohne sehr körperreich zu sein, ist elegant, ohne daß es ihm an Rasse fehlte. Er verzichtet aber auch auf die Merkmale des »modernen« Soave nicht: die Frische, die Fruchtigkeit und das Bouquet. Die Pieropan sind Winzer. Dreiviertel ihrer Trauben erzeugen sie selbst. Sie besitzen 15 Hektar Reben um den Ort und füllen etwa 200000 Flaschen ab. Darunter befinden sich zwei Lagen-Soave: »Calvarino«, ein eher schlanker und eleganter Wein, und »Rocca«, der körperreicher und weicher ausfällt. Der Standard-Soave fällt gegenüber ihnen allerdings kaum ab. An diesem gefallen das zarte Limonen-Bouquet und die außerordentliche Nervigkeit.

Der Soave sei der beste trockene Weißwein der Welt, schrieb ein amerikanischer Journalist in den sechziger Jahren. Das ist lange her. Doch der Jubelschrei ist nicht in Vergessenheit geraten. Immer wieder wird er zitiert, wenn es gilt, die gute Qualität des Weins aus dem kleinen Ort vor den Toren Veronas mit Argumenten zu untermauern. Niemand kann sagen, wie viele andere Weißweine jener Journalist getrunken hatte, bevor er sein Urteil fällte. Doch will das im Ernst auch niemand wissen. Der Soave ist in jedem Fall ein ungemein populärer Wein, besonders in den Vereinigten Staaten. Er ist dort zum Inbegriff des feinen, leichten italienischen Weins geworden, zu dem zu greifen es keines besonderen Anlasses bedarf, der aber auch bei besonderen Anlässen als ein Ausweis guten Geschmacks und gehobener Tischkultur gilt. Ohne Zweifel zeigt der Soave in seinen besten Qualitäten eine unnachahmlich zarte Eleganz, mit der er immer wieder auch hartnäckige Skeptiker zu überzeugen vermag, deren Zahl nicht geringer geschätzt werden darf als die seiner Liebhaber. Das Problem besteht allein darin, diese Qualitäten zu finden. Es gibt sie, aber sie machen angesichts der 50 Millionen Flaschen, die jedes Jahr von diesem Wein abgefüllt werden, nur einen verschwindend geringen Teil der Produktion aus. Das größte Problem des Anbaugebietes ist die Menge der Trauben, die pro Hektar geerntet wird. Die D.O.C.-Bestimmungen haben den Höchstertrag auf 120 Doppelzentner begrenzt. Doch es ist kein Geheimnis, daß in den flachen Stücken des Anbaugebietes soviel mehr eingebracht wird, wie in der Hügelzone weniger produziert werden kann. Zudem ist die Struktur der Weinwirtschaft kaum als gesund zu bezeichnen. 2000 traubenproduzierenden Winzern stehen nur wenige weinerzeugende Betriebe gegenüber. Angesichts dessen kann es nicht ausbleiben, daß die Methoden der Weinbereitung stark technologisch orientiert sind. Zentrigieren, pasteurisieren, scharfes Filtrieren und der Einsatz von Reinzuchthefen sind entsprechend häufig zu beobachten. Auch die Zahl der Abfüller ist im Verhältnis zur Menge gering. Der größte ist *Bolla* mit 16 Millionen Flaschen pro Jahr. Sein Name ist für viele identisch mit dem Namen des Weins. Andere Großabfüller sind *Ambra, Biscardo, Giuseppe Campagnola, Fabiano, Girasole, Lamberti, Montresor, Pasqua, Pergreffi, Premiovini* (»Pegaso«), *Santa Sofia, Santi, Sartori, Scamperle* und *Zonin*. Die wenigsten besitzen eigene Weinberge. Fast alle kaufen Jungwein, den sie in den eigenen Kellern nur ausbauen und dann unter ihrem eigenen Etikett vermarkten. Er ist vielleicht kein sehr gehaltvoller, aber ein frischer, weicher, geschmacklich ausgewogener Wein. Man trinkt ihn ohne Reue, allerdings auch ohne bleibendes Genußerlebnis. Die häufig kritisierte Gleichförmigkeit wiegt er durch eine relativ konstante Qualität auf – wie hoch diese auch immer ist. Einen »großen Industriewein« hat der englische Weinbuchautor Nicholas Belfrage ihn zweideutig schmeichelhaft genannt. Der hochwertige Soave ist jedoch noch nicht ganz ausgestorben. Er kommt aber nur aus einem ganz engen Bereich der Hügelzone um die Orte Soave und Monteforte d'Alpone. Dort kann er jene 11,5 Vol.% Alkohol erreichen, die für die *superiore*-Qualitäten vorgeschrieben sind. Er ist von kräftiger Statur und hat ein zartes Bouquet von Holunder oder Kirsche. In der Frucht ist er zurückhaltend, zeigt aber den charakteristischen bitterherben Nachgeschmack und kann sehr finessereich sein. Es müssen nicht unbedingt kleine Betriebe sein, die ihn erzeugen, aber ehrgeizige. Sie brauchen die Trauben nicht selbst produzieren, müssen aber dafür sorgen, daß ihre Vertragswinzer nicht mehr als die Hälfte der zulässigen Hektar-Höchsterträge (etwa 100 Hektoliter) ernten. Außerdem muß das Lesegut aus besten Lagen stammen. Für die beiden führenden Erzeuger sind diese Dinge eine Selbstverständlichkeit: Leonildo *Pieropan* in Soave und Roberto *Anselmi* in Monteforte. Aber auch die Soave von *Fratelli Tedeschi*, *Masis* »Col Baraca« und *Bollas* drei Lagen-Soave sind überzeugende Beispiele dieses Typs von Wein. *Castello di Soave* und vor allem *Bertani* steuern ebenfalls schöne Weine zur Produktion des Anbaugebietes bei. Auch einige Großabfüller versuchen, mit Lagen-Weinen gehobenen Ansprüchen zu genügen. Zu ihnen gehören die Kellereien *Santi* und *Santa Sofia*.

Eine Spezialität der Soave-Zone ist der süße Recioto-Wein. Die Trauben für ihn werden auf Horden oder Strohmatten getrocknet und erst mehrere Wochen nach der Lese abgepreßt. Der nach der Vergärung zurückbleibende Zucker verleiht ihm eine natürliche Restsüße. Der Recioto di Soave kann, wenn er nicht mit süßem Mostkonzentrat gestopft ist, ein edler Dessertwein sein. Gelegentlich wird er in der Literatur mit den französischen Sauternes oder den deutschen Trockenbeerenauslesen verglichen. Der Vergleich hinkt. Die Trauben für diese Weine werden spät gelesen und trocknen am Stock. Die Trauben für die Recioto-Weine werden früh gelesen und trocknen unter dem Dach. In ihnen können sich lediglich die Stoffe konzentrieren, die zum Lesezeitpunkt in den Beeren enthalten sind. Da dieser früh liegt, sind die Trauben nie überreif wie die der Trockenbeerenauslesen und Sauternes. Die Trauben – statt sie zu trocknen – spät zu lesen, ist leider nicht möglich. Die Sorten eignen sich nicht dafür. Die Häute der Beeren sind nicht dick genug, um im Stadium der Überreife einer plötzlich auftretenden Naßfäule zu widerstehen. Der erste Regen würde das Fruchtfleisch auswaschen. Die Ernte wäre verloren.

**SOAVE:** *durch die geballte Präsenz der Weinindustrie ins Gerede gekommen.*

## BOLLA, VERONA

*Bolla ist das mit Abstand größte Weinhaus von Verona. Etwa 27 Millionen Flaschen werden pro Jahr abgefüllt, 16 Millionen davon Soave. Die Trauben für diese gigantischen Weinmengen liefern über 600 Kleinwinzer, die in »Bolla-Clubs« organisiert sind und sich sowohl in der Art der Traubenproduktion als auch in der Menge an die Vorgaben halten müssen, die das Unternehmen setzt. Bolla selbst besitzt keine eigenen Weinberge mehr. Es hat vier Kellereien um Verona, davon zwei bei Soave. Dort liefern die Winzer ihre Trauben ab. Bolla kauft also nicht, wie fast alle Großabfüller der Zone, Jungwein, sondern Trauben und vinifiziert diese selbst. Schon daran zeigt sich der Ehrgeiz, den das Unternehmen an den Tag legt. Die gesamte Palette der Bolla-Weine liegt denn auch qualitativ weit über dem Niveau anderer Großabfüller. Bolla ist es gelungen, sich den Erfordernissen des Marktes anzupassen und gleichzeitig die Identität seines Weines zu erhalten. Diese Fähigkeit zeigt sich auch und besonders beim Soave. Er besitzt alle Eigenschaften eines modernen Weißweins. Er ist reduktiv gekeltert und ausgebaut, also duftig, fruchtig und eher leicht im Körper. Er ist aber weder breit im Bouquet noch im Geschmack, sondern relativ streng komponiert. Dies gilt in noch stärkerem Maße für den Lagen-Soave »Castellaro«, der von zwei hochgelegenen Weinbergen an der nördlichen Peripheree der »classico«-Zone kommt. Er besitzt leicht erhöhte Säurewerte und mehr Körper. Der zweite Lagen-Soave heißt »Frosca«. Er ist, weil später gelesen, etwas niedriger in der Säure, dafür weicher und sehr substanzreich. Als dritten Lagen-Wein keltert Bolla den »Carniga« aus dem gleichnamigen Dorf. Alle diese Crus werden in Mengen zwischen 30 000 und 50 000 Flaschen abgefüllt und sind bewußt als Gastronomieweine für den europäischen Markt konzipiert worden. Bolla ist ein altes Familienunternehmen, das Mitte des 19. Jahrhunderts gegründet wurde. Es befindet sich heute nur noch zu 60 Prozent im Besitze der Bolla-Familie. 40 Prozent hält der amerikanische Whiskey-Hersteller Brown-Forman.*

## »COL BARACA« MASI, SANT'AMBROGIO

*Nach längeren Experimenten haben sich die Boscaini, Inhaber der Kellerei Masi, 1984 erstmals entschlossen, einen Soave der traditionellen Stilrichtung zu keltern. Traditionell heißt: mit erhöhter Säure und mit dem markanten Bittermandelgeschmack beim Abgang statt des gefälligen, unspezifischen Fruchtgeschmacks, wie ihn heute die meisten Soave zeigen. Der Wein, der so entstanden ist, fällt daher etwas aus dem Rahmen der Produktion dieses Anbaugebietes. Er ist ein robuster, körperreicher Soave mit einem feinen Spiel zwischen Frucht und Säure. Nach einem Jahr, wenn viele andere Soave die Frische verloren haben und bereits müde werden, erreicht der »Col Baraca« erst seine volle Reife. Er kommt von einem fünf Hektar großen Weinberg oberhalb von Monteforte d'Alpone, der Col Baraca heißt und sich im Besitz eines weiblichen Winzers befindet: Elda Pasetto Prà. Von ihr kauft Masi regelmäßig die Trauben. Sie werden in der Regel eine Woche vor der Haupternte gelesen. Auch was die Mengen angeht, werden klare Vorgaben gemacht. Die Hektarerträge liegen nach dem Verlesen der Trauben zwischen 47 und 60 Hektolitern – also etwa bei der Hälfte der zulässigen Höchsterträge. Vinifiziert wird im Winzerkeller, aber unter technischer Anleitung von Masi und in mancher Hinsicht ebenfalls noch nach traditioneller Art. Vor allem legt man Wert darauf, daß der Wein nicht zu reduktiv ausgebaut wird. Man möchte ihn bei natürlicher Umgebungstemperatur und ohne Stickstoff lagern, um einen reifen, robusten und nicht nur einen frischen, kurzlebigen Wein zu bekommen. Nach der Gärung geht er in Masis Zentralkellerei bei Sant'Ambrogio, wo er abgefüllt wird. Gut 30 000 Flaschen werden von ihm produziert. Daneben erzeugt Masi 150 000 Flaschen eines Soave »classico superiore«, der aus Trauben von Vertragswinzern in verschiedenen Lagen der historischen Zone gewonnen wird. Auch bei ihm bemüht man sich, das traditionelle Profil des Weins so weit wie möglich zu erhalten.*

# TRENTINO

Südlich von Trento, wo die Massive der Kalkalpen wieder dichter zusammenrücken, bekommt das Etschtal einen neuen Namen. Es heißt Vallagrina. Aber nicht nur der Name ändert sich. Auch die Landschaft nimmt mediterrane Züge an. Schlanke Zypressen finden sich auf einmal in den Baumgruppen am Rande der Dörfer, und die Wegeränder werden, je dichter der Gardasee rückt, immer häufiger von Pinien mit ihren ausladenden Kronen gesäumt. Nur die wuchtigen Felsmassive mit ihren steil abfallenden Wänden und den bizarren Kämmen geben der Landschaft noch ein nördliches Gepräge.

Das Trentino markiert den Übergang vom Europa des Nordens zum Europa des Südens. Sein Klima ist über weite Teile des Jahres kontinental geprägt. Im Frühjahr und im Sommer machen sich jedoch unverkennbar die Einflüsse des nahen Mittelmeeres bemerkbar. Die Temperaturen erreichen Werte wie in der Po-Ebene. Die Niederschläge bleiben monatelang ganz aus – sieht man einmal von den typischen Sturzregen und Unwettern ab, die diesen Landstrich jedes Jahr heimsuchen, nicht selten verbunden mit Hagelschlag. Auch für den Weinbau gilt, daß das Trentino eine Übergangszone ist. Der rote Porphyr, den man um Bozen und Meran so häufig findet, weicht den kalkhaltigen Verwitterungsböden, wie man sie auch am südlichen Alpenrand vorfindet. Ein Teil der Reben sind typische Gewächse des Nordens: die weißen Müller-Thurgau und Riesling zum Beispiel oder die Schiava Grossa (eine der zahlreichen Spielarten der Vernatschrebe), hinter der sich der württembergische Trollinger verbirgt. Daneben findet man im Trentino aber auch die klassischen Erfolgsgewächse des zentralen europäischen Rebengürtels: Cabernet, Merlot sowie die verschiedenen Burgunderreben. Schließlich verfügt das Trentino über eigene Sorten. Ihnen geht kein großer Ruf voraus, doch ergeben sie manchmal bessere Weine als andere, wesentlich bekanntere Gewächse. Eine dieser Reben ist die Marzemino. Sie stammt wahrscheinlich aus Slowenien, wurde aber bereits im 14. Jahrhundert nach Italien gebracht. Als »Berzemino« oder »Bersamino« taucht sie bereits in den Ampelografien des ausgehenden Mittelalters auf, wo sie als Gewächs beschrieben wird, das gute Erträge bringt und keine großen Anforderungen an die Lage stellt. Die Reblaus-Katastrophe hat sie nur knapp überlebt. Man findet die Marzemino heute nur noch an wenigen Stellen Italiens: in einigen Landstrichen des Friaul und der Emilia, bei Brescia sowie – als Hauptanbaugebiet – im Trentino. Aber auch dort wird sie nur in einem verhältnismäßig engen Bereich zwischen Trento und Rovereto kultiviert. Genau genommen sind es zwei Stellen. Die eine liegt zwischen den Dörfern Calliano und Volano am linken Ufer der Etsch. Die andere, etwas größere, reicht von Nomi bis Mori auf der gegenüberliegenden Seite des Flusses mit dem kleinen Dorf Isera als Zentrum. Dieses Winzernest hoch über Rovereto gilt als Heimat der Marzemino-Rebe. Dort wird sie seit Jahrhunderten angebaut, und zwar im reinen Satz, wie die Trentiner sagen. Sie ergibt dort nämlich auch ohne Zusatz anderer Trauben einen

Wein von großer Ausdruckskraft. Er ist nicht körperreich, aber sehr gehaltvoll. Er ähnelt im Geschmack ein wenig der Merlot, ist jedoch ungleich edler als alles, was in Italien aus dieser Rebe gekeltert wird. Er trinkt sich leicht, ohne gefällig zu sein. Auch ungeübten Zungen fällt es nicht schwer, ihn zu genießen. Mozart klang er so gut im Munde, daß er ihm in der Oper Don Giovanni durch seinen Librettisten ein Denkmal setzen ließ: »Den vorzüglichen Marzemin, genießen will ich langsam ihn!« Der Grund für die außergewöhnlich gute Qualität sind die Böden. Isera und die benachbarten Dörfer liegen nämlich auf einer geologischen Insel. Der Untergrund besteht dort aus schwarzem Basaltgestein. *Rocche nere* sagen die Weinbauern. Dieser Basalt gibt dem Wein seine besondere Finesse. »Marzemino Gentile« heißt die Rebe deshalb bei den Trentinern. Die Mengen, in denen der Wein abgefüllt sind, sind gering. Selbst in guten Jahren übersteigen sie selten 500 000 Flaschen. Die D.O.C.-Zone des Marzemino umfaßt das gesamte Trentiner Etschtal von der Grenze Südtirols bis zur Grenze Venetiens und reicht damit weit über die Basaltböden hinaus. Die Weine von Isera und seinen benachbarten Dörfern dürfen deshalb eine geografische Herkunftsbezeichnung tragen: Marzemino d'Isera. Höchstens 30 Betriebe füllen den Wein insgesamt ab, unter ihnen die Genossenschaften von Ala, Avio, Nogaredo und Isera. Der herausragende Erzeuger ist jedoch der junge Ruggero dell'Adami *De Tarczal* in Marzano, einem unmittelbar neben Isera gelegenen Dörfchen. Sein Wein ist der Prototyp des weichen, eleganten Marzemino. 1978 hat er eine kleine Partie seines besten Weins im Holzfaß gelassen, um sie erst nach knapp acht Jahren abzufüllen. Diese nicht im Handel erhältliche *Riserva privata* zeigt, welch großer, »nobler« Nektar der Marzemino sein kann. Auch Giorgio Grai aus Bozen hat in den siebziger Jahren einmal einen ähnlich lange gereiften Marzemino abgefüllt: ein superber Nektar von selten erreichter Tiefgründigkeit, der den Abstand zu den großen Namen der Rotweinwelt auf ein Minimum reduziert. Die D.O.C.-Bestimmungen sehen zwar vor, einem zwei Jahre im Keller ausgebauten Wein das Prädikat *Riserva* zu erteilen, doch tauchen solche Weine fast nie im Handel auf. Der Marzemino wird jung getrunken. Gelungene Beispiele für Weine dieser Stilrichtung kommen aus den Kellern von Enrico *Spagnolli* in Isera und Riccardo *Battistotti* in Nomi. Ein kleiner, ehrgeiziger Winzer ist *Armando Simoncelli* in Navicello bei Rovereto.

Wären alle Weine, die im Trentino wachsen, von der Qualität des Marzemino, stände es um den guten Ruf dieser Weinprovinz sicher besser. Sie gilt als Massenweinland, womit weniger der Umfang der gesamten

## ALTER ADEL

*Die Marzemino-Traube gehört zu den unbekanntesten, aber hochwertigsten Gewächsen des Trentino. Aus ihr wird in den Weinbergen um Rovereto, besonders auf den Basaltböden um Isera, ein Wein von großer Ausdruckskraft gekeltert. Er ist nicht sehr körperreich, aber gehaltvoll und ungemein zartfruchtig.*

Produktion als vielmehr die Hektarerträge auf den fruchtbaren Böden der Tallagen gemeint sind. Sie liegen nicht selten bei 140 Hektoliter. Wenn der Ertrag einer Rebe in den hängigen Lagen oder an den Steilhängen oft nur dem Inhalt einer Normalflasche entspricht, so füllt er im Tal mit den fetten Böden gleich ein Großgebinde von 1,5 Liter. Zwar hat ein Drittel der Produktion des Trentino Qualitätsweinstatus, doch ist damit in Wahrheit noch nicht viel über deren Qualität gesagt. Daß etwa der rote und der weiße Etschtaler (Valdadige Rosso und Valdadige Bianco) als D.O.C.-Weine anerkannt sind, ist eher eines der trübsten Kapitel der italienischen Weingesetzung. Die Großlage Etschtal reicht nämlich von Meran bis ins Valpolicella, und die Trauben, aus denen die Weine erzeugt sein dürfen, umfassen nahezu alle Sorten, die dort wachsen. Ein Ausweis gehobener Qualität ist dieser D.O.C.-Wein sicher nicht.

Im Trentino stehen etwa 11 000 Hektar unter Reben. Der größte Teil wächst traditionell in der Ebene, wo die Weinanlagen leicht zu bearbeiten und die Produktionskosten gering sind. In den letzten Jahren hat der Obstbau dort jedoch immer mehr Rebkulturen verdrängt. Heute wächst bereits die Hälfte des Weins am Hang. Der Unterschied zwischen Hang und Tal ist für das Trentino fundamental. Qualitätsweine, die ihren Titel zu Recht tragen, wachsen stets auf dem Moränenschutt an den Talhängen (mit Ausnahme des Teroldego und Lagrein). Nur dort erreichen sie ansprechende Qualitäten. Das gilt insbesondere für die Weißweine. Die Nachfrage nach ihnen ist enorm gestiegen, seit die Spumante-Produktion in Italien in einem kräftigen Aufwind liegt. Weißburgunder und die Chardonnay-Rebe, die inzwischen die häufigste weiße Sorte in der Provinz Trento ist, ergeben dort ungewöhnlich zarte Weine mit subtiler Frucht, die für die Spumante-Produktion wie geschaffen sind. So ist das Trentino zusammen mit Südtirol der größte Lieferant an Grundwein für Italiens Spumante-Industrie geworden. Im Produktionsgebiet ansässige Spumante-Hersteller gibt es allerdings nur wenige. Der größte Teil der Trauben wird an die Genossenschaftskellereien verkauft, die eine dominierende Stellung innehaben. 75 Prozent der Weinproduktion laufen durch ihre Tanks. Das größte Unternehmen dieser Art ist die *Cavit* in Ravina südlich von Trento. Dieser Genossenschaftszentrale sind 15 der 17 Ortsgenossenschaften der Provinz angeschlossen. Sie ist mithin der mächtigste Betrieb der Zone. *Cavit* erzeugt mehrere Spumante, wobei er gewöhnlich die Charmat-Methode vorzieht. Die anderen Unternehmen erzeugen ihre Schaumweine zum größten Teil mittels Flaschengärung. Bekannte Erzeuger sind *Cesarini Sforza* in Trento und *Equipe 5* in Rovereto. Seine Schaumweine besitzen internationale Klasse. Der herausragende Produzent ist jedoch *Ferrari*, dessen Keller unmittelbar neben der *Cavit* stehen. Dieses Unternehmen ist seit 1902 in der Schaumwein-Herstellung tätig. Giulio Ferrari, sein Gründer, hatte als erster Chardonnay-Reben ins Trentino importiert, das damals noch zu Tirol gehörte und Teil des österreich-ungarischen Kaiserreiches war. Die an festlichen Anlässen nicht eben arme Monarchie nahm das neue Getränk mit Begeisterung auf. Ein »Champagner« aus vaterländischen Trauben war hochwillkommen. Heute, da Giulio Ferrari längst gestorben ist, feiert der Spumante, den seine Nachfolger herstellen, selbst in Frankreich große Erfolge. Er ist der einzige italienische und ausländische Schaumwein, der auf der Karte des Pariser »Lido« steht, Frankreichs Champagner-Tempel.

Natürlich werden im Trentino aus Chardonnay und Pinot Bianco auch Stillweine hergestellt. Angesichts der zahlreichen Durchschnittsqualitäten ist das, was *Roberto Zeni* in San Michele und *Pojer & Sandri* in Faedo produzieren, fast eine Klasse für sich. Dabei sind beider Weine von recht unterschiedlicher Charakteristik. *Zenis* Spitzengewächs, der Pinot Bianco von der Lage »Sorti«, kommt von dem flachen Campo Rotaliano, das nur 220 Meter hoch liegt. An ihm faszinieren der wuchtige Körper und die zarte, fast nur angedeutete Frucht. Die Weine von *Pojer & Sandri* wachsen dagegen in einer Höhe von 500 bis 700 Metern an den Hängen des Monte Corona. Sie bestechen durch ihre

## DE TARCZAL, MARANO D'ISERA

*Das Weingut der Familie dell'Adami De Tarczal hat sich seit vielen Jahren auf den Anbau der Marzemino-Rebe konzentriert. Der Wein, den sie aus ihr keltern, ist das eindrucksvollste Beispiel eines nicht sehr körperreichen, aber außergewöhnlichen feinen Gewächses. Die Trauben für diesen weithin unbekannten Wein werden meist erst Anfang Oktober gelesen und danach vier bis sechs Tage auf den Schalen vergoren. Der Ausbau im Holzfaß dauert höchstens ein halbes Jahr. An ihn schließt sich eine mehr oder minder lange Reifephase auf der Flasche an. In der Regel kommt der Marzemino rund ein Jahr nach der Lese in den Handel. Die De Tarczal haben derzeit 17 Hektar unter Reben, die alle zwischen Isera und dem oberhalb gelegenen Dörfchen Marano in 250 Meter Höhe auf basaltischem Untergrund liegen, wo die Hektarerträge von Natur aus gering sind. 40 Prozent ihrer Produktion besteht aus Marzemino, wobei Wert darauf gelegt wird, daß nur eigene Trauben zur Verarbeitung kommen. Damit sind sie die größten Abfüller eines aus eigenem Lesegut hergestellen Marzemino (35 000 Flaschen). Besondere Aufmerksamkeit verdient der »Pragiara«, ein aus einem Bordeaux-Mischsatz hergestellter Tafelwein (40 Prozent Merlot, je 30 Prozent Cabernet franc und Cabernet Sauvignon), der nach dem Rebstück benannt ist, auf dem seine Reben wachsen. Er besitzt Kraft und Finesse gleichermaßen und zählt zu den herausragenden Gewächsen dieser Art im Trentino. Er wird nur in guten Jahren hergestellt, in denen die späten Cabernet-Trauben schon frühzeitig so reif sind, daß sie zusammen mit den früher reifenden Merlot geerntet werden und zusammen vergoren werden können (1977, 1979, 1983, 1985). Knapp 5000 Flaschen werden von diesem Tafelwein abgefüllt. Geleitet wird der Betrieb seit 1973 von dem jungen Ruggero dell'Adami De Tarczal, der mit viel Engagement, großem Können und Fingerspitzengefühl zu einem führenden Weinmacher des Trentino geworden ist. Gegründet wurde der Betrieb zu Zeiten des österreichisch-ungarischen Kaiserreichs von seinem Großvater Gesa. Dessen Familie stammte aus einem kleinen Dorf bei Tokay.*

## BOSSI FEDRIGOTTI, ROVERETO

*Die Grafen Bossi Fedrigotti kultivieren seit mindestens 200 Jahren im Trentino Reben und waren schon zu Zeiten Napoleons als Hersteller feiner, geachteter Weine bekannt. Sie besaßen umfanreiche Ländereien um Rovereto, auf denen sie vor allem Obst und Getreide erzeugten. Die Spezialisierung auf den Weinbau erfolgte erst in den 60er Jahren. Heute stehen 40 Hektar unter Reben, die alle um Rovereto wachsen, ein großer Teil auf den Basaltböden von Isera. Neben dem Marzemino, der typischen Rebsorte für diese Böden, haben die Bossi Fedrigotti dort Cabernet franc und Merlot gepflanzt. Aus ihnen keltern sie den Fojaneghe Rosso, ihren Spitzenwein (70 000 Flaschen, nur in guten Jahren abgefüllt). Er ist geschmeidig, gehaltvoll, von würzigem Geschmack und außerordentlich samtig auf der Zunge. Die weiche Merlot-Traube überwiegt deutlich (60 bis 70 Prozent). Auch einige Prozent Cabernet Sauvignon sind in ihm enthalten, obwohl diese Sorte »nicht unser Steckenpferd« ist, wie der alte Graf Frederico zugibt, der den Familienbetrieb leitet, gelegentlich assistiert von seinen in Mailand und Lugano lebenden Söhnen. Der Graf gehörte zu den ersten, die Ende der 50er Jahre mit einem Bordeaux-Mischsatz auf den Markt kamen. Inzwischen erfreut sich die Cabernet-/Merlot-Kombination bei vielen Weinmachern des Trentino großer Beliebtheit und wird auch von anderen Betrieben in sehr guten Qualitäten angeboten. Der Fojaneghe Rosso ist jedoch immer ein »Klassiker« geblieben, obwohl die Bossi es aufgegeben haben, die beiden Traubensorten – wie früher – zusammen zu vergären. Der unterschiedliche Reifezeitpunkt von Merlot und Cabernet hat ihnen in vielen Jahren Probleme bereitet. Die beiden Partien Wein werden jetzt im Frühjahr miteinander verschnitten. Aus ihrem schönen Gutskeller, der in Borgo Sacco, einem Ortsteil von Rovereto am Rande der Rebkulturen liegt, kommen auch ein vorzüglicher Marzemino, reinsortige Cabernet- und Merlot-Weine sowie einige typische Trentiner Weißweine.*

## FERRARI, TRENTO

*Viele italienische Schaumwein-Hersteller kaufen heute ihre Trauben oder den Grundwein in Südtirol und im Trentino. Den guten Ruf, den diese beiden Provinzen genießen, verdanken sie vor allem der in Trento ansässigen Kellerei Ferrari. Sie gilt bei vielen Kennern als bester Schaumweinerzeuger des Landes. Ihr Gründer Giulio Ferrari ist es gewesen, der die französische Chardonnay-Traube zum erstenmal nach Italien gebracht und im Trentino kultiviert hat. Das war zu Beginn des 20. Jahrhunderts. Seitdem erzeugt Ferrari seinen Spumante. Kein anderes Unternehmen in Italien kann auf eine derart lange Geschichte der Schaumweinproduktion aus den klassischen Champagnersorten zurückblicken. Kein Unternehmen hat von Anfang an konsequent nur nach der »méthode champenoise« gearbeitet. Heute kann Ferrari über 1,3 Millionen Flaschen abfüllen. Sein Hauptprodukt ist der Brut. Er macht 80 Prozent seiner Produktion aus. Pinot Nero und Pinot Bianco sind in ihm nur zu einem Zehntel vertreten. Mit vier Gramm Zucker ist er sehr niedrig dosiert: ein finessereicher Spumante mit minutenhafter Perlage, feiner, weißer Mousse und subtiler Frucht. Er reift, wie die guten französischen Champagner, drei Jahre im Keller. Der Brut de Brut ist ein reiner Chardonnay-Sekt, der als »millésimé« abgefüllt und praktisch nur an die gehobene Gastronomie geliefert wird. Vier Jahre gereift und nur aus Trauben erzeugt, die in den Weinbergen um die historische Villa Margon bei Ravina wachsen (dort befindet sich der Repräsentationssitz des Unternehmens), bietet er die Qualitäten eines großen Schaumweins in Perfektion. Daneben werden ein Brut Rosé abgefüllt und – in guten Jahren – eine »Riserva Giulio Ferrari« für die Freunde der großen, gereiften Chardonnay-Auslesen. Er wird sieben Jahre lang auf den Hefen in der Flasche ausgebaut. Giulio Ferrari, der in Klosterneuburg bei Wien, Geisenheim und Epernay gelernt hatte, ist 1965 gestorben. Bereits 1952 hatte er sein Lebenswerk an seinen besten Mitarbeiter Bruno Lunelli übergeben. Dessen Söhne Mauro, Gino und Franco sind heute Inhaber des Betriebes. Sie verarbeiten nur Trauben aus den Hügelzonen des Trentino. Der größte Teil kommt aus den eigenen Weinbergen um Trento (40 Hektar).*

## CONTI MARTINI, MEZZOCORONA

*Der Palazzo der Grafen Martini liegt in einer stillen Seitenstraße von Mezzocorona, die nach dem Grafen Carlo Martini benannt ist. Diese Großenkel sind heute Inhaber des Weinguts. Die beiden roten Teroldego und Lagrein sind die charakteristischen und besten Produkte, die die Martini herstellen. Beide kommen vom Campo Rotaliano, der einzigen flachen Zone des Trentino, in der Spitzenweine wachsen können. Was den Lagrein angeht, so gibt es weder dort noch im benachbarten Südtirol einen besseren Wein aus dieser Sorte. Er besitzt für einen Lagrein ungewöhnlich viel Substanz und steckt in einer samtigen Hülle weichen Schmelzes. Er zeigt einen eleganten Nerv und hat eine zarte, entfernt nach Vanille duftende Nase. Der Teroldego ist kräftiger und markiger. Aber auch sein Stil ähnelt dem des Lagrein: zarteste Fruchtnuancen und viel wärmende, weiche Stoffigkeit. Dabei ist er deutlich holzbetont. Zwei Jahre reift er in alter Eiche, die »Riserva« sogar drei Jahre. Sie wurde erstmals 1982 aus dem besten Lesegut hergestellt und zeigt, daß ein guter Teroldego zu den erlesensten Rotweinen Italiens gehören kann. Ein Teil der Trauben für diesen Wein kommt von Reben, die direkt um den Palazzo der Martini wachsen. In Körben und Karren waren einst Erde und Kies vom Campo Rotaliano dorthin getragen worden, um diesen sehenswerten »Stadtweingarten« anlegen zu können. Ein anderer Teil der Reben besteht aus weißem Muskateller. Aus seinen Trauben werden tausend Flaschen eines bemerkenswerten, trockenen Moscato Bianco gekeltert – ein alter Familienwein der Martini. Abgerundet wird das Sortiment durch Müller-Thurgau, Pinot Grigio, Pinot Bianco und Lagrein Rosato. Die Conti Martini sind schon lange im Weinbau tätig. Als 1918 die traditionellen Märkte in Österreich verloren gingen, stellten sie die Produktion eigener Weine ein. Erst seit 1978 wird der Wein wieder unter eigenem Etikett vermarktet, nachdem vorher die Trauben ihrer 12 Hektar Reben komplett verkauft worden waren. Verantwortlich für ihn sind Graf Giovanni und die Gräfin Cristina Martini. Teroldego: 25000 Flaschen; Lagrein: 20000 Flaschen.*

Eleganz und die rassige Säure, die sie zu langlebigen und sich ungemein verfeinernden Gewächsen macht. Der Chardonnay erreicht in guten Jahren ein Niveau, das internationale Vergleiche herausfordert. Zur besonderen Eignung des Trentino als Anbaugebiet für Weißweine tragen zweifellos die stark kalkhaltigen Böden bei. Ebenso entscheidend dürfte jedoch das Klima sein. Mit rund 2000 Sonnenstunden im Jahr und Niederschlägen, die zwischen 700 und 1100 Millimetern je nach Höhenlage liegen, ähnelt es erstaunlich dem des Burgund. Hinzu kommt, daß selbst im August enorme Temperaturunterschiede zu verzeichnen sind. Sie reichen von über 30 Grad Celsius am Tag bis zu drei Grad Celsius in der Nacht. Für die Entwicklung des Bouquets sind diese Klimaschwankungen natürlich optimal.

Die Rotweine stellen trotz der gestiegenen Nachfrage nach Weißweinen immer noch den größten Teil im Rebensortiment des Trentino. Die häufigsten Sorten sind Merlot und Cabernet franc. Gewöhnlich werden sie sortenrein gekeltert. Während die Merlot selten interessante Qualitäten bringt, haben einige Produzenten gezeigt, daß sich aus Cabernet-Trauben feine bis sehr feine Weine machen lassen. Die besten müssen sich dem Cabernet des Grafen Anselmo Guerrieri-Gonzaga in Borghetto messen lassen (*Tenuta San Leonardo*). Seit geraumer Zeit erfreuen sich jedoch Mischsätze von Merlot und Cabernet franc großer Beliebtheit, wobei diesen nicht selten auch ein wenig Cabernet Sauvignon hinzugefügt wird. Die ersten, die Ende der fünfziger Jahre mit einer solchen Bordeaux-Mischung auf den Markt kamen, waren die Professoren der berühmten Weinbauschule von San Michele. Ihr Wein, »Castel San Michele« geheißen, gehört noch heute zu den besten Exemplaren dieses roten Weins.

Der zweite Erzeuger war das Gut der Grafen *Bossi Fedrigotti* in Rovereto. Ihr Wein hat zwar nicht die Fülle und Feinheit eines der großen Gewächse des Médoc oder Saint Emilions. Er ist aber ein sehr kräftiger, gut zusammengewachsener Wein von beträchtlicher Feinheit. Die Trauben für ihn wachsen auf einem steinigen Feld am Fuße des Hanges von Isera, der Fojaneghe heit. Nach ihm ist der Wein benannt. Die *Bossi Fredrigotti* sind nicht die letzten gewesen, die mit Bordeaux-Mischsätzen experimentiert haben. Nach und nach kamen immer mehr Winzer mit ähnlichen Weinen auf den Markt. Beispiel dafür, welche feine Eleganz sie aufweisen können, sind der »Pragiara« von *De Tarczal*

und der »San Leonardo« von Marchese Guerrieri-Gonzaga. Aber auch Leonello *Letrari* in Nogaredo (»Maso Lodron«), *Armando Simoncelli* in Navicello (»Navisel«), *Fratelli Pedrotti* in Nomi (»Morlacco«, dem zusätzlich einige Teile Pinot Nero hinzugefügt worden sind) und die *Cavit* in Trento (»4 Vicariati«) sind sehr gute Produzenten dieses Weins.

Als bester Rotwein des Trentino wird oft der Teroldego angesehen. Er sei der »Prinz unter den Trentiner Weinen«, heißt es in der Weinwerbung oft über ihn. Er ist ein feinwürziger, sehr anspruchsvoller Wein, der auch schon nach zwei Jahren, wenn er den Keller verläßt, gut getrunken werden kann. Unverwechselbar ist er wegen seines ausgeprägten Himbeergeschmacks. Dieser veranlaßte manchen Weinmacher noch am Anfang des Jahrhunderts, den Most der Trauben einzukochen, um aus ihm in besonders reichhaltigen Jahren »Himbeersirup« herzustellen. Die Teroldego-Rebe, nach der der Wein benannt wurde, ist wahrscheinlich erst im 19. Jahrhundert aus dem Valpolicella ins Trentino gekommen. Sie wird heute fast ausschließlich im Dreieck Mezzolombardo-Lavis-Mezzocorona angebaut. Die flachen, nach der letzten Eiszeit entstandenen Schwemmlandböden am Zusammenfluß von Etsch und Noce gelten seit jeher als bestes Rebland. Campo Rotaliano wird dieses zwar flache, aber stark kieshaltige und trockene Gebiet genannt. Der stilvollste, dort gewachsene Wein kommt aus den Kellern von *Conti Martini* in Mezzocorona. Er wirkt ungemein samtig am Gaumen, zeigt feinste Beere und besitzt eine ungewöhnliche Länge. Die Grafen, deren Gut direkt am Orte liegt und noch von einem alten Stadtweingarten umgeben ist, sind die einzigen, die auch eine kleine Menge dieses Weins als *Riserva* ausbauen. Zwar sieht das D.O.C.-Reglement beim Teroldego kein derartiges Prädikat vor. Doch zeigt der Wein von *Conti Martini*, welchen Reifegrad ein guter Teroldego erreichen kann. Gute Jahrgänge vorausgesetzt, zählt er zu den erlesensten Rotweinen Italiens. Einen kaum weniger vorzüglichen, substanzreichen Teroldego keltert *Zeni* aus dieser Sorte. Das Weingut *Barone de Cles* in Mezzolombardo verdankt seinen guten Ruf ebenfalls diesem Wein. Ein anderer guter Produzent in demselben Ort sind die *Foradori*. Im benachbarten Mezzocorona kommt ein feiner Teroldego aus dem kleinen Weingut von *Luigi Betta*. In San Michele auf der anderen Seite der Etsch liefern *Fratelli Endrizzi* und *Dolzan* deutlich überdurchschnittliche Qualitäten.

### DIE JUNGEN WEINMACHER

*Einige der besten Weine des Trentino kommen heute von jungen Weinmachern, die ihr Handwerk nicht nur im väterlichen Betrieb, sondern auf der Weinbauschule in San Michele gelernt haben, der renommiertesten ihrer Art in ganz Italien. Zu diesen Weinmachern zählen Andrea und Roberto Zeni (oben, von links) sowie Fiorentino Sandri und Mario Pojer (von links). Ihre Weine gehören heute zur Spitze der Produktion im Trentino.*

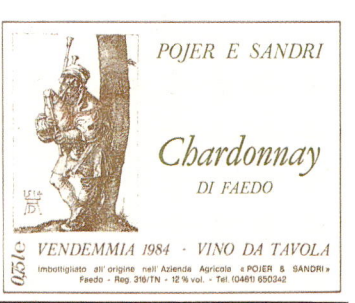

## POJER & SANDRI, FAEDO

*Wer in San Michele von der Staatsstraße abbiegt und den Weg nimmt, der sich in vielen Serpentinen den Hang des Monte Corona in Richtung Faedo windet, passiert etwa nach drei Kilometern den Keller von Fiorentino Sandri und Mario Pojer. Genau genommen, sind es zwei Keller: der alte, links der Straße in einer ehemaligen Getreidemühle untergebrachte Keller und der neue, rechts der Straße, der einer der modernsten des Trentino ist. Pojer & Sandri ist ein kleines Gut. Sie verfügen nur über acht Hektar Reben und erzeugen nicht mehr als rund 140 000 Flaschen. Doch es sind außergewöhnlich gute Weine. Sie wachsen in Höhen zwischen 300 und 720 Metern auf stark eisenhaltigen, roten Porphyrböden, sind sehr extrakthaltig und weisen eine rassige Säure auf, die sie zu vergleichsweise langlebigen, sich auf der Flasche enorm verfeinernden Gewächsen macht. Insbesondere gilt dies für den Chardonnay, der sehr aromatisch ausfällt und beträchtliche Finesse zeigt. Aber auch Müller Thurgau wird von großer Feinheit, strenger und weniger blumig als die gleichsortigen deutschen Gewächse (er wird in Deutschland als »Vigna Palai« statt unter seinem Sortennamen verkauft). Der Traminer ähnelt dem Elsäßer Wein mehr als dem deutschen oder Südtiroler Traminer. Daneben werden Nosiola, Pinot Nero, Schiava und ein Wein namens »Vin dei Molini« hergestellt. Er kommt aus der Rotberger-Rebe, die eine Kreuzung von weißem Riesling und Großvernatsch (Trollinger) ist: ein roséfarbener, äußerst substanzreicher, ungewöhnlich feiner Tafelwein. Mario Pojer, für den Keller zuständig, läßt den Most drei Stunden auf den aufgebrochenen Schalen ruhen, bevor er die Trauben abgepreßt. Der Most wird durch sanftes herunterkühlen entschleimt und mit Bentonit geklärt. Für die Fermentation werden nur eigene, selektierte Gärhefen verwendet. Verschnitte gibt es nicht. Gefiltert wird, um die Aromen zu erhalten, nur mit grobem Papier. Das Resultat: Weine von großer Vollendung und individueller Qualität. Daneben brennen Pojer & Sandri vorzügliche Grappa aus den Trestern der eigenen Trauben.*

## ROBERTO ZENI, SAN MICHELE

*Der Betrieb von Roberto Zeni liegt auf der westlichen Seite der Etsch in Grumo, einem Vorort von San Michele. Er ist ein alter Winzerbetrieb, aber ein relativ junger Flaschenwein-Produzent. Erst seit 1974 füllen die Zeni ihre Weißweine selbst ab, seit 1975 auch ihre Rotweine. Weinbau treiben sie dagegen schon seit vier Generationen. Auf Domenico Zeni, den Gründer, folgten Roberto und Romano. Sie alle bereiteten ihren Wein zwar im eigenen Keller, verkauften ihn jedoch immer offen. Die Korbflaschen-Ära ist nun vorbei. Heute sind die Brüder Roberto und Andrea Zeni für den Wein zuständig. Sie verfügen über acht Hektar eigener Reben. Zusätzlich haben sie mehrere Hektar gepachtet. Ihnen verdankt das Trentino einige der schönsten Weine, die in seiner Erde wachsen. Der größere Teil ihrer Reben wächst auf dem flachen Campo Rotaliano, das vor allem dem Anbau von Teroldego-Reben vorbehalten ist. Die Zeni lesen die Trauben dieser Sorte erst Mitte Oktober, vergären die Maische 12 Tage lang und leiten die malolaktische Gärung gleich danach ein, so daß der Wein Ende November bereits geklärt und »fertig« ist. Er wird selbstverständlich noch mehrere Monate ausgebaut, kommt dabei jedoch nie mit einem Holzfaß in Berührung. »Im Holz verliert er die Frucht«, erklärt Andrea Zeni, der wie sein Bruder das Handwerk des Weinmachens in der berühmten Weinbauschule des Ortes gelernt hat. Es ist ein sehr gehaltvoller, saftiger Wein, dessen Qualitäten in seiner außerordentlich reintönigen Frucht liegen, die mal nach Erdbeere, mal nach Veilchen oder Himbeere schmeckt. Die Weißweine stellen bei Zeni den größeren Anteil an der Produktion. Herausragend sind die beiden Pinot Bianco. Sie kommen von zwei verschiedenen Stellen des Campo Rotaliano: »Sei Pergole« und »Sorti«. Der Pinot Bianco von »Sorti« ist ein vollmundiger, äußerst finessereicher Wein von alten Reben mit geringen Erträgen. Chardonnay und Müller-Thurgau wachsen dagegen am Hang in einer Höhe von 600 Metern. Sie sind ebenfalls sehr charaktervolle Gewächse. Der Moscato Rosa ist ein süßer Spezialwein. Auch als Grappa-Brenner besitzen die Zeni in ganz Italien einen guten Ruf.*

# FRANCIA-CORTA

Die Lombardei ist Italiens bedeutendste Industrieregion. Als Weinregion genießt sie weniger große Berühmtheit. Sie ist ein Land einfacher Tafelweine, die in großen Mengen erzeugt und meist auf dem Massenmarkt umgesetzt werden. In den wenigen Hügelzonen finden sich jedoch durchaus bemerkenswerte Weine. Einige dieser Zonen – etwa das Oltrepò Pavese – haben schon eine lange Weinbau-Tradition, andere eine noch recht junge. Zu diesen zählt das Gebiet südlich des Lago d'Iseo – eine mäßige Hügellandschaft, die sich Landwirtschaft und Industrie ungefähr zu gleichen Hälften teilen. Das Klima dort ist kontinental-warm. Der Boden besteht aus verwittertem Granit. Noch Anfang der 60er Jahre hatte der Weinbau in diesem Landstrich eine vollkommen untergeordnete Bedeutung. Man kultivierte ein wenig Cabernet franc, Merlot oder Pinot Bianco, aber die Weine aus ihnen dienten lediglich zur Deckung des lokalen Bedarfs. Zehn Jahre später hatte sich die Situation grundlegend geändert. Die Zone war zum Qualitätswein-Anbaugebiet aufgestiegen. Ihr Name: Franciacorta. Gut zwei Dutzend Weinbaubetriebe erzeugen dort einen roten und einen weißen D.O.C.-Wein. Sie heißen – wie die Zone – Franciacorta. Der weiße ist aus Pinot-Trauben gekeltert, der rote aus einem Mischsatz (Cabernet franc, Barbera, Nebbiolo, Merlot). Beide können sehr feine Weine sein. Doch ihren Namen verdankt die Franciacorta weniger ihnen als einem anderen Produkt: dem Spumante. Schon vor der D.O.C. dachten einige Weinmacher darüber nach, wie man sich besser den steigenden Konsumentenansprüchen und den Erwartungen der gehobenen Gastronomie anpassen könne. So entstand die Idee, aus einem feinen Weißwein einen sehr feinen Spumante zu machen. Der erste, der sich darin versuchte, war *Guido Berlucchi*, Gutsherr und Besitzer des Schlosses von Borgonato. Zu seinem umfangreichen Grundbesitz gehörten auch ein paar Hektar Reben, aus deren Trauben er bis dahin einen einfachen »Pinot del Castello di Borgonato« kelterte. Sie bildeten die bescheidene Basis für seine ersten Versuche in der Spumante-Produktion. Beraten und unterstützt von italienischen Önologen, die in Epernay und Reims gelernt hatten, gelang es ihm innerhalb weniger Jahre, eine ambitiöse Spumante-Produktion aufzuziehen, wobei Spumante für ihn immer Spumante *classico* war: also ein trockener, im Champagnerverfahren hergestellter Schaumwein. Heute ist *Guido Berlucchi* der größte italienische Produzent des Spumante *classico*. Gut 2,5 Millionen Flaschen erzeugt er jährlich, wobei er allerdings den größten Teil seiner Trauben im Trentino und Oltrepò Pavese kauft.

Der Erfolg Berlucchis war der Erfolg der *méthode champénoise*. Immer mehr italienische Sektkellereien wandten sich der aufwendigen Methode der Flaschengärung zu, um ein an Feinheit dem französischen Champagner vergleichbares Produkt zu bekommen: im Piemont vor allem *Contratto* und *Gancia*, im Oltrepò Pavese die *Cantina Sociale Santa Maria della Versa*, im Veneto *Carpenè Malvolti*, im Trentino *Ferrari* und *Équipe 5*. Vor allem aber entwickelte sich die Franciacorta zu einem Zentrum der Spumante-Produktion. Heute haben sich dort 34 Schaumwein-Erzeuger niedergelassen. Von *Berlucchi* abgesehen, produzieren sie alle ihre Trauben selbst – ganz oder wenigstens zum größten Teil. Nach französischem Vorbild bauen sie Pinot Nero und Chardonnay an. Als bodenständige Sorte kommt die Pinot Bianco hinzu. Von ihrer Grundsubstanz sind die Franciacorta-Spumante etwas kräftigere Weine als die der Champagne. Das Anbaugebiet liegt 500 Kilometer weiter südlich als Reims und der Rebenanbau findet nicht – wie dort – unter Grenzbedingungen statt. Natürlich fehlt auch der weiße Kreideboden, wie ihn die Champagne aufweist. Wenn die Franciacorta-Spumante so auch nicht die extreme Eleganz des Champagners der großen Handelshäuser aufweisen können, sind sie in ihren besten Qualitäten doch hochfeine Kreszenzen mit lebhafter Säure, zartem Bouquet, elegantem Körper. Sie werden im Handel teilweise ebenso hoch kotiert wie die Produkte der erstklassigen Häuser. Die fehlende Erfahrung in der Schaumwein-Herstellung wird durch erheblichen technischen und Ingenieur-Aufwand im Keller kompensiert. Nicht selten haben dort französische Spezialisten das Kommando. Die Bedeutung der *cuvée*, der ersten Pressung, ist wohlbekannt. Ihr wird von den guten Häusern große Aufmerksamkeit geschenkt. Auch bei der *assemblage* bemüht man sich, ähnlich virtuos vorzugehen wie die Franzosen. Eine dreijährige Holzfaßlagerung des gesamten Weins ist allerdings nur den besten Cuvées vorbehalten. Sie werden meist als Jahrgangsspumante oder *millésimé* auf den Markt gebracht – in wirklich guten Jahren. Die jahrgangslosen Spumanti werden zum allergrößten Teil aus jungem Wein zusammengestellt. Bessere Häuser halten einige Fässer *vin de réserve* in Vorrat, um den Jahrgang aufzubessern. Was als *liqueur d'expédition* für die dosierten Cuvées benutzt wird, scheint sich nicht grundsätzlich von dem zu unterscheiden, was in der Champagne als solcher zugegeben wird. Mit anderen Worten: vor allem Wein und Rohrzucker, gelegentlich auch Cognac oder andere Ingredienzien – welche, bleibt das Geheimnis eines jeden Kellermeisters.

## REICH DES SCHAUMWEINS

*Die Franciacorta ist eine prosperierende Schaumwein-Zone. Zahlreiche Sektkellereien sind dort in den 70er Jahren unter großem finanziellen und technischen Aufwand aus dem Boden gestampft worden. Die kühnste Unternehmung war die Gründung des Gutes Ca'del Bosco (oben). Seine Geschichte ist die von Maurizio Zanella (rechts).*

*der mit 17 beschloß, in Italien einen »Champagner« herzustellen und es tatsächlich geschafft hat, innerhalb von zehn Jahren einen hochklassigen Spumante classico auf den Markt zu bringen. Er wird mit demselben Aufwand produziert und zu keinem geringeren Preis verkauft als seine französischen Vorbilder. Daneben erzeugt Zanella auch hervorragende Stillweine, wobei er ebenfalls die aus Frankreich stammenden Sorten bevorzugt.*

Unter den zahlreichen Spumante-Abfüllern, die sich in der Franciacorta etabliert haben, kommt keiner *Guido Berlucchi* an Größe gleich. Die *Antica Cantina Fratta* residiert in einem prächtigen, alten Herrensitz bei Monticelli, der 1975 von Franco Ziliani erworben und restauriert wurde. Ziliani ist der eigentliche Pionier der *méthode champénoise* in der Franciacorta. Er war es, der Berlucchi von der Spumante-Produktion überzeugt und lange Jahre in seinen Diensten gestanden hat. Noch heute arbeitet sein Betrieb eng mit dem Berlucchis zusammen. Die abenteuerlichste Geschichte hat jedoch *Ca'del Bosco*. Seine Produktion macht zwar noch nicht einmal ein Zehntel derjenigen Berlucchis aus. Doch haben seine Spumante Maßstäbe gesetzt für die italienische Schaumwein-Produktion. Die Entstehung dieses Weinguts ist die Geschichte eines jungen Mannes, der als Siebzehnjähriger einen Schulausflug nach Reims macht, um die Keller einiger Champagner-Häuser zu besichtigen, und nach der Rückkehr beschließt, ein ähnliches Produkt in Italien herzustellen. Sein Name: Maurizio Zanella. Mit dem Geld seines Vaters, eines Bozener Speditionsunternehmers, stampfte er in zehn Jahren einen Betrieb aus dem Boden, der eine Synthese von modernen Weinbautechnologien mit alten Weinbautraditionen bildet. Seine Qualitätspolitik ist in vielen Punkten strenger als die seiner Mitkonkurrenten. Sie basiert auf eigener Traubenproduktion, hohem wissenschaftlichen und technischen Aufwand bei der Kellerarbeit und – wie es manchmal den Anschein hat – höheren Zielen, die man sich gesetzt hat.

Neben dem Spumante erzeugt *Ca'del Bosco* auch Stillwein. Von der Menge her ist die Stillweinproduktion sogar genauso groß wie die des Schaumweins. Freilich standen und stehen die Stillweine noch immer etwas im Schatten der Spumanti. Der weiße und der rote Franciacorta, beide D.O.C.-Weine, sind solide, ordentliche Tropfen – aber auch nicht mehr. Was ihnen fehlt, ist der „internationale Stil". So empfindet es zumindest Maurizio Zanella. Was immer das ist – er hat versucht, drei Weine in diesem Stil zu erzeugen: einen Chardonnay, einen Pinot Nero, und einen Wein aus einem typischen Bordeaux-Mischsatz. Das Resultat: wenigstens zwei von ihnen sind bemerkenswert.

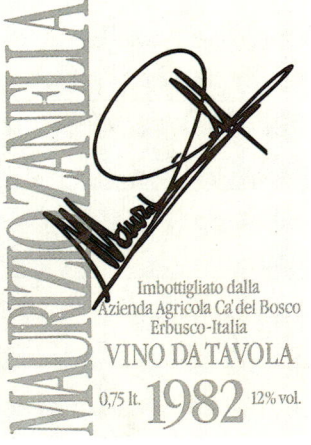

## CA'DEL BOSCO, ERBUSCO

*Die Gründung von Ca'del Bosco gehört zu den kühnsten Unternehmungen der italienischen Weinwirtschaft. Kühn ist nicht der Umfang der Produktion, sondern das Ziel, das man sich gesteckt hat. Maurizio Zanella, Gründer, Architekt und Regisseur, formuliert es so: »Wir wollen die Möglichkeiten, die menschliche Intelligenz und Technik bieten, ausschöpfen, um einen perfekten Wein zu erzeugen. Qualität läßt sich nicht improvisieren, besonders beim Wein nicht.« Gigantisch sind denn auch die Anstrengungen, die unternommen wurden, um das Ziel zu verwirklichen. Es wurden in den 70er Jahren rund 35 Hektar Reben angepflanzt, um stets auf eigenes Traubengut zurückgreifen zu können. Die Hektarhöchsterträge der D.O.C. werden weit unterschritten. Der neue Keller ist in architektonischer Hinsicht eine Mischung aus Kalifornischer Winery und Kreidegruben-Caveau von Reims. Zanella erzeugt mehrere hochwertige Schaumweine. Der Most der verschiedenen Pressungen wird separat in 62 Edelstahltanks vergoren. Die Trauben für den Jahrgangs-Spumante werden sogar noch mit einer handbetriebenen, alten »marmonier«-Kelter abgepreßt (der Vorlaufmost wird, wie es nur noch das Champagner-Haus Krug in Reims macht, in »barriques« vergoren). Seinen Kellermeister hat Maurizio Zanella denn auch von diesem Champagner-Hersteller abgeworben. Bei der Assemblage sind 15 bis 40 Prozent des Weins »réserve« von älteren, im Holzfaß gereiften Jahrgängen. 30monatiges Flaschenlager (Jahrgangs-Spumante: 60 Monate), »remuage« von Hand und Abfüllung des Weins in die degorgierten Flaschen sind Beweise für einen Aufwand, der nicht einmal für alle namhaften Champagnisten selbstverständlich ist. Spitzenprodukt ist der vollkommen trockene Dosago Zero. Aber auch die Brut, Rosé und vor allem Crémant wissen außerordentlich zu gefallen. Der Jahrgangschampagner ist eine Klasse für sich (hergestellt 1979, 1981, 1982, 1985). Gesamtproduktion Spumante classico: 180 000 Flaschen. Daneben wird dieselbe Menge Stillwein erzeugt: ausgezeichnete Franciacorta Rosso und Bianco, ein ambitiöser Tafelwein namens »Maurizio Zanella« (Cabernet-Merlot-Mischsatz, gemeinsam in »barriques« vergoren und gereift), ein superber Chardonnay sowie ein Pinot Nero.*

## »MAURIZIO ZANELLA« CA'DEL BOSCO, ERBUSCO

*Seine Überzeugung verschweigt Maurizio Zanella nicht: Wie gut ein Wein ist, zeigt sich erst in internationalen Vergleichen mit den derzeit am höchsten eingeschätzten Gewächsen der Weinbauländer Frankreich und Kalifornien. Diesen Vergleich sucht der Ca'del Bosco-Mann. Er hat deshalb drei Weine aus internationalen Erfolgsreben kreiert: der eine ist aus Chardonnay, der andere aus Pinot-Noir-Trauben gekeltert, der dritte aus einem Bordeaux-Mischsatz. Die ersten Jahrgänge des Pinot Nero haben ihm von Freunden das Kompliment eingetragen, den besten Wein aus dieser Sorte in Italien gemacht zu haben. Die Sorte wird allerdings selten in Italien angebaut und hat bislang nirgendwo große Weine hervorgebracht. Mehr Anerkennung hat sein Chardonnay gefunden: ein voller, gereifter Wein mit Substanz und vornehm zurückhaltender Frucht. Er deutet einiges von der Feinheit an, zu der diese Rebe auch außerhalb des Burgunds fähig ist. Der Wein fermentiert übrigens ohne Temperaturregulierung in »barriques« und wird in ihnen sieben bis zehn Monate lang ausgebaut. Die größten Belobigungen hat er indes für seinen im Bordeaux-Stil erzeugten Rotwein erhalten. Dieser Tafelwein ist von gezügelter Fülle, dabei sehr weich, stoffig und von glatter Länge: ein substanzreicher und doch leicht trinkbarer Wein mit feinem Bouquet von Pflaumen, Lakritz und Vanille. Er wird aus einem Mischsatz von Merlot, Cabernet franc und Cabernet Sauvignon hergestellt, die relativ lange gemeinsam vergoren werden (rund 20 Tage auf den Schalen). Der Wein reift über ein Jahr in »barriques«. Wegen seiner Individualität gehört er in die Kategorie »Autorenwein«. Sein Erzeuger weiß das. Er nennt ihn »Maurizio Zanella«. Die italienische Weinkritik selbst hat diesen Wein mit hohen Ehrungen bedacht, aber auch in Amerika hat er bislang viel Beachtung gefunden.*

## CAVALLERI, ERBUSCO

*Cavalleris Schaumweine sind kräftiger im Körper als die meisten anderen Gewächse der Zone, nachhaltiger, duftiger und farblich eher ins Goldgelb tendierend. Die Trauben für sie kommen ausschließlich aus eigenen Weinbergen, die an der Südflanke des Hügels von Erbusco liegen. Insgesamt 20 Hektar stehen unter Reben. Nach wenig erfolgreichen Experimenten mit der Pinot Nero hat man sich entschlossen, für die Spumanti nur Chardonnay zu verarbeiten. Sie sind also reine Blanc-de-Blancs-Schaumweine. Schon bei der Lese zeigt sich, daß kein Aufwand gescheut wird, um ein Spitzenprodukt zu bekommen. Die Trauben werden parzellenweise eingebracht und von Hand verlesen, um die gewünschte Balance zwischen Zucker und Säure im Most zu erhalten. Die Weinbereitung erfolgt ebenfalls mit größtmöglicher Sorgfalt. Es wird nur Most der ersten Pressung verwendet. Die zweite Pressung wird für die Stillweine, die dritte für den offen verkauften Tafelwein verwendet. Der normale Spumante reift drei Jahre im Keller. Er kommt ohne Jahrgangsbezeichnung in den Handel. Der »millesimato« wird nur in sehr guten Jahren erzeugt. Er reift vier Jahre auf der Flasche. Nur zwei Qualitäten werden angeboten: Brut und Pas dosé. Cavalleri ist ein junger Spumantehersteller und ein alter Weinbaubetrieb. Spumante wird erst seit 1980 abgefüllt, Wein schon seit dem 19. Jahrhundert erzeugt. Als Landbesitzer sind die Cavalleri freilich schon sehr viel länger in Erbusco aktenkundig. Sie waren einst enge Vertraute der Visconti und sind mit ihnen zu Macht und Ansehen gekommen: etwa als Schatzmeister und Stadtkommandanten von Mailand. Der heutige Inhaber Giovanni Cavalleri, ein Finanzfachmann aus Brescia, hält den Familienbesitz in 18. Generation. Er wacht zusammen mit Aldo Pagnoni, dem Direktor, und Pierlugi Calabria, dem talentierten, jungen Kellermeister, über die Qualität der Spumanti (sein Vater Gian Paolo Cavalleri begann in den 70er Jahren mit den ersten Schaumweinexperimenten). Von ausgezeichneter Qualität sind auch die Stillweine von Cavalleri: zwei Chardonnay von den Lagen »Rampaneto« und »Seradina« (letzter hat in »barriques« gelegen) sowie der rote »Tajardino« (60 Prozent Cabernet franc, Rest Merlot, ebenfalls in »barriques« ausgebaut). Gesamtproduktion: 150 000 Flaschen, knapp die Hälfte davon Spumante.*

## BELLAVISTA, ERBUSCO

*Die »Gran Cuvées« von Bellavista werden heute zu den besten Spumante Italiens gezählt. Mit Recht: Es sind feine, nervige Schaumweine mit zurückhaltender, aber reifer Frucht und zartem Duft. Das gesamte Lesegut, das verarbeitet wird, stammt aus eigenen Weingärten. So ist sichergestellt, daß die ehrgeizigen Mengenbeschränkungen durch starken Beschnitt, vor allem aber durch strenges Verlesen der Trauben im Herbst auch tatsächlich eingehalten werden. Dazu gehört auch ein besonderes Erziehungssystem, das das Wachstum der Reben stark beschränkt: eine besondere Art von Bogenerziehung, in Italien »palmetta« genannt. Das Lesegut wird, je nach Reifezustand, Parzelle für Parzelle eingebracht. Die Trauben werden sofort abgepreßt, und zwar mit einer alten Marmonier-Kelter, wie sie viele Champagnerhersteller verwenden. Daß für die »Gran Cuvées« nur die erste Pressung verwendet wird, ist eine Selbstverständlichkeit. Der Most wird schonend entschleimt und anschließend bei niedrigen Temperaturen langsam vergoren. »Wir wollen so wenig wie möglich Kellerbehandlungsmittel benutzen, um die Qualität und Charakteristik des Mostes zu erhalten«, erläutert Mattia Vezzola, der junge Chefönologe des Betriebes. Nach der Assemblage liegt der Wein drei Jahre auf der Hefe. Er kommt ausschließlich als »millesimato« in den Handel: als Jahrgangsspumante. Bellavista erzeugt vier verschiedene »Gran Cuvées«: Cremant (reinsortig Chardonnay, feinere Perlage, zweijährige Flaschenreifung), Brut (sehr geringe Zuckerdosage), Pas Opéré (ohne liqueur) und Rosé (sehr geringe Zuckerdosage). Sie bestehen überwiegend aus Chardonnay-Grundwein. Beim Rosé ist Pinot Nero zu 40 Prozent, beim Pas Opéré zu 30 Prozent zugesetzt. Die einfache »Cuvée Brut«, die etwas aromatischer ist, wird aus Chardonnay und Pinot Bianco zusammengestellt. Bellavista peilt eine Produktion von 200 000 Flaschen Spumante an. Daneben werden Stillweine erzeugt. Hervorragend sind der weiße Chardonnay (»Uccellanda«), der seiner Fülle entsprechend über ein Jahr in jungen »barriques« ausgebaut wird, und der rote »Solesine«, der aus einem Mischsatz von Cabernet Sauvignon und Merlot komponiert ist. Er reift 18 Monate in »barriques«. Beide besitzen viel Entwicklungspotential.*

Zwei Betriebe der Franciacorta betreiben eine ähnliche Qualitätspolitik wie *Ca'del Bosco* und stellen mindestens die gleichen Ansprüche an ihr Produkt: *Bellavista* und *Cavalleri*. Beide erzeugen Spumanti von großer Finesse, die zum Besten zählen, was Italien auf dem Schaumweinsektor hervorbringt. Beide verfolgen Ziele, die nahezu jeden Aufwand rechtfertigen, um ein Spitzenprodukt zu erhalten. Beiden hat es an Anerkennungen und Erfolgen in den letzten Jahren nicht gefehlt. *Bellavista* ist ein junger Betrieb. Er wurde, wie *Ca'del Bosco*, innerhalb weniger Jahre mit einem gigantischen Finanzaufwand geschaffen: ein kühner, eigenwilliger Bau, errichtet auf einem Hügel mit majestätischem Panorama auf den Lago d'Iseo und die Bergamasker Alpen. Vittorio Moretti, der Inhaber, ist Bauunternehmer und stellt Fertigbauteile her. Aus solchen Fertigbauteilen ist nahezu die ganze Cantina gefügt. Sehenswert sind die „Segelgewölbe". Sie sind so konstruiert, daß eine konstant kühle Temperatur im Keller herrscht. Herzstück ist jedoch ein 140 Meter langer Tunnel, der in der Rekordbauzeit von zweieinhalb Monaten fertiggestellt wurde. Dort stehen die *pupitres*, dort dämmert der Schaumwein seiner Reife entgegen. Er ist, gleich ob Crémant, Brut, Pas opéré oder Rosé, ein ungewöhnlich filigraner Spumante, zart im Bouquet, zurückhaltend im Geschmack, reif in der Frucht und leicht säurehaltig, dabei von großer Perfektion. Er wird grundsätzlich als Jahrgangschaumwein abgefüllt.

Moretti selbst ist ein Quereinsteiger im Weingeschäft. Sein Vater und sein Großvater waren einfache Weinbauern in der Franciacorta. Sein Großvater lehrte ihn: »Vittorio, höre, es ist falsch, ein Glas stehenzulassen, wenn der Wein darin gut ist.« Moretti hat den Satz behalten. »Irgendwann spürte ich, daß ich nicht nur Bauunternehmer sein wollte«, bekennt er. »Ich merkte, daß noch Bauernblut in meinen Adern floß.« Mitte der siebziger Jahre erwarb er dann im Hinterland von Erbusco einen Hügel

mit Hof sowie einigen Hektaren Rebland. Dort errichtete er seine Cantina, und weil der Hügel »Bellavista« hieß, nannte er die Cantina ebenso. Zugleich ließ er drei neue Weinberge anlegen: einen für Chardonnay (»Uccellanda«), einen für Pinot Nero (»Casotte«), einen mit Cabernet Sauvignon und Merlot für die Stillweine (»Solesine«). Sie alle liegen (wie auch die Weinberge von Ca'del Bosco) im Hinterland von Erbusco. Die Grundweine, die aus dieser Zone kommen, sind zurückhaltend im Duft, aber gut strukturiert. Die gesamte Produktion von *Bellavista* stammt aus eigenem Lesegut. Seit 1978 wird Spumante abgefüllt.

Der dritte Spitzenerzeuger der Franciacorta ist *Cavalleri*. Er füllt etwas weniger als *Bellavista* ab, doch kommen auch aus seinen Kellern ausgezeichnete Spumanti, die an Charakter und Finesse denen seiner Konkurrenten nicht nachstehen. Ihre Besonderheit liegt darin, daß es reine Blanc-de-Blancs-Schaumweine sind. Sie werden ausschließlich aus Chardonnay-Grundwein hergestellt. »Wir wollen einen Spumante, der etwas kräftiger in der Farbe ist, einen feinen Duft verströmt und etwas mehr Gewicht hat als die anderen Schaumweine der Zone«, erklärt Giovanni Cavalleri, der Inhaber. Er ist im Verwaltungsrat der Banca di Credito Agrario Bresciano und hat fünf verschiedene Finanzgesellschaften gegründet, die sich vom Leasing bis zum Factoring mit allem befassen, was zur Industriefinanzierung gehört. Fünf Tage in der Woche verbringt er in seinen Büros in Brescia und ist mit Geschäften befaßt. Den sechsten und siebten Tag findet man ihn in seiner Cantina, die Bücher studierend, die *rémuage* vornehmend, die Entwicklung des Weins auf der Flasche kontrollierend, sich dabei ständig Notizen machend, um jeden Vorgang später genau kontrollieren zu können. Dreimal im Jahr fährt er nach Reims, um dort Champagnerhefen einzukaufen. Der neue Keller von *Cavalleri* liegt am Ortsausgang von Erbusco an der Straße nach Adro inmitten eines parkartigen Geländes. Er ist weniger monumental als die seiner Konkurrenten, zeugt aber von großer Souveränität im Entwurf und viel Stilempfinden im Detail. In technischer Hinsicht schöpft er alle Möglichkeiten aus, die für die Schaumweinherstellung zur Verfügung stehen.

Die Franciacorta ist ein kleines Anbaugebiet. Die Zahl der Weinbaubetriebe ist überschaubar. Der größte Teil von ihnen erzeugt heute Schaumwein. Der Markt für diese Spezialität ist aufnahmefähig, die Qualität der einheimischen Trauben ausgezeichnet und die Preise, die für ihre Spumanti gezahlt werden, sind verlockend. Die Franciacorta hat sich einen Namen gemacht. Die Folge: Auch das Auge der Weinindustrie fiel auf sie. Sie investiert kräftig, um am guten Ruf zu partizipieren. Der zweitgrößte Spumantehersteller, die *Catturich*, füllt schon 200 000 Flaschen im Jahr ab. *Monte Rossa*, ein alteingesessenes Unternehmen der Zone, wurde unlängst zur Hälfte von dem Florentiner Weinhaus *Ruffino* aufgekauft. Der italoamerikanische Weinkonzern Villa Banfi hat sich ebenfalls in Erbusco niedergelassen (*Pio IX Principe Banfi*), um feine Spumanti herzustellen. Mehrere andere Großkellereien versuchen dasselbe. Doch nur wenige beherrschen die Spumante-Produktion so, daß ein Spitzenprodukt entsteht. Oft sind es kleinere Betriebe, die mehr Erfolg haben. Zum Beispiel Pietro *Bersi Serlino* in Timoline: Er stellt eine vorzügliche *méthode champénoise* her. Gleiches gilt für *Fratelli Berlucchi* in Borgonato, Verwandte des bekannteren Guido *Berlucchi*. Auch sie stellen einen klassischen Spumante in sehr guter Qualität her. Feine, elegante Schaumweine kommen von *Monti della Corte* in Nigolino, von *Uberti* in Erbusco, von *Villa* in Monticelli, von Luigi Lancini in Adro *(Cornaleto)* und von Lorenzo *Faccoli* in Coccaglio. Einen sehr guten, stillen Franciacorta Rosso stellt *Longhi De Carli* in Erbusco her.

## KEINEN AUFWAND GESCHEUT

*Den guten Ruf seiner Spumanti verdankt die Franciacorta maßgeblich Bellavista und Cavalleri. Beide Betriebe füllen ihre Schaumweine zwar erst seit wenigen Jahren ab, doch erreichen diese an Feinheit und Perfektion ein Niveau, das in Italien selten ist. Beide haben allerdings auch keinen Aufwand gescheut, um ein Spitzenprodukt herzustellen. Die monumentale, überwiegend aus Fertigbauteilen errichtete Cantina Bellavista (oben links), gehört dem Bauunternehmer Vittorio Moretti (oben rechts) und ist in technischer Hinsicht mit allem ausgestattet, was für die moderne Schaumweinerzeugung nötig ist. Nur die Trauben werden noch mit einer traditionellen Marmonier-Kelter abgepreßt – allerdings bewußt (gegenüberliegende Seite). Cavalleris neue Cantina ist individueller und weniger wuchtig (rechts unten). Sein Inhaber ist Giovanni Cavalleri, ein Finanzfachmann aus Brescia (links unten).*

# ALBA
# UND DIE
# LANGHE

Wenn von den Weinen des Piemont die Rede ist, sind meistens die Weine Albas gemeint. Zwar gibt es viele Landstriche in dieser fruchtbaren norditalienischen Region, in denen Wein, auch sehr guter Wein, produziert wird, doch nirgendwo ist es ein so schwerer, hochkarätiger und berühmter Wein wie der von Alba. Barolo und Barbaresco, die beiden Spitzengewächse, haben den Ruhm des Weinlands Piemont begründet und Alba zu einem Zentrum der Weinwirtschaft gemacht. Sie sind ein wichtiger Exportartikel geworden und haben das Bild vom hochwertigen italienischen Rotwein maßgeblich geprägt. Sie sind ein wichtiger Devisenbringer und für die Weinwirtschaft des Piemont das, was Fiat in Turin für die italienische Automobilindustrie ist: ein Motor der Entwicklung. Dabei ist der Anteil dieser beiden Weine an der gesamten Weinproduktion des Piemont sehr gering. Doch in ihrem Glanz ist auch Licht auf die anderen Weine dieser Region gefallen, die für die Weinwirtschaft eine quantitativ viel bedeutendere Rolle spielen: vor allem der Barbera, der in den größten Mengen produzierte Qualitätswein, sowie der Moscato d'Asti (wenn er auch nach der benachbarten Provinz Asti benannt ist, so liegt doch ein großer Teil der Rebflächen bei Alba). Auch der Dolcetto wird noch wesentlich häufiger erzeugt als Barolo und Barbaresco. Viele Weintrinker würden ihn wahrscheinlich heute noch für einen süßen Wein halten, wenn er nicht im Gefolge dieser beiden Spitzengewächse den Weg in die Regale der Weinhändler gefunden hätte und sie sich so überzeugen konnten, daß es sich bei ihm um einen charaktervollen, jungen und vollständig durchgegorenen Rotwein handelt.

Das Land um Alba wird vom Tanaro in zwei Hälften geteilt: die Langhe, das südlich dieses Flusses liegende Hügelland, und das Roero, die nördlich von ihm liegenden Hügel. In beiden Teilen wird die Nebbiolo-Rebe angebaut. Aber nur in den Langhe ergibt sie Weine von der Statur eines Barolo und Barbaresco. Im Roero wird aus ihr ein leichterer, fruchtiger Wein gekeltert, der als Nebbiolo d'Alba etikettiert wird. Das Anbaugebiet dieses D.O.C.-Weins reicht jedoch auch bis in die südlich des Tanaro liegende Langhe hinein, wobei die Barolo- und Barbaresco-Zone allerdings ausgespart bleiben. Die Langhe sind ein mäßiges Hügelland, das von den Ufern des Tanaro langsam bis auf 900 Meter ansteigt und dann in den ligurischen Apennin übergeht. Fast überall wird Landwirtschaft getrieben. Im höchstgelegenen Teil mit seinen ausgedehnten Wäldern und der wilden *macchia*, die sich über die Hügel zieht, ist jedoch kaum mehr als Schafzucht möglich. Die langarolischen Bauern besitzen eine eigene,

bodenständige Rasse, die bestens an die klimatischen Verhältnisse und an das Futtervorkommen angepaßt ist. Die Tiere gebären viele Lämmer und geben viel Milch, so daß die Menschen auch in diesem abgelegenen Winkel des Piemont ein Auskommen haben. Aus der Milch werden zwei Käse hergestellt: der Robiola, ein pikanter, sahniger Weichkäse, sowie der berühmte *tomà*, ein zylindrischer, im Geschmack strenger Käse mit einer rötlichen Rinde, der in allen ländlichen Restaurants zum Abschluß des Menus gereicht wird. Von ihm heißt es, daß er drei Tugenden besitze: »Er stillt den Hunger, löscht den Durst und säubert die Zähne.« Zentrum der Käseproduktion ist Murazzano.

In den tiefer gelegenen Landstrichen der Langhe, wo auch Futtergetreide angebaut werden kann, dominiert die Rinderzucht. Sie ist zusammen mit der Walnußproduktion der einzige bedeutende landwirtschaftliche Erwerbszweig, der sich neben dem Weinbau gehalten hat. Gemüse und Obst werden praktisch nur noch in der fruchtbaren Ebene angebaut. Weinbau zieht sich bis auf eine Höhe von 500 Metern. Die trockenen, kalkhaltigen Böden mit ihrem steinigen, aus tuffartigem Mergel bestehenden Untergrund bilden seit Jahrhunderten die Grundlage für den Weinbau. Dieser war, bis die Industrie in Alba einzog, die wichtigste Erwerbsquelle der Menschen auf dem Lande. Die Winter sind zwar kälter und die Sommer heißer als in Bordeaux, das auf dem annähernd gleichen Breitengrad liegt. Doch schützen die Alpen im Norden das Land vor Spätfrösten, die den Austrieb verzögern und die Blüte zerstören könnten. Vor allem aber ist der für die Traubenlese so wichtige Herbst trockener als in Südwestfrankreich, wo von September bis November im langjährigen Jahresdurchschnitt doppelt so viele Niederschläge wie in Alba fallen. Die Niederschläge verteilen sich im Piemont auf das ganze Jahr mit einer leichten Spitze im März – also gerade zum rechten Zeitpunkt: zur Vegetationszeit.

Unterhalb von 500 Metern beginnt auch das Reich des weißen Trüffel, jenes knollenartigen, einer Kartoffel äußerlich nicht unähnlichen Pilzes, auf dessen Suche die Menschen im Herbst sich mit einer um so größeren Leidenschaft konzentrieren, je seltener er wird. Sein durchdringender Duft und sein unnachahmliches, fast medizinisch-strenges Aroma verschafft aber Feinschmeckern derartige Wonnen, daß sie viel Geld für die Preziose zahlen und während der Trüffelsaison sogar von weither angereist kommen, um einige dieser Knöllchen selbst zu erwerben. Über 150000 Besucher zählt zum Beispiel der Trüffelmarkt, der seit 1928 jedes Jahr in der ersten Oktoberhälfte in Alba abgehalten wird.

Die Trüffel liegen zwischen zehn und 40 Zentimetern tief in der Erde – einem alten Glauben entsprechend dort, wo einmal der Blitz eingeschlagen hat. Die *trifolai*, wie die Sammler genannt werden, haben jedoch ihre eigenen Stellen, an denen sie jedes Jahr fündig werden – oder auch nicht. Die Veränderung des Landschaftsbildes, aus dem zunehmend Hecken und Wälle, Bäume und Büsche, an deren Wurzeln der Trüffel wächst, verschwinden, um Straßen, Häusern und auch der Landwirtschaft Platz zu machen, hat wahrscheinlich den größten Anteil daran, daß die Ausbeute immer geringer wird und der Preis für die *tartufi* jedes Jahr steigt. Gesucht wird der Pilz übrigens mit kleinen, eigens abgerichteten Spitzhunden, und zwar nachts, wenn es still ist, die Tiere sich besser konzentrieren können und die Feuchtigkeit in der Luft den Duft des Pilzes in größerem Umkreis weiterträgt. In den Dörfern der Langhe gibt es mehrere Schulen, in denen die Tiere in 14tägigen Trainingskursen auf die Trüffelsuche abgerichtet werden. »Hundeuniversitäten« nennen sie schmunzelnd die *trifolai*.

Alba selbst hat sich nach dem Zweiten Weltkrieg zu einer Industriestadt entwickelt. Ihre wichtigsten Stützen sind heute die Schokoladen- und die Textilindustrie sowie das Verlagswesen. Die Weinindustrie folgt erst mit großem Abstand. Die bedeutendsten Betriebe sind *Cinzano* in Santa Vittoria d'Alba und das ehemals königliche Weingut *Fontanafredda*. Die Landwirtschaft ist jedoch immer noch der größte Arbeitgeber. Alba, ursprünglich ein kleines Dorf am Zusammenfluß von Tanaro und Cherasca, wurde schon zu Caesars Zeiten befestigt und zu einem Zentrum des Handels ausgebaut. »Alba Pompeia« hieß es in dieser Zeit, in der es seine größte Blüte erlebte. Im Mittelalter stand Alba dann in ständiger Rivalität mit dem benachbarten Asti, das seinen Konkurrenten schließlich überrundete und jahrhundertelang zur Bedeutungslosigkeit degradierte. Aus dieser Zeit stammt auch die Einrichtung des *palio*, eines in vielen italienischen Städten ausgetragenen, traditionellen Pferderennens im Rahmen eines folkloristischen Stadtfestes. In Alba wird dieses Rennen allerdings auf Eseln ausgeritten: zur Erinnerung an die Zeit, als die Truppen aus Asti die Stadt zerstört hatten und deren Einwohner mit einem solchen Eselsritt demütigen wollten. Heute ist dieses *palio* ein Symbol für das einfache, bescheidene Leben, wie es die Albeser im Mittelalter führen mußten, als sie von Asti unterdrückt waren. Die Beziehungen zwischen den beiden Städten sind noch immer nicht völlig entspannt. Was den Ruf und die Qualität seiner Weine angeht, dürfte das kleinere Alba heute allerdings in einem etwas günstigeren Licht dastehen als das reichere Asti.

### NEBBIOLO

*Piemontesische Edelrebe. Ergibt tannin- und säurehaltige Weine wie den Barolo und den Barbaresco. Die*

*Rebe stammt aus dem Piemont und wird außerhalb seiner Grenzen kaum angebaut.*

### DOLCETTO

*Ergibt den säureärmsten Wein des ganzen Piemont. Daher wird der Dolcetto jung getrunken und eignet sich nicht für eine längere Lagerung. Im Geschmack wird er gern mit dem Beaujolais verglichen.*

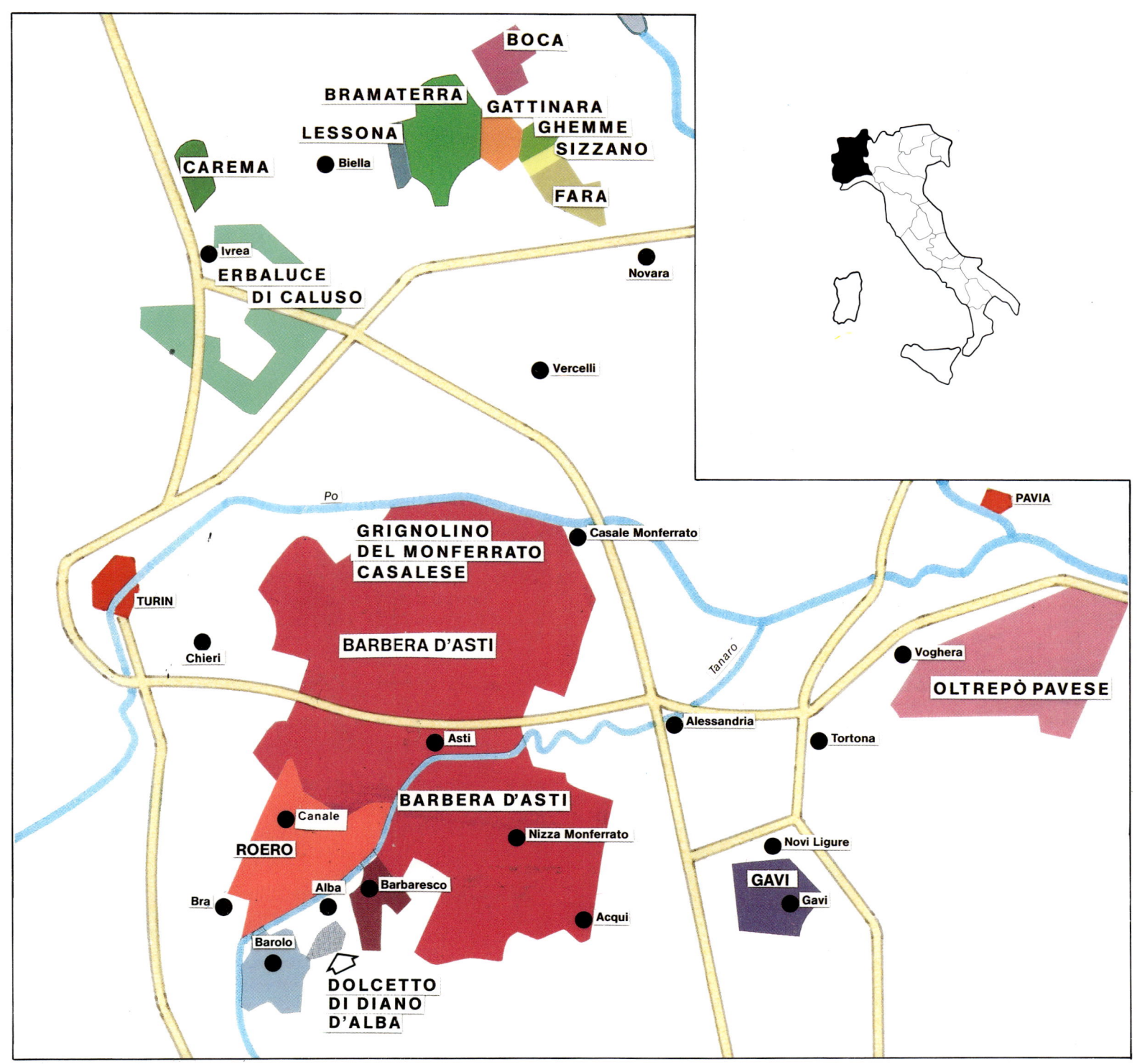

**WEINLAND PIEMONT:** *Die norditalienische Region zählt nicht zu den größten Weinproduzenten des Landes. Ihre Produktion ist nur halb so groß wie die Apuliens in Süditalien. Dafür weist sie eine hohe Anzahl an D.O.C.-Zonen auf. Auch Kellertechnik und moderne Weinbautechniken sind weit entwickelt.*

# DIE WEINE
# UND IHRE REBSORTEN

Die Albeser Weine werden spätestens seit der Jahrhundertwende sortenrein gekeltert. Die hochwertigste, wenngleich nicht häufigste Sorte ist die Nebbiolo. Sie ist im ganzen Piemont und auch weit darüber hinaus verbreitet, etwa im Veltlin oder in der Franciacorta. Außerhalb der Grenzen Italiens hat diese Rebe jedoch nie Verbreitung gefunden. Es ist ein autochthones piemontesisches Gewächs, dessen Hauptanbaugebiet links und rechts des Tanaro liegt, also in den Langhe und im Roero. Die Nebbiolo ist eine spätreifende Sorte, gut im Ertrag, weil auch sehr wüchsig im Holz, aber sehr anspruchsvoll,

was die Lagen angeht. Namentlich wurde sie das erste Mal im 13. Jahrhundert von Pier de Crescenzi als »Nubiola«, 1512 dann auch in den Statuten der Gemeinde La Morra erwähnt. Daß es sich um eine noble Rebsorte handelt, erkannte man jedoch erst im 19. Jahrhundert. Seitdem genießt sie allerdings die besondere Aufmerksamkeit der Winzer. Sie ergibt körper-, säure- und tanninreiche Weine, die am Gaumen leicht pelzen, stets reifebedürftig sind und häufig eine Eigenschaft besitzen, die die Italiener *austero* nennen. Das heißt, sie besitzen eine gewisse Strenge und einen gewissen Ernst. Am deutlichsten tritt diese Eigenschaft beim Barolo zutage, aber auch bei einigen schweren Barbaresco. Den D.O.C.G.-Statuten zufolge müssen diese beiden Spitzengewächse sortenreine Nebbiolo-Weine sein, wobei die Bestimmungen drei Unterarten zulassen: Lampia, Michet und Rosé. Sie sind wahrscheinlich nicht die einzigen Spielarten der Nebbiolo, wohl aber die am häufigsten in diesen Zonen anzutreffenden (Lampia ist die seltenste, Michet wegen ihrer kleinen Beeren die hochwertigste, Rosé diejenige, die etwas leichtere Weine ergäbe, würden diese allein aus ihr gekeltert sein). Außerhalb der Barolo- und Barbaresco-Zone werden aus der Traube der Nebbiolo d'Alba und der Roero gewonnen. Letzterer hat erst 1985 die Anerkennung als D.O.C.-Wein erhalten.

Die zweite wichtige, mengenmäßig häufigste Sorte ist die Barbera. Ihr Ursprung scheint im Montferrat zu liegen. Doch ihr Anbau hat auch in Alba eine lange Tradition. Sie liefert rassige, säurehaltige Rotweine, die durch ihren niedrigen Tanningehalt auffallen. In guten Lagen ergibt die Barbera hochklassige, stoffige und alkoholreiche Weine mit einem viel fruchtigeren Geschmack als die Nebbiolo-Weine zum Beispiel. Da sie jedoch keine hohen Anforderungen an die Lage stellt, wird sie oft auch in minderwertigen Lagen angebaut und als Massenträger ausgenutzt. Der größte Teil der Barbera-Produktion besteht aus einfachen, unkomplizierten Zechweinen. Nur ein geringer Teil der Produzenten gibt sich mit diesem Wein dieselbe Mühe wie mit einem Nebbiolo: schneidet die Rebe zurück, verliest die Trauben und baut den Wein auch noch ein oder zwei Jahre aus. Angesichts der relativ geringen Preise, die dieser Wein erzielt, rentiert sich für viele ein solcher Aufwand nicht mehr. Daß der Barbera d'Alba dennoch ein sehr feiner Tropfen sein kann, zeigen zum Beispiel die Weine der *Abbazia dell'Annunziata*, von *Fratello Barale, Ceretto, Aldo Conterno, Giacomo Conterno, Gaja, Glicine, Giuseppe Mascarello* oder *Vietti*.

Nach der Barbera-Rebe findet sich die Dolcetto am häufigsten in den Weinbergen von Alba. Auch ihr Ursprung liegt im Piemont, und bis heute ist ihre Verbreitung auch auf diese Region beschränkt geblieben (sieht man davon ab, daß sie in ganz geringen Mengen auch im benachbarten Aosta-Tal angebaut wird, wo sie in den Mischsatz des Chambave Rouge eingeht). Der Wein, der aus ihr gewonnen wird, ist in seinem Ursprungsgebiet ungemein populär. Er wird ebenso im Stehen in der Dorfbar getrunken wie im feinen Speiselokal zum Menu serviert. Scherzhaft sagt man, daß die Hälfte des Blutes der Piemontesen aus Dolcetto bestände, wenn man es chemisch analysieren ließe. Die Dolcetto ist eine frühreife Rebe, die auch in tieferen, nicht vollständig nach Süden ausgerichteten Lagen noch gute Resultate bringt und sich deshalb bei Winzern einer großen Beliebtheit erfreut. Der weiten Verbreitung dieser Rebe entsprechend gibt es im Piemont viele Anbaugebiete, die Dolcetto mit Qualitätsweinstatus hervorbringen. Die Weine (und die entsprechenden D.O.C.-Bestimmungen) unterscheiden sich jedoch nicht stark voneinander. Ihre Kennzeichen sind die violettrote Farbe, das feine, oft schmalzige Kirschenbouquet, die Stoffigkeit und vor allem die niedrige Säure. Die meisten verlassen gleich im Frühjahr des auf die Lese folgenden Jahres den Keller, andere werden noch einige Wochen im Holz ausgebaut. Besonders in Alba kommen oft kräftigere, voluminösere Dolcetto auf den Markt. Sie sind es vor allem, die zu dem häufigen Vergleich mit dem Beaujolais herausgefordert haben. Den voluminösesten Dolcetto d'Alba macht *Giacomo Conterno*. Aber auch die *Abbazia dell'Annunziata, Lorenzo Accomasso*, das *Castello di Neive*, Elvio Cogno (*Marcarini*), *Confratelli di San Michele, Cordero di Montezemolo, Dosio*, die *Cascina Drago, Gaja* und *Bruno Giacosa* erzeugen stilvolle Dolcetto, die mehr sind als nur ein leichter »Alltagswein«, wie dieses Gewächs häufig bezeichnet wird.

Neben Dolcetto, Barbera und Nebbiolo werden nur noch wenige Rotweinreben um Alba angebaut. Gelegentlich findet man Freisa- und Grignolino-Reben, die eigentlich im Astigiano zu Hause sind, und bei Verduno die Pelaverga. Weißweinreben werden bei Alba nur sehr vereinzelt kultiviert, sieht man von der Muskateller-Traube ab, die für den lieblichen Moscato d'Asti verwendet wird, sowie der Chardonnay, mit der in der Barbaresco-Zone einige Winzer zu experimentieren beginnen. Lediglich im Roero finden sich zwei alte, weiße Reben, die in den letzten Jahren wieder neu entdeckt worden sind: Arneis und Favorita. Beide ergeben zarte, nicht sehr körperreiche Weine. Die Mengen, in denen sie erzeugt werden, sind jedoch sehr gering.

# DIE ÖNOLOGIE DES PIEMONT

Alba hat eine breite Rotweinpalette, und jeder dieser Rotweine verfügt über eine eigene Grundcharakteristik. Der Dolcetto ist der säureärmste Wein. Er eignet sich daher nicht für eine Flaschenlagerung, sondern muß jung getrunken werden. Die Kunst des Kellermeisters besteht darin, ihn nicht zu dünn, aber auch nicht zu mastig werden zu lassen, sondern eine gute Balance zu finden und vor allem die delikate Beere so gut wie möglich herauszuarbeiten. Weine aus Nebbiolo- und Barbera-Trauben weisen dagegen oft hohe Säurewerte auf. Derjenige der Barbera liegt vor der Gärung oft bei 13 Promille. Behielte er die hohe Säure bei, wäre er ungenießbar. Deshalb wird nach der alkoholischen Gärung eine zweite Gärung durchgeführt, die die malolaktische oder Milchsäuregärung genannt wird. Dabei setzen bestimmte, im Wein vorhandene Bakterien die harte Apfelsäure in weiche Milchsäure um. Am Ende hat der Wein dann nur noch etwa sieben Promille Gesamtsäure. Diese *malolattica*, wie die Italiener sie nennen, führen sie bei allen ihren Rotweinen durch, wenn sie auch beim Barbera eine besondere Bedeutung hat. Normalerweise findet sie im Frühjahr statt, wenn der Wein im Faß liegt, die Außentemperaturen steigen und auch der Keller um einige Grade erwärmt wird. Die Bakterien, die die Umwandlung der Apfelsäure besorgen, werden nämlich erst ab einer bestimmten Temperatur aktiv und besorgen dann, ohne daß es dazu einer Vorsorge bedürfte, spontan den biologischen Säureabbau. So bezeichnet man diesen Vorgang in der Fachsprache. Wichtig dabei ist, daß die gesamte Apfelsäure abgebaut wird. Bei einem Wein wie dem Barolo, der drei Jahre im Faß liegt, bevor er abgefüllt wird, macht das selten Schwierigkeiten. Wenn es nicht im Frühjahr gelingt, schaffen es die Bakterien im Sommer. Sollte die Säure dann immer noch zu hoch sein, wird die *malolattica* im folgenden Jahr beendet. Bei einem Wein wie dem Barbera d'Alba, der sich zu diesem Zeitpunkt oft schon auf der Flasche befindet, ist das Risiko größer, daß sich noch unvergorene Apfelsäure in ihm befindet. Der Wein gärt dann auf der Flasche nach – oder bleibt schneidend herb.

Die alten, bäuerlichen Winzer haben sich wenig um die malolaktische Gärung gekümmert. Sie füllten ihren Wein ab, wann immer sie es für richtig hielten – gleichgültig, ob die *malolattica* stattgefunden hatte oder nicht. Heute ist das nicht mehr möglich. Erstens verlangt der internationale Wettbewerb ein Produkt von gleichbleibender, kontrollierter Qualität. Zweitens ist der Anteil der Apfelsäure an der Gesamtsäure des Weines in den letzten Jahrzehnten auffällig gestiegen. Für die Hersteller von säurebetonten Weinen bedeutet das: Der Milchsäuregärung muß erhöhte Aufmerksamkeit geschenkt werden. Moderne Kellermeister ziehen es deshalb vor, sie selbst einzuleiten. Sie tun das im Anschluß an die Hauptgärung, indem sie ihre Keller erwärmen und so die Tätigkeit der Milchsäurebakterien stimulieren. Die *malotattica* findet unter kontrollierten Bedingungen statt. Um Weihnachten herum ist sie in der Regel schon abgeschlossen, der Wein entsäuert.

Traditionell eingestellte Kellermeister, wie sie in der überwiegenden Anzahl der Albeser Weinbaubetriebe zu finden sind, verlassen sich aber nach wie vor darauf, daß der biologische Säureabbau spontan im Frühjahr stattfindet. Im Gegensatz zu früher überprüfen sie den Wein jedoch ständig, um zu verhindern, daß er schon abgefüllt wird, wenn sich noch unerwünschte Apfelsäure in ihm befindet. Die Motive, so oder anders zu verfahren, sind unterschiedlich. Die einen scheuen die Kosten und den Aufwand, den es bedeutet, einen Keller im Winter mehrere Wochen zu heizen, der sich im Frühjahr natürlich erwärmt – zum Beispiel durch Öffnen der Kellerfenster. Für andere ist die künstliche Stimulierung der Bakterien eine Forcierung des Weines, die sie ablehnen, weil sie einen Eingriff in die Abläufe der Natur darstellt. Am Ende, so scheint, ist es gleichgültig, auf welche Weise die *malolattica* durchgeführt wird: Hauptsache, die hohe Säure wird abgebaut.

So wichtig die Milchsäuregärung ist, kontroverser diskutiert wird eine andere önologische Frage: Wie ist das Tannin in den Griff zu bekommen? Es ist kein Problem der Barbera-Traube. Sie enthält wenig Tannin. Aber die Nebbiolo-Traube mit ihren kleinen Beeren und der dicken Schale ergibt naturgemäß stark tanninhaltige Weine, die sich, vor allem in jungen Jahren, sehr herb, hart, stumpf und pelzend präsentieren können. Das Tannin baut sich zwar langsam ab, doch bedarf es dazu gerade bei Barolo und Barbaresco oftmals vieler Jahre, was für die Vermarktung des Weins ein großes Handicap ist. Dabei ist Tannin ein nobler Inhaltsstoff des Weines. Alle großen Rotweine der Welt enthalten es in mehr oder minder großem Ausmaß. Salopp gesagt, läßt es die Weine alt werden und gibt ihnen somit die Möglichkeit, sich auch auf der Flasche noch zu verfeinern. Deshalb liest man gelegentlich zu recht, daß Tannin einen Wein adele. Chemisch betrachtet, ist Tannin ein Gerbstoff. Es ist ein Abkömmling der Polyphenole. Man findet es auch in den Traubenstielen und in den Kernen der Beeren. Diese Gerbstoffe sind jedoch im Wein unerwünscht: einmal wegen ihrer besonderen molekularen Struktur, zum anderen wegen der großen Mengen, in denen sie sich dort befinden. Sie würden den Wein bitter machen. Deshalb werden die Trauben entrappt, bevor die Maische angesetzt wird, und diese nach der Gärung nur unter geringem Druck abgepreßt, damit die Kerne nicht aufbrechen. Willkommen sind hingegen die Tannine aus den Beerenhäuten. Sie werden durch den Alkohol, der beim Angären der Maische entsteht, aus den Schalen ausgelaugt, und zwar um so stärker, je konzentrierter die Maische ist und je länger der Kellermeister den Wein auf ihr stehen läßt. In Südtirol, wo man leichte Törggel-Weine haben will, steht die Maische nur zwei bis vier Tage. Im Chianti wird sie zwölf bis 15 Tage lang angesetzt. Bei traditionell arbeitenden Barolo-Winzern wird sie in manchen Jahren bis auf 50 Tage ausgedehnt. Entsprechend tanninhaltig fallen die Weine aus, die solange Kontakt mit den Schalen gehabt haben.

Mag das Tannin der Beerenhäute erwünscht sein, so ist es doch aggressiv. Wer je einen gerade vergorenen Barolo vom Faß verkostet hat, weiß, daß Zunge und Gaumen von der Härte und Herbe des Gerbstoffs zusammengezogen und beinahe taub werden. Im Laufe der Zeit baut sich das Tannin jedoch selbst ab. Chemisch gesehen, bedeutet das: Die molekulare Struktur der Polyphenole ändert sich. Die Tannin-Moleküle verketten sich miteinander. Sie polymerisieren, werden zu Großmolekülen und gehen damit andere aromatische Verbindungen ein. Man sagt, das Tannin würde mürbe. Die Folge ist, daß der Wein »weicher« wird.

Das lange Faßlager für die großen Nebbiolo-Weine dient unter anderem dazu, den Tannin-Molekülen Zeit zur Polymerisation zu geben. Nach dem Faßausbau hat der Barolo seine stumpfe Herbe verloren, die er nach der Gärung aufwies. Doch in der Regel ist er immer noch knochig. Kunden, die ein konsumbereites Produkt erwarten, enttäuscht der Wein. Die Kellermeister alten Schlages hat dieses Problem nicht angefochten. Sie erwarten Geduld vom Barolo-Freund. Doch gerade diese Tugend scheint bei vielen der heutigen Weintrinker nur unzureichend ausgebildet zu sein. Die Nachfrage nach hochklassigen, aber leicht konsumierbaren, möglichst früh trinkbaren Weinen wird ständig größer. Die Kellermeister von Alba stehen somit vor der Frage, ob sie sich diesem Trend anpassen sollen – und gegebenenfalls wie. Die einen versuchen das Tannin besser zu dosieren. In der Praxis heißt das: Sie verkürzen die Maischegärung oder reduzieren den Kontakt des Weins mit den Schalen, indem sie diese, wenn die Schalen während der Gärung im Gärbehälter nach oben treiben, nicht wieder hinunterdrücken. Dieses Verfahren des »schwimmenden Tresterhuts«, italienisch: *cappello emerso*, hat sich in den letzten Jahren zunehmender Beliebtheit erfreut. Doch es gibt nur wenige meisterliche Barolo, die auf diese Weise entstanden sind.

Andere Kellermeister bleiben bei der langen Maischegärung, behalten den Wein aber länger im Faß als vorgeschrieben: manchmal vier Jahre, aber auch sieben oder neun Jahre. Sie geben den Tannin-Molekülen also mehr Zeit zu polymerisieren. Für schwere, körperreiche Weine mag dieses Verfahren geeignet sein. Für mittelgewichtige Barolo ist es gefährlich. Denn die Faßwände sind porös. Es dringt ständig Sauerstoff ein. In dem Maße, wie das Tannin mürbe wird, oxidiert der Wein auch. Viele Barolo und Barbaresco wären müde, würde man sie neun Jahre im Faß ausbauen.

Schließlich gibt es Kellermeister, die versuchen, den Vorgang der Polymerisation zu beschleunigen. Sie lassen ihren Wein nicht in den traditionell großen Fässern aus altem Holz reifen, sondern bauen ihn in kleinen, neuen Fässern aus. Die einen benutzen dazu französische *barriques* von 225 Liter Inhalt, die anderen piemontesische *barili* mit einem Fassungsvermögen zwischen sechs und zwölf Hektolitern. Neues Holz, vor allem das der Eiche, gibt seinerseits Tannin ab. Der schon sehr tanninhaltige Wein wird also weiter mit Gerbstoffen angereichert. Das Tannin des Holzes besitzt jedoch eine andere molekulare Struktur als die Tannine der Beerenhäute. Es besitzt die Eigenschaft, sich relativ schnell mit diesen zu verketten und somit den Wein noch während der Ausbauphase zu »entschärfen«. Nach dieser Methode arbeiten zum Beispiel die Kellermeister im spanischen Rioja-Distrikt, im Bordelais und im Burgund, wobei das richtige Verhältnis zwischen der Menge des Weins und der Oberfläche des Holzes, mit der dieser in Berührung kommt, ein entscheidender Faktor ist. Dieser Faßausbau hat jedoch einen Nebeneffekt. Junges Eichenholz ist aromatisch. Es prägt den Wein geschmacklich und gibt ihm einen »süßen« Vanillton. Aus diesem Grunde sind *barriques* und ähnliche Fässer für die meisten Albeser Weinmacher nicht akzeptabel. Sie wollen das natürliche Aroma der Nebbiolo-Traube erhalten und auf eine ausgedehnte Maischegäung mit dem traditionellen *cappello sommerso*, dem »untergetauchten Tresterhut«, sowieso nicht verzichten. Mit anderen Worten: Sie nehmen die Nebbiolo-Weine so, wie sie sind – nämlich tanninreich.

Nur eine kleine Gruppe von Weinmachern hat sich entschieden, *barriques* zu verwenden, um die Tanninfracht ihrer Nebbiolo-Weine zu mildern. Freilich benutzen dieser Erzeuger die kleinen Fäßchen eher vorsichtig und jeder auf andere Art. *Pio Cesare* läßt zum Beispiel nur eine kleine Partie seines Weins in *barriques* reifen, um diese später dem anderen, normal ausgebauten Wein hinzuzufügen. *Paolo Scavino* beläßt seinen Barolo nur wenige Monate in jungem Holz – und das auch nur in guten Jahren. Den Rest der Ausbauzeit verbringt sein Wein in den traditionellen Fässern. *Gaja* behandelt seine *barriques* mit heißem Dampf und läßt sie, bevor er seinen Barbaresco darin ausbaut, einige Tage mit Wasser gefüllt im Keller stehen, damit ein Teil des aromatischen Tannins ausgewaschen wird. Es gibt noch zahlreiche andere Versuche, mit *barriques* zu arbeiten. Sie alle haben zum Ziel, die Weine weicher zu machen und schneller reifen zu lassen.

Ob sich die *barrique*-Önologie für Barolo und Barbaresco durchsetzen wird, scheint dennoch fraglich zu sein. Für einen anderen Wein stellt sie hingegen eine Chance dar: den Barbera. Er besitzt im Gegensatz zu den Nebbiolo-Gewächsen wenig Tannin. Seine Kritiker sagen deshalb, ihm fehle der Adel. Ihm könne, meinen sie, der Ausbau in *barriques* gut tun. Das junge Holz reichere ihn mit Tanninen an, deren »süßer« Geschmack sich gut mit der fruchtigen Säure verbinde, die der Wein aufweist. Die Ergebnisse, die sie selbst mit ihren in *barriques* ausgebauten Barbera erzielt haben, sind in der Tat ermutigend. Wenn der Barbera heute oft noch eine Art »Ladenhüter« im Sortiment der Albeser Winzer ist, so könnte sich dies eines Tages ändern. Eine wichtige Rolle bei allen Versuchen, die traditionelle Önologie des Piemont weiterzuentwickeln, spielt übrigens die Scuola Enologica in Alba. 1881 gegründet, hat sie für die Weinwirtschaft wichtige Schrittmacherdienste geleistet. Ohne sie vollzöge sich der Übergang von der bäuerlichen zur modernen Önologie nicht so rasch.

# BAROLO

Es ist nur ein kleines Stück Land, das den Barolo hergibt. Aber es ist ein besonderer Flecken. Seine Ausdehnung entspricht etwa der des erweiterten Stadtgebiets von Mailand. Das Klima dort ist rauh, die Landschaft herber, der Faltenwurf ihrer Oberfläche weniger lieblich als zum Beispiel im benachbarten Montferrat oder bei Asti. Jenes Wort, das den Einwohnern dort leicht über die Lippen kommt, wenn sie ihre Landschaft charakterisieren sollen, kennen die Menschen um Barolo nur zur Beschreibung eines guten Espresso: *dolce*.

Wer das Land durchschreiten will, braucht nicht einmal einen vollen Tag. Allerdings muß er steigen. Steile Abhänge mit wilder Buschvegetation, undurchdringliches Brombeergestrüpp und weglose Ginsterfelder stellen sich ihm entgegen, bevor er den Hügelkamm erreicht. Auf der gegenüberliegenden, sonnenbeschienenen, sanft abfallenden Seite des Hügels kann er dann leichten Schrittes hinuntergleiten, vorbei an kleinen Feldgehölzen, an frischen Quellgewässern, vorbei an mächtigen Wallhecken, in deren Erde jene Spezialität liegt, für die das Piemont ebenso berühmt ist wie für seine Weine: der weiße Trüffel. Weinberge begleiten den Wanderer von der Spitze des Hügels bis ins Tal, und wenn die helle, lehmige Erde, über die er geht, so dick unter seinen Sohlen klebt, daß ihm die Füße endlich schwer werden und er in die Knie gehen muß, dann sei das, so sagen die Einheimischen, nichts anderes als eine heimliche Verbeugung vor dem gelobten Land.

*Terra benedetta* nannten sie es bereits, als der Wein noch nicht das Leben versüßte und ihnen, wie heute, ein gutes Auskommen bescherte. Denn es war immer ein fruchtbares Land. Es gestattete ihnen, Gemüse zu ziehen und Getreide anzubauen, so daß sie die Schweine auch durch den Winter füttern konnten. Sie hatten drei Kühe im Stall, die ihnen Kälber und Milch gaben, dazu den Dung, den man auf den Feldern ausbringen konnte. Wein bauten die Alten zwar auch schon an, aber er war nur eine von mehreren Feldfrüchten, die sie kultivierten. Zwei Handvoll Trauben aßen sie selbst, der Rest wurde verkauft. Den Wein selbst zu keltern, davon hielten die meisten Bauern noch bis ins vorige Jahrhundert hinein nicht viel. Weinmachen war ein obrigkeitliches Privileg und wurde denen überlassen, die etwas davon verstanden: den großen Kellereien. Sie, die Bauern, verstanden es dafür, mit den Reben umzugehen. Die meisterliche Art, in der sie ihre Weinberge bestellten, war denn der Obrigkeit auch schon früh bekannt. Bis heute, da viele ihre Schweine und Kühe abgeschafft und gelernt haben, aus Trauben Wein zu machen, hat sich daran nicht viel geändert. »Der Bauer in den Langhe ist zuerst Winzer, dann Kellermeister«, sagt Mauro Mascarello, dessen Familie schon seit hundert Jahren Barolo erzeugt, und wenn sie auch meist mehr Wein im Keller hatte als Weinberge draußen in der Landschaft, so galt ihre größte Aufmerksamkeit doch immer zuerst den Reben. Bei vielen Weinmachern der Barolo-Zone ist das bäuerliche Selbstverständnis noch heute größer als das unternehmerische, obwohl sie längst vom Wein und nicht mehr von den Trauben leben.

## LAND DER BURGEN

Das Land, in dem der Barolo wächst,
ist übersät mit Schlössern und Burgen,
die noch aus der Zeit stammen, in der
feudale Adelige das Land regierten.
Auch Castiglione Falletto, ein Barolo-
Nest im Herzen des Anbaugebietes,
wird von einer mächtigen Burg überragt, obwohl es längst der Wein ist, der
heute in seinen Mauern regiert.

Der Barolo ist nicht der einzige Wein, den dieses Land hervorbringt, aber der vornehmste und rarste. Zieht man die gesamte Rebfläche des Anbaugebietes zusammen, auf denen Mitte der 80er Jahre Barolo wuchs, so erhält man ein Areal, das nur wenig größer ist als das des größten Weinbergsbesitzers im Chianti. Etwa 1200 Hektar umfaßt es. Verglichen mit den Hochgewächsen des Burgund ist der Barolo jedoch keine sonderlich knappe Ware. Im Gegenteil: Mit 50 000 Hektolitern oder gut sechs Millionen Flaschen im langjährigen Jahresdurchschnitt wird deutlich mehr produziert als in allen Gemeinden der Côte de Nuits von Fixin bis Nuits Saint Georges zusammen. Die zweimalige Ausweitung der Zone in diesem Jahrhundert (1933 und 1966) hat sich dabei weniger auf die Produktionsziffern ausgewirkt als die Anlage zahlreicher neuer Weinberge in den 60er und 70er Jahren. Außerdem liegen die Hektarerträge bei den meisten Winzern um 30 Prozent über denen der Spitzenlagen des Burgund. Dafür sind allerdings in erster Linie die unterschiedlichen Böden verantwortlich sowie die Andersartigkeit der Nebbiolo-Rebe. Sie ist mit der französischen Pinot Noir nicht zu vergleichen. Ihre Trauben sind größer und bringen mehr Ertrag. Daß der Barolo-Winzer seine Reben nicht genügend zurückschneidet, gehört in den Bereich der Fabel. Zumindest die Qualitätsbewußten unter ihnen lassen nicht mehr als 12 oder 13 Augen stehen. Das ist wenig, wenn man berücksichtigt, daß die Nebbiolo eine im Holz sehr wüchsige Pflanze ist, deren erste fünf bis sechs Augen gar nicht tragen. Zwar legen sich nicht alle Winzer so starke Mengenbeschränkungen auf, doch das größere Problem scheinen eher jene Weine zu sein, die überhaupt nicht in der Zone gewachsen sind, aber dennoch den stolzen Namen benutzen. Schätzungen von Experten zufolge wurde bislang wesentlich mehr Wein als Barolo etikettiert, als in den Statistiken der Landwirtschaftsämter auftaucht.

Der authentische Barolo ist schon daran zu erkennen, daß er nie einfach oder gefällig ist. Er ist ein wuchtiger, alkoholbetonter Wein, der erhöhte Säurewerte aufweist und sehr tanninhaltig ist. In den ersten Jahren wirkt er deshalb oft stumpf, pelzend und wenig eindrucksvoll. »Der Barolo ist das Gegenteil eines französischen Weins«, stellt Giuseppe Colla klar, Mitinhaber der Cantina *Alfredo Prunotto* in Alba. »Wir versuchen, das Tannin zu erhalten und es ihm nicht zu entziehen. Es ist ein nobler Bestandteil des Weins, das ihn für eine lange Alterung bei ständiger Verfeinerung prädestiniert.«

Er ist kein Wein zum reuelosen Zechen. Dazu enthält er zu viel Alkohol (Mindestgradation: 13 Vol.%; Barolo von Spitzenlagen haben in sehr guten Jahren jedoch immer 14 Vol.%). Er ist auch kein glatter Wein, weil seine Säure bis zu 8‰ pro Liter betragen kann. Und schließlich ist er kein Wein für alle Anlässe. Er paßt vorzüglich zu der auf schweren Fleischspeisen basierenden Küche, wie die Piemontesen sie selbst lieben. Doch diese Küche ist wenig auf die Lebensgewohnheiten der Menschen von heute und die daraus resultierenden Ernährungsnotwendigkeiten zugeschnitten. Auch als Gastronomiewein ist er deshalb nicht leicht zu verwenden. Ihn in der rechten Weise zu kombinieren und zu servieren, erfordert ein hohes Maß an Weinpflege, das sich nur ehrgeizige Restaurants leisten. In vielen anderen ist er, wenn überhaupt, nur dazu da, um die Weinkarte zu schmücken. Mittelalte oder alte Jahrgänge sind selten vorhanden, und bei jungen Barolo genügt es, von wenigen Ausnahmen abgesehen, leider nicht, sie am Tisch zu dekantieren. Die Flaschen müssen wenigstens zwei Stunden, oft sechs Stunden, am besten einen Tag vor dem ersten Schluck geöffnet werden. Zu den Abläufen der Gastronomie paßt das nicht. Oft stellt sich sogar heraus, daß Barolo jüngerer Jahrgänge erst nach drei Tagen ein wenig von ihrer Größe ahnen lassen, etwa die von *Bruno Giacosa*. Der behauptet denn auch ebenso selbstbewußt wie zutreffend: »Ein Barolo ist nach fünf Tagen noch gut, ein Bordeaux hinüber.«

Der größte Teil des Barolo scheint dennoch jung getrunken zu werden, obwohl er ein typischer Lagerwein ist, der, gute Jahrgänge und gute Produzenten vorausgesetzt, nahezu unverwüstlich ist. Besonders die Italiener lieben ihn, wenn er sich noch rauh und kratzig zeigt. Die Feinheiten seiner Frucht und seines opulenten Bouquets beweist er jedoch erst, wenn das Tannin mürbe geworden ist. Das kann Jahre dauern. Dabei ist die Reifebedürftigkeit unterschiedlich einzuschätzen. Der sehr gute 79er Jahrgang zeigte seine Feinheiten schon nach fünf Jahren, als sein Vorgänger, der große 78er, noch völlig verschlossen war. Über seinen 78er Barolo von der Lage Villero sagt *Bruno Giacosa* zum Beispiel: »Er wird 50 Jahre alt werden.« Die Aussage muß nicht übertrieben sein. Viele große 58er und 64er begannen erst nach zwanzig Jahren trinkbar zu werden. Ähnliches gilt für die 67er. Die 71er Barolo werden sogar mehr als zwanzig Jahre brauchen, um sich ganz zu offenbaren. Immer vorausgesetzt: Es handelt sich um gute Produzenten. Die Weine der anderen werden zu diesem Zeitpunkt längst verblüht sein. Der authentische Barolo ist mithin ein Tropfen, der von seinem Erwerber Geduld und einen kühlen Keller verlangt – zwei Eigenschaften, die unglücklicherweise nur eine Minorität unter den heutigen Weintrinkern auszeichnet. Die Folge ist, daß der Barolo zwar im Ruf steht, ein großer Wein zu sein, doch viele ihn nur als sehr herben, bitteren und spröden Tropfen kennengelernt haben.

# TRADITIONALISTEN, MODERNISTEN UND KONSERVATIVE

Je stärker der Barolo in den letzten Jahren entdeckt worden ist, desto deutlicher wurde, daß es *den* Barolo gar nicht gibt, sondern viele Weine dieses Namens mit sehr unterschiedlicher Charakteristik. Diese Unterschiede haben zweifellos auch eine qualitative Komponente. Das heißt: Es gibt Weine, die sich Barolo nennen, aber weder körper- noch tanninreich sind und nicht über das für einen Wein dieses Ursprungsgebietes notwendige Gewicht verfügen. Doch die Unterschiede sind auch ein Resultat vielfältiger Auffassungen vom Weinmachen. Für die einen ist der Barolo ein Wein von barocker Statur, der gar nicht üppig genug ausfallen kann. Beispiel: *Einaudi* oder *Giacomo Conterno*. Für die anderen muß er trotz seiner Fülle ein geschmeidiger Wein bleiben, den man genießen kann, ohne erschlagen zu werden. Beispiel: *Ceretto*. Wieder andere versuchen die sortentypischen Eigenschaften zu erhalten, aber das Tannin reduzieren, um ihm seine Härte zu nehmen und ihn früher trinkbar zu machen. Beispiel: *Gigi Rosso*. Einige setzen sogar die *barrique* ein, um den Wein weicher und eleganter zu machen und ihn schneller reifen zu lassen. Beispiel: *Pio Cesare*. Schließlich gibt es den Winzer des fruchtbetonten Barolo, der sich einen Wein mit »Biß« wünscht. Beispiel: *Cordero di Montezemolo*.

Angesichts dieser Vielfalt hat man versucht, die Weinmacher in verschiedene Kategorien einzuteilen. Traditionalisten wie *Bruno Giacosa*, *Bartolo Mascarello* und Valentino Migliorini (*Rocche dei Manzoni*) erzeugen den wuchtigen Barolo, bemühen sich aber, diesem ein Höchstmaß an Feinheit mitzugeben. Konservative wie *Giacomo Conterno* nennen sich jene, die mehr oder minder kompromißlos in der Art und im Geiste ihrer Väter arbeiten und den Wein praktisch so wollen, wie die Natur ihn hat wachsen lassen. Modernisten wie *Abbazia dell' Annunziata* und *Ceretto* versuchen dagegen, aus einem hoffnungslos altmodischen Wein, wie der Barolo es nun einmal ist, ein Gewächs zu machen, das sich stärker dem feinen Geschmack des anspruchsvollen Weinpublikums und den Bedürfnissen der Gastronomie öffnet, ohne daß es seine Charakteristik aufgibt.

Mögen diese Kategorien plakativ sein, sehr trennscharf sind sie nicht. Die Weine der Traditionalisten weisen untereinander

## CORDERO DI MONTEZEMOLO

*Die Cordero di Montezemolo sind Nachfahren der Marchesi Falletti, jenes mächtigen Adelsgeschlechts, das einst Alba und die umliegenden Dörfer beherrschte. Der Name des Weinguts der Cordero weist noch auf ihre Herkunft hin: Es heißt »Monfalletto« und liegt unterhalb des Dorfes La Morra. Der Wein der Cordero wächst zum größten Teil um dieses Gut und zählt zum besten, was das Anbaugebiet hergibt. »Es ist leicht, einen Barolo zu machen, wenn man gute Lagen hat«, übt sich der alte Graf in Bescheidenheit. Der Aufwand, den er dafür treibt, ist allerdings groß. Im Weinberg hat er zum Beispiel elektronische Meldesysteme installiert, die ihm sofort sagen, wann Peronospora-Sporen sich auf den Reben niedergelassen haben. Er leitet das Weingut zusammen mit seinen Söhnen Enrico (links) und Giovanni sowie dessen Frau Luisella.*

ebenso große Unterschiede auf wie die der Modernisten zu diesen. Den mächtigen Barolo von *Rocche dei Manzoni* trennen nicht nur Nuancen von dem feingliedrigen, fruchtigen Wein *Bartolo Mascarellos*, obwohl beide Winzer zur Kategorie der Traditionalisten gezählt werden. Ähnliches gilt für die Barolo der Modernisten *Ratti* und *Ceretto*. Auch ließe sich von einem Barolo *Bruno Giacosas* schwerlich sagen, daß er gastronomisch nicht geeignet sei, weil er zu gewichtig ausfalle. Noch bösartiger wäre die Unterstellung, daß der Wein von *Giacomo Conterno* anspruchsvolle Zungen nicht zufriedenstellen könne, weil er extrem schwer ist, eine hohe Alkoholgradation hat und sein Erzeuger nicht versucht hat, einen weniger potenten, »moderneren« Wein herzustellen. Mag es nicht immer leicht sein, ihn innerhalb eines Menues zu servieren, so kann er doch den anspruchsvollen Weintrinker auch außerhalb einer Speisenfolge befriedigen – im Gegensatz zu manch »modernem« Barolo.

Die Kategorisierung scheint sich denn auch in erster Linie auf die Art zu beziehen, wie die Winzer im Keller arbeiten. Daß einige mit den traditionellen Techniken gebrochen haben und für die Maischegärung oder den Faßausbau weniger Zeit veranschlagen als früher für gut befunden wurde, hat ihnen schnell den Stempel des Modernisten aufgedrückt. Daraus darf jedoch nicht der Schluß gezogen werden, daß die Modernisten ohne die traditionellen Vinifizierungstechniken auskommen. Auch die Gruppe der Traditionalisten besteht nicht etwa aus Kellermeistern, die mit musealen Werkzeugen oder altväterlichen Methoden arbeiten. Mögen sie ihren Barolo auch länger auf der Maische stehen lassen und hinterher länger im Holzfaß ausbauen, so orientiert sich die Kellerarbeit zumindest bei vielen von ihnen an den Erkenntnissen moderner Önologie. Stünden ihnen nur die Mittel zur Verfügung, die ihre Vorfahren besaßen, bekämen sie schwerlich einen guten Barolo zustande.

## CORDERO DI MONTEZEMOLO, ANNUNZIATA

*Die Cordero di Montezemolo sind Nachkommen der Grafen Falletti, der einstigen Herren von Alba und Barolo. Seit 1340 befaßt sich die Familie mit dem Weinbau. Der heutige Patron des Hauses, Paolo Cordero di Montezemolo, ist Chef-Designer bei großen Mailänder Industrie- und Automobilunternehmen gewesen und hat sich erst relativ spät entschlossen, einen eigenen Barolo abzufüllen. Der erste Jahrgang war 1958. Davor verkaufte die Familie ihre Trauben an Großabfüller. Die Cordero erzeugen heute zwei Barolo von verschiedenen Lagen. Der eine kommt aus einem 1,6 Hektar kleinen, familieneigenen Weinberg bei Villero in der Gemeinde Castiglione Falletto (ein halber Hektar ist dort zusätzlich angepachtet) und wird unter dem Etikett »Enrico VI.« verkauft. Er besitzt ein zartes Bouquet, einen kräftigen Körper und den feinen Lakritzton der Weine von Castiglione Falletto. Der größere Teil des Weinberge (12 Hektar) befindet sich unterhalb der Cascina Monfalletto. Sie wurden teilweise schon vor dem Zweiten Weltkrieg mit Nebbiolo-Reben der Unterart »Michet« bestockt, die etwas kleinere Beeren aufweist und daher den hochwertigeren, tanninhaltigeren Wein ergibt. Die Cordero gelten als Modernisten. Den Ruf hat ihnen wahrscheinlich der Umstand eingebracht, daß sie ihren Barolo nur zwei Jahre in Holzfässern reifen lassen. Tatsächlich aber hat schon der Vater des heutigen Besitzers seinen Wein nur kurz im Faß ausgebaut, weil er der Meinung war, daß ein Barolo nicht nach Holz schmecken dürfe. Bei der Weinbereitung zeigt sich deutlicher, daß die Cordero keinesfalls zu jenen Weinmachern gezählt werden wollen, die ihren Barolo bewußt tanninarm keltern, um ihn gefälliger zu machen. Im Gegenteil: Er wird lange, nämlich einen Monat, auf der Schale vergoren. Auch der biologische Säureabbau wird nicht forciert. Er findet erst im Mai statt, wenn die Temperaturen wieder ansteigen. Der für die Qualität entscheidendere Faktor ist jedoch die sorgfältige Weinbergspflege, die von altem, eingespielten Personal durchgeführt wird, sowie das penible Verlesen der Trauben im Herbst, wodurch Hektarerträge von unter 45 Hektolitern erreicht werden. Die Montezemolo-Barolo zählen heute zu den zuverlässigsten unter den erstrangigen Gewächsen des Anbaugebietes.*

## FRATELLI ODDERO, SANTA MARIA

*Das Weingut der Gebrüder Oddero ist einer der ältesten Familienbetriebe in der Zone. Es wurde 1878 von den bäuerlichen Vorfahren der heutigen Inhaber gegründet. Sie erwarben das Kloster San Frontiniano, das den Kern des jetzigen Weingutes bildet, von der bischöflichen Verwaltung in Alba, die es ihrerseits von jenen Ordensbrüdern übernommen hatte, die einst die Fundamente für den prächtigen Bau gelegt und auf den umliegenden Ländereien mit dem Weinbau begonnen hatten. Heute umfaßt das Gut etwa 45 Hektar Land, wovon etwa die Hälfte mit Reben bestockt ist. Die Palette der Weine, die erzeugt werden, umfaßt nahezu alle anerkannten Qualitätsweine (Freisa und Nebbiolo werden als Tafelweine produziert). Spitzenprodukte sind Barolo und Barbaresco. Luigi Oddero, der für den Wein verantwortliche, jüngere der beiden Brüder, hat dabei mit vielen Traditionen der Weinerzeugung gebrochen. Das Faßlager dieser zwei Weine überschreitet zum Beispiel nie das gesetzliche Minimum. Gleichwohl werden die Oddero oft als Traditionalisten bezeichnet, weil sie sich bis heute nicht zur Erzeugung lagenreiner Weine entschließen konnten. Sie sind der Auffassung, daß die besten Qualitäten durch Lagenverschnitt erzielt werden (1985 wurde erstmals ein Barolo von einem neu erworbenen Rebstück in der Lage Rionda bei Serralunga gesondert gekeltert). Der Betrieb verfügt allerdings über erstklassige Lagen in allen drei wichtigen Barolo-Gemeinden: in Castiglione Falletto die Lage Rocche, in Monforte die Lage Bussia, in La Morra die Lage Brunate sowie zwei kleinere Weinberge bei Santa Maria. Ähnliches gilt für den Barbaresco. Er kommt von den Lagen Montestefano, Faset, Pora und Pagliuzzo. Die Kunst der Oddero besteht darin, die verschiedenen Traubenpartien jedes Jahr im richtigen Verhältnis miteinander zu mischen. Luigi Oddero und sein Bruder sind Gründungsmitglieder des berühmten »Ritterorden vom Trüffel und von den Weinen Albas«. Wenn nötig, legen sie auch stimmlich den Beweis für die Pflege des bäuerlichen Liedgutes ab, das sich die Mitglieder dieser Weinbruderschaft unter anderem zum Ziel gesetzt haben.*

# DIE LAGENUNTERSCHIEDE

**D**ie Verschiedenheit der Barolo ist aber nicht nur durch unterschiedliche Stile zu erklären. Sie geht zu einem entscheidenden Teil auf Lagenunterschiede zurück. Denn das Anbaugebiet ist wohl klein, weist aber doch beträchtliche Höhendifferenzen und Unterschiede in der Bodenzusammensetzung auf, die aus dem mehr oder minder fortgeschrittenen Verwitterungszustand des Untergrundes resultieren. Die Konzentration der Boden-Mineralien, die den Wein geschmacklich beeinflussen, ist somit nicht an allen Stellen der Zone gleich. Man unterscheidet, grob gesprochen, zwei Unterzonen. Die erste reicht von Verduno über La Morra nach Barolo und ist gekennzeichnet durch stark kalkhaltige Mergelböden mit einem hohen Anteil an Mangan und Magnesium. Der Barolo, der aus diesen Dörfern kommt, ist etwas ausdrucksvoller im Bouquet. Er gilt als der elegantere, weniger alkoholstarke Wein und als der früher reifende. Die zweite Unterzone umfaßt die Hänge um die Dörfer Castiglione Falletto, Monforte und Serralunga. Die Böden dort bestehen ebenfalls aus Mergel, sind jedoch stärker mit hellem Sand durchmischt. Die Weine, die von dort kommen, sind deutlich körperreicher, robuster, alkoholstärker und in der Regel später reifend.

Die Unterschiede in der Geologie und – entsprechend – bei den Weinen treten jedoch nie lupenrein auf. Vor allem in der zweiten Unterzone muß stärker differenziert werden. Die Weine von den Spitzenlagen Monfortes und Serralungas sind die voluminösesten des ganzen Anbaugebietes, aber auch die härtesten und reifebedürftigsten. In sehr guten Jahren bilden sie oft die Spitze der Produktion. In mittleren Jahren, wenn sie viel unreife Säure aufweisen, bleiben sie nicht selten weit hinter den Erwartungen zurück. Die Weine von Castiglione Falletto sind etwas versöhnlicher. Sie besitzen die dunkle, tanninhaltige Hülle der Weine von Monforte, aber den eleganten, fruchtigen Kern der Barolo von La Morra. Charakteristisch ist der zarte Lakritzgeschmack, den sie oft aufweisen.

Der Umstand, daß die Barolo der einzelnen Dörfer so unterschiedlich ausfallen, hat viel mit der chemischen Zusammensetzung der Böden zu tun. Die Provinzregierung in Cuneo hat deshalb Anfang der 70er Jahre umfangreiche Bodenuntersuchungen angeordnet, so daß heute ziemlich genaue Daten über die Konzentration und Verteilung der Mineralien vorliegen. Die Böden der Lagen Rocche bei Castiglione Falletto weisen zum Beispiel erhöhte Gehalte an Phosphor, Bor und Zinn auf. Im Tal von Serralunga findet sich dafür viel Eisen, bei Barolo und La Morra viel Mangan und Magnesium.

Das Dorf Barolo liegt bereits sehr dicht an der Grenze der beiden Unterzonen. An einigen Stellen vermischen sich die beiden Bodentypen. Das trifft vor allem auf die Cannubi zu, Barolos beste Lage (auch »Canubbi« oder »Cannubio« geschrieben). Dieser aufsteigende Hügelkamm, der das eigene Gemeindeterritorium von dem Castiglione Fallettos trennt, weist starke Kalium-, Phosphor- und Kupferkonzentrationen auf. Dort wächst ein Barolo ganz eigener Prägung. Cerequio und Brunate, schon zu La Morra gehörend, liefern dagegen den klassischen Typ des eleganten Barolo. Während diese beiden Lagen mehr Magnesium aufweisen, findet man auf der anderen Seite von La Morra die höheren Mangankonzentrationen. Bei Annunziata und Santa Maria, wo sich die besten Lagen befinden, wächst ebenfalls ein eleganter Wein. Er fällt aber etwas kräftiger und würziger aus als die anderen Gewächse von La Morra.

Daß die Barolo in ihrer Statur und geschmacklichen Eigenart stark durch den Boden geprägt werden, ist unstrittig. Sicher ist jedoch auch, daß – neben der Sonnenausrichtung – die Höhe, in der die Reben wachsen, eine große Bedeutung hat. Dabei spielt weniger die absolute Höhe eine Rolle (sie reicht von etwa

230 Metern bei Fontanafredda bis 500 Metern bei Monforte) als vielmehr die Höhe am Hügel. Die magersten, trockensten und nicht allzu alkalischen Böden findet man meist im oberen Teil der Weinberge. Aus diesem Grunde setzen einige Winzer auch die Bezeichnung »Bricco« vor den Lagennamen, wenn ihr Wein von dort kommt. Mit diesem Ausdruck wird im Piemont der Hügel, vor allem die Hügelspitze, bezeichnet. Aber auch die mittelhohen Lagen weisen eine ähnliche Bodencharakteristik auf. In den tiefen Lagen wachsen dagegen nie große Weine. Dort ist der Untergrund feuchter. Die Böden sind schwerer und nehmen eine dunklere, bräunliche Farbe an. Sie eignen sich nicht zur Herstellung guter Barolo, was freilich nicht verhindert hat, daß die Weinberge in den letzten Jahren an vielen Stellen dennoch bis an den Fuß der Hügel ausgeweitet worden sind. So wächst heute mancher Barolo, wo bestenfalls Mais stehen darf.

# JAHRGANGSUNTERSCHIEDE

D ie Nebbiolo ist eine sehr empfindliche Sorte, die erstklassige, sonnenreiche Lagen braucht, um ansprechende Qualitäten hervorzubringen. Zudem ist sie eine spät reifende Sorte. Die größten Zuwächse an Mostgewicht verzeichnet sie im September. In diesem Monat braucht sie viel Sonne am Tag und kühle Nächte, damit der Zucker und die Säure nicht wieder veratmet werden. Wenn die Trauben nicht Mitte bis Ende Oktober vollreif eingebracht werden, fällt der Jahrgang unharmonisch aus. Angesichts des von Natur aus hohen Gerbsäuregehaltes der Weine aus dieser Rebe machen sich andere unreife Säuren dann doppelt störend bemerkbar. Aus diesem Grunde gibt es, auch wenn die Trauben im Herbst stark verlesen werden, erhebliche Jahrgangsunterschiede beim Barolo. Immer wieder kommt es vor, daß ein Barolo zu einem Nebbiolo-Tafelwein oder vollständig deklassiert werden muß, weil er entweder die geforderte Alkoholgradation nicht erreicht oder nicht die typischen Eigenschaften eines Barolo aufweist. In sich aber sind die Jahrgänge – gleich ob gut oder mittelmäßig – homogener als zum Beispiel in der Toskana.

# DIE URSPRUNGSBEZEICHNUNG

D er Barolo gehörte mit dem Barbaresco zur ersten Gruppe von Qualitätsweinen, denen im Jahre 1980 das Recht zugesprochen wurde, die kontrollierte und garantierte Herkunftsbezeichnung zu tragen. Diese D.O.C.G. soll stärker als die vorher geltende D.O.C. helfen, das Qualitätsniveau des Weins zu sichern. In den Grundzügen hat sich an den Bestimmungen, die bisher galten, nichts geändert. Die Grenzen des Anbaugebietes sind nicht ausgeweitet worden, die Eckdaten die gleichen geblieben. Das heißt: Der Barolo muß mindestens 13 Vol.% Alkohol und mindestens 5‰ Säure aufweisen (die früher geltende Obergrenze von 8‰ ist weggefallen). Zugaben von Weinen oder von Mosten aus anderen Trauben als der der Nebbiolo sind nicht gestattet. Erlaubt ist es lediglich, dem Wein maximal 15 Prozent Barolo aus einem jüngeren oder älteren Jahrgang hinzuzufügen. Durch diesen Jahrgangsverschnitt wird die Typizität und Qualität des Produktes aber nicht in Frage gestellt.

## FRANCESCO RINALDI, BAROLO

*Francesco Rinaldi ist ein Traditionsgut im doppelten Sinne. Es arbeitet nach soliden handwerklichen Methoden und ist zugleich eines der ältesten Familiengüter des Anbaugebietes. Es wurde zu Beginn dieses Jahrhunderts von Battista Rinaldi, dem Großvater der heutigen Inhaber, samt drei Hektar Rebland in den Cannubi erworben. Dessen Sohn Francesco, Namensgeber des Betriebes, kaufte später 2,3 Hektar in der Lage Brunate dazu. Heute besitzt das Gut außerdem noch kleinere Rebflächen in den Lagen Sarmassa, Cascina Nuova und Vignane. Geleitet wird der Betrieb von Luciano Rinaldi, dem Sohn Francescos. Er arbeitet, in großen Zügen jedenfalls, nach der Art seiner Väter. Das heißt: Die Trauben aller Lagen werden zusammen vinifiziert und der Wein bleibt bis zu 30 Tagen auf den Schalen, um einen kräftigen, muskulösen Wein mit viel Tannin und Mark zu bekommen. Was den Ausbau angeht, ist Luciano Rinaldi allerdings von der Praxis seiner Vorfahren abgegangen, den Wein lange im Holzfaß reifen zu lassen. Während einzelne Partien des 71er Jahrgangs noch elf Jahre in slowenischer Eiche gelegen haben, wurden die nachfolgenden Jahrgänge nur noch vier Jahre lang im Holz ausgebaut. Danach wird der Wein in »damigiane« gefüllt und dort solange aufbewahrt, bis eine größere Bestellung eintrifft und er auf Normalflaschen gezogen werden kann. Der Vorzug dieses Gutes, dessen Keller in der alten Cascina Boschis auf dem Kamm der Cannubi liegen, dessen Flaschenlager und Verwaltung sich aber in Alba befinden, sind die vorzüglichen Lagen, die gewissenhafte Weinbergsarbeit und die ehrliche Art der Weinerzeugung. Der Barolo ist denn auch immer ein authentischer, sauberer Wein mit beträchtlichen Feinheiten gewesen. Da Luciano Rinaldi seit 1978 die Lage Cannubi und seit 1983 die Lage Brunate separat vinifiziert, ist für diese Lagen-Barolo noch mit einer erheblichen Qualitätssteigerung zu rechnen.*

## DOMENICO CLERICO, MONFORTE D'ALBA

*Wenn es nach Domenico Clerico ginge, müßte der Name »Barolo« gar nicht auf dem Etikett seiner Weine stehen. Ihm sind nur die beiden Lagen wichtig, von denen die Barolo kommen. Die eine heißt Bricotto della Bussia und umfaßt ein kleines, nur einen halben Hektar großes Stück Rebland in der besten Lage von Monforte bei Bussia Soprana. Der Wein, der dort wächst, ist ein mächtiger Barolo mit einem kräftigen Teerstich, anfangs sehr hartem Tannin, aber reifer, konzentrierter Frucht und »süßer« Spitze. Nicht selten erreicht er eine Alkoholgradation von über 14,5 Vol.%. Die zweite Lage befindet sich südöstlich von Monforte, heißt Ciabot Mentin Ginestra und ist mit 2,5 Hektar wesentlich größer als die erste. Auch sie zählt zu den Spitzenlagen von Monforte. Der Barolo, den sie hervorbringt, ist etwas weicher, eher zugänglich als Wein von der Bussia und ebenso opulent. Beide Barolo werden erst seit 1979 abgefüllt. Domenico Clerico feilt an ihnen mit großer Hingabe, wobei er sich eher am modernen Standard orientiert. Die Maischegärung wird auf durchschnittlich 15 Tage verkürzt, der biologische Säureabbau gleich in Anschluß daran durchgeführt. Von seinem Vater hat er den Betrieb 1979 übernommen. Als erstes warf er den Ballast bäuerlicher Weinbereitungstechniken über Bord. Er begriff, daß es bessere Kellermeister als den Zufall gibt und daß Überraschungen nicht die Basis der Kellerarbeit bilden können. Er wollte eine genau kontrollierte Vinifizierung und den planvollen Ausbau der Weine. Damit war eine Entscheidung für die Qualität gefallen. Clerico ist ein Familienbetrieb. Ehefrau, Vater und Mutter – sie alle helfen in Cantina und Weinberg. Auffallend ist der kurze Beschnitt der Reben. Nur 12 Augen bleiben stehen. Gedüngt wird höchstens alle drei Jahre. Die Lese findet spät statt, wobei die Trauben am Stock noch einmal stark selektiert werden. Jene, die nicht für den Barolo verwendet werden, benutzt Clerico für die Herstellung eines Tafelweines namens »Arte«: ein hervorragend gelungener, junger und doch kräftiger Nebbiolowein (Zusatz: rund 20 Prozent Barbera), sehr fleischig, tanninreich und doch leicht zu trinken. Er wird in »barriques« ausgebaut. Daneben erzeugt Clerico Dolcetto und Barbera. Sein Hof liegt etwa zwei Kilometer hinter Monforte an der Straße nach Monchiero.*

Ganz ohne Änderungen ist die D.O.C.G. dennoch nicht ausgekommen (sieht man einmal von den obligatorischen Verkostungen der Weine ab, die eingeführt wurden). So ist das Prädikat *Riserva Speciale*, das einem fünf Jahre lang im Keller gereiften Barolo zukam, abgeschafft worden. Ein Wein, der nach fünf Jahren statt der vorgeschriebenen Mindestlagerzeit von drei Jahren in den Handel kommt, nennt sich seitdem nur noch *Riserva*. Ein vier Jahre alter Barolo, der bislang das Prädikat *Riserva* benutzen durfte, wird jetzt nur noch als einfacher Barolo etikettiert. Große Auswirkungen wird diese Vorschrift nicht haben, weil die Unterschiede zwischen einer *Riserva* und einem Barolo ohne Prädikat nie sehr groß waren. Einige der besten Erzeuger bringen ihre Weine grundsätzlich nach drei Jahren in den Handel, ohne daß sie sich als weniger gut oder weniger reif erwiesen hätten als die Barolo von Erzeugern, die am traditionell langen Ausbau festhalten. Andere haben ihre Weine nie *Riserva* genannt, obwohl sie zur Reifung mindestens vier Jahre im Keller blieben.

Daneben gibt es aber eine Neuerung, die nicht dazu angetan ist, das Qualitätsniveau zu sichern. Zwar wurden die bisher geltenden Hektarhöchsterträge von 80 Doppelzentnern festgeschrieben. Was aber wirklich gilt, sagt ein anderer Passus der Verordnung, demzufolge »auch in außergewöhnlich guten Jahren durch eine strenge Auslese der Trauben sichergestellt sein muß, daß die Produktion 20 Prozent der maximalen Grenze nicht überschreitet«. Mit anderen Worten: Auch in Jahren, die nicht außergewöhnlich gut sind, dürfen bis zu 96 Doppelzentner geerntet werden.

# CASCINA UND CANTINA

Im Piemont, speziell in der Langhe, begegnet man vielen sozio-kulturellen Eigenarten. Sie reichen von dem harten, französisch gefärbten Dialekt, den das Landvolk spricht, über die feine, aber schwere, fleisch- und fettreiche Küche bis hin zu der fast anachronistischen Struktur der Weinwirtschaft. Die knapp 1200 Hektar Rebfläche, auf der Barolo erzeugt wird, teilen sich etwa 1200 Weinbauern. Das bedeutet: Der durchschnittliche Weinbergsbesitz eines Winzers liegt bei einem Hektar. Dies ist freilich ein rein statistischer Wert, der dadurch, daß einige Großgüter wie *Marchesi di Barolo* oder *Fontanafredda* mehr als 30 Hektar Barolo-Reben besitzen, relativ hoch ausfällt. In Wirklichkeit besitzt die Masse der Weinbauern nicht mehr als ein paar Morgen, die sich häufig auch noch über mehrere Weinberge verteilen. Es ist keine Seltenheit, daß ein Winzer in einer bestimmten Lage nur zwei Rebzeilen besitzt. Dieser zersplitterte Besitzstand – die Folge mehrerer Realteilungen – stellt eine schwere Belastung für die Weinwirtschaft des Anbaugebietes dar. Denn der Ertrag von einem Morgen füllt kein Faß. Bleibt also nur, den Ertrag mehrerer Morgen Land zusammenzutun, also gute und weniger gute Lagen zusammen zu vinifizieren. Oder die Trauben müssen verkauft werden. Die größte Kooperative der Zone, *Terre del Barolo*, zählt denn auch knapp 530 Mitglieder, von denen ein großer Teil Barolo-Trauben abliefert. Daß diese, von wenigen Ausnahmen abgesehen, zusammen eingemaischt werden, ist einfach eine praktische Notwendigkeit. Immerhin ist es der Kooperative gelungen, den Wein einiger guter Lagen separat zu keltern.

Auch für Privatbetriebe ist es nicht leicht, sich einen eigenen Weinbergsbesitz zu schaffen oder den bestehenden zu arrondieren – zumal wenn es sich um gute Lagen handeln soll. Um sechs Hektar Rebland in der Lage Brunate zu kaufen, haben die Brüder *Ceretto* 12 Jahre gebraucht und mußten mit 15 Eignern verhandeln. Ähnliche Schwierigkeiten hat *Vietti*, ein kleiner Kellereibetrieb, der über wenig eigene Weinberge verfügt und einen großen Teil der Trauben von Winzern kaufen muß. Um etwa 6000 Flaschen seines Barolo von der Lage Rocche zu erzeugen, mußten Verträge mit drei verschiedenen Weinbauern geschlossen werden. Das bedeutet: Jener dreiviertel Hektar in dieser Spitzenlage, über deren Ertrag *Vietti* verfügt, befand sich im Besitze von drei Eigentümern.

Die kleinbäuerliche Wirtschaftsweise hat im Piemont eine lange Tradition. Sie reicht bis ins Hochmittelalter zurück. Die norditalienischen Bauern gehörten damals zu den ersten, die von den Feudallasten der Grundherren befreit wurden. Die Piemontesen waren aber damit keine freien Bauern. Denn das Halbpachtsystem, das an die Stelle der alten, obrigkeitlichen Bindungen trat, bedeutete für sie immer noch ein schweres Joch, von dem die große Armut, die im 19. Jahrhundert in den Langhe herrschte, ein trauriges Zeugnis ablegt. Gleichwohl ist es eine Tatsache, daß die Bauern bereits relativ früh in einem begrenzten Rahmen die Möglichkeit hatten, frei zu wirtschaften, wenn gerade dies auch wegen des Wegfalls der obrigkeitlichen Fürsorgepflicht oft der Grund für das soziale Elend war, das vielerorts auf dem Lande herrschte.

Was die Weinwirtschaft betrifft, so ist aus dieser Situation eine weitere Sonderheit dieses Landstrichs entstanden: die Trennung von Traubenproduktion und Weinerzeugung. Der Stoff, aus dem der Barolo entstand, wurde von Hunderten von Kleinbauern erzeugt. Sie lebten mit ihren Familien in den zahlreichen Hofstellen, die über das Hügelland verstreut inmitten der Rebkulturen liegen. Diese Hofstellen heißen im Piemont Cascina. Dort wurde der Wein höchstens gekeltert, meist aber die Trauben gleich mit Ochsenkarren ins Dorf oder nach Bra gefahren, jener kleinen Stadt in der Tanaro-Senke, die noch im 19. Jahrhundert das Zentrum der Weinwirtschaft der Langhe war. Dort fand man die Leute, die Keltern und Fässer besaßen und etwas vom Weinmachen verstanden. Noch um 1880 standen Hunderten von Cascine nur wenige Cantine gegenüber. An dieser Struktur hat sich bis heute nicht grundsätzlich etwas geändert. Ein sehr großer Teil der Barolo-Produktion liegt in der Hand mehr oder minder industriell ausgerichteter Kellereibetriebe, die oft noch nicht einmal Trauben, sondern Jungwein aufkaufen und die größten Mengen Barolo gerade in schwachen Jahren produzieren, in denen dieser im Überangebot vorhanden und damit billig ist, weil bessere Produzenten in diesen Jahren auf die Erzeugung eines Barolo verzichten.

Die Qualität eines Barolo daran zu messen, daß er von einer einzelnen Lage kommt, ist natürlich ein unsicheres Kriterium. Zwar hat es seit Beginn der sechziger Jahre einen klaren Trend zum Lagenwein gegeben, der von Renato Ratti, dem ehemaligen Vorsitzenden des Barolo-Konsortiums, vorbereitet und von dem Weinjournalisten Luigi Veronelli propagiert wurde. Doch gibt es unstrittig eine Reihe guter bis vorzüglicher Barolo, die aus einem Verschnitt mehrerer Lagen hervorgegangen sind. Beispiele dafür sind die Weine von *Pio Cesare, Francesco Rinaldi, Giuseppe Rinaldi, Bartolo Mascarello, Fratelli Oddero, Cappellano, Pira* und *Franco-Fiorina.* Der historisch gewachsene Weinbergsbesitz, der aus mehreren Parzellen in verschiedenen Lagen besteht, die jede für sich zu klein ist, um einen eigenen Barolo zu keltern, ließ und läßt schon aus praktischen Gründen oft überhaupt nichts anderes zu. *Enrico Pira*, der inzwischen verstorbene, legendäre Barolo-Winzer, besaß zuletzt nicht mehr als 1,5 Hektar Reben. Sie verteilten sich, wie noch auf den alten Etiketten nachzulesen ist, auf

## GIUSEPPE MASCARELLO, MONCHIERO

*Die Mascarello sind eine alte Winzerfamilie, deren Vorfahren bereits unter den Marchesi Falletti als Weinbauern gearbeitet haben. 1881 erwarben sie bei Monforte ihre ersten Weinberge und begannen, einen eigenen Wein zu keltern. 1904 wechselten sie nach Castiglione Falletto, wo sie die Cascina Nuova erwarben, eine kleine Hofstelle inmitten eines Weinbergs, der damals schon einen guten Ruf genoß. Er heißt Monprivato (in alter Schreibweise: »Momprivato«) und lieferte stets körperreiche Weine von beachtlicher Länge. Einen solchen »noblen« Wein zu produzieren, war das erklärte Ziel der Mascarello. Die Weinberge von Monprivato befinden sich noch heute im Besitz der Familie. Durch Zukäufe konnte die Rebfläche in dieser Lage etwas erweitert werden. Der Wein, der von dort kommt, ist heute eines der rarsten Hochgewächse der Zone: ein Barolo der kleinen Schule, ausgesprochen tanninreich, sehr fleischig, mit kraftvoller Säure, delikatem Teerstich und feinster Würze. In schlechten Jahren wird er gar nicht gefüllt, in kleinen Jahren als Nebbiolo oder unspezifizierter Barolo auf den Markt gebracht. Die Trauben werden grundsätzlich sehr spät gelesen. Die Fermentation auf den Schalen läßt Mauro Mascarello, seit 1967 Firmeninhaber in der vierten Generation, im Gegensatz zu manchem »modernen« Betrieb nicht verkürzt. Sie dauert durchschnittlich 24 Tage. Anschließend wird der Wein drei bis fünf Jahre im Faß ausgebaut, dabei nicht einmal mit Gelatine (oder anderen Klärungsmitteln) behandelt und schließlich unfiltriert auf Flaschen gezogen. Zwischen 4000 und 10000 Flaschen wurden bislang von ihm abgefüllt. Monprivato ist der einzige Weinbergsbesitz der Familie. Die anderen Weine, die Mauro Mascarello erzeugt, werden aus gekauften Trauben gekeltert: Barbaresco, Nebbiolo, Grignolino, Dolcetto und Barbera (ausgezeichnet der Barbera aus der Lage Ginestra und der Nebbiolo aus dem Roero). Zudem erzeugt er einen zweiten sehr guten Barolo von der Lage Villero, bisweilen noch einen dritten von der Lage Rionda in Serralunga.*

## ALFREDO PRUNOTTO, ALBA

*Die Cantina Alfredo Prunotto ist ein reiner Kellereibetrieb. Statt eigener Weinberge besitzt das als Aktiengesellschaft firmierende Unternehmen Kontrakte mit zahlreichen Winzern, die Trauben aus allen Teilen der verschiedenen Anbaugebiete liefern. Die besten Lagen werden seit jeher separat gekeltert. Einen besonderen Ruf hat dabei der Lagen-Nebbiolo aus Monteu Roero. Die Spitzen der Produktion aber bilden Barbaresco und Barolo. Neben dem Standard-Barolo, der von verschiedenen Lagen aus Serralunga, Monforte und Castiglione Falletto kommt, erzeugt der Betrieb drei Lagen-Barolo. Der kräftigste und spätestreifende kommt von der Lage Bussia bei Monforte, der duftigste und harmonischste von den Cannubi, der fruchtigste von der Lage Ginestra. Der Most bleibt 20 bis 25 Tage auf der Schale stehen. Danach werden die Weine drei Jahre lang in alten Holzfässern ausgebaut und reifen noch einmal 18 Monate bis zwei Jahre auf der Flasche. Sie kommen im Durchschnitt erst zwei Jahre nach dem gesetzlichen Erstverkaufstag in den Handel. Der Betrieb ist aus der 1904 gegründeten Genossenschaftskellerei »Cantina Sociale ai Vini delle Langhe« hervorgegangen. Diesem Winzerzusammenschluß war kein großer Erfolg beschieden. Wenig später kaufte deshalb der Kellermeister Alfredo Prunotto den Betrieb auf. Er hatte vorher bei dem Burlotto vom Castello di Verduno, beim Graf von Mirafiori (heute Fontanafredda) sowie beim Opera Pia in Barolo gearbeitet. Verheiratet mit der Tochter von Pio Cesare, partizipierte er am önologischen Wissen seines Schwiegervaters (und größten Konkurrenten) und stieg schnell zu einem der respektabelsten Erzeuger in Alba auf. 1956 mußte Alfredo Prunotto sein Lebenswerk mangels Erben verkaufen. Giuseppe Colla, der vorher in der Spumante-Produktion in Asti tätig war, kaufte die Cantina 1956 auf und führte zusammen mit einem Teilhaber die Arbeit Prunottos fort. 1972 wurde die neue, architektonisch und funktionell sehr sehenswerte Cantina an der Ausfallstraße nach Barolo fertiggestellt, in der jährlich etwa 450000 Flaschen abgefüllt werden. Heutige Gesellschafter des Unternehmens sind – neben Giuseppe Colla – zwei italienische Likörproduzenten.*

vier verschiedene Lagen. Seine Meisterschaft bestand unter anderem darin, die Weine im richtigen Verhältnis zusammenzubringen. Der Lagenverschnitt muß also der Qualität nicht unbedingt schaden – vorausgesetzt allerdings, es sind nicht Trauben aus drittrangigen Lagen darunter.

# BAROLO GESTERN

Aus der Anonymität scheint der Barolo zum ersten Mal Anfang des 18. Jahrhunderts getreten zu sein. Der Anlaß dazu war ein eminent politischer: der Streit um die Erbfolge in Spanien, der damals zum ersten Weltkrieg der Neuzeit führte. Die Große Allianz, die England gegen Frankreich ins Leben gerufen hatte, um das Gleichgewicht zwischen den Großmächten der damaligen Welt zu erhalten, führte zur Sperrung aller französischen Häfen. Damit konnten englische Handelsschiffe nicht mehr Soulac, Libourne und Bordeaux anlaufen – Häfen, die in den alten, englischen Lehenslanden auf dem Kontinent lagen und von denen aus vor allem jener *claret* verschifft wurde, den die vornehmen Schichten Englands schon damals mit großem Enthusiasmus genossen und mehr als nationales denn als französisches Produkt betrachteten: den Bordeauxwein. Die Londoner Kaufleute standen mithin vor dem Problem, Ersatz für den Lieblingstrunk ihrer Landsleute besorgen zu müssen, und irgendwann tauchten, wahrscheinlich Dutzenden von Hinweisen folgend, ihre Abgesandten auch in dem kleinen Dorf Barolo auf, das damals praktisch nur von Bauern bewohnt wurde, die ihren Wein kaum weiter als bis nach Alba zu verkaufen pflegten. Doch im Gegensatz zu den vielen anderen Adressen, die die Engländer aufgesucht hatten, schienen sie an dem Dorf und seinem Wein Wohlgefallen zu finden. Er und der aus dem weiter nördlich gelegenen Gattinara wurden nämlich von den Kaufleuten ausersehen, ihre verwöhnten Landsleute für den fehlenden Bordeaux zu entschädigen.

Daß es dennoch zu einem großen Geschäft nie gekommen ist, hat vor allem mit der ungünstigen geografischen Lage Barolos zu tun. Das Hügelland der Langhe lag abseits der großen Verkehrswege der damaligen Zeit. Um den Wein verschiffen zu können, mußte er nach Nizza gebracht werden, dem einzigen Hafen des Herzogtums Savoyens, zu dem das Piemont gehörte. Eine Straße existierte jedoch nur bis Mondovì. Einen Übergang über die ligurischen Seealpen bis ans Mittelmeer, der so gut ausgebaut war, daß Ochsengespanne, beladen mit schweren Weinfässern, ihn passieren konnten, gab es noch nicht. Er wurde zwar projektiert, aber nie gebaut. So blieb der Barolo im Dorfe.

Hundert Jahre dauerte es, bis ein weiterer, diesmal erfolgreicherer Anlauf unternommen wurde, um ihn auch außerhalb seines Ursprungsgebietes bekannt zu machen. Diesmal war es ein glücklicher historischer Zufall, der den Ausgangspunkt bildete: die Heirat des Herzogs Carlo Tancredi Falletti, Herr des Schlosses von Barolo, mit Juliette Colbert Maulévrier im Jahre 1807, einer Französin, zu deren Vorfahren auch Colbert gehörte, der berühmte Finanzminister unter Ludwig XIV. und Reformpolitiker Frankreichs. Es war eine glückliche Verbindung. Giulietta – oder die »Marchesa Barolo«, wie die Piemontesen sie nannten – wurde von der feinen Gesellschaft Turins, dem Stammsitz der Falletti, begeistert aufgenommen. Der Salon, den sie im Palazzo Druent abhielt, gehörte bald zu den exklusivsten gesellschaftlichen Ereignissen der piemontesischen Hauptstadt. Nicht nur Politik, auch Philosophie, Literatur und Wissenschaft wurden dort besprochen. Cesare Balbo und Camillo Cavour waren häufige Gäste. Aber auch die Botschafter Frankreichs, Österreichs, Englands, Spaniens und der Toskana, päpstliche Gesandte und Minister sowie Intellektuelle mit und ohne Adel gaben sich ein Stelldichein. Daß auch der Wein ein häufiger Gast wurde, war angesichts der Herkunft der Falletti gar nicht zu verhindern. Er reiste auch mit nach Paris, wo der Herzog und die Herzogin ihren zweiten Wohnsitz genommen hatten. Die Familie der Marchesa gehörte nämlich zu jenem Teil der französischen Aristokratie, der nach der Revolution nach Paris zurückkehren und dort wieder Hof halten konnte. Bei ihnen verkehrten Dichter wie Alphonse de Lamartine und Xavier de Maistre, Akademiemitglieder wie der Diplomat und Historiker de Barante, geistliche Gelehrte wie Philippe Antoine Dupanloup, Bischof von Orléans, sowie der aufgeklärte französische Adel. So fand der Wein aus der Heimat der Falletti nach und nach auch den Weg in französische Keller, mehr als Geschenk seiner Erzeuger freilich, denn als Gegenstand des Handels. Der Name Barolo stand jedenfalls bald nicht mehr nur für das Dorf, sondern vor allem für den Wein.

Die *Casa Vinicola Marchesi Falletti* war zu jener Zeit der größte Weinproduzent der Zone. Zu ihr gehörten Kellereien in Barolo und Serralunga. Daneben besaßen die Falletti den größten Teil des Landes um Barolo einschließlich dreihundert Cascine – »für jeden Tag des Jahres eine«, wie die Bauern sagten. Aber die Falletti waren weder die ersten noch die einzigen, die Wein erzeugten. Der piemontesische Volksdichter Luigi Gramegna ließ in den zahlreichen Erzählungen, die er verfaßt hat, erkennen, daß der Wein aus Barolo schon vorher als ein besonderer Tropfen gegolten haben muß. Seine Helden nahmen den Wein vor allem zu sich, weil er einen vorzüglichen Rausch versprach. Papst Pius VII., bekannt geworden durch die zahlreichen Demütigungen Napoleons, die er standhaft ertrug, soll mit einem freudigen

CASTELLO DI BAROLO

Ausruf auf den Wein reagiert haben, der ihm im Jahre 1804 – also noch vor der Heirat Giuliettas und Carlo Trancredis – den Aufenthalt im Kloster Annunziata unterhalb von La Morra angenehm gestaltet hatte: »Ah Morra! Blauer Himmel und guter Wein!«

Der gute Wein war zu jener Zeit wahrscheinlich noch süß. Vielleicht war er auch kein ganz reinsortiger Nebbiolo-Wein. Die ersten, die ihn grundsätzlich nur aus dieser Traube keltern und solange durchgären ließen, daß er am Ende kein Gramm Zucker mehr enthielt, waren die Falletti. Mit ihnen begann die Ära des modernen Barolo. Sie gaben sich große Mühe, ihn so zu verfeinern, daß er sich mit den Weinen Frankreichs messen konnte.

So konnte der gute Ruf dieses Nektars auch dem König von Sardinien nicht lange verborgen bleiben, der als Savoyer Hof und Regierung in Turin hatte und mit den Falletti beste Kontakte pflegte. Eines Tages, als sich Giulietta an seinem Hof aufhielt, fragte sie König Karl Albert: »Marchesa, man hört soviel Rühmliches über den Wein aus Ihren Kellern. Wann ist es soweit, daß

Sie ihn zur Verkostung geben?« Giulietta antwortete nur kurz: »Seine Majestät werden bald zufriedengestellt werden.« Wenig später wollen die Bauern von Barolo gesehen haben, daß ein Konvoi von Ochsengespannen in ihrem Dorf zusammengestellt wurde, die, beladen mit Dutzenden von *carrà*, typisch piemontesischen Weinfässern von 500 Litern Inhalt, auf den Weg zum königlichen Hof nach Turin geschickt wurden. Daß es sich dabei abermals um eine freundschaftliche Gabe und nicht um eine bezahlte Lieferung handelte, muß sie damals in ungläubiges Staunen versetzt haben. Noch heute hört man viele Menschen in den Dörfern von dem unermeßlich scheinenden Reichtum der Falletti sprechen.

Profitiert haben sie jedoch alle von der Großzügigkeit ihrer damaligen Herren. Denn Karl Abert war von dem Wein, den ihm die Marchesa geschickt hatte, so begeistert, daß er den Wunsch äußerte, selbst Barolo zu produzieren. Er erwarb das damals noch im Besitze der Kirche befindliche Jagdschloß von Verduno samt mehrerer dazugehöriger Cascine und einiger Hektar Land, um mit Hilfe seines Kellermeisters Paolo Francesco Staglieno, eines in der Zone wohlbekannten und durch einen kleinen önologischen Traktat bereits aufgefallenen Kellermeisters fortan einen ähnlich guten Nektar herzustellen wie die Marchesa. Da dieser später oft bei Staatsempfängen am Turiner Hof gereicht wurde, erhielt der Barolo den Beinamen »Wein der Könige«.

Das Castello di Verduno war also der zweite große Barolo-Produzent des 19. Jahrhunderts. Der dritte betrat etwas später die Bühne: Camillo Graf Benso di Cavour. Dieser frühliberale Edelmann, 1852 an die Spitze der Turiner Regierung berufen und acht Jahre später als maßgeblicher Einiger Italiens gefeiert, hatte sich freilich schon vor seiner politischen Karriere um das Piemont verdient gemacht. Auf seine Veranlassung hin wurde der französische Önologe Louis Oudart aus Reims geholt, um auf Schloß Grinzane, dem Besitz Cavours, die Weinproduktion zu verbessern. Oudart nahm sich des Problems des Barolo und seiner Herstellungsweise mit wissenschaftlicher Gründlichkeit an und entwickelte im Laufe der Jahre eine neue, moderne Önologie, die vor allem durch das Prinzip des verlängerten Faßausbaus in ihren Grundzügen auch heute noch Gültigkeit hat. Wie damals die geschmacklichen Merkmale festgelegt wurden, so gelten sie im Prinzip noch heute: »In der Jugend ist der Barolo rauh und abweisend, nach drei, vier Jahren der Verfeinerung präsentiert er sich weich, samtig, von vollem, angenehmem Geschmack und darüber hinaus mit einem Duft, der gleichsam vorne Veilchen und hinten Teer erkennen läßt.« Er wurde auch von anderen französischen Önologen mit den besten Rhôneweinen oder den ersten Gewächsen von Bordeaux verglichen.

**CASTELLO DI GRINZANE**

Die Tüchtigkeit des Oudart hatte sich schnell herumgesprochen, und bald arbeitete der Franzose auch in anderen Kellern, etwa dem der Marchesa Falletti oder dem des *Castello di Neive* (in der Barbaresco-Zone). Zugleich wuchs bei einigen wohlhabenden Bürgern und Bauern der Wunsch, einen solchermaßen »königlichen« Wein zu produzieren. *Borgogno* (1847) und *Barale* (1870) in Barolo sowie die *Calissano* aus Alba gehörten zu den ersten (1872). Es folgten die *Oddero* (1878), *Pio Cesare* (1881) und andere. Aber auch manch Adeligen drängte es, Reben auf den Hügeln von Barolo zu pflanzen. Der Graf von Mirafiori, ein illegitimer Enkel des Königs Karl Albert, gründete 1878 das Weingut *Fontanafredda* an der Stelle, an der sein Vater einst jenes Landhaus hatte errichten lassen, in dem dieser ein paar glückliche Jahre in eheähnlichem Zusammenleben mit der »schönen Rosa« verbracht hatte. *Fontanafredda* wuchs sehr schnell und wurde bald zu einem der größten, renommiertesten und feinsten Güter der Zone. Die hohe Wertschätzung, die der Barolo seit den Tagen der Falletti genoß, bestätigte sich mit jedem Tag, und sein Bekanntheitsgrad wuchs von Jahr zu Jahr.

Carlo Tancredi Falletti war 1838 an Cholera gestorben. Als Bürgermeister von Turin, zu dem ihn der König zweimal berufen hatte, war er stets für den Gedanken der sozialen Gerechtigkeit eingetreten, hatte öffentliche Gärten und Brunnen anlegen lassen sowie erste Wohlfahrtsinstitutionen geschaffen, um der zunehmend brisanter werdenden »sozialen Frage« rechtzeitig zu begegnen. Nach seinem Tod setzte die Marchesa das barmherzige Werk fort. Sie betreute Gefängnisinsassen und unterhielt mehrere Asyle für insgesamt fünfhundert verwahrloste Kinder und Jugendliche in Turin. Ihr Haus war offen für die Armen und Gestrauchelten der Stadt. Jeden Tag, so ist bekannt, verteilte sie kostenlos zweihundert warme Mahlzeiten. Sonntags gab es zudem Fleisch und im Winter Holz zum Heizen. Montags spendete sie Medikamente. Geprägt von tiefer Religiosität und jesuitischer Sittenstrenge, zugleich durchdrungen vom Gedanken universeller, christlicher Caritas, mußten die Ereignisse des Jahres 1848 ihre Stellung schwer erschüttern und ihren Einfluß erheblich beschränken. Die patriotische Revolution mit ihrem liberalistischen Gedankengut und der antiklerikalen Stoßrichtung beschränkte ihre Einflußmöglichkeiten aufs stärkste. Man warf ihr vor, Kinder von ihren Eltern getrennt und gegen deren Willen eingesperrt zu haben. Man verwehrte ihr den Zugang zu den Gefängnissen. Man bedrohte sie öffentlich und anonym mit dem Tode. Doch die »Marchesa Barolo« ließ sich von all dem wenig beeindrucken und lebte unbeirrt für ihre christlichen Überzeugungen. Den Gang der liberalen Reformen konnte sie allerdings nicht aufhalten: die immer tiefer greifende Trennung von Staat und Kirche mit der Aufhebung der kirchlichen Gerichtsbarkeit, der Einführung der Zivilehe und schließlich der Einziehung aller kirchlichen Güter. Als die Marchesa im Jahre 1864 starb, hatte sie ihren Nachlaß geordnet. Knapp zehn Waisenheime, Schulen und Hospitäler, die sie zu Lebzeiten eingerichtet hatte, waren in eine eigens gegründete Stiftung eingebracht worden, die noch lange Zeit als die umfangreichste und vorbildlichste in ganz Italien galt: Opera Pia Barolo. Sie umfaßte nicht nur ihren Turiner Besitz, sondern auch die Liegenschaften in Barolo, wo sie bis zu ihrem Lebensende eine hochgeachtete und jederzeit respektierte Person gewesen war. Unter dem Namen dieser Stiftung konnte, von den Stadtvätern Turins kontrolliert, das Werk der Marchesa bis 1919 fortgesetzt werden – einschließlich der Weinerzeugung. Nach dem Ersten Weltkrieg gingen Weinberge und Keller in die Hände einer Privatgesellschaft über (*Vini Classici, già Operia Pia Barolo*). Heute ist jener Teil des Besitzes, der nach zahlreichen Verkäufen noch übriggeblieben ist, auf die Großgüter *Marchesi di Barolo* und *Villadoria* aufgeteilt. Das oberhalb Barolos liegende Castello della Volta, wo vor allem der Sekretär der Marchesa, Silvio Pellico, gelebt hat, existiert nur noch als unbewohnte Ruine. Das Schloß von Barolo gehört heute der Kommune. Sie hat es in den letzten Jahren gründlich restauriert. In seinen Kellern sind inzwischen eine gut sortierte Önothek und ein kleines Wein-Museum eingerichtet worden.

# PROBLEME
# DER WEINWIRTSCHAFT

Trotz der teilweise hohen Preise, die für einen Barolo gezahlt werden müssen, befinden sich viele Winzer in einer wirtschaftlich schwierigen Situation. Arbeitskräfte für die Pflege der Weinberge sind knapp, die Löhne hoch, und die Nachfrage nach dem Wein ist keineswegs gleichmäßig gut. So gesucht der Barolo einzelner Produzenten ist, so schwierig haben es andere, ihren Wein zu einem angemessenen Preis zu verkaufen. Wer genau hinsieht, wird unschwer feststellen, daß die meisten Kleinwinzer und einige Großbetriebe kaum mehr als 30 Prozent des Preises erlösen, den die Weine der bekannten Barolo-Produzenten auf dem Markt erzielen. Die Unterschiede zwischen den Winzern sind also enorm.

Um aus dieser unbefriedigenden Situation herauszukommen, haben die Weinbauern der Barolo-Zone zu einer in allen Anbauländern der Welt beliebten Maßnahme gegriffen: Sie haben die Rebflächen erweitert, um durch Mehrproduktion wettzumachen, was ihnen an Preissteigerungen versagt blieb. Von Mitte der sechziger bis Mitte der achtziger Jahre hat sich so die Anbaufläche des Barolo fast verdoppelt. Die 1980 erlassenen D.O.C.G.-Statuten (sie haben, was die Vorschriften für die Traubenproduktion und die Herstellung des Weins betrifft, nicht viel gegenüber den D.O.C.-Regeln von 1966 und 1970 geändert) schreiben zwar vor, daß Reben nur »innerhalb der Hügelzone«, und zwar »in günstig nach der Sonne ausgerichteten Lagen« sowie »auf vorwiegend ton- und mergelhaltigen Böden« angebaut werden dürfen, doch zeigen die Formulierungen schon, wie dehnbar solche Vorschriften sind. So ziehen sich heute viele Rebkulturen bis zum äußersten Fuß des Hügels hin, wachsen in fast brauner Lößerde und sehen die Sonne höchstens am Morgen für ein paar Stunden. Die Folge: enorme Qualitätsunterschiede zwischen verschiedenen Weinen. Der Abstand zu den Spitzen-Barolo ist oftmals noch größer als der Preisunterschied es ausdrückt, und manche Nebbiolo-Qualitätsweine eines guten Erzeugers sind besser als der Barolo gewisser Großabfüller und Neuwinzer. Darüber hinaus hat sich der gewünschte Effekt der Einkommensverbesserung gerade bei jenen Betrieben, die sie nötig hätten, nicht eingestellt. Die größeren Mengen, die produziert wurden, haben nämlich allgemeine Preissteigerungen verhindert. Einzig die erstklassigen Erzeuger sind auf ihre Kosten gekommen. Auf sie konzentriert sich angesichts der Qualitätsunterschiede mehr als vorher die Nachfrage, wenn auch nicht vergessen werden sollte, daß ihre Kosten höher sind.

Ein weiterer, die Einkommenssituation berührender Faktor sind die großen Jahrgangsunterschiede beim Barolo. Die Nebbiolo-Traube ist eine spät reifende Sorte. Vollreifes und zugleich gesundes Lesegut gibt es nicht jedes Jahr. Im langjährigen Durchschnitt hat es große Jahrgänge nur ein- bis zweimal, sehr gute Jahrgänge vielleicht drei bis viermal in zehn Jahren gegeben. Da sich aber zeigt, daß der Barolo seine typische Charakteristik nur in solch überdurchschnittlichen Jahren aufweist, stellt sich für viele Weinmacher die Frage, was sie in den mittelmäßigen und kleinen Jahren tun sollen. Ein Haus wie *Scarpa*, das selbst in einem Jahr wie 1979, das offiziell als »sehr gut« klassifiziert wird, auf einen Barolo verzichtet und seine Trauben verkauft, steht einsam auf weiter Flur. Die meisten Winzer können es sich höchstens ein- bis zweimal in zehn Jahren erlauben, ihre Ernte zu verkaufen. Einen Barolo als Nebbiolo-Tafelwein zu deklassieren, wie es in schwächeren Jahren viele tun, bringt ebenfalls erhebliche Einkommensverluste mit sich. Zudem genügen auch die zu Nebbiolo deklassierten Barolo selten den Ansprüchen, die an diesen hochwertigen Wein zu stellen sind. Ein qualitätsstrenger Weinmacher wie *Bruno Giacosa* lehnt es daher konsequent ab, den guten Ruf des Nebbiolo aufs Spiel zu setzen, indem er ihn aus minderwertigem Barolo-Lesegut keltert.

In schwachen Jahren wie 1977 gibt es nur ganz wenige Winzer, die einen passablen Nebbiolo oder Barolo erzeugen können. Einer von ihnen war der Graf *Cordero di Montezemolo*, und auch ihm gelang es nur durch strengste Auswahl der Trauben, einen relativ guten Wein zu bekommen. Auswahl aber bedeutet Verlust, und Verlust kann sich nur leisten, wer vorher gut verdient hat. Auf die *Cordero* mag das zutreffen, auf die Mehrzahl der Weinmacher dieser Zone nicht. Also füllen sie auch in manch kleinem Jahr einen Barolo ab, der ein »Königswein« jedenfalls nicht mehr ist.

# DIE WEINMACHER

Wenn nach den ersten Produzenten der Barolo-Zone gefragt wird, fallen oft die Namen *Bruno Giacosa, Abbazia dell' Annunziata* und *Cordero di Montezemolo*. Diese drei besitzen, so scheint, das größte internationale Renommée. Aber Ränge werden überall, wo es um Wein geht, schnell und mit leichter Hand verteilt, wobei private Überzeugungen und Zufallsbegegnungen mit Weinen nicht selten eine wichtigere Rolle spielen als Kennerschaft. So würde eine Nachprüfung ergeben, daß es heute etwa drei Dutzend Barolo-Erzeuger gibt, die sowohl über Trauben aus hochwertigen Lagen als auch über die notwendige Kellertechnik verfügen, um erstklassige Weine zu machen. Daß dennoch viele ihrer Barolo glanzlos bleiben, ohne wirklich fehlerhaft oder schlecht zu sein, gehört zu den Merkwürdigkeiten dieses Anbaugebietes. Manchmal mangelt es den Erzeugern – zum Beispiel beim Verlesen der Trauben – am letzten Willen zur Spitzenqualität. Bisweilen wird auch unter traditioneller Kellerarbeit nur hausbackene Routine verstanden. Keinesfalls aber läßt sich die Elite auf drei Namen reduzieren, wofür auch die Preise, die am Markt erzielt werden, ein deutlicher Beleg sind. Zumindest sieben weitere Produzenten haben mehr als einmal gezeigt, daß ihre Barolo zur ersten Garnitur gezählt werden müssen: *Cogno-Marcarini, Ceretto, Aldo Conterno, Giuseppe Mascarello, Porta Rossa, Scarpa* und *Vietti*. Neben diesen gibt es noch mindestens ein Dutzend mehr oder minder bekannter Namen, die vorzügliche Barolo abfüllen und bewiesen haben, daß sie konsequent den Weg der Qualität gegangen sind.

# LA MORRA

La Morra ist die mit Abstand größte Weinbau-Gemeinde in der Barolo-Zone. Sie umfaßt etwa 430 Hektar Rebkulturen, die für die Produktion des Barolo zugelassen sind. Als beste Lagen werden Cerequio und Brunate genannt, die an den Hängen des breiten Talkessels zwischen La Morra und dem Dorf Barolo liegen. Diese Lagen geben Weine mit reichem Bouquet und feiner Eleganz. Am Gaumen zeigen sie oft einen markanten Teerstich. Aber auch an der östlichen Flanke von La Morra befinden sich einige erstklassige Lagen, etwa bei Annunziata und Santa Maria. Der Barolo von dort ist etwas kräftiger strukturiert, ähnelt aber in seiner Charakteristik den Gewächsen der vorher genannten Herkunft. La Morra selbst ist ein über 500 Meter hoch gelegenes Dorf, von dem aus man ein großartiges Panorama über das gesamte Anbaugebiet hat. Es zählt etwas über 2000 Einwohner und ist durch die Landwirtschaft, vor allem den Weinbau, geprägt. Es existierte schon zu römischen Zeiten und muß damals bereits für seinen Wein berühmt gewesen sein. In

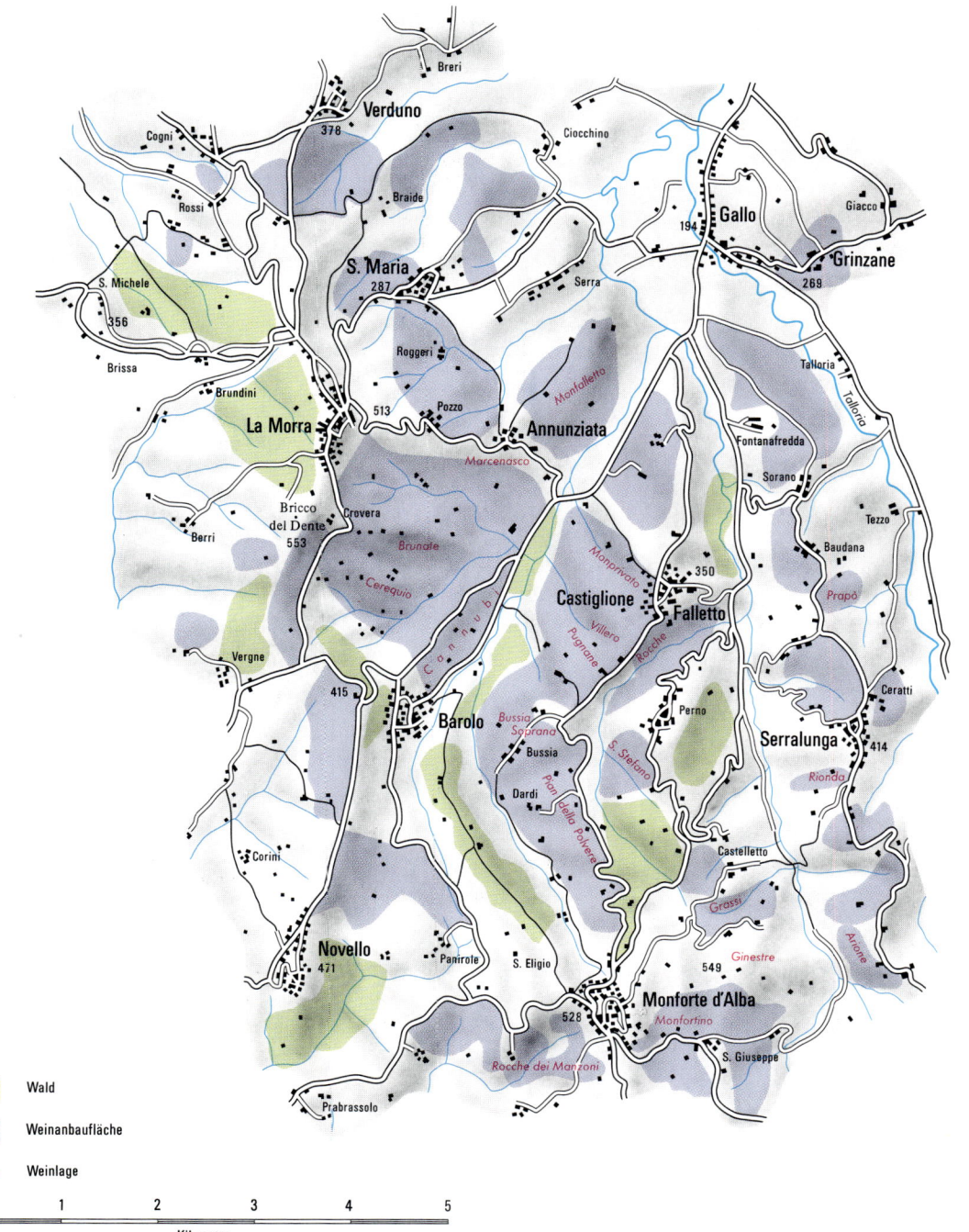

*Das Anbaugebiet des »Königsweins« ist klein. Die Entfernung von seiner nördlichen zu seiner südlichen Grenze beträgt nicht viel mehr als 12 Kilometer. Dennoch gibt es erhebliche Unterschiede zwischen den Weinen der verschiedenen Lagen. Insgesamt beträgt die ins Kataster eingetragene Rebfläche etwa 1200 Hektar. Die jährliche Produktion schwankt zwischen fünf und acht Millionen Flaschen.*

Wald

Weinanbaufläche

*Villero*   Weinlage

| 0 | 1 | 2 | 3 | 4 | 5 |
|---|---|---|---|---|---|

Kilometer

einer Anmerkung zu seinen »Commentarii« erwähnt Julius Caesar, daß, als der Gallische Krieg beendet war und er sich auf der Rückkehr nach Rom befand, ihm die Weine aus La Morra gut gefallen hätten, die man ihm angeboten habe, als er den Ort passierte: »Und aus Murra nahmen wir beste Weine in unsere Hauptstadt Rom mit.« Im Mittelalter wurde La Morra befestigt. Von der Burg und der Verteidigungsmauer mit den vielen Türmen ist heute jedoch nicht mehr viel zu sehen. Der größte Teil der Wehrbauten wurde schon vor hundert Jahren abgerissen, um einen Platz und Straßen anzulegen und mehr Raum für Häuser zu schaffen.

In La Morra und seiner engeren Umgebung gibt es rund 30 Barolo-Produzenten. Der größte Teil ihrer Weine ist in der kleinen Enoteca Communale des Ortes zu erwerben. Wer einen sehr guten Barolo sucht und zugleich wissen möchte, wie er entsteht, muß sich zum Palazzo Marcarini an der Piazza Martiri begeben.

In den Kellern unter dem Palazzo liegt das Reich des Elvio Cogno. Er gehört zu den Weinmachern, die sich mehr als Kellermeister denn als Winzer verstehen, aber keinen Hehl daraus machen, daß sie in guter Weinbergsarbeit den Schlüssel zur Qualität sehen: »Das Entscheidende am Barolo ist das Verlesen der Trauben im Herbst.« Der *Cogno-Marcarini*-Wein von der Lage Brunate ist ein ungemein feines und typisches Gewächs und ein gutes Beispiel für den eleganten Barolo von La Morra. Cogno ist ein leidenschaftlicher Kellermeister. Gelernter Barmann und Kellner, hat ihm sein Vater beigebracht, wie Wein erzeugt wird. Dieser besaß in La Morra das Restaurant *dell'Angelo*. Die Weine, die dort auf den Tisch kamen, waren Eigenbau-Weine. Die gastronomische Tradition der aus dem benachbarten Novello stammenden Familie wird heute vor allem durch Elvio Cognos Bruder unter Beweis gestellt, der das *Bel Sit* betreibt, das beste, aber auch kleinste Restaurant der Barolo-Zone etwas außerhalb von La Morra gelegen.

91

## FRATELLI BARALE, BAROLO

*Barale ist ein altes Weingut. Francesco Barale, sein Gründer, war einer der ersten Winzer in Barolo, die von den Marchesi Falletti die Erlaubnis erhielten, einen eigenen Wein zu keltern. Das war 1870. Seitdem ist der Betrieb in Familienhand geblieben. Keller und Wirtschaftsgebäude liegen im Zentrum des Dorfes Barolo direkt an der Piazza. Heute wird das Weingut von dem jungen Sergio Barale geleitet, einem Urenkel des Gründers. Nach dem frühen Tod seines Bruders Claudio, eines talentierten Kellermeisters, den Sergio noch immer respektvoll als einen »großen Önologen« bezeichnet, ist er nun allein für Weinberg und Cantina zuständig. Für sein Hobby, die Astronomie, bleibt ihm nur noch wenig Zeit. Der Barolo von Barale hat einen schlanken Körper, wirkt dabei sehr kompakt, gradlinig, harmonisch und elegant. Die Lage, um einen hochklassigen Barolo zu produzieren, besaßen die Barale schon immer: Castellero, ein wenig bekannter Weinberg, der direkt gegenüber den Cannubi an der Grenze nach Castiglione Falletti und Monforte liegt, aber Traubenqualitäten liefert, die den als erstrangig klassifizierten Lagen des Ortes kaum nachstehen. Die Lese findet dort immer sehr spät statt. Der Wein wird nach traditioneller Art bereitet und ausgebaut. Er lagert je nach Jahrgang drei bis fünf Jahre in Holzfässern und wird dann in alte Glasballone umgefüllt, in denen er ein Jahr, fünf Jahre, auch acht Jahre aufbewahrt wird, bis der letzte Tropfen des Jahrgangs verkauft ist. Es gibt noch kleine Mengen älterer Jahrgänge, die Beweis für die Alterungsfähigkeit dieses Weins ablegen. Jahrgänge wie 1974 und 1971 probieren sich ungewöhnlich frisch und sauber. Insgesamt verfügt Barale über 13 Hektar Nebbiolo-Kulturen. Nur ein ganz geringer Teil wird zu Nebbiolo gemacht, der überwiegende zu Barolo (rund 40 000 Flaschen). Wenn auf dessen Etikett auch Castellero als Lagenname steht, so kommt ein kleiner Teil der Trauben doch aus den Cannubi und der Lage Bussia in Monforte, wo die Barale über kleine Rebflächen-Areale verfügen.*

## ABBAZIA DELL' ANNUNZIATA, ANNUNZIATA

*Der Marcenasco-Barolo von Renato Ratti ist einer der stilvollsten Barolo der Zone. Er ist virtuos komponiert, wenn auch kein Wein der traditionellen Stilrichtung. Seine Größe liegt in der außerordentlichen Geschmacksfülle und Feinheit, die er schon früh zeigt (dabei ist er genauso langlebig wie andere Barolo). Er ist das Resultat einer Reihe von Neuerungen der Weinerzeugung, die Renato Ratti seit den 60er Jahren entwickelt hat. Die Trauben werden nur kurz, nämlich maximal zwei Wochen vergoren. Die Umwandlung der harten Apfelsäure findet gleich im Anschluß daran statt. Für den Ausbau wird der Wein in große Holzfässer umgezogen, wo er ohne größere Eingriffe von außen etwa zwei Jahre lang reift und zuletzt mit Speisegelatine geklärt wird, um dann unfiltriert auf Flaschen gezogen zu werden. Er verströmt den Duft von Tabak und Trüffel, ist warm und weich am Gaumen, besitzt einen markanten Goudron und ist von enormer Länge. Ratti füllt drei verschiedene Barolo ab, die von verschiedenen Lagen in Annunziata kommen. Der erste ist in der Lage Torre gewachsen. Der zweite, etwas weichere, kommt aus dem Weinberg Conca, in dem die Mönche der Abtei ihre ersten Reben kultiviert haben. Der dritte, (vergleichsweise) am spätesten reifende, ist aus Trauben der Lage Rocche gekeltert. Ratti selbst ist ein ausgebildeter Önologe. Bis in die 50er Jahre hat er in Brasilien gelebt und war dort in der Spirituosenproduktion tätig. Ende der 50er Jahre begann er, im Piemont Weine zu erzeugen. Mitte der 60er Jahre hat er sich dann in Annunziata niedergelassen und mit der Barolo-Produktion begonnen, wobei er vom ersten Tag an nach einem neuen Stil suchte, um diesen Wein »trinkbarer« zu machen und ihm seine abweisende Härte zu nehmen, die er zumindest in den ersten Jahren oft noch zeigt. Heute ist Ratti Direktor des Asti-Konsortiums. Für den Wein der Abbazia ist sein Neffe Massimo Martinelli verantwortlich, ein Kellermeister, der fünf Jahre in der Schweiz gearbeitet hat und seit 1970 in Annunziata lebt. Neben dem Barolo erzeugen Martinelli und Ratti Dolcetto, Nebbiolo und Barbera. Nur ein Teil der Trauben, die sie verarbeiten, kommt von eigenen Weinbergen. Gesamtproduktion Barolo: knapp 50 000 Flaschen.*

Oberhalb von La Morra, am Fuße des Bricco del Dente, befindet sich die neue Cantina eines zweiten, guten Barolo-Erzeugers: Beppe *Dosio*. Dieser in Turin lebende Industrielle, dem eine Textilfabrik in Biella gehört, keltert einen wuchtigen, rassigen, sehr tanninhaltigen Barolo, der von der Lage Fossati neben Cerequio kommt. Er wird – heute wieder – traditionell bereitet und ausgebaut, nachdem in der zweiten Hälfte der 70er Jahre versucht wurde, ihn etwas schlanker und früher trinkreif zu machen. Seine Qualitäten liegen in der üppigen Frucht und der kraftvollen Säure, die er aufweist. Eine Spitzenleistung ist der Dolcetto von *Dosio*. Er kommt von den Südosthängen des Bricco del Dente (Lage: Nassone), der als erstklassiger Dolcetto-Weinberg gilt. Auch Elvio Cognos drei Dolcetto kommen aus diesem hochgelegenen Teil des Gemeindeterritoriums von La Morra.

Einen bemerkenswerten Barolo erzeugt *Roberto Voerzio*, ein junger, ehrgeiziger Weinmacher aus La Morra. Zusammen mit seinem Bruder hatte er vor einigen Jahren den kleinen väterlichen Betrieb übernommen. Doch bald trennten sich beider Wege. 1982 machte Roberto erstmals einen eigenen Barolo: ein sehr feingliedriger, eleganter Wein, der dennoch Substanz und Kraft unter Beweis stellt. Er kommt von der Lage La Serra. Andere gute Kleinproduzenten sind *Costamagna* und Gianfranco *Bovio*. Größere Betriebe in und um La Morra sind die *Vincola Piemontese* (Rebenbesitz in Cerequio), die *Tenuta Cerequio* und der Massenabfüller *Dogliani 7 Cascine*, der den aus der Keramikindustrie stammenden Brüdern Dogliani gehört. In ihrem Betrieb ist der Großabfüller *Kiola* aufgegangen. Ein paar Kilometer außerhalb von La Morra liegt bei der Ortschaft Rivalta (an der Straße nach Bra) das Weingut *La Corte* von Oliviero Monticelli. Dort wird ein feiner, typischer La-Morra-Barolo erzeugt. Einen sehr guten, aber eher schlanken Barolo des modernen Typs produziert *Giacomo Ascheri*, dessen Keller sich in Bra befinden.

In den Annalen des Barolo nimmt der Flecken Annunziata, der unterhalb des Ortes liegt, eine bedeutendere Stellung als La Morra selbst ein. Annunziata war der Name für ein altes Benediktinerkloster, das im 10. Jahrhundert an dieser Stelle existierte. Seit dem 12. Jahrhundert trieben die Mönche dort Weinbau. Annunziata ist mithin eines der ältesten Anbaugebiete in der Barolo-Zone und – wie man heute weiß – eines der besten. In den Gemäuern der alten Abtei erzeugt heute Renato Ratti einen meisterhaften Barolo, der zugleich als einer der schönsten des gesamten Anbaugebietes gelten kann (*Abbazia dell'Annunziata*). Er trägt die Bezeichnung *Marcenasco* auf dem Etikett, den mittelalterlichen Namen für Kloster, Burg und Dorf von Annunziata. Ratti, der viele Jahre Vorsitzender des Konsortiums der Barolo-Winzer war, ist unbestritten einer der großen Neuerer unter den Weinmachern der Zone. Ihm verdanken seine Kollegen zahlreiche Initiativen und Anstöße, die Qualität und Ansehen des Barolo erhöht haben. Als Funktionär (heute ist er Direktor des Konsortiums Asti-Spumante) ist er aber zugleich eine der umstrittensten Persönlichkeiten der piemontesischen Weinszene geblieben. Vor allem seine Vorschläge zur Behebung der Überschuß-Probleme des Barbera sind bei vielen Winzern aus Asti und Alba auf große Skepsis gestoßen.

Marcenascum, wie es lateinisch hieß, erlebte seine Blütezeit im 13. und 14. Jahrhundert. Die Rebflächen waren wegen der guten Qualität der Weine, die auf ihnen wuchsen, sehr begehrt und wurden entsprechend hoch bewertet. Ende des 14. Jahrhunderts wurde der Ort von La Morra aus erobert (La Morra selbst hatten vorher die Falletti, die Herren von Alba, ihrem feudalen Besitz zugeschlagen). Burg und Kloster wurden geschleift, die Bilder des Heiligen Martin, die sich dort befanden, nach La Morra getragen, um fortan die dortige Kirche zu schmücken (noch heute ist sie ihm geweiht). Nur der Kirchturm und das Haus der Prioren überstanden die Katastrophe. Die religiöse Gemeinde von Marcenascum ließ sich jedoch nicht entmutigen. Das Kloster wurde wieder aufgebaut und die neue Kapelle nach dem Ereignis der Marienverkündung »Annunziata« genannt. So entstand der moderne Name dieses kleinen Fleckens. Ende des 17. Jahrhunderts wurde Annunziata durch direkten Eingriff des Heiligen Vaters vor einer abermaligen Zerstörung verschont. Sie drohte diesmal durch die Herzöge von Savoyen. Weil aber der Wein des Ortes bei verschiedenen Eucharistiefeiern großes Aufsehen erregt habe, soll der Heilige Vater sich zu seiner Intervention veranlaßt gesehen haben. So will es Renato Ratti herausgefunden haben, der umfangreiche historische Studien zur Geschichte des Ortes und seines Weins angestellt hat.

Er hatte sich Mitte der 60er Jahre in die alte Kloster-Abtei, die sich heute im Besitz der Kommune von La Morra befindet, eingemietet und dort ein kleines Weinmuseum eingerichtet. In seiner neuerrichteten Cantina hat er dann mit großem Erfolg die Arbeit der Klosterbrüder fortgesetzt, die für den frühen Ruhm und Ruf des Weins von Annunziata verantwortlich gewesen waren. Seine Barolo – sie kommen lagenrein von drei verschiedenen Weinbergen Annunziatas – sind heute das eindrucksvollste Beispiel für einen im Stil eleganten, im Körper kräftigen Barolo, der bereits früh entwickelt ist, aber dennoch eine enorme Lebenserwartung besitzt.

Die Mönche waren aber nicht die einzigen, die früher in Annunziata Wein kelterten. Auch die Kleinbauern in den zahlreichen Cascine, die über die Hänge von La Morra verstreut sind, bauten immer schon Wein an und wußten zumindest im vorigen Jahrhundert bestens über die Methoden der Weinbereitung Bescheid. So existieren auch heute noch etwa ein Dutzend kleiner, meist bäuerlicher Betriebe, die einen eigenen Barolo abfüllen. Nicht alle besitzen ein Höchstmaß an Feinheit. Doch es gibt einige Winzer, die mehr als nur interessante Weine machen. Der vorzüglichste kommt von *Lorenzo Accomasso* aus Pozzo, dem höhergelegenen Ortsteil von Annunziata. Sehr gute Barolo erzeugen auch *Severino Oberto*, der einen Hektar Reben in der Lage Rocchette besitzt, *Aurelio Settimo* (ebenfalls Rocchette), *Angelo Veglio* (Ciotto), *Angelo Germano* (auch mit sehr gutem

Dolcetto und Barbera), *Alessio Grassi* (Cascina Luciani), die Gebrüder *Giovanni* und *Renato Ferrero* sowie die Cantina *Denegri* (Weinberge bei Plucotti). Sie wurde von seinem alten Patron Lorenzo Denegri Mitte der 80er Jahre verkauft. Die neuen Eigentümer sind sehr um Erhaltung und Verbesserung der Qualität bemüht.

Auch die Cascina Monfalletto der Grafen *Cordero di Montezemolo* gehört zum Ortsteil von Annunziata. Sie liegt jedoch etwas außerhalb des Dorfkerns. Wer die schmale Straße nimmt, die bei der Osteria Veglio abbiegt und hinauf in die Weinberge führt, erreicht sie nach gut einem halben Kilometer. Sie liegt unterhalb einer Hügelkuppe, auf der – unübersehbar auch aus der Ferne – eine alte Libanonzeder mit mächtiger, ausladender Krone steht. Sie wurde einst von einem der Montezemolo gepflanzt. Doch wichtiger als dieses Gewächs ist ein kleiner, unscheinbarer Olivenbaum, der im Innenhof vom Monfalletto wächst. Es sei womöglich der am weitesten nördlich wachsende Olivenbaum des Piemont, meinen die Besitzer, und sie nehmen die Tatsache, daß er fast jedes Jahr Früchte trägt, als Beweis für das außerordentlich günstige Mikroklima von Monfalletto. Der Ort wird nämlich nicht nur von kalten Frösten verschont. Die Trauben erreichen dort im Herbst einen Grad von Reife, wie sie selbst die Trauben in den Cannubi-Weinbergen von Barolo nicht alle Jahre aufweisen. »Kein Barolo-Jahrgang«, versichert Paolo Cordero di Montezemolo, »weist weniger als 14 Vol.% Alkohol auf.«

Der Graf, der seinen Titel nicht sonderlich hervorzeigt, will damit freilich nicht sagen, daß ein hoher Alkoholgehalt ein besonderes Qualitätsmerkmal eines Barolo sei. Zwar braucht ein körperreicher Wein immer eine entsprechende Gradation, um gut ausbalanciert zu sein. Seine Feinheit muß er jedoch bei anderen Merkmalen beweisen. Beim *Montezemolo*-Barolo liegen sie im Bouquet und in der Reintönigkeit seiner Frucht. Das klingt nach wenig, ist aber viel, wie man schnell merkt, wenn der Wein

## ABBAZIA DELL'ANNUNZIATA

*In den Gemäuern der alten Abtei von Annunziata hat Renato Ratti in den 60er Jahren seinen Keller eingerichtet. Er produziert dort einen der stilvollsten Barolo der Zone. »Der Barolo ist kein Bauernwein«, lautet seine Überzeugung. »Also muß man ihn auch anders herstellen, als die Bauern es früher taten.« Der seine ist ein eleganter, feinfruchtiger, superber Wein, der sich auch schon in jungen Jahren mit großem Genuß trinken läßt. Verantwortlich für ihn ist Massimo Martinelli (Foto), der Neffe Rattis.*

93

**BARTOLO MASCARELO,** *»barolista« der alten Schule.*

vor einem steht. Er ist kein schwerblütiger Barolo, sondern ein Wein von gezügelter Fülle, großer Geschmackstiefe und feinster Beere. Mit dem *Marcenasco*-Barolo von Ratti hat er gemein, daß er schon relativ jung mit Genuß zu trinken ist. Damit hören die Gemeinsamkeiten aber auch schon auf. Die Philosophie beider Erzeuger vom Weinmachen ist grundverschieden, ihre Idee von einem Barolo folglich auch.

Die Cordero sind Nachfahren der Marchesi Falletti, der ehemaligen Herren von Alba und Barolo. Der Name Monfalletto zeugt von dieser Abstammung. Enrico und Giovanni, die beiden Söhne des alten Grafen, leben und arbeiten bereits auf dem Familiengut. Ihr Vater hat seine Wohnstatt noch in dem alten Cordero-Palazzo in La Morra, wo bis Ende der siebziger Jahre auch die Cantina untergebracht war. Die Familie hatte jedoch, was den Barolo angeht, früh die Zeichen der Zeit begriffen und rechtzeitig mit dem Bau eines neuen, ebenerdigen Kellers bei Monfalletto begonnen, der heute nicht nur zu den schönsten der Barolo-Zone zählt, sondern auch in bezug auf Hygiene, Klimatisierung und technischer Ausstattung alle Möglichkeiten ausnutzt, die die moderne Önologie für die Rotweinbereitung bietet. Dazu gehören zum Beispiel Stahltanks, die die Maische nach der Lese auf 17 Grad Celsius herunterkühlen können, sowie ovale Holzkufen mit einem genau berechneten Verhältnis zwischen Holzfläche und Volumen. Der größte Teil ihres Barolos wird heute ins Ausland verkauft. Aber auch in Italien genießt der Wein eine hohe Wertschätzung, was nicht nur damit zu tun hat, daß der Name *Montezemolo* überall im Lande einen guten Klang hat. Mitglieder ihrer weitverzweigten Familie findet man ebenso in der Politik wie in Bank- und Industriekreisen sowie im Bereich des Automobilsports.

Nicht weit von Annunziata liegt Santa Maria, ebenfalls ein kleines Kirchdorf, das sich um das alte Kloster San Frontiniano gebildet hat. Auch dort leben mehr als ein Dutzend Barolo-Erzeuger. Der Kellereibetrieb *Paolo Colla*, *Mario Viberti* und *Fratelli Oddero* sind die bekanntesten. Das Gut der letzten ist einer der ältesten, noch immer in Besitz der Gründerfamilie befindlichen Betriebe. Es umfaßt heute rund 25 Hektar Reben in verschiedenen, teilweise hochklassigen Lagen und zählt damit, obwohl stark bäuerlich geprägt, nicht mehr zu den kleinen Produzenten der Zone. Als Folge der antiklerikalen Gesetzgebung, mit der die Regierung D'Azeglio, insbesondere ihr Justizminister Giuseppe Graf Siccardi, nach 1849 in Italien die mit der modernen Staatsidee unvereinbaren Privilegien der Kirche abzubauen versuchte, wurde auch das Kloster San Frontiniano säkularisiert. Die Oddero, eine alte Weinbauernfamilie aus La Morra, erwarben das Anwesen, wandelten es in ein landwirtschaftliches Gut um und begannen 1878 mit der Weinproduktion. Schon in den ersten Jahrzehnten feierten ihre Weine große Erfolge und erhielten mehrere Auszeichnungen bei Wettbewerben in Turin und Mailand. Bis heute haben es die Oddero geschafft, mit ihrer brei-

ten Palette an Albeser Weinen den guten Ruf zu rechtfertigen, der ihnen vorausgeht. Der Barolo ist ihr Spitzengewächs. Er kommt von fünf verschiedenen Lagen der Zone, wobei nur ein geringer Teil der Trauben in Santa Maria selbst gewachsen ist. Er ist ein sehr feiner, gut gebauter, aber nicht zu schwerer Wein mit festem Tanninkorsett, nobler Beere und zartem Goudron. Die Keller dieses gepflegten Gutes liegen zum einen Teil unter den Fundamenten des alten Klosters, das heute das Herrenhaus sowie einige Landarbeiterwohnungen beherbergt, zum anderen Teil bei einer alten Hofstelle in den Weinbergen von Santa Maria. Seine derzeitigen Besitzer sind der Apotheker Giacomo Oddero aus Alba und sein jüngerer Bruder Luigi Oddero. Dieser ist für die Weinerzeugung zuständig. Beide Brüder verstehen sich nicht nur als Winzer und Weinmacher, sondern als Bewahrer des bäuerlichen Kulturgutes. Sie sind Gründungsmitglieder des »Ritterordens von dem Trüffel und den Weinen Albas« und lassen sich als solche die Pflege des überlieferten Gesangs- und Sprachgutes, der Malerei und des Handwerks, aber auch und nicht zuletzt die Erhaltung der traditionellen Küche der Langhe angelegen sein, ohne die alle Albeser Weine, wie sie betonen, »verwaist« wären.

## VERDUNO

Die »Wacht über dem Tanaro«, wie die Einwohner ihr kleines, an der nördlichen Peripherie der Barolo-Zone gelegenes Dorf nennen, verfügt über keine erstrangigen Barolo-Lagen. Deshalb werden vor allem Dolcetto und Barbera an den Hängen von Verduno kultiviert. Mittelpunkt von Verduno ist das alte Schloß, als »Castello di Re Carlo Alberto« in die Geschichte eingegangen, weil der Savoyer König es Mitte des letzten Jahrhunderts erwarb, um sich selbst mit der Erzeugung des »Königsweins«, des Barolo, zu befassen. Heute gibt es viele Winzer, aber nur wenige Abfüller in dem Ort. Zu ihnen gehören die Gebrüder Pontiglione (ihr Gut *Bel Colle* befindet sich nicht direkt in Verduno, sondern in der Ortschaft Castagni) und die drei Schwestern Gabriella, Lisetta und Liliana *Burlotto*, die in dem ehemals königlichen Castello ein Restaurant mit einem kleinen Hotel bewirtschaften. In dem Keller unter dem Herrenhaus produzieren sie in handwerklich-traditioneller Manier ein paar tausend Flaschen Barolo sowie einige hundert Flaschen Pelaverga: einen sehr stoffigen, aber nicht schweren Rotwein – den typischen Wein dieses Dorfes. Verduno ist nämlich einer der letzten Orte in Italien, an denen die gleichnamige Rebe kultiviert wird. Wies der aus ihren Trauben gekelterte Wein früher vielfach eine dezente Süße auf, so wird er heute durchweg trocken ausgebaut.

## BAROLO

Der Ort, der dem »Königswein« den Namen gegeben hat, ist keineswegs das Zentrum der weinbaulichen Aktivitäten der Zone. Er ist nur eines von mehreren Dörfern, in denen sich der Weinbau konzentriert. Seinen Ruf verdankt er vor allem zwei Umständen: der Tatsache, daß sich Schloß und Keller der Marchesi Falletti, die den Barolo einst berühmt gemacht haben, in seinen Mauern befanden, sowie den Cannubi, jenem langgestreckten Hügelrücken vor dem Dorfe, der die vielleicht berühmteste Lage des ganzen Anbaugebietes darstellt und

**ÄLTESTES REBLAND** *Von dem Barolo hieß es einst: Nur der Burgunder könne älter werden. Im Bild: die Lagen Brunate und Cerequio.*

mit Sicherheit eine der besten ist. Ihre Böden sind mager und extrem trocken. Die Weine weisen ein mittleres Gewicht auf, sind sehr reif (in guten Jahren zeigen sie oft eine »süße« Spitze), werden aber stets von einer feinen Säureader durchzogen. Sie besitzen ein außergewöhnlich vielschichtiges, exotisches Bouquet, in dem sich Cassis und Banane, Trüffel und der Duft von verblühten Rosen kreuzen können. Sehr gute lagenreine Barolo kommen von der Cantina *Alfredo Prunotto*, von *Francesco Rinaldi* (seit 1978), der Familie *Terzano* und *Marchesi di Barolo*.

*Marchesi di Barolo* sind die größten Weinerzeuger des Dorfes. In ihren Händen befindet sich ein erheblicher Teil des ehemaligen Falletti-Besitzes. Das Unternehmen verfügt über mehr als 50 Hektar Reben in nahezu allen Teilen der Cannubi sowie in der zweiten, großen Lage des Dorfes: Sarmassa. Darüber hinaus werden beträchtliche Mengen an Trauben zugekauft. Der alte Keller der Falletti (beziehungsweise des späteren *Opera Pia*, also jener Stiftung, die den Falletti-Besitz bis 1919 weiterführte) erwies sich angesichts der industriellen Ausmaße, die die Produktion inzwischen angenommen hat, bald als zu klein, so daß am Fuße der Cannubi eine neue Produktionshalle errichtet wurde. In dem schummrigen Raritäten-Keller, der unter dem Fundament dieses Betonklotzes liegt, hütet die Familie Abbona, die die Anteile des als Aktiengesellschaft firmierenden Unternehmens hält, noch Jahrgänge aus der Falletti-Epoche, also jener Zeit, in der nicht allein der Name der Erzeuger dieses Weins herrschaftlich war.

Zwei andere größere Abfüller im Dorfe sind *Damilano* und *Giacomo Borgogno*. Das letzte ist eines der ältesten Unternehmen des Anbaugebietes mit einer glanzvollen Geschichte, was die Wertschätzung und die Qualität ihrer Weine angeht, speziell des Barolo. Seinen Ruf verdankt dieser den ausgezeichneten Lagen und dem Können des Namensgebers Giacomo Borgogno. Dieser starb Anfang der 60er Jahre. Das Unternehmen wurde von seinen Nachkommen weitergeführt und ist bis heute in Familienhand geblieben. Allerdings sind die Barolo-Jahrgänge bis 1961 die gesuchtesten geblieben. Neben *Giacomo Borgogno* gibt es zwei weitere Güter dieses Namens in dem Ort. Das von *Serio* und *Battista Borgogno* erzeugt einen guten Barolo aus der Lage Cannubi. *Francesco Borgogno*, der kleinste der drei Borgogno, stellt den feinsten Barolo her. Er kommt von einem winzigen Stück Rebberg in der Lage Brunate. Sein Hof liegt etwa zwei Kilometer vor dem Dorf an der Straße nach Alba.

Barolo ist bis heute ein Winzerdorf geblieben. Andere große Unternehmen als die erwähnten haben in ihm nicht Fuß gefaßt. Vorherrschend ist der bäuerliche Kleinbetrieb, der über einige Morgen Land verfügt und nicht mehr als einige tausend Flaschen Wein abfüllt. Zwei Betriebe stehen für alle: *Pira* und die Cantina *Mascarello*. Beide befinden sich seit Jahrzehnten im Familienbesitz. Beide verfügen über einen kleinen, aber hochwertigen Weinbergsbesitz. Beide gehören (beziehungsweise gehörten) zu den führenden Erzeugern der Zone. *Mascarellos* Wein wird mit

## BARTOLO MASCARELLO, BAROLO

*Der Name Mascarello taucht häufig im Anbaugebiet auf. Wenn von den Mascarello aus Barolo die Rede ist, kann jedoch nur Bartolo gemeint sein. Er ist der einzige Mascarello des Ortes. Seine Cantina und der alte Palazzo der Familie liegen in der Via Roma, gleich an der großen Piazza. Da ein Telefon nach seiner Meinung nicht zur notwendigen Ausstattung eines Winzers gehört, bleibt den Händlern und Besuchern nur, sich auf den Zufall zu verlassen, wenn sie ihn zu Hause antreffen wollen. Oder sie müssen ihn im Weinberg aufsuchen, wo er eigenhändig den Rebschnitt vornimmt (zehn bis 12 Augen läßt er bei der Nebbiolo-Traube stehen). Er versteht sich nach eigenen Worten als »kleiner bäuerlicher Unternehmer« und als »demütiger Bewahrer historischer Traditionen«. Sein Unternehmen umfaßt drei Hektar Rebland: je einen Hektar im Herzstück der Cannubi, in einer Randlage der Cannubi (San Lorenzo) sowie in der Lage Ruè. Daneben kann er über die Trauben eines zwei Hektar großen Areals bei Annunziata verfügen (Torriglione). Die Trauben dieser Lagen werden zusammen vinifiziert. Die Fermentation dauert nur noch halb so lange wie bei seinem Vater, der den Wein 30 Tage – allerdings mit Stielen – auf den Schalen stehen ließ. Was den Ausbau angeht, so ist bei ihm – trotz mancher gegenteiligen Vermutung – kein System zu erkennen, das sich grundsätzlich von dem anderer guter Barolo-Produzenten unterscheidet. In jedem Fall wird der Wein während der Reifephase (drei Jahre in Holzfässern) so wenig wie möglich manipuliert. Er wird nur umgezogen. Allerdings wird beim Umziehen streng darauf geachtet, daß die Schläuche und die Fässer sauber sind. Die Abfüllung erfolgt noch von Hand und stets im August, weil der Wein wegen der hohen Temperaturen dann kein Filtrat bildet. Er wird erst auf Magnum-Flaschen gezogen, wo er solange nachreift, bis eine größere Bestellung eintrifft. Erst dann geht er in Normalflaschen (im Keller liegen noch Magnum-Flaschen von 1955 und früher). Gegründet wurde der Betrieb von Giulio Mascarello, Bartolos Vater. Aber auch Bartolos Großvater arbeitete schon im Wein. Er war bis in die 20er Jahre Kellermeister der Winzergenossenschaft von Barolo.*

## PIRA, BAROLO

*Enrico Pira gehörte zusammen mit Violante Sobrero und seinem Neffen Bartolo Mascarello zu den großen Weinmachern der alten Barolo-Schule. Die 71er und 74er Jahrgänge seines Weins bezeichnete das amerikanische Fachmagazin »Vintage« als die besten je hergestellten Barolo des Anbaugebietes. Das Urteil ist sicher übertrieben. Dennoch steht außer Frage, daß sein Barolo zur ersten Garnitur des Anbaugebietes zählt. Er kommt ausschließlich von Lagen aus dem Ort Barolo: der größte Teil aus dem zentralen Teil der Cannubi, ein kleinerer aus einer Cannubi-Randlage (San Lorenzo) sowie aus dem Weinberg Via Nuovo zwischen Barolo und Novello. Die Lage Prea, die auf alten Etiketten noch aufgeführt ist, hatte Pira beizeiten verkauft, weil ihm die Arbeit zuviel geworden war (sie wurde 1974 das letzte Mal abgeerntet). Das Lesegut wurde von ihm und seinem Bauern Felice Ricca mit den Füßen eingestampft und die Maische 14 Tage bis drei Wochen lang vergoren. Maßnahmen zur Tanninreduzierung, zur Stabilisierung oder Schönung kannte Pira nicht. Der Wein wurde völlig natürlich und meistens sehr lange ausgebaut. Selbst wenn er vier oder fünf Jahre im Faß gelegen hatte, pflegte Pira nicht die Zusatzbezeichnung »Riserva« oder »Riserva Speciale« auf das Etikett zu schreiben. Auch entsprach es seiner Art, nie einem Kunden hinterherzulaufen. Er besaß kein Telefon, und wer ihn sprechen wollte, fand ihn sicher nur abends in der Bar des Dorfes. Mit dem Tod Piras im Jahre 1980 ist die Tradition dieses seit 1810 existierenden Familienunternehmens zu Ende gegangen. Es befindet sich heute in den Händen der Firma Giacomo Borgogno in Barolo, die versuchen will, die Eigenart und das Niveau des Pira-Weins zu bewahren. Nach den Landverkäufen, die Pira selbst getätigt hatte, stehen heute nur noch 1,5 Hektar unter Reben. Entsprechend gering ist die Produktion des Barolo.*

einfachsten Mitteln, aber mit der Erfahrung von sechzig Jahren produziert. Er ist ein unvergleichlicher Wein: eher elegant als schwer, aber unübertreffbar reintönig und zartfruchtig. Er wird noch vollkommen handwerklich hergestellt. Selbst die Abfüllung und Etikettierung der Flaschen geschieht ohne Maschinenhilfe. Einzigartig ist auch die Einstellung Bartolo Mascarellos, des Erzeugers, zu seinem Beruf. Seine größte Furcht besteht zum Beispiel darin, daß eines Tages ein Lastwagen vor die Cantina fahren könnte und den Wein palettenweise aufladen will. Andere Winzer träumen von einem solchen Tag.

*Piras* Wein ist eine Legende. Amerikanische Weinfachzeitschriften haben in ihm den Inbegriff eines Barolo gesehen: ein kraftvoller, ebenso tannin- wie säurehaltiger Tropfen, der sich nur langsam entwickelt, eines Tages aber feinste Bouquetstoffe freigibt und einen unüberbietbaren Geschmacksreichtum offenbart. Selbst im Alter, so rühmten auch italienische Weinjournalisten, behalte er noch seine tiefe, dunkelrote Farbe bei.

Der Ruf, den dieser Wein genießt, ist in mancherlei Hinsicht gerechtfertigt. Mit Sicherheit war er einer der ersten Barolo, die einen hohen Grad an Perfektion aufwiesen. Zur Legendenbildung hat freilich die eigenwillige Person von Enrico Pira maßgeblich beigetragen. Die Kinder des Dorfes liebten ihn, weil er häufig mit ihnen spielte. Kunden gegenüber war er oftmals schroff. Er verkaufte seinen Barolo nicht an jeden, der zu ihm kam. Wer bei ihm abgewiesen wurde, konnte ihn praktisch nur in zwei Weinhandlungen in Neapel und Mailand erstehen, an die er den größten Teil seiner winzigen Produktion verkaufte. Sein Preis war übrigens immer sehr niedrig. Dafür pflegte er nicht mehr als 12 Kartons auf einmal auszuliefern. Der Grund war einfach: In sein kleines Auto paßte nicht mehr hinein, und mehr als einmal pro Woche wollte er nicht nach Alba fahren. Auch im Keller arbeitete Pira teilweise noch mit urbäuerlich einfachen Mitteln – etwa dem *crivel*, einem Drahtsieb, mit dem man früher die Trauben von den Stielen trennte. Daß er als letzter noch seine Trauben mit den Füßen einmaischte, obwohl es längst sanfte, mechanische Maischeapparate gibt, haben Barolo-Liebhaber stets mit besonderer Entzückung registriert. In dieser schonenden Traubenbehandlung wollten sie das Geheimnis seines Weins erkannt haben. Aber auch die Fässer, in denen er den Barolo ausbaute, sind von Legenden umwoben. Spätere Untersuchungen haben zwar nichts Auffälliges an ihnen zutage gefördert. Doch die Legenden sind geblieben. Da es keine schriftlichen Aufzeichnungen von Pira gibt außer den Notizen auf seinem Wandkalender, in den er täglich eintrug, wieviele Flaschen welchen Weins er jeweils abgefüllt und verkauft hatte, werden sie auch weiter kursieren. Das Geheimnis seines Barolo aber dürfte, wenn es überhaupt eines gab, in den ausgezeichneten Lagen und seiner Meisterschaft zu suchen sein, die Trauben dieser im rechten Verhältnis miteinander zu mischen.

Enrico Pira ist tot. An jenem Tag, an dem er in seinen Wandkalender den Satz eintrug: »Dies ist der schönste Tag in meinem Leben!«, sprang er in einen Brunnen, um seinem Leben selbst ein Ende zu setzen. Da er keine Familie besaß, übernahmen zwei Schwestern das Weingut. Sie konnten die Produktion aber nicht lange fortführen und verkauften den Betrieb an die Firma *Giacomo Borgogno*. Seitdem ist der junge Cesare Boschis, Sohn des Firmeninhabers dieses Unternehmens, für den *Pira*-Wein zuständig. Er bemüht sich, den alten Stil beizubehalten. Ob es ihm gelingt, wird sich zeigen. Am wenigsten wird es jedenfalls davon abhängen, ob die Maische weiterhin im Stampfbottich hergestellt wird oder nicht.

Die Weine von *Pira* und *Mascarello* sind Beispiele dafür, daß sich mit handwerklichen Methoden noch immer ein vorzüglicher Barolo erzeugen läßt. Sie sind aber keineswegs die einzigen Beispiele. Zwei vorzügliche Barolo kommen von *Giuseppe Rinaldi*, dem ehemaligen Bürgermeister von Barolo, und von Luciano Rinaldi, seinem Neffen, dessen Betrieb noch unter dem Namen seines Vaters firmiert (*Francesco Rinaldi*). Ein Teil seines Kellers befindet sich an der Via Sacco in Alba, ein anderer an der Höhenstraße von Barolo nach Alba in der ehemaligen Cascina Boschis. Dort soll der frühere Kellermeister der Falletti einst ohne Wissen der Marchesa und auf seine eigene Rechnung heimlich einen Barolo gekeltert haben – aus den Trauben der Obrigkeit selbstverständlich, und auch noch solchen von den Cannubi!

Im Gegensatz dazu erhielten die *Barale* als eine der ersten Winzerfamilien des Dorfes Barolo von den Nachlaßverwaltern der Marchesa offiziell die Erlaubnis, einen eigenen Wein herzustellen. Das war 1870. Ihr Barolo ist ein mittelschwerer Wein mit einem sehr konzentrierten Fruchtkern, viel Tannin sowie von einer Harmonie und Eleganz, wie sie nur wenige Gewächse dieses Anbaugebietes zeigen. Der Weinberg, von dem er kommt, heißt Castellero und zählt zu den sehr guten Lagen des Dorfes. Auch die anderen Weine dieses Betriebes wirken sehr geschliffen und fein. Besonders eindrücklich ist der Barbera. Er kommt aus einer Barolo-Lage bei Bussia di Monforte und ist entsprechend körperreich und reif.

Unter den zahlreichen Kleinwinzern der Gemeinde fällt einer besonders auf: *Luciano Sandrone.* Er ist ein bäuerlicher Weinmacher mit wenig Rebland, das freilich zu einem guten Teil in der Lage Cannubi zu finden ist. Überwiegend von dort kommt sein Barolo, ein mächtiger Wein mit einem beeindruckenden Aromenstrauß. Andere Erzeuger in Barolo sind *Michele Fontana,* Teobaldo *Prandi,* Giovanni *Scarzello,* Oreste *Brezza* (er führt das gleichnamige Restaurant im Orte) und Francesco Pittatore *(Ponte Rocca).* Auch Aldo *Vajra* in dem kleinen Flecken Vergne macht sehr gute Weine: neben zwei Lagen-Barolo einen vorzüglichen Freisa.

Pläne zur Erneuerung der Landwirtschaft, die er lange vor seiner politischen Karriere entwickelt hatte, weitgehend im Dunkeln geblieben. Er besaß mehrere Mustergüter, auf denen er mit neuen Formen des gemischten Anbaus von Kulturpflanzen und neuen Methoden der Tierhaltung experimentierte. Aus dem Schloß von Grinzane machte er ein Weingut. Da er erkannte, daß die Franzosen in der Kellerwirtschaft weiter waren als die Piemontesen, holte er sich den Grafen Louis Oudart aus Frankreich als Kellermeister. Dieser war es, der seinem Wein Glanz gab und neue Maßstäbe für die Barolo-Produktion überhaupt setzte. Cavour war darüber sehr erfreut und hegte weitere, große Pläne – nicht nur mit Grinzane. 1853 schrieb er an einen Freund: »Wenn ich die Einigung Italiens bewerkstelligt habe, wird mein ganzes Streben darauf ausgerichtet sein, die Landwirtschaft zu verbessern.« Drei Monate nach der Einigung starb er.

Grinzane ist ein kleines Bauerndorf an den auslaufenden Hügeln der Langhe. Das Schloß, an dessen Hängen noch heute Reben kultiviert werden (ein lagenreiner Barolo kommt von der Kooperative *Terre del Barolo*) ist nicht von Cavour, sondern schon im 15. Jahrhundert von feudalen Adeligen errichtet worden. In den siebziger Jahren dieses Jahrhunderts ist es restauriert worden und beherbergt heute ein Weinmuseum, ein Restaurant mit der typischen Küche der Langhe sowie eine gut sortierte Önothek, in der die Weine der Mitglieder des »Ritterordens von dem Trüffel und von den Weinen Albas« verkauft werden. Grinzane verdankt Cavour – abgesehen vom guten Ruf – seine Kirche, die dieser erbauen ließ. Es ist heute mit dem in der Ebene liegenden Dorf Gallo zusammengewachsen, das direkt an der Straße von Alba nach Barolo liegt. Viele Industrieunternehmen und Handelsfirmen haben sich dort niedergelassen. Nur wenige Winzer leben noch in den Orten.

# GRINZANE UND GALLO

Die beiden Dörfer liegen an der Peripherie des Anbaugebietes und verfügen über keine großen Barolo-Lagen. Der gute Klang, den Grinzane hat, basiert auf dem Ruf seines Schlosses, das einen wichtigen Part in der Geschichte dieses Weines gespielt hat. Auf ihm lebte in der ersten Hälfte des vergangenen Jahrhunderts Camillo Graf Benso di Cavour, Mitherausgeber der Zeitung »Il Risorgimento«, die – wegen der reformistischen und republikanischen Ideen, die sie vertrat – der italienischen Einigungsbewegung den Namen gegeben hat. Später war er Handels-, Landwirtschafts- und Marineminister in dem Kabinett D'Azeglio, danach Finanzminister und schließlich Ministerpräsident des Königreichs von Sardinien-Piemont. Gegenüber seinen staatsmännischen Verdiensten sind seine

# CASTIGLIONE FALLETTO

Auf dem Hügelkamm, der das Tal von Serralunga von dem La Morras trennt, liegt Castiglione Falletto, ein Barolo-Nest von rund 500 Einwohnern, die zu einem großen Teil aus alten Winzerfamilien bestehen. Das mittelalterlich angelegte Dorf drängt sich um die Burg mit ihren markanten drei Ecktürmen und dem mächtigen, zylindrischen Hauptturm in der Mitte – »Symbol unermeßlicher Machtfülle über Jahrhunderte«, wie es in der Dorfchronik heißt. Otto III., Kaiser von Deutschland und König von Italien, hatte die Markgrafen von Turin im Hochmittelalter mit zahlreichen Burgen in dem Gebiet belehnt: Serralunga, Roddi, Barolo, La Morra und auch Castiglione. Im

### DAS DORF

*Barolo ist ein kleines, gut 700 Einwohner zählendes Winzerdorf, dessen Wein schon Anfang des 18. Jahrhunderts so bekannt war, daß englische Kaufleute sich auf den Weg machten, um ihn als Ersatz für den Bordeaux einzukaufen. Heute ist es ein, aber nicht das Zentrum der Weinwirtschaft. Im Hintergrund rechts: die Cannubi, Barolos berühmteste Lage.*

13. Jahrhundert wurde die Burg als Lehen an die Falletti weitergereicht, die aus ihr eine Wohnstatt machten. Von ihrem Namen leitet sich die Zusatzbezeichnung »Falletto« ab, die der Ort Castiglione trägt. Nach den Falletti hatte die Burg mehrere Besitzer. Seit 1871 ist sie in privater Hand.

Castiglione Falletto besitzt wenigstens eine herausragende Lage: Rocche. Es ist ein relativ steil in Richtung Perno abfallender Hang mit vorwiegend südöstlicher Ausrichtung. Barolo aus dieser Lage erzeugen vier Betriebe: *Bruno Giacosa* aus Neive, *Vietti*, *Fratelli Brovia* und die Genossenschaft *Terre del Barolo* aus Castiglione selbst. Dazu kommt der oberhalb der Straße nach Monforte gelegene Teil (*Bricco Rocche*), der den Gebrüdern *Ceretto* gehört. Die Weine aller sind Barolo einer besonderen Klasse. Es sind mächtige Gewächse mit viel Tannin und großen inneren Feinheiten, die in der Nase einen mehr oder minder ausgeprägten Lakritzgeschmack zeigen. Monprivato ist eine weitere erstklassige Lage von Castiglione Falletto. Sie befindet sich auf der gegenüberliegenden Seite des Hügelkammes in südwestlicher Ausrichtung zum Dorf Barolo hin. Der Wein, der dort wächst, ist ebenfalls körper- und tanninreich und weist einen typischen Teerstich auf. Große Barolo dieser Lage kommen von der Cantina *Giuseppe Mascarello*, die einen Teil des Monprivato (auch »Momprivato« geschrieben) besitzt, sowie von Violante Sobrero (*Filippo Sobrero & Figli*). Vorzügliche Barolo liefert auch die Lage Villero.

Der bedeutendste Produzent im Orte selbst ist *Vietti*. Er erzeugt fast die gesamte Palette der Albeser Weine (darüber hinaus Moscato d'Asti und Grignolino del Monferrato) auf einem sehr hohen Niveau: Dolcetto, Freisa, Arneis, Barbera, Nebbiolo, Barbaresco und Barolo. Da der Betrieb nur über einen einzigen Barbera-Weinberg verfügt, muß der größte Teil der Trauben zugekauft werden. Man hat jedoch langfristige Lieferverträge mit Winzern bestimmter Lagen abgeschlossen, die auch strenge

Klauseln in bezug auf die Weinbergspflege enthalten. Diese gehen sogar so weit, daß den Winzern das Spritzen mit Herbiziden untersagt ist. Wer je das Vergnügen hatte, bei *Vietti* zu einem Nachtmahl eingeladen zu sein, wird sich mit Freude an die grünen Salate aus Löwenzahn, Hirtentäschl und anderen Wildkräutern erinnern, die in den Weinbergen gewachsen sind, aus denen ihre Trauben kommen. Langfristige Lieferverträge setzen freilich voraus, daß den Winzern die Trauben auch in mittelmäßigen und kleinen Jahren abgenommen werden. Die Folge ist, daß *Vietti* in Jahren wie 1977 und 1984 ebenfalls Barolo erzeugt. Die Trauben wurden jedoch streng verlesen, so daß auch in diesen Jahren – allerdings bei halbierten Mengen – noch gute Weine produziert werden konnten.

*Vietti* ist ein familiär geführtes Unternehmen, das insgesamt nicht mehr als 100 000 Flaschen im Jahr abfüllt. Patron des Hauses ist Alfredo Currado, der im Keller tatkräftig von seiner Tochter Elisabetta unterstützt wird. Sie ist eine der ersten Frauen, die am Önotechnikum in Alba ihr Kellermeister-Diplom erworben und bereits auf renommierten Gütern in Kalifornien und im Bordelais gearbeitet hat.

Der Verzicht auf eigene Weinberge hat der Familie eine stärkere Konzentration auf die Probleme der Kellerarbeit ermöglicht. So gehört *Vietti* heute zu den Betrieben in der Barolo-Zone, die stark am wissenschaftlichen Fortschritt in der Önologie partezipieren können. So wurde beizeiten mit neuen Weinen und neuen Fässern experimentiert, so wurden neue Methoden der Maischebereitung und Gärführung in Zusammenarbeit mit wissenschaftlichen Instituten erprobt. Es spricht sicher nicht gegen das Haus, daß es sich am Ende klar für den traditionellen Typus von Wein entschieden hat – heißt er nun Barbera oder Barolo.

Die *Vietti*-Weine sind außerordentlich fruchtbetonte Gewächse, sehr stoffig, sehr körperreich, mit großen Feinheiten auf der

### ALDO CONTERNO

*Zu den am höchsten geschätzten Weinen des Anbaugebietes zählen die Barolo von Aldo Conterno. Sie kommen aus Bussia, einem kleinen, an der Grenze zu Castiglione Falletto liegenden Dörfchen und sind kraftvolle, tanninreiche Gewächse mit opulenter Frucht. Aldo Conterno selbst verbindet solides, bäuerliches Winzerbewußtsein mit skrupulöser und stets an den Leitlinien traditioneller Önologie orientierter Kellerarbeit. Seine Cascina Favot, Teil des ursprünglich einmal sehr umfangreichen Besitzes der Conterno-Familie, liegt unmittelbar an der Straße von Monforte nach Castiglione Falletto.*

*Vietti ist ein kleiner Familienbetrieb in Castiglione Falletto, der nur wenige Weinberge besitzt und sich schon früh auf die Verarbeitung zugekaufter Trauben von besten Lagen konzentriert hat. Das Fundament seiner Kellerarbeit ist die traditionelle Önologie. Alfredo Currado, der Inhaber, versucht aber, das alte Handwerk durch intelligente Kombination mit neuen Herstellungsverfahren, moderner Technik und überlegten Experimenten weiterzuentwickeln. »Ich möchte den traditionellen Barolo verfeinern«, bekennt er. Sein Erfolg hat ihn bestärkt. Viettis Barolo haben eine eigene, bis nach Amerika reichende Liebhaber-Gemeinde. Assistiert wird Alfredo Currado von seiner Tochter Elisabetta, eine der ersten Frauen, die an der Weinbaufachschule in Alba ihr Kellermeister-Diplom erworben hat.*

Zunge. Die Barolo sind streng komponiert. Sie haben einen konzentrierten Fruchtkern und viel Tannin. Der von der Lage Rocche ist ein meisterhafter, sehr spät reifender Wein mit einem zarten Unterton von Lakritz. Von der Lage Briacca, einem winzigen, direkt neben Rocche liegenden Weinberg, der überwiegend mit der seltenen Nebbiolo-Unterart Rosé bestockt ist, kommt eine geschmeidigere Variante dieses Weins. Seit 1984 erzeugt *Vietti* auch Barolo von den Lagen Cannubi, Brunate und Villero.

Ein weiterer erstrangiger Barolo-Produzent von Castiglione Falletto ist Violante Sobrero, eine Winzernatur von altem Schrot und Korn, der vom Rebschnitt im Februar bis zur Etikettierung der Flaschen im Januar alles, was mit dem Wein zusammenhängt, selbst erledigt (*Filippo Sobrero & Figli*). Die Trauben für seinen Barolo kommen von vier Hektar Rebland in den Lagen Monprivato und Villero, und der Wein, der nach einer ausgedehnten Maischegärung daraus wird, besitzt alle Vorzüge und Nachteile eines großen, klassischen Barolo: eine verschlossene Frucht in den ersten Jahren, die umgeben ist von Massen harten, abweisenden Tannins – aber feinste Beere und nobelstes Tannin zum Zeitpunkt der Reife. Diesen zu erreichen, braucht es allerdings viel Geduld.

Sobrero, Jahrgang 1920, hat seine Weinberge 1985 an Mauro Mascarello verkauft. Mit ihm tritt eine der letzten großen Winzerpersönlichkeiten ab. Sein Name ist nur wenigen Kennern bekannt, sein Barolo ebenfalls. Diese haben ihn aber schon in den 60er und 70er Jahren auf eine Stufe mit *Pira* und *Mascarello* gestellt. Der Kellerarbeit maß Sobrero immer die ihr gebührende Bedeutung zu – aber nicht mehr. Für die Qualität des Barolo sind nach seiner Meinung nämlich zwei andere Faktoren wichtiger: der richtige Erntezeitpunkt und die strenge Traubenauswahl. In ihnen sah er das »Geheimnis« dieses Weines.

Der Betrieb, der die Sobrero-Weinberge aufgekauft hat, befindet sich außerhalb der Anbauzone des Barolo in Monchiero: *Giuseppe Mascarello*. Er wird heute in vierter Generation von Mauro Mascarello geführt, einem sehr ehrgeizigen Weinmacher, der schon in den 70er Jahren durch sehr strenge Mengenbeschränkungen aufgefallen ist, und dessen Weinen besonders in den letzten Jahren außerordentlich stolze Erfolge bei internationalen Verkostungen zuteil geworden sind. Sein Großvater hatte bereits

1919 das schöne, historische Gutsgebäude in Monchiero gekauft, in dem noch heute die Weine gekeltert und ausgebaut werden, und dessen tiefste Keller so kalt sind, daß man früher in ihnen Natureis lagerte. Die Mascarello besaßen von Anfang an Weinberge in der Barolo-Zone, aber sie verlegten sich schon früh auf die Kellerarbeit und begannen, auch fremde Trauben zu kaufen und Wein aus ihnen zu machen. Als Luigi Veronelli, der italienische Weinjournalist, einmal äußerte, ihre Produktion ständе auf einem »industriellen Fundament«, schrieb ihm Mauro Mascarello zurück: »Das industrielle Fundament meines Vaters bestand darin, in den Jahren 1962 und 1963 versuchsweise eine mechanische horizontale Schneckenpresse statt der vertikalen Kelter zu benutzen, um mit dem Problem fertig zu werden, daß qualifizierte Kellerarbeiter während der Lese nicht zu bekommen sind. Nachdem er jedoch die Resultate gesehen hatte, hat er das Gerät nie wieder verwendet.«

Noch heute wird der größte Teil der Mascarello-Weine aus gekauften Trauben hergestellt. Nur der beste Barolo, der erzeugt wird, kommt aus einem eigenen Weinberg: Monprivato. Auf diesem, dem Dorf Castiglione Falletto vorgelagerten Hügelrücken besitzen die Mascarello seit 1904 eine kleine Cascina inmitten von Reben. Ihnen widmet Mauro Mascarello das ganze Jahr über größte Aufmerksamkeit und läßt ihnen jede erdenkliche Pflege zukommen. Im Frühjahr werden sie bis auf 12 Augen zurückgeschnitten. Beim Grünschnitt im Sommer dünnt er die Trauben nochmals rigoros aus, und zwar um bis zu 30 Prozent. Im Oktober oder November wird dann in zwei, bisweilen auch drei Durchgängen gelesen. Die Selektion ist so streng, daß mancher andere Weinproduzent froh wäre, dürfte er aus den Trauben, die hängen bleiben, noch einen eigenen Barolo machen. Der Monprivato ist denn auch ein opulenter Barolo von großer Geschmackstiefe, eher streng als weich auf der Zunge und ein ausgesprochener Spätentwickler.

Mehrere lagenreine Barolo von guter Qualität erzeugen auch Olivio und Gildo *Cavallotto*. Ihr Gut liegt auf einer kleinen Anhöhe (Bricco Boschis) an der Hauptstraße direkt in Castiglione Falletto. Außerhalb des Dorfes, aber noch zur Gemeinde gehörig, gibt es mehrere Weinerzeuger, die – jeder auf seine Art – sehr gute Weine zur Produktion des Anbaugebietes beisteuern. *Saverio Fontana* in Pugnane zum Beispiel, oder die Familie Scavino in Garbelletto. Ihr Weinberg heißt Bricco del Fiasc und liegt

## DIE NEUERER

Die Brüder Marcello und Bruno Ceretto (von links) haben als erste versucht, den Barolo von der Schablone des schwerblütigen Gewächses zu lösen und aus ihm einen eleganten, geschliffenen Wein zu machen, der auch schon in jungen Jahren einen hohen Grad an geschmacklicher Perfektion besitzt. Die 1978 errichtete Cantina Bricco Rocche mit ihren Batterien moderner Edelstahltanks, ihrer Übersichtlichkeit, ihrer Ordnung und ihrer Sauberkeit ist für sie Ausdruck professionellen Weinmachens.

auf einem kleinen Vorhügel zwischen Monprivato und Villero. Die beiden Brüder Paolo und Alfonso haben sich jedoch beizeiten getrennt. Jeder macht seit langem einen eigenen Barolo. Der von *Alfonso Scavino* ist kräftiger, der von *Paolo Scavino* eleganter. Paolo selbst ist 1984 gestorben. Sein Sohn Enrico hatte aber schon vorher die Verantwortung für die Weine übernommen. Er ist ein sehr experimentierfreudiger Winzer. Man erreicht sein Gut und das von Alfonso am besten von der Straße Barolo–Alba aus. Ein weiterer kleinbäuerlicher, guter Produzent sind die Gebrüder Monchiero. In ihrer *Tenuta Montanello* erzeugen sie seit vielen Jahrzehnten unter konsequentem Verzicht auf Menge ausgezeichnete Barolo, Barbera und Dolcetto. Andere Weinerzeuger auf dem Gemeindeterritorium von Castiglione Falletto sind die Familie *Vignolo Lutati*, die schon seit dem 16. Jahrhundert Land um das Dorf besitzt und zum Zeichen ihrer langen Weinbautradition noch Flaschen vom Ende des letzten Jahrhunderts in ihren Kellern aufbewahrt, sowie *Gigi Rosso*. Er kommt aus der Weinindustrie und hat sich entschieden, einen leichten, relativ unkomplizierten Barolo zu keltern, der nicht durch ein Übermaß an Tannin des Vorzugs der frühen Trinkreife verlustig geht. Die Trauben für ihn kommen jedoch nicht aus Castiglione Falletto, sondern größtenteils von der Lage Arione bei Serralunga. *Gigi Rossos* Keller liegt an der Straße Alba–Barolo.

Einen knappen Kilometer hinter Castiglione Falletto in Richtung Monforte befindet sich die Cantina eines der ungewöhnlichsten Weinerzeuger der Zone: *Ceretto*. Ungewöhnlich ist vielerlei an diesem Unternehmen, nicht etwa nur das ehrgeizige Niveau ihrer Weinproduktion. Ungewöhnlich ist zum Beispiel die Offenheit, mit der die beiden Brüder Marcello und Bruno Ceretto den Anspruch deutlich machen, mit dem sie angetreten sind: »Wir wollen die besten in Alba sein.« Ungewöhnlich ist auch die Philosophie des Hauses, die sie in dem Satz zusammengefaßt wissen wollen: »Deutscher Fleiß, französisches Genießen,

## VIETTI, CASTIGLIONE FALLETTO

*Vietti ist ein Kellereibetrieb, der über 80 Prozent seiner Trauben kauft, sie selbst vinifiziert und die Weine selbst ausbaut. Die Produktion umfaßt das gesamte Sortiment der Albeser Weine. Die Mengen, die erzeugt werden, sind gering. Alfredo Currado, Inhaber des Betriebes, hat sich darauf verlegt, Lagenweine nur von sehr guten und besten Positionen der verschiedenen Anbaugebiete abzufüllen, so daß er schon in den 60er Jahren den Ruf genoß, einer der führenden Weinmacher Albas zu sein. Er ist mit Luciana Vietti verheiratet, der Tochter des Firmengründers Mario Vietti. Dessen Vater Carlo hatte im 19. Jahrhundert mit der Weinproduktion begonnen, doch Mario, der Sohn, war mit der Qualität des eigenen Leseguts so wenig zufrieden, daß er in den 30er Jahren dieses Jahrhunderts begann, seine Trauben systematisch von Winzern der umliegenden Dörfer zu kaufen und sich selbst auf die Weinbereitung zu spezialisieren. Diese Tradition ist bis heute fortgeführt worden, wobei nicht versäumt wurde, auch die Traubenproduktion der Vertragswinzer genau zu kontrollieren. Vietti ist ein Traditionalist, jedoch einer, der mit modernen Mitteln und Methoden arbeitet. In seiner Cantina, die direkt im Dorfe hinter der mächtigen Burg liegt, findet man ebenso die großen, alten Fässer aus jugoslawischer Eiche, in denen die piemontesischen Rotweine seit jeher reifen, wie auch moderne Computer zur Kontrolle der Gärung in den Edelstahltanks. Die Barolo (sie kommen von den Lagen Rocche und Briacca in Castiglione Falletto, gelegentlich auch von anderen erstklassigen Lagen) läßt er bis zu sechs Wochen temperaturkontrolliert auf den Schalen fermentieren. So entstehen wuchtige Weine mit viel Körper und Tannin, aber von feinster Frucht und großer stofflicher Konzentration. Sie werden drei, manchmal auch vier Jahre lang im Faß ausgebaut, dabei relativ häufig umgezogen, am Ende leicht mit Gelatine geklärt und unfiltriert abgefüllt. Die Menge, in der die beiden Barolo abgefüllt werden, übersteigt selten 8000 Flaschen. Man produziert in überschaubaren Dimensionen. Die Folge ist, daß Vietti bis heute ein reiner Familienbetrieb geblieben ist, in dem von den Töchtern bis zum Schwiegersohn keiner von der Verantwortung für den Wein ausgenommen ist.*

## BRICCO ROCCHE, CASTIGLIONE FALLETTO

*Die Ceretto sind eine alte Winzerfamilie aus einem Dorf nahe Santo Stefano Belbo, wo der beste Moscato der Provinz Asti wächst. Schon 1932 begann Riccardo Ceretto, der Vater der heutigen Firmeninhaber, Trauben zuzukaufen, um sich stärker aufs Weinmachen zu verlegen. Als er 1941 nach Alba wechselte, um dort eine neue Kellerei zu gründen, fing er an, sich auch mit den Albeser Rotweinen zu beschäftigen. Seine Söhne Bruno und Marcello, die den Betrieb übernahmen, konzentrierten sich seit Anfang der 60er Jahre jedoch darauf, nur Trauben aus besten Lagen zu kaufen beziehungsweise dort selbst Weinberge zu erwerben. Zwar wird noch heute der größte Teil der Trauben, die sie verarbeiten, zugekauft, doch ist inzwischen ein ansehnlicher Weinbergsbesitz in der Barolo-Zone hinzugekommen: 5,2 Hektar in der Lage Brunate (dort wächst ein mittelgewichtiger, eleganter Barolo); zwei Hektar in der Lage Prapò bei Serralunga (ein Barolo des traditionellen Typs); und als jüngste Erwerbung 1,3 Hektar in der Lage Bricco Rocche bei Castiglione Falletto (ein Barolo von Wucht und Eleganz zugleich, der – erstmals 1982 erzeugt – einen Wein der Extraklasse darstellt). Er heißt – wie der Teil des Weinbergs, von dem er kommt – Bricco Rocche und wird in der gleichnamigen Cantina erzeugt, in der – außer dem Barbaresco – alle Ceretto-Weine hergestellt werden (neben Dolcetto, Barbera und Nebbiolo auch ein vierter Barolo aus der Lage Zonchera, die von den Ceretto nur gepachtet ist). Die Barolo werden höchstens 18 Tage auf den Schalen vergoren. Die Milchsäuregärung findet gleich im Anschluß daran statt. Die Länge des Faßausbaus ist eher kurz bemessen. Sie beträgt nur zwei Jahre. Man benutzt dabei Fässer von 30 bis 115 Hektolitern Inhalt, die mindestens zehn Jahre alt sein müssen. Der Wein wird mit Gelatine geklärt und – aller sonstigen Modernität zum Trotz – nach Bauernart von Hand abgefüllt.*

## ROCCHE DEI MANZONI MONFORTE D'ALBA

*Das ehemalige Gut der Manzoni-Familie liegt nur einen Kilometer vor Monforte an der Straße nach Monchiero. Es ist auf einem Hügelvorsprung an der äußersten südlichen Grenze des Anbaugebietes errichtet worden. Seine ältesten Keller stammen aus dem Jahre 1730. Rocche dei Manzoni wurde 1970 von dem Gastronomen Valentino Migliorini erworben, der in Caorso bei Piacenza das mehrfach ausgezeichnete Restaurant »Da Valentino« betreibt. Die Weinberge wurden neu bestockt, zum Teil auch ganz neu angelegt. Derzeit umfassen sie 20 Hektar. Der neue Eigentümer hat sich zugleich entschieden, dem Gut ein anderes Profil zu geben. Er hat sich auf die Produktion hochwertiger Nebbiolo-Weine und zweier Chardonnay-Sekte konzentriert (in den Weinbergen wachsen auch Dolcetto, Barbera und Pinot Grigio, jedoch nur in geringen Mengen). Unter den aus der Nebbiolo-Traube gekelterten Weinen ist der Barolo der hochwertigste: ein körperreicher, dunkelfarbiger Wein von opulenter Stoffülle, sehr fleischig und geschmacksintensiv. Er kommt von einer hochgelegenen Südlage, deren Böden verhältnismäßig stark von Sand durchsetzt sind. Er wird sehr traditionell bereitet (Maischegärung von mindestens 30 Tagen, oft länger), auch sehr lange ausgebaut (mindestens fünf Jahre lang, davon vier in Holz). Doch findet der Ausbau in verhältnismäßig kleinen Fässern aus relativ junger Eiche statt. Dadurch erhält er eine besondere Prägung, die ihn gegenüber anderen Barolo unverwechselbar macht. Er ist durch die beschleunigte Reifung in diesen Gebinden nicht nur ein ungemein weicher, bereits wenige Jahre nach der Abfüllung aufgeschlossener Wein, sondern auch deutlich vom Geschmack des Eichenholzes geprägt. Für seine Klasse ist dieser Migliorini-Stil jedoch erst in zweiter Linie verantwortlich. Seine Qualität verdankt er vor allem der strengen Auslese der Trauben (es wird mindestens zweimal gelesen) sowie der Entscheidung des Patrons, den Wein überhaupt nur in sehr guten Jahren herzustellen: 1974, 1978, 1979, 1982, 1985. Zwischen 15 000 und 20 000 Flaschen werden von ihm abgefüllt.*

## SCARPA, NIZZA MONFERRATO

*Scarpa ist ein Weinhaus, dessen Aktivitäten vor allem im Astigiano liegen. Gleichwohl hat sich dieses traditionsreiche Unternehmen immer bemüht, auch Albeser Weine zu erzeugen, insbesondere jene, die im Hügelland von Asti nicht erzeugt werden dürfen oder können. Das gilt für den Nebbiolo, Barbaresco und Barolo. Scarpa besitzt zwar keine Weinberge in den Anbaugebieten. Es ist dem Betrieb jedoch gelungen, Trauben von einigen sehr guten Lagen zu kaufen. Was den Barolo betrifft, kommen sie vor allem aus La Morra (Tetti La Morra) und Monforte (Le Coste). Gelegentlich wurden auch Barolo aus Serralunga (Boscareti) und Castiglione Falletto (Le Rocche und Otinasso) erzeugt. In allen Fällen sind es strenge, muskulöse Weine, die trotz langer Faßlagerung viel Zeit brauchen, bis sie sich öffnen, dann aber wahrhaft große Qualitäten offenbaren. Außer durch ihre Qualität faszinieren sie durch ihre Typik. Es sind klassische Barolo: wuchtig, schwer, tanninreich, aber nicht überladen, nicht plump, stets fein ausbalanciert und reif. Die Güte des Scarpa-Barolo hat klare Ursachen: Mario Pesce, Inhaber des Unternehmens, produziert diesen Wein nur selten. Er ist überzeugt, daß ein Barolo nur in sehr guten Jahren gelingen kann, da dieser Wein Trauben mit hohem Zuckergehalt und reifer Säure braucht. Mittelmäßige oder nur gute Jahre werden bei ihm ausgelassen. Selbst in einem Jahr wie 1979 hat er keinen Barolo gekeltert. Diese Politik kommt natürlich der Qualität zugute. Sie ist möglich, weil Scarpa das Schwergewicht seiner Produktion auf andere Weine gelegt hat, die nicht so stark jahrgangsabhängig sind wie die aus der Nebbiolo-Traube gekelterten.*

piemontesische Trauben.« Ungewöhnlich ist die Manier, in der sie ihr verzweigtes Unternehmen führen: »Wir arbeiten nicht mit Angestellten zusammen, sondern mit selbstverantwortlichen und selbständigen Winzern. Das einzige, an das sie sich halten müssen, sind unsere Rahmenbedingungen.« Ungewöhnlich ist schließlich auch die neue Cantina bei Castiglione Falletto. Sie heißt *Bricco Rocche* und steht auf der Spitze eines kleinen Hügels inmitten von Reben, die so präzis beschnitten und so sauber gebunden sind, daß der Eindruck entsteht, es gehöre zu den Rahmenbedingungen, im Weinberg mit Zirkel und Zollstock zu arbeiten (der Weinberg – der höchstgelegene Teil der Lage Rocche – hat der Cantina den Namen gegeben: *Bricco Rocche*). Architektonisch, funktionell und ästhetisch ähnelt der aus Beton, Glas und rotem Ziegelstein errichtete Bau mehr einer kleinen, kalifornischen Winery als einem italienischen Weingut. Der Unterschied ist gewollt. Denn die Ceretto haben nicht nur beim Wein einen anderen Stil. Übersichtliche Strukturen, optische Transparenz, logische Abläufe sind für sie Ausdruck professionellen Weinmachens, und nur Professionalität bringt Spitzenresultate. Diesem Rational entspricht *Bricco Rocche*. Die Räume sind klar gegliedert, alles Überflüssige ist entfernt worden. Selbst vom Wein ist wenig zu sehen (ausgenommen die Erntezeit). Entweder liegt er unsichtbar im Faß oder ist schon ausverkauft. Die Buchten im Flaschenkeller sind jedenfalls die meiste Zeit des Jahres leer. Aber auch das ist gewollt, denn ihre Weine – die Barolo eingeschlossen – soll man sofort genießen können. Folglich werden sie sofort verkauft. Eine Lagerhaltung lehnen die Ceretto ab.

*Ceretto* ist auch ein ungewöhnlich verzweigtes Unternehmen. Die Familie ist Mitglied des Winzerzusammenschlusses *I Vignaioli di Santo Stefano*, aus deren Kellern einer der schönsten Moscato d'Asti kommt. Ihre Anteile an der *Cornarea*, einem nicht mehr ganz kleinen Gut in Canale, das einen weißen Arneis produziert, hat die Familie verkauft und dafür eine neue Firma an dem Ort gegründet, die diesen typisch piemontesischen Weißwein erzeugt: *Blange'*. Zudem wird aus Trauben, die in einem winzigen, alten Rebgarten bei Migliandolo im Astigiano wachsen, in ihren Kellern ein sehr feiner Grignolino erzeugt, der allerdings nicht unter dem eigenen Etikett, sondern dem des inzwischen verstorbenen Vorbesitzers Paolo *Biggio* verkauft wird. Schließlich besitzen sie noch eine zwischen Alba und Barbaresco gelegene Destille, in der ein vorzüglicher Grappa gebrannt wird. Das Herzstück ihres Besitzes bilden jedoch die Musterbetriebe *Bricco Asili* bei Barbaresco und *Bricco Rocche* bei Castiglione Falletto. Mit ihnen und dem dazugehörigen Rebenbesitz haben Bruno und Marcello Ceretto die Wendung vom reinen *éleveur*, der ihr Vater zuletzt war, zum Winzer vollzogen. Kellerarbeit und Verkauf bilden zwar immer noch eine wichtige Komponente ihrer Arbeit, doch wuchs schon früh die Überzeugung, daß es sich lohne, stärker auf die Traubenproduktion Einfluß zu nehmen. Seit Anfang der 60er Jahre bemühten sie sich daher, nur noch Trauben bester Lagen zu verarbeiten und enger mit den Weinbauern, die die Trauben liefern, zusammenzuarbeiten. Zugleich begannen sie, sich eigene Weinberge zuzulegen, zumindest für den Barolo und Barbaresco. Was sie durch Grundstücksgeschäfte und den Verkauf von Hauseigentum gewonnen hatten, investierten sie in Rebland. So entstand im Laufe der Jahre ein hochwertiger Rebenbesitz von rund 8,5 Hektar in drei Lagen der Barolo-Zone: Brunate bei La Morra, Prapò bei Serralunga und Bricco Rocche bei Castiglione Falletto. Von diesen drei Lagen kommen drei Barolo – alle von recht unterschiedlicher Charakteristik, aber ähnlichem Stil. Marcello Ceretto, der für den Keller zuständige der beiden Brüder, beschreibt ihn so: »Wir sind Piemontesen und wollen piemontesische Weine machen, aber nicht auf die bäuerliche Art, wie es früher geschah, sondern unter Ausnutzung der Möglichkeiten, die uns die moderne Önologie bietet. Das bedeutet: Der Barolo muß kein harter, knochiger Wein sein, der erst nach vielen Jahren der Reifung genossen werden darf. Er kann auch ein eleganter, finessereicher Wein sein, ohne seine natürlichen Eigenschaften verlieren zu müssen.«

Den Ehrgeiz, wenn schon nicht die besten, so doch sehr gute Weine zu liefern, hat auch ein anderes Unternehmen: *Terre del Barolo*. Es liegt an der Straße von Alba nach Barolo, gehört aber noch zur Gemeinde von Castiglione Falletto und ist eine Genossenschaftskellerei. Dort werden die typischen Albeser Weine in nahezu allen Qualitätsstufen hergestellt – die obersten eingeschlossen. Man ist nämlich bereits in den 70er Jahren dazu übergegangen, einige Partien hochwertigen Traubengutes von denen mittelmäßiger Qualität zu trennen, separat zu keltern und den Wein gesondert auszubauen. Auch wenn es sich dabei um Mengen von nicht mehr als 100 Hektolitern handelt, so wird diesen Weinen doch eine individuelle Behandlung zuteil. Es sind Barolo von besonderen Lagen. Der schönste kommt von der Lage Rocche bei Castiglione. Der Winzer, der die Trauben für ihn liefert, ist kein geringerer als der Präsident der Genossenschaft selbst.

# MONFORTE

D ie Gemeinde Monforte liegt im höchsten Teil der Barolo-Zone. Die Weinberge reichen dort von 260 Metern bis auf 450 Meter. In ihrer chemischen Zusammensetzung ähneln die Böden denen von Serralunga. Das heißt: Sie besitzen einen leicht erhöhten Gehalt an Eisen. Auch die Weine von Monforte weisen in ihrer Charakteristik Parallelen zum Barolo von Serralunga auf. Es sind sehr schwere, tanninhaltige Gewächse, die normalerweise die längste Reifezeit von allen Weinen der Zone brauchen. Gäbe es einen Prototyp von Barolo – er müßte wahrscheinlich aus Serralunga oder Monforte kommen.
Die Spitzenlage des Dorfes ist Bussia. So heißt ein kleiner, relativ dicht an der Grenze zu Castiglione Falletto liegender Flecken, an dessen überwiegend südwestlichen Hängen ein mächtiger Wein wächst. Beispiele für gelungene Bussia-Barolo sind die Weine von *Aldo Conterno, Bruno Giacosa* und der Cantina *Alfredo Prunotto*. Aber auch andere Betriebe beziehen wenigstens einen Teil ihrer Trauben von dieser Lage: zum Beispiel *Pio Cesare, Fratelli Oddero* und *Colue'*.

Eine weitere sehr gute Lage befindet sich bei Perno, einem kleinen, hochgelegenen Dorf im Serralunga-Tal. Der beste Weinberg heißt Santo Stefano, benannt nach einer winzigen romanischen,

dem heiligen Stefan gewidmeten Kapelle, die auf der Spitze des Hügels die Wacht hält. Die Böden von Perno sind sandig durchmischt. Die Charakteristik des Barolo ähnelt derjenigen der Bussia-Weine. Andere hochwertige, wenngleich nicht überragende Lagen sind Dardi, Visette, Arnulfo, Castelletto und vor allem Pian della Polvere. Einen guten Wein liefern auch Grassi und Ginestra – Namen alter Hofstellen, deren Einwohner schon seit Hunderten von Jahren unter wechselnder Obrigkeit Reben ziehen und Trauben produzieren. Neben diesen gibt es noch eine Reihe weniger bekannter, kleinerer Lagen, die teilweise vorzügliche Barolo liefern. Aber auch die Barbera-Rebe ist in der Gemeinde Monforte stark vertreten. Als herausragende Lage gilt Pianromualdo.

Das Dorf Monforte selbst liegt am höchsten Punkt der Barolo-Zone. Es ist ältesten Ursprungs und war um die Jahrtausendwende eine Hochburg der Katharer – also ein Zentrum der Häresie und des gegen Rom gerichteten Religionskampfes. Eines Tages ließ der Erzbischof von Mailand jedoch alle führenden Familien des Ortes verhaften, nach Mailand deportieren und dort umbringen. Danach wurde Monforte zu einem feudalen Lehen verschiedener Herzöge und Markgrafen, zuletzt der Herzöge von Savoyen. Heute ist es ein lebendiges, von der Landwirtschaft allgemein und keineswegs nur vom Weinbau geprägtes Dorf.

Monforte hat viel Wein, aber relativ wenige Abfüller. Unter diesen ist an erster Stelle die Familie *Giacomo Conterno* zu nennen. Sie arbeitet seit mehr als zwei Jahrhunderten im Orte und ist im Besitz einer alten Urkunde, mit der ihr die Obrigkeit schon früh das Recht eingeräumt hat, »Wein herzustellen, zu kaufen und an bestimmten Orten in einem Umkreis von fünf Meilen wieder zu verkaufen«. Sie stammt aus dem Jahre 1770. Seitdem ist die Kunst des Weinbaus von einer Generation zur nächsten weitergegeben worden. Freilich ist der umfangreiche Weinbergsbesitz der Familie inzwischen stark aufgeteilt – in der jüngsten Generation noch einmal unter die Brüder Giovanni und Aldo Conterno, die eine unterschiedliche Auffassung vom Wein und Weinmachen voneinander trennte. Aldo erhielt die Cascina Favot bei Bussia Soprana, Giovanni behielt die umfangreichen Wirtschaftsgebäude in Monforte und die Cascina Francia bei Serralunga. Seit 1969 arbeitet nun jeder auf eigene Rechnung. Beider Weine sind von recht unterschiedlicher Charakteristik, doch jeder vorzüglich geraten. Die zwei Brüder verstehen sich als Traditionalisten – der eine freilich etwas mehr als der andere. Giovanni Conternos Ehrgeiz ist es, möglichst exakt nach der Art seiner Großväter zu arbeiten. Seine Weine werden noch in offenen Holzbottichen vergoren, die zu $^9/_{10}$ gefüllt sind und nur mit

**MONFORTE**

*Das Dorf Monforte liegt af dem höchsten Punkt der Barolo-Zone. Es ist ein lebendiges, nicht nur vom Weinbau allein geprägtes Dorf. Die Barolo von Monforte sind mächtige, schwere Weine mit einem großen Reifepotential, die in guten Jahren nahezu unübertrefflich sind.*

## ALDO CONTERNO, BUSSIA DI MONFORTE

*Aldo Conterno, der jüngere Bruder von Giovanni Conterno, ist einer der bemerkenswertesten Weinmacher der Barolo-Zone. Er versteht sich wie Giovanni als Traditionalist. Doch er scheut sich nicht, die Vorteile der modernen Önologie zu nutzen, um die guten Eigenschaften der Albeser Weine besser herauszuarbeiten. Mit anderen Worten: Er will seine neuen Weine wie mancher andere, sich »modern« nennende Winzer der Zone. Er benutzt aber durchaus das Instrument der Temperaturkontrolle zur Steuerung der Gärung und verkürzt die Holzfaßlagerung auf das vom Gesetz vorgeschriebene Minimum von drei Jahren. Er will ausdrucksvolle, fruchtige Weine und nimmt dabei in Kauf, daß insbesondere die aus der Nebbiolo-Traube gekelterten anfangs einige Härten aufweisen (Ausnahme: sein in »barriques« ausgebauter Barbera). Aldo Conterno hat den Beruf im Elternhaus gelernt. Statt ins Geschäft zog es ihn jedoch zunächst nach Amerika. Er erwarb die amerikanische Staatsbürgerschaft, leistete pflichtgemäß Wehrdienst und kämpfte Anfang der 50er Jahre mit den amerikanischen Truppen in Korea. Erst danach kehrte er ins Piemont zurück und begann, sich wieder um den Wein zu kümmern. Da er mit seinem Bruder große Meinungsverschiedenheiten über die Art des Weinmachens hatte, trennten sich die beiden 1969. Aldo erhielt den Familienbesitz bei Bussia, Giovanni den bei Monforte und Serralunga. Die Cascina Favot, in der Aldo Conternos Keller untergebracht ist, liegt an der Straße von Castiglione Falletto nach Monforte. In den Weinbergen um die Cascina wachsen Freisa, Grignolino und Dolcetto. Die hochwertigen Nebbiolo-Lagen liegen auf der anderen Seite des Hügelrückens bei Bussia Soprana. Von dort kommen der Standard-Barolo Bricco Bussia sowie drei Kleinlagen-Barolo, die die Spitze seiner Produktion darstellen: Colonnello, Cicala und – seit 1978 – Ciabote. Sie umfassen zusammen 3,5 Hektar. Die Trauben für sie werden sorgfältig verlesen und die Maische bis in den Dezember hinein vergoren. Es sind kraftvolle, tanninreiche und sehr langlebige Gewächse von großer Feinheit. Insgesamt umfaßt der Betrieb 13,5 Hektar (plus zugekaufte Trauben von 4,5 Hektar). Neben Aldo Conterno und seiner Frau arbeiten ihre Söhne in dem Betrieb.*

## GIACOMO CONTERNO, MONFORTE

*Den guten Ruf des Hauses Giacomo Conterno begründet hat der Monfortino, ein mächtiger Barolo, der nur in großen und sehr guten Jahren abgefüllt wird, dann aber bis zu 15,5 Vol.% Alkohol aufweist. Die hohe Gradation entspricht seinem Körperreichtum. Giovanni Conterno, der heutige Inhaber des alten Familiengutes, hat sich zum Ziel gesetzt, den Wein so zu erzeugen, wie seine Vorfahren ihn produzierten. Er verzichtet auf alle Möglichkeiten, die ein Winzer und Kellermeister besitzt, um seinen Barolo zu »entschärfen«: die Trauben früher zu lesen, damit er weniger hochprozentig ausfällt, oder kürzer zu vergären, damit er leichter wird. Die Maischegärung dauert beim Monfortino bis zu 30 Tage und wird im offenen Holzkufen nach einem sehr traditionellen System durchgeführt. Ausgebaut wird er in großen, alten Eichenholzfässern, in denen er durchweg acht bis zehn Jahre reift. Er präsentiert sich, wenn er dann auf Flaschen gezogen ist, noch als ein ungemein frischer, trotz seines Körperreichtums weicher Wein mit duftigem Bouquet und einer feinen »süßen« Spitze, die von seinem hohen natürlichen Glyceringehalt herrührt. Die Trauben für den Monfortino wachsen in dem gleichnamigen Weinberg an der äußersten südlichen Grenze des Barolo-Anbaugebietes. Zwischen 3000 und 8000 Flaschen werden von ihm abgefüllt. Der Standard-Barolo von Giacomo Conterno kommt dagegen aus der Gemeinde Serralunga. Dort besitzen die Conterno rund 15 Hektar Reben um die Cascina Francia. Auch er ist ein mächtiges, kraftvolles Gewächs, das vier bis sechs Jahre Faßlagerung braucht, um reif zu werden (30 000 Flaschen). Daneben erzeugt Giovanni Conterno (die Söhne dieser alten, seit 1770 im Weingeschäft befindlichen Familie heißen von Generation zu Generation abwechselnd Giacomo und Giovanni) drei andere Albeser Weine: Dolcetto, Barbera und Freisa. Sie sind ebenfalls für ihre Art sehr kräftig und kommen wesentlich später in den Handel als die anderer Produzenten.*

einem runden, durchlöcherten Holzbrett abgedeckt werden. Dieses ist mit Steinen beschwert, so daß die bei der Gärung auftreibenden Schalen weitgehend vom Wein bedeckt bleiben. Diese altbäuerliche, fast museumsreife Gärtechnik des *cappello sommerso* (untergetauchter Tresterhut) hat für Giovanni Conterno wenigstens einen Vorteil. Wenn nämlich die bei der Gärung entstehende Kohlensäure die Schalen nach oben treibt, beginnt das Holzbrett unter ihrem Druck zu schwanken. Die Steine rumpeln – der Kellermeister weiß, daß der Wein umgewälzt werden muß. Da dies unter Umständen auch zu nachtschlafender Zeit passieren kann, zeigt das Geräusch der Steine wie ein natürlicher Wecker an, wann ein Gang in den Keller angeraten ist.

Giovanni Conterno erzeugt Barolo, Freisa, Dolcetto und Barbera. Alle vier Gewächse unterscheiden sich nicht nur in der Art, wie sie hergestellt werden, sondern auch in ihrer Charakteristik von den gleichsortigen Weinen anderer Produzenten. Der Dolcetto ist beispielsweise von fast schwarzroter Farbe und so kräftig, daß er zweieinhalb Jahre lang im Keller ausgebaut wird. Der Barolo bleibt, je nach Jahrgang, vier bis sechs Jahre im Faß, der Monfortino, ein außergewöhnlich voluminöser Barolo und das Aushängeschild des Hauses, sogar noch länger. Die letzte Partie des 69er Jahrgangs wurde erst 1982 abgefüllt.

In *Aldo Conternos* Keller sieht es etwas anders aus: Edelstahltanks mit der Möglichkeit, die Temperatur während der Gärung zu kontrollieren, maßvolle Holzfaßkapazität, auch *barriques* (freilich nur für den Barbera). Seine Weine sind, wenn sie den Keller verlassen, etwas härter als die seines Bruders, aber fruchtiger, rassiger und muskulöser. Die Spitze seiner Produktion bilden drei Lagen-Barolos aus verschiedenen Weinbergen von Bussia Soprana: kraftvolle Gewächse von großer Fülle, ungewöhnlicher Feinheit und mit viel Tannin, das sie schnell als Vertreter der traditionellen Stilrichtung erkennen läßt. »Traditionelle Barolo sind immer sehr fordernd«, erklärt Aldo Conterno. »Sie werden nicht jedermann gefallen. Aber ich will ja auch nur für wenige Menschen Wein machen.«

Ein junger Winzer, der erst in den letzten Jahren auf sich aufmerksam gemacht hat, ist *Domenico Clerico*. Er erzeugt zwei mächtige Barolo von den beiden besten Lagen Monfortes: Ginestra und Bussia. Es sind, trotz spürbaren Tanninreichtums, geschliffene Weine mit feiner Frucht und kräftigem Goudron. Viel Charme strahlt sein Tafelwein »Arte« aus. Er wird aus Barbera- und Nebbiolotrauben gewonnen und reift ein Jahr in *barriques*. Ein traditionell guter Barolo-Produzent von Monforte ist *Riccardo Fenocchio*.

Ein weiterer wichtiger Barolo-Erzeuger ist das Gut *Rocche dei Manzoni*. Auf einem kleinen Hügelvorsprung bei Monforte gelegen, verfügt es über sehr gute, schon seit Jahrhunderten bekannte Lagen an der äußersten südwestlichen Peripherie des Anbaugebietes, von wo aus man einen weiten Blick bis in die Ebene von Cuneo und auf das Massiv der französischen Seealpen hat. Es gehörte einst den Manzoni, einer lombardischen Adelsfamilie, deren berühmtester Sproß der Dichter Alessandro Manzoni war. Sein Roman »I promessi sposi« gehört zu den wichtigsten Schöpfungen der italienischen Literatur. Anfang der 70er Jahre wurde das Gut von dem Gastronomen Valentino Migliorini erworben, der eine sehr ambitiöse Spumante- und Weinproduktion ankurbelte. Sein Barolo ist ein wuchtiger, stark holzbetonter Wein mit einem großen Reifepotential, der sich aber auch schon in jungen Jahren mit großem Genuß trinken läßt. Der Nebbiolo (als Tafelwein auf den Markt gebracht) besitzt die Kraft eines kleinen Barolo. Eine Sonderheit ist der Bricco Manzoni – ebenfalls ein Tafelwein. Er wird in der Regel zu 80 Prozent aus Nebbiolo-Trauben und zu 20 Prozent aus Barbera gekeltert und stellt eines der gelungensten Experimente mit Nebbiolo-Mischsätzen dar. Er wird zwei Jahre lang nach einem bestimmten System in kleinen, jungen Eichenholzfässern von vier, 12 und 22 Hektolitern ausgebaut und reift (seit 1980) danach noch acht bis 12 Monate in

## PIO CESARE

*Pio Cesare war nie ein kleiner, aber ein in der Kellerwirtschaft stets führender Weinerzeuger von Alba. In den großen Fässern aus jugoslawischer Eiche lagerte sein Barolo bis zu sieben Jahren. Nach einer Phase der Stagnation zählt das Haus heute wieder zu den großen Namen der Barolo-Welt, was nicht zuletzt mit dem Eintritt des jungen Pio Boffa in das Unternehmen zu tun hat, des Urenkels des Firmengründers. Unten: Die Lage Ornatu bei Serralunga, von der der größte Teil der Trauben für den Barolo Pio Cesares kommt.*

der *barrique*. Von seiner Grundsubstanz her ist er ein sehr stoffiger Wein mit einer seinem Körperreichtum angepaßten hohen Alkoholgradation. In Jahren, in denen auf *Rocche dei Manzoni* kein Barolo erzeugt wird und die besten Nebbiolo-Trauben somit für diesen Wein reserviert bleiben, gelingt er oftmals außergewöhnlich gut.

# SERRALUNGA

Dem Barolo von Serralunga wird nachgesagt, er besitze das ewige Leben. Das Urteil ist übertrieben. Unstrittig aber sind die besten Gewächse aus diesem Teil des Anbaugebietes schwere, tanninreiche und sehr reifebedürftige Weine mit einem hohen Alkoholgehalt, die sich in den ersten Jahren nach der Flaschenabfüllung meist noch recht verschlossen zeigen. Manche Weinfreunde, aber auch Weinmacher, halten ihn zusammen mit den Gewächsen aus Monforte für den Prototyp des Barolo. Er komme, meinen sie, der Vorstellung eines Ausnahmeweins, als welcher der Barolo im vergangenen Jahrhundert immer gefeiert wurde, am nächsten. Die Auffassung hat vieles für sich. Auffällig ist nur, daß es angesichts dessen relativ wenige Barolo dieses Typs aus Serralunga gibt. Ein großer Teil besteht aus mittelgewichtigen, eher weichen, bestenfalls gefälligen Weinen. Es scheint, daß viele Produzenten Schwierigkeiten haben, einen derart unversöhnlichen Wein zu vermarkten. So wird Traubengut aus Serralunga oft mit solchem aus anderen, weniger hochwertigen Lagen zusammen gekeltert und die Maische nur kurz fermentiert, um nicht zuviel Tannin und nicht zuviel Säure zu bekommen. Das Resultat: viele »moderne« Weine, wenige typische Barolo.

Wie die anderen Gemeinden der Barolo-Zone ist auch Serralunga mittelalterlichen Ursprungs. Gegründet von Bonfazius »del Vasto«, Markgraf von Savona und hervorgegangen aus einer Nebenlinie der Markgrafen von Montferrat, die nach dem Tod des deutsch-römischen Kaisers Otto I. zu den drei mächtigsten Feudalfamilien des Piemont und Liguriens gehörten, wechselte der Ort in den folgenden Jahrhunderten mehrfach den Lehensherren. Im 15. Jahrhundert kam er in die Hände der Falletti, die auch die eigentümlich hochaufgeschossene Burg mit ihrem einen zylindrischen und dem anderen rechteckigen Turm errichteten. Die Falletti bewirtschafteten ihren Besitz bis ins Jahr 1774, verkauften dann den größten Teil, behielten aber umfangreiche Weinberge und mehrere Cascine für sich, in denen sie noch im 19. Jahrhundert Trauben für ihren glorreichen Barolo produzierten. Serralunga liegt über 400 Meter hoch und hat heute etwa 600 Einwohner, eingeschlossen die Gemeinden Baudana, Sorano und Tezzo. Der Ort beherbergt gleich mehrere mittlere bis große Barolo-Erzeuger: *Palladino, Giovanardi, Bruni del Rovere, Lanzavecchia, Cantine del Langarolo, Ferrero* und *Villadoria*. Letzterer hat in den 60er Jahren den umfangreichen Rebenbesitz des *Opera Pia* zusammengekauft, in dem 1864 die Weinberge der Falletti aufgegangen waren. Auch *Fontanafredda*, das ehemalige Gut von Viktor Emanuel II., des ersten Königs im neugegründeten Italien, liegt auf dem Gemeindeland von Serralunga.

Alle guten Lagen Serralungas befinden sich an den Südwesthängen des Höhenrückens, auf dem der Ort selbst liegt. Sie fallen zum Tal des Castiglione-Baches ab, der Serralunga von Castiglione Falletto trennt. Von erster Güte ist die Lage Rionda, die auch Vigna Rionda oder Vigna Arionda genannt wird. Die meisten Weinmacher hielten es bislang für richtig, die Trauben dieses Weinbergs zusammen mit Trauben anderer Lagen zu keltern. Beispiel: der Barolo von *Franco-Fiorina*. Welch außergewöhnlichen Wein Rionda hervorbringt, hat zum Beispiel *Bruno Giacosa* gezeigt. Er keltert ihn lagenrein. Obwohl auch Barolo von

## HERBST IN
## DEN LANGHE

*Wenn der Oktober naht, sind die Täler der Langhe morgens oft wie mit Watte gefüllt. Nur die Kuppen der Hügel oder ein einsamer Kirchturm schauen noch aus dem Nebelmeer heraus. Häufig ist die Vermutung geäußert worden, daß die Traube, aus der der Barolo hergestellt wird, ihre besondere Güte diesen Nebeln verdankt, die im Piemont zu beobachten sind. Auch der Name »Nebbiolo« scheint diesen Zusammenhang nahezulegen (»nebbia« = Nebel). Tatsächlich sind allein die Böden und das Klima der Langhe dafür verantwortlich, daß in diesem Landstrich ein so außergewöhnlicher Wein wächst.*

anderen Spitzenlagen produzierend, sagt er zu diesem Gewächs: »Der Wein von Vigna Rionda ist der Inbegriff eines traditionellen Barolo.« Auch Mauro Mascarello (*Giuseppe Mascarello*) hat 1979 einen Barolo ausschließlich aus dieser Lage gekeltert, *Fratelli Oddero* erstmals 1985.

Andere hochklassige Lagen in der Gemeinde sind Rivette und Marenca gleich unterhalb des Dorfes (dort haben *Lanzavecchia* und *Villadoria* einen großen Teil ihres Rebenbesitzes), Ornatu (von dort kommen 70 Prozent der Trauben für den Barolo von *Pio Cesare*), Arione (*Gigi Rosso*), Badarina (*Bersano*), Lazzarito (lagenrein von *Fontanafredda*), *Parafada* (der höhergelegene Teil La Delizia lagenrein von *Fontanafredda*, der darunter gelegene lagenrein von *Porta Rossa*), Gabutti (dort erzeugt der Kleinwinzer *Romano Pozzetti* einen vorzüglichen, lagenreinen Barolo), Ceretta (vom besten Teil dieser Lage kommt *Cerettos* lagenreiner Prapò-Barolo), Baudana (lagenrein von *Basilio Zunino*, der seinen Wein fast ausschließlich über die familieneigene *Trattoria del Castello* in Baudana verkauft), Carpegna (*Accademia Torregiorgi*) sowie Sorano (*Pasquale Veglio* und *Vezza*, ein größeres Unternehmen, das seinen Sitz in Gallo Grinzane hat). Einen Barolo aus gemischten Lagen erzeugen die Cantina *Cappellano* und *Giuseppe Massolino* in Serralunga.

Am Ausgang des Tals von Serralunga liegt *Fontanafredda*, ein Großgut mit einer glänzenden Geschichte. Mit weit über hundert Hektar Reben und fünf Millionen Flaschen Wein pro Jahr gehört *Fontanafredda* zu den größten Abfüllern der Gegend um Alba. Neben dem Standard-Barolo werden mehrere Lagen-Barolo erzeugt (die besten kommen häufig von den Lagen La Delizia und Lazzarito unmittelbar vor dem Dorf Serralunga). Außerdem hat *Fontanafredda* eine umfangreiche Spumante-Produktion aufgebaut.

*Fontanafredda* ist jenes Gut, das nach den Marchesi Falletti am meisten zum famosen Ruf des Barolo beigesteuert hat. Sein Name war es, der diesem Wein um die Jahrhundertwende Glanz und Ansehen in Italien verschaffte. Es wurde 1878 vom Grafen Emanuel Guerrieri di Mirafiori gegründet. Hinter diesem klangvollen Namen verbirgt sich der illegitime Sohn von Viktor Emanuel II., Herrscher über Sardinien-Piemont und erster König des geeinten Italiens. Zumindest von den Norditalienern als »Vater des Vaterlandes« verehrt, trug dessen realistische Politik maßgeblich zur Stabilisierung des neuen Staatsgebildes bei. Als Jäger und Liebhaber war er freilich nicht weniger erfolgreich als in der Rolle des Staatsmannes. Seiner unglücklichen, aber unauflösbaren Ehe entfloh er durch zahlreiche Liebschaften, deren Resultat eine nicht näher bezifferte Anzahl von Söhnen und Töchtern gewesen ist. Im Gegensatz zu manch flüchtigem Abenteuer war jedoch die Zuneigung, die er für ein 17jähriges Landmädchen zeigte, das er eines Tages während der Jagd im Montferrat kennengelernt hatte, dauerhafter (manche Historiker behaupten,

das Mädchen hätte Gemüse vor dem königlichen Palast in Turin verkauft, als das Auge des Königs zum ersten Mal auf sie fiel). Es wurde ein Bund fürs Leben, wenn auch ohne den Segen der Kirche. Sie hieß Rosa Vercellana, doch der König – und mit ihm das ganze Piemont – nannte sie nur die bela Rôsin: die schöne Rosa. Auf dem Land bei Fontanafredda, das schon sein Vater, König Karl Albert, wegen einer Heilquelle, die dort sprudelte (Fontana Fava), erworben hatte, ließ er ein luxuriöses Jagdhaus erbauen, in das er sich, wenn die Dienstgeschäfte es zuließen, mit seiner jugendlichen Geliebten zurückzog. Dort habe er, erzählt man, die glücklichsten Stunden seines Lebens verbracht. Bela Rôsin gebar ihm zwei Kinder: eine Tochter namens Viktoria, die später zur Marchesa Spinola wurde, und einen Sohn namens Emanuel, der sich Graf Guerrieri di Mirafiori nannte (unter diesem Namen wurde auch die bela Rôsin in die Turiner Gesellschaft aufgenommen). Als Viktor Emanuel II. 1878 starb, machte dieser Sohn *Fontanafredda* zum Weingut. Mit viel Können, großem Ehrgeiz und einem guten Kellermeister gelang es ihm, zum führenden Barolo-Erzeuger aufzusteigen. Der Ruf von *Fontanafredda* ist allein sein Verdienst. Nach dem Tod des Grafen von Mirafiori übernahm dessen Sohn Gaston das Gut. Diesem gelang es, *Fontanafredda* innerhalb weniger Jahre derart herunterzuwirtschaften, daß der Betrieb 1929 aufgeben mußte. Zwei Jahre später ersteigerte es der größte Gläubiger, das mittelitalienische Bankhaus Monte Paschi di Siena. Unter dessen Regie wurde *Fontanafredda* zu seiner heutigen Größe ausgebaut.

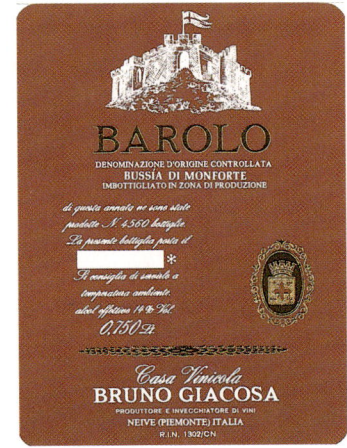

## PORTA ROSSA, DIANO D'ALBA

*Der Palazzo der Cantina Porta Rossa befindet sich am Marktplatz des hochgelegenen Dorfes Diano. 1973 wurde er samt der kleinen Cantina, die unter seinen Fundamenten liegt, von dem Turiner Bauunternehmer Domenico Berzia und seiner Geschäftspartnerin Marilisa Rizzi erworben. Sie vergrößerten den Keller und intensivierten die Weinproduktion. Marilisa Rizzi ist mit dem ehemaligen Fontanafredda-Önologen Luigi Artusio verheiratet, der sich fortan um die Porta-Rossa-Weine kümmerte. Dessen Familie besaß eine kleine Cantina bei Asti, in der Artusio schon in den sechziger Jahren einen Barolo kelterte, der sowohl von seiner Charakteristik als auch von der Art der Vinifikation zu den ungewöhnlichsten und hochklassigsten Weinen gehörte, die in jenem Jahrzehnt erzeugt wurden. Die Trauben kamen von einem Weinberg bei Serralunga (Parafada), gleich unterhalb des »cru« La Delizia von Fontanafredda. Die Lieferverträge mit dem Winzer dieser Weinbergsparzelle wurden erneuert, so daß die neu gegründete Cantina die Produktion nahtlos weiterführen konnte. Auch die alten Artusio-Jahrgänge erschienen unter dem Porta-Rossa-Etikett. Artusio verliest die Trauben sehr streng und läßt den Most maximal elf Tage auf den Schalen vergären. Der Wein bleibt bis zum Herbst in Zement- beziehungsweise Stahltanks, wo er die Milchsäuregärung durchmacht. Im zweiten Jahr wird er in mittelgroße, 37 Hektoliter fassende Eichenholzfässer umgezogen. Im dritten Jahr kommt er in kleine, nur sieben Hektoliter fassende Eichenholzkufen, die seine Reifung beschleunigen. Danach wird er in Stahltanks gepumpt, die im Freien stehen, um im Kühle des Winters eine letzte natürliche Klärung durchzumachen. Schließlich wird er ungefiltert auf Flaschen gezogen. Dort reift er in der Regel noch ein Jahr, bis er den Keller verläßt. Er ist also fast immer eine »Riserva«, manchmal sogar eine »Riserva Speciale« (solange es diese Kategorie noch gab): ein extrem spät reifender Wein, der in guten Jahren eine großartige Fruchtfülle aufweist und eine innere Komplexität wie nur wenige andere Barolo besitzt. 15 000 bis 20 000 Flaschen werden von ihm abgefüllt.*

## BRUNO GIACOSA, NEIVE

*Der Barolo ist für Bruno Giacosa, Önologe und Kellereibesitzer aus Neive in der Barbaresco-Zone, stets die größte Herausforderung gewesen. Dieser Wein kommt seiner Vorstellung dessen, was ein großer piemontesischer Rotwein ist, am nächsten. In manchen Jahren hat Giacosa deshalb fünf Lagen-Barolo gleichzeitig erzeugt. Sie kommen nie aus La Morra oder Barolo, immer aus Castiglione Falletto, Monforte und Serralunga. Dort kauft er seine Trauben. Der voluminöseste Wein wächst in der Lage Rionda südlich von Serralunga. Er hat bis zu 15 Vol.% Alkohol und bleibt in sehr guten Jahren durchaus acht Jahre im Faß. Er reift am langsamsten, ist aber auch der üppigste von allen. Der 67er Jahrgang ist vielleicht einer der besten Barolo, die jemals erzeugt wurden. Eine weitere erstklassige Lage ist Bussia im Norden der Gemeinde Monforte. Der Wein von dort ähnelt in seiner Charakteristik dem Rionda-Barolo, ist jedoch weniger wuchtig. Le Rocche kommt von der berühmten Lage bei Castiglione Falletto. Dieser Wein liegt immer sehr hoch im Tannin und wirkt deshalb in den ersten Jahren oft rauh und kratzig. Der vierte Barolo kommt von der benachbarten Lage Villero. Er wird früher als die vorgenannten abgefüllt. Großen Jahrgängen wie dem 78er garantiert Giacosa, sonst eher zurückhaltend in seinen Äußerungen, ein Leben von 80 Jahren. Der fünfte Barolo kommt schließlich von der Lage Pugnane (er wird seit Mitte der 80er Jahre nicht mehr erzeugt). Giacosa bezeichnet sich als Traditionalist. Die einzige Neuerung, die er gelten läßt, ist die temperaturgesteuerte Gärführung. Mit ihrer Hilfe verlangsamt er die Maischegärung und dehnt sie auf 30 bis 40 Tage aus. Der Wein bleibt danach noch ein Jahr im Zementbehälter und geht dann, je nach Güte des Jahrgangs, drei bis acht Jahre ins Holzfaß. Durchschnittlich füllt er 25 000 Flaschen Barolo ab.*

# DIE KELLER AUSSERHALB DES ANBAUGEBIETES

**D**ie Trennung von Cascina und Cantina hat im Piemont eine lange Tradition. Die Traubenproduktion war das Werk der Winzer, die Weinerzeugung ausschließlich Aufgabe der Kellermeister. Wenn die Weinwirtschaft Albas auch heute nicht mehr so durchgängig wie früher diese Struktur aufweist, so entsteht doch ein großer Teil des Barolo – vielleicht sogar der größere – in Kellern, die weit entfernt von den Feldern stehen, in denen der Wein gewachsen ist. Für die anderen Albeser Weine gilt das gleiche. Diese traditionelle Struktur muß sich aber nicht nachteilig auswirken. Im Gegenteil: Es gibt viele Kellereiunternehmen, die einen hohen Grad an Spezialisierung auf dem önologischen Sektor erreicht haben, weil sie sich ganz auf die Kellerarbeit konzentrieren konnten. Nicht zufällig gelten – trotz ausgeprägter Winzerkultur – die Piemonteser als beste Kellermeister Italiens. Nicht zufällig stammen einige der besten Önologen aus Alba und seiner Umgebung. Zwei Namen stehen für viele: Giacomo Tachis vom Florentiner Weinhaus *Antinori* und Ezio Rivella von *Villa Banfi* in Montalcino. Es sind auch keineswegs nur große Abfüller, die ihre Keller außerhalb des Erzeugungsgebietes haben. *Bruno Giacosa*, dessen Gesamtpro-

## PAOLO SCAVINO, CASTIGLIONE FALLETTO

*Daß ein großer Teil der Spitzenwinzer in und um Barolo einen bäuerlichen Hintergrund hat, dafür ist Enrico Scavino ein gutes Beispiel. Dieser ruhige, aber passionierte, mit Vehemenz für den qualitativ hochstehenden Barolo eintretende, ambitionierte Winzer stammt aus einer alten Bauernfamilie, die bis vor wenigen Jahren noch einen Hof mit vier Kühen und rund 20 Kälbern bewirtschaftete. Freilich hat der Wein immer eine hervorragende Stellung bei den Scavino genossen, was schon dadurch dokumentiert wird, daß ihr Barolo bereits seit dem Jahre 1965 vollständig in Flaschen abgefüllt und nicht mehr offen verkauft wird. In ihrem Keller sind denn auch noch Flaschen älterer Jahrgänge bis zurück zu dem großen 61er zu finden. In den siebziger Jahren ist aus dem bäuerlichen Gemischtbetrieb jedoch ein reines Weingut geworden, das über vier Hektar Reben verfügt, von denen etwa die Hälfte mit Nebbiolo bestockt sind. Der Wein, der erzeugt wird, kommt ausschließlich aus diesen Trauben. Die Reben stehen in 300 bis 330 Meter Höhe. Der Hügelrücken heißt Bric del Fiasc: »bric« für Hügel, und »fiasc« für jene bastumwandete Flasche, aus der die Bauern früher ihren Wein tranken, und ohne die kein Arbeiter in den Weinberg ging. Enrico Scavino, Jahrgang 1938, hat das Gut von seinem 1983 verstorbenen Vater übernommen. Er praktiziert einen sehr kurzen Beschnitt, liest spät (nie vor der zweiten Oktoberhälfte) und selektiert dabei sehr stark. Der Barolo kommt auf durchschnittlich 55 Hektoliter pro Hektar. Die Vinifikation erfolgt weitgehend nach der traditionellen Art, wenn auch in Stahltanks und temperaturkontrolliert. Die Maischegärung wird normalerweise bis auf 25 Tage ausgedehnt. Ausbau: nur zwei Jahre im Holzfaß, ein Jahr im Stahltank, dazu ein mehr oder minder langes Flaschenlager. Es werden zwei Barolo hergestellt: der normale und der Bric del Fiasc. Beide sind Lagenweine. Letzterer stellt jedoch eine Auslese vom besten Teil des Weinbergs dar. Er ist kompakt, kraftvoll, tanninbetont und zeigt nahezu jedes Jahr eine außergewöhnlich gute Balance. Für Kenner zählen die Weine von Scavino spätestens seit 1978 zu den besten Gewächsen der Zone. Zwischen 14 000 und 19 000 Flaschen Barolo werden abgefüllt.*

## PIO CESARE, ALBA

*Das Haus Pio ist einer der ältesten und respektabelsten Betriebe der Zone. In der Altstadt von Alba gleich hinter dem Dom gelegen, wurde er 1881 von Cesare Pio gegründet, dem Urgroßvater des heutigen Inhabers. Dieser wußte schon früh um die weinbauliche Eignung der Hügel um Alba, erkannte aber auch, daß die Weine aus der Nebbiolo-Rebe einer besonderen Behandlung im Keller, vor allem einer langen Reifung bedürfen. So gewann die önologische Seite der Arbeit schnell an Gewicht. Pio Cesare besitzt zwar einen umfangreichen Weinbergsbesitz in Serralunga und Treiso, doch gehörte das Unternehmen durch die Jahrzehnte hindurch in der Kellerarbeit stets zu den führenden Betrieben. Dabei ist es immer ein traditioneller Weinerzeuger gewesen. Von der »cru«-Produktion hielt man nie viel. Man war und ist überzeugt, daß der beste Barolo von verschiedenen Lagen des Anbaugebietes kommt. Voraussetzung: Es müssen sehr gute Lagen sein. In der Kellerarbeit hat man in den letzten Jahren allerdings einiges geändert: die temperaturgesteuerte Gärung ist unabdingbar geworden, der Milchsäuregärung wurde erhöhte Aufmerksamkeit geschenkt. Auch die sehr lange Lagerung in Holzfässern, die noch Anfang der 70er Jahre für richtig gehalten wurde (der 71er lag sieben Jahre im Holz), hat man auf maximal vier Jahre reduziert. Seit 1978 reift zudem etwa ein Zwanzigstel der Barolo-Produktion in französischen »barriques«, um später mit der Hauptpartie verschnitten zu werden. Kellermeister Paolo Fenocchio, der vorher bei Antinori in San Casciano gearbeitet hat, erhofft sich so eine etwas raschere Reifung des Weins. Bei aller Wucht ist der Barolo jedoch ein eleganter, bouquetreicher Wein geblieben, hinter dessen weicher, warmer Hülle das reichhaltig vorhandene Tannin kaum in Erscheinung tritt. Er kommt zu 70 Prozent aus Serralunga von der Lage Ornatu (ein geringer Teil von dort wird auch – entgegen der Hausregel – lagenrein gekeltert). Der Rest der Trauben wird gekauft, und zwar von Winzerfamilien, die teilweise schon den Sohn des Firmengründers beliefert haben. Er verteilt sich auf Lagen in Monforte (Ginestra, Bussia), Castiglione Falletto und Verduno. Rund 60 000 Flaschen werden von ihm erzeugt.*

duktion bei ungefähr 170 000 Flaschen liegt, keltert seinen Barolo in der Barbaresco-Zone. *Scarpa*, mit 150 000 Flaschen sogar noch kleiner, erzeugt Nebbiolo, Barbaresco und Barolo in seiner Zentralkellerei in Nizza Monferrato: also weit außerhalb des Ursprungsgebietes dieser Weine. Zudem besitzen beide keine eigenen Weinberge in der Barolo-Zone. Dennoch zählen ihre Weine zu den Höhepunkten der Produktion des Piemonts.

Eine Garantie für die Güte kann die geringe Entfernung von Keller zu Weinberg nicht sein. Wesentlich entscheidender ist schon, ob Trauben oder Wein gekauft werden. Ein guter Barolo muß immer auch selbst gekeltert worden sein. Wein kauft normalerweise nur auf, wer verschneiden, verfälschen oder in industriellen Dimensionen produzieren will. Freilich kann, wer Trauben kauft, noch nicht allein deshalb den Rang eines qualitätsbewußten Erzeugers für sich beanspruchen. Es muß hochwertiges Traubengut sein. Das heißt: Die Trauben müssen zum richtigen Zeitpunkt geerntet und sorgfältig verlesen worden sein. Wichtig ist auch, daß die Reben gut gepflegt und im Frühjahr genügend zurückgeschnitten wurden. All das ist nur möglich, wenn der Kellermeister seinen Traubenproduzenten kennt, frühzeitig Absprachen mit ihm trifft oder Lieferverträge schließt. Wer erst im Herbst kauft, ist auf den Zufall angewiesen. Kellereibetriebe, die das bestmögliche Produkt wollen, kümmern sich deshalb beizeiten darum, daß sie erstklassige Qualitäten bekommen. *Scarpa* und *Bruno Giacosa* haben das beispielhaft gezeigt.

Sie sind nicht die einzigen, die so arbeiten. Auch *Pio Cesare* und die Cantina *Alfredo Prunotto* zählen zu jenen Kellereibetrieben, die regelmäßig Trauben kaufen und dabei mit großer Sorgfalt vorgehen. *Alfredo Prunotto* besitzt überhaupt keine eigenen Weinberge. Der aus einer ehemaligen Genossenschaftskellerei in Alba hervorgegangene Betrieb hat jedoch langfristige Lieferverträge mit Weinbauern aus vielen Teilen Albas, die teilweise noch aus der Ära des Namensgebers stammen. Er ist einer der ersten Weinerzeuger gewesen, die mit der Produktion von Lagenweinen begonnen haben. So wird der Barolo von der Lage Bussia, der Spitzenwein des Hauses, bereits seit 1958 regelmäßig produziert.

*Pio Cesare*, ebenfalls in Alba ansässig, verfügt zwar über einen beachtlichen Weinbergsbesitz, doch werden schon seit vielen Jahren regelmäßig größere Traubenpartien zugekauft. Auch hier kommt ein Teil noch von denselben Weinbauern, die bereits den Großvater des heutigen Junior-Chefs beliefert haben. Für die Weinbergspflege und den Beschnitt gibt es denn auch klare Optionen von Seiten des Erzeugers, und beim Verlesen der Trauben im Herbst gelten die gleichen strengen Beschränkungen wie in den eigenen Weinbergen. Nach einer Phase der Stagnation in den siebziger Jahren hat *Pio Cesare* inzwischen wieder einige bemerkenswerte Jahrgänge vorgelegt, die den alten Ruf, einer der führenden Erzeuger des Anbaugebietes zu sein, untermauern. Der Wandel hat entscheidend mit dem Eintritt des jungen Pio Boffa (und seiner Frau Luciana) in das Unternehmen zu tun. Jahrgang 1955, wurde er noch von seinem Großvater in das Weingeschäft eingeführt, hat dann aber Wirtschaftswissenschaften in Turin studiert und war danach mehrere Jahre in Amerika, um bei kalifornischen Weinmachern zu lernen. Die Kenntnisse, die er erwarb, aber auch die Anregungen, die er mitbrachte, haben sich zusammen mit dem festen Willen, den önologischen Vorsprung zu nutzen, den die Firma jahrzehntelang vor ihren Mitbewerbern gehabt hatte, offenbar ausgezahlt.

Ein dritter großer Erzeuger in Alba ist *Franco-Fiorina*. Dieses Unternehmen kauft den überwiegenden Teil seiner Trauben zu, und zwar ebenfalls seit vielen Jahren von den gleichen Winzern und aus den gleichen Dörfern. Der Barolo, von dem im Durchschnitt über 60 000 Flaschen abgefüllt werden, kommt zum größten Teil von zwei Spitzenlagen in Serralunga: Rionda und Baudana. Der Rest der Trauben kann von sehr unterschiedlicher Herkunft sein. Der Wein wird nicht übermäßig lange im Faß ausgebaut, reift dafür aber zwei Jahre und mehr auf der Flasche.

Ein weiterer großer Name in Alba ist *Calissano*. Dieses alte Unternehmen, 1872 von Luigi Calissano gegründet, hat Geschichte geschrieben. Es hat nicht nur als eines der ersten die französische *méthode champénoise* für die italienische Spumante-Produktion angewendet. Ihm gelang im letzten Jahrhundert auch, wovon alle Weinmacher Italiens heute träumen: ihren Wein nach Frankreich zu verkaufen. Jener Tag des Jahres 1879, da eine lange Kette von Pferdegespannen vom Corso Langhe, wo der *Calissano*-Keller liegt, mit 50 Fässern Wein zum Bahnhof rumpelten, ist in der Chronik dieser Stadt bis heute ein denkwürdiges Ereignis geblieben. Die Familie hat das Unternehmen allerdings längst verkauft. Es ist seitdem durch die Hände mehrerer Großproduzenten gegangen und befindet sich heute im Besitz eines Schweizer Getränkekonzerns. Leider kann sich das, was derzeit unter dem Namen *Calissano* auf den Markt kommt, nicht einmal mit den durchschnittlichen Qualitäten messen, die das Anbaugebiet hervorbringt. Wesentlich seriösere Erzeuger in Alba sind die *Cantine Riunite Piemontese* und *Maria Feyles*, die einen soliden Barolo von der Lage Ginestra produziert. *Valfieri* hat seinen Keller Anfang der 80er Jahre von Alba nach Costigliole d'Asti verlegt. Seine Weine werden über das Netz eines großen Likörfabrikanten vertrieben. Etwa drei Kilometer von Alba entfernt, auf dem Hügel von San Rosalia an der Straße nach Diano d'Alba, liegt das Gut *Roche*, das eine sehr umfängliche Produktion aus nahezu allen in den Langhe wachsenden Traubensorten aufgebaut hat. In Diano selbst gibt es zahlreiche kleine Winzerbetriebe. Die meisten haben sich jedoch auf die Produktion des Dolcetto verlegt. Regelmäßig Barolo wird nur von zwei Unternehmen erzeugt: *Colue'* und *Porta Rossa*. Letzterer ist ein Betrieb mit rund neun Hektar Weinbergen um den Ort, in denen Dolcetto und Nebbiolo wachsen. Die Trauben für die anderen Weine werden gekauft. Die für den Barolo kommen aus Serralunga. Die Cantina, unter einem vornehmen Palazzo am Marktplatz des Dorfes gelegen, dessen farbiges Portal dem Betrieb den Namen gegeben hat, stammt noch aus der napoleonischen Zeit. Später gehörte das Anwesen dem Bürgermeister des Ortes, bis es 1973 von den heutigen Besitzern erworben wurde. Der *Porta-Rossa*-Barolo ist ein sehr eigenwilliger, sich nur langsam entwickelnder Wein mit einer sehr feingliedrigen, eleganten Frucht, aber einem gewaltigen Geschmacksvolumen. Der Barolo von *Colue'*, dem alten Privatgut einer Albeser Notarsfamilie, fällt etwas leichter aus, ist aber auch ein traditionell erzeugter Wein.

Außerhalb Albas gibt es eine Vielzahl von kleinen und großen Barolo-Erzeugern. *Scarpa* in Nizza Monferrato und *Bruno Giacosa* in Neive zählen, wie schon erwähnt, zur ersten Garnitur. Ein guter, noch sehr konservativ hergestellter, traditioneller Barolo kommt von *Einaudi* in Dogliani. Er wächst in der Lage Le Coste unmittelbar beim Dorf Barolo. Rund 20000 Flaschen werden von ihm abgefüllt. Typischer für dieses Gut, das gegründet und zu Glanz gebracht wurde von Luigi Einaudi, dem zweiten Staatspräsidenten der italienischen Republik nach De Gasperi (1948 bis 1955), ist jedoch sein Dolcetto. Heute befindet sich *Einaudi* im Besitz der drei Söhne des Gründers. Sie arbeiten jedoch nicht im Weingut. Auch *Quinto Chionetto*, dessen Hof in der Ortschaft San Luigi nicht weit von Dogliani liegt, und Maurizio *Fracassi Ratti Mentone* in Cherasco erzeugen sehr feine Barolo, wenn auch recht unterschiedlichen Charakters.

Die Zahl der Abfüller dieses Weins ist in den letzten Jahren ständig gestiegen. Damit ist die Produktion kaum mehr zu überblicken, zumal ein Teil der Weine unter Phantasie-Etiketten beziehungsweise den Namen weitgehend unbekannter Kleinkellereien abgefüllt wird. Durchschnittliche, teilweise auch gute Barolo kommen von *Gemma*, *Musso* und *Rocca* in Barbaresco, *Pelissero* und *Rizzi* in Treiso, *Fratelli Giacosa* und *Mainerdo* in Neive, *Serafino* in Canale, *Duca d'Asti* in Calamandrana, *Livio Pavese* in Treville Monferrato, *Carnevale* in Cerro Tanaro, *Bertiolo* in Turin sowie der *Tenuta Carretta* bei Piobesi. Unter den Großabfüllern, deren Produktion industriell ausgerichtet ist, lauten die bekanntesten Namen *Bersano* in Nizza Monferrato, *Contratto*, *Cavalletto* in Canale und *Scanavino* in Priocca.

## MARCARINI, LA MORRA

*Elvio Cogno ist wahrscheinlich der erste gewesen, der 1961 einen lagenreinen Barolo kelterte. Damals suchten die Marcarini, eine alteingesessene Notarsfamilie aus La Morra, einen neuen Kellermeister. Sie wurden mit Elvio Cogno einig, der als Barmann und Kellner im elterlichen Restaurant des Dorfes arbeitete und das Handwerk des Kellermeisters nebenher von seinem Vater erlernt hatte. Schon dieser hatte seinem Sohn klargemacht, daß es falsch sei, die Trauben von guten und schlechten Lagen zusammen zu keltern. Nachdem die Cogno und die Marcarini eine gemeinsame Gesellschaft gegründet hatten, in die beide Familien ihren Weinbergsbesitz einbrachten, begann Elvio Cogno, den Barolo nur noch aus Trauben der besten Lagen des Besitzes zu bereiten: Brunate und La Serra. Der La-Serra-Besitz, etwa einen Hektar groß, liegt oberhalb von Brunate und ergibt den etwas leichteren Wein. Brunate ist eine uneingeschränkt erstklassige Lage. Der Cogno-Marcarini-Barolo kommt dabei aus einem zwei Hektar großen Areal im Herzen dieses »cru« bei Fontanazza. Er ist ein weicher, eleganter Wein mit einem charakteristischen Goudron, großer Geschmackstiefe, feinsten Aromen, durchweg hoher Gradation (13,5 bis 14,5 Vol. %) und beachtlicher Tanninfülle. Trotz des hervorragenden Leseguts werden die Trauben im Herbst genau verlesen. Die Hektarerträge liegen daher weit unter den erlaubten 80 Doppelzentnern. Cogno dehnt die Maischegärung in guten Jahren bis weit über einen Monat aus, wobei er dafür sorgt, daß die Hülsen und der Wein viel Kontakt miteinander haben, damit das Tannin gut ausgelaugt wird. Die Holzfaßlagerung bemißt er dagegen eher kurz. Sein Barolo wird schon früh auf Flaschen gezogen, um dort nachzureifen. Cogno ist ein leidenschaftlicher, virtuoser Kellermeister. »Wenn ich Rockefeller wäre, würde ich meinen Wein verschenken«, bekundet er gerne. An Anerkennung – auch finanzieller – für seine Arbeit hat es nie gefehlt (auch für seinen vorzüglichen Dolcetto nicht). Sein 74er Barolo wurde von amerikanischen Journalisten zum besten Wein dieses Jahrgangs gewählt.*

## LORENZO ACCOMASSO, ANNUNZIATA

*In Pozzo, dem höhergelegenen Ortsteil von Annunziata, liegt die kleine Kellerei der Accomasso, die von Lorenzo und seiner Schwester Elena allein betrieben wird. Die Accomasso sind Weinbauern, die in La Morra gebürtig sind, und deren Vorfahren schon in den Reben arbeiteten, die an den Hängen dieses Dorfes wachsen. Sie besitzen dreieinhalb Hektar Land, vorwiegend in der sehr guten, überwiegend südöstlich ausgerichteten Lage Rocchette mit trockenen, stark alkalischen Böden. Auf ihnen wächst ein geschmeidiger, nicht zu schwerer, aber ungewöhnlich duftiger Barolo mit festem Säuregerüst, konzentrierter Frucht und beachtlichen Tanninreserven. Der Most wird nach traditioneller Art mindestens 17 Tage, in manchen Jahren aber auch sechs Wochen lang vergoren, bevor der Abstich erfolgt. Der biologische Säureabbau vollzieht sich ohne äußeres Zutun im Frühjahr, wenn die Temperaturen wieder steigen. Klärungs-, Schönungs- oder Stabilisierungsmittel werden nicht gebraucht. Der Wein reift etwa zwei Jahre lang in großen Eichenholzfässern und wird zur Nachreife in typische Glasballons umgefüllt, die die Winzer der Langhe seit alten Zeiten benutzen, um ihren Wein aufzubewahren und ihn dabei möglichst wenig mit Sauerstoff in Berührung kommen zu lassen. In diesen Behältern bleibt er weitere zwei Jahre, bis er unfiltriert auf Flaschen gezogen wird. Er ist ein sehr natürlich erzeugter Wein mit großer Ausdruckskraft und unübersehbaren Feinheiten. Er wird seit 1960 abgefüllt. Der fast urbäuerlich einfachen, doch planvollen und in mancherlei Hinsicht modernen Kellerarbeit der Accomasso steht eine sehr sorgfältige Weinbergspflege gegenüber. Es wird konsequent darauf verzichtet, das gesetzliche Ertragsmaximum auszuschöpfen. Nur acht bis neun Augen werden an jedem Rebschenkel gelassen. Zusammen mit der guten Lage ist hierin vor allem der Grund für die hervorragende Qualität des Barolo zu sehen. Daneben produzieren die Accomasso einen schweren, aber keineswegs unfeinen Dolcetto, der aus der Lage Rocchettevino La Pria nördlich der Straße nach La Morra kommt.*

# BARBARESCO

Schon Generationen von Winzern und Weinexperten haben versucht, für den Unterschied zwischen einem Barolo und einem Barbaresco die richtigen Worte zu finden. Der Barbaresco sei »ein feiner Wein mit einem zarten Veilchenduft, weniger alkoholreich als ein Barolo, aber eleganter und schneller reifend«, charakterisierte ihn Anfang des Jahrhunderts ein namhafter Produzent aus Barbaresco namens Strucchi. Dessen Urteil bestätigte Eugenio Graf Cocito, der erste Präsident der Winzergenossenschaft des Dorfes Barbaresco. Der Wein unterscheide sich »durch seine große Eleganz und die frühere Trinkreife von anderen Nebbiolo-Weinen«, schrieb er um die Jahrhundertwende, fügte aber hinzu, daß »er viele Vorzüge mit dem gleichsortigen Wein aus dem Dorf Barolo teilt«. Professor Arturo Marescalchi benutzte in seinem 1905 erschienenen Artikel »Die besten Weine Italiens« nur drei Worte, um zu sagen, wie ein Barbaresco sei: »herb, trocken, harmonisch« – eine zwar knappe Beschreibung, die jedoch eine für die damalige Zeit wichtige Präzisierung enthielt. Denn manche Barbaresco wiesen zum Leid der Weinfachleute damals immer noch eine gewisse Restsüße auf. Doch auch der Barolo zeigte sich, zumindest im 19. Jahrhundert, oft noch von seiner lieblichen Seite.

In großen Zügen ist das frühe Urteil über den Wein aus dem hoch über dem Tanaro-Fluß gelegenen Dorf heute noch gültig. Der Barbaresco ist der elegantere Wein gegenüber dem Barolo, hat meist einen niedrigeren Alkoholgehalt und eine geringere Säure, ist nicht kratzig wie dieser. »Er besitzt keinen Teerstich oder Goudron«, sagt Paolo Colla von der Cantina *Alfredo Prunotto* in Alba, der seit Jahrzehnten beide Weine herstellt. »Er zeigt auch weniger große Jahrgangsunterschiede«, findet *Bruno Giacosa*, einer der respektabelsten Erzeuger der Zone. Darüber hinaus scheint dem Barbaresco etwas zu fehlen, was der Barolo zur Freude der einen und zum Schrecken der anderen besitzt: der Ernst. »Wenn meine letzte Stunde gekommen ist, mache ich eine Flasche Barolo auf«, pflegt Bruno *Ceretto*, ebenfalls einer der angesehensten Produzenten beider Weine, diese psychologische Qualität zu illustrieren. »Wenn ich zu einer Frau gehe, trinke ich dagegen Barbaresco.«

Barbaresco und Barolo sind aus derselben Traube gekeltert: der Nebbiolo. Ihre Anbaugebiete sind klein und liegen verhältnismäßig dicht beieinander. Das Dorf Barolo befindet sich 13 Straßenkilometer südlich von Alba, das Dorf Barbaresco 12 Straßenkilometer nördlich der Stadt. Die Barbaresco-Zone ist insgesamt allerdings tiefer gelegen. Nur wenige Weinberge reichen bis auf 400 Meter. Barbaresco selbst, auf einem fast steil zum Tanaro abfallenden Hügelvorsprung errichtet, liegt 270 Meter hoch. Viele Einwohner des tiefgelegenen Alba zog es in den letzten Jahrhunderten wegen der unerträglichen sommerlichen Hitze hinauf in das Hügelland, wo die Temperaturen mäßig warm waren und stets ein frischer Wind wehte. Sie errichteten sich in Barbaresco einen Sommersitz. »Die besten Lagen befinden sich zwischen 155 und 300 Metern«, schrieb einst ein profunder

## WACHT ÜBER DEM TANARO

*Wenn die sommerliche Hitze im tief-
gelegenen Alba unerträglich wurde, zog
es die wohlhabenden Städter früher hinauf ins kühlere Barbaresco. Heute ist es
nicht mehr das Klima, sondern der
Wein, der das Dorf am Tanaro-Fluß
berühmt gemacht hat. Im Vordergrund:
die Lage Pora.*

Kenner der Zone: Professor Domizio Cavazza, erster Direktor der Weinbauschule in Alba und Autor einer 1907 erschienenen Monografie über »Barbaresco und seine Weine«. Auf die geringere Höhenlage führt er denn auch vor allem den Unterschied zum Barolo zurück, worin sich die Winzer von Barbaresco heute noch mit ihm einig sind. Die Böden der Zone sind im großen und ganzen die gleichen wie um Barolo. »Stark ton- und kalkhaltiger Mergel, im Volksmund Tuff genannt, reich vor allem an Kalium«, lautete schon damals die Analyse von Cavazza. In diesem Punkt haben die Untersuchungen der Provinzregierung inzwischen allerdings genauere Erkenntnisse hervorgebracht. So setzen sich die Böden der Barbaresco-Zone chemisch etwas anders zusammen als die von Barolo. Kupfer, Zink und Bor weisen leicht erhöhte Werte auf, und wer erfahren hat, wie stark ausgeprägt die Unterschiede zwischen Barolo der verschiedenen Dörfer sein können, vermag sich vorzustellen, daß die etwas andere geschmackliche Prägung des Barbaresco auch auf die besondere mineralische Zusammensetzung seiner Böden zurückzuführen ist.

Gleichwohl gibt es Barbaresco, die in ihrer Fülle und Kraft manchem Barolo ebenbürtig sind. Vor allem die tiefer aus dem Hinterland kommenden Weine sind robuster und weisen oft einen gleich hohen Körper- und Tanningehalt auf. Die Unterschiede zwischen den Weinen der Zone sind allerdings auch groß. Es gibt Barbaresco, die 14,5 Vol.% Alkohol erreichen, ohne angereichert zu sein, und es gibt solche, die auf die vorgeschriebenen 12,5 Vol.% Alkohol nur durch Verbesserung mit Wein aus einem alkoholstärkeren Jahrgang kommen. Die 61er und 58er Jahrgänge guter Barbaresco-Produzenten wie *Gaja* und *Bruno Giacosa* sind fast unverwüstlich und erwiesen sich nach 20 Jahren noch als hochfeine Kreszenzen ohne Anflug von Schwäche oder Unterlegenheit gegenüber den Barolo guter Erzeuger aus den gleichen Jahren. Den Barbaresco als »kleinen Bruder des Barolo«, gar als »seine Schwester« oder einen »femininen Wein« zu bezeichnen, ist also Unsinn. Beide sind schwere, vollmundige und reifebedürftige Weine. Sie kommen aus verschiedenen Anbaugebieten, sind aber aus der gleichen Traube gekeltert. So ist zwar weniger originell, was Angelo Gaja über den Unterschied zwischen den beiden Weinen sagt, aber zutreffender als manche schöne Metapher aus dem Munde weinkundiger Poeten oder vinophiler Schwarmgeister: »Der Barolo ist ein großer Wein, der Barbaresco auch.«

*Gaja* erzeugt schon seit Jahrzehnten keinen Barolo mehr. Ihm war es früh gelungen, den Barbaresco aus dem Schatten seines »großen Bruders« herauszuführen und nicht nur selbst von seiner Größe überzeugt zu sein, sondern auch Weinfreunde in aller Welt von ihr zu überzeugen. Andere Weinmacher hingegen brauchten den Vergleich mit bekannteren Weinen, um auf die Güte des Barbaresco aufmerksam zu machen – nicht nur den Vergleich mit dem Barolo. Er sei »eine der ausgewähltesten Köstlichkeiten des Weinuniversums«, jubelte der sonst so nüchterne Professor Cavazza aus Barbaresco. Er besitze »die Finesse eines Bordeaux' und die unvergleichliche Eleganz eines Burgunder, etwa des Chambertin, den Napoleon so schätzte«. Er weise »die samtige Konsistenz eines Macon auf, die Frische und Jugendlichkeit eines Beaujolais…« Andere Leute wollten ihn unbedingt mit dem berühmten Wein des Château Margaux verglichen wissen, und die eher dürren Worte, die ein französischer Zeitgenosse benutzt hatte, um den preziosen Nektar aus seiner Heimat zu beschreiben, erschienen ihnen für ihren Barbaresco gerade recht: »Er ist großzügig, ohne in den Kopf zu steigen. Er regt den Magen an, verhindert aber nicht den klaren Gedanken. Er läßt die Seele rein und erfrischt das Maul.« Heute scheint sich die Situation geändert zu haben. Der Barbaresco wird zwar immer noch in einem Atemzug mit dem Barolo genannt, aber als eigenständiges Gewächs anerkannt. Die Weinkenner haben auch begriffen, daß Gewicht und Eleganz zwei unterschiedliche Tugenden sind und jede für sich die Güte eines Weins ausmachen kann. Wenn Gewicht ein Merkmal des Barolo ist, so ist Eleganz ein Privileg des Barbaresco.

Das Ursprungsgebiet des Barbaresco umfaßt die Territorien der drei Gemeinden Treiso, Neive und Barbaresco (dazu kommt ein kleiner Zipfel bei San Rocco, der bereits zur Gemeinde Alba gehört). Barbaresco ist mit knapp 650 Einwohnern das kleinste der drei Dörfer. Es hat eine Kirche, eine Tankstelle, zwei ländliche Restaurants, drei Trattorien und beherbergt einige Handwerksbetriebe. Überragt wird es von der Ruine des alten Burgturms, der einst dazu gedient haben soll, Lichtsignale an die Einwohner der Dörfer auf der anderen Seite des Tanaro zu übermitteln und sie so vor dem Ansturm feindlicher Truppen zu warnen. Von der Burg selbst ist nur noch wenig zu sehen. Sie wurde im Zuge der Auseinandersetzungen zwischen Alba und Asti schon früh geschleift. Das neue Schloß wurde von den Grafen Galleani erbaut, die das gesamte Dorf 1698 als Lehen vom Herzog von Savoyen erhalten hatten, als dieser Geld für neue Kriege brauchte. Die Galleani hielten das Schloß etwa hundert Jahre, bis ihre letzten Nachfahren, zwei alte Damen, es 1790 an einen angesehenen Advokaten aus Alba verkauften. Er hieß Carlo Rocca und wurde einer der großen Förderer des Weinbaus von Barbaresco.

Der Wein, der aus diesem Dorf kam, genoß offenbar schon früh im Piemont einen guten Ruf, spätestens aber seit dem Jahre 1799. Damals bestellte der österreichische General De Melas, nachdem seine Armee die französischen Truppen in der Ebene von Cuneo geschlagen hatte, ein 500-Liter-Faß Wein aus dem Dorf Barbaresco, um mit seinen Soldaten den Sieg zu feiern, durch den die Ausbreitung revolutionärer Ideen und die Expansionspolitik der französischen Republik vorerst gestoppt sein sollte. Da die Feier in Bra stattfand, hätte der Wein schneller aus Barolo herbeigebracht werden können. Doch der General bestand, wie ein im Archiv des Bürgermeisters aufbewahrtes Dokument beweist, ausdrücklich auf einem Faß aus Barbaresco. Aber auch vorher muß der Wein dieses Dorfes schon bekannt gewesen sein. Als die langobardischen Heerscharen in Italien einfielen und auch Alba besetzten, hätten, so will es die Legende, die Albeser ihnen reichlich Wein aus Barbaresco angeboten und die »Barbaren« bald darauf mühelos überwältigen können. Da sich dies in den tiefen Wäldern um Barbaresco ereignet haben soll, wurde der Ort »Barbaritium« genannt. Aus diesem Namen wurde später Barbaresco.

Barbaresco ist ein stilles Dorf. Der größte Teil seiner Einwohner sind Winzerfamilien, deren Arbeitsplatz der Weinberg ist. Sie leben verstreut in der weitläufigen Hügellandschaft, teils mitten in den Weinbergen, teils in kleinen Häusergruppen am Rande der Reben, die als Ortsteile von Barbaresco gelten und häufig den Namen der besten Lagen tragen: Montestefano, Rio Sordo, Asili, Rabaja', Ovello oder Pora zum Beispiel. Die meisten kommen aus alten Bauernfamilien, deren Vorfahren schon im Wein arbeiteten, als dieser noch gar nicht seinen heutigen Namen trug. Bis weit in das 20. Jahrhundert hinein nannte man ihn nämlich einfach nur »Nebbiolo« oder »Nebbiolo di Barbaresco«. In den Trattorien des Dorfes hieß er »Tiberio«, wenn er offen ausgeschenkt wurde. Barbaresco nennt er sich offiziell erst seit 1933. In jenem Jahr hatte die Mussolino-Verwaltung ein Gesetz erlassen, in dem die Grenzen des Anbaugebietes und der Name des Weines amtlich festgelegt wurden. Wein sollte fortan nicht mehr nur ein angenehm schmeckendes Lebensmittel sein, sondern dem höheren Ruhme des Vaterlandes dienen – der hochwertige Wein jedenfalls.

Der erste Wein, der unter der Bezeichnung Barbaresco verkauft wurde, kam allerdings aus Neive. Es war der Wein des *Castello di Neive*. Dessen damaliger Patron, Guido Graf Riccardi Candiani, war einer der aktivsten Betreiber des Gesetzes von 1933 gewesen, nicht zuletzt deshalb, weil ein großer Teil seiner Weinberge in Neive lag, Neive aber als Name weniger bekannt war als Barbaresco. Es müssen zwar auch vorzügliche Weine gewesen sein, die die Winzer dieses Ortes kelterten, doch drängte es den Grafen, für seinen Wein den Namen des Nachbardorfes zu benutzen. Die heutigen Herren des *Castello di Neive* schmücken sich denn auch gern mit dieser Ehre: »Der Barbaresco ist in unseren Kellern entstanden.«

## CASTELLO DI NEIVE

*Aus der Gemeinde Neive, dem nörd-
lichen Teil der Barbaresco-Zone,
kommen robuste, oft rauhe Barbaresco,
die etwas länger im Keller reifen
müssen als die Weine der anderen
Gemeinden des Anbaugebietes. Auch
der Barbaresco des Castello di Neive ist
ein körperreicher, sehr reifebedürftiger
Wein. Er war der erste, der 1933 unter
der offiziellen Bezeichnung »Barbaresco« auf den Markt kam. Vom
Castello ist heute nicht mehr viel zu
sehen. Übriggeblieben sind nur der alte
Uhrenturm und der herrschaftliche
Palazzo, der das Weingut beherbergt
(im Bild).*

Geht es jedoch um den Wein und nicht nur um den Namen, so liegt sein Geburtsort eher in der Nähe eines langgestreckten Hügelrückens zwischen Barbaresco und Tre Stelle. An den süd-westlichen Hängen dieses Hügels wächst seit Jahrhunderten ein nicht übermäßig körperreicher, aber ungewöhnlich duftiger und weicher Wein, der den Ruf des »Nebbiolo di Barbaresco« begrün-det hat. Die Lagen, die sich dort befinden, heißen Asili und Raba-ja' (auch Rabajat geschrieben). Sie gehen ineinander über und bil-den eine zum Tanaro hin offene »Arena«, in der Sonnenwärme und Luftfeuchtigkeit eine Art Treibhausklima erzeugen, das für die hohe Reife und die besondere Prägung dieses Weins verant-wortlich ist. Asili und Rabaja' gelten noch heute bei vielen Winzern und Weinmachern als die herausragenden Lagen des ganzen Anbaugebietes.

In jedem Fall kam der hochgeschätzte »Nebbiolo« ursprünglich nur aus Barbaresco, wobei die angrenzenden Weinberge der Gemeinde Treiso dem Territorium von Barbaresco einfach zu-geschlagen wurden. Aber zumindest das Hinterland von Treiso und Neive gehörten bis 1933 nicht zum Anbaugebiet. Gleich-wohl ist der Umfang des Anbaugebietes heute nicht strittig. Alle drei Gemeinden erzeugen ausgezeichnete Barbaresco. Neive kann sogar für sich in Anspruch nehmen, schon frühzeitig wenigstens zwei Weinerzeuger in seinen Mauern gehabt zu haben, deren Nebbiolo-Weine überregional bekannt waren und ehrenvoll prämiert wurden, ohne daß sie sich Barbaresco nann-ten. Das *Castello di Neive* erhielt 1862 eine Goldmedaille bei einem Weinwettbewerb in London, und *Carlo Giacosa*, Groß-vater von *Bruno Giacosa*, erhielt zwischen 1901 und 1910 allein sechs Goldmedaillen bei Bewerben in Genf, Turin, Rom, Reims, Mailand und Brüssel.

Dennoch war der grenzüberschreitende Handel mit Wein in erster Linie dem Barolo und dem Gattinara vorbehalten. Es hatte keine Könige oder Päpste gegeben, die den Wein aus Barbaresco besonders priesen, und es waren keine ausländischen Weinhänd-ler gekommen, die ihn als Ersatz für oder Konkurrenz zu dem Wein Bordeaux aufzukaufen gedachten. Im Umkreis von Alba wurde er jedoch als hochwertiges Produkt angesehen und nicht für weniger Geld gehandelt als der Barolo. Um 1850 kostete der Doppelzentner Nebbiolo-Trauben aus Barbaresco zwischen 38 und 54 Lire, was etwa dem Preisniveau von Barolo entsprach. Nicht selten wurden auch von skrupellosen Händlern Trauben aus Barbaresco gekauft, um Barolo aus ihnen zu keltern – nicht, weil sie billiger waren, sondern weil Barolo-Trauben knapp waren

und Barbaresco-Trauben als ebensogut angesehen wurden. Auch für den gekelterten und ausgebauten Wein erhielten die Winzer von Barbaresco keineswegs weniger als ihre Kollegen aus Barolo. Wenigstens 80 Lire kostete der Hektoliter bei ihnen. Wurde er für weniger angeboten, »konnte man sicher sein, daß er mit Freisa verschnitten worden war«, berichtet der damalige Dorfpfarrer Don Michele Delpero in seinen Erinnerungen. Noch heute wird für einen guten Barbaresco genauso viel gezahlt wie für einen guten Barolo, und wenn der Wein aus diesem kleinen Dorf nicht nur in Italien, sondern auch im Ausland ein ebenso hohes Anse-hen genießt, so sind es vor allem zwei Betriebe, die dafür gesorgt haben: *Gaja* und die *Cantina Produttori del Barbaresco.*

# WEINGUT VON WELTRUF: DAS BEISPIEL GAJA

Nur ein kleines Messingschild an dem weißgestrichenen Haus in der Hauptstraße von Barbaresco weist auf das bekannteste Weingut der Barbaresco-Zone hin: *Gaja.* Auch hinter dem Hoftor enthüllt sich dem Auge nichts, das repräsentative Größe ausstrahlen könnte. Die Gebäude sind von bürgerlichem Zuschnitt, teils neu, teils alt, aber weder besonders fein noch vornehm. Kein Atem der Geschichte, der durch die Gemäuer weht, obwohl *Gaja* in den siebziger und achtziger Jahren eine fast schwindelerregende Entwicklung durchgemacht und zu einer Art nationalem Mustergut geworden ist. Auch keine Fassaden aus verspiegeltem Glas oder Chrom lassen ahnen, daß der Name Barbaresco in den Kellern unter den Fundamen-ten der Gebäude seinen Klang und der Wein einen Glanz bekom-men hat, der auf alle Weine des Anbaugebietes abstrahlt.

*Gaja* ist nicht das älteste Weingut der Zone. Es hat auch nicht den Barbaresco erfunden. Doch ihm gebührt das Verdienst, das Wort Barbaresco in der ganzen Welt als Name für einen hochklassigen Wein bekanntgemacht und einen solchen frühzeitig selbst pro-duziert zu haben. Wenn die Gründung des Weingutes auch schon

## GAJA, BARBARESCO

*Gaja ist der bekannteste Barbaresco-Produzent. Seine Weinberge liegen überwiegend im südlichen Bereich des Anbaugebietes, der häufig als der klassische und beste Teil der Barbaresco-Zone bezeichnet wird. Sie umfassen so hochwertige Lagen wie Asili, Rabaja', Roncagliette, Bricco di Barbaresco und Pajorè. Dort hatte die Familie schon zu einer Zeit, als der Barbaresco noch ein relativ unbekannter Wein war, umfangreiche Ländereien erworben. Der Güte der Lagen entspricht die Sorgfalt, mit der die Weinberge gepflegt werden. Gaja gehört zu den wenigen Weingütern in der Welt, die es sich leisten, über 20 Winzer für 68 Hektar Rebfläche fest anzustellen, um alle Rebarbeiten, selbst die Lese, mit eigenem Personal durchführen zu können. Seit 1964 wird ein sehr kurzer Rebschnitt praktiziert, der die Erntemengen im Herbst stark reduziert. Sie liegen bei der Hälfte dessen, was die D.O.C.G.-Statuten als Hektarhöchstertrag vorsehen. Der Most wird bei relativ niedrigen Temperaturen (22 bis 24 Grad Celsius) vergoren und nur einmal statt – wie normal – zweimal am Tag umgewälzt. So nimmt der Wein etwas weniger Tannin auf (mit dieser Maßnahme wird dem späteren Ausbau in »barriques« Rechnung getragen, durch den der Wein einer weiteren Tanninzufuhr ausgesetzt ist). Der Abstich erfolgt nach etwa 16 Tagen, die Milchsäuregärung wird gleich im Anschluß daran durchgeführt. Ausgebaut wird der Barbaresco etwa ein Jahr lang in traditionellen, großen Eichenholzfässern, nachdem er sechs Monate in kleinen »barriques« gelegen hat. Diese benutzt Angelo Gaja, der den 1859 gegründeten Betrieb heute in der vierten Generation führt, vor allem dazu, um dem Wein eine raschere und komplexere Reifung zu ermöglichen. Nach einem weiteren Jahr auf der Flasche kommt er in den Handel. Er ist ein ungemein stilvoller Wein, der trotz seines kräftigen Körpers und seiner Tanninfülle weich und glatt über die Zunge läuft, dabei eine große Tiefe beweist und eine auch für Nebbiolo-Weine ungewöhnliche Fülle an Aromen besitzt. Er kann – gute Jahrgänge vorausgesetzt – 40 Jahre alt werden, aber auch nach vier oder fünf Jahren schon mit Genuß getrunken werden. Produktionsmenge: 80 000 bis 120 000 Flaschen.*

## SORI SAN LORENZO GAJA, BARBARESCO

*Der erste Lagen-Barbaresco wurde von Gaja 1967 gekeltert. Er kam von einem 3,23 Hektar kleinen Stück Rebberg gleich unterhalb des Dorfes Barbaresco in unmittelbarer Nähe des Tanaro. Er gehört zur Cascina San Lorenzo, die seit langem im Besitze der Familie Gaja ist und wegen ihrer südlichen Ausrichtung (= Sori) eine ihrer besten Lagen darstellt. Der Barbaresco, der von dort kam, war schon damals ein opulenter Wein, der deutlich höhere Mostgewichte aufwies als der von anderen Lagen des Gaja-Besitzes. Er wurde damals jedoch noch nach derselben Art hergestellt wie der Standard-Barbaresco. Erst nach dem Experiment mit dem Sori Tildin, der aus spät gelesenen Trauben erzeugt wird, entschloß sich Gaja, auch den Sori San Lorenzo zwei bis drei Wochen nach der Haupternte zu lesen. Er ist noch heute der mächtigste aller Lagen-Barbaresco Gajas. Er entwickelt sich am langsamsten auf der Flasche und reift am spätesten. Im Bouquet zeigt er Anflüge von Vanille, Rosen, Tabak und Pflaumen. Dazu gesellt sich ein herber, anfangs oft etwas medizinisch wirkender, später an Geruch von weißen Trüffeln erinnernder Duft. Er besitzt eine äußerst konzentrierte Frucht, die von einer Hülle herben Tannins umschlossen ist. Erst wenn es mürbe wird, gibt der Wein seinen ganzen Reichtum frei. Drei Lagen-Barbaresco stellt Gaja insgesamt her: neben dem Sori San Lorenzo den Sori Tildin und den Costa Russi. Alle drei unterscheiden sich vom Standard-Barbaresco durch zwei Merkmale: Die Hektarerträge sind noch niedriger, und sie werden aus spätgelesenem Traubengut gewonnen. Oft findet die Lese erst Mitte November statt. Entsprechend extraktreich ist der Most. Mit dem Sori Tildin wagte Gaja erstmals 1971 dieses Experiment. Fast schwarzrot in der Farbe, ist die Frucht in ihm so konzentriert, daß sie in den ersten Jahren kaum erkennbar ist. Costa Russi wurde erstmals 1978 erzeugt. Er ist nicht so kompakt wie der Sori San Lorenzo, nicht so exotisch wie der Sori Tildin, besitzt aber ein hohes Maß an Eleganz und ein besonderes, an Nelkenduft erinnerndes Bouquet. Die Weinberge beider Weine liegen bei Roncagliette direkt an der Straße nach Alba: Sori Tildin oberhalb (3,78 Hektar), Costa Russi unterhalb (4,06 Hektar).*

weit über hundert Jahre zurückliegt (1859), so beginnt seine Geschichte erst im Jahre 1961. In jenem Jahr verkaufte der Betrieb einen erheblichen Teil seines Weinbergsbesitzes und verzichtete damit endgültig darauf, Wein aus zugekauften Trauben herzustellen. Anders ausgedrückt: Seit 1961 verarbeitet *Gaja* nur noch eigene Trauben von den 55 Hektar Rebland, die ihm geblieben waren. Diese Entscheidung, die als Maßnahme zur Verbesserung der Qualität gemeint war, hat mit dem Eintritt des damals 20jährigen Urenkels des Gutsgründers zu tun: Angelo Gaja. Jahrgang 1940, hatte er ein Jahr zuvor das Kellermeisterdiplom an der Weinbauschule in Alba erworben und den Kopf voller Ideen, wie sich der Wein verbessern und sein Bekanntheitsgrad erhöhen ließ. Den Betrieb leiteten damals jedoch noch sein Vater und dessen Kellermeister. So nutzte Angelo Gaja die Zeit, um sich in Weinanbaugebieten und Weinkellern außerhalb Italiens umzusehen. Er belegte Kurse an ausländischen Weinbauschulen und lernte, wie Winzer in Frankreich arbeiten und welche Maßstäbe für sie gelten. Er arbeitete in der Domaine de l'Espignette, einer önologischen Versuchsstation nahe dem südfranzösischen Montpellier, aber auch in Geisenheim am Rhein, in Beaune, in Bordeaux und in Colmar. Daneben aber führte er bereits eine Vielzahl von Experimenten in den Weinbergen und im Keller des väterlichen Betriebes in Barbaresco durch, in denen er Dinge ausprobierte, die dem Weingut später einen großen Vorsprung vor seinen Konkurrenten verschafften. Es wurde zum Beispiel mit verschiedenen Formen der Düngung, der Rebenerziehung und des Beschnitts experimentiert, während er im Keller vor allem nach Möglichkeiten suchte, den Gärverlauf besser zu kontrollieren. Manche Erkenntnisse, die diese Experimente zutage förderten, wurden schon früh in die Praxis umgesetzt. 1964 etwa entschloß man sich, einen ungewöhnlich kurzen Beschnitt bei den Nebbiolo-Reben zu praktizieren, der die Erträge drastisch senkte. In einer Zeit, in der für den Barbaresco noch nicht viel gezahlt wurde, war diese Maßnahme ökonomisch sehr riskant. Doch die Verbesserung der Traubenqualität war für *Gaja* das wichtigere Ziel. Der Erfolg gab ihm recht. Mit 80 Doppelzentnern pro Hektar (wie sie das zwei Jahre später erlassene D.O.C.-Statut festschrieb) läßt sich vielleicht ein guter, aber eben kein Spitzenwein erzeugen. Andere Erkenntnisse zeitigten erst später Folgen, nachdem Angelo Gaja selbst die Leitung des Betriebes übernommen hatte. So wurde 1969 (die Keller des Weinguts waren schon 1964 erheblich vergrößert worden) eine Heizungsanlage in den Gärkeller eingebaut. Das klingt gewöhnlich, war aber ein spektakulärer Schritt. Denn damit war *Gaja* das erste Weingut im Piemont, das seine Keller auch in der kalten Jahreszeit erwärmen und so die wichtige Milchsäuregärung unter kontrollierten Bedingungen durchführen konnte. In jenem Jahr wurden auch die ersten *barriques* angeschafft. Sie waren gebraucht und kamen vom Château Margaux. Die noble Herkunft konnte freilich die alten Weinmacher von Barbaresco, seinen Vater eingeschlossen, nicht zu der Überzeugung bringen, daß jemals ein praktischer Nutzen aus dem Experiment erwachsen könne. Angelo Gaja ließ sich jedoch nicht von seinem Vorhaben abbringen. »Warum sollten die Traditionen meines Urgroßvaters mir diktieren, was ich heute zu tun habe?« verkündete er damals selbstbewußt.

Obwohl die Weinproduktion immer aufwendiger wurde und *Gaja* auch in der Präsentation des Produktes und im Verkauf eine eigene Politik verfolgte, experimentierte er im Keller weiter. Er suchte nach der Kurve für den optimalen Verlauf der Maischegärung. Er erfand ein System, die *barriques* mit heißem Wasserdampf zu behandeln und zu reinigen, um auf chemische Reinigungsmittel und Schwefel verzichten zu können. Schließlich wurden – mit Erfolg – alle Möglichkeiten ausgelotet, die *barriques* für den Ausbau eines Nebbiolo-Weins nutzbar zu machen. Daneben entwickelte er eine andere Flasche für seinen Barbaresco, probierte verschiedene Korken aus und entwarf eigenhändig eine Serie von neuen Etiketten, die auf allen grafischen Ballast verzichteten und nur das Wesentliche aufführten: den Namen *Gaja* groß, Barbaresco klein. Die Phase der Neuordnung dauerte lang, und nicht alles, was in dieser Zeit unter dem Namen

**ANGELO GAJA,** *der bekannteste Weinmacher von Barbaresco: Verfechter piemontesischer Tradition und französischer Perfektion beim Weinmachen.*

*Gaja* auf den Markt kam, gehörte zur Spitze der Produktion. Was den Barbaresco betrifft, so hat Angelo Gaja, wie er selbst meint, seinen Stil überhaut erst 1979 gefunden: ein Wein, der die traditionellen Tugenden wie Körperreichtum, Säure und Tannin hochhält, aber mit einer ganz neuen Form von Eleganz zu verbinden weiß.

Angesichts der önologischen Kompetenz und der enormen technischen Anstrengungen, die das Weingut unternommen hat, ist die Weinbergsarbeit *Gajas* etwas im Schatten geblieben, obwohl sie vorbildlich, vielleicht sogar beispiellos ist. 68 Hektar hat der Betrieb heute unter Reben. Sie werden von gut 20 fest angestellten Winzern bearbeitet, die in der Art des Beschnitts, den Angelo Gaja praktiziert haben möchte (sieben bis neun Augen bleiben stehen, was Hektarhöchsterträge von nur 35 Hektoliter bedeutet), ebenso geschult sind wie in der Laubarbeit, der Rebenerziehung sowie in der besonderen Bodenbearbeitung und Düngung. Vor allem im Herbst, wenn es darauf ankommt, die Trauben schon am Stock genau zu verlesen, bildet dieses geübte Personal das Rückgrat seiner Qualitätspolitik. Schließlich verfügt *Gaja* über ausgezeichnete Lagen. Er schreibt zwar nicht Rabaja', Asili, Roncagliette, Pajorè, Bricco di Barbaresco oder Montestefano auf sein Etikett, doch kommt der größte Teil der Trauben für seinen Standard-Barbaresco von diesen erstklassigen Positionen. Die Vorfahren Angelo Gajas hatten nämlich schon früh umfangreichen Landbesitz vor allem im Süden des Anbaugebietes erworben, der auch die klassische Zone von Barbaresco genannt wird, weil sich dort besonders viele erstklassige Lagen befinden.

Perfektion ist die Vokabel, die am häufigsten benutzt wurde, um die Arbeit dieses Gutes zu beschreiben, und sie ist eines der wenigen Schlagworte, das Angelo Gaja akzeptiert. Die skrupulöse Weinbergsarbeit, der hohe technische Aufwand bei der Weinbereitung, das komplizierte System des Ausbaus und nicht zuletzt auch der Einsatz, den er persönlich geleistet hat, um den Barbaresco in Amerika, in Deutschland, in der Schweiz und auch in Frankreich bekannt zu machen, wo er heute einer der wenigen italienischen Weine ist, der in der Gastronomie und im Handel

gut vertreten ist – all das hat den Ruf *Gajas* begründet. Er sei »der erfolgreichste und am meisten bewunderte Weinmacher Italiens«, hat der amerikanische Weinjournalist Burton Anderson schon in den 70er Jahren feststellen können. Andere Weinjournalisten haben in ihm den »Vertreter einer neuen Generation italienischer Önologen«, einen »ebenso intelligenten Kellermeister wie sprachgewandten Verkäufer seiner Weine«, manchmal auch einen »Meister der Selbstdarstellung« gesehen, der »nicht frei von Eitelkeit« sei. Aber Eitelkeit ist eine Vokabel, die Gaja auch gelten läßt.

*Gaja* produziert heute knapp 300 000 Flaschen im Jahr, wobei etwa die Hälfte auf den Barbaresco entfällt. Neben seinem Standard-Barbaresco hat er drei Barbaresco von besonders guten Positionen des Anbaugebietes auf den Markt gebracht, die nach den Lagen benannt wurden, von denen ihre Trauben kommen: Sori Tildin (seit 1971), Sori San Lorenzo (1967), Costa Russi (1979). Sie werden nur in guten Jahren und in kleinen Mengen erzeugt und bilden stets die Spitze seiner Produktion. Ihre Erzeugung weist gegenüber dem Standard-Barbaresco zwei Besonderheiten auf. Die Reben werden noch kürzer beschnitten und die Trauben erst zwei bis drei Wochen nach der Hauptlese eingebracht. Die drei Lagen-Barbaresco sind denn auch rare Hochgewächse mit Stileigenschaften, wie sie kein anderer Wein der Zone aufweist. Sie besitzen einen sehr hohen Extrakt (30 bis 35 Milligramm), eine relativ niedrige Säure, einen großen Körperreichtum und eine unvergleichlich samtig-weiche Hülle, die das reichhaltig vorhandene Tannin beinahe zu verschlucken scheint. Sie werden – wie auch der Standard-Barbaresco – eine gewisse Zeit in *barriques* ausgebaut.

Aber auch der normale Barbaresco stellt einen hochklassigen Wein dar. Er läßt sich – was kein Nachteil, wohl aber sein Kennzeichen ist – relativ leicht trinken und ist weniger fordernd als andere Barbaresco. Es braucht, salopp gesprochen, keinen Fachmann, um seine Feinheiten herauszufinden. Er könnte ein Einstiegswein sein für diejenigen, die den Barbaresco kennenlernen wollen, aber auch einer, zu dem man zurückkehrt, wenn man sich

## »DARMAGI« GAJA, BARBARESCO

*Für Angelo Gaja war es anfangs nur eine Idee: den besten Cabernet-Wein Italiens zu machen. Ein Land, das es gestattet, aus der Nebbiolo-Rebe große Weine zu machen, müßte es auch, so seine Überlegung, möglich machen, aus anderen Sorten große Weine zu erzeugen. Der Wunsch alleine hat freilich nicht nur Pate gestanden. Umfangreiche Bodenuntersuchungen, klimatische Studien, überlegte Auswahl der Klonen, die gepflanzt wurden – all das ging dem Experiment voraus. 1978 wurden knapp 1,5 Hektar an der höchsten Stelle der Gemeinde Barbaresco (Bricco di Barbaresco) mit Cabernet-Sauvignon-Reben bestockt. 1982 kelterte Gaja den ersten Wein, der, obwohl noch etwas mager, schon andeutete, was in den folgenden Jahren erreicht werden könnte. Diese hielten dann, was der Jungfernjahrgang versprach: Gewicht, Zartheit, Finesse. So konnte es nicht ausbleiben, daß er bei internationalen Vergleichsproben eine gute Figur machte. Obwohl in seinem Charakter erkennbar unterschieden von den Cabernet-Sauvignon-Weinen Kaliforniens oder den Hochgewächsen Bordeaux', besitzt er doch einen hohen Grad an Perfektion. Er ist fast schwarzrot in der Farbe, besticht durch konzentriertes, nicht zu breites Bouquet, gezügelte Fülle, viel verdecktes Tannin, ist dabei sehr extraktreich. Der Grund für die außerordentliche Qualität liegt zunächst in der konsequenten Ertragsbegrenzung im Weinberg. Nicht mehr als 30 Hektoliter pro Hektar werden geerntet. Dazu kommt eine fehlerlose Vinifizierung: Maischegärung von zehn bis 15 Tagen, sechs bis 15 Monate »barrique«-Reifung bei gleichzeitigem biologischen Säureabbau, danach 18monatige Verfeinerung auf der Flasche. Nur 5000 Flaschen wurden bislang von ihm erzeugt. »Darmagi« ist ein Dialektwort aus der Langa und bedeutet: »wie schade«. Diesen Ausdruck gebrauchte Gajas Vater, als er sah, wie sein Sohn Barbera-Reben roden ließ, um an deren Stelle Cabernet Sauvignon anzupflanzen.*

## »GAIA&REY« GAJA, BARBARESCO

*1983 hat Angelo Gaja erstmals einen weißen Wein erzeugt. Es war ein Chardonnay. Daß er sich entschieden hat, mit einer Rebsorte zu arbeiten, die im Piemont bis dahin kaum Verbreitung gefunden hatte, war kein Zufall. Er wollte einen noblen, großen Weißwein machen, der von seinem Charakter her zu den Nebbiolo-Gewächsen paßt. Der säurearme Arneis und der kurzlebige Favorita, die beiden einzigen in der Langa anzutreffenden Weißweine, boten ihm dafür keine Möglichkeiten. So entschied er sich für die Burgunderrebe. Er pflanzte sie in einem kleinen, hochgelegenen Stück Land bei Giacosa, an der Straße von Tre Stelle nach Treiso gelegen: eine Lage, die von ihrer Exposition her auch einen guten Barbaresco hervorbringen könnte. Der erste Jahrgang, der abgefüllt wurde, präsentierte sich als ein vollmundiger, vornehmer, zartduftender, aber nicht blumiger Wein von großer Exquise. Er wird einerseits von seiner reifen Frucht geprägt, andererseits von seiner rassigen Säure, die durchaus bei sieben Promille liegen kann (die Trauben werden in der ersten Septemberwoche gelesen). Insofern unterscheidet er sich spürbar von den gleichsortigen, eher säurearmen Gewächsen aus dem Burgund und aus Kalifornien. Auch der Holzton ist nicht so dominant wie bei manchem Wein von dort. Bemerkenswert ist die Art, in der Gaja den Wein erzeugt: Die Mostausbeute beträgt nur etwa 50 Prozent des Traubengewichts. Der Most wird dadurch entschleimt, daß dem Trub Zeit gegeben wird, sich natürlich abzusetzen. Das mag riskant sein, doch ermöglicht es den Verzicht auf Kellerbehandlungsmittel. Die Vergärung erfolgt langsam unter ständiger Temperaturkontrolle. Durch Abstich wird der Wein geklärt. Daran schließt sich ein Faßlager in jungen »barriques« an, das je nach Güte des Jahrgangs zwischen drei Monaten und einem Jahr bemessen ist. Bevor er in den Handel kommt, verfeinert er sich noch ein Jahr auf der Flasche. Er ist ein außerordentlich ausbaufähiger Wein, der seinen ganzen Reichtum an Düften und Aromen erst nach vielen Jahren freigibt. Aufgrund der geringen Hektarerträge, die unter 30 Hektoliter liegen, beträgt die Produktion derzeit nur maximal 6500 Flaschen. Der Wein ist nach Angelo Gajas Tochter und Großmutter benannt: Gaia und Rey.*

durch die Produktion des Anbaugebietes durchgetrunken hat. Er läßt sich schon relativ früh mit Genuß trinken, aber auch lange im Keller aufbewahren. Später wie früher besitzt er einen hohen Grad an geschmacklicher Perfektion. Er pelzt nicht am Gaumen und zieht den Mund nicht zusammen. Er fließt glatt über die Zunge und läßt das Gewicht, das er hat, kaum merken. Die Flasche muß auch nicht drei Stunden vor der Mahlzeit geöffnet werden. Angelo Gaja hat, um ihn besser als Gastronomiewein verwenden zu können, alles getan, damit er schon nach fünf Minuten »da« ist. In jedem Fall bildet er das Ergebnis von 15 Jahren harter Arbeit und ehrgeizigen Experimentierens. Solange hat es nämlich gedauert, bis auch das letzte Detail stimmte: der Korken, mit 63 Millimetern der längste, der im Hals irgendeiner italienischen Weinflasche steckt.

Das ständige Feilen und Verändern, die enormen Investitionen in die Kellertechnik, insbesondere die Verwendung der französischen *barriques* haben *Gaja* in den Augen der Weinpresse zu einem Modernisten gemacht. In Wirklichkeit hat er letztlich mit weniger Traditionen der piemontesischen Önologie gebrochen als mancher andere Weinmacher der Zone. Die Technik wurde bei ihm nicht eingesetzt, um den Wein »zuzurichten«, sondern um ihn schonender behandeln zu können. Die Maischegärung wurde nicht verkürzt, sondern nur kontrolliert. Die *barrique* diente ihm nicht dazu, einen französischen Wein zu imitieren, sondern einen piemontesischen Wein zu perfektionieren, also ihn eine raschere und komplexere Reifung durchmachen zu lassen. Das Experiment war, als der 76er, der erste *barrique*-Jahrgang, auf den Markt kam, denn auch schon längst kein Experiment mehr, sondern der Beginn einer festen Einrichtung.

Wenn es einen Unterschied zwischen Angelo Gaja und den übrigen Weinmachern der Zone gibt, besteht er darin: Gaja hat früher als seine Kollegen begriffen, daß die Qualitätsskala des Barbaresco nach oben offen ist und Tradition nur ein Ausgangspunkt, aber kein Ziel des Weinmachens sein kann. Vielleicht hat er auch gelernt, höhere Maßstäbe an einen Wein anzulegen als die anderen, wobei er sich, wie er zugibt, an keinen geringeren Standards orientiert hat als an denen der besten französischen Weinhäuser. Heute streben zahlreiche piemontesische Weinmacher die Perfektion der Franzosen an. Wenn es dennoch manchen gibt, der seine Arbeit mit Kopfschütteln quittiert, liegt der Grund, so Gaja schmunzelnd, in einer Sonderheit seiner piemontesischen Landsleute: »Die Menschen in meiner Heimat sind der Meinung, daß die italienischen Weine besser seien als die französischen. Aber die meisten haben nie französische Weine probiert.«

Angelo Gaja hat kein Geheimnis daraus gemacht, daß er die französische Art des Weinmachens und die französische Weinkultur sehr schätzt. Er hat den Weinmarkt des Burgund genau analysiert, kennt zahlreiche Weinkeller und hat – mehr aus Gründen der Wertschätzung als aus geschäftlichen Interessen – selbst die Vertretung einiger der besten Weinhäuser des Nachbarlandes für Italien übernommen: der *Domaine de la Romanée Conti*, des Elsässer Hauses *Leon Beyer* und des Champagner-Produzenten *Gosset*. Doch er hat stets nur der Perfektion der Franzosen, nicht aber deren Weinen nacheifern wollen. Das beweist sein Barbaresco.

Das beweisen auch die anderen Albeser Weine, die er erzeugt, und zwar mit demselben Aufwand wie sein Spitzenprodukt, auch wenn sie etwas im Schatten desselben stehen. Der Nebbiolo, in einem Weinberg namens Vignaveja vor den Toren Albas wachsend, ist kein schwerer, aber ein ungewöhnlich stilvoller, weicher Wein, dem das Holzfaß seinen Stempel aufgedrückt hat. Der Dolcetto, ebenfalls von einer einzelnen Lage kommend (Vignabajla), macht deutlich, daß dieser »Alltagswein«, wie er bescheiden genannt wird, eine hochfeine Angelegenheit sein kann: jung zu trinken, aber mit dem Schliff eines edlen Tropfens. Der Barbera Vignarey (Rey war der Vorname einer der französischstämmigen, mütterlichen Vorfahren Angelo Gajas) erklärt, weshalb der beste Wein aus dieser Sorte für manche Weinkenner heute nicht aus Asti, sondern aus Alba kommt: ein großer Wein, auch ohne exzentrisch hoch in der Säure und im Alkohol zu sein. Alle diese Weine reifen auch einige Monate in *barriques*. Besondere Erwähnung verdient schließlich der Vinòt, ein aus Nebbiolo-Trauben gekelterter *vino novello*: der erste italienische Primeur-Wein, der auf den Markt kam (1975). Er ist nach der im Beaujolais und Burgund entwickelten und dort häufig praktizierten *macération carbonique* erzeugt. Auch hier war Angelo Gaja der erste, der dieses Gärverfahren in Italien erfolgreich anwandte.

Mit seiner strengen Qualitätspolitik und der kontinuierlichen Weiterentwicklung der Kellertechnik hat der Betrieb schließlich auch große Schrittmacherdienste für die Weinwirtschaft des gesamten Anbaugebietes geleistet. Die Bedeutung des sorgfältigen Verlesens der Trauben für die Qualität des Weins ist heute jedem Winzer bekannt. Eine kontrollierte Gärführung streben alle an. Viele haben auch schon mit *barriques* experimentiert, wenn es auch vorerst noch wenige sind, die regelmäßig und erfolgreich mit diesem Instrument arbeiten. Selbst mit der technisch sehr aufwendigen und arbeitsintensiven *macération carbonique* beschäftigen sich inzwischen einige andere Betriebe um Alba. *Gaja* war und ist für sie eine Herausforderung.

In Anbetracht seines Bekenntnisses zu den piemontesischen Weinen mußte es überraschen, daß Angelo Gaja Ende der 70er Jahre plötzlich begann, sich mit neuen Rebsorten zu beschäftigen. 1978 pflanzte er bei Montestefano und direkt vor dem Dorfe Barbaresco Cabernet Sauvignon an, ein Jahr später bei Treiso auch Chardonnay. Viele waren verblüfft, einige sahen sich in ihrem Verdacht bestätigt, daß Gaja in Wirklichkeit doch nur französische Weine kopieren wolle und kein Vertrauen zu den heimischen Reben besäße. Er selbst blieb gelassen. »Ich könnte einfach sagen, es mache mir Spaß, mit anderen Reben zu arbeiten, und ich brauche eine neue Herausforderung, nachdem ich mit meinem Barbaresco ein gewisses Niveau erreicht habe. Doch so einfach ist das nicht. Mit Ehrgeiz allein kann man keine guten Weine machen, schon gar nicht mit Kaliforniern und Franzosen in einen Wettbewerb treten. Chardonnay und Cabernet Sauvignon sind für mich jedoch zwei hochwertige Rebsorten, und in einem Landstrich, in dem die schwierige Nebbiolo großartige Qualitäten hervorbringt, lassen sich womöglich auch mit ihnen gute Ergebnisse erzielen.«

Solange aus der roten Barbera-Traube im Piemont Weißwein gekeltert werden muß, um ihrer Überschüsse Herr zu werden, und Weinbaufunktionäre öffentlich vorschlagen, mehr Moscato auch in Nebbiolo-Zonen zu kultivieren, damit die Weinwirtschaft bessere Erträge erwirtschaftet, kann es allerdings schwerlich als ein Frevel wider die Tradition gewertet werden, wenn ein Winzer mit zwei aus Frankreich stammenden, noblen Rebsorten arbeitet. Im übrigen hat Angelo Gaja klargemacht, daß die beiden Sorten schon lange in Italien heimisch sind. Die Chardonnay kam Ende des 19. Jahrhunderts aus dem Burgund nach Italien. Die Cabernet Sauvignon wurde sogar schon 1820 importiert und bei Marengo in der Provinz Alessandria kultiviert – also im Piemont. Schließlich hat er sich auch nicht unvorbereitet auf das Abenteuer eingelassen. Es hat umfangreiche Bodenuntersuchungen und Kellerexperimente gegeben, zudem einen ständigen Erfahrungsaustausch mit kalifornischen und Burgunder Weinmachern.

Die ersten Jahrgänge dieser beiden Weine haben bestätigt, daß im Piemont auch die internationalen Erfolgsreben gute Ergebnisse bringen können. Sowohl der Cabernet Sauvignon (»Darmagi«) als auch der Chardonnay (»Gaia&Rey«) sind eindrucksvolle Weine. Dennoch ist es zu früh, um das Experiment abschließend zu beurteilen. Es fehlt an Erfahrung, wie die Weine sich auf der Flasche entwickeln. Es fehlt an aussagekräftigen Vergleichsproben mit gleichsortigen Weinen anderer Länder. Auch ob sie Gajas eigenem Anspruch genügen, das Beste in größtmöglicher Perfektion zu erzeugen, bleibt abzuwarten.

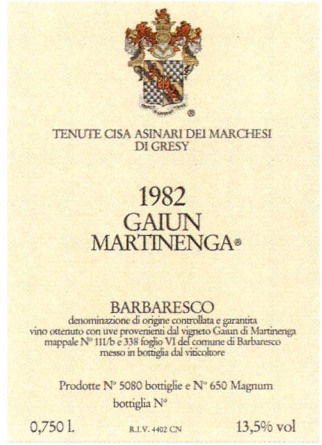

## CASTELLO DI NEIVE, NEIVE

*Das Castello di Neive taucht schon früh in den Annalen der besten Weinerzeuger Albas auf. Seines Weins nahm sich bereits im 19. Jahrhundert Louis Oudart an, der berühmte französische Önologe und Vater des »modernen« Barolo, den Camillo Cavour für den Wein seines Schlosses Grinzane aus Reims geholt hatte. Der Jahrgang 1862, noch kein als »Barbaresco«, sondern als »Neive« etikettiert, erhielt auf einer Ausstellung in London bereits früh eine Medaille. Die Einbeziehung Neives in das Anbaugebiet von Barbaresco erfolgte erst 1933. Wieder war es einer vom Castello di Neive, der die Initiative dazu ergriffen hatte: Guido Graf Riccardi Candiani, der Patron. Sein Wein war auch der erste, der unter der Bezeichnung »Barbaresco« in Flaschen gefüllt wurde – ein Umstand, der die heutigen Besitzer zu der schmeichelhaften Schlußfolgerung kommen ließ, der Barbaresco sei in den Kellern des Castello di Neive geboren. Das Anwesen, eher einem städtischen Palazzo als einer Burg ähnelnd, wurde 1959 von dem Industriellen Italo Stupino erworben, der in Turin ein Unternehmen zur Herstellung von Verpackungsmaterial besitzt. Weinberge besaß seine Familie schon vorher in Neive. Mit dem Zukauf der Cantina begann die eigene Flaschenproduktion: vor allem Dolcetto und Barbera, später Moscato, Arneis, Grignolino und andere Weine. Die Spitze der Produktion bildete jedoch immer der Barbaresco: ein muskulöser Wein von großer aromatischer Strenge, fleischig im Innern, tanninreich, nie gefällig, immer sehr fein. Er kommt von der vorzüglichen Lage Santo Stefano. Dort besitzen die Stupino allein 15 Hektar Nebbiolo-Reben. Der Most wird relativ lange auf den Schalen vergoren und zwei bis drei Jahre, die »Riserva« bis zu fünf Jahren im Holzfaß ausgebaut. Vor der Flaschenabfüllung wird der Wein leicht filtriert. Die enge Zusammenarbeit mit der Fakultät für Mikrobiologie der Universität Turin sorgt für eine ständige wissenschaftliche Begleitung der Weinproduktion. Abfüllmenge: bis zu 20 000 Flaschen Barbaresco von der Lage Santo Stefano plus eine kleine Menge von der Lage Gallina.*

## MARCHESI DE GRESY, BARBARESCO

*Der Barbaresco der Grafen de Gresy kommt aus der wohl besten Lage des ganzen Anbaugebietes. Sie heißt La Martinenga und liegt im Herzstück von Asili und Rabaja'. Dort besitzen die de Gresy seit alter Zeit ein Rebareal von knapp 13 Hektaren. Bis 1971 waren sie Mitglied der Genossenschaft Produttori del Barbaresco und lieferten ihre Trauben regelmäßig bei deren Cantina ab. In jenem Jahr aber entschlossen sie sich, einen eigenen Wein zu erzeugen. Sie richteten in der Cascina La Martinenga, die inmitten ihrer Reben liegt, einen Keller ein und begannen mit einer eigenen Weinproduktion. Das gute Echo auf die ersten Jahrgänge ermunterte Alfredo de Gresy, der sich persönlich um den Wein kümmert, zu weiteren Anstrengungen. So ließ er immer nur den besten Teil seiner Trauben verarbeiten. Den anderen verkaufte er. Auch in der Kellerarbeit wurden erhebliche Fortschritte gemacht. Heute präsentiert sich der Wein als Spitzengewächs mit einer unnachahmlichen Lagenprägung: sehr duftig in der Nase, reife Frucht, edle Beere, feine Säure, dosierte Tanninfrucht. Er ist, wie alle Weine von Asili und Rabaja', eher elegant als schwer und weniger kompakt als die Barbaresco aus Neive zum Beispiel. Er wird zehn Tage lang fermentiert und bleibt danach noch fünf Tage auf den Schalen, bis der Abstich vorgenommen wird. Jeweils 12 bis 18 Monate reift er zuerst im Holzfaß und dann auf der Flasche. Er wird nur mit Gelatine geklärt und danach leicht mit Kohle geschönt. 1978 wurde erstmals der beste Teil von La Martinenga gesondert gekeltert und unter dem Etikett Camp Gros abgefüllt, 1982 auch eine zweite Unter-Lage als Gaiun. Diese beiden Barbaresco stellen eine Art Auslese der Auslese von La Martinenga dar. Gaiun, im Bereiche der Lage Rabaja' gelegen, ist der Inbegriff eines eleganten, zarten Barbaresco (er wurde 1984 versuchsweise in »barriques« ausgebaut); Camp Gros, im Bereiche Asili gelegen, der Vertreter eines etwas körperreicheren, kräftigeren Barbaresco. Beide werden nur in sehr guten Jahren und auch dann nur in sehr geringen Mengen erzeugt (bis maximal 7500 Flaschen je Wein). Die Gesamtproduktion dieses Barbaresco liegt bei 30 000 bis 35 000 Flaschen. Eine Ausweitung ist jedoch vorgesehen.*

Immerhin hat er schon einen Weinberg mit Sauvignon blanc angelegt, um zu erkunden, welche Ergebnisse diese, vor allem im südlichen Bordelais beheimatete Rebsorte bei ihm bringt. Noch bessere als die Chardonnay? Gaja weiß, daß Barbaresco fast auf dem gleichen Breitengrad wie Bordeaux liegt, nicht wie das Burgund. »Für mich ist wichtig, daß ich mich mit meinen neuen Weinen dem internationalen Vergleich stellen kann. Mit dem Barbaresco ist das schwierig. Zwar ist er ein großer Wein, doch was ihm und allen Nebbioloweinen fehlt, ist die internationale Anerkennung und die Vergleichbarkeit mit den Hochgewächsen anderer Länder.«

Zweifellos hätte Angelo Gaja das Experiment mit den beiden Weinen nicht unternommen, wenn er fürchtete, daß dieser Versuch keine mindestens sehr guten Ergebnisse bringen und seine Weine gegen die aus Frankreich oder Kalifornien nicht bestehen würden. Das Abenteuer besteht darin, nicht zu wissen, mit welchen Etiketten er sich wird vergleichen können. Davon wird auch abhängen, ob Cabernet Sauvignon und Chardonnay im Piemont eine Chance haben werden.

## PIONIER DES MODERNEN BARBARESCO: DAS VORBILD DER CANTINA PRODUTTORI

Wenn es das Verdienst *Gajas* war, den Barbaresco perfektioniert und seinen Namen weit über die Grenzen des Piemont hinaus bekannt gemacht zu haben, so war es der Vorläufer der heutigen *Cantina Produttori del Barbaresco*, der Winzergenossenschaft des Dorfes, der den modernen Barbaresco geschaffen hat: als durchgegorenen und grundsätzlich nur aus Nebbiolo-Trauben bereiteten Wein. Seine Geburtsstunde liegt allerdings schon lange zurück. Sie schlug im Jahre 1894, als sich einige Winzer von Barbaresco, zumeist wohlhabende Landbesitzer, zu einem Unternehmen genossenschaftsähnlichen Zuschnitts zusammenfanden, um sich gegen die Marktmacht und die Geschäftspraktiken der Albeser Weinspekulanten zur Wehr zu setzen, die mit allen Mitteln, auch denen der Preisabsprachen und der künstlichen Verknappung der Mengen, Vorteile für sich suchten und die Weinwirtschaft der Langhe schwer erschütterten. In jenem Jahr hatte der Direktor der Weinbauschule in Alba, Professor Domizia Cavazza, persönlich ein Stück Land bei Barbaresco erworben, auf dem er selbst Reben ziehen und Wein erzeugen wollte. Cavazza galt nicht nur als großer Kenner der Barolo-Zone, sondern wußte auch um die hohe weinbauliche Eignung der Hügel um Barbaresco. Zudem ging ihm der Ruf eines glänzenden Önologen voraus. In ihm sahen die unzufriedenen Winzer des Ortes die geeignete Person, mit deren Hilfe sie ihre Idee einer Genossenschaft in die Tat umsetzen konnten. Es wurde zunächt eine Gesellschaft gegründet, deren Ziel es war, einen gemeinsamen Wein zu erzeugen und den Gewinn unter seine Mitglieder aufzuteilen. Sechs Mitglieder zählte diese erste Genossenschaft: neben Cavazza, der zum technischen Direktor befördert wurde, ein Ingenieur, ein Doktor, ein General, ein Graf, ein Advokat sowie der Pfarrer des Dorfes. Jeder hatte 250 Lire zu zahlen, damit ein Faß und die technische Erstausstattung gekauft werden konnten. Als Cavazza wenig später das alte Castello von Barbaresco erwarb, wurde der Keller unter den Fundamenten dieser Burg eingerichtet. *Cantina del Castello di Barbaresco* nannte sich der Zusammenschluß, zu dem sich schnell weitere Personen gesellten, unter ihnen auch der Pfarrer der Kathedrale von Alba. Der Wein, der hergestellt wurde, muß schon in den ersten Jahren von vorzüglicher Qualität gewesen sein. Denn in der Chronik der Cantina wird berichtet, daß bereits ein Jahr nach der Gründung »24 095,26 Lire erlöst wur-

**ASILI UND RABAJA'**

*Die beiden Spitzenlagen im Süden des
Anbaugebietes bilden das Herz der
»klassischen« Barbaresco-Zone. Von
den Weinen, die dort wachsen, ging
einst der Ruf des Barbaresco aus. In der
Mitte des Bildes liegt La Martinenga,
das Gut des Grafen de Gresy (oberhalb
des Gebäudes beginnt die Lage Asili,
weiter rechts Rabaja').*

den, die den Anteilen der eingelieferten Traubenmengen und ihrer Qualität entsprechend auf die Mitglieder verteilt wurden«. Die Chronik beschreibt nicht, wie der Wein hergestellt wurde. Doch soviel ist aus anderen Quellen bekannt, daß die Maische nur aus Nebbiolo-Trauben bestand. Freisa, Dolcetto, Barbera und die damals noch gelegentlich anzutreffenden lokalen Sorten, die in den Weinbergen um das Dorf wuchsen, wurden nicht mehr zusammen mit diesen gekeltert. Cavazza hatte nämlich erkannt, daß die Nebbiolo die hochwertigere Sorte ist. Er wußte, welche Ergebnisse *Fontanafredda* und das *Opera Pia* mit dieser Rebe erzielt hatten, jene Stiftung, die das Erbe der Marchesi Falletti aus Barolo verwaltete. Cavazza hatte die Hoffnung, daß der Wein aus Barbaresco sich von ähnlicher Güte erweisen würde, wenn man ihn nach dem Vorbild des Barolo erzeugte. Das hieß aber auch, daß der Wein nach der Gärung keinen Restzucker mehr aufweisen durfte, was zur damaligen Zeit noch relativ häufig der Fall war. Wenn der Winter nämlich frühzeitig kam, die Temperaturen sanken und die Hefen ihre Tätigkeit einstellten, ohne daß der gesamte Traubenzucker vergoren war, konnte es sein, daß der Wein am Ende eine gewisse Süße aufwies. Das Wissen, wie man einen Wein durchgären ließ, besaßen zu jener Zeit noch keineswegs alle Winzer. Cavazza hingegen wußte, daß die Holzfässer, in denen der Wein damals vergoren wurde, in einem nicht zu kühlen Keller stehen durften. Die Gewölbe des Castello waren für diesen Zweck hervorragend geeignet. In ihnen speicherte sich die Wärme, die die Herbstsonne bis in den November hinein abgegeben hatte, noch mehrere Wochen lang, so daß die Umgebungstemperatur gerade hoch genug war, um die Hefen aktiv zu halten.

In den Statuten der Winzergenossenschaft von Barbaresco – übrigens der ersten des Piemont – wurde schon früh der Grund für eine qualitätsorientierte Produktion gelegt. Die Mitglieder wurden nicht nur nach der Menge, sondern auch nach der Qualität der angelieferten Trauben bezahlt. Nach einer ausführlichen Begehung der Weinberge einigte man sich darauf, die Rebkulturen in zwei Kategorien einzuteilen: in die guten und in die ausgezeichneten. Das Kriterium war einfach. Jene Lagen, in denen zuerst Schnee fiel und liegenblieb, galten als die guten, jene, in denen er sofort schmolz, als die hochwertigen Lagen. Die Anerkennung für die geleistete Arbeit blieb nicht aus. 1898 wurde auf der Landwirtschaftsausstellung Turin-Asti bereits eine Bronzemedaille für den Wein und eine Goldmedaille für die vorbildliche Initiative errungen.

Auch in Krisenjahren, in denen wegen Überproduktion die Preise zusammenbrachen, erwies sich die Genossenschaft als ein Hort der Preisstabilität, so daß selbst die Cassa Rurale, eine Art Landwirtschaftsbank mit eigenem Weinbergsbesitz, und das Comitato Parocchiale, die kirchliche Liegenschaftsverwaltung, sich drängten, Mitglied in ihr zu werden. Mit dem Erfolg kamen allerdings auch die Probleme. Die guten Preise, die man für seinen Wein auf dem Markt erzielte, ließ in einigen Mitgliedern den Wunsch aufkommen, die jährlichen Gewinnausschüttungen zu erhöhen. Der Vorschlag wurde, um die Liquidität nicht zu gefährden, abgelehnt. Die betreffenden Mitglieder zogen es daraufhin vor, sich aus der Genossenschaft zurückzuziehen. Um die Abtrünnigen auszahlen zu können, mußte die Gesellschaft im März 1902 aufgelöst werden. Doch schon im August desselben Jahres gründeten die verbliebenen Mitglieder eine neue Gesellschaft, die dann offiziell als *Cantina Sociale di Barbaresco* firmierte. Diese Cantina führte das begonnene Werk erfolgreich fort. Schon 1903 konnte sie auf der Weinausstellung in Alba eine Goldmedaille mit Ehrendiplom entgegennehmen – diesmal für den Wein und nicht für die gute Einrichtung.

Ebenso wichtig wie der meßbare Erfolg war die Wirkung des Winzerzusammenschlusses auf die Weinwirtschaft. »Die Arbeit der *Cantina Sociale*«, so konnte ihr damaliger Präsident Eugenio Graf Cocito feststellen, »übt einen wohltuenden Einfluß auf den Absatz des Weins aus dem Dorfe aus, verbreitet die Bekanntheit des Nebbiolo di Barbaresco, erhöht seine Nachfrage und eröff-

### TRADITION UND MODERNE

*Nicht nur im Keller, auch im Weinberg zeigen sich die Unterschiede zwischen der modernen und der alten bäuerlichen Art der Traubenproduktion. Sie sind Ausdruck einer geänderten Mentalität der Winzer. Die Rebzeilen der einen sind wie mit dem Kamm gezogen, der Boden mit Herbiziden von Unkraut gesäubert. In den Weinbergen der anderen wuchert fröhlich grüne Untersaat am Fuße der Reben. Für die Güte des Weins ist aber nicht die Sauberkeit, sondern die Pflege der Reben entscheidend – und natürlich die Auswahl der Trauben im Herbst. Was noch hängt, wenn der erste Schnee fällt, war nicht gut genug, um geerntet zu werden. Es ist der Beweis, daß streng verlesen worden ist.*

## PRODUTTORI DEL BARBARESCO, BARBARESCO

*Die Genossenschaftskellerei des kleinen Dorfes hoch über dem Tanaro-Fluß ist der größte Barbaresco-Produzent der Zone. Zwischen 250 000 und 350 000 Flaschen dieses Weins werden jährlich abgefüllt. Dennoch ist die Cantina Produttori, wie sie abkürzend genannt wird, seit ihrer Gründung im Jahre 1958 nie der Gefahr erlegen, ein Unternehmen der Weinindustrie zu werden. Es ist ein vom Geist handwerklichen Weinmachens durchdrungener, politisch und kirchlich völlig unabhängiger Betrieb geblieben, der die Möglichkeiten der modernen Kellerarbeit insoweit nutzt, wie sie zur Verbesserung eines ehrlichen, sauberen Barbaresco der traditionellen Stilrichtung dienlich waren. Computer zur Kontrolle des Gärverlaufs oder »barriques« zum Ausbau wird man in seinen Kellern nicht finden. Doch sie werden auch nicht vermißt. Dafür ist die Arbeit in allen Phasen des Weinmachens grundsolide: nicht zu kurz bemessene Maischegärung, sanfter Ausbau des Weins, wenig Weinbehandlungsmittel, lange Reifung, vor allem auf der Flasche (die »Riserva« kommt oft erst nach fünf Jahren in den Handel). Das Kapital der Genossenschaft sind die exzellenten Lagen ihrer Mitglieder. Die besten werden – jedenfalls in sehr guten Jahren – seit 1967 separat gekeltert. Dieser Wein wird dann mindestens ein Jahr länger als der Standard-Barbaresco ausgebaut (»Riserva«) und unter dem Etikett der jeweiligen Lage verkauft. Derzeit werden neun solcher Lagen-Barbaresco abgefüllt: Asili und vor allem Rabajà zeichnen sich durch Duft und außerordentliche Zartfruchtigkeit aus. Pajè und Pora (beide neben Asili gelegen) sind ebenfalls elegante Vertreter ihrer Art. Moccagatta (rechts und links der Straße von Barbaresco nach Tre Stelle) liefert ebenso wie Riosordo (im Tal von Asili) kräftigere Weine. Von Montestefano, Montefico und Ovello (alle nördlich von Barbaresco) kommen die schwersten und tanninhaltigsten Barbaresco. Jeder dieser »Riserve« wird in Mengen zwischen 5000 und 15 000 Flaschen erzeugt. Sie konnten bei Weinexperten des In- und Auslands bislang stets höchster Anerkennung gewiß sein.*

## ALFREDO PRUNOTTO, ALBA

*Auch der in Alba ansässige Kellereibetrieb Alfredo Prunotto erzeugt einen lagenreinen Barbaresco aus Montestefano. Er ist ein sehr weicher, nicht übermäßig körperreicher, aber eleganter Wein mit viel Eigenart und Ausdruckskraft, der, solange er hergestellt wurde, immer zu den Spitzen der Produktion des Anbaugebietes gehört hat. Giuseppe Colla, Mitinhaber und verantwortlicher Önologe der Cantina, hat langfristige Kontrakte mit Winzern aus Montestefano geschlossen, um diesen Wein regelmäßig abfüllen zu können. So kann er auch Einfluß auf die Weinbergspflege nehmen. Die Erträge, die der kleine Flecken Land hergibt, von dem dieser Wein kommt, sind denn auch gering. Sie liegen im langjährigen Durchschnitt bei 55 Hektolitern. Die Trauben werden sofort nach der Lese in die Kellerei nach Alba gebracht und eingemaischt. Die Maische vergärt etwa 20 Tage. Nach dem Abstich wird der Wein in Zementbottiche gepumpt, wo sich der letzte Trub absetzt. Die Milchsäuregärung findet im Frühjahr statt. Danach wird der Wein in große, alte Holzfässer umgezogen und mindestens zwei Jahre lang ausgebaut. Er wird unfiltriert auf Flaschen gezogen. Dort reift er noch einmal 18 Monate bis zwei Jahre, bevor er in den Handel kommt. Er wird – wie auch der Standard-Barbaresco und alle Barolo der Cantina – stets als »Riserva« etikettiert. Besonderen Wert hat Giuseppe Colla immer auf eine möglichst natürliche Klärung des Weins gelegt. Jahrelang benutzte er dazu das Eiweiß der Störblase, weil es am wenigsten das Tannin angreift. Leider sind seine Bezugsquellen für dieses Kellerbehandlungsmittel versiegt. Es gilt als altmodisch. So benutzt er jetzt frisches Hühnereiweiß. In manchen Jahren erzeugt Colla neben dem Montestefano-Barbaresco auch einen Barbaresco von der Lage Rabaja' (zum Beispiel 1971, 1980, 1982).*

121

## VIETTI, CASTIGLIONE FALLETTO

*Vietti ist ein familiär geführter Kellereibetrieb in der Barolo-Zone, dessen Politik seit vielen Jahren darin besteht, Trauben nur aus hochwertigen Lagen der Albeser Anbaugebiete zu kaufen und selbst zu verarbeiten. Der Barbaresco kommt von der Cascina Masseria, einer kleinen, von dem Winzer Eugenio Voghera bewirtschafteten Hofstelle. Von ihm bezieht Vietti seit vielen Jahren seine Trauben für diesen Wein. Masseria liegt bei Cotta nahe der Grenze zur Gemeinde Barbaresco, aber noch auf dem Territorium von Neive. Es ist eine vorzügliche Südwestlage, die gut strukturierte, tanninhaltige Weine mit nicht zu geringer Alkoholgradation und langer Lebensdauer hervorbringt. Auch Viettis Barbaresco ist ein kraftvoller Wein, der – ebenso wie Scarpas Barbaresco von der benachbarten Lage I Tetti – an Körperreichtum und Tannin einem Barolo kaum nachsteht. Er fällt jedoch weniger rauh aus als die andere Gewächse aus Neive. Trotz seiner kräftigen Statur besitzt er einen eleganten Kern, ist zartfruchtig und subtil in seinen Aromen, dabei durchaus opulent und mit vielen Geschmacksfacetten ausgestattet. Vor allem die amerikanische Weinpresse hat sich oft enthusiastisch über diesen Wein geäußert, der mit Recht zu den ersten Weinen des Anbaugebietes gezählt wird. Er ist ein mit modernen Mitteln hergestellter, traditioneller Barbaresco, der in guten Jahren bis zu sechs Wochen auf den Schalen fermentiert wird. Die malolaktische Gärung wird sofort danach eingeleitet. Der Ausbau erfolgt nach alter Manier im Holzfaß aus jugoslawischer Eiche. Die Ausbauzeit ist eher kurz bemessen. Der Wein wird minimal geschwefelt und nur mit Gelatine geklärt. Die Mengen, in denen er abgefüllt wird, sind gering. Sie übersteigen selten 5000 Flaschen. 1984 hat Vietti erstmals einen zweiten Barbaresco vinifiziert. Er kommt von der Lage Rabaja'.*

## SCARPA, NIZZA MONFERRATO

*Die strenge Qualitätspolitik des Hauses Scarpa, die sich schon bei Barbera und Barolo gezeigt hat, setzt sich auch beim Barbaresco fort. Die beiden Weine, die Mario Pesce, Inhaber des Betriebes, von verschiedenen Lagen des Anbaugebietes keltert, sind hochrangige Gewächse, die stets zur Spitze der Produktion des Anbaugebietes gehören. Der eine, von der Lage Pajorè Barberis in der Gemeinde Treiso kommend, ist ein ungemein duftiger, weicher, zugleich aber wuchtiger Barbaresco mit einer Alkoholgradation, die in guten Jahren durchaus die 14 Vol.% erreichen, sogar übersteigen kann. Er ist neben dem Wein von Giovannini Moresco (dessen Rebkulturen dicht neben den von Scarpa liegen) der schönste Barbaresco von dieser Spitzenlage. Der zweite Barbaresco ist von etwas anderer Charakteristik. Er ist ein muskulöser Wein, der – wie alle Scarpa-Kreszenzen – sehr zurückhaltend in der Frucht ist und deutlich vom Tannin dominiert wird. Er wirkt anfangs oft etwas rauh, besitzt aber ein großes Reifepotential, das, wenn das Tannin mürbe geworden ist, feinste Nuancen freigibt. Er ist ein typischer Vertreter des Neive-Barbaresco. Er kommt von einem kleinen Weinberg bei I Tetti, einem Flecken zwischen Cotta und Montestefano. Von dort bezieht Scarpa seit vielen Jahren seine Trauben. Sie werden, ebenso wie die von Pajorè Barberis, sofort nach der Lese ins 25 Kilometer entfernte Nizza Monferrato gebracht, wo Scarpa seinen Sitz und seine Zentralkellerei hat. Der Wein wird nach der traditionellen Weise bereitet. Das heißt: Maischegärung von einem Monat, Milchsäuregärung erst im Frühjahr, dann aber spontan bei steigenden Außentemperaturen. Ausgebaut wird der Wein zwei Jahre lang in alten, 60 Hektoliter fassenden Eichenholzfässern. Die Produktionsmengen sind gering. Vom Pajorè Barberis werden 4000 bis 7500 Flaschen, vom I Tetti 8000 bis 12000 Flaschen abgefüllt.*

net auch privaten Produzenten die Möglichkeit, ihren Wein zu gewinnbringenden Preisen zu verkaufen.« Das segensreiche Werk wurde noch erfolgreich bis zum Jahre 1915 durchgeführt. Erst mit dem Eintritt Italiens in die Auseinandersetzungen des Ersten Weltkriegs kam die Arbeit der *Cantina Sociale* zum Erliegen. Nach dem Krieg wurde sie dann nicht wieder aufgenommen. Die Zeit des italienischen Faschismus war kein fruchtbarer Boden, um Genossenschaften zu gründen. So dauerte es über 40 Jahre, bis ein neuer Winzerzusammenschluß zustande kam.

1958, als die Wertschätzung für den Wein, insbesondere den hochklassigen, langsam wieder wuchs, waren es zwei Personen, die die Initiative ergriffen: Don Fiorino, der Pfarrer der Gemeinde, und Celestino Vacca, ein Angestellter in einer großen Fabrik in Alba, wohnhaft in Barbaresco und ein leidenschaftlicher Anwalt für den Wein des Dorfes, der ein sicheres Gespür dafür hatte, daß diesem eine große Zukunft beschieden sei. Die beiden waren es, die die ersten Schritte unternahmen, um die *Cantina Produttori del Barbaresco* wieder ins Leben zu rufen. Vacca selbst wurde zum Direktor ernannt und hat bis 1982 die Politik dieser Genossenschaft bestimmt, die mit 19 Mitgliedern und drei Fässern in den privaten Kellern ihres Dorfpriesters begann, heute bis zu 350 000 Flaschen Barbaresco jährlich abfüllt und zum größten Erzeuger dieses Weins im Anbaugebiet geworden ist.

Der neue Keller der *Cantina Produttori*, wie die Genossenschaft abkürzend genannt wird, liegt im Schatten des alten Burgturms von Barbaresco, nur ein paar Häuser neben *Gaja*. Im Oktober, wenn gelesen wird, zieht sich die Schlange der Traktoren, die Trauben bringen, durch die ganze Via Torino, die Hauptstraße des Dorfes, und reicht bis vor die ersten Häuser des Ortes. Knapp 60 Winzerbetriebe sind Mitglied der Genossenschaft. Die Rebfläche, über deren Trauben diese damit verfügen kann, umfaßt etwa ein Drittel der auf dem Territorium der Gemeinde Barbaresco liegenden Weinberge. In Neive und Treiso ist sie nur schwach vertreten. Die Statuten der *Cantina Produttori* sehen vor, daß nur Nebbiolo-Trauben abgenommen werden. Die Genossenschaft kann sich also ganz auf die Erzeugung des Barbaresco konzentrieren (etwa ein Drittel des erzeugten Weins wird heute als Tafelwein unter dem Etikett »Nebbiolo delle Langhe« verkauft). Für Nebbiolo-Trauben besteht eine Vollabgabepflicht. Das heißt: Die Mitglieder müssen das gesamte Lesegut dieser Sorte bei der *Cantina* abliefern. Damit wird sichergestellt, daß die besten Trauben nicht abgesondert und anderweitig verkauft werden. Diese für eine Genossenschaft wichtige Bestimmung wurde schon früh eingeführt. Darüber hinaus existieren präzise Regeln für die Traubenproduktion. Sie reichen von der Festlegung des Erntezeitpunkts bis zu der Vorschrift, die Trauben nicht in Plastikkästen, sondern in kleinen, luftdurchlässigen Weidenholzkörben anzuliefern. Daß die Qualität des Leseguts bezahlt wird und nicht nur die Menge, ist eine Selbstverständlichkeit.

Das Kapital der *Cantina Produttori* ist sein hoher Anteil an erstklassigen Lagen vor allem in der klassischen Barbaresco-Zone, also im Süden des Anbaugebietes. Dieser Umstand erklärt zum Beispiel die gute Qualität des Standard-Barbaresco, von dem immerhin bis zu einer Viertelmillion Flaschen im Jahr abgefüllt werden. Das Aushängeschild der Genossenschaft aber sind die *Riserve*. Seit 1967 werden nämlich die besten Lagen in sehr guten Jahren gesondert gelesen und der Wein von dort ein Jahr länger auf der Flasche ausgebaut. Die erste *Riserva*, aus Traubengut der Grafen de Gresy von der Lage La Martinenga erzeugt, ist eine Legende. Die Zahl der Lagen-Barbaresco, die unter dem Etikett der *Cantina Produttori* abgefüllt werden, ist heute bis auf neun gestiegen. Darunter befinden sich Weine von so hochwertigen Positionen wie Rabaja', Asili und Montestefano. Das hohe Ansehen, das diese *Riserve* besitzen, hat auch mit der grundsoliden Kellerarbeit zu tun, für die die *Cantina Produttori* seit ihren Anfängen bekannt ist. Wenn sie auch nicht über die elaborierte Technik eines Weingutes wie *Gaja* verfügt, so werden ihre Weine doch sehr sauber und ehrlich gekeltert und zählen seit vielen Jahren zu den Spitzen der Barbaresco-Produktion.

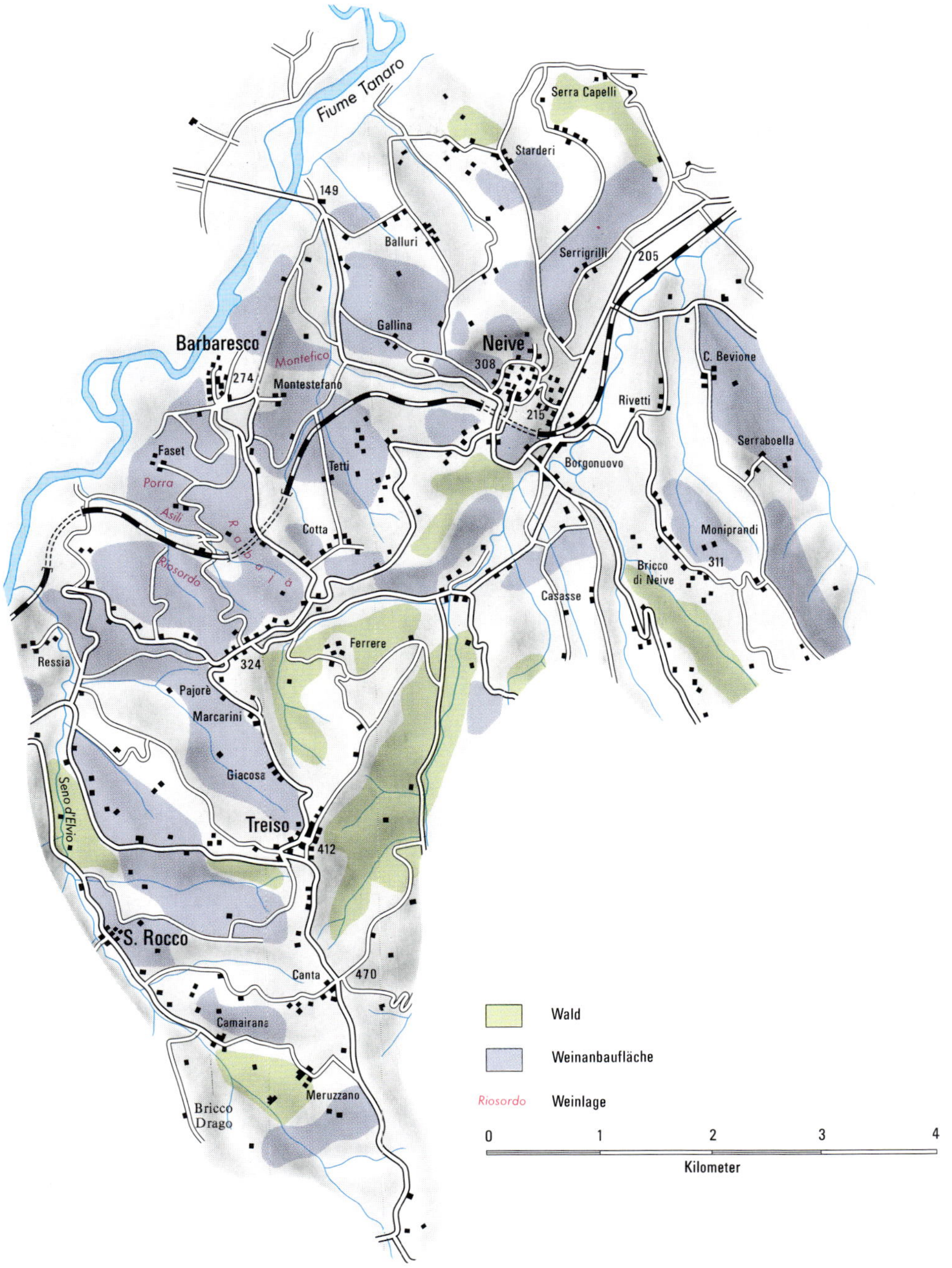

Wald

Weinanbaufläche

*Riosordo* Weinlage

0 1 2 3 4
Kilometer

## BARBARESCO

*Das Anbaugebiet des Barbaresco ist kleiner als das des Barolo. Es umfaßt knapp 600 Hektar Rebfläche, die sich auf die drei Gemeinden Barbaresco, Treiso und Neive verteilen. Seine endgültige Größe hat das Gebiet erst 1966 mit der Anerkennung als D.O.C.-Zone erhalten. Seitdem ist die Nachfrage nach seinem Wein beständig gestiegen. Aber auch die Produktionsziffern sind nach oben geschnellt und haben sich seitdem mehr als verdoppelt. In guten Jahren werden heute über drei Millionen Flaschen des Weins abgefüllt. Nicht alles rechtfertigt den großen Ruf, der dem Barbaresco vorausgeht. In seinen besten Qualitäten ist er jedoch ein vollmundiges, nobles Gewächs, das dem Barolo an Feinheit nicht nachsteht, ihn an Eleganz aber übertreffen kann.*

# WEINWIRTSCHAFT UND HERKUNFTSBEZEICHNUNG DES BARBARESCO

Die heutigen Grenzen des Anbaugebietes wurden erst 1966 mit der Zuerteilung der Herkunftsbezeichnung (D.O.C.) festgelegt. Sie umfassen den gesamten Bereich der Gemeinden Barbaresco, Treiso und Neive. Die mit Nebbiolo-Reben bestockte Fläche nähert sich heute der 600-Hektar-Grenze. Insbesondere in der Gemeinde Neive hat es erhebliche Ausweitungen der Weinberge gegeben. Entsprechend stark ist die Produktion gestiegen. In quantitativ guten Jahren wie 1979 und 1982 hat die Zahl der abgefüllten Flaschen die drei-Millionen-Grenze deutlich überschritten. Die Struktur der Weinwirtschaft ähnelt der von Barolo. Sie ist kleinbäuerlich geprägt. Statistisch gesehen besitzt jeder Winzer nur einen Hektar Reben.

Die 1980 erlassene Denominazione di Origine Controllata e Garantita (D.O.C.G.) hat gegenüber den bisher geltenden Bestimmungen wenig geändert. Ein Barbaresco muß reinsortig aus Nebbiolo-Reben des Anbaugebietes hergestellt sein und mindestens zwei Jahre im Keller, davon ein Jahr in Holzfässern aus Eiche oder Kastanie, gelagert haben. Danach muß er sich, wie alle D.O.C.G.-Weine, der Verkostung einer Gutachter-Kommission stellen, um das staatliche Prüfsiegel zu erhalten. Nach vier Jahren Kellerreife darf er das Prädikat *Riserva* auf dem Etikett führen (vor 1980 nannte sich ein drei Jahre alter Barbaresco *Riserva*, ein vier Jahre alter *Riserva Speciale*; letztere Kategorie ist weggefallen). Seine Mindestgradation muß bei der Abfüllung 12,5 Vol.% betragen. Ein Verschnitt mit Barbaresco aus dem vorhergehenden oder dem nachfolgenden Jahrgang ist bis zu 15 Prozent erlaubt. Die Hektarhöchsterträge liegen bei 56 Hektolitern, wobei, wie beim Barolo, eine Abweichung nach oben allerdings durchaus möglich ist.

# DIE WEINGÜTER

Die Zahl der Barbaresco-abfüllenden Betriebe schwankt heute zwischen 80 und 120. Der sozialen Struktur der Winzerschaft entsprechend handelt es sich zumeist um kleinbäuerliche Betriebe, die ihren Wein auf wenigen Hektaren und auf eine noch sehr traditionelle Weise erzeugen. Die Abfüller mit den höchsten Produktionsziffern sind die *Cantina Pro-*

123

*Zentrum der Weinproduktion ist Bar-
baresco, das Dorf, das dem Wein den
Namen geliehen hat. Seine knapp 700
Einwohner leben weit verstreut in den
Weinbergen und arbeiten teilweise
schon in sechster Generation in den
Reben. Auch das Weingut La Martinenga, dessen ockergelb gestrichene
Fassade es als adeligen Besitz ausweist
(es gehört den Grafen de Gresy), liegt
noch in der Gemeinde Barbaresco. Dort
soll einst Marcus Helvius Pertinax
geboren sein, der berühmteste Sproß
Albas. Im »Vierkaiserjahr« 193 nach
Christus wurde er zum Imperator des
Heiligen Römischen Reiches ernannt.
Er erwies sich jedoch als ein nachgie-
biger, glückloser Staatsmann und
wurde schon wenige Wochen nach der
Ernennung von seiner eigenen Leib-
wache ermordet. Trotzdem sind die
Albeser noch heute stolz auf ihren Sohn
»Elvio Pertinace«.*

# BARBARESCO

Das Dorf Barbaresco bildet das Zentrum der Weinproduktion des Anbaugebietes. Es beherbergt mit der *Cantina
Produttori del Barbaresco* und *Gaja* nicht nur zwei renommierte Erzeuger in seinen Mauern. Es ist auch mit über 200 Hektar Nebbiolo-Reben die größte der drei Weinbaugemeinden in
der D.O.C.G.-Zone. Die Gemeinde steuert knapp die Hälfte aller
Trauben zur Produktion bei. Im Süden ihres Anbaugebietes liegt
die klassische Zone des Barbaresco. So nennen die Winzer die
Hänge, die sich in Richtung Alba erstrecken. Auf ihnen wurden
schon zu antiken Zeiten Reben kultiviert, und die Güte der
Weine, die dort wuchsen, ist durch die Jahrhunderte hindurch
bestens verbürgt. Genaugenommen sind es drei zum Tanaro-
Fluß hin offene »Arenen«. Die erste beginnt bei dem Dorf Barbaresco und reicht bis zur Kapelle San Teobaldo bei Asili. Dort
befinden sich gute und sehr gute Lagen wie Secondine, Pajè und
Bricco di Barbaresco. Die zweite »Arena« umfaßt die Lagen
Rabaja', Asili, Pora und – auf der anderen Talseite – Rio Sordo
(traditionell: Rivosordo). Die dritte liegt am äußersten südlichen Rand der Zone, wo der Hang ziemlich steil zum Tanaro und
zum Bach Seno d'Elvio abfällt. Dort um die Cascina Roncagliette hat
vor allem *Gaja* einen erheblichen Teil seines Rebenbesitzes (Sori
Tildin, Costa Russi).

Trotz ihrer Nähe zum Fluß und annähernd gleicher Höhenlage
wachsen in den drei »Arenen« Weine von recht unterschiedlicher Charakteristik. Die blumigsten und zartfruchtigsten
kommen zweifellos von den Lagen Asili und Rabaja'. Sie befinden sich in bester Südwestausrichtung oberhalb des Eisenbahn-
tunnels. Am Fuße dieser beiden ineinander übergehenden Lagen
liegt die Cascina La Martinenga, in der die Grafen *de Gresy* ihren
Keller eingerichtet haben. Sie füllen erst seit 1974 einen eigenen
Wein ab. Vorher waren sie Mitglied der *Cantina Produttori del
Barbaresco*, und die erste *Riserva*, die die Winzergenossenschaft
1967 abfüllte, war ein Barbaresco aus den Trauben ihrer Cascina
La Martinenga. Die zu dieser Hofstelle gehörenden Weinberge
liegen sowohl im Bereiche von Asili als auch in der Lage Rabaja'.
Der Wein aber wurde und wird noch immer unter der Lagen-
bezeichnung La Martinenga abgefüllt. Er ist ein sehr eleganter,
weicher, gelegentlich etwas holzbetonter Barbaresco von großer

duttori del Barbaresco*, das in der Barolo-Zone ansässige Weingut
*Fontanafredda* sowie *Gaja*. Ein erheblicher Teil der Trauben-
produktion wird an viele kleine und mittelgroße Betriebe in und
um Barolo verkauft, die zwar keine Weinberge in der Barbaresco-
Zone besitzen, aber nicht darauf verzichten wollen, neben dem
»Königswein« auch den zweiten großen Rotwein von Alba selbst
zu erzeugen. Dasselbe gilt für die industriellen Abfüller. Ihre
Namen sind durchweg dieselben wie die, die große Mengen
Barolo von teilweise recht zweifelhafter Qualität auf den Markt
werfen.

Als Spitzenerzeuger des Anbaugebietes gelten *Ceretto (Bricco
Asili)*, *Gaja* und *Bruno Giacosa*. Ihre Weine haben in den letzten
Jahren hohe Anerkennungen und viel Publizität erfahren, wenn
die Auffassungen ihrer Hersteller vom Weinmachen auch stets
stark voneinander abwichen. Weniger bekannt, aber gleich hoch
einzuschätzen sind die Barbaresco vom *Castello di Neive*, von
*Giovannini Moresco*, von der *Cantina Produttori*, von den Grafen
*de Gresy*, von *Scarpa* und von *Vietti*. Die Reihe ließe sich durchaus noch um ein knappes Dutzend Betriebe fortsetzen. Denn seit
gute Barbaresco ebenso hohe Preise auf dem Markt erzielen wie
gute Barolo und auch die Wertschätzung des »kleinen Bruders« –
vor allem im Ausland – nicht geringer ist als die für den »Königswein«, haben mehr Betriebe größere Anstrengungen unternommen als vorher, um die Erntemengen gering zu halten, die
Trauben sorgfältiger zu verlesen und die Qualität ihres Weines
zu verbessern.

Distinktion, der sich in den letzten Jahren fast ständig verbessert hat. Die »Villa Martinenga«, wie der große, ockergelb gestrichene Hof früher hieß, ist möglicherweise ein historischer Ort. In ihr soll einst Elvio Pertinace geboren sein, der berühmteste Sohn des Landes. Im Jahre 193 nach Christus wurde er Kaiser des Imperium Romanum – wenn auch nur für sehr kurze Zeit: nämlich 50 Tage.

Oberhalb von La Martinenga liegt der Flecken Asili, aus kaum mehr als vier Höfen inmitten eines weiten Rebenmeeres bestehend, doch ein Ort von bestem Ruf im Anbaugebiet. Dort steht auch *Cerettos* Muster-Cantina *Bricco Asili*, erst 1972 errichtet, aber schon ebenso vorbildlich eingerichtet wie ihr später gebautes Mustergut *Bricco Rocche* in der Barolo-Zone. Von unterhalb der Cantina kommt ihr Asili-Barbaresco (seit einigen Jahren benutzen sie die alte Schreibweise »Asij« auf dem Etikett). Während das Rebgelände dort nur gepachtet ist, haben die *Ceretto* oberhalb der Cantina selbst zwei Hektar Reben erworben. Sie liefern ihren besten Barbaresco. Er wird unter der Lagen-Bezeichnung *Bricco Asili* abgefüllt und ist ein ungewöhnlich subtiler, feinfruchtiger Wein, der zu den Ausnahmegewächsen der Zone gezählt werden muß. Mag die Frucht in den ersten Jahren noch etwas hinter der samtigen, warmen Decke, in die der Wein gehüllt ist, zurücktreten, so zeigt sie sich nach einigen Jahren um so feiner und aufgeschlossener. Gleichwohl ist der *Bricco Asili* kein Barbaresco, der eine lange Flaschenreife braucht, um mit Genuß getrunken werden zu können. Er ist schon relativ früh trinkreif, was im übrigen für alle Asili-Weine gilt.

Rabaja' ist ein unzusammenhängender Flecken, der nicht weit von Asili entfernt liegt und Weine von ähnlicher Charakteristik hervorbringt. Es sind mittelschwere Barbaresco mit ausdrucksvollem Bouquet, zarter Frucht und einer reifen Säure, die auch dafür verantwortlich ist, daß die Weine in Jahrgängen, die nicht als außergewöhnlich eingestuft werden, sehr gute Qualitäten hervorbringen können. Die schönsten, lagenreinen Rabaja'-Weine kamen in den letzten Jahren von der *Cantina Produttori*, *Fratelli Barale* aus Barolo, die einen Hektar Reben in dieser herausragenden Position gepachtet haben, sowie von *Giuseppe Cortese*, einem Kleinwinzer. 1985 hat auch *Vietti* erstmals einen lagenreinen Rabajà-Barbaresco erzeugt. *Moccagatta* macht einen eleganten Barbaresco aus der gleichnamigen Lage Moccagatta und einen etwas kompakteren, kräftigeren Barbaresco aus der Lage Basarin. Diese Lage gehört freilich zur Gemeinde Neive.

## BRICCO ASILI, BARBARESCO

*1969 erwarben die beiden Brüder Bruno und Marcello Ceretto zwei Hektar Land in einer der besten Positionen des ganzen Anbaugebietes: dem hochgelegenen Teil der Lage Asili. Ihre Vorstellung: einen Barbaresco zu erzeugen, der weniger fordernd ist als die Weine der Zone es traditionell sind, und stärker den Erwartungen eines internationalen Weinpublikums gerecht wird. Die ersten Jahrgänge wiesen den Bricco Asili als einen sehr eleganten, weichen, ungemein glatt über die Zungen laufenden Wein aus, der die charakteristischen Tugenden des Barbaresco keineswegs aufgegeben hatte, aber Tannin, Säure und Opulenz seiner Frucht in sehr »disziplinierter« Form zeigte. An diesem Stil hat sich bis heute nicht viel geändert. Der Bricco Asili ist ein modern vinifizierter und traditionell ausgebauter Wein, der von einem großen Stilempfinden seiner Hersteller zeugt. Er verfügt über ein großes Reifepotential, doch besteht eines seiner Kennzeichen darin, daß er auch schon in dem Jahr, in dem er in den Handel kommt, einen hohen Grad an geschmacklicher Perfektion besitzt. Marcello Ceretto, der für den Keller Verantwortliche der beiden Brüder, läßt die Maische gut zwei Wochen unter kontrollierten Bedingungen fermentieren. Die malolaktische Gärung wird sofort nach dem Abstich und noch im Stahltank durchgeführt. Danach wird der Wein maximal zwei Jahre in großen, alten Holzfässern aus jugoslawischer Eiche (sowie einige Monate auf der Flasche) ausgebaut. Ausschlaggebend für die Exquise des Bricco Asili ist jedoch vor allem die Lage: ein kleines Stück Weinberg in bester Südwestlage direkt neben Rabaja' (von unterhalb dieses Weinbergs kommt Cerettos Barbaresco Asili); außerdem ein strenger Beschnitt der Reben, saubere Guyot-Erziehung, sanfte Bodenbearbeitung und ein strenges Verlesen der Trauben im Herbst, was auch zur Folge hat, daß meist weniger als 10 000 Flaschen abgefüllt werden können. 1985 haben die Ceretto erstmals einen zweiten Bricco-Asili-Barbaresco gekeltert. Er kommt von einer unmittelbar angrenzenden Lage und heißt Bricco Asili Faset.*

## BARALE, BAROLO

*Die Familie Barale hat schon seit vielen Jahren einen Hektar Reben in der Lage Rabaja' gepachtet, von dem einer der schönsten und elegantesten Barbaresco des Anbaugebietes kommt. Es ist ein typischer Rabaja'-Wein: zartfruchtig, subtil, mit viel reifer Säure, mäßig Tannin und einem ausdrucksvollen Bouquet, wie es sonst nur noch die Weine von Asili und Pajorè besitzen. Die Erträge, die dieser eine Hektar Weinberg bringt, sind niedrig. Sie betragen höchstens 65 Doppelzentner. Das liegt weniger am strengen Beschnitt als an der Tatsache, daß die Reben schon über 50 Jahre alt sind. Hinzu kommt, daß die Ausbeute an Wein nur gering ist, nachdem die Trauben in den Keller nach Barolo gebracht und vergoren worden sind. Sergio Barale, der das alte Familiengut in Barolo heute leitet, verwendet für ihn nur Vorlaufmost. Während die Ausbeute nach Abschluß der Gärung bei den meisten Weinmachern etwa 70 Prozent des ursprünglichen Traubengewichts ausmacht, beträgt sie bei den Barale nur 55 bis 60 Prozent. Mehr als 4000 Flaschen werden denn auch selten abgefüllt. Der Ausbau des Weins erfolgt auf traditionelle Weise, aber sehr gewissenhaft und schonend. Geklärt wird allein durch Umziehen in andere Fässer. Kellerbehandlungsmittel sind kaum nötig. Die lange Tradition, auf die dieses typische Albeser Weingut mit seiner starken Bodenverbundenheit und der langen Kellererfahrung zurückblicken kann, haben sich als ein solides Fundament zur Erzeugung hochwertiger Rotweine erwiesen.*

Auch das Rund der ersten, unmittelbar dem Dorf Barbaresco vorgelagerten »Arena« ist nahezu vollständig mit Reben kultiviert. Pietro Berutti (*La Spinona*) erzeugt dort einen feinen, von der guten Lage Secondine (Bricco Faset) kommenden Barbaresco. Über vorzügliche Lagen verfügt auch die Cascina *I Paglieri* (Lagen: Pajè und Asili). Während das Gut früher seine Trauben an *Pio Cesare* verkaufte, füllen Alfredo Roagna und sein Vater Giovanni seit 1974 ihre Weine selbst ab, unter anderem eine Auslese aus dem besten Teil von Pajè. Sie wird nur in sehr guten Jahren erzeugt und kommt unter dem Etikett Crichet Pajè auf den Markt. Leider haben die Weine noch nicht die Erwartungen erfüllen können, die an ein Gut mit hochklassigem Rebenbesitz gestellt werden – nicht zuletzt aufgrund von allerlei Experimenten mit neuen Ausbauformen, die mehr dazu gedient haben, die Preise, nicht aber die Qualität zu erhöhen.

Nördlich von Barbaresco sind die Weine von kräftigerer Statur. Montestefano ist die überragende Lage in diesem Bereich. An den Südosthängen dieses Hügels, auf dem eine kleine Häusergruppe thront, wächst ein körperreicher, voller, vielleicht etwas weniger duftiger Barbaresco als in der klassischen Zone. Lagenreine Spitzengewächse kommen aus den Kellern der Cantina *Alfredo Prunotto*, der *Cantina Produttori*, von *Bruno Giacosa* und dem kleinen, alten Weingut von Paolo *De Forville*, dessen Vorfahren bereits im 19. Jahrhundert zu den angesehensten Weinproduzenten der Zone zählten. Andere gute Weinerzeuger in Barbaresco sind *Giovanni Giordano, Carlo Boffa, Marco Vacca*, die Gebrüder *Luigi* und *Mauro Bianco, Luigi Bianco* und sein Sohn *Vincenzo* sowie die Cantina *Gemma*, eine junge Kellerei, die Trauben aufkauft und das Schwergewicht auf die Vinifizierung gelegt hat (für die önologische Arbeit ist Giacomo Bologna zuständig, der in Rocchetta Tanaro einen vorzüglichen Barbera d'Asti erzeugt; er ist auch Teilhaber der Cantina). Der *Gemma*-Barbaresco kommt von der Lage Gallina bei Neive. Seit 1985 residiert der Betrieb in Verduno in der Barolo-Zone.

Zum Gemeindeland von Barbaresco und zum Anbaugebiet seiner Weine gehörte stets auch das Dorf San Rocco, das an der südlichen Grenze der heutigen D.O.C.G.-Zone im Tal des Baches Seno d'Elvio liegt. Durch die Kommunalreform wurde dieses Dorf der Gemeinde Alba zugeschlagen, was jedoch nichts daran änderte, daß es samt seiner nach Treiso aufsteigenden Südwesthänge zum Herkunftsgebiet des Barbaresco gehört. Freilich wird in jenem Teil der Zone vor allem Dolcetto und Barbera angebaut. Bei San Rocco selbst gibt es nur einen namhaften Weinerzeuger: die *Cascina Drago*. Sie und ihre Weinberge liegen jedoch knapp außerhalb des Anbaugebietes, so daß ihre Weine keinen Qualitätsweinstatus haben. Den hätten sie freilich auch bei einer Ausweitung des Anbaugebietes nicht bekommen. Denn Luciano de Giacomi, im Hauptberuf Apotheker, daneben Gran Maestro des »Ordens von dem Trüffel und den Weinen Albas« und Patron

**TREISO:** *Aus dem 400 Meter hoch gelegenen Dorf kommt ein körperreicher Barbares...*

der *Cascina Drago*, hat es gefallen, seine Weine weiterhin nach alten Rezepten herzustellen. Das heißt: Er bereitet sie, wie früher die Bauern, aus Trauben verschiedener Sorten. Der leichte, junge Wein, den er erzeugt, ist aus Pinot Nero und Freisa gekeltert, der noble Lagenwein aus Nebbiolo und Dolcetto. Beide sind einzigartige, die traditionelle Kunst des Mischsatzes wieder zu Ehren bringende, aber keine musealen Gewächse. Sie werden auf zeitgemäße Art hergestellt und zählen zu den hochklassigen Außenseitern der Produktion von Alba.

# TREISO

Das Anbaugebiet des Barbaresco zieht sich im Süden bis tief in die Hügelwelt der Langhe hinein. Zentrum der dortigen Weinwirtschaft ist Treiso, ein kleines, 400 Meter hoch gelegenes Winzerdorf, das zwar stets ein eigenes Kirchspiel darstellte, doch früher immer als Bestandteil der Gemeinde Barbaresco angesehen wurde. Es hat 700 Einwohner, die seit Jahrhunderten von der Landwirtschaft und vom Handwerk leben, aber immer auch für ihre florierende Gastronomie bekannt waren, die sie aufzuweisen hatten, nicht zuletzt für die zahlreichen Albeser, die sich schon im späten Mittelalter gern in das Bergdorf zurückzogen, weil es dort kühler und zum Leben angenehmer war als in der Stadt. Im Süden wird Treiso von einem bizarren Felsbruch abgeschirmt (Rocche dei Sette Fratelli). Nach den anderen Seiten hin ist das Dorf von tiefen Schluchten und breiten Tälern umstellt. An einigen Stellen schaut der graue, auch bläulich schimmernde Mergelkalk hervor, der häufig den Untergrund in diesem Teil des Anbaugebietes bildet. In der alten, volkstümlichen Vorstellungswelt der Landbewohner gelten diese Stellen als sichtbare Zeichen göttlichen Zorns. Weshalb Zorn, weiß niemand. Denn das Land hat seit jeher seine Einwohner gut ernährt. Domizio Cavazza, einst Direktor der Weinbauschule von Alba und Autor einer kleinen Monografie über das

**LUCIANO DE GIACOMI:** *Patron der Cascina Drago*

*Im Vordergrund die Lage Bricco di Treiso.*

Anbaugebiet, äußerte sich allerdings um die Jahrhundertwende nicht sehr enthusiastisch über die Güte der Weinberge. Die »Böden sind zu schwer«, das »Klima zu kühl«, so daß sein Fazit lautete: »ungeeignet zur Kultivierung der Nebbiolo-Rebe«. Allerdings stand er nicht an, der Gemeinde gute Voraussetzungen für den Anbau von Dolcetto, Barbera, Freisa »und anderen ländlichen Reben« zu attestieren.

Unübersehbar ist, daß sich die »kleinen« Weine auch heute bei den Winzern von Treiso einer besonderen Beliebtheit erfreuen, auch wenn Cavazzas Urteil über die Anbauwürdigkeit der Nebbiolo nicht gerne gehört wird. Soviel ist an seinem Fazit richtig: Herausragende Barbaresco-Lagen gibt es nur wenige, und diese liegen vor allem in jenem Teil des Gebietes, der an das Gemeindeterritorium von Barbaresco grenzt. Genau genommen ist es nur eine: Pajorè. Weitere sehr gute Lagen sind zumindest knapp. Einige befinden sich an den südwestlichen Hängen bei Marcarini und Giacosa. Eine andere stellt ein kleiner Hügelkopf dar, der Treiso vorgelagert ist. Er wird Bricco di Treiso genannt. Von ihm kommt der Barbaresco von *Pio Cesare*, der von seinem Körper her so kräftig ist, daß er schon Anklänge an einen Barolo aufweist. Weine von derart kräftiger Statur kommen häufig aus dem Landesinneren. Man nennt sie *baroleggiato*. Aber auch Rombone und Rizzi, zwei parallel zueinander verlaufende Höhenzüge, die sich zum Tal des Baches Seno d'Elvio hinwenden, gelten als erstklassige Positionen. In der Lage Rizzi wächst zum Beispiel der Barbaresco von Ernesto Dellapiana (Cascina *Rizzi*): ein mächtiger, tanninreicher Wein mit einer besonderen Lagenprägung. Von der Lage Rombone kommt der Barbaresco von *Colue'*, einem in Diano d'Alba ansässigen Gut. Im Dorf Treiso selbst gibt es wenige Weinerzeuger. Der größte ist die Kooperative Vignaiolo »Elvio Pertince«.

Pajorè, Treisos beste Lage, befindet sich bei Tre Stelle im Kreuz der Straßen nach Treiso und Alba. Sie liegt nicht weit von Rabajà, hat dieselbe Sonnenausrichtung und steht bei den Winzern der Zone fast in demselben hohen Ruf wie diese. Der Wein, der an den leicht abfallenden Hängen wächst, verströmt einen ähnlich intensiven Rosen- und Chrysanthemenduft, wie sie neben den Hochgewächsen von Rabaja' nur die von Roncaglia und Roncagliette verströmen. Wie diese, ist der Pajorè-Barbaresco äußerst feinfruchtig, jedoch von etwas kräftigerem Bau. Zwei Produzen-

## PIO CESARE, ALBA

*Der Barbaresco von Pio Cesare ist ein ungewöhnlich kräftiger, in seiner Statur ein wenig dem Barolo ähnelnder Wein. Obwohl es zur Philosophie des Hauses gehört, die Nebbiolo-Weine aus Lagen-Verschnitten zu gewinnen, macht man beim Barbaresco eine Ausnahme. Die Trauben, aus denen er gewonnen wird, kommen ausschließlich von der Lage Bricco di Treiso. Der Grund für die Abweichung von der Regel ist einfach: Man hat dort einen genügend großen, eigenen Weinbergsbesitz. Zudem macht sich die sorgfältige Auslese der Trauben bezahlt. Der Wein ist von dunkler Farbe, reich an Körper und Tannin, dabei von konzentrierter Fruchtigkeit. Er wird ähnlich wie der Barolo bereitet: also mittels temperaturgesteuerter Maischegärung von 25 bis 27 Tagen. Seinem Gewicht entsprechend wird er stets etwas länger als vorgeschrieben im Faß ausgebaut – eine geringe Partie auch in neuen »barriques«, die später – wie auch beim Barolo – mit der Hauptpartie verschnitten wird. Er ist mithin stets eine »Riserva«, wenn er den Keller verläßt. Durchschnittlich 20 000 Flaschen werden von ihm abgefüllt. In den Weinbergen bei Treiso wachsen aber nicht nur die typischen Albeser Sorten. Vor einigen Jahren haben Pio Boffa, der junge Inhaber des Betriebes (Pio ist bei ihm der Vorname, während beim Firmengründer der Familienname Pio lautete), und seine Frau Luciana dort auch Cabernet Sauvignon und Chardonnay angebaut – auf der Rückseite desselben Hügels, von dem auch Angelo Gajas Chardonnay kommt. Die ersten Proben versprechen hochklassige Weine von einer Art, wie sie in Italien bislang noch nicht erzeugt worden sind.*

## BRICCO DEL DRAGO CASCINA DRAGO, SAN ROCCO SENO D'ELVIO

*Der Bricco del Drago ist ein Tafelwein. Er kommt nicht aus der Barbaresco-Zone, sondern aus einem kleinen Rebgarten an den Hängen des Bricco del Drago, einer schon fast bergähnlichen Erhebung etwas außerhalb des Anbaugebietes für den Barbaresco. Sein Erzeuger ist der Apotheker Luciano De Giacomi, eine stadtbekannte Person in Alba, auch unübersehbar, wenn er mit wehender Pelerine und breitem Borsalino-Hut nach Feierabend durch die Straßen eilt, um am Abend noch eine Stunde den Ochsen mit der Pflugschar durch seine Reben zu führen. Er hat sich auch als Förderer der heimischen Gastronomie hervorgetan und bekleidet als »Gran Maestro« des »Ordens von dem Trüffel und den Weinen Albas« einen hohen Rang in der Winzergemeinde der Stadt. Der Bricco del Drago ist ein Wein, der noch so gekeltert ist, wie es im letzten Jahrhundert die meisten Winzer taten: nämlich nicht nur aus einer Sorte. Er besteht zu 85 Prozent aus Dolcetto und zu 15 Prozent aus Nebbiolo. Freilich wird er heute nach moderner Art vinifiziert. Die beiden Traubenpartien werden getrennt vergoren und erst im Frühjahr miteinander verschnitten, so daß sie die malolaktische Gärung zusammen im Holzfaß durchmachen, in dem der Wein ein Jahr lang ausgebaut wird. Er ist ein kräftiger, körperreicher Wein mit feinem Schliff, den Luciano De Giacomi zu den Gerichten derselben »großen Küche« zu trinken empfiehlt, zu denen normalerweise ein Barbaresco auf den Tisch kommt (die »Riserva« heißt Vigna 'D le Mace und kommt vom höchsten Teil des Weinbergs). Die Besonderheit seiner Weine führt De Giacomi auf die einzigartige Lage zurück. Aus der Dolcetto-Rebe entstehen nämlich in seinen Weinbergen eher reifebedürftige Lagerweine, während die Nebbiolo-Rebe fruchtige und weniger tanninhaltige Weine als in der Barbaresco-Zone ergibt. Einzigartig ist auch De Giacomis zweiter Tafelwein, der Campo Romano. Er wird aus Pinot Nero gekeltert (diese Sorte wurde im 19. Jahrhundert im Piemont angebaut), der mit frischem Most von der Freisa-Traube nachfermentiert wird. Außerdem baut De Giacomo den Weißen Riesling an. Gesamtproduktion: 40 000 Flaschen, davon 15 000 Flaschen Bricco del Drago.*

## GIOVANNINI MORESCO, TREISO

*Das Podere Pajorè von Enrico Giovannini Moresco liegt bei Tre Stelle an der Grenze der Gemeinden Barbaresco und Treiso. Es ist von 12 Hektar Reben in einer der besten Lagen des ganzen Anbaugebietes umgeben. Die Lage ist auf alten Karten noch als Pairoleiro eingetragen, heißt im Dialekt der Langhe aber Pajorè. Es ist ein Südwesthang, der praktisch parallel versetzt zu dem von Rabaja' verläuft. Der Barbaresco von Giovannini Moresco steht denn auch den Weinen von Rabaja' nicht nach. Er besitzt das gleiche feine Bouquet, die gleiche Reife, die gleiche zarte Frucht mit ihrer oft »süßen« Spitze, fällt allerdings oft etwas kräftiger aus als diese. Die großen Jahrgänge Giovannini Morescos haben auch ausländische Händler und Fachleute zum Schwärmen gebracht, und mancher hat den Wein nur mit großen Burgundern vergleichen wollen. Sein Erzeuger füllt ihn auch in Burgunder-Flaschen ab, um die Nähe zu den Hochgewächsen dieses Anbaugebietes zu demonstrieren (seit 1967 wird er hergestellt). Enrico Giovannini Moresco ist ein Gentleman-Winzer, aber ein äußerst prätentiöser, pedantischer, auch ingeniöser Weinmacher, der ein eigenes Rebenerziehungssystem entwickelt und sich gleichzeitig mit Gaja entschlossen hat, die Trauben für seinen Wein erst spät zu lesen. Starke private Beanspruchungen haben ihn leider stets gehindert, all das in die Tat umzusetzen, was er sich vorstellte. So mußte den landwirtschaftlichen Part schon früh das Personal von Gaja übernehmen. Seit 1978 wird der Wein auch bei Gaja bereitet und ausgebaut (freilich nach Vorstellungen von Giovannini Moresco: maximal zehn Tage Maischegärung, längere Reifephase in großen, alten Eichenholzfässern). Anfang der 80er Jahre hat Giovannini Moresco, der aus einer Diplomatenfamilie stammt, in einem Internat im schweizerischen St. Gallen groß geworden ist und das Weinmachen erst in der Praxis gelernt hat, seine Reben an Gaja verpachtet und aufgehört, seinen Wein unter eigenem Etikett abzufüllen. Ein großer Name, der freilich immer nur wenigen Kennern ein Begriff war, ist damit verschwunden. Seine Produktion ist gering gewesen. Vom großen Jahrgang 1978 konnten nur 2500 Flaschen abgefüllt werden, von quantitativ besseren Jahrgängen immerhin 25 000 Flaschen.*

## GLICINE, NEIVE

*Glicine erzeugt den schönsten jung zu trinkenden Barbaresco des Anbaugebietes. Es ist ein fruchtiger, nicht übermäßig schwerer Wein, dessen Feinheiten in seiner Reintönigkeit und der konzentrierten Frucht liegen. Er kommt von einem zwei Hektar großen Stück in der Lage Cura, die als eine erstrangige Position gilt. Nur ein Teil ist Eigenbesitz. Glicine (deutsch: Glyzine oder Blauregen) ist ein sehr altes Weingut, das am Rande des alten Dorfkerns von Neive gegenüber der kleinen Kapelle von San Michele liegt. Es gehört dem jungen Roberto Bruno, der es von seinem Großvater übernommen hat und zusammen mit Adriana Marzi leitet, die früher als Büroangestellte in Mailand gearbeitet hatte, bis sie ihre Liebe zum Land entdeckte. Beide haben sich beizeiten entschlossen, hochwertige Qualitäten und nur geringe Mengen zu erzeugen. Die Reben werden bis auf zwölf Augen beschnitten, die Trauben stark verlesen. Die Maische wird nur zwei Wochen stehengelassen, der Ausbau im Holzfaß nicht zu kurz bemessen, weil der Barbaresco aus Neive immer sehr rauh ist und relativ viel Holz braucht (er reift in kleinen, maximal 20 Hektoliter fassenden, alten Eichenholzfässern). Zwischen 7000 und 13 000 Flaschen werden von ihm jährlich abgefüllt. Daneben erzeugt Glicine noch einen zweiten, nicht minder guten Barbaresco, der von drei Morgen aus der Lage Marcorino kommt. Mancher Weinkenner hält ihn sogar für den besseren Barbaresco. Leider wird er nur in ganz geringen Mengen produziert. Glicine ist ein kleines, gediegenes Privatgut mit einer eigenen Arbeitsphilosophie und eigenen Ideen vom Wein. Auch Dolcetto und Barbera (mit zehn Prozent Nebbiolo gekeltert) legen Zeugnis davon ab. Außerdem wird ein feiner Moscato d'Asti erzeugt (Neive liegt im Ursprungsgebiet dieses Weins). Sehenswert sind die alten Keller von Glicine, die einst von den Grafen Cocito angelegt wurden, dem damals renommiertesten Weinmacher des Ortes und früheren Besitzer des Kellers der (heutigen) Accademia Torregiorgi.*

ten sind es, deren Weine die Charakteristik dieser Lage am besten zum Ausdruck gebracht haben: *Scarpa* mit seinem Lagen-Barbaresco Pajorè Barberis und Enrico *Giovannini Moresco*, der über mehrere Hektar Reben in dieser Position verfügt. Seine 67er, 71er, und 74er Jahrgänge haben schon manchen Verkoster zu Superlativen hingerissen. Wenn die Art der Leitung des Gutes in den letzten Jahren auch einige Probleme mit sich gebracht hat, so werden die *Giovannini-Moresco*-Gewächse doch nach wie vor und nicht zu Unrecht zu relativ hohen Preisen gehandelt. Auch *Gaja* verfügt über eigenen Rebenbesitz bei Pajorè, keltert den Wein jedoch nicht gesondert.

Oberhalb von Pajorè, auf der anderen Seite der Straße nach Treiso, befindet sich die herrschaftliche Villa der Grafen de Gresy. Sie liegt inmitten eines kleinen Parks auf der Kuppe des Monte Aribaldo, von wo man einen weiten Blick in die klassische Zone von Barbaresco, aber auch weit darüber hinaus in das Hügelland von Roero und Asti tun kann (La Martinenga, das Barbaresco-Weingut der *de Gresy*, ist nur zwei Kilometer Luftlinie von der Villa entfernt). An den Hängen des Monte Aribaldo, an denen ebenso gut ein Barbaresco wachsen könnte, haben die *de Gresy* Dolcetto-Reben gepflanzt. Der Wein, der aus ihren Trauben gewonnen wird, ist ein kräftiger, fast violettfarbener Wein mit feinsten Nuancen. Er kommt heute unter der Lagenbezeichnung Monte Aribaldo in den Handel (früher: La Palazzina). Andere gute, wenngleich kleine Barbaresco-Erzeuger in diesem Teil der Gemeinde Teiso sind *Luigi Pelissero* und *Sergio Vezza*. Sie haben ihre Keller bei Ferrere.

# NEIVE

**D**ie Gemeinde Neive bildet den nördlichen Teil des Anbaugebietes. Sie liegt unmittelbar an der Grenze zur Provinz Asti. Neive muß schon früh für seinen guten Wein bekannt gewesen sein, wenn es auch keineswegs nur Nebbiolo-Reben waren, die auf den Hügeln um das Dorf angebaut wurden. Dolcetto, Barbera, Freisa und Moscato haben früher mindestens die gleiche Bedeutung gehabt wie sie. Die Nebbiolo war aber bei den führenden Weinerzeugern des Dorfes spätestens als noble Rebsorte bekannt, seitdem der Franzose Louis Oudard, der berühmte Önologe des Castello di Grinzane in der Barolo-Zone, sich auch des Wein vom Castello di Neive annahm, um mit ihm ähnliche Triumphe zu feiern wie mit seinem Barolo. Der Erfolg blieb nicht aus. 1862 erhielt der Wein tatsächlich eine Goldmedaille auf einer Weinausstellung in London.

Neive gehört nicht zur klassischen Zone des Barbaresco. In seiner 1907 erschienenen Schrift über »Barbaresco und seine Weine« von Domizio Cavazza taucht der Name Neive noch nicht auf. Erst mit dem Gesetz von 1933, das die Grenzen des Anbaugebietes verbindlich festlegte, wurde wenigstens ein Teil seines Gemeindelandes der Barbaresco-Zone zugeschlagen. Der Rest des Territoriums kam sogar erst 1966 offiziell zum Anbaugebiet hinzu. Daraus darf jedoch nicht der Schluß gezogen werden, daß Neive nur über zweitrangige Lagen verfügt und nicht auch erstklassige Barbaresco produzieren könne. In den Weinbergen bei Gallina und Santo Stefano wachsen zum Beispiel Weine, die denen aus den besten Lagen der Gemeinde Barbaresco kaum nachstehen. Ähnliches gilt für die Weine von Cura, Cotta, Tetti, San Cristoforo, Albesani und Messoriano (auch Messoirano geschrieben). Der letztgenannte Weinberg liegt sogar in der Zone, die erst 1966 zum Anbaugebiet hinzugekommen ist. Für alle Barbaresco aus Neive gilt, daß sie körperreicher, oft auch etwas rauher sind als die Weine aus dem süd-

**SELBSTBEWUSSTSEIN**

*Die Piemontesen gelten als die »Preußen« Italiens, was nicht zuletzt auf ihre historische Rolle beim Zustandekommen des neuen Staatsgebildes zurückzuführen ist. Zu den stolzesten und selbstbewußtesten unter ihnen gehören die Winzer – egal, ob es sich um große Weinmacher oder unbekannte, kleine Weinbauern handelt.*

**BRUNO GIACOSA:** *ein Spitzenerzeuger nahezu aller Albeser Weine. Er zählt sich zu den Traditionalisten unter den Weinmachern der Zone.*

lichen Teil des Anbaugebietes. Sie haben in der Regel mehr Säure und Tannin, reifen später (viele werden als *Riserva* auf den Markt gebracht), erweisen sich dafür aber oft als langlebiger als die Weine anderer Herkünfte. Nicht selten besitzen sie die Eigenschaft, *baroleggiato* zu sein: in ihrer Statur dem Barolo zu ähneln. Darin vor allem liegt ihre Eigenart. An Feinheit und Charakter aber stehen sie den Weinen von Barbaresco nicht nach. Im Gegenteil: Sie gehören teilweise zu den hochklassigsten Tropfen des ganzen Anbaugebietes.

Neive ist ein zweigeteiltes Dorf. Der alte Kern liegt auf einer kleinen Anhöhe und gruppiert sich in mittelalterlicher Manier um das Schloß und die Kirche. Die Ursprünge dieses Teils von Neive stammen aus römischer Zeit. Steine, die man im Fundament alter Häuser gefunden hat, und ein kleines Stück alten Straßenpflasters aus dieser Epoche sind Zeugen der weit zurückliegenden Vergangenheit. Der größte Teil der Palazzi des Ortes ist jedoch erst nach 1631 entstanden, als das Land um Alba dem Königshaus von Savoyen zugesprochen wurde, die ihrerseits zahlreiche Adelige damit belehnten. Auch Neive wurde ein feudales Lehen, bis die Truppen Napoleons in Norditalien eindrangen und 1798 die Herrschaft übernahmen. Am Fuße des alten Dorfes, im breiten Tal der Tinella, wo auch die Verkehrswege verlaufen, ist in diesem Jahrhundert dann das neue Dorf entstanden – Borgonuovo genannt. Dort konnten sich Gewerbebetriebe niederlassen und Industrie ansiedeln.

Neive ist die zweitgrößte Barbaresco-Gemeinde. Sie hat ihre Weinberge Ende der 60er und in den 70er Jahren erheblich aus-

geweitet. Ein großer Teil des Anstiegs der Barbaresco-Produktion ist auf die Neuanlage von Weinbergen im Bereiche dieser Gemeinde zurückzuführen. Nicht alles, was dort produziert wird, rechtfertigt die hohen Erwartungen, die an einen Barbaresco gestellt werden. Doch es gibt zahlreiche Weinmacher in und um Neive, die qualitativ hochstehende Barbaresco erzeugen. Der bekannteste Keller des Dorfes ist der von *Bruno Giacosa*. Er liegt im neuen Ortsteil von Neive und die Weine, die aus ihm kommen, zählen zu den wirklichen Hochgewächsen der Zone.

*Bruno Giacosa* ist ein klassischer Weinmacher. Er besitzt keine eigenen Weinberge, sondern kauft seine Trauben von kleinen Winzern. Aber er kauft sie nicht nach Zufall, sondern regelmäßig und immer von einigen der besten Weinberge der Zone: Santo Stefano, Gallina und San Cristoforo. »Der Barbaresco ist einer der größten Weine der Welt«, ist er überzeugt. »Es kommt nur darauf an, daß die Trauben von guten Lagen stammen und ihrer Besonderheit entsprechend verarbeitet werden. Nur so ergeben sie jenen noblen Wein, der der eigentliche Barbaresco ist.« Seine Art der Vinifizierung ist die traditionelle, und es ist erstaunlich, welch feine Gewächse auf diese Weise entstehen, ohne daß viel moderne Technik dazu vonnöten wäre. Zwischen der Ausstattung seines Kellers und dem mancher anderer Produzenten der Zone scheint der Unterschied eines ganzen Menschenalters zu liegen. Doch an das Niveau seiner Barbaresco reichen nur sehr wenige andere Weine heran. Alle drei sind ungemein tanninreiche Weine mit einem konzentrierten Fruchtkern. Santo Stefano ist der kraftvollste, Gallina der eleganteste und am frühesten reifende, San Cristoforo der mächtigste.

Ein zweiter Erzeuger feiner Barbaresco ist das *Castello di Neive*, ein nicht mehr kleines Gut mit Weinbergsbesitz in den besten Lagen der Gemeinde: Santo Stefano, Gallina und Messoriano. Früher wurden drei verschiedene Barbaresco von diesen Lagen erzeugt. Heute konzentrieren sich Italo Giorgio Stupino, Industrielle aus Turin, die das Anwesen samt seiner umfangreichen Ländereien Ende der 50er Jahre erworben haben, allein auf die Lage Santo Stefano, in der neun Hektar Reben stehen (von Gallina werden nur geringe Mengen erzeugt). Sie können es sich sogar leisten, einen großen Teil der Trauben zu verkaufen und einen kleinen zu einem jungen, fruchtigen Nebbiolo-Tafelwein zu verarbeiten, der mittels *macération carbonique* hergestellt und unter dem Phantasienamen »San Giacomo« vermarktet wird. Die Keller des *Castello di Neive* befinden sich im historischen Ortsteil des Dorfes in einem prachtvollen, alten Palazzo, in dem schon viele Generationen von Weinmachern gewirkt haben. Von der Burg, nach dem das Weingut benannt ist, existiert heute nur noch der alte Uhrturm. In der Kellerarbeit pflegt das *Castello di Neive* ebenso wie *Bruno Giacosa* den traditionellen Stil mit langer Maischegärung und langem Faßausbau.

Am anderen Ende des historischen Dorfes finden sich mehrere kleinere Weinproduzenten. *Glicine* wird von Adriana Marzi geleitet, einer jungen Frau, die es eines Tages von Mailand weg nach Neive zog, wo sie sich mit viel Fleiß, selbst angeeigneten Kenntnissen, einigen Freunden und mit großer Begeisterung dem Weinmachen widmete. Der *Glicine*-Barbaresco kommt von der Lage Cura und ist ein mittelgewichtiger, äußerst zartfruchtiger Wein, der zu den schönsten Gewächsen zählt, die aus Neive kommen. Neben *Glicine* liegt der Keller von Franco Cavallo, eines kleinen, sehr solide arbeitenden Winzers, der einen gepflegten Barbaresco aus Trauben der Lagen Gallina und Cotta erzeugt. Sein Weingut heißt *Confratelli di San Michele* und ist nach einer religiösen Gemeinschaft von Brüdern benannt, die sich 1873 zusammengeschlossen und den Keller gegenüber der kleinen Kapelle von San Michele gegründet hatten. Noch heute ist das jeweils in der zweiten Septemberwoche stattfindende Weinfest des Dorfes dem heiligen Michael gewidmet, dem Schutzheiligen des Ortes. Der Dolcetto, den Franco Cavallo keltert, ist einer der feinsten, die in der Barbaresco-Zone hergestellt werden. Das Bemühen der Kirche um einen guten Wein lebt weiter in dem Dorfpfarrer Don Conio fort. Er widmet sich seit vielen Jahren fachkundig dem Weinbau und füllt seinen Barbaresco unter dem Namen *Parroco di Neive* ab (Lage: Gallina). Nur einen Steinwurf von der Kirche entfernt befindet sich der Keller eines ehemaligen Pharma-Industriellen, den es immer ärgerte, daß er während der zahlreichen Reisen, die sein Beruf mit sich brachte, auf die Weine verzichten mußte, die er gerne trank. Eines Tages beschloß er, die Angelegenheit selbst in die Hand zu nehmen und sich auf das Abenteuer des Weinmachens einzulassen. Seine *Accademia Torregiorgi* produziert seit Anfang der 7oer Jahre neben den typischen Albeser Weinen einen sehr muskulösen, körperreichen Barbaresco, dessen Trauben nördlich von Neive bei Messoriano wachsen. Den typischen Neive-Barbaresco erzeugen auch zwei andere hochkarätige Produzenten: *Scarpa* und *Vietti*. Ihre Keller liegen zwar nicht im Ursprungsgebiet, doch sind die Weine beider außergewöhnlich feine Vertreter ihrer Art. Sie kommen von zwei dicht beieinander liegenden Weinbergen nahe der Grenze zur Gemeinde Barbaresco. *Viettis* Lage heißt Masseria und liegt bei Cotta. Sein Wein ist sehr tanninreich und vollmundig wie ein Barolo, besitzt aber eine Eleganz, wie sie nur ein Barbaresco aufweisen kann. *Scarpas* Wein wächst gegenüber von Montestefano in einer vorzüglichen Südwestlage (Tetti di Neive). Er ist von gezügelter Fülle, dabei ungewöhnlich konzentriert, ebenfalls sehr tanninreich und jedes Jahr, in dem er erzeugt wird, ein Spitzengewächs.

Weitere gute Weinproduzenten von Neive sind *Fratelli Giacosa*, Enrico Pasquero, Renzo Marcarino (*Punset*), *Maria Feyles*, *Fratelli Cigliutti* und *Luigi Ternavasio*. Ihre Weinberge liegen teilweise im Hinterland des Gemeindeterritoriums um Bricco di Neive, das erst 1966 in das Anbaugebiet des Barbaresco einbezogen wurde.

## BRUNO GIACOSA, NEIVE

*Bruno Giacosa ist ein leidenschaftlicher Verfechter der traditionellen Kellertechnik. Neue Rebsorten lehnt er ebenso ab wie Kurzfermentation, reduzierten Faßausbau oder Experimente mit neuen Hölzern. Schwierigkeiten, seine Weine zu verkaufen, hat er deswegen nie gehabt. Im Gegenteil: Die Giacosa-Weine erfreuen sich größten Zuspruchs auf der ganzen Welt, und die Preise, die sie erzielen, liegen stets im oberen Viertel der Skala. Giacosa produziert die gesamte Palette der Albeser Weine auf einem sehr hohen Niveau. Sein Ziel ist, Typizität mit einem hohen Maß an Feinheit zu verbinden. Mit seinen Lagen-Weinen dürfte ihm dies gelungen sein. Herausragend ist der Nebbiolo, der von einer Spitzenlage aus dem Roero kommt. Der Dolcetto ist als gehaltvoller, saftiger Wein konzipiert, nicht als Kraftpaket wie der Dolcetto mancher seiner Kollegen in der Alba-Zone. Auch der Barbera besticht eher durch Eleganz als durch Schwere. Der Grignolino dürfte zu den wenigen gelungenen Weinen dieser Sorte gehören. Der weiße Arneis ist unübertroffen. Die Spitzen seiner Produktion aber bilden Barolo und Barbaresco. Was die letzteren betrifft, so vinifiziert Giacosa drei Lagen separat: Santo Stefano, Gallina und San Cristoforo. Die Weine aller drei sind klassische Barbaresco der feinsten Art: kräftig in der Säure, voll im Körper, stark im Tannin und mit einer sehr konzentrierten Frucht. Sie sind von enormer Länge und lassen sich hierin auch von keinem Barbaresco anderer Produzenten übertreffen. Sie werden, wie auch die Barolo von Giacosa, einen Monat lang auf den Schalen fermentiert und dann abgezogen. Ihrer Substanz entsprechend reifen sie mindestens drei Jahre lang in alten Holzfässern, in großen Jahren auch fünf Jahre. Insbesondere die Lage Santo Stefano wurde in der Vergangenheit oft als »Riserva Speciale« ausgebaut (heute dürfen fünfjährige Weine sich nur noch »Riserva« nennen). Bruno Giacosa besitzt keine eigenen Weinberge. Er stammt aus einer Weinmacher-Familie, die schon seit 1905 Trauben kauft und sich ganz auf die Herstellung des Weins konzentriert hat.*

## ACCADEMIA TORREGIORGI, NEIVE

*Dieser kleine Kellereibetrieb befindet sich mitten in Neive gegenüber dem Dom des Dorfes. Er wurde Anfang der siebziger Jahre von Mario Giorgi gegründet, einem promovierten Naturwissenschaftler, der ein großes pharmazeutisches Unternehmen in Mailand leitete und sich nach seinem Rückzug aus dem Beruf einen alten Wunsch erfüllte: einen eigenen Wein zu erzeugen. So erwarb er die ehemalige Cantina der Grafen Cocito in Neive, die aus dem 16. Jahrhundert stammt, aber in den letzten 100 Jahren nicht mehr benutzt wurde und aus Grund auf restauriert werden mußte, bevor mit der Weinerzeugung neu begonnen werden konnte. Seine Idee war es, eine Art wissenschaftlichen Schulbetrieb zu schaffen, in dem die sieben bis acht kleinen Winzer, von denen er seine Trauben erhält, lernen können, wie man einen guten Barolo, Barbaresco, Barbera und Dolcetto keltert. Aus diesem Grunde nannte er die Cantina »Accademia«. Torregiorgi ist eine Kombination aus seinem Namen und dem Geburtsnamen seiner Frau. Der Barbaresco der Accademia ist ein kraftvoller, schwerer, rassiger Wein mit vielen inneren Feinheiten, sehr sauber vinifiziert und so lange im Faß ausgebaut, daß er bislang fast jedes Jahr als »Riserva« etikettiert werden konnte, manchmal auch als »Riserva Speciale« (diese Kategorie gibt es seit der D.O.C.G. nicht mehr). Er wird erstaunlich kurz auf den Schalen vergoren (maximal zehn Tage), die meiste Zeit allerdings mit untergetauchtem Tresterhut (»cappello sommerso«). Man kommt im Keller mit wenig Technik und mit wenig Kellerhilfsmitteln aus: keine Schönungsmittel, keine Zuchthefen, nur minimale Schwefeldosen. Das Traubengut für den Wein kommt von der Cascina Messoriano, einer nach Südosten ausgerichteten Steillage an der äußersten nördlichen Grenze des Anbaugebietes. Zwischen 7000 und 8000 Flaschen werden von ihm abgefüllt. Daneben erzeugt die Accademia einen ausgezeichneten Barolo aus Trauben von Lagen vier verschiedener Gemeinden: Serralunga (Carpegna), Monforte (Arnulfo und Grassi), Castiglione Falletto (Rocche) sowie Barolo (Cannubi).*

# ROERO

**JENSEITS DES FLUSSES:** *Aus der ewigen Hügelwelt nördlich des Tanaro ko[...]*

**D**as Roero ist eine der unbekanntesten Weinlandschaften des Piemont, dessen Handicap es stets war, im Schatten der berühmten Barolo- und Barbaresco-Zone zu stehen. Es liegt in dem Hügelland nördlich des Tanaro, wo die Böden etwas leichter und sandiger sind und mehr denen Astis ähneln als denen Albas. Die Nebbiolo-Rebe, die dort angebaut wird, ergibt einen leichteren, fruchtigeren Wein, was dazu führt, daß ihm selten das Prädikat »nobel« zuerkannt wird, das Barolo und Barbaresco so gerne für sich beanspruchen. Er ist deswegen aber kein »Alltagswein«, geschweige denn ein Zechwein. Er besitzt Gewicht, Tiefe und verfügt – in seinen besten Qualitäten – über eine ganz eigene Art von Eleganz. Er wächst im Anbaugebiet des Nebbiolo d'Alba, ist also ein D.O.C.-Wein. Die D.O.C.-Zone reicht jedoch weit über das Roero hinaus. Die Nebbiolo d'Alba, die aus der Langhe, also von südlich des Tanaro-Flusses kommen, fallen deutlich schwerer aus und besitzen nicht mehr die besondere Eleganz der Roero-Weine. Sie sind häufig schon »kleine Barolo«.

Dem Roero wurde lange Zeit eine eigene Herkunftsbezeichnung verweigert, obwohl das Land auf eine eigene kulturelle Tradition und sein Wein auf eine eigene Geschichte zurückblicken kann. Schon im 16. und 17. Jahrhundert genoß er in Kreisen des Turiner Adels höchste Wertschätzung – zu einer Zeit also, in der Barolo und Barbaresco noch nicht aus dem Schatten der Geschichte herausgetreten und nur Dorfweine waren. Die Wertschätzung verminderte sich auch keineswegs, als der Stern des Barolo aufging. Im Restaurant vor dem piemontesischen Parlamentsgebäude in Turin, »Il Cambio« geheißen, in dem die Abgeordneten ihre politischen Debatten oft in Form von lauten Tischreden weiterführten, wurde er noch zu Zeiten Camillo Cavours gern und reichlich ausgeschenkt. Er nannte sich »Nebiolin«, damit er nicht mit dem »Nebbiolo« (damals noch häufig mit einem »b« geschrieben) von südlich des Tanaro verwechselt werden konnte.

Erst zu Beginn des 20. Jahrhunderts verblaßte der »Nebiolin« im Glanz des großen Barolo. Er wurde noch relativ lange mit Restsüße beziehungsweise *frizzantino* gekeltert. Erst in diesen Jahren, in denen überall der hochwertige Wein wieder neu entdeckt wird, nimmt auch die Weinwirtschaft in diesem Teil des Piemont wieder einen Aufschwung. Um seiner Besonderheit Rechnung zu tragen, schrieben viele Hersteller den Namen des Dorfes, aus dem der Wein kam, aufs Etikett. Kenner der Geografie wußten dann, daß es sich um einen Wein handelt, der im besten Bereich des Nebbiolo d'Alba gewachsen ist: eben dem Roero. Ende 1985 ist das Roero dann endlich zu einem eigenen Qualitätsweingebiet erklärt worden. Sein Wein heißt einfach »Roero«, muß nur ein halbes Jahr im Holzfaß reifen und lediglich zu 95 Prozent aus Nebbiolo-Trauben hergestellt sein. Für den Rest dürfen Barbera und der weiße Arneis zugesetzt werden. Damit ist der junge, frische Nebbiolo-Wein wieder zu Ehren gekommen, wie ihn schon die Großväter so liebten.

Der Name dieser Landschaft stammt wahrscheinlich von den Rotarii ab, einer feudalen Kaufmanns- und Bankiersfamilie aus Asti, die am Ende des 13. Jahrhunderts einen großen Teil des Landes und der Burgen besaß, die die Hügelkuppen und Hügelkämme der Roeri krönen. Geomorphologisch betrachtet ist das Roero durch mehrere, fast parallel zueinander verlaufende Hügelketten gegliedert, die wegen ihres felsigen Untergrunds *Rocche* genannt werden. Zwischen ihnen tun sich ebenso bizarre Schluchten wie liebliche Täler auf, in denen Wiesen und Getreidefelder liegen, Obstbäume und Walnußsträuche kultiviert sind, wilde Pinien und kleine Kastanienwälder wachsen und immer wieder ausgedehnte Erdbeerplantagen angelegt sind. Die Erdbeere ist neben dem Wein das bedeutendste landwirtschaftliche Produkt der Roeri.

Zentrum der Weinwirtschaft ist Canale. Mehrere große Kellereibetriebe haben sich dort niedergelassen. *Serafino, Contratto, Cavaletto* und *Barbero* sind die bekanntesten. Der schönste Nebbiolo del Roero kommt aus einigen kleinen Dörfern im engeren Umkreis von Canale: Monteu Roero, Santo Stefano, Montaldo, Montà, Vezza und Valmaggiore. Aber auch die Weine aus Monticello und Santa Vittoria sind typische Vertreter des eleganten Nebbiolo, während die aus Guarene, Castellinaldo und Priocca meist etwas leichter ausfallen.

Viele Weinmacher der Barolo- und Barbaresco-Zone haben bislang einen Nebbiolo d'Alba erzeugt, dessen Trauben aus dem Roero stammten: zum Beispiel *Abbazia dell'Annunziata* in La Morra (die Trauben kommen aus dem Dörfchen Occhetti bei Monteu Roero, das von vielen als beste Lage angesehen wird), von *Bruno Giacosa* in Neive (aus Valmaggiore), von *Giuseppe Mascarello* aus Monchiero (San Rocco bei Monteu Roero), von der Cantina *Alfredo Prunotto* aus Alba (ebenfalls Occhetti) oder von *Vietti* in Castiglione Falletto (aus Santo Stefano). Die D.O.C.-Statuten schreiben vor, daß dieser Wein mindestens 12 Vol.% Alkohol aufweisen und ein Jahr im Holzfaß gereift sein muß. Neben den bekannten Namen gibt eine Vielzahl von sehr guten kleinen Winzern, deren Weine mitunter von vorzüglicher

*eiße Arneis und ein leichter, fruchtiger Nebbiolo-Wein. Er heißt – wie das Land – Roero.*

Qualität, deren Namen jedoch wenig bekannt sind: die Gebrüder *Rabino* in Rolfi bei Santa Vittoria (Tomaso Rabino war lange Zeit Bürgermeister des Ortes), der private Winzerzusammenschluß *Produttori Montaldesi Associati* in Montaldo Roero, die Gebrüder Damonte in Canale (*Malvira'*), *Angelo Negro* und Pietro Viglione (*Cascina Rivetti*) in Monteu Roero, um nur einige zu nennen.

## DIE WEISSWEINE

Außer der Nebbiolo (und als Zweitsorte Barbera) werden im Roero seit geraumer Zeit wieder vermehrt zwei alte Weißweinsorten angebaut. Die eine heißt Favorita und ergibt einen trockenen, mäßig fruchtigen, relativ kräftigen und von einer feinen Säureader durchzogenen Wein. Er wird aus der gleichnamigen Traube gekeltert, die wahrscheinlich aus Ligurien stammt und möglicherweise mit der dort häufig anzutreffenden Vermentino verwandt ist. Sie war und ist noch heute auch als wohlschmeckende Tafeltraube bekannt. Die zweite weiße Sorte ist der Arneis. Auch sie ist ein rares, zeitweise schon als ausgestorben gemeldetes Gewächs, das seinen Ursprung wahrscheinlich im Roero selbst hat. Es liefert einen säurearmen, aber delikaten, nicht zu leichten, weichen Wein, der in den 70er Jahren die Aufmerksamkeit vieler Rotweintrinker auf sich zu ziehen begann und sie zu mancher Eloge hingerissen hat. Luigi Veronelli, der bekannte italienische Weinjournalist, verglich seine Begegnung mit dem Arneis mit dem »Biß einer Viper«. Andere schmeichelten dem Wein mit der Phantasiebezeichnung »weißer Nebbiolo«. Zweifellos kann der Arneis ein charaktervolles Gewächs sein. Ihn als Spitzenwein zu bezeichnen, hieße aber wohl, den Enthusiasmus zu übertreiben.

### ANGELO NEGRO, MONTEU ROERO

*Angelo Negro ist der Bürgermeister des kleinen Winzerdorfes Monteu Roero. Seine Cascina Riveri liegt nicht weit vom Dorfkern entfernt. Sie gehört zum Flecken Sant'Anna. Dort ist die Familie Negro seit 1600 im Weinbau tätig, wie alte Dokumente im Archiv des Dorfes bestätigen – eine Tradition, auf die die Negri so stolz sind, daß sie auf dem Etikett ihrer Weine darauf hinweisen. Sie sind bäuerliche Winzer und Weinmacher, die mit Gewissenhaftigkeit, Ehrlichkeit und kellertechnischem Geschick Weine herstellen, deren Ruf heute bis nach Amerika reicht. Vor allem der weiße Arneis genießt dort eine hohe Wertschätzung (Negri erzeugt einen Standard-Arneis und einen Arneis von der Lage Perdaudin) und hat in der Fachpresse glänzende Beurteilungen bekommen. Der Nebbiolo steht ihm auf seine Art freilich nicht nach. Er wurde bis 1984 sortenrein gekeltert und ein Jahr lang im Holz ausgebaut. Mit der Einführung der D.O.C. für den Roero (erstmals 1985 erzeugt) stellt Negro diesen Wein wieder auf die Art seiner Großväter her. Das heißt: unter Zusatz von zwei Prozent weißem Arneis, die für Blumigkeit und Bouquet sorgen sollen. Einige Arneis-Trauben werden also bis Ende Oktober hängengelassen, um zusammen mit der Nebbiolo gelesen und vergoren zu werden. Die Fermentation dauert bei ihm länger als bei manchem Barolo-Produzenten, nämlich rund 20 Tage. Danach wird der Wein sechs Monate im Holzfaß ausgebaut und kommt nach einem Jahr in den Handel: bislang ein schlanker, aber tiefgründiger Wein, der jetzt durch den leicht veränderten Mischsatz an Eleganz noch zulegen könnte. In seinem besten Weinberg, Vigna Brachiorso geheißen, läßt Negro einen kleinen Teil der Nebbiolo-Trauben sogar bis Mitte November hängen, um sie erst dann zu lesen und dem Wein zuzusetzen und – in Anlehnung an den »governo« im Chianti – eine kurze Nachgärung zu erreichen. Der Wein wird dadurch spritziger, wirkt frischer und läßt sich auch schon jung trinken: so also, wie ihn die Alten liebten. Negro besitzt etwa 13 Hektar Reben. Gelegentlich werden kleine Mengen von Trauben aus benachbarten Weingärten zugekauft. Gesamtproduktion: 80 000 Flaschen, davon maximal 25 000 Roero.*

### MALVIRÀ, CANALE

*Malvirà ist das Weingut der Familie Damonte. Es wird von den beiden Brüdern Roberto und Massimo geleitet. Der eine ist, wie es einer alten Tradition entspricht, für die Weinberge, der andere für den Keller zuständig. Der Betrieb ist in einer alten »casa colonica« direkt in Canale untergebracht. Weil der Turm des Hauses nach Norden ausgerichtet ist, galt das Haus früher als »schlecht gelegen« – daher der Name »Malvirà«. Das Rückgrat der Weinproduktion bilden die klassischen Rebsorten des Roero: die weißen Arneis und Favorita sowie die rote Nebbiolo. Aus ihr wird der Roero bereitet. Er enthält entsprechend den neuen D.O.C.-Vorschriften zwei Prozent weiße Arneis-Trauben. Einer ausgedehnten alkoholischen Gärung steht eine relativ kurze Maischegärung von etwa vier Tagen gegenüber. Der Wein wird auch nur sechs Monate im Holzfaß ausgebaut und kommt schon wenig später als fruchtbetonter Wein in den Handel, dem das nur mäßig vorhandene Tannin eine delikate Herbe verleiht. Er ist ein gelungenes Beispiel für einen jungen, gleichwohl reifen Nebbiolo-Wein, der nicht schwer und dennoch gehaltvoll ausfällt. Darin vor allem unterscheidet er sich vom Nebbiolo d'Alba, den dieser Betrieb bis 1984 produzierte. Die Damonte arbeiten seit vielen Generationen im Wein. Der Großvater der heutigen Inhaber zog noch Moscato-Reben, deren Ertrag er an die großen Spumante-Hersteller verkaufte. Ihr Vater baute dann vor allem Nebbiolo und Barbera an. Doch er entschloß sich nur sehr zögernd, den eigenen Wein abzufüllen – das erste Mal 1965 einen Barbera. Die Verbindung von traditionellen Reben und moderner Kellertechnik haben erst seine Söhne hergestellt. Roberto, der Kellermeister, ist zugleich »Präsident« der kleinen »Bottega del Vino«, die zwei Dutzend Weinerzeuger aus dem Roero in Canale eingerichtet haben, um ihre Weine auswärtigen Besuchern präsentieren und zum Kauf anbieten zu können. Daneben organisiert er die »Festa del Roero«, eine Art Weinkongreß, auf dem sowohl gefeiert als auch über alle Aspekte des Weinmachens in dem kleinen Anbaugebiet diskutiert wird. Der Betrieb verfügt über zehn Hektar Reben, die weit verstreut in den Weinbergen um Canale wachsen. Ein Teil ist gepachtet. Produktion: 20 000 Flaschen Arneis, 10 000 Flaschen Roero.*

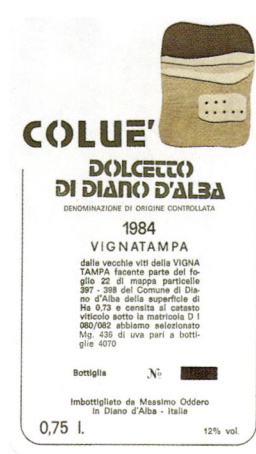

# DIANO D'ALBA

## GIGI ROSSO, CASTIGLIONE FALLETTO

*Gigi Rosso erzeugt einen meisterhaften Dolcetto di Diano d'Alba. Er verbindet den Charme eines jungen, frischen Weins mit der weichen Eleganz eines reifen, edlen Gewächses. Die Reben für diesen Dolcetto wachsen nur knapp einen Kilometer südlich von Diano d'Alba an den Hängen der Cascina Moncolombetto, eines stattlichen, 500 Meter hoch liegenden Hofes, von dem aus man einen prächtigen Blick in die weite Hügelwelt der Langhe hat. Dort besitzt Gigi Rosso vier Hektar Rebland in bester Südlage. Der Wein, der von dort kommt, hat ein charakteristisches Kirschbouquet und zeigt einen delikaten Bittermandelton auf der Zunge. Er hat eine leicht erhöhte Alkoholgradation, ist jedoch nie mastig oder plump. Er wird in den Kellern von Moncolombetto gekeltert (die Zentralkellerei befindet sich in Castiglione Falletto). Rund 30 000 Flaschen werden von ihm abgefüllt. Gigi Rosso gehört nicht mehr zu den kleinen Weinmachern von Alba. Er verfügt über eine Rebfläche von 42 Hektaren, die sich teils in seinem Besitz befinden, teils gepachtet sind und so gute Lagen wie Arione bei Serralunga (für den Barolo), Marcarini bei Treiso (für den Barbaresco) und Altavilla bei Alba (unter anderem für die Barbera) umfassen. Gigi Rosso ist ein passionierter Winzer und Kellermeister. Den ersten Weinberg erwarb er von dem Stipendium, mit dem er an der Weinbauschule in Alba ausgebildet werden sollte. Sein Großvater, noch Halbpächter auf dem Gut eines früheren italienischen Ministers, hinterließ ihm bei seinem Tod eine kleine Cascina und eine Osteria. Die Cascina behielt sein Enkel, die Osteria verkaufte er, um mit dem Erlös neue Weinberge zu erwerben. Seine jetzige Größe hat das Unternehmen aber erst erhalten, als Gigi Rosso sich nach 18 Jahren als Kellermeister bei Cinzano und Fontanafredda sowie als landwirtschaftlicher Direktor bei Bersano selbständig machte. Trotz des Umfangs, die seine Produktion mittlerweile erreicht hat, und trotz der Tatsache, daß vor allem seine Nebbiolo-Weine keine Vertreter des traditionellen Stils sind, fühlt er sich stark zu den bäuerlichen Traditionen der Langhe hingezogen. Für deren Bewahrung setzt er sich tatkräftig ein, auch als Präsident der Albeser Trüffel-Börse.*

## COLUE', DIANO D'ALBA

*Der beste Weinberg von Massimo Oddero, dem Inhaber der Tenute Colue', befindet sich nur etwa hundert Meter von seiner Cantina in Diano d'Alba entfernt. Er heißt Vigna Tampa und liegt auf der Kuppe eines kleinen Hügels in bester Südlage. Der Dolcetto, der dort wächst, ist ein eleganter, delikater Wein, den sein Erzeuger stolz einen »grandissimo vino« nennt. Er möchte dieses Attribut bewußt nicht nur für den Barolo oder Barbaresco reserviert wissen. Zwar sind diese dem Dolcetto an Gewicht überlegen, doch muß der Dolcetto ihnen nicht an Charakter nachstehen. Die Ursachen für dessen Feinheit sieht Massimo Oddero im starken Beschnitt der Reben und im sorgfältigen Verlesen der Trauben im Herbst – von den guten Lagen einmal abgesehen. Colue' verfügt insgesamt über 15 Hektar Weinberge. Der Schwerpunkt des Besitzes liegt in Diano d'Alba, wo sein Großvater – wie auch sein Vater ein angesehener Notar aus Alba – den Betrieb gegründet hat. Daneben haben die Oddero aber auch Weinbergsbesitz in der Lage Bussia bei Monforte (von dort kommt ein Teil ihres Barolos) und in der Lage Rombone bei Treiso (dort wächst der Barbaresco). Aus den besten Nebbiolo-Trauben all dieser Lagen keltert Massimo Oddero, der neben seinem Beruf als Winzer eine Leasing-Firma in Alba betreibt, in guten Jahren einen roten Tafelwein namens Rosso del Notaio, der ähnlich einem Nebbiolo-Qualitätswein hergestellt wird, aber über die reifere, edlere Grundsubstanz verfügt. Auch ein Chardonnay wird von Colue' erzeugt. Der Dolcetto ist aber immer das Hauptprodukt des Betriebes gewesen. Rund 15 000 Flaschen werden von ihm abgefüllt, davon 4000 bis 5000 Flaschen von der Lage Tampa.*

Nur wenige Kilometer im Hinterland von Alba liegt das Dorf Diano auf einer kleinen Anhöhe, von der aus man einen weiten Blick in das Hügelland der Langhe bis hin zu den schneebedeckten Gipfeln der Alpen hat. An den weit auslaufenden Südhängen dieses Dorfes wächst seit jeher der Dolcetto. Der Dolcetto ist kein rarer Wein im Piemont. Man findet ihn auch bei Asti, bei Acqui, bei Alessandria (Ovada), bei Dogliani, bei Mondovì, wo er teilweise hervorragende Qualitäten ergibt, die das etwas farblose Prädikat »Alltagswein«, das ihm angehängt worden ist, als groben Fehlgriff erscheinen lassen. Auch der Dolcetto von Diano ist ein feiner Wein. Er ist ungewöhnlich fruchtig, sehr feingliedrig gebaut, weist subtile Nuancen auf und eine gute Balance zwischen Körperreichtum und Alkoholgradation. Die Winzer von Diano nennen ihn »elegant«, um ihn von den zahlreichen plumpen und dünnen, schwerblütigen und ausdruckslosen Dolcetto zu unterscheiden, die sich ebenfalls auf dem Markt befinden.

Über den Grund für die besondere Güte der Weinberge um Diano gibt es viele Theorien. Keine ist allein richtig, doch in allen steckt wahrscheinlich ein bißchen Wahrheit. Zunächst einmal ist die Dolcetto-Rebe die Leitsorte des Dorfes. Es wird in Diano zwar auch ein wenig Barbera und Nebbiolo angebaut, doch sind mindestens 70 Prozent der Weinberge mit Dolcetto-Reben bestockt. Das bedeutet, daß sie in den besten Lagen an den Südhängen des Dorfes wachsen und ihnen diese Positionen nicht von anderen Rebsorten streitig gemacht werden. Hinzu kommt, daß die Winzer von Diano eine große Erfahrung im Umgang mit dieser Rebe haben, weil sie schon seit langem in großem Umfang angebaut wird. Meist ist der Dolcetto ihr Hauptprodukt, häufig überhaupt der einzige Wein, den sie erzeugen. Entsprechend groß ist die Wertschätzung der Rebe. Die Trauben werden im Herbst bei vielen so penibel verlesen, wie andere Winzer es nur für ihren edelsten Wein tun. Das heißt: Die Winzer von Diano behandeln den Dolcetto wie ihre Kollegen in Serralunga, Castiglione Falletto und Monforte ihren Barolo. Wer einen Blick in die Weingärten wirft, kann sich überzeugen, welch strenger Rebschnitt dort praktiziert wird. Die D.O.C.-Statuten haben die Hektarhöchsterträge denn auch niedriger festgesetzt als zum Beispiel in der Zone des prominenteren Dolcetto d'Alba. Mit 56 Hektolitern liegen sie auf dem Niveau der Nebbiolo-Reben in der Barolo- und Barbaresco-Zone, obwohl die Dolcetto eine von Natur aus wesentlich ergiebigere Rebe ist. Zudem haben mehrere kleinere Betriebe begonnen, ihre besten Weinberge lagenrein zu keltern. *Gigi Rossos* Dolcetto von der Lage Moncolombetto etwa ist das Musterbeispiel des eleganten, weichen, säurearmen und bouquetbetonten Dolcetto von Diano d'Alba. Ähnliches gilt für Massimo Odderos Tampa-Dolcetto (*Colue'*) und *Mario Savianos* Bartù-Dolcetto. Nicht unwichtig ist auch, daß es in Diano keine Großabfüller gibt (lediglich die Großkellereien *Fontana-*

*fredda* und *Terre del Barolo* füllen den Wein in kleinen Mengen ab). Es sind ausnahmslos kleine Winzer und kleine Kellereien, die den Dolcetto erzeugen. Der größte private Winzerzusammenschluß des Dorfes, die *Produttori Dianesi Associati*, erzeugen nicht mehr als 20 000 Flaschen im Jahr (der größte Teil ihres Weins wird in *damigiane* verkauft). *Porta Rossa* ist mit 40 000 Flaschen der größte Dolcetto-Produzent im Orte. Schließlich spielt eine Rolle, daß Diano die kleinste aller Dolcetto-Zonen darstellt. Das Anbaugebiet umfaßt nur die unmittelbar um den Ort liegenden Hügel mit ihren stark siliziumhaltigen Böden. Die Eigenart dieser Qualitätsweinzone hat in den Bestimmungen der D.O.C. denn auch ihren Niederschlag gefunden: Es wird eine Mindestgradation von 12 Vol.% verlangt (alle anderen D.O.C.-Zonen: 11 bis 11,5 Vol.%). Eine entscheidende Ursache für die Besonderheit des Dolcetto von Diano ist die Höhe des Anbaugebiets. Das Dorf selbst liegt 500 Meter über dem Meeresspiegel, die besten Lagen an der Südflanke immer noch 450 Meter. Praktisch nirgendwo sonst wächst die Dolcetto-Rebe in solchen Höhen, sind ihre Weinberge so gut belüftet, muß so wenig chemischer Pflanzenschutz betrieben werden.

*Porta Rossa* ist der größte und bekannteste Erzeuger des Ortes. Barolo, Barbaresco und die anderen Weine, die aus seinen Kellern kommen, sind hochklassige Gewächse. Der Dolcetto ist jedoch der einzige, der von eigenen Weinbergen kommt und damit das Aushängeschild des Betriebes. Gustavo Castellazzo, der berühmteste Sproß aus der Vorbesitzer-Familie dieses Gutes, war ein großer Förderer des Weins von Diano. Er konnte seinen Dolcetto im letzten Jahrhundert sogar an den königlichen Hof nach Turin verkaufen. Als Anerkennung erhielt er vom König eine Pinie als Symbol der Einheit Italiens, die noch heute im Garten hinter dem Palazzo wächst. Die tintige Farbe, der Duft von Kirschen und Marzipan, den er verströmt, und seine zartfruchtige, säurearme Art machen den Dolcetto di Diano d'Alba von *Porta Rossa* auch heute zu einem der schönsten Weine, die aus dieser Sorte gekeltert werden. Er kommt von zwei vorzüglichen Lagen im Süden von Diano: Piadvenza und Bruni. Der Name dieser Lagen taucht jedoch nicht auf dem Etikett auf.

Andere gute Produzenten sind – neben den bereits erwähnten – *Giovanni Veglio* in Valle Talloria, *Silvano Saverio* in Diano und *Bricco della Maiolica*, ein weiterer privater Winzerzusammenschluß, dessen Keller in der Ortschaft Ricca im benachbarten Cherasca-Tal steht. Aber auch von den zahlreichen Kleinwinzern werden oft vorzügliche Dolcetto angeboten. Für alle diese Weine gilt, daß sie am besten schon im Jahr nach der Lese mit einer Temperatur von nicht mehr als 16 Grad Celsius getrunken werden sollten.

DIANO D'ALBA: *höchstgelegene Dolcetto-Weinberge des ganzen Piemont.*

## MARIO SAVIGLIANO, DIANO D'ALBA

*Dieser kleine, noch stark bäuerlich geprägte Winzerbetrieb erzeugt einen sehr typischen Dolcetto di Diano d'Alba. Er hat ein ausgesprochen duftiges, frisches Bouquet, ist stoffig, aber nicht übermäßig körperreich, fein ausbalanciert und sehr fruchtig. Er wird weitgehend nach alten, einfachen Methoden erzeugt. Das heißt: eine kurze Maischegärung und anschließender mehrmonatiger Ausbau in Tanks beziehungsweise Holzfässern – je nach Charakteristik des Jahrgangs und des Weins. Während dieser Phase wird er in keinerlei Weise geschönt oder stabilisiert. Die Klärung erfolgt nur durch Umziehen von einem Behälter in den anderen. Die ziemlich einzige Neuerung gegenüber den Herstellungsverfahren von früher besteht darin, daß Mario Savigliano, Inhaber des Betriebes, die Hefen von den gesündesten seiner Trauben vor der Ernte im Labor vermehren läßt, um später eine reibungslose Gärung zu erreichen. Der Wein, der so entsteht, entspricht beinahe dem Ideal eines Dolcetto: ein »Alltagswein« zu sein, dabei aber auf die Feinheiten der Dolcetto-Traube nicht zu verzichten. Ursprünglich ein »Gemischtwinzer« mit Vieh- und Grünlandwirtschaft, hat sich Mario Savigliano heute fast ganz auf den Wein spezialisiert (wobei Mais nur nebenher noch angebaut). Er besitzt etwa vier Hektar Rebland bei Diano d'Alba, der größte Teil an den Südhängen des Dorfes (die Reben werden nicht mit chemisch-synthetischen Spritzgiften behandelt). Der beste Dolcetto, der dort wächst, kommt von der Lage Bartù und wird separat abgefüllt. Die Trauben für einen zweiten Lagen-Dolcetto (Richi) werden zugekauft. Die besondere Qualität dieser Weine führt Savigliano, der den Betrieb mit Frau und Sohn leitet, auf die guten Lagen und das strenge Verlesen der Trauben zurück. Insgesamt werden etwa 500 Hektoliter Dolcetto erzeugt. Der größte Teil wird noch offen in Korbflaschen verkauft. Nur etwa 25 000 Flaschen werden im Jahr abgefüllt.*

## PRODUTTORI DIANESI ASSOCIATI, DIANO D'ALBA

*Die Produttori Associati Viticoltori di Diano d'Alba, wie sie sich präzis nennen (Abkürzung: P.A.VITI.D.D.A.), sind ein privater Zusammenschluß von sechs Winzern, die ihre Trauben gemeinsam keltern und den Wein unter einem gemeinsamen Etikett abfüllen. Die P.A.VITI.D.D.A. ist einer der nicht gerade häufigen Fälle, in denen ein solcher Zusammenschluß ein qualitativ hochwertiges Produkt hervorgebracht hat. Aber der Rahmen, in dem gewirtschaftet wird, ist auch klein. Man verfügt zusammen über nur 30 Hektar Rebflächen, die zu 90 Prozent mit Dolcetto-Reben bestockt sind. Der Dolcetto ist folglich der Wein, auf den sich die Arbeit und der ganze Ehrgeiz konzentrieren. Zu den Überzeugungen der sechs Winzer gehört es, daß die eigenhändig ausgeführte Weinbergspflege die beste Voraussetzung für einen guten Wein bietet. Das heißt: Die Reben werden stark zurückgeschnitten und die Trauben – wenn nötig – im Sommer noch einmal ausgedünnt. Hinzu kommt die strenge Traubenauswahl im Herbst. Nur das beste Traubengut wird für den eigenen Wein verwendet. Der Rest bleibt hängen oder wird verkauft. Jene Partien, die für die Kelterung vorgesehen sind, werden im Keller noch einmal von Hand verlesen, um für die eigene Flaschenabfüllung nur vollreife Trauben verwenden zu können. Von dem ausgelesenen Traubengut wird zwar auch Dolcetto erzeugt, der aber nach wenigen Monaten schon in »damigiane« verkauft wird. Die besseren Partien werden dagegen nach der Gärung, dem Abstich und der Klärung ein paar Wochen lang in Holzfässern ausgebaut. Es ist ein violettroter, stoffiger, zartfruchtiger und keineswegs zu alkoholreicher Dolcetto mit einer sehr feinen Geschmacksnote, der, jung getrunken, zu den schönsten Weinen dieser Sorte im Piemont gehört. Die Namen der Mitglieder des Winzerzusammenschlusses: Giovanni Arione, Rino Baguerino, Gianpaolo Boffa, Raimondo Cardinale, Carlo Gallizio und Giuseppe Marengo. Abfüllmenge: 20 000 Flaschen.*

# ASTI
# UND DAS
# MONTFERRAT

**DAS MONTFERRAT**

*Wie ein endloser Dünenteppich zieht sich das Hügelland des Montferrat bis an den Horizont. Die Einheimischen nennen ihr Land »dolce«. Es ist die Heimat der Barbera-Rebe, die dort ebenso hochwertige wie belanglose Weine ergeben kann.*

Je weiter abwärts der Tanaro fließt, desto lieblicher zeigt sich die Landschaft, die er durchströmt. Die Hügellinie wird flacher, die Schwünge sanfter. Montferrat heißt das Land, das sich wie ein endloser Dünenteppich fast bis zum Horizont erstreckt. Reisende haben es manchmal mit der Toskana verglichen, und zumindest eines hat es mit dieser mittelitalienischen Gegend gemein: Es ist ein altes Rebenland. Vor hundert Jahren fand man Dutzende von Sorten, die an den Hängen und auf der Kuppe der Hügel wuchsen: rote und weiße, autochthone und importierte, kostbare und ordinäre, mühsam anzubauende und anspruchslose. Die Burgunderreben Pinot Noir und Pinot Blanc waren unter ihnen, die Bordeaux-Rebe Cabernet Sauvignon, die Furmint, aus der die Ungarn ihren Tokajer keltern, aber auch so unbekannte Sorten wie die Neretto, Brachetto, Rouchet, Moscato d'Amburgo, Doux d'Henry, Timorasso und zahlreiche andere. Selbst der Weiße Riesling war im Montferrat und seinen Ausläufern gelegentlich anzutreffen. Die meisten dieser Reben wurden durch die Reblauskatastrophen ausgelöscht. Nur wenige haben überlebt und existieren jetzt als schillernde Perlen in einer zunehmend uniform gewordenen Weinlandschaft, deren Rebendecke zwar dichter denn je ist, aber nur noch aus vier Sorten besteht, die 95 Prozent der Qualitätsweinproduktion des Montferrat ausmachen: dem weißen Muskateller, aus dem der süße Moscato d'Asti sowie der berühmte Asti Spumante erzeugt werden, und den drei roten Sorten Freisa, Grignolino und Barbera.

Die Weine werden heute normalerweise nur noch aus einer dieser Sorten gewonnen und nach ihr benannt. Freisa, Grignolino und Barbera sind also nicht nur Namen von Reben, sondern auch von Weinen. Wie hochwertig diese Weine sind, darüber gibt es natürlich viele Meinungen. Was die Winzer im Montferrat über sie sagen, entspricht keineswegs immer dem Urteil der Händler in Turin oder Mailand, und was diese über die Weine denken, unterscheidet sich wieder von dem, was Gastronomen in Frankfurt oder New York sagen, wo sich einige dieser Weine inzwischen größerer Beliebtheit erfreuen als in ihrer Heimat. Soviel steht fest: Nur wenige italienische Gewächse werden so kontrovers beurteilt wie die des Montferrat, wobei es vor allem ein Wein ist, der im Brennpunkt der Kritik steht: der Barbera. Für die einen ist er ein Weinchen, für die anderen ein Hochgewächs, das an Ernst und Würde einem Barolo nicht nachstehen muß. Beide Meinungen haben ihre Berechtigung. Denn es gibt sowohl den einen, als auch den anderen Typ von Barbera. Der Grund: Die Traube wird nicht nur in sonnenbeschienenen Südlagen, son-

# RENATO RABEZZANA, SAN DESIDERIO DI CALLIANO

*Der Barbera ist für Renato Rabezzana
der Wein gewesen, dem immer sein
größter Ehrgeiz galt. Für ihn ist er ein
nobles Gewächs, das an Distinktion
und Wertschätzung auf eine Stufe mit
den großen Barolo und Barbaresco aus
Alba gestellt zu werden verdient. Entsprechend viel Mühe macht er sich mit
diesem Wein. Er versucht, die Trauben
so spät wie möglich zu ernten und
dehnt die Maischegärung nach alter
Manier bis zu zwölf Tagen aus. Seit
1982 erfaßt er die Trauben seiner acht
Hektar Reben, die bei San Desiderio
liegen, einem der besten Anbaugebiete
nördlich des Tanaro, nach Lagen separat. Drei verschiedene Barbera kann er
so erzeugen: Cörma, Ronc und Bricco.
Alle drei weisen einen Alkoholgehalt
zwischen 13 und 14 Vol.% auf. Der
duftigste, reifste und kraftvollste Barbera kommt stets von der 300 Meter
hoch in bester Südwestexposition
befindlichen Lage Bricco, wo alte Reben
stehen, die nur niedrige Erträge bringen
(in allen Weinbergen spritzt Rabezzana
nur Kupfer und Netzschwefel). Er ist
ein nahezu unbehandelter Wein, dem
nur ein paar Gramm Schwefel hinzugefügt worden sind, der ansonsten aber
weder gefiltert noch durch Gelatine oder
andere Behandlungsmittel geklärt worden ist. Zwischen 9000 und 15 000
Flaschen werden von ihm abgefüllt.
Renato Rabezzana kommt aus einer
alten Weinhändler-Familie. Sein Großvater hatte im Jahre 1913 in der Via
San Francesco d'Assisi in Turin eine
Weinhandlung gegründet, die sein
Enkel noch heute an derselben Stelle
betreibt. Über sie verkauft er einen
großen Teil seiner Weine, wobei sich
sein Sortiment keineswegs nur auf
Barbera beschränkt, Neben den klassischen Weinen des Montferrat erzeugt
Rabezzana Nebbiolo, Dolcetto, die
weißen Arneis, Favorita und Cortese
sowie den seltenen Furmentin. Bis 1978
hat er auch einen Barolo produziert.
Teils werden diese Gewächse aus
gekauften Trauben, teils aus gekauftem
Wein hergestellt.*

# CASTLÈT, COSTIGLIOLE

*Die Cascina Castlèt ist ein alter Besitz
der Familie Borio, die sich seit mehreren Generationen ausschließlich mit
dem Anbau der Barbera-Rebe befaßt.
Die Pflege der eigenen Weinberge in
Costigliole, die schonende Bodenbearbeitung, die sparsame Düngung,
der Verzicht auf Herbizide – all das
entspricht der Wertschätzung, die dieser
Rebsorte entgegengebracht wird. Geerntet werden normalerweise 80 Doppelzentner Trauben pro Hektar, was etwa
zehn Prozent unter dem erlaubten
Maximalertrag des Barbera d'Asti
liegt. Doch entscheidender ist das strenge Verlesen der Trauben im Herbst.
Zunächst werden die gesündesten Trauben mit den kleinsten Beeren eingebracht. In einem zweiten Durchgang
werden die reifsten Trauben – größtenteils nach Lagen getrennt – gelesen. Die
dann noch hängenden Trauben werden
für die Herstellung eines weißen Barbera verwendet. Das Hauptaugenmerk
des Betriebes liegt jedoch auf dem klassischen Barbera. Aus dem reifen Lesegut des zweiten Durchgangs erzeugt
Maria Borio, die in Turin lebende, sich
aber tatkräftig um das Gut kümmernde
Eigentümerin, drei Lagen-Barbera:
Vigna Zia Litina, Vigna Policalpo
und Vigna Malabaila. Alle drei sind
körperreiche Weine von kräftigem
Geschmack, gekeltert und ausgebaut
ohne den Versuch zu unternehmen, die
hohe natürliche Säure durch Behandlungsmittel zu senken. Die Spezialität
von Castlèt ist der Passum, ein als
Tafelwein etikettierter Barbera, der aus
den Trauben des ersten Lesedurchgangs
erzeugt wird. Die Trauben werden,
wenn sie eingebracht sind, von Armando Cordero, dem Gutsleiter und Kellermeister, in Holzkästen zum Trocknen
ausgelegt. Erst im Dezember, wenn sie
schon vom Botritis-Pilz befallen sind
und ein Teil des Wassers evaporiert ist,
werden sie abgepreßt. Der extraktreiche
Most ergibt einen unvergleichlich
konzentrierten Wein von dichter Struktur, hoher Gradation (15 Vol.%) und
feinstem Bouquet mit Anflügen von
Honig und reifen Feigen. Seine anfangs
oft noch schneidende Säure mildert sich
im Laufe der Jahre merklich ab. Die
Idee zu diesem Wein entsprang einer
Kindheitserinnerung von Maria Borio.
Früher, als die Barbera noch als Tafeltraube verwendet wurde, trocknete man
sie gerne unter dem Dach, um einen
»edelsüßen« Geschmack zu erzielen.*

dern oft auch an feuchten Osthängen oder sogar in der Ebene
kultiviert. Die Qualitätsunterschiede resultieren also weniger aus
einer Eigenart der Traube als aus einer Eigenart der Winzer. Viele,
wahrscheinlich sogar die meisten benutzen sie als Massenträger
und erzeugen Mengen, bei denen keine Qualität mehr möglich
ist (auch wenn sich viele Barbera »Qualitätswein« nennen). So
kommt es, daß die Barbera zwar die am leichtesten anzubauende
Sorte des Piemont, der aus ihr gekelterte Wein aber heute der am
schwersten verkäufliche ist. Allein in der Provinz Asti, der Kernzone des Montferrat, sind siebenmal mehr Weinberge ins
D.O.C.-Kataster eingetragen als das Barolo-Kataster im benachbarten Alba an Rebflächen ausweist. Dabei macht die D.O.C.-
Produktion des Barbera nur 20 Prozent der gesamten Barbera-
Produktion des Piemont aus. 80 Prozent werden nämlich als *vino
da tavola* unter der Bezeichnung »Barbera del Piemonte« vermarktet, wobei es ein offenes Geheimnis ist, daß diesem nicht
selten mehr oder minder große Mengen an Wein aus weiter
südlich gelegenen Anbaugebieten Italiens zugefügt werden, um
ihm Körper und etwas mehr Gewicht zu geben. Michele Chiarlo,
Präsident des Konsortiums Barbera d'Asti, zögert deshalb, von
einer »Überschußproduktion« an Barbera zu sprechen. Er gibt
zwar zu, daß diese Rebe »überall und nahezu an jeder Stelle im
Montferrat angebaut« wird, doch ist er gleichzeitig überzeugt:
»Wenn alle als Barbera etikettierten Flaschen tatsächlich Barbera
enthalten würden, dann bliebe nicht ein Tropfen davon übrig.«

Nicht alle sind sich darin so sicher. Unstritig ist allerdings, daß
der Ruf des Barbera gelitten hat und sich mit seinem Namen –
vor allem bei den Piemontesern selbst – heute nicht mehr unbedingt die Vorstellung eines hochklassigen Weins verbindet.
»Das kann kein Barbera sein! Dazu ist er zu gut!« hört man
gelegentlich auch weinerprobte Verkoster sagen, wenn ihnen ein
guter Barbera im Restaurant serviert wird. Die Verbitterung der
besseren Winzer darüber ist verständlich, zumal die Überproduktion zu einem allgemeinen Preisverfall geführt hat, wovon
auch sie unmittelbar betroffen sind. Denn ohne ausreichende
Erlöse macht sich niemand Mühe mit diesem Wein. Mühe ist
aber notwendig, um zu zeigen, welch hochklassiger, einzigartiger
Wein aus der Barbera-Rebe im Montferrat gekeltert werden
kann.

## BARBERA

*Am häufigsten angebau-
te Sorte im Piemont.
Ertragreich. Zumeist als
Massenträger verwendet,
ergibt sie doch auch noble
Weine, wenn sie am
Hügel angebaut
und stark zurück-
geschnitten wird.*

## GRIGNOLINO

*Autochthone Rebe.
Unsicher im Ertrag,
schwierig zu keltern. Die
Weine können sehr fem
ausfallen, gelten aber als
»schwierig«.*

Das Montferrat reicht praktisch von Acqui bis nach Casale und weiter bis nach Alessandria. Seinen Mittelpunkt bildet Asti, eine Provinzhauptstadt von heute 80000 Einwohnern, die im 13. Jahrhundert einmal die reichste Stadt des Piemont war. Ihr Reichtum gründete aber nicht auf den Wein, sondern auf den Textilhandel und das Bankwesen. Noch im ausgehenden Mittelalter rivalisierte »Hasta Pompeia«, wie es lateinisch hieß, ständig mit dem benachbarten Alba. Reisende auf der parallel zum Tanaro verlaufenden Straße waren nie vor Überfällen sicher, und auch die Menschen in den Dörfern des Montferrat, des Roero und der Langhe mußten ständig mit Übergriffen gegnerischer Soldaten rechnen. Noch heute stehen beide Städte in gespannter und nicht immer freundschaftlicher Konkurrenz zueinander. Seit vielen Jahren etwa wird ein erbitterter Streit darüber ausgefochten, ob der weiße Trüffel, der im Montferrat ebenso leidenschaftlich verehrt wird wie in der Langhe, erst ab Oktober gesucht werden sollte (wie in Alba) oder schon ab August. In jenem Monat hält Asti nämlich traditionell seinen Trüffelmarkt ab. Während sich die Astienser durch die vorverlegte Trüffelsaison in den Augen der Albeser unmöglich gemacht haben, mokieren sich diese darüber, daß die Albeser ihr traditionelles *palio* auf einem Tier reiten, das als Symbol der Dummheit gilt: dem Esel.

Wenn Asti auch als Mittelpunkt des Montferrats gilt, so ist es schon lange nicht mehr das Zentrum der Weinproduktion. Nur wenige Betriebe befinden sich heute noch in seinen Stadtmauern. Die meisten haben sich direkt in den Produktionszentren niedergelassen. Das gilt vor allem für die zahlreichen Genossenschaften, die die Struktur der Weinwirtschaft im Montferrat maßgeblich prägen. Aber auch die Weinindustrie, die sich vor allem auf die Produktion des Asti Spumante konzentriert, hat sich nicht in Asti selbst angesiedelt. *Martini & Rossi* sitzt in Turin, *Cora* ebenfalls, *Cinzano* in Santa Vittoria d'Alba, *Fontanafredda* und *Calissano* in Alba, *Bersano* in Nizza Monferrato, *Bruzzone* in Strevi, *Riccadonna*, *Bosca* und *Gancia* in Canelli. Die Traubenproduktion des Montferrat liegt jedoch immer noch in den Händen von Kleinwinzern, gleichgültig ob es sich um Moscato- oder Barbera-Trauben handelt. Ähnlich wie in den Langhe bewirtschaften sie meist nur wenige Hektare, oft auch nur einige Morgen Land.

### FREISA

*Piemontesische Traditionsrebe. Liefert fruchtig-herbe Weine, aber auch süße schäumende.*

### MOSCATO

*Auch als weißer Muskateller bekannt, liefert sie die Trauben für den süßen Asti Spumante und den Moscato d'Asti.*

## GIORGIO CARNEVALE, CERRO TANARO

*Giorgio Carnevale ist ein reiner Kellereibetrieb, der über keinen eigenen Weinbergsbesitz verfügt. Die Carnevale, die seit dem Ende des 19. Jahrhunderts im Weingeschäft tätig sind, verstanden sich immer als Händler und Kommissionäre. Das heißt: Sie kauften in erster Linie Jungwein auf, um diesen in den eigenen Kellern auszubauen und unter eigenem Etikett zu vermarkten. Diese Art des Geschäfts, wegen zahlreicher unseriöser Unternehmen etwas in Verruf gekommen, hat im Astigiano eine lange Tradition. Auch Giorgio Carnevale, ein Enkel des Firmengründers, hält diese Tradition hoch – allerdings in Ehren. Erstens kauft er schon lange auch Trauben und Traubenmoste und bereitet den Wein selbst. Zweitens kontrolliert er die Keltermethoden der Winzer genau, von denen er Wein kauft. Drittens gibt es bei ihm keine Weine anonymer Herkünfte. All das hat den guten Ruf, den das Haus genießt, stabilisiert, wenngleich sein Inhaber nicht verleugnet, daß die Produktion stark marktorientiert ist. Nicht alles, was aus seinem Keller kommt, ist folglich ein Hochgewächs. Neben der Konsumware hat sich Giorgio Carnevale jedoch immer bemüht, die klassischen Weine des Montferrat zu erzeugen. Mit seinem Barbera d'Asti dürfte ihm dieses Vorhaben am besten gelungen sein: ein nobler Wein mit viel Substanz, konzentrierter Frucht und einem enormen Reifepotential. Große Jahrgänge wie der 61er haben sich auch nach 25 Jahren noch als duftige, uneingeschränkt genußfähige Weine erwiesen. Carnevale kauft diesen Barbera als Jungwein, baut ihn sechs Monate im Faß aus (dort macht er auch die malolaktische Gärung) und läßt ihn danach noch 18 Monate auf der Flasche reifen. Er kommt aus dem benachbarten Rocchetta Tanaro und war schon in den 30er Jahren in den besten Turiner Restaurants als »Vecchio Barbera della Rocchetta« bekannt und hochgeschätzt. Gesamtproduktion: rund 350 000 Flaschen.*

## MARCHESI INCISA, ROCCHETTA TANARO

*Das Dorf Rocchetta ist der Stammsitz der Grafen Incisa, eines alten piemontesischen Adelsgeschlechts, das in Norditalien seit jeher große Ländereien besitzt. Graf Mario, 1983 gestorben, war in der Weinwelt als »Erfinder« des Sassicaia bekanntgeworden, des ersten reinsortigen Cabernet-Sauvignon-Weins der Toskana. Weniger bekannt sind seine Verdienste um Rocchetta. Er hat dort zum Beispiel einen »Parco Naturale« angelegt, ein noch heute existierendes Natur-Reservat, in dem er beizeiten auch alte piemontesische Rebsorten kultivierte, um sie zu erhalten. Der Weinbau spielte unter den zahlreichen Aktivitäten der Incisa (unter anderem die Zucht von Rennpferden) nie eine quantitativ bedeutende Rolle. Aber sie hatten stets die Ambition zu zeigen, welch feine Weine das Montferrat, speziell Rocchetta, hervorbringt. Auch nach Marios Tod, da seine Schwester Maria Beraudo di Pralormo-Incisa die Herrin über den Rocchetta-Besitz ist, ist diese Ambition spürbar (deren Söhne Daniele und Ottaviano sind heute für die Weinerzeugung zuständig). Ihr Grignolino zählt zu den hochklassigen, zugleich ungewöhnlichsten Gewächsen aus dieser Sorte. Er ist ein leichter, aber ernster Wein, der sich trotz seiner Roséfarbe nie der Gefahr aussetzt, mit einem der zahlreichen, ähnlich getönten Konsumweine Italiens verwechselt zu werden. Er wird nur in guten Jahren abgefüllt und – was selten ist – ein paar Wochen in Holzfässern ausgebaut (für die besonders geschätzte Kundschaft in ausgemusterten Sassicaia-»barriques«). Als zweiten Wein erzeugen die Incisa einen Barbera. Er kommt von sehr alten Reben in einem 0,5 Hektar kleinen Weingarten mitten im »Parco Naturale«. Einer Familientradition entsprechend wird er in kleinen, alten Holzfässern ab 20 Hektoliter Inhalt aufwärts ausgebaut – ein Jahr lang (danach zwei Jahre Flaschenreifung). Den besten Teil des Barbera lassen die Incisa sogar fünf Jahre und länger im Faß – eine »Hausreserve« von unvergleichlichem Format, die zu vermarkten die Familie sich bis heute leider noch nicht entschließen konnte.*

# BODEN UND KLIMA
# DES ANBAUGEBIETES

Die Böden im größten Teil des Montferrat sind erdgeschichtlich jüngeren Datums als in den Langhe. Ihr Untergrund besteht zwar ebenfalls aus felsigem Tuffstein, doch ist das Deckgebirge stärker sandig durchmischt und hat eine hellere Farbe als bei Alba, die an vielen Stellen ins Rötliche tendiert. Auch die mineralische Zusammensetzung der Böden weicht leicht von der der Langhe ab. Dies ist im übrigen einer der Gründe, weshalb dieselben Rebsorten in Asti andere Weine ergeben als in Alba. Beispiel: Barbera. Die klimatischen Bedingungen sind dagegen ähnlich. Die Astienser bezeichnen sie als »mäßig kühl«, doch liegen sie mit 13,2 Grad Celsius im langjährigen Jahresmittel deutlich über dem des Burgund oder Südwestfrankreichs. Vor allem der September, der wichtigste Monat im Winzerkalender, weist noch relativ hohe Temperaturen auf. Die Niederschläge sind mit 636 Millimetern pro Quadratmeter allerdings nicht gerade niedrig. Die Spitzen liegen im April und im November. Die Sommermonate zeichnen sich oft durch langanhaltende Trockenheit aus, die erhebliche Probleme für den Weinbau mit sich bringt.

# BARBERA

Die Barbera ist die mit Abstand am häufigsten angebaute Sorte in der Provinz Asti (ebenso in den benachbarten Anbaugebieten von Alessandria und Alba). Die Weine, die aus ihr gekeltert werden, fallen recht unterschiedlich aus. Bei kaum einem anderen Piemonteser Wein wirken sich nämlich Bodenunterschiede und geringfügige Abweichungen des Mikroklimas so stark aus wie bei dieser Sorte. Zwischen Winzern benachbarter Dörfer besteht manchmal ein regelrechter Wettstreit, wer den Barbera mit dem schönsten Bouquet, der höchsten Alkoholgradation oder dem größten Körperreichtum hervorbringt. Die besten Qualitäten des Barbera d'Asti präsentieren sich als ungemein stoffige, in der Farbe violett- bis schwarzrote, sich auch im Laufe der Jahre nur wenig aufhellende Weine, die sich durch ein fruchtiges Aroma und eine rassige Säure auszeichnen. Der traditionelle Typ des Barbera d'Asti weist einen erhöhten, bisweilen auch hohen Alkoholgehalt auf. Er kann durchaus bei 15 Vol.% liegen (was mancher Winzer allerdings gerne auf dem Etikett verschweigt, weil ein derart »hochprozentiger« Wein nicht der marktüblichen Norm entspricht). Darin und in dem entsprechend größeren Körperreichtum unterscheidet er sich zum Beispiel vom Barbera aus Alba. Gemeinsam mit diesem (und mit allen Barbera) hat er die hohe natürliche Säure und das niedrige Tannin (deshalb gehen auch immer mehr Produzenten dazu über, ihn in *barriques* reifen zu lassen). Im Bouquet unterscheiden sich wiederum viele Barbera d'Asti von denen aus Alba. Während diese nicht selten einen »Barolo-Duft« verströmen, hat der Barbera d'Asti, wenn man ihn ein paar Jahre alt werden läßt, ein ganz eigenes, vielschichtiges Bouquet, in dem sich Honig und Bittermandel, Tabak und Gras, Schokolade und Kirsche spiegeln können. In jedem Fall ist er langlebiger als ein Barbera d'Alba. Schon mittlere Jahrgänge von besseren Erzeugern entwickeln sich gut und gerne zehn Jahre. Große Jahrgänge wie 1961 und 1964 sind nahezu unverwüstlich. Die Reife ist ein entscheidendes Kriterium für die Qualität des Barbera, besonders des aus Asti. Fehlt sie, wirkt der Wein wegen seiner hohen Säure kantig und roh. Er »bleibt vor den Zähnen«, wie der Fachmann sagt. Die

D.O.C.-Statuten schreiben eine mindestens einjährige Reifung im Keller vor. Doch bessere Produzenten lassen ihren Barbera danach noch mehrere Monate, oft ein Jahr auf der Flasche nachreifen. Aber auch dann ist der Wein noch nicht so »weich und warm, großzügig und versöhnlich«, wie ihn die Journalistenpoesie gern preist. Er braucht, um seine Säure abzubauen, wenigstens noch drei, oft fünf, bisweilen auch zehn Jahre. Manchen Jahrgängen gelingt es nie.

Der Barbera ist ein extrem jahrgangsabhängiger Wein, insbesondere der Barbera d'Asti. Er ist, genau genommen, sogar jahrgangsabhängiger als die Nebbiolo-Weine, weil die Barbera-Traube nicht nur in kleinen, sondern auch in mittelmäßigen Jahren einen hohen Anteil an harter Apfelsäure aufweist. Damit sich genügend reife Weinsäure bilden kann und hohe Mostgewichte erzielt werden, braucht sie einen frühen Austrieb, einen warmen September und einen trockenen Oktoberanfang. In der Regel gibt es nur alle zehn Jahre einmal einen großen Barbera-Jahrgang, der wirkliche Spitzenqualitäten bringt. Die letzten waren: 1931, 1935, 1947, 1961, 1964, 1971, 1985. Wenn es dazwischen auch manchen sehr guten Jahrgang gegeben hat, so bleibt dem Weintrinker letztlich nichts anderes übrig, als den Barbera d'Asti als einen »bissigen« Wein zu akzeptieren, dessen Säureeindruck nur durch Körperreichtum und Alkoholgradation gemildert werden kann – oder durch den »süßen« Holzgeschmack der *barriques*.

Das Anbaugebiet dieses D.O.C.-Weins ist weitläufig und umfaßt sowohl den südlich des Tanaro liegenden als auch den nördlich von ihm befindlichen Teil des Montferrat. Fast jeder Winzer dort baut die Barbera-Traube an und keltert seinen eigenen Wein – und sei's zum Hausgebrauch. Die Spitzenqualitäten wachsen jedoch nur in den Weinbergen weniger Dörfer. Genau genommen sind es vier Unterzonen. Die erste beginnt bei Costigliole, einem kleinen, fast auf halber Strecke zwischen Asti und Alba

## BARBERA-ZENTRUM

Das kleine Dorf Rocchetta am Tanaro-Fluß ist Mittelpunkt einer der besten Barbera-Zonen des Montferrat. Die Weinberge legen sich wie ein Hufeisen um den Ort. Der Barbera, der dort wächst, ist wuchtig und elegant zugleich. Der bekannteste Weinmacher von Rocchetta ist Giacomo Bologna.

*Sein Wein mache schlagartig deutlich, welch großes Potential in dieser Traube stecke, hat ein Weinschriftsteller unlängst bemerkt.*

gelegenen Ort, der in knapp 300 Meter Höhe auf der Kuppe einer der typischen Rundhügel des Montferrat thront, und reicht bis zur Stadt Nizza Monferrato. Gäbe es eine klassische Zone, so stellte diese sie dar. Grob gesagt, liefert sie den kräftigsten, reifsten Barbera mit dem vollsten Bouquet und der größten Lebenserwartung. Zu ihr gehören die Dörfer Agliano, Castelnuovo Calcea, Moasca, San Marzano, Vinchi, Mombercelli sowie die nördlich des Tiglione-Baches liegenden Dörfer Montegrosso, Montaldo und vor allem Mongardino. Außerhalb der Provinz kennt ihre Namen niemand, doch für die Winzer und Weinmacher von Asti haben sie denselben Klang, wie die Namen der Gemeinden von der Côte de Nuits für die Weinfreunde in aller Welt sie haben. Dabei weist – wie auch dort – der Barbera jedes Dorfes seine Besonderheiten auf. Der eine ist im Duft feiner, der andere hat die leuchtendere Farbe, der dritte strömt einen noch feineren Duft von Weichselkirschen oder Schokolade aus. Gute Produzenten in dieser Zone sind Maria Borio (*Cascina Castlèt*) und *Sergio Gozzelino* in Costigliole, *Renato Trinchero* (Agliano), *Antiche Terre dei Galleoni, Giovanni Rosso, Scarampi* und *Ca' Tesi della Pianca* in Agliano, *Roberto Poglio* (Castelnuovo Calcea), *Pietro Barbero* (Moasca), *Daniele Aresca* (Mombercelli), *Luigi Pia* (Monterosso), *Carolina Baino* (Mongardino), *Antiche Cantine Brema* (Incisa Scapaccino). In Nizza Monferrato selbst gibt es

## BRAIDA, ROCCHETTA TANARO

Hinter dem Firmennamen Braida steckt eine gewichtige, in der gesamten italienischen Weinwelt wohlbekannte und wohlgelittene Person: Giacomo Bologna – ein »Gargantua von Rabelais'schem Format« für die einen, »König des Barbera« für die anderen. Dabei ist die Menge Barbera, die er zur Gesamtproduktion dieses Weins beisteuert, unerheblich: 22 000 Flaschen La Monella, 8000 Flaschen Bricco dell'Uccellone. So heißen seine beiden Weine, benannt nach den zwei Weinbergen, von denen sie kommen. Sie sind Tafelweine, obwohl sie gut als Barbera del Monferrato beziehungsweise Barbera d'Asti etikettiert werden könnten. Doch Giacomo Bologna, dem Ortspatrioten, ging und geht es um Rocchetta, das kleine Straßendorf am Tanaro, das nach seiner Meinung die elegantesten Barbera des ganzen Montferrat hervorbringt. So hat er seine Weine als »Barbera di Rocchetta Tanaro« auf den Markt gebracht. La Monella ist der leichtere, jüngere Wein; Bricco dell'Uccellone der gewichtigere. Letzterer ist es gewesen, der auch die hartnäckigsten Ignoranten schlagartig für diese ungeliebte Sorte eingenommen hat: als der Wein nämlich das erste Mal in »barriques« ausgebaut auf den Markt kam. Der Bricco dell'Uccellone ist ein voluminöser Wein mit reifer Säure, der, so sein Erzeuger, »den süßen Ton des Holzes braucht, um seine Feinheit zu zeigen«. Er wird 12 Monate in »barriques« aus neuem Holz ausgebaut, vorher einige Monate in den traditionellen, großen Eichenholzkufen. Der modernen Ausbauweise steht eine traditionell lange Maischegärung von 25 Tagen gegenüber. Sie wird temperaturkontrolliert vollzogen, wozu Bologna kaltes Wasser aus einer der zahlreichen Quellen um Rocchetta benutzt. Er ist ein Autodidakt, was das Weinmachen angeht. Er hat viel aus Büchern gelernt, ist gereist, hat sich in Beaune sachkundig gemacht. Wenn er auch schon seit 1962 Barbera erzeugt, so ist er doch immer auch Weinhändler gewesen. Braida, seine Firma, vertreibt nicht nur seine eigenen Kreszenzen (neben Barbera ein wenig Grignolino, viel süßen Bracchetto und Moscato), sondern auch die Weine zahlreicher befreundeter Betriebe sowie die renommierter französischer Châteaux von Pétrus bis Latour.

## DUCA D'ASTI CALAMANDRANA

Die Struktur der Weinwirtschaft im Astigiano wird durch zwei Arten von Betrieben geprägt: durch das große Kellereiunternehmen ohne eigene Weinberge mit industrieller Weinproduktion, sowie durch den kleinbäuerlichen Winzerbetrieb, der vorrangig Trauben produziert, aber keinen guten Wein daraus zu machen versteht. So gesehen, ist Duca d'Asti ein untypisches Unternehmen. Mit 1,5 Millionen Flaschen Jahresproduktion gehört es zu den Großabfüllern. Zugleich besitzt es eigene Weinberge. Allerdings ist der größte Teil der Trauben, aus dem die Weine hergestellt sind, zugekauft – wenn auch auf der Basis langjähriger Kontrakte mit Weinbauern, deren Mengenproduktion genau kontrolliert wird. Einige dieser Bauern haben Barbera-Reben in den besten Lagen der Zone. Sie haben es Duca d'Asti ermöglicht, einige bemerkenswerte Weine auf den Markt zu bringen. An erster Stelle den »Barilot«, einen Tafelwein, der erst seit 1982 erzeugt wird und aus einem Verschnitt von Barbera und Nebbiolo besteht. Er ist ein ausdrucksstarker Wein mit einem tiefen, kräftigen Geschmack und geschmeidigem Körper. Die Allier-»barriques«, in denen er ausgebaut wird, geben ihm zusätzlich eine »süße« Spitze. Die Nebbiolo-Trauben für ihn kommen aus Serralunga, die Barbera-Trauben aus alten Weingärten bei Castel Boglione. Nur 5000 bis 6000 Flaschen werden von ihm erzeugt. Er reift drei Jahre im Keller. Der »Arione«, 1985 erstmals produziert, ist die jugendliche Ausgabe des »Barilot«: eine ebenfalls aus Barbera und Nebbiolo gewonnene sowie in »barriques« ausgebaute Cuvée, die jedoch schon nach einem Jahr den Keller verläßt: ein sauberer, stoffiger, sehr suggestiver Wein mit viel »Biß« und schöner Harmonie. Natürlich macht Duca d'Asti auch reinsortige Barbera-Weine. Sein bester kommt unter der Bezeichnung »Valle del Sole« in den Handel. Die Trauben für ihn wachsen in einer kleinen Zone zwischen Castel Boglione und Nizza Monferrato, wo sich noch viele alte, unselektierte Barbera-Mutationen finden. Die Hektarerträge, die dort erzielt werden, liegen nur wenig über 40 Hektoliter. Duca d'Asti wurde 1956 von Michele Chiarlo gegründet, einem Önologen, der vorher bei verschiedenen Betrieben in und um Alba gearbeitet hat. Der Betrieb führt ein breites Sortiment piemontesischer Weine, das vom Barolo bis zum »barrique«-Gavi reicht.

## BIGGIO, MIGLIANDOLO

*Paolo Biggio war Bürgermeister von Portacomaro, einem der Zentren des Barbera- und Grignolino-Anbaus nördlich des Tanaro. Um seine Amtsgeschäfte in einer dem Gemeinwohl förderlichen Weise auszuüben, war Weinverstand ebenso wichtig wie Verwaltungswissen. Weinverstand aber läßt sich nur in der Praxis lernen. An der fehlte es dem »Advokaten« nicht, wie ihn alle nannten. Denn in dem kleinen, einige Kilometer weiter südlich gelegenen Dorf Migliandolo besaß Biggio zwei Hektar Reben in einer reinen Südlage auf stark bor- und magnesiumhaltigen Böden. Migliandolo besitzt nur wenige und meist sehr alte Weingärten, wird aber wegen dieser Böden von vielen Kennern der Zone als die beste Grignolino-Lage des Montferrat überhaupt bezeichnet. Der »Advokat« betrieb den Weinbau aber nicht nur mit Leidenschaft, sondern auch mit wissenschaftlicher Gründlichkeit. Er studierte die Einflüsse, die die Grignolino in den Ruf gebracht haben, eine unzuverlässige Rebsorte zu sein, und untersuchte, weshalb der Most bei der Weinbereitung so leicht oxidierte. Zugleich experimentierte er mit verschiedenen Möglichkeiten, den Wein zu verbessern. Am Ende kam er auf die alte, bäuerliche Art zurück: kurzer Beschnitt, strenge Auslese und Zusatz von fünf bis zehn Prozent Barbera-Trauben. Diese Art, einen Grignolino zu keltern, ist zwar nicht unumstritten, doch beim Biggio-Wein hat sie sich bewährt: Er war ein hochgeschätzter, delikater Tropfen und keiner jener »tolpatschigen« Weine, als den die Spötter den Grignolino gern bezeichnen. Paolo Biggio ist Anfang der siebziger Jahre gestorben. Doch das »Patent« seines Weines wurde beibehalten, auch als das Albeser Weinhaus Ceretto von den Nachkommen Biggios beauftragt wurde, sich um den Wein und die Weinberge zu kümmern. So wird der Wein auch im Keller noch heute nach der Art des »Advokaten« erzeugt: kurze Fermentation, Abstich noch vor Beendigung der Gärung, Nachgärung ohne Hülsen, kein Ausbau im Holzfaß, keine künstlich eingeleitete malolaktische Gärung. Wegen des Zusatzes von Barbera-Trauben kann er nur als Tafelwein etikettiert werden.*

## BRICCO MONDALINO, VIGNALE

*Vignale ist das Zentrum des Grignolino. In den Weinbergen um das Dorf wachsen ungewöhnlich harmonische und – im Vergleich zu anderen Landstrichen – relativ körperreiche Weine aus dieser Sorte. Auch der Grignolino von Bricco Mondalino ist ein kräftiges, tanninreiches Gewächs, von dem Gaudio Amilcare, der Patron dieses kleinen, in einzigartiger Position auf einem Hügel vor dem Dorfe liegenden Familiengutes, sagt: »Er ist der schönste Alltagswein, den man sich vorstellen kann.« Amilcare ist ein altgedienter Weinmacher, der beim Vermutfabrikanten Riccadonna sowie in anderen Kellereibetrieben des In- und Auslandes gearbeitet hat, bevor er den kleinen väterlichen Betrieb übernahm und wieder zu Ehren brachte. Vignale verfügt in seiner näheren Umgebung auch über vorzügliche Barbera-Lagen. Die von Bricco Mondalino liegen teils noch im Anbaugebiet des Monferrato Casalese, teils schon in dem von Asti. Der Barbera del Monferrato Casalese ist deshalb ein leichter »frizzantino«-Barbera, der Barbera d'Asti dagegen ein stoffiger Wein mit einer markigen Säure und einer ausgeprägten Frucht. Er unterscheidet sich von anderen Barbera durch sein großes Geschmacksvolumen. Drei Jahre lang wird er normalerweise ausgebaut, bevor er in den Handel kommt. Er wird nach alten handwerklichen Methoden erzeugt, wobei jedoch wegen der hohen Apfelsäure, die er aufweist, der malolaktischen Gärung besondere Aufmerksamkeit geschenkt wird. Er ist ein Barbera der alten Schule, der so ausfällt, wie die Natur ihn wachsen läßt: mal hart, bissig, unnahbar; mal zart, opulent und voller Nuancen. Von ihm werden durchschnittlich 25 000 Flaschen, vom Grignolino 20 000 Flaschen abgefüllt. 1985 hat sich Amilcare, der das Gut zusammen mit seinem Sohn leitet, erstmals entschlossen, ein traditionelles Verfahren zur Herstellung dieser Weine wieder anzuwenden: Die Trauben werden nach der Lese nicht gleich gemahlen und eingemaischt, sondern einige Wochen in Holzkästen an der Luft getrocknet, bis sich der Zucker in ihnen konzentriert hat. Sinn der Maßnahme: mehr Gradation, mehr Extrakt, mehr Reife.*

mehrere gute Barbera-Erzeuger. Herausragend ist *Scarpa* (drei seiner Lagen-Barbera kommen aus dieser Unterzone); gut sind *Giuseppe Ratti, Luciano Balestrino, Carlo* und *Giovanni Spagarino* sowie *Fratelli Spagarino.* Die Weine von *Bersano,* der größten Kellerei von Nizza Monferrato, werden, seit internationale Weinkonzerne dort das Kommando übernommen haben, vorwiegend für den Massenmarkt gemacht. Arturo Bersano, der Gründer, galt einst als »Vater des Barbera«. Im Sortiment eines anderen Großabfüllers findet sich dagegen ein sehr guter Barbera: *Duca d'Asti* in Calamandrana, das Unternehmen des Konsortiumspräsidenten Michele Chiarlo. Bei ihm wird die Barbera-Traube zu vielerlei Zwecken verwendet, in guten Jahren auch zur Erzeugung eines Barbera d'Asti der traditionellen Stilrichtung. Dieser hat seit der Gründung des Unternehmens im Jahre 1956 immer zu den feineren Barbera des Anbaugebietes gehört und zählt heute noch zu den Gewächsen, von denen man zugeben muß, daß sie mehr als nur perfekt vinifizierte Weine sind (obwohl die Maischegärung inzwischen um die Hälfte verkürzt wurde). Seit 1982 wird ein Teil der Produktion in französischen *barriques* ausgebaut.

Die zweite Unterzone liegt südlich des Flusses Belbo tiefer im Montferrat. Die bekanntesten Dörfer sind Fontanile, Castel Boglione, Castel Rocchero, Mombaruzzo, Maranzana, Alice Belcolle und Calamandrana. Der Barbera von dort ist etwas leichter, ein wenig heller in der Farbe, zarter im Duft und früher reif als der aus Castiglione. Die bekanntesten unter den besseren Produzenten sind *Antica Contea di Castelvero* (Castelboglione), *Lorenzo Cordara* (Castel Boglione) und *Giuseppina Pozzoli* (Il Cascinone) in Moirano. Auch *Scarpa* erzeugt einen superben Barbera aus dieser Unterzone: Vigna della Bogliona.

**SANTO STEFANO BELBO:** *Das tief im Montferrat gelegene Dorf mit seine*

Das Zentrum der dritten Unterzone ist Rocchetta Tanaro, ein kleines, nicht sonderlich sehenswertes Dorf in der Tanaro-Senke, um das sich die Hügel des Montferrat wie ein Hufeisen legen. Auf der Rückseite dieser Hügel wächst der eleganteste, bouquetreichste Barbera der Provinz Asti. An Körperreichtum steht er dem von Costigliole kaum nach, an Lebenserwartung auch nicht. Rocchetta selbst beherbergt mehrere Betriebe. Der bekannteste ist die *Braida* von Giacomo Bologna. *Braida* produziert zwei Barbera, die, obwohl sie aus dem Dorfe kommen, als Tafelweine etikettiert werden: Bricco dell'Uccellone und La Monella. Weitere sehr gute Produzenten sind *Marchesi Incisa*, *Agostino Zuccarino*, *Antonio Ravetto* sowie *Giorgio Carnevale*, dessen Cantina in Cerro auf der gegenüberliegenden Seite des Tanaro liegt.

Das vierte Zentrum der Barbera-Produktion liegt nördlich des Tanaro um Vignale. Auch von dort kommt ein eleganter, duftiger, jedoch weniger wuchtiger Barbera als aus Rocchetta Tanaro. Zu dieser Unzone gehören die Dörfer Montemagno, Calliano, Castagnole, Portacomaro, Scurzolengo. Gute Barbera-Erzeuger sind *Luigi Acuti* (Grana), *Renato Rabezzana* (Calliano), *Podere Borlotto* (Portacomaro), *Aldo Marengo* und *Mario Capuzzo* (Castagnole Monferrato) sowie *Nuova Cappelletta* und Gaudio Amilcare (*Bricco Mondalino*) in Vignale.

Wegen der großen Mengen, in denen der Barbera erzeugt wird, hängt ihm das Etikett des Massenweins an. Der Barbera d'Asti in seiner traditionellen Stilrichtung ist in Wirklichkeit das Gegenteil: ein rares, keiner der marktgängigen Stilrichtungen zurechenbares Gewächs und ein ausgesprochener Kennerwein. Die anderen Böden, die kleinklimatischen Unterschiede, vor allem der

...hlreichen Steillagen ist eines der Zentren der Moscato-Produktion.

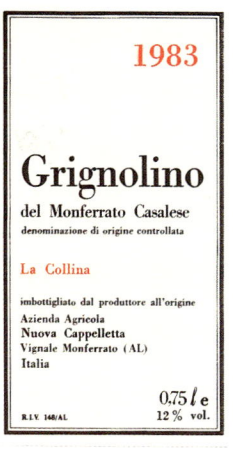

## NUOVA CAPPELLETTA, VIGNALE

*Wenn es eines Beweises bedarf, daß der Grignolino ein feiner Wein sein kann, so liefert ihn das Gut Nuova Cappelletta. Er ist hellrot in der Tönung, aber substanzreich; delikat, ohne ein Zechwein zu sein; differenziert, aber nicht so schwierig wie andere Grignolino. Bei ihm hat sogar Luigi Veronelli, der bekannte italienische Weinjournalist, das Wort von »anarchischen« Wein zurückgenommen, als der der Grignolino bei ihm gilt. Er wächst auf den kalkhaltigen hellen Böden unterhalb des Dorfes Vignale, das gleichermaßen ein Zentrum des Grignolino wie ein Zentrum des klassischen Tanzes ist (der Ort besitzt eine in Italien berühmte Tanzakademie). Gut zehn Hektar Reben hat Nuova Cappelletta an dieser Stelle unter Reben. Die Trauben vom besten Teil mit den ältesten Reben werden separat gelesen und verarbeitet. Sie ergeben den Grignolino »Montalbava«. Er ist weicher, körperreicher, harmonischer als der Grignolino von den restlichen neun Hektaren (»La Collina«) Nuova Cappelletta ist ein junges Gut mit alten Weinbergen. Giuseppe Fraccia, ein Industrieller aus der Autozubehör-Branche, hat es 1968 gekauft. Seine Tochter Adele Uslenghi, die heute für den Gutsbetrieb verantwortlich ist, erweiterte die Weingärten, so daß inzwischen 24 Hektar bestockt sind. Zur Exquise der Grignolino trägt zweifellos auch die Tatsache bei, daß die Trauben erst 14 Tage nach der normalen Ernte gelesen werden. Oft ist es dann schon Ende Oktober. Zudem wird nur Vorlaufmost vergoren. Die Hektarerträge liegen weit unter dem erlaubten Maximum (bei 50 Hektolitern). Vorzüglich ist auch der Barbera »La Guerra«. Er wächst ebenfalls bei Vignale, ist jedoch kein leichter, jung zu trinkender Wein wie die meisten Barbera del Monferrato. Der Keller von Nuova Cappelletta befindet sich im ehemaligen Palazzo der Grafen Calori, denen auch das Schloß von Vignale einst gehörte (heute beherbergt es eine Önothek). Einer der ihren war Sekretär von Papst Pius XII., der vom Wein aus Vignale stets in besten Worten sprach.*

## VINCENZO RONCO, MONCALVO

*Vincenzo Ronco ist ein reines Kellereiunternehmen. Die letzten Weinberge, die es besaß, wurden bereits von dem Vater des heutigen Inhabers verkauft, um sich ganz dem im Astigiano weitverbreiteten Weinhandels- und Kommissionärsgeschäft widmen zu können. Heute wird allerdings nicht mehr nur Wein und Most weiterverarbeitet wie früher. Ein großer Teil des »Rohstoffs« wird in Form von Trauben angeliefert und in eigener Regie zu Wein gekeltert. Ronco ist ein großer Abfüller. Von Rosé-Spumante und süßem Moscato d'Asti bis zu Barolo und Barbaresco wird alles hergestellt, was marktgängig ist – allerdings in guter Qualität. Darüber hinaus hat sich der ambitiöse Vincenzo Ronco, Enkel des Firmengründers, einiger typischer Weine des Montferrat besonders angenommen: des Barbera d'Asti und vor allem des Grignolino. Weine aus letzterer Rebsorte machen 40 Prozent seiner Produktion aus, wobei der größte Teil allerdings als einfacher Tafelwein auf den Markt gebracht wird. Sein Spitzenprodukt ist ein Grignolino d'Asti von der Lage Casaletto, einem kleinen, gerade zwei Hektar großen Weinberg bei Casorzo, der von einem befreundeten Winzer bewirtschaftet wird. Von ihm bekommt Ronco regelmäßig die Trauben geliefert. Der Grignolino, der daraus entsteht (unter Zusatz von 15 Prozent Freisa), ist ein charaktervoller, sehr fruchtiger Wein mit zarten Aromen, der – jung getrunken – zu den schönsten aus dieser Sorte gekelterten Gewächsen gehört. Er ist ein leichter Wein. Um den Most nicht schwefeln zu müssen (Grignolino-Most oxidiert leicht), wird er nur maximal 48 Stunden auf den Schalen vergoren. Geklärt wird er allein durch Umziehen. Nach sechs Monaten wird er abgefüllt und kommt in den Handel. Daneben erzeugt Ronco auch einen sehr guten Barbera d'Asti aus Moncalvo. Das Dorf gilt zwar nicht als ausgesprochene Barbera-Lage, doch nur, »weil dort wenig Reben angebaut werden«, wie Ronco versichert. Sein Barbera steht jedenfalls den vielen anderen Weinen aus bekannteren Dörfern in nichts nach. Er wird aufwendig produziert: Maischegärung von zehn Tagen bei »untergetauchtem Tresterhut«, zwei- bis dreijähriger Ausbau im Holzfaß. Ronco nennt ihn einen Meditationswein.*

## SCARPA, NIZZA MONFERRATO

*Scarpa erzeugt seit vielen Jahren fast alle piemontesischen Weine auf sehr hohem Niveau und ist trotzdem ein relativ unbekannter Erzeuger geblieben. Versunken in der Stille der Provinz, sind seine Weine nur wenigen Kennern bekannt, die sie allerdins um so enthusiastischer feiern und – vor allem in Amerika – auf eine Stufe mit den großen Rotweinen der Welt gestellt sehen wollen. Der Betrieb befindet sich im Alleinbesitz der Familie Pesce (nachdem früher einmal Schweizer Gesellschafter hereingenommen worden waren), die unter Verzicht auf Mengenproduktion und große Gewinne den Weg der besten Qualität eingeschlagen hat. Scarpa ist ein konservatives Weinhaus. Es hat sich den Traditionsreben verschrieben und praktiziert die traditionelle Kellerarbeit. Stahltanks oder Computer zur Steuerung der Gärung wird man bei ihm vergebens suchen. Man besitzt naturkühle Keller, die gegebenenfalls beheizt werden können, und Carlo Castino, der Kellermeister, hat ein eigenes System der Gärführung und Klärung des Weins entwickelt, mit dem er dasselbe erreicht wie andere durch aufwendige Technik. Kernpunkt der Philosophie ist jedoch immer die Weinbergsarbeit gewesen. In der Sorgfalt, mit der seine Reben gepflegt werden, läßt sich Mario Pesce, Direktor des Hauses, von niemand übertreffen. »Die Fehler«, ist er überzeugt, »werden heute vor allem im Weinberg gemacht.« Beim Barbera erzeugt er nicht mehr als 40 Hektoliter pro Hektar. Daß die Maische nach alter Manier zwei Wochen und nicht eine vergoren wird, ist eine Selbstverständlichkeit. Scarpas vier Lagen-Barbera stellen nicht nur die Spitze seiner eigenen Produktion, sondern auch die des ganzen Montferrat dar. Es sind wuchtig-elegante Gewächse von großer Distinktion. In der Frucht sind sie zurückhaltend, aber nuancenreich. Die Weinberge Piazzaro und Banin liegen bei Nizza Monferrato und sind mit relativ jungen Reben bestockt. Der Possabreno-Barbera kommt aus Canelli, der Boglione-Barbera aus Castelrocchero. Die beiden letzten sind Weinberge mit sehr altem Rebenbestand, die oft die schönsten Weine liefern. Die gesamte Barbera-Produktion umfaßt über 60 000 Flaschen.*

## SCARPA, NIZZA MONFERRATO

*Auch mit dem Grignolino hat Scarpa gezeigt, daß sich aus alten und wenig marktgängigen Sorten feine Weine erzeugen lassen – vorausgesetzt, man verwendet dieselbe Mühe auf sie wie auf die bekannteren Gewächse. Daran mangelt es bei Scarpa nicht: ausgewählte, hochgelegene Weinberge um Castagnole und Portacomaro, freiwillige Mengenbeschränkungen, Verzicht auf die Herstellung des Weins in problematischen Jahren. Auch der Aufwand im Keller ist größer als bei anderen Produzenten. So wird die Maische fast genauso lange vergoren wie die des Barbera (rund 15 Tage). Die Hülsen werden anschließend nicht mehr abgepreßt. Der Wein ist also – wie alle Scarpa-Weine – nur aus Vorlaufmost hergestellt. Das Resultat ist dafür mehr als befriedigend: zwei leicht tanninhaltige, relativ körperreiche und relativ dunkelfarbige Grignolino von zwei Spitzenlagen nördlich des Tanaro (Bricco San Defendente, Bricco Rosa). Ein Ausbau im Holzfaß ist für sie nicht vorgesehen, um möglichst viel von der delikaten Frucht zu erhalten, die Anklänge an Himbeere und Erdbeere aufweist, reintönig und sehr erfrischend ist. Von dem Anliegen dieses traditionalistisch eingestellten Weinhauses, die alten Gewächse wieder zur Geltung zu bringen, profitieren auch andere Sorten: die Freisa etwa, ebenfalls eine typische Rotweinrebe des Montferrat, die häufig zur Herstellung moussierender, teilweise auch lieblicher Weine benutzt wird, bei Scarpa jedoch einen vollständig durchgegorenen, erdig-fruchtigen Wein ergibt. Seit 1974 beschäftigt sich der Betrieb außerdem wieder mit der Rouquet-Rebe, die im 19. Jahrhundert aus Frankreich ins Piemont importiert wurde, inzwischen aber nahezu ausgestorben ist. Die wenigen Reben, die Scarpa noch im Hinterland gefunden hat, ergeben einen leichten, aber tiefgründigen »philosophischen« Wein. Das wirtschaftliche Rückgrat des Hauses bildet der Bracchetto. Normalerweise wird aus der gleichnamigen Rebe im Montferrat ein pappig-süßer, schäumender Wein hergestellt, der seine Beliebtheit bei Winzern vor allem der Tatsache verdankt, daß er ein gängiger Exportartikel für den amerikanischen Massenmarkt ist. Scarpas Bracchetto hat mit diesen Produkten nichts zu tun. Er ist der einzige durchgegorene Bracchetto des Montferrat.*

Umstand, daß keine andere Rebsorte sie aus den besten Südlagen verdrängen kann (die Nebbiolo wird im Montferrat nicht angebaut), machen ihn zu einem Wein, wie er nirgendwo in Italien aus dieser weit verbreiteten Rebsorte gewonnen wird. Der Barbera aus dem benachbarten Alba ist gegen ihn ein viel unkomplizierterer Wein, obwohl es manchen Kenner und Kritiker gibt, der diesen trotz der meist weniger guten Lagen, in denen die Traube dort wächst, für den besseren Wein hält.

Das kritische Urteil hat zwei Gründe. Erstens ist die Einstellung vieler Winzer zur Mengenbeschränkung immer noch nicht streng genug, und zweitens ist die Kellerarbeit auch anspruchsvoller Produzenten oft noch verbesserungsbedürftig. So mager Barbera aus schlechten Lagen sind, so plump und übersäuert wirkt manches Gewächs aus einer Spitzenlage. Eigentlich gibt es nur einen Produzenten, der regelmäßig den großen Ruf rechtfertigt, der dem traditionellen Barbera d'Asti vorausgeht: *Scarpa*. Die Sorgfalt, mit der er die eigenen Weinberge pflegt, ist ebenso beispielhaft wie die Strenge, mit der der Beschnitt erfolgt. Hinzu kommt die vorbildliche Kellerarbeit. Nichts wird dem Zufall überlassen, alles ist kontrolliert, obwohl man mit einfachsten Mitteln auskommt. Mehrmals im Jahr reisen amerikanische Weinmacher aus Kalifornien nach Nizza Monferrato, um bei *Scarpa* zu lernen, wie man die natürlichen Außentemperaturen benutzt, um die Gärung zu kontrollieren oder den Wein zu klären. Gleichwohl sind *Scarpas* Barbera immer schwierige Weine, vielleicht auch altmodische, die den, der das leicht Verständliche am Wein liebt, wenig beeindrucken werden. Ihr Gegenstück ist der Bricco dell'Uccellone von Giacomo Bologna, ebenfalls ein voluminöser Barbera, wie er nur im Montferrat wachsen kann, jedoch ein Wein, der schon beim ersten Schluck deutlich macht, welch faszinierende Fülle und Feinheit die Barbera-Traube bieten kann. Um ihn muß sich der Weintrinker nicht lange bemühen, was sicher kein Nachteil ist. Den englischen Weinbuchautor Nicholas Belfrage hat der Wein jedenfalls zu der zutreffenden Äußerung veranlaßt: »Der Bricco dell'Uccellone beweist schlagartig, welch großes Potential in der gering geschätzten Barbera-Traube steckt.«

Giacomo Bologna ist ein geübter Kellermeister und sein Bricco dell'Uccellone ein meisterhaft vinifizierter, stark holzbetonter, fast »aromatisierter« Barbera, der auch jene zu überzeugen vermag, die mit den piemontesischen Weinen, speziell dem Barbera, bislang wenig anzufangen wußten. Im Vergleich zu ihm ist der Genuß anderer Barbera d'Asti manchmal harte Arbeit. Das Hauptproblem der Barbera-Önologie besteht deshalb heute darin, den meist hohen Anteil an harter Apfelsäure umzuwandeln. In der bäuerlichen Kellerwirtschaft hatte man sich darüber nicht lange den Kopf zerbrochen. Häufig machte der Barbera die malolaktische Gärung, durch die die Apfelsäure reduziert wird, erst auf der Flasche durch – oder auch überhaupt nicht. Ein kontrollierter Säureabbau jedenfalls fand – und findet in vielen Kellern noch heute – nicht statt. Man fing an, ihn als jungen, grünen, »magenputzenden« Wein zu lieben, auch wenn er in Wirklichkeit nur aggressiv und unausgewogen war. Das Problem dieses Weins ist deshalb nicht nur die Überproduktion, sondern auch der Mangel an Kellertechnik.

Die Barbera ist eine typische, aber keine alte Rebe des Montferrat. Sie wird zum ersten Mal im Jahre 1799 erwähnt. Ob es sich um ein importiertes Gewächs oder eine zufällige Kreuzung handelt, ist nicht gewiß. Jedenfalls besaß sie bereits im 18. Jahrhundert im Montferrat eine so große Verbreitung, daß Giuseppe Gallesio, der größte italienische Ampelograph des 19. Jahrhunderts, sie als *vitis vinifera Montisferratensis* katalogisierte und berichten konnte: »Die Barbera befindet sich in fast allen Weingärten des Montferrat…« Den Wein, der aus ihr gekeltert wurde, beschrieb er so: »Mild, großmütig und geistvoll, dabei langlebig und – wenn mit Sorgfalt gelagert – sich ständig verbessernd…« Die D.O.C.-Statuten des Barbera d'Asti schreiben vor, daß er eine Mindestgradation von 12,5 Vol.% aufweist und erst nach einjähriger Lagerzeit in den Handel kommen darf (für das

**SCARPA:** *Das konservative Weinhaus in Nizza erzeugt die traditionellen Weine des Montferrat in großer Vollendung. Im Bild: Mario Pesce, der Leiter.*

Prädikat *superiore* sind 13 Vol.% notwendig und eine mindestens zweijährige Lagerzeit, davon ein Jahr im Holzfaß). Die Hektarhöchsterträge hat der Gesetzgeber bei 60 Hektoliter festgeschrieben (wobei es in guten Jahren auch 72 Hektoliter sein dürfen). Natürlich wird an vielen Stellen des Montferrat im Herbst weit mehr eingebracht. In diesem Fall muß der Wein aber als *vino da tavola* unter der unspezifischen Bezeichnung »Barbera del Piemonte« in den Handel gebracht werden oder – übersteigt er nicht die 84-Hektoliter-Marke – als Qualitätswein unter dem Namen »Barbera del Monferrato«. Das Anbaugebiet dieses D.O.C.-Weins umfaßt die gesamte Zone des Barbera d'Asti und reicht noch weit über sie hinaus: im Süden bis Ovada, im Norden bis an den Po. Junge, leichte Barbera kommen oft unter diesem Etikett auf den Markt. Sie brauchen (im Gegensatz zum Barbera d'Asti) auch nicht sortenrein aus Barbera-Trauben gekeltert sein. 25 Prozent können aus Freisa, Grignolino und Dolcetto bestehen.

Wenn es nach den Vorstellungen der Winzerkonsortien geht, soll, um die ökonomische Krise des Barbera zu meistern, der belastete Name dieser Traubensorte sowieso bald vom Etikett verschwinden. Der leichte Barbera del Monferrato soll nur noch »Monferrato« heißen, während der gehaltvollere Barbera d'Asti sich einfach »Astesano« nennen soll. Geringer werden die Probleme durch eine solche Umbenennung sicher nicht. Ob die Kreation eines neuen Weins mit dem Phantasienamen »Arengo« den gewünschten Erfolg bringt, ist ebenfalls nicht gewiß. Er sei, so das Konsortium mit dem ihm eigenen Sinn für Publicity, »der erste aus dem Kühlschrank zu trinkende Rotwein Italiens«. Neben der Barbera-Traube darf er aus allen klassischen Rebsorten des Montferrat und der Langhe hergestellt werden. Winzer, die sich im Besitz von guten Lagen befinden, stehen solchen Mischsätzen noch reserviert gegenüber. Sie halten ihrer »Brotsorte« die Treue, wenn auch nicht unbedingt in konservativer Manier. Mit keiner anderen Traube Italiens wird nämlich schon heute so viel experimentiert und gespielt wie mit der Barbera. Die einen machen einen Perlwein aus ihr, die anderen keltern sie *frizzantino* wie einen Lambrusco. Wieder andere erzeugen einen *vino novello*, einen Primeur-Wein, oder benutzen die Traube zur Spumante-Herstellung. Auch süße Barbera bereichern inzwi-

schen das Sortiment. In den letzten Jahren war eine zunehmende Tendenz zu beobachten, die Traube zu Weißwein zu verarbeiten. Nach dem Vorbild des Galestro in der Toskana wurde der Verbesco geschaffen, ein Weißwein, der aus Freisa, Grignolino und vor allem Barbera gekeltert ist. Als einzige weiße Sorte ist die Cortese in ihm erhalten. All diese Versuche sind jedoch rein ökonomisch motiviert. Wenn es auch gute Weine sein können, die so entstehen, dienen sie doch sicher nicht dazu, die Wertschätzung der Barbera als noble Rebsorte zu erhöhen und die Winzer im Montferrat zu größeren Anstrengungen mit ihr zu ermutigen.

# GRIGNOLINO

Grignolino ist die Sorte, vor der die Winzer des Montferrat den größten Respekt haben. Der Respekt ist so groß, daß viele lieber auf Distanz zu ihr bleiben. In der Mengenstatistik der Provinz Asti steht sie daher noch hinter der Freisa an vierter Stelle. Dabei ist die Grignolino eine aus dem Montferrat stammende und bis heute nur dort verbreitete Sorte. Die Reserviertheit vieler Winzer ihr gegenüber hat denn auch vor allem damit zu tun, daß sie schwierig anzubauen ist. Sie ist niedrig, vor allem unstetig im Ertrag. Gute Qualitäten bringt sie sowieso nur an wenigen Stellen des Hügellandes zwischen Asti und Casale Monferrato, dort, wo sich Böden mit viel kalkhaltigem Mergel befinden. Aber selbst dann bleibt der Grignolino ein schwieriger Tropfen, der sich oftmals selbst denen nicht erschließt, die sich zu den Freunden der piemontesischen Weinkultur zählen. »Der Grignolino war der Traum eines Weines, den es niemals gab«, hat ein Kenner wie Angelo Gaja einmal geäußert und damit sicher vielen aus dem Herzen gesprochen, die sich mit dem bitter-herben, leicht tanninhaltigen, zugleich wenig körper-

**FRATELLI TRINCHERO:**

*Auf den sandigen Böden um das Weingut von Renato Trinchero wächst einer der schönsten Barbera des Anbaugebietes. In der Cascina Castlèt wird die Maische noch im Stampfbottich hergestellt (unten). Nach dem Abstich von der Hefe schlägt die Stunde der Wahrheit. Dann stellt sich heraus, ob der Barbera genügend Farbe und Körper hat.*

reichen Wein, noch weniger mit seiner blaßroten Farbe anfreunden konnten. Der »Weinpapst« Luigi Veronelli hat ihn gar zum »anarchischen Wein« erklärt, was allerdings nicht negativ gemeint war. Gleichwohl, eine kleine Schar von Enthusiasten weiß dieses Gewächs hoch zu schätzen, das allen Trends zum vollmundigen, säurearmen oder holzbetonten Rotwein entgegenläuft, und das sich nie der Gefahr aussetzt, gefällig zu sein. Einer alten bäuerlichen Tradition im Montferrat entsprechend erlaubt das D.O.C.-Statut des Grignolino d'Asti sowie des Grignolino del Monferrato Casalese den Zusatz von bis zu 10 Prozent Freisa. Zentrum der Grignolino-Produktion ist Castagnole, ein kleiner Ort 18 Kilometer nördlich von Asti. Dort und in den umliegenden Dörfern wird die Rebe am häufigsten angebaut: Portacomaro, Moncalvo, Penango, Calliano, Olivola, Vignale, Altavilla und vor allem Migliandolo, das als herausragende Grignolino-Lage gilt. Südlich des Tanaro, wo dieser Wein

etwas kräftiger, dafür nicht ganz so duftig ausfällt, liegt das Zentrum des Anbaus um Rocchetta Tanaro mit den Dörfern Mongardino, Montemarzo, Vigliano, Beviglio und Mombercelli. Herausragende Produzenten sind *Nuova Cappelletta* in Vignale und *Scarpa* in Nizza Monferrato. Beispiele für sehr gute Grignolino kommen von *Mario Capuzzo* (Castagnole), *Tenuta di Re* (Castagnole), *Aldo Margarino* (Portacomaro), *Biggio* in Migliandolo, *Eugenio Margarino* (Portacomaro), *Renato Rabezzana* (Calliano), *Vincenzo Ronco* (Moncalvo), *Livio Pavese* (Treville), *Bruno Giacosa* (Neive in der Barbaresco-Zone), Gaudio Amilcare in Vignale (*Bricco Mondalino*), *Ermenegildo Leporati* (bei Casale Monferrato), *Aldo Cassina* (Penango) und *Giuseppe Viarengo* (Cerro d'Annone). Aus der Hügelzone südlich des Tanaro kommt ein vorzüglicher Grignolino von *Marchesi Incisa* (Rocchetta Tanaro). Sie alle sind Produzenten, für die die Mühe lohnt, sich mit diesem schwierigen Wein abzugeben.

# FREISA

Nur im Montferrat findet sich noch diese selten gewordene rote Traube, deren Existenz seit dem 18. Jahrhundert bezeugt ist und die noch zu Beginn des 20. Jahrhunderts im ganzen Piemont weit verbreitet war. Es gibt vielfältige Ursachen für den Rückgang dieser Rebe, die von den Ampelografen zu den »noblen« Sorten gezählt wurde. Der wichtigste Grund dürfte sein, daß aus ihr zu viele dünne, ausdruckslose Weine gekeltert worden sind, die sich gegen die gehaltvolleren anderen Weine des Montferrat nicht durchsetzen konnten. Die Freisa ist nämlich ein Massenträger. Ansprechende Qualitäten bringt sie nur hervor, wenn sie in besseren Lagen angebaut und stark zurückgeschnitten wird. Dann kann der gute Ruf, in dem sie steht, allerdings vollauf gerechtfertigt sein. Sie ergibt einen dunkelroten Wein mit erdig-fruchtigem Aroma und einer delikaten, herb-bitteren Note. Er weist oft eine pikante Säure auf, was mit einem erhöhten Anteil an Apfelsäure zu tun hat, die sich in den Trauben bildet. Ein biologischer Säureabbau ist bei diesem Wein daher unbedingt notwendig. Die Freisa ist, statistisch betrachtet, die dritthäufigste Sorte, die im Montferrat angebaut wird. Ihre Rebfläche beträgt dennoch nicht mehr als 250 Hektar. Der größte Teil wächst in wenigen Dörfern des nördlichen Montferrat: Castelnuova Don Bosco, Moncucco sowie um Chieri. Der Freisa von Chieri hat sogar eine eigene Ursprungsbezeichnung.

# MOSCATO D'ASTI

Wer Asti sagt, muß auch Moscato sagen. Dieser süße, perlierende Spezialwein bildet neben dem Barbera das Rückgrat der Weinwirtschaft dieser Provinz. Die weiße Muskateller-Traube, aus der er gewonnen wird, ist die zweitwichtigste Sorte im Montferrat. Ihr Anbaugebiet reicht praktisch von Alba bis über Acqui hinaus (zu Anfang dieses Jahrhunderts reichte es sogar von Saluzzo am Fuße der französischen Seealpen bis in die Lombardei). Das bekannteste aus ihr hergestellte Produkt ist der Asti Spumante, ein natursüßer Schaumwein, der schon früh einer der größten Exportschlager Italiens war und es noch immer ist. Die Idee, aus der Moscato-Traube einen solchen Wein zu erzeugen, hatte um 1870 Carlo Gancia, ein Weinerzeuger aus Canelli, der in Frankreich auf den Spuren des Klosterbruders Dom Perignon gewandelt und, nachdem er ins Piemont zurückgekehrt war, dort die *méthode champénoise* einführte. Sein »Champagne-Moscato«, wie man ihn nannte, wurde ein Riesenerfolg, so daß er sogleich von allen Konkurrenten nachgemacht wurde. Im Laufe der Zeit perfektionierten die »Champagnisten« dann die Art seiner Herstellung. Heute benutzt man die einfachere Charmat-Methode, bei der der Wein nicht mehr auf der Flasche, sondern in Druckbehältern vergoren wird. Die Produktion liegt fast ausschließlich in den Händen der Weinindustrie. Neben dem Asti Spumante erzeugen diese Unternehmen freilich längst auch anspruchsvolle, trockene Schaumweine, für die dann Pinot-, Chardonnay- und Cortese-Trauben verwendet werden. Diese werden in der Regel nach der *méthode champénoise* vergoren. Zentren der Moscato-Produktion sind Canelli und Santo Stefano Belbo, zwei kleinere Orte im Hinterland des Montferrat, die von wuchtigen Tälern mit schroffen Hängen umgeben sind, an denen fast ausschließlich der weiße Muskateller angebaut wird. Der Moscato d'Asti, gleichsam der Grundwein des Spumante, genießt wegen seiner hohen Restsüße bei feinen Zungen kein hohes Ansehen. Gleichwohl haben einige, meist kleinere Produzenten gezeigt, daß sich aus ihm durchaus ein delikater, erfrischender, sehr feiner Dessertwein machen läßt.

## FRATELLI TRINCHERO, AGLIANO

*Für piemontesische Verhältnisse ist das Weingut von Renato Trinchero kein kleiner Erzeuger mehr. Es hat 20 Hektar unter Reben, wovon Dreiviertel auf Barbera und der Rest auf Grignolino entfallen. Die Weinberge befinden sich zwischen den Dörfern Agliano und Montegrosso, also in der »klassischen« Zone des Barbera d'Asti. Sie wurden größtenteils schon vom Großvater Renato Trincheros erworben. Dieser hatte sich als Landmaschinenhändler allerdings wenig um den Wein gekümmert. Erst der heutige Inhaber hat sich systematisch auf den Weinbau konzentriert, vor allem auf die Barbera, die Traditionsrebe in diesem Teil des Piemont. Ihr hat er sein ganzes Interesse gewidmet. Er erzeugt aus ihr zwei Weine: einen leichten, jung abgefüllten Barbera (»Luna di Marzo«) und einen traditionellen Barbera: mächtig, alkoholreich (oft über 14 Vol.%, was freilich nicht immer auf dem Etikett steht) und mit strammer Säure. Er ist ein dauerhafter Wein. Der 58er Jahrgang zeigt nur geringe Anflüge von Firne. Der 64er hat sein bestes Reifestadium nach 20 Jahren erreicht. Er beweist, welch hohe Klasse ein Barbera d'Asti aufweisen kann. Renato Trinchero gehört zu jenen Winzern, die mit äußerster Gewissenhaftigkeit arbeiten und einen önologischen Aufwand treiben, der über das übliche Maß liegt. Er setzt darauf, daß der Verzicht auf Menge honoriert wird, und hat mit überzeugt, daß auch der traditionelle Barbera eine Zukunft hat. Die Maischegärung dauert bei ihm zehn oder 15 Tage. Die Ausbauzeit liegt, dem Körperreichtum angepaßt, zwischen einem Jahr und drei Jahren, wobei Trinchero ein eigenes System der Kombination von kleinen und großen Holzfässern entwickelt hat. 1982 hat er erstmals ein fünf Hektar großes Teilstück seines Rebenbesitzes separat gekeltert: Vigna del Noce. Es ist sein bester Weinberg. Der Wein, der von dort kommt, könnte der Prototyp eines traditionellen Barbera sein: körperreich, wuchtig, hoch in der Säure, dabei aber zartduftig und fast von spielerischer Eleganz auf der Zunge. Gesamtproduktion: 150 000 bis 200 000 Flaschen Barbera.*

## LUIGI PIA, MONTEGROSSO

*Der Hof von Luigi Pia liegt etwa zwei Kilometer von Montegrosso entfernt inmitten von fünf Hektar Weinbergen. Sie ziehen sich fast ganz um einen der typischen Rundhügel des Montferrat herum. Ein Teil der Reben ist nach Norden, ein anderer nach Osten ausgerichtet. Für die Güte dieser Lagen spricht, daß in großen Jahren wie 1985 der ausgewogenste Wein von diesem Teil seines Rebenbesitzes kommt. Er ist ein opulenter, vollmundiger Barbera mit einer Alkoholgradation um 13,5 Vol.%. Die besten Südlagen bringen in solchen Jahren sogar Weine von 14,5 Vol.% hervor. Sie tragen zur Ehre dessen, der dieses »süße« Land geschaffen hat, geistliche Namen: San Giorgio und Badia, obwohl es weit und breit keine Abtei (= Badia) und keine dem heiligen Georg gewidmete Kirche gibt. Luigi Pia, Jahrgang 1939, ist ein bäuerlicher Winzer. Er führt sein Gut in der dritten Generation. Während sein Großvater noch Nebbiolo und Malvasia angebaut hat, ist die Barbera für ihn die »Brotsorte« geworden. Sie zu fragwürdigen Rosé- oder Weißweinen zu keltern, hat er allerdings stets abgelehnt. Er erzeugt nur den klassischen Barbera: teils als einfachen Tafelwein, teils als gereiften Barbera d'Asti. Schwierigkeiten, ihn zu vermarkten, hat er nicht. Im Gegenteil: Ein großer Teil seiner kleinen Produktion ist schon verkauft, bevor der Wein in Flaschen abgefüllt ist. Das kann allerdings lange dauern. Der große 78er Jahrgang hat bis 1986 im Faß gelegen. Die letzte Partie des nicht weniger guten 71ers wurde nach einer langen Reifephase in »damigiane« ebenfalls erst in jenem Jahr auf Flaschen gezogen. Drei Jahre Lagerung in großen alten Eichenholzfässern sind bei Luigi Pia das Minimum. Dabei wird der Wein weder mit Betonit oder mit Gelatine behandelt noch vor der Abfüllung filtriert. Der Säureabbau wird nicht forciert, sondern »geht nach der Uhr der Natur«. Auch im Weinberg wird nurmehr mit traditionellen Chemikalien wie Netzschwefel und Bordelaiser Brühe gearbeitet, nachdem Hubschrauberspritzungen mit synthetisch-organischen Chemikalien mehr Schaden als Nutzen angerichtet haben. Auch Pias Barbera scheint von dieser »naturgemäßen« Behandlungsweise der Reben zu profitieren: ein Wein vom Gewicht eines Barolo, bouquetreich, zartfruchtig, voller Beere, durchzogen mit der pikanten, typischen Barbera-Säure. Gesamtproduktion: 50 000 Flaschen.*

# VELTLIN

## LA CASTELLINA, SONDRIO

*Hinter dem Namen La Castellina verbirgt sich ein staatlich kontrolliertes, nur einen Kilometer westlich von Sondrio unmittelbar am Fuße des Steilhangs der »superiore«-Lage Sassella gelegenes Weingut. Eigentümerin ist eine Stiftung: die »Fondazione Dr. Piero Fojanini«. Sie wurde 1974 gegründet, nachdem Giuseppe Fojanini, ein Chirurg aus Sondrio, seinen Besitz im Rahmen einer Schenkung dem Gemeinnutz zu überlassen wünschte. Sein Besitz, das war La Castellina samt zehn Hektar Rebland in den besten Teilen der Lage Sassella. Dort hatten er und vor ihm sein Vater Piero viele Jahre lang Wein erzeugt, der allerdings nie selbst abgefüllt, sondern stets offen verkauft worden war. Seit einigen Jahren nun erzeugt La Castellina einen eigenen Wein, baut ihn selbst aus und füllt ihn unter eigenem Etikett ab. Die Verantwortung für ihn hat Alberto Baiocchi, Direktor des »Centro Didattico Sperimentale di Vitifrutticoltura di Montagna«, einer staatlichen Forschungsanstalt, deren Aufgabe es ist, den Weinbau des Veltlin durch wissenschaftliche Forschungen und Beratungstätigkeit zu fördern. Nach vielen Experimenten kam Anfang der achtziger Jahre der erste Jahrgang des La-Castellina-Weins auf den Markt: der 78er, ein kräftiger, unverfälschter, substanzreicher Wein mit viel herbem Tannin, aber auch viel Frucht, beachtlicher Länge und großem Reifepotential. Er hat deutlich gemacht, daß der Wein dieser Bergregion mehr Feinheiten bieten kann als der größte Teil der Produktion aufweist. Baiocchi keltert den Sassella zu 90 Prozent aus Nebbiolo- und zu zehn Prozent aus Pignola- beziehungsweise Rossola-Trauben. Er wird nur relativ kurz im Holzfaß ausgebaut: maximal ein Jahr, manchmal auch weniger. Dafür liegt er um so länger auf der Flasche. Der Jahrgang 1985 reifte erstmals auch eine zeitlang in »barriques«. Die Qualität des Weins ist aber vor allem durch die vorzügliche Lage bestimmt. Die Reben wachsen fast ausschließlich am Steilhang. Zudem liegen die Mengen bei der Hälfte der zulässigen Höchsterträge: bei 40 Hektolitern pro Hektar. Es wird nur Vorlaufmost verwendet. Insgesamt werden etwa 50 000 Flaschen abgefüllt.*

## ENOLOGICA VALTELLINESE, SONDRIO

*Die Weinwirtschaft des Veltlin ist heute maßgeblich von industriellen Kellereibetrieben geprägt. Die Enologica Valtellinese ist demgegenüber ein kleiner Betrieb, auch wenn die ausgedehnten Kellerlokale mit ihren 264 Holzfässern einen anderen Eindruck erwecken. Rund 180 000 Flaschen werden jährlich abgefüllt. Man folgt nicht der heute vorherrschenden Politik, aus den klassischen Veltliner »superiore«-Gewächsen leicht konsumierbare Supermarkt-Weine zu machen, sondern versucht, deren traditionelle Charakteristik zu bewahren. Das beginnt bei der sorgfältigen Auswahl der Trauben am Stock und bei der zeitlich gestaffelten Lese, zeigt sich später bei der langen, langsamen Vergärung der Maische (zehn bis 15 Tage) und reicht bis zum geduldigen Ausbau des Weins. Er dauert normalerweise drei Jahre (vorgeschrieben: zwei Jahre), wobei der Wein je ein Jahr in großen alten Eichenholzfässern, in »barriques« und auf der Flasche reift. Ein großer Teil wird als »Riserva« ausgebaut (vorgeschrieben: vierjähriger Ausbau). Die Enologica Valtellinese ist ein altes, bereits 1872 gegründetes Unternehmen, dessen Keller seit jeher an der Via Piazza in Sondrio stehen. Es firmiert heute als Aktiengesellschaft. Hauptaktionär ist die Federazione Consorziale Agricoltura des Veltlin. Rund 30 Prozent seiner Trauben kommen aus dem Weinbergsbesitz der eigenen Angestellten, 70 Prozent werden von Vertragswinzern gekauft. Auf diese Weise ist die Enologica Valtellinese in allen »superiore«-Lagen vertreten. Besonderes Augenmerk wird auf die (nur in guten Jahren erzeugten) »Riserve«, auf den »Paradiso« (Lage: Inferno) sowie den Sforzato gelegt. Der hochklassigste Wein des Sortiments ist jedoch die Antica Rhaetia, gekeltert aus dem besten Lesegut der Lagen Sassella, Inferno und Grumello, und einer »Riserva« entsprechend vier Jahre lang im Holz ausgebaut: ein robustes, unverfälschtes und völlig natürlich ausgebautes Nebbiolo-Gewächs einer ganz eigenen Stilrichtung. »Ein Bergwein«, charakterisiert ihn Primo Buzzetti, Önologe und Direktor der Enologica Valtellinese.*

Die Weine dieses größten Alpentals stehen in wenig günstigem Ruf. Man kennt sie als einfache Konsumweine, die in Tankwagen in die Schweiz gebracht, dort entsäuert und verschnitten, dann abgefüllt und unter allerlei Etiketten, auch »Markenwein«-Etiketten, verkauft werden. Im 16. Jahrhundert wurde das Veltlin von Graubünden aus erobert und als »Untertanenland« anektiert. Obwohl Napoleon es 1797 zurückeroberte und der Cisalpinischen Republik zuschlug, reklamierten die Schweizer den Wein stets für sich. Noch heute werden etwa 35 Prozent der Produktion von ihnen getrunken. Ein großer Teil der Veltliner Weinwirtschaft befindet sich überdies fest in Schweizer Hand. Neben Massenweinen kommen aus dem Veltlin jedoch auch Qualitätsweine, die von beträchtlicher Feinheit sein können. Sie werden als Valtellina *superiore* angeboten und kommen von vier verschiedenen Lagen: Valgella, Sassella, Grumello und Inferno. Diese Lagen machen etwa ein Drittel der gesamten Weinbergsfläche aus. Sie liegen zwischen den Orten Villa di Tirano und Sondrio und sind zu 95 Prozent mit der Nebbiolo-Rebe bestockt, die im Veltlin als Chiavennasca bezeichnet wird (der einfache Veltliner Wein enthält sie nur zu 70 Prozent). Sassella (171 Hektar) mit seinen steinigen Böden und den niedrigen Erträgen bringt meistens den konzentriertesten, härtesten Wein hervor; Grumello (116 Hektar), direkt oberhalb von Sondrio gelegen (116 Hektar), verleiht dem Wein einen leichten Bittermandelton; Inferno liefert harmonische Weine, die nicht selten die längste Lebensdauer haben (80 Hektar). Unter der Bezeichnung »Paradiso« füllt die *Enologica Valtellinese* einen Wein aus dem höchstgelegenen, besten Teil dieser Lage ab. Valgella gilt als die am wenigsten hochwertige *superiore*-Lage, nicht zuletzt wegen ihrer Ausdehnung (176 Hektar). Die besten Qualitäten wachsen nur in den Steillagen, die oft kleinstflächig terrassiert sind und mittels kilometerlanger Trockenmauern gestützt werden. »Dort hinauf unter die Felsen trägt man die Erde auf den Schultern in genügender Menge, um den Rebranken zu ermöglichen, Wurzeln zu fassen«, beschrieb der Veltliner Ratsherr Guler von Weineck im Jahre 1616 treffend den Weinbau in seiner Heimat. Den Hunderten von Kleinwinzern stehen heute nur relativ wenige Kellereibetriebe gegenüber. Führende Erzeuger sind die *Enologica Valtellinese* und das Gut *La Castellina* in Sondrio. Auch das alte Weinhaus *Tona* in Tirano liefert vorzügliche Qualitäten. *Nera* in Chiuro, ein relativ junger Betrieb, hat ebenso eine industrielle Ausrichtung wie *Rainoldi, Triacca, Pelizzati* und *Nino Negri*, einst Pionier des Weinbaus im Veltlin (sein berühmter Fracia kommt aus der besten Lage von Valgella). Die beiden letzten Unternehmen gehören heute zur schweizerischen Winefood-Gruppe. Kleinere Betriebe mit teilweise guten Weinen sind *Bettini* (bei Teglio) und *Misani* im schweizerischen Brusio. Nicht unerwähnt darf eine Spezialität des Veltliner Weinbaus bleiben: der Sfurzat (auch Sforzato genannt). Er ist ähnlich dem Recioto Amarone aus dem Valpolicella – aus teilgetrockneten Nebbiolo-Trauben gekeltert – ein »Strohwein« also mit relativ niedriger Säure, hohem Extrakt und hoher Gradation. Für manchen Kenner ist er der beste Veltliner Wein.

# DIE VORALPEN

Die Nebbiolo-Traube ist unter den Sorten, die die Reblauskatastrophen überstanden haben, wahrscheinlich die älteste im Piemont. Sie wurde aber nicht nur um Alba angebaut, sondern fand sich immer auch in bestimmten anderen Zonen Nordwestitaliens, insbesondere im Bereich der Voralpen. Mit dieser *zona pedemontana*, wie die Italiener sie nennen, sind die Hügel von der Grenze zur Lombardei bis zur Grenze des Aosta-Tals gemeint. Dort heißt die Traube allerdings nicht Nebbiolo, sondern Spanna (auch Spana). Es handelt sich bei ihr um einen der zahlreichen Nebbiolo-Klone, der der Mutterrebe womöglich näher steht und älter ist als die Nebbiolo-Klone von Alba. Der bekannte italienische Ampelograph Gallesio nannte sie *vitis viniferra pedemontana*, worin ein Hinweis liegt, daß dieses typisch piemontesische Gewächs aus den Voralpen und nicht aus der Langhe stammen könnte. Selbst im 19. Jahrhundert, als die Weine von Alba schon beträchtliche Reputation genossen, nannte der Volksmund die Rebe immer noch »Nebbiolo Canavesana«. Als Canavese bezeichnet man das Hügelland am Eingang zum Aosta-Tal, wo die Traube noch heute mit großem Erfolg angebaut wird.

Die Hügelzone am Fuße der piemontesischen Alpen ist gerade 50 Kilometer lang. Sie erhebt sich kaum merklich aus der fruchtbaren Po-Ebene, geht aber, wenn sie die 400-Meter-Grenze überschritten hat, ziemlich schnell in die Hauptalpen über. Überragt wird sie vom Massiv des Monte Rosa, dessen Gipfel die Grenze zwischen Italien und der Schweiz markiert. Wein wird zwischen 200 und 300 Metern angebaut, also in einer Höhenlage, die ungefähr der der Barbaresco-Zone entspricht. Damit hören die Gemeinsamkeiten aber schon auf. Das Voralpenklima ist kühler, niederschlagsreicher und deutlich kontinental geprägt, während das von Alba maritimen Einflüssen unterliegt. Unterschiedlich sind auch die Böden. Der Mergel im Voralpenland ist sandig durchmischt und mit feinerem Endmoränen-Schotter durchsetzt. Vor zwei Millionen Jahren, als die Po-Ebene ein Meer war, stellte die sanft ansteigende Hügelzone den Strand dar. Die Weine aus diesem Teil des Piemont sind fast immer schlanker im Körper als die Nebbiolo-Weine von Alba. Ihre Qualität war zu früheren Zeiten viel bekannter als heute, da sie nur noch Außenseiter-Gewächse sind. Über dem Carema wußte ein früherer Zeitgenosse zu berichten, daß er »wie die anderen gleichblütigen Weine das Aroma der Himbeere und jeder Pflanze annehme, die nahe seinen Reben wächst.« Am Ghemme rühmte ein trinkfreudiger Genießer bereits zu einer Zeit, da Wein mehr Medizin als Genußmittel war, daß er »Balsam für den Magen, ein Kuß für die Seele sowie ein physisches und moralisches Antiseptikum« sei. Ein alter Trinkspruch aus dem gleichnamigen Dorf lautet: »Saufe Boca, Gattinara, Ghemme, werde alt wie ein Methusalem.« An historischen Zeugnissen, komischen wie ernsten, fehlt es den Weinen aus dem nördlichen Voralpenland also nicht. Mögen die Worte, mit denen man ihnen schmeicheln wollte, nicht in jedem Fall glücklich gewählt sein, so muß doch das, wofür sie standen, unstrittig gewesen sein: ihre gute Qualität. Das beweist auch der Umstand, daß die ersten staatlichen Weinbauämter, die die piemontesische Regierung einrichtete, 1872 in Asti und Gattinara eröffnet wurden. Diese beiden Städte waren die wichtigsten Zentren der Weinbauproduktion der Region.

Die *zona pedemontana* ist kein einheitliches Anbaugebiet. Es ist ein Bereich, in dem fast jeder Hügel ein eigenes Kleinklima hat und einen eigenen Wein hervorbringt. Aber auch die Bodenunterschiede – mögen sie noch so fein sein – haben die Weine geprägt. Sie variieren teilweise auch mit der Höhe der Hügel, an denen der Wein wächst. Das relativ hoch liegende Lessona hat stark kieshaltige Böden und bringt Weine von feingliedrigem Bau und subtiler Frucht hervor. In der Hügelzone Gattinaras ist der Untergrund dagegen vulkanischen Ursprungs, reich an Eisen und Bor. Dort wachsen mächtige Weine mit sehr kräftigen Aromen. Der Wein von Gattinara hat übrigens, was seine Bekanntheit angeht, als einziger ein wenig von dem großen Ruf, den er in der Vergangenheit besaß, in die Gegenwart hinüberretten können.

Schließlich fällt auf, daß die Böden östlich des Sesia-Flusses, an dem auch Gattinara liegt, etwas kalkhaltiger sind. Dies hat zur Folge, daß die Weine der Dörfer Boca, Ghemme, Sizzano und Fara wieder anders ausfallen als die von Gattinara, obwohl dessen Anbaugebiet nur wenige Kilometer entfernt von den ihren liegt. Sie sind durchweg leichter, fruchtiger, weniger gewichtig. Die Nebbiolo muß in ihrem Mischsatz teilweise nur zu 40 Prozent enthalten sein, während für die mehr für die Lombardei typischen Reben entsprechend stärker in ihnen repräsentiert sind: die einfache Bonarda und die Vespolina. Ein großer Teil der Weine, die in diesen Dörfern erzeugt werden, entspricht leider nur niedrigsten kommerziellen Standards. Die Mengen, in denen sie produziert werden, sind verschwindend gering. In Boca stehen noch nicht einmal zehn Hektar unter Reben. Faras Weinbergsfläche ist kaum größer.

Über die größten Reb-Kulturen in diesem, schon zur Provinz Novara gehörenden Bereich verfügt Ghemme (knapp 50 Hektar) – und auch über den besten Wein. Er ist körperreich und kräftig, läßt das bitter-herbe Tannin spüren, das alle Nebbiolo-Weine besitzen (die Traube muß in ihm zwischen 60 und 85 Prozent enthalten sein), und verfügt über ein ganz eigenes Bouquet. Vier Jahre lang muß er im Keller reifen, bevor er verkauft werden darf, drei davon im Holz. Im Dorf selbst heißt es über den Wein: »Wenn der Ghemme über zehn Jahre alt ist, erreicht er ein Niveau von seltener Feinheit. Die Farbe verwandelt sich ins Ziegelrote, der Geschmack verfeinert sich und erhält eine zartbittere Note. Beim Abgang erinnert er an das Aroma der Süßmandel.« In einigen Kellern des Ortes liegen noch Flaschen von 1929, dem größten je geernteten Jahrgang. Die ihn verkostet haben, schlagen ein Kreuz über der Brust, wenn die Rede auf diesen Wein kommt. Weiter südlich, auf den Hügeln von Briona, einer alten Fluchtburg des Mailänder Adels, wächst ein anderer guter Wein: der Caramino. Er hat in seinem Mischsatz ein paar Anteile der weißen Greco-Traube, die früher im Piemont weit verbreitet war, heute dagegen fast ausgestorben ist. Der Caramino wird gern mit dem Gattinara verglichen. Der Vergleich wirkt etwas gekrampft. Doch besitzt der Wein, der schon früh an den Tafeln des Savoyer Königshauses zu finden war, zweifellos eine eigene Liebhabergemeinde. An der mangelt es freilich auch den anderen Gewächsen des Voralpenlandes nicht. In Turin und vor allem in Mailand, aber auch in den Vereinigten Staaten gibt es genügend Enthusiasten, die sich regelmäßig um die marginalen Mengen streiten, in denen diese Weine erzeugt werden. Den guten Ruf verdanken diese Gewächse zu gleichen Teilen ihrer Güte und der Tatsache, daß sie seltene Perlen in einer an Weinen überreichen Region sind.

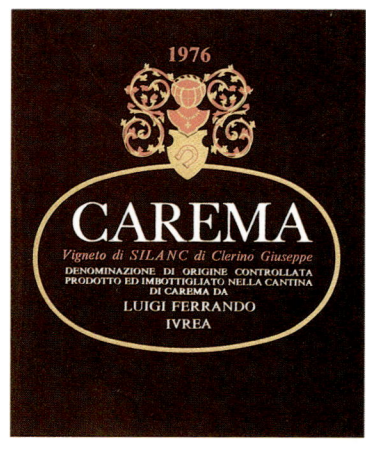

# CAREMA

## CANTINA PRODUTTORI, CAREMA

*Die Winzergenossenschaft von Carema ist der größte Produzent des gleichnamigen Weins. Die Produktion umfaßt dennoch nicht mehr als 500 Hektoliter (was etwa 65 000 Flaschen Wein entspricht). Sie kommen von 45 Mitgliedern, die sich etwa die Hälfte der im Ertrag stehenden Rebfläche des Anbaugebiets teilen: 18 Hektar. Die wenigen Zahlen machen deutlich, in welchen Dimensionen man in dem winzigen Bergnest am Fuße des Monte-Rosa-Massivs wirtschaftet. Der Name des Weines und der Genossenschaft ist denn auch nur wenigen Kennern bekannt, die sich von der Vielfalt der Nebbiolo-Traube faszinieren und nicht nur Barolo oder Barbaresco als einzig noble Weine aus dieser Rebsorte gelten lassen. Offiziell gegründet wurde die Cantina Produttori im Jahre 1960 auf Veranlassung des Bürgermeisters Arturo Perone, der noch heute Präsident der Genossenschaft ist. Bis 1967, als Carema seine Anerkennung als D.O.C.-Zone erhielt, wurde der Wein im Mischsatz hergestellt (zum Beispiel mit Barbera und Vernaccia Rossa). Seitdem wird er sortenrein aus Nebbiolo-Trauben gekeltert. Die Struktur der Kellerwirtschaft war bis vor kurzem noch sehr traditionell. Die Mitglieder der Genossenschaft lieferten nämlich keine Trauben ab, sondern bereiteten den Wein in ihren eigenen Kellern in Carema oder im valdostanischen Ivery selbst, wobei sie die Maische oft noch im Stampfbottich mit den Füßen herstellten. Lediglich der vierjährige Ausbau fand in den Kellern der Genossenschaft statt, allerdings unter fachkundiger önologischer Beratung. Erst seit 1985 die neue Zentralkellerei an der Staatsstraße 26 vor dem Dorfe fertiggestellt wurde, werden Trauben abgeliefert. Die Qualität des Produktes hat allerdings auch vorher nicht in Frage gestanden. Der Carema der Genossenschaft war immer ein hochklassiger Nebbiolo-Wein mit einer besonderen Lagenprägung. Insbesondere gilt das für die »tête de cuvée«, die von einem Önologen nach Abschluß der Gärung aufgrund der Analysedaten zusammengestellt wird. Kellertechnisch wird sie wie der Standard-Carema behandelt, kommt jedoch mit einem Künstleretikett auf den Markt. Sie ist eine Art feinste Auslese. Bis zu 12 000 Flaschen werden von ihr abgefüllt – aber nur in guten Jahren.*

## LUIGI FERRANDO, IVREA

*Seit drei Generationen betreibt die Familie Ferrando in Ivrea, dem Gründungssitz des Olivetti-Konzerns, einen Weinhandel. Seit 1957 hat sie auch mit der Produktion von eigenen Weinen begonnen. Ihre Palette umfaßt Gewächse aus dem Aosta-Tal, aus dem Canavese und gelegentlich auch aus der Hügelzone um Vercelli und Novara. Der überwiegende Teil der Trauben wird von kleinen Winzern gekauft. Der Wein, dem Luigi Ferrando, der eloquente Patron des Hauses, seine größte Aufmerksamkeit zuteil werden läßt, ist der Carema. »Der Carema ist ein Bergwein«, sagt er. »Er weist eine höhere Säure als die anderen Nebbiolo-Weine auf und verströmt einen besonderen Duft. Wir sagen: Es ist der Duft der Alpenrosen. Er ist vielleicht nicht ganz so körperreich wie der Gattinara, aber weiniger. Die Menschen im Canavese trinken ihn am liebsten vor dem Kamin.« Carema ist auch das einzige Anbaugebiet, in dem er selbst Weinberge besitzt. Es ist zwar nur ein halber Hektar, doch angesichts der zersplitterten Weinbergsfläche des Ortes gibt es Winzer mit wesentlich geringerem Rebenbesitz. Trotzdem muß er zukaufen. Den größten Teil seiner Trauben bekommt er von dem Bauern Giuseppe Clerino, der im Dorf nur unter dem Namen »Pin« bekannt ist. Er ist der größte Weinbergsbesitzer des Anbaugebietes. Ferrandos Carema wird noch im Keller von »Pin« bereitet und in dessen Holzfässern vergoren. Erst danach geht der Wein in den eigenen Lagerkeller nach Borgofranco, wo er etwa fünf Jahre im Faß reift (derzeit versucht man, die Faßlagerung etwas abzukürzen). In guten Jahren wird vor der Flaschenabfüllung die beste Partie des Weins ausgewählt und als »tête de cuvée« unter schwarzem statt weißem Etikett in den Handel gebracht. Die Lage, von der sie kommt, ändert sich von Jahr zu Jahr. Mal heißt sie Lauray, mal Silanc, Piole oder Siei (von diesen vier Lagen bezieht Ferrando sein Lesegut). Gesamtproduktion Carema: etwa 20 000 Flaschen, davon ein Zehntel »etichetta nera«.*

Das bizarrste Weinanbaugebiet ganz Norditaliens liegt am Eingang zum Aosta-Tal. Dort, wo die felsigen Höhen der Alpen fast steil ins Tal der Dora Baltea abfallen, haben die Bauern Terrassen in den Gletscherschutt getrieben, auf denen sie seit zweitausend Jahren Reben ziehen. Von Trockenmauern gestützt, ziehen sich diese Terrassen fast wie Inka-Kulturen bis auf eine Höhe von 700 Metern. Ein charakteristisches Gepräge erhält diese archaische Kulturlandschaft zudem durch die steinernen Pilaster, die die Holzrahmen tragen, an denen sich die Reben emporranken (die Pergola ist seit jeher die typische Erziehungsform dieses Anbaugebietes). Der Wein, der dort wächst, ist eines der schönsten, originärsten, naturwüchsigsten Nebbiolo-Gewächse des gesamten Piemont. Benannt ist er nach einem kleinen, noch zur Provinz Turin gehörenden Dorf nördlich von Ivrea: Carema. Die ins Rebenkataster eingetragene Weinbergsfläche dieses Dorfes beträgt nicht mehr als 40 Hektar. Sie ist stark zersplittert. Die Produktionsmenge liegt bei etwa 1000 Hektoliter pro Jahr. Der überwiegende Teil des Weins wird in große Korbflaschen abgefüllt und verkauft. Flaschenabfüller, die ihn regelmäßig und vorschriftsmäßig herstellen, gibt es nur zwei: *Luigi Ferrando* und die Winzergenossenschaft *Cantina Produttori di Carema.* Vorschriftsmäßig heißt, daß der Wein sortenrein aus Nebbiolo-Trauben gekeltert und vier Jahre lang im Keller gereift ist, zwei davon in Holzfässern von nicht mehr als 40 Hektoliter Inhalt. So schreiben es die D.O.C.-Statuten vor.

Die Zersplitterung des Weinbergsbesitzes und die Terrassenstruktur der Weinberge, die eine mechanische Bearbeitung oft unmöglich macht, sind nicht die einzigen Probleme, die eine rationelle Weinwirtschaft in diesem Teil des Piemont verhindern. Das größte ökologische Problem Caremas ist seit jeher die Trockenheit. Quellen und unterirdische Wasseradern fehlen, so daß, um Schäden an den Reben zu vermeiden, vor einigen Jahren eigens ein künstliches Wasserreservoir geschaffen wurde, um die Weinberge im Sommer beregnen zu können. Würde die Qualität des Weins nicht für diese Anstrengungen entschädigen, wäre die Traubenproduktion an diesem Ort wahrscheinlich längst eingestellt. Der Carema ist ein vollmundiger Wein, gut tanninhaltig, aber weich und warm am Gaumen und von einer kraftvollen Säure gezeichnet, die auch für seine gute Reifefähigkeit verantwortlich ist. Bekannt und geschätzt ist er seit antiken Zeiten. Der Alpenpfad, über den die Römer vor zweitausend Jahren ins transalpine Gallien gelangten, führte durch das Aosta-Tal und direkt an den Weinbergen des Dorfes vorbei. Diesem Umstand verdankt Carema einen Teil seiner frühen Bekanntheit. Ob der Wein zu jener Zeit schon aus Nebbiolo-Trauben erzeugt wurde, ist allerdings fraglich. Zumindest in späteren Zeiten wurden für ihn alle möglichen Trauben verwendet, die in den Weinbergen wuchsen, und noch heute wird der *vino da pasta,* wie die Einheimischen ihren alltäglichen Tischwein nennen, meist unter Zusatz von Barbera, Grignolino und der blauen Vernaccia gekeltert. Im nördlich von Carema liegenden Dorf Donnaz ist der Zusatz dieser Trauben noch heute gesetzlich erlaubt.

# LESSONA

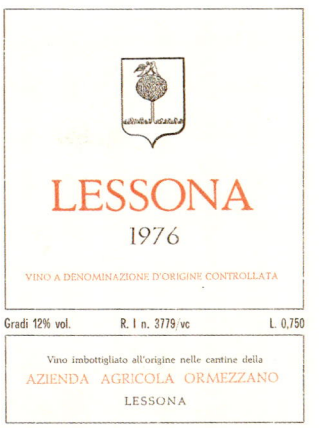

## MAURIZIO ORMEZZANO, LESSONA

## SELLA, LESSONA

Das Anbaugebiet von Lessona, einem kleinen Dorf nördlich von Cossato, ist nicht größer als das von Carema, seine Weinbergsfläche sogar noch wesentlich geringer. Sie beträgt etwa 15 Hektar. Die Produktionsmenge liegt bei gut 400 Hektolitern. Das entspricht dem Inhalt von vier großen Fässern. Dafür ist er ein edler Wein. Früher wurde er gern als »Bruder des Gattinara« beschrieben, was zwar plakativ ist, aber eher dem Gattinara als ihm schmeichelt. Denn der Lessona ist, wenn man den Durchschnitt der Gattinara-Weine betrachtet, sicherlich der charaktervollere Wein. Er übertrifft ihn zwar nicht an Körperreichtum, doch meist an Distinktion. Was den Wein von Lessona vor allen anderen auszeichnete, waren seine Feinheit und sein Duft. Aus diesem Grund hat es adelige und einflußreiche Familien aus Biella und Vercelli, die sich in dem Dorf niedergelassen hatten, schon früh gedrängt, Reben in seine Erde zu setzen: die Markgrafen Ferrero della Marmora zum Beispiel, sowie die Sella. Die besondere Prägung der Weine von Lessona hat vor allem mit den klimatischen und geomorphologischen Eigenarten zu tun. Erstens sind die Böden sehr kalkarm und zweitens schützt der nahe Alpenkamm das Land vor kalten Winden. Fast das ganze Jahr über ist es windstill. Das bedeutet, daß die Weinberge nicht gut durchlüftet sind, was vor allem während der Lese Probleme mit sich bringen kann. Denn schon bei leichten Niederschlägen kann es im Oktober zu Botritis-Bildung kommen. Während die Trauben normalerweise Ende Oktober gelesen werden, müssen sie in diesem Fall früher eingebracht werden. Früher ließen die Winzer solch vorzeitig gelesene Trauben ein paar Wochen trocknen, bevor sie die Maische ansetzten. Die 1977 erlassenen D.O.C.-Bestimmungen haben festgelegt, daß der Lessona bis zu einem Viertel aus Trauben der Sorten Vespolina und Bonarda bestehen darf. Das Anbaugebiet kennt nur zwei Flaschenabfüller: *Sella* und *Ormezzano*. Letzterer hat 1981 seine Weinproduktion eingestellt, so daß heute nur noch die Familie *Sella* Wein produziert. Ihr Name ist mit der Geschichte dieses Weins aufs engste verbunden. Diese alte Kaufmannsfamilie aus Biella, die später namhafte Politiker, Wissenschaftler, Ingenieure und Bankiers hervorgebracht hat und noch heute in Wirtschaftskreisen einen guten Ruf hat, besaß schon im Jahre 1671 Reben um das Dorf. Weinbau war für sie nur eine Nebenbeschäftigung, der allerdings stets mit äußerster Gewissenheit nachgegangen wurde. Seine historische Stunde hatte der Wein, als die Nachricht von der Besetzung des Kirchenstaates 1870 über die Telegrafenschreiber getickert und dem Abgeordneten Quintino Sella, dem berühmtesten Sproß der Familie, vorgelegt wurde. »Es lebe Italien!« rief er aus und fügte, weil er gerade mit Freunden beim Essen saß, die Einladung hinzu: »Laßt uns das große Ereignis feiern und mit dem Wein, den mir gestern meine Mutter geschickt hat, einen Trinkspruch ausbringen.« Der Lessona war also der erste Wein, mit dem auf den Anschluß Roms an das unierte Italien angestoßen wurde – für Italiener, für die die Umstände stets ebenso wichtig sind wie das Ereignis selbst, eine eminent wichtige Nebensächlichkeit, die sie nicht in Vergessenheit geraten lassen möchten.

*Die Familie Ormezzano gehört zu den alten Dorfgeschlechtern von Lessona, einem kleinen, von einer zinnenbekränzten Burg überragten Ort, der zu Füßen des mächtigen Monte-Rosa-Massivs liegt. Die Burg stammt noch aus der Zeit, als das ganze Land um Biella ein feudales Lehen und die einheimische Bevölkerung Halbpächter in den Diensten des Adels war. Für Maurizio Ormezzano ist die Landwirtschaft heute nicht mehr die Existenzgrundlage. Er besitzt eine Textilfabrik in Biella, und das Weinmachen ist für ihn nur eine angenehme Begleiterscheinung des Lebens auf dem Lande, speziell des in Lessona. Das heißt: es war. Denn 1982 hat er die erst 1964 angelegten vier Hektar Reben, von denen sein Wein kommt, an Fabrizio Sella verpachtet, den zweiten Weinerzeuger im Dorfe. Der Grund: Sein Verwalter Celso Poggi, der vom Rebschnitt bis zur Flaschenabfüllung alle Vorgänge, die bei der Weinproduktion anfallen, mit eigener Hand ausführte, hat sich aus dem Berufsleben in den Ruhestand zurückgezogen. Der letzte von ihm hergestellte Jahrgang ist der 79er gewesen. Der Name des Weinerzeugers Ormezzano hat also mit diesem Jahrgang aufgehört zu existieren. Der Lessona, der aus den Kellern dieser Familie kam, wird allerdings noch einige Zeit weiterleben. Seit 1973 erstmals in Flaschen abgefüllt, ist er ein ungemein langlebiger Wein: kraftvoll, fleischig, mit konzentriertem Kern, facettenreicher Frucht – einer der schönsten Nebbiolo-Weine Italiens. Er ist reinsortig aus Nebbiolo-Trauben gekeltert, noch im Holzfaß vergoren und vier Jahre lang ausgebaut worden. Er besitzt Distinktion und großen Atem. Die 74er und 78er Jahrgänge können bis in das Jahr 2000 aufbewahrt werden.*

*Die Familie Sella ist heute der einzige Flaschenabfüller des Lessona. Fabrizio Sella, das heutige Familienoberhaupt, hat 1982 zusätzlich zu seinen zehn Hektar Rebfläche noch die vier Hektar seines Nachbarn und Konkurrenten Maurizio Ormezzano in Pacht genommen. Der Name des Weines von Lessona ist also heute mit dem der Familie Sella identisch. Historisch gesehen ist diese Situation nicht neu. Denn die Sella waren von jeher die führenden Weinmacher des Anbaugebietes. Bereits 1671 besaßen sie Weinberge um das Dorf. Auch später war der Ruhm des Weins mit dieser Kaufmanns-, Bankiers-, Industriellen- und Politikerfamilie untrennbar verbunden. Ihr berühmtester Sohn war Quintino Sella, einer der maßgeblichen Einiger Italiens und dessen späterer Finanzminister (1869 bis 1873). Um die Staatsfinanzen zu sanieren, scheute er sich nicht, Kirchengüter einzuziehen und eine »Mahlsteuer« zu erheben, wodurch der Brotpreis in Italien in die Höhe schnellte. Die Sella besitzen noch heute in Lessona einen prächtigen, inmitten von Reben liegenden Palazzo, der allerdings nicht bewohnt ist. Ihre besten Weinberge befinden sich ein paar Kilometer entfernt bei San Sebastiano allo Zoppo, wo auch die Keller liegen. Ihr Wein wird zu 75 bis 80 Prozent aus Nebbiolo-Trauben gekeltert. Den Rest machen Bonarda und Vespolina aus. Auf ihre Initiative hin sind auch die 1977 erlassenen D.O.C.-Statuten entsprechend formuliert worden. Die Weinbergsarbeit sieht rigorose Mengenbeschränkungen vor. Durchschnittlich werden nicht mehr als 40 Hektoliter pro Hektar geerntet. Die Kellerarbeit ist sowohl in der Methode als auch in den Mitteln traditionell: lange Maischegärung von zehn bis 12 Tagen, dreijähriger Ausbau in Fässern aus heimischer Eiche. Geklärt wird mit Eiweiß. Der Wein wird unfiltriert abgefüllt und reift ein weiteres Jahr auf der Flasche, bevor er in den Verkauf geht. Produktionsmenge: etwa 30 000 Flaschen.*

# BRAMATERRA

## SELLA, ROASIO

*Seit dem 17. Jahrhundert besitzen die Sella auch im Bramaterra ein Gut. Solange die weinbauliche Eignung des Gebietes nicht bekannt war, wurde dort Weidewirtschaft betrieben. 1881 begann jedoch die Umwandlung in Rebland, wobei wegen der unterschiedlichen Böden zu den benachbarten Zonen nicht nur die Nebbiolo, sondern auch andere Sorten angebaut wurden. Auf Casa del Bosco, wie das einsam gelegene Gut der Sella heißt, wird noch heute ein Wein erzeugt, der im Körper etwas leichter, im Geschmack etwas strenger ist als der des benachbarten Gattinara. Er ist auch nur etwa zur Hälfte aus Nebbiolo-Trauben gekeltert. Den Rest machen vor allem die Croatina, aber auch Bonarda und Vespolina aus. Er ist ein vollmundiger, reifebedürftiger Wein, der wegen seines bitterherben, erdigen, anfänglich oft medizinischen Untertons ein ganz eigenes Geschmacksprofil besitzt. In guten Jahren entwickelt sich der Bramaterra jedoch zu einem charaktervollen, langlebigen, preziosen Nektar. Außer ihm erzeugt das Gut Casa del Bosco den Orbello, einen Tafelwein, der aus einem ähnlichen Mischsatz gekeltert ist, jedoch 30 Prozent Cabernet franc und Cabernet Sauvignon enthält (er wird seit einigen Jahren in »barriques« ausgebaut). Die Kultivierung von Reben auf den Hügeln um Villa del Bosco war nicht die einzige landwirtschaftliche Pionierleistung der Sella-Familie im Voralpenland. Im Gegensatz zu anderen Taten ist sie allerdings stets unumstritten geblieben. Heftiger debattiert wurde im letzten Jahrhundert ein anderes Problem, das mit dem Namen von Quintino Sella, von 1873 bis 1884 Regierungspräsident der Provinz und eines von 21 Kindern der Familie, verbunden war: die Kosten für das Wasser, mit dem die Gemüsefelder und Reiskulturen um Novara bewässert wurden. Auf seine Initiative hin war nämlich der Canale Cavour gegraben worden, der das Tessin mit dem Po verbindet. Dessen Wasser speiste auch das Kanalsystem der Reisbauern. Sella plädierte dafür, den Wasserpreis, den die Bauern zu zahlen hatten, an den Kosten des Kanalbaus zu bemessen. Mit diesem Vorschlag löste er Empörung aus und machte sich zum unversöhnlichen Gegner der Novaresi.*

## LUIGI PERAZZI, VILLA DEL BOSCO

*Die Familie Perazzi ist schon seit dem 17. Jahrhundert in der Bramaterra-Zone ansässig. Sie verfügte über einen ansehnlichen Grundbesitz, auf dem sie vor allem Getreide- und Grünlandwirtschaft betrieb. Der Weinbau ist erst relativ spät hinzugekommen, weil die Eignung Bramaterras als ein Land kräftig gebauter und alterungsfähiger Weine lange Zeit unterschätzt wurde. Immerhin gehörten die Perazzi zu den Familien, die sich schon früh erfolgreich mit dem Weinbau beschäftigten. Heute befindet sich ihr Besitz, bedingt durch mehrere Realteilungen, in vielen Händen. Was den Wein angeht, so hat Luigi Perazzi eine herausgehobene Stellung. Er verfügt zwar nur über dreieinhalb Hektar Rebland (eine Ausweitung auf fünf Hektar ist vorgesehen), erzeugt dort aber einen sehr eigenwilligen, mit den Gewächsen der Barolo- und Barbaresco-Zone nicht vergleichbaren Wein. Der Nebbiolo-Anteil liegt an der Höchstgrenze dessen, was die D.O.C.-Statuten vorsehen (70 Prozent). Den Rest machen Croatina (20 Prozent) sowie Bonarda und Vespolina aus (je fünf Prozent). Luigi Perazzi hat lange experimentiert, bis er sich für diese Formel entschieden hat. Die Güte seines Weines geht aber auch auf die sehr späte Lese zurück, die frühestens Mitte Oktober, meist erst Anfang November angesetzt wird. Die Maischegärung ist eher kurz bemessen. Sie dauert maximal acht Tage, wobei der Wein jedoch durchaus einige Tage länger auf den Hülsen stehen kann, bevor der Abstich vorgenommen wird. Auch beim Ausbau will man die Reifephase nicht unnötig überziehen. Der Wein bleibt ein Jahr im Faß und mindestens sechs Monate auf der Flasche, bis er den Keller verläßt. Seit einigen Jahren wird auch mit »barriques« experimentiert. Der Wein besitzt ein ganz eigenes Bouquet. Er ist nicht schwer, aber substanzreich, von kräftigem Geschmack und entwickelt im Laufe der Jahre feinste Nuancen. Der alte Familien-Palazzo der Perazzi steht in Villa del Bosco neben dem Landrestaurant »Il Torchio«. Der Keller befindet sich in Santa Maria. Der erste, in Normalflaschen gefüllte Bramaterra kam Anfang der 70er Jahre auf den Markt. Bisherige Gesamtproduktion: 15 000 bis 20 000 Flaschen.*

Eines der unbekanntesten Qualitätswein-Anbaugebiete ist Bramaterra. Es grenzt unmittelbar an die Gattinara-Zone. Seine Böden sind ebenfalls vulkanischen Ursprungs, bestehen jedoch aus weichem Porphyr und weisen eine andere mineralische Zusammensetzung auf. Aus diesem Grunde finden sich im Hügelland von Bramaterra auch andere Rebsorten als in Gattinara: die Croatina und die Bonarda zum Beispiel, zwei sich sehr ähnliche Rebsorten, die vor allem in der Lombardei weit verbreitet sind, sowie die rote Vespolina. Sie müssen im Mischsatz des Bramaterra zu mindestens 30 Prozent enthalten sein. Die Basis des Weins aber bildet einmal mehr die Nebbiolo, die piemontesische Edelrebe. Sie gibt dem Wein Körper und Säure, Gewicht und Ausdruck. Sie prägt ihn aber nicht so stark wie andere Voralpen-Weine, die, wie der Carema und der Gattinara von besseren Produzenten, ausschließlich aus ihren Trauben hergestellt sind. Der Bramaterra ist weniger körperreich als diese Weine, doch fruchtiger. Er wirkt anfänglich etwas rauh. Doch da er ein langlebiger Rotwein ist, öffnet sich der konzentrierte Fruchtkern mit den Jahren und läßt feinste Nuancen erkennen. Die Weine von Bramaterra haben erst 1979 D.O.C.-Status erhalten. Aus diesem Umstand läßt sich jedoch nicht der Schluß ziehen, sie seien geringere Gewächse als die der benachbarten Zonen. Der größte Ort innerhalb der Grenzen des Anbaugebietes ist Roasio, das Zentrum der Weinwirtschaft jedoch Villa del Bosco. Die Bezeichnung »Zentrum der Weinwirtschaft« ist allerdings ein großes Wort für den einfachen Sachverhalt, daß von den rund 20 Winzern, die in der Zone arbeiten, nur zwei regelmäßig einen Bramaterra abfüllen: *Luigi Perazzi* und *Sella*. Entsprechend gering ist die Produktion an D.O.C.-Weinen. Sie liegt bei 500 Hektolitern im Jahr. Die meisten Winzer erzeugen einen einfachen *vino da tavola*.

Mit dem Namen Bramaterra wurde ursprünglich eine eng begrenzte Hügelzone um das Dorf Villa del Bosco bezeichnet. Dort besitzen die Familien Sella und Perazzi seit dem 17. Jahrhundert umfangreiche Ländereien. Aber erst gegen Ende des 19. Jahrhunderts erkannten sie, daß in der rötlich-braunen Erde »noble« Weine wachsen könnten. Daraufhin brachen sie systematisch ihre Weiden und Felder um und legten an den besten Stellen Rebkulturen an. Fachkundig beraten von der geistlichen Autorität und ermutigt durch viele fromme Worte aus deren Mund, entwickelte sich so seit 1880 in dem kleinen, in der einsamen Hügelwelt des Voralpenlandes versunkenen Dorf ein Winzerstand. Bedeutend war die Menge des Weins, der produziert wurde, nie, und was seinen Ruf angeht, so stand der Bramaterra immer im Schatten berühmter anderer, piemontesischer Rotweine, insbesondere des Gattinara. Daran hat sich bis heute nichts geändert, auch wenn die Weine der *Perazzi* und *Sella* mehr Feinheiten und Eigenart aufweisen als der größte Teil dessen, was als Gattinara abgefüllt wird. Ihre Weine wachsen im »historischen« Bramaterra. Die D.O.C.-Bestimmungen haben das Anbaugebiet des Weines jedoch auf sechs weitere Dörfer der näheren Umgebung ausgeweitet.

# GATTINARA

ANTICHI VIGNETI DI CANTALUPO
GHEMME – ITALIA

COLLIS BRECLEMAE
**GHEMME**
DENOMINAZIONE DI ORIGINE CONTROLLATA
ANNATA
1981

75 CL · 12,5% VOL.

BOTTIGLIA NUMERATA

PRODOTTO ED IMBOTTIGLIATO ALL'ORIGINE DA ANTICHI VIGNETI DI
CANTALUPO S.A.S. DI ALBERTO E MAURIZIO ARLUNNO & C. – GHEMME.
DALLA VENDEMMIA 1981 SONO STATE SELEZIONATE 7860 BOTTIGLIE NUMERATE.

Der Gattinara gehört zu den Weinen, deren Namen auch außerhalb Italiens einen vorzüglichen Klang haben. Allerdings gelingt es nur selten, eine Flasche zu finden, die den großen Ruf rechtfertigt, der dem Gattinara vorauseilt. Der überwiegende Teil der Weine, die sich heute auf dem Markt befinden, kommt von großen Kellereibetrieben, die eine breite Palette von Weinen produzieren und den zugkräftigen Namen Gattinara verwenden, um ein marketinggerechtes Produkt der Richtung »schwerer Edelwein« lancieren zu können: *Umberto Fiore, Fratelli Dellavalle, Agostino Brugo, Luigi Dessilani, Luigi & Italo Nervi* zum Beispiel. Ihre Weine sind ausgewogen im Geschmack, fließen glatt über die Zunge und sind technisch gut gemacht. Aber rechtfertigen sie es, vom Gattinara als einem besonderen Wein zu sprechen?

Es gibt eine andere Gruppe von Erzeugern, die meist aus kleinen Winzern oder Nebenerwerbswinzern besteht und einen Gattinara nach den überlieferten Methoden produziert. Viele ihrer Weine wirken plump, kraftlos, sind von schalem Geschmack mit muffigem Unterton. Sollen sie der Nachfolger des berühmten Gattinara sein, der schon im 16. Jahrhundert am Hofe Karls V. in Madrid getrunken wurde; den sich Francesco Sforza nach Mailand und die Herzöge von Savoyen nach Turin kommen ließen, weil sie ihn so schätzten; den die Engländer im 18. Jahrhundert als Ersatz für den Bordeaux ins Auge nahmen; und der noch im 19. und 20. Jahrhundert als großer »Rivale« des Barolo galt? Gäbe es heute nicht wenigstens einen Produzenten, der gezeigt hat, welch großer Wein der Gattinara sein kann, fiele es schwer zu glauben, daß er jemals ein besonderes Gewächs war: *Giancarlo Travaglini*. Sein Gattinara ist das Beispiel eines voluminösen, äußerst feinfruchtigen und eleganten Nebbiolo-Weins. Neben ihm gibt es nur wenige, die eine Ahnung von den Qualitäten eines Gattinara geben können: *Antoniolo* und die *Cantina Sociale Cooperativa di Gattinara*. Der Graf Don Ugo Ravizza, der viele Jahre lang einen mächtigen, stilvollen Gattinara unter dem Namen »Monsecco« produzierte, hat sich in den siebziger Jahren aus dem Weingeschäft zurückgezogen und seinen Betrieb *Le Colline* einem Nachfolger übergeben. Seitdem ist auch dieser Name verblaßt.

Gattinara ist ein kleines Anbaugebiet. Kaum mehr als 90 Hektar stehen derzeit unter Reben. Es gibt gut 20 Abfüller. Die Produktion beläuft sich auf etwa 5000 Hektoliter. Auch in diesen Daten spiegelt sich der Niedergang der Weinwirtschaft wider. Denn in den 30er Jahren noch waren es 40000 Hektoliter, die erzeugt wurden. Das Gemeindeland des Ortes war ein einziges Rebenmeer. Im Unterschied zu Alba sind seine Böden feinschotterig und relativ sauer. Dies erklärt die andere Prägung der Weine. Diese müssen zu mindestens 90 Prozent aus Nebbiolo-Reben gekeltert sein (bessere Produzenten verwenden 99 Prozent) und zu zehn Prozent aus Bonarda. Der Wein muß vier Jahre im Holzfaß gereift sein, bevor er in den Handel kommt. Gute Gattinara weisen eine nicht geringere Lebensdauer als Barolo auf.

## ANTICHI VIGNETI DI CANTALUPO, GHEMME

*Das kleine Anbaugebiet von Ghemme liegt nur wenige Kilometer von Gattinara entfernt auf der östlichen Seite des Sesia-Flußes. Die Böden besitzen auch dort eine rötlich-braune Tönung, sind jedoch weniger steinig im Untergrund und weisen eine andere mineralische Zusammensetzung auf. Der Wein wird nahezu aus demselben Mischsatz gekeltert wie der Gattinara. Der Ghemme von Cantalupo ist mit Abstand der beste Wein dieser kleinen D.O.C.-Zone und einer der schönsten Spanna-Gewächse überhaupt: weich und rund am Gaumen, bitterherb auf der Zunge, mit Chrysanthemenduft und Süßholz in der Nase. Er besitzt zwar nicht ganz die Fülle der großen Nebbiolo-weine von Alba, auch nicht deren Tanninreichtum und aromatische Strenge. Dafür ist er weicher und eleganter. Rund 50000 Flaschen werden von ihm abgefüllt. Cantalupo ist ein relativ unbekannter Betrieb, obwohl seine Weine bei Staatsbanketten in Rom und bei Empfängen des Vatikan gereicht wurden. Er gehört den Arlunno, einer alteingesessenen, früher in der Landwirtschaft, heute im Bankwirtschaft tätigen, gebildeten Familie, die zuhause bisweilen gern noch lateinisch spricht. Maurizio und sein Neffe Alberto besorgen die Arbeit in Keller und Weinberg, Gianni, ein bekannter Architekt, der am Ausbau der nigerichen Hauptstadt Lagos beteiligt war, entwarf den sehenswerten Keller. Cantalupo verfügt über 20 Hektar Weinberge. Sie liegen an drei verschiedenen Stellen der Zone. Nach der ältesten Lage ist der Betrieb benannt: Cantalupo, ein Hügel zwischen Ghemme und Romagnano, auf dem zu Zeiten das Kaisers Barbarossa ein berühmtes Schloß und das Städtchen Breclemae gethront hat. Es gibt beide nicht mehr, aber der lateinische Name lebt auf dem Etikett der »Riserva« fort: »Collis Breclemae«, die die Arlunno produzieren. Sie ist eine Art Auslese, die vom besten Teil des Weinbergs Cantalupo kommt, konzentrierter und kompakter noch der der normale Ghemme. Zwischen 7000 und 15000 Flaschen werden von ihr abgefüllt. Aus dem Lesegut, das nicht für die beiden Spitzenweine verwendet wird, erzeugen die Arlunno den Agamium, einen feinen, aber etwas leichteren Spannawein. Obwohl nur »vino da tavola« ist er besser als die meisten D.O.C.-Weine, die aus Ghemme kommen.*

## GIANCARLO TRAVAGLINI, GATTINARA

*Travaglini ist der zweitgrößte Gattinara-Erzeuger des Ortes. Größe steht bei ihm jedoch nicht im Widerspruch zu Qualität. Sein Wein ist ein hochklassiges Gewächs, das schlagartig deutlich macht, weshalb man im Gattinara lange Zeit einen »Rivalen« des Barolo gesehen hat. Er ist ein mächtiger Wein von großer Geschmackstiefe, bitter-süßer Frucht, weichem Schmelz, feinstem, nach welken Rosen, Teer und exotischen Gewürzen duftendem Bouquet. Im Unterschied zum Barolo wirkt er weicher. Das herbe Tannin steht bei ihm nicht so deutlich im Vordergrund wie bei den Weinen von Alba. Er wird fast ausschließlich aus Trauben der Nebbiolo-Rebe gekeltert (die Reiser, mit denen seine Reben veredelt wurden, stammen aus den Barolo-Weingärten der Cordero di Montezemolo). Nur ein Prozent Bonarda sind ihm zugefügt. Insgesamt verfügt der Betrieb über 18 Hektar Rebkulturen, überwiegend in drei Spitzenlagen: Permolone, Molsino und Ronchi. Sie befinden sich nördlich und westlich des Ortes im höhergelegenen Hügelbereich. In guten Jahren erzeugt Travaglini eine Art »tête de cuvée« aus den gesündesten Trauben all dieser Lagen. Sie kommt als »Riserva numerata« in den Handel und ist das Spitzenprodukt des Hauses. Je nach Jahrgangscharakteristik bleibt sie vier bis sechs Jahre im Holzfaß, während der Standard-Gattinara drei Jahre lang im Holz ausgebaut wird. Eine lange Maischegärung (drei Wochen) sorgt dafür, daß der Wein Farbe, Tannin und Geschmacksstoffe aufnehmen kann. Die malolaktische Gärung wird gleich nach dem Abstich durchgeführt. Geklärt wird durch Kälte (Umpumpen des Weins ins Freie), stabilisiert mit Betonit. Travaglinis Vorteil: die Gewissenhaftigkeit, mit der er im Weinberg arbeitet, und die Konsequenz, mit der er im Keller die Möglichkeiten der modernen Önologie ausnutzt. Während sein Großvater, der den Betrieb einst gegründet hat, mit zwei Fässern auskam, hat er kürzlich unterhalb der alten Turmruine des ehemaligen Castello von Gattinara einen geräumigen Keller mit Batterien von Stahltanks und Platz für einige hundert »barriques« errichten lassen. »Die Zeiten«, meint er, »haben sich geändert. Wir können den Wein nicht mehr so herstellen wie unsere Väter.«*

# GAVI

Das Piemont hat immer auch Weißweine hervorgebracht. Sie haben zwar nie die Bedeutung der Roten erlangt. Doch werden sie von den Piemontesen selbst fast genauso geschätzt wie diese – sei's aus Patriotismus, sei's wegen der geringen Mengen, die sie ungewollt zu einer Rarität machen. Der Anbau von weißen Sorten ist nämlich auf wenige Dörfer und Landstriche beschränkt. Caluso im nordwestlichen Zipfel der Region ist zum Beispiel ein Ort, der traditionell einen Weißen hervorbringt. Ghemme war zumindest in der Vergangenheit ebenso für seinen weißen Wein berühmt wie für seinen roten. Die Herstellung des Arneis und des Favorita konzentriert sich nur auf ein knappes Dutzend Dörfer im Roero. All das spielt sich aber in einer Größenordnung ab, die der eines Tröpfchens zum Inhalt des Fasses entspricht, aus dem es entwichen ist. Die einzige, in nennenswerten Mengen produzierte weiße Traube des Piemont ist die Cortese. Sie findet sich an verschiedenen Stellen des Montferrat, wird aber auch darüber hinaus angebaut: etwa bei Tortona und im Tal der Scrivia südlich von Alessandria. Zwei Städte waren es dort, die für ihren Cortese-Wein bekannt waren: Tagliolo und Gavi. Der Wein von Tagliolo ist heute in Vergessenheit geraten; der von Gavi erfreut sich dagegen außerordentlicher Wertschätzung. Er heißt nicht mehr einfach nur Cortese, sondern Cortese di Gavi oder nur Gavi. In den siebziger Jahren hat es einen regelrechten Boom dieses Weins gegeben. Neue Güter wurden gegründet. Zahlreiche Weinbauern begannen, ihren bislang offen verkauften Wein plötzlich in Flaschen abzufüllen. Das Lob, das dem Gavi in Zeitungen und Zeitschriften zuteil wurde, reichte von respektvollen Anreden wie »großer, weißer Piemontese« bis hin zu Superlativen wie »bester Weißwein Italiens«.

Das Lob schmeichelt. Die Wirklichkeit ist jedoch ernüchternder. Es gibt etwa 50 Abfüller des Weins, von denen höchstens 15 charaktervolle, gepflegte Weine zu erzeugen wissen. Der größte Teil dessen, was als Gavi abgefüllt wird, ist ein Dorfwein einfachsten Zuschnitts, nicht besser als die zahlreichen, unter dem Etikett »Cortese del Piemonte« abgefüllten Tafelweine aus allen Teilen des Piemont – eher schlechter. Von diesen 15 erzeugen wiederum nur ganz wenige überdurchschnittliche Qualitäten, die den Ruf rechtfertigen, der dem Gavi vorauseilt.

Mit diesen Bemerkungen soll nicht die Qualität geschmälert werden, die der Wein des Ortes erreichen kann. Aber das Bild, das viele Händler und Weinschreiber von ihm entworfen haben, ist überzeichnet. Auch muß die Bezeichnung »Spitzenwein«, die ihm gerne angehängt wird, vor dem Hintergrund seiner geografischen Herkunft gesehen werden. An den nördlichen Ausläufern des ligurischen Apennin wächst nicht etwa ein körperreicher, alkoholstarker Wein, wie es der Pinot Bianco aus einigen Teilen des Friaul sein kann. Im Gegenteil: Der Gavi ist ein eher leichter Wein. Charakteristisch für ihn sind die rassige Säure, der filigrane Körperbau, die Harmonie. Diese Merkmale machen seine Qualität aus. Dabei gibt es allerdings große Jahrgangsunterschiede. Die Weinberge von Gavi liegen zwischen 300 und 800 Metern hoch. Man verzeichnet zwar wenig Regen, aber hohe Luftfeuchtigkeit und verhältnismäßig geringe Jahresdurchschnittstemperaturen. Die Witterung bleibt in manchem Jahr bis in den Frühsommer hinein kühl. Obwohl für italienische Verhältnisse spät gelesen wird (zweite Septemberhälfte), weisen die Trauben oft nicht die notwendigen Mostgewichte auf, um dem Wein die erforderliche Alkoholgradation zu verleihen. Dabei ist diese vom Gesetzgeber schon relativ niedrig festgesetzt worden: 10,5 Vol.%. Eine Folge ist, daß der Most häufig angereichert werden muß. Eine andere, daß der Wein je nach Witterungsverlauf eine mehr oder minder hohe Säure aufweist, die, wie viele Hersteller glauben, dem Wein eine für den Verkauf nicht immer förderliche Herbe geben. Sie senken sie deshalb im Keller durch geeignete Maßnahmen ab. Jahrgänge, in denen Mostgewicht und Säure von Natur aus »stimmen« und perfekt ausbalanciert sind, gibt es relativ selten. Sie werden etwa dreimal in zehn Jahren registriert. Dann kann der Gavi allerdings eine Klasse zeigen, die auch Superlative rechtfertigen.

Die Cortese-Traube wird nicht zu den noblen Rebsorten gezählt. Ein zeitgenössischer italienischer Ampelograf beschreibt sie als »einfache Sorte«, die »einen guten Wein« ergäbe und sich »auch zum direkten Verzehr« eigne. Sie wird schon lange im Piemont angebaut. Erwähnt wurde sie das erste Mal im Jahre 1799 in einer Schrift der Landwirtschaftlichen Gesellschaft in Turin. 1852 wird sie vom Grafen Incisa beschrieben, dessen Rebgärten im Astigiano liegen. Vornehmlich scheint sie jedoch um Tortona und südlich von Alessandria kultiviert worden zu sein. Einige Rebenwissenschaftler bezeichnen sie heute als autochthone Sorte. Andere vertreten die Auffassung, sie sei aus Deutschland eingeführt worden. Genauer gesagt: Sie stamme vom Rhein. In jedem Fall ist sie ein robustes Gewächs. Sie ist kältebeständig, dabei sehr produktiv, vor allem konstant im Ertrag. Wenn sie auf fruchtbaren Böden angebaut und nicht zurückgeschnitten wird, kann sie leicht zum Massenträger werden. Aus diesem Grunde schreiben die D.O.C.-Statuten auch einen Hektarhöchstertrag von 70 Hektoliter für den Gavi fest.

Der Ort Gavi liegt im Zentrum des Anbaugebietes, das sich von Novi Ligure im Norden tief in die Bergwelt des Apennin fast bis an die Grenze Liguriens zieht. Das Problem dieser Zone besteht darin, daß die natürlichen Voraussetzungen für den Weinbau sehr unterschiedlich sind. Die notwendigen Mostgewichte, um einen qualitativ hochstehenden Wein zu erzeugen, erreichen die Trauben praktisch nur im nördlichen Teil, wo die Höhe der Hügel zwischen 210 und 350 Metern schwankt. Doch auch in diesem Teil finden sich sehr gute Lagen nur in einem ganz begrenzten Bereich: nördlich des Flüßchens Lemme um die Dörfer Rovereto, Monterotondo und Lomellina. Die Böden dort sind mager. Unter einer harten, wasserabstoßenden, lehmiggelben Deckschicht stößt man schnell auf steinigen Untergrund.

Gavi selbst ist ein grauer, nicht sonderlich einladender Ort von 10 000 Einwohnern an den Ufern der Lemme. Er liegt im Schatten einer mächtigen Festung, die in knapp 400 Meter Höhe auf dem Monte Moro erbaut worden ist. Diese Fortezza ist ein Zeichen für die strategisch bedeutsame Lage des Ortes. In der Nähe der wichtigsten Verkehrswege nach Genua gelegen, war Gavi immer ein Zentrum des Handels und des Kleingewerbes. Kulinarische Traditionen hat der Ort nicht, sieht man davon ab, daß er beansprucht, die Ravioli erfunden zu haben (diese Erfindung reklamieren allerdings auch zahlreiche ligurische Städte für sich). Von der Weinwirtschaft ist er jedenfalls nicht geprägt. Sie ist in den kleinen Dörfern des Hügellandes zu Hause. Gewiß ist, daß die Benediktiner-Mönche um Gavi schon im ausgehenden Mittelalter Reben anbauten und Wein kelterten - einen berühmten Wein sogar, der als *vino da messa* (Meßwein) in ganz Europa verteilt wurde. Auch zahlreiche adelige Familien befaßten sich mit dem Weinbau. Über die Kanäle der Aristokratie gelangte der Wein denn auch schon früh in andere Teile Italiens. Mit Handel hatte dieser Warenaustausch aber wenig zu tun. Die Tatsache, daß

der Bürgermeister von Gavi um die Jahrhundertwende seinen Wein im Faß nach Amerika verkaufte, ist schon eher ein Zeichen, daß es ein besonderer Wein gewesen sein könnte.

Doch es scheint, als seien größere Transaktionen die Ausnahme gewesen. Der Wein hat noch bis nach dem Zweiten Weltkrieg nur lokale Bedeutung gehabt. Die Geschichte des Gavi beginnt erst in den fünfziger Jahren, und geschrieben worden ist sie von einem einzigen Gut: *La Scolca*. Dieser Erzeuger hat es als erster verstanden, die Erkenntnisse der modernen Weinwissenschaft in seinen Kellern umzusetzen und den Cortese-Wein so zu perfektionieren, daß aus ihm ein hochklassiges Gewächs wurde, welches schnell einen Bekanntheitsgrad erreichte, der weit über die Grenzen des Anbaugebietes reichte.

*La Scolca* ist das Landgut der Parodi, einer aus Alessandria stammenden Familie, die sich früher als Waffenhersteller, später als Fabrikant von Kinderspielzeug einen Namen gemacht hat. Es liegt etwa fünf Kilometer außerhalb des Ortes auf einem kleinen Hügel zwischen Rovereto und Lomellina, den beiden besten Lagen des ganzen Anbaugebietes. 1919 begannen die Parodi, der Villa ein Landgut anzugliedern, das vor allem Grünlandwirtschaft betrieb und Milch produzierte. Zugleich pflanzte man die ersten Weißweinreben. Das war insofern ungewöhnlich, als zu jener Zeit in erster Linie Rotweinreben um Gavi angebaut wurden, vor allem die Barbera. Daß es ein besonders guter Wein gewesen sei, der damals aus den Kellern von *La Scolca* floß, ist nicht bekannt. Er diente teils zum Eigenverzehr, teils wurde er in großen Korbflaschen verkauft. Die Spezialisierung auf den Weinbau fand erst in den fünfziger Jahren statt. Frederica Parodi, weiblicher Sproß der Gründer-Familie, hatte Vittorio Soldati geheiratet, der die Weißweinproduktion intensivierte und auch unmittelbar um die Villa Reben pflanzte. Da er kein ausgebildeter Kellermeister war, blieb ihm nichts anderes übrig, als seine Idee von einem Wein »mit Nase und Zunge« zu entwickeln und ausgiebig zu verkosten, was an guten Tropfen aus den Kellern

## WEISSER PIEMONTESE

*Der Name Gavi bezeichnet schon längst nicht mehr nur den kleinen Ort an den Ufern des Flüßchens Lemme, sondern den Wein, der am Fuße des ligurischen Apennin wächst. Er gilt als bester Weißwein des Piemont. Wer*

*Gavi sagt, meint oft La Scolca, jenes Gut, das diesen Wein »erfunden« und zu Ehren gebracht hat. Vittorio Soldati, sein Regisseur, wird in Italien inzwischen als einer der großen »bianchisti« verehrt. Er leitet das Gut zusammen mit seinem Sohn Giorgio.*

155

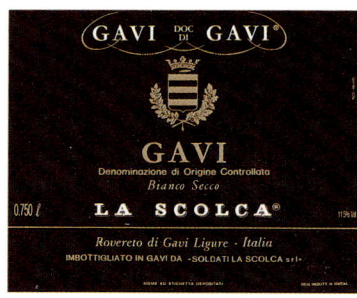

## LA SCOLCA, ROVERETO

*An Lob und Anerkennung hat es dem Spitzenprodukt von La Scolca nie gefehlt: dem Gavi di Gavi. Er war der erste italienische Weißwein, der nach dem Zweiten Weltkrieg internationale Anerkennung fand. Insofern stellt er ein Kapitel Weingeschichte des Landes dar. Wenn die moderne Weißweintechnologie heute auch von vielen Erzeugern praktiziert und beherrscht wird, so hat der Gavi von La Scolca doch seine Sonderstellung behalten: ein finessereicher Wein, der dennoch Körper und Substanz besitzt und im Gegensatz zu manchem seiner Konkurrenten nie in den Verdacht gerät, sich einer bestimmten Konsumentenmode anpassen zu wollen. »Für uns zählt nur die Qualität«, sagt Vittorio Soldati, der – seit er den Wein kreiert hat – als einer der großen italienischen »bianchisti« verehrt wird (er leitet das Gut zusammen mit seinem Sohn Giorgio). Diese Worte sind zwar oft in der Gavi-Zone zu hören, doch was bei La Scolca dahintersteckt, ist bislang unerreicht: beste Lagen sowohl um die Villa als auch im oberen Teil des Hügels von Rovereto; viel alter Rebenbestand (aus den 50er Jahren), späte Lese erst im Oktober, wobei nicht selten vier Durchgänge nötig sind, um möglichst viele Trauben vollreif einzubringen. Die Möglichkeiten der neuen Kellertechnik werden nur insoweit genutzt, wie sie es gestatten, den Wein schonender zu bereiten. Zentrifugieren wird strikt abgelehnt. Der Most wird heruntergekühlt und entschleimt sich natürlich. Oftmals muß nicht einmal vor der Flaschenabfüllung gefiltert werden. Moderne Reinzuchthefen kommen nicht zur Anwendung. Man arbeitet mit den natürlichen Hefen, die selektiert und im eigenen Labor vermehrt werden. Die Möglichkeit der Temperaturkontrolle wird jedoch voll ausgeschöpft, um die Gärung zu verlangsamen. Wenn in guten Jahren ein oder zwei Gramm Restzucker im Wein bleiben, wird das nicht als Nachteil empfunden. Angesichts der hohen Säure, die grundsätzlich nicht abgesenkt wird, behält der Wein seinen trockenen Charakter. Entscheidend dürfte aber sein, daß der Gavi di Gavi nur aus den ersten 30 Prozent des Vorlaufmostes hergestellt wird. Der Wein aus den nachfolgenden Pressungen wird ebenfalls als Gavi, aber unter anderen Etiketten abgefüllt. La Scolca besitzt acht Hektar eigene und 15 Hektar gepachtete Reben. Die Gesamtproduktion beläuft sich auf 200 000 Flaschen. Ein Viertel davon wird als Gavi di Gavi etikettiert.*

## NICOLA BERGAGLIO, ROVERETO

*Das kleine Gut des alten Nicola Bergaglio liegt am Ortsrand von Rovereto inmitten eines Rebenmeeres, das die Wiesen und Äcker, die an dieser Stelle einst lagen, längst in die flachen Lagen am anderen Ende des Dorfes zurückgedrängt hat. Auch die Bergaglio waren, als sie 1948 begannen, auf zwei Hektaren eine selbständige Landwirtschaft zu gründen, Bauern, die Kühe hielten und Weideland hatten. Reben spielten nur eine untergeordnete Rolle. Doch das änderte sich schnell, als die Nachfrage nach Wein und Weingetränken in Italien größer wurde. Sie verkauften immer mehr Wein beziehungsweise Trauben an den Vermouth-Fabrikanten Martini & Rossi sowie an La Scolca, jenes Gut, bei dem Nicola Bergaglio vor 1948 als Halbpächter gearbeitet hatte. Mit den Jahren konzentrierte man sich stärker auf den Rebbau. 1970 verlegte man sich ganz auf die Traubenproduktion. 1975 wurde der eigene Wein erstmals selbst abgefüllt und in eigener Regie vermarktet. Heute haben die Bergaglio sieben Hektar unter Reben und erzeugen einen Gavi, der trotz der wesentlich kleineren Dimensionen und des geringeren önologischen Aufwands auf einem ähnlich hohen Niveau wie La Scolca steht: ein leichter, eleganter, in der Säure nicht abgesenkter, daher rassiger und perfekt ausbalancierter Wein, der beweist, daß man auch in kleinen Jahren einen sehr guten Gavi machen kann. Der Grundstock für die Qualität wird bei ihnen im Weinberg gelegt: akurate Rebenerziehung, sanfte Bodenbearbeitung, alte Stöcke (Anfang der 50er Jahre gepflanzt), strenger, größtenteils eigenhändig von Nicola Bergaglio ausgeführter Beschnitt und Lagen bei Ciapun, dem besten Teil von Rovereto. Gelesen wird spät, meist in zwei oder drei Durchgängen, so daß die letzten Trauben oft erst am 10. Oktober eingebracht sind. Verwendet wird nur Most aus der ersten Pressung. Er ruht 48 Stunden, damit sich der Schleim selbst absetzen kann, und wird dann vergoren. »Fermentazione naturale« sagen die Bergaglio, weil sie über keine Kühlaggregate im Keller verfügen, mittels derer sie den Gärverlauf beeinflussen können. Wie es ihnen gelingt, die Gärung zu kontrollieren, bleibt ihr Geheimnis. Der Wein wird vor der Flaschenabfüllung leicht filtriert. Produktionsmenge: 30 000 bis 35 000 Flaschen.*

anderer Länder und Regionen kommt: »An den großen Weißweinen der Welt habe ich gelernt, was Geschmack und was Bouquet ist. Ohne diesen Vergleich hätte ich meinen Gavi nicht machen können.« Freilich begriff Soldati schnell, daß Mengenbeschränkungen bei der Traubenproduktion ebenso unerläßlich waren wie bestimmte qualitätsfördernde Maßnahmen im Keller: sanfte Pressung, natürliche Entschleimung des Mostes ohne Zentrifuge, langsame, temperaturkontrollierte Gärung und so weiter. Der Gavi von *La Scolca* ist denn auch einer der ersten modern vinifizierten und reduktiv ausgebauten Weißweine Italiens gewesen. Er hat die Mode der jungen, vor Frische prickelnden Weine eingeleitet und damit den Stil vorgegeben, nach dem heute nahezu alle Gavi-Winzer zu arbeiten versuchen. »Gavi dei Gavi« nannte er ihn, um den Primat seines Hauses auf den Wein zu unterstreichen. Und er verkaufte ihn viermal so teuer wie andere ihren Wein. Lange Zeit war sein Preis ebenso legendär wie der Name des Weins (seit 1983 darf er sich nach EG-Recht nur noch »Gavi di Gavi« nennen). Noch heute pflegt Soldati auf die Frage, worin die Besonderheit des Anbaugebietes von Gavi bestehe, zu antworten: »Daß *La Scolca* dort ansässig ist!«

Das gehobene Preisniveau und der gute Ruf haben schon in den siebziger Jahren viele Branchenfremde bewegt, sich in der Gavi-Zone niederzulassen und in der Hoffnung auf guten Gewinn mit der Weinerzeugung zu beginnen. Derzeit größter Erzeuger ist *Villa Sparina*, ein prachtvolles, altes Weingut bei Monterotondo, das 1975 von einem Bauunternehmer mit dem ehrgeizigen Ziel erworben wurde, innerhalb kürzester Zeit eine Weinproduktion auf dem Niveau von *La Scolca* aufzuziehen. Anspruch und Wirklichkeit klaffen allerdings noch weit auseinander. Ähnliches gilt für *La Giustiniana*, ein mondäner, um ein ehemaliges Benediktiner-Kloster gelegener Landsitz im Hinterland von Rovereto, den ein Straßenbauunternehmer aus Savona gekauft hat. Trotz großer qualitativer Anstrengungen bleibt von dem Wein, wenn seine Frische einmal verflogen ist, nicht mehr viel übrig – und sonderlich langlebig ist der Gavi nicht. Auch die aus der Textilindustrie kommende Familie *Broglia* versucht, groß in das Geschäft mit dem Gavi einzusteigen. In ihrer Tenuta *La Meirana*, unweit von *La Scolca* gelegen, sollen eines Tages 300 000 Flaschen abgefüllt werden. Man arbeitet nach allen Regeln der herrschenden Qualitätsphilosophie (zum Beispiel: cru-Produktion) und erzeugt doch nur ein Produkt, das im Stil gefällig, in der Substanz konturlos ist. Der vierte Großerzeuger ist der italo-amerikanische Weinkonzern *Villa Banfi*, der Schlagzeilen vor allem wegen seiner gigantischen Unternehmungen bei Montalcino gemacht hat. Auch seinen Managern blieb der Gavi-Boom nicht verborgen. Man kaufte ein altes Gut auf, bestockte 40 Hektar neu und peilt eine Produktion von 250 000 Flaschen an. Der Wein, der bislang im Handel ist, läßt sich mit zwei Worten beschreiben: marktgängige Eleganz. *La Battistina*, eine schlichte, ehemalige Hofstelle der Grafen Raggio bei Lomellina, die Ende der siebziger Jahre von einem Möbelfabrikanten und einem Bauunternehmer erworben wurde, füllt zwar nur halb so viele Flaschen ab, dafür aber von doppelt so guter Qualität. Die Arbeit dieses Gutes zeigt, daß sich die Distanz zu *La Scolca*, dem Pionier, durchaus verringern läßt. Den Beweis, daß dessen Vorsprung nicht uneinholbar ist, hat ein anderer Erzeuger schon geliefert: *Nicola Bergaglio*. Ehemals Halbpächter auf dem Besitz von *La Scolca*, erzeugt er zusammen mit seinem Sohn Gianluigi einen begeisternden Gavi, der schnell deutlich macht, welche Möglichkeiten ihre größeren Konkurrenten verschenkt haben. In unmittelbarer Nachbarschaft seiner Weinberge liegen die seines Neffen Nando Bergaglio (*La Chiara*). Dessen Gavi wird weitgehend nach derselben Methode erzeugt wie seiner und zählt zu den gelungenen Beispielen für einen Wein dieses Anbaugebietes. Ebenfalls gute Weine liefern Sandra Migli Guglielmi (*San Bernardo*), *Castel di Serra* und *La Piacentina*.

Besondere Erwähnung verdient der Gavi der Tenuta *San Pietro*, über dessen Qualität eine Frau wacht. Sie heißt Maria Rosa Gazzaniga und erzeugt als letzter Winzer den Wein auf traditionelle Art. Das heißt: so, wie er in der Vor-*Scolca*-Ära hergestellt wurde. Er ist eine schillernde Perle in dem zunehmend gleichförmiger werdenden Angebot der Zone, beweist aber, daß der Gavi auch dann, wenn er nicht als spritziger, frischer Jungwein auf den Markt kommt, ein feiner, nerviger Tropfen sein kann.

Der Boom für den Gavi hat auch zahlreiche Kellereibetriebe außerhalb des Anbaugebietes veranlaßt, sich dieses Weines anzunehmen. Obwohl aus gekauften Trauben erzeugt, bieten sie nicht selten bessere Qualitäten als Produzenten, die in der Zone ansässig sind. Ausgezeichnete Gavi kommen zum Beispiel von *Porta Rossa* in Diano d'Alba und *Valmosè* in Ovada.

## HERZSTÜCK VON GAVI

*Die Weinberge um das Dorf Rovereto (oben) gelten als die beste Lage von Gavi. Dort wachsen die Reben des alten Nicola Bergaglio und seines Sohnes Gianluigi. Die beiden Kleinwinzer haben gezeigt, daß nicht nur La Scolca einen hochklassigen Wein machen kann. Ähnliches gilt auch für Maria Rosa Gazzaniga. Der Gavi ihrer Tenuta San Pietro ist allerdings ein Außenseitergewächs. Er ist der einzige vollkommen unfiltrierte Wein der Zone.*

## SAN PIETRO, GAVI

*Der Gavi der Tenuta San Pietro ist ein Außenseiter. Er ist der einzige Wein des Anbaugebietes, der nicht der Charakteristik eines jungen, frischen Gavi entspricht, wie er heute so populär ist. Erzeugt wird er von Maria Rosa Gazzaniga, Ehefrau eines Schuhfabrikanten aus Gavi und Enkelin eines Winzers, der ein ganz eigenes System entwickelt hatte, nach dem er und seinen Gavi erzeugte – noch bis nach dem letzten Krieg. Von ihm und aus Büchern hat Maria Gazzaniga das Weinmachen gelernt. Ihr Gavi ist ein eigenwilliges Gewächs: ein substanzreicher Wein mit einer spürbaren Säure (etwa 7,5 Promille). Er verläßt durchweg erst zwei Jahre nach der Lese den Keller (der im Zentrum von Gavi liegt). Im Bouquet ist er etwas zurückhaltend. Dafür besitzt er ein um so zarteres, nach Zitrone und Apfel schmeckendes Aroma, das vielfältig, nuancenreich und beileibe nicht so flüchtig ist wie das der Weine vieler anderer Hersteller. Die Erklärung für seine Eigenart liegt in der besonderen Erzeugungsweise. Der Wein ist völlig unfiltriert und lange auf der Flasche ausgebaut worden. »Affinamento in bottiglia« nennt Maria Gazzaniga ihr Verfahren. Er wird nach der Gärung etwa 30mal umgezogen und dann in Flaschen gefüllt, die vorerst nur mit Kronenkork verschlossen sind. Dort reift er ein Jahr. Während dieser Zeit löst sich der verbliebene Hefetrub von selbst auf. Die letzten Reste sinken auf den Flaschenboden, wenn er nach einem Jahr für kurze Zeit in eine Kühlkammer geht. Danach wird er endgültig abgefüllt. Er ist dann ein glanzheller, natürlich geklärter, ungeschwefelter (dem Most wurde lediglich SO$_2$ hinzugefügt), delikater und äußerst langlebiger Wein. Der 71er Jahrgang (der erste, der abgefüllt wurde) zeigte sich zehn Jahre später noch als goldgelb-gereifter, wohl etwas müder, aber makelloser Wein. Die Trauben für ihn wachsen auf 13 Hektar Land bei Lomellina, wo die Tenuta San Pietro steht. Sie wurde 1964 vom Vater Maria Gazzanigas erworben. Lomellina gilt als eine der herausragenden Lagen des Anbaugebiets. Die Lese findet auf San Pietro immer relativ früh statt, um die Säure zu erhalten, die für die Reifung des Weins wichtig ist. Die Produktion schwankt zwischen 50 000 und 80 000 Flaschen.*

## LA CHIARA, ROVERETO

*La Chiara ist ein kleines, bäuerlich geführtes Weingut mit sechs Hektar Reben, die sich in bester Position an den südwestlichen Hängen von Rovereto befinden: direkt neben den Rebkulturen von La Scolca und Nicola Bergaglio. La Chiara wurde 1970 von Ferdinando Bergaglio, dem Onkel Nicola Bergaglios, erworben. Er hatte vorher lange Jahre als Verwalter auf La Scolca gearbeitet. Drei Hektar Reben kaufte er noch zu einer Zeit, als der Boom für den Gavi nicht eingesetzt hatte und Rebland verhältnismäßig günstig angeboten wurde. Drei weitere Hektar pachtete er von La Scolca, als dessen Besitz aus Gründen der Erbfolge geteilt werden mußte. Der Rebenbestand wird sorgfältig gepflegt. Der Rebschnitt erfolgt von eigener Hand. Durch gewissenhaftes Verlesen der Trauben im Herbst kommt Nando Bergaglio, Sohn von Ferdinando und heute für den Wein verantwortlich, auf Erträge, die deutlich unter dem Maximum der D.O.C.-Bestimmungen liegen. Sie schwanken zwischen 35 und 50 Hektoliter. Bei der Anreicherung des Mostes ist er zurückhaltend. Nur wenn unbedingt nötig, erhöht er den Alkoholgehalt mittels rektifiziertem Traubenmostkonzentrat (zum Beispiel in den Jahren 1980 und 1984). Ansonsten erfolgt die Weinherstellung schonend. Der Most wird mit einem groben Filter mechanisch gesäubert und temperaturkontrolliert vergoren, wobei für die Partie, die später als Gavi abgefüllt wird, nur Most der ersten Pressung verwendet wird. Der Wein ist ein leichter, eleganter Gavi mit rassiger, weiniger Säure und zarter Frucht. 1985 hat La Chiara erstmals den besten Teil seiner Weinberge gesondert abgeerntet, separat gekeltert und unter der Lagen-Bezeichnung »Raviola« abgefüllt. Gesamtproduktion: 40 000 bis 50 000 Flaschen.*

# MONTECARLO

Auf einem kleinen Vorhügel der Apuanischen Alpen, halb noch in der Ebene von Lucca, thront Montecarlo, ein Dorf von 3700 Einwohnern, einem ehrwürdigen Kloster des Klarissenordens, einem alten Theater, vielen prachtvollen Patriziervillen und einer schwer befestigten Burg, die allerdings mehr friedliche als kriegerische Zeiten erlebt hat. Mit dem gleichnamigen Ort an der französischen Riviera hat das Dorf außer dem guten Wetter nichts gemeinsam. Wohl aber hat es diesem einiges voraus: das Olivenöl zum Beispiel, das seine Einwohner produzieren, den Spargel, der in der Ebene wächst, und seinen Weißwein. Er vor allem ist es, der Montecarlo seit mehr als tausend Jahren eine gewisse Berühmtheit gesichert hat. Einige Päpste in Rom sollen ihn sehr geschätzt haben, ein neapolitanischer Kardinal ließ sich vor 500 Jahren sogar neun Fäßchen des Nektars nach Pisa bringen, um das dort stattfindende Konzil besser zu ertragen. Cosimo von Medici zahlte sogar den regulären Zoll von etwas über einer Lira, um fünf Fässer nach Florenz bringen zu können, obwohl Montecarlo eine florentinische Festung war. Besonders aber sprachen die Aristokratie von Florenz, der Klerus und die Patrizier der Stadt dem Wein von Montecarlo zu, der damals freilich von dem heutigen sehr verschieden gewesen sein muß. Das vielfältige Lob kann aber als Beweis dafür gewertet werden, daß sich Montecarlo und das Land um den Ort herum stets einer besonderen weinbaulichen Gunst erfreuen.

Heute ist der Montecarlo Bianco, wie der Wein heißt, verhältnismäßig unbekannt im Vergleich zu damals. In den Weinhandlungen von Rom und Mailand findet man nur selten eine Flasche von ihm, und selbst in den besseren Restaurants von Florenz bekommt man eher eine Flasche Galestro oder Orvieto vorgesetzt als diesen vollmundigen, körperreichen Nektar. Obwohl er traditionell niedrig in der Säure ist, besitzt er eine außergewöhnliche Reife und ein Volumen, das an eine Spätlese erinnern kann. Er gilt bei Kennern als der beste Weißwein der Toskana, und er ist es wohl auch.

Nun mag das nicht viel bedeuten. Denn die Toskana ist ein Rotweinland. Die Weißweine, die zwischen Pisa und Pitigliano gekeltert werden, spielten immer nur die zweite Rolle. Die Trebbiano-Rebe, aus der sie entweder ganz oder zum Teil gekeltert sind, ist keine sonderlich hochstehende Sorte. Sie ist ein Massenträger, der je nach Boden und Beschnitt zwischen 120 und 160 Doppelzentner pro Hektar erbringt, und die Weine, die aus ihr gepreßt werden, besitzen keine besondere, sortenspezifische Prägung. Das zeigt auch die Tatsache, daß die Trebbiano für ganz unterschiedliche italienische Weißweine verwendet wird: für den Frascati zum Beispiel, für den Lugana, den umbrischen Torgiano Bianco, die apulischen San Severo, Cacc'èmmitte und Castel del Monte. In der Toskana bildet sie die Basis für nahezu alle Weißweine. Auch im Mischsatz des Montecarlo findet sie sich wieder, und zwar in einem Anteil von 60 bis 70 Prozent. So legen es die D.O.C.-Richtlinien fest. Freilich weisen die Trebbiano-Trauben dort bessere Qualitäten auf als an den meisten an-

## WEISSWEINHÜGEL

*Seit alten Zeiten wird in dem Dorf Montecarlo ein vollmundiger Weißwein gekeltert. Im Mittelalter war er der teuerste Wein der Toskana. Heute ist er in Vergessenheit geraten, weil er nicht zur Mode der leichten, frischen Konsumweine paßt. Allerdings dringt der Zeitgeist auch hier langsam in die bäuerlichen Keller ein.*

## FATTORIA DEL BUONAMICO, MONTECARLO

*Das Gut von Buonamico liegt rund drei Kilometer außerhalb von Montecarlo an der Straße nach Porcari. Die Ortschaft heißt Cercatoia und besteht nur aus ein paar Häusern und Hofstellen, die weit verstreut in der lichten Rebenlandschaft liegen. Buonamico wurde 1964 von Rina Grassi gegründet. Sie stammt aus dem nahen Altopascio und hatte elf Jahre zuvor in Turin erfolgreich ein Restaurant mit toskanischer Küche eröffnet: » Al Gatto Nero«. Für dieses Restaurant, das heute zur Spitzengastronomie in der piemontesischen Hauptstadt gehört (es wird von zwei Söhnen Rina Grassis betrieben: Luca und Marco), brauchte sie einen eigenen Wein. Doch der Liebhaberkreis der Buonamico-Gewächse wuchs schnell über den Kreis der Gäste des Turiner Restaurants hinaus. Und so wuchs auch die Fattoria. Heute stehen 16 Hektar unter Reben, die zusammenhängend um das Gutsgebäude liegen. Cercatoia gilt – neben Fornace, einem nach einer Ziegelei in der Nähe benannten Flecken (heute stehen nur noch die Ruinen des Betriebes), als beste Lage des Anbaugebietes. Geleitet wird das Buonamico von Franco Grassi, dem dritten Sohn von Rina Grassi. Sein Neffe Vasco Grassi ist für die Kellerarbeit zuständig. Der Montecarlo Bianco gehört zu den wenigen, noch verbliebenen Weinen, die an die große Weißwein-Tradition des Ortes anknüpfen. Er wird zu 80 Prozent aus spätgelesenen Trebbiano-Trauben gekeltert. Den Rest machen Pinot Bianco, Pinot Grigio, Sauvignon, Sémillion, Roussanne und Vermentino aus. Diese werden, um die Säure zu erhalten, bereits Ende August beziehungsweise Anfang September gelesen und gleich vergoren. Der Verschnitt mit dem Trebbiano-Wein findet direkt nach der Gärung statt. Danach wird der Wein drei bis vier Monate lang in großen, alten Eichenholzfässern ausgebaut, wie es in Montecarlo immer Brauch war. Der Buonamico-Montecarlo ist ein nach den Regeln der modernen Önologie erzeugter, traditioneller Wein, der durch seine milde Säure und die reife Frucht zu begeistern weiß. Viele Kritiker und Kenner halten ihn für den besten Qualitätswein von Montecarlo. Rund 60 000 Flaschen werden im Jahr von ihm abgefüllt.*

## FATTORIA DEL BUONAMICO, MONTECARLO

*Neben dem Montecarlo Bianco erzeugen die Grassi in ihrem Betrieb eine Art »Riserva«, die, weil sie nicht genau den Vorschriften der D.O.C.-Statuten entspricht, als Tafelwein deklariert werden muß. Gleichwohl ist sie der hochwertigere Wein. Er nennt sich »Bianco di Cercatoia« und unterscheidet sich, grob gesagt, in drei Punkten von dem Montecarlo Bianco. Erstens wird er aus den reifsten und gesundesten Trauben gekeltert, die vor der Haupternte sorgfältig gelesen werden. Zweitens findet die Lese bereits Anfang September statt – auch für die Trebbiano, die normalerweise erst zwei Wochen später geerntet wird. Drittens ist der Mischsatz etwas anders. Die Trebbiano macht nur etwa 50 Prozent an ihm aus, während den hochwertigen anderen Sorten – unter ihnen auch die Chardonnay – der gleiche Anteil zugestanden wird. Roussanne und Vermentino sind in ihm gar nicht vertreten. Ansonsten wird der Bianco di Cercatoia ähnlich wie der Montecarlo Bianco behandelt: Spontangärung ohne Zuchthefen, wobei die Gärtemperatur noch niedriger gehalten, der Fermentationsprozeß somit verlangsamt wird; drei- bis viermonatiger Ausbau in Eichenholz, bis der Wein einen leichten Loheton bekommt; sanfte Filtration vor der Flaschenabfüllung. Bevor er in den Verkauf geht, lagert er noch ein Jahr in Glas, um sich dann als noch vollmundigerer, reiferer, samtigerer Tropfen zu präsentieren als der Montecarlo Bianco. Er weist in der Regel ein halbes Volumenprozent Alkohol mehr auf als dieser und wird nur in guten Jahren in einer Menge von etwa 5000 Flaschen erzeugt. 1982 und 1983 waren die ersten Jahrgänge, die abgefüllt wurden.*

deren Standorten. Dafür ist in erster Linie das besondere Kleinklima von Montecarlo verantwortlich. Im September, wenn in den Beeren der größte Teil des Zuckers gebildet wird, verzeichnet der Ort im langjährigen Jahresdurchschnitt mehr Sonnentage und geringere Niederschläge als alle anderen Anbauzonen in der Toskana. Die Trauben weisen daher zu einem frühen Zeitpunkt bereits relativ hohe Mostgewichte auf.

Der zweite Grund für die gute Traubenqualität liegt in der Tatsache begründet, daß die Reben in Montecarlo nur in besten Lagen stehen. Im Chianti sind die besten Lagen für Rotweinreben reserviert. Die Trebbiano wächst dort häufig an sonnenarmen Ost- oder Nordosthängen, wenn nicht gar in Flachlagen. Überdies ist der größte Teil der Toskana höher gelegen als die Weinberge von Montecarlo. Diese ziehen sich von 30 Meter am Fuße des Hügels bis auf maximal 70 Meter hin, während es im Chianti kaum Lagen gibt, die unter 200 Meter liegen. Je hundert Meter Höhenunterschied rechnet man mit einer Temperaturdifferenz von 0,5 bis 0,6 Grad Celsius.

Der dritte Grund für die besondere Qualität des Weißweins von Montecarlo liegt in seinem Mischsatz. Denn neben der Trebbiano (die besseren Produzenten verwenden eher weniger als zuviel Trauben von dieser Sorte) finden sich in ihm viele hochwertige Rebsorten wieder oder können sich zumindest darin wiederfinden: die Sémillion (die den Hauptanteil an den französischen Sauternes-Weinen stellt), Pinot Bianco, Pinot Grigio (die in Montecarlo meist Pinot Gris gerufen wird) sowie die Sauvignon. Bisweilen werden auch ein paar Anteile Chardonnay dazugegeben. Diese Sorten sind es, die die Klasse des Weins von Montecarlo ausmachen. Weniger hochwertig sind dagegen die ligurische Vermentino und die Roussanne, die eigentlich in den Weinbergen von Lyon zu Hause ist. Fast alle diese Rebsorten, die zum Teil sehr selten in der Toskana anzutreffen sind, zum Teil gar nicht dort wachsen, werden spätestens seit dem letzten Jahrhundert in Montecarlo angebaut. Aus ihnen oder einem Teil von ihnen dürfen bis zu 40 Prozent des Montecarlo Bianco stammen.

Freilich hängt die Qualität des Weins nicht nur von der Zusammensetzung des Mischsatzes ab. Ein entscheidender Gesichtspunkt ist auch der Lesezeitpunkt. Die traditionellen Winzer lesen die verschiedenen Traubensorten nämlich nicht zum gleichen Zeitpunkt. Sie fangen – häufig schon Ende August – mit dem Pinot Bianco an, während die Trebbiano meist als letzte eingebracht wird. Sie soll voll ausreifen können, um das nötige Mostgewicht, aber auch den Körper, die reife Säure und den Extrakt zu bringen. Aus dem unterschiedlichen Lesezeitpunkt haben sich natürlich Probleme für die Weinbereitung ergeben. Diese wurden früher dadurch gelöst, daß man den Most der jeweils neu gelesenen Trauben dem bereits vergorenen einfach zugab. So fermentierte der Wein von Anfang bis Ende September durch. Auch heute wird dieses Verfahren noch von zahlreichen Winzern angewendet. Vermögendere Betriebe, die über größere Keller und mehrere Tanks (früher Holzkufen) verfügen, vergären die einzelnen Moste dagegen separat und verschneiden die Weine hinterher miteinander. Noch kapitalkräftigere Produzenten haben sich inzwischen Kühlaggregate in den Keller installieren lassen, um ihre Moste solange bei niedrigen Temperaturen zu konservieren (und dabei gleich zu säubern), bis das letzte Lesegut eingebracht ist und die Moste dann zusammen vergoren werden können. Richtig gehandhabt, ist diese Methode wahrscheinlich die sicherste, um einen hochwertigen Wein zu erzeugen. Doch es gibt auch einige ausgezeichnete, nach der traditionellen Art vinifizierte Gewächse in Montecarlo.

Nicht ganz unwichtig ist auch der Standort der Reben, obwohl die Anbauzone von Montecarlo klein ist und es zumindest keine großen klimatischen Unterschiede gibt. Sie umfaßt 1450 Hektar und ist damit kleiner als das Stadtgebiet von Florenz. Das D.O.C.–Gesetz von 1969 hat die Grenzen eng gezogen: im Osten nur wenig über Marginone hinaus, im Süden bis Altopascio an der Autostrada, im Westen bis nach Porcari und im Norden bis

San Martino in Colle. Dennoch sind nicht alle Stellen gleich gut für den Weinbau geeignet. Im Gegenteil: Oft sind es unzusammenhängende Flecken, wo man die besten Böden antrifft. Die besten – das heißt: die Böden mit dem höchsten Kalkstein- und Sandsteinanteil. Sie findet man vor allem an den südlichen und südwestlichen Hängen bei Cercatoia, San Giuseppe und Fornace, aber auch an einigen Stellen nördlich und östlich des Dorfes.

Aus allen diesen Gründen zeigen sich erhebliche Unterschiede zwischen den Weinen von Montecarlo. Der größte Teil der Produzenten keltert einen einfachen Bauernwein, der robust und saftig ist, auch Charakter haben kann, aber kaum höheren Ansprüchen genügt. Daneben existieren viele magere, ausdruckslose Weine, die meist ein Resultat des Versuchs sind, aus einem traditionell vollmundigen Gewächs ein leichtes Weinchen zu machen. Die Zahl der Erzeuger, die sich dem überall in Italien zu beobachtenden Trend zu unkomplizierten Weinen widersetzen, ist in Montecarlo noch gering.

Ob sich daran etwas ändern wird, erscheint zweifelhaft. Im Gegenteil, es ist eher zu fürchten, daß der Montecarlo Bianco eines Tages in der Masse der mittelmäßigen toskanischen Weißweine untergeht und seine besonderen Tugenden verliert: die Reife, das Gewicht, die Vollmundigkeit. Schon heute ist zu beobachten, daß viele Winzer von Montecarlo unter Fortschritt die Anpassung an den Trend verstehen und deshalb versuchen, durch eine vorgezogene Lese und den Verzicht auf längeren Ausbau spritzige, junge Weine zu erzeugen. Die kürzlich erfolgte Änderung der D.O.C.-Bestimmungen für das Anbaugebiet von Montecarlo kommt vielen deshalb gerade recht. Zusammen mit der Anerkennung des Montecarlo Rosso als Qualitätswein (überwiegend aus Sangiovese gekeltert) wurden nämlich zugleich einige Neuerungen für den Weißwein wirksam. Zuerst wurden die maximal zulässigen Hektarerträge von 70 auf 84 Hektoliter erhöht. Dann wurde der Mindestwert für die Säure, der seit 1969 bei fünf Promille lag, auf 5,5 Promille angehoben. Um diesen Wert zu erreichen, müssen die Trauben künftig früher gelesen werden, obwohl die Reife immer ein wesentliches Merkmal des Montecarlo Bianco war. Schließlich wurde das Anbaugebiet bis in die Ebene nach Lucca ausgeweitet. Das bedeutet, daß auch die in Flachlagen gewachsenen, körperärmeren Weine künftig in die Qualitätswein-Produktion einbezogen werden. Einen schlechteren Dienst konnten die Politiker den Winzern dieses kleinen Anbaugebietes kaum erweisen.

Trotz der Erweiterung ist Montecarlo ein kleines Anbaugebiet geblieben, das auch weiterhin stark durch bäuerliche Traditionen geprägt sein wird. Ob es die Traditionen bewahren wird, hängt von der Einstellung der Winzer selbst ab. Sicher ist, daß viel verändert werden müßte, auch und gerade bei den Winzern, die sich nicht dem Trend unterwerfen möchten. Die Möglichkeiten der modernen Önologie sind jedenfalls noch lange nicht ausgeschöpft. Besonders in kleinen Betrieben ließe sich beim Keltern, Vergären und bei der Hygiene im Keller noch viel verbessern. Ob der Ausbau in Holzfässern jedem Wein die erwünschte Noblesse verleiht, erscheint ebenfalls fraglich. Mancher bäuerliche Wein ist, wenn er das Faß verläßt, bereits ziemlich müde. Für vollreife Weine mag ein gewisses Holzlager angemessen sein. Es entspricht auch der Tradition in dieser Zone.

Die besten Weine verfügen über ein beachtliches Volumen. Die geringe Säure ersetzen sie durch ihre Stoffigkeit. Sie besitzen Länge und einen erhöhten Alkoholgehalt (vorgeschrieben sind nur 11,5 Vol.%, doch weisen einige Weine in guten Jahren durchaus 12,5 Vol.% auf). Eine spezifische Fruchtigkeit zeigen sie allerdings selten. Nur beim Abgang macht sich ein feiner Bittermandelton am Gaumen bemerkbar. In der Nase faszinieren sie durch ihr zartes Akazien-Bouquet. Trotz ihres verlängerten Ausbaus präsentieren sich diese Weine frisch, wenn sie den Keller verlassen. Man trinkt sie am besten innerhalb der ersten drei Jahre.

## FATTORIA DEL BUONAMICO, MONTECARLO

*Der Rosso di Cercatoia mit dem gelben Etikett zählt zu den rarsten Hochgewächsen der Toskana. Nur etwa 2500 Flaschen werden in guten Jahren von diesem großen Tropfen abgefüllt, der eine Art »Riserva« des Montecarlo Rosso darstellt, des (ebenfalls sehr guten) Standard-Rotweins von Buonamico. Er wird praktisch nur von einigen Freunden des Hauses und den Gästen des Turiner Nobelrestaurants »Al Gatto Nero« getrunken, das der Familie Grassi gehört und über das sie den größten Teil dieses ungewöhnlichen Weines absetzen. Er ist zu 40 bis 50 Prozent aus der Brunello-Rebe Sangiovese Grosso bereitet, zu 20 Prozent aus Canaiolo, zu etwa 30 Prozent aus Cabernet franc und Cabernet Sauvignon sowie aus zehn Prozent Syrah. Dieser Mischsatz macht schon deutlich, daß es sich bei dem Rosso di Cercatoia um einen kraftvollen, tanninhaltigen, langlebigen Wein handelt, der mit den gewöhnlichen Rotweinen aus Montecarlo nichts gemein hat. Seine natürlichen Eigenschaften prädestinieren ihn demgemäß für eine verlängerte Reifephase im Keller. Nach der Vergärung in Zementtanks wird der Wein einem mindestens zweijährigen Faßlager unterzogen, das je nach Jahrgang auf 30 Monate ausgedehnt werden kann. Dafür werden stets zwei alte, je neun Hektoliter fassende Eichenholzfässer benutzt. Der Wein ist weder angereichert noch in irgendeiner Weise kellertechnisch behandelt. Lediglich vor der Flaschenabfüllung wird er leicht filtriert. Er unterscheidet sich von dem gewöhnlichen Rosso di Cercatoia (weißes Etikett) vor allem durch seine andere Traubenzusammensetzung. Dieser besteht nämlich zu 70 Prozent von der Chianti-Rebe Sangiovese Piccolo und enthält nur zehn Prozent Cabernet. Überdies werden die Trauben für die »Riserva« spät gelesen. Diese wurde erstmals 1969 abgefüllt. Doch damals befand man sich bei Buonamico noch im Versuchsstadium. Dasselbe gilt für 1971. Der erste große Jahrgang, der auf den Markt gebracht wurde, war 1975. Von diesem Wein existiert allerdings kaum noch eine Flasche. 1979 stand seinem Vorgänger kaum nach. 1982 und 1983 besitzen beide wieder die Voraussetzungen, um an das Jahr 1975 anzuknüpfen.*

## FATTORIA MICHI, MONTECARLO

*Der Montecarlo von Michi entspricht der heute vorherrschenden modernen Linie in der Produktion des kleinen Anbaugebiets. Er orientiert sich stark am Geschmack des sogenannten modernen Konsumenten, der angeblich leichte, junge, unkomplizierte Weine vorzieht und gegenüber allem Vollmundigem auf Distanz geht. Dem Risiko, daß der Wein von Montecarlo dadurch seine herausgehobene Stellung verliert und in der großen Masse mittelitalienischer Weißweine untergehen könnte, entgeht auch der Wein von Michi nicht ganz. Gleichwohl ist er der beste unter den »Modernen« des Anbaugebiets. Er läßt, bei allen Konzessionen an den Zeitgeschmack, durchaus noch etwas von der Besonderheit der Montecarlo-Gewächse erkennen. Dies beruht vor allem darauf, daß die Michi ihre Trebbiano-Trauben (60 Prozent am Mischsatz) ausreifen lassen. Sie werden erst spät gelesen, während die anderen Sorten (20 Prozent Roussanne, der Rest Sémillion, Sauvignon und Vermentino) entsprechend früher eingebracht werden. Ihr Most wird mittels Kühlaggregat auf sieben Grad heruntergekühlt, so daß die Gärhefen ihre Tätigkeit nicht aufnehmen können. Erst wenn die Trebbiano-Trauben eingebracht sind, werden die Moste gemeinsam vergoren. Vincenzo und Wanda Michi sind namenlose Goldschmiede in Florenz. Etwa drei Kilometer westlich von Montecarlo haben sie vor einigen Jahren eine Landvilla errichtet, in der auch die mit aller modernen Weißwein-Technik ausgestattete Kellerhalle untergebracht ist. Sie liegt direkt an der Straße nach San Martino in Colle hinter einem unübersehbaren, roten Metallgitterzaun. Wein wird dort seit 1970 erzeugt. Zur Fattoria gehören 15 Hektar Weinberge, die im Norden des Anbaugebiets bei Anfrio liegen. Mit gut 120 000 Flaschen im Jahr, davon 100 000 Montecarlo Bianco, zählen die Michi nicht mehr zu den kleinen Produzenten.*

## MONTECARLO

*Die mittelalterliche Anlage dieses Dorfes zwischen Lucca und Florenz ist noch heute erkennbar. Der Wein, den die Florentiner einst sehr schätzen, mußte stets vom Hügel, durfte nie aus der Ebene kommen. Die kleine D.O.C.-Zone ist seit jeher ein bäuerlich geprägtes Anbaugebiet. Der größte Teil des Weins wird an Ort und Stelle konsumiert – sei's von Verwandten und Bekannten, sei's von den Winzern selbst.*

# DIE WEINGÜTER

Unter den etwa 30 Weinerzeugern von Montecarlo gibt es nur einen großen: die *Fattoria del Teso*, die über eine halbe Million Flaschen im Jahr erzeugt. Ihr bester Wein heißt *Stella del Teso* und stellt eine Art Auslese des besten, gesündesten Traubenguts dar. Zu den mittelgroßen Betrieben zählen die *Wandanna* in Gioiosa und die *Fattoria Michi*, die an der Straße nach San Martino in Colle liegt. Die anderen Winzer füllen nur verhältnismäßig geringe Mengen ab. Die älteste und traditionellste Kellerei der Zone ist die *Fattoria Montecarlo*, deren Faßkeller sich unter dem Fundament des alten Palazzo Mazzini in der Hauptstraße des Dorfes befindet. Der Ruhm ihrer Weine reicht bis weit ins 19. Jahrhundert zurück. Sie wurden damals schon von vielen noblen Florentiner, Sieneser und Römer Familien getrunken und haben zum erneuten Aufstieg des Weins von Montecarlo maßgeblich beigetragen, nachdem dieser bereits im Mittelalter der teuerste Wein war, den man in Florenz finden konnte. Hergestellt wird er heute noch fast genauso wie vor hundert Jahren. Mag diese Art der Weinerzeugung überkommen erscheinen – damals war sie ein Vorbild für alle anderen Weinmacher des Dorfes. Noch heute reden die Menschen in Montecarlo mit Respekt von dem Wein dieser Fattoria, obwohl er ein Außenseiter-Gewächs ist und bleiben wird. Seine schönste Reife erreicht er erst nach drei Jahren, weshalb er auch nicht eher den Keller verläßt. Er wird in Flaschen aus weißem Glas abgefüllt, damit die goldgelbe Farbe, das Zeichen seiner Reife, besser sichtbar ist.

In Cercatoia, etwa drei Kilometer südwestlich von Montecarlo gelegen, befindet sich die *Fattoria del Buonamico*, deren Weine zu Recht einen vorzüglichen Ruf in Italien genießen. Die Familie Grassi, die dieses Weingut betreibt, stammt aus Altopascio und hat eine erfolgreiche Synthese zwischen traditionellen Charaktereigenschaften und modernen Weinbereitungsverfahren entwickelt. In Sichtweite von diesem Gut liegen Weinberge und Keller von *Lorenzo* und *Giulio Carmignani*. Auch sie zählen zu den Traditionalisten, haben jedoch ein eigenes System der Weinbereitung entwickelt, das die Möglichkeiten der modernen Önologie auf seine Weise nutzt. Ihr Wein macht den Anspruch Montecarlos plausibel, eines der besten Weißwein-Anbaugebiete Italiens zu sein. Ein eher bäuerlicher Wein kommt aus dem Keller von *Berto Matozzi* gleich neben den Carmignani. Auch er baut ihn ein Jahr lang in Kastanienholzfässern aus. Andere gute Produzenten in Cercatoia sind *Mario Passaglia*, Paolo Lazzareschi (*La Tinaia*), *Anna Maria Selmi* und das Gut *Vigna del Sole*. In San Giuseppe, nicht weit von Cercatoia entfernt, kommen gute Weine von *Alberto Tori* und aus der *Fattoria Attilio Tori*. Die Weine des letzteren werden unter der Bezeichnung *Cerruglio* vermarktet – Name des ältesten Turms der Burg von Montecarlo. Zwischen Altopascio und Porcari liegt die *Badia Pozzeveri*, eine ehemalige Kamaldulenser Abtei, in deren Archiven man Dokumente aus dem 13. Jahrhundert gefunden hat, die von der ungewöhnlichen Eignung der Südwestflanke des Hügels von Montecarlo für den Rebbau sprechen. Dieser Bereich war damals als »Coste di Vivinaia« bekannt (Vivinaia ist der mittelalterliche Name für Montecarlo). Die Rebkulturen der Badia liegen heute größtenteils in den Erweiterungsflächen des Anbaugebiets. Nach ihrer Einbeziehung in die D.O.C.-Zone ist die *Badia Pozzeveri* der größte Abfüller von Montecarlo-Weinen. Es sind schlanke, mäßig rassige, sauber gekelterte Weine, die deutlich von der Trebbiano-Traube geprägt sind und eher dem modernen Weißweintyp entsprechen. Ähnliches gilt auch für zwei weitere, im alten D.O.C.-Gebiet von Montecarlo ansässige Güter: die *Fattoria Il Poggio* und die *Fattoria La Torre*. Gute, wenngleich nicht überragende Weine kommen aus den Kellern der *Poderi San Luigi* (in dem Flecken La Lama), von Lorenzo Panattoni, dessen *Podere Morino* auf dem Poggio Baldino östlich von Montecarlo liegt, sowie von *Antonio Vettori* in Marginone.

## FATTORIA MONTECARLO, MONTECARLO

*Nur ein verblichenes, kleines Holzschild über der Tür des Palazzo Mazzini in der Via Roma, der Hauptstraße Montecarlos, weist auf die alte Kellerei hin, die aus dem berühmten Weißwein des Ortes vor Jahrhundertfrist einen Edelwein machte. Er wird heute fast noch genauso wie früher hergestellt. Er ist aber nicht nur deshalb interessant, weil er originär ist. Er läßt sich auch noch mit großem Genuß trinken und kann dank alter, elaborierter Technik der Weinbereitung eine Einzigartigkeit für sich beanspruchen, wie sie kaum ein zweiter Wein Italiens besitzt. Der Most wird extrem langsam, genau: anderthalb Jahre lang in alten Kastanienholzfässern vergoren. Da sich die Kellertemperatur und damit der Gärverlauf vor hundert Jahren nur schwer manipulieren ließ, wurde und wird, um die Gärung zu verlangsamen, der Most vorher auf 60 Grad Celsius erhitzt. Der größte Teil der Hefen stirbt so ab. Die wenigen, die verbleiben, brauchen dann ein bißchen länger, um den Zucker umzuwandeln. Auch danach bleibt der Wein noch anderthalb Jahre im Faß und kommt, natürlich geklärt und unfiltriert, auf die Flasche: ein bouquetreicher, schon ambergelber Tropfen von beträchtlicher Fülle und mit einer zarten Lohe, die seine Besonderheit nur unterstreicht. Daß es ihm ein wenig an Feingliedrigkeit fehlt, mag mit dem hohen Trebbiano-Anteil zu tun haben. Aber der alte Kellermeister Lido Carmignani hat Order, den Wein so wie früher herzustellen. Die Fattoria Montecarlo verfügt über elf Hektar Weinberge, die an der nördlichen Peripherie des Anbaugebietes liegen. Besitzerin ist Franca Mazzini. Sie ist mit Clemente Franceschi verheiratet, der zusammen mit seinem Bruder Roberto Mitbesitzer des Brunello-Gutes »Il Poggione« ist. Dessen technischer Direktor, Pierluigi Talenti, trägt daher auch die önologische Verantwortung für den Wein der Fattoria Montecarlo, diesen Kontrapunkt zur Mode der jungen, unkomplizierten, uniformen Weißweine, die den Markt Italiens derzeit überschwemmen. Rund 15 000 Flaschen werden von ihm erzeugt.*

## LORENZO CARMIGNANI, MONTECARLO

*Carmignani ist ein in Montecarlo relativ häufiger Familienname. Die Carmignani von Cercatoia sind jedoch im ganzen Ort ein Begriff. Erstens sind da die Autobusse, die im Sommer fast täglich Kurs auf die kleine Fattoria inmitten der Rebenwanne an der Südwestflanke des Hügels von Montecarlo nehmen und Touristen aller nationalen Herkünfte abladen, um sie an langen Tischen mit rustikaler Kost und Wein versorgen zu lassen. »Agritourismus« heißt diese in den letzten Jahren in Italien populär gewordene Form des organisierten Reisens, die auch die Carmignani sich zunutze gemacht haben. Zweitens sind da die beiden Carmignani selbst: Lorenzo, der alte, und Gino, der junge, auch »Fuso« genannt: dieser gern anarchistischen Ideen nachspinnend, jener eher ein Vertreter rechter Gesinnung mit ganz anderen Weltanschauungen. Das herzliche Vater-Sohn-Verhältnis haben diese Meinungsverschiedenheiten allerdings nie wirklich beeinträchtigt. Beweis dafür ist – drittens – der Wein, den sie zusammen machen. Daß er von erster Güte ist, bezweifeln nur die Neider im Dorfe. Das gute Urteil bezieht sich freilich nur auf jenen Wein, der in dem bäuerlichen Keller der alten Winzerfamilie in Flaschen abgefüllt wird – nicht auf den offenen für die Autobustouristen. Er ist ein unübertroffen köstlicher Wein von leicht öliger Konsistenz, einem Bouquet von Pinienholz und reifen Beeren mit einem Nachgeschmack von gerösteten Nüssen. Er wird praktisch nur aus Vorlaufmost gewonnen. Die Trebbiano-Traube ist mit 60 Prozent nicht sonderlich stark im Mischsatz vertreten. Den Grundstock für die außergewöhnliche Qualität dieses Tropfens, der nach alter Tradition ein Jahr lang in Eichen- und Kastanienholzfässern ausgebaut wird, legen jedoch die 25 Prozent Sauvignon und die 15 Prozent Pinot Grigio, Pinot, Bianco, Sémillion und Roussanne. Für Kenner halten die Carmignani sogar noch eine Steigerung bereit, eine Art »Riserva«, auch wenn sie nur vier Monate im Holzfaß ausgebaut wird. Sie ist aus dem gesündesten Traubengut gekeltert, weist 12,5 Vol.% Alkohol auf und ist äußerlich nur am Goldrand zu erkennen, der das Etikett und die Buchstaben ziert. Der junge »Fuso« hat ihn komponiert und »allen großen Jazzmusikern der Welt« gewidmet. Rund 10 000 Flaschen füllen die Carmignani von ihrem Montecarlo Bianco insgesamt ab.*

163

# CHIANTI

Wer von Bologna kommend den Apennin in Richtung Süden überquert, befindet sich, kaum daß er den Passo di Poretta bei Pistoia hinter sich gelassen hat, im Chianti. Wer in Rom aufbricht und über die Autostrada del Sole nach Norden fährt, hat das Chianti bereits erreicht, wenn er Orvieto um etwa 30 Kilometer passiert hat. Wer von den Hügeln südlich von Pisa einen Blick auf den schiefen Turm tut, befindet sich ebenfalls auf dem Boden des Chianti. Und wer in Arezzo die Stadt verläßt, kann nicht verhindern, daß sein Fuß jene Erde berührt, die dem berühmtesten aller italienischen Weine den Namen gegeben hat: das Chianti.

Das Chianti ist, so wie es sich auf den Weinkarten präsentiert, ein riesiges Anbaugebiet. Es ist doppelt so groß wie das Großherzogtum Luxemburg oder das gesamte Médoc. Es hat Böden von höchst unterschiedlicher Zusammensetzung. Es weist Höhenunterschiede von fast 500 Metern zwischen den niedrigsten und den höchsten Rebpflanzungen auf. Der westliche Teil liegt im Einflußbereich feuchten Meeresklimas. Der östliche Teil ist bereits den kalten Winden ausgesetzt, die aus dem Apennin kommen. Entsprechend variieren auch die Niederschlagsmengen. Berücksichtigt man all diese Umstände, ist klar, daß der Chianti kein einheitlicher Wein sein kann.

Der Name des Weins wurde nach dem Gebiet benannt, aus dem dieser stammt. Doch dieses Gebiet läßt sich weder geografisch plausibel eingrenzen, noch ist es historisch gewachsen. Zwar haben sich 1932 die Winzer-Konsortien des Chianti classico und des Chianti *Putto* auf bestimmte Grenzen für die Chianti-Zone geeinigt. Doch ist sie danach immer wieder ausgeweitet worden. Allein die Fläche des Chianti classico hat sich von der Gründung des Konsortiums im Jahre 1924 bis heute fast verdoppelt.

Aber auch schon vorher war keineswegs klar, wie groß das Chianti eigentlich ist. Als im Jahre 1716 der Großherzog der Toskana in einem berühmt gewordenen Dekret (»Bando«) festlegte, an welchen Stellen seines Landes Reben angebaut werden durften, da wurde unter anderem auch das Chianti genannt. Es umfaßte, so wie seine Grenzen definiert waren, große Teile des Gebiets, das heute Chianti classico heißt. Die anderen Gebiete, denen das Dekret eine weinbauliche Eignung bescheinigte (Pomino, Carmignano und Val d'Arno di sopra), gehörten nach damaliger Anschauung nicht zum Chianti. Heute tragen ihre Weine aber sehr wohl den berühmten Namen auf dem Etikett.

Auch die »Lega del Chianti«, die einige feudale, toskanische Barone im 14. Jahrhundert gründeten, umfaßte lediglich die Gemeinden Gaiole, Radda und Castellina. Weder der nördliche Teil des Chianti classico noch die außerhalb der classico-Zone liegenden Anbaugebiete gehörten dazu. Wer sich also auf die »Lega« beruft, kommt ebenfalls nicht auf die heutigen Grenzen. Der Zweck ihrer Gründung bestand auch gar nicht darin, ein Territorium abzustecken, in dem sich gute und gleichartige Weine produzieren ließen. Es ging den Baronen lediglich darum, ihre politischen und territorialen Machtinteressen in diesem Raum zu sichern.

## TOSKANA

*Bedürfte es eines Beispiels dafür, daß Landschaft und Wein zusammengehören, fiele schnell der Name Chianti. Die sanften Schwünge der Hügel um Florenz und Siena haben Schwarmgeister seit jeher zu seligen Hymnen inspiriert, das funkelnde Rot des Weins zu schmeichelhaftem Lobgesang hingerissen. Die Wirklichkeit des Chianti ist indes rauher, besonders die des Weins. Im Bild: das mittelalterliche Dorf Fonterutoli.*

Aufgetaucht ist der Name »Chianti« zum ersten Mal im 8. Jahrhundert, als die Bischöfe von Siena und Arezzo sich nicht einigen konnten, zu wessen Diözese das Land zwischen diesen beiden Städten gehören sollte. Aber auch dieser Streit läßt keine sicheren Rückschlüsse darauf zu, welcher Flecken mit der ursprünglichen Bezeichnung »Chianti« gemeint war. Etymologen haben die These aufgestellt, daß »Chianti« von »clante« abstammen könnte, was ein alter etruskischer Familienname war. Denn die Etrusker siedelten an vielen Stellen jenes Gebiets, das heute Chianti heißt: bei Nusenna, Vercenni und Ama zum Beispiel.

Vielleicht stammt die Bezeichnung »Chianti« aber auch von dem lateinischen Wort »clangor« ab, mit dem der Schall einer Trompete bezeichnet wurde. Damals war die Toskana ein dicht bewaldetes Gebiet, das viel Wild beherbergte, und wenn eine vornehme Gesellschaft auf Jagd ging, verriet die Trompete, wo jene sich gerade befand.

Welche These sich eines Tages auch als richtig erweisen wird – das Chianti ist kein Gebilde mit historisch festen oder auch nur ungefähren Grenzen. Es ist ein geografisches Kunstgebilde, geschaffen vor allem zu dem Zweck, Weine unterschiedlicher Herkunft und teilweise unterschiedlichen Charakters unter einem eingängigen Namen verkaufen zu können.

# DIE CHIANTI-REBEN

Der Vorteil des Chianti-Zusammenschlusses besteht darin, bestimmte Mindestanforderungen an die Weine stellen zu können, die diesen Namen tragen. Dazu gehören Hektarhöchsterträge sowie die Vorschriften in Bezug auf die Trauben, die zur Herstellung des Weins verwendet werden dürfen. Auf diese Weise wird sichergestellt, daß alle Chianti-Weine wenigstens eine ähnliche Grundcharakteristik aufweisen.

Der Chianti wird traditionell aus zwei roten und zwei weißen Traubensorten gekeltert. Dazu können geringe Anteile von Komplementärtrauben kommen, die aber für die organoleptischen Grundmerkmale wenig Bedeutung haben. Ungewöhnlich ist allerdings die Verwendung von weißen Sorten für einen Rotwein. Die Erklärungen dafür, weshalb gerade im Chianti dieser Brauch überlebt hat, sind allesamt nicht recht überzeugend. Die einen berufen sich nur auf Traditionen, die anderen behaupten, die weißen Sorten würden den Wein abrunden, die Wirkung seiner Tanninfracht mildern und ihm eine gewisse Leichtigkeit verleihen.

Die Diskussion darüber, ob die weißen Trauben ganz aus dem Chiantiwein verschwinden sollen, wird von den Winzern leidenschaftlich und seit langem geführt. Eine Einigung hat es nur insofern gegeben, als der Anteil der weißen Trauben durch die neue D.O.C.G.-Regelung, die seit dem Jahrgang 1984 gilt (und die die alte D.O.C.-Regelung abgelöst hat), auf maximal zehn Prozent begrenzt wurde (Chianti classico: fünf Prozent). Die Entscheidung, für den Chianti nur noch Rotweintrauben zu verwenden, würde allerdings, wenn sie jemals fallen sollte, heftigen Widerspruch unter den Winzern hervorrufen. Nicht nur, weil sie sich fragen, was sie mit den weißen Trauben machen sollen, die in ihren Weinbergen wachsen, sondern weil es unleugbar eine Reihe sehr guter Chianti-Weine gibt, die aus einem nennenswerten Anteil dieser Trauben gemacht sind. Zu ihnen zählen nicht nur leichte, jung zu trinkende Weine, sondern auch manche *Riserva*. Gleichwohl bleibt festzustellen, daß der größte Teil der Spitzen-Chiantis inzwischen nahezu oder völlig ohne weiße Trauben auskommt und nur aus den roten Sorten gepreßt ist.

Die wichtigste Sorte ist die rote Sangiovese. Sie gibt dem Wein Körper und Gewicht, Feinheit und jenen Duft von Veilchen und Iris, Marasca-Kirschen und exotischem Holz, der ihn unverwechselbar unter Italiens Rotweinen macht. Nicht zu Unrecht wird die Sangiovese deshalb als »noble« Rebsorte bezeichnet. Mindestens 75 Prozent des Chianti müssen aus ihr gewonnen sein. So sehen es die Vorschriften für die Qualitätsweinherstellung vor. In den hochwertigen Chiantiweinen beträgt der Sangiovese-Anteil jedoch rund 90 Prozent. Gelegentlich übersteigt er diese Marke sogar. Die anderen vorgeschriebenen Sorten spielen nur eine zweitrangige Rolle. Die Canaiolo, eine alte, nur in der Toskana und in Umbrien anzutreffende rote Traube, soll dem Chianti eine gewisse Zartheit geben. Daß er dies nötig hätte, bezweifeln viele Winzer. Ihr Anteil am Mischsatz wurde durch die neue D.O.C.G.-Regelung denn auch von maximal 30 auf maximal zehn Prozent reduziert. Die beiden weißen Pflichtsorten heißen Malvasia und Trebbiano. Letztere, eine in zahlreichen Spielarten existierende, in nahezu ganz Italien angebaute und im Soave ebenso wie in einigen Weißweinen Abruzzens auftauchende Sorte (sie soll mit der Cognac-Traube Ugni Blanc verwandt sein), ist in der Toskana zwar weit verbreitet (die dortige Spielart heißt Trebbiano *toscano*). Doch sie ist kein hochwertiges Gewächs. Sie in den Mischsatz des Chianti aufzunehmen, entspricht mehr dem Streben nach Bewahrung einer alten Tradition als dem Streben nach Qualität. Dasselbe gilt für die Malvasia del Chianti. Sie ist ein Massenträger ohne sonderlich hervortretende Geschmackseigenschaften, die, wie die Trebbiano, für Frische und Spritzigkeit sorgen soll, die Haltbarkeit und Ausbaufähigkeit des Weins aber reduziert. Mit der in Norditalien angebauten Malvasia *istriana* ist sie nur entfernt verwandt.

Die wichtigste Neuerung, die die D.O.C.G. neben der Aufwertung der Sangiovese gebracht hat, ist die Zulassung anderer als traditioneller Rebsorten, und zwar zu maximal zehn Prozent. Damit sollte vor allem der Cabernet Sauvignon der Weg geebnet werden. Zwar machen noch relativ wenige Winzer von der Möglichkeit Gebrauch, diese hochwertige Sorte in den Mischsatz des Chianti zu integrieren. Doch sind die Resultate, trotz der Skepsis traditionell denkender Winzerkollegen, durchaus ermutigend gewesen.

Viel wichtiger als die Zusammensetzung des Mischsatzes ist jedoch die Frage, welche Klonen der betreffenden Rebsorten in den Weinbergen kultiviert sind. Die moderne Züchtungsforschung hat die Reben vor allem nach Ertragsstärke selektiert, nicht nach qualitativen Merkmalen. Dies gilt in extremem Maße für die Canaiolo, aber auch stark für die Sangiovese. Vor dem Zweiten Weltkrieg hatte beinahe jedes Dorf im Chianti seine eigene Sangiovese-Mutation, die, angepaßt an die Nährstoffsituation der Böden oder die Höhenlage, einen anderen Wein hervorbrachte. Heute ist diese Vielfalt der Sangioveseklonen weitgehend verloren gegangen. Nur in wenigen Weingärten finden sich noch alte, unselektierte Sangiovese-Reben, im ländlichen Dialekt »Sangioveto« genannt. Sie haben kleinere Beeren, dickere Schalen, und pro Stock wachsen meist nicht mehr als drei Trauben (die modernen Züchtungsreben bringen fünf Trauben hervor). Ehrgeizige Güter unternehmen deshalb beträchtliche Anstrengungen, um ihre Reben mit alten Sangioveto-Reisern zu veredeln, wobei es allerdings nicht leicht ist, diese zu finden. Nur in wenigen Weinbergen finden sie sich noch.

Ampelografen haben schon im letzten Jahrhundert wenigstens zwischen zwei Linien unterschieden: der Sangiovese del Chianti (oder *piccolo*), die, wie der Name sagt, vor allem im zentralen Chianti zu finden ist, sowie der Sangiovese *grosso*, die um Montepulciano (wo sie traditionell Prugnolo *gentile* genannt wird) und Montalcino (wo sie Brunello heißt) angetroffen wird, aber auch in der Romagna. Freilich gibt es von beiden Linien zahlreiche Formen. Entscheidend ist daher die Frage, ob es sich um einen wertvollen, alten Klon oder um einen neuen »Bastard« handelt, wie die Winzer sagen.

## DIE TRADITIONELLEN CHIANTI-REBEN

**SANGIOVESE**

*Hochwertigste Chiantirebe. Gilt als »noble« Sorte. Züchterisch allerdings so stark zugerichtet, daß ehrgeizige Winzer zunehmend nach alten, unveredelten Klonen suchen. Sie heißen im Dialekt »Sangioveto«.*

**MALVASIA**

*Ertragsstarke, in ganz Mittelitalien verbreitete Rebe. Wird fast ausschließlich in Mischsätzen für rote und weiße Weine verwendet.*

**TREBBIANO**

*Typische Toskana-Rebe, die in nahezu allen Weißweinen Mittelitaliens enthalten ist. Zählt zu den guten, aber nicht zu den hochwertigsten Sorten.*

**CANAIOLO**

*Robuste, aber qualitativ nicht sonderlich hoch eingeschätzte Sorte, die ausschließlich in Mischsätzen auftaucht.*

# DER CHIANTIWEIN UND SEINE VORLÄUFER

Der Chiantiwein ist wahrscheinlich einer der ersten trockenen Rotweine in der Welt gewesen. Jedenfalls gilt dies für den Vermiglio, einen im 14. und 15. Jahrhundert in Florenz ungemein geschätzten Trunk, der wohl der einzige rote Wein war, der in der Toskana damals hergestellt wurde. Er kam nur aus drei, im Gebiet des heutigen Chianti classico liegenden Orten: Uzzano, Vignamaggio und Montefioralle. Der Vermiglio muß also der Vorläufer des jetzigen Chiantiweins gewesen sein.

Vor dieser Zeit liebte man den Wein vor allem süß. Einen durchgegorenen Wein zu erzeugen, muß daher auf viele Zeitgenossen geradezu revolutionär gewirkt haben. Doch zumindest die Florentiner machten die Mode mit und wurden so, was den guten Geschmack betraf, zu Vorreitern einer Entwicklung, die in Frankreich erst später einsetzte. Zahlreiche Weinhandlungen eröffneten in der Stadt, in denen die Bürger das berauschende Getränk öffentlich zu sich nehmen konnten. Etwa 80 solcher Osterien haben bereits im 12. Jahrhundert in Florenz existiert, und ihre Zahl stieg in den folgenden Jahrzehnten ständig an. Über Art und Qualität des Weins, den die Florentiner so liebten, ist wenig bekannt. Soviel nur ist belegt, daß auch Weine aus Korsika und Sardinien darunter waren. Jenes Land, das heute Chianti heißt, ist also keineswegs der einzige Lieferant gewesen, geschweige denn der des besten oder teuersten Weins. Im Gegenteil, dieses Privileg genoß der Wein aus Montecarlo, jenem kleinen Dorf bei Lucca, das noch heute für seinen ausgezeichneten Weißen bekannt ist. Die erste Erwähnung des Namens »Chianti« im Zusammenhang mit Wein findet sich in den Geschäftsbüchern des Florentiner Bankhauses Marco Datini und Cambioni. Sie stammt aus dem Jahre 1398 und hat zum Inhalt, daß der Weißwein aus dem Gebiet des Chianti billiger sei als der aus anderen Gegenden.

Weißwein? In der Tat war der Chianti ursprünglich ein weißer Wein, zumindest ein großer Teil desselben. Die Nachfrage nach ihm überstieg, soweit bekannt ist, zu jener Zeit deutlich die nach rotem Wein. Besonderes Ansehen genoß zum Beispiel ein Wein, der aus der weißen Malvagia-Rebe gekeltert wurde, die im Chianti wuchs. Wahrscheinlich ist sie mit jener Malvasia identisch, die

noch heute als Weißweinrebe in den Mischsatz des Chianti eingeht. Sehr gesucht waren auch die Weißweine aus Valdarno Superiore, worunter das Land um Arezzo verstanden wurde, das heute zum Chianti gehört. Für sie zahlten die Florentiner ebenfalls hohe Preise.

Was genau die Ursache dafür war, daß die Menschen in der Toskana sich im 15. und 16. Jahrhundert zunehmend dem Rotwein zuwendeten, wird nie ganz zu klären sein. Sicher ist, daß in dem Gebiet zwischen Florenz und Siena – und nicht etwa nur in Uzzano, Vignamaggio oder Montefioralle – immer schon auch Rotweinreben kultiviert wurden. Sicher ist aber auch, daß der offenbar vorzügliche Vermiglio aus jenen Orten zu dem Geschmackswandel beigetragen hat. Jedenfalls stieg mit der wachsenden Nachfrage nach Wein auch der Konsum des roten rapide an. Er fand sich an den Tafeln der Medici ebenso wieder wie in den Kellern des Vatikans. Mönche und Monarchen, Kaufleute und Künstler labten sich gleichermaßen an ihm, und selbst im fernen London war der Rosso di Firenze, wie er hieß, bereits ein Begriff. »Ein rauher, aber gehaltvoller und sehr voller Wein«, schrieb ein Zeitgenosse über ihn, worin wohl ein unübersehbarer Hinweis dafür zu sehen ist, daß es sich um einen durchgegorenen Wein ohne Süße gehandelt haben muß.

Der Wunsch, Wein zu trinken, ging vor allem von den Städten aus. Die Landflucht, die im 14. Jahrhundert aufgrund von Epidemien und Kriegen einsetzte, trieb einen großen Teil der Bauern in die Stadt, wo sie sich ein besseres Auskommen und mehr Sicherheit erhofften. Sie vor allem waren es, die den Städtern das Weintrinken lehrten. Für sie war Wein nämlich ein Lebensmittel. Für den Klerus und den Adel, für die wohlhabenden Handwerker und Kaufleute wurde er zum Luxusgegenstand.

Besonders Florenz spielte, was die Änderung der Trinksitten betraf, eine entscheidende Rolle. Die Zahl ihrer Einwohner hatte rapid zugenommen, so daß sie bereits im 13. Jahrhundert die viert- oder fünftgrößte Stadt Europas war. Entsprechend wuchs die Nachfrage nach Weinen. Man begann, vor den Toren der Stadt Weinberge anzulegen, wobei sich besonders die Vallombrosianer der Badia Fiorentina und die Mönche der Abtei von Fiesole hervortaten. Letztere pflanzten zum Beispiel vor der *Porta Peruzza* Reben an, erstere vor der *Porta San Pancrazio*. Noch heute erinnern zwei Straßennamen an das Werk dieser Gottesdiener: *Via della Vigna Vecchia* und *Via della Vigna Nuova*.

## CHIANTI-WINZER

Der alte toskanische Landadel repräsentiert schon lange nicht mehr allein den Typ des modernen Chianti-Winzers. Ehrgeizige Neuankömmlinge, »Aussteiger« mit Weinleidenschaft und wohlhabende Industriepensionäre gehören ebenso dazu wie Wirtschaftsmanager, die am Wochenende mit dem Privatflugzeug in die Toskana einschweben. Aber der bäuerliche Winzer ist noch nicht ganz ausgestorben, wenn er auch seltener geworden ist. Oben links: Giuseppina und Giorgio Regni von der Fattoria Valtellina. Darunter: Piero Stucchi Prinetti, Badia a Coltibuono. Oben rechts: Raffaele Rosetti von Capannelle. Darunter: Alessandro François und seine Frau Maria Antonietta Corsi vom Castello di Querceto. Links unten: Silvano Formigli, Castello di Ama. Rechts unten: Paolo De Marchi, Isole e Olena.

Daß der Rosso di Firenze aus Fiesole und von den Hügeln südlich der Stadt kam, war damals eine selbst im Ausland bekannte Tatsache. Aber auch auf dem Territorium des verfeindeten Siena wuchsen Reben, aus denen ein für den damaligen Geschmack vorzüglicher Wein gemacht wurde. Die Weinberge zogen sich, so ist belegt, von den Toren Sienas bis zur Festung von Monteriggioni. Allerdings war Siena nie eine so trinkfreudige Stadt wie Florenz. Wohl gab es dort verschiedene Osterien, doch hatten diese in einer »anständigen Entfernung« von 300 Klafter von Kirchen oder anderen geweihten Städten zu liegen. Ansonsten mußten ihre Wirte fürchten, daß ihr Ausschank auf Geheiß der Stadtväter niedergebrannt wurde. Denn Wein galt vielfach als dekadentes Getränk und der Genuß desselben als Frevel, der nicht anders geahndet wurde als die Bewirtung von Dieben, Lebedamen und anderen Übeltätern.

Die Anlage neuer Weinberge sowie die Entwicklung der Grundlagen des Rebbaus und der Weinbereitung ist in erster Linie ein Werk der Mönche gewesen. Durch präzise Naturbeobachtung, wie es der Philosophie der Renaissance entsprach, erwuchsen erste wissenschaftliche Erkenntnisse über alles, was mit dem Wein zu tun hat. Eine hervorragende Rolle spielten die Vallombrosianer, ein zu den Benediktinern gehörender Orden. Sie haben den Weinbau des Chianti schon vom 11. Jahrhundert an entscheidend geprägt. Ihre wichtigsten Stützpunkte waren die Badia di Passignano und die Badia zu Coltibuono sowie die Badia di San Bartolomeo in Ripoli. Sie besaßen aber auch viele kleine, »einsame Zellen« in den endlosen Wäldern der Toskana, wo zwei oder drei Mönche, manchmal auch nur ein Bruder allein kleine Landwirtschaften aufbauten, um dort betend und arbeitend nach innerer Vollkommenheit zu streben.

Erst im 16. Jahrhundert begannen reiche Florentiner Bürger in die Landwirtschaft zu investieren. Denn der Weinkonsum war inzwischen so groß geworden, daß die ersten französischen Weine in Florenz auftauchten, um den Bedarf decken zu können. Sie schienen jedoch nicht von sonderlich guter Qualität zu sein, so daß die Menschen den heimischen Wein vorzogen, wenn sie genug davon bekommen konnten. Was lag also näher, als diesen beliebten Nektar selbst zu erzeugen?

Die Kenntnisse vom Weinmachen waren damals allerdings noch sehr lückenhaft. Man ließ den Most nämlich viel zu lange – genau: bis zum Martinstag am 11. November – vergären, wobei er ständig mit Luft in Berührung kam. Erst dann zog man ihn von den Hülsen ab, so daß er wegen des hohen Tannins, das er enthielt, sehr bitter schmeckte, was freilich die Wertschätzung, die er genoß, wenig beeinträchtigte. Im Gegenteil, zeigte der Wein aus irgendwelchen Gründen einmal nicht den bitteren Geschmack, fügte man ihm, so ist belegt, ein bißchen gelbe Rindergalle hinzu.

Das 17. Jahrhundert war das Zeitalter der Poesie. Unzählige Hymnen wurden auf den Wein aus dem Chianti geschrieben, die berühmtesten von Francesco Redi in seiner Versesammlung »Bacco in Toscana«. Die wissenschaftlichen Erkenntnisse über den Rebensaft wurden erst im folgenden Jahrhundert nachgeliefert. Von Cosimo Trinci erschien 1738 in Lucca ein bedeutendes Werk mit dem Titel »L'Agricoltore sperimentato«, in dem er vor allem die verschiedenen Rebsorten der Toskana beschreibt. Auch teilt er darin die Ergebnisse der Versuche mit, einen Wein aus verschiedenen, in ihrem Anteil gegenüber anderen genau festgelegten Trauben zu erzeugen. Schon vorher hatte Bartolomeo Bimbi mit naturwissenschaftlicher Genauigkeit die in Mittelitalien anzutreffenden Traubensorten in Öl gemalt. Er wurde dafür in den Stand eines akademischen Malers erhoben.

Das wichtigste önologische Werk der damaligen Zeit kam jedoch von Giovanni Cosimo Villifranchi: »Oenologia toscana«. In ihm wurden zum ersten Mal Regeln und Prinzipien der Kellerarbeit aufgestellt, die von der Faßhygiene bis zur keimfreien Abfüllung in Korbflaschen reichten. Der größte Teil dieser Regeln gilt heute

noch immer. So betont Villifranchi die Nützlichkeit der kalten Winter in der Toskana, die den Mosten die Möglichkeit gäbe, »sich selbst zu klären«. Der spätere Wein sei dann »von besserem Geschmack«. »Gegen den zwölften Tag erst« dürften die Hülsen in den Gärbottichen absinken. Solange dauere die Fermentation nämlich. Aber auch dann solle der Wein nicht sofort abgezogen werden, sondern müsse weiter auf den Hülsen ruhen – »ungefähr 20 Tage«. Danach sei er zur Reifung in Fässer aus Holz vom Maulbeerbaum oder der Kastanie zu legen, wobei »diese besser seien als jene«. Dort müsse er »bis zum 8. September des übernächsten Jahres bleiben«. Erst dann könne er in Flaschen gefüllt werden: »Er hält sich sehr viel besser in solchen Behältnissen mit schmalem Hals, in denen er sich noch über vier Jahre konservieren kann.« Welche er als die besten Weine betrachtete, verschwieg er dem Leser ebenfalls nicht: die aus dem »Chianti, Pomino, Nipozzano, Artimino«. Unter ihnen sei allerdings nur einer »genial«, der aus Pomino, jenem hochgelegenen Dörfchen im Valdisieve, das im heutigen Chianti Rufina liegt (seit 1983 hat Pomino eine eigene Herkunftsbezeichnung): »Er ist der fleischigste und stärkste und geeignet für eine lange Alterung und lange Transporte.«

Es gab noch eine Reihe anderer Wissenschaftler, die sich mit der Rebe und dem Wein befaßten, etwa Lamberto Paronetto (»Il magnifico Chianti«) oder die berühmte *Accademia dei Georgofili* in Florenz, die sich zum wichtigsten Forschungszentrum für Rebbau und Weinwissenschaft entwickelt hatte.

Wer immer es war, der in jenen Zeiten erhellende und wegweisende Werke über den Wein von Florenz und Siena, Pisa und Arezzo schrieb – er sprach vom Chianti. Längst hatte sich dieser Name für den roten Wein eingebürgert, nicht nur in Italien, auch in Frankreich. Ein französischer Adeliger namens De la Lalande jubelte in höchsten Tönen über die Weine aus diesem Gebiet: Sie seien »die saubersten und exquisitesten Italiens, variierten aber im Geschmack aufgrund der Verschiedenheit der Böden«. Die Roten stellte er mit den besten Bordeauxweinen aus seiner Heimat auf eine Stufe, gewisse Weiße aus der Gegend um Livorno mit dem Chablis.

So wurde die Zeit langsam reif für eine genaue Festlegung der Grenzen des Anbaugebietes, zumal auch immer mehr Weinfälscher auftraten, die billigen Wein aus weit entfernten Gegenden nach Frankreich und England schifften und ihn dort als »Chianti« verkauften. Den ersten Vorstoß unternahm Cosimo III., Großherzog der Toskana. Im Jahre 1716 erließ er ein Dekret, in dem neben Vorschriften für den Anbau der Reben, für die Lese, die Vinifikation sowie für den Handel auch die Grenzen bestimmter Gebiete, in denen guter Wein erzeugt wurde, genau bezeichnet wurden. Diejenige Zone, deren Gewächse sich »Chianti« nennen durften, reichte dem obrigkeitlichen Beschluß zufolge »von Spedaluzzo bis Greve; von dort nach Panzano, mit der ganzen Gemeinde von Radda, die drei Teile umfaßt, nämlich Radda, Gaiole und Castellina, bis an die Grenze der Provinz von Siena«.

Das Chianti von 1716 ist also mit dem nördlichen Teil des Chianti classico von heute identisch. Freilich fand Cosimo, daß nicht allein dort guter Wein wuchs. Gleichbedeutend waren seiner Meinung nach die Weine von Pomino, Carmignano und Valdarno di sopra, deren Grenzen er ebenfalls festlegte. Auf die heutigen Verhältnisse bezogen, handelt es sich dabei um die Anbaugebiete des Chianti Rufina, des Carmignano (der im Gebiet des Chianti Colli Montalbano wächst) sowie des Chianti Colli Aretini (beziehungsweise Teile derselben).

Die historische Bedeutung dieses Dekrets, das als »Bando« bekannt ist, liegt in dem Umstand, daß in ihm zum ersten Mal aus Gründen der Einheitlichkeit und der Qualitätsgarantie gewisser Weine territoriale Anbaubeschränkungen verfügt wurden. Insofern ist der »Bando« ein Vorläufer der italienischen D.O.C.-Gesetze, die 1963 erlassen wurden.

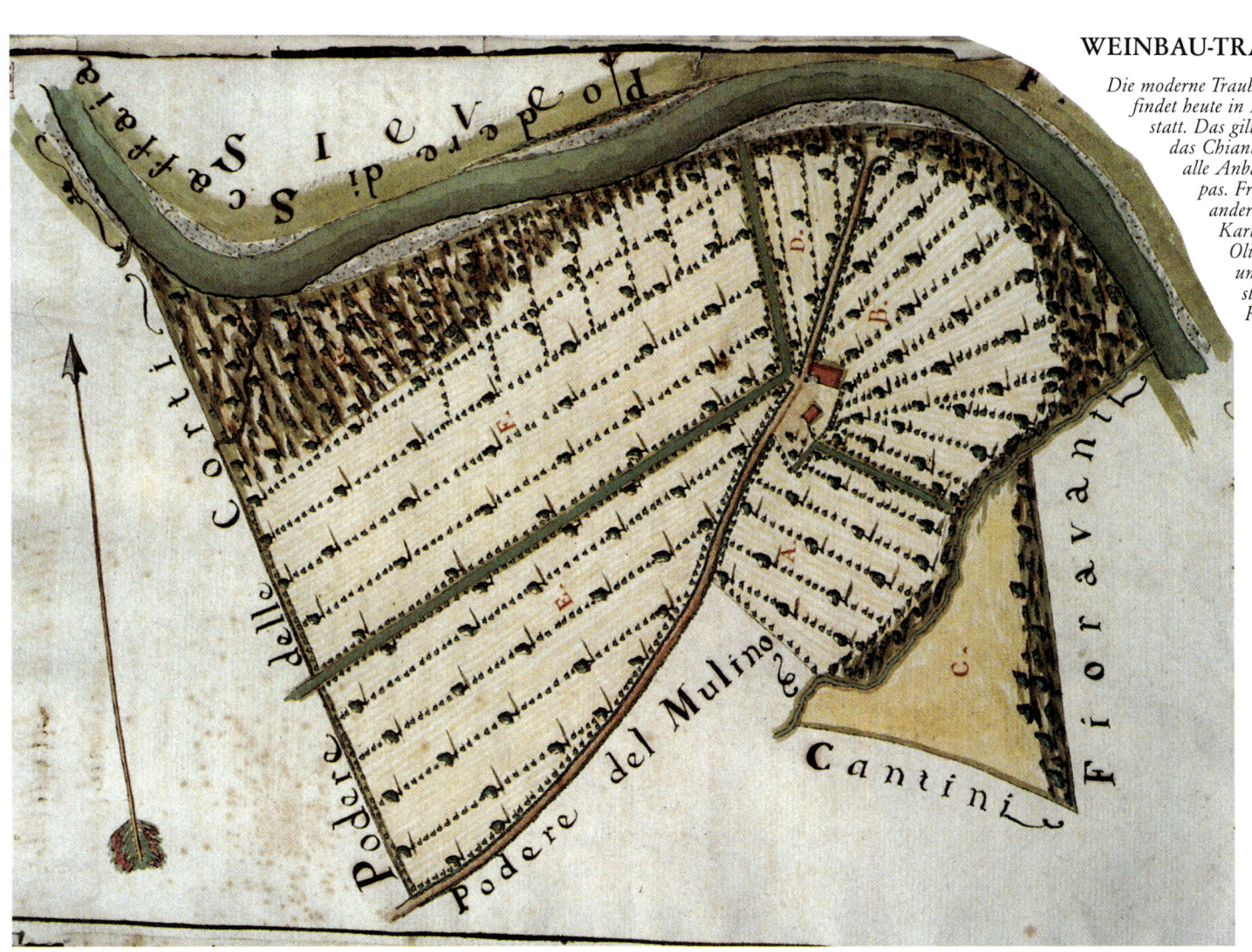

## WEINBAU-TRADITION

*Die moderne Traubenproduktion findet heute in Monokulturen statt. Das gilt nicht nur für das Chianti, sondern für alle Anbaugebiete Europas. Früher war das anders. Nebenstehende Karte zeigt gemischte Oliven-/Rebkulturen um eine alte Hofstelle im Chianti Rufina.*

## KLIMA UND BODEN IM CHIANTI

Nicht nur wegen der großen Ausdehnung des Chianti, auch wegen seiner enormen Höhenunterschiede variieren die klimatischen Bedingungen und die Bodenverhältnisse von Zone zu Zone. Im allgemeinen ist der Untergrund felsig und nur von einer relativ dünnen Erdschicht überlagert. Er besteht vor allem aus kalkhaltigem Mergel, aus Letten und Sandstein. In den tieferen Lagen am Fuße der Hügel werden eher die mergelhaltigen Böden angetroffen, während sich Sandstein und Letten vor allem in den höheren Lagen finden (Rebbau ist bis in eine Höhe von 550 Metern erlaubt). Diese geologischen Unterschiede prägen die Weine so stark, daß sie sich nicht selten sogar von Dorf zu Dorf unterscheiden.

Mit Ausnahme der Flußtäler und weniger Flachlagen ist Weinbau an nahezu allen Stellen des Chianti möglich. Im Westen bei Pisa, wo das Klima milder und die Weinberge nicht sehr hoch gelegen sind, reifen leichte Weine heran. Aus dem Sieve-Tal bei Rufina, das weiter landeinwärts liegt und von hohen Hügelketten eingerahmt ist, kommen dagegen die gehaltvollsten Chiantiweine. Auch ist die Zahl der Regentage dort erheblich höher als in anderen Teilen der Anbauzone, zum Beispiel der Gegend um Siena. Die Sonne scheint in der Toskana jedoch insgesamt so häufig, daß kaum ein Winzer, nicht einmal der für den Weinbau zuständige Landwirtschaftsassessor in Florenz, die genaue Zahl der Sonnentage angeben kann. Was die mittleren Jahresdurchschnittstemperaturen und Niederschlagsmengen angeht, so reicht den Winzern ebenfalls das Wissen aus, daß es von Frühling bis Herbst im Chianti meist sehr warm ist. Die Temperaturschwankungen zwischen Tag und Nacht sind in den Weinbergen nicht sehr groß. Erhebliche Temperaturdifferenzen bestehen dagegen zwischen tiefgelegenen Hängen und den Kuppen der Hügel. Sie sind, zusammen mit der unterschiedlichen Bodenzusammensetzung, auch der Grund dafür, daß die Chiantiweine aus den höheren Lagen meist etwas feiner und rassiger ausfallen. Nebel tritt nur im Tal des Arno und in einigen anderen Flußtälern auf. Einige begrenzte Gebiete sind in den letzten Jahren von Hagelschlag heimgesucht worden. Insgesamt tritt Hagel jedoch nur selten auf. Die Niederschläge haben ihren Höhepunkt im April und November.

## DER »GOVERNO ALL'USO DEL CHIANTI«

Die Herstellung des Chianti weist eine Besonderheit auf, wie es sie bei keinem anderen großen Rotwein der Welt gibt. Nach der alkoholischen Gärung wird durch Zusatz von Mostkonzentrat eine Nachgärung in Gang gesetzt, durch die der Wein – abgesehen von der Anreicherung, die in höheren Alkoholgraden ihren Niederschlag findet – etwas frischer, fruchtiger werden soll. Der Chianti war nämlich ursprünglich kein schwerer, für eine lange Alterung bestimmter Wein, sondern ein eher leicht- bis mittelgewichtiger, durstlöschender, in jedem Fall zum alsbaldigen Verbrauch vorgesehener Wein, der frisch und belebend sein sollte. So wenigstens liebte ihn die Landbevölkerung des vorigen Jahrhunderts, und so lieben ihn noch heute viele Chiantifreunde in aller Welt. Die gehaltvollen Chiantiweine waren damals Außenseiter, hochgeschätzte zwar wie heute noch, doch nur an wenigen Orten wachsend: Pomino etwa, oder Carmignano und Brolio.

171

## CHIANTI-WINZER

Die Zusammensetzung der Winzerschaft des Chianti ist so vielfältig wie
die Weinproduktion selbst.
Entsprechend ausgeprägt ist die
Individualität des Weinmachens. In
kaum einer anderen Gegend Italiens
existieren so viele eigenwillige Winzer-
stile. Gemeinsam ist den besseren
Produzenten nur die Leidenschaft, mit
der sie dabei zu Werke gehen. Bild
oben: Fürst Alcise Di Napoli Rampolla
vom Castello dei Rampolla mit seinem
Sohn Luca. Rechts: Paolo Panerai mit
seiner Frau Fioretta Nardi, Castellare.
Gegenüberliegende Seite oben links:
Giovannella Stianti Mascheroni vom
Castello di Volpaia. Darunter: Raineri
Graf Sanminiatelli, Castello di Vigna-
maggio. Oben rechts: Rocaldo Acuti,
Vecchie Terre di Montefili. Darunter:
John Dunkley, Riecine. Links unten:
Marchese Piero Antinori.

Die zweite alkoholische Gärung ist im Chianti noch immer die Regel, obwohl ein großer Teil der Spitzenproduzenten auf sie verzichtet. Der Grund ist klar: Hochwertige Auslesen sollen keine frischen, sondern reife Weine sein. Sie besitzen von sich aus genug Alkohol und brauchen keine Tanninreduzierung. Trotzdem wird der *governo all'uso del Chianti*, wie diese Vergärungsmethode in Italien heißt, von den meisten Winzern für ein geeignetes Verfahren zur Erzeugung eines fruchtigen, blumigen Chiantiweins gehalten.

Die Erfindung des *governo* wird dem Baron Bettino Ricasoli zugeschrieben, einem ungemein klugen, weitsichtigen, willensstarken, bisweilen auch kauzigen Adeligen, der aus einer der großen toskanischen Familien kommt. Sein Stammsitz war das Castello di Brolio, ein schwer befestigtes, auf einem Felsen im südlichen Chianti classico thronendes Schloß, das noch heute eines der eindrucksvollsten Beispiele für die Militärarchitektur der Renaissance darstellt. In der sanft geschwungenen Hügellandschaft um das Schloß wuchs damals ein unvergleichlicher Wein, dessen Ruf bis ins ferne England reichte: die *Riserva del Brolio*. Sie war ein Ergebnis der weinbaulichen Kenntnisse und Experimentierlust jenes »eisernen Barons«, wie er in Italien gerufen wurde, ein profunder Kenner der Rebenkunde der Toskana, ein Önologe von Format, der größte Weinmacher, den Italien im 19. Jahrhundert hervorgebracht hat. Bei Vollmond sei er nachts auf einem schwarzen Rappen durch die Weinberge geritten und habe nach dem Rechten geschaut, erzählten die Bauern, ohne ihn, wie es scheint, freilich gesehen zu haben. In schweren Zeiten hätten sich seine Ausritte gehäuft, und es gab nicht wenige Leute, die gerade in jenen Nächten, in denen in irgendeiner Landarbeiterfamilie etwas Besonderes passierte, den dumpfen Schlag der Pferdehufe auf der von der Sonne ausgedörrten Erde ihrer Weinberge vernommen hatten. Die einen sahen Unglück aufziehen, wenn der ruhelose Baron auf seinem schwarzen Pferd unterwegs war. Die anderen hielten ihn für einen Glücksbringer. Mag sein, daß die ungewöhnlich aufgeschossene, hagere Gestalt des Bettino Ricasoli die Legendenbildung nährte. Mag sein, daß die dunkle Kleidung, die er ständig trug, ihm ein fremdartiges Aussehen verlieh. Tatsächlich, so weiß man, hat er die Nächte auf seinem Schloß verbracht, in dem er in zwei kleinen Zimmern lebte, die nur mit einem Schränkchen, einem Bücherbord, einem Schreibpult und einem Eisenbett möbliert waren. Um halb vier morgens stand er auf und begann sein Tagwerk. Um drei Uhr nachmittags

kehrte er zurück und saß bis zum Abendessen über seinen Büchern. Danach legte er sich zur Ruhe. So versichern wenigstens seine Nachfahren.

Zwischen 1834 und 1837 arbeitete er daran, die optimale Traubenmischung für den Chianti von Brolio zu finden: 70 Prozent Sangiovese, 15 Prozent Canaiolo, zehn Prozent weiße Trebbiano und Malvasia, der Rest Komplementärtrauben. Als »Chianti-Formel« hat diese Mischung in ihrer Grundzusammensetzung noch heute Gültigkeit. Nur die Mengenverhältnisse haben sich etwas geändert.

Zur gleichen Zeit experimentierte er aber auch mit verschiedenen Formen der Anreicherung von Mosten, um seine Weine ausgeglichener und harmonischer zu machen. Denn es gab schwächere Jahrgänge, in denen der Wein wenig gehaltvoll ausfiel, während gute Jahrgänge oft den Nachteil hatten, daß sie wegen ihrer Fülle und des Tanninreichtums lange im Faß liegen mußten und leicht müde wurden. 1847 präsentierte er dann auf einem Kongreß in Florenz 40 Flaschen seiner *Riserva del Brolio*, Jahrgang 1841, die das Ergebnis seines jahrelangen Experimentierens waren. Der Nektar, obwohl sechs Jahre im Faß gelegen, erwies sich als nobler Trunk voller Frische und Fruchtigkeit. Er war *governato*: mit Most aus getrockneten Trauben von der Sangiovese- und Canaiolo-Rebe noch ein zweites Mal vergoren worden.

Der *governo* wurde schnell populär, obwohl es eine Anreicherung von Mosten mit Traubenzucker schon immer und nicht nur im Chianti gegeben hat. Dabei ging es freilich in erster Linie um eine Erhöhung des Alkoholgehaltes, weshalb der Zucker dem Most auch schon vor der Fermentation zugesetzt wurde. Der berühmteste Wein der Antike, der aus Kampanien stammende »Falernum«, wurde zum Beispiel mittels einer durch konzentrierten Most verlängerten Gärung erzeugt. Eine künstlich initiierte zweite, alkoholische Gärung scheint jedoch bis dahin unbekannt gewesen zu sein.

Bettino Ricasoli, der später eine politische Karriere machte und 1860, nach dem plötzlichen Tod von Camillo Cavour, dem Einiger Italiens, selbst Premierminister des neuen Königreiches wurde (er war es allerdings nur neun Monate, weil sich als liberaler Reformkatholik sowohl die Demokraten als auch die Kon-

**Gesetzliche Bestimmungen zur Herstellung des Chianti nach der kontrollierten und garantierten Herkunftsbezeichnung, die erstmals für den Jahrgang 1984 gelten**

| | Chianti classico | Chianti Rufina | Chianti Colli Fiorentini | Chianti Montalbano | Chianti Colli Senesi | Chianti Colli Aretini | Chianti Colline Pisane | Chianti |
|---|---|---|---|---|---|---|---|---|
| Sangiovese | 75–90% | 75–90% | 75–90% | 75–90% | 75–90% | 75–90% | 75–90% | 75–90% |
| Canaiolo | 5–10% | 5–10% | 5–10% | 5–10% | 5–10% | 5–10% | 5–10% | 5–10% |
| Trebbiano toscano und Malvasia | 2–5% | 5–10% | 5–10% | 5–10% | 5–10% | 5–10% | 5–10% | 5–10% |
| Hektarhöchsterträge (Doppelzentner pro Hektar) | 75 dz | 80 dz | 80 dz | 100 dz | 100 dz | 100 dz | 100 dz | 100 dz |
| nicht-traditionelle Sorten (z.B. Carbernet Sauvignon) | bis 10% | bis 10% | bis 10% | bis 10% | bis 10% | bis 10% | bis 10% | bis 10% |
| Anreicherung bzw. Verschneiden | nur mit rektifiziertem Traubenmostkonzentrat bzw. mit Mostkonzentrat aus dem Chianti | | | mit Mosten, Traubenmostkonzentraten und Weinen, die auch von außerhalb des Chianti kommen dürfen (bis höchstens 15%) | | | | |

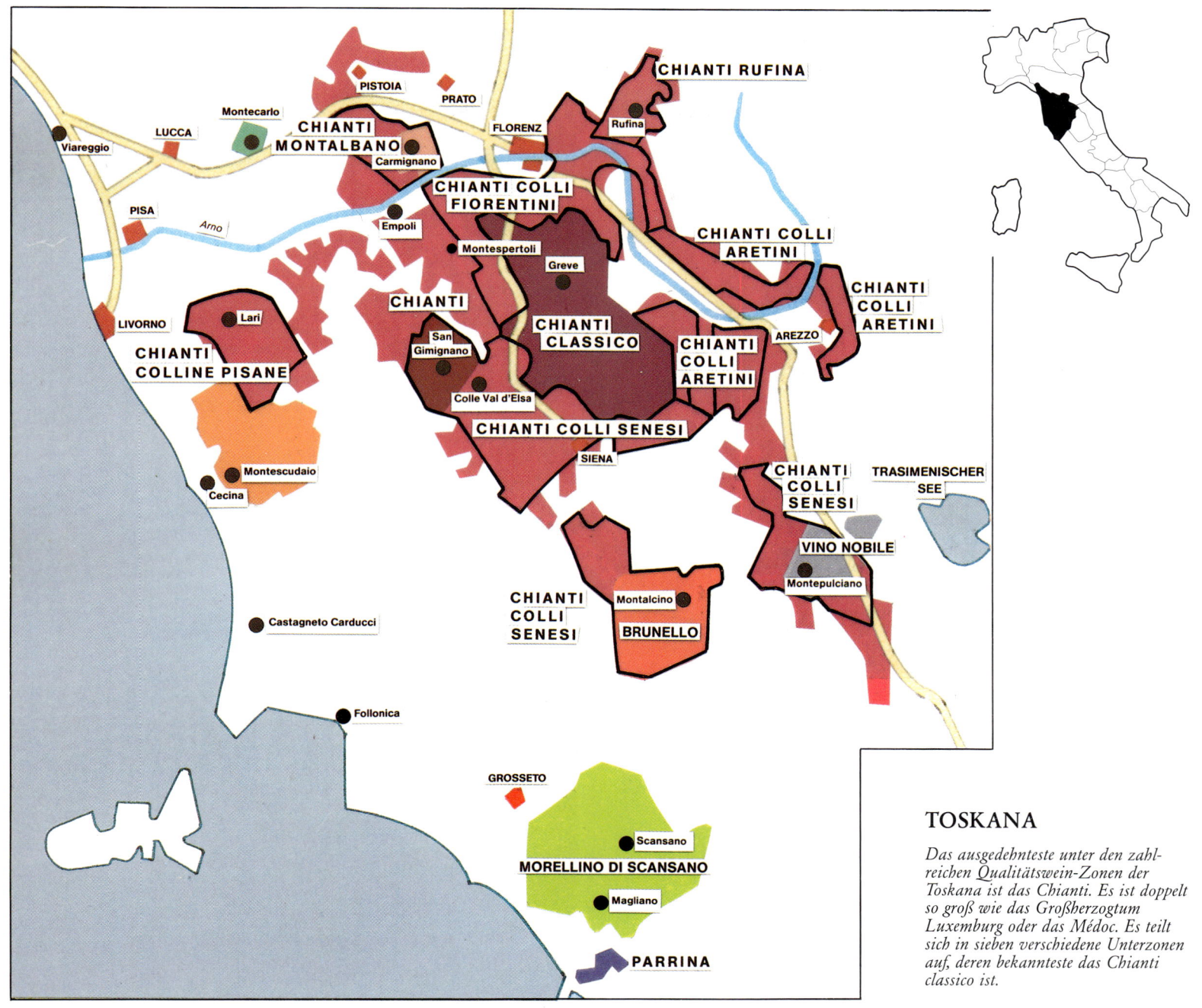

**TOSKANA**

*Das ausgedehnteste unter den zahl-
reichen Qualitätswein-Zonen der
Toskana ist das Chianti. Es ist doppelt
so groß wie das Großherzogtum
Luxemburg oder das Médoc. Es teilt
sich in sieben verschiedene Unterzonen
auf, deren bekannteste das Chianti
classico ist.*

servativen und vor allem den Papst zum Gegner gemacht hatte),
war jedoch sehr variabel, was seinen *governo* anging. In guten,
sonnenreichen Jahren brauchte der Wein nach seiner Meinung
nicht so dringend eine zweite alkoholische Gärung, während in
verregneten die Menge des zuckerhaltigen Mostes sogar verdoppelt werden mußte. Vor allem aber hatte der Most, der zugesetzt
wurde, aus dem Gebiet des Chianti zu kommen – eine Regel,
deren Bedeutung er immer wieder betonte, weil es schon zu
damaliger Zeit viele Winzer gab, die ihren Chianti mit süditalienischen Weinen verschnitten oder mit Mosten derselben Herkunft anreicherten. Dabei sollte der Most, mit dem der *governo*
durchgeführt wurde, nur von gesunden Trauben kommen, die
etwa vier Wochen auf Strohmatten oder in Holzkästen unter
dem Dach getrocknet worden waren, bis sich – fast zu Rosinen
geschrumpft – der Zucker in ihnen konzentriert hatte.

Wenn der *governo* auch heute noch weit verbreitet ist, so hat sich
doch die Art, in der er angewendet wird, verändert. Nur wenige
Winzer trocknen ihre Trauben noch selbst im Dachstuhl ihrer
*Fattoria*. Die meisten kaufen das Mostkonzentrat von bestimmten Betrieben, die sich auf die Herstellung desselben spezialisiert
haben. Diese stellen es vor allem aus der weißen Malvasia-Traube
her, weil sie die Eigenschaft hat, viel Zucker in ihrem Inneren
anzusammeln. Ein Teil des Mostkonzentrates (beziehungsweise
des Mosts zur Anreicherung) kann allerdings – entgegen dem

Rat des »eisernen Barons« – aus süditalienischen Trauben hergestellt werden (außer im Chianti classico, Chianti Rufina,
Chianti Colli Fiorentini). Die D.O.C.G.-Bestimmungen des
Chianti erlauben nämlich, daß 15 Prozent der Trauben (beziehungsweise des Mosts) aus anderen Anbaugebieten als dem des
Chianti kommen dürfen. Gute Produzenten haben von dieser
Möglichkeit nie Gebrauch gemacht. Aber viele Großabfüller
und auch mancher kleine Winzer bedienen sich zur Senkung
ihrer Kosten des fremden Mostkonzentrats.

Die Diskussion über den Sinn und die Notwendigkeit des *governo* ist bis heute ebensowenig abgeschlossen wie die Diskussion
über den weißen Traubenanteil im Chiantiwein. Sicher ist, daß er
zu Ricasolis Zeiten eine größere Bedeutung für den Vinifika-
tionsprozeß hatte als heute. Damals wurden die roten Trauben
zum Beispiel mit Stielen vergoren, weil es keine Abbeermaschi-
nen gab und das Entfernen der Kämme und Stiele von Hand
zu mühselig war. Der Wein war also tanninhaltiger als heute, so
daß eher die Notwendigkeit bestand, den Gerbstoffanteil durch
Zugeben von konzentriertem Traubenmost zu reduzieren. Heute werden die roten Trauben dagegen mechanisch entrappt,
bevor sie vergoren werden. Der *governo* ist also nicht mehr so
unverzichtbar wie vor hundert Jahren. Die neuen, Ende 1984
erlassenen D.O.C.G.-Regeln für das Chianti-Gebiet erlauben ihn
jedoch ausdrücklich.

# DIE VERSCHIEDENEN CHIANTI-ZONEN

**D**ie Zusammenfassung verschiedener Anbauzonen unter dem Begriff »Chianti« hat dazu geführt, daß die Gesetze hinsichtlich Kennzeichnung auf den Etiketten zu den kompliziertesten und verwirrendsten in ganz Italien gehören. Ein Weinliebhaber, der sich nicht mit ihnen beschäftigt hat, wird sich schwerlich sichere Maßstäbe für die Beurteilung der Herkunft (und damit indirekt auch der Eigenart beziehungsweise der Qualität) einer Flasche bilden können. Wer es getan hat, weiß allerdings auch nur eines: Das Etikett sagt, trotz aller Vorschriften, keineswegs sicher, woher der Wein wirklich kommt.

Das Chianti gliedert sich in sieben verschiedene Anbauzonen. Die bekannteste ist das Chianti classico. Weniger bekannt sind das Chianti Rufina (nordöstlich von Florenz bei Pontassieve), das Chianti Colli Fiorentini (das sich wie ein Gürtel um die nördliche Hälfte des Chianti classico legt), das Chianti Montalbano (um Carmignano), das Chianti Colli Senesi (verschiedene, teilweise unzusammenhängende Anbaugebiete um Siena), das Chianti Colli Aretini (vier getrennte Anbaugebiete um Arezzo) sowie das Chianti Colline Pisane (im Hinterland von Pisa und Livorno). Die Weine, die von dort kommen, dürfen die Bezeichnung ihrer Herkunftszone auf dem Etikett tragen. Beispiel: Chianti classico.

Das Chianti ist jedoch größer als die sieben Anbauzonen zusammen. Weine, die nicht in einer dieser Zonen gewachsen sind, dürfen sich daher nur einfach »Chianti« ohne irgendeinen geografischen Hinweis nennen. Das bedeutet: Chianti heißen Weine, die sowohl in den Ausläufern der Apuanischen Alpen bei Pistoia als auch an der Grenze zu Orvieto im Süden gereift sind, selbst wenn dazwischen 150 Kilometer Luftlinie liegen. Entsprechend stark unterscheiden sich die Weine voneinander. Jeder für sich ist den Rotweinen der benachbarten Anbaugebiete (auch wenn diese sich nicht »Chianti« nennen dürfen – wie etwa der Rosso delle Colline Lucchesi) ähnlicher als seinem Namensvetter.

Die Hersteller aus den sieben Anbaugebieten müssen jedoch nicht den Zusatz »classico«, »Colli Aretini« usw. auf das Etikett ihres Weines schreiben. Sie können sich auch einfach mit der Bezeichnung »Chianti« bescheiden. Viele Produzenten tun das, auch wenn ihre Weine damit äußerlich ununterscheidbar werden von den Chiantiweinen aus den Randregionen des Anbaugebiets. Auf den Flaschen der *Fattoria La Querce* findet sich zum Beispiel – neben diesem Namen – nur die Bezeichnung »Chianti«, obwohl Weinberge und Weingut im Gebiet der Colli Fiorentini liegen und sich der Wein damit auch »Chianti Colli Fiorentini« nennen dürfte. Der Besitzer verzichtet jedoch darauf, weil »Colli Fiorentini« den Chiantifreunden wenig sagt, *Fattoria La Querce* hingegen viel.

Aber auch weniger renommierte Weingüter aus dieser Zone (sowie anderen) nennen sich nur »Chianti«. Der Marktwert von Zusatzbezeichnungen wie »Colli Fiorentini«, »Colli Montalbano« oder »Colline Pisane« ist gering. »Chianti« ist kürzer und erfüllt auch seinen Zweck, zumindest beim unkundigen Verbraucher. Nicht auszuschließen ist auch, daß der eine oder andere Produzent diese freiwillige Selbstbescheidung mit einem Hintergedanken verbindet: dem nämlich, die vorgeschriebenen Ertragsbeschränkungen überschreiten zu können. Denn für den Chianti Colli Fiorentino dürfen nur 80 Doppelzentner Trauben pro Hektar geerntet werden, für den Chianti allgemein 100 Doppelzentner.

Ein Teil der Spitzenweine aus dem Chianti ist in den letzten Jahren nicht einmal als »Chianti« auf den Markt gekommen, sondern als Tafelwein unter irgendeinem Markennamen. Diese

## MYTHISCHER LEBENSRAUM

*Das Chianti ist weder schroff noch flach, sondern sanft geschwungen, hell und immer voller Düfte. Fremde empfinden es als mythische Landschaft. Für Einheimische ist es ein schicksalshafter Lebensraum. Wenn das Schicksal einen Namen hat, so heißt es Wein und Oliven. Im Bild: Landschaft bei Costafabbri südlich von Siena.*

Gewächse sind aus anderen Trauben beziehungsweise aus einem anders zusammengesetzten Mischsatz gekeltert und entsprechen somit nicht den Vorschriften des Gesetzes für den Chiantiwein. Der bekannteste dieser Weine ist der *Tignanello*. Er kommt aus einem kleinen Weinberg bei Santa Cristina nahe der Grenze zum Chianti Colli Fiorentini. Da er nur aus roten Trauben gepreßt wird, erfüllte er nicht die Voraussetzungen für einen Chianti classico. Gleichwohl würde niemand, der je einen Tignanello verkostet hat, zögern, ihn einen sehr guten Wein zu nennen, besser sogar als viele Chianti-classico-Gewächse. Trotz seines andersartigen Mischsatzes bleibt er unverkennbar ein Wein dieses Anbaugebiets, auch wenn er am Etikett als solcher nur schwer zu erkennen ist. Für den *Tignanello* mag das Risiko, nicht als Wein, der im Chianti classico gewachsen ist, erkannt zu werden, gering sein, weil er inzwischen einen hohen Bekanntheitsgrad besitzt. Doch für ein gutes Dutzend weiterer Unikat-Weine, die teilweise auch zur Spitzenklasse des Chianti zählen, gilt das nicht, und es kommen jedes Jahr neue hinzu.

Die verwirrende Vielfalt an Weinen und Bezeichnungen erleichtert die Orientierung des Weinfreundes zweifellos nicht sonderlich. An dieser Tatsache wird sich vermutlich auch im nächsten Jahrzehnt nichts ändern. Die kontrollierte und garantierte Herkunftsbezeichnung (D.O.C.G.), die erstmals für Chiantiweine des Jahrgangs 1984 gilt, sieht zwar, um ihre Typizität festzustellen, sensorische Prüfungen – also Verkostungen – aller Weine vor. Doch selbst bei strengen Maßstäben wird die Vielfalt immer noch sehr groß sein. Zu unterschiedlich ist das ökologische Ambiente im Chianti, zu individualistisch die Auffassungen der Toskaner vom Weinmachen.

Die Gesetze sehen für den Chianti drei Qualitätsabstufungen vor. Die unterste bildet der Jahrgangswein (*annata*). Er darf im März (in einigen Zonen erst im Juni) des auf die Lese folgenden Jahres verkauft werden, nachdem er ein paar Monate im Holzfaß gereift ist. Ein Wein, der zwei Jahre im Keller gelegen hat, darf sich auf dem Etikett *vecchio* nennen, ein drei Jahre alter Wein *Riserva*. Zugleich müssen letztere in der Regel mindestens 12,5 Vol.% Alkohol aufweisen. In den Colline Pisane, in den Colli Senesi und den Colli Aretini hat die *Riserva* jedoch wenig Tradition. Von dort kommt vorwiegend der leichte (bis mittelschwere) Jahrgangswein. Die *Riserva* ist vor allem in den Colli Fiorentini, in Rufina und im Chianti classico zuhause. Dort wachsen die Weine, die eine lange Lagerung brauchen, die hoch im Extrakt sind, spürbar tanninhaltig und sich, je nach Güte eines Jahrgangs, fünf, zehn, zwanzig oder auch mehr Jahre auf der Flasche verfeinern können.

Innerhalb der Grenzen des Chianti werden auch Weine erzeugt, die sich nicht Chianti nennen, aber dennoch D.O.C.- beziehungsweise D.O.C.G.-Status besitzen. Der Brunello di Montalcino und der Vino Nobile di Montepulciano wachsen im Anbaugebiet des Chianti Colli Senesi (dasselbe gilt für den weißen Vernaccia di San Gimignano). Sie sind, obwohl der Chianti dieser Zone meist jung getrunken wird, ausgesprochene Lagerweine und besitzen mit diesen wenig Ähnlichkeit. Auch der Carmignano kommt aus einer Chianti-Zone, nämlich derjenigen der Colli Montalbano. Gleichwohl ist er wegen seines leicht veränderten Mischsatzes (er enthält einen Teil Cabernet-Trauben) ein besonderer, vom Chianti deutlich unterschiedener Wein.

**SAN GIMIGNANO** *Der Vernaccia-Weißwein der Stadt mit den 15 »Geschlechtertürmen« ist – mit wenigen Ausnahmen – zum Touristenwein geworden.*

# GALLO NERO UND CHIANTI PUTTO

Die Konsortien sind freiwillige Zusammenschlüsse von Winzern mit dem Ziel, Garantien für die Originalität und eine gewisse Mindestqualität der Weine zu geben. Die Einhaltung dieser Maßstäbe signalisiert ein Etikett am Flaschenhals, der *bollino*. Das Konsortium des *Chianti Putto* (gegründet 1927), in dem sich die Winzer aller Chianti-Zonen außer der des Chianti classico organisiert haben, ist auf die Darstellung eines puttenhaften Bacchus verfallen, die ihr Emblem ziert. Dieses ist unter anderem eine Garantie dafür, daß für die *Putto*-Weine nicht mehr als 80 Doppelzentner Trauben im Durchschnitt gelesen wurden. Das D.O.C.G.-Gesetz erlaubt bis zu 100 Doppelzentnern. Die Winzer des Chianti classico, die zu über 90 Prozent dem Konsortium (gegründet 1924) angehören, haben sich als Symbol ihres *bollino* den schwarzen Hahn gewählt (*Gallo Nero*). Er wacht unter anderem darüber, daß die Hektarhöchsterträge seiner Mitglieder unter den Maximalerträgen liegen, die das D.O.C.G.-Gesetz für das Chianti classico vorsieht (75 Doppelzentner).

Der schwarze Hahn ist ein geschichtsträchtiges Tier. Mit seiner Hilfe sollen sich die Florentiner im Jahre 1208 einen erheblichen Landgewinn gegenüber den verfeindeten Sienesen gesichert haben, ohne Blut vergießen zu müssen. Es war nämlich in den Friedensverhandlungen der beiden Stadtrepubliken vereinbart worden, daß die Grenze zwischen ihren Territorien künftig dort verlaufen sollte, wo zwei Reiter sich treffen würden, die am Morgen eines bestimmten Tages beim ersten Hahnenschrei an ihrem Stadttor aufzubrechen und aufeinander zuzureiten hatten. Der Hahn der listigen Florentiner aber krähte, weil diese ihm am Vortag nichts zu fressen gegeben hatten, bereits lange vor der Morgendämmerung, so daß ihr Reiter einen großen Vorsprung gegenüber seinem Gegenspieler bekam. Siena war bereits in der Ferne zu sehen, als die beiden sich trafen.

Die geschichtliche Bedeutung des schwarzen Hahns wird allerdings von seiner Bedeutung als Markentier deutlich übertroffen. Er hat den Chianti classico in aller Welt bekannt gemacht, und er steht – ob zu Recht oder Unrecht – für die Qualität dieses Weines. Sicher ist allein, daß der *Gallo Nero* (wie auch der *Putto*) eine bestimmte Mindestqualität des Weins garantiert. Wie hoch oder niedrig diese ist, sagt er nicht. Denn eine Beschneidung der Mengenproduktion allein macht noch kein Spitzenprodukt, als das die Konsortiumsmitglieder ihren Wein gerne sähen. Die Kontrolle der Traubenzusammensetzung, die Laboruntersuchungen und Verkostungen der Weine sind bestenfalls Hilfsmittel, um ein Abgleiten der Qualität nach unten zu verhindern. So notwendig sie sein mögen, eine Garantie für jene Qualität, die von einem Spitzenwein erwartet werden muß, können sie nicht sein. Nicht zuletzt deshalb haben sich in den letzten Jahren viele renommierte Erzeuger wieder aus den Konsortien zurückgezogen. Ihr Name garantiert inzwischen für mehr als Hahn oder Putto. Das Fehlen des *Gallo Nero* oder *Putto* am Flaschenhals ist also ebensowenig Beweis fehlender Qualität wie das Vorhandensein derselben eine Qualitätsgarantie ist.

Wohl auch aus diesem Grunde sind in den letzten Jahren viele Erzeuger ganz unterschiedlicher Größe und Stellung aus dem Konsortium ausgetreten. Beispiel: die *Antinori, Castello di Brolio* oder *Castello dei Rampolla*. Güter wie *Riecine* oder *Castello di Volpaia* kämpfen dagegen hart für die Interessen der kleinen, kompromißlos auf Qualität setzenden Erzeuger, das heißt: gegen die Übermacht der genossenschaftlichen und vieler großer Abfüller. Mit welchem Erfolg, wird sich zeigen. Die Gefahr, daß unter dem Zeichen des schwarzen Hahns auch weiterhin alberne Zechweine angeboten werden können, besteht ebenso wie die Chance eines Neuanfangs.

# VIN SANTO

Der Genuß des »heiligen Weins« gehört in Italien zu den zahlreichen weltlichen Tafelfreuden. Es bestehen allerdings historische Zweifel, ob dieser Wein jemals »heilig« war. Wahrscheinlich war er es nicht. Die einzig gesicherte Erkenntnis ist, daß er gern von Kirchenmännern getrunken wurde, etwa vom Patriarchen von Griechenland, der, als ihm 1439 ein solcher Wein auf dem Ökumenischen Konzil zu Florenz gereicht wurde, voller Freude ausgerufen haben soll: »Xanthos!« Er hielt ihn nämlich für den berühmten, ebenfalls aus getrockneten Trauben hergestellten Wein aus der lykischen Stadt Xanthos. Der florentinische Schankkellner kannte diesen Nektar nicht und verstand »Santo«. Fortan soll, so wird erzählt, der Wein »Vin Santo« gerufen worden sein.

Es gibt viele solcher fabelhaften Geschichten, in denen stets Päpste und Kardinäle, Äbte und Mönche die Hauptrolle spielen. Verwunderlich ist das nicht, denn im Mittelalter waren Rebbau und Weinbereitung fest in geistlicher Hand, so daß auch das Privileg des Weingenusses zuvörderst den Männern der Kirche zustand. Für einen Meßwein, der ans gemeine Volk ausgeschenkt wurde, war er zu schade und zu rar. An der begrenzten Verfügbarkeit änderte sich auch nichts, als in den folgenden Jahrhunderten die Bauern lernten, selbst den Wein zu bereiten. Ein Fäßchen – in der Toskana *caratello* genannt – wurde normalerweise im Jahr von ihm pro Familie erzeugt, so daß er, wenn er reichen sollte, nur an besonderen Tagen getrunken werden durfte – zum Beispiel an Sonntagen. Aus diesem Brauch leitet sich in Wirklichkeit der Name »Vin Santo« ab.

Er ist in der Regel ein leicht süßer Wein, kann aber auch sehr süß oder komplett trocken sein. Eine feste Regel gibt es nicht und viele Winzer stellen sowohl den einen als auch den anderen Typ her. Er ist ambergelb in der Farbe, besitzt einen würzigen Sherryton und wird zum Dessert, aber auch außerhalb der Mahlzeiten getrunken. Da es die klimatischen Verhältnisse in Mittelitalien nicht erlauben, die Trauben am Stock trocknen zu lassen und Spätlesen zu erzeugen, werden die gesundesten und reifsten beizeiten gelesen und auf Strohmatten (*graticci*) unter dem Dach getrocknet, um einen zuckerreichen Most zu erhalten, aus dem der Wein dann vergoren wird. Dies geschieht nach traditioneller Art in kleinen, alten *caratelli*, die je nach Größe zwischen 50 und 500 Liter fassen. Man stellt sie nicht in den Keller, sondern unter das Dach, wo es im Sommer heiß und im Winter kalt ist. Ein Vin Santo, der gelingen soll, braucht diese Temperaturunterschiede. Er fermentiert dort mindestens fünf Jahre, bevor er abgefüllt werden kann und besitzt dann viel Feinheit – oder gar keine.

Er ist eine toskanische Spezialität (auch in Umbrien wird Vin Santo hergestellt). Aber ein großer Teil des Weins, der sich so nennt, ist nur ein Abklatsch des traditionellen Vin Santo. Da wird schon der Most mit Konzentrat angereichert und der Wein nachträglich mit Zucker oder Süßreserve »veredelt«. Da wird die Fermentationsperiode verkürzt und der Wein schon nach wenigen Jahren abgefüllt. Er schmeckt dann wie ein mißratener Sherry oder ein Likör mit klebriger Süße.

Der traditionelle Vin Santo wird stets aus einheimischen Trauben gewonnen. Am häufigsten benutzt man die Malvasia, um Siena und in Umbrien aber auch die Trebbiano und die Grecchetto. Man trocknet sie auf luftigen Strohmatten oder hängend unter dem Dach. Das in den Beeren enthaltene Wasser evaporiert, der Zucker konzentriert sich. Um Weihnachten herum werden dann jene Beeren von Hand ausgesondert, die Schimmel angesetzt haben. Die anderen werden abgepreßt, der Most in ein Holzfaß gefüllt und dieses in einen warmen Raum, meist die Küche, gestellt, um die Gärung einzuleiten. Sie ist nicht nach zwei oder drei Monaten beendet, sondern zieht sich über die ganzen fünf Jahre hinweg. Im Winter stellen die Hefen ihre

## VIN SANTO

*Der »heilige Wein« wird nach alter Manier fünf Jahre lang in kleinen Fäßchen, »caratelli« genannt, fermentiert und ausgebaut. Er ist eine Preziose der Toskana, obwohl es nur ganz wenige Erzeuger gibt, die einen großen Wein aus ihm zu machen verstehen.*

Tätigkeit ein, im Sommer nehmen sie sie wieder auf. Nach traditioneller Art wird – um sicherzugehen, daß die Fermentation wieder einsetzt – nach einem Jahr etwa ein Drittel des Weins aus dem Faß genommen und in ein zweites gefüllt. Dann werden beide Fäßchen mit Most des neuen Jahrgangs aufgefüllt. Nach weiteren 12 Monaten wird wieder ein Drittel dem ersten Faß entnommen, in ein drittes gelegt und mit Wein aus dem zweiten Faß aufgefüllt, während dem zweiten und dritten wieder Most des neuen Jahrgangs zugegeben wird. So geht es immer weiter, bis nach fünf Jahren, wenn der Wein das Faß verläßt, fünf verschiedene Jahrgänge in ihm enthalten sind. Dieses Verfahren wird heute allerdings nur noch selten angewendet, weil die natürlichen Temperaturschwankungen normalerweise ausreichen, um die Fermentationshefen immer wieder zu aktivieren. Meist bleibt der Wein daher fünf Jahre in derselben hölzernen Kufe, ohne bewegt zu werden.

Es gibt unter den zahlreichen Vin-Santo-Produzenten nur wenige, die aus dieser toskanischen Spezialität einen großen Wein zu machen verstehen. Einer ist die *Cantina Avignonesi* in Montepulciano. Ihr Vin Santo demonstriert am besten, zu welch ungewöhnlicher Feinheit dieser alte, würdevolle Nektar fähig ist: Er ist von fast öliger Konsistenz, herb-süß im Geschmack, mit einem spürbaren Teerstich ausgestattet und von einem inneren Reichtum, der hinter dem einer Trockenbeerenauslese nicht weit zurücksteht. Er wird von eigenen Grecchetto- und Trebbiano-Trauben hergestellt, die bis Januar auf Strohmatten getrocknet werden, bis sich der Zucker in ihnen zu einem Höchstmaß konzentriert hat. Dann werden sie abgepreßt. Der Most vergärt sechs Jahre im gleichen Faß, wobei die Falvo, Inhaber der *Cantina Avignonesi*, ihm stets ein wenig alte *madre* zugeben, jenen Trub, der aus einer Mischung von Hefezellen und Fruchtfleischteilen besteht und sich bei jeder Gärung auf dem Boden eines Fasses absetzt. Die Qualität der *madre* ist der entscheidende Faktor für die Güte des Vin Santo. Sie muß nämlich Hefestämme enthalten, die 16 Vol.% Alkohol umsetzen können. Während die meisten Erzeuger sie wegwerfen, wenn die *caratelli* geleert sind, wird sie in der *Cantina Avignonesi* sorgfältig gesammelt, um dem neuen Vin Santo wieder zugesetzt werden zu können. Teilweise ist die *madre* schon 60 Jahre alt, mit der gearbeitet wird. Sie ist das eigentliche Geheimnis des *Avignonesi-Weins*, wenn es eines gibt.

Nur wenige Winzer machen sich die Mühe und konservieren die alte *madre*. Ihre Namen stehen in keinem Buch, ihre Flaschen werden, nachdem der eigene Bedarf und der von Verwandten und Bekannten gedeckt ist, unter dem Ladentisch gehandelt. *Avignonesi* zählt zu den wenigen, die diesen authentischen Vin Santo offen handeln, wenn auch nur in minimalen Mengen. Eine andere Fattoria, die sich seiner mit großem Ehrgeiz angenommen hat, ist *Isole e Olena* aus dem Chianti classico. Aber auch dort werden kaum mehr als 800 Flaschen dieses honigsüßen, extraktreichen Nektars produziert.

# DIE WEISSWEINE

Wenn das Chianti vor 700 Jahren überwiegend ein Weißwein-Land war, so ist von diesen Zeiten nicht mehr viel übriggeblieben. Dreiviertel der Produktion des Chianti bestehen heute aus Rotweinen. Gleichwohl haben die Weißweine immer ihre Bedeutung gehabt, und sie werden in den nächsten Jahren voraussichtlich noch mehr an Bedeutung gewinnen. Mit der Zuerteilung der D.O.C.G., wodurch der Anteil der weißen Trauben von maximal 30 auf maximal zehn Prozent (Chianti classico: auf fünf Prozent) gedrückt wurde, werden nämlich große Mengen von Trebbiano und Malvasia frei,

den beiden traditionellen Weißweinsorten der Toskana. Aber auch schon vorher hatte die Tendenz vieler Weinmacher, mehr rote und weniger weiße Trauben für ihren Chianti zu verwenden, zu erheblichen Traubenüberschüssen geführt. Die Konsequenz dieser Entwicklung war die Kreierung von zwei neuen, weißen Tafelweinen: dem *Bianco della Lega* und dem *Galestro*. Beide werden vorwiegend aus Trebbiano-Trauben hergestellt, denen je nach Belieben Malvasia, Chardonnay, Pinot Bianco oder andere Sorten hinzugefügt werden können (beziehungsweise müssen). Beide sind sie Weine, die sich nicht durch Gewicht, sondern durch Frische auszeichnen sollen. Ihre Trauben werden früh gelesen, um die Säure zu erhalten. Der *Bianco della Lega* muß im Gebiet des Chianti classico gewachsen sein. Er darf nur von Mitgliedern des Konsortiums *Gallo Nero* produziert werden. Der *Galestro* ist hingegen eine Art geschützter Markenwein, der von einigen großen Weinkellereien entwickelt wurde, um ihn exklusiv produzieren zu können. Er muß von den Hügeln der zentralen Toskana kommen, also einer Zone, die über das Chianti classico hinausreicht.

Beide Neuschöpfungen haben jedoch nicht die Probleme des weißen Traubenüberschusses gelöst. Denn die Weinberge des Chianti sind schwerer zu bearbeiten als die Rebenkulturen in den flachen Anbaugebieten des Veneto oder der Emilia. Dadurch und durch die niedrigeren Hektarerträge werden die Produktionskosten erhöht. Anders ausgedrückt: In den flachen Weinlagen des Nordens kann kostengünstiger produziert werden. Mag der *Bianco della Lega* manchmal der bessere Wein sein, so ist er noch lange nicht der rentablere.

Die Toskana besitzt aber seit alten Zeiten auch spezielle Weißweinflecken: vor allem Montecarlo, das Valdichiana (Bianco Vergine Valdichiana) und die Hügel um San Gimignano, an denen die Vernaccia-Rebe kultiviert wird. Diese drei Anbauzonen stehen im Ruf, die besten Weißweine der Region hervorzubringen. Doch die Wirklichkeit hinkt dem Ruf oft weit hinterher. Vor allem der Vernaccia, der ein durchaus charaktervoller und vollkommen eigenständiger Wein ist, dabei Gewicht besitzen kann und keineswegs säurearm sein muß, ist heute größtenteils zu einem flachen, ärmlichen Touristenwein geworden, der nur noch den Kriterien »frisch«, »leicht« und »jung zu trinken« genügt. Nur wenige Produzenten versuchen, seine Eigenarten zu erhalten. Zu ihnen gehören die *Poderi Montenidoli, Terruzzi & Puthod, Il Raccianello, Pietrafitta* und *Falchini*.

So wundert es nicht, daß die Tradition des toskanischen Weißweins derzeit außerhalb der klassischen »Weißweinnischen« wieder belebt wird, und zwar von denselben Betrieben, die sich schon mit ihren Rotweinen einen Namen gemacht haben. *Caparzo*, ein bekannter Brunello-Erzeuger, hat der Trebbiano-Malvasia-Tradition einen reinsortigen Chardonnay entgegengesetzt (»Le Grance«): ein bewußt säurearm gehaltener, reifungsbedürftiger Weißwein, in *barriques* fermentiert und ausgebaut. Auch *Avignonesi* hat mit dem »Marzocco« einen solchen reinsortigen Chardonnay auf den Markt gebracht. Der Chardonnay von *Capezzana* ist demgegenüber eher schlank und zart. *Villa Cilnia*, eine kleine, sich sehr modern gebende Fattoria bei Arezzo, sucht mit dem »Sassolato« Erfolg nach der Formel: Chardonnay plus *barrique*. Mehr Eigenständigkeit besitzen der vollmundige »Trebianco« des *Castello dei Rampolla* (Chardonnay mit Traminer), der voluminöse »Meriggio« von *Fontodi* (Pinot Bianco mit Sauvignon und Traminer), der Pinot Grigio des *Castello di Ama*, *Frescobaldis* mächtige weiße Pomino *Riserva* »Il Benefizio« (Chardonnay mit Weiß- und Grauburgunder) sowie ihr »Vergena«, ein reinsortiger Sauvignon-Wein aus der Brunello-Zone. Ein großer Meditationswein ist der »M« von *Monte Vertine*, aus dessen Traubenzusammensetzung Sergio Manetti ein Geheimnis macht. *Isole e Olena* kombiniert Chardonnay mit Sauvignon und Riesling. *Poggio al Sole* keltert einen reinsortigen Traminer (»Vino della Signora«). Sicher, nicht alles, was gemacht wird, ist überzeugend. Doch soviel ist sicher: Die Weißweine des Chianti sind bisweilen besser als ihr Ruf.

# CHIANTI
# CLASSICO

Aus dem Chianti classico kommen ohne Zweifel einige der besten Weine Mittelitaliens. In seiner heutigen Gestalt ist das Gebiet aber weder mit dem »klassischen« Chianti der »Lega« identisch, noch ist es ein Gebiet, das durch seine besonderen Klima- oder Bodenverhältnisse mehr als andere Chianti-Zonen für den Weinbau geeignet wäre. Der Ruhm und Ruf des Chianti classico ist vor allem historisch begründet. Das Land zwischen Florenz und Siena war Schauplatz einer der folgenreichsten Umwälzungen der Weltgeschichte seit dem Mittelalter. Nirgendwo hat die Hochkultur der Renaissance so vielfältige und sichtbare Spuren hinterlassen wie dort. Nirgendwo zog es Künstler und Wissenschaftler mehr hin wie in diese Landschaft, die weder schroff noch flach war, sondern sanft und warm, hell und immer voller Düfte. Für Fremde ist und bleibt sie eine mythische Landschaft. Für die Toskaner war sie ein schicksalshafter Lebensraum, der ebenso einladend wie abweisend sein konnte. Die meisten einflußreichen Florentiner und Sieneser Familien entdeckten ihn erst, als sie im 14. und 15. Jahrhundert Schutz vor politischer Verfolgung brauchten. Daß das Chianti ihnen auch die Basis für eine wirtschaftliche Existenz bot, entdeckten sie erst im 16. Jahrhundert. Mit den neuen Erkenntnissen der Landwirtschaft, die in der Renaissance hervorgebracht worden waren, begannen sie, im großen Stil in Grund und Boden zu investieren und jene Güter selbst zu erzeugen, mit denen sie bislang in der Stadt nur gehandelt hatten und denen viele von ihnen ihren Reichtum verdankten: Oliven, Seide, Wein, Lavendel oder Wolle zum Beispiel. Die Pitti und Peruzzi, die Gondi und Albizzi, die Ricci und Ricasoli, die Capponi, Frescobaldi, Serristori, Antinori, Corsini, Gherardini, Guidalotti, Niccolini, Guicciardini – sie alle kauften in großem Stil Land und setzten ihr Kapital ein, um die landwirtschaftliche Produktion anzukurbeln. Diese Entwicklung kam vor allem dem Weinbau zugute, denn der Wein war, im Gegensatz zu Lavendel oder Oliven, ein Prestigeprodukt, das, wenn es gut geraten war, das Ansehen seines Erzeugers mehr förderte, als politische Ämter oder barmherzige Taten es vermochten. Vor diesem Hintergrund entstanden zum Beispiel das önologische Kompendium des Giovanni Cosimo Villifranchi und die Weinbaulehre des Cosimo Trinci. Auch die Gründung der *Accademia dei Georgofili* im Jahre 1753 war eine logische Folge dieser Entwicklung. Bald darauf gründete auch der Graf Cosimo Ridolfi im südlichen Chianti classico bei Meleto eine berühmte Landwirtschaftsschule. Guiseppe Menici entwarf die Idee der ersten Traubenmühle. Ulisse Novellucci entdeckte die Pasteurisation als Mittel der Haltbarmachung von Weinen. Und das Werk des Barons Bettino Ricasoli, der einsam auf sei-

### CONCA D'ORO

*»Goldgrube« werden unter Chianti-Winzern die Südhänge des Dorfes Panzano genannt, die sich bis zur Pesa hinziehen, der Grenze zwischen Florenz und Siena. Sie gilt als eine der besten Lagen im Chianti classico. Kaum irgendwo drängen sich so viele gute Erzeuger auf so engem Raum wie dort: Fontodi, Casenuove, Cafaggio, Le Bocce und – in der Bildmitte – das Castello dei Rampolla mit dem Turm.*

*Im Chianti classico leben etwa 1000
Winzer. Knapp 300 füllen einen
eigenen Wein ab. Die ständige
Ausweitung der Rebflächen, aber auch
die vielfach hohen Hektarerträge haben
Anfang der 80er Jahre zu einer Krise
geführt. Zuviel, vor allem zu mittelmäßiger Wein wurde unter dem Etikett
des »Chianti classico« abgefüllt. Die
kontrollierte und garantierte Herkunftsbezeichnung, 1984 eingeführt, soll die
Mengen- und Qualitätsprobleme lösen.
Die Zukunft wird zeigen, wieviel die
D.O.C.G. Wert ist.*

nem Schloß in Brolio experimentierte, war keinesfalls die letzte
Pioniertat des 19. Jahrhunderts. Adolfo Laborel Melini etwa
erfand einen neuen Flaschentyp aus festem Glas, der endlich die
Anwendung eines mechanischen Verkorkers ermöglichte. Eine
Revolution in der damaligen Zeit, denn bis dahin wurde der
Wein durch einen Ölfilm auf seiner Oberfläche vor Luftzutritt
bewahrt! (Diese Erfindung fand allerdings nicht im Gebiet des
Chianti classico statt. Die Kellerei der Melini befindet sich in
Pontassieve im Chianti Rufina).

Auch heute hängt die Tatsache, daß viele der besten Chianti-
weine aus dem Classico-Gebiet kommen, mit dem Umstand
zusammen, daß in dieser Zone mehr als anderswo Kapital zur
Verfügung steht, um Spitzenweine zu erzeugen. Erstens werden
für diese Weine trotz periodisch wiederkehrender Krisen immer
noch höhere Preise erzielt als für die Gewächse aus den anderen
Chianti-Zonen. Und zweitens sind unter den ehrgeizigen, qualitätsbewußten Weinmachern der Region auffallend viele Industrielle und Finanziers, Ladenkettenbesitzer und wohlhabende
Industrie-»Aussteiger«, für die das Weinmachen wenigstens zeitweise mehr einer Leidenschaft als einem kalkulierten, kaufmännischen Risiko entsprang. Daß diese Neu-Winzer, im Gegensatz
zu manch kleinem Chianti-Bauern, auch die wirtschaftliche
Potenz besaßen, sich mit niedrigen Hektarerträgen zufrieden zu
geben, sich Keller mit Stahltanks und Temperaturregulierung,
mit neuen Eichenholzfässern und sterilen Abfüllanlagen einzurichten, soll ihre Leistung nicht schmälern. Ohne Anstrengung und önologische Kompetenz, ohne Ehrgeiz und Kapital
kann aus dem Chianti classico nur schwer ein Spitzenprodukt
werden.

# DIE GROSSEN ABFÜLLER

Es gibt im Chianti classico etwa tausend Weinbauern.
250 von ihnen füllen ihren Wein in Flaschen ab. Etwa
20 davon kann man als industrielle Abfüller bezeichnen.
Sie produzierten vor der D.O.C.G. rund ein Drittel allen
Chianti-classico-Weins. Zu ihnen zählen in erster Linie die
Genossenschaftskellereien: die *Agricoltori Chianti Geografico* bei
Gaiole, die *Storiche Cantine di Radda*, die ihre Weine unter den
Etiketten der Mitglieder abfüllt (*Castello di Meleto, Castello di
San Donato in Perano, Castello di Vertine, La Cerreta* und *La
Pesanella*), sowie die *Castelli del Grevepesa*, die größte Kellerei des
Anbaugebiets. Ihren besten Wein vermarktet sie unter dem
Etikett *Castelgreve*. Sie alle gehören zu den »Weißen« im Chianti,
das heißt zu den von den italienischen Christdemokraten kon-
trollierten Betrieben. Die »Roten«, der Kommunistischen Partei
nahestehenden – das sind die Mitglieder der Kooperative *Le
Chiantigiane*, deren Hauptkellerei zwischen Tavarnelle und San
Casciano liegt. Der Unterschied zwischen den Gruppen ist
augenfällig und Programm: Bei den »Weißen« werden Trauben
abgeliefert, bei den »Roten« Weine. Daneben existieren eine
Reihe von privaten Großkellereien, die sich im Besitze von internationalen Getränkekonzernen befinden, ihre Weine aber unter
den klangvollen Namen der adeligen Vorbesitzer vermarkten.
Zu ihnen zählen zum Beispiel die Kellereien der *Fattoria Castello
di Brolio*, Mitte der 70er Jahre von den Nachkommen des »Eisernen Barons« verkauft. Auch *Melini* und *Conti Serristori* sind seit
langem im Besitz von Getränkemultis. Doch hinter der Weinin-

dustrie stehen auch Privatiers. Luigi Cecchi, Präsident der Italienischen Weinunion, ist einer der Großen im Geschäft mit dem Chianti (Marken: *Cecchi* und *Villa Cerna*). Nicht alles, was aus seinen Kellern kommt, mehrt den Ruhm des Anbaugebietes. Auch die *Coli*, eine Familienkellerei aus San Casciano, verschreiben sich konsequent dem Massengeschäft. Anders *Rocca delle Maciè*. Das Großgut, Anfang der 70er Jahre nicht mehr als eine verfallene Häusergruppe auf halbem Wege zwischen Castellina und Castellina Scalo, wurde vom dem Hollywood-Regisseur Italo Zingarelli binnen kurzer Zeit gründlich restauriert und zu einem der modernsten Kellereibetriebe der Zone gemacht. Nicht nur der »Rubizzo«, ein junger Tafelwein aus Chiantitrauben, macht eine gute Figur. *San Felice* löst mit seinem Lagen-Chianti »Poggio Rosso« und dem Tafelwein »Vigorello« auch höhere Ansprüche ein. *Vistarenni* ist trotz seiner Größe um Qualität bemüht. *Bertolli, Santa Lucia* sowie die Kellerbetriebe *Carpineto* und *Isabella dei Medici* zählen hingegen nicht zu den sonderlich ehrgeizigen Erzeugern. Die großen Drei der toskanischen Weinwirtschaft sind jedoch *Antinori, Frescobaldi* und *Ruffino*. Sie verfolgen jeder eine andere Politik und sind mit ihr unterschiedlich erfolgreich. Die *Antinori* haben eine herausragende Stellung. Ihr Name verbindet sich mit dem Aufstieg und der internationalen Anerkennung des italienischen Weins seit den 60er Jahren – zu Recht. Die *Frescobaldi* sind weniger Pioniere als Garanten der guten Qualität – bei fünf Millionen Flaschen jährlich. Sie verfügen über einen eindrucksvollen Weinbergsbesitz in allen wichtigen Anbaugebieten der Toskana, das Chianti classico ausgenommen. Schwerpunkt: Chianti Rufina (siehe nächstes Kapitel). *Ruffino* hat sich am stärksten den Wünschen des Marktes geöffnet. Das jüngste der drei Familienunternehmen hat jedoch nie das Niveau unterschritten und immer auch anspruchsvolle Weine erzeugt. Die »Riserva Ducale«, ein Chianti classico der alten Stilrichtung, ist noch heute ein Klassiker. Mit dem Lagen-Chianti classico von Nozzole (»Podere La Forra«) liefert *Ruffino* zugleich dessen modernes Gegenstück: fast nur aus roten Trauben gekeltert und zeitweilig in »barriques« ausgebaut. Der »Aziano«, ein junger Lagen-Chianti, vermag besonders zu gefallen. Mit dem roten und dem weißen »Cabreo« will *Ruffino* dem modernen, an französischen Weinen geschulten Publikumsgeschmack entsprechen.

# ALTE NEUERER: DIE ANTINORI

Knapp zwei Millionen Flaschen werden von den Antinori abgefüllt. Vom einfachen Orvieto über Roséweine bis hin zu verschiedenen Chianti classici handelt es sich ausnahmslos um stilvolle Gewächse, die nicht selten zu den ersten ihrer Kategorie zählen. Der Chianti classico *Marchese Antinori*, eine Auslese der besten Partien der *Villa Antinori Riserva* plus einiger Anteile Cabernet Sauvignon, läßt nichts von jener Uniformität spüren, die den Weinen einer Großkellerei so oft anhaftet: ein ungemein geschliffener Chianti, der eindeutig die Eleganz der Schwere vorzieht. Aber auch die *Riserva Villa Antinori*, ein jährlich abgefüllter Standard-*Chianti*, liegt in vielen Jahren nicht weit hinter der ersten Garnitur der Chiantiweine zurück. Das Spitzenprodukt der Antinori ist jedoch der *Tignanello*, ein Wein, der, so Giacomo Tachis, Chefönologe der Antinori-Kellereien, »auf Befehl des Marchese« entstanden sei. In der Tat hatten die Antinori bereits in den sechziger Jahren erkannt, daß sich im Chianti bessere Weine erzeugen ließen als bislang üblich. Sie sahen freilich ein, daß dafür zunächst einmal die herkömmliche Chianti-Formel geändert werden mußte, derzufolge der Chiantiwein aus einem nicht unerheblichen Anteil weißer Trauben gekeltert sein mußte. Und sie begriffen, daß die französische Kellertechnik in manchem Belang der italienischen überlegen war. Aus diesen Einsichten heraus entstand der *Tigna-*

## FONTODI PANZANO IN CHIANTI

*Fontodi ist ein altes Weingut, das Anfang der achtziger Jahre einen deutlichen Qualitätssprung gemacht und sich in die Spitze der Chianti classico-Erzeuger manövriert hat. Über ausgezeichnete Lagen an den Südhängen von Panzano verfügte es schon immer. Hinzugekommen sind zeitgemäße Methoden der Kellerarbeit, moderne Technik, genauere Kontrollen bei der Weinbereitung und vor allem ein geschärftes Qualitätsbewußtsein, das sich zum Beispiel in einer penibleren Auswahl der Trauben niederschlägt. Gelesen wird in mindestens zwei, oftmals drei oder vier Durchgängen. Der Sangiovese-Anteil ist auf 90 Prozent gestiegen. Das bedeutet: Dieser Chianti wird fast ausschließlich aus roten Trauben gekeltert. Die Maischegärung wurde verlängert, um den Wein gehaltvoller zu machen. Der »governo« wird noch praktiziert. Nur benutzt man heute dazu Mostkonzentrat aus eigenen Trauben. Dasselbe gilt für die Anreicherung, die in schwachen Jahren vorgenommen werden muß. Der Ausbau findet nach traditioneller Art im Eichenholzfaß statt, und zwar zwei bis zweieinhalb Jahre lang. In dieser Zeit wird der Wein nur umgezogen, nicht aber durch Behandlungsmittel geklärt oder stabilisiert. Fontodi wurde im Jahre 1968 von den beiden Brüdern Domiziano und Dino Manetti erworben, die in Impruneta eine große Fabrik für Terracotta-Fliesen besitzen. Sie begannen erstmals mit der Flaschenweinproduktion. Als im Jahre 1980 der Önologe Franco Bernabei engagiert wurde, wurde die Rebfläche nach sechs auf zwanzig Hektar erweitert und unter anderem auch mit französischstämmigen Reben bepflanzt, die künftig in die Produktion einbezogen werden sollen. Die »Riserva« ist neben dem Tafelwein »Flacianello« das Aushängeschild dieses Betriebes. Sie kommt zum größten Teil von drei Weinbergen: Capanno, Sorbo und Piannetto. Im Durchschnitt werden 13 000 Flaschen von ihr abgefüllt. Gesamtproduktion Chianti: 25 000 Flaschen. Große Jahre: 1971, 1975, 1985. Sehr gute Jahre: 1977, 1978, 1979, 1982. Gute Jahre: 1973, 1980, 1981, 1983.*

## LE BOCCE PANZANO IN CHIANTI

*Das Weingut Le Bocce ist ein relativ großer Chianti-Produzent mit über 60 Hektar Weinbergen. Sie liegen im Hinterland von Panzano auf sehr steinigen »galestro«-Böden in der Nachbarschaft der Reben vieler anderer, vorzüglicher Chianti-Erzeuger. Le Bocce ist in den Gemäuern eines ehemaligen Vallombrosianer-Klosters untergebracht, das einst zur Badia a Passignano gehörte. 1969 wurde der Komplex von einer Gruppe Mailänder Finanzgeber erworben, die eine Aktiengesellschaft gründeten und die Weinproduktion neu ordneten. Der Chianti classico bildete von Anfang an das Aushängeschild dieses Gutes, das trotz seines Produktionsumfangs stets einen hochklassigen, feinfruchtigen, leicht säurebetonten Wein abzufüllen verstand, der nur selten gefällig wirkte und durchaus Eigenart aufwies. Er wurde und wird zwar noch mit dem traditionellen »governo« erzeugt, wies in seinem Mischsatz aber schon vor der D.O.C.G. rund 90 Prozent rote Sangiovese auf. Die Traubenauswahl, insbesondere für die »Riserva«, ist streng. Es werden für sie selten mehr als 40 Hektoliter pro Hektar geerntet. Sie ist relativ körperreich, besitzt viel Extrakt und präsentiert sich dank eines nicht zu lang bemessenen Ausbaus in jugoslawischer Eiche als ein sehr fruchtiger Wein. Nach der Flaschenabfüllung reift die »Riserva« noch einmal anderthalb bis zwei Jahre auf der Flasche, bis sie den Keller verläßt. Der Jahrgangs-Chianti ist ein frischer, leichter, unkomplizierter Konsumwein. Die Gesamtproduktion beläuft sich auf über 200 000 Flaschen Chianti classico. Große Jahrgänge: 1971, 1975, 1977, 1982, 1985. Sehr gute Jahre: 1978, 1979, 1983. Gute Jahre: 1973, 1974, 1980, 1981.*

## RIECINE
## GAIOLE IN CHIANTI

*Als der Engländer John Dunkley,
Werbe- und Marketingagenturbesitzer
in London, mit seiner Frau Palmina
Abbagnano, einer aus Neapel
stammenden Textildesignerin, im Jahre
1971 im Chianti ankam und aus dem
Besitz der Badia a Coltibuono das alte
Bauernhaus Riecine erwarb, hatte er
den festen Willen, »dort den besten
Wein der Welt zu erzeugen«. Er
verstand nur leider nichts vom Weinmachen. So mußte er ganz von vorne
beginnen. Zunächst legte er 2,5 Hektar
Rebkulturen unterhalb seines Hauses
an. Dann begann er Bücher zu
studieren und sich in anderen Kellern
sachkundig zu machen. All das betrieb
er mehr leidenschaftlich als professionell. Doch das änderte sich bald. Vor
allem kam den Dunkley's zugute, daß
sie ihr Weinabenteuer in kleinen
Dimensionen hielten. Sie wollten über-
schaubare Verhältnisse. Heute gibt es
nur wenige Weinbauern, die ihre Reben
so genau kennen, die von der
Zusammensetzung ihres Bodens über
den Bakterienbesatz im Weinberg bis
hin zu den Kellerhefen alles so genau
untersucht haben wie sie. Ob es der
beste Wein der Welt geworden ist,
müssen wir später sagen. Sicher ist, daß
er zu den »Premiers« des Chianti
gehört: ein unerhört vollmundiger,
stoffiger Wein von großer Statur,
konzentriert und beerig auf der Zunge,
voller Nuancen und von großartiger
Harmonie seiner Komponenten. In
seinem Mischsatz befinden sich nur
Spuren weißer Trauben. Der Sangiovese-Anteil liegt über 90 Prozent. Die
Maischegärung dauert relativ lange,
wobei der Wein täglich mindestens eine
Stunde lang umgewälzt wird. Der
»governo« wird nicht jedes Jahr praktiziert. Der Ausbau findet teils in
Eiche, teils in Kastanie statt, wobei der
Wein häufig umgezogen wird, um später nicht filtriert werden zu müssen.
Der Grundstock für die Exquise dieses
Weins liegt jedoch in den Trauben, die
nicht verarbeitet werden – also der
bewußt niedrigen Erträge und der rigi-
den Auslese, vor allem für die »Riserva«. Gesamtproduktion: 1500 bis 2000
Flaschen. Große Jahrgänge: 1978, 1982,
1985. Sehr gut: 1975, 1977, 1979,
1980, 1983. Gut: 1981, 1984.*

## CAPANNELLE
## GAIOLE IN CHIANTI

*Das kleine Weingut von Capannelle
liegt direkt oberhalb von Gaiole. Es
besteht aus einer alten Casa Colonica,
die einst zum Besitz der Badia a Coltibuono gehörte, und einem neuen, teilweise in den felsigen Untergrund
getriebenen Keller unter der Casa.
Capannelle füllt erst seit 1975 Wein ab.
Doch schon der erste Jahrgang hat die
Weinwelt in Erstaunen versetzt. Er
zeigte damals, welch ungeahnte Möglichkeiten in einem traditionellen
Chianti stecken können. Er war von
einer Eleganz, wie sie für einen Wein
dieses Anbaugebietes kaum für möglich
gehalten wurde: nur mittelschwer im
Körper, doch von einer subtilen, ungewöhnlich facettenreichen Frucht, zarter Säure, hochfeinem Mammola-
Bouquet, dabei in sich streng gegliedert,
mit dosierter Fülle und ohne falsche
Schwere. Viele Kritiker riß er zu
Elogen hin, mancher Weinmacher hat
ihn sich zum Vorbild gewählt. Dabei
hat ihn Raffaele Rosetti, Patron von
Capannelle, nach alter toskanischer
Tradition, wenn auch mit Ausnutzung aller Möglichkeiten, die die
moderne Önologie bietet, hergestellt. Die
Art, wie er etwa seine Keller sterilisiert,
bevor er den Wein bereitet, hat bei
vielen Winzern ungläubiges Staunen
hervorgerufen. Auch seine Weinberge
(drei Hektar plus 1,5 Hektar gemischte
Kulturen) sind nicht nur gepflegt,
sondern wirken geradezu »geputzt«.
Dazu kamen die selbstverständlichen,
qualitätsfördernden Maßnahmen: Auswahl der Trauben, Selektion der Gärhefen, kontrollierte, hygienische Vergärung in Stahltanks, durchschnittlich
zweijähriger Ausbau in französischen
»barriques«. Mit dem typischen Gaiole-
Chianti teilt er nur die Langlebigkeit.
Die auf den 75er folgenden Jahrgänge
hielten, was dieser versprach. Capannelle wurde zum »Stil«. Rosetti, ein
gebürtiger Florentiner, der, bevor er sich
dem Wein verschrieb, eine Plastikfabrik
in Rom besessen hatte, beherrschte
diesen Stil freilich immer am besten
von allen, die ihn zu kopieren versuchten. Produktionsmenge: rund 25000
Flaschen, ein Teil davon als »Riserva«.
Große Jahre: 1975, 1982, 1985. Sehr
gute Jahre: 1977, 1979, 1981, 1983.
1986. Gute Jahre: 1978, 1980. Da er
keine weißen Trauben für seinen Wein
verwendet, nennt Rosetti ihn seit
Anfang der 70er Jahre nicht mehr
Chianti classico, sondern bringt ihn als
schlichten Tafelwein in den Handel.*

nello, 1971 zum ersten Mal erzeugt und vom ersten Tag an ein großer Erfolg. Zwar enthielt er zunächst noch eine geringe Menge weiße Malvasia, doch war er zum allergrößten Teil aus der roten Sangiovese und der Canaiolo gewonnen. Sein Körperreichtum war beeindruckend, seine kraftvolle Säure prädestinierte ihn für ein langes Leben. Der höhere Tanninanteil, der einen nur aus roten Trauben gewonnenen Chiantiwein nach Meinung vieler Winzer bitter und knochig macht, wirkte sich bei ihm keineswegs nachteilig aus. Durch ein mehrmonatiges Faßlager in *barriques* aus junger, französischer Eiche hatten die Tannine des Holzes mit den Tanninen der Hülsen polymerisiert und dem Wein so eine fast samtige Konsistenz gegeben. Ein Spitzenwein war entstanden, gewachsen im Chianti classico und dennoch nur ein *vino da tavola*.

Der Erfolg des 71er *Tignanello* war ein Zeichen des Aufbruchs für das Chianti classico, ein Signal, neue Wege bei der Weinbereitung und im Ausbau zu beschreiten, um auch in diesem Anbaugebiet den Grenzen des Möglichen ein bißchen näher zu kommen. Aber nur wenige, die sich in den folgenden Jahren um Weine neuen Stils bemühten, besaßen einen Önologen von der Virtuosität und Lernfähigkeit des Piemontesen Giacomo Tachis, der eigentlich in der Zone des Barolo und Barbaresco zu Hause ist. Er, der Autor des *Tignanello*, beherrscht die *barrique* wie nur wenige in Italien. Im Gegensatz zu vielen seiner Nachfolger ging er vorsichtig mit diesem Instrument um und verwendete es nie, ohne schon bei der Bereitung des Weins dem besonderen, späteren Ausbau Rechnung zu tragen. Er wußte auch um die Bedeutung des anschließenden, langen Flaschenlagers (das übrigens ein Merkmal aller *Antinori*-Rotweine ist).

Die folgenden Jahrgänge unterschieden sich in der Traubenzusammensetzung dann ein wenig von dem Jungfernwein. Zunächst verzichtete Tachis ganz auf die weiße Malvasia und ersetzte zugleich die rote Canaiolo durch die Cabernet Sauvignon (in ganz geringem Anteil wird auch Cabernet franc hinzugetan). Zugleich perfektionierte er das System des *barrique*-Ausbaus. So konnte der *Tignanello*, von dem heute zwischen 150 000 und 200 000 Flaschen erzeugt werden, auch in schwächeren Jahren überzeugen und die allzu leichtfertig aufgestellte These widerlegen, daß sich im Chianti große Weine nur von kleinen Produzenten und in geringen Stückzahlen erzeugen lassen.

Die Antinori sind seit dem Jahre 1385 eingetragenes Mitglied der Weinhändler-Gilde von Florenz. Sie waren keineswegs die ersten, die entdeckten, daß sich mit dem Rebensaft gute Geschäfte machen ließen. Die Pitti und Mozzi, die Bardi, Peruzzi und Frescobaldi – alles noble Florentiner Familien – befaßten sich schon eher mit dem Verkauf und Transport von Wein. Die Antinori waren vor allem im Seidenhandel tätig, wo sie schon damals und später noch mehr durch äußerst erfolgreiche Operationen aufgefallen waren. Mehrere ihrer Familienoberhäupter waren *gonfaloniere*, gewählte Bewahrer der bürgerlichen Interessen gegenüber dem Adel in Florenz. In den folgenden Jahrhunderten verstanden sie es geschickt, ihre Geschäfte auszuweiten, wobei ihnen die Gunst der herrschenden Medici nicht versagt blieb. Über die Qualität ihres Weins erfuhr man im 17. Jahrhundert zum ersten Mal etwas. Der toskanische Weinpoet Francesco Redi schrieb damals an einen befreundeten Apotheker in Livorno: »Ich bin beglückt, Sie wissen zu lassen, daß jene Flaschen Wein von dem sehr berühmten Vincenzio Antinori gut waren und von Ihren Priestern sehr geschätzt wurden, was keine Sache von geringem Belang ist, weil Priester einen ausgezeichneten Geschmack und einen herzhaften Hunger haben, und außerdem der Großherzog Ferdinand der Meinung ist, daß Priester, die gute Weine nicht erkennen, Dummköpfe seien.«

Aber nicht nur der Güte ihrer Weine verdanken die Antinori ihr Ansehen. Sie bekleideten hohe öffentliche Ämter und wechselten zeitweise auch ins Bankfach. Schon im 15. Jahrhundert hatten sie, wie alle vornehmen Familien, das Stadtbild Florenz' mit einem prachtvollen Palazzo bereichert. Dort wohnten sie nicht nur. Dort liefen auch die Fäden ihrer vielfältigen geschäftlichen Aktivitäten zusammen. Auch begannen sie rechtzeitig, Land zu erwerben und Reben zu kultivieren. Ende des letzten Jahrhunderts entstanden dann in San Casciano die ersten Teile der noch heute an diesem Ort existierenden Zentralkellerei. Anfang des Jahrhunderts erwarb Niccolò Antinori, der Senior-Chef des Hauses (Jahrgang 1898), das Gut Santa Cristina bei Mercatale, ein paar Kilometer weiter südlich gelegen. Von dort kommt heute der größte Teil des Chianti classico, den die Antinori erzeugen. Nach und nach wurden dann einige umliegende Hofstellen, unter anderem auch eine namens Tignanello, dazugekauft, so daß die Familie in dieser Zone heute rund 600 Hektar Land besitzt, das freilich nur zum Teil mit Reben bestockt ist. Tignanello gehörte vorher einem gewissen Signor Forino, dem die Antinori damals regelmäßig einen Teil seines Weins abgekauft hatten. Dieser Wein zeichnete sich durch seine große Haltbarkeit aus, eine Eigenschaft, über die zum Leidwesen der Chianti-Winzer nicht alle Weine der Zone verfügten (durch die mangelnde Transportfähigkeit waren dem Verkauf ihres Produkts nach Übersee enge Grenzen gesetzt). Einmal wurde sogar eine Kiste Forino-Wein eigens mit dem Schiff nach Boston und zurück transportiert. Die Winzer konnten sich so persönlich davon überzeugen, daß der Tignanello-Wein die lange Seereise ohne Defekte überstanden hatte. Nach dem Erwerb des Weinbergs verwendeten die Antinori das Traubengut zur Herstellung ihres Chianti classico. Erst in den späten sechziger Jahren begann man, die Trauben für den *Tignanello* separat zu vinifizieren.

In den 20er Jahren wurde schließlich das Castello della Sala bei Orvieto erworben, wo die Antinori heute über 300 000 Flaschen des weißen Orvieto-Weins herstellen. Durch die Heirat von Niccolò mit der Gräfin Carlotta della Gherardesca fiel ihnen im Jahre 1931 zudem das Landgut Belvedere bei Bolgheri zu (sechzig Kilometer südlich von Livorno), eine Zone, in der ein guter Roséwein produziert wird. Den Mittelpunkt der Weinproduktion bildete jedoch immer ihr Besitz im Chianti. Der Wein von dort ist und bleibt das Aushängeschild dieser großen Weinmacher-Familie, der nicht nur das Chianti classico, sondern ganz Italien viel verdankt. Heute wird das Unternehmen von Piero und Lodovico Antinori, den beiden Söhnen Niccolòs, geleitet.

# DIE SIEBEN GEMEINDEN DES CHIANTI CLASSICO

Die räumliche Ausdehnung des Chianti classico bringt es, zusammen mit den geologischen und morphologischen Unterschieden, mit sich, daß die Weine je nach Standort der Reben erheblich variieren. Die sieben Gemeinden des Chianti classico, deren Territorium das Anbaugebiet ganz oder teilweise bedeckt, sollen daher getrennt behandelt werden.

# RADDA

Radda war Sitz der »Lega del Chianti«. Das Territorium der Gemeinde muß somit als zur Kernzone des Chianti classico zugehörig angesehen werden. Die Weine, die dort wachsen, unterscheiden sich jedoch deutlich von denen der Nachbargemeinden Gaiole und Castellina, die ebenfalls in der

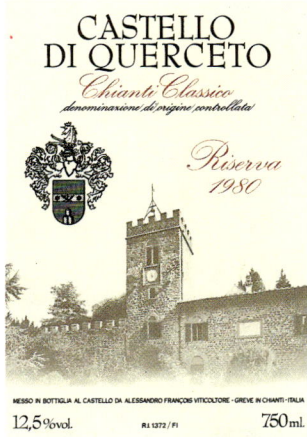

## VIGNAVECCHIA RADDA IN CHIANTI

*Zu den Traditionsgütern des Chianti classico zählt auch Vignavecchia. Sein Wein ist ein typischer Radda-Chianti: dunkelfarbig, körperreich, mächtig, mit strenger Frucht, hoher Säure, oft hart und eckig, zumindest noch in der ersten Zeit. Die »Riserva« braucht immer mehrere Jahre, um sich zu öffnen. Die Partie des Weins, aus der sie abgefüllt ist, ist gut sechs Tage auf den Schalen vergoren und, im Gegensatz zum jungen Chianti, nicht ein zweites Mal mit dem Most getrockneter Trauben fermentiert worden. Der »governo« wird nur für den Jahrgangswein angewendet. Im Herbst geht der für die »Riserva« bestimmte Wein ins Holzfaß, wo er mindestens drei Jahre lang reift. Man klärt ihn – wie die meisten der besseren Erzeuger – nur durch Umziehen von einem Faß ins andere. Vignavecchia verfügt über knapp 25 Hektar Weinberge in unmittelbarer Umgebung von Radda. Der größere Teil liegt östlich, ein kleinerer westlich vom Dorf in 500 Meter Höhe. Der Wein wurde früher aus knapp 85 Prozent, heute aus 95 Prozent roter Trauben bereitet. Franco Beccari, der heutige Inhaber des Gutes, ist ein unversöhnlicher Kritiker der Ausweitung des historischen Chianti, das bekanntlich nur die Gemeinden Gaiole, Castellina und Radda umfaßte (gleichwohl gibt er zu, daß auch außerhalb des historischen Chianti vorzügliche Weine gemacht werden). Er hält die Charakteristiken, wie sie die Weine dieser drei Gemeinden aufweisen, für die Ur-Tugenden des Chianti. Vignavecchia ist auch wegen seiner umfangreichen Sammlung an Altweinen berühmt. Sie wurde schon vom Großvater Beccaris angelegt, der Flaschen aus allen großen Jahrgängen beiseite gelegt hatte. Dieser Odoardo Beccari (sein Bild ist auf dem Etikett zu sehen) war ein Zoologe und Biologe, der durch seine Forschungsarbeiten in Borneo, auf Neu-Guinea und Celebes berühmt geworden ist. 1876 zog er sich in den Palazzo seiner Mutter nach Radda zurück und gründete dort die Fattoria. Später setzten seine beiden Söhne das Werk fort. Von ihnen hat Franco Beccari den Betrieb übernommen. Gesamtproduktion Chianti classico: 150 000 Flaschen. Große Jahre: 1967, 1971, 1975, 1977, 1983, 1985.*

## CASTELLO DI QUERCETO, LUCOLENA

*Der Wein des kleinen Castello di Querceto gehört zu den raren Spitzen der Produktion im Chianti classico. Es ist ein imposantes Gewächs mit einer ganz eigenen Charakteristik, der kaum noch Anklänge an jenen Typus von Chianti zeigt, wie er vor zehn oder 15 Jahren gemacht wurde. Für einen Chianti classico – insbesondere einen vom Territorium der Gemeinde Greve – ist er überraschend körperreich. Den Grund dafür sehen die Besitzer des Castello in den besonderen Böden, die sich bei Querceto finden. Sie sind »scistoso« – bestehen also aus Schiefergestein, das nirgendwo sonst im Chianti vorkommt. Die rötlichbraune Deckerde deutet zudem auf eine besondere mineralische Zusammensetzung hin. Sie prägt den Wein geschmacklich. Die neu angelegten Kulturen wurden mit Reisern der alten Sangioveto-Reben veredelt, die nur niedrige Erträge bringen und den typischen Geschmack von Lakritz und Teer, Russisch Leder und Brombeeren ergeben, wie er bei vielen Chianti verloren gegangen ist. Kaum einer Erwähnung bedarf, daß der Querceto-Wein nur aus roten Trauben gekeltert und ohne »governo« vergoren wird. Das Schloß von Querceto mit seinem charakteristischen Uhrenturm, der von einem guelfischen Zinnenkranz gekrönt ist, liegt verborgen in den tiefen Wäldern zwischen Greve und Figline. Im Mittelalter wurde von dort der Zugang von den Handelswegen im Arnotal zum Landesinneren kontrolliert. Zu Anfang des 20. Jahrhundert wurde es zu einem Landgut umgebaut, das sich bald zu einem der modernsten in der damaligen Zeit entwickelte. Auch die Weine besaßen schon früh Reputation. Auf einer landwirtschaftlichen Ausstellung in Buenos Aires erhielten sie 1971 einen zweiten Preis. Besitzer von Querceto waren die Francois, eine aus Lothringen stammende und schon vor 200 Jahren nach Florenz emigrierte Familie. Vor und nach dem Zweiten Weltkrieg war es bis in die 70er Jahre still um das Gut. Alessandro Francois, ein Enkel des Gutsgründers und promovierter Ingenieur aus Mailand, begann, den alten Familienbesitz zu restaurieren und zusammen mit seiner Frau Maria Antonietta Corsi die Weinproduktion neu zu ordnen. Ihr Ziel: zeigen, daß im Chianti ein großer Rotwein wachsen kann. Große Jahre: 1983, 1985. Sehr gute Jahre: 1981, 1982, 1986. Gut: 1980.*

»Lega« uniert waren. Es sind mächtige Weine von hohem Alkoholgehalt, die, wenn sie nicht sauber ausgebaut werden, leicht plump und ungehobelt ausfallen können. Der Grund für die Andersartigkeit liegt vor allem in den Böden, die einen höheren Kieselsteinanteil aufweisen als in anderen Gegenden. Allerdings ändert sich die Zusammensetzung von Ortschaft zu Ortschaft, so daß kein einheitliches Bild des Radda-Chianti entsteht. Die Weine von Volpaia und Lucarelli, den beiden einzigen größeren Dörfern im Bereiche der Gemeinde, entsprechen keineswegs immer dieser allgemeinen Charakteristik.

Radda liegt 530 Meter über dem Meer. Das Dorf ist um eine alte Burg entstanden, von der außer zwei Türmen und einigen Mauerresten heute nicht mehr viel zu sehen ist. Auf dem Fundament des einen dieser Türme ist der Glockenturm der Ortskirche errichtet. Der andere ist in Hausmauern integriert. Das Castello di Radda ist einer der ältesten Vorposten Florenz' im Chianti gewesen. Es wurde einst von den Markgrafen der Toskana erbaut, die es ihrerseits den Mönchen der Abtei von Florenz vermachten. 1220 ging Radda auf Befehl des deutschen Kaisers, der sich in der Toskana Verbündete schaffen wollte, in den Besitz der Guidi über, einer adeligen Familie, die damals zu den reichsten Feudalherren der Gegend zählte. Ihr Regime war allerdings nur von kurzer Dauer. Denn bald kam Radda wieder zu Florenz, ohne daß damit freilich ruhigere Zeiten für die Bevölkerung angebrochen wären. Dreimal in zwei Jahrhunderten wurde das Castello von den Truppen Sienas ganz oder teilweise geschleift. Den letzten Versuch, die florentinische Festung zu stürmen, unternahmen im Jahre 1527 die Truppen Karls V. Trotz schwerer Schäden konnte Radda aber verteidigt werden, nicht zuletzt aufgrund der Hilfe durch florentinische Miliz unter Francesco Ferrucci, dessen Wappen noch heute an der Fassade des Palazzo Pretorio zu erkennen ist.

Radda war immer eine von der Landwirtschaft geprägte Agglomeration, deren Einwohner weit verstreut auf den umliegenden Hügeln lebten. Noch heute gehört es zu den Gemeinden mit der geringsten Einwohnerzahl im Verhältnis zu seiner Fläche. Der Ort selbst beherbergt zwei bekannte Weingüter: die *Fattoria di Vignale* von Mario Corti und die *Fattoria Vigna Vecchia* von Franco Beccari. Letzteres erzeugt eine *Riserva*, die in den vergangenen Jahren häufig zu den besten im Chianti classico gehörte. Die Tatsache, daß es auf *Vigna Vecchia* einen Weinkeller mit sehr alten Jahrgängen gibt (die älteste Flasche stammt von 1876), hat manchen Besucher glauben lassen, daß die *Vigna-Vecchia*-Weine älter als andere Chianti classici werden können. Tatsächlich haben sich auf einer offiziellen Verkostung, die im Jahre 1968 stattfand, die Jahrgänge 1914 und 1907 noch als trinkbar erwiesen. Freilich wurde der Wein damals noch auf eine ganz andere Weise bereitet als heute, so daß die Schlußfolgerung gewagt ist, die Weine der 70er und 80er Jahre würden sich als ähnlich langlebig erweisen. Sicher ist allerdings, daß die großen Jahrgänge ein beachtliches Reifepotential besitzen. Sie sind sehr streng komponiert und besitzen in den ersten Jahren noch wenig Charme. Den Weinfreund, der sie mehrere Jahre in seinem Keller aufbewahrt, entschädigen sie jedoch nach einiger Zeit durch ihre üppige Frucht und das duftige, fast exotische Bouquet. Auch die *Fattoria di Vignale*, einer der Betriebe, die als letzte im Chianti classico das Halbpacht-System abschafften, erzeugt einen robusten, typischen Radda-Chianti, der noch nach der traditionellen Art hergestellt wird.

Viel Furore haben in den letzten Jahren die Weine der *Fattoria di Monte Vertine* gemacht, eines jungen Weinguts, das im Hinterland von Radda auf einem einsamen Hügel liegt. Dabei ist es nicht nur der für einen Wein aus dem Chianti ungewöhnliche Preis gewesen, der Diskussionen ausgelöst hat, sondern auch die unumstritten hohe Qualität, die viele Winzer und Weinkenner nicht für möglich gehalten hatten. *Le Pergole Torte* heißt der Wein, benannt nach dem Weinberg, in dem er gewachsen ist. Er war einer der ersten Weine, die nach dem Vorbild des *Tignanello* nur aus roten Sangiovese-Trauben gekeltert und in kleinen *barriques* aus junger,

## BADIA COLTIBUONO

*Die alte, einst von Vallombrosianer-Mönchen gegründete Abtei liegt tief versunken in den Wäldern der Monti del Chianti. Sie ist einer der Orte, an denen schon im Mittelalter Weinbau betrieben wurde. Heute kommt aus den Kellern der von klassischen italienischen Lustgärten umgebenen Abtei ein stilvoller Chianti classico.*

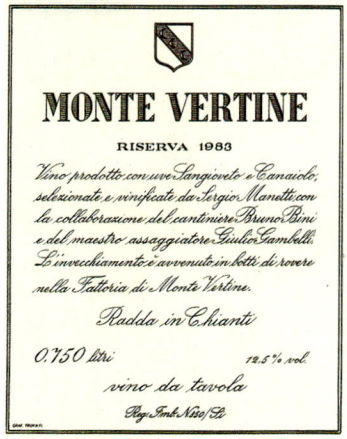

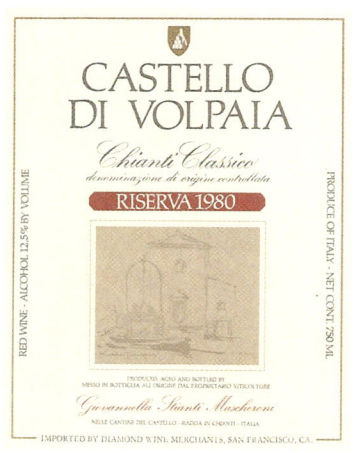

## MONTE VERTINE
## RADDA IN CHIANTI

*Das kleine Weingut von Monte Vertine liegt etwa zwei Kilometer nördlich von Radda auf einem alleinstehenden Hügel. Von der Straße nach Albola führt ein schmaler, unbefestigter Weg hinauf in die Weinberge, die das Anwesen umgeben. Monte Vertine ist eine alte Vallombrosianer-Niederlassung, die 1966 von dem Stahlindustriellen Sergio Manetti als Ferienhaus erworben und sorgfältig restauriert wurde. Er begann schon damals, Wein auf Monte Vertine zu machen, freilich weniger ambitiös als heute und nur für den Hausgebrauch. Dennoch geriet er so gut, daß Freunde ihn bestärkten, mehr und besser zu produzieren, was Manetti nach wenigen Jahren mit Hilfe seines Verwalters Bruno Bini auch gelang. Der Le Pergole Torte, ein nur aus Sangiovese-Trauben gekelterter Tafelwein, machte bald internationale Karriere. In seinem Glanz verblaßte der Chianti classico von Monte Vertine ein wenig – zu Unrecht, denn er gehört zweifellos zu den besten Weinen seiner Kategorie und hat dies bei zahlreichen Verkostungen auch bewiesen. Er zählt zu den wenigen Gewächsen, die schon vor der Einführung der D.O.C.G. fast ausschließlich aus roten Trauben gewonnen wurden (80 Prozent Sangiovese und fast 20 Prozent Canaiolo). Er wird sehr traditionell, aber ohne »governo« vinifiziert. Der Ausbau findet in 24 Hektoliter fassenden Eichenfässern statt. Er wird häufig umgezogen, so daß eine Filtration vor der Flaschenabfüllung nicht mehr notwendig ist. Er besitzt eine sehr konzentrierte Frucht, ist tannin- und säurehaltig und entwickelt sich langsam auf der Flasche. Rund 22000 Flaschen werden von ihm hergestellt, davon 8500 als »Riserva«. Sie wird kellertechnisch ähnlich wie der Jahrgangswein behandelt, stammt aber von reiferem Traubengut. Monte Vertine besitzt etwa sieben Hektar Weinberge, die alle um die Fattoria liegen. In der Regel wird viermal gelesen, wobei die erste und zweite Lese für den Chianti classico beziehungsweise die »Riserva«, die dritte für den Weißwein »Bianco di Vertine« (reife Trebbiano- und Malvasia-Trauben) und die vierte für den Le Pergole Torte bestimmt ist. Die Hektarerträge liegen bei 40 Hektoliter. Große Jahrgänge waren 1978 und 1979 sowie 1983, 1985 und 1986. Der Wein wird seit einigen Jahren nicht mehr als Chianti classico, sondern als Tafelwein »Monte Vertine« etikettiert.*

## CASTELLO
## DI VOLPAIA
## VOLPAIA
## IN CHIANTI

*Volpaia ist ein Weingut mit sehr alten Wurzeln, zugleich aber eines, das in vorbildlicher Weise das Erbe mit den Errungenschaften der modernen Önologie und Technik zu kombinieren verstanden hat. Der Wein von Volpaia ist vor allem durch die Eigenart seiner Böden (leicht, sandig durchmischt) und die Besonderheit seiner Lagen geprägt (450 bis 500 Meter hoch). Dieses Kapital wird sorgsam gehütet: maßvolle organische Düngung (es wird zu diesem Zweck eigens eine Schafherde gehalten); arbeitsaufwendige Erhaltung des teilweise sehr alten Rebenbestandes durch ständige Klonenveredelung von Hand; Verzicht auf Pestizide, stattdessen Verwendung der alten Bordelaiser Kupfersulfat-Kalkbrühe. Die Lese erfolgt in vier bis fünf Gängen, so daß eine strenge Auswahl der Trauben möglich ist. Im Keller werden alle Möglichkeiten moderner Technik ausgenutzt: fahrbare Kühlaggregate zum Beispiel, um eine Temperaturkontrolle bei der Gärung möglich zu machen; Verwendung nur der besten eigenen Hefen, die vorher selektiert und danach im Labor vermehrt wurden. Bei der Reifung des Weins hat man sich für den natürlichen Ausbau entschieden. Man benutzt dabei kleine bis mittelgroße, aber keine großen Eichenholz-Fässer. Der Holzausbau dauert bei der »Riserva« in der Regel ein Jahr. Es schließt sich ein zweijähriges Flaschenlager an. Seine Distinktion erhält die Volpaia-»Riserva« aber auch durch die besondere Traubenmischung. Seit 1978 wird sie nur aus roten Trauben gekeltert: vor allem Sangiovese (mit einem gewissen Anteil Sangiovese Grosso, der zum traditionellen Rebbestand Volpaias gehört), aber auch Ciliegiolo und Mammolo, die ihm sein ungewöhnlich schönes Bouquet verleihen. Sie wächst auf 12 Hektaren ältesten Weinbergs, den man in alter Mischkultur zusammen mit Olivenbäumen belassen hat. Der Chianti von Volpaia ist ein sehr rassiger Wein mit fruchtiger Säure, nicht übermäßig körperreich, dafür elegant und mit großen Feinheiten ausgestattet. Produktionsmenge: 180000 Flaschen. Große Jahrgänge: 1971, 1975, 1978, 1982, 1985. Sehr gute Jahre: 1974, 1977, 1979, 1981, 1983.*

französischer Eiche ausgebaut waren. Auch die Tatsache, daß er als *vino da tavola* auf dem Markt erschien und sich dennoch schnell einen Namen machte, hat viele Chianti-Winzer beeindruckt. Er ist ein ungemein kraftvoller, aber jederzeit feiner Wein mit einer milden, fruchtigen Säure. Er besitzt Tiefe und verströmt einen schweren Duft von Rosen und wilden Veilchen, unter den sich der zarte Vanillestich von den Eichenholzfässern mischt. Er wird seit 1977 abgefüllt und muß zu jenen Rotweinen Italiens gezählt werden, die der großen internationalen Konkurrenz standhalten können. Im strahlenden Glanz des *Le Pergole Torte*, von dem inzwischen knapp 20000 Flaschen abgefüllt werden (1977: 5600 Flaschen), ist der ausgezeichnete Chianti classico, der auf *Monte Vertine* gemacht wird, ein wenig untergegangen. Er ist in seiner strengen Machart ein typischer Vertreter des Radda-Chianti und zweifellos einer der besten Weine dieser Kategorie im ganzen Anbaugebiet.

Nicht weit von Radda liegt – in einer Höhe von 640 Metern über dem Meeresspiegel – Volpaia, ein mittelalterliches, von einem kleinen Kastell dominiertes Dorf, das einst zum Bistum von Fiesole gehörte und eine weitere Florentiner Festung in diesem Gebiet bildete. Aus dem *Castello di Volpaia* kommt ebenfalls ein meisterhafter Chianti classico. Er ist jedoch eleganter als viele andere Chianti aus Radda, rassiger und weniger verschlossen, ohne indes je gefällig zu wirken. Er wird mit einem großen Arbeitsaufwand produziert, der nicht zuletzt auch aus dem Umstand resultiert, daß *Volpaia* eine naturverträgliche Weinbergspflege praktiziert. Der hochwertigste Wein des *Castello di Volpaia* ist der *Coltassala*, ein Tafelwein, der zu 95 Prozent von Klonen einer Sangiovese-Grosso-Rebe kommt, die in den ältesten Weingärten Volpaias gefunden wurde und traditionell »Sangioveto di Volpaia« genannt wird. Der *Coltassala* wird, wie *Tignanello*- und *Le Pergole Torte*, in kleinen Fässern aus junger Eiche ausgebaut.

Für die besondere Qualität der Weine von *Volpaia* gibt es mehrere Ursachen. Die wichtigste ist die ungewöhnlich hohe Lage der Weinberge: 450 bis 550 Meter über dem Meeresspiegel gelegen. Einen entscheidenden Anteil an dem heutigen Qualitätsniveau haben aber auch Maurizio Castelli, der beratende Önologe, und Giovanella Stianti Mascheroni, die überwiegend in Mailand lebende, aber aus Florenz stammende Besitzerin des Weinguts. Sie hat Medizin studiert und ist mit einem Steueranwalt verheiratet (dieser hat in früheren Jahren einmal allein in einem Segelboot den Atlantik überquert). Mit Engagement, Ehrgeiz, Willensstärke und großen finanziellen Opfern hat sie *Volpaia* wieder zu einem der großen Namen im Chianti classico gemacht.

Eine andere Kreszenz, die aus dem Keller dieses Gutes kommt, wird noch von sich reden machen. Sie heißt *Vinatteri* und ist ein mysteriöser Wein, weil außer denen, die ihn gemacht haben, niemand genau weiß, woher die Trauben für ihn kommen. Er ist kein Volpaia-Wein, auch wenn er auf Volpaia ausgebaut wird. Er ist gemeinsames Opus des amerikanischen Weinjournalisten und Buchautors Burton Anderson mit Maurizio Castelli, dem Önologen von Volpaia. Beim 82er, dem ersten Jahrgang, der vom *Vinatteri* abgefüllt wurde, bestach die opulente Fülle und fast süße Fruchtigkeit, die von reifen, spätgelesenen Trauben und jungem Eichenholz herrührt.

Ein sehr guter Chianti classico kommt auch von der *Fattoria Pian d'Albola*, nordwestlich von Radda an der Straße nach Lucolena gelegen. Die sehenswerte Villa, im 16. Jahrhundert als Sommersitz für die Pazzi erbaut, befindet sich heute im Besitz der Familie Zonin. Südlich von Radda an der Straße nach Vagliagli liegen die Weingüter *Petroio alla Via della Malpensata* und *Terrabianca*, deren Besitzer sich ebenfalls sehr ehrgeizige Ziele gesetzt haben. Der Wein von *Terrabianca* wird unter dem Etikett *San Fedele* verkauft, benannt nach einer kleinen, romanischen Kirche, in deren Nähe sich sein Keller befindet. Die größten Weinerzeuger in Radda sind jedoch die *Storiche Cantine Radda in Chianti*, eine Kooperative, der neben drei Weingütern aus Gaiole (*Castello di*

Meleto, *Castello di Vertine* und *Castello di San Donato in Perano*) auch zwei Weingüter aus der Gemeinde Radda angeschlossen sind: die *Fattoria La Cerreta* und die *Fattoria La Pesanella*, deren Wein unter der Markenbezeichnung *Castello di Monterinaldi* verkauft wird. Dieses Kastell existiert heute nur noch als Ruine. Die *Fattoria La Selvanella*, im Hinterland von Lucarelli gelegen, befindet sich hingegen im Besitz der Großkellerei *Melini*. Einen hochrangigen Wein produzieren die beiden Schwestern Carmen und Isabel Gutierrez de la Solana in der *Fattoria Castelvecchi*, nördlich von Radda unweit der Pfarre Santa Maria Novella gelegen. Es ist ein typischer Radda-Chianti: wuchtig, männlich, in seiner Jugend oft etwas hart und noch verschlossen, in späteren Jahren aber von unübertroffener Fülle. Er wird noch nach alter Tradition gemacht und kann in guten Jahren über vier Jahre im Faß bleiben, bevor er abgefüllt wird.

# GAIOLE

Die Böden von Gaiole bestehen aus einem stark kalkhaltigen Untergrund, der von einer Schicht ton- und schieferhaltigen Sedimentgesteins bedeckt ist. Die Weine von Gaiole besitzen daher in der Regel ein ausdrucksvolles Bouquet, haben überdurchschnittlich viel Körper und sind nicht selten reich an Tannin. Die besten Produzenten im engeren Gebiet um Gaiole sind *Capannelle* und *Riecine*. Beide gehörten vor noch nicht allzu langer Zeit zur *Badia a Coltibuono*, der alten Vallombrosianer-Abtei, die hoch droben in den Wäldern der Monti del Chianti liegt. Ihre heutigen Besitzer haben sie erst in den siebziger Jahren von der Badia erworben. Sie liegen in Sichtweite voneinander und erzeugen doch Weine ganz unterschiedlicher Art. Derjenige von *Riecine* ist konzentrierter, der von *Capannelle* eleganter und verfügt – nicht zuletzt aufgrund des Ausbaus in kleinen Eichenfässern – über einen besonderen Schliff. Der erste Grund für die außergewöhnliche Qualität beider liegt in der Weinbergsarbeit. Sie ist in vielerlei Hinsicht beispielhaft: was den Beschnitt, die Sauberkeit, die Düngung und die Pflege der Rebkulturen angeht.

*Capannelle*, eine im Zweiten Weltkrieg schwer zerstörte, heute wieder vollständig hergestellte Casa Colonica, liegt einen halben Kilometer oberhalb von Gaiole. Das Weingut von *Riecine* befindet sich etwas tiefer im Hinterland des Dorfes. Es ist sowohl von Norden als auch von Gaiole aus zu erreichen. Die Produktion beider Güter ist beschränkt und liegt bei etwa 20 000 bis 25 000 Flaschen Chianti classico im Jahr. Der größte Teil ist verkauft, bevor die Flaschen etikettiert sind. Man findet die Weine in zahlreichen Spitzenrestaurants Italiens und einigen der bestsortiertesten Önotheken. Beide Weine sind im Stil gänzlich verschieden. *Capannelle* ist ein holzbetonter, eleganter Chianti classico, *Rieciene* ein fruchtbetonter, kompakter Wein.

Nicht weit von Gaiole entfernt, hoch oben auf einem Hügel thronend, liegt *Vistarenni*, eine prachtvolle Luxusvilla, die um 1600 von den Strozzi erbaut wurde, einer Florentiner Patrizierfamilie, die in Opposition zu den Medici stand. Ihr heutiges Aussehen hat die Villa allerdings erst später erhalten. *Vistarenni* ist ein großes Weingut mit rund 80 Hektar Weinbergen. Es wurde vor einigen Jahren von Aldo Tognana erworben, einem großen Porzellanfabrikanten aus Treviso. Unter der Aufsicht des Önologen Franco Bernabei nimmt die Produktion seitdem wieder einen Aufschwung. *Vistarenni* wird in der nächsten Zeit für manche Überraschung gut sein. Auf der anderen, östlichen Seite von Gaiole liegt *Montiverdi*, aus dessen Kellern ein bemerkenswerter und für die Gegend typischer Chianti classico kommt. Die größten Weinerzeuger in Gaiole sind jedoch die *Agricoltori*

## POGGIO BONELLI CASTELNUOVO BERARDENGA

*Poggio Bonelli ist die am weitesten südlich gelegene Fattoria des Chianti classico. Sie befindet sich etwa vier Kilometer von Castelnuovo Berardenga enfernt in Richtung Pianella, unweit der Kapelle von Pacina mit ihrem alten Glockenturm, inmitten einer wilden, waldreichen, stark zersiedelten Hügellandschaft. Es ist eine alte Fattoria, die erst 1980 von dem Mailänder Industriellen Giorgio De Giorgi und seiner Frau Ada Mazzi erworben und restauriert wurde. Seitdem ist die Weinproduktion neu angelaufen. Der Chianti classico, den sie erzeugen, ist ein eleganter Wein mit einer sehr sauberen Frucht, der zu den schönsten Weinen von Castelnuovo Berardenga gehört. Er braucht stets zwei, drei Jahre länger als andere Weine, um sich in seiner ganzen Feinheit zu zeigen. Hergestellt wird er nur aus roten Trauben: zehn bis 15 Prozent Canaiolo, 85 bis 90 Prozent Sangiovese einer alten, der Sangiovese-Grosso-Familie nahestehenden Mutation. Er kommt ausschließlich aus der eigenen Traubenproduktion (18 Hektar Weinberge, davon 13 Hektar für den Chianti classico). Verantwortlich für ihn ist Vittorio Fiore, ein Önologe, dessen Rat sich auch zahlreiche andere respektable Weinmacher des Anbaugebietes bedienen. Bemerkenswertwert ist die »Riserva« von Poggio Bonelli. Sie wird jeweils aus dem besten Faß des Jahrgangs gemacht, wobei der Ausbau überwiegend in Zementbottichen und auf der Flasche stattfindet. Nur ein Jahr reift sie im Faß – und dann auch nur in einem solchen aus geschmacksarmem Kastanienholz. Der beste Wein von Poggio Bonelli wächst in einem kleinen, gleich unterhalb der Fattoria liegenden Weinberg namens Cancellino. Er trägt den Phantasienamen »Tramonto D'Oca« auf dem Etikett und ist ein sortenreiner Sangiovese-Wein, der einige Monate lang in »barriques« ausgebaut wurde. Poggio Bonelli ist eines jener Güter, die sich im Umbruch befinden und ihren endgültigen Stil noch finden müssen. Die Investitionen, die vorgenommen wurden, sind jedoch enorm, und der Vorsatz, den Weg der Qualität konsequent zu gehen, ist vorhanden. Auch haben sich die Besitzer inzwischen ganz in die Toskana zurückgezogen, um sich besser auf den Wein sowie den Agrotourismus und die Gastronomie konzentrieren zu können. Sehr gute Jahre: 1981, 1983, 1985, 1986. Gut: 1982*

## BADIA A COLTIBUONO GAIOLE IN CHIANTI

*Der Chianti aus den Kellern der alten Vallombrosianer-Abtei von Coltibuono zählt heute zu den bekanntesten und höchstgelobten Weinen des Anbaugebietes. Er ist ein robuster, aber eleganter, stets rassiger Chianti, dem nicht durch Mostanreicherung mehr »Gewicht« gegeben wurde. In den Kellern der Badia liegen, dank dem weise vorausschauenden Lagerhaltung ihres Patrons, rund 80 000 Flaschen alter Jahrgänge, die zum Teil noch aus den 20er Jahren stammen. Der Wein hat genügend Tannin, so daß er nach zehn oder mehr Jahren noch beträchtliche Feinheiten aufweisen kann. Über die Traubenmischung redet man wenig auf Coltibuono. Doch ist klar, daß ein alterungsfähiger Chianti nicht aus weißen Trauben gemacht werden kann. Man verläßt sich also auf die Sangiovese, die – nicht zuletzt dank vieler sehr alter Rebstöcke – außerordentlich gute Qualitäten hervorbringt. Die Rebkulturen umfassen etwa 36 Hektar und liegen zum größten Teil bei Monti im südlichen Teil der Gemeinde von Gaiole. Das Marketing-Denken und die Unternehmer-Philosophie Piero Stucchi Prinettis haben nicht verhindert, daß die Hektarhöchsterträge sehr knapp bemessen und die Trauben für den Chianti classico und für die »Riserva«, sehr genau verlesen werden. Im Gegenteil: Der Patron der Badia, ein Mailänder Industriemanager, ist seinerseits ein strenger Verteidiger einer restriktiven Mengenpolitik. Der Coltibuono-Chianti wird bei Monti gleich vinifiziert. Die »Riserva«, von der relativ viele Flaschen abgefüllt werden, kommt meistens von einzelnen Lagen wie Montebello oder Argenina. Sie bleibt oft vier bis fünf Jahre im Keller der Badia, bevor sie in den Verkauf geht, verbringt allerdings nur einen Teil der Reifezeit im Eichenholzfaß. Sie gehört zu den Weinen, die ihre volle Exquise erst spät zeigen. Es gibt allerdings Jahrgangsunterschiede und -eigenheiten auf Coltibuono. Große Jahre: 1959, 1961, 1962, 1964, 1968, 1969, 1971, 1975, 1979, 1982, 1985. Sehr gute Jahre: 1970, 1974, 1977, 1981. Gute Jahre: 1978, 1980, 1981, 1983.*

*Die Weingärten dieses bei Gaiole liegenden Spitzenerzeugers (im Hintergrund) sind für ihre penible Sauberkeit ebenso berühmt wie sein Keller.*

*Chianti Geografico*, eine den »Weißen« zugerechnete Genossenschaft, deren Mitglieder Reben in vielen Teilen des Anbaugebiets, nicht nur um Gaiole, besitzen.

Weiter südlich von Gaiole, bei Monti, befindet sich das kleine Weingut *Il Palazzino*, dessen Gewächse bei vielen Verkostungen in den letzten Jahren für Aufsehen gesorgt haben. Sein Chianti classico, fast ausschließlich aus roten Trauben gepreßt, ist ungemein stilvoll und verströmt den typischen Duft von Veilchen und Schwertlilien. Aushängeschild des Hauses ist der *Grosso Senese*, ein stoffiger, aber hocheleganter, nur aus Sangiovese-Trauben gekelterter Wein, der mindestens 18 Monate in kleinen Eichenholzkufen gereift ist. Er wird erst seit 1981 abgefüllt und zählt bereits zur Generation jener neuen Spitzenweine, die es sich leisten können, auf die Bezeichnung »Chianti classico« zu verzichten. Vor allem in der Gastronomie, aber auch bei vielen Weinkennern, wird ihm höchste Wertschätzung entgegengebracht.

Ein großer Teil des Landes im Süden von Gaiole gehörte einst den Ricasoli von Schloß Brolio – auch Monti. Dasselbe gilt für die 20 Hektar, die zur *Fattoria Valtellina* gehören. Sie liegen nicht weit vom *Castello di Meleto* und werden seit ein paar Jahren von Giorgio Regni, einem ehemaligen Pirelli-Manager, und seiner Frau Giuseppina bewirtschaftet. Der größte Teil besteht aus

Olivenplantagen, der kleinere aus Weingärten. Dort erzeugen die Regni einen der ungewöhnlichsten Chianti classici der ganzen Region. Er kommt mit dem Holz von Fässern nie in Berührung und besitzt daher unverfälscht alle Aromen, die die Natur ihm mitgegeben hat. Wer ihn trinkt, der beißt auf Beeren. Die durchschnittliche Jahresproduktion beträgt etwa 10 000 bis 12 000 Flaschen.

Ein anderer früherer Ricasoli-Besitz ist das *Castello di Cacchiano*, das heute von zwei Schwestern, Nachkommen aus dem Firidolfi-Zweig der Familie, geführt wird (die Firidolfi sind die alten Besitzer des *Castello di Meleto*). Sie haben unangenehme Auseinandersetzungen mit den neuen Herren von Brolio, dem amerikanischen Getränkekonzern Seagram, hinter sich. Es ging um den Namen »Ricasoli« und darum, ob und in welcher Form dieser Name auch auf den Etiketten anderer Weine als der von Brolio erscheinen darf. Die Ricasoli-Firidolfi-Schwestern konnten sich nur um den Preis durchsetzen, daß sie die Bezeichnung »Fratelli« vor ihren Namen setzten. Es gereicht ihnen jedoch zur Genugtuung, daß sie auf *Castello di Cacchiano* den wesentlich besseren Wein als das *Castello di Brolio* erzeugen: einen kraftvollen, hochfeinen Chianti von großer Geschmackstiefe, reich im Inneren, tanninhaltig, einen schweren Veilchenduft verströmend. Insofern erinnert er *mehr* an die große Tradition der Brolio-*Riserva* als die heutigen Brolio-Gewächse selbst.

Wie *Cacchiano* ist auch das *Castello di San Polo in Rosso* in den letzten Jahren zu einem der führenden Produzenten des Chianti classico geworden und knüpft damit an die großen Traditionen des 17. Jahrhunderts an, als der Wein dieses kleinen, befestigten Dorfes zu den besten und berühmtesten des Chianti zählte. Andere gute Produzenten in diesem Teil der Gemeinde von Gaiole sind das *Castello di Tornano*, die *Fattoria La Mandria* und das *Castello di Ama*, dessen Weinberge in trockenen Sommern teilweise beregnet werden müssen. *Ama* gehörte früher ebenfalls den Ricasoli-Firidolfi, die es ihrerseits an die *Badia a Coltibuono* verkauften. Heute befindet sich das Weingut, das knapp 200000 Flaschen produziert, im Besitze einer Aktiengesellschaft, deren Anteile fünf Privatpersonen halten.

Das beherrschende Bauwerk im südlichen Chianti classico, und auch das historisch bedeutsamste, ist das *Castello di Brolio*. 553 Meter über dem Meer gelegen, war es der wichtigste Vorposten von Florenz in den Auseinandersetzungen mit Siena. Die robusten Mauerwerke, die hohen Wehrtürme, die schwere Bewaffnung und die großzügige Anlage, in der mehrere hundert Menschen Platz fanden (noch heute besitzt es 365 Zimmer), machten es dem Gegner schwer, die Herrschaft über diesen Teil des Chianti zu erobern. Immerhin gelang es den Sienesen dreimal, Brolio einzunehmen (1432, 1478, 1529). Nach dem Sieg von Florenz über Siena im Jahre 1555 kam das Kastell endgültig zu Florenz und hat als militärische Festung seitdem keine Rolle mehr gespielt, obwohl es danach noch einmal schwer befestigt wurde.

Nach und nach ist es dann zu einem landwirtschaftlichen Gut und zum Wohnsitz der Ricasoli umgebaut worden. Die neuen Bauwerke, zu Beginn des 19. Jahrhunderts errichtet, sind klar vom neugotischen Stil geprägt, wie er in der *Belle Epoque* jener Zeit Mode war. Ein großer Teil der Renovierungen ist Bettino Ricasoli, dem »Eisernen Baron« zu verdanken, der Brolio innerhalb eines halben Jahrhunderts zum landwirtschaftlichen Zentrum der Gegend machte. 20000 Olivenbäume und 350000 Rebstöcke sollen damals auf dem Territorium des Gutes gewachsen sein. Einige Weinberge waren sogar schon in Monokulturen angelegt.

Ricasoli starb 1880. Es geht die Legende, daß er nicht in der Familiengruft des Castello bestattet worden ist. Nach seinem Tod sei ein unbekannter Mönch auf das Schloß gekommen und habe davor gewarnt, den Leichnam in der Kapelle – also einem geweihten Ort – beizusetzen. Wegen seiner politischen Opposition zur Kirche stand der Baron nämlich im Ruf eines unchristlichen Menschen. So sei die Leiche auf einer Bahre aus dem Schloß getragen worden. Der Mönch hätte, so wird erzählt, den Weg nach Monti eingeschlagen, und als die Träger nach ein paar Kilometern die Bahre in einem Wald absetzten, weil sie ihnen zu schwer geworden sei, habe man Bettino Ricasoli gleich dort begraben. Die Ricasoli-Familie bestreitet die Wahrheit der Geschichte, und es gibt tatsächlich wenig Anhaltspunkte dafür, daß sie sich so zugetragen hat, zumal niemand den genauen Ort angeben kann, an dem sich das Grab des Barons befinden soll. Aber die Legenden über Bettino Ricasoli gehören zur Geschichte von Brolio ebenso dazu wie der Ruf des Weins, der aus den Kellern des Schlosses kam.

Ricasoli ist schon in jungen Jahren verwitwet und hatte nur eine Tochter. Die Weinproduktion von *Brolio* ging auch nach seinem Tod weiter und die *Riserva di Brolio* war noch bis Anfang der siebziger Jahre dieses Jahrhunderts ein großer, majestätischer Chianti, wenn auch schon nicht mehr der einzige dieser Klasse. Die Jahrgänge 1958, 1962, 1968 und 1971 lassen noch ein wenig von dieser Größe ahnen.

Gaiole ist neben Radda und Castellina eine der drei Gemeinden, die zur »Lega del Chianti« gehörten und insofern früh politische Bedeutung gewannen. Das Dorf ist entlang des Massellone-Baches erbaut und war zunächst ein Marktflecken, in dem sich die Einwohner der umliegenden *castelli* trafen, um ihre Waren zu

## CASTELLO DI SAN POLO IN ROSSO GAIOLE IN CHIANTI

*Dieses alte Kastell im Süden der Gemeinde von Gaiole wurde 1973 von dem römischen Kunst- und Antiquitätenhändler Cesare Canessa erworben, der es zusammen mit seiner aus Deutschland stammenden Frau Katrin zu einem Weingut ausbaute und es mit Hilfe guter Önologen, aber auch durch viel eigene Initiative innerhalb kurzer Zeit zu einem führenden Weinerzeuger im Chianti classico gemacht hat. Die schwer befestigte Schloßanlage, ein ehemaliger Firidolfi-Besitz, liegt in 450 Meter Höhe auf einem steil zur Arbia abfallenden Hügelrücken. Dort befindet sich auch der größte Teil der Weinberge in vorzüglicher Süd- und Südwestexposition. Der Chianti classico, der dort wächst, ist ein relativ körper- und tanninreicher Wein von aromatischer Strenge, beachtlicher Tiefe und einem markanten Teerstich. Er wird fast ausschließlich aus Sangiovese-Trauben gekeltert. Durch mehrere, zeitlich gestaffelte Lesen versucht man soviel vollreifes Traubengut wie möglich zu bekommen. Für die Charakteristik dieses Weins ist es wichtig, daß wenig Most auf relativ viel Schale vergoren wird, wobei man die Fermentation durch eine sehr einfache, aber wirkungsvolle Weise (mittels kaltem Wasser aus einer eigenen Quelle, das über die Gärbehälter quillt) zu verlangsamen sucht. Nach dem Abstich reift der Wein knapp die vorgeschriebene Zeit in großen, alten Eichenholzfässern. Der biologische Säureabbau vollzieht sich ohne äußeres Zutun meist im Frühjahr. Der Chianti des Castello di San Polo ist ein weitgehend naturbelassener Wein, der nicht geschönt, nicht abgerundet, schon gar nicht mit anderen Weinen verschnitten wird. Seit 1975 wird er abgefüllt. 1978 hat er erstmals seine Klasse unter Beweis gestellt. Gesamtproduktion Chianti classico: etwa 100000 Flaschen. Große Jahre: 1978, 1982, 1985. Sehr gute Jahre: 1979, 1981, 1983. Gutes Jahr: 1980.*

## CASTELLO DI AMA GAIOLE IN CHIANTI

*Ama zählt zu den ältesten Siedlungen im Chianti classico, das gleichnamige Weingut hingegen zu den jüngeren Gründungen. Es wurde 1977 von fünf Privatleuten erworben, die sich das ehrgeizige Ziel gesteckt hatten, einen Chianti der Spitzenklasse zu erzeugen. Die ersten Jahre unter den neuen Besitzern brachten jedoch große Probleme mit sich, nicht zuletzt deshalb, weil Ama ein sehr heißes Mikroklima hat, ungewöhnlich steinige, trockene Böden aufweist und die Traubenproduktion sich dadurch sehr schwierig gestaltet. 1980 engagierten die Aktionäre des Gutes den jungen Önotechniker Silvano Formigli von der Winzer-Genossenschaft Grevepesa. Er ist es gewesen, der mit Ama den Durchbruch in die vorderen Reihen der Weinerzeuger des Anbaugebiets geschafft hat. Formigli hat aufgrund der schwierigen ökologischen Bedingungen zunächst ein detailliertes System der wissenschaftlichen Kontrolle entwickelt, mit dessen Hilfe die Vorgänge im Keller ebenso wie vorher der Reifeprozeß der Trauben im Weinberg genau überwacht werden können. Auf diese Weise werden der Lesezeitpunkt bestimmt, aber auch die Parzellen lokalisiert, deren Trauben die beste Balance zwischen Mostgewicht und Säure aufweisen. Die Spitze der Ama-Produktion kommt von drei Lagen: San Lorenzo (80 Prozent Sangiovese, Rest Canaiolo), Bellavista (80 Prozent Sangiovese, Rest Malvasia Nera), sowie Casuccia (80 Prozent Sangiovese, Rest Canaiolo). Die Sorten werden separat und ohne »governo« vergoren (mindestens 15 Tage lang). Der Verschnitt findet nach dem Abstich statt. Der sechsmonatige Ausbau erfolgt in »barriques« (nur die Hälfte der Zeit in neuen »barriques«). Am Ausbauverfahren ändert sich auch dann nichts, wenn der Wein mangels Gradation nicht als »Riserva« etikettiert werden kann. Anreicherungen der Moste gibt es nicht. Alle drei Chianti sind robuste, aber finessereiche Weine mit einer jeweils eigenen Charakteristik. Ama hat derzeit 57 Hektar unter Reben, wobei die Stöcke teilweise ein beträchtliches Alter aufweisen. Sie werden durch Klonenveredlung ersetzt. Ama ist etruskischen Ursprungs und gehörte im Mittelalter den Firidolfi vom Castello di Cacchiano, später der Badia a Coltibuono. Große Jahre: 1983, 1985. Sehr gut: 1982.*

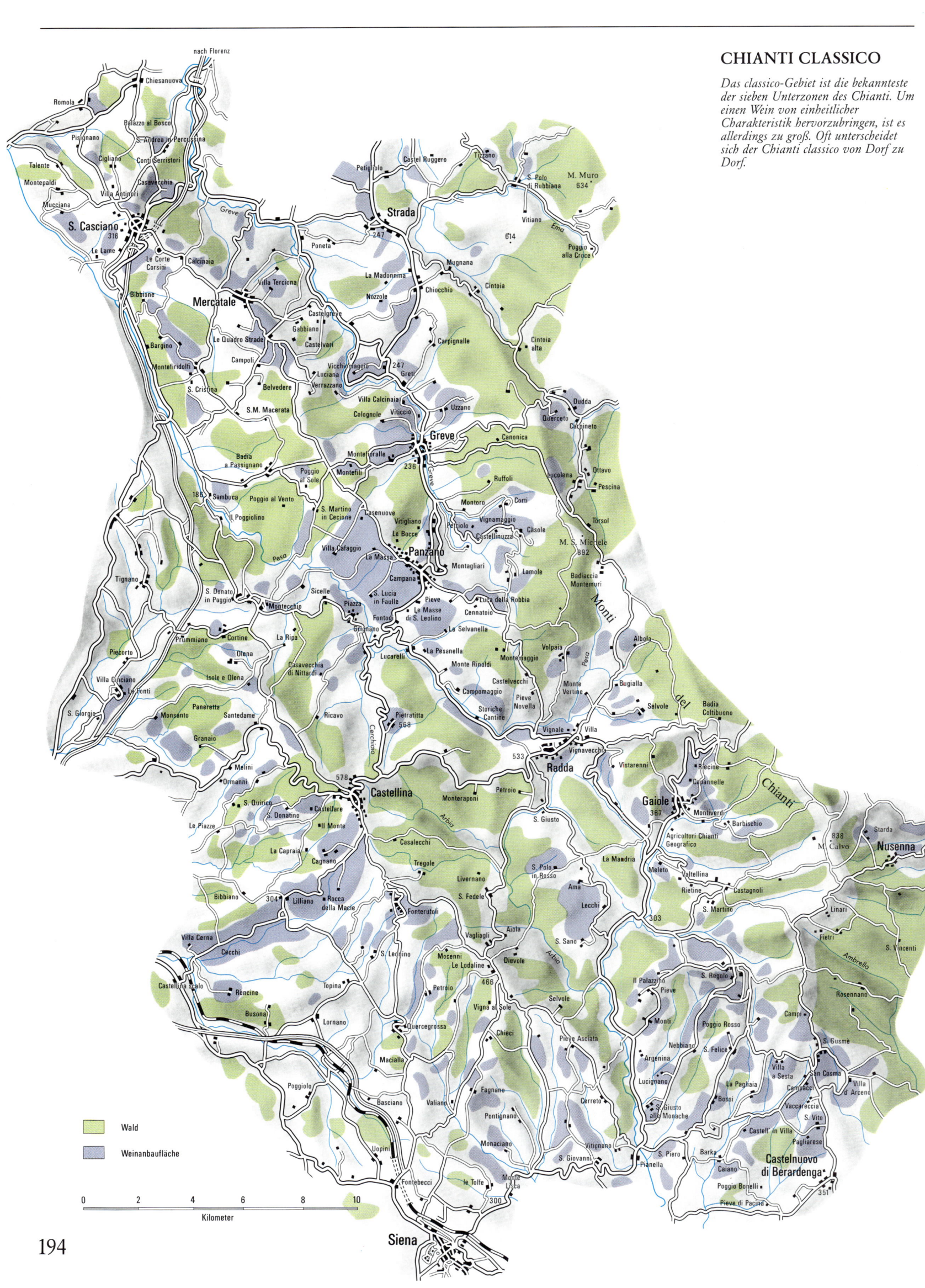

CHIANTI CLASSICO

Das classico-Gebiet ist die bekannteste
der sieben Unterzonen des Chianti. Um
einen Wein von einheitlicher
Charakteristik hervorzubringen, ist es
allerdings zu groß. Oft unterscheidet
sich der Chianti classico von Dorf zu
Dorf.

Wald

Weinanbaufläche

0   2   4   6   8   10
Kilometer

194

tauschen: Barbistio, Meleto, Vertine, Montegrossi, San Pietro a
Spaltenna, Rietine und Castagnoli. Diese Burgen – eigentlich
eher befestigte Dörfer – sorgten zugleich für den Schutz von
Gaiole, so daß der Ort eines der wenigen alten Dörfer im Chianti
war, das unbefestigt bleiben konnte. Auf drei dieser *castelli* wird
noch heute Wein erzeugt: *Meleto* und *Vertine* sind Mitglied der
Genossenschaft *Storiche Cantine di Radda in Chianti*. Castagnoli
macht einen sehr guten, eigenen Wein (*Rocca di Castagnoli*).

Bedeutender jedoch ist – nicht nur wegen seiner großen Bekanntheit – der Chianti classico der *Badia a Coltibuono*. Er wächst
bei Monti und ist ein ungemein eleganter Wein, der meist nicht
übermäßig körperreich, aber sehr fein ausfällt. Die *Riserva* besitzt
die Eigenschaft, schon nach wenigen Jahren mit Genuß getrunken werden zu können, zugleich aber ein enormes Alterungspotential aufzuweisen, das ihr, gute Jahrgänge vorausgesetzt, ein
Leben von zwanzig bis 25 Jahren beschert. Technischer Direktor
der Coltibuono-Kellereien ist der junge Maurizio Castelli, einer
der talentiertesten Önologen der Toskana, der auch für die Weine
des *Castello di San Polo in Rosso*, des *Castello di Volpaia* und von
*Castellare* verantwortlich ist.

Besitzer der *Badia* ist der Mailänder Industrie- und Finanz-
manager Piero Stucchi Prinetti, ein Mann mit breitgefächerten
Aktivitäten, anpackend, optimistisch, bestimmt und unerschüt-
terlich wie eine gotische Säule. Mal ist er in der Elektronikbran-
che engagiert, mal im Verlagswesen. Er organisiert die Formel-I-
Autorennen in Monza und Kammermusik-Konzerte auf Coltibuono. Man sagt, er sei der beste Verkäufer seiner Weine, und
sicherlich ist das nicht übertrieben. Aber Stucchi Prinetti gehört
nicht zu jenen, die nur für den Wein leben. Er hält die vielfältigen landwirtschaftlichen und kulturellen Traditionen der
Toskana hoch und hat die Badia nicht nur zu seiner Wohnstatt,
sondern zu einem Zentrum der Begegnung und einem Ort privater Gastfreundschaft gemacht.

Die Badia befindet sich seit 1846 im Besitze seiner Familie.
Damals erwarb Guido Giuntini, Stucchi Prinettis Urgroßvater
und ein berühmter Florentiner Bankier, das Anwesen, das über
sieben Jahrhunderte lang von den Vallombrosianer-Mönchen,
dem toskanischen Zweig der Benediktiner, bewohnt und zu
Glanz gebracht worden war. Sie waren 1810 vertrieben worden,
als Napoleon Italien beherrschte und eine beispiellose Säkulari-
sierungswelle über Europa rollte. Ihr fiel auch die *Badia a Coltibuono* zum Opfer. Nur ein Bruder durfte bleiben, um die Gottes-
dienste abhalten zu können. Das Mobiliar wurde verkauft, der

Besitz versteigert. Bis er zu Guido Giuntini kam, ging er durch
mehrere Hände, unter anderem die eines italienischen Komö-
dienschreibers und glücklosen Spekulanten sowie einer jungen
Dame namens Cassandra Luci. Sie war die Freundin von Stanislav Poniatowsky, eines Enkels des polnischen Königs Stanislav
August Poniatowsky, der seinen Besitz in Polen beizeiten verkauft und sich in Rom niedergelassen hatte, wo er die zwanzig
Jahre jüngere Cassandra Luci kennengelernt und zu seiner ständigen Begleiterin gemacht hatte. Drei Jahre vor seinem Tod erst
heirateten die beiden, nachdem sie bereits fünf Kinder miteinander gezeugt hatten. Diese gründeten, kaum daß sie erwachsen
waren, eine Vereinigung für italienische Musik, der sie nicht nur
eigene Kompositionen vermachten, sondern die sie auch mit
entsprechenden finanziellen Mitteln unterstützten, damit in
Florenz prunkvolle Aufführungen stattfinden konnten, bei
denen nicht nur an die Künstler hohe Gagen gezahlt, sondern
bisweilen auch die Eintrittskarten verschenkt wurden. Nachdem
die Kinder schon den vom Vater vererbten Besitz veräußert
hatten, um ihre Schulden bezahlen zu können, mußte auch Cassandra Luci, nach der Heirat Fürstin Poniatowsky, die *Badia a
Coltibuono* verkaufen. So kamen die Vorfahren von Piero Stucchi
Prinetti in den Besitz der Abtei.

Die Geschichte der *Badia* reicht jedoch mehr als tausend Jahre
zurück. Damals ließen die Ricasoli-Firidolfi, denen ein großer
Teil des Chianti gehörte, ein Gasthaus an der Stelle errichten, an
der die *Badia* heute steht. Dort fanden Pilger und Kaufleute,
nachdem sie ihren Wegzoll entrichtet hatten, Unterkunft und
Verpflegung (die Ruine der Zollstation steht noch heute 1,5 Kilometer von der *Badia* entfernt). Das Anwesen wurde im Laufe der
Zeit vergrößert, und 1051 forderten die feudalen Herren die
Mönche des Vallombrosianer-Ordens auf, an dieser Stelle ein
Kloster zu errichten. Die Mönche machten Coltibuono dann zu
einer Abtei mit florierender Landwirtschaft, die ihre Glanzzei-
ten im 15. Jahrhundert zur Zeit der Medici-Herrschaft erlebte.
Sie waren wahrscheinlich die ersten, die im Chianti Weinberge
angelegt haben.

Durch zahlreiche Landverkäufe, die das wirtschaftliche Überleben sicherten, ist der Besitz der *Badia a Coltibuono* inzwischen
erheblich geschrumpft. Gleichwohl umfaßt er immer noch 896
Hektar. Der größte Teil besteht aus Kiefern-, Eichen- und Kastanienwäldern. Dazu kommen 5000 Olivenbäume und 37 Hektar
Weinberge. Die Gesamtproduktion an Wein beläuft sich auf
durchschnittlich 200 000 Flaschen pro Jahr.

# CASTELLINA IN CHIANTI

## IL PALAZZINO MONTI IN CHIANTI

*Il Palazzino ist ein winziges Weingut mit nicht mehr als 3,7 Hektar Reb-kulturen. Es befindet sich auf 550 Me-ter Höhe an einer der schönsten Stellen des Chianti classico unweit von Brolio. Von dort überschaut man das gesamte Hügelland Castelnuovo Berardengas bis hin nach Siena. Die Weinberge, alle-samt um das kleine Landhaus gelegen, bilden einen einzigartigen »Cru«: durchgehend vom »galestro« geprägt, beste Südwest-Exposition, leichte Hang-neigung. In den Weinbergen wird denn auch die Basis für die hohe Qualität der Palazzino-Weine gelegt. Es sind Gewächse von ungemein dichter Struk-tur mit einer reifen Frucht, nie plump oder überladen, stets von einer rassigen Säure durchzogen, und weder der all-gemeinen Charakteristik der Gaiole-Weine ähnelnd noch der von Castel-nuovo Berardenga. Il Palazzino befin-det sich im Besitz der beiden Brüder Alessandro und Andrea Sderci. Sie haben das Gut von ihrem Vater geerbt, der 1972 gestorben ist. Durch Neuanla-ge der Rebkulturen und durch hohe Investitionen in den Keller (es wurden Stahltanks mit computergesteuerter Temperaturkontrolle und neue Eichen-fässer gekauft) haben sie in der Wein-produktion einen neuen Anfang gemacht. 95 Prozent der Weinberge wurden mit Sangiovese bestockt, der Rest mit Malvasia (aus dieser Sorte wird auch ein vorzüglicher Weißwein gekeltert). Der Anteil der weißen Trau-ben war also schon vor Einführung der D.O.C.G.-Gesetze im Chianti mini-mal. Der Wein wird stets ohne »gover-no« hergestellt. Fast jedes Jahr wird eine »Riserva« gezogen. Neben dem Chianti classico kommt aus dem Keller von Il Palazzino der »Grosso Senese«, ein reinsortiger Sangiovese-Tafelwein von beträchtlichem Gewicht und großer Feinheit. Die Gebrüder Sderci kommen aus dem Bankfach. Der eine arbeitet in Florenz, der andere in Siena. Um die önologischen Belange kümmert sich Marco de Grazia, ein Seneser Wein-händler und Weinagent. Die Produk-tion ist sehr gering: rund 10 000 Fla-schen Chianti classico, 3000 Flaschen »Grosso Senese« und 2500 Flaschen vom Weißwein »Vigneto della Rosa Bianca«. Fast die gesamte Produktion wird ins Ausland verkauft.*

## FATTORIA VALTELLINA CASTAGNOLI

*Die Fattoria produziert einen der unge-wöhnlichsten Chianti des Anbau-gebiets. Er ist beerig, fast mostig im Geschmack, zeigt das unverfälschte Fruchtaroma, das die Natur ihm mit-gegeben hat und versteckt sein manch-mal rauhes Tannin nicht, wie andere Weine, hinter dem »süßen« Gewürz des Holzes. Er besitzt vielleicht nicht die typische Chianti-Charakteristik, ist aber ein ungemein sauber gekelterter, reifer Wein mit Feinheit und Tiefe. Er wächst bei Valtellina in der Gemeinde Gaiole, einem kleinen Hügel zwischen Castagnoli und Rietine. Das Land gehörte einst zum Imperium der Ricaso-li von Schloß Brolio, die dort Rinder züchteten, und weil sie auch eine Berg-rasse aus dem Veltlin einkreuzten, erhielt der Hügel, auf dem diese Tiere gehalten wurden, den Namen »Valtelli-na«. Mitte der 70er Jahre erwarb der Römer Giorgio Regni das dortige Anwesen samt vier Hektar Umschwung, um sich mit seiner Frau einen Alterssitz zu schaffen. Er ist ein promovierter Ökonom, der, zunächst als europäischer Beamter, später als Verkaufsdirektor des Mailänder Reifen-herstellers Pirelli, den größten Teil seines Lebens im Ausland verbracht hat: in Brügge und Brüssel, in Costa Rica, Athen, Kopenhagen und Stockholm. Die Wende vom Gummi zum Wein vollzog sich, als er die Fünfzig erreicht hatte. Er begann als Autodidakt, was er heute noch ist. Sein Chianti vergärt neun bis 12 Tage »stürmisch« und wird, wenn noch ein wenig Rest-Zucker im Wein ist, von den Schalen abgezogen. Der Rest-Zucker soll »langsam« ver-gären. Meist reift er ein bis zwei Jahre im Stahltank, danach noch acht Mona-te auf der Flasche. Mit Holz kommt er nicht in Berührung. Lediglich die »Riserve« verbringen rund vier Monate in Fässern aus Kastanienholz. Der Wein wird heute zu 85 Prozent aus Sangiovese-Trauben, zehn Prozent Canaiolo und fünf Prozent weißen Trebbiano und Malvasia zusammen-gestellt. Die Hektarerträge liegen mit knapp 40 Hektolitern weit unter den Maximalgrenzen. Die Produktion beläuft sich auf nicht mehr als 14 000 Flaschen. 1977 und 1981 wurden nur »Riserve« erzeugt. 1978, 1979 und 1980 gab es ausschließlich »vecchio«-Qualitäten.*

**D**as Hügelland um Castellina bildete den dritten Teil der zur »Lega« gehörenden Chianti-Zone. Die Weine, die dort wachsen, besitzen je nach Höhenlage, Luftströ-mung und Bodenverhältnissen eine unterschiedliche Charakte-ristik. Im allgemeinen gelten sie als körperreiche Chianti mit langer Lebenserwartung. Dies trifft in der Regel auf die Weine zu, die aus einer Höhe von 400 bis 500 Metern stammen. Sie eignen sich am besten zur Herstellung von *Riserve*, während junge Chiantiweine, die von dort kommen, leicht knochig und ver-schlossen wirken können. Vielfach werden deshalb die Weine von unterhalb 400 Metern, wo der Untergrund mergelhaltiger wird, für die besseren gehalten. In jedem Fall sind sie leichter, fruchtiger und eleganter, vorausgesetzt, sie wurden sauber vini-fiziert. Dies gilt insbesondere für den westlichen Teil des Gemeindelands von Castellina, wo sich die Hügel in Richtung auf Poggibonsi und Siena neigen. Dort besitzt der Chianti clas-sico mehr Charme.

Castellina liegt knapp 600 Meter hoch in einer die umliegenden Hügelketten überragenden Lage. Es ist die einzige Ortschaft im Herzen des Chianti classico, in der sich Industrie angesiedelt hat – sehr zum Nachteil des Dorfbildes übrigens. Der historische Ortskern gruppiert sich, wie so häufig, um das Kastell, das heute das Bürgermeisteramt beherbergt. Im 13. Jahrhundert gehörte es zum Besitz der Badia a Passignano und wurde später – wie auch Radda und andere *castelli* der Region – auf Betreiben von Kaiser Friedrich II. den Guidi übereignet, die es ihrerseits den Trebbia als Lehen übergaben, einem Adelsgeschlecht, das in der Nähe eine heute nicht mehr existierende Festung, das Castello di Trebbia, besaß. Seitdem hieß der Ort Castello dei Trebbiani. Die Trebbia gestatteten, daß Florenz die Burg befestigte und zu seinem militärischen Stützpunkt machte. So gewann Castellina schnell an Bedeutung. 1478 wurde es jedoch nach einer 40tägigen Belagerung von den Truppen Sienas eingenommen, die damit fast die Herrschaft über das ganze Chianti innehatten. Die Siene-ser konnten die Festung jedoch nur fünf Jahre halten. Dann fiel Castellina wieder den Florentinern zu, die es nach dem endgül-tigen Fall des Gegners zu einem wichtigen Handelszentrum aus-bauten. Der jeweils donnerstags in Castellina abgehaltene Markt zog selbst römische Kaufleute an. Später wurde der Ort sogar zu einer »Freihandelszone«: Niemand durfte dort »festgenommen« »besteuert« oder »belästigt« werden. So hatten es die Großher-zöge in einem Erlaß festgelegt.

Der Ort selbst war jedoch nie ein Zentrum der Weinwirtschaft. Die wichtigsten Güter befanden sich in Fonterutoli, Lilliano und Grignano beziehungsweise verstreut in der weitläufigen Hügel-landschaft. Die traditionsreichste Kellerei, die sich in Castellina befindet, war und ist *Straccali*. Vor den Toren des Ortes, vor allem im Dreieck der Straßen nach Poggibonsi und Siena, finden sich jedoch eine ganze Reihe von Weingütern, unter denen die *Fatto-ria di Godenano Secondo* und das *Podere Castellare* herausragen. Aus den Kellern des letzteren kam schon immer ein Wein, der zur besseren Hälfte des Chianti classico gezählt wurde. Unter seinen neuen Besitzern hat er noch einmal einen spektakulären Schritt zur Spitze gemacht.

Fonterutoli, fünf Kilometer südlich von Castellina an der Straße nach Siena gelegen, ist Sitz mehrerer Güter, unter denen das der Familie Mazzei das bedeutendste ist. Es erzeugt rund 100 000 Fla-schen sehr feinen Chianti classico, der sich durch sehr große Beständigkeit und ein gleichbleibend hohes Qualitätsniveau auszeichnet. Er wird unter dem Etikett *Castello di Fonterutoli* vekauft. Das Dorf selbst ist eines der schönsten im ganzen Chianti-Gebiet. Es steht vollständig unter Denkmalschutz und besitzt noch eine fast spätmittelalterliche Aura. Von dem Castel-lo, das Fonterutoli einst zu einer »noblen« Ortschaft machte, ist heute allerdings nichts mehr zu sehen. Es gehörte im 13. Jahrhundert den Staggia, einer adeligen Sieneser Familie. Im Jahre 1202 wurden dort jene Verträge unterzeichnet, die Florenz die Herrschaft über den größten Teil des Chianti sicherten. Bei Fonterutoli waren nämlich die abgesandten Reiter aus Florenz und Siena aufeinandergestoßen, so daß dort der Vereinbarung gemäß die Grenzen zwischen den beiden Republiken gezogen wurden. Der kleine, schwarze Hahn, dessen frühes Krähen der Legende zufolge dem florentinischen Reiter einen entscheidenden Vorsprung verschafft hatte, hat an diesem Ort also Politik gemacht.

Die Mazzei, deren Familienmitglieder durch die Jahrhunderte hindurch immer als Notare oder im Bankwesen tätig waren, leben seit 1435 in Fonterutoli. In jenem Jahr hatte die Tochter eines ihrer Vorfahren Piero di Aguseo di Fonterutoli geehelicht. Da die Ehe kinderlos blieb, fiel Fonterutoli nach dem Tod der beiden den Mazzei zu. Heute wird der Betrieb von Lapo Mazzei, der Präsident der Cassa di Risparmio di Firenze und zugleich Präsident des Konsortiums *Gallo Nero* ist, sowie seinen beiden Söhnen geführt.

Die Böden von Fonterutoli sind karg und trocken. Sie bestehen überwiegend aus Sandstein und ergeben Weine von großer Geschmackstiefe und langer Lebensdauer. Ein anderes Weingut bei Fonterutoli, das einen typischen, überdurchschnittlich guten Chianti macht, ist *Caggiolo*. Dasselbe gilt für die Weine des *Castello di Tuopina*, an der südlichen Grenze des Anbaugebiets gelegen. Sein Chianti classico, *Colli D'oro* genannt, ist körperreich, aber weicher als die Kreszenzen des höhergelegenen Fonterutoli. Das Gut füllt unter diesem Etikett noch nicht lange in Flaschen ab. Die junge Besitzerin Giulia Paolicchi hat erst die notwendigen Investitionen in den Keller und die Weinberge vorgenommen, bevor sie sich mit ihrem Wein auf den Markt wagte.

Der südwestliche Teil des Gemeindelandes von Castellina bildet heute eines der größten zusammenhängenden Weinanbaugebiete des gesamten Chianti classico. Es ist zu einem guten Teil zwei Gütern vorbehalten: *Rocca delle Maciè* und *Cecchi*. Zu ihren Domänen gehören viele der Weinberge, die sich, fährt man von Castellina nach Castellina Scalo, rechts und links der Straße kilometerweit bis ins Hinterland ziehen. Dieses Hinterland ist jedoch auch Sitz zahlreicher kleinerer Produzenten, von denen nicht wenige einen sauberen, bisweilen auch anspruchsvollen Chianti keltern. Eines dieser Güter ist die *Fattoria Poggiarello*, etwa zehn Kilometer vor Poggibonsi gelegen. Dort erzeugt Mario Brini einen jener stilvollen, eleganten Weine, die körperreich und doch genügend fruchtig sind. Eine lange Tradition und einen großen Ruf hat auch der Wein der *Tenuta di Lilliano*. Er ist ein mächtiger, tanninreicher Chianti, der oft eine lange Reifezeit braucht, um seinen ganzen Reichtum entfalten zu können. Lilliano ist ein mittelalterliches Dörfchen, das auf halbem Weg zwischen Castellina und Castellina Scalo liegt. Es befand sich einst – wie auch Fonterutoli – im Besitz der Signori di Staggia, ging dann durch viele Hände und wurde 1923 von dem aus Kalabrien stammenden Adeligen Arturo Berlingieri erworben. Heute ist seine Tochter, die Fürstin Eleonora Ruspoli Berlingieri, für den Wein verantwortlich, der noch weitgehend nach traditioneller Art, jedoch ohne *governo*, hergestellt wird. *Lilliano*, berühmt auch für sein feines Olivenöl, besitzt umfangreiche Ländereien, zu denen 45 Hektar Weinberge gehören. Es zählt zu den Traditionsgütern des Chianti classico.

Auch der Chianti des *Castello di Rencine* wird noch nach traditioneller Art, wenn auch mit *governo*, gemacht. Er ist ein eigenwilliger Wein, hinter dessen anfänglicher Herbe sich jedoch eine große Aromafülle verbirgt. Auch das nahe *Castello di Monterriggioni* zählt zu den Weingütern, die eine konsequente Qualitätspolitik betreiben.

Das Land im Norden von Castellina ist von einer dichten Walddecke überzogen, die höchstens von wilder Strauch- und Buschvegetation unterbrochen wird. Nur selten werden dort Reben kultiviert. Einen sehr guten Chianti classico erzeugt zum Bei-

## CASTELLO DI FONTERUTOLI, FONTERUTOLI

*Fonterutoli zählt zu den festen Säulen der Weinproduktion des Chianti classico. In den fünfziger und sechziger Jahren waren die Weine mit dem schwarzen Etikett und dem Wappen der Familie Mazzei so bekannt und berühmt wie die Weine von Brolio und Conti Serristori. Danach scheint es eine kurze Schwächeperiode gegeben zu haben, bis das Weingut Ende der siebziger Jahre wieder zu seiner alten Form zurückfand. Heute gehört sein Wein, insbesondere die »Riserva«, zu den schönsten Chianti von Castellina. Sie wird fast ausschließlich aus roter Sangiovese gekeltert, Canaiolo und weiße Trauben finden sich kaum in ihr. Geplant ist, künftig auch Sangiovese Grosso und Cabernet zu verwenden. Die Maischegärung wird bis zu 12 Tagen ausgedehnt, um möglichst viel Farbe und Tannin zu erhalten. Ein »governo« wird nur selten praktiziert, und wenn, dann nur, um die Säure zu mildern, die auf Fonterutoli immer leicht erhöhte Werte zeigt. Der Weinbergsbesitz beläuft sich auf 27 Hektar und verteilt sich auf zwei Lagen. 12 Hektar befinden sich bei Fonterutoli selbst in 500 Meter Höhe auf kargen »alberese«-Böden, die einen sehr feinen, bouquetreichen Wein liefern. Diese Lagen sind die hochwertigsten, über die das Gut verfügt. In der Nähe von Lilliano besitzt der Betrieb weitere zehn Hektar Reben (»Podere Siepi«). Fonterutoli, ein vornehmes, gediegenes Familiengut, befindet sich seit 1435 ununterbrochen im Besitz der Familie Mazzei aus Florenz, die seit Generationen im Bankwesen und in der Rechtsprechung tätig ist. Lapo Mazzei, der heutige Patron, ist Präsident des Winzerkonsortiums »Gallo Nero«. Seine beiden Söhne arbeiten verantwortlich im Weingut mit. Die Chianti-Produktion beläuft sich auf rund 100 000 Flaschen im Jahr (plus offen verkaufter Wein). Die »Riserva« wird aus dem besten Lesegut aller Lagen, aber nur in wirklich guten Jahren, erzeugt. Große Jahre: 1953, 1956, 1961, 1971, 1982, 1985. Sehr gute Jahre: 1968, 1969, 1970, 1977, 1978, 1979. Gute Jahre: 1972, 1973, 1974, 1975, 1980, 1981, 1983.*

## CASTELLARE CASTELLINA IN CHIANTI

*Das kleine, ehrgeizige Weingut liegt etwa zwei Kilometer von Castellina entfernt. Man erreicht es über einen unbefestigten Landweg, der von der Straße nach Poggibonsi abzweigt. Castellare besteht aus drei Komplexen: der alten Hofstelle Caselle, dem ehemaligen Kloster San Niccolò und dem Herrenhaus Castellare. Sie alle sind von Weinbergen umgeben, die schon seit Jahrzehnten, teilweise seit Jahrhunderten im Ertrag stehen. 1980 wurde der Besitz von einem Schweizer Industriellen, der sich mehrere Jahre lang um einen guten Wein bemüht hatte, an den Mailänder Publizisten Paolo Panerai und seine Frau verkauft. Panerai ist verantwortlicher Redakteur für das italienische Nachrichtenmagazin »Il Mondo« und das Wirtschaftsmagazin »Capital«. Er gründete zusammen mit Edmond de Rothschild eine önologische Beratungsgesellschaft und ordnete die gesamte Weinproduktion neu. Seitdem wird der Chianti classico von Castellare nur noch aus roten Trauben hergestellt: einigen Anteilen Malvasia Nera, die schon seit nicht durch gute Erträge, sondern auch durch hervorragende Reife auszeichnet, sowie aus Trauben eines alten, autochthonen Sangiovese-Klons, der durch Veredelung sorgfältig gepflegt und erhalten wird. Mineralischer Dünger und chemische Pflanzenschutzmittel bleiben aus den 15 Hektar Weinbergen, die auf »galestro«- und »alberese«-Böden in gut 400 Metern Höhe liegen, grundsätzlich verbannt. Gespritzt wird nur Bordelaiser Kupferkalkbrühe. Die Weinbereitung erfolgt nach traditioneller Art, jedoch mit moderner Kellertechnik. Eine Anreicherung mit Mostkonzentraten, »Korrekturen« mittels Weinverschnitten, auch eine zweite alkoholische Gärung werden grundsätzlich abgelehnt. Der Wein präsentiert sich mit ungewöhnlich sauberem, nachhaltigen Beerenaroma, besitzt Tiefe, einen saftigen Kern, fruchtige Säure, wirkt authentisch und elegant zugleich. In sehr guten Jahren werden einige Partien zur »Riserva« ausgebaut, obwohl der »Vecchio«-Chianti häufig schon »Riserva«-Qualitäten aufweist. Große Jahre: 1982, 1983, 1985. Sehr gute Jahre: 1979, 1981.*

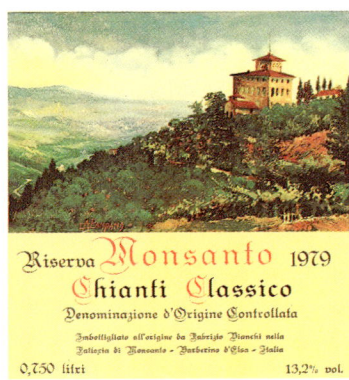

## MONSANTO BARBERINO VAL D'ELSA

*Die Villa »Al Pino«, das Herz dieser renommierten Chianti-Fattoria, liegt in 300 Meter Höhe inmitten wilder Macchia und alter Steineichen auf einem 300 Meter hohen Hügel, von dem man zur einen Seite auf ein Rebenmeer schaut, zur anderen in der Ferne die Türme von San Gimignano erblickt. Die Villa wurde früher von unabhängigen, staatsliberal denkenden Florentiner Familien wie den Palloni, Mazzoni und Begliomini bewohnt. Anfang der sechziger Jahre dieses Jahrhunderts erwarb sie der Textilindustrielle Aldo Bianchi aus dem lombardischen Varese samt 160 Hektar Umland, wovon inzwischen etwa 45 Hektar unter Reben stehen. Ende der siebziger Jahre wurde eine neue Cantina erstellt, um für die immer umfangreicher werdende Produktion gewappnet zu sein. Der Wein von Monsanto ist in vielerlei Hinsicht ein untypischer Chianti classico. Er zeigt eine sehr dunkle Farbe, ist ausgesprochen stoffig, besitzt eine ungemein reife Frucht, die in sehr guten Jahren oft eine »süße« Spitze aufweist. Er ist ein hochwertiges, aber fast eigenständiges Gewächs, das in seiner Charakteristik Ähnlichkeiten mit dem kalifornischen Weinstil aufweist: hoch im Alkohol, niedrig in der Säure, dabei mächtig und holzbetont. Der meiste Wein wird denn auch in die Vereinigten Staaten verkauft. Er wird fast reinsortig aus Trauben der Sangiovese del Chianti gekeltert, die trotz vorgezogener Lese stets vollreif eingebracht werden. Der relativ hohe Alkohol, aber auch die starke Exportorientierung des Gutes haben dazu geführt, daß ein großer Teil als »Riserva« ausgebaut und nahezu jedes Jahr abgefüllt wird. Fabrizio Bianchi, Sohn des Gründers, hält es für richtig, sie aufgrund ihres Körperreichtums vier bis fünf Jahre im Holzfaß ausreifen zu lassen. Die »Riserva« von »Il Poggio«, dem Weinberg mit den höchsten Mostgewichten, bleibt sogar bis zu sechs Jahren im Faß. Die gesamte Weinproduktion beläuft sich auf 400 000 Flaschen. Große Jahrgänge: 1962, 1966, 1971, 1975, 1977, 1983. Sehr gute Jahre: 1964, 1967, 1968, 1969, 1972, 1979, 1985. Gute Jahre: 1970, 1973, 1974, 1978, 1980, 1981, 1982.*

## POGGIO AL SOLE BADIA A PASSIGNANO

*Dieses kleine, noch relativ junge Gut liegt in einem der einsamsten Landstriche des Chianti, an der Grenze der Gemeinden Greve und Tavernelle. Es wurde Anfang der sechziger Jahre von dem Vater des heutigen Besitzers Aldo Torrini erworben, der damals seinen Hof bei Chianciano Terme aufgab, um ins Chianti classico zu ziehen und dort mit der Weinproduktion zu beginnen. Die Torrini, im Hauptberuf Goldschmiede in Florenz, konnten sechs Hektar alte, noch in Mischkulturen wachsende Rebstöcke übernehmen, die in der Halbpacht-Ära gepflanzt worden waren. Sie bildeten das Rückgrat ihrer Produktion. Zugleich legten sie sieben Hektar neu an, die in reiner Südlage direkt ums Haus wachsen. Die Reben werden sehr penibel gepflegt und stark zurückgeschnitten. Man hat sich klar dafür entschieden, wenig Wein von hoher Qualität zu erzeugen. Wegen der Höhe seiner Weinberge (500 Meter) wird auf Poggio al Sole immer sehr spät gelesen. Die Auswahl der Trauben ist streng. Was nicht vollreif ist, wird hängengelassen. Weiße Trauben spielen im Mischsatz noch eine wichtige Rolle. Auch auf den »governo« will Aldo Torrini nicht verzichten. Ansonsten wird der Wein einem natürlichen Ausbau in alten Eichenholzfässern unterzogen (fast zwei Jahre, die »Riserva«, die nur in außergewöhnlichen Jahren abgefüllt wird, knapp drei Jahre). Die Klärung erfolgt durch Umziehen. Eine Filtration findet auch nicht vor der Flaschenabfüllung statt. Er ist ein körperreicher Chianti mit einer weichen, warmen Hülle — einer der schönsten der alten Stilrichtung. In manchen Jahren weist er eine »süße« Spitze auf. Seine Feinheiten liegen in der üppigen Frucht, dem »salzigen« Geschmack und dem edlen Bouquet. Poggio al Sole ist eine ehemalige Einsiedelei, die zur Badia a Passignano gehörte. Sie hieß früher »Casasilia«. Der Anbau von Reben ist dort seit dem 12. Jahrhundert verbürgt. Kern des Anwesens ist eine alte Kapelle aus dem Jahre 1729. Abfüllmenge: knapp 40 000 Flaschen Chianti classico. »Riserva«: knapp 5000 Flaschen. Große Jahrgänge: 1969, 1971, 1975, 1979, 1982, 1985.*

spiel das kleine Weingut *Cerasi*, das an der Straße von Castellina nach San Donato in Poggio liegt. Südlich von Piazza befinden sich zwei weitere Produzenten mit klangvollen Namen: *Nittardi* und *Grignanello*. Der letztere erzeugt etwa 40 000 Flaschen eines robusten Chianti classico mit viel Substanz und Ausstrahlung. *Nittardi* hat dagegen eine kompliziertere Geschichte. Das Gut, bestehend aus drei auseinanderliegenden Komplexen, wurde 1981 von dem deutschen Kunsthändler Peter Femfert gekauft. Der alte *Nittardi*-Wein, der weiterhin erzeugt wurde (aber nicht in seiner Verantwortung), erschien fortan mit dem Etikett *Casavecchia di Nittardi*. Mit Hilfe von Pietro Rivella, dem Önologen von *Rocca della Maciè*, begann Femfert jedoch auf fünf Hektar einen eigenen Wein zu produzieren, den er *Casanuova di Nittardi* nannte. Schon die ersten Jahrgänge zeigten, daß daraus ein ungemein konzentrierter, sauberer Wein wurde, der alle Anlagen zu einem Spitzengewächs besitzt. Er besteht zu 90 Prozent aus Trauben von der Sangiovese-Rebe, die zum Teil mit Sangiovese-Klonen aus dem Anbaugebiet von Montepulciano veredelt sind. Die wirtschaftliche Unabhängigkeit erlaubt dem neuen Besitzer zugleich, eine äußerst rigorose Selektion der Trauben sowohl am Stock als auch im Keller vorzunehmen und sich mit minimalen Hektarerträgen zu bescheiden. Ab 1984 wird der Wein wieder exklusiv unter dem Namen *Nittardi* vertrieben. *Santedame*, an der Straße nach Poggibonsi gelegen, ist dagegen ein relativ großes Gut, das aber einen recht einfachen Chianti classico ohne hervorstechende Merkmale erzeugt.

# BARBERINO VAL D'ELSA

Nur ein kleiner Teil des Gemeindelandes von Barberino liegt in der Anbauzone des Chianti classico. Es sind die westlich des Cinciano-Baches gelegenen Hügel, deren Böden vom *galestro* geprägt sind, wie die Toskaner jenes Gemisch aus Sand- und tonhaltigem Kalkgestein nennen, das sich an vielen Stellen des Chianti wiederfindet. Auch im Bereich der Gemeinde Barberino ist die Bevölkerungszahl in den letzten Jahren stark zurückgegangen. An vielen Stellen des Hügellands finden sich verwilderte Weingärten und aufgegebene Halbpachtstellen. Die Zahl der aktiven Weinproduzenten ist daher nicht sonderlich hoch. Die bekannteste Fattoria ist *Monsanto*, seit 1961 im Besitze einer Familie von Textilindustriellen aus der Lombardei, denen es schon früh gelang, sich mit ihren Weinen einen sehr guten Ruf zu verschaffen. Vor allem in Amerika erfreuen sich diese großer Beliebtheit und erzielen bemerkenswerte Preise. In ihrer mächtigen, beinahe voluminösen Art sind sie jedoch Außenseiter-Gewächse. Das gilt sowohl für den Chianti classico als auch für die anderen Weine: einen Cabernet Sauvignon, einen reinsortigen Sangiovese-Grosso-Wein sowie den »Tinscvil«, eine Assemblage aus beiden. Sie alle reifen sehr lange im Holz. Auch das ist ein Merkmal der Weine von *Monsanto*.

Ein zweiter, weniger bekannter, doch mindestens ebenso guter Erzeuger ist *Isole e Olena*. Seine Reben wachsen nur etwa drei Kilometer von denen *Monsantos* entfernt, und doch fällt der Wein vollkommen anders aus. Seinem Erzeuger, einem jungen promovierten Önologen und experimentierfreudigen Winzer, der mit großem Engagement und noch größerem Ehrgeiz zur Sache geht, kommt es darauf an, ihn im Keller zu verfeinern als ihn im Keller reifen zu lassen. Neben dem Chianti classico produziert er einen vorzüglichen Sangiovese-Wein namens »Cepparello« sowie einen außerordentlich guten Vin Santo. Die Fattoria liegt etwas abseits des Dörfchens Olena in einer menschenleeren, von Wäldern und wilder *macchia* bedeckten Hügellandschaft. Olena war die Heimat des Dino di Olena, eines Freundes von Petrarca und begnadeten Spaßvogels. An das Niveau von

*Isole e Olena* und *Montanto* reicht keiner der anderen Weinmacher von Barberino heran. *Casa Sola* bei Cortine, *La Ripa* und *Casa Emma* bei San Donato, *Il Campino* und *Quercia al Poggio*, beide nahe des Dorfes Montsanto, produzieren einen guten, aber keinen besonderen Chianti classico. Vielversprechend ist dagegen der Neuanfang des *Castello di Paneretta* in Monsanto und der Fattoria *La Torre* in Cantagalli. Beide haben seit geraumer Zeit neue Besitzer.

# TAVARNELLE

In dieser kleinen Unterzone des Chianti classico wird nur wenig Wein angebaut. Das Land ist zersiedelt und zum größten Teil von dichten Wäldern bedeckt. Sambuca und San Donato in Poggio sind die einzigen größeren Ortschaften. Tavarnelle selbst liegt außerhalb des Anbaugebiets. Die in Reiseberichten oft zu lesende Bemerkung, das Chianti bestehe vor allem aus Schlössern, Pfarreien und Abteien, trifft hier noch am ehesten zu.

Die Böden bestehen in erster Linie aus lockerem Kiesel und viel tonhaltigem Kalkstein. Ein durchgängiger Stil der Tavarnelle-Kreszenzen ist jedoch nicht zu erkennen. Die Zahl der Weinerzeuger ist auch begrenzt, zumal ein großer Teil von ihnen den Wein gar nicht in Flaschen abfüllt, sondern ihn beziehungsweise die Trauben verkauft. Bei San Donato in Poggio, in dessen Mauern zweimal ein Friedensvertrag zwischen Florenz und Siena ausgehandelt wurde, befindet sich ein wichtiges Weingut: die *Fattoria Montecchio*. Sie ist wenig bekannt, produziert aber einen mehr als nur soliden Chianti classico. Nördlich von Sambuca (an der Straße nach San Cascino, der alten Via Cassia) liegt ein weiterer Betrieb, aus dem sehr feine Kreszenzen kommen: die *Fattoria La Bricola*. Ihre Weine sind ungeschönte, völlig natürlich ausgebaute und auch in geringen Jahren nicht angereicherte Chiantigewächse. Den besten Chianti classico der Gemeinde erzeugt jedoch *Poggio al Sole*, ein kleines, in den tiefen Wäldern um die Badia di Passignano versunkenes Gut, das seit Anfang der sechziger Jahre von Aldo Torrini bewirtschaftet wird. Innerhalb eines Jahrzehnts stieg *Poggio al Sole* zur Spitze der Chianti-Produzenten auf, zu der er heute noch immer gehört. Sein Wein fasziniert vor allem durch Fülle und Reife. Sie sind das Resultat der erstklassigen Lage und strenger Traubenselektion. Der Wein wird noch nach traditioneller Manier, wenn auch mit modernen Mitteln, gekeltert und ausgebaut. Aldo Torrini legt stets Wert auf die Feststellung, daß er seinen Chianti nach dem Vorbild des alten Bauernweins macht, wie er in seiner Gegend seit Jahrhunderten hergestellt wurde – freilich hochgradig verfeinert.

*Poggio al Sole* ist ein ehemaliger Besitz der Badia di Passignano, jener berühmten Vallombrosianer-Abtei, die – wie die Badia a Coltibuono auch – erst 1810 nach dem Einmarsch Napoleons in Italien säkularisiert wurde. Davor stellte die Abtei das politische und spirituelle Zentrum der Region dar. Es ist ein bombastisches Bauwerk mit fünf wehrhaften Türmen, die schon von weither sichtbar sind. Im Mittelalter war es eines der reichsten und bestausgestatteten Klöster Mittelitaliens, eines der mächtigsten sowieso. Aus diesem Grunde erregte es auch beizeiten den Neid der Medici. Lorenz der Prächtige machte daher eine Eingabe beim Papst, damit dieser die Abtei dem Kardinal Giovanni, seinem Sohn, unterstellte (ebenso die Abteien von Coltibuono und Vaiano). Kaum hatte er sein Ziel erreicht, schickte er eine Garnison von 3000 Soldaten nach Passignano und vertrieb die Mönche. Die Badia wurde eine florentinische Festung. Als Giovanni wenig später selbst zum Papst gewählt wurde, erhielten die Vallombrosianer die Abtei wieder zurück, freilich um den Preis von 2000 *scudi*, die sie jährlich an die Medici als Pacht entrichten mußten.

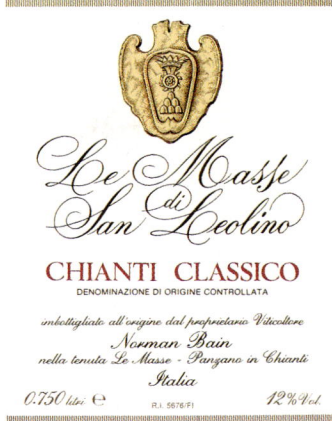

## LE MASSE DI SAN LEONINO PANZANO IN CHIANTI

*Dieses kleine Privatgut befindet sich einen Kilometer südlich von Panzano am Rande einer Häusergruppe, die sich im Laufe der Jahrhunderte um die Pieve di San Leonino gebildet hat. Normain Bain, ein gebürtiger Schotte, aber viele Jahre lang Direktor der Shell Italia in Genua, hat das Anwesen 1972 erworben, um sich im Alter dorthin zurückziehen zu können. Seitdem befaßt er sich fast nur mit der Wein- und Olivenölproduktion. Die Rebflächen, die er neu angelegt hat, befinden sich gleich hinter dem Gut in stark ansteigender, nach Süden ausgerichteter Lage. Die Böden sind extrem steinig und so karg, daß kaum mehr als die Hälfte der gesetzlich vorgeschriebenen Hektarhöchsterträge erzeugt werden können. Vorbildlich sind die Weinbergspflege (nur sparsame, organische Ersatzdüngung; keine Pestizide, um die Widerstandskraft der Reben nicht zu schwächen; kurze Bogenerziehung der Reben) und die Kellerarbeit, die unter der önologischen Leitung von Franco Bernabei steht, der auch für das benachbarte Gut Fontodi verantwortlich ist. Durch häufiges Umziehen des Weins und ständige Kontrolle kommt man im Keller nahezu ohne chemische Behandlungsmittel aus. Die besondere Qualität dieses Weins basiert aber nicht zuletzt auch auf der strengen Auslese der Trauben. Der Chianti von Le Masse ist von seiner Statur her ein eher untypischer Greve-Wein. Er ist robust, körperreich, gewichtig, führt eine kraftvolle Säure mit sich und besitzt einen konzentrierten Fruchtkern, der vor allem die Klasse dieses Weines bestimmt. Die »Riserva« trinkt sich in den besseren Jahren wie feiner, sauberer Beerenextrakt. Der Chianti von Le Masse (nicht zu verwechseln mit »La Massa«) wird unter Zusatz nur minimaler Mengen von weißem Traubenmost gekeltert und mit Hilfe von Mostkonzentrat aus eigenem Lesegut nachfermentiert. Er wird seit 1977 erzeugt. Die Flaschenabfüllung begann jedoch erst 1980. Künftig will man den Wein lagenrein keltern. Außerdem experimentiert man mit französischen »barriques«. Sehr gute Jahre: 1981, 1982, 1983, 1985.*

## ISOLE E OLENA SAN DONATO IN POGGIO

*Das Weingut Isole liegt in einem der menschenleersten, ursprünglichsten Winkel des Chianti classico. Es ist von endlosen Wacholderheiden und dichten Wäldern eingefaßt, die sich nur an wenigen Stellen lichten, um Rebkulturen Platz zu machen. An diesen Stellen wächst einer der hoffnungsvollsten Weine des Anbaugebietes. Er ist fleischig, fast muskulös, und durch den typischen Duft von Erika, den er verströmt, unter hundert anderen Weinen sofort erkennbar. Auch der hohe Extrakt, den er regelmäßig aufweist (bis zu 27 Gramm), hebt ihn aus der Masse der anderen Chianti heraus. Er kommt von Reben, die aufmerksam zurückgeschnitten werden und auf ebenso mageren wie mineralreichen Böden stehen. Daß er nur aus roten Trauben gekeltert wird, hat er mit anderen Spitzenchianti gemeinsam. Ein Drittel des Weins wird in geschmacksneutralen Kastanienholzfässern ausgebaut, um die fruchtige Eigennote stärker zur Geltung zu bringen (der Rest in traditionellen Eichenholzfässern). All das zeigt, daß hier ein sehr eigenwilliger, individueller Weinmacher am Werke ist. Er heißt Paolo De Marchi, ein promovierter Önologe, der aus dem Piemont stammt und anfangs dort, später in Kalifornien gearbeitet hat, bevor er 1976 den Betrieb in der Toskana übernahm. Erworben hatte die Fattoria sein Vater, ein Turiner Rechtsanwalt in den 50er Jahren. Als Weinerzeuger sind die De Marchi freilich schon vorher in Erscheinung getreten. In der Voralpenzone am Fuße des Monte Rosa bauten sie Spanna-(Nebbiolo-)Reben an und machten einen hochgeschätzten Lessona. Die Berufung zur Landwirtschaft hat sich vom Vater auf den Sohn übertragen, wenn auch die Größe des Gutes (290 Hektar Land, davon knapp 40 Hektar Weinberge) die Aufgabe für diesen nicht leichter machte. Denn die Arbeitslöhne sind hoch, die Kosten für die Restaurierung der alten Gemäuer ebenfalls, und obwohl er und seine Frau ständig selbst Hand anlegen, ist manch allfällige Investition in den Keller dadurch verzögert worden. Besondere Aufmerksamkeit verdienen auch der rote Tafelwein »Cepparello«, das Spitzenprodukt von Isole e Olena, sowie der Vin Santo, einer der wenigen wirklich großen Exemplare dieses berühmten toskanischen Dessertweines. Großer Jahrgang: 1985. Sehr gut: 1983, 1986. Gut: 1980, 1981, 1982.*

# CASTELNUOVO BERARDENGA

Die Weine aus dem südlichen Teil des Chianti classico sind dunkel in der Farbe, sehr körperreich und ausgesprochen samtig am Gaumen. Sie fließen gut, sagen die Einheimischen. Da sie jedoch niedrige Säurewerte aufweisen, sind sie oftmals nicht sonderlich langlebig. Nur wenige *Riserve* halten sich zehn Jahre und länger. Sie unterscheiden sich deutlich von den Chianti der anderen classico-Gemeinden. Die Gründe dafür sind vielfältig. Die andere Bodenzusammensetzung – viel Kalkstein und Mergel, der auf einer Schicht porösen Sandsteins ruht – spielt eine wichtige Rolle, aber auch die größere Trockenheit in diesem Teil des Chianti classico.

Castelnuovo Berardenga ist in seinem Kern ein altes, noch stark mittelalterlich geprägtes Dorf, das im 13. Jahrhundert befestigt und somit in die Fehden zwischen den Mächtigen jener Zeit hineingezogen wurde. Es stand stets an der Seite von Siena, wurde aber mehrfach von Florentiner Truppen oder Banden, die im Solde von Florenz standen, erobert. Von den sieben Türmen, die das Dorf 1511 erhielt, steht heute nur noch einer. Das prachtvollste Bauwerk des Ortes ist die Villa Chigi Saracena, eine im 17. Jahrhundert inmitten eines Parks errichtete Residenz, die einst Sitz einer der berühmtesten Musikakademien Italiens war, der »Accademia Chigiana«. Die Zeit großer Konzerte ist jedoch vorbei. 1970 wurde die Villa in ein Altersheim für ehemalige Angestellte der Banca d'Italia umgewandelt.

Castelnuovo Berardenga befindet sich außerhalb des Anbaugebiets für den Chianti classico. Etwa einen Kilometer nördlich an der Straße nach Gaiole liegt bereits das erste Weingut von Bedeutung: *Fattoria di Felsina*. Es wurde Anfang der sechziger Jahre von Domenico Poggiali erworben und durch große Investitionen in den Keller (er stammt aus dem 17. Jahrhundert) und in die Weinberge (die neu angelegt wurden) zu einem erstrangigen Chianti-Gut ausgebaut. Die *Riserva* besitzt alle Attribute eines körperreichen, tiefgründigen Berardenga-Weins (*Berardenga* heißt auch der Name dieses Chianti). Der Jahrgangs-Chianti besticht durch seine fruchtige, feingliedrige Art und zählt zu den besten Gewächsen dieser Qualitätsstufe.

Einen weiteren Kilometer nördlich liegt das Weingut *San Vito*, das zum Imperium von *San Felice* gehört. Der Wein ist gut, aber kein großer Chianti classico. *La Pagliaia* hingegen, ein anderes *San Felice*-Gut, erzeugt in guten Jahren eine vorzügliche *Riserva*, die unter dem Etikett *Granduca Ferdinando III.* verkauft wird – zur Erinnerung an den berühmten Großherzog der Toskana, der Anfang des 19. Jahrhunderts ein paar Tage in der Villa Pagliaia weilte, um den schönen Blick auf Brolio, Siena und den Monte Amiata zu genießen. *San Felice*, im Besitze einer Mailänder Versicherungsgesellschaft, gehört zu den Großgütern im Chianti, hat aber in Enzo Morganti einen Önologen gefunden, der trotz der großen Dimensionen, in denen produziert wird, einen Chianti geschaffen hat, der von seiner Lage geprägt ist. Einen »Hausstil«, wie ihn *Brolio* oder *Melini* pflegen, gibt es bei *San Felice* nicht. Die *Riserva*, die *Il Grigio* genannt wird, kommt von einer Einzellage namens Chiesamonti. Sie liegt in etwa 400 Metern Höhe an den Südwesthängen des ehemaligen Kastells von Cetamura. Der beste Wein von *San Felice* ist jedoch der *Vigorello*, ein mächtiger, nur aus roten Trauben gekelterter und seit 1979 in *barriques* ausgebauter *vino da tavola*, der über ein großes Alterungspotential verfügt, trotz seiner Klasse aber relativ unbekannt geblieben ist.

*San Felice* liegt westlich von San Gusmè, etwas abseits von der Straße nach Brolio. San Gusmè selbst ist ein pittoreskes Dörfchen mit verwinkelten Gassen und alten Häusern, das noch von Resten einer alten Mauer umgeben ist. Es thront auf einer leichten Anhöhe, deren Ausläufer bis ins Ombrone-Tal reichen. Im

200

AUSLESEN

Die »Riserva« des Castello di Brolio ist ein lange Zeit legendärer Wein gewesen. Durch seine besondere Traubenmischung und seinen besonderen Ausbau hat er im 19. Jahrhundert die Entwicklung zu hochfeinen Auslesen eingeleitet.

## CASTELLO DI BROLIO

*Das Schloß von Brolio war im Spätmittelalter eine der am schwersten befestigten Bollwerke Florenz' gegen das angreifende Siena. Im 19. Jahrhundert baute es Bettino Ricasoli, der »Eiserne Baron«, zu einem landwirtschaftlichen Gut um und aus. Es wurde so zum Zentrum des Weinbaus im südlichen Chianti classico.*

Dorf befindet sich das Weingut *Colle ai Lecci*, das von einem Dänen betrieben wird. Sein Chianti classico trägt die Bezeichnung *San Cosma*, benannt nach dem Schutzheiligen des Dorfes. »San Gusmè« stammt nämlich von San Cosma ab, und noch heute trägt die alte Pfarrkirche des Ortes diesen Namen.

Einen guten Ruf besitzen auch die Weine von *Villa a Sesta*, die aus dem Dörfchen Sesta westlich von San Gusmè kommen. Heutiger Besitzer des Weinguts ist der Stahlfabrikant Emilio Bertoni.

In der Umgebung von San Gusmè befinden sich zahlreiche Winzerbetriebe, von denen teilweise hervorragende Weine kommen. Einer ist *Le Pici*, etwa drei Kilometer entfernt in Richtung Brolio gelegen. Er befindet sich in deutscher Hand und erzeugt einen sehr stilvollen Chianti. Ein anderer ist die *Fattoria Villa Arceno*, etwa einen Kilometer östlich von San Gusmè an einer Stelle gelegen, an der früher einmal eine der zahlreichen Sieneser Burgen gestanden hat. Die Villa liegt in einem gepflegten, kleinen Park mit einem künstlichen See, der bereits im 17. Jahrhundert angelegt worden ist, um in Zeiten großer Trockenheit die Weinberge beregnen zu können. Die Weinberge der *Villa Arceno* sind in den letzten Jahren stark vergrößert worden. Der Chianti classico, der dort wächst, ist eher elegant als schwer. Eine große Tradition hat auch der Wein aus der *Fattoria Rosennano*. Er wächst in hochgelegenen Weingärten nördlich von San Gusmè. Seine *Riserve* zählten in der Vergangenheit häufig zu den Spitzen, die die Gemeinde Castelnuovo Berardenga hervorgebracht hat.

Als beste Weinerzeuger auf dem Gemeindeterritorium gelten *Pagliarese* und *Castell'in Villa*. Beide Weingüter haben bei zahlreichen Wettbewerben und Blindverkostungen stets vordere Plätze eingenommen. Das Gut *Pagliarese* liegt inmitten seiner 25 Hektar Weinberge nur zwei Kilometer von San Gusmè entfernt. Ein Tor, auf dessen Pfosten zwei Hähne Wacht halten, bezeichnet den Eingang zu dem Besitztum. Die Weine, insbesondere die *Riserva*, zählen zu den wenigen Gewächsen von Berardenga, die ein hohes Alter erreichen können. Der *Camerlengo* ist ein in *barriques* ausgebauter, reiner Sangiovese-Wein. *Castell'in Villa*, kaum einen Kilometer entfernt, ist ein historischer Ort. In unmittelbarer Nähe hatte Wuinigo, Stammvater der Grafen von Berardenga, ein zur damaligen Zeit berühmtes Frauenkloster eingerichtet und sich später dort selbst zur Ruhe gesetzt.

Nach seinem Geschlecht wurde später die Gemeinde benannt. Der Wein von *Casteil'in Villa*, das wahrscheinlich nie ein Kastell war oder eines besaß, ist einer der dunkelfarbigsten Chianti überhaupt. Er besitzt eine opulente Stoffülle und wird verhältnismäßig lange in Eichenfässern ausgebaut. Mit 60 Hektar Rebkulturen zählt der Betrieb nicht mehr zu den kleinen Gütern.

Einige bemerkenswerte Weinerzeuger gibt es auch im Umkreis von Pianella, einem in der Ebene gelegenen Flecken, der früher eine Art Zollstation war, an der alle Reisenden in und aus dem Chianti classico ihren Tribut entrichten mußten. Drei Kilometer nördlich befindet sich an den Hängen des Arbia-Tals das ehemalige *Castello di Cerreto*, auf dessen Ruinen der Modeschöpfer Emilio Pucci eine neue Villa erbauen ließ. Er hat das Anwesen im Jahre 1968 erworben und wenig später mit der eigenen Weinproduktion begonnen. Die *Cerreto*-Kreszenzen sind das klassische Beispiel eines Berardenga-Chiantis: dunkelfarbig, mit breitem Iris- und Veilchenbouquet, samtener Fülle und »heißer« Frucht. Er wird nach traditioneller Art gekeltert und ausgebaut. Ein ausgezeichneter Chianti kommt auch aus der *Fattoria Poggio Bonelli*, die im Jahre 1980 von einem Mailänder Industriellen aufgekauft wurde. Er hat das Gut restauriert, die Weinproduktion neu geordnet und schickt sich nun an, den besten Weinen, die auf dem Gemeindeterritorium wachsen, Konkurrenz zu machen. Bemerkenswert ist sein Sangiovese-Wein »Tramonto D'Oca«. Nicht weit entfernt wächst ein weiterer sehr guter Chianti classico: *Tomarecchio e Miscianello*. Der Doppelname bezeichnet die beiden Türme, die auf der kleinen Anhöhe errichtet sind, auf der auch die Fattoria steht. Von dort konnten die Sienesen einst einen großen Teil des südlichen Chianti überwachen. Die Türme wurden aus Steinen der nahegelegenen Dörfer Misciano und Monte Liscai gefügt. Wegen des großartigen Panoramas war der Ort im 17. Jahrhundert ein beliebtes Ausflugsziel für Chianti-Reisende und Besucher aus dem Nachbardorf Catignano. Der Wein von *Tomarecchio e Miscianello* besitzt einen ungemein würzigen Duft, ist körperreich und von großer Geschmackstiefe.

Das wichtigste Chianti-Dorf in der Gemeinde Castelnuovo Berardenga ist – neben San Gusmè – Vagliali. Es wurde am Kreuzungspunkt der Straßen von Radda und Castellina erbaut und ist im Laufe der Jahrhunderte wegen seiner verkehrsgünstigen Lage schnell gewachsen. Der erste Produzent in dieser Zone ist die *Fat-*

*toria Aiola.* Ihr Chianti besitzt viel Persönlichkeit und zeichnet sich durch eine gute Qualität aus. Er kann in vielen Jahren mit den besten Weinen des Anbaugebiets konkurrieren. *Aiola* liegt auf einer Anhöhe einen Kilometer von Vagliagli entfernt in Richtung Radda. Im Mittelalter gehörte es der adeligen Sieneser Familie der Bellanti und bildete eines der zahlreichen Klein-Kastelle in diesem Teil des Chianti. Zwischen Erstem und Zweiten Weltkrieg erwarb dann Giovanni Malagodi das Anwesen, der Präsident der Italienischen Liberalen Partei. Er war einer der ersten, die moderne landwirtschaftliche Methoden einführten und ist auch heute, obwohl nicht mehr der Jüngste (Jahrgang 1904), noch immer ein experimentierfreudiger Weinmacher geblieben. Seine neueste Kreation ist der *Logaiolo*, ein in kleinen Fässern aus junger Eiche ausgebauter Chiantiwein mit einem sehr hohen Anteil roter Trauben.

Südlich von Vagliagli liegen zwei interessante Weingüter: die *Fattoria delle Lodoline* und die *Fattoria di Selvole.* Letztere ist ein auf Weißweine spezialisiertes Gut, erzeugt aber auch rund 15 000 Flaschen eines stilvollen, körperreichen Chianti classico. *Lodoline*, an der Straße nach Pianella gelegen, ist ein Besitz der Gräfin Pepita Radicati di Brozolo. Sie ist mit dem Engländer Hugh W. Hamilton verheiratet, einem ehemaligen Colonel der britischen Armee, der sich nach dem Zweiten Weltkrieg mit großer Leidenschaft dem Weinmachen widmete. Der *Lodoline*-Chianti läßt in mancher seiner Eigenschaften die Nähe zu Castellina erkennen. Er besitzt zwar Fülle, aber auch schon die Eleganz und Rasse vieler Weine aus diesem Teil des Anbaugebiets. Ähnliches gilt für den Chianti der *Fattoria Mocenni,* die an der Straße nach Querciagrossa liegt. Ein paar Kilometer weiter befindet sich die *Fattoria di Petroio.* Aus ihren Kellern stammt ebenfalls ein sehr gepflegter, sorgfältig ausgebauter Wein. Besondere Erwähnung verdient schließlich der Chianti classico der Gräfin Isabella Bonucci Ugurgieri della Berardenga, deren Weingut *Fortilizio Il Colombaio* in dem Flecken Colombaio bei Querciagrossa liegt. In ihrem Haus erzählt man gern die Geschichte jenes jungen Mädchens aus dem Ort, das einst von muselmanischen Soldaten verschleppt und in den Harem des türkischen Potentaten Soliman gesteckt wurde. Es gelang ihr, den Alkohol-abstinenten Herrscher zu einem beglückten Weintrinker zu machen. Sein Bildnis ziert deshalb das Etikett dieses Chianti. Die *Riserva* besitzt beträchtliche Klasse.

**BETTINO RICASOLI** *Premierminister und Italiens bedeutendster Önologe.*

## CASTELL'IN VILLA SAN GUSMÈ IN CHIANTI

*Der Besitz der Fürsten Pignatelli liegt in einem der einsamsten, wald- und wildreichsten Teile des Chianti classico zwischen den Flüssen Arbia und Ombrone. Er umfaßt rund 300 Hektar, die überwiegend aus Wald und unkultiviertem Land bestehen. Rund 60 Hektar sind als Weinberge angelegt. In ihnen wächst ein vorzüglicher, körper- und tanninreicher, dunkelfarbiger Chianti classico, der seit vielen Jahren zu den Spitzen der Weinproduktion des Anbaugebietes gezählt wird. Obwohl Castell'in Villa kein kleines Gut ist, wird doch mit großer Sorgfalt und festem Willen zur Qualität gearbeitet. Schon vor den Ertragsbeschränkungen, die das neue D.O.C.G.-Statut mit sich brachte, sorgten die Pignatelli dafür, daß im langjährigen Durchschnitt nicht mehr als 45 Hektoliter pro Hektar geerntet wurden. Wie stark die Trauben verlesen werden, zeigen zum Beispiel die beiden schwachen Jahrgänge 1972 und 1984, in denen das Weingut ziemlich ordentliche Weine, wenn auch in sehr geringer Menge, produzieren konnte. Der Chianti wurde und wird zu mindestens 90 Prozent aus roten Sorten gekeltert. Eine zweite alkoholische Gärung durch Zusatz von Mostkonzentraten wurde schon immer abgelehnt. Die »Riserva«, die jedes Jahr abgefüllt wird, kommt aus dem besten Lesegut. Die Auswahl findet bereits im Weinberg statt. Da bekannt ist, von welchen Lagen die gesundesten und reifsten Trauben in jedem Jahr kommen, soll künftig eine »cru«-Produktion eingeführt werden. Der Ausbau des Weins, vor allem das Umziehen, erfolgt in sehr reduktiver Weise und mit minimalen Eingriffe von außen. Die »Riserva« zeigt nicht selten einen feinen, vornehmen Holzton auf der Zunge. Der Fürst Ricardo Pignatelli della Leonessa, ein hoher Beamter im Römer Außenministerium und zuletzt Botschafter Italiens in Algerien, ist Anfang 1985 gestorben. Der Betrieb wird nun von seiner Frau Coralia allein geleitet, die schon in den Jahren vorher die Verantwortung für den Wein und den übrigen Gutsbetrieb getragen hatte. Große Jahre: 1971, 1975, 1982, 1985. Sehr gute Jahre: 1972, 1974, 1977, 1978, 1979, 1981, 1984. Gute Jahre: 1973, 1980, 1983.*

## FELSINA CASTELNUOVO BERARDENGA

*Felsina gehört zu jenen Gütern, die schon in den 70er Jahren sehr gute Weine machten, um die es jedoch lange Zeit merkwürdig still blieb. Erst Anfang der 80er Jahre hat sich das geändert. Heute gehört Felsina zu jener Handvoll von Erzeugern, deren Weine eine Meßlatte sind, wenn es zu klären gilt, wo das Optimum eines Chianti liegen könnte. Die Fattoria liegt wenige hundert Meter außerhalb von Castelnuovo Berardenga direkt an der Straße nach Brolio. Die südliche Grenze des Chianti classico läuft quer durch ihre Weinberge (knapp 50 Hektar). Ein großer Teil der Reben besteht aus alten Sangioveto-Stöcken, deren Erträge sehr niedrig sind (35 bis 50 Hektoliter). Die Trauben werden, je nach Reifezustand, Lage für Lage eingebracht, dabei schon am Stock stark verlesen. Der Chianti classico wird zudem nur aus roten Trauben gewonnen (Sangioveto/Canaiolo 90 : 10). Vinifikation und Ausbau folgen einem genau festgelegten und kontrollierten Plan, um die Polyphenole aus den Schalen zu extrahieren, Tannin und Säure zu erhalten (beratender Önologe ist Franco Bernabei, einer der profiliertesten Weinmacher des Chianti). Schon der Jahrgangswein ist ein sehr voller, fruchtiger, geradliniger Chianti. Die »Riserva« bietet eine weitere Steigerung dieser Eigenschaften. Sie wächst überwiegend in der Lage Casalino und reift rund 18 Monate in großen, alten Eichenholzfässern. Auf der Flasche verfeinert sie sich anschließend ein knappes Jahr. Seit 1983 wird eine zweite »Riserva« abgefüllt. Sie kommt ausschließlich von der Lage Rancia, einer der am schönsten gelegenen Hofstellen des Gutes: ein Wein von sehr großer Feinheit, aber auch viel Eigenart: dunkelfarbig, dicht, feingliedrig, intensiv nach Pflaumen und Lakritz duftend, mit enormem Reifepotential. Felsina gehört dem Schiffsmakler Domenico Poggiali aus Ravenna. Geleitet wird das Gut von seinem Schwiegersohn Giuseppe Mazzocolin. Groß: 1975, 1985, 1986. Sehr gut: 1977, 1979, 1983. Gut: 1978, 1980, 1981, 1982.*

# SAN CASCIANO

San Casciano liegt im Nordwesten des Chianti classico. Es ist, bedingt durch seine Nähe zu Florenz, eine verhältnismäßig stark bevölkerte Gemeinde. Da sie auch durch Straßen gut erschlossen ist, hat sich dort viel Industrie angesiedelt. Einer der größten Betriebe ist die Druckerei Stianti, dessen Besitzer Raffaele Stianti im Jahre 1966 das *Castello di Volpaia* bei Radda erwarb, das seine Tochter heute verwaltet. Aber auch zahlreiche Großkellereien haben sich auf dem Gemeindeterritorium von San Casciano niedergelassen: die Genossenschaft *Castelli del Grevepesa* bei Mercatale, *Conti Serristori* bei Sant'Andrea in Percussina und in San Casciano selbst die *Antinori* und *Coli*. Auch *Santa Lucia* und die *Villa Montepaldi* sind keine kleinen Weinerzeuger mehr. Dasselbe gilt für die *Fattoria delle Corti* des Fürsten Tommaso Corsini, der in einem monumentalen Palazzo mit zwei mächtigen Türmen residiert, welcher mehr wie eine Basilika als wie ein toskanischer Landsitz aussieht. Er befindet sich zwischen San Casciano und Mercatale. Einen bemerkenswerten Wein erzeugt das *Castello di Gabbiano*. Er fällt durch seine saubere, geradlinige Art auf, obwohl er nicht sehr körperreich ist. Vorbildliche Weinbergsarbeit, strenge Traubenselektion und sorgfältige Vinifikation machen ihn zu einem gelungenen Gewächs, das sich weniger an traditionellen Vorbildern orientiert als an den Spitzen-Chianti der neuen Generation. Ein feiner Chianti classico wächst auch um die *Villa Terciona*, im 14. Jahrhundert ein Kloster, heute ein prächtiger Landsitz, der tief verborgen im Hinterland von Mercatale liegt. Der Wein wird von den *Antinori* hergestellt, die eine halbe Million Flaschen von ihm abfüllen. Erwähnung verdient auch der gute Chianti der *Fattoria di Luiano* sowie ihr Lagen-Wein »Vigna Pianacci«, dem einige Anteile Cabernet Sauvignon zugesetzt sind.

Daneben gibt es einige kleinere Betriebe, in denen zumindest mit großer Leidenschaft, manchmal auch auf beachtlichem Niveau gearbeitet wird. Die *Fattoria Mangiacane* der Marchesa Quintavalle in San Casciano und die *Fattoria Il Poggiale* der Familie Vitta erzeugen solide, ehrliche Chiantiweine. *Le Ripe, Colle d'Agnola, Palazzo al Bosco* und *Le Lame* gehören ebenfalls zu den kleinen Betrieben, aus denen der elegante, leicht säurebetonte Chianti classico kommt, wie er für diese Unterzone typisch ist.

Nördlich von San Casciano ist die Dichte von Palazzi des alten Florentiner Adels so groß wie nirgendwo im Chianti classico. Südlich von San Casciano ist das Land etwas zersiedelter, wenn dort auch Olivenhaine und Weinberge zunehmend neuen Häusern und Straßen zum Opfer fallen: Mercatale etwa, ein altes Straßendorf, hat sich durch Villen-Neubauten in den letzten Jahren kräftig verjüngt. Das prominenteste Weingut dieser Zone ist die Villa Cristina der Marchesi Antinori, auf halber Höhe des Monte Macerata gelegen, auf dem einmal ein Kastell gestanden hat. In dem Anwesen lebten früher einmal Mönche der Badia di Passignano, bevor es 1773 an die adelige Familie der Furini überging. Anfang des Jahrhunderts erwarben dann die Antinori den Besitz, restaurierten die Gemäuer und kauften wenig später die umliegenden Hofstellen von Santa Maria, Poggio Niccolino, Tignanello und Paterno samt Weinbergen dazu. Vor allem die letzteren beiden waren schon damals für ihren ausgezeichneten Wein bekannt, den sie produzierten. Heute umfaßt der Besitz von Santa Cristina insgesamt 400 Hektar, wovon etwa 130 Hektar als Rebkulturen angelegt sind. Der berühmteste Weinberg ist der Tignanello, auf einer Höhe von etwa 370 Metern gelegen. In ihm wurden bereits um 1940 Cabernet-Reben gepflanzt. Direkt neben ihm befindet sich eine andere sehr gute Lage: Solaia. Sie ist vollständig mit Cabernet-Reben kultiviert. Nach ihr ist einer der neuen Tafelweine benannt, den die Antinori nach dem Vorbild des *Sassicaia* komponiert haben. Er ist ein reinsortiger Cabernet-Wein (überwiegend aus Cabernet Sauvignon gekeltert) und ist 24 Monate in *barriques* gereift.

205

## VILLA ANTINORI »RISERVA MARCHESE« ANTINORI FLORENZ

*Von ihrer normalen Chianti-classico-Produktion zweigen die Antinori in guten Jahren zwischen fünf und zehn Prozent des Weins ab, um daraus eine spezielle Auslese zusammenzustellen. Sie wird mit dem alten Antinori-Etikett konfektioniert. Es handelt sich dabei um eine »tête de cuvée« aus den besten Fässern. 75 Prozent dieser Auslese wird (heute) in kleinen »barriques« (sie werden allerdings nicht jedes Jahr erneuert), der Rest in großen, 50 Hektoliter fassenden Eichenholzkufen ausgebaut. Nach der Assemblage wird der Wein abgefüllt und lagert ein weiteres Jahr auf der Flasche, bevor er den Keller verläßt. Er ist ungewöhnlich elegant, feinwürzig in der Nase und am Gaumen, besitzt Tiefe und hat nicht nur in einem oder zwei Jahren gezeigt, daß er über alle Merkmale eines großen Chianti classico verfügt, obwohl ihm auch vier Prozent Cabernet Sauvignon zugesetzt sind. Sie dominieren jedoch nie seinen Geschmack, sondern verleihen ihm in Verbindung mit der Sangiovese mehr Gewicht und Feinheit. Der Anteil weißer Trauben ist auf ein Minimum beschränkt und hat auch in der Vergangenheit zehn Prozent selten überschritten. In den letzten Jahren ist er auf eine unbedeutende Menge reduziert worden. Der Grundstein für die Qualität des Weins ist die richtige Auswahl der Fässer. Sie erfolgt gleich nach der Fermentation (durchschnittlich 14 Tage auf den Hülsen) und orientiert sich keineswegs nur am Alkoholgehalt, sondern am Zusammenspiel vieler Faktoren. Etwa 70 000 Flaschen werden im Jahr von der »Riserva Marchese« abgefüllt. Große Jahrgänge: 1970, 1979. Sehr gute Jahrgänge: 1977, 1978, 1981, 1983.*

## VIGNAMAGGIO GREVE IN CHIANTI

*Auch Vignamaggio gehört zu den Traditionsgütern im Chianti classico. Dabei ist es weniger die lange Geschichte, auf die es zurückblicken kann (sie reicht von den Gherardini über Leonardo da Vinci und seine Mona Lisa bis zur Familie des ehemaligen amerikanischen Präsidenten Kennedy). Auch der Chianti, der aus den Kellern dieser hinter dichten Zypressen liegenden schloßartigen Villa kommt, ist ein sehr fruchtiger, mittelschwerer Wein mit viel Charakter und Eigenart, der seit Jahren konstant gute Qualitäten zeigt. Er opfert seine Chianti-Typik nicht für vorgetäuschte Qualitätsverbesserungen oder andere modische Neuheiten, die sich vielerorts in der Toskana ausbreiten. Dabei sind die Grafen Sanminiatelli durchaus experimentierfreudig. Sie waren die ersten, die einem Chianti classico 1977 ein paar Anteile Cabernet Sauvignon zufügten. Die Menge dosierten sie mit fünf Prozent nur eben so niedrig, daß der Sangiovese-Charakter nicht verlorenging. Vignamaggio verfügt über 35 Hektar Rebkulturen, die fast ausschließlich um die Villa liegen. Die Trauben der einzelnen Lagen werden separat gelesen und separat verarbeitet. Der Verschnitt der einzelnen Partien findet erst nach der Gärung statt. Man gewinnt so die Möglichkeit, auf Jahrgangsunterschiede besser reagieren zu können. Auch der Wein für die »Riserva« wird auf diese Weise zusammengestellt. Der rote Traubenanteil beträgt seit vielen Jahren über 95 Prozent. Die Gärung selbst dauert nie länger als maximal acht Tage. Ein »governo« wurde 1952 das letzte Mal praktiziert. Beim Ausbau hat man sich für die weniger geschmacksintensiven Kastanienholzfässer entschieden, was dem Wein einen vorteilhaften Schliff gegeben hat. Stolz ist man auch auf das »invecchiamento naturale«, ein Herunterkühlen des Weins unter den Gefrierpunkt zum Zwecke der Stabilisierung. Das Gut wird heute von Conte Raniero Sanminiatello geleitet, dem Sohn des Schriftstellers Bino Sanminiatelli, der 1984 im Alter von 88 Jahren gestorben ist. Große Jahre: 1971, 1975, 1977, 1982, 1985. Sehr gute Jahre: 1978, 1981, 1983.*

## GREVE

Greve ist ein verhältnismäßig junger Ort im Chianti classico. Der größte Teil seiner Häuser ist erst in diesem Jahrhundert entstanden, und selbst jene historischen Bauwerke, die sich um den Marktplatz herum befinden, sind nicht älter als 300 Jahre. Der Name »Greve« taucht zwar schon vorher in Dokumenten auf, doch stets als Marktflecken, in dem die Bauern aus den umliegenden Dörfern Wein, Oliven, Hanf, Käse oder Wolle zum Kauf anboten. Noch Anfang des 16. Jahrhunderts lebten in Greve nicht mehr als 90 Menschen. Der im Tal gelegene Ort war praktisch der Marktplatz von Montefioralle, des oberhalb von Greve gelegenen, mittelalterlichen Dorfes mit seinen dicken Befestigungsmauern, das mindestens tausend Jahre alt ist und seinen ursprünglichen Namen (»Monteficalle«) von den zahlreichen Feigenbäumen ableitet, die sich damals innerhalb der Verteidigungsbauwerke befanden. Montefioralle, das in der Feudalzeit nacheinander den Ricasoli, den Benci und den Gherardini gehörte, besaß Gemeindehoheit. Von ihm aus kontrollierte Florenz das Tal des Greve-Flusses, der heute allerdings kaum mehr als ein Bach ist. Nach Beendigung der Auseinandersetzungen zwischen Florenz und Siena verlor es seine Bedeutung, und Greve nahm nach und nach seine Stelle ein. Die Zahl der Einwohner wuchs ständig, weil man im Tal bequemer lebte als in den engen Befestigungsmauern. Außerdem eröffnete die Nähe zu den Handelswegen, die im Tal verliefen, manch Einheimischen die Möglichkeit des Broterwerbs jenseits der Landwirtschaft. Heute ist Greve Handelszentrum, Verkehrsknotenpunkt und zugleich Hauptstadt des Chianti classico – gäbe es so etwas. Auf der langgezogenen, dreieckigen Piazza, in deren Mitte ein Denkmal für den berühmtesten Sohn des Ortes, den Seefahrer Giovanni da Verrazzano steht, wird jedes Jahr ein internationaler Weinmarkt abgehalten. Hinter den Arkaden, die den Markt säumen, befindet sich die größte und bestsortierte Önothek für Chianti-classico-Weine im Anbaugebiet. Zudem besitzt Greve von allen Chianti-Gemeinden die größte Ausdehnung und die größte Zahl an Weingütern. Und wenn der Ort ursprünglich auch nicht Mitglied der historischen »Lega del Chianti« war, so wuchs in den Weinbergen um ihn herum doch jener berühmte *Vermiglio*, der heute als Vorläufer aller roten Chiantiweine angesehen wird.

Die allgemeine Charakteristik des Greve-Chianti scheint der geografischen Lage dieser Gemeinde im Herzen des Anbaugebiets zu entsprechen. Er ist kein Wein der Extreme. Er gilt als bouquetreich, mittelschwer und ist mit einem guten Alterungspotential ausgestattet. Freilich sollte eine derartige Charakteristik nicht überbewertet werden. Es gibt ebenso viele Abweichungen von der Regel wie Übereinstimmungen mit ihr. Die Weine der zwei traditionsreichsten Güter von Greve entsprechen jedenfalls im großen und ganzen dieser Stilrichtung: die der *Fattoria di Calcinaia* und die des *Castello di Uzzano*.

Das Schloß von Uzzano liegt gegenüber von Montefioralle auf einer kleinen Anhöhe. Es wird von Briano Graf Castelbarco Albani Masetti bewohnt, der sich selbst intensiv und nicht ohne Leidenschaft und Fachkenntnisse um seinen Wein kümmert. Der *Uzzano*-Chianti ist ein traditionell gemachter Wein, der eine gewisse geschmackliche Strenge aufweist und nie in den Verdacht geraten kann, sich kurzlebigen Konsumentenmoden anzupassen.

Uzzano ist die alte Heimat des Florentiner Adelsgeschlechts der Uzzano gewesen. Ihr prominentestes Familienmitglied war Niccolò da Uzzano, der im 15. Jahrhundert Florenz regierte, und dessen überschäumendem Stilbedürfnis es entsprach, die Staatsverfassung der Republik in Verse zu kleiden. Schon zu seiner Zeit genoß der Wein von Uzzano eine große Wertschätzung. In den Geschäftsbüchern des Francesco Datini zu Prato, eines der

**CASTELLO DI VIGNAMAGGIO** *Auf dem Balkon des Schlosses von Vignamaggio malte Leonardo da Vinci einst die Mona Lisa.*

bekanntesten Weinhändler jener Zeit, wird er erwähnt – als Weißwein freilich. Im 16. Jahrhundert wurde das Kastell von Uzzano nach den Entwürfen von Andrea Orcagna, des genialen Florentiner Baumeisters und Bildhauers, in eine herrschaftliche Villa umgewandelt. 1644 wurde sie verkauft und kam Ende desselben Jahrhunderts in den Besitz der Castelbarco Albani Masetti, nachdem das Geschlecht der Uzzano ausgestorben war.

Das Blut der Uzzano-Familie fließt eher noch in den Capponi weiter, einem anderen, berühmten Adelsgeschlecht aus Florenz, das eine Vielzahl von bedeutenden Staatsmännern hervorgebracht hat. Eines ihrer Familienmitglieder heiratete nämlich die Tochter des Niccolò, die der letzte weibliche Nachkomme der Uzzano war und als Mitgift das Castello di Uzzano mitbrachte. Da die Capponi jedoch schon hundert Jahre vorher als Landbesitzer und Weinerzeuger im Greve-Tal aktenkundig waren, verkauften sie das Schloß bald wieder. Heute leben die Capponi in der Villa *Calcinaia*, die am Fuße des Schloßbergs von Uzzano inmitten eines kleinen Wäldchens liegt. Dort befinden sich auch die mächtigen Keller dieses Guts, dessen Wein der Inbegriff des eleganten, nicht zu schweren Greve-Chianti ist. Er läßt sich schon jung mit großem Genuß trinken, kann aber durchaus auch sehr alt werden. Große Jahrgänge halten sich ohne nennenswerte Zeichen von Ermüdung 20 bis 30 Jahre, wofür die Capponi bei besonderen Anlässen gern den Beweis antreten. Er wächst auf den Hängen oberhalb der Villa und wird weitgehend noch nach traditioneller Art gekeltert. Der Anteil weißer Trauben wurde allerdings schon immer sehr gering gehalten, weil ein Greve-Chianti, wie Kellermeister Mauro Gestri betont, nicht eigens »weich« gemacht werden müsse wie der Brolio-Wein des Bettino Ricasoli zum Beispiel, des Erfinders der traditionellen Chianti-Formel.

Nur einen Kilometer von der Villa *Calcinaia* entfernt in Richtung Greve liegt das Gut *Viticcio*, das 1968 von der Florentiner Industriellen-Familie Landini erworben und zu neuem Glanz gebracht wurde. Die Weinberge wurden zum Teil neu angelegt (unter anderem wurde die Sangiovese Grosso gepflanzt) und die Keller einer Modernisierung unterzogen. Der traditionelle Stil des Weins blieb jedoch unangetastet. Nur der Zurückhaltung der Landini ist es zu verdanken, daß ihr Chianti heute nicht so bekannt ist wie der von *Calcinaia* oder *Uzzano*. In der Qualität ist er diesen jedoch mindestens ebenbürtig. Auch der ausdrucksvolle, eher leichte Chianti von Gianfranco Pecchioli (*Castello di Montefioralle*) muß zu den besseren Weinen von Greve gezählt werden. Seine Fattoria, etwas außerhalb von Montefioralle gelegen, verfügt über einen ausgedehnten Weinbergsbesitz und gehört zu den größten Betrieben in Greve. Größer ist allerdings die Produktion des *Castello di Verrazzano*, etwas abseits der Hauptstraße, aber noch im Greve-Tal gelegen. Über 3000 Hektoliter Chianti classico werden dort erzeugt, der größte Teil Jahrgangswein, der jung getrunken wird und gar nicht in Eichenfässern gereift ist. Die *Riserva* ist ein gutes, charakteristisches Gewächs, das an die Spitzen des Greve-Chianti jedoch nicht heranreicht. *Verrazzano* ist der Geburtsort des Giovanni da Verrazzano, der im 16. Jahrhundert mit seiner Galeere die Küste von Nordamerika für die Europäer entdeckt hat, und dessen Nachfahren italienische Seefahrtsgeschichte geschrieben haben. Auf der anderen Seite des Greve-Tals, praktisch gegenüber von *Verrazzano*, erhebt sich das *Castello di Vicchiomaggio* mit seinem charakteristischen Wehrturm, der wie ein erhobener Zeigefinger einst alle Gegner warnte, seinen Gemäuern nicht zu nahe zu kommen. In der Tat wurde *Vicchiomaggio* befestigt, um sich gegen die feudalen Landansprüche der umliegenden Kleinherrscher zu wehren. Heute ist das Kastell ein Anziehungspunkt für ausländische Reisegesellschaften, die in den historischen Sälen mit rustikaler Kost aus der Toskana verpflegt und mit dem hauseigenen Chiantiwein in Stimmung gebracht werden. Die *Vicchiomaggio*-Kreszenzen unterscheiden sich dabei durch ihre herbe, strenge Machart von manchem Wein aus der Nachbarschaft. Sie sind, wenn sie in den Verkauf kommen, oftmals etwas verhalten und spröde. Jahrgangswein und *Riserva* werden bewußt als traditionelle Chianti classici erzeugt. Der *Prima Vigna*, eine nur in sehr guten Jahren abgefüllte *Riserva*, unterscheidet sich von der Standard-*Riserva* dadurch, daß sie von einem Weinberg mit einem sehr alten Rebenbestand kommt und einen Spezialausbau in *barriques* hinter sich hat.

Im Norden der Gemeinde von Greve nimmt die Dichte der Weingüter deutlich ab. Undurchdringliche Wälder, wilde *macchia* und weit auseinanderliegende Dörfer prägen dort das Bild der Landschaft. Weinberge und Olivenkulturen findet man vor allem in den Tallagen, die freilich immer noch 200 bis 250 Meter hoch sind. Unweit der Straße nach Strada liegt zunächst *Nozzole*, ein traditionsreiches Weingut mit ausgedehnten Rebenkulturen, in denen ein Chianti classico von beträchtlicher Klasse wächst. Nicht weit davon liegt *La Madonnina*, ein junges Weingut, das konsequent den Weg der Qualität geht und sicher noch von sich reden machen wird. Mugnana ist vor allem wegen seines roten Marmors bekannt, aus dem einige Mauern des Doms von Florenz und der Glockenturm des Giotto gefügt sind. Der Chianti des *Castello di Mugnana*, im Besitze der Grafen Crespi, ist ein ebenso solider Wein. Ähnliches gilt für den Chianti vom *Castelruggero*, der unter dem Etikett *Le Macchie* verkauft wird. Vorzüglich ist der Chianti des *Castello di Tizzano*, das an der nördlichen Grenze des Anbaugebiets unweit der Colli Fiorentini liegt. Er ist nicht übermäßig körperreich, besitzt aber Rasse und Eleganz sowie eine beachtliche Langlebigkeit. Die *Riserve* werden nur in wirklich guten Jahren und sehr viel seltener als auf anderen Gütern abgefüllt. Seit dem 19. Jahrhundert ist die mehrfach restaurierte Villa Tizzano im Besitze der Grafen Pandolfini, die sich mit viel persönlichem Engagement um den Wein kümmern.

Östlich von Greve an der Straße nach Figline findet sich ein besonders ehrgeiziges Weingut: *Castello di Querceto*. Seine Weinberge, bei Dudda gelegen, gehören zu den steinigsten, einige auch zu den steilsten des gesamten Chianti classico. Die Weine bestechen durch ihre Eleganz und zartrassige Säure. Der Tafelwein *La Corte* muß sogar zu den außergewöhnlichen Gewächsen der Zone gerechnet werden.

Südlich von Greve finden sich dann zahlreiche Güter, die Maßstäbe gesetzt haben für das, was heute unter Spitzenweinen aus dem Chianti classico verstanden werden muß. *Montoro*, ein sehr kleines, verstecktes und nur schwer zugängliches Gut drei Kilometer von Greve (etwas abseits der Straße nach Lamole), erzeugt einen der ungewöhnlichsten Chianti classici überhaupt. Er gibt feinste Bouquetstoffe frei, besitzt unverfälschte Aromen und eine Ausgewogenheit, die ihresgleichen sucht. Die gut drei Hektar Reben, die teils noch in gemischten Kulturen zusammen mit Olivenbäumen wachsen, befinden sich in besten Südlagen. Die Erträge werden extrem niedrig gehalten, Fermentation und Ausbau nach traditioneller Art gehandhabt. Außer ein paar Gramm Schwefel wird dem Wein gar nichts hinzugefügt. So besitzt er Eleganz und Rasse, Tiefe und Unverwechselbarkeit – vorausgesetzt, er gelingt. Das ist freilich nicht in allen Jahren der Fall. Der *Montoro*-Chianti weist nämlich erhebliche Jahrgangsunterschiede auf und wird auch in großen Jahren nicht unbedingt immer ein ebensolcher Wein. Doch bevor sie önologische Hilfe in Anspruch nimmt, findet sich die Fürstin Sobilia Palmieri Nuti in Carafa di Nucella mit diesen Unvollkommenheiten ab. Sie ist die Besitzerin des Weinguts. Ihr Mann hatte es im Jahre 1968 gekauft, die Weinberge neu angelegt und das verfallene Landhaus restauriert. Heute lebt die Fürstin dort mit etwa 200 Hunden, die sie in Pflege hat. Wenn jemand auf Reisen geht, weiß er seinen Hund bei ihr aufs beste versorgt.

## VOLPAIA

*Aus dem alten, über 500 Meter hoch gelegenen Dorf kommt ein sehr eleganter Chianti classico. Benannt wurde Volpaia nach der gleichnamigen Florentiner Familie, aus der vor allem berühmte Feinmechaniker hervorgegangen sind, die unter anderem die Planetenuhr im Palazzo Vecchio von Florenz entwickelt haben.*

## CASTELLO DEI RAMPOLLA SANTA LUCIA IN FAULLE

*Das Kastell der Fürsten Di Napoli Rampolla ist eine prächtige, alte Landvilla mit Turm, die nie kriegerischen Zwecken gedient hat. Sie war das Hochzeitsgeschenk eines der Duca Velluti Zati, der vor rund 200 Jahren in das Rampolla-Geschlecht eingeheiratet hatte. Als die Verbindung mit den Di Napoli stattfand (1840), war die Villa mithin schon lange im Rampolla-Besitz. Die Rampolla stammen aus Sizilien. Ihr berühmtester Sproß war Mariano Rampolla del Tindaro. Er bekleidete das Amt des Kardinalstaatssekretärs unter Papst Leo XIII., dessen Versuche, den Kirchenstaat wiederherzustellen, wesentlich von Rampolla getragen wurden. 1903 wurde dieser selbst zum Papst gewählt. Doch auf Geheiß des Kaisers Franz Joseph I. legte der Erzbischof von Wien sein Veto ein, so daß ein erneutes Konklave abgehalten werden mußte, aus dem schließlich Pius X. als Papst hervorging. Die Rampolla von heute sind ebenso gebildete wie bescheidene Leute. Fürst Alcise Di Napoli Rampolla, der Patron, und sein Sohn Luca haben es, beraten durch beste Önologen, fertiggebracht, innerhalb von zehn Jahren eine Spitzenposition im Chianti classico zu erobern. Ihr Besitz umfaßt 37 Hektar Reben. Gut zwei Drittel des Weins wird noch an die Antinori geliefert. Ein Drittel wird seit 1975 in eigener Regie ausgebaut und abgefüllt. Ihr Chianti classico ist der perfekte Vertreter der neuen Stilrichtung. Er wird nur aus roten Trauben gekeltert, wobei dem »Vecchio«-Wein drei bis zehn Prozent, der »Riserva« zehn bis 15 Prozent Cabernet Sauvignon zugefügt werden. Die Cabernet-Weinberge wurden Mitte der siebziger Jahre neu angelegt. Die Hektarerträge sind halb so groß (knapp 40 Hektoliter) wie in den Sauvignon-Kulturen. Der Cabernet-Wein wird nach Bordeaux-Manier separat vergoren und 12 bis 18 Monate in neuen »barriques« aus Cognac-Eiche ausgebaut (im Gegensatz zum Sangiovese-Wein, der in großen, alten Eichenholzfässern reift). Erst vor der Flaschenabfüllung wird die Cuvée zusammengestellt. Daneben erzeugen die Rampolla einen vorzüglichen Weißwein auf Traminer-Basis (»Trebianco«) und den »Sammarco«. Beste Jahrgänge: 1979. 1981, 1982, 1983, 1985. Sehr guter Jahrgang: 1980. Gut: 1977, 1978.*

## VILLA CAFAGGIO PANZANO

*An den südlichen Hängen von Panzano liegt, nicht weit vom Castello dei Rampolla, das Weingut Villa Cafaggio. Es wurde 1965 von dem ungarischen Textildesigner und Modeschöpfer Polo Farkas erworben, der es zu einem modernen Weingut ausgebaut hat (27 Hektar Reben, davon 20 Hektar Sangiovese). Farkas lebt heute vor allem in New York. Das Gut wird seit 1973 von seinem Sohn Stefano geleitet. Unter dessen Regie sind die Cafaggio-Weine zur Gruppe der geschätztesten und meistgesuchten Chianti classici aufgestiegen. Er legt Wert auf fruchtige Weine mit natürlichen Aromen und verhält sich reserviert gegenüber längerer Holzfaßlagerung. Ein mehr als einjähriges Holzlager – auch für die »Riserva« – lehnt er ab. Die Benutzung von »barriques« für Sangiovese-Weine hält er gar für reinen »francismo«. Man hat auf Cafaggio schon immer auf die Noblesse dieser klassischen Rebsorte gesetzt und seinen Chianti zu mindestens 90 Prozent aus ihr erzeugt. Deren Säure und deren Tannin versucht man für den Wein zu erhalten, deren Aromen zu verfeinern. Der Wein wird höchstens neun Tage auf den Schalen fermentiert und – wenn nötig – mit selbst hergestelltem Mostkonzentrat aus eigenen Trauben angereichert. Es spricht für die Ehrlichkeit dieses Betriebes, daß Farkas sich offen zu dieser erlaubten, in nahezu allen – auch ausländischen – Anbaugebieten praktizierten, aber gern verschwiegenen Maßnahme bekennt. Seit 1979 wird der Wein ohne »governo« hergestellt. Er wird nicht geschönt und nur sanft filtriert. Seit 1981 produziert Cafaggio 7000 Flaschen einer »Riserva speciale« mit dem Namen »Solatìo Basilica«. Sie kommt von drei jeweils 1,5 Hektar großen Weinbergen, die von den Vorbesitzern in den Jahren 1937 bis 1939 angelegt worden waren und einen entsprechend alten Rebenbestand aufweisen. Auch dieser hochfeine Wein, der von einem konzentrierten, aber unerhört zarten Beerenton geprägt wird, ist zwar über drei Jahre im Keller gereift, doch nur ein Jahr im Holzfaß. Er wird gar nicht filtriert. Die Chianti-classico-Produktion beläuft sich auf 100 000 Flaschen. Große Jahrgänge: 1971, 1975, 1981, 1982, 1983, 1985. Gute bis sehr gute Jahrgänge: 1973, 1974, 1977, 1978, 1979, 1980.*

Nur wenige hundert Meter Luftlinie von *Montoro* entfernt lebt eine andere große Weinmacherin des Chianti classico: Paolina Fabbri, Jahrgang 1898. Trotz ihres Alters ist sie noch immer in Keller, Weinberg und im Büro aktiv. Über ihren Chianti und darüber, wie er gemacht wird, hat sie klare Vorstellungen: ohne große Eingriffe von außen, aber mit Rücksicht auf die Stellung der Gestirne. Angesichts dessen ist ihr Wein von erstaunlicher Originalität und Feinheit, konzentriert und sauber im Geschmack. Er wird unter dem Namen *Savignola Paolina* verkauft.

Savignola lautet der alte Name der Ortschaft, in der die Fattoria steht. In ihrer unmittelbaren Nähe befindet sich ein weiterer, erstrangiger Chianti-Erzeuger: *Vignamaggio*. Die Villa dieses Gutes wurde auf der Kuppe eines Hügels erbaut, an dessen Hängen auch ein großer Teil der Weinberge liegt. Der Besitz gehört seit einigen Jahrzehnten den Grafen Sanmiatelli, die ihn vorbildlich pflegen und der Weinproduktion stets große Aufmerksamkeit gewidmet haben. Ihr Chianti classico ist ein typischer Greve-Wein: nicht übermäßig körperreich, aber von einer unübertroffenen Fruchtigkeit. Er war der erste Chianti classico, dem (erstmals 1977) ein paar Anteile Cabernet Sauvignon zugegeben wurden. Er hat dadurch mehr Fülle und Tiefe erhalten, ohne daß sein Charakter sich verändert hätte.

*Vignamaggio* gehört zu den wenigen Herrensitzen in dieser Region, die durch die Jahrhunderte hindurch unversehrt geblieben sind. Weder die Fürstenfehden des späten Mittelalters noch die beiden Weltkriege in diesem Jahrhundert haben dem alten Gemäuer etwas angetan. Dem Grafen Bino Sanmiatelli ist das Gut durch Heirat mit der Gräfin Elena Castelbarco Albani zugefallen, die es 1925 erworben hatte. Bino Sanmiatelli war der Doyen der Greve-Winzer: ein literarisch hochgebildeter und von der Literatur geprägter Mensch, selbst ein Schriftsteller von Rang, wenngleich keiner, der im Elfenbeinturm lebte. Als Zwanzigjähriger bereits gab er eine revolutionäre Kunstzeitschrift heraus, die ihn zu einem Protagonisten des italienischen Futurismus machte. Als Einundzwanzigjähriger frühstückte er mit Lenin in dessen Züricher Exil. Später hielten ihn die Freundschaften mit dem Kunsthistoriker Bernard Berenson und Tommaso Marinetti im Gespräch, dem Begründer des italienischen Futurismus. Er ist zeitlebens ein unruhiger Geist gewesen, schlagfertig, voller Pläne stets und voll bissigen Humors, selbst noch, wenn er in hohem Alter mit Strohhut durch sein »Vaterland« spazierte, das »wilde Chianti«, wie er es nannte. Im Januar 1984 ist er gestorben. Sein Sohn Ranieri, Exportleiter einer Mailänder Maschinenfirma, verwaltete schon zu Lebzeiten das Erbe dieses Mannes, für den der Wein immer nur Beigabe des Lebens war, wenn auch eine angenehme.

Trotz der friedlichen Zeiten hat *Vignamaggio* eine bewegte Geschichte hinter sich. Zum historischen Dekor dieses Weinguts gehört, daß es wahrscheinlich der Geburtsort der Mona Lisa war. Sicher ist, daß sie auf dem Balkon der Villa dem Leonardo da Vinci Modell gestanden hat. Sie war eine von den Gherardini, einer adeligen Familie, die nach der Zerstörung ihres Stammsitzes bei Montagliari im 14. Jahrhundert eine neue Villa, eben *Vignamaggio*, baute und dort wohnte. Ein Teil der Familie war damals allerdings schon nach Irland ausgewandert und lebte dort unter dem Namen »Fitzgerald«. Dieser Name soll sich aus »figli di Gherardo« herleiten. Der frühere amerikanische Präsident John Fitzgerald Kennedey war einer dieses Geschlechts.

Wer die Straße, die sich nach *Vignamaggio* windet, weiterfährt, erreicht nach wenigen Kilometern Lamole, eine knapp 600 Meter hoch gelegene Häusergruppe, die von dem Kamm der Monti di San Michele eingerahmt wird. Die Hänge sind mit wilder Strauchvegetation und dichten Kastanienwäldern überzogen, und an vielen Stellen schaut der blanke Fels aus der Erde hervor. Lamole ist eine der urwüchsigsten, auch abgeschiedensten Zonen des Chianti classico. Im Frühjahr liegt eine Wolke von Blütenduft über der Landschaft; im Sommer weht – der Höhe gemäß – nicht selten ein frischer Wind und macht den

## WEINGÜTER

Der Vielfalt der Weine im Chianti classico entspricht die Vielfalt ihrer Herkünfte. Die einen kommen aus den Kellern von Herrensitzen, die noch aus feudalen Zeiten stammen, als das Weinmachen ein obrigkeitliches Privileg war. Andere sind das Produkt von Großerzeugern. Wieder andere entstehen in kleinbäuerlichen Kellern, auch wenn es oft wohlhabende Städter sind, die sich dort mit ihm befassen. Von der Größe des Betriebes auf die Qualität des Weins zu schließen, ist allerdings unzulässig. Es gibt zahlreiche kleine Erzeuger mit ebensolchen Weinen, und es gibt große Produzenten, die Spitzenerzeugnisse liefern. Links: das Castello di San Polo in Rosso, eines der erfolgreichen, neuen Weingüter. Unten: Castello di Ama, ebenfalls ein Spitzenerzeuger (im Vordergrund das Dorf, hinten die Fattoria). Unten links: Teilansicht der Antinori-Kellerei in San Casciano. Ganz unten: Markt in Greve, dem Mittelpunkt des Chianti classico.

## VECCHIE TERRE DI MONTEFILI GREVE IN CHIANTI

*Hoch oben auf den einsamen Hügeln zwischen Montefioralle und der Badia di Passignano liegt Montefili, eine frühere Einsiedelei des Vallombrosianer-Ordens. Seit Jahrhunderten schon gilt Montefili als gutes Rebland, auf dem die Mönche der Abtei von Passignano Weine für ihre geistlichen Herren kelterten. 1980 erwarb Roccaldo Acuti, ein Textilfabrikant aus Prato, die Villa samt des dazugehörigen Umlands. Er begann, den alten Keller zu restaurieren, neue Weinberge anzulegen und eine ambitiöse Weinproduktion aufzuziehen. Von besten Geologen und Önologen beraten, erwarb sich Montefili schnell einen ausgezeichneten Ruf. 1980 wurde der Chianti classico, der bis dahin offen verkauft worden war, erstmals in Flaschen abgefüllt und erwies sich, dank der hervorragenden Lagen der Fattoria (die Weinberge liegen in 450 Meter Höhe in bester Süd-Südwest-Exposition), als ein Greve-Chianti von besonderem Stil: ausdrucksvoll im Bouquet, sehr stoffig, sauber in den Aromen, deutlich holzgeprägt. Der Jahrgangswein wird in kleinen, 35 Hektoliter fassenden Eichenfässern ausgebaut. Die »Riserva« reift acht bis neun Monate in besonderen, 350 Liter fassenden »barriques« aus junger Burgunder-Eiche. Sie wird bereits ein Jahr nach der Lese auf Flaschen gezogen und lagert dann noch knapp zwei Jahre im Keller, bevor sie in den Verkauf geht. Sie wird ohne »governo« hergestellt und besteht fast ausschließlich aus roten Sangiovese-Trauben. Die Lese vollzieht sich auf Montefili, das nach dem gleichnamigen Berg in seiner Nähe benannt ist, nach einem präzisen Plan. Zunächst werden die Trauben für den »governo« des Jahrgangsweins gelesen, dann die gesündesten und reifsten für die »Riserva«, schließlich die für den Jahrgangswein. Was dann noch hängt, wird zu Chianti verarbeitet, der offen verkauft wird. Wie rigoros die Selektion ist, läßt sich an der Tatsache ablesen, daß von den 15 Hektar Weinbergen nur etwa 30 000 Flaschen kommen. Rund 5000 davon sind »Riserva«, weitere 5000 ein neuer, erstmals 1983 erzeugter Tafelwein namens »Bruno di Rocca«.*

## SAVIGNOLA PAOLINA PETRIOLO

*Gut vier Kilometer südlich von Greve an der Straße nach Lamole liegt Petriolo, ein Flecken, der auf den meisten Karten heute nicht mehr verzeichnet ist. Er besteht nur aus wenigen Höfen, die verstreut an den Hängen um Vignamaggio liegen. Ein unbefestigter, gut beschilderter Weg führt nach Savignola, dem kleinen Gut von Paolina Fabbri, einer alten, aber lebhaften und mit dem unbestechlichen Charme des Alters ausgestatteten Dame, die den Rang des dienstältesten Winzers im Chianti classico bekleidet. Jahrgang 1898, bedeutet ihr das Weinmachen immer noch alles, die Jahre dagegen nichts. Auf der ihrem Haus gegenüberliegenden Hangseite bewirtschaftet sie sechs Hektar Rebland in einzigartiger, nach Süden und Südwest ausgerichteten Lage. Dort wächst einer der bemerkenswertesten Chianti classici des ganzen Anbaugebiets. Er ist feingewirkt und von gezügelter Fülle, besitzt eine rassige Säure und feinste Fruchtaromen. Er wird auf traditionell einfache Weise erzeugt: späte Lese, geringste Hektarerträge (25 bis 30 Hektoliter), kurze Fermentation, kein »governo«, keine Anreicherung mit fremden Mosten und – zumindest die »Riserva« – ein langes Holzlager in Kastanienfässern. Paolina Fabbri, die, weil sie von Kindheit an in dem Haus lebt, die »Paolina Savignola« genannt wird, kommt noch immer ohne moderne Kellertechnik und ohne Önologen aus. Da sie ihre Weingärten organisch düngt, die Flaschen von Hand und nur bei abnehmendem Mond abfüllt, ist ihr Chianti classico zum Kultwein zahlreicher vinophiler Toskana-Reisender geworden. Der gute Ruf darf jedoch nicht darüber hinwegtäuschen, daß der Savignola-Chianti Schwächen hat: Es fehlt ihm der allerletzte Schliff. Der (bislang) hohe weiße Traubenanteil (20 Prozent), mangelnde Temperaturkontrolle bei der Gärung und ein zu langes Faßlager haben außerdem zur Folge, daß der Wein nicht immer sehr fest ist. Unter den hochpreisigen Chianti classici ist er der am frühesten reifende. Das Gut befindet sich seit Ende des 18. Jahrhunderts im Familienbesitz. Sein heutiger Besitzer ist Carlo Fabbri aus Modena, ein Enkel der »Savignola Paolina«. Nicht mehr als 15 000 Flaschen werden im Jahr erzeugt, ein kleiner Teil davon als »Riserva«. Größte Jahrgänge: 1969, 1971. Sehr gute Jahre: 1975, 1982.*

Aufenthalt unter freiem Himmel erträglicher als im Tal. Der Weinbau hat an diesem Ort des Chianti eine lange Tradition. Sogar einer der letzten Sangiovese-Grosso-Klonen im Chianti classico ist nach ihm benannt: Sangiovese di Lamole. Zwei Güter finden sich noch heute in dem Flecken: *Pile e Lamole* und *Filetta*. Beide sind kleine Weinerzeuger. *Pile e Lamole* ist ein Besitz der Nachkommen des Grafen Tibaldi, der sich nicht nur mit Wein beschäftigte, sondern auch Iris züchtete. *Filetta* gehört Guido Socci, einem Kleinwinzer, der noch ganz nach traditioneller Manier, aber mit großem Engagement und hohen Ansprüchen einen vorzüglichen Chianti produziert, welcher sich vor allem durch seine rassige, fruchtige Säure auszeichnet.

Im südlichen Gemeindebezirk von Greve findet sich eine ungewöhnliche Häufung von ambitiösen Weingütern. Die wichtigsten sind *Le Bocce*, *Villa Cafaggio*, *Castello dei Rampolla* und *Le Masse*. Sie alle befinden sich im engeren Bereich von Panzano. Dieses hochgelegene, mittelalterlich geprägte Dorf ist wesentlich älteren Ursprungs als Greve. Seine Burg, die noch gut erhalten ist, wurde bereits um das Jahr 1000 errichtet, wahrscheinlich von den Guidi. Sie mußten sie jedoch bald den Firidolfi, diese dann der Republik Florenz überlassen, die von dort aus ihr Territorium gegen die Gibellinen von Siena verteidigte – allerdings keineswegs immer erfolgreich. Wenigstens die südlichen, zur Pesa hin geneigten Hänge sind seit ältesten Zeiten bekannt als hervorragende Weinbergs-Lagen. *Conca d'oro* heißt dieser Bereich noch heute bei den Einheimischen: Goldgrube. Die Weinberge sind an dieser Stelle auf zahlreiche Besitzer verteilt. *Le Bocce*, ein verhältnismäßig großes Gut, besitzt an dieser Stelle seine wichtigsten Rebkulturen. Sein Wein besitzt Körper und (in den meisten Jahren) eine sehr weiche weinige Säure, die ihm ein festes Rückgrat verleiht. Die aromatische Strenge, die die *Le-Bocce*-

**MONTE VERTINE**

*Das kleine Privatgut bei Radda hat maßgeblich zur Entwicklung hochklassiger Weine aus dem Chianti classico beigetragen.*

Gewächse in den ersten Jahren zeigen, legt sich mit der Zeit. Die Stärke dieses Weinguts liegt vor allem in seiner Beständigkeit und der routinierten, modernen Kellerarbeit.

Die *Villa Cafaggio*, tiefer im Hinterland gelegen, ist ein Besitz des aus Ungarn stammenden Modeschöpfers Polo Farkas. Seine Weine sind ungewöhnlich geschliffen, feinrassig und von einer überwältigenden Fruchtigkeit, die nicht zuletzt auch von der nur mäßig langen Lagerung in Eichenfässern herrührt. Sie sind ein gutes Beispiel dafür, welch hohes Niveau ein mit modernen önologischen Kenntnissen produzierter, traditioneller Wein, wie es der Chianti classico ist, erreichen kann.

Zwischen der *Villa Cafaggio* und *Le Bocce* liegt die *Fattoria Casenuove*, eine der ältesten Kellereien des gesamten Chianti classico mit Weinbergen von bestem Ruf und in bester Sonnenexposition. Trotz der Ausweitung ihrer Rebflächen, die in den letzten Jahren stattgefunden hat, besitzen ihre Weine außergewöhnlich viel Feinheit und Charakter. Der Chianti der *Tenuta di Vignole*, obwohl weniger bekannt, steht ihm freilich darin nicht viel nach. Exzeptionell sind die Gewächse des *Castello dei Rampolla*, eines alten Weinguts, das sich jedoch erst Mitte der siebziger Jahre auf seine Möglichkeiten besann und eine eigene Produktion aufbaute. Innerhalb weniger Jahre gelang es den Fürsten Di Napoli Rampolla, zur Spitze aufzuschließen, wobei sie sich nicht scheuten, konsequent auf eine gebietsfremde Rebsorte zu setzen: die Cabernet Sauvignon. Ihr Tafelwein *Sammarco*, dem mindestens 25 Prozent Most aus dieser Traube zugesetzt sind (Rest Sangiovese), wird eindeutig von ihr geprägt. Ähnliches gilt für den Chianti classico, obwohl sie bei diesem Wein einen sehr viel geringeren Einfluß hat. Die Klasse der *Rampolla*-Weine hängt jedoch nicht in erster Linie von der Cabernet ab, die unbestritten

## CALCINAIA GREVE IN CHIANTI

*Die Villa der Grafen Capponi liegt nur wenige hundert Meter außerhalb von Greve nahe der Straße nach San Casciano. Sie wurde 1523 von den Capponi erworben und diente dieser berühmten, ursprünglich aus Ligurien stammenden, aber in ganz Italien verstreuten, vor allem jedoch in Florenz ansässigen Familie als Landsitz. Von der umfangreichen Landwirtschaft, die die Capponi damals aufbauten, zeugen noch heute 220 Hektar Land, die zu ihren Gütern um Greve gehören. Die Capponi haben in allen Jahrhunderten bedeutende Staatsmänner, Feldherren und Wissenschaftler hervorgebracht. Vielleicht nicht der bedeutendste, wohl aber der bekannteste war Piero Capponi (1446 – 1496), ein Gefolgsmann von Lorenz dem Prächtigen. Als der französische König Karl VIII. mit seinen Truppen vor Florenz stand und harte, offenbar unannehmbare Bedingungen für die Übergabe der Stadt stellte, wies ihn Piero zurück. »Wir werden die Trommeln rühren!« soll daraufhin der Franzose gedroht haben. Piero antwortete: »Dann werden wir die Glocken läuten!« Dieser Satz gilt seitdem als Ausdruck des Verteidigungswillens der Florentiner Bürger gegen fremde Mächte. Heutiger Herr auf Calcinaia ist Nero Capponi, Jurist und Kirchengeschichtler, Syndikus am Vatikan in Rom. Um den Chianti kümmert sich sein Sohn Niccolò zusammen mit dem Verwalter und Kellermeister Mauro Gestri. Der Wein wurde schon seit langem zu 90 Prozent aus roten Trauben hergestellt und ist ein solider, leicht säurebetonter Chianti, der beträchtliche Feinheiten aufweisen kann. Drei Dinge charakterisieren ihn: Er ist nicht zu robust, läßt sich bereits jung gut genießen und besitzt eine ungewöhnlich zarte Nase. Er wird grundsätzlich ohne »governo« hergestellt und in Fässern aus Kastanienholz ausgebaut. Die »Riserva« wird nur in guten Jahren abgefüllt und besteht aus einer Auslese des besten Traubenguts. Das schwarz-weiße Etikett symbolisiert den Familienspruch der Conti Capponi: »Ex tenebris lux.« Gesamtproduktion der »Riserva«: zwischen 50 000 und 100 000 Flaschen. Große Jahre: 1971, 1985. Sehr gute Jahre: 1965, 1967, 1969, 1975, 1978, 1982. Gute Jahre: 1970, 1977, 1979, 1981, 1983.*

## VITICCIO GREVE IN CHIANTI

*Dieses mittelgroße Privatgut befindet sich etwa einen Kilometer außerhalb von Greve direkt neben dem Besitz der Villa Calcinaia. Es wurde 1968 von Luciano und Lucia Landini erworben, die vorher eine kleine Fattoria bei San Polo bewirtschaftet hatten. Sie stammen aus Florenz und besitzen dort eine Ingenieurfirma, die im Energiesektor tätig ist. Viticcio ist ein sehr solide geführtes Gut, das von Anfang an den Weg der Qualität eingeschlagen hat. Entstanden ist auf diese Weise ein hochwertiger Chianti classico, der oft genug auch in kleinen Jahren den Beweis erbracht hat, daß er zur Spitze der Greve-Chianti zu zählen ist. Es wurden schon vor der D.O.C.G. zu 85 Prozent Sangiovese und bis zu acht Prozent Canaiolo gekeltert. Weiße Sorten, obwohl reichlich in Viticcios Weingärten wachsend, sind nur zu einem ganz geringen Teil in enthalten. Der Most wird zehn Tage lang auf den Schalen vergoren und nach Abschluß der alkoholischen Gärung mit selbsthergestelltem Mostkonzentrat refermentiert. Die »Riserva« baut man zwei bis drei Jahre lang in großen Eichenholzfässern aus. Geschönt wird nicht. Wohl aber nimmt man vor der Abfüllung eine sanfte Filtration vor. Derzeit stehen auf Viticcio rund 25 Hektar unter Reben. Sie wachsen alle um das Gut. Die beste Lage heißt Il Poggio und liegt gleich oberhalb der Gutsgebäude. Von dort kommt regelmäßig das Traubengut für die »Riserva«. Enthielt man sich im ersten Jahrzehnt nach Übernahme des Gutes konsequent aller önologischen Experimente, so sind ein Teil der Neuanlagen der letzten Jahre auch mit Sangiovese Grosso und Cabernet Sauvignon bestockt worden. Man möchte dem Chianti mehr Gewicht geben und plant überdies, ihn einige Monate lang in »barriques« auszubauen. In den Kellern von Viticcio lagern viele ältere Jahrgänge, die Zeugnis davon ablegen können, wie jung und frisch ein guter Chianti auch nach einer zehn- oder fünfzehnjährigen Reifephase noch sein kann. Große Jahrgänge: 1971, 1975, 1977, 1985. Sehr gute Jahre: 1974, 1979, 1981, 1982, 1983. Gute Jahre: 1973, 1978, 1980.*

## CASTELLO DI UZZANO GREVE IN CHIANTI

*Uzzano ist eines der renommiertesten Güter im Chianti. Schon vom Herrenhaus, inmitten eines prachtvollen Lustgärtchens gelegen und im 16. Jahrhundert nach Plänen von Andrea Orcagna umgebaut, geht Glanz aus. Aber auch der Wein stellt eines der wenigen Gewächse des Chianti dar, die im In- und Ausland einen konstant guten Ruf genießen. Ob dieser Ruf heute noch in vollem Umfang gerechtfertigt ist, ist allerdings umstritten. Wenn der Uzzano-Wein auch zweifellos ein interessanter, eigenwilliger Chianti ist, so besteht doch ein deutlicher Abstand zu den ersten Gewächsen der Zone. Er wurde bis zur D.O.C.G. im Jahre 1984 nach einer sehr traditionellen Traubenformel gekeltert, in der ein relativ hoher Anteil an weißen Sorten vertreten war. Hier dürfte einer der Gründe dafür liegen, daß er manchmal enttäuschend ausfiel. Ein anderer ist in der zu langen Faßlagerung einiger Abfüllungen zu suchen (für manche »Riserva« bis zu acht Jahren). Aber Graf Briano Castelbarco Albani Masetti, der Besitzer, und sein Verwalter Valerio Mazzuoli haben nach der Abschaffung der Halbpacht bewußt gewisse traditionelle Strukturen auf dem Gut und in der Weinbereitung erhalten wollen. Außer Frage steht, daß Uzzano über beste Lagen und hochwertigstes Traubengut von alten und ältesten Stöcken verfügt. Auch in der Weinbergspflege, die nach naturnahen Methoden und ohne Pestizide und Mineraldünger erfolgt, macht man sich erheblich mehr Mühe als andere Produzenten. Die Hektarerträge werden niedrig gehalten, das Traubengut penibel verlesen. Die Kellerarbeit ist jedoch in manchen Punkten noch sehr stark an der traditionellen Önologie orientiert. Ein guter Uzzano-Chianti ist jedoch immer ein sehr vollmundiges, extraktreiches Gewächs von aromatischer Strenge und großer Ausstrahlung. Gesamtproduktion: knapp 200 000 Flaschen. Große Jahre: 1961, 1964, 1971, 1982, 1985. Sehr gute Jahre: 1967, 1970, 1977. Gute Jahre: 1978, 1979, 1981, 1983.*

## PRIMA VIGNA CASTELLO DI VICCHIOMAGGIO GREVE IN CHIANTI

*Vicchiomaggio ist eine von den Langobarden gegründete, später von den Florentinern befestigte und mit einem markanten Wehrturm ausgestattete Villa, die hoch über dem Tal der Greve ganz dicht bei Verrazzano und Colognole liegt. Sie beherbergt heute hotelartige Unterkünfte für Reisegruppen sowie ausgedehnte Speisesäle, in denen die Gäste des Hauses mit rustikaler, toskanischer Kost und einem Chianti classico verpflegt werden. Der Wein von Vicchiomaggio, der schon im 17. Jahrhundert in den Versen des Francesco Redi lobend erwähnt wurde, ist ein eigenwilliger, anfangs oft etwas verhalten wirkender, sich später aber schnell verfeinernder, sehr traditionell erzeugter Chianti classico. Er wächst an den südöstlichen Hängen von Vicchiomaggio (25 Hektar), wo der Boden nur mäßig wasserdurchlässig ist, so daß es insbesondere in trockenen Jahren Schwierigkeiten gibt. Der Spitzenwein von Vicchiomaggio ist ein Lagen-Chianti, der vom Weinberg mit den derzeit ältesten Reben stammt. Sie wurden 1935 gepflanzt und tragen heute nur die Hälfte dessen, was normalerweise auf Vicchiomaggio geerntet wird: 70 Doppelzentner pro Hektar. Der Wein heißt wie der Weinberg »Prima Vigna« und bestand anfangs aus 75 Prozent Sangiovese, zehn Prozent Canaiolo und zehn Prozent weißen Trauben. Der Anteil letzterer wurde inzwischen zugunsten des Sangiovese reduziert. Er wird kellertechnisch wie die Standard-»Riserva« behandelt, nur zusätzlich drei bis neun Monate lang in »barriques« aus Limousin-Eiche ausgebaut. Nicht alle Fässer werden jedes Jahr erneuert. Er ist ein sehr kraftvoller, in den ersten Jahren noch verhaltener, fast unnahbarer Wein, der sich erst langsam öffnet, sich dann aber als ein weicher, tiefgründiger Tropfen erweist. Neben den Chianti-typischen Aromen zeigt er oft einen leichten Unterton von Pfefferminz. 1977 wurde er zum ersten Mal produziert. 3000 Flaschen wurden damals abgefüllt. In den meisten Folgejahren konnte jedoch die doppelte Menge erzeugt werden. Vicchiomaggio befindet sich im Besitz des jungen Engländers John Matta, der als ausgebildeter Önotechniker auch verantwortlich für den Wein ist. Sein Vater, ein Importeur italienischer Weine in England, hatte das Anwesen 1964 erworben.*

zu den hochwertigsten roten Sorten der Welt gehört. Es ist der gekonnte Anbau dieser Rebe und die souveräne Kellerarbeit, die den Grundstein für den Erfolg dieses Weinguts gelegt haben.

Wer sich von Panzano auf der unbefestigten Straße in Richtung Mercatale bewegt, findet noch zwei Weingüter, die einer besonderen Erwähnung wert sind. Das eine heißt *Vecchie Terre di Montefili* und liegt hoch oben auf dem Bergkamm zwischen dem Valdigreve und dem Valdipesa. Es verfügt über keine sehr große Produktion, doch hat sein Chianti in den letzten Jahren viel Anerkennung gefunden, was nicht zuletzt auf die Arbeit des beratenden Önologen Vittorio Fiore zurückzuführen ist, der auch für die Weine des *Castello di Querceto* und den Brunello der *Tenuta Caparzo* verantwortlich zeichnet. Das andere ist die *Fattoria Rignana*, in einem abgelegenen, fast menschenleeren Strich des Chianti classico gelegen. Sie befindet sich seit 1966 im Besitz des Deutschen Arminio Gericke, dessen Vater der Direktor der Deutschen Kunstakademie in Rom war. Der *Rignana*-Chianti wurde immer mit einem hohen Anteil an roten Trauben gekeltert, wodurch er Gewicht und ein beträchtliches Alterungspotential besitzt. Es ist ein weicher, holzbetonter Chianti mit einer sehr persönlichen Handschrift.

Im historischen Zentrum von Panzano gibt es keine Weingüter, dafür eine kleine Önothek, die zahlreiche Weine – auch älteren Jahrgangs – vorrätig hat. Einen Kilometer nördlich von Panzano an der Straße nach Greve liegt die *Fattoria di Montagliari*. Sie gehört ebenfalls zu jenen Gütern, die bewußt auf Quantität verzichten und ihre Erträge konsequent niedrig halten. Die *Riserva* besitzt viel Charakter, während sich der junge Chianti am besten in der Trattoria trinkt, die dem Gut angeschlossen ist. Östlich von Panzano an der Straße nach Volpaia liegen zwei Kellereien, die einen guten, wenngleich nicht überragenden Chianti erzeugen: *Luca della Robbia* und *Cennatoio*. Ein bemerkenswerter Weinproduzent findet sich in San Leonino, jenem kleinen, nur einen Kilometer südlich von Panzano gelegenen Pfarrdorf, dessen Kapelle früher zu den am besten und wertvollsten ausgeschmückten der ganzen Chianti-Region gehört haben soll. Er heißt Norman Bain und ist schottischen Ursprungs. Nach einer steilen Industrie-Karriere hat er sich vor einigen Jahren das am Rand des Dörfchens gelegene Landhaus *Le Masse* gekauft und begonnen, Wein zu produzieren. Es sind zwar erst wenige Jahrgänge abgefüllt worden, doch machen sie bereits deutlich, daß hier höchstes Niveau angestrebt wird. Die Weine ähneln in ihrer konzentrierten, fruchtigen Art mehr dem *Riecine*-Chianti von John Dunkley als einem Greve-Gewächs. Im südlichsten Zipfel des Gemeindelandes liegt schließlich *Fontodi*, eine prachtvolle Villa mit einem alten Faßkeller, aus dem schon seit über hundert Jahren ein vielgeschätzter Chianti classico kommt. Die Weine zeigen sich seit Beginn der achtziger Jahre stark verbessert. Erstmals 1980 keltern die Brüder Domiziano und Dino Manetti dazu einen reinen Sangiovese-Wein namens *Flaccianello*. Er wächst in den besten Lagen von Panzano und ist einer jener neuen, stilvollen Tafelweine, die die Weinproduktion des Chianti classico in den letzten Jahren in richtungsgebender Weise bereichert haben.

### FONTODI

*Giovanni Manetti leitet zusammen mit seinem Bruder Marco das Weingut Fontodi. Mit ihrem Chianti classico und dem Tafelwein Flaccianello haben sie Maßstäbe gesetzt. Es sind sehr kompakte, aber gleichzeitig elegante Weine, die nur noch entfernt an das erinnern, was vor 20 Jahren im Chianti an Rotweinen produziert wurde.*

# DIE NEUEN TAFELWEINE

D ie Unzufriedenheit darüber, daß im Chianti classico durchschnittlich 300 000 Hektoliter Wein unterschiedlichster Qualität und Charakteristik unter dem gleichen Namen vermarktet werden, hat vielen Produzenten in den letzten Jahren den Anstoß gegeben, neue Weine zu kreieren, um auch in den nächsten 20 Jahren mit einem Spitzenprodukt international konkurrenzfähig bleiben zu können. Dabei hat nicht nur der Wettbewerb mit Franzosen und Kaliforniern den Ehrgeiz der Italiener angestachelt, sondern auch die Unzufriedenheit mit der traditionellen toskanischen Önologie: dem Problem der weißen Trauben, dem Problem des *governo*, dem Problem des Ausbaus, aber auch dem Problem der zu großen Mengen, die produziert werden, sowie den Problemen, die mit der nicht immer zufriedenstellenden klonalen Selektion der modernen Sangiovese-Reben zusammenhängen. Die Weine, die so entstanden, sind Unikate. Gemeinsam ist ihnen nur, daß sie als *vino da tavola* (Tafelwein) klassifiziert sind und dem Bemühen entsprangen, das Optimum dessen zu bieten, was mit den Mitteln der modernen Önologie im Chianti möglich ist. Ob diese neuen Tafelweine die Zukunft des Chianti darstellen, ist schwer zu sagen. In jedem Fall befinden sich unter ihnen zahlreiche Spitzengewächse, die den internationalen Vergleich nicht zu scheuen brauchen. Die im folgenden aufgeführten Tafelweine stellen die wichtigsten Vertreter dieser neuen Generation von »toskanischen Rotweinen« dar, wie sie sich vorerst bescheiden nennen.

Freilich sind sie keineswegs immer nur aus önologischer Unzufriedenheit entstanden, sondern auch aus der ökonomischen Krise des Chianti classico hervorgegangen. Vielleicht erklärt dieses Motiv die plötzliche Tafelweinwelle sogar besser. Die steigenden Kosten für die Weinbergspflege und für die Kellerarbeit haben zu einer Verteuerung der Produktion geführt, die bei vielen Erzeugern nur durch Mehr-Produktion aufgefangen werden konnte. Aus der Mehr-Produktion wurde Über-Produktion, und die führte bereits Ende der 70er Jahre zu einem beachtlichen Preisverfall. Folge: Die Weinerzeugung näherte sich – zumal bei großen Gütern und kleinen Winzern – der Rentabilitätsschwelle. Der Markenartikel »Chianti classico« war an den Grenzen seiner Vermarktbarkeit angekommen. Die neuen Tafelweine, die höchste Qualität bei geringsten Mengen und exzellenten Preisen versprachen, brachten in dieser Situation wieder etwas Glanz in das Anbaugebiet, ließen zumindest den Namen manchen Guts wieder hell erstrahlen. In ihrem Sog (auch in ihrem Preissog) erhofft man sich nun, auch die Probleme des Chianti classico lösen zu können. Ob das gelingt, wird erst die Zukunft zeigen. Mit dem Anbau von Cabernet-Reben allein ist es jedenfalls nicht getan. Es müssen die richtigen Klonen gewählt, die geeigneten Böden ausgesucht werden. Schließlich dürfen sie im Mischsatz nicht über- und nicht unterrepräsentiert sein. All das erfordert viel Erfahrung und viele Experimente. Auch haben nicht alle Güter bei der Verwendung des *barrique* eine glückliche Hand bewiesen. Nur wenige toskanische Önologen wissen mit diesem Instrument umzugehen, viele aber benutzen es und opfern die besten Partien ihres Traubenguts, um sie in jungem Holz auszubauen. Was dabei herauskommt, ist nicht selten kläglich und hat mit Önologie oder Qualitätsstreben nichts, mit Marketing-Denken hingegen viel zu tun.

Außer den im folgenden aufgeführten gibt es noch eine Reihe weiterer Tafelweine, deren erste Jahrgänge noch nicht zu überzeugen wußten, oder die noch im Keller ruhen und sich der öffentlichen Kritik nicht stellen konnten. Sicher ist, daß weitere hochwertige Tafelweine auf den Markt kommen werden. Vor allem der Cabernet- Sauvignon-Rebe wird in den nächsten Jahren mehr Aufmerksamkeit geschenkt werden. Bislang fehlt es noch an Erfahrung, um die Möglichkeiten, die diese hochwertige französische Sorte im Anbaugebiet des Chianti hat, richtig einschätzen zu können: ob die Weine reinsortig, im gemischten Satz oder gar nicht aus ihr gekeltert werden sollen.

## CEPPARELLO ISOLE E OLENA SAN DONATO IN POGGIO

»Der Cepparello ist eigentlich meine Chianti-classico-Riserva«, sagt Paolo De Marchi, der Patron von Isole e Olena, und in seinen Worten klingt deutlich der Unmut darüber, daß einem reinsortigen, nur aus roten Sangiovese-Trauben gekeltertem Wein die D.O.C.G.-Anerkennung versagt bleibt. Dabei ist sein Wein (benannt nach einem kleinen Wasserlauf bei Olena) durchaus ein typisches Gewächs seines Anbaugebietes: ein zartduftender, innerlich sehr konzentrierter, dennoch fruchtiger Wein, dessen Geschmack an Marasca-Kirschen und Lakritz erinnert. Die Trauben für ihn kommen von alten, gleich nach dem Zweiten Weltkrieg gepflanzten Sangiovese-Reben und werden im Herbst in mehreren Durchgängen geerntet und sorgfältig verlesen. Die Maischegärung dauert doppelt so lange wie beim Chianti. Der Wein wird nur ein Jahr im Holzfaß ausgebaut (größtenteils in neuen »barriques«, aber auch in kleinen Fässern aus Kastanienholz). Er verfeinert sich danach noch ein Jahr auf der Flasche, bis er in den Handel kommt. Wie alle Weine von Isole e Olena ist er nur ganz gering geschwefelt, überhaupt nicht mit Schönungsmitteln behandelt und vor der Flaschenabfüllung nur leicht filtriert worden. Er ist ein relativ unverfälschter Wein mit einer ganz individuellen Handschrift, der zu den schönsten Sangiovese-Gewächsen des Chianti gehören kann. Rund 17 000 Flaschen werden von ihm abgefüllt. Großes Jahr: 1985. Sehr gute Jahre: 1983, 1986. Gute Jahre: 1980, 1981, 1982. Paolo De Marchi ist ein experimentierfreudiger Winzer. Ständig tüftelt er an neuen Cuvées und anderen Ausbauformen. Nicht alles diente immer der Qualität. Doch aus Irrtümern hat er gelernt. Seit 1981 ist jeder nachfolgende Jahrgang besser geworden als der vorhergehende, auch bei den Chianti-Weinen. Seit 1985 arbeitet De Marchi nun auch mit Syrah- und Cabernet-Sauvignon-Reben. Seine Überzeugung ist, daß auch andere als die tradionellen Toskana-Reben im Chianti große Weine liefern können. Was ihm vorschwebt: eine Synthese aus kalifornischen Hochgewächsen und den Klassikern des Bordeaux. Zugleich aber ein Wein, der seine Herkunft nicht verleugnet: Olena.

## FONTALLORO FELSINA, CASTELNUOVO BERARDENGA

Es sei ein Wein, der sich selbst erklären müsse, meint Giuseppe Mazzocolin, der Gutsregisseur, über den Fontalloro. Hinter dieser Bemerkung verbirgt sich keine Bequemlichkeit. Sie macht eher die Schwierigkeit deutlich, die neuen Tafelweine der Toskana zu charakterisieren. Denn jeder weist eine andere Handschrift auf, ist ein Solitärwein. Für den Fontalloro gilt das im besonderen. Er gibt aber, mehr als andere, eine Ahnung davon, wo die Spitze der toskanischen Weinproduktion heute liegen könnte: Im Inneren ist er dicht und konzentriert, dabei fast rauchig im Geschmack mit Anflügen von Lakritz und Brombeere, überzogen mit einem Hauch von süßer Vanille. Bemerkenswert ist das Tannin, das er in reichem Maße aufweist. Es läßt die Vermutung zu, daß er sich lange auf der Flasche verfeinern könnte. Noch auffallender ist seine hohe Säure. Denn er wächst im äußersten Süden des Chianti classico. Doch Fontalloro, eines von elf Gehöften, die zum Besitz von Felsina gehören, liegt knapp 500 Meter hoch und verzeichnet erhebliche Temperaturunterschiede zwischen Tag und Nacht. Die gute Lage (sechs Hektar) ist eine der Ursachen für die besondere Qualität dieses sortenreinen Sangiovese-Weins. Eine andere liegt in dem besonderen Sangiovese-Klon. Die Beeren sind relativ klein, haben eine dicke Schale, und die Erträge, die dieser als »Sangioveto« bringt, liegen um die Hälfte niedriger als bei modernen Sangiovese-Reben. Mazzocolin fand diesen Klon vor mehreren Jahren im Weingarten eines alten Winzers von Castelnuovo Berardenga. Er ließ sich Reiser geben, pfropfte sie auf seine eigenen Reben und veredelte diese. Aber auch die Kellerarbeit ist beispielhaft. Der Wein wird gut 12 Monate in jungen »barriques« ausgebaut, allerdings nicht in einem Stück: Immer wieder wird er in Stahltanks und große, alte Holzkufen umgepumpt. Die »barriques« selbst sind aus fünf verschiedenen Hölzern. Franco Bernabei, der zuständige Önologe, hält es für richtig, einen Teil des Weins mittels »governo« zu refermentieren. 6000 bis 20 000 Flaschen werden von ihm abgefüllt. Groß: 1985, 1986. Sehr gut: 1983.

## TIGNANELLO MARCHESI ANTINORI, FLORENZ

*Der Tignanello ist ein überwiegend aus Sangiovese-Trauben hergestellter Wein, der in einem Weinberg nicht weit vom Antinori-Gut Santa Cristina entfernt wächst. Es handelt sich dabei um eine ausgesprochene Südlage, die schon im letzten Jahrhundert wegen ihrer außergewöhnlichen Traubenqualität berühmt war. Der erste (und einzige) Chianti classico mit dem Zusatz »vom Weinberg des Tignanello« auf dem Etikett war der des Jahres 1970. Ein Jahr später erschien dann offiziell der erste Tignanello, der schon nicht mehr als Chianti classico bezeichnet werden durfte, weil sein Anteil an weißen Trauben zu gering war: ein ganz großer und bis heute von keinem seiner Nachfolger erreichter Spitzenwein. Der nächste Jahrgang, der 75er, bestand schon zu 90 Prozent aus Sangiovese und zehn Prozent Cabernet. Der 77er erhielt ebenfalls zehn Prozent Cabernet, der 78er 12 Prozent, der 79er gar 15 Prozent. Letzterer wird seine beiden Vorgänger an Kraft und Feinheit eines Tages übertreffen. Die 80er und 81er müssen als mittelmäßige Jahrgänge eingestuft werden, während der 82er wieder ein ganz großer Wein zu werden verspricht, obwohl ein großer Teil der Ernte durch Hagel zerstört wurde. Die Trauben für den Tignanello werden in den Kellern von Santa Cristina vergoren. Danach wird der Wein nach San Casciano zum Ausbau gebracht. Er verbringt im Durchschnitt 18 Monate in barriques aus junger, französischer Eiche, wobei Giacomo Tachis, Chef-Önologe bei Antinori, ein raffiniertes System beim Umziehen des Weins entwickelt hat. Der Wein bleibt nämlich nur einen Teil der 18 Monate in neuen Eichenfässern. Den Rest verbringt er in barriques, die bereits ein Jahr bzw. zwei Jahre alt sind. Dadurch besitzt der Tignanello nicht den aufdringlichen Holzton anderer Weine.*

## I SODI DI SAN NICCOLÒ PODERI CASTELLARE, CASTELLINA

*Der Wein kommt von einem kleinen, als echtem »cru« zu bezeichnenden Weinberg südlich von Castellina. Er ist benannt nach einer alten Hofstelle, die zum Gut von Castellare gehört: dem Podere San Niccolò. Es ist eine reine Südlage von gut fünf Hektar Größe, die sich von den umliegenden Weinbergen durch ihre besondere Drainage unterscheidet. Der Untergrund ist dort extrem trocken. Seit 1977 – also noch unter den Vorbesitzern von Castellare – werden die Trauben dieses Weinbergs separat vinifiziert. Der erste unter der Regie der neuen Besitzer (und unter der önologischen Beratung von Maurizio Castelli) erzeugte Jahrgang war der 79er. Seitdem hat sich der Wein von Jahr zu Jahr verbessert. Er ist ein kompakter, tanninhaltiger und tiefgründiger Tropfen mit unverkennbarem Sangiovese-Aroma. Mit 90 bis 95 Prozent stellen Sangiovese-Trauben auch den Hauptanteil an diesem Wein dar. Sie kommen von neuen, aber mit Reisern der alten Sangioveto-Klone veredelten Reben. Fünf bis zehn Prozent der Trauben stammen von der Malvasia Nera, einer in der Toskana seltenen Sorte, die sich durch eine besonders gute Reife auszeichnet. Der Wein wird zehn bis 15 Monate in barriques aus dem französischen Zentralmassiv ausgebaut und bleibt etwa vier Jahre im Keller, bis er in den Verkauf kommt. Rund 11000 Flaschen werden von ihm abgefüllt. 1982 und 1983 gelten als große Jahrgänge auf dem Gut Castellare. 1984 wurde kein Wein erzeugt.*

## GROSSO SENESE IL PALAZZINO MONTI IN CHIANTI

*Die Hügel von Monti, im südlichen Teil des Chianti classico gelegen, werden häufig als beste Lage des gesamten Anbaugebietes bezeichnet. Von dort kommt der Grosso Senese, ein sortenreiner Sangiovese-Wein, der aus den gesundesten und besten Trauben des Rebbesitzes von Il Palazzino kommt. Ein handverlesener Wein also, den die Brüder Sderci, die Besitzer der kleinen Fattoria, nur in guten Jahren herstellen. Er ist ein sehr elegantes Gewächs mit geschliffener Frucht und guter Balance, dabei sehr zartgliedrig im Inneren und von mittlerem Körperreichtum. In der Nase verbindet sich der Duft von Beeren und Tabak mit dem süßen Gewürz des Holzes, in dem der Wein ausgebaut wurde: »barriques« aus Burgundereiche (freilich nicht immer nur neue »barriques«). In der Regel reift er zehn bis 12 Monate dort, verfeinert sich dann mindestens ein Jahr auf der Flasche. Nach insgesamt drei Jahren gelangt er in den Handel. 1981 wurde er zum ersten Mal abgefüllt und hat gleich viele Verkoster zu begeisterten Kommentaren hingerissen. Die Mengen, in denen er produziert wird, sind freilich minimal. Sie übersteigen die Marke von 3000 Flaschen nur geringfügig. Großer Jahrgang: 1985. Sehr gute Jahrgänge: 1981, 1982, 1986. Gut: 1983.*

## VIGORELLO SAN FELICE, CASTELNUOVO BERARDENGA

*Der Vigorello gehört mit dem Tignanello zu den ersten Weinen im Chianti, die nur aus roten Trauben gekeltert waren und deshalb nur als Tafelweine auf den Markt kommen durften. Er wurde von Anfang an zu den Gewächsen der »fuoriclassa« (Extraklasse) gezählt, obwohl er nie die Berühmtheit des Tignanello erlangte – auch nicht dessen Klasse. Gleichwohl ist er ein sehr feiner, durchaus bemerkenswerter Wein, der viel Eigenart besitzt und keineswegs einen »kommerziellen Stil« an den Tag legt. Anfangs wurde er zu etwa 80 Prozent aus Sangiovese gekeltert – der Rest bestand aus Canaiolo (aus der genauen Traubenzusammensetzung wurde damals noch ein Geheimnis gemacht, weil man fürchtete, der Wein könnte von anderen kopiert und sein Erfolg ihm streitig gemacht werden). Seit 1979 hat Enzo Morganti, der Chefönologe von San Felice, die Canaiolo durch Cabernet Sauvignon ersetzt. Zugleich läßt er den Wein in neuen »barriques« ausbauen (aber nur sechs bis sieben Monate lang). Vor drei Jahren kommt er nicht in den Handel. Der Vigorello ist ein sehr kräftiges, körperreiches Gewächs mit typischem »Riserva«-Charakter, reifer Säure und schöner, sauber hervortretender Frucht, was eine sorgfältige Traubenauslese erahnen läßt. Er ist ausschließlich aus eigenem Lesegut gekeltert. Zwischen 30000 und 40000 Flaschen werden von ihm abgefüllt. 1980 hat San Felice einen zweiten Tafelwein, auf den Markt gebracht, der überwiegend aus Cabernet Sauvignon besteht und nur einen kleinen Anteil an Sangiovese aufweist. Er gehört zur Familie der »vini di predicato«. Sein Name: »San Felice«. Große Jahre: 1971, 1975, 1983, 1985. Sehr gute Jahre: 1977, 1979, 1981, 1982, 1986. Gute Jahre: 1973, 1974, 1978, 1980.*

## COLTASSALA CASTELLO DI VOLPAIA, RADDA IN CHIANTI

*Coltassala ist ein kleines Weingut unterhalb von Volpaia, das zum Besitz der Stianti-Mascheroni gehört, den Besitzern des Castello di Volpaia. Es umfaßt etwa 2,5 Hektar Weinberge in besten und sehr hohen Lagen: um 500 Meter. Der Wein wird zu 95 Prozent aus Trauben hergestellt, die von einem alten Sangevese-Grosso-Klon kommen, der bei Volpaia wächst (»Sangioveto di Volpaia«). In den Mischkulturen von Coltassala, die noch aus der Zeit der Halbpacht stammen, wurden Reiser dieser alten Reben geschnitten und auf neue Reben-Unterlagen gepfropft. Auf diese Weise konnten die alten Sangioveto-Klone gerettet werden. Von ihnen stammt der größte Teil der Trauben für den Coltassala. Der Rest besteht aus Mammolo, auch einer alten, hochwertigen Sorte, die häufig im Mischsatz des Chianti classico Verwendung findet. Ihre Klone wurden ebenfalls durch Aufpfropfen erhalten. So entstanden innerhalb von drei Jahren die heutigen Rebkulturen für den Coltassala. Der Wein, erstmals 1980 abgefüllt, ist einer der anspruchsvollsten, nobelsten, in den ersten Jahren aber meist noch unnahbaren, neuen Rotweine, die im Chianti wachsen. Gleichwohl besitzt er das Potential zu einem großen, ungewöhnlichen Wein. Der Most wird, um Fehltöne zu vermeiden, mit Hilfe von sorgfältig selektionierten Hefen vergoren. Er wird etwa ein Jahr lang in barriques aus dem französischen Zentralmassiv ausgebaut und gelangt nach knapp drei Jahren in den Handel. Rund 25 000 Flaschen werden von ihm jährlich erzeugt.*

## ROSSO VINATTIERI VINATTIERI, RADDA IN CHIANTI

*Der Wein gehört zu den jüngsten Neuschöpfungen im Chianti classico. Der erste Jahrgang, der abgefüllt wurde, ist der 82er. Er präsentiert sich als ein sehr voluminöser Wein mit konzentrierter, fast »süßer« Frucht, viel weichem Tannin, großem inneren Reichtum und einem üppigen Veilchen-Bouquet mit zartem Vanillestich, der den Ausbau in jungen barriques schnell erraten läßt. Der Vinattieri ist ein Sangiovese-Wein, obwohl um die Traubenmischung und die Traubenherkunft von seiten der Erzeuger ein Geheimnis gemacht wird. Es handelt sich um Trauben von der Sangiovese Grosso, jener Unterart, von der auch die Brunello-Rebe abstammt. Eine Partie des Weins, aus dem er komponiert wurde, kommt tatsächlich von einem Gut aus der Brunello-Zone, eine andere von einem Weinberg im Chianti classico, in dem diese Rebe kultiviert ist. Die Assemblage und der Ausbau finden in den Kellern des Castello di Volpaia statt. Vinattieri ist eine von dem amerikanischen Weinjournalisten Burton Anderson und dem Önologen Maurizio Castelli gegründete Gesellschaft, die sich darauf spezialisieren will, Weine (oder Trauben) aus den besten Zonen der Toskana aufzukaufen und in eigener Regie auszubauen.*

## LE PERGOLE TORTE MONTE VERTINE, RADDA IN CHIANTI

*Le Pergole Torte war einer der ersten Weine, die nach dem Vorbild des Tignanello aus roten Trauben gekeltert wurden: 100 Prozent Sangiovese Piccolo. Sie kommen von verhältnismäßig alten Reben eines Weinbergs, der rechts der steilen Zufahrtsstraße zur Fattoria liegt und traditionell »Le Pergole Torte« genannt wurde. Der Name des Weinbergs hat dem Gewächs den Namen gegeben. Die Trauben für diesen Wein der Extraklasse werden spät gelesen – stets nach der Lese für den Chianti classico. Der Most wird auf die traditionelle Weise vergoren, wobei mit der Temperaturregulierung, insbesondere für die malolaktische Gärung, eher vorsichtig umgegangen wird. Der Wein wird dann rund 18 bis 24 Monate in »barriques« aus junger Eiche ausgebaut und erhält dort den letzten Schliff. Seit 1977 erzeugt, hat er bislang in jedem Jahr gezeigt, daß er zu Recht zu den großen Rotweinen Italiens gezählt wird. Sein hochfeines Veilchen- und Himbeer-Bouquet, sein ausgeprägtes Tannin-Korsett, der samtene Mantel, in den die Frucht gehüllt ist – all das macht ihn zu einem Wein mit »großem Atem«. Etwa 19 000 Flaschen werden von ihm erzeugt. Sergio Manetti, Patron von Monte Vertine, arbeitet freilich nicht nur im Keller nach höchsten Standards. Der Grundstein für die Qualität des Le Pergole Torte wird im Weinberg gelegt. Die Reben werden sorgfältig gepflegt und rigoros zurückgeschnitten. Synthetische Unkrautvernichtungsmittel, die die Widerstandsfähigkeit der Reben beeinträchtigen könnten, kommen nicht zur Anwendung. Gedüngt wird, wenn nötig, mit Pferdemist, wofür Manetti eigens Pferde hält. Neben Le Pergole Torte produziert er noch einen anderen roten Tafelwein, den Sodaccio. Er wird zu 85 Prozent aus Sangiovese-Trauben gewonnen (Rest Canaiolo) und in kleinen, sieben bis zehn Hektoliter fassenden Fässern (nicht »barriques«) ausgebaut. Er wird lediglich an das Florentiner Nobelrestaurant »Pinchiorri« verkauft.*

## SANGIOVETO BADIA A COLTIBUONO, GAIOLE IN CHIANTI

*Wie alle namhaften Weinproduzenten des Chianti classico hat auch die Badia a Coltibuono rechtzeitig begonnen, einen neuen Wein zu kreieren, um ein sicheres Flaggschiff für die nächsten 20 Jahre zu besitzen. Der Sangioveto, benannt nach der traditionellen Bezeichnung für die Sangiovese-Rebe, ist aus den Trauben von sehr alten und ältesten Stöcken aus den Weingärten der Badia gewonnen. Einige sind bereits über 40 Jahre alt. Der Sangioveto ist ein ausgesprochen tanninhaltiger, in seiner Jugend noch sehr verschlossener Wein, der zehn Jahre brauchen wird, um sich zu öffnen, und sich dann noch weitere zehn Jahre auf der Flasche konserviert. Er wird nach der Gärung für etwa ein Jahr in barriques aus französischer Eiche ausgebaut, dann mit Eiweiß geklärt und auf die Flasche gezogen. Dort reift er weitere zwei bis drei Jahre, bevor er auf den Markt kommt. Der erste Jahrgang 1980, von dem nur 12 000 Flaschen produziert wurden, wies noch nicht alle Merkmale eines großen Weins auf. Das Jahr 1981 fiel schon wesentlich besser aus, 1982 berechtigt zu hohen Erwartungen. In diesen wie auch den folgenden Jahren (1984 wurde kein Sangioveto erzeugt) wurden 20 000 Flaschen abgefüllt.*

## CONCERTO FATTORIA FONTERUTOLI, CASTELLINA IN CHIANTI

*Zum ersten Mal brachten die Mazzei diesen Tafelwein 1981 auf den Markt. Er riß die Kritik nicht zu Jubelstürmen hin. Der 82er probierte sich schon besser. Der 83er machte erstmals den Anspruch plausibel, »Aushängeschild« des Hauses zu werden, wenngleich es scheint, daß auch dieser Jahrgang noch nicht an das Niveau der großen Chianti-classico-Auslesen von Fonterutoli heranreicht. Der Concerto besteht zu 75 bis 85 Prozent aus selektierten Sangiovese-Trauben, zu 15 bis 25 Prozent aus Cabernet Sauvignon. Giulio Gambelli, der Önologe von Fonterutoli, hat den Cabernet-Anteil bewußt begrenzt, damit der Sangiovese-Geschmack, der diesen Wein prägt, nicht überdeckt wird. Die Cabernet gibt dem Wein Tiefe und mehr Körper, dominiert aber weder in der Nase noch am Gaumen. Die Trauben beider Sorten wachsen rund fünf Kilometer von Fonterutoli entfernt bei Siepi, wo die Mazzei noch gut zehn Hektar Weinberge besitzen. Sie sind tiefer gelegen als die Weinberge bei Fonterutoli und weisen weniger Kalkstein (»alberese«) als diese auf. Es sind gute, aber nicht die besten Lagen der Fattoria. Dort ließ Gambelli im Jahre 1979 rund 1,5 Hektar Cabernet Sauvignon anpflanzen. Große Qualitäten konnten in den ersten Jahren noch nicht erwartet werden. Dazu sind die Reben zu jung. Die Zukunft wird zeigen, wo der »Concerto« (genau: »Concerto dai Vigneti di Fonterutoli«) eingeordnet werden muß. Er wird durchschnittlich zehn Monate in 500 Liter fassenden Spezialfässern aus slowenischer Eiche ausgebaut, die jedes Jahr erneuert werden, und reift danach noch mindestens neun Monate auf der Flasche. Er ist ein »vino di invecchiamento«, ein sehr reifebedürftiger Wein. Er wird jedes Jahr erzeugt (auch 1984). Die Produktion hat sich von 5000 Flaschen im Jahre 1981 auf mittlerweile 20 000 Flaschen gesteigert.*

## BRUNO DI ROCCA VECCHIE TERRE DI MONTEFILI, GREVE IN CHIANTI

*Auch Roccaldo Acuti hat sich entschlossen, neben der Chianti-Produktion seines Weingutes Vecchie Terre di Montefili einen hochwertigen Tafelwein zu keltern. Er heißt Bruno di Rocca, wächst auf über 450 Metern Höhe bei Montefili und ist etwa zur Hälfte aus Sangiovese und zur anderen Hälfte aus Cabernet Sauvignon gemacht. 1983 war das erste Jahr, in dem er erzeugt wurde. Die Faßproben haben ihn als einen sehr kraftvollen, tanninreichen, muskulösen Wein ausgewiesen, der das Potential besitzt, um eines Tages zu den Spitzen der Produktion der Toskana zählen zu können. Man verwendet für ihn die besten Sangiovese-Trauben, die noch vor den Trauben für die Chianti classico-»Riserva« gelesen werden. Sie werden zusammen mit den Cabernet-Trauben vergoren. Dabei bleiben sie etwa zwei Wochen auf den Schalen. Nach Abschluß der Gärung wird der Wein heruntergekühlt, um sich selbst klären zu können. Danach findet die malolaktische Gärung statt. Ausgebaut wird der Bruno di Rocca in drei Phasen. Zunächst geht er etwa ein Jahr in große Eichenholzfässer, danach sieben bis zwölf Monate in »barriques«, um dann vorsichtig und ohne großen Druck auf Flaschen gezogen zu werden, wo er nochmals ein halbes bis eindreiviertel Jahr nachreift. Etwa 5000 Flaschen werden von ihm erzeugt. 1983 und 1985 versprechen sehr gute Qualitäten.*

## LA CORTE CASTELLO DI QUERCETO, LUCOLENA

*La Corte ist ein Tafelwein, der erstmals im Jahre 1978 abgefüllt wurde. Es handelt sich dabei um einen Lagenwein, der in einem kleinen, gerade 2,5 Hektar großen Weinberg bei Dudda wächst. Dieser Weinberg, La Corte genannt, zieht sich über einen steilen, rund 450 Meter über dem Meer in bester Südwest-Exposition liegenden Hang, von dem schon um die Jahrhundertwende, als die Weine des Castello di Querceto große internationale Anerkennung genossen, immer der beste Chianti classico der Fattoria kam. In ihm stehen fast ausschließlich Sangiovese-Reben: freilich nicht Sangiovese Piccolo, sondern Sangiovese Grosso (von dem zum Beispiel die Brunello-Rebe abstammt). Weil nur die gesundesten Trauben für den La Corte genommen werden, sind die Hektarerträge gering. Sie liegen bei 35 Doppelzentnern. Der Wein ist aber kein „Schwergewicht" unter den neuen Tafelweinen. Er ersetzt vielmehr Wucht durch Eleganz. Im Bouquet verströmt er einen tiefen Veilchenduft, unter den sich ein würziger Vanillestich mischt – untrügliches Zeichen des »barrique«-Ausbaus. In der Tat hat dieser Wein nach einem fast zweijährigen normalen Faßausbau sechs Monate in 225-Liter-Eichenfässern gelegen. Alessandro François, Mit-Besitzer und Regisseur von Querceto, ist stolz darauf, daß es gebrauchte »barriques« der Domaine de la Romanée Conti sind, in denen sein Wein reifen darf. Die ersten beiden Jahrgänge des La Corte waren enttäuschend. 1980 wurde erstmals ein guter Wein gekeltert. Der 81er steht ihm nicht nach, der 82er brachte eine Steigerung. Die Produktion beläuft sich auf 10 000 bis 12 000 Flaschen.*

## SAMMARCO CASTELLO DEI RAMPOLLA, SANTA LUCIA IN FAULLE

*Der Sammarco hat innerhalb kürzester Zeit den Sprung in die Spitze der toskanischen Weinproduktion geschafft. 1980 erstmals abgefüllt, besteht er zu 75 Prozent aus Sangiovese und zu 25 Prozent aus Cabernet Sauvignon. Die Trauben beider Sorten wachsen in den eigenen Weinbergen unterhalb der Rampolla-Villa in besten Lagen im Süden von Panzano. Sie werden skrupulös verlesen und separat vinifiziert. Der Cabernet-Wein verbringt ein etwa 18monatiges Faßlager in barriques aus junger Cognac-Eiche, während der Sangiovese-Anteil in großen Kufen aus alter slavonischer Eiche ausgebaut wird. Danach erst findet die Assemblage statt. Insgesamt bleibt der Wein vier Jahre im Keller, bevor er verkauft wird. Die Produktion ist begrenzt und weit geringer als die Nachfrage. 1980 wurden nur etwa 6400 Flaschen erzeugt. Der Sammarco ist ein oppulenter Nektar, warm und weich am Gaumen, elegant in der Nase, reich an Extrakt und Glycerin und trotz des barrique-Ausbaus immer noch konzentriert fruchtig. Bei seiner Herstellung können sich die Rampolla auf den Rat von Giacomo Tachis stützen, des Chef-Önologen von Antinori. Benannt wurde der Wein nach Marco, dem ältesten Sohn der Fürsten Rampolla, der 1982 bei einem Helikopter-Absturz ums Leben kam.*

## SOLAIA, ANTINORI FLORENZ

*Unmittelbar neben dem Tignanello-Weinberg liegt Solaia, ein rund acht Hektar umfassendes Rebgelände mit überwiegender Südneigung, in dem die Antinori schon seit vielen Jahrzehnten Cabernet-Reben ziehen. Der größte Teil war freilich bis in die siebziger Jahre hinein mit den typischen Chianti-Reben bestockt, die zur Herstellung des Villa-Antinori-Weins verwendet wurden. Dann wurde der Weinberg vollständig mit Cabernet-Reben bepflanzt, um einer Idee Rechnung zu tragen, die die Antinori schon hegten, bevor es Mode wurde: einen reinsortigen Cabernet-Wein aus der Toskana auf den Markt zu bringen. 1978 erschien dann zum ersten Mal der Solaia, komponiert zu 75 Prozent aus Cabernet Sauvignon und 25 Prozent Cabernet franc, ausgebaut in »barriques«, die zur Hälfte aus französischer Eiche, zur anderen Hälfte aus slowenischer Eiche bestanden. 5000 Flaschen wurden von ihm abgefüllt, keine kommerzialisiert. Nur Weinexperten und Freunde des Hauses durften ihn verkosten. Er war ein schwerer, aber nicht plumper Wein von beträchtlicher Finesse, der ahnen ließ, daß er einmal zu den ganz großen Weinen Italiens gehören könnte. Der erste regulär verkaufte Jahrgang war 1979 mit rund 15000 Flaschen. Er wurde nur in Italien, in den Vereinigten Staaten und in Großbritannien vertrieben, den wichtigsten internationalen Testmärkten für die Antinori. Dasselbe gilt für die folgenden Jahrgänge (1980 wurde ausgelassen). 1981 betrug die Produktion nur 4500 Flaschen, 1982 rund 13000 Flaschen. 1983 wurde der Solaia erstmals in jener Menge produziert, in der er später regelmäßig und in allen Ländern der Welt auf den Markt kommen soll: 40000 bis 60000 Flaschen. Die Traubenzusammensetzung wird jeweils den Jahrgangsunterschieden angepaßt, entspricht jedoch im Großen und Ganzen den Proportionen des Jahres 1978. Die »barriques« werden jedes Jahr erneuert. Der Ausbau dauert zwischen 18 und 24 Monate. Daran schließt sich ein mindestens einjähriges Flaschenlager an, so daß der Wein frühestens vier Jahre nach der Lese in den Handel kommt.*

## FLACCIANELLO FONTODI, PANZANO

*Der Name dieses Weins leitet sich von dem alten romanischen Namen Panzanos ab: Das Dorf hieß vor tausend Jahren »Flacciano«. Aus dieser frühen Bezeichnung entstand dann der heutige Ortsname Panzano. Die Reben für den Flaccianello wachsen in einer der besten Lagen des Chianti classico: an den Hängen, die südlich vom Dorf liegen und sich bis zur Pesa hinziehen. Dort befindet sich der größte Teil der Weinberge von Fontodi, eines relativ kleinen, ehrgeizigen Guts, das Anfang der siebziger Jahre von der Familie Manetti, die aus der Möbelindustrie kommt, erworben wurde. Der Flaccianello ist eine Neuschöpfung des Önologen Franco Bernabei. Er stellt eine reinsortige Sangiovese-Auslese dar, die nach der Fermentation in großen, alten Eichenfässern ausgebaut wurde und vor der Flaschenabfüllung rund neun Monate in barriques aus junger Allier-Eiche gelegen hat. Er ist ein voller, aber jederzeit eleganter Wein von großer Distinktion, der ohne Zweifel nicht nur zu den gelungenen, sondern auch zu den besten neuen Tafelweinen des Chianti classico gehört. Er wurde bislang 1981, 1982 und 1983 hergestellt. Die Produktion beläuft sich auf durchschnittlich 5000 Flaschen.*

## BRUNESCO DI SAN LORENZO MONTAGLIARI, PANZANO

*Die Fattoria di Montagliari liegt etwa einen Kilometer nördlich von Panzano direkt an der Staatsstraße nach Greve. Sie befindet sich im Besitz der Capelli, die seit über 200 Jahren große Landbesitzer im Chianti classico sind. Giovanni Capelli, der heutige Inhaber, betreibt neben einer Rindermast drei Weingüter: Castellinuzza, La Querce und Montagliari. Aus den Kellern des letzteren Guts kommt der beste Chianti classico, den er erzeugt, sowie seit 1980 ein Tafelwein namens Brunesco di San Lorenzo. Er ist ein reinsortiges Sangiovese-Gewächs, das jedes Jahr aus den besten und gesundesten Trauben gekeltert wird, die in den Weingärten der Fattoria um Panzano reifen. Pate gestanden hat ein alter Familienwein der Capelli, den Giovannis Urgroßvater stets für besondere Anlässe und Familienfeste in Reserve hatte, und der ebenfalls nur aus Trauben von »Sangioveto«-Stöcken erzeugt wurde. Freilich trocknete man die Trauben damals noch etwa 20 Tage auf Strohmatten, bevor man sie abpreßte. So erhielt der Wein ein seinem Körperreichtum angemessenes Alkohol-»Gewicht«. Er wurde immer am 10. August in Holzkufen umgezogen, dem Tag des heiligen Lorenz. Deshalb nannten ihn die Capelli schon damals »Brunesco di San Lorenzo«. Heute wird er nach einer zeitgemäßeren Methode hergestellt. Die Trauben werden sofort abgepreßt und der Wein unmittelbar nach der Milchsäure-Gärung in große Eichenkufen umgepumpt, in denen er ein bis zwei Jahre reift. Den letzten Schliff erhält er dann in »barriques« aus Limousin-Eiche und slowenischer Eiche. In ihnen verbringt er je nach Jahrgang fünf bis zehn Monate. Er ist ein tanninhaltiger, reifungsbedürftiger Wein von erstaunlich heller Tönung, dessen erste Jahrgänge noch unharmonisch ausfielen, der 1982 und 1983 aber seine Klasse bewies. Er wird in der Regel jedes Jahr abgefüllt (nur 1984 wurde er nicht erzeugt), allerdings nur in äußerst geringen Mengen: 4000 bis 5000 Flaschen.*

## GHIAIE DELLA FURBA TENUTA DI CAPEZZANA CARMIGNANO

*Dieser Tafelwein kommt nicht aus dem Chianti classico, sondern aus dem Chianti Montalbano, genauer gesagt: aus dem Anbaugebiet von Carmignano. Er wächst in einem Rebengarten von gut drei Hektar Größe, der sich auf den stark kieselsteinhaltigen Schwemmlandböden der Furba befindet, eines kleinen, nahe Seano in den Ombrone mündenden Baches (»ghiaie« = Kiesel). Das Gelände liegt fast flach. Doch ist der Untergrund so gut drainiert, daß die Böden vollständig trocken sind. Dieser Rebgarten ist ungefähr zu je einem Drittel mit Cabernet Sauvignon, Cabernet franc und Merlot bestockt. Aus diesem Bordeaux-Mischsatz ist auch der Wein bereitet. Es ist ein superber Tropfen, der Fülle und Feinheit in sich vereinigt, der den krautigen Geschmack der Gewächse des Médoc mit der Finesse des Pomerol zu kombinieren weiß. Er ist von seidiger Konsistenz, üppiger Fruchtigkeit und zeigt einen feinen Sandelholzton am Gaumen, der von dem Ausbau in barriques herrührt. (1981 wurde erstmals eine kleine Partie des Weins in barriques aus drei verschiedenen französischen Hölzern ausgebaut, seit 1983 der gesamte Wein.) Er fermentiert eine Woche lang auf der Schale und kommt nach dem Abstich beziehungsweise der malolaktischen Gärung in die Holzfässer. Ugo Graf Contini Bonacossi füllt ihn seit 1979 ab. Gesamtmenge: rund 17000 Flaschen. Große Jahrgänge: 1985. Sehr gut: 1980, 1981, 1983.*

## ELEGIA
## POLIZIANO,
## MONTEPULCIANO
## STANZIONE

*Daß Montepulciano bessere Weine her-
vorbringen kann, als der Durchschnitt
der Produktion des Anbaugebietes es
vermuten läßt, davon war Frederico
Carletti immer überzeugt. Der Patron
der Fattoria Poliziano, ein Mann von
ernsten Absichten und ungebremsten
Tatendrang, will allerdings nicht aus-
schließen, daß diese Weine ohne die
Bezeichnung Vino Nobile auszukommen haben. Sie müßten, so der Grund,
vielleicht aus einer anderen Traubenmischung hergestellt sein, als die
D.O.C.-Vorschriften es fordern: vielleicht aus einer Cuvée von Prugnolo
Gentile (Sangiovese) und Cabernet
Sauvignon, oder ausschließlich aus
Sangiovese-Trauben. Carletti hat beide
Möglichkeiten ausprobiert. 1983 hat er
zum ersten Mal eine handverlesene
»Riserva« aus seinem besten Weinberg
bei Asinone hergestellt, aus dem normalerweise die besten Partien seines
Vino Nobile stammen. Sie sind nur
aus Trauben der Prugnolo Gentile
gekeltert. Ein wahrlich bemerkenswerter
Wein: dunkelfarbig und tanninreich,
zugleich weich und intensiv nach
Pflaumen duftend, dabei die reiche
Sangiovese-Frucht in ihrer besonderen,
nur in Montepulciano zu findenden
Ausprägung sehr konzentriert darbie-
tend. »Elegia« heißt dieser Tropfen. Er
wurde in der »barrique« ausgebaut
und stellt eine der ersten Demonstratio-
nen jener Feinheit dar, zu welcher der
Wein dieses Anbaugebietes fähig ist.
Nicht minder vielversprechend auch
die zweite Alternative, zusammengestellt aus Cabernet Sauvignon und
Sangiovese. Das endgültige Urteil über
diesen Versuch verlangt freilich
Geduld. Zehn Jahre hat sich Frederico
Carletti selbst gegeben: »Wenn ich
dann nichts erreicht habe, gebe ich meinen Beruf auf.« Großes Jahr: 1985.
Sehr gut: 1983, 1986.*

## CA' DEL PAZZO
## CAPARZO
## MONTALCINO

*Die alte Schreibweise von Caparzo hat
diesem als Tafelwein etikettierten
Gewächs den Namen gegeben: »Ca' del
Pazzo«. Über die historischen Wurzeln
des Namens ist viel geforscht worden,
ohne daß sich am Ende bestätigt hätte,
daß das Weingut tatsächlich einmal das
»Haus eines Verrückten« gewesen sei,
wie der Name nahelegt. Der Wein ist
über derlei Zweifel erhaben: ein vollmundiger, üppiger, sehr feiner Tropfen,
der aus einer Cuvée von Brunello-
Trauben und Cabernet Sauvignon
hergestellt ist. Das Mischungsverhältnis
dieser Sorten beträgt ungefähr eins zu
eins. Die beiden Traubenpartien werden
separat vergoren und erst nach der
malolaktischen Gärung miteinander
verschnitten. Danach reift der Wein
fünf bis acht Monate lang in jungen
»barriques« aus verschiedenen, mittel-
stark getoasteten Hölzern. Er wird nur
leicht mit Gelatine geschönt, sanft
filtriert und relativ früh abgefüllt. Auf
Flaschen reift er noch einmal ein Jahr,
bevor er in den Handel kommt. Er ist
ein sehr würziger und außerordentlich
stoffiger Wein, der angesichts des
Umstands, daß er erst seit wenigen
Jahren erzeugt wird (erstmals 1982 in
einer Menge von 5000 Flaschen; 1983:
20 000 Flaschen) von erstaunlicher
Klasse ist. Ein Teil der Trauben, aus
denen er gekeltert ist, mußte in den
ersten Jahren noch zugekauft werden.
Wenn die neu angelegten Weinberge der
Tenuta Caparzo in den Ertrag gehen,
wird der Wein vollständig aus eigenem
Lesegut erzeugt werden.*

## PALAZZO ALTESI
## ALTESINO
## MONTALCINO

*Dieser Wein ist kein Brunello, obgleich
er ausschließlich aus Brunello-Reben
gekeltert ist. Da er nur etwa acht
Monate lang im Holzfaß reift, und
somit nicht die Vorschriften der
D.O.C.G.-Statuten erfüllt, wird er als
Tafelwein deklariert. Er ist freilich auch
von seinem Charakter her kein Brunello. Er ist ein mittelgewichtiger, relativ
hellfarbener Wein von großer Fruchtigkeit, der keine lange Kellerreife braucht,
um mit Genuß getrunken zu werden
(gleichwohl besitzt er ein großes Reifepotential). Er ist die Schöpfung von
Angelo Solci, des Önologen von Altesino, der diesen Wein 1980 erstmals
produzierte. Seinen Charakter erhält er
vor allem durch die besondere Vergärung der Trauben. Sie vollzieht sich
nach Art einer »macération carbonique«, wie sie beim Beaujolais Primeur, aber auch bei anderen Burgun-
derweinen gelegentlich angewendet
wird. Dabei werden die Trauben in
geschlossenen Behältern unter dem
Druck des Kohlendioxids, das bei der
Gärung freigesetzt wird, fermentiert.
Man gewinnt durch diese verkürzte,
sehr arbeitsaufwendige Gärmethode
besonders fruchtige Aromen, wie man
sie sich für einen Primeur-Wein
wünscht. Der Palazzo Altesi ähnelt
jedoch nicht einem Beaujolais Primeur.
Er ist ein edler, warmer Wein mit feiner
Würze und einem noblen Loheton. Er
wird in französischen »barriques« ausgebaut. Nach dem Holzlager reift er
noch ein dreiviertel Jahr auf der Flasche, bevor er den Keller verläßt. Rund
7000 Flaschen werden von ihm
abgefüllt. Gute bis sehr gute Jahrgänge:
1981, 1982, 1983, 1985, 1986. Seit
1985 wird ein zweiter bemerkenswerter
Tafelwein erzeugt. Er heißt Alte d'Altesi und besteht aus einem Verschnitt
von Sangiovese (70 Prozent) und
Cabernet Sauvignon (30 Prozent).*

## GRIFI
## AVIGNONESI
## MONTEPULCIANO

*Die Wiederbelebung der alten Wein-
tradition der Avignonesi war nicht
ohne Risiko, auch wenn der Erfolg
dieses im Nachhinein schnell vergessen
läßt. Zum Risiko gehörte auch die
Kreation des »Grifi«, des ersten roten
Tafelweins von Montepulciano, der das
Experiment mit der französischstämmigen Cabernet-franc-Traube
gewagt hat. Sie ist in diesem Gewächs
mit zehn bis 15 Prozent vertreten, um
ihm mehr Gewicht zu geben und den
Geschmack der Prugnolo Gentile (85
bis 90 Prozent) zu verfeinern. Das
Experiment kann, obwohl erst wenige
Jahrgänge abgefüllt wurden, als gelungen bezeichnet werden. Der »Grifi« ist
ein wuchtiger, aber jederzeit eleganter,
extraktreicher Wein mit einem ungemein komplexen Geschmacksbild, in
dem sich das Aroma reifer Beeren mit
dem feinen Gewürz süßen Holzes ver-
mählt. Er weist wohl Anklänge an den
Nobile auf, besitzt aber eine nicht zu
verleugnende Eigenständigkeit. Auch
die Behandlung des Weins in dem alten
Faßkeller der Avignonesi, unterhalb des
Palazzo gelegen und wesentlich älter als
dieser, war ein großes Experiment –
freilich eines, das einmal richtungwei-
send für die Önologie Montepulcianos
werden könnte. Der »Grifi« wird nämlich nur relativ kurz in Holzfässern
ausgebaut. Er reift vier, maximal sechs
Monate in kleinen, neuen »barriques«,
die zu 80 Prozent aus französischer
Eiche, zu 20 Prozent aus slowenischer
Eiche bestehen. Danach werden die
Faßpartien verschnitten und der Wein
auf Flaschen gezogen, in denen er nochmals ein Jahr lang reift. Dann geht er
in den Handel. Benannt wurde der
»Grifi« nach dem mythologischen
Wappentier Montepulcianos: dem geflü-
gelten Löwen. Die schönste Darstellung
dieses Symbols ist auf dem Stadt-
wappen des alten Brunnens auf der
Piazza del Duomo von Montepulciano
zu finden. Der »Grifi« wurde erstmals
1981 erzeugt. Damals wurden 7000
Flaschen, heute inzwischen 18 000 Flaschen von ihm abgefüllt. Sehr gute Jahrgänge: 1981, 1982, 1983, 1985.*

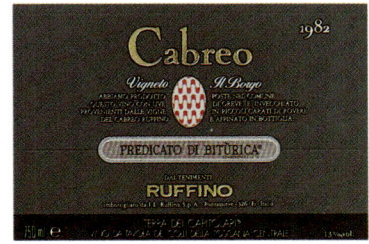

## TAVERNELLE
## VILLA BANFI
## SANT'ANGELO

*Daß in der Brunello-Zone nicht nur Sangiovese-Reben gute Ergebnisse bringen, davon waren die Verantwortlichen Önologen der Villa Banfi von Anfang an überzeugt. Schon 1980 – kaum daß der italo-amerikanische Weinkonzern sich richtig in Montalcino niedergelassen hatte – begannen sie deshalb, auch Cabernet-Sauvignon-Reben zu pflanzen, und zwar auf einem der felsigsten Geländestücke ihres gewaltigen Weinbergbesitzes bei Tavernelle. Das Ziel: einen reinsortigen Wein aus Trauben dieser Rebe zu machen, um dem – vor allem in Amerika – stark französisch beeinflußten Kundengeschmack entgegenzukommen. Das Ergebnis ist der »Tavernelle«, in kleinen Mengen erstmals 1982 abgefüllt, der freilich, wie auch der Folgejahrgang, noch wenig von seinen Qualitäten erkennen läßt. Zu jung waren die Reben. Der Wunsch des Unternehmens ist es jedoch, einen mächtigen, körperreichen Wein zu schaffen, der altern und sich lange auf der Flasche verfeinern kann. Nach diesen Vorstellungen wird der »Tavernelle« erzeugt: ausgedehnte Maischegärung, danach mindestens zweijährige Reifungsphase auf der Flasche und in 350 Liter fassenden Gebinden aus Tronçais-Eiche. Im Endstadium sollen etwa 300 000 Flaschen von ihm abgefüllt werden.*

## CABREO
## RUFFINO,
## PONTASSIEVE

*Der Erfolg vieler kleiner Weinmacher mit neuen Tafelweinen und Rebsorten hat die großen Produzenten nicht unbeeindruckt gelassen. Sie, die ihre Stärke gerade darin sahen, dem extremen Individualismus der kleinen Weinmacher die Konstanz eines Markenartikels entgegenzusetzen, begannen sich auf einmal auch für neue Dinge zu interessieren: für reinsortige Sangiovese-Weine, für »barrique«-Experimente, für die Cabernet-Sauvignon-Rebe. Der Cabreo ist einer der Weine, die auf diese Weise entstanden sind: ein Plagiat, sicherlich, doch hergestellt mit den Möglichkeiten eines der drei größten Weinhäuser des Chianti. Er wurde erstmals 1982 erzeugt und entsteht aus einer Cuvée von Sangiovese (70 Prozent) und Cabernet-Sauvignon (30 Prozent). Er wird über ein Jahr in überwiegend neuen »barriques« ausgebaut und präsentiert sich dann als ein gefälliger, glatt fließender Wein von mittlerer Länge, in dem Cabernet und Sangiovese eine gute Einheit bilden. Die Trauben für ihn wachsen im nördlichen Chianti classico bei San Polo, wo Ruffino das Gut Montemasso besitzt. Ruffino ist ein traditionsreiches Unternehmen, dessen Weine schon im 19. Jahrhundert internationale Anerkennung fanden. Nach dem Konkurs im Jahre 1913 erwarben es die Folonari, eine ursprünglich aus den Bergamasker Alpen stammende, damals in Brescia ansässige Kaufmannsfamilie, die einen erfolgreichen Weinhandel betrieb. Die Folonari brachten wieder Glanz über Ruffino. Ihr Paradewein war der Chianti classico »Riserva Ducale«. Er erschien erstmals 1920 auf dem Markt und ist nach dem Herzog von Aosta benannt, dessen Hoflieferant Ruffino einst war. Seit den 60er Jahren kaufte Ambrogio und Italo Folonari, die das Unternehmen heute leiten, umfangreiche Ländereien im Chianti: nach dem Gut Montemasso die Fattoria di Zano bei Greve, Nozzole bei Passo dei Pecorai, Casa di Sala bei Panzano sowie die Fattoria Greppone Mazzi bei Montalcino.*

## CETINAIA
## CASTELLO DI SAN
## POLO IN ROSSO,
## GAIOLE IN
## CHIANTI

*Die Besitzer des Weinguts vom Castello di San Polo leben erst seit Anfang der 70er Jahre im Chianti, doch sind sie überzeugte Verfechter der alten Weinbautradition. Das heißt nicht, daß ihre Weine altmodisch wären. Im Gegenteil: Sie sind mit den Mitteln und nach den Möglichkeiten der modernen Önologie erzeugt. Doch ist man gegenüber neuen Rebsorten auf Distanz geblieben, ebenso wie gegenüber »barrique«-Experimenten. Sie überläßt man anderen Weingütern. »Wir wollen erst einmal das Optimum aus dem traditionellen Chianti herausholen«, bekennt Cesare Canessa, hauptberuflich Kunsthändler in Rom. Der Cetinaia ist, ebenso wie der Chianti classico von San Polo, ein reinsortiges Sangiovese-Gewächs. Es ist aus den besten und gesundesten Trauben aller Weinberge gewonnen. Sie werden unmittelbar vor der allgemeinen Lese von Hand geschnitten, gesondert eingebracht und separat vom restlichen Lesegut vergoren. Nur ganz wenige Betriebe im Chianti leisten sich eine solche Auslese am Stock. Der Cetinaia ist mithin ein rarer, arbeitsaufwendig hergestellter Wein. Er zählt mit seinem überwältigenden, nach Wildbeeren und Teer duftenden Bouquet, seinem vollen, konzentrierten, entfernt an die Weine von Montalcino erinnerndem Geschmack, der Länge und der ganz eigenen Handschrift wegen zu den raren Hochgewächsen der Toskana. Er wird relativ kurz in großen Fässern aus alter jugoslawischer Eiche (rund 18 Monate), relativ lange im Tank und auf der Flasche ausgebaut. »Barriques« werden für ihn nicht verwendet. Zwischen 9000 und 20 000 Flaschen werden von ihm abgefüllt. Benannt ist er nach einem alten, noch terrassenförmig angelegten und mit Trockenmauern gestützten Weinberg, der, wie die dazugehörige Hofstelle, Cetinaia heißt. Der Weinberg ist noch mit alten Sangioveto-Reben bestockt. Groß: 1985. Sehr gut: 1981, 1982, 1986.*

## MORMORETO
## MARCHESI DE'
## FRESCOBALDI
## SIECI (FLORENZ)

*Der Mormoreto ist ein Tafelwein aus dem Chianti Rufina. Er wächst in dem fast 400 Meter hoch gelegenen Weinberg gleichen Namens, der zum Rebbesitz des Castello di Nipozzano gehört und unweit des berühmten Weinbergs Montesodi liegt. Er ist größtenteils aus Cabernet Sauvignon gemacht. Nur etwa zehn Prozent der Trauben sind Sangiovese. Cabernet-Reben werden schon seit hundert Jahren von den Frescobaldi kultiviert. Erst Ende der 70er Jahre wurde ein neuer Weinberg mit dieser Sorte angelegt – der Mormoreto. Nach langen Experimenten entschloß sich Luciano Boarino, der Chefönologe, erstmals den 83er Jahrgang abzufüllen: ein voller, aber nicht mächtiger Wein, in dem die Sangiovese stärker hervortritt als ihr Anteil vermuten läßt. Er wirkt gut balanciert, ist stilvoll und scheint ein beachtliches Reifepotential in sich zu bergen. Er wird sehr aufwendig hergestellt: gesonderte Lese von Cabernet und Sangiovese, Auswahl der gesundesten Trauben von Hand, Vergärung der Maische in großen Holzfässern, und zwar 25 Tage lang, Absonderung des Preßmostes, danach Verschnitt beider Partien miteinander und 20monatiger Ausbau des Weins in »barriques« aus Allier-Eiche. Geklärt wird nur mit Eiweiß. Nach der Abfüllung ist noch ein Flaschenlager von einem Jahr vorgesehen. Der Mormoreto gehört zu einer Gruppe von Weinen, die unter der Bezeichnung »vini di predicato« in den Handel kommen: Prädikatsweine. Einige Florentiner Weinhäuser, zum Beispiel Frescobaldi und Ruffino, haben ein Statut für diese Weine entworfen. Die Trauben müssen »von den Hügeln der zentralen Toskana« kommen. Die Hektarerträge dürfen 90 Doppelzentner nicht überschreiten. Das Statut sieht drei Kategorien von »predicati« vor: einen (fast) reinsortigen Sangiovese-Wein (»Predicato di Cardisco«), einen Wein im Bordeaux-Stil nach Art des Mormoreto (»Predicato di Biturica«) sowie zwei weiße Weine: einer auf der Basis von Chardonnay (»Predicato del Muschio«), der andere auf der Basis der weißen Sauvignon (»Predicato del Selvante«). Jeder Produzent, der sich verpflichtet, die Regeln des Statuts einzuhalten, darf die Weine unter den betreffenden Bezeichnungen in den Handel bringen.*

# CHIANTI
# RUFINA

Etwas abseits der großen Verkehrswege liegt, östlich von Florenz, die kleinste Anbauzone des Chianti: Rufina. Sie umfaßt das Hügelland rechts und links der Sieve, jenes Flusses, der auf den Höhen des Apennin entspringt und bei Pontassieve in den Arno mündet. Es ist eine sehr urwüchsige Zone mit tief eingeschnittenen Tälern und bergigen Höhen, in der vor allem Wein und Oliven angebaut werden. Sie wachsen an vielen Stellen noch in Mischkulturen, die aus der Zeit der Halbpacht stammen: stämmige Bäume mit ausladenden Kronen und knorrige Reben von beträchtlichem Alter. Sie erfreuen das Auge des Betrachters, zeigen aber, daß der landwirtschaftliche Fortschritt in der Rufina-Zone nur langsam Einzug hält. In der Tat hat sich das Halbpacht-System dort länger als anderswo gehalten, und mit der traditionellen Ökonomie sind auch häufig die allfälligen Modernisierungen nicht oder erst verspätet durchgeführt worden.

Die Weinproduktion des Chianti Rufina beträgt gut zehn Prozent derjenigen des Chianti classico. Ein erheblicher Teil kommt von den zwei Großerzeugern im Rufina-Gebiet: *Frescobaldi* und *Spalletti*. Die Mehrzahl der Betriebe besteht aus kleinen Produzenten, die traditionell ausgerichtet sind und in erster Linie für die lokalen Märkte produzieren. Erst die Hälfte des Weins wird in Flaschen abgefüllt. Die andere Hälfte wird offen in *damigiane* verkauft. Weine vom Typ einer *Riserva* produziert nur eine Handvoll Betriebe, obwohl Rufina eine Zone ist, die immer schon gut strukturierte, körperreiche Weine hervorgebracht hat. Pomino und Nipozzano, ihre beiden bekanntesten Lagen, legen davon Zeugnis ab.

Die Weine von Rufina stehen spätestens seit dem 17. Jahrhundert in hohem Ruf. Als Cosimo III., Großherzog der Toskana, im Jahre 1716 seinen berühmten »Bando« erließ, in dem er die Grenzen der besten Weinanbaugebiete seines Landes festlegte, nannte er auch den Namen des Dörfchens Pomino, das hoch oben in einem Seitental der Sieve liegt und schon damals für seine noblen, langlebigen Rotweine bekannt war. Später genossen die Weine von Nipozzano und die *Riserva* »Poggio Reale« der *Spalletti* einen ähnlichen Ruf. Sie sind es, die das Bild des Rufina-Weins frühzeitig geprägt haben.

So verwundert es nicht, daß die Rufina-Weine bis 1932 eigenständige Weine waren, die mit dem Chianti so wenig zu tun hatten wie heute der Vino Nobile di Montepulciano mit diesem. Mit dem ministerialen Dekret, in dem erstmals die Grenzen des Chianti festgelegt wurden, wurde Rufina damals in die große Chianti-Gemeinde aufgenommen. Nicht alle Winzer waren froh darüber. Diejenigen, die schon einen Namen besaßen, hatten es nämlich nicht nötig, ihre Weine als Chianti zu verkaufen. Die Frescobaldi etwa bemühten sich beizeiten, ihren

### ALTE CHIANTI-
### HERRLICHKEIT

*Das Chianti Rufina ist eine kleine
Zone, die einen feinen und langlebigen
Wein hervorbringt. Noch heute trans-
portieren die Winzer ihren Chianti
jedes Jahr mit einem Ochsengespann
nach Florenz vor den Dom. Dort
wurde er früher den »gonfalonieri«, den
Bewahrern bürgerlicher Interessen
gegenüber dem Adel, als Deputat übergeben.*

## FATTORIA SELVAPIANA, PONTASSIEVE

*Selvapiana galt bereits im 19. Jahrhundert als ein Mustergut, nachdem es der Florentiner Bankier Michele Giuntini erworben, die Weinberge neu angelegt und die Keller modellhaft erweitert hatte. Er begriff, daß der Chianti aus der Rufina-Zone ein Lagerwein ist, dem erst eine längere Kellerreife Eleganz und Feinheit verleiht. Aber auch in den letzten 30 Jahren mußte sich Selvapiana von keinem anderen Gut der Rufina-Zone übertroffen fühlen, was die Önologie und die Qualitätsmaßstäbe angeht. Francesco Giuntini, der heutige Patron, hat sich schon lange vor der D.O.C.G. unmißverständlich gegen das Verschneiden des Rufina-Chianti mit gebietsfremden Weinen ausgesprochen. Auch hat er früh erkannt, daß die Auslesen durch das lange Faßlager, das das Gesetz vorschreibt, nicht immer vorteilhaft beeinflußt werden. Einige seiner besten »Riserve« haben nie im Holzfaß gelegen, sondern sind nur in Zementtanks ausgebaut worden. Bei den Auslesen verzichtet er auf jegliche Anreicherung des Mostes. Die Gradation erreicht die »Riserva« allein durch die skrupulöse Traubenauslese. Auch der »governo« wird bei ihr nicht praktiziert, und der Anteil weißer Trauben am Mischsatz lag schon immer bei zwei Prozent. Die Tanninfracht, die den Wein anfangs bisweilen hart und verschlossen erscheinen läßt, ist das Ergebnis häufigen Umwälzens während der Maischegärung – ein altes Kellerprinzip auf Selvapiana. Im Inneren erweist er sich als ungemein fruchtig und feingewirkt. Er besitzt Länge, Rasse und ein hohes Alterungsvermögen. Gute Jahrgänge werden 20 Jahre alt, ohne an Frische zu verlieren (im Keller des Gutes liegen große Bestände älterer Jahrgänge). Selvapiana verfügt über 40 Hektar Reben auf stark kalkhaltigen, ansonsten aber sehr unterschiedlich zusammengesetzten Böden. Die Hektarhöchsterträge liegen bei nur 45 Hektoliter. Die »Riserva« kommt zum größten Teil von den beiden besten Lagen »Bucerchiale« (bei der Fattoria) und »Torricella« (bei Nipozzano). In einigen Jahren wurden diese auch separat abgefüllt. Große Jahre: 1947, 1958, 1962, 1971, 1977, 1981. Sehr gut: 1964, 1965, 1966, 1968, 1975, 1978, 1979, 1982.*

## IL BENEFIZIO MARCHESI DE' FRESCOBALDI, SIECI (FLORENZ)

*Hoch oben bei Pomino besitzen die Frescobaldi noch 75 Hektar Reben in einer alten Kulturlandschaft von großem Ruf, was den Wein angeht. Der rote Pomino zählte im 18. Jahrhundert zu den legendärsten Hochgewächsen, die die Toskana hervorbrachte. Spätestens im 19. Jahrhundert genoß aber auch der weiße Pomino höchste Wertschätzung. Man nannte ihn in Florenz »Chablis«. Vittorio Degli Albizzi, ein Vorfahre der Frescobaldi, hatte, als er 1855 von einem längeren Aufenthalt in Frankreich nach Italien zurückkehrte, eine Reihe französischer Reben mitgebracht, die er in den Weingärten von Pomino zu kultivieren begann, so daß der Wein, der aus ihren Trauben gekeltert wurde, mit dem berühmten französischen Weißwein verglich. Noch heute ist der größte Teil der Weißweinkulturen von Pomino mit diesen Sorten bestockt: Pinot Bianco, Pinot Grigio, Chardonnay. Sie stellen den Hauptanteil am Pomino Bianco. Die Trebbiano, die toskanische Traditionsrebe, ist mit knapp 30 Prozent in ihm nur relativ gering vertreten. 1973 entschlossen sich die Frescobaldi, erstmals auch eine »Riserva« des Pomino Bianco abzufüllen. Die Trauben für diesen Wein nahmen sie aus den Rebkulturen der höchstgelegenen Hofstelle ihrer Tenuta di Pomino, die Il Benefizio heißt. Schon vor hundert Jahren wurde ein Pomino-Wein nur aus dieser außergewöhnlichen Lage abgefüllt. Er gelang auch diesmal so gut, daß die Frescobaldi sich entschlossen, ihn in allen guten Jahren herzustellen. Er ist ein bouquetbetonter Wein, gewichtig, gehaltvoll, reif und dennoch rassig. Er zählt zu den wenigen Weißweinen Italiens, denen der Ausbau in Holz gut getan hat. Insgesamt zwei Jahre reift er dort, die längste Zeit in großen, alten Eichenholzkufen, aber vier bis sechs Monate auch in kleinen, neuen barriques. 20 000 bis 25 000 Flaschen werden von ihm produziert. Abgefüllt wurde er bisher in den Jahren 1973, 1974, 1978, 1980, 1982, 1983.*

Pomino als Pomino zu verkaufen und nicht als Chianti Rufina. 1983 haben sie es geschafft: Pomino hat eine eigene Ursprungsbezeichnung bekommen, so daß die Weine, die dort gekeltert werden, einen eigenen D.O.C.-Status besitzen.

Da viele Winzer auch nicht mit der Politik des Chianti-*Putto*-Konsortiums, das für sie zuständig ist, einverstanden waren, wurde 1980 ein eigener Verband gegründet: das Konsortium »Vitirufina«. Ihm gehören heute etwa die Hälfte aller Weinerzeuger an. Sie repräsentieren 60 Prozent der Produktion der Anbauzone. Das Vitirufina-Konsortium ist energisch – genau genommen: energischer als das *Putto*-Konsortium – für schärfere Qualitätsbestimmungen im Rahmen der D.O.C.G. eingetreten, was etwa die Begrenzung der Hektarerträge und das Verbot der Anreicherung mit gebietsfremden Mosten angeht. Daß der Rufina-Wein heute die gleichen hohen Qualitätsanforderungen erfüllen muß wie der Chianti Colli Fiorentini und (fast) die gleichen wie der Chianti classico, ist zuvörderst das Verdienst dieses Konsortiums. Die Eigenart des Anbaugebietes beschreibt das Konsortium so: »Die Trockenheit der Böden gewährleistet eine sehr gute Traubenreife. Durch das Ausbleiben von abrupten Temperaturschwankungen während der Vegetationsperiode wird ein gleichmäßiges Wachstum der Rebe gewährleistet.« Die Niederschläge sind, bedingt durch die Nähe zum Apennin, allerdings höher als in benachbarten Chianti-Zonen. Dabei sind trotz der geringen Ausdehnung des Anbaugebietes von Rufina erhebliche Unterschiede zwischen den verschiedenen Lagen und Tälern zu verzeichnen. Sie sind auch der Grund dafür, weshalb die Jahrgangscharakteristik der Rufina-Weine ziemlich heterogen ausfällt.

Die Trauben, aus denen der Chianti Rufina gekeltert wird, sind die gleichen wie im restlichen Chianti. Die Rufina-Weine sind ausgesprochen tanninhaltige Gewächse, die es danken, wenn man sie erst einige Jahre nach der Abfüllung genießt. Durch den hohen Anteil an roten Trauben besitzen sie eine beachtliche Stofffülle. An Langlebigkeit übertreffen sie andere Chiantiweine deutlich. Nur einige Carmignano-Weine und die großen Auslesen aus dem Chianti classico erreichen ein so hohes Alter wie sie. So haben die Weine aus den großen 61er und 62er Jahrgängen gerade ihren Höhepunkt erreicht. Die 47er *Riserva* der *Fattoria Selvapiana* zeigt nicht nur keine Spur von Müdigkeit, sie ist auch ein aristokratischer Wein von höchster Feinheit. Sie wurde 1980 auf einem Bankett der »Masters of Wine« in London zusammen mit hoch-klassifizierten Gewächsen aus dem Bordelais gereicht und habe, wie die Berichterstatter später schrieben, große Anerkennung gefunden. *Frescobaldis* Nipozzano-Wein des Jahrgangs 1923 präsentiert sich auch nach über sechzig Jahren in einem leuchtend roten Purpurmantel und läßt noch viel von seiner Potenz erkennen. In der Önothek des Italienischen Außenhandelsinstituts in New York befindet sich sogar eine der letzten Flaschen vom Pomino des Jahrgangs 1864. Obwohl schon hochfarbig, sei er noch mit Genuß zu trinken, behaupten die Marchesi di Frescobaldi.

Nicht alle *Riserve* können und sollen ein solch hohes Alter erreichen. In der Regel sind sie nach fünf, sechs Jahren trinkreif – manchmal etwas eher, manchmal etwas später. Dabei gibt es enorme Unterschiede zwischen den Weinerzeugern von Rufina. Während die einen, was die Önologie betrifft, längst nach dem im Chianti classico üblichen Standard arbeiten, ist sie in anderen Kellern hoffnungslos veraltet. Hochwertiges und durchschnittliches Traubengut wird zusammen vinifiziert, die Temperaturkontrolle der Natur überlassen. In knappen Jahren werden häufig auch die besseren Partien des Weins schon nach zehn Monaten verkauft, damit das Geld schnell zurückfließt. In reichen Jahren bleibt der Wein dafür so lange im Faß, bis er verkauft ist. Manchmal dauert das zehn Jahre. In neue Kellertechnik wird wenig investiert, in önologische Beratung noch weniger. Angesichts dessen erstaunt es, wie viele hochkarätige Weine trotzdem auch von kleinen und wenig bekannten Gütern in der Rufina-Zone kommen.

## UNBEKANNTER CHIANTI

*Das Chianti Rufina ist noch ein sehr traditionell geprägtes Anbaugebiet. Seine Weine sind wenig bekannt, obgleich sie von hervorragender Qualität sein können. Beispiele dafür sind die Chianti von Travignoli (oben), der Fattoria di Vetrice der Gebrüder Grati sowie der Fattoria Selvapiana.*

## CASTELLO DI NIPOZZANO, MARCHESI DE' FRESCOBALDI SIECI (FLORENZ)

*Nipozzano ist ein altes, auf einem steil zur Sieve abfallenden Hügel errichtetes Kastell, von dem aus einst der Zugang zum Rufina-Tal kontrolliert wurde. Es wurde im 14. Jahrhundert von den Albizzi errichtet, jener Florentiner Adelsfamilie, von der die Frescobaldi abstammen. Auf einer Landkarte aus dem 15. Jahrhundert, die in den Uffizien in Florenz hängt, ist das Land um »Nepozzano« schon damals als »terre dei Frescobaldi« dargestellt. Heute besitzt das Grafengeschlecht knapp 130 Hektar Rebkulturen um das Kastell, die zum großen Teil mechanisch gelesen werden. Sie liegen zwischen 300 und 400 Meter hoch auf kalk- und »galestro«-haltigen Böden. Der Chianti Rufina »Castello di Nipozzano« ist ein hochwertiger Traditionswein des Hauses. Seit vielen Jahrzehnten aus dem besten Lesegut von Nipozzano gekeltert, ist er ein Gewächs mit viel Eigenart, das nicht immer unbedingt dem klassischen Muster des Chianti Rufina entspricht. Er besitzt eine große Stoffigkeit, einen konzentrierten, oft »süßen« Fruchtkern, viel Tannin, das aber durch den hohen Glycerin-Anteil gemildert wird, sowie ein oppulentes Bouquet. Luciano Boarino, Frescobaldis Önologe, betont, daß es keinen »Hausstil« gibt, dem sich der Wein unterzuordnen habe. Der »Nipozzano« ist vielmehr ein von der Lage und den speziellen Nipozzano-Reben geprägtes Gewächs. Von der Sorte her sind diese mit den typischen Chianti-Reben identisch (Sangiovese, Canaiolo, Trebbiano und Malvasia), doch handelt es sich zumindest bei den beiden erstgenannten Sorten um spezielle Nipozzano-Klone. Der Wein wird nur in guten Jahren, und dann ausschließlich als »Riserva« erzeugt (er enthält auch geringe Mengen Cabernet und Pinot Nero). Er reift etwa zwei Jahre lang sowohl in Eichen- als auch in Kastanienholzfässern. Sehr gute und große Jahre: 1945, 1947, 1961, 1962, 1967, 1970, 1974, 1977, 1978, 1983.*

## MONTESODI MARCHESI DE' FRESCOBALDI, SIECI (FLORENZ)

*Der Montesodi ist ein Chianti Rufina aus der besten Lage von Nipozzano: ein hochgelegener, gestreckter Hügelbuckel von knapp vier Hektar Größe mit sehr altem Rebenbestand. Bei den Reben handelt es sich um spezielle Klone, etwa den »Canaiolo di Nipozzano« und den »Sangiovese di Nipozzano«. Letzterer weist zum Beispiel kleinere Beeren auf als die Brunello-Rebe Sangiovese Grosso. Über den Ursprung dieser Reben können nur Vermutungen angestellt werden. Sicher ist, daß Vittorio Degli Albizzi, als er Mitte des letzten Jahrhunderts aus Frankreich zurückkam, unter anderem Cabernet-Reben bei Nipozzano und Pomino gepflanzt hat. Möglicherweise hat der Frescobaldi-Vorfahre aber auch die Cabernet mit den heimischen Reben eingekreuzt, etwa mit der Sangiovese. Dies könnte der Grund für die ganz eigene geschmackliche Prägung der Nipozzano-Weine, insbesondere des Montesodi sein. Andere Gründe sind: die außergewöhnliche Lage (sehr luftig, so daß es selten zu Schädlingsbefall kommt und demzufolge auch kaum gespritzt werden muß); der trockene, steinige Untergrund und die strenge Selektion der Trauben (geerntet werden nur knapp 40 Hektoliter pro Hektar); der besondere Mischsatz (neben der Sangiovese finden sich in ihm Canaiolo, Cabernet Sauvignon, Cabernet franc, Pinot Nero sowie minimale Mengen von weißen Trauben wieder); schließlich auch der besondere Ausbau des Weins in den Kellern der alten Tenuta di Nipozzano unterhalb des Kastells (etwa ein Jahr lang in relativ neuen, 50 bis 60 Hektoliter fassenden Eichenholzfässern, danach einige Monate in neuen barriques). Der Montesodi ist ein mächtiger, aber immer auch eleganter Wein. Sein Fruchtkern und das noble, herbe Tannin stecken in einer Hülle weichen, warmen Schmelzes. Er bringt einen charakteristischen Asphaltgeschmack an den Gaumen, aber auch viel »süßes« Tabakgewürz, Kräuter und Beeren. Im Bouquet kommt kein anderer Rufina-Chianti gleich. Zwischen 5000 und knapp 20 000 Flaschen wurden bislang von ihm erzeugt. Abgefüllte Jahrgänge: 1974, 1978, 1979, 1981, 1983.*

# DIE WEINGÜTER

Rufina ist ein kleiner, im Tal der Sieve längs der alten Straße nach Faenza errichteter Ort, der eigentlich erst um 1760 zu einem zusammenhängenden, bewohnten Zentrum wurde. Vorher bestand er nur aus wenigen Häusern und Höfen sowie der Villa »Poggio Reale«, die auf einer kleinen Anhöhe in beherrschender Lage über dem Ort liegt. Die Mönche von Poggiolo, einem alten Vallombrosianer-Kloster bei Rufina, befestigten damals die Ufer der Sieve, so daß der fruchtbare Boden im Tal nicht mehr überschwemmt wurde und eine geregelte Landwirtschaft möglich wurde. Sie waren es auch, die als erste die Vorzüge des Hügellands um Rufina erkannten, den Weinbau intensivierten und Keller für die Alterung des Weins anlegten.

Heute befinden sich in und um Rufina mehrere bedeutende Weinproduzenten. *Galiga e Vetrice*, ein aus den Anfängen dieses Jahrhunderts stammendes Weinhandelshaus, besitzt in Montebonello, wie der westliche Teil von Rufina genannt wird, seine umfangreichen Lager. Zu der Kellerei gehören die beiden Güter *Vetrice* und *Galiga*, die im Hinterland von Rufina liegen und über Weinberge in besten und renommiertesten Lagen verfügen. Andere gute Produzenten sind *Le Coste*, *Tor d'Acone* (in Acone) und *Il Poggiolo*. Letzteres befindet sich unmittelbar bei Rufina in den Gemäuern des alten Vallombrosianer-Klosters. Vorzügliche Weine keltert auch Vittorio Spolveri (*Fattoria di Poggio*), dessen Cantina, eine der ältesten des Anbaugebiets, direkt an der Hauptstraße von Rufina liegt.

Die größte Kellerei in Rufina ist *Spalletti*. Sie eröffnete bereits im Jahre 1912 und zählte alsbald zu den führenden Chianti-Produzenten. Zur Kellerei gehören heute 85 Hektar Weinberge, die um Rufina und bei Colognole liegen. Der größte Teil des Weins, der unter dem *Spalletti*-Etikett vermarktet wird, ist für den einfachen Massenkonsum gemacht. Die Spalletti haben darüber aber nie vergessen, auch hochwertige Gewächse zu erzeugen. Ihre *Riserva* »Poggio Reale« zählte nicht nur immer zu den Spitzen der Rufina-Produktion, sie hat ebenso Chianti-Geschichte geschrieben wie der benachbarte Pomino-Wein der Frescobaldi.

Ende 1973 wurde der Spalletti-Besitz an die Cinzano-Gruppe verkauft, die aus der großen Familien-Kellerei eine kleine Weinindustrie zu machen versucht hat. Seitdem ist die Qualität der *Riserva* »Poggio Reale« deutlich gesunken. An die großen 67er, 69er und 71er Jahrgänge konnte keine der folgenden *Riserve* heranreichen. Anfang 1982 kauften die Spalletti dann ihren Besitz wieder zurück, um mit neuem Ehrgeiz an die alten Traditionen anzuknüpfen. Die 81er und 82er *Riserve* strahlten wieder ein wenig vom alten Glanz aus. Der Jahrgangswein »Poggio Reale« (am blauen Diagonalstrich auf dem Etikett zu erkennen) ist ein sehr gepflegter Wein von beachtlicher Fülle, der mancher *Riserva* des Anbaugebiets Konkurrenz machen könnte. Leider ist es den Spalletti nicht gelungen, das Unternehmen wirtschaftlich zu stabilisieren. 1985 mußten sie es wieder verkaufen.

Zum Spalletti-Besitz gehört auch die Villa Poggio Reale, ein klassizistisch anmutendes Bauwerk, das auf einer kleinen Anhöhe inmitten des Ortes liegt. Die Villa wurde nach Plänen eines Schülers von Michelangelo, möglicherweise sogar des Buonarotti selbst, errichtet. Der Auftrag dazu kam von den Marmorai, einem bekannten Florentiner Adelsgeschlecht. Im 18. Jahrhundert legten die Liccioli, die neuen Besitzer, unter den Fundamenten der Villa, wo sich die Pferdeställe befanden, einen großen Weinkeller an – nach dem Vorbild der Vallombrosianer-Mönche in dem nahen Kloster Poggiolo, die als erste erkannt hatten, wie wichtig die Lagerung und der Ausbau für den Rufina-Wein ist. Er war nicht nur groß, sondern auch technisch so geschickt konstruiert, daß die Spalletti ihn mehr als hundert Jahre später noch unverändert übernehmen konnten. Noch heute dient er als Faßkeller.

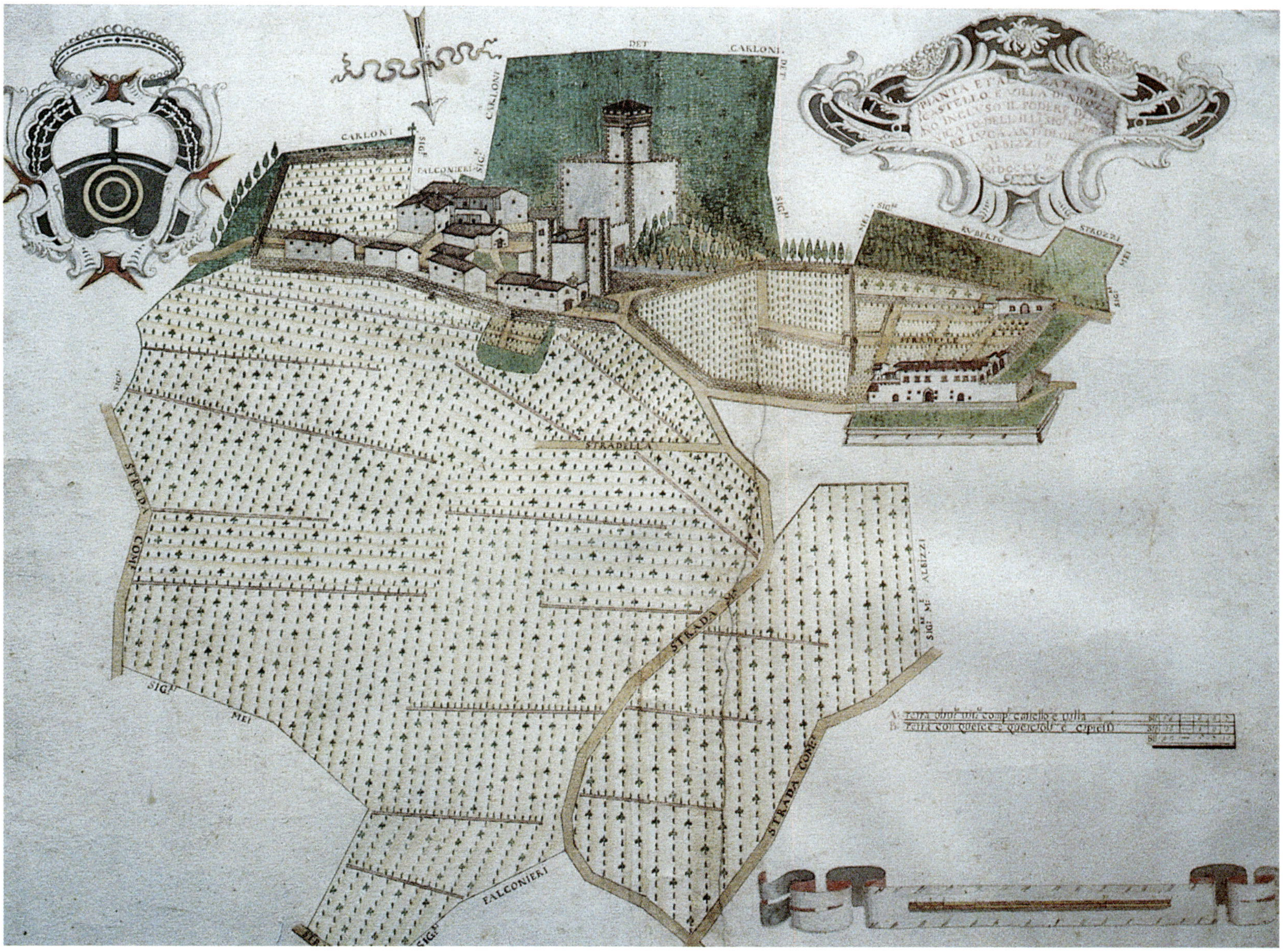

## CASTELLO DI NIPOZZANO

Die Marchesi de' Frescobaldi sind die größten Weinbergsbesitzer im Chianti. In der Zone des Chianti Rufina erzeugen sie an drei Stellen Wein: Nipozzano, Poggio a Remole und Pomino. Das alte Aquarell zeigt das Castello di Nipozzano um das Jahr 1755. Kelterhalle und Weinkeller sind rechts unterhalb des Schlosses zu sehen. Dort reifen noch heute die beiden besten Nipozzano-Auslesen. Die eine heißt wie das Schloß »Castello di Nipozzano«, die andere ist nach der besten Nipozzano-Lage benannt: »Montesodi«. Unten: Das weiße Chianina-Rind dient manchem Betrieb in der Rufina-Zone nicht nur als Fleischlieferant, sondern auch als Zugtier. Die Reben werden mit Bordelaiser Brühe aus Kupferkalk gespritzt.

## GRIGNANO PONTASSIEVE

*Hoch oben im Sieve-Tal, etwa gegenüber der Fattoria Selvapiana, liegt Grignano, ein alter, herrschaftlicher Landsitz inmitten eines kleinen Parkes, mehr Schloß als Palazzo und als Weingut äußerlich kaum erkennbar. Es ist ein ehemaliger Besitz der Grafen Gondi, jener berühmten Florentiner Adelsfamilie, die im Bankgewerbe zu Wohlstand gekommen war, aber zur Partei der Gibellinen und damit zur Opposition der Medici gehörte (die Gondi von Grignano kommen aus einem anderen Familienzweig als die Bonaccorsi Gondi von der nahegelegenen Fattoria Bossi). Der gewaltige, aus 24 Hofstellen und Hunderten von Hektar Wald und Kulturland bestehende Besitz wurde 1971 von der Mailänder Mida erworben, einer einem Textilfabrikanten gehörigen Gesellschaft, die seitdem die Ländereien verwaltet. Grignano verfügt über beste Lagen im Chianti Rufina. Sie befinden sich unterhalb des Landsitzes auf sehr steinigen, mageren Böden und bringen einen sehr extraktreichen, ausgereiften Chianti hervor, der, obwohl ziemlich unbekannt, seit Jahren zur Spitze des kleinen Anbaugebiets gezählt wird. Er wächst auf 42 Hektar und besticht durch seine saubere, harmonische Frucht, in der das Tannin, das auch dieser Chianti Rufina in reichem Maße besitzt, mühelos eingebunden wird. Er wird traditionell mit einem sehr hohen Sangiovese-Anteil gekeltert, der an der Obergrenze dessen liegt, was die D.O.C.G.-Statuten erlauben. Mangels eines überregionalen Vertriebssystems wird der größte Teil des Weins noch immer in Korbflaschen verkauft. Nur maximal 25 000 Flaschen werden abgefüllt, davon knapp 10 000 Flaschen so lange zurückgehalten, bis sie als »Riserva« etikettiert werden können. Die Weine besitzen eine außerordentliche Langlebigkeit. Sie entwickeln im Alter einen charakteristischen Goudronstich, ohne daß ihre Frucht flach wird. Große Jahrgänge: 1971, 1975, 1978, 1980. Sehr gute Jahrgänge: 1967, 1969, 1970, 1973, 1974, 1977, 1981. Gute Jahrgänge: 1968, 1979, 1982, 1983.*

## FATTORIA DI BOSSI PONTASSIEVE

*Die Weine aus den Kellern der Villa Bossi, die hoch oben im Hinterland von Pontassieve liegt, zählen unter den Kennern seit langem zu den ersten Gewächsen der Rufina-Zone. Es sind ungemein säurebetonte, kraftvolle Weine, deren stilistisches Kennzeichen die aromatische Strenge und ihre Feingliedrigkeit im Inneren ist. Vor allem die »Riserva« braucht mehrere Jahre, um ihren ganzen Reichtum zu entwickeln. Alte Jahrgänge, obwohl beim Erzeuger praktisch nicht mehr vorhanden, sind gesuchte Raritäten und können auch nach zwei Jahrzehnten noch ohne Risiko getrunken, ja häufig dann erst voll genossen werden. Die Sangiovese- und Canaiolo-Trauben sind im Bossi-Chianti traditionell nur zu einem Minimum vertreten. Mehr als 20 Prozent machen die Sekundärtrauben aus: neben der weißen Malvasia und der Trebbiano auch die selten im Chianti anzutreffende blaue Malvasia sowie die Colorino. Sie werden unter Zuhilfenahme von Zuchthefen vergoren und nach alter Sitte mittels »governo« refermentiert. Nach der Milchsäuregärung wird der Wein in Eichenholzgebinde umgezogen, wo er ohne größere Eingriffe von außen lange ausgebaut wird. Knapp 40 000 Flaschen werden vom Chianti Rufina abgefüllt, davon etwa 20 000 als »Riserva«. Der Besitz von Bossi (abgeleitet von bossolo: »Buchsbaum«) umfaßt 360 Hektar. Der größte Teil liegt im nahen Muggello, wo vor allem Getreide angebaut wird. Nur 17 Hektar sind Weinberge. Sie befinden sich bei Molin del Piano und weisen noch viele alte Rebstöcke auf. Die Mengenerträge liegen bei 70 Hektoliter pro Hektar. Die Grafen Gondi, Besitzer von Bossi, sind eine alte Florentiner Kaufmannsfamilie, die vor allem im Bankwesen tätig gewesen ist. Sie gehörten zur Partei des Adels: den Gibellinen. Noch heute trägt eine Straße in Florenz ihren Namen. Später, zu Zeiten Ludwig XIV., verbanden sich die Gondi mit einer Nebenlinie des französischen Königshauses. Der jetzige Patron von Bossi ist Graf Bonaccorso Gondi, Jahrgang 1922. Er ist ein promovierter Agronom und arbeitet als Präsident der Vereinigung toskanischer Landwirte. Um den Wein und das Gut kümmert sich sein Sohn Bernardo. Große Jahrgänge: 1961, 1962, 1971, 1981, 1985. Sehr gute Jahre: 1965, 1969, 1974, 1978, 1979, 1983.*

Einen Kilometer hinter Rufina (in Richtung Dicomano) zweigt eine Straße ab, die sich in vielen Serpentinen hinauf in das alte Kulturland um Petrognano und Pomino windet. Ausgedehnte Wälder, älteste Olivenkulturen und kleine, teilweise noch mit Trockenmauern gestützte Weingärten, in denen die Reben oft noch an Bäumen ranken, geben der Landschaft ein fast museales Gepräge, zeugen aber zugleich davon, daß vielerorts noch im kleinbäuerlichen Rahmen gewirtschaftet wird. Beide Dörfer zählen rund 300 Einwohner. Wenn nicht viele Florentiner sich dort ein Haus errichtet hätten, wäre es nur ein Bruchteil davon. Die Kirchen beider Orte schmückte im Mittelalter je ein Relief aus der berühmten Bildhauerfamilie des Luca Della Robbia. Doch es schien, als seien die Dörfer nicht würdig, so bedeutende Kunstwerke in ihren Mauern zu bergen. 1520 wurden sie auf Anordnung des Bischofs von Fiesole, der die geistliche Herrschaft über den Landstrich innehatte, nach Fiesole gebracht. Dort schmücken sie noch heute das Oratorium des Priesterseminars.

Petrognano gehört bereits zur Pomino-Zone. Das Dorf hat seinen besten Weinerzeuger in der *Fattoria di Petrognano*. Sie gehört zum ehemaligen bischöflichen Besitz und ist an die *Villa signorile*, das Herrenhaus, angegliedert. Bis 1982 befand sie sich im Besitze von Francesca Budini Gattai. Nach ihrem Tod wurde sie von Cecilia Galleotti Ottieri della Ciaja übernommen, die einen vorzüglichen Wein macht, ihn jedoch noch nicht in Flaschen füllt.

Pomino, fast 600 Meter hoch an den Hängen des Monte Pomino gelegen, ist ein Flecken, der Geschichte gemacht hat. Spätestens seit dem 17. Jahrhundert wuchs dort ein Wein von sagenhaftem Ruf: dunkelfarbig, schwer, langlebig. Er war einer der ersten Weine Rufinas, die über die Grenzen Mittelitaliens hinaus gehandelt wurden. Die Höhe von Pomino (die Weinberge liegen zwischen 550 und 700 Metern), vor allem aber die Böden machten den Ort schon damals zu einer einzigartigen Lage, zu einem »cru« im wirklichen Sinne des Wortes. Von wenigen Anteilen

Kalkgestein abgesehen, bestehen sie aus *galestro*, jenen tonhaltigen Letten, auf denen überall im Chianti die besten Weine wachsen.

Landbesitzer in Pomino und der Umgebung waren im Mittelalter bis weit in die Neuzeit hinein die Bischöfe von Fiesole sowie die Albizzi, eine der hochrangigsten Florentiner Adelsfamilien, aus der die Frescobaldi abstammen. Sie besitzen noch heute 850 Hektar Land um Pomino, davon 75 Hektar Weinberge, und sie waren es auch, die den legendären Pomino der vergangenen Jahrhunderte kelterten. Ihr heutiger Pomino ist dagegen ein Leichtgewicht. Er besitzt längst nicht den Körper und das Alterungsvermögen wie der Nipozzano, der zweite rote Frescobaldi-Wein aus der Rufina-Zone. Er nimmt insofern eine Sonderstellung unter den Rufina-Gewächsen ein, als er nicht nur aus den vier klassischen Chianti-Sorten hergestellt ist, sondern auch geringe Anteile von Merlot, Cabernet Sauvignon und Pinot Nero enthält. Diese Sorten wachsen seit Ende des letzten Jahrhunderts

229

in den Weinbergen von Pomino. Damals war Vittorio Degli Albizzi, Besitzer von Pomino und Nipozzano, nach Frankreich gereist und hatte die Rebsorten und Anbaumethoden der Franzosen studiert. Als er zurückkehrte, brachte er sowohl rote (neben den erwähnten auch Syrah und Gamay) und weiße Reben mit, die er in Pomino anpflanzte: Pinot Grigio, Pinot Bianco, Sémillon, Sauvignon und Roussanne. Fast alle finden sich heute im Pomino Bianco wieder, einem vorzüglichen Weißwein, dessen Basis allerdings Chardonnaytrauben bilden. Von ihm ziehen die Frescobaldi in guten Jahren (seit 1973) auch eine *Riserva*, die von dem höchstgelegenen Weinberg ihres Guts Pomino kommt. Sie heißt *Il Benefizio* und ist einer der wenigen Weißweine Italiens, denen der siebenmonatige Ausbau in *barriques* aus junger, französischer Eiche einen vorteilhaften Schliff gibt. Die Flaschen tragen das 100 Jahre alte Pomino-Etikett.

Bezogen auf den Grundbesitz, sind die Marchesi de' Frescobaldi die größten Weinerzeuger im Chianti. Sie besitzen acht Güter mit etwa tausend Hektar Rebkulturen. Die meisten Trauben werden bei ihnen mechanisch gelesen.

Die Frescobaldi sind seit dem 14. Jahrhundert als Weinhersteller in Florenz aktenkundig. Sie haben eine große Zahl von Staatsmännern hervorgebracht. Aber auch Baumeister, Komponisten, Poeten und Forscher befanden sich in ihren Reihen. Ihr Vermögen war zeitweise so groß, daß sie als Geldgeber der englischen Krone auftreten konnten. König Eduard I. finanzierte mit ihren Geldern den Krieg gegen Frankreich, und auch sein Sohn Eduard II., obwohl eher als Schwächling in die Geschichte eingegangen (weil er sich von seiner Frau und deren Liebhaber vom Thron stürzen ließ), borgte sich bei ihnen Geld. Im Gegenzug erhielten die Frescobaldi das Recht, die Silberminen bei Devonshire auszubeuten und aus dem Edelmetall Münzen zu prägen.

Der zweite große Frescobaldi-Besitz in der Rufina-Zone ist Nipozzano. Es ist ein kleines, befestigtes Dorf hoch über Pontassieve, dessen Kern ein zinnengekränztes Kastell bildet. Von ihm aus ließ sich einst der Eingang zum Sieve-Tal kontrollieren. Nipozzano liegt auf einer Höhe von 350 Metern inmitten von 150 Hektar Reb- und Olivenkulturen. Die Fattoria, etwas unterhalb des Kastells gelegen, verfügt über mächtige, unterirdische Gewölbekeller, in denen noch älteste Jahrgänge des Nipozzano-Weins lagern. Es ist ein körperreicher, dunkelfarbiger Wein, der sich während seines zweijährigen Faßlagers gerundet hat und viel weiches Tannin an den Gaumen bringt. Sein Mischsatz setzt sich aus den typischen Chianti-Trauben zusammen sowie einigen Anteilen Cabernet-Sauvignon und Pinot Nero. Dadurch erhält er ein sehr komplexes, unverwechselbares Bouquet, das ihn deutlich von anderen Chiantiweinen unterscheidet. Er wird nur als *Riserva* hergestellt. In kleinen Jahren füllen die Frescobaldi unter diesem Etikett gar keinen Wein ab. In großen Jahren wird dafür eine Auslese des Nipozzano-Weins gemacht. Sie kommt von der besten Lage, dem Weinberg Montesodi, der etwa zwei Kilometer vom Kastell entfernt auf einem hochgelegenen, breiten Hügelbuckel liegt. In diesem Weinberg finden sich noch über 40 Jahre alte Reben eines bestimmten Sangiovese-Klons. Sie bringen sehr niedrige Erträge (zwischen 30 und 40 Hektoliter pro Hektar). Die Trauben für den Montesodi werden sehr spät und immer von Hand gelesen. Der Wein, der daraus entsteht, ist ein unvergleichlicher Nektar, in dem sich Fülle und Feinheit zu einer seltenen Einheit verbinden. Seine konzentrierte Frucht, die große Geschmackstiefe und der charakteristische Teerstich lassen ihn eine Sonderstellung im Chianti Rufina einnehmen. Er ist ein klassischer Spätentwickler, der, um seine volle Größe zu zeigen, mindestens zehn Jahre Flaschenreife braucht.

Ein weiterer Spitzenproduzent der Rufina-Zone befindet sich am Fuße des Nipozzano-Hügels im Sieve-Tal: die *Fattoria Selvapiana*. Ihr Chianti Rufina zählt, obwohl von ganz anderer Charakteristik und Machart, regelmäßig zu den besten Weinen des Anbaugebiets. Er ist ein weniger holz- und stärker fruchtbetonter

**ÄLTESTES KULTURLAND** *Schon zu etruskischen Zeiten wurde im*

Wein von großer Distinktion und beträchtlichem Alterungsvermögen. Sein Tannin ist spürbar und die (sehr weinige) Säure steht deutlich im Vordergrund. Er ist von kräftiger, dunkelroter Farbe, besitzt eine große Stoffülle, sehr saubere, fast unverwechselbare Aromen, ebenfalls einen feinen Teerstich und eine ausgezeichnete Balance. Sie vor allem ist es, die die *Selvapiana*-Weine auch in mittelmäßigen Jahren überdurchschnittlich gut gelingen läßt.

Selvapiana liegt auf halber Strecke zwischen Pontassieve und Rufina. Das Gut befindet sich seit über hundert Jahren im Besitz der Giuntini, einer noblen Florentiner Familie, die vor allem im Bankfach tätig war und zu deren Vorfahren die Ricasoli und Corsini gehören. Einer der ihren erwarb im Jahre 1846 die Badia a Coltibuono im Chianti classico, heute im Besitz der Stucchi Prinetti. Selvapiana war ihnen schon vorher zugefallen, und zwar dadurch, daß einer der Bankkunden einen Kredit nicht mehr zurückzahlen konnte, für den er mit Haus und Land von Selvapiana gebürgt hatte.

Gegenüber von Selvapiana, auf einem Hügelvorsprung an den westlichen Hängen des Sieve-Tals, liegt *Grignano*, ein prachtvoller Landsitz in einem kleinen Park, der sich seit 1971 im Besitze eines Mailänder Industriellen befindet. Grignano zählte,

230

*Chianti Rufina Wein erzeugt. Reben und Oliven prägen bis heute die Landschaft.*

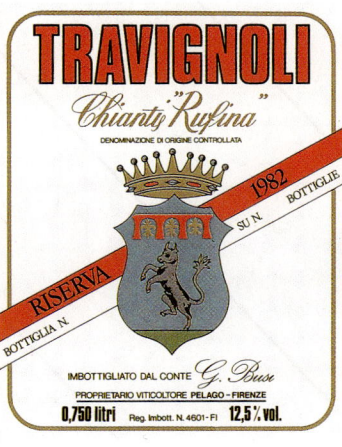

## FATTORIA DI VETRICE, RUFINA

*Die Familie Grati ist eine alte Weinhändlerfamilie aus Rufina, die bis in die 50er Jahre berühmt für ihren »Vino di mescita« war, den sie selbst in ihrem Keller herstellte. Dieser Schankwein wurde zur Hälfte aus Chianti-Trauben, zur anderen Hälfte aus apulischen Trauben gekeltert. Mit den Erlösen aus diesem Verschnitt-Wein haben sie den Grundstock für ihren umfangreichen Weinbergsbesitz in der Rufina-Zone gelegt. Die Grati besitzen dort drei verschiedene Güter mit insgesamt hundert Hektar Rebfläche: die Fattoria Galiga, an der äußersten Nordgrenze des Chianti Rufina gelegen, die Fattoria Vetrice und die Fattoria Monte, die jüngste Erwerbung. Der Spitzenwein der Grati kommt von der Fattoria Vetrice. Zu dieser gehören 70 Hektar in den besten Lagen auf dem westlichen Sieve-Ufer. Sie ist ein ehemaliger Besitz der Grafen Gondi und wurde 1958 von den Grati erworben. In den Weingärten dieses Gutes findet sich auch die rote Malvasia-Traube, die hohe Mostgewichte erreicht. Sie geht in den Mischsatz des Vetrice-Weins ein und prädestiniert ihn für die »Riserva«. Diese Auslese ist ein sehr reifer, voller Wein mit viel natürlichem Beerenaroma, weicher, weiniger Säure, großer Ausstrahlung und beträchtlicher Lebenserwartung. Sie wurde bislang nach sehr traditioneller Art mit einem relativ hohen Anteil weißer Trauben gekeltert und mit »governo« nachfermentiert. Dem Vorzug der guten Lagen, über die Vetrice verfügt, steht als Nachteil gegenüber, daß die »Riserva« nur nach Bedarf abgefüllt wird und einige Partien durchaus zehn Jahre und länger im Holzfaß aufbewahrt werden. Geleitet wird der Betrieb heute von den Brüdern Umberto und Grato Grati. Große Jahre: 1963, 1969, 1971, 1975, 1983. Sehr gute Jahre: 1972, 1974, 1977, 1978, 1979, 1982.*

## TRAVIGNOLI, PELAGO

*Wer hinter Pontassieve die Straße nach Consuma nimmt und nach etwa zwei Kilometern von ihr rechts in Richtung Pelago abbiegt, passiert Travignoli nach wenigen hundert Metern: eine kleine Häusergruppe mit »Villa Padronale«, Hof, Gärtchen, darum herum die Unterkünfte der ehemaligen »mezzadria«-Bauern. Eingefaßt ist der Flecken von Olivenhainen und Weinbergen: 55 Hektar groß letztere, im Norden bis an den Nipozzano-Besitz der Frescobaldi reichend, im Süden fast zum Arno sich erstreckend. Noch in den 70er Jahren wurde aus den Trauben nur ein einfacher Chianti Rufina gekeltert, den man zumeist in großen »damigiane« verkaufte. Doch Graf Giampiero Busi, der Patron (beruflich in der Metallindustrie tätig), begriff, daß sich aus den Trauben von Travignoli mehr machen machen ließ. Er wählte die beste Partie seines Weins aus, um sie länger im Faß auszubauen. Damit war die Entscheidung für eine »Riserva« gefallen. Sie datiert aus dem Jahre 1973. Die Mengen waren damals noch klein. Als sein Sohn Giovanni, ein studierter Kellermeister, Anfang der 80er Jahre die Regie übernahm, weitete man die Produktion auf 10 000 Flaschen »Riserva« aus. Vom Jahrgang 1985 wurden erstmals 50 000 Flaschen abgefüllt: ein robuster, tanninbetonter, keineswegs bäuerlicher Wein mit typischem Rufina-Goudron, zu fast hundert Prozent aus roten Sangiovese-Trauben gewonnen (Rest Canaiolo), die vollständig aus eigenem Lesegut stammen, nie chaptalisiert und (seit 1979) ohne »governo« in Stahltanks vergoren. Ausbau: zwei Jahre in großen, alten Eichenholzfässern, zwei Jahre auf der Flasche. Das Kapital von Travignoli aber sind die Lagen: fast ganz nach Süden ausgerichtet, relativ steinig, trocken, an einigen Stellen stark »galestro«-haltig. Ein steinernes Epitaph, 1911 dort gefunden, läßt vermuten, daß schon die Etrusker auf Travignoli Wein angebaut haben. Ein Dokument aus dem Jahre 1100 bestätigt die Rebenzucht an dem Ort. Die Grafen Busi sind im 19. Jahrhundert durch Heirat eines der Ihren mit Sofia Cuccioli Fiaschi, Nachkomme des früheren Finanzministers von Florenz, in den Besitz des Anwesens gekommen. Große Jahre: 1975, 1985. Sehr gute Jahre: 1973, 1978, 1983. Gute Jahre: 1974, 1977, 1979, 1982. In den Jahren 1976, 1980, 1981 und 1984 wurde keine »Riserva« abgefüllt.*

dank hervorragender Lagen, immer schon zu den besten Rufina-Produzenten. Seine Weine sind ungewöhnlich feingliedrig und fruchtig, zeigen den typischen Rufina-Goudron und verfeinern sich sehr lange auf der Flasche.

Pontassieve, der größte Ort der Rufina-Zone, ist Sitz von zwei Großkellereien: *Melini* und *Ruffino*. Beide erzeugen keinen Rufina-Chianti. Am Ortseingang von Pontassieve (von Florenz kommend) befinden sich zwei kleine, sehr gute Produzenten dieses Weins: die *Fattoria di Cerreto Libri* und die *Fattoria I Veroni*. Letztere liegt rechts der Hauptstraße vor dem *Ruffino*-Komplex, erstere links oberhalb der Bahngleise in einer Zypressen-umstandenen Villa. Im Hinterland von Pontassieve, also westlich vom Sieve-Tal, sitzen mehrere Betriebe, deren Weine einen sehr guten Ruf genießen. Der von Filippo Nathan (*Fattoria Parga*), einem Medizin-Professor, ist eher leicht und besticht durch seine fruchtige Eleganz. Die *Fattoria di Doccia*, im Besitze des Veroneser Röhrenherstellers Lucillo Sacchiero, erzeugt dagegen einen körperreichen und tanninbetonten Wein. Der beste Produzent in diesem Teil der Rufina-Zone ist jedoch die *Fattoria Bossi*, die einen feinfruchtigen, tiefgründigen Chianti mit festem Tanninkorsett herstellt. Aus ihrem Keller kommen ungemein stilvolle *Riserve*, die sich auch nach zehn oder zwanzig Jahren noch in beachtlicher Frische präsentieren.

# CHIANTI
# COLLI
# FIORENTINI

**WEINFEST**

*Im Hinterhof einer kleinen Fattoria wird das Einbringen der Trauben mit einem ausgedehnten Mahl gefeiert. Begleitet von lauten Gesängen und nicht immer ganz feinen Tischreden, wird der alte Wein geleert, damit der neue Platz im Keller hat.*

D as Anbaugebiet des Chianti Colli Fiorentini liegt wie ein Ring um das nördliche Chianti classico, geradeso als müsse es diese renommierteste aller Chianti-Zonen vor dem Einfluß von Florenz schützen, jener Stadt, über die Bettino Ricasoli, der »Eiserne Baron« von Schloß Brolio, einmal gegrollt hat, sie verdiene »keine Geschenke, sondern höchstens einen Becher Gift«. Das war, als ihr 1865 die Ehre zuteil wurde, Hauptstadt des neuen Königreichs Italien zu werden.

Die Gestalt der Colli Fiorentini ist in der Tat kurios und läßt sich weder geografisch noch historisch begründen. Es ist ein polypenhaftes Großgebilde, in dem zahlreiche Unterzonen, Einzellagen und Weindörfer aufgegangen sind, die jedes für sich einen eigenen Ruf besaßen: Monte Petri, San Pancrazio, Vico d'Elsa, Fiesole, Rignano und Regello zum Beispiel. Seit dem ministeriellen Erlaß von 1967 dürfen sich die Weine von dort »Chianti Colli Fiorentini« nennen – eine Großherkunftsbezeichnung, die Lagen südlich und nördlich von Florenz, östlich und westlich des Chianti classico umfaßt. Einige dieser »Hügel von Florenz« sind sogar Siena näher als Florenz. Ob es richtig war, einem solchen Kunstgebilde zuzustimmen, sind sich die Winzer bis heute nicht einig. Denn so bekannt der Name »Chianti« ist, so nichtssagend ist die Bezeichnung »Colli Fiorentini« bis heute geblieben – nicht nur für den größten Teil der ausländischen Chianti-Liebhaber, sondern auch für viele Weintrinker in der Toskana selbst. Die wenigsten können sagen, wo die Colli Fiorentini beginnen und wo sie aufhören.

Das ist umso bedauerlicher, als einige der schönsten Chianti-Weine aus diesem Anbaugebiet kommen, das viele Lagen besitzt, die denen des bekannteren Chianti classico in nichts nachstehen. Die Bodenzusammensetzung ist an zahlreichen Stellen die gleiche (insgesamt betrachtet ist der Anteil sandiger Böden jedoch größer), die Höhenlage ist ähnlich, das Klima dasselbe. Auch die durchschnittlichen Mostgewichte, die in den Colli Fiorentini erzielt werden, sind – studiert man die Unterlagen der Landwirtschaftsbehörden – keinesfalls niedriger als die der benachbarten Zonen. So hat man auch die gesetzlichen Mindestanforderungen an den Wein, die die D.O.C.G.-Gesetze stellen, in fast allen Punkten denen des Chianti classico angepaßt (lediglich die maximalen Hektarerträge und der Anteil der weißen Trauben sind etwas niedriger festgelegt). Wenn der Preis des Chianti von den Colli Fiorentini heute noch erheblich unter dem des classico-Gebiets liegt, so spiegelt sich darin allein das unterschiedliche Prestige dieser beiden Zonen, nicht aber die Qualität des Weins.

## LA QUERCE
## IMPRUNETA

*Es sei ein ehrlicher Wein, antwortet Attilio Pieri stets auf die Frage, wie er seinen Chianti selbst einschätze. Der Verwalter von La Querce war 1968 mit dem Auftrag auf das Gut gekommen, einen Chianti ohne Verwendung süditalienischer Moste oder Verschnittweine zu produzieren. Die Weinberge von La Querce seien gut genug, um ohne derlei Praktiken auszukommen. So habe man ihm damals erklärt. Pieri hat sich an die Order gehalten. Lieber nehmen er und der Besitzer es in Kauf, daß ihr Chianti Jahrgangsunterschiede aufweist, als daß sie verschneiden oder anreichern. Aber auch in anderen Belangen ist der La-Querce-Wein ein ehrliches Gewächs. Schwefel wird beispielsweise nur in minimalen Dosen verabreicht. Schönungsmittel braucht es nicht. Es reicht, den Wein zweimal im Jahr umzuziehen. Selbst vor der Flaschenabfüllung wird nicht gefiltert. Doch das allein macht noch nicht seine Klasse aus. Da sind die exzellenten Lagen: 6,6 Hektar in nahezu reiner Südlage unterhalb der Villa. Die Böden: trocken und fast durchgängig »galestro«-geprägt. Gedüngt wird nie mineralisch, dafür sparsam organisch. Die Trauben: 95 Holzkisten Sangiovese und Canaiolo, fünf Holzkisten weiße Trauben – so lautet die Mischungsformel im Herbst. Die Erträge: mit 40 Hektolitern pro Hektar etwa halb so hoch wie im Gesetz festgelegt. Anders ausgedrückt: Nur 60 Prozent der Trauben werden für die Flaschenwein-Produktion verwendet. Ausgebaut wird der La Querce-Chianti für zwei bis drei Jahre in kleinen Holzfässern, in denen er seinen charakteristischen, »süßen« Vanillton bekommt und sein feines Kräuter-/Zimt-Bouquet erhält. Aus den besten, am frühesten gelesenen Trauben wird in manchen Jahren eine spezielle »Riserva« hergestellt. Sie wird ebenso mit »governo« vergoren wie der Standard-Chianti – freilich mit einem besonderen »governo«: Die getrockneten, nicht abgepreßten Trauben (Sorte: Colorino) werden dem Wein gleich nach der stürmischen Gärung zugesetzt. Drei Monate laugt er diese dann aus. Im Februar erst wird er von den »governo«-Schalen abgezogen. In guten Jahren entsteht so ein großer Tropfen, der lange seinesgleichen im Chianti suchen muß. Große Jahrgänge: 1970, 1975, 1982, 1983, 1985. Sehr gute Jahre: 1964, 1968, 1971, 1979.*

## CASTELLO
## DEL TREBBIO
## SANTA BRIGIDA

*Das Castello del Trebbio ist ein historischer Ort. Der Überlieferung zufolge wurde dort die Verschwörung der Pazzi, einer zu den Gibellinen gehörigen Florentiner Bankiersfamilie, gegen Giuliano und Lorenzo de Medici angezettelt. Die Revolte schlug bekanntlich fehl. Zwar wurde Giuliano im Dom von Florenz von zwei gedungenen Geistlichen niedergestochen, doch Lorenzo überlebte, und die Pazzi wurden entmachtet. Das Castello del Trebbio, nur wenige Kilometer hinter Molin del Ponte gelegen, fiel in die Hände der Medici, die es zu ihrem Sommersitz machten, später dann den Bischöfen von Fiesole übergaben. Die burgartige Anlage mit dem eindrucksvollen, von Säulengängen eingerahmten Innenhof zählt zu den schönsten erhaltenen Festungsbauwerken der Toskana (sehenswert auch der historische Faßkeller). 1968 wurde Trebbio von den Baj-Macario di Castignano erworben, der Familie eines in die Schweiz emigrierten, italienischen Finanzmaklers. Seine aus Österreich stammende Frau Eugenie kümmert sich seitdem engagiert um den Wein, der zwar noch wenig bekannt ist, aber zu den besten des gesamten Chianti gehört. Das dänische Königshaus läßt sich regelmäßig mit ihm beliefern. Es ist ein wuchtiger, schwerer Chianti, dessen Feinheit in der Sauberkeit und Subtilität seiner Fruchtaromen liegt. An den »Riserve« (es werden zwei qualitativ nahezu gleichwertige Auslesen erzeugt: eine als »Chianti« und eine als »Chianti Colli Fiorentini«) zeigt sich die Klasse dieses Weins: mächtige, tanninreiche Gewächse, die erst nach zehn oder mehr Jahren ihre ganze Größe erkennen lassen. Sie werden seit jeher zu 80 Prozent aus Sangiovese gekeltert. Der Most wird nur etwa acht Tage unter freiem Himmel in Stahltanks vergoren. Während dieser Zeit zieht man ihn aber vier- bis fünfmal am Tag um. Der einfache Chianti bleibt dann ein Jahr, die »Riserve« drei bis sechs Jahre im Eichenholzfaß. Diese kommen stets von den besten Lagen (Frassineto und Vignale) des Trebbio-Besitzes, der insgesamt 27 Hektar umfaßt. Gedüngt wird sparsam und nur mit Mist aus der eigenen Araber-Pferdezucht. Chemie wird nur selten eingesetzt. Große Jahrgänge: 1969, 1971, 1975, 1979, 1983, 1985. Sehr gute Jahre: 1973, 1977, 1978, 1981.*

Bedingt durch die Nähe zu Florenz, liegt ein Teil des Anbaugebiets bereits im Einzugsbereich moderner Urbanisation. Um Impruneta und bei San Casciano sind viele alte Weinberge durch neue Siedlungen und Straßen verdrängt worden. In den Randbereichen des Anbaugebiets hat die Landschaft jedoch weitgehend ihr altes Aussehen erhalten. Es dominieren Wälder mit Steineichen und Koniferen, Pinienhaine und Zypressengehölze. Die Rebkulturen sind zu einem nicht unerheblichen Teil noch mit Olivenbäumen durchsetzt – typisches Merkmal traditioneller Wirtschaftsweise. Meist sind es relativ kleine Weinberge, in denen der Chianti Colli Fiorentini wächst, unzusammenhängend und selten von der Ausdehnung, wie man sie bei Castellina oder Greve findet. Unübersehbar ist auch, daß die Önologie vielerorts noch rückständig ist. Die Methoden der Weinbereitung orientieren sich noch stark an traditionellen Vorbildern. Die Bereitschaft der Winzer, in neue Kellertechnik zu investieren, ist gering. Stahltanks findet man selten (was nicht heißt, daß Zementzisternen weniger geeignet wären: Sie sind nur unpraktischer). Die Möglichkeit, die Gärtemperatur zu beeinflussen, haben nur wenige. Die Hygiene im Keller läßt oft zu wünschen übrig. Sterile Flaschenabfüllung ist noch keine Selbstverständlichkeit. Auch die Korrektur des Weins mit gebietsfremden Mosten war bislang ein häufig geübter Brauch. Ein großer Teil der Produktion wird noch immer in Korbflaschen verkauft, und die Ansprüche an offenen Wein sind naturgemäß niedrig. Hinzu kommt, daß die *Riserva* in den Colli Fiorentini nicht dieselbe große Rolle spielt wie im classico-Gebiet, wo sie das Aushängeschild eines jeden Weinguts ist, auf die sich aller Ehrgeiz der Winzer konzentriert. Es gibt in den Colli Fiorentini nur verhältnismäßig wenige Betriebe, die eine *Riserva* abfüllen. Der überwiegende Teil des Weins ist Jahrgangs-Chianti, der nur wenige Monate in Holzfässern ausgebaut und im Juni des auf die Lese folgenden Jahres in den Verkauf gegeben wird. Auf ihn vor allem ist die Önologie in diesem Teil der Toskana abgestellt. An ihm bemißt sich der Aufwand an Kellertechnik, der getrieben wird.

Der Jahrgangs-Chianti der Colli Fiorentini gehört freilich zu den schönsten jung zu trinkenden Weinen Italiens. Auch wenn er nie ein großer Wein wird, kann er doch durch seine Fruchtigkeit und Feinheit gefallen. Sein Tanningehalt ist dank der kurzen Fermentationsphase auf den Schalen (manchmal nur drei bis vier Tage, dabei wenige *rimontaggi*) nicht sehr hoch, seine Säure mild und sehr weinig. Er läßt einen zarten Schmelz am Gaumen spüren und besitzt einen beachtlichen Körperreichtum – nicht zuletzt deswegen, weil – anders als im Chianti classico – die besten Trauben nicht für die *Riserva* separiert werden (oder nur ein geringer Teil derselben). Aus diesem Grund findet, wer einen leichten, jungen Chianti sucht, oft die besseren Qualitäten in den Colli Fiorentini.

Auch findet man in den Weingärten noch einen relativ hohen Prozentanteil alter, lokaler Rebsorten, die zwar nie hochstehende Weine ergeben, aber zur Deckung oder für das Bouquet gute Dienste leisten: Mammolo und Ciliegiolo, Negretto und Bonamico, bisweilen sogar die Syrah (die freilich keine lokale Sorte ist). Sie alle werden ausschließlich als Komplementärtrauben verwendet. Die wichtigste Rebsorte ist jedoch, wie überall im Chianti, die Sangiovese. Allerdings spielte sie in den Colli Fiorentini nicht eine so dominierende Rolle wie im classico-Gebiet. Vor der D.O.C.G.-Regelung von 1984 machte sie nur 50 bis 60 Prozent am Mischsatz aus. Die weißen Trebbiano und Malvasia erfreuten sich dagegen größerer Beliebtheit, weil sie den Wein »jung« machten. So hielt man es für angemessen, diese beiden Sorten mit 20 Prozent am Mischsatz zu beteiligen. Die D.O.C.G.-Statuten haben ihren Anteil nun auf maximal zehn Prozent reduziert. Mancher Winzer wird sich schwertun, eine so niedrige Quote zu akzeptieren, zumal auch die Möglichkeit, ihren Chianti mit süditalienischen oder sardischen Mosten zu korrigieren, nun nicht mehr besteht (es sei denn, er löscht den Eintrag seiner Weinberge im Kataster der Colli Fiorentini und schreiben sich ins große Chianti-Kataster ein: In diesem Fall wäre eine Korrektur bis zu 15 Prozent mit gebietsfremdem Most, Mostkonzentrat oder Wein gestattet). Der *governo* zählt hingegen zu den unveräußerlichen, traditionellen Bestandteilen der Önologie. Er wird fast überall in den Colli Fiorentini praktiziert und ist durch die D.O.C.G. nicht verboten worden.

# DIE WEINGÜTER

Florenz war in früheren Zeiten nicht nur ein Zentrum des Weinhandels, sondern besaß auch seine eigenen Stadtweingärten. Auf den Hügeln von Fiesole übten sich die Mönche der dortigen Abtei erfolgreich im Weinbau. Im Süden der Stadt um die Kartause von Galluzzo sowie an den Hängen von Scandicci und bei Ripoli kultivierten die Fratres der Badia Fiorentina Reben. Selbst innerhalb der Stadtmauern hatten einige Bewohner im Mittelalter Weingärten angelegt, um jenes neue, modische Getränk nicht entbehren zu müssen, das plötzlich in aller Munde war. Sogar zwei Kirchen der Stadt trugen in ihrem Namen den Hinweis, daß sie einst von Reben umgeben waren: San Jocopo Tra Le Vigne und Santa Maria Inter Vineas. Letztere heißt heute Santa Maria Novella und liegt in unmittelbarer Nähe des Bahnhofs.

Heute finden sich weder in der Stadt noch vor den Toren Rebkulturen. Die sich immer weiter ausdehnende Zivilisation hat die Weinwirtschaft längst ins Chianti verdrängt. Wo früher Reben standen, sind inzwischen Villen oder Straßen errichtet worden. Die ersten verhältnismäßig nahe zur Stadtgrenze liegenden Rebkulturen findet man im Nordosten bei Sieci, einem kleinen, am Arno errichteten Straßendorf. In dem ausgedehnten Talkessel des Hinterlandes, praktisch an der Grenze zum Chianti Rufina, finden sich zwei wichtige Produzenten der Colli Fiorentini: *Torre a Decima* und *Castello del Trebbio*. Beide Weingüter, in mittelalterlichen, martialisch befestigten Burgen untergebracht, erzeugen einen sehr guten Wein. Das *Castello del Trebbio*, geleitet von der aus Österreich stammenden Eugenie Baj-Macario, hat einen Teil seiner Weinberge ins Kataster der Colli Fiorentini, den anderen ins Chianti-Kataster eingeschrieben und erzeugt somit zwei Weine, die sich an Qualität jedoch nicht nachstehen. Es sind sehr kraftvolle, gut vinifizierte Gewächse, die sich durch Körperreichtum und Langlebigkeit auszeichnen und manchem Rufina-Wein schon ähnlicher sind als vielen Colli-Fiorentini-Gewächsen. Die *Riserve* sind holzbetont und besitzen eine große Distinktion. Aber auch der Jahrgangswein ist alles andere als ein Leichtgewicht. *Torre a Decima*, mit 2,5 Millionen Flaschen Wein jährlich eindeutig ein Großabfüller, hat seine Stärke eher beim einfachen Jahrgangs-Chianti. Er ist etwas dunkler in der Farbe als andere junge Chianti-Weine und besitzt auch das größere Volumen.

Auf der gegenüberliegenden, südlichen Seite des Arno sind die Hügel von einer dichten Walddecke überzogen. Nur an wenigen Stellen wird dort Wein angebaut. Erwähnung verdienen die *Fattoria Ugolino* (an der »Chiantigiana«, der Landstraße von Florenz nach Greve fast direkt an der Grenze zum Chianti classico gelegen) und die *Fattoria Lilliano* in Antella. Sie gehört einem Florentiner Rechtsanwalt und hat in den letzten Jahren einige gute *Riserve* erzeugt. Teilweise ausgezeichnete Weine produzieren auch das Istituto San Francesco di Sales (*Fattoria Petriolo*) und die *Fattoria Altomena*, die noch Flaschen des Jahres 1854 in ihren Kellern bewahrt. Beide befinden sich etwas abseits der Straße von Pontassieve nach Rignano. In Rignano selbst sind *La Pagnana* und *Il Poggio* die führenden Produzenten. Die Colli

## CASTELLO DI POPPIANO MONTESPERTOLI

*Poppiano und sein imposantes Castello liegen zwei Kilometer östlich von Montespertoli an der Straße nach San Casciano (»Via Volterrana«). Sie befinden sich im Besitz von Ferdinando Guicciardini, eines noch jungen, promovierten Agrarwissenschaftlers, der in einer landwirtschaftlichen Planungsgesellschaft in Mailand arbeitet, seine Wochenenden aber stets auf Poppiano verbringt. Der Chianti von Poppiano zählt zweifellos zu den schönsten Weinen des Anbaugebiets: Seine überwältigende Fruchtigkeit, seine rassige, weinige Säure und die ungewöhnlich feine Zeichnung machen ihn zum Inbegriff eines jungen Chianti. Er wird heute zu 80 Prozent aus Sangiovese, 15 Prozent Canaiolo und fünf Prozent weißen Trauben gekeltert (der Anteil letzterer war vor der D.O.C.G.-Regelung höher). Auf den Schalen vergärt er nur ein paar Tage. Nach dem Abziehen wird er nach der »governo«-Methode ein zweites Mal vergoren – diesmal »langsam«. In guten Jahren wird auch eine »Riserva« gezogen, die aus dem gesundesten Traubengut aller Weinberge gewonnen wird. Sie wird ebenfalls mit »governo« vinifiziert, wobei der zugesetzte Most von eigenen, auf Strohmatten getrockneten Trauben kommt. Daran schließt sich ein dreijähriger Ausbau in Eichenholzfässern an. 15 000 Flaschen werden von ihr abgefüllt. Poppiano, 300 Meter über dem Meer gelegen, verfügt über 82 Hektar Weinberge, die auf einem sehr steinigen Untergrund angelegt sind. Das Schloß und die drei Hofstellen Camasciolo, Le Macine und Fichereto sind seit dem 12. Jahrhundert im Besitz der Guicciardini, eines weitverzweigten, einst in allen Geschäftsbereichen tägigen Florentiner Adelsgeschlechts, dessen berühmtester Sproß der Staatsmann und Geschichtsschreiber Francesco Guicciardini (1483 – 1540) war. Er zählte zu den »Antikaiserlichen« und war zeitweise auch Berater der Medici. Poppiano wurde mehrfach zerstört, sowohl durch die Auseinandersetzungen zwischen Guelfen und Gibellinen, als auch durch ein verheerendes Erdbeben im Jahre 1812.*
*Große Jahrgänge waren 1975 und 1983. Sehr gute Jahre: 1978, 1979, 1981, 1982.*

## FATTORIA DI LUCIGNANO, LUCIGNANO

*Der Name Guicciardini taucht zwischen San Casciano und Poggibonsi häufig in Zusammenhang mit Wein auf. Aber nicht alle Weine, die aus dem Schoß dieses ebenso noblen wie weitverzweigten Florentiner Geschlechts stammen, verdienen denselben Respekt wie die von Ferdinando Guicciardini (»Castello di Poppiano«) und seines Onkels Lodovico (»Torre di Brugnano«). Letzterer hat seinen Stammsitz und seine Ländereien in der Kernzone des alten Guicciardini-Besitzes im Pesa-Tal. Die 45 Hektar Weinberge des Grafen, eines inzwischen pensionierten Hydraulik-Ingenieurs, liegen unmittelbar um Lucignano. 15 Hektar davon befinden sich außerhalb der Colli-Fiorentini-Zone. Der Rest ist ins Kataster dieser Chianti-Unterzone eingetragen. Es handelt sich überwiegend um stark steinige und tonhaltige Böden, die seit jeher für den Rebbau Verwendung gefunden haben. Von dort kommt einer der schönsten und stilvollsten Chianti des Anbaugebiets. Er wird zu 75 Prozent aus Sangiovese und 15 Prozent Canaiolo gekeltert. Weiße Sorten spielten immer nur eine untergeordnete Rolle. Der Graf macht allerdings keinen Hehl daraus, daß er seinen Wein bislang im Rahmen der gesetzlichen Möglichkeiten zu etwa fünf Prozent mit sardischem Rebensaft zu verbessern pflegte. Der Most wird sieben bis zehn Tage auf den Schalen vergoren, dann mittels »governo« nachfermentiert. Der Jahrgangs-Chianti geht drei Monate ins Holzfaß, die »Riserva« je nach Jahrgang zwei bis drei Jahre. Rund 20 000 Flaschen werden von ihr gezogen. Die Trauben kommen aus den besten Weinbergen des Guts: Roetani und Ragnaia, beide bei Lucignano gelegen. Der Keller der Fattoria di Lucignano befindet sich in San Pancrazio, einem Flecken einen Kilometer südlich von Lucignano. Nicht alles, was dort geschieht, orientiert sich immer streng am Rational moderner Kellerwirtschaft. So waren in der Vergangenheit leider starke Jahrgangsschwankungen, aber auch Schwankungen innerhalb eines Jahrgangs zu verzeichnen. Gesamtproduktion: etwa 250 000 Flaschen. Große Jahre: 1971, 1975, 1983, 1985. Sehr gute Jahre: 1969, 1970, 1974, 1977, 1978, 1979, 1981, 1982.*

## TORRICINO, SAN MARTINO ALLA PALMA

*Dieses kleine, einst den Antinori gehörende Privatgut wurde 1958 von dem Industriemanager Oscar Pio erworben, der viele Jahre lang für internationale Unternehmen wie Pirelli und British Petroleum tätig gewesen ist. Das Weinmachen hatte er schon früh von seinem Vater gelernt, der im ligurischen Santa Margherita eine kleine Fattoria besaß. Nachdem die Familie ihre umfangreichen Ländereien, die sie in der Emilia Romagna besaß, verkauft hatte, entschloss sich Pio und seine englische Frau, in der Toskana zu leben. Sie kauften Torricino, ein altes, aus dem 14. Jahrhundert stammendes, befestigtes Herrenhaus. Die Weinberge wurden im Jahre 1960 neu angelegt (15 Hektar), wobei ein Teil der Reben aus der Sorte Sangiovese Grosso besteht. Seit Mitte der 60er Jahre wird Wein abgefüllt. Es ist ein sehr fruchtiger, saftiger Chianti mit reifer Frucht und feiner Nase, vollkommen authentisch gekeltert ohne Mostanreicherung oder Verschnitt mit gebietsfremden Weinen. Eine Anreicherung ist auch nicht nötig, weil man auf Torricino sehr zuckerreiche Moste bekommt, so daß man selbst in kleinen Jahren keine Probleme hat, die geforderte Alkoholgradation zu erreichen. Der Wein wurde vor der D.O.C.G. mit einem sehr hohen Anteil an weißen Trauben bereitet (20 bis 25 Prozent). Trotzdem hat er sich immer als ein sehr langlebiges Gewächs erwiesen, das sich oft auch nach 15 Jahren noch in erstaunlicher Frische präsentierte. Er wird nach traditioneller Art mit »governo« vergoren, wobei der konzentrierte Most, den man dazu benutzt, von eigenen, auf Strohmatten getrockneten Trauben kommt. Nach dem Abstich wird der Wein zwei Jahre lang in Zementbehältern ausgebaut, die »Riserva«, die nur aus Vorlaufmost gewonnen wird, drei Jahre lang. Der Torricino-Chianti kommt also mit Holz nicht in Berührung. Die Gesamtproduktion beläuft sich auf rund 200 000 Flaschen. 20 000 bis 30 000 Flaschen davon sind »Riserva«. Sie wird allerdings nur in großen Jahren erzeugt: 1968, 1975, 1981, 1982.*

## PASOLINI DALL'ONDA BORGHESE, BARBERINO VAL D'ELSA

*Der größte Teil der Weinberge von Pasolini Dall'Onda befindet sich nur einen halben Kilometer von der Grenze zum Chianti classico entfernt. Er liegt zwischen Tignano und San Filippo auf der westlichen Seite des Cinciano-Baches, der die Grenze zu den Colli Fiorentini markiert. Der Chianti weist eine gute Konzentration auf, besticht durch saubere, fruchtige Aromen, ist weniger tanninbetont als Chianticlassico-Gewächse und sehr saftig. Er wird extrem kurz fermentiert (drei bis fünf Tage auf den Schalen) und lagert nur wenige Wochen in Eichenholzfässern. Die »Riserva«, die nur in kleinen Jahren nicht erzeugt wird, hat dagegen den Ruf des Hauses begründet. Sie kommt zum größten Teil von den 350 Meter hoch gelegenen Hängen bei Montoli, an der Straße von Barberino nach Certaldo gelegen. Ein Beweis für die sorgfältige Auswahl der Trauben ist die Tatsache, daß dort nicht mehr als 50 Hektoliter pro Hektar gelesen werden. Sie wird – im Gegensatz zum Jahrgangswein – ohne »governo« hergestellt und besteht zu 85 Prozent aus Sangiovese, fünf Prozent Trebbiano und Malvasia. Sie wird in Zementbottichen, die innen mit Fiberglas ausgeschlagen sind, vergoren, macht dort auch die malolaktische Gärung durch und liegt danach mindestens sechs, durchschnittlich neun Monate in großen Eichenholzfässern. Sie wird früh auf Flaschen gezogen, geht aber vorher zur besseren Klärung noch einmal in die Zementbottiche. 60 000 bis 80 000 Flaschen werden von ihr abgefüllt. Das Weingut (die alten Keller befinden sich in Barberino) gehört Piermario Pasolini Dall'Onda und zwei seiner Schwestern. Die Familie hat den Besitz im 19. Jahrhundert von den Fürsten Borghese geerbt und zielstrebig ausgebaut. Er umfaßt heute 70 Hektar Weinberge in den Colli Fiorentini (in der Emilia besitzt die Familie ein weiteres Weingut). Bis 1982 waren die Rebkulturen im Kataster für den Chianti eingeschrieben, so daß auch nur ein einfacher »Chianti« erzeugt werden durfte. Nach der D.O.C.G. wurden sie umgetragen, so daß der Wein heute ein »Chianti Colli Fiorentini« ist. Sehr gute Jahrgänge waren 1971, 1975, 1977, 1979 und 1980. In den Jahren 1963, 1967, 1973 und 1984 wurde keine »Riserva« hergestellt.*

Fiorentini enden jedoch keineswegs bei Rignana. Auch östlich des Arno lappt noch ein Zipfel des Anbaugebiets in die wilde Bergwelt des Pratomagno hinein. Er reicht von der Südgrenze des Chianti Rufina bei Pelago bis fast an Castelfranco di Sopra. Zentrum der Weinproduktion ist Reggello. Der Ort beherbergt drei interessante Kellereien: *Terranuova, Poggio Asciutto* und die *Fattoria Del Castellano*.

Vergleichsweise nahe zu Florenz liegen Weinberge und Keller der *Fattoria La Querce*. Sie befinden sich wenige Kilometer westlich von Impruneta an der Straße nach Tavarnuzze, und zwar dort, wo sich das Straßenprofil wegen einer kleinen Kapelle plötzlich verengt und zu einem Nadelöhr wird. Die 300jährige Eiche, in deren Schatten die kleine Kapelle an der Landstraße nach Impruneta einst stand und die dem Gut den Namen gegeben hat, steht nicht mehr. Sie wurde 1944 von deutschen Truppen, die sich auf dem Rückzug aus Italien befanden, gefällt, um das Vorrücken der Amerikaner zu hindern. 1963 wurde *La Querce* von den Marchi erworben, einer Florentiner Familie, die ihr Geld mit Industriefinanzierungen verdient hatte. Sie richteten die aus dem 16. Jahrhundert stammende Villa wieder her und begannen mit der Qualitätsweinproduktion (noch immer ist *La Querce* fast der einzige Flaschenabfüller in Impruneta). Heute ist der Sohn des Gründers, Massimo Marchi, Besitzer des Gutes.

*La Querce* ist der respektabelste Erzeuger der Colli Fiorentini. Sein Ruf reicht bis in die Vereinigten Staaten, obwohl die Produktion sehr gering ist und kaum mehr als 25 000 Flaschen umfaßt. Er basiert zu einem guten Teil auf der *Riserva* des Jahres 1970. Sie war der beste Wein, der in diesem keineswegs großen Jahr im gesamten Chianti produziert wurde. Noch heute liegen einige Flaschen des 70er Jahrgangs im römischen Quirinalspalast, in den ihn der frühere italienische Staatspräsident Giovanni Leone hatte einkellern lassen, ein Freund des inzwischen verstorbenen *La Querce*-Besitzers Gino Marchi, eines Florentiner Industriefinanziers. Von keinem anderen Chianti wird man daher sagen können, daß so viele Staatsoberhäupter ihn genossen haben wie den von *La Querce*. Die Qualität des 70er Jahrgangs ist nie wieder erreicht worden. Aber *La Querce* hat auch in den folgenden Jahren viele ungewöhnlich feine, bouquetreiche Weine hervorbringen können, die immer wieder durch ihre dichte, innere Struktur und ihre gute Ausgewogenheit zu gefallen wußten. Die Marchi haben sich entschlossen, den Wein als einfachen Chianti auf den Markt zu bringen und nicht als Chianti Colli Fiorentini, der er in Wirklichkeit ist. Damit unterliegt er, rechtlich gesehen, großzügigeren Qualitätsbestimmungen. Sie wurden auf *La Querce* jedoch nie ausgenutzt. Vielmehr produzierte das Gut stets nach einem eigenen System. Es ist das des Verwalters Attilio Pieri. Er ist zwar weder Önologe noch ein ausgebildeter Önotechniker, und die einzige Empfehlung für den Posten bestand, bevor er ihn antrat, nach seinen eigenen Worten darin, daß er einmal schwarz Schnaps gebrannt hatte. Gleichwohl ist er eine der wenigen großen Winzerpersönlichkeiten, die das Chianti besitzt. Die bescheidene Art, in der er über seine Arbeit redet, täuscht nicht darüber hinweg, daß er ein Händchen für den Wein besitzt und auch ohne moderne Technik (die Flaschen werden zum Beispiel noch von Hand etikettiert) den *La-Querce*-Wein in die Spitzengruppe der Chianti-Gewächse geführt hat.

Der westliche Flügel der Colli Fiorentini reicht praktisch von der Stadtgrenze Florenz' bis fast nach Poggibonsi. Viele Chianti-Weine, die von dort kommen, sind leicht und betont fruchtig. Sie besitzen häufig etwas niedrigere Säurewerte und weniger Tannin, was jedoch eher auf die noch sehr traditionelle Art des Weinmachens zurückzuführen ist, die in diesem Teil der Anbauzone vorherrscht, als auf besonders auffällige Bodenunterschiede zum Chianti classico. Mit einem Chianti verbindet sich bei vielen Winzern dort die Vorstellung eines verhältnismäßig jung zu trinkenden Rotweins, der an Ort und Stelle genossen werden sollte. Eine Auslese im Sinne einer *Riserva* wurde in der Vergangenheit schon deshalb selten erzeugt, weil der größte Teil der Winzer nie

**TORRE DI BRUGNANO** *Weingut des Lodovico Guicciardini.*

**CASTELLO DI POPPIANO** *Weingut des Ferdinando Guicciardini.*

oder nur gelegentlich seinen Wein ins Ausland verkaufte. Im Hügelland nördlich des Pesa-Baches – la Sughera genannt – findet man mehrere gute Weinerzeuger. Der bekannteste unter ihnen ist *I Golli* in Romola, der beste die Familie Oscar Pio in San Martino alla Palma (*Fattoria Torricino*). Südlich der Pesa sind die Böden sehr steinig, oft sogar felsig, weisen zwischendurch aber häufig auch mehr oder minder sandige Stellen auf. In San Pancrazio, neun Kilometer südlich von San Casciano gelegen, befindet sich das Gut *Il Corno*, ein nicht mehr ganz kleiner Betrieb, der an der Nebenstraße nach San Donato liegt. Aus seinen Kellern kommt ein leichter, blumiger, für die Zone charakteristischer Chianti-Wein. Die Villa Il Corno mit ihrem markanten Turm gehörte bis 1523 den Strozzi (ist aber nicht von ihnen erbaut worden). In demselben Ort befindet sich auch der Keller der *Fattoria di Lucignano*, die im Besitze des Grafen Lodovico Guicciardini ist, eines Nachfahren jenes berühmten italienischen Historikers Francesco Guicciardini, dessen Hauptwerke, die »Geschichte Florenz'« und die »Geschichte Italiens«, als die ersten zuverlässigen Berichte über die europäische Politik des späten Mittelalters und als Anfang der analytischen Geschichtsschreibung gelten. Der *Lucignano*-Chianti fällt etwas gehaltvoller, kompakter und tiefgründiger aus. Die *Riserva* kann in manchen Jahren große Begeisterung auslösen. In anderen wiederum fehlt ihr der letzte Schliff. Die Weine werden unter dem Namen »Brugnano« beziehungsweise »Torre di Brugnano« vermarktet. Brugnano und Lucignano sind zwei zusammengehörige Flecken etwa einen Kilometer nördlich von San Pancrazio. Oberhalb von Brugnano liegt die Villa Guicciardini, die für ihre weitläufigen, schönen Gärten berühmt ist. Sie fiel den Guicciardini im 17. Jahrhundert zu.

Nur wenige Kilometer weiter nördlich liegt das *Castello di Poppiano*, ein imposantes, weitgehend restauriertes Kastell, auf dem Ferdinando Guicciardini, der Neffe von Lodovico, ebenfalls einen vorzüglichen Chianti keltert. Dieser trägt alle Attribute eines saftigen, aber jederzeit feinen und – was die *Riserva* betrifft – konzentrierten Gewächses der Colli Fiorentini.

Auf dem Gebiet der Gemeinde Tavernelle findet man wenigstens drei gute Produzenten: die *Fattoria La Tancia*, die *Fattoria Poggio Romita* und die *Fattoria dell' Ugo*. Letztere erzeugt sehr charaktervolle, leichte Jahrgangs-Chianti. Sie wird von dem ehemaligen Bankdirektor Franco Amici Grosso geleitet. Bei Marcialla, einem Dörfchen nordwestlich von Tavernelle, verdienen ebenfalls drei Weine Erwähnung: der von Giovanni Passaponti (*Fattoria Marcialla*), der aus der *Fattoria Riparbello* sowie der der *Fattorie Giannozzi*. Der Chianti der letztgenannten Domäne wurde schon vor der D.O.C.G.-Gesetzgebung mit einem relativ hohen Anteil an roten Trauben gekeltert.

In Barberino Val d'Elsa ist die *Fattoria Pasolini Dall'Onda* erste Adresse. Sie liegt direkt im Ort und ist in sehenswerten, alten Gemäuern untergebracht. Der Jahrgangs-Chianti ist ungewöhnlich fruchtig, fast noch mostig, wenn er in den Verkauf kommt. Er wächst auf den Hügeln von San Filippo unmittelbar an der Grenze zum Chianti classico. Für den guten Ruf des Hauses hat jedoch die *Riserva* gesorgt. Aus dem südlichsten Zipfel der Colli Fiorentini kommt ein weiterer guter Chianti: der von *Majnoni-Guicciardini*. Nur zwei Kilometer weiter südlich findet man das *Antico Castello di Poppiano*, das trotz der Namensähnlichkeit nichts mit den Guicciardini von Poppiano zu tun hat. Es gehört den Fürsten Kunz Piast d'Asburgo Lorena, einer Nebenlinie des Habsburger-Geschlechts. Der Wein, den sie herstellen, ist zwar aus Canaiolo und Sangiovese gekeltert und in den Colli Fiorentini gewachsen, doch kein Chianti. Er heißt Tegolato und wird wie ein Vin Santo in kleinen Eichenfäßchen unter dem Dach ausgebaut. Die extremen Temperaturschwankungen zwischen Sommer und Winter lassen ihn schnell reifen. Das Resultat ist ein sehr weicher, exotisch duftender, körperreicher, aber nach wenigen Jahren schon ausgezehrter Wein, der trotz unübersehbarer Qualitäten müde wirkt – eine kuriose Perle des Anbaugebiets. Es gibt noch ungezählte andere Weinmacher in den Colli Fiorentini, die meist in kleinen Verhältnissen und ohne große Publizität arbeiten. Sie alle aufzuzählen, ist nicht möglich. Sie ausfindig zu machen, kann dagegen ein großes Vergnügen sein.

# MONTE-SPERTOLI

Montespertoli ist das Zentrum eines kleinen Anbaugebietes, das mehr durch kulturelle Weinbautraditionen als durch die besondere geografische Lage Eigenständigkeit für seine Weine beansprucht. Das Dorf liegt etwa zehn Kilometer westlich von San Casciano inmitten des Chianti, doch außerhalb einer der sieben Unterzonen. Es grenzt zwar direkt an das Chianti Colli Fiorentini, doch können die Weine von Montespertoli – zum Unmut der Winzer des Ortes – sich nur »Chianti« nennen. Der Antrag, eine eigene Herkunftsbezeichnung »Chianti Colli di Montespertoli« auf dem Etikett tragen zu dürfen, ist schon längst eingereicht. Die zuständigen Behörden brauchen jedoch viel Zeit, um das Begehren zu prüfen und zu entscheiden, ob eine Anerkennung in Betrachtung kommt oder nicht.

Die Weinproduktion von Montespertoli ist recht bescheiden. Sie beläuft sich umgerechnet auf 1,5 Millionen Flaschen im Jahresdurchschnitt. Der größte Teil des Weins wird jedoch offen in *damigiane* verkauft. Die Hälfte der Produktion besitzt nicht einmal D.O.C.G.-Status, obwohl die Winzer das Recht hätten, ihren Wein als Qualitäts-Chianti dieser höchsten Garantiestufe zu vermarkten. Doch entweder überschreiten sie die gesetzlichen Höchstmengenbeschränkungen, oder der Mischsatz, aus dem er gekeltert ist, entspricht nicht genau den Bestimmungen der Statuten. Da ihn viele zudem nur an Verwandte und Bekannte verkaufen, besteht auch keine Notwendigkeit zu dem bürokratischen Hürdenlauf, der leider notwendig ist, um das Prädikat »garantiert und kontrolliert« zu erlangen.

Der Montespertoli-Chianti ist ein leichter, fruchtiger Wein, der bereits im März des auf die Lese folgenden Jahres in den Handel kommt und sich nicht selten noch ein wenig *frizzantino* präsentiert. Nur ein sehr geringer Teil der Produktion wird in Holzfässern ausgebaut. Meist bleibt der Wein nach dem Abstich in Zementbottichen oder Stahltanks, bis er abgefüllt wird. Wenn der dann noch mostig schmeckt, wird das nicht als Nachteil empfunden. Was ihn von den vielen anderen Chiantiweinen unterscheidet, ist die besondere Harmonie seiner Komponenten. Er besitzt wenig Tannin, aber viel reife Beere und ein feines Säurespiel. Im Alkoholgehalt liegt er häufig an der unteren Grenze dessen, was die D.O.C.G.-Statuten vorschreiben. Man hat sich bislang wenig bemüht, gehaltvollere *Riserva* zu erzeugen oder den Körperreichtum dadurch zu steigern, daß der Sangiovese-Anteil am Mischsatz erhöht wird. Dieser liegt oft nur bei 75 Prozent. Dafür wird den weißen Sorten nach traditioneller Art eine größere Bedeutung beigemessen. Die wenigen Winzer, die eine *Riserva* abfüllen, beweisen jedoch, daß der Montespertoli-Chianti nicht immer nur ein schöner Zechwein sein muß. Einige haben auch begonnen, Cabernet-Reben anzupflanzen, um ihm mehr Gehalt und Tiefe zu geben. Mag er dadurch auch

noch nicht die Klangfülle eines ganzen Orchesters bieten, so zeigen diese Beispiele doch, wie virtuos dieser Wein komponiert sein kann.

Das Gemeindeterritorium von Montespertoli hat einen Durchmesser von nicht mehr als zehn Kilometern. Es liegt zwischen 100 und 300 Metern Höhe, mithin etwas niedriger als der größte Teil des Chianti classico. Auch weisen die Böden weniger *galestro* auf, dafür mehr porösen Tuffstein, der für eine gute Drainage sorgt. Der Untergrund ist denn auch trockener als in anderen Chianti-Zonen. Gleichwohl erreichen die Trauben nicht immer die gleichen Mostgewichte wie im Chianti classico. Der *governo*, der in den Kellern von Montespertoli fast immer praktiziert wird, dient vor allem dazu, die Alkoholgradation zu erhöhen.

Im Jahre 1956 haben sich die Winzer von Montespertoli zur Associazione Viticoltori Montespertoli (A.VI.M.) zusammengeschlossen, um ihre Interessen gegenüber den Behörden und im Konsortium Chianti *Putto* besser wahrnehmen zu können. Rund 40 Betriebe sind heute in ihr organisiert. Vorsitzender ist der Pfarrer Don Lorenzo Pugi, der mit Energie und großer Überzeugungskraft für die Anerkennung Montespertolis als eigenständiger Chianti-Unterzone eintritt. Er selbst produziert in der alten Pfarre von *San Pietro in Mercato* einen sehr typischen Montespertoli-Chianti. Neben ihm gibt es etwa ein halbes Dutzend anderer, erstrangiger Erzeuger, die meist den Stil des leichten, fruchtigen Chianti pflegen. *Cortina e Mandorli* ist ein großer Betrieb mit 120 Hektar Reben, der etwa vier Kilometer westlich von Montespertoli liegt. Die Fattoria *Vicchio* von Saverio Piazzini befindet sich fünf Kilometer südlich des Ortes bei Lungagnana. *I Casciani* ist ein kleines Gut in dem gleichnamigen Dorf, das von Anna Bitossi und Alessandro Lapini Sacchetti geleitet wird, zwei sehr engagierten, äußerst qualitäts-

## MONTESPERTOLI

*Das kleine Winzerdorf ist ein historisches Zentrum der Weinproduktion. Der Chianti, der dort gekeltert wird, ist ein relativ leichter, aber sehr fruchtiger und sehr harmonischer Wein. Alljährlich im Frühjahr findet auf der Piazza und in den Straßen des Ortes ein Weinmarkt statt, der Weinexperten aus ganz Italien anzieht, obwohl die Mengen Weins, die in Montespertoli erzeugt werden, so gering sind, daß nur ein geringer Teil außerhalb der Toskana und im Ausland verkauft wird. Das charakteristische Gebäude Montespertolis ist das alte Uhrenhaus. Ehemals beherbergte es eine Kapelle, heute ist es nur noch ein Kulturdenkmal.*

bedachten Winzern. Dasselbe gilt für die Tenuta di *Trecento* am südlichen Rand der Zone, die sich im Besitze des Ingenieurs Felice Reposi befindet. Nicht weit davon liegt *Tresanti*, das über 30 Hektar eigene Weinberge verfügt und eine vorzügliche *Riserva* anbietet. Die beiden Spitzenproduzenten der Zone sind Ottorino Buti und die Familie Parri. Die Parri betreiben in Florenz einen Weinhandel und besitzen außerdem vier Güter in der Montespertoli-Zone: die Fattoria *Urbana*, die Tenuta *Il Monte*, die Tenuta *Ribaldaccio* sowie die Tenuta *Corfecciano*. Der gehaltvollste, beste Chianti kommt aus den Weingärten des letztgenannten Gutes. Das am schönsten gelegene Besitztum ist jedoch *Il Monte*, das architektonisch und kunsthistorisch interessanteste *Urbana* mit seinen weitläufigen Kellergewölben (in denen auch der *Corfecciano*-Wein bereitet und ausgebaut wird) sowie den sorgfältig restaurierten Fresken von Gregorio Pagani. Das Gut der Familie Buti heißt *La Falagiana* und liegt nordwestlich von Montespertoli etwas abseits der Straße nach Empoli. Dort werden nicht nur Vin Santo, Olivenöl und ein vorzüglicher Auslese-Chianti erzeugt, sondern auch noch Schweine gezüchtet. Ein Schwein wird nach alter Tradition jeweils Weihnachten geschlachtet, wenn die kleinen *caratelli* geöffnet und der Vin Santo nach fünfjähriger Reifezeit die kleinen toskanischen Holzfäßchen verlassen darf.

Montespertoli ist bei allem Streben nach Modernität ein traditionsgeprägter Ort geblieben, was auch daran zu erkennen ist, daß ein großer Teil der Weinberge noch in gemischten Kulturen angelegt ist. Regelmäßig im Frühjahr findet ein Weinmarkt statt, der eine große Anziehungskraft weit über den Ort hinaus besitzt. Gleichwohl ist der Chianti von den Hügeln Montespertolis ein relativ unbekannter Wein geblieben, der in den umliegenden Dörfern und in Florenz getrunken wird, aber selten über die Grenzen der Toskana hinaus verkauft wird.

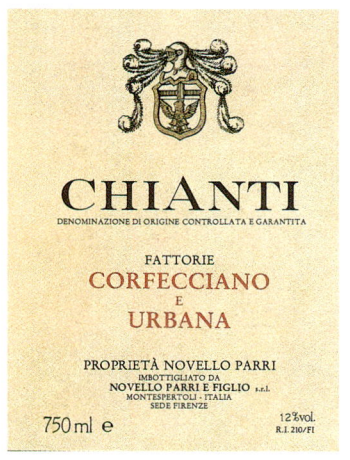

## CORFECCIANO MONTESPERTOLI

*Etwa vier Kilometer von Montespertoli in Richtung Tavernelle liegt Corfecciano, ein Flecken, der nur aus einigen Häusern und einer Kirche besteht. Es ist der höchste Punkt der Gemeinde Montespertoli, und man hat von dort einen weiten Blick in die liebliche Hügellandschaft der Colli Fiorentini, in der sich Olivenhaine und wilde »macchia«, Weinberge und dichte Eichenwälder abwechseln. In Corfecciano besitzen die Parri, eine alte Winzerfamilie aus Montespertoli, ein Weingut mit etwa 30 Hektar Rebkulturen, in denen einer der schönsten Weine von Montespertoli wächst. Die Weinberge liegen östlich des Baches Virginio, der die Grenze der Colli Fiorentini bildet, so daß der Wein nur ein einfacher »Chianti« ist. Gleichwohl besticht er mehr als mancher Chianti Colli Fiorentini durch seine Ausgewogenheit und seinen Körperreichtum, der für einen Wein dieser Anbauzone ungewöhnlich ist. Er wird zu 85 Prozent aus Sangiovese gekeltert, zu je fünf Prozent aus Canaiolo und Trebbiano (beziehungsweise Malvasia) sowie einigen Anteilen Cabernet und Colorino. Dieser hohe Prozentsatz von roten Trauben gibt ihm Gewicht und Ausdruckskraft und prädestiniert ihn für eine moderate Reifungsphase von vier bis fünf Jahren, nach der er sich als ein ungemein fruchtiger, leicht tanninhaltiger Wein mit fester Säure und einem feinen, an den Duft von Stiefmütterchen und Sandelholz erinnernden Bouquet erweist. Er wurde ein Jahr in großen Eichenholz-Kufen ausgebaut und, wie es der Tradition entspricht, mit »governo« vergoren. Vinifikation und Ausbau finden freilich nicht in Corfecciano statt, sondern in der Fattoria Urbana, einem weiteren, im Besitze der Parri befindlichen Weingut, in dem sich Kelter, Stahltanks und Faßkeller befinden. Inhaber ist Novello Parri, der zusammen mit seinem Sohn Luigi in Florenz einen Weinhandel betreibt, über den 80 Prozent ihrer Produktion verkauft werden. Die Parri besitzen neben Corfecciano und Urbana noch zwei Weingüter in Montespertoli: Il Monte und Ribaldaccio, aus deren Keller ebenfalls sehr gute Weine kommen.*

## OTTORINO BUTI MONTESPERTOLI

*Wenn die Winzer von Montespertoli Traditionalisten sind, ist Ottorino Buti ein Konservativer. Auf Falagiana, seinem kleinen, auf halbem Weg zwischen Montespertoli und Empoli im Tal des Orme-Baches gelegenen Gut wird weitgehend noch so wie früher gearbeitet. Und auch an Butis Einstellung hat sich in den Jahren wenig geändert: Seine selbstauferlegte Distanz zu den Winzerkollegen von Montespertoli ist geblieben, und seine Skepsis gegenüber neuen Methoden der Weinbereitung findet ebenfalls immer wieder neue Nahrung. Freilich bleibt festzuhalten, daß der Chianti, den er macht, von einer Meisterschaft zeugt, wie man sie nur selten in der Toskana antrifft. Wer je das Vergnügen hatte, seinen 64er Jahrgang zwanzig Jahre später zu trinken, wird dies unschwer bestätigen. Der Falagiana-Wein wird zu 80 Prozent aus roten Trauben gekeltert, wobei der Canaiolo eine größere Rolle zukommt als heute gemeinhin üblich. Der Most wird relativ kurz auf den Schalen vergoren (sechs bis acht Tage), und der Wein immer in Glasbehältern, nie im Holzfaß ausgebaut (außer dem Jahrgang 1970, bei dem sich Buti eine Abweichung von seinen ansonsten strengen Prinzipien gestattete). In kleinen Jahren wird er bisweilen mit selbst hergestelltem Mostkonzentrat angereichert, um eine bessere Alkoholgradation zu erreichen. Ansonsten lehnt Buti jede Verfälschung mit gebiets- und betriebsfremden Mosten ab. Buti, Jahrgang 1920, hat Falagiana, eine ehemalige Halbpachtstelle, 1946 erworben. Der Betrieb umfaßt zehn Hektar Weinberge, die in nur 150 Meter Meereshöhe, aber vorzüglicher Südwest-Exposition liegen. Die meisten Reben, die dort stehen, haben bereits ein hohes Alter. Abgefüllt werden auf Falagiana nur 4000 bis 5000 Flaschen jährlich. Der größere Teil des Weins wird offen verkauft. Die beste Partie wird in guten Jahren als »Riserva« auf den Markt gebracht. Seinen Wein, der in Italien nur Kennern und im Ausland fast gar nicht bekannt ist, vertreibt Ottorini Buti selbst in seinem kleinen Kontor in der Via della Fonderia in Florenz. Sehr gute bis große Jahrgänge: 1964, 1971, 1975, 1978, 1983, 1985.*

# CARMI-GNANO

**DER PATRON**

*Ugo Graf Contini Bonacossi war es, der als erster Cabernet-Trauben im Chianti pflanzte und die Vorausset-zungen dafür schuf, daß der Wein des Dorfes Carmignano eine eigene Her-kunftsbezeichnung bekam. Heute lenkt er zusammen mit seinem Sohn Vittorio die Geschicke der Tenuta di Capez-zana.*

In seiner berühmten »History of Ancient and Modern Wines« hat der Engländer Alexander Henderson zu den wenigen italienischen Rotweinen, die ihm einer Erwähnung wert schienen, auch den Carmignano gezählt. Sicher ein schmeichelhaftes Urteil über diesen Wein, wenn es auch die anderen Rotweine Italiens in ein weniger günstiges Licht stellt. Aber das Buch ist 1824 erschienen, zu einer Zeit, als es überhaupt nicht viele italienische Weine gab, die bis nach England verkauft wurden. Der Grund dafür lag vor allem in der mangelnden Transportfähigkeit. Die lange Schiffsreise oder das mindestens zweimonatige Rumpeln eines Pferdegespanns über unbefestigte Landstraßen – nur ganz wenige Weine waren stabil genug, um eine derartige Behandlung unbeschadet zu überstehen.

Das frühe Urteil über den Carmignano kann mithin als Beleg dafür gewertet werden, daß in den Weinbergen um das gleichnamige Dorf ein besonderer Wein wuchs: besonders was seine Haltbarkeit anging, besonders aber auch im Hinblick auf seinen Geschmack. Denn sonst hätten die *claret*-verwöhnten Engländer wohl kaum von ihm Notiz genommen. In Italien genoß der Carmignano freilich schon lange vor Hendersons Notiz einen vorzüglichen Ruf. Nicht nur die Weinpoeten des 17. Jahrhunderts hatten ihn in ihren trunkenen Dithyramben überschwenglich gefeiert. Auch der große toskanische Önologe Giovanni Cosimo Villifranchi wußte bereits hundert Jahre vor Henderson über den Carmignano zu berichten, daß er sich »gut acht oder zehn Jahre« konserviere. Der Carmignano muß also ein Nektar mit guter Säurestruktur und nicht zu knapp bemessenem Alkoholgehalt gewesen sein. Sonst hätte er wohl kaum eine für die damaligen Verhältnisse so lange Haltbarkeit besessen. Denn die Verwendung von Schwefel war noch nicht üblich, und statt eines Korkens lag nur ein Ölfilm auf der Oberfläche des Weins, um ihn vor Sauerstoffzutritt zu schützen.

Auch heute ist der Carmignano noch ein alterungsfähiger Wein, der nach zehn oder 15 Jahren beträchtliche Finesse entwickeln kann. Doch er besitzt diese Eigenschaft nicht mehr so ausschließlich wie vor 200 Jahren. Er wird auch nicht so gekeltert, daß er erst nach einer gewissen Anzahl von Jahren den Höhepunkt seiner Reife erreicht. Vielmehr genügen in der Regel fünf Jahre (vom Zeitpunkt der Lese ab gerechnet), damit sich ein Gleichgewicht zwischen seinem jugendlichen Fruchtaroma und dem noblen Tannin einpendelt.

Der Carmignano ist ein Wein, der viel vom wärmenden Charme eines Chianti und ein wenig vom kühlen Ernst eines Bordeaux-Weins besitzt. Diese Charakteristik ist nicht zufällig. Ihm werden rund zehn Prozent Cabernet Sauvignon zugesetzt – eine Tradition in dem Anbaugebiet, die schon Jahrhunderte alt ist und aus der Zeit der Medici stammt, die die Edelrebe schon früh aus Frankreich importiert hatten. Ende der sechziger Jahre wurde sie auf Initiative von Ugo Graf Contini Bonacossi erstmals systematisch in den Weingärten seiner Tenuta di Capezzana kultiviert.

## ARTIMINO

*Das Auge der Medici fiel schon früh
auf das alte Kulturland um Artimino.
Sie waren es auch, die dort den Anbau
von Wein und Oliven systematisch
förderten.*

Der Graf war überzeugt, daß die Trauben der französischen Rebe den Weinen aus dem Chianti, in kleinen Mengen zugesetzt, mehr Gewicht gäben, besonders den *Riserve*. Heute teilen viele Winzer im Chianti seine Auffassung. Doch damals taten es ihm nur die Weinbauern von Carmignano gleich. *Uva francesca* wird sie bei den Einheimischen genannt, und selbst in der D.O.C.-Gesetzesverordnung wird sie mit diesem traditionellen Namen erwähnt. Durch die Cabernet (erlaubt sind sowohl Cabernet Sauvignon als auch Cabernet franc) unterscheidet sich der Carmignano vom Chiantiwein, obwohl seine Anbauzone mitten im Chianti Montalbano liegt und der Mischsatz, aus dem er hergestellt ist, vom Cabernet-Anteil abgesehen ein typischer Chianti-Mischsatz ist: maximal 65 Prozent Sangiovese, 20 Prozent Canaiolo, zehn bis 20 Prozent weiße Trebbiano und Malvasia sowie fünf Prozent Komplementärtrauben (Occhio di Pernice, Mammolo, Colorino, San Colombano). Mit seinem relativ hohen Anteil an roten Traubensorten (wenigstens 80 Prozent) hat er gewissermaßen eine Entwicklung vorweggenommen, die im Chianti erst 1984 mit der Einführung der D.O.C.G. Wirklichkeit wurde. Auch mit der Begrenzung der Hektarerträge auf 80 Doppelzentner und dem Verbot der Anreicherung mit gebietsfremden Mosten haben die Weinmacher von Carmignano schon zehn Jahre vor ihren Kollegen aus dem Chianti einen entscheidenden Schritt zur Sicherung ihres Qualitätsniveaus getan. Schließlich wird am 29. September jeden Jahres, dem Tag des Heiligen Michael, von der »Congregazione del Vino Carmignano« ein großes Fest in Carmignano veranstaltet, in deren Mittelpunkt jeweils die Verkostung des neuen Weins steht. Eine Kommission von Händlern, Winzern und anerkannten Weinexperten entscheidet dann in einer Blindprobe, ob der neue Jahrgang gut genug ist, um als »Carmignano« verkauft zu werden. Nicht immer war das in der Vergangenheit der Fall. 1976 wurde zum Beispiel unter diesem Namen kein Wein auf den Markt gebracht. Eine »sensorische Prüfung« des Weins hat es in Carmignano also ebenfalls schon sehr viel früher gegeben als im Chianti und den anderen D.O.C.G.-Gebieten. Dem Ruf des Weins hat das gut getan, und natürlich auch den Winzern, die ihn durchweg teurer verkaufen können als ihre Chianti-produzierenden Nachbarn.

Carmignano ist ein kleines Anbaugebiet. Die Winter fallen milder aus, die Niederschläge sind – besonders im Sommer – höher. Nicht immer erreichen die Weine aus diesem Grunde jene 12,5 Vol.% Alkohol, die notwendig sind, um sie als Carmignano etikettieren zu können. Carmignano liegt eingebettet in die Hügel südlich von Prato und ist auch kaum mehr als doppelt so groß wie das Stadtgebiet dieses Industrievorortes von Florenz. Die Weinberge ziehen sich bis auf eine Höhe von 400 Metern. Darüber hinaus beginnen die undurchdringlichen Wälder, die sich wie ein grüner Teppich über die Kuppen der toskanischen Hügellandschaft legen und die schon früh für ihren Wildreichtum bekannt waren. Die Böden bestehen vorwiegend aus *galestro* und kalkhaltigem Mergel, wobei letzterer Bestandteil zumindest im Osten der Zone überwiegt.

Einen eigenen D.O.C.-Status erhielten die Carmignano-Weine erst 1975. Davor gehörten sie zur großen Familie der Chianti-Weine. 1930 war auf Veranlassung der Mussolini-Verwaltung der Name »Carmignano« als Weinbezeichnung sogar regelrecht verboten worden. Der Carmignano sollte stattdessen die Größe und den Ruf des Chiantiweins untermauern helfen.

Daß er wenigstens seit 1975 die kontrollierte Herkunftsbezeichnung tragen darf, ist vor allem Ugo Graf Contini Bonacossi zu verdanken, dem intelligenten und kultivierten Patron von Capezzana. Mit Weitblick und Geschick gelang es ihm, die Weinerzeuger von Carmignano auf eine gemeinsame Linie zu bringen. Mit sorgfältig gesammelten historischen Fakten wußte er zudem vor den Beamten des Handels- und des Landwirtschaftsministeriums in Rom die Besonderheit des Carmignano-Weins darzulegen. So ist er, obwohl keineswegs der älteste an Jahren, zum allseits geachteten und respektierten Doyen der Car-

## CAPEZZANA, CARMIGNANO

*Dem Capezzana-Carmignano haftet der Ruf des ersten Gewächses der Zone an. Die glanzvolle Aura des alten Gutes, die lange Weinbau-Tradition, der ebenso bescheidene wie weltläufige Patron – all das hat zweifellos zum guten Ruf beigetragen. In großen Jahren haben zwar auch andere Produzenten gezeigt, daß sich der Abstand zu Capezzana minimieren läßt. Doch in anderen Jahren haben die Grafen Contini Bonacossi ihren önologischen Vorsprung ausspielen und demonstrieren können, wie durch strenge Traubenselektion immer noch sehr gute Weine gemacht werden. Sicher, es gab auch Jahre, in denen ihr Carmignano schwächer ausfiel. Doch ist seine Qualität nie abgefallen. Capezzana ist ein Musterbeispiel an Zuverlässigkeit und Konstanz des Niveaus, ohne daß Jahrgangsunterschiede um jeden Preis ausgeglichen werden. Charakteristik des Weins: sehr vollmundig, bouquetreich, überdurchschnittlich hoher Extrakt aufgrund von Mengenbeschränkungen bei der Traubenproduktion, die deutlich unter den zulässigen Höchstgrenzen liegen; körperreicher und tanninhaltiger als andere Weine dank eines traditionell hohen Anteils an Sangiovese (er betrug immer schon 65 Prozent). Der Cabernet-Sauvignon-Anteil liegt – wie üblich – bei zehn Prozent. Die Trauben werden vollreif gelesen. Die Hauptgärung dauert etwas länger als anderswo (12 bis 13 Tage). Der »governo« wird nicht praktiziert. In der Nase dieses noblen Nektars findet man Anklänge an Kirschen, grünes Holz und Honig. Am Gaumen ist er »beerig und würzig, aber ohne Exzeß«, wie der französische Önologe Jean Siegrist zutreffend bemerkt hat. Capezzana verfügt über 105 Hektar Rebkulturen, die verstreut im Dreieck Seano, Bacchereto und Carmignano liegen. Der Carmignano wächst in zehn verschiedenen Weinbergen (insgesamt knapp 25 Hektar). Die »Riserva«, die fast jedes Jahr erzeugt wird (»Villa di Capezzana«), besteht aus einer Cuvée der besten Fässer im Keller. Die gesamte Carmignano-Produktion beläuft sich auf knapp 50 000 Flaschen. Rund ein Zehntel davon sind »Riserve«. Große Jahre: 1959, 1961, 1969, 1971, 1975, 1983, 1985. Sehr gute Jahre: 1967, 1974, 1979, 1982. Gute Jahre: 1964, 1972, 1977, 1980, 1982.*

## »VILLA DI TREFIANO«, CAPEZZANA, CARMIGNANO

*Seit 1979 füllen die Grafen Contini Bonacossi auch einen Lagen-Carmignano ab. Er kommt unter der Bezeichnung »Villa di Trefiano« auf den Markt. Trefiano ist der Name eines der besten Weinberge des Gutsbesitzes. Er liegt südöstlich von Carmignano zum Tal des Ombrone hin. Die Villa von Trefiano, die auf alten Landkarten noch als »Casa di Bacco« eingetragen ist, wird heute von Vittorio Graf Contini Bonacossi und seiner Familie bewohnt, dem Sohn des Patrons von Capezzana. Er ist auch für den Trefiano-Wein zuständig. Dieser wird aus Trauben gekeltert, die etwas früher gelesen werden als die für den Standard-Carmignano von Capezzana. Der Anteil an Cabernet liegt etwas höher. Der Wein wird mindestens 18 Monate im Faß ausgebaut, einen Teil davon – seit einigen Jahren – in kleinen »barriques«. Nach einem weiteren Jahr der Flaschenreife präsentiert er sich als sehr würziger, leicht säurebetonter, kraftvoller und finessereicher Wein, der trotz seiner Anklänge an den Bordeaux-Stil immer als Carmignano erkennbar bleibt. Er muß ohne Zweifel zu den höchstklassigen Weinen der Toskana gezählt werden. Die Produktion liegt zwischen 5000 und 7000 Flaschen pro Jahr. Große Jahre: 1983, 1985. Sehr gute Jahre: 1979, 1980, 1982.*

## FATTORIA AMBRA, CARMIGNANO

*Wie die Mehrzahl der Weinerzeuger von Carmignano produzieren auch die Romei Rigoli, die Besitzer von Ambra, nur in äußerst bescheidenen Dimensionen. Sie haben insgesamt acht Hektar unter Reben, wovon 3,5 Hektar für die Produktion ihres Carmignano vorgesehen sind. Diese befinden sich an den Hängen des Hügels, auf dem die Kapelle von Santa Cristina in Pilli thront. Der Carmignano von Ambra ist ein ungewöhnlich stilvoller Wein. Auf der Zunge ist er vollmundig, weich und sehr gut gerundet durch das zwei- beziehungsweise dreijährige Faßlager (für die »Riserva«), dennoch überwältigend fruchtig und vollkommen gradlinig. Keiner der letzten Jahrgänge wirkt, wie manche Weine der Zone, »gespalten«. Die außergewöhnliche Qualität dieses Weins hat viele Ursachen. Die Erträge liegen nicht nennenswert unter dem vom Gesetz festgelegten Limit. Die Trauben werden jedoch rund 20 Tage nach der normalen Ernte gelesen und sind vollreif, wenn sie in den Keller kommen. Der Most vergärt nur relativ kurz auf den Schalen, um den Wein nicht zu hart werden zu lassen, und der Ausbau findet ab September in kleinen Eichenfässern von 15 beziehungsweise sieben Hektolitern statt. Es scheint, als erhalte der Carmignano dort sein ungewöhnlich samtiges Gewand. Die Cabernet Sauvignon macht, wie üblich, zehn Prozent am Mischsatz aus. Die Reiser für diese Rebe stammen übrigens vom Château Lafite und wurden Ende der siebziger Jahre auf den Fuß alter Carmignano-Reben gepfropft. Ambra ist eine alte Fattoria, und die Romei Rigoli eine ebenso alteingesessene Familie von Carmignano. Lapo Rigoli, ein Rechtsanwalt aus Florenz, war zusammen mit Ugo Contini Bonacossi einer der Gründer der »Congregazine del Vino di Carmignano«, die über die Qualität der Weine wacht. Er starb 1984. Seitdem leitet sein Sohn Giuseppe das Gut. Er hat in Florenz Landwirtschaft studiert und in diesem Fach promoviert. Er ist für die Weinberge zuständig, während der Keller nach wie vor unter der Regie des alten Kellermeisters Leonardo Maciavelli steht. Ambra füllt nicht mehr als 10 000 Flaschen Carmignano und tausend Flaschen »Riserva« ab. Beste Jahrgänge: 1969, 1971, 1975, 1983, 1985.*

## FATTORIA DI BACCHERETO, BACCHERETO

*Bacchereto ist ein hochgelegenes Landgut, das nur wenig unterhalb des Kammes der Monti Albani direkt an der Waldgrenze liegt. Ursprünglich benutzten es die Mitglieder der Medici-Familie, die in der Villa in Poggio a Caiano beziehungsweise in der Villa »La Ferdinanda« bei Artimino lebten, als Jagdhaus für ihre Gäste, wenn sie in die dichten Wälder ausritten oder im königlichen Park jagten – nicht selten übrigens mit Leoparden. Bacchereto, das zur Villa Capezzana – oder umgekehrt – gehörte, hatte viele Besitzer, unter ihnen die Barone Rothschild-Franchetti aus dem Bankiers-Zweig der Familie, die den Besitz im vorigen Jahrhundert dann an die Grafen Contini Bonacossi verkauften. 1925 teilten die Contini Bonacossi Capezzana und Bacchereto. Letzteres wurde von den Bencini Tesi erworben und ist ein selbständiges Weingut. Der heutige Besitzer ist der Rechtsanwalt Carlo Bencini Tesi, der den Betrieb zusammen mit seinen Kindern leitet. Er hat aus dem Landgut ein Ferienhotel gemacht, das seinen Gästen Kurse in Yoga, Naturkosmetik, natürlicher Ernährung, diätetischem Kochen, Keramik und ähnlichem anbietet (» Albergo del Sole«). Der Wein, so scheint, steht seitdem nicht mehr an allererster Stelle der Prioritätenskala. Insbesondere die Kellerarbeit wirkt verbesserungsbedürftig. Der Carmignano etwa ist oftmals schon nach wenigen Jahren unfrisch und leicht oxidiert. Er zählt nicht zu den ersten Gewächsen der Zone, obwohl Bacchereto über hervorragende Lagen verfügt (»Bosco Tonino« und »Bosco del Martin«). Ihre besten Weinberge hatten die Bencini Tesi jedoch immer schon für ihren Chianti reserviert. Er übertrifft den Carmignano meist an Feinheit, vor allem die »Riserva«. Sie kommt von zwei Lagen, die wegen ihrer besonderen Bodenzusammensetzung (Kalkstein mit einem hohen Anteil an Tonerde) und den sehr alten Rebstöcken zu den herausragenden des ganzen Anbaugebiets gehören: »Vignavecchia« und »Santuaria«. Der junge Chianti ist ein köstlicher, die Auslese ein opulenter, stoffreicher Wein, viel langlebiger als der Carmignano, wenngleich auch er bisweilen etwas unfrisch und nicht immer perfekt ausbalanciert wirkt. Große Jahrgänge: 1967, 1969, 1971, 1975, 1983, 1985.*

mignano-Winzer geworden. Über die Politik hat er jedoch nie vergessen, sich um die Weine und den Keller der *Tenuta di Capezzana* zu kümmern. So hat er auch der Önologie der Carmignano-Zone große Dienste geleistet.

Die *Villa Capezzana* befindet sich etwa einen Kilometer außerhalb von Seano auf halber Höhe der Monti Albani. Sie ist nur über eine serpentinenartig gewundene, Zypressen-gesäumte Privatstraße zu erreichen und liegt inmitten eines kleinen, gepflegten Parks mit altem Baumbestand, von dem aus man einen weiten Blick in die Ebene von Prato bis hin nach Florenz hat. *Capezzana* war ursprünglich ein Landgut, das im 15. Jahrhundert gegründet wurde. Die Villa entstand wenig später im Auftrag der Medici und war als Sitz für eines ihrer weiblichen Familienmitglieder gedacht. Im Hofe wurde ein herrschaftlicher Brunnen gegraben, und neben dem Eingangsportal zwei aus Granit gehauene Plastiken aufgestellt, den Prometheus mit der Erdkugel auf den Schultern darstellend – Sinnbild für Macht und Bürde der Medici. Nach den Medici ging *Capezzana* in den Besitz der Markgrafen Bourbon del Monte, der Grafen Adimari Morelli und schließlich an den Baron Rothschild-Franchetti über, bevor er von den Contini Bonacossi übernommen wurde. Zu dem Bankier-Zweig der Rothschild pflegen diese noch heute gute Beziehungen. Die Reiser, mit denen die Cabernet-Reben

## VILLA FERDINANDA

*Die »Villa der hundert Kamine« wurde Ende des 16. Jahrhunderts von dem florentinischen Baumeister Bernardo Buontalenti errichtet, und zwar nach dem Vorbild der »Villa Medicea« in Poggio a Caiano. Sie verdankt ihre Entstehung dem plötzlichen Tod des Großherzogs Francesco I. Der Legende zufolge handelte es sich dabei um Mord. Sein Nachfolger, der im Verdacht stand, die Tat begangen zu haben, wollte – angeblich aus schlechtem Gewissen – nicht in das Haus seines Opfers einziehen und ließ sich nach dessen Vorbild eine neue Villa bauen – eben »La Ferdinanda«. Sie gehört heute zum Besitz von der Fattoria Artimino. Bild oben: Weinberge der Fattoria Artimino.*

von *Capezzana* veredelt werden, stammen zum Beispiel aus den Rebgärten des Château Lafite in Pauillac.

Aus den Kellern von *Capezzana*, die zum größten Teil neben der Villa in den alten Wirtschaftsgebäuden untergebracht sind, kommt heute eine große Palette von Weinen, die vom einfachen Weißen bis hin zu einem in französischen *barriques* ausgebauten Lagen-Carmignano (*Villa di Trefiano*) reicht. Eine Sehenswürdigkeit ist der alte Faßkeller unter der *Villa Capezzana*. Nur über lange, verwinkelte Gänge erreichbar, macht die Größe und seine Anlage deutlich, daß der Carmignano, der dort lagerte, immer schon ein reifebedürftiger, aristokratischer Wein gewesen sein mußte.

Zur *Tenuta di Capezzana* gehören rund 105 Hektar Weinberge. Damit zählt sie schon fast zu den großen Produzenten der Toskana. Vom Carmignano, der den Ruf des Hauses begründet hat, werden 50 000 bis 60 000 Flaschen jährlich abgefüllt. Der größte Teil der Weinberge ist jedoch in das Chianti-Kataster eingeschrieben, so daß in ihnen nur der normale Chianti Montalbano wachsen darf. Von ihm werden 250 000 Flaschen hergestellt, ein Teil davon als *Riserva*. Große Beachtung haben in den letzten Jahren auch zwei Tafelweine gefunden: Der *Ghiaie della Furba*, von einem mit 40 Prozent Cabernet Sauvignon, 30

Prozent Cabernet franc und 30 Prozent Merlot bepflanzten Weinberg stammend. In England und Amerika genießt dieser Tafelwein im Bordeaux-Stil (er wird in *barriques* ausgebaut) hohes Ansehen. In *barriques* gereift ist auch der Chardonnay, den die Contini Bonacossi seit einigen Jahren produzieren.

Neben diesen Prestigeweinen gerät einer der traditionellen Weine der Carmignano-Zone leicht in Vergessenheit: der Vin Ruspo. Er ist auf den ersten Blick ein Rosé-Wein, besitzt jedoch Gewicht und Persönlichkeit und ist daher mehr als nur ein einfacher Konsumwein. Die Geschichte des Vin Ruspo reicht bis weit in die feudalen Zeiten zurück, als die Bauern jenen Teil des Mostes, der beim Transport von den Weinbergen zur Kelter durch aufgeplatzte Schalen bereits ablief, heimlich auffingen, um daraus zu Hause ihren eigenen Wein zu bereiten. »Vin Ruspo« bedeutet: gestohlener Wein. Aus dem Gesetzesbruch wurde bald ein allseits geduldeter Brauch. Wenn der Wein fertig war, ließen es sich die Feudalherren nämlich nicht nehmen, ihn kritisch zu verkosten und für gut zu befinden. Mehr noch: Die zufällige Art der Entstehung dieses Weins erwies sich bald als eine qualitativ hochwertige Kelterungsmethode. Denn der Wein ist praktisch nur aus Vorlaufmost gemacht. Nach dieser Methode wird der Vin Ruspo noch heute gekeltert: durch Aufbrechen der Schalen in der Traubenmühle und natürliches Ablaufen des

## IL POGGIOLO, CARMIGNANO

*Nur einen Kilometer außerhalb des Dorfes Carmignano liegen, auf einem kleinen Hügel, Villa und Kellereigebäude von Il Poggiolo. Es gibt nicht wenige, die den Carmignano dieses Guts, das sich seit mehr als einem Jahrhundert in den Händen der alten Advokatenfamilie der Cianchi Baldazzi befindet, für den besten der Zone halten. Der heutige Inhaber, Giovanni Cianchi Baldazzi, ein Bauunternehmer aus Prato, führt den Betrieb jedenfalls mit dem Ehrgeiz, seinem Wein jene herausgehobene Stellung wieder zukommen zu lassen, die dieser Anfang des Jahrhunderts innehatte, als er auf internationalen Messen in Brüssel (1910) und Turin (1911) jeweils hoch prämiert wurde. Giovanni Cianchi Baldazzi gehört mit Ugo Contini Bonacossi von Capezzana zu den Gründern der »Congregazione« und hat als einer der ersten neue Wege im Weinbau und in der Kellerarbeit beschritten. Sein Carmignano wächst derzeit auf acht Hektar in drei verschiedenen Weinbergen: der größte Teil bei Comeana (»Vigne di Campisarti«), ein kleiner Teil bei Capezzana und ein noch kleinerer Teil direkt um das Gut. Ein neuer, ins Carmignano-Kataster eingeschriebener Weinberg ist bei Artimino angelegt worden (»Vigna di Calcinaia«). Dank eines besonderen Verfahrens zur Bekämpfung der Botritis kann die Lese auf Il Poggiolo sehr spät angesetzt werden. Der Most vergärt bis zu zehn Tagen auf den Schalen und wird mit Hilfe des »governo«-Verfahrens noch einmal refermentiert. Nach dem Abstich klärt sich der Wein nur noch durch Umziehen, wobei stets darauf geachtet wird, daß der Mond gerade im Abnehmen begriffen ist. Die moderne Önologie hat die alte Naturmystik nicht ganz verdrängen können. Zur Qualitätsphilosophie der Cianchi Baldazzi gehört es, ihren Carmignano nur als »Riserva« zu produzieren. Er reift mithin 18 Monate lang in alten, mittelgroßen Eichen- und Kastanienfässern, deren Inhalt vor der Flaschenabfüllung miteinander verschnitten wird. Rund 50 000 Flaschen werden erzeugt. Er ist ein sehr vollmundiger, reifer Wein mit einer betont fruchtigen Note, der ein beträchtliches Alterungsvermögen besitzt. Beste Jahre: 1969, 1975, 1979, 1983, 1985. Sehr gute Jahre: 1971, 1974, 1977, 1980, 1982.*

## FATTORIA ARTIMINO, ARTIMINO

*Für die (inzwischen widerlegte) These, daß in der Carmignano-Zone guter Wein nur von großen Erzeugern gemacht werden könne, ist zu einem guten Teil auch Artimino verantwortlich, das älteste Gut des Anbaugebiets und das mit der bewegtesten Geschichte. In den sechziger und siebziger Jahren hing der Ruf des Carmignano noch fast ausschließlich an der Tenuta di Capezzana und der Fattoria Artimino. Sie waren – und sind es auch heute noch – die bekanntesten und mit Abstand größten Weinerzeuger der Zone. Artimino, im Besitz einer Aktiengesellschaft, verfügt derzeit über rund hundert Hektar Rebland. Zum größten Teil werden einfache Weiß-, Rosé- und rote Tafelweine sowie mehrere Chianti erzeugt. Quantitativ gesehen fallen die rund 80 000 Flaschen Carmignano (davon durchschnittlich 20 000 »Riserva«) nicht sonderlich ins Gewicht. Dieser Wein ist es jedoch, der für das Ansehen von Artimino gesorgt hat. Es ist ein eher eleganter als sonderlich körperreicher Wein, der stark holzgeprägt ist und beträchtliche Klasse entwickeln kann. Der Anteil der hochwertigen Sangiovese-Traube war in der Vergangenheit relativ gering (50 Prozent), ist aber in den letzten Jahren deutlich aufgestockt worden. Auch die Weinbergsarbeit ist gegenüber den siebziger Jahren verbessert worden. Besondere Aufmerksamkeit wird der »Riserva« geschenkt, die aus dem besten Lesegut aller Weinberge gekeltert ist. Sie wird heute nur noch etwa zehn Tage auf den Schalen vergoren, um auch bei diesem Auslese-Wein die elegante Note zu unterstreichen. Verantwortlich für die Weinproduktion des Gutes, zu dem das Hotel »Paggeria Medicea« (ursprünglich das Gesindehaus der »Villa Ferdinanda«) in Artimino gehört, ist seit Anfang der achtziger Jahre Giuseppe Poggi. Er experimentiert auch mit einigen neuen Weinen. Große Jahrgänge: 1969, 1971, 1973, 1975, 1983, 1985.*

Mostes, nicht aber durch Abpressen der Trauben. Der Vin Ruspo von *Capezzana* ist das hervorragendste Beispiel für einen auf moderne Weise erzeugten, traditionellen Wein: Er ist mit Abstand der beste Vin Ruspo des Anbaugebiets.

Der zweite große Produzent der Carmignano-Zone ist die *Fattoria Artimino*. Sie liegt am anderen Ende des Anbaugebiets, schon verhältnismäßig nahe den Ufern des Arno. Ihre Weinbergsfläche ist etwas kleiner als die von *Capezzana*, und die Produktion des Carmignano beläuft sich auf etwa 65 000 Flaschen im Jahr. Es ist ein weicher, stärker holzbetonter Wein, der ohne Zweifel zu den Spitzengewächsen des Anbaugebiets zählt. In den letzten Jahren hat er noch einmal einen deutlichen Schritt nach vorne gemacht. Er reift anfangs schneller als der *Capezzana*-Wein und ist, soweit Vergleiche möglich sind, genauso lange haltbar wie dieser.

Die Fattoria ist nach dem Dörfchen Artimino benannt, das auf einem hochgelegenen Hügelplateau mitten zwischen Olivenhainen eingebettet ist. Ein mittelalterlicher Wachturm und Reste einer Befestigungsmauer sind Zeichen seiner früheren Wehrhaftigkeit. Keller und Kelterräume der Fattoria, die heute im Besitze einer Aktiengesellschaft sind, befinden sich etwas außerhalb des Dorfes direkt neben der Villa »La Ferdinanda«, die ebenfalls zum Besitz des Gutes gehört, und heute als Konferenzzentrum und Tagungslokal benutzt wird. Sie ist nicht nur eines der prunkvollsten Bauwerke der Toskana, sondern auch eines der geschichtsträchtigsten und legendenumwobensten. Sie wurde Ende des 16. Jahrhunderts von Bernardo Buontalenti errichtet, einem typisch universal gebildeten Renaissance-Künstler, der ebenso als Baumeister wie auch als Kostümbildner, Theateringenieur und Feuerwerker in die Geschichte der spätmittelalterlichen Kunst eingegangen ist. Er war der bekannteste Florentiner Architekt seiner Zeit, der am Ausbau des Palazzo Vecchio und der Uffizien beteiligt war, daneben für zahlreiche Herzöge und Grafen Festungsbauwerke auf dem Land errichtet hat. Die Villa »La Ferdinanda« markiert jene am Ende des 16. Jahrhunderts einsetzende Entwicklung der Renaissance-Architektur, statt schwer befestigter Burgen nun Villen, Sommerresidenzen und Lustgärten zu bauen. Zum Vorbild hatte sich Buontalenti die »Villa Medicea« in Poggio a Caiano genommen, nur ein paar Kilometer weit entfernt in der Ebene von Prato direkt an der heutigen Staatsstraße 66 gelegen. Diese Villa, hundert Jahre früher von Giuliano di Sangallo erbaut, ist zwar längst nicht so prunkvoll, kunsthistorisch jedoch ungleich interessanter. Sie gilt nämlich als bestes Beispiel für die Vollendung der Profanarchitektur jener Zeit.

Die beiden Bauwerke sind sich nicht nur äußerlich ähnlich. Es besteht auch eine innere Verbindung zwischen ihnen. Poggio a Caiano war Besitz der Medici. Großherzog Francesco I. zog sich, wenn die Geschäfte ihn nicht in Florenz hielten, gern dorthin zurück. 1587 ereilte ihn jedoch ein plötzlicher Tod. Er starb, wie man sagte, nach dem Genuß eines Glases kalten Wassers. Da seine Frau Bianca Capello, eine für ihre Schönheit berühmte Venezianerin, schon wenige Stunden später dasselbe Schicksal traf, ließen sich die Gerüchte nicht unterdrücken, es handele sich um Mord. War es einer, so ist er bis heute nicht vollständig aufgeklärt (es bestehen freilich große Zweifel an der Vermutung, in dem Wasser habe sich Gift befunden). Der Verdacht richtete sich damals jedenfalls gegen Ferdinand I., den Bruder von Francesco. Jener war Kardinal, legte nach dem Tod seines Bruders aber schnell das geistliche Gewand ab, um dessen weltliche Nachfolge anzutreten und selbst Großherzog der Toskana zu werden. Weil er sich fortan in Poggio a Caiano nicht mehr wohlfühlte, beauftragte er den Buontalenti, bei Artimino eine neue, ähnlich gestaltete Villa zu errichten. So entstand »La Ferdinanda«, die auch die Villa der hundert Kamine genannt wird, obwohl es höchstens 50 sind, die das Dach zieren.

Bevor das Auge der Medici auf Artimino gefallen war, hatte bereits Cosimo I., der Vorgänger des verstorbenen Francesco, die weinbauliche Eignung der Hügel zwischen Carmignano und

Artimino erkannt. Er erklärte das Land zum »barco reale«, zum »königlichen Park«, und grenzte es durch eine 32 Kilometer lange Mauer ein. In diesem Park durften nur Reben und Oliven angebaut werden, während das Land außerhalb des Parkes für die Jagd reserviert blieb. Dieser »barco reale« hat knapp 200 Jahre später wieder eine wichtige Rolle gespielt, als es galt, den guten Ruf des Weins von Carmignano und die hohe Winzermoral vor skrupellosen Geschäftemachern und professionellen Weinfälschern zu schützen. Die Bezeichnung »barco reale« tauchte nämlich 1716 in jenem als »Bando« bekannt gewordenen Erlaß auf, mit dem Großherzog Cosimo III. die wichtigsten Weinanbaugebiete der Toskana festlegte. Das Gebiet, dessen Weine den Namen »Carmignano« tragen durften, war zu einem guten Teil identisch mit dem Land, das innerhalb der Mauer des »barco reale« lag.

Zu den renommiertesten Weinen von Carmignano zählt auch derjenige der *Fattoria Bacchereto*. Sie liegt im westlichen Zipfel des Anbaugebiets, nur wenige Kilometer von der *Villa Capezzana* entfernt. Bis 1925 gehörte sie zum Besitz von *Capezzana*. Der *Bacchereto*-Carmignano ist, obwohl von besten Lagen kommend, noch ein sehr traditionell gekelterter Wein. Die *Riserva* des Chianti Montalbano, die aus den Kellern des Gutes kommt, ist dagegen ein vergleichsweise feines, langlebiges Gewächs. Große Jahrgänge wie der 69er halten sich durchaus 15 Jahre und können sich zu höchst charaktervollen Tropfen entwickeln.

Im östlichen Teil des Anbaugebiets befinden sich mindestens drei hervorragende Produzenten: *Calavria*, *Le Farnete* und *Ambra*. Alle liegen bei Comeana, einem Dörfchen, das stolz auf seine etruskischen Gräber ist, die man in seiner Nähe gefunden hat (bei Boschetti und Montefortini). *Ambra* ist eine kleine Fattoria, die dem Rechtsanwalt Lapo Rigoli gehört und einen sehr stilvollen Carmignano produziert. Sie liegt ungefähr auf halber Strecke zwischen Comeana und Poggio a Caiano. *Calavria* befindet sich nahe der Ausfallstraße nach Signa und keltert einen eher leichtgewichtigen, aber sauberen Carmignano. Ein Teil ihrer Weinberge liegt bei Bacchereto, wo sich die besten Böden des Anbaugebiets befinden, der andere Teil um die Villa selbst. *Calavria* befindet sich seit dem 16. Jahrhundert im Besitz der Grafen Michon Pecori. Heute wird die Domäne von Giovanni Conte Michon Pecori geleitet. *Le Farnete* ist ebenfalls ein Gut, dessen Ursprünge bis weit in die Zeit des Feudalismus reichen, als die Mazzinghi, eine Florentiner Adelsfamilie, noch die Herren von Comeana waren. Ende des 19. Jahrhunderts fiel ein Teil ihres alten Besitzes, der inzwischen mehrere Eigentümer hatte, der Advokaten-Familie der Lepri zu. Sie machen einen kraftvollen, tanninreichen, jedoch etwas bäuerlichen Wein, der eine eigene Charakteristik aufweist.

Carmignano selbst ist das Zentrum der Anbauzone. Es ist auf einem langgestreckten Hügelrücken errichtet und gehörte spätestens seit dem Jahre 1328 zum Besitz von Florenz. Die Kirche des Dorfes ist eine Gründung des heiligen Franz von Assisi. Etwa einen Kilometer außerhalb von Carmignano in Richtung Seano befindet sich einer der besten Carmignano-Produzenten: die *Fattoria Il Poggiolo*. Ihr Carmignano hat durch die Jahre hindurch immer zu den ersten Gewächsen der Zone gezählt. Es sind körperreiche und dennoch elegante Weine von großer Distinktion und Ausdruckskraft. Andere gute Produzenten sind die *Fattoria di Castello* (in Carmignano), das *Podere Le Poggiarelle* (an der Straße von Seano nach Bacchereto) und *Il Cerretino* (eine sehenswerte alte Medici-Villa nahe Poggio a Caiano, in der Bianca Capello lebte, bevor sie Francesco I. heiratete und unter mysteriösen Umständen zu Tode kam). Einen vorzüglichen Carmignano füllen auch die Gebrüder Pratesi ab. Es sind zwar nur rund tausend Flaschen im Jahr. Doch es ist ein sehr sauberer, weitgehend naturbelassener Wein. Da er in Fässern aus weniger geschmacksintensivem Kastanienholz ausgebaut ist, zeigt er viel natürliche Fruchtaromen. Ihr *Podere Lo Locco* liegt unterhalb von Capezzana.

Es gibt noch mehr als ein Dutzend Winzer, die ihren Carmignano teils offen verkaufen, teils überhaupt nur Chianti und Vin Ruspo erzeugen, weil sie nicht über Lagen verfügen, in denen ihr Wein auf die vorgeschriebenen 12,5 Vol.% Alkohol kommt. Für sie könnte bald ein neuer Wein interessant sein, den einige Güter bereits heute produzieren. *Barco Reale* heißt er, ist wieder von *Capezzana* kreiert worden und entspricht dem Trend nach jungen, leichten Weinen. Er ist, salopp gesagt, ein Carmignano für arme Leute und wartet derzeit auf seine Anerkennung als D.O.C.-Wein.

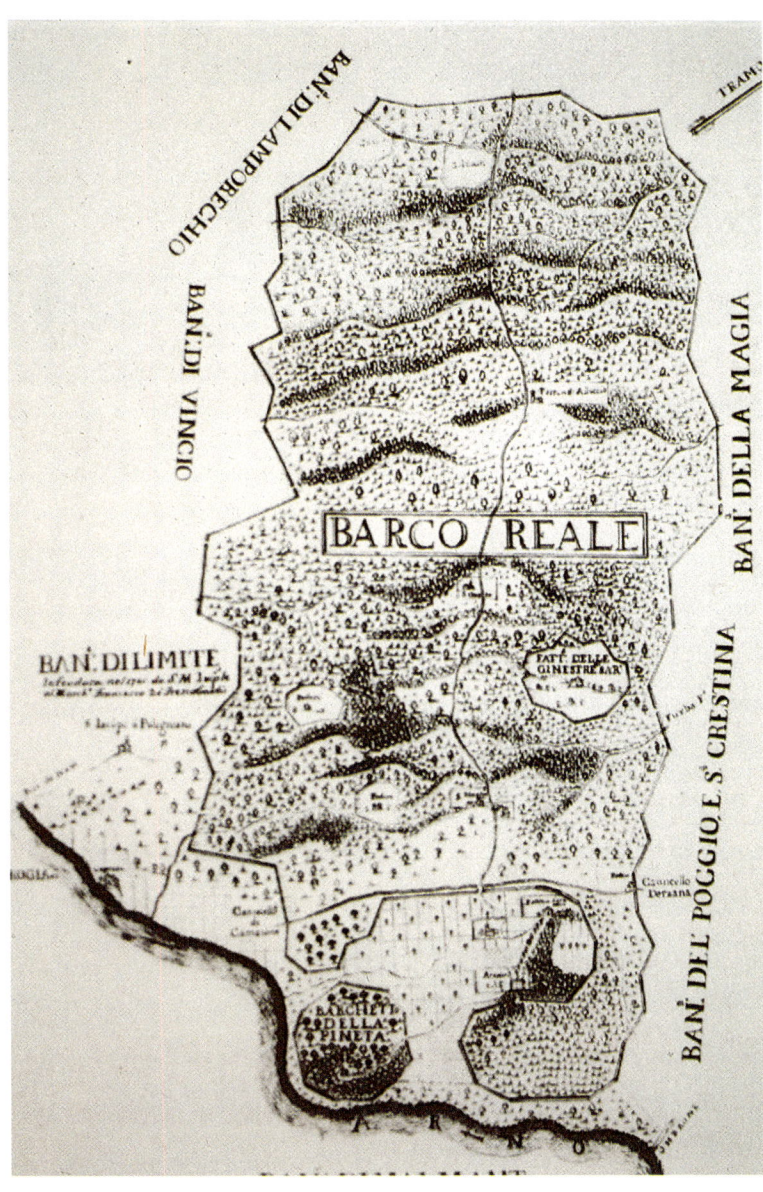

## DER KÖNIGLICHE PARK

*Cosimo I. von Medici erkannte früh die besondere Eignung der Hügel um Carmignano für die Landwirtschaft. So ließ er das Land mit einer 32 Kilometer langen Mauer einfrieden, um es von den umliegenden Wäldern abzugrenzen, die für die Jagd reserviert bleiben sollten. Im »königlichen Park«, wie er genannt wurde, pflanzten die Bauern vor allem Reben und Oliven an. Öl und Wein von Carmignano waren schon damals wegen ihrer vorzüglichen Qualität geschätzt und auch außerhalb Carmignanos sehr gefragt. Mit der Einrichtung des »barco Reale« wurde zudem die Herkunft des Weins, der sich »Carmignano« nennen durfte, genau festgelegt. Insofern diente der Bau der Mauer einem ähnlichen Zweck wie die 500 Jahre später erlassenen D.O.C.-Gesetze. Reste der Mauer sind noch heute um Carmignano zu finden.*

247

# COSTA TOSCANA

Bei Urlaubern steht die toskanische Küste in bestem Ruf. Aus Rom oder Mailand, Köln oder London angereist, bevölkern sie, um Sonne und Meer zu genießen, im Sommer zu Tausenden die weißen Strände von Donoratico, Follonica, Punta Ala oder Castiglione della Pescaia. Als Weinregion genießt die Costa Toscana dagegen ein weniger gutes Ansehen. Sie gilt als Land von dünnen Weißweinen, billigen Rosés und ausdruckslosen Rotweinen. Zuzuschreiben haben sich diesen schlechten Ruf die Winzer selbst, die ihre Äcker in dem flachen Küstenstreifen rodeten, um dort Reben zu kultivieren, wo bestenfalls Mais hingehört. Massenerträge von 200 Hektolitern und mehr pro Hektar waren und sind keine Seltenheit, und daß die Zement- und Stahltanks der Genossenschafts-Kellereien häufig unmittelbar neben den Industriebetrieben der Küste stehen, ist kein Zufall. Gleich und gleich gesellt sich gern. Dabei sind die natürlichen Voraussetzungen, die man in diesem Teil der Toskana antrifft, nicht nur für die Touristen, sondern auch für den Rebbau günstig. Kaum daß sich die Hügel aus dem flachen Küstenlitoral erheben, wird der Boden steiniger, der Anteil an fruchtbarem Löß geringer. Zwar besitzt er kaum irgendwo soviel *galestro* wie der des Chianti, doch ist er mager genug, um die Reben »leiden« zu lassen.

Die Costa Toscana reicht von den Stränden Pisas im Norden bis an die Grenze Latiums im Süden, die Inseln eingeschlossen. 95 Prozent des Weins, der dort erzeugt wird, kommt über die Stufe eines anspruchslosen Konsumartikels nicht hinaus. Einige sind wenigstens handwerklich gut gemacht, andere dafür höchstens ein weinähnliches Getränk, aber kein Wein. Den meisten Winzern mangelt es an Ehrgeiz, anspruchsvolle Gewächse zu erzeugen, vielen darüber hinaus an önologischem Wissen. Das Bestreben, Qualität statt Menge zu produzieren, ist wenig ausgeprägt. Auf Elba etwa bedarf es, um die Weine zu einem anständigen Preis verkaufen zu können, schon ahnungsloser Touristen und eines Zugpferdes wie Napoleon Bonaparte, der während seines Exils auf der Insel bekanntlich im Rebbau dilettierte. Nur wenige Winzer können sich leisten, auf den Etiketten ihrer Weine oder in ihren Prospekten sich des Hinweises auf den berühmten Franzosen zu enthalten. Er ist die einzige Reputation, die die Gewächse Elbas für sich in Anspruch nehmen können. Eine, die ohne den Namen des großen Feldherrn auskommt, ist Giuliana Foresi. Ihr gehört die *Tenuta La Chiusa*, der renommierteste Winzerbetrieb der Insel, der bei Magazzini in der Bucht von Portoferraio liegt. Aus seinen Kellern kommen zwei ausgezeichnete Weine: der Elba Rosso, ein von alten Sangiovese-Reben stammender Wein (er enthält nur einen geringen Anteil an weißen Trauben), und der Elba Bianco. Er wird aus der Procanico-Rebe gewonnen, einer Spielart der Trebbiano. Er wird einige Monate lang in großen Holzfässern ausgebaut.

SALZIGE WEINE

*Mario Mattei und Analisa Nahmias
sind biologische Winzer. Die Mengen
an Wein, Öl und Tomatenmark, die sie
auf »La Rinserrata« erzeugen, sind
zwar winzig. Doch sie verkaufen sie bis
nach Bloomingdale's in New York. Die
Weine der Costa wachsen nicht weit
vom Meer. Sie schmecken »salato«, wie
die Italiener sagen: salzig.*

249

## LA RINSERRATA, CASALE MARITTIMO

*Am Ortseingang nach Casale zweigt links bei der kleinen Kapelle (von Guardistallo kommend) ein Feldweg ab, der geradewegs nach Rinserrata führt. Der Name bezeichnet das Gemeindeland östlich von Casale, wo die wilde, zerklüftete Bergwelt der Colline Metalifere beginnt. An dieser Stelle haben Mario Mattei und Annalisa Nahmias im Jahre 1963 ein kleines Landhaus mit sechs Hektar Umschwung erworben und sich einige Jahre später dorthin zurückgezogen. Beide kamen aus Mailand. Er hatte in der Werbung gearbeitet, sie in einem Architekturbüro. In der Landwirtschaft, speziell im Weinbau, waren sie Autodidakten. Doch durch Selbststudium und ständiges Experimentieren haben sie es geschafft, eine qualitativ hochwertige Produktion von Wein, Olivenöl und Tomatenmark aufzubauen, die bis zu Bloomingdale's nach New York verkauft werden. Es sind allesamt biologisch erzeugte Produkte. Sanfte Bodenbearbeitung, organischer Dünger und integrierter Pflanzenschutz sind unveräußerliche Bestandteile der Philosophie dieses Betriebs (die er mit dem Podere Grattamacco und dem Podere Morazzano bei Montescudaio teilt). Kompostierter Gründünger zur Verbesserung der Nährstoffbasis des Bodens und Bordelaiser Brühe zur Bekämpfung der Rebkrankheiten – mehr Eingriffe in den Haushalt der Natur gibt es nicht auf La Rinserrata. Die Erträge sind gering und überschreiten selten 45 Hektoliter pro Hektar (die Weinbergsfläche ist allerdings nur einen knappen Hektar groß). Der Montescudaio Rosso (3000 Flaschen) besteht zu 75 Prozent aus Sangiovese-Trauben, 15 Prozent Trebbiano und zehn Prozent Colorino. Er wird mit »governo« hergestellt, bleibt ein bis zwei Jahre im Faß und wird ohne Filtration auf die Flasche gezogen. Es gibt große, natürliche Jahrgangsschwankungen, aber wenigstens in zwei Jahren hat La Rinserrata gezeigt, daß es große Gewächse hervorbringen kann: 1977 und 1983. Auch der Vino Rosato (3000 Flaschen) ist mehr als ein normaler Rosé-Wein. Er wird nur aus dem Vorlaufmost gewonnen und besitzt Körper, Feinheit und zarte Fruchtaromen.*

## SASSICAIA TENUTA SAN GUIDO, BOLGHERI

*Der Sassicaia ist der erste reinsortige Cabernet-Wein Mittelitaliens gewesen. Er verdankt sich dem Umstand, daß die Marchesi Incisa gerne Bordeaux-Weine tranken, wie es in den gehobenen Gesellschaftskreisen Italiens einst üblich war. Als der Zweite Weltkrieg ausbrach und, weil Italien und Frankreich auf verschiedenen Seiten kämpften, die Versorgung mit Bordeaux-Weinen schwieriger wurde, versuchte Mario Incisa auf einem Hügel bei Bolgheri selbst französische Reben anzupflanzen. Das war 1942. Der Wein, der so entstand, war zwar ein Cabernet-Sauvignon-Gewächs, doch offenbar eines, das sich nicht ganz mit den französischen Hochgewächsen messen konnte. Es wurde zum Familienwein, der höchstens Freunden und Verwandten vorgesetzt wurde. Bis 1956 füllte man ihn nicht einmal in Flaschen ab. Einer der Verwandten, der ihn verkosten durfte, war Gherardo della Gherardesca, ein großer Weinkenner, und er fand ihn immerhin so gut, daß er Mario Incisa riet, mehr solcher Reben zu kultivieren. Das war Ende der 50er Jahre. Mario Incisa bepflanzte daraufhin ein Feld am Fuße jenes Hügels, auf dem die alte Burg von Castiglioncello thront, mit Cabernet-Reben. Der Wein, der dort wuchs, geriet in der Tat so gut, daß selbst Piero Antinori, der Neffe Mario Incisas, seinem Onkel klarmachte, daß der Wein kommerzialisiert werden müsse. So wurde er regulär in den Handel gegeben und nach dem Feld benannt, auf dem er gewachsen war: Sassicaia. Das war 1968. Seitdem ist er in guten Jahren regelmäßig abgefüllt worden: zuerst in 7300 Flaschen, heute in etwa 60000 Flaschen. Er war anfangs fast ausschließlich aus Cabernet-Sauvignon gekeltert. Seit 1979 enthält er rund 30 Prozent Cabernet franc. Die Trauben wurden in Bolgheri abgepreßt und vergoren. Nach der malolaktischen Gärung im Frühjahr wurde der Wein nach San Casciano gebracht und bei den Antinori nach den Vorstellungen von Giacomo Tachis, des Chef-Önologen, der die Marchesi Incisa auch beim Rebbau und bei der Weinbereitung berät, ausgebaut (heute wird der Wein komplett in Bolgheri erzeugt). Zwischen 18 und 24 Monaten reift er in »barriques«, die teils aus französischer Troncais-Eiche, teils aus slowenischer Eiche gefertigt sind. Große Jahrgänge: 1971, 1975, 1978, 1982, 1983.*

*La Chiusa* befindet sich seit 200 Jahren im Familienbesitz der Foresi, eines bekannten Inselgeschlechts, das seit ebenso langer Zeit für seine vorzüglichen Weine bekannt ist. Schon 1888 auf der Weltausstellung in London haben die Foresi ein Ehrendiplom erhalten, dem zahlreiche andere Anerkennungen in späteren Jahren gefolgt sind. Die Rebgärten liegen in unmittelbarer Meeresnähe direkt um die Villa herum und werden von einer alten, aus dem 18. Jahrhundert stammenden Begrenzungsmauer eingefaßt, wie sie im Burgund vielerorts zu finden ist. *La Chiusa* entspricht denn auch dem französischen *clos* und deutet darauf hin, daß es sich um eine besondere, abgegrenzte Lage handelt, in der die Foresi-Weine wachsen. Freilich hebt sie sich nicht allein dadurch von den anderen Gewächsen der Insel ab. Mit 30 Hektolitern pro Hektar produziert sie bedeutend weniger als jeder andere Winzer Elbas (die D.O.C.-Statuten erlauben 90 Doppelzentner, was ungefähr 63 bis 70 Hektolitern entspricht). Ihr Weißwein ist ungemein nervig, weich und sehr charaktervoll. Der Rotwein weist bei mittlerer Stoffülle einen beachtlichen Nuancenreichtum auf.

Auch die wenigen Festlandsweine, die einer Hervorhebung wert sind, kommen von passionierten Weinmachern, die es sich zur Aufgabe gemacht haben, das Beste aus Boden und Reben herauszuholen. Daß das nicht wenig ist, hat der Sassicaia bewiesen, der in der Vergangenheit nicht selten als bester Rotwein Italiens apostrophiert wurde. Er ist ein reinsortiger Cabernet-Wein im Bordeaux-Stil und wächst in einem kleinen Weinberg bei Bolgheri. Auch im internationalen Vergleich, etwa mit den Hochgewächsen aus dem Bordelais, hat er stets eine sehr gute Figur gemacht.

Der Erfolg des Sassicaia und der Umstand, daß die Nachfrage nach ihm das Angebot um ein Vielfaches übersteigt, hat dem Ruf der Costa Toscana gut getan. Aber dieser Wein der Extraklasse ist ein Unikat geblieben. Es gibt keinen zweiten oder dritten Wein, der ihm nahekäme. Es gibt dafür einige sehr gute Weine aus den traditionellen Rebsorten, die sich deutlich von dem Mittelmaß der restlichen Produktion dieses Landstrichs abheben: der Montescudaio Rosso der *Fattoria San Giovanni* zum Beispiel, der ein großer Wein von beachtlicher Tiefe sein kann; oder der Montescudaio Rosso des *Podere La Rinserrata*, eines winzigen, auf öko-

## SASSICAIA

*Der Sassicaia ist der erste reinsortige Cabernet-Wein der Toskana gewesen. Benannt wurde er nach dem gleichnamigen Weinberg am Fuße des Hügels von Castiglioncello (linke Seite). Erzeugt wird er seit den 40er Jahren von den Marchesi Incisa (links: Marchese Niccolò). Ihre toskanische Residenz ist die Villa Il Poggio bei Bolgheri (oben).*

## ELBA ROSSO TENUTA LA CHIUSA PORTOFERRAIO

*La Chiusa liegt oberhalb der Bucht von Portoferraio auf Elba. Herren- und Gesindehaus dieses Gutes sind französischen Ursprungs. Sie stammen aus dem 18. Jahrhundert. Die Weinberge, die unmittelbar um das Anwesen liegen, sind noch mit einer alten Mauer eingefaßt, wie sie im Burgundischen häufig angetroffen wird. »La Chiusa« bedeutet denn auch nichts anderes als das französische Wort »clos«. Das Gut ist seit über 400 Jahren im Besitze der Foresi. Jacopo Foresi, ein Enkel des auf der ganzen Insel bekannten Vincenzo Foresi (er war ein guter Freund des Napoleon Bonaparte und trat als Finanzier für dessen Krieg der hundert Tage auf) galt schon damals als hochgeschätzter Önologe, der zahlreiche Auszeichnungen für seine Weine bekam, obwohl er, wie berichtet wird, diese einmal mangels ausreichendem Faßraum in einer ausgetrockneten Zisterne gelagert hat. Bis 1972 kümmerten sich örtliche Bauern um die Traubenproduktion von La Chiusa, während der Vater der heutigen Besitzerin, ein Arzt aus Livorno, neben seinem Beruf die Kellerarbeit besorgte. Dann übernahm seine Tochter den Betrieb. Sie, die in Mailand eine florierende Werbeagentur betrieb, zog sich ganz auf den alten Sommersitz ihrer Familie zurück und konzentrierte sich fortan auf das Weinmachen. Sie hat sich dabei klar für den Weg der Qualität entschieden. Sie verarbeitet nur das allerbeste Traubengut und kommt so auf Hektarerträge, die bei der Hälfte dessen liegen, was die D.O.C.-Statuten erlauben. Ihr Elba Rosso ist ein ungewöhnlich extraktreicher Wein von fester Statur, der nicht nur Körper und Alkoholgradation, sondern auch genügend Säure und Tannin aufweist, um als nobler Nektar bezeichnet zu werden. Er wird fast ausschließlich aus Sangiovese-Trauben gekeltert, die von bejahrten Stöcken eines alten Klons kommen. Je nach Jahrgang wird er 16 bis 24 Monate im Holzfaß ausgebaut. Seine Feinheiten liegen vor allem in der würzigen, facettenreichen Frucht. Die Italiener nennen so einen Wein »salato«: salzig. Knapp 16 000 Flaschen werden von ihm abgefüllt. Großer Jahrgang: 1979. Sehr gut: 1977, 1978, 1981, 1982, 1983.*

## ELBA BIANCO TENUTA LA CHIUSA PORTOFERRAIO

*In den Weingärten der Tenuta La Chiusa wachsen noch zahlreiche alte Weißweinsorten wie Ansonica, Biancone, Moscato und Procanico. Letztere ist die auf Elba anzutreffende Spielart der toskanischen Trebbiano. Aus ihr ist der Elba Bianco sortenrein gekeltert. Die Weißweine von Elba waren schon früher für ihren Körperreichtum, ihre reiche, oft satte Frucht und den erhöhten Alkoholgehalt bekannt, wodurch sie sich deutlich von den gleichsortigen Kreszenzen des Festlandes unterschieden. Das Meer, das die Wirkungen der Sonnenstrahlen verstärkt, könnte ein Grund für die besondere Charakteristik der Inselweine sein. Die mineralreichen Böden, die sich auf dem Eiland finden, sind sicherlich ein anderer. Heute fallen die meisten Elba-Weine leicht aus, und es gibt nur wenige Weinmacher, die die alten Tugenden hochhalten. Zu ihnen gehört Giuliana Foresi. Ihr Elba Bianco ist ein kräftiger, voller Weißwein mit akzentuierter Frucht in einer weichen, warmen Hülle. Er wird nach Art ihres Vaters ein paar Monate lang in großen, alten Holzfässern (Eiche und Kastanie) ausgebaut. Er ist kein Wein von Finesse, doch einer von Originalität und von rustikalem Charme. Etwa 18 000 Flaschen werden davon abgefüllt.*

logischer Basis arbeitenden Betriebs, der sich auf die Produktion kleiner Mengen Wein (und Olivenöl) von bester Qualität spezialisiert hat. Beides sind völlig verschiedene Weine. Doch sie besitzen Individualität und Ausdruckskraft, und wenn sie auch nicht in jedem Jahr große Qualitäten hervorbringen, so hat es doch mehr als einen Jahrgang gegeben, in denen sie von der Spitze der toskanischen Weinproduktion nicht weit entfernt waren.

Südlich von Montescudaio, unweit der Weinberge, in denen der Sassicaia wächst, befindet sich eine weitere kleine Domäne, die in den letzten Jahren zu Recht Schlagzeilen gemacht hat: das *Podere Grattamacco*. Unter der Regie eines ehemaligen Management-Schülers und späteren Weinhändlers, den es eines Tages unwiderstehlich aus dem Norden in die Toskana zum Weinmachen trieb, entstehen dort zwei sehr feine Tropfen: der *Grattamacco*, ein überwiegend aus Sangiovese-Trauben gekelterter, mittelgewichtiger Rotwein, und ein schlanker, sehr rassiger Weißwein (*Grattamacco Bianco*), der von feinsten Aromen geprägt ist, sehr reduktiv ausgebaut wird und ein zartes Bouquet von Williams-Birnen besitzt. Kein anderer Weißer der toskanischen Küste reicht an ihn heran, und nur wenige aus dem Chianti besitzen seine Klasse.

*Grattamacco* liegt innerhalb der D.O.C.-Zone des Bolgheri Rosato und des Bolgheri Bianco (die Weine, die aus den Kellern des *Podere Grattamacco* kommen, sind jedoch sämtlich Tafelweine). Die Weißwein-Bereitung hat in Bolgheri eine lange Tradition, während der Rosé-Wein ein Produkt der jüngsten Zeit ist, das seinen Ruf eigentlich nur den Antinori verdankt. Sie begannen nach dem Zweiten Weltkrieg in der Tenuta Belvedere mit der Produktion dieses leichten Sommerweins (nachdem alle Pläne, einen solchen Wein auf Elba unter der werbewirksamen Zuhilfenahme des Namens Napoleon zu erzeugen, gescheitert waren). Heute werden in ihrer *Tenuta Belvedere* 300 000 Flaschen des Rosé di Bolgheri produziert.

Bolgheri ist eine sehenswerte Ortschaft fünf Kilometer im Hinterland der Küste. Sie ist ländlich, aber nicht dörflich geprägt. Die alten Häuser sind dicht um das Schloß gedrängt und liegen zum größten Teil noch innerhalb des früheren Verteidigungsrings. Die meisten sind sauber verputzt oder ockergelb gestrichen –

## FATTORIA SAN GIOVANNI, MONTESCUDAIO

*San Giovanni gehört zu den wenigen Gütern von Montescudaio, deren Weine es wert sind, erwähnt und näher beschrieben zu werden. Es liegt etwa einen Kilometer vor Montescudaio (von Cecina kommend) im Tal des Cecina-Flusses. Rund 80 Hektar Land gehören zu seinem Besitz. In den flachen, feuchten Flußniederungen werden Mais, Getreide und Rüben angebaut. Auf den steinigen, ockergelben bis rötlichbraunen Böden der Hügelzone wird Wein produziert. Insgesamt stehen 20 Hektar unter Reben. Das gleichmäßig milde Klima und die vor kalten Winden geschützte Tieflage lassen die Trauben nahezu jedes Jahr voll ausreifen. Eine Fäule tritt selten auf. Die Rebenerziehung ist streng und der Beschnitt rigoros. Selten werden mehr als 50 Doppelzentner pro Hektar geerntet. Eine Düngung wird nur alle zwei bis drei Jahre vorgenommen. Sie erfolgt auf organischer Basis. Der Betrieb hält zu diesem Zweck eigens eine Schafherde. Der Montescudaio Rosso ist der feinste Wein, der aus den Kellern von San Giovanni kommt. Er wird jedes Jahr hergestellt (75 Prozent Sangiovese, zehn Prozent Malvasia Nera, je fünf Prozent Canaiolo und Trebbiano) und ist normalerweise ein Jahrgangswein. In sehr guten Jahren wird die gesamte Produktion, die zwischen 60000 und 80000 Flaschen schwankt, zu einer »Riserva« ausgebaut: 18 Monate Reife in Eichenholzfässern, fünf Monate in der Flasche. 1968, 1974 und 1977 waren sehr gute Jahrgänge, in denen der Montescudaio Rosso alle Attribute eines großen Weins besaß: eine feste Säurestruktur, eine feingliedrige Frucht mit tiefem Brombeeraroma, zarter Lakritzgeschmack und ein duftiges Veilchen-Bouquet. Die Jahrgänge 1979, 1981 und 1982 sind vielversprechend, wenn auch nicht alle das Niveau ihrer Vorgänger erreichen werden. San Giovanni ist eine alte, um 1500 gegründete Fattoria, die einst im Besitze der Bank von Lucca war und 1967 von Roberto Moschen, einem Bauunternehmer aus dem Trentino, erworben wurde. Er und sein Verwalter Corrado Balpiaz waren die ersten, die in der Toskana Chardonnay-Reben pflanzten und daraus einen sehr guten reinsortigen Weißwein kelterten. Auch mit Cabernet-Reben experimentierten sie beizeiten.*

## GRATTAMACCO, CASTAGNETO CARDUCCI

*Grattamacco liegt zwischen Castagneto Carducci und Bolgheri unweit der Weingärten, in denen der Sassicaia wächst. Das kleine Gut wird von Piermario Meletti Cavallari geleitet (Jahrgang 1942), der aus Bergamo stammt, und bei der Bereitung des Weins eine ebenso glückliche Hand bewiesen hat wie bei dessen Vermarktung. Er hat Soziologie und Ökonomie studiert, eine Management-Schule besucht, sich dann aber mit einer kleinen Weinhandlung in Bergamo selbständig gemacht. 1977 kaufte er das Landhaus bei Grattamacco samt einer kleinen, 800 Meter entfernt liegenden Hofstelle, in der er seinen Keller einrichtete. Die alten Sangiovese-Reben, die er in den Weingärten vorfand, erzog er zu höherem Wuchs und pflanzte zugleich neue Reben an (zum Beispiel Cabernet Sauvignon und franc). Sie bilden zusammen mit Colorino- und Malvasia-Nera-Trauben die Basis für seinen Grattamacco, einen sehr feinfruchtigen, grazilen, nicht sonderlich schweren Rotwein, der einige Monate in »barriques« aus tanninarmer Allier-Eiche und »süßer« slowenischer Eiche (aber auch anderen Hölzern) ausgebaut wird und nach rund anderthalb Jahren in den Handel kommt (7000 Flaschen). Berühmter noch ist sein Grattamacco Bianco, ein aus Trebbiano-Trauben (80 Prozent) und Malvasia (20 Prozent) gekelterter Weißwein (20 000 Flaschen). Er ist, wie auch der Rotwein, nur minimal geschwefelt, wird aus reinem Vorlaufmost gewonnen und vor der Abfüllung nur ganz schwach gefiltert. Kellerraum und Faßkeller werden peinlich saubergehalten. Sterile Flaschenabfüllung ist eine Selbstverständlichkeit. Auch die acht Hektar Weinberge von Grattamacco werden sorgfältig gepflegt. Sie liegen direkt um das Landhaus in 150 Meter Höhe und werden nur organisch gedüngt. Statt mit synthetischen Schädlingsbekämpfungsmitteln arbeitet Meletti Cavallari mit traditionellem Kupfersulfat. Grattamacco befindet sich noch im Aufbau. Es ist eines jener typischen Kleingüter in der Toskana, die schnell einen eigenen Stil entwickelt haben und in kleinstem Rahmen hochwertige Weine erzeugen. Der Experimentierlust seines Besitzers werden bald weitere Weine entspringen.*

ebenso Zeichen der *nobiltà* wie die schnurgerade, fünf Kilometer lange Zypressenallee, die von der Via Aurelia zum Ort führt. Bolgheri ist Sitz der Grafen von Gherardesca, einer berühmten Adelsfamilie langobardischen Ursprungs, die Politiker, berühmte Feldherren und vor allem große Kirchenmänner hervorgebracht hat. Vor tausend Jahren gehörte ihnen das gesamte Land in einem weiten Umkreis von Bolgheri. Bolgheri wurde in seiner heutigen Gestalt allerdings erst zu Anfang des 18. Jahrhunderts errichtet, als die Gherardesca erkannten, wie fruchtbar der Boden an dieser Stelle war. Hundert Jahre später legte Guido della Gherardesca dann Kanäle an, um das Land bewässern zu können. Trockenheit war und ist die einzige Gefahr, die der Landwirtschaft in diesem Teil der Maremma droht. Über dem Brunnen, den er bohren ließ, findet man noch heute ein Epitaph, das die Bürger von Bolgheri aus Dankbarkeit für sein segensreiches Werk angebracht haben. Nach ihm ist auch die *Tenuta San Guido* benannt, jenes Landgut, das heute den Sassicaia erzeugt. Es liegt an der Via Aurelia und befindet sich im Besitz der Marchesi Incisa, einer aus dem Piemont stammenden Adelsfamilie, die ihren Hauptsitz in Rocchetta Tanaro hat und deshalb an ihren Namen die Bezeichnung »della Rocchetta« angehängt hat. Nach der Heirat von Mario Incisa mit Clarice della Gherardesca war den »della Rocchetta« schon vor dem Zweiten Weltkrieg ein Teil des Gherardesca-Besitzes zugefallen. Mario erlangte vor allem als Pferdezüchter große Bekanntheit. Aus seinem Stall kam der berühmte Hengst Ribot, der in den 50er Jahren alle Rennen gewann, bei denen er an den Start ging (unter anderem zweimal hintereinander den »Arc de Triomphe« in Paris). Weniger bekannt ist, daß er auch ein großer Naturfreund war und, wie sein Großonkel, ein Rebensammler. Er begann zum Beispiel, auf dem Besitz bei Bolgheri erstmals Merlot, Pinot Nero und Cabernet zu kultivieren. Aus der letzten Sorte entstand dann später der Sassicaia.

Zur *Tenuta San Guido* gehören heute 23 Hektar Rebfläche, die teilweise mit sehr alten Rebstöcken kultiviert sind, teilweise aber auch mit jungen, weil die Nachfrage nach dem Wein die Incisa gezwungen hat, die Rebflächen ständig auszuweiten. Sie liegen zwischen Olivenkulturen und Pinienhainen unweit der Villa »Il Poggio«, die sich ihrerseits einen Kilometer von Bolgheri befindet und den Incisa als Residenz dient. Die Böden dort sind relativ sandig, mäßig steinig und von mittlerem Kalkgehalt. Sie liegen nur wenige Kilometer von der Küste, und wer den Sassicaia verkostet hat, könnte meinen, es sei das Salz des Meeres, das ihm seinen unverwechselbaren Geschmack verleiht. »Salato« sagen die Italiener dazu: salzig.

Die Idee für den Sassicaia kam zweifellos von Mario Incisa, auch wenn es schließlich die Antinori waren, die den Wein zur Perfektion brachten. Niccolò Antinori hatte 1931 Carlotta della Gherardesca geheiratet, die Schwester von Clarice, wodurch die Antinori in den Besitz von Belvedere gekommen und Nachbarn der Incisa geworden waren. Zu den engen räumlichen und verwandtschaftlichen Beziehungen kamen gut freundschaftliche hinzu, so daß Piero, der Sohn Niccolòs, Mario Incisa eines Tages seine önologische Beratung und praktische Hilfe anbot, was dessen Sassicaia anging. So kam es zu der Regelung, daß der Wein in der *Tenuta San Guido* gekeltert und vergoren (in großen, 1300 Hektoliter fassenden Stahlbehältern), aber in den Kellern von Antinori in San Casciano ausgebaut wurde.

Mario Incisa della Rocchetta ist Ende 1983 gestorben. Aber schon vorher hatte sein Sohn Niccolò, der die Passion seines Vaters für Rennpferde geerbt hat, die Verantwortung für die Weinproduktion übernommen. Niccolòs Bestreben ist es vor allem, die Qualität des Sassicaia angesichts der drängenden Nachfrage zu erhalten. So wird in den Weinbergen von Bolgheri und in den Kellern der *Tenuta San Guido* weiter experimentiert. 1980 wurde zum Beispiel unter dem Arbeitstitel »Vino Diverso della Sassicaia« ein Wein abgefüllt, der neben Cabernet-Trauben auch geringe Anteile von Merlot und Colorino enthielt: ein großer, vielleicht noch höher als der Sassicaia zu bewertender

Tropfen, der allerdings nie kommerzialisiert wurde. Er ist ein Zeichen dafür, daß sich das Niveau des Sassicaia nicht nur halten läßt.

Südlich von Bolgheri beginnt die Zone der Touristenweine mit ihren bunten Etiketten und exotischen Flaschenformen. Dort einen Winzer zu treffen, der für die Qualität auf Menge verzichtet, ist schwieriger als einen leeren Liegestuhl an den Mittelmeer-Stränden zu finden. Immerhin scheint es einige zu geben, wie Intimkenner des Landes versichern, ohne freilich ihr Geheimnis preiszugeben. Im südlichen Teil der Maremma findet man bei Orbetello und Parrina einige gute Weine. Parrina, ein winziges D.O.C.-Anbaugebiet, besitzt nur zwei Produzenten: die winzige *Fattoria del Chiusone* und die mittelgroße *Fattoria La Parrina*. In Anbetracht dessen, was in ihrer Umgebung produziert wird, erzeugen beide beachtliche Weine.

## GRATTAMACCO

*Die toskanische Küste ist ein Land von dünnen Weißweinen, billigen Rosés und ausdruckslosen Rotweinen. Nur wenige Gewächse heben sich von der Masse der Produktion ab. Zu ihnen gehören diejenigen von Piermario Meletti Cavallari, eines ambitiösen Neuwinzers, der das Leben auf dem Land dem Dasein als Weinhändler in Bergamo vorzog und sich deshalb eines Tages in der Toskana niederließ. Auf seinem Hof »Grattamacco« (unten im Bild) erzeugt er einen sehr eleganten Weißwein auf Trebbiano-Basis und einen stilvollen Roten. Im Hinterland der Küste beginnt die wilde Bergwelt der Colline Metalifere mit dichten Laubwäldern und undurchdringlicher Macchia. Dort hat die Schafzucht Tradition. Reben werden nur an wenigen Stellen angebaut.*

# MONTE-PULCIANO

In den südlichen Ausläufern des Chianti nimmt die Landschaft schon leicht meridionale Züge an. Die Böden leuchten nicht mehr lehmgelb wie im Chianti classico, sondern verfärben sich zunehmend ins Rostrote. Die schlanken Zypressen weichen den Pinien, die mit ihren ausladenden Kronen Chausseen und Feldraine säumen. An der Grenze nach Latium geht das abwechslungsreiche Hügelland in eine weite Hochebene über, in der nur noch vereinzelt Rebkulturen angetroffen werden. Nach Umbrien hin senkt sich das Chianti in die fruchtbare Ebene des Chiana-Tals hinab. Dort blinken Getreidefelder in der Sonne, breiten sich satte Wiesen und weitläufige Rebkulturen aus, in denen ein durchaus bemerkenswerter Weißwein heranreift: der Bianco Vergine di Valdichiana. Freilich finden sich im südlichen Chianti auch wuchtige Landschaftsentwürfe. In der herben Bergwelt des Monte Amiata, der höchsten Erhebung der Toskana, verliert das Chianti seinen lieblichen Reiz, wird einsam und unwegbar. Schroffe Taleinschnitte zertrennen das Land, dichte Laubwälder ziehen sich die Bergflanken hoch.

Montepulciano liegt an der Schnittstelle zwischen gemäßigtem Hügelland und dieser Bergwelt, gut 600 Meter hoch zwischen dem Val di Chiana und dem Tal der Orcia. Es ist ein Ort von knapp 4000 Einwohnern, mehr Städtchen als Stadt, wenn er nicht wie eine Kapitale befestigt wäre. Er ist durch und durch mittelalterlich geprägt. Da er auf einem Hügel liegt, der nach allen Seiten mehr oder minder steil abfällt, ist für Neubauten innerhalb der Stadtmauern nie Platz gewesen. Auch von Kriegen oder Erdbeben ist er weitgehend verschont geblieben, so daß sich die alte Stadtarchitektur weitgehend erhalten hat.

Entstanden ist Montepulciano lange vor dem Mittelalter. Es ist eine etruskische Gründung, die wahrscheinlich aus dem sechsten Jahrhundert vor Christus stammt, wovon alte Grabkammern zeugen, aber auch ornamentale Steinfriese, wie sie zum Beispiel außen am Palazzo Bucelli zu besichtigen sind. Benannt wurde Montepulciano nach dem Hügel, auf dem es errichtet ist: Monte Policiano. Auf ihm muß spätestens zu römischen Zeiten eine Festung gestanden haben. Als im frühen Mittelalter fremde Stämme von Norden in Italien einfielen, flohen – so ist überliefert – viele Patrizier aus dem benachbarten Chiusi und retteten sich in diese Festung, die ihnen Schutz vor politischer Verfolgung bot. Im Jahre 714 erwähnt ein Dokument zum ersten Mal das »Castello Politiano« in dieser Gegend. Aus »Politiano« wurde dann »Policiano« und, zusammen mit dem Hügel, auf dem es stand, »Montepulciano«. Noch heute nennen sich die Einwohner des Ortes *poliziani*.

Seine Blütezeit erlebte Montepulciano unter den Medici im 15. und 16. Jahrhundert. Da der Ort seitdem immer zu Florenz

## MONTE POLICIANO

*Die Stadt am Berg, die ihren Namen von den politisch Verfolgten aus dem benachbarten Chiusi bekommen hat, die im Mittelalter in ihr Zuflucht suchten, ist eine alte Weinkapitale. Als solche hat sie ebenso glanzvolle wie dunkle Zeiten erlebt. Heute beginnt der Stern des Vino Nobile wieder zu leuchten.*

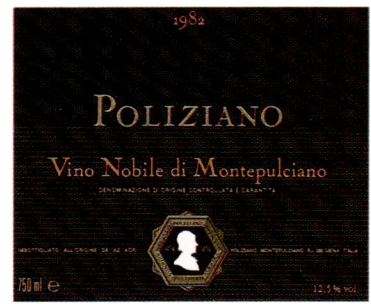

## BOSCARELLI CERVOGNANO

*Dieses kleine Privatgut erzeugt seit Jahren einen der besten Nobile und schönsten Sangiovese-Weine der Toskana. Er besitzt eine Fülle und Reife, wie sie auch in den besten Lagen des Chianti classico kaum erreichbar ist. Sein an Pflaumen und Heidelbeeren erinnernder Duft, sein kräftiger Goudron zeigen, daß die Prugnolo Gentile ein eigenständiger Klon ist. Der Most wird sechs bis sieben Tage lang unter freiem Himmel ohne Kälteregulierung mittels eigens gezüchteter Hefen vergoren. Nach dem Abstich bleibt der Wein noch bis zum Sommer im Zementbehälter, damit sich der Hefetrub absetzen kann. Man klärt mit Gelatine. Ausgebaut wird der Wein in Eichenholzfässern von 15 bis 50 Hektolitern (zwei Jahre, die »Riserva« drei Jahre). Die Flaschenabfüllung erfolgt ohne vorheriges Filtern, die Etikettierung nicht von Hand. Die Produktion beläuft sich auf rund 30 000 Flaschen. Boscarelli verfügt über neun Hektar Weinberge (die Hälfte für den Nobile), die an der kleinen Straße zwischen Acquaviva und Cervognano liegen, wo sich auch Kellereigebäude und Wohnhaus von Paola Corradi befinden, der Besitzerin des Gutes. Sie stammt aus Montepulciano. Ihr Onkel Egidio hatte 1962 an der Stelle zwei kleine Stücke Land erworben und mit Reben bepflanzt. Als er drei Jahre später starb, setzten Paola und ihr Ehemann, der Graf Ippolito De Ferrari, die Arbeit fort. 1968 füllten sie ihren ersten Wein ab, nachdem sie vorher die Trauben immer an die Genossenschaftskellerei verkauft hatten. Es wurde ein großartiger Wein. Seitdem leuchtet der Stern von Boscarelli. Die Ursachen des Erfolges: eine erstklassige Lage, die eine frühe Lese bei gleichzeitig hohen Mostgewichten erlaubt (1983: 14 Vol.% Alkohol!); Weinbergspflege von Hand; keine Benutzung von Herbiziden; strenge Mengenbeschränkungen (45 Hektoliter/Hektar); hoher Sangiovese-Anteil am Mischsatz (über 80 Prozent). Die De Ferrari-Corradi leisteten sich ihr teures Wein-Abenteuer, weil sie eine gutgehende Baumwollspinnerei in Genua besitzen. Bei einer der zahlreichen Autofahrten dorthin verunglückte der Graf 1983 tödlich. Seitdem liegt Trauer über Boscarelli. Große Jahrgänge: 1968, 1975, 1979, 1983, 1985. Sehr gute Jahre: 1970, 1973, 1974, 1977, 1981, 1982. Kein Wein: 1972, 1976, 1980, 1984.*

## POLIZIANO MONTEPULCIANO STAZIONE

*Vor 1980 haben die Weine von Poliziano kaum Aufsehen erregt. Sie gehörten zur Masse jener Gewächse, die sich »Nobile« nannten, ohne nobel zu sein. In jenem Jahr aber übernahm der junge Frederico Carletti die Regie auf dem Gut (zweiter Mitbesitzer ist der ehemalige Armee-General Renato Della Giovampaola). Der promovierte Landwirtschaftsingenieur, der mit Weinbau bis dahin nicht viel zu tun gehabt hatte, begriff schnell, daß sich aus dem Wein mehr machen ließ als bisher, denn Poliziano besitzt ausgezeichnete Lagen im westlichen Teil des Anbaugebiets bei Fognano (beste Lage: Asinone). Allerdings mußte sich in der Kellerarbeit einiges ändern: So holte Carletti den Rat guter Önologen ein, machte sich aber auch selbst durch Studienreisen nach Deutschland, nach Bordeaux und ins Burgund sachkundig. Der Jahrgang 1981, erstmals unter seiner Verantwortung entstanden, gelang bereits vorzüglich und brachte ihm unter Kollegen und Kritikern viel Anerkennung ein. Die folgenden Jahrgänge zeigen, daß der 81er kein Zufallstreffer war. Der Poliziano-Wein ist fast ausschließlich aus roten Trauben gekeltert. Sie werden separat vergoren und später zu einer Cuvée zusammengestellt. Die Fermentation auf den Schalen dauert in der Regel 16 Tage. Bereits beim Abpressen der Trauben wird dafür Sorge getragen, daß keine unerwünschten Aromastoffe in den Most übergehen. Die Gärung erfolgt bei einer Durchschnittstemperatur von 30 Grad Celsius. Ausgebaut wird der Wein gut die Hälfte der Zeit in Eichenkufen (80 Hektoliter), die andere Hälfte auf der Flasche. Er ist ein »harter« Nobile mit großer Tanninreserve und konzentrierter, reintöniger Frucht, in der sich die Aromen von Himbeeren und Johannisbeeren spiegeln. Seit 1983 ist der Önologe Maurizio Castelli für ihn zuständig, der auch die Weine einiger renommierter Güter im Chianti classico betreut. Die Wirtschaftsgebäude von Poliziano liegen direkt an der Straße von Montepulciano Stazione nach Gracciano. Dort befindet sich auch der Keller des Guts. Insgesamt werden rund 100 000 Flaschen dieses Weins abgefüllt. 1979, 1981 und 1983 wurden nur »Riserve« erzeugt.*

gehörte, waren es vor allem florentinische Künstler, die die Stadt aufbauten. Das Rathaus ist dem Palazzo Vecchio von Florenz nachempfunden. Der Kuppelbau der Kirche San Biagio, die außerhalb der Stadtmauern liegt und als schönstes Beispiel eines Renaissance-Zentralbaus in die Kunstgeschichte eingegangen ist, wurde von dem florentinischen Baumeister Antonio da Sangallo dem Älteren entworfen. Dessen Handschrift tragen auch der Palazzo Contucci und der Palazzo Cocconi, während Sangallo der Jüngere, sein Neffe, den Palazzo Cervini errichtet hat. Er gilt als einer der ersten Festungsbaumeister seiner Zeit. Die Sangallo sind aber keineswegs die einzigen der großen Renaissance-Künstler gewesen, die ihre Spuren in Montepulciano hinterlassen haben. Von Giacomo da Vignola, dem Nachfolger von Michelangelo als Baumeister von Sankt Peter in Rom, stammt der Palazzo Avignonesi und der Palazzo Tarugi. Von Michellozzo, der als Vertrauter der Medici galt und so zum Dombaumeister von Florenz berufen wurde, aber auch die berühmte Bibliothek von San Marco in Venedig entworfen hat, wurde die Kirche Sant'Agostini und das Grabmal der Arragazzi entworfen. Luca della Robbia aus der berühmten Florentiner Bildhauerfamilie schuf Terracottafriese, die heute im Museo Civico zu besichtigen sind. Luca Signorelli malte schließlich für die *poliziani* Tafelbilder, die an Dynamik und Ausdruckskraft den später entstandenen des Michelangelo kaum nachstehen. Auch wenn Montepulciano sich gern als Stadt der Heiligen und Päpste gewürdigt sieht, so basiert der Reichtum, der ihr seit dem Hochmittelalter das großstädtische Gepräge verleiht, in erster Linie auf den Leistungen der neuen Bürgerschicht, die sich in der Renaissance herausbildete. In ihr vereinigten sich die tüchtigsten Kaufleute und die fähigsten Handwerker, gewannen an Macht im öffentlichen Leben und bildeten so ein Gegengewicht zu Adel und Kirche. Aus ihren Reihen sind auch die großen Künstler der Zeit hervorgegangen. Ihnen verdankt Montepulciano den Glanz einer kleinen, mittelalterlichen Kapitale – nicht etwa den alten Mächten.

Wein scheint auf den Hügeln von Montepulciano schon seit seiner Gründung gewachsen zu sein. Es gibt viele Zeugnisse von Zeitgenossen, die vom Duft frischer Moste berichten, der zur Erntezeit wie eine Wolke über dem Ort hing, oder von ausgepreßten Hülsen, die man vor den Häusern fand. Allein soviel ist gewiß: Es war nicht nur ein Roter, der da gekeltert wurde, sondern auch ein Weißer, und keiner der beiden hieß Vino Nobile. »Unbestreitbar ist, daß wenigstens bis zum Ende des Ersten Weltkrieges niemand vom Vino Nobile redete«, schreibt Emanuele Pellucci in seinem Buch über den Wein dieses Ortes. Man sprach im letzten Jahrhundert vom Wein der Bologna, der Mazzuchelli oder, mit besonderem Respekt, vom »Vino rosso scelto« der Contucci. Das Adelsattribut aber hing dem Wein von Montepulciano nie an. Der »Vino Nobile« ist eine Namensschöpfung des 20. Jahrhunderts.

Der alte Wein von Montepulciano war das Ergebnis der Artenvielfalt, die unter den Rebsorten herrschte, bevor die Reblauskatastrophe Mittelitalien heimsuchte. Sie löschte einen großen Teil der lokalen Reben aus, die noch auf den Tafelbildern des Bartolomeo Bimbi zu sehen sind, jenes naturwissenschaftlichen Malers des ausgehenden 17. Jahrhunderts, dem wir heute die Kenntnis von der Vielfalt und Vielzahl der Rebsorten verdanken, die in Mittelitalien anzutreffen waren. Sie wuchsen im Weinberg ziemlich bunt durcheinander, und es gab, zumindest vor dem 19. Jahrhundert, kaum feste Regeln, wie der Wein zu keltern sei, der aus ihnen gewonnen werden sollte. Die einzige Unterscheidung, die man traf, war die zwischen einem Wein, der in der Ebene gewachsen war, und einem, der vom Hügelland kam, wobei die unterschiedliche Geografie keineswegs die Anbaugebiete für Rot- und Weißwein widerzuspiegeln schien.

Über den Wein von den Hügeln jedenfalls berichtete im 17. Jahrhundert ein zeitgenössischer Kenner aus dem benachbarten Pienza lediglich, daß er »reifer und spiritueller«, nicht aber, daß er ein roter sei.

»Man kann praktisch sagen, daß der »neue« Vino Nobile, den wir heute kennen, weniger als zwanzig Jahre alt ist und erst mit der Anerkennung der »Denominazione di Origine Controllata« im Jahre 1966 entstanden ist«, fährt Pellucci fort. Schwer zu entscheiden, ob es nur ein neuer Name für einen alten Wein war, oder ob es heute noch der alte Wein ist, der den neuen Namen »Vino Nobile« trägt. Immerhin wurden mit dem D.O.C.-Gesetz auch Mindestanforderungen an den Wein aus Montepulciano formuliert und die Traubenzusammensetzung festgelegt. So war es erlaubt, maximal 20 Prozent weiße Trauben zu seiner Herstellung zu verwenden: Trebbiano und Malvasia. In den vergangenen Jahrhunderten schienen die roten Weine dagegen nur aus roten Trauben gekeltert zu werden, eine Tradition, die, wie es scheint, mindestens bis 1935 aufrechterhalten wurde. Mit dem alten »Rosso« der Contucci oder Mazzuchelli hat der neue Vino Nobile vermutlich schon deshalb wenig gemein.

Gleichwohl hat die D.O.C. den Vino Nobile damals über die Grenzen seines Anbaugebiets hinaus bekannt gemacht – sieht man einmal von den bereits erwähnten drei großen Kellereien ab, die ihre Weine schon früh ins Ausland verkauften. Noch stolzer sind die *poliziani* jedoch auf die Tatsache, daß ihr Vino Nobile zu den ersten vier Weinen in Italien gehörte, denen vom römischen Landwirtschaftsministerium der D.O.C.G.-Status zugesprochen wurde. Denn die Gesellschaft, in der er sich damit befand, war für ihn schmeichelhaft: Brunello di Montalcino, Barolo und Barbaresco. Als besondere Ehre rechnet Montepulciano es sich an, daß sein Vino Nobile der erste unter den vieren war, der mit den vier Buchstaben auf dem Etikett in den Handel kam: nämlich 1982.

Die ministerielle Gnade sollte jedoch keinen zu falschen Schlüssen verleiten. Wer sich im Anbaugebiet umsieht, kommt um die Feststellung nicht herum, daß in kaum einer anderen Zone Mittelitaliens die Önologie so rückständig ist wie in Montepulciano. So ist denn auch nicht verwunderlich, daß der größte Teil der Weine, die Mitte der achtziger Jahre auf dem Markt waren, alles andere als Spitzengewächse sind. Im Gegenteil: Kaum irgendwo werden trotz günstiger natürlicher Voraussetzungen so viele klägliche Weine gemacht. Geradezu grotesk ist, wenn der muffige, ja oxidative Unterton, den viele Weine zeigen, zum organoleptischen »Markenzeichen« des Vino Nobile hochstilisiert wird. »Traditioneller Stil« heißt es dann in den Prospekten der Weinhäuser. Unzweifelhaft hat dieser Stil seine Liebhaber gefunden. Moderne Önologen sprechen (wenn sie es nicht vorziehen zu schweigen) jedoch deutlicher aus, was sich hinter dieser Bezeichnung verbirgt: zu hohe Gärtemperaturen, zu lange Maischegärung, wenig redukive Kelterung und Ausbauweise, zu langes Faßlager, manchmal auch einfach mangelnde Faßhygiene. Wenn der Vino Nobile dennoch zu den großen Weinen Italiens gezählt wird, so nicht, weil der Durchschnitt der Weine dieses Prädikat verdient. Es ist eine Handvoll Erzeuger, die seinen Namen rechtfertigt und gezeigt hat, welches Potential in dem Wein steckt.

## DAS UNTERNEHMEN AVIGNONESI

*Innerhalb von zehn Jahren hat sich das Weingut Avignonesi vom reinen Traubenproduzenten zu einem Spitzenerzeuger von Montepulciano entwickelt. Für den Erfolg sind in erster Linie die Gebrüder Falvo verantwortlich: links Ettore, der die Arbeiten in Weinberg und Keller besorgt, rechts Alberto, der für den Verkauf zuständig ist. Ihr Interesse beschränkt sich freilich längst nicht mehr auf den Vino Nobile. Sie arbeiten mit den Weißweinreben Chardonnay und Sauvignon. Und sie wollen zeigen, daß auch Cabernet franc und Cabernet Sauvignon in der südlichen Toskana gute Ergebnisse erzielen. Mitte der 80er Jahre haben sie deshalb umfangreiche Landkäufe auch außerhalb des D.O.C.-Anbaugebietes von Montepulciano vorgenommen. Links: Der Palazzo Avignonesi in Montepulciano.*

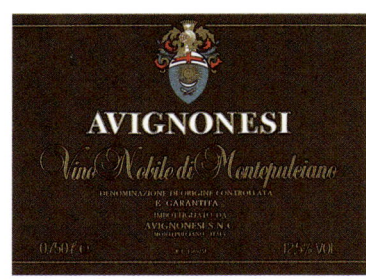

## AVIGNONESI MONTEPULCIANO

*Die Avignonesi sind eine alte, aristo-
kratische Familie aus Montepulciano,
die wahrscheinlich aus Avignon in
Frankreich stammt und zur Zeit des
Kirchenschismas im 14. und 15. Jahrhundert nach Italien zog. Der prächtige
Palazzo Avignonesi, nur wenige Meter
von der Porta di Barco entfernt und
von keinem geringeren als Jacopo
Barozzi, genannt »Il Vignola«, erbaut,
ist nur eines der umfangreichen Besitz-
tümer dieser hochrangigen Familie
gewesen. Der Nobile der Avignonesi ist
dagegen ein junger Wein. 1978 wurde
erstmals eine kleine Menge von ihm
abgefüllt. 1979 kam der erste reguläre
Jahrgang auf den Markt, der manchen
hartnäckigen Kritiker der Weinwirtschaft von Montepulciano kleinlaut
werden ließ: ein nobler, unverwechsel-
barer Nektar, der mit dem moderner
Vinifizierung das Potential, das das
Anbaugebiet von Montepulciano birgt,
voll zur Geltung bringen konnte. Die
nachfolgenden Jahrgänge gerieten teilweise noch besser. Nach dem Grund des
Erfolges braucht nicht lange geforscht
zu werden: erstklassige Lagen bei
Argiano (»Il Poggetti« nahe den Weinbergen von Boscarelli) mit teilweise sehr
alten Rebstöcken; niedrige Hektarerträge dank eines besonderen Reberzie-
hungssystems (60 Hektoliter); fast ausschließlich rote Sorten im Mischsatz
(davon 80 Prozent Prugnolo Gentile);
vor allem eine saubere Kellerarbeit.
Avignonesi besitzt über 80 Hektar
Reben. Der Kern liegt bei I Poggetti
(18 Hektar). Dazu sind fünf Hektar
bei Valiano gekommen. Außerhalb der
Nobile-Zone bei Cortona wurden 60
Hektar erworben, die mit Cabernet
Sauvignon sowie Chardonnay, Pinot
Bianco, Sauvignon und Traminer
bestockt wurden. Inhaber von Avignonesi sind Ettore Falvo, der für die
Keller- und Weinbergsarbeit zuständig
ist, sowie Adriana Avignonesi und
Alberto Falvo, die sich um Verkauf
und die Verwaltung kümmern. Sie
kommen aus der Hotellerie (»Boston«)
und Gastronomie (»La Casanova«)
von Chianciano Terme. Neben dem
Vino Nobile stellen sie den »Grifi« her
(aus Prugnolo Gentile und Cabernet
franc), den weißen »Marzocco« (ein im
Holz ausgebauter Chardonnay) sowie
die typischen Fattoria-Produkte Olivenöl, Grappa und ein großartiger Vin
Santo. Insgesamt ist eine Weinproduktion von 400 000 Flaschen angepeilt.
Große Jahre: 1983, 1985. Sehr gute
Jahre: 1981, 1982, 1986. Gut: 1978,
1979, 1980.*

## LE CASALTE SANT'ALBINO

*Dieses kleine Privatgut erzeugt seit
Anfang der 80er Jahre einen der
schönsten Weine des Anbaugebietes. Er
besitzt einen kräftigen Körper, ist ausgesprochen tanninreich, verfügt über
eine beachtliche Länge und zeigt, trotz
seiner Dichte und Konzentration, eine
saubere, reintönige Frucht, die ebenso
opulent wie delikat sein kann und
ihren feinsten Ausdruck im Bouquet
findet: Er duftet tief nach Kirschen. Le
Casalte ist ein Nobile, der seinen
Namen Ehre macht, und der vermutlich die meisten Kritiker der Weine
von Montepulciano zum Schweigen
brächte, könnten diese sicher sein, daß
alle Weine von seinem Niveau wären.
Die Art, in der er erzeugt wird,
beschreibt Guido Barioffi, Besitzer des
Gutes so: »Eine gute Lage in der richtigen Sonnenausrichtung, hochwertiges
Rebenmaterial, sorgfältiger Beschnitt,
strenges Verlesen der Trauben bei der
Ernte, handwerkliche Arbeit im Keller,
Verwendung moderner Technik bei
größtmöglichem Respekt vor der Tradition.« Die Formel klingt einfach und
ist doch keineswegs selbstverständlich
in Montepulciano. So ist der Wein nur
aus roten Trauben gekeltert. Er wird,
was selten ist, unfiltriert auf Flaschen
gezogen. Die Reben, von denen er
kommt, wachsen in 400 Meter Höhe
im Hinterland von Sant'Albino, und
zwar auf stark tuffsteinhaltigen Böden
an einer Stelle, an der seit Jahrhunderten schon Wein angebaut wird. Eine
winzige Kapelle, die zur Fattoria
gehört, legt Zeugnis davon ab, daß
Mönche die hochgelegenen Flecken
schon vor 500 Jahren ausersehen hatten, um dort Landwirtschaft zu treiben
– das heißt Weinbau. Le Casalte ist
also eine alte Fattoria. Sie wurde
Mitte der 70er Jahre von dem römischen Bankangestellten Guido Barioffi
und seiner Frau Paola Silvestri erworben. Vorher waren die Trauben verkauft worden. Die ersten Jahrgänge,
die man abfüllte, waren nicht besonders eindrucksvoll. Seit dem Jahrgang
1982 zählt Le Casalte jedoch zu den
Spitzenproduzenten. Es ist ein kleines
Gut. Acht Hektar stehen unter Reben,
davon sind drei für den Nobile vorgesehen. Eine Ausweitung ist geplant,
jedoch auf nicht mehr als 18 000 Flaschen. Die Produktion würde angesichts des engen Rahmens, in dem man
wirtschaftet, unüberschaubar, meinen
die Besitzer. Großes Jahr: 1985. Sehr
gute Jahre: 1982, 1983, 1986.*

# DIE GESCHICHTE DES VINO NOBILE

**D**ie goldene Epoche des Nektars von Montepulciano fällt
mit dem Beginn der Neuzeit zusammen. Damals, als die
Stadt in voller Blüte stand, entwickelte sich ein reger
Handel mit Rom, Siena und Florenz, in den auch der Wein einbezogen wurde. Wie und aus welchen Trauben er hergestellt
wurde, darüber existieren wenig Überlieferungen. Mißt man ihn
an den Elogen, die über ihn kursieren, muß seine Qualität
unstrittig gewesen sein. Papst Paul III., dessen Amtsgeschäfte es
zuließen, monatelang durch Italien zu reisen, um sich persönlich
von der Güte der Weine zu überzeugen, die in Gottes Erde
wuchsen, hatte eine auffallende Vorliebe für das Gewächs aus
Montepulciano. Sante Lancerio, der Kellermeister des Vatikans,
teilte in seinen Aufzeichnungen mit, daß der Heilige Vater ihn
»nicht nur in Rom trank, wohin er in Korbflaschen gebracht
wurde, sondern auch in Perugia, so daß er ein Wein für die Herr-
schaften wurde«. Auch Papst Marcellus III., der bereits drei
Wochen nach dem Konklave, das ihn zum Papst bestimmt hatte,
starb, zog den Wein von Montepulciano allen anderen vor. Er
stammte freilich selbst aus Montepulciano. Der schwülstige, aber
hochgefeierte Barockdichter Gabriello Chiabrera kam, was den
Wein betraf, zu einem klaren Urteil: »Wenn du heute fragst, wer
herrscht: Es herrscht Montepulciano.« Und von Francesco Redi,
der vom *medicus* zum *poeta laureatus* wurde, stammt der berühmte
Ausspruch, den die *poliziani* sich noch heute so gerne ans Revers
heften: »Montepulciano d'ogni vino è re!« (Montepulciano ist
der König der Weine).

Soweit sich rekonstruieren läßt, basierte die besondere Qualität
des Weines dieser Stadt auf der Auswahl der Trauben. Eine solche
Auslese schien zur damaligen Zeit anderswo nicht üblich zu sein.
Sie wurde bereits im Weinberg vorgenommen, indem zunächst
die reifsten und gesundesten Trauben gelesen wurden, um aus
ihnen den guten Wein zu keltern, der für die Begüterten und
Adeligen gemacht wurde, die bereit und in der Lage waren, sich
ihren Lebensgenuß etwas kosten zu lassen. In einem zweiten
Durchgang wurden dann jene Trauben gelesen, die zunächst
hängengelassen worden waren. Sie bildeten die Basis für den
*vino commune*, der den einfachen Menschen als Lebensmittel
diente und wahrscheinlich genauso gut oder schlecht war wie der
*vino commune* anderer Gegenden.

Die Bezeichnung »Vino Nobile« war zu jener Zeit noch nicht
geläufig, und wenn sie doch einmal in einer Rechnung oder
in einem Brief auftauchte, so sollte damit wahrscheinlich weniger
die Qualität des Weins als vielmehr die Zielgruppe der Weintrinker benannt werden: die Aristokratie. Die ersten, die ihren
Wein systematisch unter dieser Bezeichnung etikettierten, waren
die Fanetti von der *Tenuta Sant'Agnese*. Aber das war bereits im
20. Jahrhundert.

*Sant'Agnese* ist ein nicht mehr ganz kleiner Betrieb von 16 Hektar
Weinbergen, in denen Vino Nobile produziert wird. Sie befinden
sich ein paar Kilometer außerhalb des Ortes nahe der Straße
nach Cervognano. Besitzer ist Giuseppe Fanetti, ein korpulenter,
freundlicher, älterer Herr, und der Wein, den er erzeugt, zählt
weder zu den Schattengewächsen noch zu den Glanzlichtern der
Zone. Daß aus dem Fanetti-Keller vor mehr als 50 Jahren jener
Wein floß, der die Wiedergeburt des Vino Nobile einleitete, ist
heute jedenfalls schwer zu erraten. Noch schwerer, daß alle
anderen Produzenten gerade diesem Wein nacheiferten und ihm
das alleinige Recht streitig machten, den Namen »Vino Nobile«
zu tragen.

Doch so ist es. Die Geschichte des modernen Vino Nobile
beginnt mit Adamo Fanetti, dem Vater von Giuseppe, und wenn
sie nicht mit ihm endet, so ist er doch, bis er 1983 starb, der große,

alte Mann von Montepulciano gewesen. 1921 hatte er als 25jähriger Adele Andreucci geehelicht, die Tochter eines angesehenen Grundbesitzers von Montepulciano, dem auch die *Tenuta Sant'Agnese* gehörte. In ihr wurde damals auch einer jener Auslese-Weine gekeltert, für die im alltäglichen Sprachgebrauch die Bezeichnung »Nobile« verwendet wurde. Eines Tages sei, so berichtet Pellucci, Adamo Fanetti zu einem der besten Weinerzeuger der Gegend, Clemente Bologna, gegangen, habe ihm von seinem Nobile erzählt und ein Glas zum Verkosten angeboten. »Mir scheint«, soll dieser geantwortet haben, »daß die Geschichte mit dem Vino Nobile ein Märchen ist. Es sind Übertreibungen, ich fühle mich nicht bemüßigt, einen solchen Wein zu machen.« Fanetti erwiderte: »Das heißt, ich bin der einzige, der ihn macht.« Der Ritter Bologna widersprach nicht, und fortan schrieb Fanetti »Vino Nobile di Montepulciano« auf das Etikett seiner Weine.

Daß sie ein Riesenerfolg wurden, verdanken sie jedoch nicht allein der exklusiven Namensgebung. Fanetti hatte auch einen neuen Mischsatz komponiert: 70 Prozent Prugnolo Gentile, 20 Prozent Canaiolo und zehn Prozent Trebbiano und Malvasia – letztere weiße Trauben: eine Sensation! Sie alle wurden von Hand entrappt, nur zehn Tage auf den Schalen vergoren und, wie im Chianti, mittels *governo* langsam refermentiert. Auch das war neu. Denn die Maischegärung dauerte damals nicht selten 40 Tage und länger. Außerdem wurden die Stiele oft mitvergoren, so daß der Wein später knochig und voll bitteren Tannins war. 1937 gewann der Fanetti-Wein beim Grand Prix in Paris eine Goldmedaille, und ein Jahr später konnte die *Tenuta Sant'Agnese*, wie Pellucci berichtet, den Preis für eine Flasche ihres Weins auf fünf Lire erhöhen.

Fanettis Wein war in den 20er Jahren der einzige, der sich Vino Nobile nannte. Doch nach dem Durchbruch versuchten andere Kellereien an seinem Erfolg zu partizipieren. Vor allem die 1937 gegründete Genossenschaft *Vecchia Cantina* machte der *Tenuta Sant'Agnese* bald die Exklusivität des Namens streitig. Es war klar, daß Adamo Fanetti auf Dauer nicht den Vino Nobile für sich reklamieren konnte, zumal auch andere Weinmacher sich bereits seines Markennamens bedient hatten: Baiocchi, Contucci, Waldergan ebenso wie der Ritter Bologna und andere. Daß ihm die Autorenschaft des neuen Vino Nobile gehört, war allerdings nie wirklich strittig, auch wenn in Italien lange und bis zur höchsten Instanz darum gestritten wurde.

Selbst die D.O.C.-Bestimmungen des Jahres 1966 spiegeln noch zu einem Gutteil wider, was Fanetti (und sein früherer Kellermeister Emilio Bagnai) einst entwickelt hatte. Die Auslese, die Einbeziehung weißer Traubensorten, die lange Holzreifung – all das wurde zu einer Tradition, die jede Cantina in und um Montepulciano übernahm. Vielleicht war es der Glanz des Namens, der die Weinmacher von Montepulciano zu sehr an ihren lokalen Traditionen festhalten ließ, vielleicht der kometenhafte Aufstieg des Vino Nobile, der sie selbstgefällig werden und die Fortschritte, die die Önologie inzwischen gemacht hatten, verschlafen ließ.

# DIE TRAUBEN

Wenn der Vino Nobile hauptsächlich aus zwei roten und zwei weißen Sorten gewonnen wird, so ist er dennoch nicht mit einem Chianti zu verwechseln. Seine Basis bildet die Prugnolo Gentile, die zur Familie der Sangiovese Grosso gehört, also jener Rebe, von der auch die Brunello abstammt.

## FOGNANO MONTEPULCIANO

*Fognano hat jahrelang zu den Opfern des schlechten Rufs der Weine von Montepulciano gehört. Sein Nobile war wenig bekannt, obwohl er bereits Mitte der siebziger Jahre eine beachtliche Qualität aufwies. Inzwischen aber hat der Name Fognano längst nicht nur in Montepulciano, sondern weit über die Grenzen des Anbaugebiets hinaus einen hervorragenden Klang. Sein Nobile kann nämlich zu den wenigen Hochgewächsen gezählt werden, die neben Kraft und Fülle auch über das verfügen, was man einen großen Atem nennt – eine Eigenschaft, die auch vielen gut gemachten Weinen der Zone noch fehlt. Der Nobile von Fognano ist ein spät reifender Wein. Nach drei oder vier Jahren ist er noch spröde, verschlossen und verweigert sich dem vollen Genuß. Wenn sein Tannin aber mürbe wird, zeigt er sich in einer seltenen Schönheit. Fognano besteht aus drei Kleingütern, die nördlich von Montepulciano etwas abseits der Straße nach Gracciano liegen. Sie wurden 1972 von der in Rom ansässigen »Fintermica« aufgekauft, einer im Energiebereich arbeitenden Aktiengesellschaft, deren Anteile von mehreren Öl-Industriellen gehalten werden. Seit 1982 wird der Wein unter der Bezeichnung »Talosa« verkauft. Die Weinberge liegen an der Nordwestflanke von Montepulciano in 350 Meter Höhe auf stark lehm- und steinhaltigen Böden. Sie gelten als erstklassige Lagen und sind zu 85 Prozent mit Prugnolo Gentile und zu zehn Prozent mit Canaiolo bestockt. Der Nobile wird auf 20 Hektar erzeugt, wobei nach der strengen Traubenauswahl nur 30 bis 35 Hektoliter pro Hektar übrigbleiben. Die Weinbereitung erfolgt nach modernen Gesichtspunkten. Für den Ausbau ist eigens einer der letzten erhaltenen Tuffsteinkeller von Montepulciano gekauft worden. Er liegt unter dem alten Palazzo der Pucci Franceschi. Dort reift auch der einfache Nobile über drei Jahre – teils in Holz, teils in der Flasche. Große Jahre: 1975, 1983, 1985. Sehr gute Jahrgänge: 1977, 1979, 1981, 1982.*

## CONTUCCI MONTEPULCIANO

*Der Vino Nobile von Contucci hat die Fachwelt selten zu langen Kommentaren herausgefordert, obwohl er zu den bekanntesten und am weitesten verbreiteten Weine von Montepulciano gehört. Ursache dieser Zurückhaltung könnte sein, daß er einer jener Nobile darstellt, die weder zu begeisterten Elogen auf ihn noch zu kritischen Bemerkungen reizt. Er ist von schöner Farbe, weicher, samtiger Konsistenz und mittlerer Fülle. Was ihm jedoch lange Zeit fehlte, war die Geradlinigkeit, die Eindeutigkeit, vielleicht auch die letzte Sauberkeit der Aromen. Um als Souvenir von der Piazza Grande, wo sich der Palazzo Contucci samt seiner Keller befindet, mitgenommen zu werden, reichte die Qualität wohl aus. Um aber zu zeigen, daß Montepulciano auch große Weine hervorbringen kann, mangelte es ihm an der nötigen Feinheit. Doch Alamanno Contucci, ein promovierter Jurist und Präsident des Konsortiums des Vino Nobile, ist ein kluger Mann, der weiß, wie es um seinen Wein steht, aber auch, wie schwierig es ist, die Produktion in einem mittelgroßen, etablierten Unternehmen kurzfristig umzustellen. Zumal ist er kein Mensch von radikalen Änderungen, eher schon von sanften Kompromissen. Deshalb begann er die Veränderungen zunächst dort, wo sie am leichtesten durchzuführen waren: ein bißchen weniger weiße Trauben im Mischsatz, ein bißchen mehr Hygiene im Keller, keinen Preßmost mehr für den Vino Nobile. Schon dadurch zeigt sich der Wein deutlich verbessert. Er wirkt konzentrierter, ist feiner gewirkt, zeigt weniger Fehltöne. Mit diesen Verbesserungen soll es jedoch nicht sein Bewenden haben. Stahltanks, um die Gärtemperatur besser regeln zu können, und sorgfältigeres Verlesen der Trauben stehen auf dem Programm. Es dürfte sich lohnen. Denn die Cantine Riunite Contucci, wie sie genau heißt, verfügt über beste Lagen im westlichen Teil des Anbaugebietes bei Salarco (Lagen: Mulinvecchio, Casarossa), so daß die Voraussetzungen für einen großen Wein gegeben wären. Die Prugnolo Gentile ist schon heute zu deutlich über 80 Prozent in dem Wein enthalten. Für die »Riserva«, von der 5000 bis 7000 Flaschen im Jahr erzeugt werden, wird gewöhnlich das beste Faß im Keller ausgewählt. Insgesamt beläuft sich die Nobile-Produktion auf knapp 50 000 Flaschen. Große Jahre: 1985. Gut: 1977, 1978, 1980, 1981. Sehr gut: 1979, 1982, 1983, 1986.*

Ungewiß ist allein, ob sie eine Unterart dieser Stammrebe oder mit ihr identisch ist – der Name Prugnolo Gentile mithin ein Synonym für Sangiovese Grosso darstellt. Die Ampeliographen streiten sich seit mehr als hundert Jahren darüber. Fest steht nur, daß die Rebe in Aussehen und Eigenart der Sangiovese Grosso sehr ähnlich ist. Sie ergibt körperreiche Weine, die allerdings etwas früher zu reifen scheinen als die aus der Brunello-Rebe gekelterten.

Die D.O.C.G.-Statuten, die seit dem Jahrgang 1980 gelten, haben die Traubenverhältnisse im Mischsatz nur wenig verändert: 50 bis 70 Prozent Prugnolo Gentile und zehn bis 20 Prozent Canaiolo. Allein der Anteil der weißen Trauben wurde von maximal 20 Prozent auf fünf Prozent reduziert. In dieser Veränderung liegt denn auch die entscheidende Verbesserung gegenüber den alten Bestimmungen. Ein höherer Pflichtanteil Prugnolo Gentile wäre zwar wünschenswert gewesen, doch verwenden die besseren Produzenten der Zone ohnehin mindestens 80 Prozent dieser Sorte – auch wenn es gegen die Vorschriften ist. Als Komplementärtrauben benutzt man in Montepulciano die rote Mammolo und die weiße Grecchetto, die gewöhnlich »Pulcinculo« genannt wird. Quantitativ spielen die beiden allerdings keine Rolle. Die Hektarerträge wurden von 100 auf maximal 80 Doppelzentner gesenkt, der Mindestalkoholgehalt des Weins von 12 auf 12,5 Vol.% angehoben. Der *governo all'uso toscano* ist zwar nicht ausdrücklich verboten, wird aber von kaum einem der Erzeuger mehr praktiziert. Interessant sind die Bestimmungen, die den Ausbau des Weins betreffen. Für den einfachen Vino Nobile ist nach wie vor ein zweijähriges Faßlager vorgesehen. Bei der *Riserva* hingegen, für die zu D.O.C.-Zeiten eine mindestens dreijährige Reifung in Eichen- oder Kastanienholzfässern vorgeschrieben war, begnügt sich die D.O.C.G. jetzt mit der Bestimmung einer dreijährigen Reifephase, ohne zu spezifizieren, wie lange diese Reifung im Holz stattzufinden hat. Mit dieser unscheinbaren Modifikation wurde der Tatsache Rechnung getragen, daß früher mancher Wein wegen zu langen Faßlagers schon »müde« war, bevor er in den Handel kam.

# DAS ANBAUGEBIET DES VINO NOBILE

Das Anbaugebiet des Vino Nobile liegt innerhalb der Grenzen des Chianti Colli Senesi. Fast alle Betriebe erzeugen deshalb als Zweitwein einen Chianti, für den freilich immer die weniger guten Lagen reserviert sind (meist unter 300 und über 600 Meter Höhe). Die besseren sind ins Kataster des Vino Nobile eingeschrieben. Den Vorschriften zufolge müssen diese mindestens 250 Meter hoch liegen. Die gesamte Gemeinde von Montepulciano liegt jedoch in dieser Höhe, von wenigen versumpften Stellen im Val di Chiana abgesehen. So mußte das Val di Chiana, das wegen seiner andersartigen Bodenzusammensetzung zur Produktion des Vino Nobile ungeeignet ist, von der Produktion dieses Weins ausgeschlossen werden.

Die besten Lagen für den Nobile findet man zwischen 300 und 400 Metern Höhe. Dort trifft man stark sand- und tonhaltige Böden auf einem steinigen, an vielen Stellen auch felsigen Untergrund an, der die besten Voraussetzungen für den Rebbau bietet. Der Anteil an *galestro* ist gering. Dies vor allem erklärt die andersartige geschmackliche Prägung gegenüber dem Chianti classico. Das Hauptanbaugebiet liegt um die Dörfer Gracciano, Caggiole und Argiano. Dort besitzen die Böden sowohl sand- als auch tonhaltige Bestandteile. Argiano wird allgemein als die beste

Lage im Anbaugebiet angesehen. Die Rebkulturen ziehen sich jedoch fast bis vor die Stadtmauern von Montepulciano. Sant' Agnese, Madonna della Querce und Madonna della Grazie mit ihren eher sandigen Böden zählen ebenfalls zu den sehr guten Lagen. Hervorragende Voraussetzungen finden sich auch an den Südwesthängen Montepulcianos in Richtung Pienza und Montefollonico sowie bei Valiano östlich des Chiana-Tals.

Die klimatischen Voraussetzungen für den Rebbau sind in Montepulciano wie in der gesamten Toskana sehr günstig. Man rechnet mit 130 bis 170 Sonnentagen im Jahr und 400 Millimeter Niederschlag. Lediglich in tieferen Lagen, die nicht von frischen Winden berührt werden, besteht in nassen Jahren die Gefahr einer Botritis-Bildung.

**PIONIER DES NOBILE**

*Von Boscarelli kommt heute der beste Vino Nobile, zugleich einer der schönsten Sangiovese-Weine der Toskana. Er verbindet in harmonischer Weise Kraft mit Eleganz und feinsten Beerenaromen. Das Kapital dieses kleinen Privatgutes, das von Paola Corradi geleitet wird, sind die erstklassigen Lagen, die eine frühe Lese bei gleichzeitig hohen Mostgewichten erlauben.*

# DIE WEINGÜTER

Im Anbaugebiet von Montepulciano sind etwa 160 Winzer registriert, die Vino-Nobile-Reben ziehen. Höchstens 40 von ihnen füllen ihren Wein selbst ab. Die meisten liefern ihre Trauben an die *Vecchia Cantina*, die Genossenschaftskellerei. Sie befindet sich etwa drei Kilometer nördlich von Montepulciano bei Cicolina, direkt an der Straße nach Gracciano gelegen, und ist heute der größte Erzeuger von Vino Nobile in der Zone mit rund einer halben Million Flaschen im Jahr. Totz der Größe der Produktion und des zwangsläufig engen Rahmens, der ihr als Genossenschaft gesteckt ist, bemüht sich die *Vecchia Cantina* sehr um gute und bessere Qualität ihres Weins. So besteht für die rund 300 Traubenlieferanten eine Vollabgebepflicht. Die besten Traubenpartien dürfen also nicht mehr einbehalten, sondern das gesamte Lesegut des Betriebes muß abgeliefert werden. Die Trauben werden zudem nicht nur nach Mostgewicht, sondern auch nach Gesundheitszustand und anderen Kriterien bezahlt, um die Winzer zu sorgfältiger Weinbergsarbeit anzuhalten. Die Traubenauslese im Keller ist verhältnismäßig streng. Nur die Hälfte der angelieferten Traubenpartien werden zu Vino Nobilo verarbeitet. Nach der Gärung werden nochmals die besten Fässer ausgewählt, um den Wein für die *Riserva* zu bestimmen. Sie reift den Vorschriften entsprechend ein Jahr länger im Keller: ein gehaltvoller, schon frühzeitig trinkfertiger, typischer Vino Nobile. Die *Vecchia Cantina* ist im übrigen die älteste Genossenschaftskellerei der Toskana. Sie wurde unter widrigen politischen Umständen 1937 gegründet.

Der zweite große Erzeuger ist *Fassati*, wenngleich die Dimensionen, in denen dieses Weingut arbeitet, um ein Vielfaches kleiner sind als die der Genossenschaft. Nach umfangreichen Landkäufen Mitte der achtziger Jahre werden derzeit maximal 80 000 Flaschen eines sehr schlanken, aber ungemein sauberen, eleganten Nobile abgefüllt. Ähnliches gilt für die Saiagricola, den dritten großen Erzeuger, der seine Weine unter den Etiketten *Fattoria del Cerro* und *Cantine Baiocchi* verkauft. Dieses landwirtschaftliche Großgut, das sich im Besitz einer Turiner Versicherungsgesellschaft befindet, hat bei Argiano eine moderne, neue Kellerei errichtet, die von der temperaturkontrollierten Maischgärung bis zum klimatisierten Flaschenlager technisch über alles verfügt, was zur Herstellung eines sehr guten Nobile notwendig ist. Dazu kommen teilweise erstklassige Lagen im Osten des Anbaugebietes (beste Lage: Vicroce) sowie ein Régisseur, dem es trotz der weitgespannten Aktivitäten des Gutes (neben Wein und Oliven auch Viehhaltung und Getreideanbau) nicht an der Erkenntnis mangelt, daß man dem Wein das Hauptinteresse des Betriebes geben müsse: »Wir wollen innerhalb des traditionellen Rahmens arbeiten«, sagt Marcello Majani. »Aber wir verwenden moderne Mittel, die es uns ermöglichen zu zeigen, daß der Nobile auch heute noch einer der größten Rotweine der Toskana ist.«

Der Name *Baiocchi* hat in Montepulciano seit vielen Jahrzehnten einen guten Klang. Schon in den zwanziger Jahren erschienen unter dieser Bezeichnung Weine dieser Kellerei, die sich in Montepulciano größter Wertschätzung erfreuten. Auch in jüngerer Zeit wurden die *Riserve* von *Baiocchi* stets zu den herausragenden Weinen des Anbaugebietes gezählt. Es waren kraftvolle, körperreiche Nobile von erstaunlicher Länge, denen es freilich noch etwas an innerer Feinheit und Eleganz fehlte. Die Weine dieses Herstellers (hinter den Etiketten *Fattoria del Cerro* und *Cantine Baiocchi* verbirgt sich derselbe Wein) zählen aber zu den Gewächsen von Montepulciano, die für die Zukunft zu einiger Hoffnung berechtigen.

Mit knapp 60 Hektar Reben für den Vino Nobile zählt die Saiagricola zu den großen Erzeugern der Zone. Gleiches gilt für *Pog-*

## CASELLA GRACCIANO

*Daß der Vino Nobile kein plumper, schwerfälliger Tropfen sein muß, beweist der Wein von Casella, eines kleinen, direkt neben Valdipiatta und nicht weit von der Tenuta Ciarliana gelegenen Guts, das seit 1969 von dem jungen, ehrgeizigen Alfio Carpini bewirtschaftet wird. Er stammt aus einer alten Winzerfamilie, und einige seiner Vorfahren galten als hochgeschätzte Rebenexperten in Montepulciano. Er selbst hat eine Fachschule für Landwirtschaft besucht. Das Handwerk des Kellermeisters hat er in der Praxis gelernt, dabei aber gezeigt, daß er keineswegs nur die traditionelle Önologie von Montepulciano beherrscht, sondern die Erkenntnisse und Techniken der modernen Kellerwirtschaft durchaus mit den alten Formen der Weinbereitung zu kombinieren weiß. Casella ist kein sonderlich sehenswertes Gut. Es besteht nur aus einer modernen Villa im Bungalow-Stil und einem neu errichteten, betonenen Kellereigebäude, das es sich mit der Tenuta Valdipiatta teilt. Die fünf Hektar Weinberge befinden sich jedoch in Lagen, die zu den besten von Montepulciano gehören: Sanguineto, Pinzo und Poggio. Sie alle liegen über 400 Meter hoch auf steinigem Untergrund, über dem nur eine relativ dünne Schicht tonhaltiger Erde liegt. Der Nobile, der dort wächst, ist nicht sonderlich körperreich, sondern eher elegant. Er erreicht nicht in jedem Jahr die vorgeschriebenen 12,5 Volumenprozente Alkohol. 1974, 1976 und 1984 wurde deshalb kein Wein erzeugt, 1978 nur eine minimale Menge. Die Mindestansprüche, die Carpini stellt, sind hoch. Der Casella-Nobile wird zu rund 80 Prozent aus Prugnolo Gentile gekeltert, zu knapp zehn Prozent aus Canaiolo und etwa fünf Prozent weißen Trauben, unter denen die Grecchetto dominiert. Der Most wird 15 bis 18 Tage temperaturkontrolliert auf den Schalen vergoren. Danach reift der Wein in großen, alten Eichenfässern zwischen zwei und vier Jahren. Beim Ausbau erweist sich Carpini mithin als Traditionalist. In fast allen Jahren wird eine »Riserva« produziert, die sich vom Standard-Nobile dadurch unterscheidet, daß sie von ausgelesenem Traubengut der vorgenannten Lagen kommt. Die Gesamtproduktion beläuft sich auf 20 000 Flaschen. Große Jahrgänge: 1975, 1982, 1983, 1985 (in den drei letztgenannten Jahren werden nur »Riserve« abgefüllt). Sehr gute Jahre: 1977, 1979, 1980, 1981.*

## VALDIPIATTA GRACCIANO

*Valdipiatta liegt tief im Hinterland von Montepulciano zwischen Nottola und Cervognano. Es ist ein verhältnismäßig junger Betrieb, der erst 1969 von dem aus Italien stammenden Venezuelaner Alex Palenzona gegründet wurde. Er umfaßt 12 Hektar Weinberge, wovon 9,5 Hektar für die Produktion des Vino Nobile vorgesehen sind. Sie umfassen so hervorragende Lagen wie Sanguineto, Poggio, Betti und Bossona. Von ihnen kommen die Trauben für den besten Wein von Valdipiatta. Er wurde bislang kellertechnisch wie eine »Riserva« behandelt, aber auf dem Etikett nicht als solche ausgewiesen (dies soll sich in den nächsten Jahren ändern). Der Wein wird mit einem hohen Prozentsatz an roten Trauben gekeltert (etwa 88 bis 90 Prozent, davon rund 80 Prozent Prugnolo Gentile). Die genauen Mischungsverhältnisse variieren von Jahr zu Jahr. In einem großen Jahr wie 1983 ist der Anteil an Prugnolo Gentile zum Beispiel geringer, derjenige an weißen Trauben (normal fünf Prozent) etwas höher, um den Wein nicht zu tanninhaltig und hart werden zu lassen. In der Regel ist der Nobile von Valdipiatta ein sehr weicher, charaktervoller Wein mit einer ungewöhnlich hohen Konzentration an Frucht, der schon verhältnismäßig früh reift. Er wird von Alfio Carpini gemacht, dem Besitzer des benachbarten Guts Casella. Dieses und Valdipiatta besitzen einen gemeinsamen, neu errichteten Keller. Alex Palenzona, der in Italien Pharmazie studiert hat, anschließend nach Venezuela auswanderte, in Caracas einen pharmazeutischen Betrieb aufbaute, aber 1966 wieder nach Italien zurückkehrte, ist selbst nicht aktiv im Weingut tätig. Er arbeitet als Direktor eines pharmazeutischen Konzerns in Mailand. Die Tenuta Valdipiatta füllt jährlich ungefähr 25 000 Flaschen Vino Nobile ab, der von Anfang an zu den besten der Zone gehört hat (ein Teil der Trauben wird an die Vecchia Cantina verkauft). Der erste Jahrgang, der auf den Markt kam, war 1973. Große Jahrgänge: 1975, 1983, 1985. Sehr gute Jahre: 1977, 1979, 1980, 1981, 1982. Kein Nobile wurde in den Jahren 1974, 1976, 1978 und 1984 produziert.*

*gio alla Salla*, obwohl dessen Wein einen Vergleich mit dem der Saiagricola schwerlich aushält: ein matter Tropfen, der wenig Substanz aufweist, kaum Tiefe hat und ohne nennenswerte Feinheiten auskommt. Der fünfte große Erzeuger von Montepulciano ist *Tre Rose*. Seine Weine zeichnen sich durch einen schlanken, eleganten Körper und durch ein besonders duftiges Bouquet aus. Das Gut wurde 1984 übernommen von Lionello Marchesi, einem Hersteller von Autoschiebedächern und Sicherheitsgurten aus Mailand, der eine Leidenschaft für das Weinmachen besitzt und wenig vorher schon bei Montalcino ein Brunello-Gut erworben hatte. Er ließ bei Petrognano (rund zwei Kilometer von Valiano entfernt) eine große, technisch bestens ausgestattete Cantina errichten und engagierte einen profilierten Önologen, um die Weinproduktion neu zu ordnen. Das Ziel: bis zu 100 000 Flaschen eines Vino Nobilo herzustellen, der den Vergleich mit den Spitzen des Anbaugebietes aushält. Er wird nur aus roten Trauben hergestellt, wovon über 80 Prozent die Prugnolo Gentile ausmacht. 1985 wurde er zum ersten Mal abgefüllt. Bemerkenswert ist die *Riserva* von *Tre Rose*. Sie wird in jungen *barriques* ausgebaut.

Wo aber liegen die Spitzen in Montepulciano? Die Größe eines Gutes gibt sicher keinen verläßlichen Hinweis auf die Qualität des Weins. *Poliziano* etwa, das über 60 Hektar Weinberge verfügt, von denen 20 ins Kataster des Vino Nobile eingetragen sind, erzeugt einen sehr guten Wein. Ein gutes Dutzend kleiner Erzeuger mit kaum mehr als zwei Hekren für den Vino Nobile liefern dagegen Qualitäten, die kaum noch kommerzialisierbar sind. Auch das Bekenntnis zur Tradition oder zu den modernen Methoden der Weinherstellung läßt keinen wirklichen Rückschluß auf die Güte des Vino Nobile zu. *Poggio alla Sala* etwa bedient sich für den Ausbau eines Teils seines Weins französischer *barriques*. Der Wein wird dadurch um keinen Deut besser, sondern suggeriert einen Charakter, den er nicht hat. *Valdipiatta* andererseits verwendet, je nach Jahrgang, einen mehr oder minder hohen Anteil weißer Trauben und baut den Wein später verhältnismäßig lange im Faß aus – nach traditioneller Manier. Gleichwohl ist sein Nobile ein charaktervoller Wein. Tradition bedeutet also nicht unbedingt, den alten Nobile nachzustreben, wie ihn die Väter machten. Moderne Technik und Önologie allein machen aber auch noch kein Spitzenprodukt. Es ist wohl eher die Entscheidung des einzelnen, wie hoch er seine Ansprüche steckt. Denn Qualität heißt: weniger Menge, mehr Arbeit, höhere Investitionen und das Risiko, die Qualität später vielleicht nicht angemessen honoriert zu bekommen.

Die Aufwertung seines Weins verdankt Montepulciano jedoch zwei kleineren Produzenten: *Boscarelli* und *Avignonesi*. Beide haben Marksteine gesetzt für die Entwicklung des Vino Nobile und der Fachwelt schon frühzeitig demonstriert, daß der Wein von Montepulciano eine neue Einschätzung verdient. Dabei sind sie Betriebe ganz unterschiedlicher Struktur. *Avignonesi*, ursprünglich mehr ein Weißweingut, fährt einen expansiven Kurs, arbeitet professionell, ist namensbewußt. Der Nobile bildet nur die konservative Basis, um neue, andere Weine entwickeln zu können, die eines Tages vielleicht mehr als dieser Leistung und Standort des Unternehmens bestimmen. Umfangreiche Landkäufe, auch außerhalb des Anbaugebietes von Montepulciano, dokumentieren, daß für *Avignonesi* der Rahmen, den die D.O.C.G.-Statuten bilden, nicht alle Möglichkeiten ausschöpft, die einem ehrgeizigen Weinmacher in der südlichen Toskana offenstehen.

*Boscarelli* ist dagegen eine kleine toskanische Fattoria, die dem Feriensitz einer Genueser Industriellenfamilie angegliedert ist. Zwar beansprucht das Engagement für den Wein inzwischen einen großen Teil der Zeit der Inhaberin, doch hat das Weinmachen auf *Boscarelli* nie jenen Grad von Professionalität erreicht wie bei den *Avignonesi*. Ein Nachteil muß das allerdings nicht sein, denn der Vino Nobile, auf den sich die ganze Arbeit konzentriert (daneben wird nur noch ein Chianti erzeugt), gehört zu den schönsten Sangiovese-Gewächsen der Toskana: ein unge-

## COLLI SENESI

*Montepulciano liegt im Anbaugebiet des Chianti Colli Senesi. In den tieferen Lagen dieser Zone wächst daher kein Nobile, sondern meistens Chianti. Einen sehr feinen Wein dieses Namens erzeugt das Spitzenrestaurant »Locanda dell'Amorosa« (rechts im Bild).*

263

mein voller Wein mit reifer Frucht, viel verdecktem Tannin und kräftigem Goudrongeschmack. Wenn auch nicht alle Jahrgänge gleich gut gelingen, so war *Boscarelli* doch der erste Betrieb, der seinen Nobile nur aus roten Trauben kelterte und sich in der Traubenproduktion jene Beschränkungen auferlegte, die andere Betriebe erst wesentlich später akzeptierten. Er hat das Risiko gewagt einen besseren Nobile zu erzeugen – und bekommt jetzt den angemessenen Preis dafür.

Inzwischen gibt es eine Reihe von anderen Winzern, die ebenfalls bereit sind, das Risiko auf sich zu nehmen. Sie produzieren weniger und verlesen die Trauben im Herbst penibler als früher. Auf die richtige klonale Selektion der Sangiovese-Reben verwenden sie erhöhte Aufmerksamkeit. Sie setzen alles daran, um die geschmacks- und duftbildenden Polyphenole optimal aus den Beerenhäuten zu extrahieren. Auch Tannin ist für sie kein bitter schmeckender Aromastoff, sondern ein natürliches Geschmackselement, das es zu erhalten und für die Entwicklung des Weins zu nutzen gilt. Der Keller- und Faßhygiene gilt ihre besondere Aufmerksamkeit. Und auch der Agrochemie stehen viele von ihnen immer reservierter gegenüber. Um die Artenvielfalt ihrer Landschaft zu erhalten, reduzieren sie den Einsatz chemisch-synthetischer Spritzmittel auf ein Minimum.

Es sind durchweg Winzer der jüngeren Generation, von denen die Entwicklung ausgeht. Ob ihre Weine Spitzengewächse werden, bleibt abzuwarten. Nicht wenige arbeiten jedoch heute ebenso aufwendig und skrupulös wie die Spitzenerzeuger im benachbarten Montalcino und im Chianti classico. Einer dieser Betriebe ist *Poliziano*. Dieses mittelgroße Gut mit 80 Hektar Weinbergen (20 davon für den Nobile) stellt einen der feinsten Weine der Anbauzone her: sehr fleischig und warm, saubere und äußerst facettenreiche Frucht, viel verdecktes Tannin, duftig, tieffarbig. Frederico Carletti, ein Dreißiger, hat das Gut 1980 übernommen. Seitdem scheint nahezu jeder neue Jahrgang besser als der vorhergehende werden zu wollen. »Montepulciano hat phantastische Trauben und sehr gute Lagen«, ist er überzeugt. »Doch es wird wohl eine ganze Winzergeneration dauern, bis wir gelernt haben, dieses Potential voll zu nutzen. Andere Weinbauländer haben uns da an Erfahrung viel voraus.«

Eine ähnliche Entwicklung ist auch bei den Weinen von *Fognano* zu beobachten, obwohl der Vino Nobile schon Mitte der siebziger Jahre zu den Spitzen des Anbaugebietes zählte. Sehr strenges Verlesen der Trauben, die Einführung der temperaturgesteuerten Maischgärung sowie mehr Faßhygiene haben dazu geführt, daß spätestens seit 1982 aus seinen sehenswerten, alten Gewölbekellern unter dem Palazzo Pucci Franceschi ein stilvoller, sehr differenzierter, weicher Vino Nobile mit unübersehbaren Feinheiten kommt. In seiner Charakteristik ähnelt er ein wenig dem Wein von *Poliziano*, was kein Wunder ist, da beide Weinberge dicht beieinander liegen. Der Wein wird seit einigen Jahren unter der Bezeichnung »Talosa« verkauft, dem alten Namen eines kleinen Dorfes bei Montepulciano.

Einen enormen Qualitätssprung hat auch der Nobile von *Le Casalte* gemacht. Diese kleine, im schwer zugänglichen Hinterland von Sant' Albino gelegene Fattoria ist im Grunde nur der Feriensitz der Familie eines Römer Bankangestellten, der mit Hilfe eines Verwalters und eines guten Önologen ein paar tausend Flaschen eines Nobile keltert, der Termin und Frucht hat, elegant und kraftvoll zugleich ist, viel Spiel aufweist und dabei einen sehr natürlichen Charme entwickelt.

*Valdipiatta* und *Casella* sind zwei relativ junge Betriebe, die etwas abseits der Straße von Montepulciano nach Gracciano dicht beieinander liegen und gemeinsam von Alfio Carpini bewirtschaftet werden. Sie werden unter Zusatz weißer Grecchetto-Trauben gekeltert und relativ lange in alten hölzernen Gärbottichen ausgebaut. *Valdipiatta* ist der etwas elegantere, *Casella* der mächtigere Wein. Einen Vino Nobile von großer Individualität stellt die Familie Pinzi Pinzuti her *(La Querce)*. Er ist etwas heller

in der Farbe als andere Spitzengewächse, doch von großer Ausdruckskraft und stärker frucht- als tanninbetont. Zumindest gilt das für die *Riserva*. Der Wein wächst auf einem kleinen Rebareal mit besonderen Böden unweit der kleinen Kapelle von Madonna della Querce. Im Ausland ist er nahezu unbekannt. Gleiches gilt für den Wein von *Giuseppe Raspanti*, eines aus Süditalien stammenden, eher bäuerlichen Winzers, der ohne große Publizität, aber mit außerordentlicher Sorgfalt arbeitet. Er hat schon früh begonnen, seine gesamten Reben mit Reisern von hochwertigen, alten Sangioveto-Klonen zu veredeln. Auch der Nobile der *Cantine Riunite Contucci,* der zu den bekanntesten und am weitesten verbreiteten Weine von Montepulciano gehört, zeigt sich in den letzten Jahren deutlich verbessert: ein samtiger Wein von gezügelter Fülle, weniger breit im Geschmack als früher, dafür konzentrierter. Dem von anderen Weinmachern ausgehenden Druck, vor allem die Kellerarbeit zu verbessern, konnte und wollte sich Alamanno Contucci, der den Betrieb zusammen mit seinem Bruder Gian Stefano führt, nicht länger entziehen, obgleich er betont: »Unser Wein hat viele Liebhaber. Wir können ihn nur schrittweise verändern.«

Ehrgeiz, den bestmöglichen Wein zu erzeugen, haben freilich nur diejenigen, die an die Zukunft denken. Das trifft nicht auf alle Betriebe von Montepulciano zu. Zumindest bei drei der bekannten Namen fehlt es aufgrund des Alters der Inhaber an Kraft, Veränderungen vorzunehmen: die *Fattoria di Gracciano*, die *Tenuta di Gracciano* sowie die *Tenuta Sant'Agnese*. Im letztgenannten Betrieb, von dem in der glorreichen Epoche des Vino Nobile der größte Glanz ausging, ist die Zeit stehengeblieben. Sein Wein ist mager, hart und ohne Feinheit. Auch die Nobile der beiden anderen Betriebe, die am Ortsausgang von Gracciano in Richtung Montepulciano Stazione direkt nebeneinander liegen, wirken unvollkommen und unfertig. Dabei ging der *Fatto-*

ria di Gracciano einst ein großer Ruf voraus. Unter der Bezeichnung *Cantina Svetoni* waren ihre Weine bis ins ferne Ausland bekannt. Anfang der sechziger Jahren wurde der Besitz jedoch zwischen Franco Mazzucchelli und seiner Schwester Piera aufgeteilt, die mit ihrem Mann, einem Industriellen, die *Tenuta di Gracciano* gründete. Mazzucchelli selbst, der lange Zeit in Somalia und Kenia gelebt hatte, machte aus dem Restbesitz (der immerhin sieben Hektar Nobile-Reben in den besten Lagen umfaßt) die *Fattoria di Gracciano*, ohne jedoch an die großen Traditionen anschließen zu können. Sein Wein ist, trotz großartigen Stoffes, ohne jeden Schliff.

Daneben gibt es noch über ein Dutzend anderer Erzeuger, die einen Vino Nobile abfüllen. Die meisten sind relativ einfache, unkomplizierte oder plumpe, unbalancierte Weine: *Il Macchione, Canneto di Sotto, Caggiole di Mezzo, Vittorio Innocenti, Gattavecchi, Scopetello, Pantano, Santavenere*. Besondere Erwähnung verdienen *Buracchi* und *Sanguineto*, aus deren Keller charaktervolle Weine kommen. Zwei einst bedeutende Produzenten mit sehr guten Vino Nobile sind heute von der Bühne abgetreten: *Bologna Buonsignori* und die *Cantina del Redi*.

Dafür kommen andere. Der Zürcher Weinimporteur Rudi Bindella hat Mitte der achtziger Jahre zusammen mit anderen Partnern aus dem Fanetti-Besitz das alte Weingut *Valloccaia* erworben, zu dem 12 Hektar Weinberg mit hochwertigem, alten Rebenbestand gehören. Die guten Lagen und Art, wie die Kellerarbeit betrieben wird, lassen beste Ergebnisse erhoffen. Der erste selbst abgefüllte Jahrgang ist der 85er. Seinem Beispiel werden andere folgen. Denn Montepulciano befindet sich – das ist sicher – im Aufbruch. Was heute ein minderer Wein ist, kann morgen ein mäßiger und übermorgen ein Nobile sein, der seinen Namen zu Recht trägt.

## ALTER WEIN
## AUF NEUEN WEGEN

*In die Weinszene von Montepulciano ist Bewegung gekommen. Einen sehr guten Nobile erzeugt Le Casalte (ganz oben). Das Gut gehört Paola Silvestri und Guido Barioffi (oben). Frederico Carletti von Poliziano erzeugt heute einen der schönsten Weine der Zone (rechts). Gleiches gilt für die Fattoria Fognano, deren sehenswerter alter Faßkeller in den Fels von Montepulciano getrieben ist (gegenüberliegende Seite). Sein Wein wird als »Talosa« verkauft.*

## LA QUERCE
## SANT'ALBINO

*Herkömmlichen Kategorien nach ist der Vino Nobile der kleinen Fattoria La Querce ein traditioneller Wein. Er enthält bis zu acht Prozent weißer Trauben, macht eine relativ kurze Maischegärung durch, wird noch mit »governo« fermentiert und sehr lange im Holz ausgebaut – die »Riserva« fast drei Jahre lang. Gerade sie ist es freilich, die wegen ihrer ungewöhnlich feinen, charaktervollen Art auffällt: ein eleganter, innerlich komplexer, aber sehr geradliniger Wein mit einer ungewöhnlich prägnanten Fruchtnote, die Lido Pinzuti, der Patron, auf die besonderen Böden zurückführt, auf denen der Wein wächst. Die Weingärten von La Querce finden sich nämlich auf einer kleinen geologischen Insel mit sehr stark tuffsteinhaltigen Sandböden. Sie ermöglichen es, die Trauben länger reifen zu lassen. Außerdem prägen sie den Wein aufgrund ihrer eigentümlichen mineralischen Zusammensetzung in besonderer Weise. Insgesamt sind es sechs Hektar Weinberge, die zu La Querce gehören. Sie liegen unweit von Montepulciano bei der alten, noch mit zwei Friesen von Luca della Robbia ausgestatteten Kapelle Madonna della Quercia. Nur zweieinhalb Hektar sind für den Vino Nobile reserviert. Entsprechend gering ist die Produktion. Es werden 15 000 Flaschen hergestellt, davon 3000 »Riserve«. Sie kommen aus einem kleinen Weinberg oberhalb der Cantina. La Querce wird von der gesamten Familie Pinzi Pinzuti bewirtschaftet, die aus dem Ausflugort Abbadia San Salvatore am Fuße des Monte Amiata stammt. Früher arbeitete Lido Pinzuti dort in der Quecksilberindustrie. Als der Ski- und Ausflugstourismus an Bedeutung gewann, eröffnete er dort eine kleine Enoteca, über die er heute seine eigenen Weine vertreibt. Das Rebland bei Montepulciano wurde erst 1972 erworben und neu bestockt. 1977 war der erste Jahrgang, der abgefüllt werden konnte. Große Jahre: 1983, 1985. Sehr gut: 1979, 1981, 1982, 1986. Gut: 1977, 1978, 1980.*

## FASSATI
## MONTEPULCIANO

*Wenn es eines Beweises bedarf, daß auch große Unternehmen gute Weine machen können, wäre in Montepulciano Fassati zu nennen. Zum Imperium des Verdicchio-Herstellers Fazi-Battaglia gehörend, ist Fassati heute der zweitgrößte Nobile-Produzent des Anbaugebietes. 60 000 bis 80 000 Flaschen dieses Weines verlassen jährlich die Keller. Er wächst fast ausschließlich in eigenen Weinbergen. Nur gelegentlich werden kleinere Mengen Trauben von benachbarten Winzern zugekauft. Er ist kein schwerblütiger, sondern ein schlanker Nobile. Doch was ihm an Gewicht fehlt, macht er durch Eleganz wett. Sein hervorstechendstes Merkmal ist die schöne, sauber herausgearbeitete Frucht, in der sich die Feinheit und Eigenart der Sangiovese eindrucksvoll spiegeln. Sie ist in diesem Wein zu deutlich über 70 Prozent enthalten (die rote Canaiolo macht zehn Prozent aus, weiße Sorten sind nur pro forma vertreten). Die älteste Lage von Fassati liegt bei Fonte al Vescovo vor den Toren von Montepulciano. Sie wurde 1967 neu bestockt, als Fazi-Battaglia das Unternehmen aus der Konkursmasse der Vorbesitzer erwarb. Von dort allein kam in der Vergangenheit der Nobile von Fassati. Mitte der 80er Jahren wurden zusätzlich Rebberge bei Graccianello und Gaggiolo gekauft (dort wurde auch eine neue Cantina errichtet). Die Trauben werden separat erfaßt und verarbeitet, die Weine nach Lagen getrennt abgefüllt. Auf dem Etikett ist festgehalten, von welcher der drei Lagen der Wein kommt. Die Maischegärung dauert, je nach Qualität des Leseguts, zehn bis 15 Tage. Der Ausbau erfolgt sowohl in alten Eichen- als auch in Kastanienholzgebinden. Die »Riserva«, von der etwa 7000 bis 10 000 Flaschen produziert werden, ist stets eine Auswahl der besten Fässer. Große Jahre: 1975, 1985. Sehr gute Jahre: 1977, 1979, 1981, 1983, 1986. Gute Jahre: 1978, 1980.*

# MONTAL-CINO

Noch in den sechziger Jahren fielen dem Autor eines bekannten Reiseführers für Mittelitalien zum Stichwort Montalcino nur zwei Sätze ein: »Mittelalterliches Städtchen, das auf einem 564 Meter hohen Berg errichtet ist, von dem aus man einen prächtigen Rundblick auf das umliegende Hügelland hat.« Und weiter: »Die 3500 Einwohner leben überwiegend von der Landwirtschaft.« Mehr war über den Ort nicht zu erfahren. Für die Bildungsreisenden vor dem Ersten Weltkrieg, die Italien auch damals schon in allen Richtungen und in nicht geringer Zahl durchkreuzten, war Montalcino überhaupt kein Reiseziel. Es lag weit entfernt von den Wegen, die zu den Geburtsstätten humanistischer Bildung führten. Nicht einmal ein kultureller Trampelpfad führte hinauf in die alte Sieneser Festung, obwohl sie mit der Geschichte Italiens im 15. und 16. Jahrhundert zeitweise viel enger verbunden war als das benachbarte und ungleich berühmtere Montepulciano. Immerhin trutzte sie am längsten der Herrschaft der Medici und war vier Jahre lang (von 1555 bis 1559) die letzte Bastion städtischer Freiheit in Italien.

Die Situation hat sich heute geändert. Der Name Montalcino hat Klang, wenn es auch in erster Linie der Wein ist, der die Musik macht. Dieser wurde benannt nach der Rebe, aus der er gewonnen wird: Brunello. Und weil die Rebe praktisch nur am Montalcino kultiviert wird, heißt der Wein Brunello di Montalcino.

Er hat in den letzten zwanzig Jahren einen kometenhaften Aufstieg erlebt. Er war der erste unter den hochklassigen Qualitätsweinen Italiens, der mehr auf überseeischen als auf den heimischen Märkten verkauft wurde. Im Ausland hat er auch seine größten Erfolge gefeiert. Noch immer schwankt seine Exportquote zwischen 40 und 50 Prozent. Die Preise, die er erzielte, waren für Italien eine Sensation. Noch Mitte der siebziger Jahre lagen sie doppelt so hoch wie die des Barolo und mehr als dreimal so hoch wie die einer Chianti classico-Riserva. Wenn sein Preis sich inzwischen zumindest von den piemontesischen Hochgewächsen nicht mehr nennenswert unterscheidet, so nur deshalb, weil diese selbst Brunello-Niveau erreicht haben. Der kometenhafte Aufstieg hat aber nicht nur den Winzern von Montalcino genützt. Der Glanz dieses Weins hat auf die gesamte italienische Weinwirtschaft abgestrahlt und viele Vorurteile ausgeräumt, unter denen andere Weine aus anderen Anbaugebieten jahrelang gelitten haben. Zugleich scheint der Erfolg dieses Weins die Italiener selbst derart beeindruckt zu haben, daß der Brunello auf einmal auch für sie zum Inbegriff feiner Weinkultur wurde. Er hat ihre Trinksitten verändert. Die Entwicklung des feinen Geschmacksvermögens und die Fähigkeit zur Unterscheidung des Besseren vom Guten – all das hat der Brunello mehr als jeder andere italienische Wein gefördert.

Die Ursachen für seinen Erfolg sind vielfältig. Da ist einmal die unbestreitbare und unbestrittene Klasse des Weins: wuchtig, opulent, stoffreich – ein »funkelnder Diamant«, wie ihn das

**BANFI CELLARS**

*Der italo-amerikanische Weinkonzern
Villa Banfi hat sich in Montalcino zu
einem beispiellosen Abenteuer
entschlossen: hochwertigste und
anspruchsloseste Weine nebeneinander
zu erzeugen im größten und modernsten
Keller, der in Europa steht.*

Winzerkonsortium von Montalcino gerne sehen möchte. Dann sind da die knappen Mengen, die ihn, bedingt durch die geringe Ausdehnung des Anbaugebiets, zu einer Rarität machen. Die Fläche, die augenblicklich unter Reben steht, ist gerade halb so groß wie die des Margaux. Hinzu kommt, daß das fast achtzig Jahre dauernde Monopol einer Familie auf den Wein diesem eine unvergleichliche Exklusivität verliehen hat. Der Brunello – das war bis Anfang der sechziger Jahre dieses Jahrhunderts der Wein der Biondi-Santi. Sie waren die ersten, die ihn erzeugten. Sie waren die ersten, die ihn nach Jahrgängen trennten und ihn in Flaschen abfüllten. Sie waren die ersten, die ihn 1925 nach Amerika verkauften. Ihr Können und ihre Qualitätspolitik waren es, die ihn zu einem Spitzengewächs machten in einer Zeit, in der Wein in Italien noch fast ausschließlich ein Lebensmittel war. Der Aufstieg des Brunello ist mit dem Etikett der Biondi-Santi untrennbar verbunden.

Die florierende Weinkonjunktur samt des in seinem Gefolge langsam einsetzenden Weintourismus hat für Montalcino heute schon mehr Bedeutung als die Keramik- oder die Möbelindustrie, die von alters her in dem Ort zu Hause sind, und die bislang immer als Ausweis der Modernität dieser Kommune galten. Der Wein ist eine *forza economica* geworden – ein bedeutender Wirtschaftsfaktor. Die Rebflächen wachsen laufend. Die Zahl der Güter, die beginnen, ihren Wein selbst abzufüllen, nimmt ständig zu. Längst nicht mehr sind es nur einheimische Winzer, die sich mit dem Wein beschäftigen. Der Zulauf von wohlhabenden Norditalienern und Römern, die neue Weingüter gründen oder alte übernehmen, ist spätestens seit den siebziger Jahren unübersehbar. Auch Kapitalgesellschaften haben es vorgezogen, in der Hoffnung auf hohe Renditen ihr Geld in ein Weingut zu investieren, statt es zur Börse zu tragen. Die Sozialstruktur der Weinerzeuger hat sich dadurch nachhaltig geändert. Zwar sind, von wenigen Aus-

nahmen abgesehen, die meisten der alten Montalciner Winzerfamilien noch im Geschäft: die Biondi-Santi (*Il Greppo*), die Colombini (*Fattoria dei Barbi e del Casato*), die Franceschini (*Il Poggione*), die *Lisini* sowie die Grafen Lovatelli (*Argiano*) und Costanti (*Colle al Matrichese*). Doch neben ihnen, die einmal den größten Teil der Rebflächen unter sich aufteilten, hat sich heute eine Vielzahl von kleinen und großen Weingütern niedergelassen, die einen ganz neuen Stil geprägt haben, teilweise auch mit anderen Zielsetzungen die Weinproduktion aufgenommen haben. Managementmethoden und modernes Marketing haben in zahlreiche Keller Einzug gehalten. Öffentlichkeitsarbeit ist ein zunehmend wichtiger Bestandteil der täglichen Arbeit dieser Güter geworden. In den alten Palazzi, Villen und Bauernhäusern, die sie aufgekauft haben, wurden Büros im Mailänder Chic eingerichtet. Sekretärinnen verwalten Weinbestände. Rechnungen werden von Computern geschrieben. Die Mentalität der neuen Winzer von Montalcino ist denn auch vollkommen verschieden von der ihrer Nachbarn in Montepulciano oder in großen Teilen des Chianti.

Die Ankunft der Neuen, aber auch die Anpassung der Alten an die veränderten Verhältnisse hat sich für den Brunello und seine Qualität in vielen Belangen als vorteilhaft erwiesen. Strenge Ertragsbeschränkungen werden – auch angesichts des guten Preises, den der Brunello erzielt – immer weniger gescheut. An Mut und Möglichkeiten zu hohen Investitionen mangelt es inzwischen kaum irgendwo noch. Es wird teures Material für den Keller gekauft, es werden beste Önologen engagiert. Auch die sozialen Folgen, die der Boom für den Brunello gezeitigt hat, sind für die Menschen von Montalcino nicht zum Nachteil gewesen. Die Landflucht, die nach der Reblaus-Katastrophe der dreißiger Jahre und nach dem Zweiten Weltkrieg einsetzte, konnte gebremst werden. Das Kapital, das nach Montalcino floß, hat viele alte Arbeitsplätze erhalten und zahlreiche neue geschaffen.

## ERNTEZEIT

*Den Erntehelfern kommt in der Brunello-Zone eine besondere Bedeutung zu. Sie müssen die Trauben nicht nur lesen, sondern häufig am Stock auch schon verlesen. Die gesündesten und besten werden für den Brunello verwendet, während der Rest zu Rosso di Montalcino verarbeitet wird, dem Zweitwein des Anbaugebietes. Die Qualität des Brunello hängt also entscheidend davon ab, wie sorgfältig und penibel gute und beste Trauben voneinander getrennt wurden. Im Bild: Lese in den Weinbergen der Fattoria dei Barbi.*

Nicht wenige Jugendliche ziehen es heute vor, auf dem Land zu bleiben, statt als Industriearbeiter in die Großstädte abzuwandern.

Doch nicht alle Entwicklungen sind angetan, den großen Ruf zu untermauern, der dem Brunello voraneilt. Mit den neuen Gütern, die gegründet wurden, wuchs nämlich auch die Rebfläche von Montalcino erheblich an. Und der hohe Preis, den der Wein auf dem Markt erzielt, verlockte auch viele der alten Winzer, ihre Rebflächen auszuweiten. 1969 betrug die ins Kataster des Brunello eingeschriebene Ertragsrebfläche noch 46 Hektar. 1975 war sie auf knapp 300 Hektar angewachsen. 1984 verzeichnete die Statistik gar über 800 Hektar. Hieß es seinerzeit, daß damit die Obergrenze erreicht sei, so spricht man beim Winzerkonsortium inzwischen von 1000 Hektar Rebland, das für die Produktion des Brunello potentiell geeignet ist. Dabei verweist man gerne auf das Rebenkataster von 1929, des Jahres, in dem die Reblaus Montalcino erreichte. Damals waren 950 Hektar mit Reben bestockt. Dazu kamen 1243 Hektar gemischte Oliven-/Rebkulturen. Verschwiegen wird allerdings, daß es sich nicht nur um Brunello-Reben handelte, die dort wuchsen, und der Wein, der damals erzeugt wurde, war größtenteils einfacher Landwein, der für ein paar Lire pro Liter in großen Korbflaschen oder gar in Fässern verkauft wurde. Bei manchem Weinberg, der in den letzten Jahren in Montalcino neu angelegt wurde, kommen denn auch Zweifel auf, ob dort jene Trauben wachsen können, die einen der besten Rotweine der Welt ergeben sollen. Anders ausgedrückt: Einige Brunello wirken so schwach, daß der Verdacht aufkommt, ihre Winzer seien bei der Traubenauswahl sehr großzügig vorgegangen. Auch die amtlichen sensorischen Prüfungen haben, so scheint, nicht verhindern können, daß in den ersten Jahren einige Brunello mit der D.O.C.G.-Anerkennung auf den Markt gekommen sind, die eher einem mittelmäßigen Rosso di Montalcino geähnelt haben.

Wer freilich die gesamte Entwicklung würdigt, muß zu dem Ergebnis kommen, daß es heute eine größere Zahl besserer Brunello gibt als noch in den siebziger Jahren. Ursache dafür dürfte zuerst der önologische Fortschritt sein, dem sich viele Winzer angepaßt haben. Es ist sogar zu erwarten, daß die Qualität des Brunello künftig von Jahr zu Jahr besser wird. Viele Reben, die gepflanzt wurden, sind noch jung. Mit zunehmendem Alter werden sie ihre Energie mehr in die Trauben und weniger ins Holz stecken. Zugute kommen wird es letztlich dem Wein.

Montalcino selbst ist angesichts der stürmischen Entwicklung wohltuend bescheiden geblieben. Den Rummel, den die Wein-Hochburgen Frankreichs veranstalten, wird man dort vergebens suchen. Es gibt zwar nur wenige, dafür aber gut sortierte Weinhandlungen in der Stadt. In der Festung des Ortes ist eine Önothek eingerichtet, in der alle Weine der Zone verkostet werden können. Ansonsten aber ist dem Ort kaum anzumerken, daß er eine Wein-Kapitale ist. In den kleinen Trattorien wird rustikal-deftig gespeist. Der Wein, der dort auf den Tisch kommt, ist meist ein einfacher Landwein. Brunello trinken die Einheimischen selten. Die gehobene Gastronomie hat es denn auch nicht leicht in dem Ort. Für die Fremden, die kommen, um die Festung oder den Palazzo Civico, den Dom oder das archäologische Museum zu besichtigen, ist das gastronomische Angebot der Straßenfeste, bei denen man die ganze Nacht hindurch an langen Tischen unter freiem Himmel feiert, allemal attraktiver. Zwei solcher Feste kennt Montalcino: das *Torneo di Apertura* am zweiten August-Sonntag zur Eröffnung der Jagdsaison, und die *Sagra del Tordo*, das Drosselfest, am letzten Sonntag im Oktober. Landschinken und Schweinewürstchen, Makkaroni und *pinci*, typische Montalciner Spaghetti, kommen dann auf den Tisch. Statt Drosseln, die dank italienischer Jagdleidenschaft nahezu ausgerottet sind, müssen die Montalcini allerdings mit Huhn vorlieb nehmen. Dem Frohsinn tut das ebensowenig Abbruch wie die Tatsache, daß der Brunello nur ein seltener Gast dieser Straßenfeste ist.

# MONTALCINO UND SEINE ALTEN WEINE

Die Winzer von Montalcino sehen sich selbst auf einer kleinen Rebeninsel inmitten des wogenden Chianti-Meeres sitzen. In einem gewissen Sinne ist das Bild zutreffend. Der Brunello hebt sich deutlich vom Chianti ab. Er wird anders bereitet, und die Brunello-Rebe ist mit der Sangiovese-Rebe des Chianti nur entfernt verwandt. Den Charakter eines Eilands verstärkt schließlich die geringe Ausdehnung des Anbaugebiets. Seine Fläche entspricht gerade der der Insel Elba. Dennoch ist das Bild schief. Denn Montalcino liegt innerhalb der Grenzen des Chianti Colli Senesi. Das Produktionsgebiet des Brunello gehört mithin zum Chianti. Es ließen sich dort also durchaus Chiantiweine erzeugen. Daß nur sehr wenige Betriebe das tun, hat einen einfachen Grund: Montalcino besitzt neben dem Brunello bereits einen zweiten Qualitätswein: den Rosso di Montalcino (früher hieß er umständlich »Rosso dai Vigneti di Brunello«). Dieser Wein ist aus Brunello-Trauben zweiter Wahl gekeltert und mithin der Zweitwein der Güter. Als solcher erfreut er sich mittlerweile einer höheren Wertschätzung als viele Chianti aus den Colli Senesi. Zu Recht, denn in seinen besten Qualitäten ist er ein ausgesprochen vollmundiger, reicher Wein, der, zumindest in sehr guten Jahren, dem Brunello nur im Preis nachsteht. Schließlich pochen die Winzer von Montalcino seit vielen Jahren auf ihre Eigenständigkeit. Sie möchten mit dem Chianti nichts zu tun haben. Dessen Probleme seien nicht die ihren, hört man häufig, und es gibt nicht wenige unter ihnen, die nur zähneknirschend ertragen, daß die Brunello-Zone noch immer zum Chianti gehört.

Die Beziehungen Montalcinos zum Chianti waren auch in der Vergangenheit nie frei von Spannungen. Zwischen dem 13. und 16. Jahrhundert wurde die Stadt am Berg voll in die Auseinandersetzungen zwischen Florenz und Siena hineingezogen. Anfänglich gehörte sie zu Florenz. Doch nach der berühmten Schlacht von Montaperti (1260), als die florentinischen Heere vernichtend geschlagen wurden, wurde sie zu einem Trabanten Sienas. Wenig später trennte man sie vom benachbarten Pienza, das bislang die Hoheit über Montalcino ausgeübt hatte. 1462 erhielt sie vom Papst das Stadtrecht. Montalcino profitierte durchaus von Aufstieg der Sieneser Stadtrepublik und machte in den folgenden Jahrhunderten eine Blütezeit durch, wie es sie noch nie vorher und nie mehr nachher erlebt hat. Eine gewaltige Festung (*Rocca*) wurde vor der Stadt errichtet, deren weitläufiger Innenhof seinen Einwohnern bei den zahlreichen kriegerischen Angriffen Schutz bot. Es wurde eine Stadtmauer mit 19 Türmen gebaut, von denen aus die Montalcini ihr Land zu überschauen und zu verteidigen vermochten. Mehrere Brunnen wurden angelegt, die Straßen gepflastert, die Kirchen mit Fresken ausgemalt – alles Zeichen bürgerlichen Wohlstands und obrigkeitlicher Gnade zugleich. Als Ausweis einer eigenen Stadtregierung erhielt es ein Rathaus mit Uhrenturm (Palazzo Civico), das noch heute den Kern der historischen Altstadt bildet. Aber die Oberen, die dort residierten, waren kaum mehr als willfährige Statthalter des kaisertreuen Adels der Gibellinen-Partei, die in Siena die Macht innehatte. Die Bestrebungen unabhängig von dieser toskanischen Weltstadt zu werden, wurden mit Gewalt unterdrückt. Während von außen immer wieder die kriegslüsterne Volksdemokratie Florenz drohte, setzten innen die bewaffneten Milizen des alten Feudaladels, die sich mit den aufgeklärten Kaufmannsschichten zusammengetan hatten, der neuen Bürgerfreiheit enge Grenzen. Am stärksten bluten mußten die Einwohner zwischen 1526 und 1559, zugleich die ruhmreichste Periode in der Geschichte Montalcinos. Die Stadt überstand die langanhaltenden Belagerungen durch die Heere des Medici-Papstes Klemens VII., der sich mit den Franzosen verbündet hatte, sowie den Sturm der vereinigten Armeen Karls V., des neuen Kaisers, und des ersten Cosimo de' Medici.

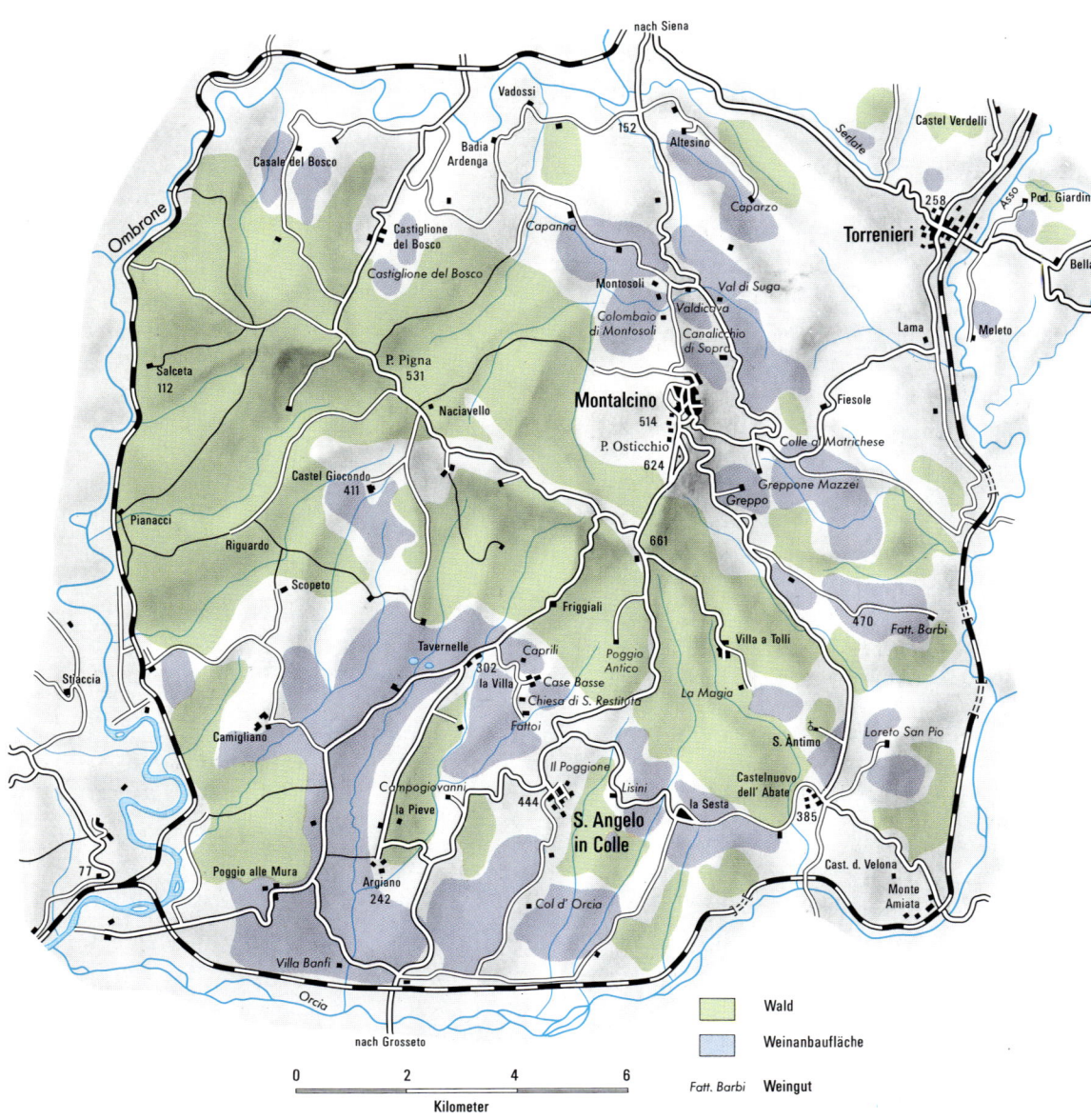

## BRUNELLO DI MONTALCINO

*Die Brunello-Zone ist eine kleine Insel im Rebenmeer des Chianti. Sie ist durchgängig hügelig und liegt im Einflußbereich maritimen Klimas. Der erloschene Vulkan des weiter südlich gelegenen Monte Amiata schützt das Land vor kalten Winden und Wettern. Die Weine, die um Montalcino wachsen, sind – im Gegensatz zum Chianti – nur aus einer Traubensorte gekeltert. Sie heißt Brunello und ist ein Klon der Sangiovese-Grosso-Rebe.*

Wald

Weinanbaufläche

*Fatt. Barbi* Weingut

0     2     4     6

Kilometer

---

Als Siena 1555 fiel, war Montalcino das letzte Bollwerk städtischer Freiheit gegen den Zugriff Florenz', das sich längst zu einem hochentwickelten Tyrannenstaat entwickelt hatte. Viele Sienesen flüchteten damals in die Mauern des kleinen Bergnestes und gründeten dort die »Repubblica di Siena in Montalcino«. Als die verfeindeten Großmächte Spanien und Frankreich sich 1559 versöhnten, konnte sich auch Montalcino nicht mehr halten und fiel an das mächtige Florenz der Medici. Aus jenen Tagen stammt eine der schönsten Geschichten über den Wein von Montalcino. Der französische Festungskommandant Blaise de Montluc, der die Stadt gegen die Spanier und die Medici zu verteidigen hatte, rieb sich nach wochenlanger Belagerung die Wangen mit rotem Wein ein, um vor den Angreifern wohlgenährt zu erscheinen und den Eindruck zu erwecken, als seien die Nahrungsvorräte der Verteidiger noch lange nicht erschöpft. Wenig später wurde die Belagerung erfolglos abgebrochen. Ob der Vorfall sich wirklich so zugetragen hat, ist zweifelhaft. Doch auch Legenden sind historische Zeugnisse – in diesem Fall für die Existenz eines roten Weins. Er war sicher kein Brunello. Vielleicht war es aber jener Vermiglio, der eigentlich erst in späteren Jahrhunderten bezeugt ist (ob er mit jenem Vermiglio, der als Vorläufer des Chianti-Weins gilt, etwas zu tun hatte, ist eher zweifelhaft).

Genaue Hinweise auf die Art des Weins von Montalcino gibt es aus jener Zeit nicht. Man weiß nur, daß es bei Sant'Angelo in Colle und bei Torrenieri schon früh ausgedehnte Weingärten gegeben hat, in denen offenbar kein schlechter Wein gekeltert wurde, glaubt man dem weinverständigen Bologneser Mönch Leandro Aperti, der diesen in seiner berühmten »Beschreibung des ganzen Italiens« erstmals lobend erwähnte. Auch die Medici

schienen – bei aller Feindschaft – den Nektar von Montalcino sehr zu schätzen, denn sie ließen regelmäßig größere Mengen ihrem Papst Klemens VII. zukommen. Dieser soll ihn besonders in der kalten Jahreszeit sehr geschätzt und als »gut für alte Leute« befunden haben.

Es gibt darüber hinaus zahlreiche Belege dafür, daß in Montalcino schon in der Antike Reben kultiviert wurden. Alte Amphoren und Darstellungen von Rebmessern auf Tonscherben, die von Bauern beim Pflügen der Äcker gefunden worden waren, lassen den Schluß zu, daß schon zu Zeiten der Etrusker auf den Hügeln von Montepulciano Weinbau getrieben wurde. Was für ein Wein es war, den ihre Vorfahren kelterten, wissen die Winzer heute allerdings nicht. Erst im 17. Jahrhundert nennt Francesco Redi, der toskanische Weinpoet, zum ersten Mal einen Wein beim Namen: den »göttlichen Moscadello aus Montalcino«, den er seiner Süße wegen als Lieblingstrunk der Damen preiste. Er war ein Weißwein. In der Tat ist der Anbau der Muskateller-Traube, aus der dieser Wein gewonnen wurde, noch bis ins 19. Jahrhundert verbürgt. Auch danach ist sie nie ganz ausgestorben und scheint in diesen Tagen wieder eine Renaissance zu erleben. Zunächst wurde der Moscadello jedoch nach und nach vom roten Vermiglio verdrängt. Dieser war zumindest im 18. und 19. Jahrhundert der typische Wein von Montalcino. Er wurde in erster Linie aus der Sangiovese Grosso gewonnen, dem in Italien am weitesten verbreiteten Sangiovese-Typ, der auch damals schon in Teilen der Romagna anzutreffen war, und der sich von der Sangiovese Piccolo des Chianti rein äußerlich durch seine größeren Beeren und den höheren Ertrag unterscheidet. Daneben gab es, wie überall, auch in Montalcino lokale Rebsorten. Sie wurden dem Wein beigegeben, um ihm, je nach Bedarf, mehr

Farbe oder Duft, mehr Alkohol oder Säure zu verleihen. Eine dieser Sorten hieß Gorgottesco, eine andere Tenerone. Beide scheinen aber nie eine große Rolle gespielt zu haben. Heute füllt nur noch Graf *Costanti* einen Wein mit dem Namen Vermiglio ab. Er wird freilich nicht auf die alte Art produziert, sondern ganz aus Brunello-Trauben gewonnen. Der alte Vermiglio ist tot. Der Brunello hat ihn verdrängt.

# DIE ENTSTEHUNG DES BRUNELLO

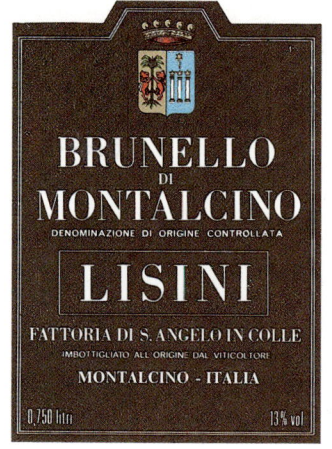

Die Geschichte des Brunello ist ein faszinierendes Kapitel der italienischen Weinchronik. So häufig aber das Kapitel aufgeschlagen wird, so wenig befriedigend sind die Antworten, die Fachleute geben können, um die Entstehung dieses einzigartigen Weins auf einer Rebeninsel inmitten des Chianti zu erklären. Es liegt immer noch ein geheimnisvoller Schleier über diesem Wein, und es hat den Anschein, als würde dieser Schleier auch nie mehr gelüftet werden. Der, der diesen Wein zum ersten Mal kelterte, und der, der danach zu seiner vollen Größe brachte, haben offenbar keine Aufzeichnungen hinterlassen und ihr Geheimnis mit ins Grab genommen. Was sie weitergegeben haben, ist das Resultat ihres Fleißes und ihrer Überlegungen, nicht aber der mühevolle Weg dorthin. Die Rede ist von Clemente Santi und Ferruccio Biondi-Santi. Letzterer hat den Brunello geschaffen, ersterer den Grundstein dazu gelegt.

Clemente Santi war der Enkel von Giorgio Santi, eines berühmten, aus Pienza stammenden Naturwissenschaftlers, der Professor in Pisa war, die Toskana mehrfach zu Fuß durchwandert und dabei genaue Aufzeichnungen über die Flora, über Landwirtschaft und über den Wein angefertigt hat. Dieser hatte eine Tochter eines gewissen Signor Canali geehelicht, der aus dem sizilianischen Agrigent stammte und offenbar sehr vermögend war. Jedenfalls stammt das Gut *Il Greppo*, auf dem Clemente Santi seine Experimente begann, aus seinem Besitz. Clemente Santi war Apotheker. Er besaß jedoch eine große Leidenschaft für die Landwirtschaft, speziell für den Rebbau, und verbrachte den Hauptteil seiner Zeit damit, auf *Greppo* Wein zu produzieren. Daß ihm dabei besondere Erfolge beschieden waren, beweisen zwei hohe Auszeichnungen, die seine Weine auf Ausstellungen 1856 in London und 1867 in Paris erhalten haben. Was für Weine es waren, die ihm die Anerkennung des Auslandes eintrugen, weiß man nicht. Brunello nannten sie sich jedenfalls nicht. Der eine hieß *Vino Rosso scelto*, der andere *Vino Rosso da pasto*. Ein zeitgenössischer Önologe notierte nur, daß es sich um einen »ausgezeichneten Tischwein« von »hohem Alkoholgehalt« handelte. Wahrscheinlich war es ein Wein, der nur aus roten Trauben und nicht, wie damals üblich, unter Zusatz von weißen Sorten gekeltert war.

Clementes Enkel Ferruccio Biondi-Santi, Sohn von Caterina Santi und dem Arzt Jacopo Biondi, trat mit 19 Jahren in die Fußstapfen seines Großvaters. Er hatte zuvor zwei Jahre lang mit den Freikorps Garibaldis gegen die Österreicher gekämpft. In Florenz nahm er das Studium der Önologie auf. Er schien nicht nur ein ehrgeiziger, sondern auch intelligenter und darüber hinaus musisch begabter junger Mann zu sein. Auf *Greppo* hängen noch heute einige Bilder, die Ferruccio damals gemalt hat. Clemente muß ihn in das Produktionsgeheimnis seines Weins eingeweiht haben, das damals wahrscheinlich gar kein Geheimnis war. Es fehlen heute nur jegliche Aufzeichnungen über seine Herstellung. Ferruccio begann jedenfalls, nach der Art des Großvaters zu arbeiten, zugleich aber auch eigene Experimente anzustellen. So benutzte er für seinen Wein nur die Trauben eines bestimmten

## LISINI SANT'ANGELO IN COLLE

*Das Weingut von Elena Lisini befindet sich etwa zwei Kilometer vor Sant'Angelo an der unbefestigten Straße nach Castelnuovo dell'Abate. Die zehn Hektar Reben, über die das Gut verfügt, liegen unmittelbar um das Anwesen. Darunter befindet sich auch ein Rebgarten, der bereits 1880 angelegt wurde. Er ist der älteste der Zone. Die Rebstöcke, die noch aus der Zeit vor der Reblauskatastrophe stammen, stehen trotz ihres Alters noch im Ertrag. Der größte Teil der Weinberge wurde jedoch in den fünfziger und sechziger Jahren kultiviert. Auch deren Reben verfügen inzwischen über ein beträchtliches Alter. Die Lagen, an denen sie stehen, gelten als erste Wahl in Sant'Angelo. Die Böden sind nämlich nicht so fruchtbar wie die an der Südflanke des Ortes. An vielen Stellen findet sich wasserspeichernder Tuff, was den Reben während der sommerlichen Trockenperiode sehr zugute kommt. Die Lese findet nie vor Mitte Oktober statt, um die Trauben möglichst vollreif einzubringen. Im ersten Durchgang werden die Brunello-Trauben geerntet, im zweiten die für den Rosso, im dritten die für den »vino commune«, der offen verkauft wird. Der Wein wird meist vier Jahre in Eichenholzkufen ausgebaut, die »Riserva« bleibt fünf Jahre im Holz. Elena Lisini, die persönlich die Anordnungen erteilt, hält wenig von einem verkürzten Faßausbau. Erst nach der stürmischen Gärung wird das beste Faß ausgewählt, um es zu einer »Riserva« auszubauen. Der Wein für diese Auslese kommt aber fast immer von den gleichen Teilen des Rebbesitzes. Sie wird in vielen, aber nicht in allen Jahren abgefüllt. Der Wein wird bei Lisini nie geschönt. Auch eine Anreicherung findet und fand nie statt. Geschwefelt wird praktisch nur der Most. Die 170 Hektar, die heute zu dem Gut gehören, sind der Rest der umfangreichen Ländereien, die die Clementi, ein altes Sieneser Adelsgeschlecht, einst in der Montalcino-Zone besaßen. Die Familie stammt aus Venedig und war ursprünglich mehr der Seefahrt als dem Landleben zugetan. Einer der Ihren war Hafenkommandant von Livorno. Der Urgroßvater von Elena Lisini war der letzte, der den Namen Clementi trug. Große Jahre: 1967, 1970, 1975, 1982, 1985. Sehr gute Jahre: 1971, 1974, 1977, 1978, 1979, 1983. Gute Jahre: 1980, 1981.*

## MASTROJANNI CASTELNUOVO DELL'ABATE

*Die beiden Hofstellen Pio und Loreto, die Gabriele Mastrojanni Ende 1974 gekauft hat, liegen etwa zwei Kilometer oberhalb von Castelnuovo. Sie sind nur schwer erreichbar. Die Weinberge um sie herum befinden sich auf kargem, steinigen Untergrund. Sie liegen sehr hoch und in hervorragender Südlage. Der neue Besitzer hat sie fast völlig neu anlegen lassen. Sie umfassen derzeit 11,5 Hektar. Auf ihnen wächst ein feinblumiger, eleganter Brunello mit einem unverwechselbaren Aroma von wilden Beeren. Er gehört heute bereits zu den sehr guten Weinen von Montalcino. Wenn die Traubenqualitäten mit den Jahren noch besser werden, wird er zweifellos zu den großen Brunello zu rechnen sein. Auffallend an diesem Wein sind seine Reintönigkeit und die hohe Konzentration an Frucht. Sie ist wahrscheinlich auf die extrem niedrige Saftausbeute zurückzuführen, die ungefähr bei der Hälfte des Traubengewichts liegt. Das heißt: Der Wein ist praktisch nur aus Vorlaufmost hergestellt. Hinzu kommt, daß auf Pio und Loreto sehr spät gelesen wird. Die Traubenpartien der einzelnen Weinberge werden separat vergoren. Die Entscheidung, welcher Wein zu Brunello werden darf, fällt erst drei Monate nach der Lese. Er wird dann in mittelgroßen Fässern aus Eiche und Kastanie ausgebaut, während der vorzügliche Rosso di Montalcino in großen Kufen reift. Die »Riserva« kommt meistens vom besten Weinberg des Mastrojanni-Besitzes. Er heißt »Il Poggetto« und ist nur 0,3 Hektar groß. Sie wird nach dem normalen Faßlager neun Monate lang in »barrique«-ähnlichen, aber nicht neuen Fässern ausgebaut. Die meisten dieser knapp 4000 Flaschen gehen an das Nobelrestaurant »Gualtieri Marchesi« in Mailand. Önologisch zuständig für die Produktion ist Pino Zardetti aus Conegliano. Gabriele Mastrojanni war jahrzehntelang Jurist bei der römischen Abgeordnetenkammer, zuletzt beim Europaparlament in Straßburg. Heute ist er Pensionär und lebt, wenn er sich nicht in Rom aufhält, mit seiner Frau bei Castiglione d'Orcia. Sein Sohn Antonio arbeitet im Weingut. Großes Jahr: 1985. Sehr gute Jahrgänge: 1978, 1979, 1981, 1982, 1983.*

## COLLE AL MATRICHESE MONTALCINO

*Emilio Costanti und seine Frau Jenny gehörten zu den ersten Winzern von Montalcino, die nach den Biondi-Santi mit einem eigenen Brunello auf den Markt kamen (1964). Der Wein ist bis heute eines der rarsten Hochgewächse der Zone geblieben. Er wächst auf gut zwei Hektar Rebflächen, die sich um das Landgut in etwa 500 Meter Höhe auf sehr kargen, steinigen Böden befinden. Die Hektarerträge liegen nur wenig über 50 Hektoliter. Knapp 8000 Flaschen Brunello können nur deshalb abgefüllt werden, weil das Lesegut von hervorragender Qualität ist und die Auswahl der Trauben nicht so streng gehandhabt werden muß wie bei anderen Gütern. Vier Weinberge haben die Costanti im Ertrag: Pareteio, die beste Lage gleich neben dem Haus, von der ein großer Teil der »Riserva« kommt; Baiocca, der älteste Weinberg mit Rebstöcken, die bereits in den vierziger Jahren gepflanzt wurden (von dort kommt der andere Teil der »Riserva«); schließlich die relativ jungen Weinberge Vignanuova und Piano. Einige der Trauben erntet man früh, andere läßt man so lange wie möglich am Stock reifen. Die Weinbereitung erfolgt mit alten handwerklichen Methoden, doch nach modernen Gesichtspunkten. Die Maischegärung dauert nie länger als acht Tage. Der Ausbau im Holzfaß zieht sich über vier Jahre hin (»Riserva« fünf Jahre). Der Wein wird nicht geschönt und nicht filtriert. Eine Anreicherung des Mostes lehnt man ab. Verschnittpraktiken waren und sind unbekannt. Man benutzt nur Spuren von Schwefel und gelegentlich Zuchthefen, um die Gärung zu initiieren. Colle al Matrichese ist einer der besten Lagen vor Montalcino. Seit dem 15. Jahrhundert leben die Grafen Costanti dort, eine der ältesten und angesehensten Familien des Ortes. Ihr Vermiglio und ihre Weißweine waren im 19. Jahrhundert hochgeschätzt. Emilio Costanti, im Hauptberuf Professor an der Medizinischen Fakultät der Universität Pescara, ist 1983 gestorben. Er hat das Gut seinem damals 20jährigen Neffen Andrea Costanti vererbt, der die Weinproduktion unter der Beratung des Önologen Vittorio Fiore weiterführt. Große Jahre: 1964, 1967, 1970, 1975, 1982, 1985. Sehr gute Jahre: 1971, 1977, 1979, 1983. Gute Jahre: 1973, 1974, 1978, 1980, 1981.*

## IL GREPPO MONTALCINO

*Die Biondi-Santi zählen zu den Stilisten unter den Weinmachern von Montalcino. Ihr Brunello verbindet Wucht mit Feinheit, Körperreichtum mit Rasse. Er ist kein mächtiger, sondern ein eleganter Wein. Die Lese der Trauben wird nicht hinausgeschoben, damit die Säure erhalten bleibt. Sie liegt deshalb so hoch wie bei kaum einem anderen Brunello: um 7,5 Promille. Die Erträge sind niedrig, weil ein großer Teil der Rebstöcke ein beträchtliches Alter aufweist. Franco Biondi-Santi, der den Betrieb zusammen mit seinem Sohn Jacopo leitet, achtet streng darauf, daß der zuckerfreie Extrakt wenigstens bei 26 Gramm liegt. Vorgeschrieben sind nur 24 Gramm. Die Rebstöcke müssen mindestens 12 Jahre alt sein, bevor sie für die Brunello-Produktion herangezogen werden. Auf anderen Gütern wird häufig schon aus Trauben von vierjährigen Reben Brunello gekeltert. Die »Riserva« wird nur in großen Jahren abgefüllt. Selbst in sehr guten Jahren wie 1979, in denen fast alle anderen Güter »Riserve« produziert haben, wird auf Greppo nur normaler Brunello abgefüllt. Außerdem kommt die »Riserva« nur von ältesten Reben. Sie sind 25 bis 45 Jahre alt. Diese Eigenschaft ist es, die ihren Wein zur »Riserva« prädestiniert, nicht aber die Tatsache, daß er fünf Jahre im Keller gereift ist. In kleinen Jahren wie 1972, 1976 oder 1984 wird die gesamte Produktion zu Tafelwein deklassiert und im Faß verkauft. Eine Anreicherung mit fremden Weinen hat es auf Greppo auch zu der Zeit nie gegeben, zu der diese Maßnahme noch erlaubt war. Der Verschnitt mit eigenem Wein aus dem vorhergehenden Jahrgang ist die einzige Korrektur, die sich die Biondi-Santi gelegentlich erlauben. Geschönt wird nur mit Speisegelatine. Eine sanfte Filtration mit dünnen Papierfiltern vor der Abfüllung in Flaschen befreit den Wein vom letzten Trub. Die Biondi-Santi waren und sind Verteidiger eines langen Faßausbaus. Sie benutzen dafür sowohl junge als auch 100 Jahre alte Eichenkufen. Diese gäben, so behaupten sie, ihren Weinen den entscheidenden Schliff. »Riserva«-Jahrgänge: 1888, 1891, 1925, 1945, 1955, 1961, 1964, 1967, 1968, 1969, 1970, 1971, 1975, 1977, 1981, 1982, 1983, 1985. Gute bis sehr gute Jahre: 1966, 1973, 1978, 1979, 1980.*

Sangiovese-Grosso-Klons aus den Weingärten von *Greppo*. Diesen Klon nannte er Brunello. Ihn vermehrte er solange, bis alle Weingärten des Gutes mit ihm bestockt waren. Zudem baute er den Wein sehr lange im Holzfaß aus. Nicht zuletzt dadurch muß er ein Format bekommen haben, über das nur wenige Weine in Italien damals verfügten. Daß es sich um einen außergewöhnlichen Nektar gehandelt hat, ist nachprüfbar. Der Beweis liegt heute in einem kleinen Stahlbetonkeller des *Greppo*-Gutes: vier Flaschen des Jahrgangs 1888 und 22 Flaschen des Jahrgangs 1891. Als sie im Jahre 1970 geöffnet wurden, erwiesen sie sich als vollkommen intakte Weine mit deutlich spürbarer Harmonie und ungemein feinem Bouquet.

Ferruccio Biondi-Santi starb 1917. Seine Söhne Gontrano und Tancredi traten danach das Erbe ihres Vaters an. Gontrano erwarb ein Gut außerhalb Montalcinos, um dort einen eigenen Brunello zu produzieren. Es gelang ihm nicht. Dafür schaffte er es, die vielen Flaschen des alten *Greppo*-Weins auszutrinken, die ihm sein Vater hinterlassen hatte. Tancredi war von anderem Schlag. Er besaß nicht nur eine Leidenschaft fürs Weinmachen. Er verfügte auch über die nötige Sachkenntnis und eine hohe Bildung. Er hütete den alten Flaschenbestand, der auf *Greppo* lag, führte die Produktion im Sinne seiner Väter weiter, arbeitete ständig daran, den Brunello zu verbessern und machte ihn in Italien und über die Grenzen des Landes hinaus bekannt. Neben dem Rathaus von Montalcino eröffnete er zum Beispiel eine Weinhandlung, um ihn dort neben Vermouth, Marsala und Vin Santo zu verkaufen. Das Café, das heute in den Räumen dieses alten Biondi-Santi-Geschäfts untergebracht ist, heißt noch immer *Fiaschetteria italiana*, und in seinen Hinterräumen wird wie früher Wein verkauft.

Der Keller der Biondi-Santi befand sich damals an der Piazza del Prato von Montalcino. Dort erzeugten sie ihren berühmten Brunello. Wenn er auch für damalige Verhältnisse viel Geld einbrachte, so war die Ausrüstung eines Kellers immer eine kostspielige Angelegenheit,. zumal wegen der langen Reifung des Weins viele Fässer und viel Raum notwendig waren. 1925 machte Tancredi aus seinem Keller eine Genossenschaft und nahm einige Mitgesellschafter auf, um so die teure Ausstattung finanzieren zu können. Seitdem erschien sein Wein unter dem Etikett »Cantina Sociale Biondi-Santi & C.« Freilich gelang es den Mitgesellschaftern nie, das Biondi-Santi-Gewächs zu kopieren. Sie beschieden sich damit, weiterhin ihren traditionellen Chianti zu keltern, den sie in *damigiane* oder kleinen Fässern verkauften, während Tancredis Brunello Erfolge feierte.

Die Biondi-Santi blieben noch lange die einzigen, die ihn herstellten. In den dreißiger Jahren füllten zwar auch die Columbini, Franceschi und die Angelini von Castelgiocondo ihre feinsten Tropfen unter der Bezeichnung Brunello ab. Doch waren es Weine, die mit dem der Biondi-Santi nur den Namen gemein hatten. Ihnen fehlten die Reben, wie sie auf *Greppo* wuchsen.

Ende der zwanziger Jahre wurde Montalcino von der Reblaus-Katastrophe heimgesucht. Fast der gesamte Rebenbestand starb ab. Die Weinwirtschaft lag am Boden, und wenn der bäuerliche Gemischtbetrieb zu jener Zeit nicht noch seine Olivenkulturen und Getreidefelder gehabt hätte, wäre es in Montalcino zu einem wirtschaftlichen Zusammenbruch gekommen. Dennoch resignierten damals viele Winzer. Mancher alte Weinberg blieb nach der Katastrophe offen, und dort, wo neue Reben gepflanzt worden waren, brauchte es Zeit, bis daraus wieder ein ordentlicher Wein gemacht werden konnte. Durch die Ereignisse des Zweiten Weltkriegs erlitt die Weinwirtschaft von Montalcino einen weiteren Rückschlag. Viele Rebkulturen wurden zerstört, andere verwahrlosten, weil die Bauern alte und kranke Reben nicht ersetzten. Auch in den Jahren nach dem Krieg war die Konjunktur für den Wein schlecht. 1950 löste Tancredi Biondi-Santi die Genossenschafts-Kellerei auf, baute an das *Greppo*-Gut einen neuen, eigenen Keller an und brachte seine Fässer dorthin. Fortan wurde sein Brunello dort erzeugt.

Trotz der Wirrnisse jener Epoche leuchtete sein Glanz weiter, und es war nur eine Frage der Zeit, wann auch andere Produzenten mit einem Brunello auf dem Markt erschienen. Immerhin dauerte es noch bis Anfang der sechziger Jahre. Dann war es der Sieneser Rechtsanwalt Giovanni Colombini, der auf seinem Gut bei *Barbi* einen eigenen Brunello präsentierte. Er hatte rechtzeitig begonnen, seine Weinberge umzustellen. Andere folgten ihm nach kurzer Zeit: *Argiano, Casale del Bosco, Il Poggione, Col d'Orcia, Poggio alle Mura* und weitere. Von nun an war »der Advokat«, wie Giovanni Colombini genannt wurde, der Repräsentant der Weinwirtschaft von Montalcino. Seine menschlichen Qualitäten brachten ihm – und damit dem Brunello – viele neue Freunde. Er machte den Wein in den folgenden beiden Jahrzehnten so bekannt, daß dessen Name nicht mehr nur mit dem von Biondi-Santi verbunden werden konnte. Diese stemmten sich noch eine Zeitlang gegen die Entwicklung. Doch der Widerstand war zwecklos. Sie hatten es versäumt, den Namen des Weins und seine Herstellungsweise schützen zu lassen. Sie blieben allerdings immer auf Distanz zu ihren Konkurrenten. Dem Winzerkonsortium von Montalcino, das 1967 mit der Zuerteilung der »Denominazione di Origine Controllata« gegründet wurde, sind sie bis heute nicht beigetreten – obwohl ihnen sogar das Präsidentenamt angetragen wurde.

Der Name Biondi-Santi ist noch immer für Weinfreunde in aller Welt der Inbegriff des Brunello. Die Sonderstellung, die ihr Wein jahrzehntelang genoß, hat er heute jedoch verloren. Viele andere Produzenten haben ebenfalls gelernt, feine Brunello zu machen. Und manch einer genießt unter Kennern höheres Ansehen. Gleichwohl haben die Biondi-Santi Geschichte gemacht wie kein zweites Winzergeschlecht in Italien – auch wenn es manchmal scheint, als verstelle die glorreiche Vergangenheit den Blick für die Zukunft.

# DER BRUNELLO HEUTE

Der Erfolg des Brunello hat Bewegung in die Weinwirtschaft Montalcinos gebracht. Nahezu alle großen Güter der Zone haben die Produktion dieses Weins aufgenommen oder sie intensiviert. So wachsen Reben heute auch in den tiefen Lagen nahe den Ufern der Orcia und des Ombrone. Im Inneren des Anbaugebietes konnten neue Weinkulturen oft erst nach aufwendigen Meliorationen entstehen. Die Böden wurden drainiert, Buschvegetation, Baumgruppen oder gar Wald entfernt, künstliche Hänge aufgeschüttet, um einen besseren Einfallswinkel für die Sonne zu haben. Ob sich die radikale Umgestaltung der Landschaft an vielen Stellen lohnen wird, bleibt abzuwarten. Noch läßt mancher Brunello, der auf diesen Rebenäckern wächst, Wünsche offen. Einige sind zwar sehr würzig im Geschmack, dabei jedoch eher breit als fein. Andere besitzen zwar Eleganz oder Rasse (die Säurewerte müssen nach den D.O.C.G.-Statuten mindestens bei 5,5 Promille liegen). Doch ähneln sie allzu sehr einem Chianti. Es fehlt ihnen nicht an Reife, wohl aber an Substanz. Das hohe Alter, das die Biondi-Santi-Kreszenzen erreichen, werden diese Weine nie erleben. Das 1980 in Kraft getretene D.O.C.G.-Gesetz hat denn auch in einem Punkt eine deutliche Verschlechterung gegenüber der D.O.C. von 1966 gebracht. Es hat den zuckerfreien Extrakt auf minimal 24 Gramm pro Liter gesenkt – eine sicher nicht der Qualität dienende Konzession des italienischen Staates an die großen Weinerzeuger dieser Zone, die ihre Neuanpflanzungen bereits nach drei Jahren abernten wollten, um den Wein als Brunello verkaufen zu können.
Die Probleme des Brunello resultieren aber nicht nur aus der Expansionspolitik der letzten Jahre. Zu den bewährten alten und

## DIE ANFÄNGE

*Der Name Biondi-Santi ist noch heute für viele Weinfreunde in aller Welt der Inbegriff des Brunello. Knapp hundert Jahre lang hatte diese Familie das Monopol auf den Wein. Einer der ihren war es, der den Brunello-Klon in den Weinbergen des Gutes fand, ihn züchterisch vermehrte und die ganzen Weinberge mit ihm bestockte. Aus seinen Trauben wurde ein mächtiger Wein gekeltert. Noch heute, da Franco Biondi-Santi das Gut leitet (rechts), liegen vier Flaschen des Jahrgangs 1888 in den Kellern von Il Greppo, dem Sitz der Familie (oben). Die nächsten, die einen Brunello auf den Markt brachten, waren die Columbini von der Fattoria dei Barbi. Die heutige Inhaberin des Gutes ist Francesca Columbini Cinelli (rechts außen).*

# MONTALCINO

*Die Kleinstadt in der südlichen Toskana war nach dem Fall von Siena im Jahre 1555 das letzte Bollwerk städtischer Freiheit in Italien. Danach wurde es still um sie. Heute hat der Wein sie wieder berühmt gemacht.*

zu den großen neuen Gütern gesellten sich auch zahlreiche Kleinbauern, die nach dem Ende der *mezzadria*, dem Halbpachtsystem, in den fünfziger Jahren in den Besitz von ein paar Hektar Land gekommen waren, auf dem sie Reben anbauten. Die Lagen waren und sind häufig nicht schlecht. Nur fehlt es ihnen in vielen Fällen an önologischen Kenntnissen, um aus dem Lesegut einen guten Wein zu machen. Mancher Brunello dieser Kleinwinzer wirkt schon müde, wenn er den Keller verläßt. Zuviel Sauerstoffzutritt schon bei der Weinbereitung, unsachgemäße oder gar keine Gärführung, mangelnde Faßhygiene oder ein zu langes Faßlager – all das sind die Ursachen für manches enttäuschende Brunello-Resultat.

Mangelhafte Kellerarbeit ist aber nicht allein ein Merkmal bäuerlicher Betriebe. Auch größere Unternehmen mit bekannten Namen scheinen mitunter wenig am önologischen oder kellertechnischen Fortschritt interessiert zu sein. Man hängt noch der Vorstellung an, es sei – verfüge man nur über gute Lagen – nicht schwer, einen Spitzen-Brunello zu produzieren.

Die Arbeit, die sich wirkliche Spitzenproduzenten machen, beweist allerdings das Gegenteil. Besonders beim Verlesen der Trauben, die für den Brunello verwendet werden, scheuen sie keinen Aufwand. Aber auch an der Auswahl des Faßmaterials, an der Kellerhygiene, an der Häufigkeit und Sorgfalt der Kontrollen, selbst an der Art, wie der Wein umgezogen wird, unterscheidet sich der gute vom besseren Weinmacher. Die Brunello der letzteren sind denn auch reintönige, körper- und tanninreiche, mehr oder minder alkoholbetonte Weine, die je nach der Stelle im Anbaugebiet, an der sie gewachsen sind, aber auch je nach Stil des Kellermeisters durch Wucht oder durch Feinheit glänzen können. Zu dem herb-süßen Duft, den sie verströmen, gesellt sich oft ein deutlicher Teerstich. Am Gaumen lassen sie das Aroma von Himbeere, Johannisbeere oder Preiselbeere erkennen. Innerer Reichtum und stilistische Strenge kann sie gleichermaßen charakterisieren.

Vor 1980 erlaubten die D.O.C.-Statuten eine Korrektur des natürlichen Zucker- beziehungsweise Alkoholgehalts um zehn Prozent. Das heißt: ein Brunello durfte bis zu zehn Prozent aus fremdem – auch gebietsfremdem – Most oder Wein hergestellt sein. Diese Regelung ist um so unverständlicher gewesen, als ein Brunello-Winzer normalerweise keine Probleme mit dem Alkoholgehalt hat. In guten Jahren kann dieser auch ohne Anreicherung bei 14 Vol.% liegen, und selbst in durchschnittlichen Jahren kommt er leicht auf die vorgeschriebenen 12,5 Vol.%. Weshalb also die Möglichkeit der Anreicherung? Die Antwort ist einfach. Es ging dem Gesetzgeber gar nicht um eine Qualitätsverbesserung, sondern um den Abbau süditalienischer Weinüberschüsse. Für den Produzenten war diese Regelung gleichbedeutend mit einer Erhöhung seiner Produktionsmenge. Er konnte zehn Prozent mehr Wein abfüllen. Die besseren Winzer haben von der Möglichkeit des Chaptalisierens oder des Verschnittes nie Gebrauch gemacht. Doch wer wollte, konnte so ein noch besseres Geschäft machen, als es die Erzeugung des Brunello ohnehin schon war.

Die neue D.O.C.G.-Regelung hat dieser Praxis einen Riegel vorgeschoben. Die Anreicherung mit Mosten – auch mit eigenen – und der Verschnitt mit gebietsfremden Weinen ist untersagt. Erlaubt ist allein die Verbesserung mit Brunello-Wein aus einem vorhergehenden Jahrgang, und zwar bis zu maximal 15 Prozent. Ein solcher Jahrgangs-Verschnitt ist ein Mittel, das der Erhaltung der Qualität des Brunello dient. Die guten Produzenten haben von diesem Mittel schon immer Gebrauch gemacht, etwa um besonders säurearme oder alkoholstarke Jahrgänge auszugleichen.

Ansonsten aber hat das D.O.C.G.-Gesetz für den Brunello di Montalcino – übrigens das erste zusammen mit dem Vino Nobile di Montepulciano – wenig einschneidende Änderungen mit sich gebracht, sieht man davon ab, daß die Traubenproduktion

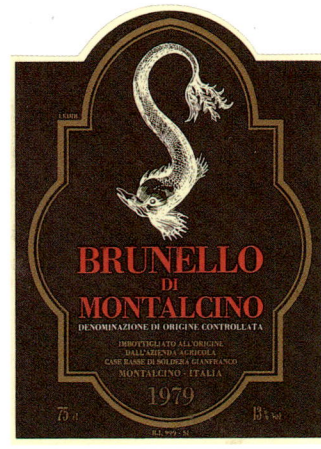

## COLOMBAIO DI MONTOSOLI MONTOSOLI

*Unter den kleinbäuerlichen Betrieben von Montalcino gebührt Colombaio di Montosoli ein besonderer Platz. Aus seinen Kellern kommt nämlich einer der stilvollsten Brunello des ganzen Anbaugebietes. Für die großartige Ausgewogenheit dieses Weins, seinen konzentrierten, geschmeidigen Fruchtkörper und das hochfeine Bouquet ist nicht nur die besondere Lage von Montosoli verantwortlich, sondern auch die sorgfältige Traubenverarbeitung und die perfekte Kellertechnik von Nello Baricci und seiner Frau. Die beiden erzeugen den Wein allein und in eigener Regie. Der größte Teil der Arbeit wird noch manuell verrichtet, einschließlich Abfüllung und Etikettierung der Flaschen. Ihr Hof liegt gleich neben der Villa Montosoli. Die Weinberge reichen fast direkt bis an das Haus. Nello Bariccis Vater, ein Getreidebauer, hatte nach der Aufhebung des Halbpachtsystems Mitte der fünfziger Jahre Hof und Land für wenig Geld erworben. Nachdem zunächst der Anbau von Getreide fortgesetzt wurde, besann sich die »Bariccia«, wie die Familie von ihren Nachbarn gerufen wird, auf die bessere Möglichkeit des Weinbaus. 1968 wurden die ersten Reben gepflanzt, 1971 der erste Wein produziert. Die Methoden der Weinbergpflege und der Weinbereitung wurden ausgefeilt und mit verschiedenen Ausbauformen experimentiert. Heute wird der Brunello durchschnittlich 12 Tage in Zementzisternen fermentiert. Erst im Frühjahr entscheidet Baricci, welches Faß zu Brunello und welches zu Rosso di Montalcino verarbeitet wird. Der Brunello wird dann die gerade vorgeschriebenen dreieinhalb Jahre in kleinen Eichenfässern von 20 und 30 Hektolitern ausgebaut. Im ersten Jahr wird er meist dreimal, danach nur noch einmal im Jahr umgezogen. Die Weinberge, allesamt in Südlage, umfassen nur drei Hektar. Die Erträge erreichen wegen des mageren Bodens praktisch nie die erlaubten 80 Doppelzentner pro Hektar. Die Lese wird, um die Säure zu erhalten, nicht hinausgezögert. Sie erfolgt gegen Mitte Oktober. Die Produktion beläuft sich auf durchschnittlich 4500 Flaschen Brunello und maximal 7000 Flaschen Rosso di Montalcino. Große Jahre: 1975, 1982, 1985. Sehr gute Jahre: 1977, 1979, 1983. Gute Jahre: 1973, 1978, 1980, 1981.*

## CASE BASSE, LA VILLA

*Daß er den einzig wahren Brunello macht, davon ist Gianfranco Soldera allerdings fest überzeugt, und aus dieser Überzeugung macht er kein Geheimnis. »Ein Brunello muß breite Schultern haben«, erklärt er. »Sonst ist er kein Brunello.« Eben dies sei das Problem, wenn man sich im Anbaugebiet von Montalcino umschaue. Er selbst blickt deshalb lieber auf seinen eigenen Brunello. In der Tat ein großer Wein: extrem reich an Glycerin und Polyphenolen, hoch im Extrakt, exotisch im Duft, faszinierend im Spiel, »süß« in der Spitze, wuchtig wie kein zweiter Brunello. Soldera sagt, er habe ihn mit der Zunge gemacht. In jedem Fall ist er das Resultat sehr guter Lagen an der Südwestflanke von Montalcino, eines besonderen Mikroklimas, das dort herrscht, skrupulöser Rebenpflege, gezielter klonaler Selektion sowie einer Kellerarbeit, die moderne und sehr traditionelle Elemente miteinander verbindet und stets wissenschaftlich begleitet wird. Es ist ein junger Wein. Erst Ende der siebziger Jahre kam er auf den Markt. Auch Case Basse ist kein Weingut mit langer Geschichte. Es war eine kleine, zum Flecken La Villa gehörende Hofstelle, als Soldera, im Hauptberuf Versicherungsmakler in Mailand, sie 1972 kaufte. Lange Zeit war er – aus dem norditalienischen Treviso stammend – auf der Suche nach einem Stück Land gewesen, auf dem sich ein großer Wein machen ließ. In Montalcino fand er, was er suchte. Zu Case Basse gehören 13 Hektar Land. Knapp sieben Hektar wurden bislang mit Reben bestockt. Sie liegen beim alten Friedhof von Santa Restituta (»Intestieti«). Die Reben werden nur organisch und sparsam gedüngt. Gegen Schädlinge werden keine chemisch-synthetischen Mittel, sondern nur die alte Bordelaiser Kupferbrühe gespritzt. Die Trauben erreichen hohe Mostgewichte, so daß Case Basse oft schon Anfang Oktober mit der Lese beginnen kann. Dabei werden die Trauben am Stock streng verlesen – wie streng, zeigt der Umstand, daß den gut 30 000 Flaschen Rosso di Montalcino manchmal nur etwa 8000 Flaschen Brunello gegenüberstehen. Dieser wurde bislang ohne Temperaturkontrolle in Holzbottichen vergoren und fünf Jahre lang im Faß ausgebaut. Große Jahre: 1985, 1986. Sehr gut: 1979, 1981, 1983. Gut: 1978, 1980.*

von maximal 100 auf 80 Doppelzentner reduziert wurde. Der Wein muß nach wie vor wenigstens 12,5 Vol.% Alkohol und 5,5 Promille Säure aufweisen und darf nur in Bordeaux-Flaschen, nicht etwa den Magnum-Flaschen abgefüllt werden. Einen triftigen Grund für diese Konfektionsvorschrift gibt es allerdings nicht.

In einem anderen, unter den Weinmachern der Zone strittigen Punkt hat das Gesetz dagegen keine Klarheit geschaffen: der Länge des Faßausbaus. Nach den Vorschriften muß ein Brunello vier Jahre im Keller gereift sein, davon dreieinhalb Jahre in Eichen- oder Kastanienholzfässern. Ein derart langes Faßlager erscheint vielen Produzenten heute falsch. Sie fürchten, daß ihr Wein müde werden könnte. Das Argument ist nicht von der Hand zu weisen. Wohl ist der Brunello ein reifebedürftiger Nektar. Doch muß er nicht unbedingt im Holzfaß reif werden. Je nach Konstitution des Weines, aber auch nach dem Stil des Önologen, kann ein zweijähriges Faßlager ausreichend sein, wenn er die restlichen zwei Jahre auf der Flasche reift. Einige namhafte Produzenten holen ihren Brunello denn auch nach gut der Hälfte der vorgeschriebenen Zeit aus dem Faß und füllen ihn ab. Geschadet, so scheint, hat es dem Wein nicht, wohl aber dem Ansehen des Gesetzgebers.

Ein unzureichend gelöstes Problem stellt auch die Definition der *Riserva* dar. Auch das neue D.O.C.G.-Gesetz verlangt lediglich, daß der Wein erst fünf Jahre nach der Lese gehandelt werden darf. Zu Vorschriften in bezug auf die Auswahl des Traubenguts, auf einen höheren Alkoholgehalt oder zu höheren Extraktwerten haben sich die Politiker nicht durchringen können. Die Regelung hat zur Folge, daß viele Produzenten jenen Teil ihres Standard-Brunello, der am Lager bleibt, weil er nicht sofort nach vier Jahren verkauft werden kann, nach fünf Jahren nachetikettieren und mit Preisaufschlag als *Riserva* anbieten. Das Gesetz ermöglicht diesen Mißbrauch. Bessere Produzenten werden die Schwäche der *Riserva*-Bestimmungen nicht ausnutzen. Nach Abschluß der alkoholischen Gärung wählen sie ihr bestes Faß, um den Wein darin zur *Riserva* auszubauen. Zwar behauptet

**PALAZZO CIVICO** *Das Wahrzeichen der alten Stadt am Berg.*

**CASE BASSE** *Gianfranco Soldera macht einen bemerkenswerten Brunello. Er ist von fast barocker Statur: reich, verschwenderisch und zart zugleich.*

jeder, daß es sein bester Brunello sei, den er für die *Riserva* ausersehen habe. Doch eine Vergleichsprobe beweist oftmals sehr schnell, daß ein Unterschied zum Standard-Brunello nicht existiert.

Klare, wenngleich völlig verschiedene Konzepte für ihre *Riserva* haben zum Beispiel die *Lisini* und Biondi-Santi. Auch für die Grafen Costanti und die *Mastrojanni* besteht die Basis ihrer *Riserva* in der Auswahl der allerbesten Trauben beziehungsweise des allerbesten Weins. Letzterer baut seine »Auslese der Auslese« zudem außerdem noch in besonderen Fässern aus. Einen ganzen Jahrgang zur *Riserva* auszubauen, kann hingegen nicht der Sinn dieser höchsten Prädikatsstufe des Brunello sein, auch wenn der Wein im Vergleich zu schwächeren Jahren vielleicht *Riserva*-Charakter haben mag. Einige Betriebe tun es gelegentlich trotzdem. Die Benachteiligten sind jene Erzeuger, die ihren Brunello grundsätzlich fünf Jahre lang ausbauen, ohne ihn deswegen als *Riserva* zu deklarieren. Ein solcher Fall wäre *Case Basse*. Schließlich gibt es Produzenten, die sich auch in mittleren Jahren nicht das Recht streitig machen lassen, eine *Riserva* abzufüllen. Die *Fattoria dei Barbi* hat zum Beispiel in den Jahren 1972 und 1974 eine solche abgefüllt. Diese Weine entsprechen nicht dem, was sich der Weintrinker unter einer Auslese des Brunello vorstellt. Doch solange keine besseren Richtlinien erlassen werden, sind der Willkür bei der Etikettierung kaum Grenzen gesetzt.

# DER ROSSO DI MONTALCINO

Der Rosso di Montalcino (bis 1981 hieß er noch »Vino Rosso dai Vigneti di Brunello«) gehört wahrscheinlich zu den am stärksten unterschätzten Rotweinen der Toskana. Da er nur in der Brunello-Zone wachsen darf, steht er immer im Schatten des Brunello. Er wird, wie dieser, sortenrein aus Brunello-Trauben gekeltert, wenn auch aus solchen, die den Ansprüchen für ein Spitzenprodukt nicht ganz genügen. In mittelmäßigen Jahren, in denen die wenigen vollreifen Trauben für den Brunello verwendet werden, fällt er mitunter etwas schwach aus. Doch in sehr guten Jahren, in denen nur gesundes Lesegut eingebracht wird, kann er einem Brunello durchaus nahekommen. In solchen Jahren weist er fast dieselbe Alkoholgradation (vorgeschrieben sind mindestens 12 Vol.%) und dieselbe Säure wie dieser auf (mindestens fünf Promille). Obwohl er nach den Bestimmungen nur ein Jahr lang ausgebaut werden muß, sieht sich mancher Produzent genötigt, ihn seiner beträchtlichen Fülle wegen zwei Jahre in Holzfässern und danach noch eine gewisse Zeit auf der Flasche reifen zu lassen.

Viele Güter verdienen noch immer am Rosso di Montalcino besser als am Brunello. Aufgrund der weniger strengen Mengen-

## ALTESINO TORRENIERI

*Altesino liegt im Inneren der Brunello-Zone und zählt zu den jungen, ambitiösen Weingütern. Giulio Consonno, Leiter einer bekannten italienischen Ladenkette für Babyausstattung, hat es 1970 erworben. Zum Besitz gehören der nahegelegene Palazzo Altesi samt Villa, einst Wohnstatt der Piccolomini, eines adeligen Sieneser Geschlechts, aus deren Reihen Papst Pius II. hervorgegangen ist. Das Gut Altesino, das zuletzt eine Volksschule beherbergte, wurde von Consonno, der dort auch Araberpferde züchtet, gründlich restauriert. Auch die Weinberge wurden völlig neu angelegt. Sie befinden sich an drei verschiedenen Stellen. 12 Hektar liegen unmittelbar um das Gut, wo die Böden relativ fruchtbar sind und hohe Erträge erzielt werden können. Die Trauben, die dort wachsen, geben dem Wein Farbe, Körper und Säure. Fünf Hektar liegen auf den steinigen Böden von Montosoli. Der Wein von dort steuert den Duft und die Harmonie bei. 20 Hektar finden sich schließlich bei Gauggiole, wo die Böden ähnlich mager wie bei Montosoli sind. Dort erhält der Altesino-Brunello den Körper. Die verschiedenen Traubenpartien werden separat vergoren und der Wein separat ausgebaut. Er reift nicht so lange in Eichenholzfässern wie andere Brunello. Erst vor der Flaschenabfüllung werden die einzelnen Partien miteinander verschnitten. Eine »Riserva« wird nicht in jedem Jahr abgefüllt, aber wenn, dann kommt sie ausschließlich aus den Weinbergen von Montosoli. Der erste Jahrgang, der von Altesino auf den Markt kam, war 1975. Er präsentierte sich nicht nur als vollmundiger Wein, sondern als ein rassiger Tropfen mit einer feinen, fruchtigen Säure. Heute werden 60 000 Flaschen des Brunello und 150 000 Flaschen eines Rosso di Montalcino erzeugt, der zu den besten der Zone zählt. Ein Cabernet-Sauvignon-Wein ist in Vorbereitung. Verantwortlicher Önologe von Altesino ist Angelo Solci, Kellermeister Piero Rivella, ein Bruder des Chef-Önologen von Villa Banfi. Beste Jahrgänge: 1975, 1985. Sehr gute Jahre: 1977, 1978, 1979, 1982, 1983. Gute Jahre: 1981.*

## IL MARRONETO, MONTALCINO

*Il Marroneto ist der kleinste Brunello-Erzeuger von Montalcino. Als die winzige Fattoria 1980 die Produktion aufnahm, füllte sie weniger als 2000 Flaschen ab. Die Ziffer hat sich in den folgenden Jahren zwar etwas nach oben verschoben, doch an der Tatsache, daß hier im Rahmen einer »Feierabend«-Produktion gewirtschaftet wird, hat sich nichts geändert. Was an Menge fehlt, wird allerdings durch Feinheit wettgemacht. Der Brunello von Il Marroneto ist ein eleganter Wein, eher schlank als schwer, dabei weich, aromabetont und mit einem markanten Lakritzstich auf der Zunge. Er wird auf einfachste handwerkliche Weise, doch sachgerecht hergestellt. Wie alle guten Brunello ist auch er nur minimal geschwefelt. Der biologische Säureabbau wird der Natur überlassen, was angesichts der fünfjährigen Lagerzeit im Holzfaß allerdings keine Probleme verursacht. Gleiches gilt für die Klärung. Schönungsmittel wie Gelantine, Eiklar oder Bentonit braucht es nicht. Der Wein klärt sich im Laufe seiner langen Ausbauzeit von selbst. Er braucht nicht einmal mehr filtriert zu werden, bevor er auf die Flasche gezogen wird. All das erklärt die Individualität und ungewöhnliche Qualität dieses Weins. Dazu kommt die besondere Lage der Fattoria. Sie befindet sich direkt an jenem Hügel, auf dem Montalcino thront – also unmittelbar vor den Toren der Stadt in luftiger Höhe von 500 Metern. Das Weingärtchen, aus dem der Brunello kommt, ist überwiegend nach Norden ausgerichtet. Gleichwohl fehlt es den Reben nicht an Sonne. Durch die ungewöhnliche Exposition der Reben entgeht der Wein aber der Gefahr, zu mastig oder alkoholisch zu werden, ein Risiko, in das so mancher Brunello besonders in guten Jahren läuft. Il Marroneto ist die Fattoria mit der schönsten Aussicht. Von ihr aus bietet sich dem Auge des Betrachters ein prächtiges Panorama auf den Hügel von Montosoli und in die Weite des Hügellands der südlichen Toskana. Dieser Ausblick ist es denn auch gewesen, der die Sieneser Advokatenfamilie Mori im Jahre 1974 bewegt hat, das Anwesen zu erwerben – als Wochenendsitz. Reben wurden erst 1977 gepflanzt. Sie sind also noch jung. Um den Wein kümmern sich, mit jugendlicher Begeisterung und professionellem Geschäftssinn, Alessandro und Andrea Mori, die beiden Söhne des Advokaten. Große Jahre: 1983, 1985. Sehr gut: 1981, 1986. Gut: 1980, 1982.*

beschränkungen (geerntet werden dürfen statt 80 maximal 100 Doppelzentner Trauben pro Hektar) und der niedrigeren Anforderungen an die Qualität des Traubenguts braucht dieser Wein keine Spitzenlagen. Damit ist er für die meisten Güter ein typischer Zweitwein. Das heißt: Er ist in der Regel so gut, wie das restliche Traubenmaterial es zuläßt, nachdem das bessere für den Brunello ausgesondert worden ist. Die Biondi-Santi haben sich aus diesem Grunde anfangs nicht mit dem Rosso di Montalcino abgeben wollen. Trotzdem ist nicht zu verleugnen, daß es hervorragende Vertreter dieses Weines gibt, wenn auch solche ganz verschiedener Stilrichtungen. Bei *Il Poggione, Lisini, La Magia* oder *Case Basse* ist der Rosso di Montalcino ein getreues Abbild ihres Brunello auf einem etwas niedrigeren Niveau. Betriebe wie *Caparzo, Altesino* oder *Villa Banfi* haben sich dagegen bemüht, aus ihm einen eigenständigen Wein zu machen, der auf seine Art genauso perfekt sein soll wie ihr Brunello. In jedem Fall ist die Spannweite der Qualitäten breit. Sie reicht von plumpen Brunello-Imitationen bis zu albernen Zechweinen. Der größte Teil der Produktion besteht jedoch aus sehr soliden Gewächsen von mehr oder minder großer Feinheit.

# MOSCADELLO DI MONTALCINO

Als der Weinkonzern *Villa Banfi* in Montalcino Fuß faßte und Mitte der siebziger Jahre hunderte von Hektaren Brunello-Land mit Moscato-Reben bestockte, war in den italienischen Zeitungen zu lesen, das italo-amerikanische Unternehmen hätte einen traditionellen Montalciner Wein wieder neu entdeckt. Die Auffassung ist irrig. Einige andere Betriebe produzierten den weißen, lieblichen Spezialwein schon vorher und hatten die Moscato-Rebe, eine Spielart der Muskattraube, schon lange, bevor die Banfi-Manager ein Auge auf das Land geworfen hatten, wieder in der Zone angebaut. Freilich wurde der Wein nie im industriellen Maßstab erzeugt, sondern in sehr geringen Mengen und nach handwerklichen Methoden hergestellt. Die Betriebe, die sich noch heute (oder heute wieder) mit ihm befassen, besitzen gegenüber dem mächtigen Neuankömmling einen Vorteil: Sie verfügen über alte Rebstöcke, was das Resultat dieses Weins entscheidend beeinflußt. Die besten dieser mild-süßen, aromatischen Weine kommen daher nicht aus den Stahltanks von *Villa Banfi*, sondern aus den Kellern von *Il Poggione* und des Weinbauern Livio Sassetti, der das winzige Gut *Pertimali* bewirtschaftet. Auch *Col d'Orcia* produziert einen guten Wein aus dieser Traube, die in Montalcino am weitesten im 17. Jahrhundert verbreitet war, dann aber durch die Ausbreitung der Sangiovese-Traube verdrängt und außerdem durch ihre starke Anfälligkeit gegen den Oidium-Pilz die Gunst vieler Winzer verloren hatte.

Über die Qualität des traditionellen Moscadello läßt sich schwer streiten. Er ist und bleibt ein Spezialwein, der einem bestimmten Konsumentengeschmack vorbehalten ist. Mit den besten Qualitäten des Moscato d'Asti wird er sich schwer messen lassen. Doch als authentischem Wein der Brunello-Zone wird ihm jeder Weinfreund den nötigen Respekt und die gebührende Achtung entgegenbringen.

Seit 1985 besitzt der Moscadello di Montalcino die Anerkennung als Qualitätswein mit D.O.C.-Status. Er muß mindestens 10,5 Vol.% Alkohol aufweisen und darf als Stillwein, als Perlwein (*frizzante*) sowie als Likörwein (*liquoroso*) in den Handel gebracht werden. Ein gutes Erzeugnis letzteren Typs stellt die *Fattoria dei Barbi* her. Bei der Süße des Moscadello handelt es sich übrigens um natürliche Restsüße, nicht um zugesetzte, aus eingedicktem Most hergestellte Süßreserve.

# BODENVERHÄLTNISSE, KLIMA UND RÄUMLICHE GLIEDERUNG DES ANBAUGEBIETES

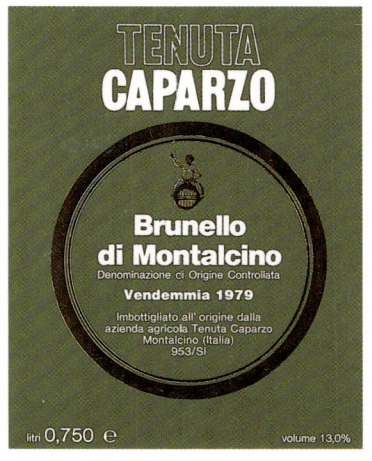

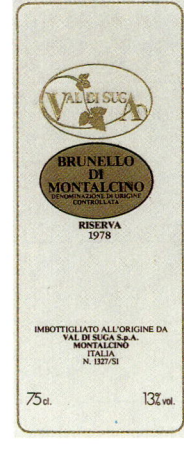

Das Anbaugebiet des Brunello di Montalcino wird von den Flüssen Ombrone, Orcia und Asso begrenzt. Es ist ein durchgängig hügeliges, vielfältig genutztes Land, zugleich aber auch ein Land voll optischer Widersprüche. An den sanft zur Orcia und zum Ombrone auslaufenden Südhängen, wo sich der größte Teil Rebkulturen befindet, ist das alte Kulturland zu einer reinen Produktionslandschaft umgewandelt worden. Im Winter, wenn die Reben ihre Blätter verloren haben, sind dort über ganze Hektare Land hinweg nur drei Elemente anzutreffen: das Holz der Rebstöcke, die aufgebrochene, nackte Scholle und das ewige Beton der Pfähle. Im östlichen Teil des Anbaugebiets breitet sich dagegen eine urtümliche, verwunschene Waldlandschaft aus, in die die ordnende Hand des Menschen nur wenig eingegriffen hat. Der Wald zieht sich bis auf die Höhen des Poggio Civitella, des höchsten Berges des Anbaugebietes. Die Steineichen-, Buchen- und Ahornwälder werden immer wieder von niedriger Heide- und Wacholdervegetation unterbrochen, auch von Olivenhainen, die immerhin ein Viertel der Fläche des Anbaugebietes bedecken. Jener Teil der Zone, der sich zum benachbarten Pienza hin erstreckt, ist am fruchtbarsten. Dort dominieren Getreidefelder, die, ähnlich wie die Reben im Süden, ausschließlich in Monokulturen angelegt sind. Bäume oder Baumgruppen, Hecken oder anderes Grün sind dort vollkommen ausradiert worden. Die Schlaggrößen sind schon auf die Traktorengeneration von morgen angelegt. Wenn die Felder abgeerntet und der Boden umgepflügt ist, wird deutlich, zu was die moderne Agrarindustrie und die Chemie das Land an dieser Stelle gemacht haben: zu einer Wüste. Im westlichen Teil der Zone findet sich dafür noch die alte, abwechslungsreiche Kulturlandschaft wieder. Dort trägt die Toskana noch ihr altes, traditionelles Gesicht.

Montalcino ist ein kleines Anbaugebiet. Es umfaßt nicht mehr als 225 Quadratkilometer. Die jährlichen Niederschläge liegen bei 700 Millimeter. Sie fallen vor allem in den Monaten Mai, Oktober und November. Das Großklima ist meist maritim geprägt. Es gibt warme Frühjahre und heiße Sommer mit langen Trockenperioden. Wo der Boden sandig und kieshaltig ist, müssen die Rebanlagen im Juni und Juli beregnet werden. Wo der Untergrund dagegen aus Lehm, verwittertem Kalkstein oder vulkanischem Tuff besteht, kann die Feuchtigkeit gespeichert und in Trockenzeiten an die Pflanze abgegeben werden. Solche Böden findet man vor allem in den höhergelegenen Teilen des Anbaugebiets. Der Brunello von dort zeichnet sich durch feingliedrigen Bau und eine mehr oder minder rassige Säure aus. Beim Wein von der Südflanke des Anbaugebiets übersteigen die Säurewerte nur selten die geforderten 5,5 Promille. Dieses zwischen Sant'Angelo in Colle, Argiano und Camigliano befindliche Gebiet liegt außerdem im Einflußbereich des heißen Maremma-Klimas. Dort erreichen die Trauben in der Regel ihre höchsten Mostgewichte. Der Brunello, der dort wächst, ist alkoholreich, voluminös, vollmundig.

Die gesamte Zone von Montalcino profitiert von dem mächtigen Monte Amiata, mit 1740 Metern die höchste Erhebung der Toskana. Sein dunkler Trachytkegel bildet die stumme, aber allgegenwärtige Kulisse dieser alten Stadt am Berg. Er schützt das Land vor Wettern, Spätfrösten und kalten Winden, die den Austrieb der Rebe verzögern oder die Blüte vernichten könnten. Die Hänge dieses erloschenen Vulkans, die sich bis hinunter ins Orcia-Tal ziehen, sind mit dichten Kastanien- und Buchenwäldern bedeckt. Diesem Wald verdanken viele Montalciner, die in der Holzwirtschaft oder der holzverarbeitenden Industrie tätig sind, noch heute ihr Auskommen.

## TENUTA CAPARZO MONTALCINO

*Caparzo liegt auf dem Kamm eines langgestreckten Hügels, der den Ort Montalcino von der Staatsstraße Nr. 2 – der Via Cassia – trennt. Der Betrieb ist in einem alten, typischen Sieneser Bauernhaus mit zentralem Aufgang und Loggia im ersten Stock untergebracht. Im Erdgeschoß und darunter liegen die Faßkeller in sorgfältig restaurierten und hergerichteten Räumen. Man erreicht den Betrieb von Norden aus über einen unbefestigten Weg, der am Nachbargut Altesino vorbeiführt und bei Caparzo endet. Das Anwesen samt 60 Hektar Umland wurde 1968 von sechs Privatleuten aus Genua und Mailand mit dem Ziel erworben, aus ihm einen landwirtschaftlichen Musterbetrieb zu machen (heute gibt es neun Anteilseigner: überwiegend Rechtsanwälte, aber auch ein Bauunternehmer sowie zwei Industrielle aus dem Energiebereich und dem Lebensmittelsektor). Mit dem Aufschwung der Weinwirtschaft von Montalcino entschloß man sich, den Boden mit Reben zu kultivieren. 12 Hektar wurden rund um das Gut bestockt. 1972 war der erste Jahrgang, der abgefüllt wurde. Die Böden enthalten an dieser Stelle des Anbaugebiets viel tonhaltigen Mergel, so daß dort kein so voluminöser Wein wie an der Südflanke Montalcinos wachsen kann. Auch ist das Klima dort nicht uneingeschränkt mediterran geprägt. Die Trauben entwickeln weniger Zucker und weisen eine niedrigere Säure auf. Zur Abrundung kauft Caparzo bislang noch etwa 20 Prozent seiner Trauben von einem Gut südlich Montalcinos dazu. Sein Brunello ist ein eleganter Wein mit schlankem Körper, dessen Exquise in der Reintönigkeit und Gradlinigkeit liegt. Er trägt die Handschrift des Önologen Vittorio Fiore, der auch einige namhafte Güter aus dem Chianti classico berät. Er arbeitet seit 1978 für Caparzo. Seitdem wird der Brunello nur noch relativ kurz in Holzfässern ausgebaut. Die »Riserva« wird seit 1981 nur noch in kleinen Mengen und als »tête de cuvée« erzeugt. Gesamtmenge Brunello: 60 000 Flaschen. Große Jahre: 1975, 1979, 1985. Sehr gute Jahre: 1977, 1981, 1982, 1983. Gute Jahre: 1978, 1980.*

## VAL DI SUGA, MONTALCINO

*Dieses Gut, das zu den größten Brunello-Produzenten gehört, hat eine höchst wechselvolle Geschichte hinter sich. Es ist durch mehrere Hände gegangen, bevor es 1984 in den Besitz der VELM kam, eines Mailänder Industrieunternehmens, das in der Automobilzubehörbranche tätig ist. Die Politik, die seitdem praktiziert wird, läßt darauf schließen, daß künftig nicht nur Gewinne erwirtschaftet werden müssen, sondern auch Qualität erzeugt werden soll. So wurden erhebliche Investitionen in den neuen Keller getätigt und eine Vergrößerung der Weinbergsflächen vorerst zurückgestellt. Immerhin verfügt Val di Suga schon über 23 Hektar Reben, die zusammenhängend um die Cantina liegen – etwa fünf Kilometer von Montalcino entfernt direkt an der Straße nach Siena. 120 000 Flaschen Brunello und rund 65 000 Flaschen Rosso di Montalcino werden dort erzeugt (ein Teil der Trauben, die verarbeitet werden, sind zugekauft). Der Brunello ist ein kräftiger, körperreicher Wein mit gutem Tanningerüst, viel Goudron und einem relativ breiten würzigen Geschmack. Er wird unter der önologischen Beratung von Vittorio Fiore hergestellt, der auch für viele renommierte Güter im Chianti classico und für zwei weitere in der Brunello-Zone arbeitet. Den Wein von Val di Suga läßt er – entgegen seiner sonstigen Philosophie – lange im Faß reifen und sich nur relativ kurz auf der Flasche verfeinern. Er besitzt deshalb eine gute Reife, wenn er in den Handel kommt, hat sich aber auch danach als durchaus lagerfähig erwiesen. Besonders eindrucksvoll ist die »Riserva«, die in allen Jahren abgefüllt wird, in denen auch Brunello erzeugt wird. Sie kommt aus einem Weinberg am Fuße des Hügels von Montosoli, wo die Trauben vor der Hauptlese eingebracht werden. Sie verbindet feinsten Duft mit großer Fülle und schöner Harmonie. Fünf Jahre lang wird sie in mittelgroßen bis großen Holzkufen ausgebaut. Zwischen 20 000 und 25 000 Flaschen werden von ihr abgefüllt. Großes Jahr: 1985. Sehr gute Jahre: 1979, 1983, 1986. Gute Jahre: 1977, 1980, 1981, 1982.*

# DIE KLEINEN, BÄUERLICHEN UND DIE MITTELGROSSEN WEINGÜTER

Nicht nur die Weinberge um Montalcino sind in den letzten Jahren gewachsen. Auch die Zahl der Abfüller hat sich stark erhöht. Mitte der achtziger Jahre waren es bereits über 40 Betriebe, die einen eigenen Brunello abfüllten. 1975 wurden gerade 25 Betriebe gezählt. Die meisten sind Kleingüter oder Bauernhöfe mit Weinbergen zwischen einem und acht Hektar Größe. Ein großer Teil befindet sich in der Hand von auswärtigen Besitzern, die ihren ständigen Wohnsitz nicht in Montalcino haben, sondern den Betrieb von einem Kellermeister oder einer Montalciner Winzerfamilie verwalten lassen. Ein kleiner Teil ist jedoch im Besitz von einheimischen Weinbauern geblieben, die seit Jahrzehnten auf und von dem Land leben, dort unter anderem Brunello-Reben anbauen und sich, als eines Tages die Konjunktur für den Wein besser wurde, entschlossen haben, ihre Trauben selbst zu verarbeiten und den Wein unter einem eigenen Etikett abzufüllen. Einige dieser Brunello aus bäuerlichen Kellern genügen schwerlich den Ansprüchen, die an ein Spitzenprodukt gestellt werden müssen. Doch es sind mehrere darunter, die so vorzüglich geraten sind, daß sie den Gewächsen renommierter Güter in nichts nachstehen. Drei Namen sind wichtig: *Capanna, Colombaio di Montosoli, Pertimali*. Alle drei liegen bei Montosoli, einem breiten Hügelrücken nördlich von Montalcino. Sie gilt als eine der hochrangigsten Lagen der Zone. Dort steht hinter Mauern und Zedernhecken eine alte Patrizier-Villa. Sie gehörte einst Guido Angelini, dem früheren Eigner von *Castelgiocondo* und größten Grundbesitzer in der Brunello-Zone überhaupt. Er hat seine Liegenschaften jedoch beizeiten verkauft. Montosoli gilt zumindest als eine der besten Zonen, vielleicht sogar als die beste Lage von Montalcino überhaupt. Die Biondi-Santi und *Altesino* haben dort einen Teil ihres Weinbergsbesitzes. *Caparzo* bewirtschaftet an der Stelle ebenfalls zwei Hektar, auf denen ihr schönster Brunello wächst, der unter dem Etikett »La Casa« verkauft wird.

Montosoli war im letzten Jahrhundert, wie der größte Teil des Landes um Montalcino, mit Wald bedeckt. Seine weinbauliche Eignung wurde nur durch Zufall entdeckt. Man erzählt, daß dort einst ein Waldarbeiter in einer primitiven Hütte gehaust habe und, um sich möglichst weitgehend selbst versorgen zu können, ein wenig Gemüse, Feigen und natürlich auch Wein angebaut habe. Als eines Tages der Grundbesitzer vorbeikam, um nach dem Rechten zu schauen, probierte er von den Trauben, die dort üppig wucherten. Sie schmeckten ihm besser als andere der Gegend, und er entschloß sich, den Wald zu roden, um fortan dort Reben anzubauen. Nach der kleinen, runden Hütte, in der dieser Waldarbeiter gelebt hat, ist das älteste der kleinbäuerlichen Weingüter von Montosoli benannt: *Capanna*. Es grenzt direkt an den Besitz der Villa Montosoli und befindet sich seit 1957 im Besitz der Familie Cencioni. Sie hat es von den Nachkommen jenes Grundbesitzers erworben, der die ersten Reben an diesem Hügel angebaut hatte. Die Cencioni sind Bauern, die auf *Capanna* noch heute eine traditionelle Mischwirtschaft betreiben. Der Brunello ist nicht das einzige landwirtschaftliche Produkt, das sie erzeugen. Aber sie pflegen den Wein mit besonderer Hingabe und verfügen über mehr als nur traditionelles Kellerwissen. Ihr Brunello ist ein mächtiger, voluminöser Wein von großer Fruchtfülle, vollkommen natürlich gekeltert und nicht »gestylt« wie manche Brunello größerer Betriebe.

Unweit von den Cencioni, praktisch unmittelbar am Fuße des Hügels von Montalcino, liegt *Pertimali*, ein fast urbäuerlicher Hof mit Rindern, Getreide und drei Hektar Brunello-Reben, der von dem Weinbauern Livio Sassetti und seinem Sohn bewirtschaftet wird. Nicht mehr als 5000 Flaschen produzieren sie in dem winzigen Keller ihrer Fattoria, in dem es nur Fässer und eine Pumpe gibt. Ihr Brunello ist ein kraftvoller, tiefgründiger, nahezu naturbelassener Wein, wenn auch einer der traditionellen Stilrichtung. Er bleibt in der Regel fünf Jahre in Eichenholzfässern und reift dann noch einmal ein halbes Jahr auf der Flasche, bevor er in den Verkauf geht. Er ist also faktisch eine *Riserva*, obwohl er auf dem Etikett nicht als solche ausgewiesen ist.

Auf der anderen, nördlichen Flanke des Hügels von Montosoli, aber auch nur einen Steinwurf von der Villa entfernt, liegt Nello Bariccis Gut *Colombaio di Montosoli*. Dort wird ebenfalls ein hochstehender, aber etwas geschmeidigerer Brunello erzeugt. Er ist der eleganteste, oft auch der feinste Wein von Montosoli. Nello Baricci, ein bodenständiger Kleinwinzer, der vom Rebschnitt bis zur Etikettierung alle Arbeitsgänge eigenhändig ausführt, läßt ihn nicht ganz so lange im Faß reifen wie seine Nachbarn.

## FIASCHETTERIA

*In der alten Bar an der Piazza del Popolo hatte Tancredi Biondi-Santi einst eine Weinhandlung eröffnet, in der er neben Vermouth, Marsala und Vin Santo auch seinen Brunello verkaufte. Noch heute wird in den hinteren Räumen des Cafés mit Wein gehandelt.*

Fast direkt an der Straße nach Buonconvento – dort, wo der Weg nach Montosoli abzweigt – liegt ein weiterer ehemaliger Besitz der Angelini-Familie: *Val di Cava*. Sein Brunello – ein üppiger, doch weniger ausdrucksvoller Wein – wächst auf acht Hektar Rebland am Fuße von Montosoli. Zum Gut gehören insgesamt 250 Hektar. Sein Besitzer, Bramante Martini, ist ein Agrarindustrieller, der sich seit 1953, als er die Ländereien erwarb, vor allem als Rinderzüchter und Getreidefarmer hervorgetan hat.

Es gibt noch zahlreiche – nicht nur bei Montosoli gelegene – kleinbäuerliche Betriebe, die teils erst seit kurzer, teils schon seit längerer Zeit ihren Wein selbst abfüllen. Nicht alle diese Weine berechtigen zu hohen Erwartungen. Beispiele für gelungene, wenn auch manchmal noch sehr traditionell vinifizierte Brunello findet man bei den Gebrüdern Rosildo und Primo Pacenti (*Canalicchio di Sopra*), bei Ofelio Fattoi (*Capanna-Santa Restituta*), Alfo Bartolomei (*Caprili*), Gino Focaccio (*I Communali*) und, besonders schön, bei Ermanno Rosi (*San Filippo*). Darüber hinaus gibt es um Montalcino noch immer knapp fünfzig Weinbauern mit Brunello-Reben. Noch verkaufen die meisten ihre Trauben im Herbst an größere Abfüllbetriebe. Doch werden viele derjenigen, die wenigstens drei oder vier Hektar besitzen, in den nächsten Jahren einen eigenen Brunello abfüllen. Die Zahl der Etiketten wird also weiter zunehmen.

Das Niveau der Weine von Montalcino wird aber in erster Linie von jenen Betrieben getragen, die weder Kosten noch Mühe scheuen, um einen guten Brunello zu produzieren. Diese Güter befinden sich teils in privater Hand, teils sind sie im Besitz von größeren Firmen. Einige von ihnen sind Traditionsgüter, andere haben erst in den siebziger und achtziger Jahren mit der Weinproduktion begonnen. Von Absatzsorgen ist keines dieser Güter gequält, und Schwierigkeiten, die relativ hohen Preise zu bekommen, die sie für den Brunello verlangen, haben die wenigsten. Die langen Ausbauzeiten und die Mengenbeschränkungen, die nach der D.O.C.G. noch einschneidender sind als vorher, werden von den Kunden offenbar honoriert.

Was die Pflege der Reben und die Strenge der Traubenselektion angeht, sind die Biondi-Santi bis heute von niemandem übertroffen worden. Die sich selbst auferlegten Beschränkungen gehen in vielerlei Hinsicht über die Produktionsgesetze der D.O.C.G. hinaus. Ihre Kellerarbeit ist skrupulös, aufwendig, traditionsbestimmt, doch nicht altmodisch. *Il Greppo* ist dasjenige unter den Weingütern von Montalcino, das nach einem vollkommen eigenen System produziert. Seine Zuverlässigkeit und die Transparenz seiner Qualitätskriterien ähnelt in der Tat der Politik der großen, französischen Chateaus.

*Il Greppo*, die alte Villa der Biondi-Santi, an die erst in den fünfziger Jahren die Kelter- und Kellerräume angebaut wurden, liegt am Ende einer Zypressenallee nahe der Landstraße von Montalcino nach Castelnuovo dell'Abate. Die abwechslungsreiche Wiesen- und Waldlandschaft mit ihren Hecken und Feldgehölzen, den dazwischen liegenden Äckern und Olivenhainen sowie den immer wieder eingestreuten Weinbergsparzellen zählt zu den schönsten Flecken des Anbaugebiets von Montalcino. In diesem alten Kulturland fand Ferruccio Biondi-Santi, der Großvater des heutigen Gutsbesitzers, einst jene Sangiovese-Grosso-Klone, aus denen sein erster Brunello gekeltert wurde. Zum Besitz von Greppo gehören heute 47 Hektar Land (Maria Flora Petri, die Ehefrau von Franco Biondi-Santi, besitzt zudem ein landwirtschaftliches Gut von über 100 Hektar in der Zone). Der größte Teil besteht aus Wald und Ackerland. Nur wenig mehr als 12 Hektar sind mit Brunello-Reben bestockt. Sie wachsen an zwei verschiedenen Stellen der Kommune Montalcino: bei *Greppo* (sieben Hektar) und bei Montosoli (fünf Hektar). Es handelt sich ausschließlich um Süd- und Südwestlagen auf humusarmen *galestro*-Böden. Das Kapital der Biondi-Santi bilden aber nicht nur die vorzüglichen *Lagen*, sondern vor allem der alte Rebbestand. Ein Fünftel der Reben ist über 25 Jahre alt. Darunter befinden sich auch 50jährige Stöcke. Der Rest wurde 1968 und

## LA CASA MONTOSOLI

*Das Gut La Casa wurde 1974 von der Tenuta Caparzo erworben, die es aus dem umfangreichen Besitz von Bramante Martini herauskaufte, dem Eigner von Val di Cava. Es liegt auf halber Höhe des Hügels von Montosoli und umfaßt etwa zehn Hektar Land. Gut zwei Hektar davon sind mit Reben bepflanzt, vorwiegend alten, von denen einer der ungewöhnlichsten und hochrangigsten Brunello der Zone kommt. Im Gegensatz zum Caparzo-Brunello ist er kein eleganter, sondern ein körperreicher, dunkelfarbener Wein mit kraftvoller Säure, reifem Beerenaroma und finessereichem Bouquet. Er reift während seiner Ausbauzeit drei bis sechs Monate lang in »tonne« aus französischer Limousin-Eiche. Damit sind 350 Liter fassende Gebinde gemeint, die für die samtene Hülle und das feine Veilchen-Parfüm, das dieser Wein verströmt, verantwortlich sind. Er wird seit 1978 abgefüllt und immer lagenrein gekeltert. Abfüllmenge: etwa 8000 Flaschen. Beste Jahrgänge: 1979, 1982, 1985. Sehr gute Jahre: 1977, 1980, 1983.*

## SAN FILIPPO, COMMUNALI

*Ermanno Rosi, früher ein Bauunternehmer für Eisenbahnanlagen, hat im Jahre 1971 den kleinen Hof von San Filippo gekauft und das Leben an der Peripherie der Großstadt Rom mit dem auf dem Land vertauscht. Sein Brunello, den er seit 1977 abfüllt, läßt kaum ahnen, daß er den Beruf des Weinmachers als Amateur aufgenommen hat. Dank guter önologischer Beratung wurde aus seinem Brunello ein sehr feiner Tropfen, nuancenreich, sauber und nachhaltig in den Aromen, von einiger Länge. Trotz seines Tanninreichtums fließt er auch in jungen Jahren schon gut über die Zunge. Er wird in kleinen bis mittelgroßen Eichenholzkufen ausgebaut, die relativ neu sind und den Wein »weicher« machen. Er ist kein mächtiger, sondern ein eleganter Brunello, der nur eine verhältnismäßig kurze Maischegärung durchmacht und weitgehend natürlich ausgebaut wird. Gelatine oder Bentonit werden für ihn nicht gebraucht. Filtriert wird nicht einmal vor der Flaschenfüllung, weil Rosi fürchtet, daß mit dem Trub auch Geschmacksstoffe im Filter hängenbleiben. Die Klärung erfolgt nur durch Umziehen der Fässer. San Filippo liegt knapp vier Kilometer von Montalcino entfernt im Osten der Anbauzone. Etwa 500 Meter hinter der Kirche von Colle al Matrichese zweigt rechts ein Landweg von der Straße nach Torrenieri ab und führt zu dem Anwesen, das von Ermanno Rosi und seiner Frau allein bewirtschaftet wird. Der Wein wächst auf vier Hektar Monokultur und einem Hektar gemischten Kulturen. Sie wurden 1973 neu gepflanzt. Die Böden sind an dieser Stelle der Brunello-Zone steinig und trocken. So sind die Erträge von Natur aus gering. Trotzdem lassen die Rosi in vielen Jahren einen mehr oder minder großen Teil der Trauben am Stock hängen. Es wird, auch für den Rosso di Montalcino, nur ausgelesenes Traubengut verarbeitet. Die Gesamtproduktion beläuft sich auf durchschnittlich 18000 Flaschen Brunello und 8000 Flaschen Rosso. Große Jahre: 1979, 1985. Sehr gute Jahre: 1981, 1982. Gute Jahre: 1983.*

1970 gepflanzt. Die Reben werden nach dem Kordon-System erzogen und mehrmals im Jahr umgebunden. Die ältesten Reben werden im Winter bis auf sechs Augen pro Schenkel, die jüngeren bis auf fünf Augen zurückgeschnitten. Ende Juli werden die Trauben noch einmal ausgedünnt. Laubarbeiten finden während der ganzen Saison bis wenige Wochen vor der Lese statt. Die Hektarerträge sind entsprechend gering. Sie liegen deutlich unter 60 Hektoliter. Der Ersatz der alten Reben erfolgt nach einem eigenen Verfahren: durch Klonenveredelung der Art, wie sie Ferruccio Biondi-Santi in der zweiten Hälfte des letzten Jahrhunderts entwickelt und praktiziert hat. Dabei werden gut verholzte Edelreiser mütterlicher Rebpflanzen nach einem ausgeklügelten System auf passende Unterlagsreben gepfropft. Diese Veredelung ist arbeitsaufwendig. Sie muß von Hand verrichtet werden. Die Biondi-Santi bedienen sich dazu speziell geschulter Weinbergsarbeiter aus Sizilien. Nur so können die genetischen Eigenschaften der alten *Greppo*-Reben weitgehend erhalten werden. In den Weinbergen wird also der Grundstein für die Qualität ihrer Weine gelegt. Erst danach kommt die strenge Selektion ihrer Trauben zum Tragen.

Über den Brunello der Biondi-Santi und seinen Preis ist viel geschrieben worden. Einige verschweigen nicht, daß sie ihn für einen Wein halten, der sein Geld nicht wert ist. Für andere ist er ein Tropfen, der nur in einer Kathedrale getrunken werden darf. Ohne Zweifel ist *Biondi-Santi* der bekannteste Name der Zone. Ohne Zweifel aber ist sein Wein heute auch der umstrittenste. Er gilt als extrem langsam reifend und nimmt daher für sich in Anspruch, erst zu einem späten Zeitpunkt richtig beurteilt werden zu können. Doch besteht dieser Anspruch immer zu Recht? Vor allem: Ist es – bei allem Qualitätswillen – seinen Erzeugern immer gelungen, die letzte Feinheit aus dem Wein herauszuholen? Es scheint, als hätten viele »Plagiate«, die in den letzten Jahren auf den Markt gekommen sind und auf denen nicht das Gewicht eines großen Namens lastet, dem »Original« erfolgreich Konkurrenz gemacht.

Zu den alten, immer schon im Weingeschäft tätigen Familien von Montalcino zählen auch die Grafen Costanti. Aus ihren Reihen sind seit dem 15. Jahrhundert zahlreiche Politiker, Advokaten und Ärzte hervorgegangen. Entsprechend hoch ist ihr Ansehen im Orte. Ihre Villa samt der angegliederten Keller liegt direkt vor den Toren Montalcinos an der Straße in Richtung Torrenieri. Es ist eine prächtige, alte Patrizier-Villa mit geräumigem Atrium. Sie ist auf dem *Colle al Matrichese*, einem tiefgelegenen Hügel, errichtet, an dem wahrscheinlich schon vor über tausend Jahren Reben wuchsen. Nach ihm sind die Villa und das Weingut benannt. Zu *Colle al Matrichese* gehören 12 Hektar Land, die unmittelbar um das Anwesen liegen. Nur gut zwei Hektar davon sind Rebland. Einige Weine, die dort wachsen, waren bereits im 19. Jahrhundert sehr bekannt und von Kennern wegen ihrer außerordentlichen Qualität hoch geschätzt: der Vermiglio und ein Weißwein. Die Brunello-Produktion wurde erst Anfang der sechziger Jahre dieses Jahrhunderts aufgenommen, nachdem der Graf Emilio Costanti viele Jahre lang in seinen Weinbergen experimentiert hatte, um die besten Lagen und das beste Reberziehungssystem herauszufinden. Er war Professor für Mikrobiologie an der Universität Pescara. Im Februar 1983 ist er gestorben. Sein Brunello ist, ähnlich wie der *Greppo*-Wein, ein elegantes Gewächs. Dennoch ist er vollkommen eigenständig. Er wirkt nach innen hin streng gegliedert und fällt durch seine konzentrierte Fruchtfülle auf. Die Säure ist fest in ihn eingebunden, die Frucht tritt klar und reintönig hervor. Ein markanter Teerstich zeugt von einem langen Faßlager. Dieser Wein kann mit Recht beanspruchen, zur absoluten Spitze der Produktion von Montalcino gerechnet zu werden.

Direkt neben den Costanti liegt eine andere herrschaftliche Villa mit drei Hektar Weinbergen: *Greppone Mazzi*. Der Brunello, der dort erzeugt wird, ist allerdings noch jung. Die Produktion wurde erst Mitte der siebziger Jahre aufgenommen. Es ist ein guter, mehr als nur solider Wein. Besitzer von *Greppone Mazzi* ist

## WALD UND WEIN

*Trotz beträchtlicher Ausweitung der Rebkulturen ist der größte Teil der Brunello-Zone noch immer von einer dichten Walddecke überzogen. Dort hat die ordnende Hand des Menschen bislang wenig eingegriffen.*

283

seit 1984 das Weinhaus *Ruffino,* das seinen Sitz in Pontassieve bei Florenz hat. Es möchte den Brunello weiter verbessern. Sieben Hektar Reben gehören zum Gut. Sie grenzen direkt an den Besitz der Biondi-Santi.

Ein ausgezeichneter Brunello kommt auch von dem Gut *La Magia,* das sich im Besitz des Südtirolers Herbert Schwarz befindet, eines ehemaligen Autohändlers, der sich erst für das Abenteuer des Weinmachens entschied, nachdem man ihm einen hohen Preis geboten hatte, falls er sein einst als Feriensitz erworbenes Gut verkaufen wolle. *La Magia* liegt 500 Meter hoch bei Villa a Tolli. Mit über 15 Hektar Brunello-Kulturen, die alle auf die dunklen Hänge des Monte Amiata in der Ferne blicken, ist es kein kleines Gut mehr. Es füllt jedoch erst seit Ende der siebziger Jahre einen eigenen, wuchtigen, alkoholstarken Brunello ab, der einen leicht kratzigen Abgang hat. Die Mengen sind noch gering. In die Spitze der Weinproduktion hat sich auf Anhieb auch der Brunello des römischen Rechtsanwalts Gabriele *Mastrojanni* katapultiert. Auch dieser Wein repräsentiert den eleganten Typ, hebt sich ansonsten aber durch seine kompromißlose Fruchtigkeit sehr deutlich von seinen Nachbarn ab. *Mastrojanni* hat derzeit knapp 12 Hektar unter Reben, die in einer sehr exponierten Lage an der Peripherie der Anbauzone bei Castelnuovo dell'Abate liegen. Die Stöcke sind noch jung. Eine konsequente Traubenauswahl ist daher notwendig. Von den ersten Jahrgängen wurden daher kaum kommerzialisierbare Mengen abgefüllt. Inzwischen beträgt die Produktion knapp 10 000 Flaschen.

Etwa einen Kilometer von Castelnuovo dell'Abate entfernt steht in einsamer Landschaft das mächtige Schiff der Kirche Sant'Antimo. Sie bildete einst den Mittelpunkt eines Klosters, das der Legende zufolge von Karl dem Großen gestiftet ist, nachdem der Papst in Rom ihn zum Kaiser ernannt hatte. Wieviel Wahrheit in dieser Legende ist, weiß man nicht genau. Sicher ist nur, daß Karls Sohn und Mitregent Ludwig, genannt der Fromme, den Mönchen des Klosters den Ort Montalcino und das umliegende Land zum Geschenk gemacht hat. Sant'Antimo war also im Mittelalter das Zentrum der Macht in Montalcino.

Wer den Weg von Castelnuovo dell'Abate nach Sant'Angelo nimmt und über die staubige, unbefestigte Straße an die Südflanke der Brunello-Zone gelangt, fährt durch eine noch wenig erschlossene und kaum besiedelte, archaisch anmutende Hügellandschaft. In den tiefen Lagen wachsen noch Oliven oder Getreide. Aber dann beginnen die dichten Wälder. Nur eine Handvoll kleiner, meist bäuerlicher Weingüter liegen links und rechts des Weges, von denen der größte Teil nur Trauben, aber keinen Wein erzeugt. Erst bei Sant'Angelo werden Rebkulturen wieder häufiger. Zwei Kilometer vor dem Ort, praktisch am Fuße des Berges, auf dem dieser errichtet ist, passiert man das Gut Casanuova, den Besitz der *Lisini.* Sie sind Nachfahren der Clementi, jener noblen Venezianer Familie, die einst zu den Großgrundbesitzern von Montalcino gehörte, und zu deren Latifundien auch Güter wie *Barbi* und *Greppone Mazzi* zählten. Die sorgfältig restaurierte *casa colonica* wird von Elena Lisini bewohnt, die, wenn sie nicht in Florenz weilt, mit unerschöpflicher Energie und strengem Regiment die Geschicke ihres kleinen Weinguts leitet. Sie ist die große, alte Dame unter den Weinmachern von Montalcino, mit Charme und Autorität gleichermaßen ausgestattet, temperamentvoll und sachkundig, unbeugsam, was die Qualität des Brunello angeht. Sie war eine der ersten, die diesen Wein nach den Biondi-Santi erzeugte. An Belobigungen hat es ihr seitdem nicht gefehlt. Bemerkenswert ist, daß ihr Brunello viele Jahre hindurch sein hohes Niveau gehalten hat und sich dabei stets im obersten Rang wiedergefunden hat. Unverwechselbar macht ihn das konzentrierte Aroma wilder Beeren, das in kaum einem Brunello so schön zum Ausdruck kommt wie bei ihm. Er besitzt die Rasse der Weine aus dem Hinterland und das Volumen der Weine von der Südflanke des Anbaugebietes. Er wird völlig natürlich bereitet und ausgebaut. Die Auslese des besten Traubenguts kann auf einem hohen

**ALTESINO** *Weingut mit einer Araberzucht.*

Niveau erfolgen, weil sich die Weinberge allesamt in guten Lagen befinden. Auch der Rosso di Montalcino profitiert von diesem Vorzug. In Jahren mit vollreifem Lesegut besitzt er den Charakter eines kleinen Brunello.

In Sant'Angelo in Colle gibt es zwei Güter: *Col d'Orcia* und *Il Poggione.* Der Keller des letzteren liegt unmittelbar im Dorfe, der des anderen befindet sich in der Ebene bei Sant'Angelo Scalo. Beide sind Großgüter, und beide gehörten noch vor wenigen Jahrzehnten gemeinsam zur Azienda Agricola Sant'Angelo. Etwa zwei Kilometer südlich, fast direkt an der Straße nach Sant'Angelo Scalo, liegt ein kleines Gut, das möglicherweise das älteste der gesamten Zone ist: *Campogiovanni.* Der Wein war freilich nie das Hauptprodukt dieses Betriebes. Erst nach der Umstellung des gemischten Anbaus auf Monokulturen Anfang der siebziger Jahre wurde die Weinproduktion zum wichtigsten Wirtschaftszweig. Der Brunello dieses Gutes, das bis vor kurzem noch mangels Ertragsflächen einen großen Teil seiner Trauben vor allem von *Il Poggione* zukaufen mußte, ist ein kompakter, mächtiger Wein mit großem Atem, der unverkennbar geprägt ist von dem warmen Klima am südlichen Abhang Montalcinos. Das Gut befindet sich heute im Besitz einer Mailänder Versicherungsgesellschaft.

An die Ländereien des »Podere San Giovanni«, wie *Campogiovanni* früher hieß, grenzt der Besitz von *Argiano.* Dieses noble Gut, das sowohl von Sant'Angelo als auch von Tavernelle aus zu erreichen ist, zählt zu den ältesten Weinproduzenten der Zone. Doch so begeistert die alten Schreiber von dem Nektar berichten, der aus seinen Kellern floß, so enttäuschend fielen zahlreiche Brunello-Jahrgänge der siebziger Jahre aus. Der Wein, der vor allem in den Kreisen des italienischen Adels gern genossen wurde und zumindest im vorigen Jahrhundert zeitweise nur limitiert verkauft werden konnte, wirkte auf einmal flach, wurde frühzeitig müde, war ohne Ausdruck. Die Lagen können dafür nicht verantwortlich gewesen sein. Denn Argiano verfügt über 16 Hektar Rebkulturen an den tiefliegenden Hängen des südlichen Anbaugebietes. In seiner Nachbarschaft finden sich viele hervorragende Weinproduzenten. Es scheint vielmehr, daß die Kellerarbeit der Besitzer mit der modernen Entwicklung nicht mehr Schritt gehalten hat. Der Tiefpunkt ist inzwischen überwunden. Die Jahrgänge 1978 und 1979 strahlten erstmals wieder den Glanz des großen Namens aus. Seit 1980 steht die Weinproduktion unter der Regie der Cinzano-Önologen vom benachbarten *Col d'Orcia.* Das Gut, zu dem insgesamt 300 Hektar Land gehören, befindet sich jedoch weiterhin in den Händen der alten Besitzer. Es sind die Grafen Gaetani Lovatelli d'Aragona, denen das Anwesen 1829 durch Heirat in die römische Adelsfamilie der Chigi zufiel, die aus Siena stammt. Sie gehörte im Spätmittelalter zu den reichsten Familien Italiens und hat ebenso hochtalentierte Bankiers wie schillernde politische Persönlichkeiten hervorgebracht. Der städtisch anmutende Palazzo wurde jedoch nicht von ihnen errichtet, sondern von einer anderen Patrizierfamilie aus Siena (1591), die die gute Luft an dieser Stelle sehr geschätzt haben soll. Sie nannte die Villa nämlich *Bellaria*. Knapp zweihundert Jahre später zogen sich andere Besitzer wieder aus ihr zurück, weil, wie überliefert ist, die Klimaverhältnisse bei Argiano sehr ungesund und die Luftfeuchtigkeit durch die Nähe zur Orcia sehr hoch seien. Das Hinterland von Argiano ist die am intensivsten bewirtschaftete Zone von Montalcino. Weinberg reiht sich dort an Weinberg. Die Wälder, die noch Anfang der siebziger Jahre einen großen Teil des Bodens bedeckten, sind inzwischen abgeholzt oder zurückgedrängt, um Platz für neue Rebflächen zu schaffen. Von Tavernelle bis fast an die Orcia zieht sich heute ein zusammenhängendes Rebenmeer. Der größte Teil der Kulturen ist von *Villa Banfi* angelegt worden. Das Unternehmen hat das alte Schloßgut *Poggio alle Mura*, das sich seit 1959 im Besitz von Giovanni Mastropaolo befand, der zur Pioniergeneration des Brunello gehörte, aufgekauft und dessen Rebbestand um ein Vielfaches erweitert.

Nördlich von Tavernelle – und etwas höher gelegen – befinden sich die Weinberge von *Case Basse*. Dieses kleine Privatgut, das zum Flecken La Villa gehört, wurde seit Anfang der siebziger Jahre von dem Mailänder Versicherungsmakler Gianfranco Soldera mit dem Ziel aufgebaut, einen Wein von großer Statur zu erzeugen. Sein Brunello ist denn auch eine imposante Erscheinung. An Wucht und Fülle kommt ihm kein anderer Wein von Montalcino gleich. Sein innerer Reichtum ist unübertroffen. Im Bouquet offenbart er einen überwältigenden Aromenstrauß, am Gaumen entwickelt er eine beeindruckende Länge. Er ist das Ergebnis strenger Traubenauslese und einer Vinifizierung, die – entgegen herrschender Praxis – nahezu auf alles verzichtet, was in die natürlichen Abläufe eingreifen könnte – selbst die Temperaturkontrolle. Fünf Jahre lang wird er im Holzfaß ausgebaut. Auch die Rebenpflege ist beispielhaft, was die Klonenselektion, die sparsame Düngung, den Verzicht auf Herbizide und chemisch-synthetische Spritzmittel sowie den Beschnitt angeht. Soldera ist ein Qualitätsfanatiker.

Auch das Nachbargut *La Chiesa di Santa Restituta*, nur 200 Meter hinter La Villa gelegen, erzeugt einen Wein von großer Statur. Er besitzt einen mächtigen Körper, feine Säure, nobles Tannin und ist gewürzt mit dem Extrakt feinster Beeren. Trotz seines Gewichts ist er ein leicht zu trinkender Wein, der seine Exquise schon früh demonstriert. La Chiesa di Santa Restituta heißt die Pfarrkirche von La Villa, eine Bauernpfarrei, wie es in den alten Chroniken heißt, die das geistliche Zentrum für jene 200 oder 300 Menschen war, die in den vorigen Jahrhunderten das Land westlich von Montalcino bevölkerten. Sie muß bereits im 6. Jahrhundert auf Geheiß des Bischofs von Arezzo errichtet worden sein, um die Landbevölkerung in diesem Teil Mittelitaliens zu christianisieren. Als »fundus Rescianum« ist sie in alten lateinischen Dokumenten ausgewiesen. Sie scheint die erste Gotteszelle gewesen zu sein, die in dem Viereck der Flüsse Ombrone, Orcia und Asso existiert hat. Roberto Bellini, ein Vermessungsingenieur und Immobilienkaufmann aus einem kleinen Ort bei Brescia, hat sie im Jahre 1972 gekauft, mit großem Aufwand sorgfältig wiederherstellen und die Geschichte dieses historischen Ortes aufschreiben lassen. Dessen Name, so scheint, geht auf die berühmte Basilika Santa Restituta in Karthago zurück. Nach dem Einfall der Langobarden in Italien flüchteten damals viele nordafrikanische Christen vor den Greueltaten der Eroberer nach Ischia, wohin sie auch die Reliquien ihrer Märtyrer mitnahmen. Die Erinnerung an ihre alte, religiöse Heimat lebte so in ihnen weiter und fand später ihren sinnfälligen Ausdruck bei der Namensgebung für neue Pfarren.

Nach Meinung des Volkes hat sich die Geschichte, die zur Namensgebung führte, freilich ganz anders zugetragen. Ein frommes Mädchen aus der nordafrikanischen Stadt Biserta soll sich damals geweigert haben, vor den heidnischen Eindringlingen ihrem Glauben abzuschwören. Sie wurde zum Tode verurteilt und sollte bei lebendigem Leib verbrannt werden. Man brachte sie auf ein Schiff, auf dem der Scharfrichter schon den Scheiterhaufen bereitet hatte. Doch plötzlich trugen sich wunderbare Dinge zu. Der Scharfrichter fiel über Bord, und das Mädchen starb, bewacht von zwei Engeln und unberührt von

den Flammen, einen süßen Tod. Eine Brise trieb das Boot an die Strände von Ischia, wo, von einer himmlischen Stimme gerufen, eine adelige Dame wartete, um den jungfräulichen Leichnam in Empfang zu nehmen und würdig zu bestatten. Dieses Mädchen wurde Santa Restituta genannt. Auf Ischia begeht man noch heute das Fest dieser afrikanischen Märtyrerin am 17. Mai jeden Jahres. In der kleinen Kirche von Santa Restituta bei Montalcino feiert die christliche Gemeinde ihre Namensgeberin regelmäßig am letzten Sonntag dieses Monats.

Im Norden von Montalcino befinden sich die fruchtbarsten Böden. Dort liegt Weideland, dort hat sich der Getreideanbau nicht vom Wein verdrängen lassen. Reben werden nur auf wenigen geologischen Inseln kultiviert. Drei Güter finden sich in dieser Zone: *Casanuova*, *Caparzo* und *Altesino*. Das erste wird von Giovanni Neri bewirtschaftet und macht ein paar tausend Flaschen eines guten, noch wenig bekannten Brunello. *Altesino* ist, zumindest nach Rebfläche gemessen, ein Großgut. Die Menge des Brunello, der abgefüllt wird, liegt jedoch nicht wesentlich über der von *Caparzo*, obwohl diese Domäne bis Mitte der 80er Jahre nur über ein Drittel der Rebfläche verfügte: gut 12 Hektar. *Caparzo* mußte einen Teil seiner Trauben für den Rosso di Montalcino zukaufen. Beide Güter sind relativ junge Gründungen, und beiden sind in der relativ kurzen Zeit ihrer Existenz bereits viele Erfolge beschieden gewesen. Ihre Brunello sind jedoch von sehr unterschiedlicher Charakteristik. *Altesino* erzeugt einen muskulösen, stoffigen Wein, während der Brunello von *Caparzo* eher ein eleganter Vertreter seiner Art ist. *Caparzo* firmiert als Aktiengesellschaft. Die Anteile werden von neun Privatleuten aus Norditalien gehalten, die sich in den siebziger Jahren zu dem Abenteuer von Montalcino zusammengefunden haben.

# DIE GROSSEN WEINGÜTER

Die Expansion der Weinwirtschaft von Montalcino geht jedoch vor allem von der Weinindustrie sowie von den durch Aktiengesellschaften kontrollierten Gütern aus. Den mit Abstand größten Besitz an Brunello-Weinbergen hat *Castelgiocondo* mit über 160 Hektar, wobei eine Ausweitung auf knapp 180 Hektar geplant ist. Das sind ein Viertel der gesamten Brunello-Fläche. Die Flaschenproduktion ist allerdings noch gering, weil das Vertriebssystem, das in den Händen der *Frescobaldi* liegt, noch nicht eine Viertel Million Flaschen Brunello im Jahr oder mehr absetzen kann. *Castelgiocondo* gehörte ehemals der Angelini-Familie und ist heute im Besitz eines französisch-spanisch-deutsch-italienischen Konsortiums unter Einschluß der *Frescobaldi*. Das Gut liegt in dem einsamen, westlichen Teil des Gemeindelands von Montalcino. Kelterhalle und Keller wurden völlig neu gebaut und sind mit relativ viel Stahltanks und verhältnismäßig wenig Holzfaßkapazität ausgestattet.

Der größte Brunello-Produzent von Montalcino ist derzeit noch *Col d'Orcia*. Das Gut befindet sich seit 1959 im Besitz der Cinzano-Gruppe, nachdem es vorher, zusammen mit *Il Poggione*, zur Azienda Agricola Sant'Angelo gehört hatte. Leopoldo und Stefano Franceschi, die das Gut von ihrem Vater übernommen haben, konnten sich jedoch nicht auf ein gemeinsames Unternehmen einigen. Sie trennten sich. Stefano Franceschi verkaufte danach seinen Anteil an den Turiner Vermouth- und Sektfabrikanten. So entstand *Col d'Orcia*. Das Gut befindet sich an der südlichen Peripherie der Anbauzone nur wenige hundert Meter von den Kiesbänken der Orcia entfernt. Man erreicht es von Sant'Angelo Scalo aus, der Bahnstation von Montalcino. Die Weinberge ziehen sich praktisch vom Fluß bis zum hochgelege-

nen Sant'Angelo in Colle. Über 50 Hektar sind mit Brunello-Reben bestockt. Die Produktion beläuft sich derzeit auf über 120 000 Flaschen Brunello.

Nicht sehr viel weniger Brunello füllt *Val di Suga* ab. Die Großkellerei, an der Straße nach Buonconvento gelegen, ist ein ehemaliger Besitz von Bramante Martini, des Patrons von *Val di Cava*. Er hatte das Gut in den siebziger Jahren an eine Gesellschaft namens *La Meridiana* verkauft, die einige Jahrgänge des Weins unter ihrem Etikett abfüllte. Später hat Bramante Martini sein Gut zusammen mit finanzstarken Partnern zurückgekauft. Mehrere Jahre lang befand es sich dann im Besitze einer Aktiengesellschaft unter Führung der Mailänder Gecofin, einer Holding, die mehrere, auch im Bereich von Montalcino tätige Agrar-Engeneering-Unternehmen kontrolliert. Im April 1985 wurde es abermals verkauft, diesmal an die VELM, ein ebenfalls in Mailand ansässiges Unternehmen zur Herstellung von Autozubehör.

Angesichts des Umfangs der Produktion fällt die sehr gute Qualität des Brunello von *Val di Suga* auf. Obwohl etwas breit im Geschmack, besitzt er ein festes Tanninkorsett, hat viel Substanz, eine gute Länge und aufgrund der langen Holzfaßlagerung schon eine gute Reife, wenn er in den Handel kommt. Die Sorgfalt, mit der die Weinbergsarbeit durchgeführt wird, zeigt, daß auch die neuen Besitzer nicht die Absicht haben, das Qualitätsziel zu vernachlässigen. Zwei andere große Güter sind *Casale del Bosco* und *Camigliano*. Bei beiden handelt es sich um Familienunternehmen. *Camigliano* besitzt umfangreiche Ländereien. Die Rebflächen haben sich seit den siebziger Jahren fast verdoppelt. 70 Hektar sind bestockt. Der größte Teil der Trauben wird zu Rosso di Montalcino verarbeitet. Der Brunello ist von solider Qualität. Dagegen erreicht der Wein von *Casale del Bosco* dieses Niveau nicht.

Die Columbini-Güter, zusammengefaßt in der *Fattoria dei Barbi e del Casato*, füllen durchschnittlich 100 000 Flaschen Brunello im Jahr ab und zählen somit ebenfalls zu den Großgütern der Zone. Nach dem Tod des Rechtsanwalts Giovanni Colombini im Jahre 1976 ist seine Tochter Francesca Columbini Cinelli Patronin von Barbi. Sie führt den Betrieb in der Manier einer geschickten

## CAPARZO:

*Einer der stilvollsten Brunello kommt aus den Kellern der Tenuta Caparzo. Verantwortlich für sie ist Sante Turone, ein Arzt, der ins Weinfach wechselte.*

## IL POGGIONE SANT'ANGELO IN COLLE

*Il Poggione erzeugt von allen Groß-güfern den derzeit besten Brunello. Er ist ein mächtiger, dank der späten Lese, die zur Tradition dieses Gutes gehört, meist sehr reifer Wein, der stets frucht-betont ist und nie besonders stark durch das Holz geprägt wird. Würden die besten Lagen von Sant'Angelo, über die das Gut in reichem Maße verfügt, sepa-rat vinifiziert, so läge sein Alkohol-gehalt in guten Jahren bei 17 Vol.%. Trotz seiner geringen Säure ist er ein ungemein alterungsfähiger Wein. In den Kellern des Gutes, die sich ebenso wie die Verwaltung in Sant'Angelo befin-den, liegen noch Flaschen bis zum Jahr 1936 zurück. Ihr Inhalt ist in bester Verfassung. Bis 1959 nannte sich das Gut Azienda Agricola Sant'Angelo. Dann wurde es in Col d'Orcia und Il Poggione aufgeteilt. Seit 1890 gehört es der Diplomatenfamilie Franceschi. Heutige Besitzer sind die beiden Brüder Clemente und Roberto Franceschi. Letz-terer ist im diplomatischen Dienst des Römer Außenministeriums tätig. Die Brunello-Kulturen umfassen 37 Hektar. Die Erträge liegen aufgrund der guten Böden an der Südflanke des Anbaugebiets relativ hoch. Die Aus-wahl der Trauben, die zur Produktion des Brunello vorgesehen sind, erfolgt zuerst im Weinberg. Im Keller wird noch einmal von Hand eine Auslese vorgenommen. Die letzte Überprüfung erfolgt nach der malolaktischen Gärung im Faß. Der Most wird kürzer als in anderen Betrieben auf den Schalen ver-goren. Auch die Reifeperiode in den großen Eichenholzkufen bemißt Pier-luigi Talenti, der Verwalter und Öno-loge, nicht sonderlich lang. Trotzdem gehört sein Brunello zu den Weinen, die sich schon früh mit Genuß trinken lassen. Der Rosso di Montalcino ist eine Klasse für sich. Die Il Poggione-Produktion beläuft sich auf 90 000 Flaschen Brunello. Große Jahre: 1945, 1955, 1961, 1964, 1970, 1975, 1982, 1985. Sehr gute Jahre: 1957, 1958, 1967, 1977, 1979, 1984. Gute Jahre: 1971, 1978, 1981, 1983.*

## CAMPOGIOVANNI SANT'ANGELO IN COLLE

*Die Fattoria Campogiovanni liegt nicht weit von Sant Angelo in Colle an der Straße zur Orcia. Es ist ein kleiner Komplex, der sich hinter jahrhunderte-alten Olivenbäumen verbirgt, die viel-leicht die ältesten von Montalcino sind. Auch Campogiovanni ist ein sehr alter Hof, auf dem schon im letzten Jahr-hundert Getreide und Oliven angebaut wurden. Wein wurde dort nur in begrenztem Umfang produziert. Der erste Brunello, der unter eigenem Etikett abgefüllt wurde, war der Jahrgang 1971. Damals wuchsen die Reben noch in gemischten Kulturen. Campogio-vanni war einer der letzten Betriebe, die ihre Landwirtschaft auf die moder-ne Produktionsweise umstellten. Die in Prato bei Florenz ansässige Aktien-gesellschaft Fertigea hat das Gut 1972 aufgekauft, die Landwirtschaft moder-nisiert und die Weinproduktion inten-siviert. So entstanden im Laufe der Jahre sieben Hektar Rebfläche, auf der ein sehr vollmundiger, körperreicher Brunello wächst, der eine feine, innere Zeichnung aufweist. Sein nach Tabak und Minze duftendes Bouquet und sein beeriges, eher herbes als süßes Aroma zeigt, welche Vielfalt an Geschmacks-nuancen die Sangiovese Grosso einem Wein von Montalcino geben kann. Ein Teil der Trauben kam anfänglich aus den Weinbergen von Il Poggione. Sie wurden zugekauft. Inzwischen stehen auf Campogiovanni jedoch zehn Hek-tar unter Reben, so daß der Brunello vollständig aus eigenem Lesegut gekel-tert werden kann. Er wurde bislang nach traditioneller Manier vier Jahre in Holzkufen ausgebaut und verließ nach einem weiteren Jahr der Reifung auf der Flasche den Keller. 1984 hat ein Mai-länder Versicherungskonzern den Betrieb aufgekauft. Seitdem gehört Campogiovanni zum Imperium von San Felice, dem Großgut aus dem Chianti classico, unter dessen Dach die weinbaulichen Aktivitäten dieses Unternehmens geordnet sind. Bemer-kenswert ist auch der Rosso di Campo-giovanni, der Zweitwein des Gutes. Die Brunello-Produktion beläuft sich derzeit auf 36 000 Flaschen. Eine Aus-weitung ist geplant. Großer Jahrgang: 1975, 1985. Sehr gute Jahre: 1971, 1977, 1979, 1982.*

Florentiner Geschäftsfrau. In einer der Fattoria angegliederten Taverna werden nicht nur ihr Wein, sondern auch der eigene Schweineschinken, die eigenen Schweinewürstchen, die eigene Salami und der eigene Ziegenkäse an die zahlreichen Auto- und Autobustouristen, die Montalcino besuchen, verkauft bezie-hungsweise von diesen an Ort und Stelle verzehrt. Dieses Kon-zept der direkten Vermarktung sichert den Absatz der Barbi-Produkte, hat allerdings dazu geführt, daß die Fattoria an manchem Sommertag mehr einem Rummelplatz als einem Weingut ähnelt.

Was die Produktionsziffern angeht, steht *Il Poggione* den Colom-bini und vorhergenannten Gütern nur wenig nach. Mit rund 90 000 Flaschen Brunello gehört dieser Teil des alten Franceschi-Besitzes, der nicht in *Col d'Orcia* aufgegangen, sondern in den Händen der Familie geblieben ist, zu den Großgütern des Anbaugebietes. Seine Rebflächen wurden in den letzten Jahren ebenfalls kräftig erweitert, so daß derzeit 37 Hektar mit Brunello-Reben kultiviert sind. Die Franceschi, ein ursprünglich aus Kor-sika und Pisa stammendes Diplomatengeschlecht, deren Ange-hörige in fast jeder Generation hohe Ämter in Kirche und Politik bekleideten, erwarben (und besitzen teilweise noch immer) zwi-schen 1569 und 1801, der Zeit des Großherzogtums Toskana, große Ländereien in Mittelitalien. Das Land um Sant'Angelo in Colle hatten sie jedoch erst 1890 gekauft. Es umfaßte vor der Aufteilung 1400 Hektar. Sie erwarben es für eine lächerlich gerin-ge Summe, weil der Boden als so wenig fruchtbar galt, daß er sich nur für die Schaf- und Ziegenweide zu eignen schien. So verfügt *Il Poggione* trotz der Teilung auch heute noch über beträchtliche Landreserven in den besten Lagen am Südhang von Sant'Ange-lo. Das Gut kann es sich sogar leisten, einen Teil seiner Reben in gemischten Kulturen zu belassen, um 200 Jahre alte Oliven-bäume nicht roden zu müssen. Auch werden, weil die Keller-kapazität ausgelastet ist, regelmäßig kleinere Traubenpartien an andere Betriebe verkauft. Zudem war ein gut zwei Hektar großer Weinberg an die Grafen Spalletti aus dem Chianti verpachtet. Der Brunello, der dort wächst, wurde zwar in den Kellern von *Il Poggione* nach den Methoden und durch das Personal von *Il Poggione* verarbeitet. Doch der Wein trägt, wenn er den Keller ver-läßt, das Etikett der Spalletti (*Il Casello*). Pierluigi Talenti, der das Gut im Auftrag der Franceschi verwaltet, achtet streng darauf,

287

## BRUNELLO-WINZER

*Montalcino hat in den 70er Jahren eine Kapitalinvasion erlebt. Viele Industrielle und Industrieunternehmen haben ihr Geld, statt es an die Börse zu tragen, in ein Weingut investiert. So sind mehrere Traditionsgüter aufgekauft und zahlreiche neue Güter gegründet worden. Dennoch ist der bäuerliche Kleinbetrieb nicht ganz ausgestorben. Für ihn steht die Familie Cencioni, die noch Getreide anbaut und Rinder züchtet, aber auf acht Hektar Rebland bei Montosoli auch einen sehr feinen Bru-* *nello erzeugt (Bild oben: ganz rechts Giuseppe Cencioni, der Patron von »Capanna«). Oben rechts: Andrea Graf Costanti vom Weingut »Colle al Matrichese«. Links außen: Pierluigi Talenti, Verwalter und Önologe von »Il Poggione«. Daneben: Gabriele Mastrojanni.*

daß die Ausweitung der Weinberge nicht die Qualität der Trauben beeinträchtigt. Andere Betriebe behaupten zwar von sich dasselbe. Doch wieviel ernster man es damit auf *Il Poggione* meint, macht der Umstand deutlich, daß die Qualität des Brunello und des Rosso di Montalcino in guten Jahren dicht beieinander liegen. Nahe der Orcia besitzt das Gut zum Beispiel einen Weinberg namens Paganello, der als hervorragende Brunello-Lage gelten könnte. Die Trauben von dort werden jedoch für den Rosso verwendet. Als sie in einem der letzten Jahre einmal separat vergoren wurden, wies der Rosso dieses *cru*, nachdem er durchgegoren war, über 14 Vol.% Alkohol auf.

Das Glück dieses Gutes sind aber nicht nur die vorzüglichen Lagen, sondern auch sein Verwalter. Pierluigi Talenti stammt aus der Romagna. Er ist einer der fähigsten Önologen und einer der gradlinigsten Weinmacher der Zone. Er hat sich frühzeitig gegen die hohen Preise beim Brunello gewandt und mit seinem eigenen Wein ein Beispiel für maßvolle Preispolitik gesetzt. Er hält die gesetzlichen Vorschriften für die Holzfaßlagerung des Brunello für überzogen und macht keinen Hehl daraus, daß er ein einjähriges Faßlager für die mittleren Jahrgänge und ein zweijähri-

ges Faßlager für die besseren Jahrgänge für ausreichend hält. Er ist zugleich ein Garant für die gleichbleibend hohe Qualität der *Il Poggione*-Gewächse über mehrere Jahrzehnte hinweg gewesen – eine Auszeichnung, mit der sich nicht alle namhaften italienischen Weingüter schmücken können. Das hohe Ansehen, das *Il Poggione* in der ganzen Welt besitzt, ist vor allem ein Verdienst dieses Mannes.

Die Aufzählung der großen Güter von Montalcino ist mit *Il Poggione* noch nicht erschöpft. Zumindest zwei verdienen noch eine Erwähnung: *Poggio Antico* und *Altesino*. Beide Güter haben eine lange Tradition, doch nicht unter ihren jetzigen Besitzern. *Altesino*, an der nördlichen Peripherie der Brunello-Zone gelegen, wurde 1970 von dem Mailänder Ladenketten-Besitzer Giulio Consonno gekauft, der die Weinproduktion völlig neu geordnet hat. Heute verfügt das Gut über 37 Hektar Weinberge in drei verschiedenen Lagen, unter anderem bei Montosoli. Das Mengenverhältnis von Brunello zum Rosso di Montalcino liegt ungefähr bei eins zu drei. Dies allein macht deutlich, wie streng die Trauben auf *Altesino* selektiert werden. Rund 60 000 Flaschen Brunello werden jährlich abgefüllt. *Poggio Antico*, etwa einen

Kilometer abseits der Straße von Montalcino nach Sant'Angelo gelegen, wurde 1976 von Rocco Fiorenza, einem aus Kalabrien stammenden und in Rom lebenden ehemaligen Kavalerie-Offizier erworben, der sofort neue Weinberge anlegen ließ, um die Brunello-Produktion zu intensivieren. Mitte der achtziger Jahre hat er das Gut jedoch wieder verkauft, weil ihm die Dimensionen zu groß geworden waren. Es befindet sich seitdem im Besitz einer Mailänder Aktiengesellschaft. *Poggio Antico* ist, wie der Name sagt, ein altes Gut. Seine Vorbesitzer befaßten sich jedoch in erster Linie mit Rinderzucht und Ackerwirtschaft. Die ersten Reben wurden 1970 gepflanzt. Als Weingut ist *Poggio Antico*, zu dem eine ländliche Trattoria gehört, also noch recht jung. Die Reben bedecken heute etwa ein Zehntel des 200-Hektar-Besitzes.

Von der Größe der Güter auf eine entsprechende Qualität ihres Brunello zu schließen, wäre freilich ein Irrtum. Professionalität allein macht noch kein Spitzengewächs. Die Qualitäten sind denn auch sehr unterschiedlich, wobei zu berücksichtigen ist, daß jeder Produzent einen bestimmten Stil bevorzugt. Dieser scheint den Wein im übrigen häufig mehr zu prägen als die Kleinlage innerhalb des Anbaugebiets. *Col d'Orcia* und *Il Poggione* erzeugen zum Beispiel ganz unterschiedliche Weine, obgleich ihre Reben dicht beieinander stehen. Der Brunello von *Col d'Orcia* ist ein solider, nicht allzu gewichtiger Wein mit gezügelter Fruchtfülle. Der Brunello von *Il Poggione* ist ein alkoholbetontes, tanninreiches Edelgewächs mit dem Aroma reifer Beeren, das viel zartsüßen Schmelz an den Gaumen bringt und über ein hochfeines Bouquet verfügt. Entsprechende Unterschiede weisen auch andere, dicht beieinander wachsende Weine wie die von *Caparzo* und *Altesino* auf. Letzterer ist ein vielschichtiger Brunello mit spürbarer Säure, aber nicht übertrieben hohem Alkoholgehalt. Der Brunello von *Caparzo* besitzt dagegen einen viel schlankeren Körper mit konzentrierterem Kern. Beide zählen zu den feinsten Neuschöpfungen der siebziger Jahre. Der *Barbi*-Brunello ist gegen sie ein schlichtes Gewächs. Der Nuancenreichtum und die Differenziertheit, die beide aufweisen, geht ihm ab. Der klangvolle Name des Herstellers und die Qualität des Weins stehen in einem spürbaren Gegensatz, obwohl der Betrieb über beste Lagen und teilweise sehr alte Reben verfügt. Auch *Castelgiocondo* erzeugt einen vergleichsweise leichten, gleichwohl sehr sauberen, auch feinen Brunello. Gleiches gilt für *Poggio Antico*. *Castiglion del Bosco* ist im Umbruch. Dort ist Frederico Carletti von *Poliziano* aus Montepulciano dabei, die Weinproduktion neu zu ordnen.

# VILLA BANFI

Wenn von Expansion in Montalcino die Rede ist, nimmt sich der Rebflächenzuwachs durch die vorgenannten Großgüter vergleichsweise bescheiden aus gegen das, was ein anderer zur Vergrößerung der Weinproduktion dieser Zone beigetragen hat: *Villa Banfi*. Dieser mit amerikanischem Kapital ausgestattete Unternehmensriese hat im Jahre 1978 rund 3000 Hektar Land an der Südflanke von Montalcino aufgekauft und mit modernsten Maschinen innerhalb weniger Jahre fast 700 Hektar Rebflächen (geplant sind 900 Hektar) aus dem Boden gestampft. Mit 20 Caterpillar wurden Wälder wie am Amazonas gerodet, Weideland umbrochen, Erde bewegt. Zwei künstliche Seen entstanden als Wasserreservoir, um die Rebkulturen während der sommerlichen Trockenperiode beregnen zu können. Damit auch die entlegenste Rebe noch das lebensnotwendige Naß bekommt, wurde ein Netz von PVC-Röhren in den Wein-

## FATTORIA DEI BARBI E DEL CASATO MONTALCINO

*Die Colombini von Barbi waren die ersten nach den Biondi-Santi, die einen eigenen Brunello erzeugten. Vergleicht man ihn heute jedoch mit den anderen Weinen der Zone, kommt man nicht um die Feststellung herum, daß er ein ziemlich glanzloses Gewächs ist. Er gehört zu den mageren Weinen der Zone. Das Gut verfügt insgesamt über einen Rebbesitz von 24 Hektar. Die Reben verteilen sich auf drei verschiedene Lagen. Sie wachsen direkt um das Gut selbst (»Poderi Nuovi«), wenige Kilometer entfernt bei Barbi sowie bei Casato am Fuße des Hügels von Montosoli, wo die Columbini umfangreiche Ländereien besitzen. Der Wein macht eine relativ lange Maischegärung von 15 bis 20 Tagen durch. Er wird über drei Jahre lang in großen, alten Eichholzfässern und danach noch ein Jahr auf der Flasche ausgebaut. Nur die besten Partien werden Brunello. Der einfache Wein wird zu Rosso di Montalcino verarbeitet beziehungsweise zum Brusco dei Barbi, einem Spezialwein der Fattoria, der aus einem Chianti-ähnlichen Mischsatz gekeltert wird. Er weist nicht selten 16 Vol.% Alkohol auf. Herrin auf Barbi ist Francesca Colombini Cinelli, die Tochter des Advokaten Giovanni Colombini, der den guten Ruf der Fattoria dei Barbi begründet hat (erworben hatte das Gut ihre Großmutter von der noblen Sieneser Familie Clementi). Der Wein ist für sie nicht das einzige Produkt, auf das sich ihre Arbeit konzentriert. 3000 Mastschweine stehen in den Ställen, die auf dem Gut geschlachtet werden und deren Fleisch an Ort und Stelle verarbeitet wird. Daneben halten die Colombini mehrere hundert Ziegen zur Käseproduktion. Die selbsterzeugten Produkte werden in dem eigenen Restaurant, das man auch noch unterhält (»Taverna dei Barbi«), sogleich vermarktet. Auch die Keller sind nicht nur für die Reifung des Weins bestimmt, sondern mit viel Farbe und Folklore für Besuchergruppen hergerichtet, die man durch die Gewölbe strömen läßt. Höhepunkt der Besichtigung: Flaschen aus den Jahren 1900 und 1907. Brunello ist freilich nicht in ihnen. Er wird erst seit 1957 erzeugt. Große Jahrgänge: 1964, 1970, 1975. Sehr gute Jahre: 1957, 1959, 1962, 1977, 1979, 1982. Gute Jahre: 1968, 1969, 1972, 1974, 1978, 1980, 1983.*

## CAPANNA MONTOSOLI

*Capanna ist der Besitz der Cencioni. Diese bäuerliche Großfamilie, die mit vier Generationen unter einem Dach lebt und neben Wein auch Oliven, Gemüse und Weizen anbaut sowie eine Zucht von fünfzig weißen Chianina-Rindern unterhält, erzeugt seit vielen Jahren einen der schönsten, traditionellen Brunello des Anbaugebietes. Er verströmt ein intensives, süß-herbes Parfüm, in dem sich der Duft von Zedern und wilden Himbeeren spiegelt. Er besitzt viel Körper und eine kraftvolle Säure. Vor allem aber besticht er durch die außerordentliche Harmonie all seiner Komponenten. Sie macht die Größe dieses Weins aus. Zwischen 10000 und 13000 Flaschen werden von ihm abgefüllt, darunter einige tausend Flaschen »Riserva« in besonderen Jahren. Für diese wird normalerweise das beste Faß ausgewählt. Doch der Wein darin kommt meistens von ein und derselben Lage: ein leicht gewölbter Hügelrücken gleich oberhalb des Hofes, vollständig nach Süden ausgerichtet, gerade einen halben Hektar groß und »Poggio« genannt – der beste Weinberg. Der gesamte Cencioni-Besitz umfaßt 25 Hektar. Davon sind acht Hektar Rebkulturen. Die ältesten Stöcke wurden bereits in den sechziger Jahren gepflanzt, die jüngsten erst Ende der siebziger. Erworben hat das Gut Giuseppe Cencioni im Jahre 1957. Er war Halbpächter bei den Colombini von der Fattoria dei Barbi, die nördlich von Montosoli einen großen Teil ihrer Ländereien haben. Erst nach und nach wurde die Weinproduktion ausgeweitet und die Kellertechnik verfeinert. Im Großen und Ganzen ist jedoch das alte System der Weinbereitung und des Ausbaus beibehalten worden. Das heißt: Der Brunello bleibt mindestens vier Jahre lang in Eichenholzfässern, die »Riserva« fünf Jahre. Man besitzt sehr alte und neuere Fässer ganz unterschiedlichen Inhalts (von 12 Hektolitern bis 90 Hektolitern), und man weiß genau, wie lange der Wein in jedem dieser Gebinde bleiben muß. Für den Keller ist heute Cencionis ältester Sohn Benito und dessen Sohn Patrizio zuständig. Der alte Giuseppe Cencioni selbst hilft aber auch noch tatkräftig mit. Er arbeitet im Weinberg oder etikettiert die Flaschen von Hand. Große Jahre: 1975, 1985. Sehr gute Jahre: 1977, 1979, 1982, 1983. Gute Jahre: 1978, 1980, 1981.*

bergen verlegt. 30 Traktoren pflügten den Boden um, säuberten ihn von großen Steinen und brachten gewaltige Mengen von Mineraldünger aus, um den Boden mit Stickstoff und Phosphor zu versorgen. Es wurde eigens eine Ingenieurgesellschaft gegründet, um eine Spezialmaschine zu entwerfen, die innerhalb kurzer Zeit die erforderliche Menge von fast einer Million Stützpfeilern aus Beton in den Boden rammen konnte, an denen sich die Reben emporranken. Auf den flachen Kiesbänken der Orcia nahe Sant'Angelo Scalo wurden eine Kelterhalle und Produktionsräume von einem Hektar Grundfläche errichtet. Darunter liegen vollklimatisierte Keller, in denen eine konstante Temperatur von 12 bis 14 Grad Celsius herrscht, und in denen – neben mehreren hundert Fässern aus jugoslawischer Eiche sowie etwa 3000 *barriques* aus französischer Tronquais-Eiche – fast nur verchromter Stahl, Röhrenlabyrinthe, keramische Fliesen, Neonlicht und gelegentlich ein Arbeiter anzutreffen sind. Der Keller ist mit seinen 50 000 Hektolitern Fassungsvermögen einer der größten in Europa, auf jeden Fall der modernste. Computer kontrollieren das, was in den Tanks und Röhren vorgeht. Vom Schaltpult in den Kommandoständen wird von der Traubenannahme im Herbst bis zum Umziehen des Weins alles per Knopfdruck gesteuert. Zur Infrastruktur dieses Wein-Utopia gehören ebenso ein Landeplatz für den Personen-Helikopter, der wichtige Gäste oder leitende Angestellte in die Konzern-Zentrale nach Rom fliegt, wie das alte Schloßgut Poggio alle Mura, das unweit der neuen Produktionsstätten auf einem sanften Hügel nahe der Stelle thront, an der Orcia und Ombrone zusammenfließen.

*Villa Banfi* hat das Gut samt seiner umfangreichen Ländereien aufgekauft, in Castello Banfi umgetauft und damit den Grundstock für seine Rebflächen in Montalcino gelegt. Die ehrwürdigen Gemäuer werden, wenn sie eines Tages restauriert sind, moderne Verkostungssäle und ein Weinmuseum, ein Shopping-Center, ein Feinschmecker-Restaurant und ein 30-Zimmer-Hotel beherbergen.

Poggio alle Mura ist ein historischer Ort. Seine ältesten Teile sind zur Zeit der fränkischen Kaiser errichtet. Seine Glanzzeit erlebte das Schloßgut im 13. Jahrhundert, als es in den Besitz des Sieneser Feldherrn Placido Placidi kam, der die Florentiner in der Schlacht bei Montaperti vernichtend geschlagen hatte. 1566 konzentrierte sich auch in seinen Mauern dann der Widerstand der Gibellinen gegen die Medici, nachdem Siena bereits gefallen war. Mit dem Ende der »Republik Siena in Montalcino« drei Jahre später gelangte auch diese Trutzburg endgültig in die Hände der Florentiner.

Mitte der siebziger Jahre dieses Jahrhunderts war *Poggio alle Mura* der größte Brunello-Produzent von Montalcino, obwohl die Qualität seines Weins schon damals nicht mehr zufriedenstellend war. Heute ist es die historische Kulisse für ein beispielloses unternehmerisches Abenteuer, das als das kühnste der Welt im Bereich der Weinwirtschaft gilt. Die gigantischen Investitionen, die die Amerikaner getätigt haben, zielen bereits auf den Markt des 21. Jahrhunderts. Die Marketing-Experten von *Villa Banfi* haben die Verbrauchertrends und Konsumentenmoden, den Lebensstil samt des finanziellen Spielraums der Menschen in Amerika und Europa genau analysiert und neue Weine entwickelt – Weine, die stärker von der zukünftigen Nachfrage als von der weinbaulichen Tradition des Anbaugebiets bestimmt sind. Der Brunello spielt in dem Kalkül der *Banfi*-Manager nicht einmal die entscheidende Rolle. Der größte Teil der neuen Rebflächen, nämlich 300 Hektar, ist für die Produktion des Moscadello vorgesehen, eines zwar traditionellen Montalciner Weins, doch in der Art, in der er die Banfi-Keller verläßt, eher ein besserer Lambrusco-Ersatz für den amerikanischen Massenmarkt. Was diesen betrifft, hat *Villa Banfi* Erfahrung. Das Unternehmen importiert nämlich umgerechnet fast 400 000 Flaschen Lambrusco täglich in die Vereinigten Staaten und hat diesen Rebensaft damit zum größten italienischen Exportschlager auf dem Weinmarkt gemacht.

## BRUNELLO-BOOM

*Der kometenhafte Aufstieg des Brunello hat das Gesicht der Landschaft um Montalcino und die Struktur des Anbaugebietes erheblich verändert. Die Zahl der Abfüller verdoppelte sich binnen zehn Jahren. Zudem ist die Ertragsrebfläche von 1969 bis Mitte der achtziger Jahre von 46 auf über 800 Hektar angewachsen. Aus einer naturnahen, abwechslungsreichen Kulturlandschaft ist so an vielen Stellen eine reine Produktionslandschaft geworden. Um neue Moscadello-Felder anzulegen, hat der italo-amerikanische Weinkonzern Villa Banfi umfangreiche Meliorationen vorgenommen. Wälder wurden gerodet, Böden drainiert, PVC-Rohre durch die neuen Weinanlagen verlegt, um die Reben künstlich beregnen zu können (unten links im Bild; daneben: Ezio Rivella, Banfis Chef-Önologe). Die Reben der kleinen Fattoria La Magia wachsen dagegen in jenem Teil des Anbaugebietes, in dem die Toskana noch weitgehend ihr altes*

*Gesicht zeigt (Bild linke Seite oben). In der Bildmitte ist die Kirche des ehemaligen Klosters Sant'Antimo zu erkennen. Die Mönche waren vor tausend Jahren die Herren von Montalcino. Rechts auf dem Hügel thront das Dorf Castelnuovo dell'Abate. Im Hintergrund erhebt sich der Monte Amiata.*

291

**LA CHIESA DI SANTA RESTITUTA** *Die kleine Pfarre ist eine der ältesten Gotteszellen um Montalcino. Ihre Gemäuer beherbergen heute ein feines Weingut.*

Der Moscadello ist das bedeutendste *Banfi*-Produkt, aber nicht das einzige. Ein Brunello-Primeurwein namens *Santa Costanza*, ein alkohol- und kalorienarmer Rotwein ohne Sortenangabe (*Prima Vera*) und ein fast schwereloser, modischer Pinot Grigio runden das Sortiment ab. Dazu kommen zwei weinähnliche Getränke mit so duftigen Namen wie *Bell'Agio* und *House-Wine*, konzipiert für diejenigen unter den amerikanischen Konsumenten, die beginnen, der Limonade langsam den Rücken zu kehren.

Es wäre jedoch ein Irrtum zu glauben, *Villa Banfi* befasse sich nur mit Konsumware. 60 Prozent allen italienischen Weins, der in die Vereinigten Staaten importiert wird, läuft durch die Kanäle dieses Unternehmens. Darunter befinden sich auch zahlreiche

hochkarätige Gewächse. Da der Markt für gehobene und Spitzenqualitäten überall in der Welt größer wird und die traditionellen, höchstbewerteten Anbaugebiete der Welt die nachgefragten Mengen nicht mehr liefern können, hat sich *Villa Banfi* entschlossen, auch in diesen Markt einzusteigen. Sein Konzept lautet: Weine im französischen und kalifornischen Stil aus italienischen Trauben zu produzieren. In der festen Überzeugung, daß Cabernet Sauvignon und Chardonnay in Montalcino ähnliche Erfolge beschieden sind wie der Brunello-Rebe, hat es 230 Hektar mit diesen beiden Rebsorten bepflanzt. Das Resultat sind der *Tavernelle*, ein reinsortiger Cabernet-Sauvignon-Wein, der ein Jahr lang in neuen 350-Liter-barriques vergoren und ausgebaut wird und nach einem weiteren Jahr der Flaschenreife in den Handel kommt, sowie der weiße Chardonnay-Wein *Fontanelle*. Von ihm sollen eines Tages rund 500 000, vom *Tavernelle* 300 000 bis 400 000 Flaschen jährlich erzeugt werden – Dimensionen, in die sich kein auf Spitzenqualitäten bedachter Produzent in Italien – auch nicht in Frankreich – bisher vorgewagt hat, jedenfalls nicht mit mehreren Weinen.

Der Brunello spielt im Marketing-Konzept von *Villa Banfi* eine mengenmäßig zweitrangige, für das Prestige jedoch wichtige Rolle. Er ist im Gegensatz zu den vielen anderen Weinen in der Produktpalette ein Gewächs, das nur in Montalcino und nirgendwo anders erzeugt werden kann. Er ist das qualitative Aushängeschild der Weinfabrik. Zu den 50 Hektar Reben, die *Villa Banfi* von *Poggio alle Mura* übernommen hat, sind 35 Hektar Neuanpflanzungen hinzugekommen. Sie befinden sich an der Südflanke Montalcinos und blicken auf die Flüsse Orcia und Ombrone. Damit ist *Banfi* der zweitgrößte Brunello-Produzent nach *Castelgiocondo* – gemessen an der Rebfläche. Gemessen an der Zahl der Flaschen, die abgefüllt werden, wird es noch lange dauern, bis diese Position untermauert wird. Geplant ist eine Produktion von 150 000 bis 200 000 Flaschen dieses Weins. Die ersten Jahrgänge, die unter dem neuen Etikett auf den Markt gekommen sind, haben die Weinfachleute überrascht. Der *Banfi*-Brunello hat sich als ein wuchtiger, tiefgründiger, aber nicht mastiger Wein erwiesen, der in seinem Inneren beträchtliche Feinheiten birgt und eher ein Vertreter des traditionellen Stils als eines neuen Stils ist.

Der italienische Ableger der *Villa Banfi* wurde 1977 gegründet. Sitz dieser Aktiengesellschaft, die mehrheitlich von dem gleichnamigen amerikanischen Unternehmen beherrscht wird, ist Rom. Die amerikanische Zentrale, die auf Long Island beheimatet ist, wird von John und Harry Mariano dirigiert, zwei Brüdern, deren aus Italien stammende Vorfahren in die Vereinigten Staaten ausgewandert waren und im Jahre 1919 mit dem Weinimport aus ihrer alten Heimat begonnen hatten. Zu dem europäischen Abenteuer hat sie die Überzeugung gebracht, daß die Zukunft der Spitzenweine des 21. Jahrhunderts in Italien liegt.

Sie haben ihr Geld denn auch nicht nur in Montalcino angelegt. Im piemontesischen Strevi haben sie die Kellerei *Bruzzone* aufgekauft, um deren Sekt- und Moscato-Produktion zu übernehmen. In Novi Ligure wurde die Fattoria *La Richetta* erworben, um einen Weißwein aus der Cortese-Rebe zu erzeugen. In der Nähe von Acqui produziert *Villa Banfi* den süßen, perlenden, roten Bracchetto. Alle diese Weine sind in ihrer Art weder typisch noch stellen sie Spitzenprodukte dar. Doch sie sind perfekt vinifizierte Weine auf einem vergleichsweise sehr guten Qualitätsniveau.

Die Philosophie dieses Hauses basiert denn auch in erster Linie auf den Möglichkeiten der modernen Önologie. Deren Garant ist Ezio Rivella, einer der angesehensten italienischen Önologen, der aus dem Piemont stammt, aber seine größten Erfolge in Massenwein-Gebieten wie der Castelli-Romani-Zone und in Sizilien gehabt hat. Er ist ein Technokrat, doch einer von hoher Befähigung. Sein Grundsatz spiegelt den italienischen Zukunftsoptimismus wider: »Unsere Absicht ist es, zu beweisen, daß die besten Weine der Welt nicht nur von Franzosen und Kaliforniern produziert, sondern auch von Italienern gemacht werden können.«

Der Umstand, daß *Villa Banfi* der Önologie die größte Bedeutung beimißt, sollte nicht unterschätzt werden. Italien ist, was die Kellertechnik, insbesondere neue Verfahren der Weinbereitung und des Ausbaus der Weine betrifft, seinen Konkurrenten in Europa und in Übersee viele Jahre lang unterlegen gewesen und ist es in manchen Anbaugebieten noch immer. Der wissenschaftliche Aufwand, den die *Banfi*-Önologen treiben, könnte ein Beispiel sein für die enormen Anstrengungen, die nötig sind, um gute und sehr gute Weine von zuverlässiger Qualität zu produzieren.

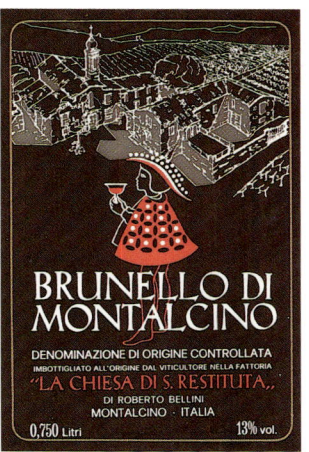

## LA CHIESA DI SANTA RESTITUTA, LA VILLA

*Die kleine Pfarrkirche von Santa Restituta ist das Gotteshaus mit der längsten Geschichte in der Kommune Montalcinos. Dokumente aus kirchlichen Archiven in Arezzo deuten darauf hin, daß sie bereits im 6. Jahrhundert existiert hat. Santa Restituta muß mithin in einer der am frühesten besiedelten Zonen der südlichen Toskana gelegen haben. 1972 hat der Immobilienkaufmann Roberto Bellini aus Leno bei Brescia die verfallene Pfarre samt Nebengebäuden und 42 Hektar Umschwung von der Bischöflichen Verwaltung in Montalcino erworben, sorgfältig restauriert und zu einem kleinen Weingut ausgebaut, das heute einen der schönsten Brunello erzeugt, die in dem Anbaugebiet wachsen. Er kommt von drei verschiedenen Weinbergen, die alle an der Südflanke Montalcinos auf sehr kargen, mit Kalkgestein und vulkanischem Tuff durchsetzten Böden angelegt sind. Sie liegen zwischen Argiano und den Moscadello-Feldern von Villa Banfi: Vigna delle Castagne (3 Hektar), Vigne del Cimetro (0,5 Hektar) sowie die beste Lage Vigna Santo Pietro (3,5 Hektar). Jeder dieser Weinberge hat seine eigene Charakteristik. Entsprechend zusammengestellt wird der Brunello bei der Assemblage. Da sich die Weinberge in Spitzenlagen befinden, brauchen die Trauben in guten Jahren nicht sehr stark verlesen werden. Seine Stärke beweist das Gut jedoch dadurch, daß es auch in mittelmäßigen Jahren ausgezeichnete Weine produzieren kann. Die Trauben werden dann stark selektiert, wobei sich die Mengen freilich halbieren. Der Most bleibt zehn Tage auf den Schalen. Nach dem Abschluß der Gärung wird der Wein in mittelgroßen, alten Eichenholzfässern dreieinhalb Jahre lang ausgebaut. Er muß weder angereichert, noch geklärt oder filtriert werden. Lediglich einmal im Jahr zieht man ihn um. Nach der Abfüllung reift er noch mindestens ein halbes Jahr auf der Flasche. Die »Riserva« unterscheidet sich vom normalen Brunello nur durch die längere Ausbauzeit. Von ihr werden höchstens 1000 Flaschen erzeugt, vom Standard-Brunello knapp 30 000 Flaschen. Er wurde erstmals 1974 abgefüllt. Große Jahre: 1975, 1979, 1983, 1985. Sehr gute Jahre: 1977, 1978, 1981, 1982, 1984.*

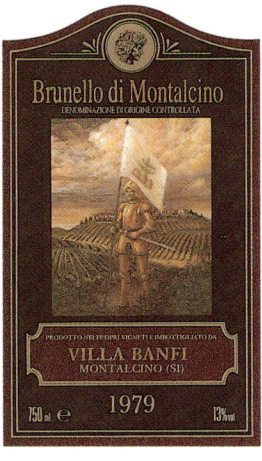

## VILLA BANFI SANT'ANGELO SCALO

*Der amerikanisch-italienische Weinkonzern hat das alte Großgut Poggio alle Mura samt 50 Hektar Weinbergen an der Südflanke von Montalcino aufgekauft, um dort die Brunello-Produktion weiterzuführen und auszubauen. Inzwischen sind weitere 35 Hektar mit Brunello-Reben bestockt worden, so daß die Gesamtfläche, die unter Ertrag steht, auf 85 Hektar angewachsen ist. Damit liegt Villa Banfi in der Rangliste der Brunello-Produzenten auf einem der vorderen Plätze. Der erste Jahrgang, der unter dem etwas kitschigen Etikett der neuen Besitzer erschien, war 1978. Er spiegelte bereits den Stil der neuen Herren wider: ein voluminöser, alkoholbetonter, aber technisch perfekt vinifizierter Wein von beachtlicher Stoffülle, der trotz seines Gewichts genügend Säure besitzt, um nicht mastig und flach zu wirken. Der bessere 79er Jahrgang sowie der 80er unterstreichen diesen Stil. Er wird 12 bis 14 Tage lang in Edelstahltanks auf den Schalen vergoren und nach dem Abstich etwa vier Jahre lang in alten Eichenholzfässern von 60 Hektoliter Fassungsvermögen ausgebaut. Die Holzkomponente rundet ihn geschmacklich ab, prägt ihn jedoch nicht übermäßig stark. Die Basis für die gute Qualität dieses Brunello wird jedoch nicht im Keller, sondern bereits vorher bei der Auswahl des Leseguts gelegt. Nur durchschnittlich 35 Prozent der Trauben aus den Weinbergen werden für die Brunello-Produktion verwendet, 65 Prozent für den Rosso di Montalcino, der unter der Bezeichnung »Centine« vermarktet wird. Diese Mengenverhältnisse werden sich jedoch mit zunehmendem Alter der Reben zugunsten des Brunello verschieben. Angepeilt ist eine Produktion von 150 000 bis 200 000 Flaschen pro Jahr. Sehr gute Jahrgänge: 1979, 1985. Gute Jahrgänge: 1978, 1980, 1981, 1982, 1983.*

# MONTE ANTICO

## MONTE ANTICO, MONTE ANTICO (GROSSETO)

*Das Castello di Monte Antico befindet sich auf einem Hügel am westlichen Ufer des Ombrone unweit der Stelle, an der die Orcia mündet. Es liegt in einem einsamen, zersiedelten Landstrich, der den Übergang bildet vom intensiv genutzten Kulturland Montalcinos zu den endlosen Wäldern, die die Colli Metalifere überziehen. 1905 wurde Monte Antico samt 3000 Hektar Land von der Genueser Industriellenfamilie Cabella erworben. Seitdem produziert diese Domäne regelmäßig Wein. Die systematische Abfüllung in Flaschen begann allerdings erst nach dem Zweiten Weltkrieg. In den sechziger Jahren und in der ersten Hälfte der siebziger Jahre hatte Monte Antico einen hervorragenden Ruf. Die »Riserva« reihte sich nahtlos in die erste Garnitur der Brunello ein, obwohl sie nur zu 95 Prozent aus Sangiovese Grosso erzeugt wird (Rest: Canaiolo, Ciliegiolo). Sie wurde damals fünf Jahre (heute vier Jahre) in uralten Eichenholzfässern ausgebaut. Der 71er Jahrgang ist eine Legende. Seitdem hat es jedoch keine großen Jahrgänge mehr gegeben. Im Vergleich zu den Brunello wirken die »Riserve« heute flach. Sie besitzen weder den konzentrierten Stoff noch die Wucht und Finesse ihrer Nachbarn. Gleichwohl gehören die Weine von Monte Antico, die vor allem in Amerika sehr geschätzt werden, zu den feinen Rotweinen der Maremma. Monte Antico wurde vom 10. bis zum 12. Jahrhundert zur Verteidigung des Ombrone-Tals zu einem Kastell ausgebaut. Es war ein Stützpunkt Grossetos, während Montalcino zu Siena gehörte. Heutiger Herr auf Monte Antico ist Giorgio Cabella, bis 1943 Schriftleiter einer großen römischen Tageszeitung. Nach dem Zusammenbruch des Mussolini-Imperiums zog er sich aus der Politik zurück. In Mailand, wo er überwiegend lebt, hat er eine Elektronik-Industrie aufgebaut. Auf einem Landgut bei Ferrara betreibt er eine Rinderzucht. Außerdem gehört ihm die nahegelegene Abtei von Ardenghesca, wo er einen Weißwein erzeugt. Die »Riserva« von Monte Antico wird nur in guten Jahren abgefüllt. Ihre Menge schwankt. Große Jahre: 1971, 1975. Sehr gute Jahre: 1973, 1974, 1978, 1980, 1982, 1985. Gute Jahre: 1972, 1981, 1983.*

## SELLARI FRANCESCHINI, SCANSANO

*Dieser alte Familienbetrieb existiert seit 1877 in Scansano. Er wurde von Libero Sellari Franceschini gegründet und verstand sich immer als ein bäuerliches Weingut, obwohl es heute von zwei Akademikern – den Enkeln des Gründers – geleitet wird: dem Veterinär Guido Gallori und Mario Gallori, einem Rechtsanwalt. Für sie ist, wie schon für ihren Großvater, die Morellino-Traube »der Vater des Brunello«. Der Wein, den sie erzeugen, ähnelt den Gewächsen aus Montalcino dennoch nur wenig. Das sagt freilich nichts über seine Qualität aus. Er ist nämlich einer der originellsten und schönsten Weine der Toskana, wenn er auch so, wie er bereitet wird, weitab von allen Trends liegt, denen die Weinbranche nachstrebt und nach denen Prädikate wie »Spitzengewächs« heute gern vergeben werden. Es ist ein bäuerlicher Wein, erzeugt aus einem fürstlichen Stoff. Er wächst auf den 3,5 Hektar Weingärten, die die Gallori bei Gaggioli besitzen, einem winzigen Flecken ein paar Kilometer vor Scansano, der, wie sie zugeben, noch nicht einmal zu den besten Lagen des Anbaugebietes zählt. Dort wird höchstens die Hälfte jener 120 Doppelzentner pro Hektar geerntet, die die D.O.C.-Statuten erlauben. Sein Hauptmerkmal ist die deutlich hervortretende, pikante, fruchtige Säure. Sie gibt diesem Wein zusammen mit dem Körper seinen unverwechselbaren Charakter. Der Wein wird zu 80 Prozent aus Morellino-Trauben gekeltert, die nach traditioneller Art vergoren werden. Ausgebaut wird er zehn Monate lang in Fässern aus Kastanienholz, die wenig geschmacksintensiv sind. Der »Morello«, eine Art »Riserva« des Morellino, für den das reifere Lesegut verwendet wird, bleibt 22 Monate im Faß. Er ist der vollere, aber weniger rassige Wein. Mag die Halsstarrigkeit, mit der die Gallori an ihren bäuerlichen Traditionen festhalten, toskanisch sein, so hat sie doch einen piemontesischen Einschlag: die hohe Wertschätzung der Spagna-Traube, die von der Nebbiolo abstammt und als Komplementärtraube verwendet wird, die »Cru«-Produktion und nicht zuletzt auch der Umstand, daß Fattoria und Keller bei ihnen genau wie bei ihren norditalienischen Kollegen getrennt untergebracht sind. Produktionsmenge: 10 000 Flaschen. Sehr gute Jahre: 1970, 1971, 1974, 1977, 1978, 1979, 1980, 1983.*

# MONTE ANTICO

**D**ie Sangiovese Grosso ist in Italien weit verbreitet. Man fand oder findet sie noch immer bei Arezzo (wo sie »Calabrese« heißt), bei Chieti (»Maglioppa«), bei Montepulciano (»Prugnolo Gentile«), vereinzelt auch in Teilen des Chianti classico (»Sangiovese di Lamole«), häufig dagegen in der Romagna und natürlich um Montalcino (»Brunello«). Die Weine dieser Rebenfamilie fallen jedoch sehr unterschiedlich aus. Ein Brunello etwa ist mit einem Sangiovese-Wein aus der Romagna kaum zu vergleichen. Für Ampelografen ist es daher schwierig herauszufinden, ob es sich um verschiedene Unterarten oder vegetative Nachkommen (Klone) der Mutterrebe handelt. Unstrittig ist jedoch, daß die Sangiovese Grosso eine noble Rebsorte ist, vielleicht die nobelste ganz Mittelitaliens. Ihre Beeren sind relativ groß und haben eine sehr dicke Schale, so daß die Weine, die aus ihr gepreßt werden, körperreicher und tanninhaltiger sind als Chiantiweine.

Sie findet sich, außer in Montepulciano und Montalcino, auch noch in anderen Teilen der südlichen Toskana. Sie wird zum Beispiel um das Dorf Scansano in der Maremma angebaut, wo sie traditionell »Morellino« heißt. Auch in Monte Antico wird sie kultiviert, nicht weit von Montalcino entfernt, aber bereits in der Provinz Grosseto liegend. Diese alte Ortschaft ohne Dorfkern liegt nur drei Kilometer Luftlinie vom Castello Banfi entfernt (früher Poggio alle Mura), aber auf dem gegenüberliegenden Ufer des Ombrone-Flusses und damit außerhalb der Brunello-Zone. Dort gibt es einige kleine und einen großen Weinerzeuger: das *Castello di Monte Antico*. In den Weingärten dieses Gutes wird seit vielen Jahrzehnten die Sangiovese Grosso gepflegt, aus deren Trauben man einen Wein keltert, der zumindest in den sechziger Jahren dieses Jahrhunderts einen großen Ruf besaß. Er heißt Rosso di Monte Antico und ist noch heute in den Vereinigten Staaten, aber auch in vielen Restaurants Italiens ein gesuchter Wein, obwohl er sich mit den großen Brunello-Gewächsen nicht mehr messen kann. Er wird aus einem Mischsatz hergestellt, in den noch zwei andere rote Sorten eingehen. Er besitzt weder das Gewicht noch die Feinheit der Weine Montalcinos, auch wenn Giorgio Cabella, der alte, weißhaarige Patron von Monte Antico, anderer Meinung ist. Seit vielen Jahren kämpft er um die Anerkennung als Qualitätswein. Doch bislang ist dem Anbaugebiet der D.O.C.-Status verwehrt worden. So können er und die anderen Weinbauern in diesem menschenleeren Landstrich ihre Weine nur mit der *denominazione geografica* auf den Markt bringen. Neben dem *Castello di Monte Antico* verdienen die *Fattoria Casanovole* und die *Fattoria La Pievanella* Erwähnung. Beide erzeugen jedoch vergleichsweise einfache Weine. Auch ist Sangiovese Grosso in diesen nicht in dem gleichen Maße vertreten wie im Cabella-Wein. *La Pievanella* ist vor allem für seinen guten Weißwein bekannt. Auch in der nahen Abtei von Ardenghesca, die zum Cabella-Besitz gehört, wird Weißwein hergestellt. Im 11. Jahrhundert gegründet, von Zisterziensern zur Blüte gebracht, ist sie heute eines der besterhaltenen romanischen Bauwerke Mittelitaliens.

# SCANSANO

Auch im Hinterland von Grosseto ist die Sangiovese Grosso weit verbreitet. Sie wird dort »Morellino« genannt und ergibt sehr feine, fruchtige Weine mit schönem Bouquet, die jedoch weder an Gewicht noch an geschmacklicher Komplexität an den Brunello heranreichen. Sie werden in einem großen Umkreis um die Dörfer Magliano, Pereta, Montemerano, Polveraia, Montiano, Saturnia und Scansano erzeugt. Nach letzterem Ort ist der Wein benannt: Morellino di Scansano. Seit 1978 besitzt er Qualitätswein-Status. Die D.O.C.-Regeln schreiben vor, daß er zu mindestens 85 Prozent aus der Morellino-Traube gekeltert sein muß. Die restlichen 15 Prozent können mit lokalen roten Sorten aufgefüllt werden. Unter ihnen ist auch eine Sorte namens »Spagna«, hinter der sich die piemontesische Spanna verbirgt, eine Spielart der Nebbiolo-Traube. Freilich nimmt man es mit den Vorschriften nicht immer ganz genau, was die Traubenzusammensetzung betrifft. Mancher Wein, der als Morellino di Scansano etikettiert ist, enthält die Sangiovese-Traube nur zu 70 Prozent. Andere Produzenten bauen auch weiße Trauben in den Mischsatz ein. Entsprechend verschieden fallen ihre Weine aus. Der Neuwinzer *Erik Banti* aus Montemerano arbeitet zum Beispiel mit der Alicante-Traube, einer sehr alten Sorte nahezu unbekannten Ursprungs, die aber schon sehr lange in der Maremma verbreitet ist. Das Familiengut *Sellari-Franceschini* hält dagegen einen geringen Anteil der Spagna für unerläßlich, um einen guten Morellino herstellen zu können. Andere Betriebe setzen – neben Canaiolo und der schwarzen Malvasia, die sich relativ häufig in den Mischsätzen wiederfinden – auf so unbekannte Sorten wie Grinto und Narc francese. Den Körper und das Aroma gibt jedoch immer die Morellino. In den tieferen Lagen, wo die Böden bereits relativ viel Löß aufweisen, bringt sie hohe Erträge. Die besseren Qualitäten erntet man in den Lagen zwischen 300 und 500 Metern Höhe. 95 Prozent des Morellino werden in der Genossenschaftskellerei (*Cantina Cooperativa del Morellino di Scansano*) abgefüllt: ein solider, gut bereiteter Wein, wenngleich eher ein Leichtgewicht. Feiner und eigenwilliger ist der Morellino aus der *Fattoria Palazzaccio* in Pereta. In demselben Ort liegt die *Fattoria Le Pupille*, die einen sehr stoffigen, glatten Morellino erzeugt, dessen *Riserva* ihr Inhaber, ein Pharmazie-Industrieller aus Pisa, in *barriques* auszubauen pflegt. Andere gute Morellino kommen von *Ezio Mantellassi* in Magliano und *Val delle Rose* in Poggio La Mozza. Woher der Name Morellino kommt, ist nicht genau bekannt. Ob und gegebenenfalls warum er nach einem kleinen, schwarzen Pferd benannt wurde, das Morellino heißt und früher häufig in der Maremma gehalten wurde, bleibt ein Rätsel.

Mag es gewisse ampelografische Ähnlichkeiten zwischen der Morellino- und der Brunello-Traube geben, so sind die beiden Weine, die aus ihnen gekeltert werden, doch kaum verwechselbar. Keiner der Weine von Scansano besitzt den Körperreichtum und die Tanninfülle der Gewächse von Montalcino. Gleichwohl sind sie charaktervolle Weine, die sich in den letzten Jahren zu Recht ins Gespräch gebracht haben.

## ERIK BANTI MONTEMERANO (GROSSETO)

*Erik Banti gehört zu den Neuwinzern von Scansano. Seine Mutter, eine gebürtige Dänin, und sein italienischer Vater besaßen bis in die sechziger Jahre die Fattoria Bracesca in Montepulciano. Banti stammt also aus einer alten Winzerfamilie. Er hat mehrere Jahre lang als Fotograf in Rom gelebt und gehörte zeitweise dem italienischen Golf-Nationalteam an. In den siebziger Jahren entschloß er sich, zurück aufs Land zu gehen und selbst Wein zu machen. Dabei hat er sich für den französischen Weg entschieden, zumindest was den Ausbau angeht: Die besten Partien seines Weins reifen vier bis sechs Monate in »barriques«. Dieser Wein läßt erkennen, daß er nicht nur aus der Morellino-Traube gekeltert ist. Etwa 15 Prozent bestehen aus Malvasia Nera, Canaiolo und Alicante. Vor allem letztere Sorte, die in dem alten Kulturland von Scansano noch relativ häufig anzutreffen ist und die, Banti zufolge, einst von Spanien nach Frankreich und von dort als Grenache nach Italien gelangt ist, macht sich bei diesem Wein im Hintergrund recht deutlich bemerkbar. Sie verleiht ihm auch seine tiefrote Farbe und trägt nicht unwesentlich zur Gradation bei. Er ist ein verhältnismäßig säurearmer, stoffiger Wein von glatter Länge, der eine völlig andere Charakteristik aufweist als der Morellino der Sellari-Franceschini zum Beispiel. Banti füllt ihn seit 1978 ab. Die ersten Jahrgänge waren ausschließlich aus gekauftem Traubengut hergestellt. Mitte der achtziger Jahre standen die Hälfte der knapp sieben Hektar Rebfläche, die angepflanzt worden sind, im Ertrag. Die Gesamtproduktion beläuft sich auf 50 000 Flaschen, größtenteils leichter Jahrgangswein, der nach kurzer Maischegärung und ohne Faßausbau in den Handel kommt. In guten Jahren wird als Besonderheit eine »Riserva« abgefüllt, die zwei Jahre in klassischer jugoslawischer Eiche ausgebaut wird. Daneben erzeugt Banti in seinem modern eingerichteten Keller einen reinsortigen Alicante-Wein. Banti besitzt in Montemerano ein Restaurant und eine Önothek, in der er dem Besucher über Videoband seine Weinerzeugung erläutert.*

## LE PUPILLE PERETA

*Diese kleine Fattoria gehört seit vielen Generationen der Familie Gentile aus Pisa, die sich in Pereta, einem der schönsten und besterhaltenen Dörfer der Maremma, einen Sommersitz errichtet hat. Alfredo Gentile, Besitzer eines bedeutenden pharmazeutischen Werks in Pisa, begann 1978, als der Morellino di Scansano den D.O.C.-Status erhielt, mit der Qualitätsweinproduktion. Er konnte sich vom ersten Tag an auf den önologischen Rat von Giacomo Tachis verlassen, des Önologen des Florentiner Weinhauses Antinori, der der Familie Gentile seit vielen Jahren freundschaftlich verbunden ist. Zum Besitz von Le Pupille gehören neun Hektar alter Rebpflanzungen sowie vier Hektar Neuanpflanzungen. Sie liegen bei Pereta auf sehr steinigen, trockenen Böden in knapp 400 Meter Höhe. Der Wein wird zu 85 Prozent aus der Morellino-Traube, eines Sangiovese-Grosso-Klons, sowie neun Prozent Alicante bereitet. Der Rest kommt von einigen anderen lokalen Sorten. Er ist ein sehr stoffiger Wein mit einem mehr oder minder krautigen Geschmack, einer feinen Nase und einer glatten Länge. Er wird rund 18 Monate lang in französischen barriques ausgebaut. In den ersten Jahren ließ der Wein übermäßig viel Holz auf der Zunge spüren und wirkte fast wie Eichenholzsaft. Inzwischen geht man moderater mit den barriques um. Alfredo Gentile ist 1984 gestorben. Der Betrieb gehört heute seinem Sohn Augusto. Zwischen 50 000 und 60 000 Flaschen »Riserve« werden jedes Jahr abgefüllt. Gute bis sehr gute Jahrgänge: 1978, 1979, 1981, 1982, 1983, 1985.*

# TORGIANO

Umbrien ist ein durchgehend hügeliges, in seinem östlichen, zu den Höhen des Apennin reichenden Teil sogar bergiges Land mit tiefen Einbuchtungen durch Flußtäler, abgeschiedenen Hochebenen und fruchtbaren Niederungen. Es ist eine verschachtelte Region mit ganz unterschiedlichen Boden- und Klimaverhältnissen, mit einer Vegetation, die häufig von Tal zu Tal wechselt und einer ebensolchen Landwirtschaft: Mal werden Getreide oder Mais, mal Oliven, Tabak oder Paprika angebaut, natürlich auch Wein. Aber von *den* Weinen Umbriens zu sprechen, ist schwer möglich. Es sind einzelne Orte oder ausgewählte Hügelgruppen, an denen der Weinbau stattfindet. Montefalco, Spello, Bastia, Bevagna, Spoleto oder Orvieto stehen für solche meist kleinen, historisch gewachsenen Anbaugebiete. Die italienischen D.O.C.-Gesetze haben freilich weder deren Grenzen noch deren Weinbautraditionen sonderlich stark respektiert. Statt dessen haben sie weinbauliche Kunstgebilde aus dem Boden gestampft: Colli Altotiberini, Colli Perugini oder die Anbauzone von Montefalco zum Beispiel. Torgiano ist in Anbetracht dessen die Ausnahme. Sie ist das kleinste aller umbrischen D.O.C.-Gebiete und umfaßt vielleicht ein Zwanzigstel der Anbaufläche der Colli Perugini. Ihre Grenzen wurden allerdings auch schon 1968 festgelegt, als kommerzielle Überlegungen noch wenig im Vordergrund standen, sondern der Gedanke der Einheitlichkeit des natürlichen Ambiente und der Typizität der Produktion. Freilich hat Torgiano auch besondere Voraussetzungen. Denn es gibt dort praktisch nur einen Weinerzeuger: die *Cantine Lungarotti*. Sie hat 200 Hektar Weinberge im Alleinbesitz und verfügt durch Verträge mit Winzern über das Traubengut von weiteren 60 Hektar (das sind fast hundert Prozent der D.O.C.-Zone). Während andere umbrische Landstriche gerade durch die Vielfalt an kleinbäuerlichen Betrieben charakterisiert sind, herrscht in Torgiano also eine Monostruktur. Außer Lungarotti produziert allein die Genossenschaftskellerei C.O.V.I. in Perugia noch einen Torgiano-Wein in kommerzialisierbaren Mengen.

Torgiano ist ein knapp 5000 Einwohner zählendes Dorf auf einer kleinen Anhöhe im Tibertal. Es liegt 15 Kilometer südlich von Perugia und ist als ehemaliges Wehrdorf noch deutlich erkennbar. Reste von alten Befestigungsmauern und der Janus-Turm über dem östlichen Dorftor (von ihm leitet die Ortschaft ihren Namen ab: Torre di Giano), sind historische Zeugen jener Zeit, zu der Perugia die umliegenden Städte und Dörfer eroberte und die Einwohner zu Vasallen ihrer kaiserfreundlichen Politik machte. Torgiano besitzt heute ein vornehmes Landhotel (*Tre Vaselle*) und ein kleines Weinmuseum, das noch Schätze aus der vorchristlichen Zeit birgt, als Perugia einer der 12 Stadtstaaten der Etrusker war. Beide – Museum und Hotel – gehören den Lungarotti.

Der Ort liegt am südlichen Rand der Anbauzone, deren Zentrum Brufa ist, ein sieben Kilometer entfernt liegendes, mittelalterliches Dörfchen, das einst Castel Grifone hieß, als es noch von

## RUBESCO RISERVA CANTINE LUNGAROTTI, TORGIANO

*Die »Riserva« des Rubesco unterscheidet sich deutlich von dem Standard-Rubesco der Lungarotti. Sie ist ein Wein der Sonderklasse, voluminös, tiefgründig, holzbetont, mäßig säurehaltig und von einer Feinheit, wie sie nur wenige Weine Italiens aufweisen können. Sie wächst auf gut 300 Meter Höhe im Weinberg Monticchio, einer stark hängigen Südwestlage, gut zwei Kilometer nördlich von Brufa. Der Weinberg besteht zu 70 Prozent aus Sangiovese und 30 Prozent Canaiolo (vor allem dieser Sorte messen die Lungarotti große Bedeutung bei; ihr Anteil wurde seit Beginn ständig erhöht). Die Trauben werden in der Regel in der ersten Oktoberhälfte gelesen. Der Most vergärt nur acht bis zehn Tage auf den Schalen, wobei er täglich vier- bis fünfmal umgepumpt wird. Diese vielen »rimontaggi«, wie man in Italien sagt, erklären die außergewöhnliche Geschmackstiefe und den Tanninreichtum dieses Weins. Wenn er völlig durchgegoren ist, wird er abgezogen und in 50 bis 60 Hektoliter fassende Holzkufen aus jugoslawischer Eiche umgefüllt. Die Fässer liegen im wärmsten Teil der Cantina, so daß die malolaktische Gärung nach 20 bis 40 Tagen einsetzt und um Weihnachten häufig schon abgeschlossen ist. Danach reift der Wein noch ungefähr ein Jahr im Holz – je nach Alter und Größe des Fasses ein wenig kürzer oder länger. Dann wird er auf Flaschen gezogen, um dort die letzte Verfeinerung zu erfahren. Je nach Jahrgang verbringt die »Riserva« mithin sieben bis acht Jahre im Keller. Knapp 150 000 Flaschen werden in guten Jahren von ihr abgefüllt. Der Wein wird seit Mitte der 60er Jahre erzeugt (der Rubesco ist allerdings schon seit über hundert Jahren in Torgiano bekannt, wurde jedoch immer mit weißen Trauben gekeltert und erst nach dem Zweiten Weltkrieg in Flaschen abgefüllt).*

## SAN GIORGIO CANTINE LUNGAROTTI, TORGIANO

*Der San Giorgio ist ein Tafelwein, den die Lungarotti auf Anraten einiger Weinhändler kreiert haben. Er verdankt sich vor allem der in den 70er Jahren plötzlich einsetzenden, weltweiten Nachfrage nach Cabernet-Weinen, mit der auch die Weinmacher Mittelitaliens konfrontiert wurden, obwohl die Cabernet-Rebe bei ihnen nicht heimisch ist. Freilich ist der San Giorgio kein Cabernet-Wein. Er ist aus demselben Mischsatz wie die Rubesco-»Riserva« gewonnen, wobei lediglich der Sangiovese-Anteil von 70 auf 55 Prozent reduziert wurde, um 25 Prozent Cabernet-Sauvignon-Trauben aufnehmen zu können (20 Prozent Canaiolo). Er wurde erstmals 1977 produziert, wobei sich bereits zeigte, daß die Cabernet-Trauben ihm gut getan haben. Vielleicht hat er weniger »Feuer« als die Rubesco-»Riserva«, doch besitzt er mehr Körper, mehr Geschmackstiefe, mehr Konzentration. Schon seine Nase verrät, daß die französische Erfolgsrebe sich in seinem Mischsatz befindet. Am Gaumen macht sich ein feiner Cassis-Ton bemerkbar, der jedoch nicht dominant wirkt. Der 78er Jahrgang unterstreicht diese Charakteristik noch stärker. Die Cabernet-Trauben kommen aus den flachen, Tiber-nahen Weinlagen, in denen auch Lungarottis Cabernet Sauvignon di Miralduolo wächst. Die Sangiovese- und Canaiolo-Trauben werden aus den besten Lagen bei Brufa ausgelesen. Durchschnittlich 20 000 Flaschen werden von dem San Giorgio jährlich abgefüllt. Benannt ist er nach dem Tag, an dem früher der Rebschnitt begann. Die Namensgleichheit mit Giorgio Lungarotti, dem »padrone« der Domäne, ist sicher rein zufällig.*

einem Turm überragt und einer Mauer umgeben war. Dort, an den sanft zum Tiber abfallenden Hängen, reifen die vollmundigsten und schwersten Rotweine von Torgiano. Montespinnello, Monte Scosso, I Palazzi, Valluparde und Belvedere – das sind die Lagen, von denen jedes Jahr der Rubesco kommt. Sie sind zu etwa 70 Prozent mit Sangiovese, 30 Prozent Canaiolo und fünf Prozent lokalen Rebsorten bepflanzt. Dieses Rebenverhältnis ist heute ein Spiegelbild der Mengenverhältnisse im Mischsatz sowohl des Rubesco als auch der *Riserva*. Letztere kommt stets von der Lage Monticchio, die sich nördlich von Brufa auf dem höchsten Punkt des Hügelkamms befindet. Dort erreichen die Trauben in der Regel die höchsten Mostgewichte. Aber auch Belvedere bringt in manchen Jahren so gute Qualitäten, daß die Lungarotti sich entschließen, den Wein dieser Lage ebenfalls zu einer *Riserva* auszubauen. Sie besitzt in jedem Fall ein brillantes Burgunderrot und zeigt sowohl in der Nase als auch am Gaumen einen prägnanten Holzton, der jedoch nie die Frucht zudeckt. Sie verfügt über große Tanninreserven, die ihr eine hohe Lebenserwartung verleihen. Sie ist vielleicht nicht so stoffig und konzentriert wie ein Brunello, dafür aber eleganter. Freilich muß berücksichtigt werden, daß Lungarotti seine Rubesco-*Riserva* erst nach sieben bis acht Jahren in den Handel gibt, zu einem Zeitpunkt also, zu dem der Wein schon einen gewissen Reifegrad erreicht hat. Daß sie den größten Teil dieser Reifephase auf der Flasche und nicht im Holz durchmacht, entspricht nicht nur der Philosophie dieses Hauses, sondern auch einem Trend der modernen Önologie. Selbst der Standard-Rubesco kommt erst nach zwei bis drei Jahren auf den Markt, nachdem er ein zwölf- bis 24monatiges Flaschenlager hinter sich gebracht hat. Er entspricht mithin beinahe dem, was sich im Chianti eine *Riserva* nennen darf. 74er und 71er Jahrgänge dieses Standard-Rubesco erwiesen sich nach über zehn Jahren noch als fest und überaus delikat zu trinken, wenn sie auch weniger tiefgründig und holzbetont als die *Riserva* sind.

Seit 1974 füllt Lungarotti auch einen reinsortigen Cabernet-Sauvignon-Wein ab. Er wächst in den nahezu flachen Niederungen des Tibertals eben außerhalb der D.O.C.-Zone bei Miralduolo (15 Hektar), einer kleinen Ortschaft, die direkt an der alten Landstraße zwischen Perugia und Torgiano liegt. Dieses Gewächs, das ebenfalls drei Jahre ausgebaut wird (davon 12 bis 18 Monate in Eichenfässern, je nach Alter des Fasses), hat die Experten allerdings entzweit. Die einen halten ihn für einen Wein mit einer beinahe aristokratischen Aura, die anderen für ein ziemlich uninteressantes Gewächs. Zweifellos besitzt er nicht die Charakteristik eines Sassicaia. Er besticht wohl durch seine Stoffigkeit, doch fehlt ihm der große Atem ebenso wie der letzte Schliff. Zumindest gilt dies für die 70er Jahrgänge.

Über den zweiten, von Lungarotti erzeugten Tafelwein der gehobenen Kategorie wird weniger gestritten: den San Giorgio. Er wurde erstmals 1977 abgefüllt und hat sich auf Anhieb als ein großer, der Rubesco-*Riserva* absolut ebenbürtiger, eher noch reifebedürftigerer Wein entpuppt. Er enthält 25 Prozent Cabernet Sauvignon. Ansonsten ist er aus den gleichen Traubensorten wie diese gekeltert.

Der Anbau von Rotweinreben hat in Umbrien eine längere Tradition als der von weißen Sorten – Orvieto einmal ausgenommen. Im oberen Tibertal sowie südlich von Perugia findet man häufig Barbera- und Merlot-Reben, bei Montefalco die Sagrantino-Rebe, bei Gubbio den umbrischen Nebbiolo, noch tiefer im Hinterland auch Montepulciano-Trauben. Hauptsorte war und ist jedoch die Sangiovese, die für nahezu alle Weine der Region die Basis liefert. Daß die besten Ergebnisse mit ihr in Torgiano erzielt werden, hat allerdings entscheidend auch mit der Önologie der Lungarotti zu tun. Sie läßt sich in drei Prinzipien zusammenfassen. Erstens: kurze Faßlagerung. Zweitens: große Fässer. Drittens: langes Flaschenlager. Diese Ausbau-Prinzipien werden durch entsprechende Weinbereitungs-Regeln unterstützt: Die Fermentation dauert nur relativ kurz, und ein *governo* wird nicht praktiziert. So kommt es, daß die Rubesco-

## LUNGAROTTI

*Patron der Familie ist Giorgio Lungarotti. Er hat die Weinproduktion des Hauses nach Abschaffung der Halbpacht neu geordnet und die Cantine Lungarotti zu einem modernen, auf die Erzeugung ebenso hochwertiger Qualitäts- wie einfacher Tafelweine ausgerichteten Unternehmen gemacht.*

*Riserva* und der Tafelwein San Giorgio vielen Chianti classici überlegen sind, obgleich die Böden von Torgiano deutlich mehr Löß aufweisen und fruchtbarer sind als im Chianti (der Untergrund ist in Torgiano vulkanischen Ursprungs und besteht aus Tuffstein, über dem eine mehr oder minder starke mergelhaltige Erdschicht liegt). Davon zeugen auch die überraschend hohen Hektarerträge bei Lungarotti. Sie liegen bei durchschnittlich 120 Doppelzentnern (entsprechend 80 Hektolitern). Im Chianti und in Montalcino wären damit die zulässigen Maximalerträge deutlich überschritten.

Umbrien besitzt freilich auch eine ansehnliche Weißwein-Produktion. Die am weitesten verbreitete und nahezu überall anzutreffende Sorte ist die toskanische Trebbiano, die typische Weißweinrebe Umbriens jedoch die Grecchetto. Letztere findet man zum Beispiel im weißen Orvieto wieder, in den Weinen der Colli Perugini, des Trasimenischen Sees sowie denen von Marsciano und Todi. Aus ihr wird auch der umbrische Vino Santo hergestellt. Sie hat die Eigenschaft, frühzeitig viel Zucker in den Beeren zu bilden, doch besitzt sie wenig Eigenaroma und ergäbe, würde sie sortenrein vergoren, ziemlich neutral schmeckende Weine. In den Weingärten von Torgiano ist sie mit rund 30 Prozent außerordentlich gut repräsentiert. Zusammen mit der Trebbiano (70 Prozent) ergibt sie den Torre di Giano, wie Lungarotti seinen Torgiano Bianco bezeichnet. Er ist ein leichter, mäßig fruchtiger Wein ohne Ecken und Kanten, der, wie viele Trebbiano-Gewächse, nach einiger Zeit ein feines Brotkrusten-Aroma entwickelt. Die Reben für ihn wachsen in den tiefer gelegenen Stücken der Anbauzone. Die Maximalerträge von 125 Doppelzentnern pro Hektar, die die D.O.C.-Statuten vorsehen, werden von Lungarotti ausgeschöpft. In fast allen Jahren

wird zudem eine Torre di Giano-*Riserva* gezogen, die stets von der Lage Il Pino kommt. Diese befindet sich unterhalb von Monticchio und Belvedere. Die *Riserva* reift einige Monate in Eichenholzfässern und wird danach zwei Jahre auf der Flasche ausgebaut, bevor sie den Keller verläßt. Seit 1981 produziert Lungarotti auch einen Chardonnay. Er wächst in der Ebene außerhalb der Anbauzone direkt neben den Weinanlagen für den Cabernet Sauvignon di Miralduolo. Er wird nach Burgunderart einige Monate lang in *barriques* ausgebaut. Alle diese Weine sind sehr reduktive Gewächse mit sauberen Aromen, zarter Säure und mehr oder minder großer Finesse. Zweifellos zählen sie zu den besten Weißweinen Umbriens.

Die *Cantine Lungarotti* sind, auch wenn sie familiär geführt werden, heute ein Industrieunternehmen. Über zwei Millionen Flaschen werden jedes Jahr abgefüllt, der größte Teil für einfache Konsumweine. An der Spitze des Unternehmens steht Giorgio Lungarotti, bereits weit über die siebzig, doch in kaufmännischen und önologischen Dingen stets noch an vorderster Front. Er hat im Jahre 1962 die verschiedenen landwirtschaftlichen Besitzungen seiner Familie zusammengelegt und unter das Dach einer Aktiengesellschaft gebracht. Von diesem Zeitpunkt an, der auch mit der Abschaffung des Halbpacht-Systems zusammenfiel, begann der Aufstieg der Lungarotti. Nach und nach bauten sie ihren Besitz zu einem Imperium aus, wobei es als ihr Verdienst angerechnet werden muß, daß sie sich im Gegensatz zu anderen großen Weinfamilien Italiens nicht nur von Marketing-Überlegungen leiten ließen, sondern konsequent auch in die Önologie investierten. Heute wird Giorgio Lungarotti, ein Doktor der Landwirtschaft, von seiner Tochter Teresa sowie dem Önologen Angelo Valentini assistiert.

# ORVIETO

Wer sich nach der Besichtigung des Papstpalastes oder der Fresken des Luca Signorelli im Dom ermattet in einer der zahlreichen kleinen Trattorien Orvietos niederläßt, um eine kräftigende Mahlzeit einzunehmen, wird selten einen Wirt finden, der nicht von dem Wein schwärmt, den er in seinem Keller hat. Was dann mit großer Zeremonie in der Glaskaraffe auf den Tisch kommt, ist so gut wie ein Wein nur sein kann, dessen Trauben solange ausgepreßt worden sind, bis kein Tröpfchen mehr aus den Schalen floß – von der Zentrifugierung des Mostes und der Pasteurisierung vor der Abfüllung gar nicht zu sprechen. »Alla Salute« wünscht der freundliche Mann und läßt ganz ungeniert die Zwei-Liter-Flasche mit der Brühe wieder unter dem Tresen verschwinden.

In den Dörfern vor der Stadt, wo sich Orvieto einst seine städtische Freiheit gegen die Heere der adeligen Gibellinen erkämpfte, um sie später wieder der Gnade zu opfern Papstresidenz zu werden, trinkt man einen anderen Wein. Er ist ein handwerklich hergestellter Orvieto, so oder ähnlich gekeltert, wie es die Weinbauern in diesem Landstrich seit Jahrhunderten tun. Er hat wenig Bouquet, ist mastig im Körper und breit im Geschmack – kurz: mehr Lebens- als Genußmittel. Genossen werden kann, während man ihn sich einverleibt, statt dessen der majestätische Blick in ein archaisches Kulturland, in dem der Himmel noch immer die Erde so sanft küßt, daß diese in ihrer alten Schönheit erstarrt.

Die Begegnung mit dem gepriesenen Wein aus Orvieto wird nicht nur für Snobs zu einer Enttäuschung. Manche Flasche, die aus den Regalen der Kaufhäuser in Rom oder Florenz entnommen wurde, enthält einen jener gleichschmeckenden, gleichduftenden, ewig frischen, jungen, mehr oder minder runden Weißweine, die, heißen sie nun Frascati, Est! Est! Est!!! oder Soave, sich so stark voneinander unterscheiden wie zwei Soldaten in derselben Uniform. Was man wohlwollend als ihren Charakter bezeichnet, ist keine Qualität der Trauben mehr, sondern ein Profil, das der Kellermeister ihnen gegeben hat. Der Name, der Ruf, die glänzende Geschichte, die phantastische Landschaft, aus der der Orvieto kommt – all das scheint in einem merkwürdigen Gegensatz zu der Uniformität zu stehen, die ein großer Teil der D.O.C.-Produktion des Anbaugebietes aufweist. Der Wein, den in beliebigen Mengen genießen zu dürfen einst ein Maler wie Bernardino di Betto (alias Pinturicchio) auf Bezahlung verzichten wollte, als er beauftragt wurde, den Dom der Stadt auszuschmücken, ist heute ein Artikel des einfachen Konsums geworden. Große Kellereien haben sich seiner angenommen. Durch ihre Tanks gehen wenigstens 70 Prozent der Produktion. Die meisten haben keine eigenen Weinberge, sondern kaufen Trauben oder Jungwein. Sie arbeiten mit hohem technischem Aufwand im Keller. Doch an dem, was sie abfüllen, ist oft nur zweierlei bemerkenswert: daß es ein Weißwein ist, und daß er trocken schmeckt.

## STADT DER PÄPSTE

*Als »reines, flüssiges Gold« empfanden Zeitgenossen im Mittelalter den Wein von Orvieto, jener kühnen, auf einem Tuffsteinsockel errichteten und mit baulichen Kunstwerken gespickten Stadt, die einst die fünfte Provinz des Kirchenstaates darstellte. Der größte Teil des Weins hat heute mit dem Gold nur noch die Farbe gemein.*

## DECUGNANO, CORBARA

*An einem der höchsten Punkte des Orvieto classico erwarben die Barbi 1973 eine alte, aufgegebene Hofstelle mit einigen Hektar Weinbergen um sie herum. Sie liegt 16 Kilometer von der Stadt und sechs Kilometer vom Lago di Corbara entfernt. Schon im 14. Jahrhundert bauten die Mönche dort Reben an und kelterten Wein. Sie nannten das Anwesen »Decumanus«. Aus diesem Namen wurde im Laufe der Zeit »Decugnano«. Es ist auch heute noch ein kleines Gut. Es verfügt gerade über 15 Hektar Reben, wobei Claudio Barbi, der Decugnano zusammen mit seiner Schwester Marina leitet, die Verdello-Rebe besonders schätzt. Die Hektarerträge liegen bei nur 45 Hektolitern (erlaubt: 90 Hektoliter), was zum einen mit dem starken Beschnitt, zum anderen mit der bewußt niedrigen Mostausbeute beim Abpressen der Trauben zu tun hat. Gelesen wird bereits Mitte September, um die Säure zu erhalten. Das Lesegut wird sofort in kleinen Körben in die Cantina gebracht und samt Stielen gekeltert. Der Wein, der so entsteht, ist ein verhältnismäßig körperreicher, aber nerviger und äußerst charaktervoller Wein, wie ihn in dieser Prägung und Perfektion kein anderer Betrieb der Zone herstellt. Er wird als Tafelwein etikettiert. Nicht mehr als 60 000 Flaschen werden von ihm abgefüllt. Daneben erzeugen die Barbi auch einen edelsüßen Decugnano. Im Gegensatz zu den lieblichen Varianten des Anbaugebietes weist er fast 50 Gramm unvergorenen Zucker auf. Die Trauben für ihn werden erst Mitte Oktober gelesen. Auf den Beeren hat sich dann die Botritis cinerea ausgebreitet, so daß der Most später sehr extrakt- und zuckerreich ist. »Pourriture noble« drucken die Barbi in roter Schrift auf das Etikett. Dieser Wein verdankt sich der außergewöhnlichen Lage von Decugnano. Die Nähe zum Corbara-See führt nämlich im September häufig zur Bildung von Nebeln, die die Ausbreitung des Botritis-Pilzes fördern. Zu diesem Zeitpunkt sind die Trauben schon reif, so daß er die Beeren nicht mehr verderben kann. Decugnano ist ein Hobby für die Barbi. Ihr hauptsächliches Engagement gilt dem D.O.C.-Orvieto. In ihrer Zentralkellerei im norditalienischen Brescia füllen sie jährlich etwa 800 000 Flaschen dieses Weins ab.*

## BARBERANI, ORVIETO

*Luigi Barberani, promovierter Jurist und diplomierter Landwirt, zählt zur Generation jener Weinmacher der Zone, die mit dem Vorsatz angetreten sind, den feinen Orvieto zu produzieren. Er will den Nachweis erbringen, daß dieser glorreiche Wein es auch in der heutigen Zeit verdient, ein hochwertiges Gewächs genannt zu werden. Er erzeugt seinen Orvieto mit moderner Technik, aber ohne die Mittel und Methoden der Großkellereien. Er bemüht sich um einen unverfälschten Wein, der eine eigene Charakteristik aufweist und ein eigenes Profil hat. Sein Gut heißt Vallesanta und liegt in einem der besten Teile der »classico«-Zone nahe des Lago di Corbara. 250 000 Flaschen füllt er insgesamt ab, 90 Prozent davon Orvieto »classico«. Der Wein stammt vollständig aus der eigenen Traubenproduktion. Die Hektarhöchsterträge werden deutlich unterschritten, um ein qualitativ hochstehendes Produkt zu erhalten. Man achtet gewissenhaft darauf, daß das Lesegut, nachdem es eingebracht ist, sofort abgepreßt wird. Auch bei der Mostausbeute unterschreitet man deutlich die vorgesehenen Höchstgrenzen. Vergärung, Ausbau und Abfüllung des Weins werden sehr schonend vorgenommen. Zentrifugieren des Mostes, Reinzuchthefen, gar Pasteurisierung des Weins sind tabu. Stattdessen wird der Most durch moderates Herunterkühlen entschleimt, langsam vergoren, später sanft filtriert und ohne Druck auf Flaschen gezogen. Chemische Behandlungsmittel braucht man nicht außer einigen Milligramm Schwefel. Luigi Barberani erfaßt das Traubengut seines Weinbergsbesitzes nach Lagen getrennt und preßt es separat ab. Das Resultat sind fünf elegante, zartfruchtige, die feinen Lagenunterschiede schön zur Geltung bringende Weine: Castagnolo, La Fontana, Le Corone und Mortari. In der Lage Pulicchio wächst ein lieblicher, etwa zehn Gramm natürlichen Restzucker aufweisender Wein. Die Weinberge liegen durchschnittlich in 250 Metern Höhe. Der Grecchetto-Traube schenkt Luigi Barberani seine besondere Aufmerksamkeit.*

Diesem blassen Profil widerspricht keineswegs, daß der Orvieto auf den internationalen Märkten ein Verkaufserfolg ist. Junge, leichte Weine haben, so austauschbar sie sind, überall auf der Welt Liebhaber gefunden. Ihre gefällige, unkomplizierte Art spricht den unprätentiösen Weintrinker an und hat zweifellos viele neue Schichten an den Wein herangeführt. Für ein Land wie Italien, in dem an beinahe jeder Ecke Reben wachsen, ist die Orientierung am Markt und den Bedürfnissen der Konsumenten sicherlich lebenswichtig. Doch es fällt schwer, den Orvieto unter diesen Bedingungen als ein authentisches Resultat einer glorreichen Weinbautradition zu bezeichnen, wie es immer wieder gern gemacht wird.

Der mit Abstand größte Orvieto-Erzeuger ist *Bigi*. Es ist ein reines Kellereiunternehmen und wird von der Schweizerischen Kreditanstalt kontrolliert. Seine Keller liegen an der Autostrada del Sole bei Ponte Giulio nördlich der Stadt. Unter den anderen Großerzeugern befinden sich die Namen zahlreicher renommierter Weinhäuser der Toskana. Sie haben Orvieto immer als das nächstgelegene hochwertige Weißwein-Anbaugebiet betrachtet: *Antinori, Barbi, Bertolli, Cecchi, Covin, Melini, Ricasoli, Ruffini, Spalletti*. Dazu kommen mehrere Genossenschaftskellereien. In der Art des Weinmachens und der Unternehmensführung unterscheiden sich die Großabfüller jedoch erheblich voneinander. Entsprechend groß sind auch die Qualitätsunterschiede ihrer Weine. Den Orvieto von *Bigi* etwa trennen nicht nur Nuancen von dem Orvieto *Antinoris*.

Neben diesen Betrieben gibt es mindestens ein Dutzend mittlerer bis kleiner Abfüller, die sich bemühen, charaktervolle Weine zu erzeugen. Herausragender Produzent der Zone ist *Decugnano*. Er erzeugt den mit Abstand besten Orvieto. Allerdings kommt er nur als Tafelwein unter der Bezeichnung »Decugnano dei Barbi« auf den Markt. Die Barbi sind die Besitzer des kleinen Gutes, das zwar sehr professionell, aber hobbymäßig betrieben wird. Ihr Hauptinteresse gilt dem D.O.C.-Wein. Sie sind einer der größten Aufkäufer und Abfüller des Orvieto. »Mit dem Decugnano wollte ich zeigen, welch feiner Wein sich in den guten Lagen dieses großen Anbaugebietes noch heute erzeugen läßt«, erklärt Claudio Barbi, der Firmeninhaber.

Den feinen Orvieto *classico* zu erzeugen, beanspruchen freilich auch andere Betriebe. Zwei sehr gute Erzeuger sind *Barberani* und das Gut *Le Velette*. Beide sind Familienbetriebe. Beide verfügen über einen umfangreichen Rebenbesitz in besten Lagen der *classico*-Zone. Beide zeichnet aus, daß sie traditionelle Winzermentalität mit den Anforderungen, die die moderne Kellerwirtschaft erfordert, zu verbinden wissen. *Barberani* erzeugt mehrere Lagen-Orvieto, die durch ihre ungewöhnliche Eleganz auffallen. Der Orvieto von *Le Velette* ist dagegen ein substanzreicher, mundfüllender Wein. Unter den zahlreichen Großabfüllern ragt *Antinoris* »Castello della Sala« heraus. Seine Erzeuger nennen ihn einen »aristokratischen« Wein. Er wird ausschließlich aus Traubengut von den besten Teilen des eigenen Rebenbesitzes um das gleichnamige, mittelalterliche Schloß gekeltert, wobei das Florentiner Weinhaus einmal mehr gezeigt hat, wie virtuos es alte und neue Formen der Kellertechnik zu kombinieren weiß und trotz des Umfangs, den seine Produktion angenommen hat, auch in der Weinbergspflege qualitative Pionierarbeit zu leisten vermag. Er ist ein Tafelwein, weil mit der Sauvignon und der Pinot Bianco in ihm zwei Sorten enthalten sind, die das D.O.C. – Statut nicht vorsieht. Antinoris Spitzenwein ist jedoch der »Cervaro della Sala«. Er wird aus Chardonnay und Grecchetto gewonnen, ist folglich auch nur ein vino da tavola. Er macht jedoch deutlich, daß in Orvieto gute Voraussetzungen gegeben sind, um Weißweine von großer Struktur zu erzeugen.

Orvieto ist ein weitläufiges Anbaugebiet. Es reicht von der Südspitze des Lago di Alviano bis fast an die Grenze des Chianti. Die Erweiterung seiner Grenzen von 1931 durch die D.O.C.-Bestimmungen des Jahres 1971 hatte die Weinwirtschaft zunächst in erhebliche Schwierigkeiten gestürzt. Der Markt wurde mit zahllosen dünnen oder mastigen Weinen überschwemmt, die außer dem Namen wenig mit dem klassischen Orvieto zu tun hatten. Auch heute wird unter dem Namen dieses glorreichen Weins allerlei abgefüllt, was weit entfernt von der Stadt, teilweise schon in der benachbarten Region Lazium gewachsen ist. Die ernsthaften Liebhaber des Orvieto haben jedoch den Zusatz *classico* auf dem Etikett zu beachten gelernt. Er zeigt an, daß der Wein aus der historischen Zone Orvietos kommt. Dort bestehen die Böden durchgehend aus tonhaltigem Mergel oder gelbem Lehm, während der Untergrund in der erweiterten Zone nur an einigen Stellen eine ähnliche Zusammensetzung aufweist. Hinzu kommt, daß die Art der Traubenproduktion in mancherlei Hinsicht rückständig war. Die Pflege der Weingärten ließ viel zu wünschen übrig. Die Rebenerziehung erfolgte noch nach traditionellen Systemen. Der Beschnitt war nicht streng genug und die Düngementalität der Winzer nicht immer mit den Prinzipien der modernen Qualitätsweinproduktion in Einklang zu bringen. Auch die Kellerwirtschaft war nicht überall auf dem modernsten Stand. Der Transport des Lesegutes zur Kelter dauerte oft so lange, daß der unterwegs ablaufende Most schon gärte, als man die Cantina erreichte. Um eine große Mostausbeute zu erzielen, wurden die Trauben unter hohem Druck abgepreßt. Die Moste wurden nicht genügend gesäubert. Die Möglichkeit, sie zu kühlen, besaßen nur wenige Weinmacher. Der Wein, der so entstand, entsprach manchmal nur knap kommerziellen Standards. Nicht alle diese Probleme sind heute zufriedenstellend gelöst. Doch muß anerkannt werden, daß die Weinwirtschaft Orvietos in den siebziger Jahren sehr große Fortschritte gemacht hat.

Orvieto liegt bereits im Einflußbereich meridional-maritimen Klimas. Vor allem die Sommer sind sehr heiß und können Trockenschäden an den Reben verursachen. Das größte natürliche Problem des Weinbaus in Orvieto ist daher die niedrige Säure. Sie ist in Verbindung mit den realtiv hohen Mostgewichten häufig der Grund dafür, daß die Weine plump ausfallen, wenig Nuancen zeigen und das Gegenteil von dem darstellen, was die moderne Weinwirtschaft anstrebt. Um die Säure zu erhalten, sind immer mehr Winzer dazu übergegangen, früh zu lesen. Lediglich die Trauben für die liebliche Variante des Orvieto (*abboccato*) werden erst im Oktober eingebracht. Bei ihnen handelt es sich mithin um typische Spätlesen.

Der Orvieto wird aus mehreren weißen Sorten hergestellt. Den größten Anteil an ihm hat die Procanico-Rebe, die als hochwertigste Unterart der toskanischen Trebbiano-Gewächse gilt. Sie darf nach den D.O.C.-Bestimmungen bis zu 65 Prozent in den Mischsatz eingehen. Die zweite wichtige Traube ist die Verdello, eine frühreife Sorte, die sich keiner sonderlich großen Beliebtheit bei den Weinbauern erfreut, weil sie häufig faule Beeren aufweist. Ihr Anteil am Mischsatz beläuft sich auf maximal 25 Prozent. Den Rest bilden mehrere Komplementärtrauben: vor allem die Malvasia, aber auch Grecchetto und Drupeggio. Die ehrgeizigen unter den Weinmachern der Zone waren nicht immer davon überzeugt, daß dieser Mischsatz der bestmögliche ist. Umstritten ist zum Beispiel die Malvasia. Obwohl nur Komplementärtraube, ist sie nach Meinung mancher Fachleute in den Weinbergen von Orvieto stärker vertreten, als es für die gute Qualität des Weins förderlich ist. Für andere ist die Verdello weitaus hochwertiger als der Anteil am Mischsatz glauben läßt. Claudio Barbi hält sie »von der Qualität her für so gut wie die Pinot Bianco«. Die *Antinori* haben dagegen lieber gleich auf Pinot Bianco und Chardonnay gesetzt – mit großem, überzeugenden Erfolg. Marcello Bottai von *Le Velette* schätzt wiederrum die Drupeggio, während Luigi *Barberani* die Grecchetto für unterbewertet hält. Geändert hat sich letzten Endes wenig an der Zusammensetzung des Orvieto. In seinen besten Qualitäten ist er ein vollmundiger, relativ körperreicher Weißwein mit zurückhaltender Frucht, der sich nach einigen Jahren der Verfeinerung auf der Flasche als ein goldgelber, leicht estriger Wein entpuppt, für den seine Liebhaber das Prädikat »nobel« nicht für zu hoch gegriffen halten.

## »CERVARO DELLA SALA« ANTINORI, FLORENZ

*Antinori ist der zweitgrößte Produzent des Anbaugebietes von Orvieto. Aus den Trauben der über 80 Hektar umfassenden Rebkulturen, die um das imposante Castello della Sala liegen, werden mehrere, nach Qualität und Charakter verschiedene Weißweine erzeugt. Die Basis bildet der Orvieto classico D.O.C., ein mit modernen Mitteln, aber nach der tradionellen Traubenformel hergestellter D.O.C.-Wein (von ihm gibt es auch eine liebliche Variante). Mit dem Tafelwein »Castello della Sala« versuchten die Antinori erstmals, ohne die traditionellen Zweitsorten wie Malvasia, Drupeggio und Verdello auszukommen. Er wird nur aus Procanico-Trauben sowie kleineren Mengen Pinot Bianco und Sauvignon gewonnen. Das Spitzenprodukt ist jedoch der »Cervaro della Sala«. Er wird zu 80 Prozent aus Chardonnay, 20 Prozent Grecchetto gekeltert. Mit einem D.O.C.-Orvieto-Wein hat er keine Ähnlichkeit mehr. Aber darauf kam es Piero Antinori, dem Inhaber des Florentiner Weinhauses, auch nicht an. Er und sein Önologe Giacomo Tachis wollten einen Weißwein schaffen, der Fülle, Eleganz und Individualität besitzt. Er wird in kleinen Bordeauxfässern aus junger Tronçais-Eiche vergoren. Erst nach dem anschließenden einjährigen Flaschenlager geht er in den Verkauf. Nur maximal 55 Hektoliter pro Hektar werden von diesem Wein produziert – gut die Hälfte dessen, was Massenproduzenten ernten. Das Castello della Sala, um das herum die Trauben wachsen, liegt 16 Kilometer nördlich von Orvieto. 1940 wurde es von den Antinori erworben. Als die Nachfrage nach italienischem Weißwein in der ganzen Welt größer wurde, reichten die Keller des Schlosses nicht mehr aus. So kaufte Antinori 1970 die Firma Bigi auf, um in deren Kellern den eigenen Wein herzustellen. 1977 wurde Bigi wieder verkauft, nachdem der neue Keller unweit des Schlosses fertiggestellt war. Das Castello della Sala wurde 1350 auf Geheiß von Angelo Monaldeschi della Vipera errichtet, des damals mächtigsten Mannes von Orvieto und eines blutrünstigen Tyrannen, vor dessen Zorn nicht einmal die Familienangehörigen sicher waren. Einer der Zweige der Familie hieß »Della Cervara«. Nach ihm ist der Wein benannt.*

## LE VELETTE, ORVIETO

*Le Velette heißt das 120 Jahre alte Gut der Familie Bottai, auf dem nicht nur Wein, sondern auch Getreide und Oliven angebaut werden sowie eine Schweinezucht betrieben wird. Es liegt auf einem Hochplateau sieben Kilometer südlich des Bahnhofs von Orvieto. Der Wein, den Marcello Bottai, Inhaber des Gutes, keltert, ist ein Orvieto der traditionellen Stilrichtung. Er ist körperreich, gehaltvoll und besitzt nicht die flüchtige Eleganz so vieler anderer moderner Weißweine. Er ist ein stabiler, reifer, »gesättigter« Wein, der nur aus dem Vorlaufmost gewonnen wird, der beim Anpressen der Trauben abläuft. Marcello Bottai säubert den Most nicht durch Herunterkühlen, sondern durch zwei- bis dreimaliges Umziehen in den ersten zwei Tagen vor oder während der Gärung. Zentrifugieren und Filtrieren des Mostes lehnt er als »Methoden von Großkellereien« ab. Dabei ist Le Velette kein kleines Gut mehr. Seine Rebfläche umfaßt über hundert Hektar. Sie liegt vollständig in der »classico«-Zone und ist zur Hälfte mit Trebbiano-Reben bestockt, während die Verdello mit 30 Prozent relativ hoch vertreten ist. Drupeggio und Grecchetto genießen ebenfalls hohe Wertschätzung. Bei der Lese werden die Trauben nach alter Manier in »carelli« gesammelt – zehn Hektoliter fassenden Standbottichen. Diese Methode der Lese hält Marcello Bottai immer noch für die bessere, nachdem er jahrelang mit den heute üblichen, kleinen Körben gearbeitet hatte. Da der Traktor pünktlich alle 20 Minuten zur Kelter fährt, besteht auch bei hohen Temperaturen nicht die Gefahr, daß der durch aufplatzende Trauben ablaufende Most vorzeitig zu gären beginnt – eine Gefahr, der die Orvieto-Winzer unter allen Umständen begegnen müssen. Die Abfüllmenge liegt bei Le Velette zwischen 400 000 und 500 000 Flaschen.*

## MASTROBERAR-
## DINO,
## ATRIPALDA

*Zu Beginn des 20. Jahrhunderts war
die Firma Mastroberardino einer von
rund drei Dutzend Weinhändlern um
Avellino, die die Weine des irpinischen
Hochlands mit großem Erfolg in Italien
und im Ausland verkauften. Der wirtschaftliche Niedergang Kampaniens,
verbunden mit Landflucht, Brachliegen
vieler Weinberge und dem Zerrinnen
einer über 2000 Jahre alten kulturellen
Identität, an der die Weinkultur einen
nicht unerheblichen Anteil hatte – all
das brachte die Mastroberardino in
große Schwierigkeiten. Gute Trauben zu
kaufen wurde immer mühsamer. Die
Wertschätzung der kampanischen
Weine sank zugleich. In dieser Situation entschlossen sich die drei Brüder
Angelo, Antonio und Walter Mastroberardino, alle Anstrengungen zu
unternehmen, um wenigstens einen Teil
der Weinkultur dieser Region zu retten.
Sie konzentrierten sich auf die Erzeugung von Weinen aus den alten, traditionellen Rebsorten, um diese vor dem
Schicksal des Aussterbens zu bewahren.
Wo immer sie Winzer fanden, die noch
mit diesen Sorten arbeiteten, schlossen
sie Verträge mit ihnen. Als das nicht
mehr ausreichte, begannen sie selbst
Rebkulturen anzulegen und diese
Sorten zu kultivieren. Heute kommt ein
Drittel der Trauben, die Mastroberardino verarbeitet, bereits aus eigenen
Weinbergen. Eine dieser Sorten ist die
Aglianico, eine rote, von den Griechen
nach »Magna Graecia«, also nach
Italien gebrachte Rebe, die dort »Vitis
Hellenica« genannt wurde. Einst in
ganz Süditalien weit verbreitet, findet
man sie heute nur noch an wenigen
Stellen, etwa in den 600 Meter hoch
gelegenen Weinbergen an den Hängen
des Calore-Tals mit dem Zentrum
Taurasi. Nach diesem Dorf ist der Wein
benannt: Taurasi. Die Mastroberardino
keltern ihn sortenrein aus Aglianico-
Trauben, obwohl die D.O.C.-Statuten
auch andere Rebsorten zulassen. Mit
einem exotisch-würzigen Duft von
Marasca-Kirschen und Veilchen
kündigt sich dieser trockene, große Rotwein an: vollmundig, aber streng
komponiert und sich oft erst nach vielen
Jahren in seiner ganzen Feinheit
zeigend. Produktionsmenge: rund
200 000 Flaschen. Große Jahrgänge:
1958, 1961, 1968, 1977, 1985.
Sehr gut: 1964, 1966, 1967, 1970, 1971,
1973, 1979, 1980, 1983.*

## MASTROBERAR-
## DINO,
## ATRIPALDA

*Neben dem Taurasi erzeugen die
Mastroberardino zwei bemerkenswerte
Weißweine aus »antiken« Sorten. Die
eine heißt Greco und ist griechischen
Ursprungs. Die andere ist eine bodenständige Sorte, die schon seit über 2000
Jahren in Kampanien angebaut wird
und von Plinius »Apianum« genannt
wurde, weil ihr Saft offenbar die
Bienen sehr anzog (ital. ape = Biene).
Sie ist eine extrem ertragsarme Sorte,
die viel Blätter und kleine Trauben mit
wenig Zucker bildet. Aus diesem
Grunde arbeiten heute nur noch sehr
wenige Winzer mit ihr. Selbst auf
fruchtbaren Böden liegen die Hektarerträge nur zwischen 20 und 30 Doppelzentnern – ein Achtel dessen, was in
Massenwein-Anbaugebieten wie Soave
geerntet wird. Sie wächst an einigen
Stellen des Sabato-Tals südlich von
Avellino, wo die Mastroberardino
ganz gezielt Erhaltungszüchtung betreiben. Der Wein aus dieser Rebe ist ein
ebenso rarer wie hochwertiger Nektar:
sehr nervig aufgrund seiner hohen
Säure, feines Haselnußbouquet, zurückhaltendes, zartes Aroma von Birne und
Honig. Er ist keiner jener frischen,
fruchtbetonten Weißweine, wie sie den
Markt derzeit überschwemmen, sondern
ein tiefgründiger Wein: »Gemacht für
Kenner, die den Unterschied suchen«,
erklärt Antonio Mastroberardino. Die
Greco-Traube wächst im Tal des
Sabato, nördlich von Avellino um das
Dorf Tufo. Sie ist weniger rar als die
Fiano und braucht im Gegensatz zu
dieser trockene Böden, die reich an
Schwefel und Magnesium sind. Der
Most dieser Traube ist sehr säurehaltig,
so daß ein rassiger Wein entsteht, der
körperreich und für einen Weißwein
äußerst langlebig ist. Gute Jahrgänge
verfeinern sich zehn Jahre auf der
Flasche. Die Mastroberardino, deren
sehenswerter alter Keller im Ort
Atripalda fünf Kilometer von Avellino
liegt, bauen ihn – wie auch den Fiano
– eine kurze Zeit in Holzfässern aus.
Trotz ihrer Vorliebe für »antike« Rebsorten haben die Mastroberardino
einen modern ausgestatteten Keller.
Ohne Technik lassen sich ihrer Meinung
nach auch alte Weine nicht zur Perfektion bringen. Produktion Greco di
Tufo: 120 000 Flaschen. Produktion
Fiano: 25 000 Flaschen.*

# DER SÜDEN

Auch die Weinwelt zieht einen Strich zwischen Italien und dem, was sie unter dem Süden versteht. Dieser Strich kann manchmal nördlich von Rom verlaufen, manchmal auch so weit südlich, daß nur Kalabrien und Sizilien im Süden liegen. Wie willkürlich die Grenze auch gezogen ist – guter Wein ist für viele nur mittel- und norditalienischer Wein. Der Süden – wo immer er genau liegt – liefert für sie nur neutrale Weißweine, einfache Rosés und dicke, schwerblütige Rotweine, die besten-falls zum Verschneiden gut sind. Beeindruckend an ihnen ist nur die Menge, in denen sie erzeugt werden.

Die einfältige Schraffur der Weinkarte Italiens überrascht nicht. Sie ist ein Resultat jener typischen Mischung von Unkenntnis, Vorurteilen und Halbwahrheiten, die das Bild des Südens seit über hundert Jahren prägt. Tatsache ist, daß die Mengen Weins, die der Süden hervorbringt, groß sind. Daß es sich dabei vielfach um einfache Qualitäten handelt, ist auch nicht zu bestreiten. Doch einfache Qualitäten erzeugen andere Regionen Italiens ebenfalls im Überfluß. Zu Verschnittweinen haben die Süd-italiener ihre Weine nicht selbst gemacht, sondern die Nord-italiener. Gäbe es einen größeren Markt für süditalienische Weine, würde niemand in Apulien oder Sizilien seinen Wein zum Verschneiden hergeben.

Der Wein, der aus dem Süden kommt, wird noch heute gelegent-lich als der »klassische« italienische Wein bezeichnet. »Klassisch« steht in diesem Fall für antik. Als die Griechen Italien besiedel-ten, ließen sie sich im Süden nieder und pflanzten ihre heimi-schen Reben in italienische Erde. Viele süditalienische Reben sind mithin griechischen Ursprungs. Die weiße, vor allem in Kampanien angebaute Greco-Rebe weist im Namen noch auf ihre griechische Herkunft hin. Beispiele für andere derartige Sor-ten sind die apulische Nera di Troia und die kalabrische Gagliop-po. »Klassisch« bedeutet jedoch mehr. Bevor sich der wirtschaft-liche Schwerpunkt Italiens auf den Norden verlagerte, war der Süden der Hauptweinlieferant des Landes. In Rom wurde nicht, wie heute, Frascati getrunken, sondern Wein aus Kampanien. Apulischer Rebensaft erfreute sich in Genua und Mailand großer Beliebtheit. Sizilianische Gewächse waren überall im Lande hochgeschätzte Kreszenzen. Nicht Frische, Feinheit oder Ele-ganz wurden, wie heute, als Tugenden eines Weines empfunden, sondern Vollmundigkeit, Körperreichtum und das Feuer seiner tiefroten Frucht. Diese Eigenschaften machten die Qualität des Weines aus – des »klassischen«.

Der Sturz der Bourbonenherrschaft, der Auflösung des Königs-reiches beider Sizilien, die Schaffung des neuen Italiens, der Niedergang Neapels – all das hat dann mit dazu beigetragen, daß der Süden an Einfluß verlor. Die wirtschaftliche Macht konzen-trierte sich in der Lombardei, in der Emilia, in Teilen Venetiens. Dort standen die neuen Zentren des Handels. Die Weinwirt-schaft Süditaliens konnte von dieser Entwicklung nicht unbe-rührt bleiben. Auch sie verlor zunehmend ihre traditionellen

Absatzmärkte. Die Lücke, die die feurigen Gewächse vom Vesuv, vom Ätna oder aus dem Salentino hinterließen, füllten schnell toskanische und emilianische Weine, trevisanische und Veroneser Gewächse. Der Konsument lernte sie kennen und schätzen. Der Geschmack änderte sich. Soave und Frascati etwa verdanken ihren kometenhaften Aufstieg dem langsamen Niedergang der süditalienischen Weinwirtschaft.

Was im Allgemeinen gilt, muß im Besonderen jedoch nicht richtig sein. Der hochklassige Wein aus Süditalien hat nämlich noch heute seinen Markt. Der Salice Salentino einiger bekannter Erzeuger ist ein gesuchtes Erzeugnis geblieben. Der rote Torre Quarto, den die *Cirilli-Faruso* auf ihrem Gut im apulischen Cerignola erzeugen, genoß zumindest lange Zeit höchstes Ansehen bei Weinfreunden weit über die Grenzen Italiens hinaus. Einen ähnlichen Erfolg verbuchten die Grafen *Zecca* in Leverano mit ihrem weißen Donna Marzia. Der rote Castel del Monte verdankt seinen guten Ruf und seine Bekanntheit nicht nur der Tatsache, daß der nach dem bekanntesten und eindrucksvollsten Bauwerk des südlichen Italiens benannt ist: dem Jagdschloß des Hohenstaufen-Kaisers Friedrich II. Alle diese Weine sind apulische Gewächse. Aber ähnliche Beispiele finden sich auch in den anderen Regionen des Südens.

Apulien gehört zu den drei größten Anbauzonen Italiens. Es ist, im Gegensatz zu seinen Nachbarn, eine Region mit gut ausgebauter Infrastruktur. Industrie und Landwirtschaft sind weit entwickelt, wenngleich sie nicht prosperieren. Das gilt auch für den Weinbau. Tafelweine machen noch immer mehr als 95 Prozent der Produktion aus. Rationalisierung und Modernisierung der Traubenproduktion haben sich nicht immer segensreich für die Weinwirtschaft ausgewirkt. Die Traubenmengen stiegen, während die Absatzmöglichkeiten schlechter wurden. Trotz Verschnittweinproduktion und verstärkter Herstellung von Traubenmostkonzentraten mußten und müssen noch immer große Mengen aus dem Markt genommen werden und wandern regelmäßig in die Destille. Seit den sechziger Jahren ist in Apulien jedoch eine Entwicklung zu beobachten, den im Land erzeugten Wein auch im Land abzufüllen und zu vermarkten, um das verlorene Terrain wiederzugewinnen. Mit anderen Worten: Die Produktion von Qualitätsweinen beziehungsweise qualitativ guten, vermarktungsfähigen Weinen, wurde kräftig angekurbelt. Die entscheidende Rolle bei diesem Prozeß spielen die Genossenschaften. Ihnen obliegt es, den Wein zu vermarkten und ihre Winzer anzuhalten, mehr Qualität zu produzieren. Die Struktur der Weinwirtschaft Apuliens ist denn auch stark genossenschaftlich geprägt. Welche beherrschende Stellung diese Kellereien innehaben, zeigt zum Beispiel die *Centrale Cantine Cooperative di Puglia, Lucania e Molise*, deren Sitz sich in Corato befindet. Ihr sind 82 lokale Genossenschaften mit 50 000 Winzern angeschlossen. Die durchschnittliche Jahresproduktion beträgt 2,5 Millionen Hektoliter – achtmal so viel wie normalerweise von einem D.O.C.-Massenwein wie dem Valpolicella abgefüllt wird. Die *Centrale Cantine* hat zwar einen weiten Einzugsbereich, ist in diesem Umkreis aber keineswegs die einzige Genossenschaft. Im 30 Kilometer entfernten Canosa residiert schon die nächste Genossenschaft mit 1800 Mitgliedern: *Cooperativa Agraria »N. Rossi«*. Trotz der gewaltigen Traubenmengen, die diese Betriebe verarbeiten müssen, haben sie es aber verstanden, sich ein kleines Sortiment an guten bis sehr guten Weinen zuzulegen, die denen vieler privater Erzeuger ebenbürtig oder überlegen sind.

Die hochwertigste rote Sorte im Norden Apuliens ist die Nera di Troia (auch Uva di Troia genannt). Sie ergibt einen körperreichen, tanninhaltigen Wein und wird meistens in Mischsätzen verwendet. Die bekanntesten Weine aus Troia-Trauben sind der Cacc'e Mmitte und Saraceno aus Lucera, der Castel del Monte, der Torre Quarto sowie die Weine aus Barletta, Cerignola, Canosa und Trani. Früher wurden die Reben dort ausschließlich im traditionellen Alberetto-System gezogen: Kopfschnitt mit niedrigen Erträgen. In den letzten Jahren sind die Weinbauern

## D'ANGELO RIONERO

*Etwa auf halber Strecke zwischen Neapel und Bari liegt, schon nahe der Grenze zu Apulien, der Monte Vulture, ein erloschener Vulkan, der sich aus der vegetationsarmen, menschenleeren Landschaft der zentralen Basilikata erhebt. An seinen Ausläufern wächst in 600 Meter Höhe seit antiken Zeiten einer der schönsten Rotweine Süditaliens. Er heißt Aglianico del Vulture und ist in seinen besten Qualitäten von einer Fülle und Feinheit, wie sie nur wenige Rotweine Italiens aufweisen. Der größte Teil des Aglianico, der von den 4500 Hektaren eingeschriebener Weinbergsfläche kommt, ist von einfacher Qualität und wird offen verkauft. »Pasta rossa« nennen ihn die Einheimischen, was heißt, daß er für sie ein Lebensmittel wie Spaghetti oder Tagliatelle ist. Donato D'Angelo erzeugt die besseren Qualitäten. Er kauft seine Trauben von 80 bis 120 Kleinwinzern, deren 30 Jahre alte und ältere Reben auf mageren, vulkanischen Böden wachsen, wo die Hektarerträge 50 Hektoliter selten übersteigen. Die meisten Winzer praktizieren noch den traditionellen Kopfschnitt, der in der Basilikata »Alberello« heißt und die beste Garantie gegen Massenproduktion ist. D'Angelos Wein ist ein voluminöser, opulenter Nektar von großer Geschmackstiefe, keineswegs niedriger Säure (7‰) und kräftiger Tanninfracht, die seine ganze Klasse erst nach zehn bis 15 Jahren zeigt. Man läßt die Trauben extrem spät lesen. Meistens werden sie erst Anfang November eingebracht. Der Most wird maximal sechs Tage auf der Maische vergoren und höchstens zwei Jahre in großen Eichenholzfässern ausgebaut, um dann unfiltriert auf Flaschen gezogen zu werden. Ein Teil des Weins reift ein weiteres Jahr oder zwei auf der Flasche, um als »Riserva« etikettiert werden zu können. D'Angelo führt den Betrieb, dessen Keller einen Kilometer außerhalb von Rionero liegen, heute in der dritten Generation. Wegen der gestiegenen Nachfrage nach seinen Weinen füllt er inzwischen 130 000 Flaschen ab. Große Jahre: 1973, 1985. Sehr gute Jahre: 1977, 1981. Gute Jahre: 1975, 1979, 1982, 1984. In Jahren wie 1976, 1980 und 1983 hat D'Angelo keinen Wein abgefüllt.*

## ATTILIO SIMONINI, FOGGIA

*Die Weine von Attilio Simonini sind Außenseiter unter den Gewächsen Apuliens. Der in Padua gebürtige Simonini, ein Ingenieur für Fahrstuhlaufzüge, faßte, als es ihn in den 50er Jahren aus beruflichen Gründen nach Foggia verschlug, den Entschluß, dort Reben anzubauen und einen eigenen Wein zu keltern. Die Reben, für die er sich entschied, waren keine einheimischen Gewächse: Trebbiano Toscano, Chardonnay, Pinot Bianco, Pinot Nero und Cabernet franc. Nach umfangreichen geologischen Untersuchungen fand er wenige Kilometer nordöstlich von Foggia nahe der Straße nach Manfredonia, wo sich die weite Ebene des Tavoliere ausflacht, ein Gelände, auf dem sich sein Vorhaben verwirklichen ließ. Auf den sand- und kieshaltigen Muschelkalkböden (»crostone«) pflanzte er 16 Hektar Reben an und errichtete eine neue Cantina. Rückschläge blieben allerdings nicht aus. So dauerte es mehrere Jahre, bis er seinen Arbeitsstil gefunden hatte: Reberziehung nach dem »Tendone«-System, das zwar sehr ertragreich ist, aber die Trauben nicht zu stark der Sonne aussetzt und so die Säure erhält; Beregnung der Anlagen und sortenreine Kelterung der Weine. 1963 verließ der erste Jahrgang den Keller. Unter Simoninis weißen Weinen ragen Pinot Bianco und Chardonnay heraus, zwei Gewächse, die naturgemäß etwas vollmundiger und zurückhaltender im Geschmack ausfallen als gleichsortige norditalienische Weine, aber von kräftiger Statur sind und nicht zu wenig Säure aufweisen. Es empfiehlt sich, sie jung zu trinken. Der Cabernet franc ist ein vollkommen eigenständiges Gewächs, das sich schwer mit anderen Cabernet-Weinen vergleichen läßt: sehr stoffig, mit weicher, warmer Frucht und intensivem Fliederbeeraroma. Er wird ein Jahr lang im Holzfaß ausgebaut und ist der einzige Cabernet-Wein Apuliens. Alle Simonini-Weine tragen die Bezeichnung »Favonio« auf dem Etikett – Name eines warmen, feuchten, aus Afrika kommenden Windes, der in Apulien oft tagelang weht und in der Mythologie als Symbol der Fruchtbarkeit gilt.*

## »IL FALCONE« RIVERA, ANDRIA

»Il Falcone« ist eine »Riserva« des Castel del Monte Rosso, einer der feinsten Rotweine Apuliens und erlesensten Gewächse Süditaliens. Er wird in einem großen Bereich in der Murge angebaut, jenem parallel zur Adriatischen Küste verlaufenden Hügelrücken, der im Norden von dem achteckigen Monolith des Castel del Monte, dem berühmten Jagdschloß des Stauferkaisers Friedrich II., gekrönt wird. Nach diesem Schloß ist der Castel del Monte-Wein benannt. Rivera ist der größte Produzent dieses Weins, der als Weiß-, Rosé- und Rotwein erzeugt werden kann. Das Rückgrat seines Betriebes ist der Rosé: ein leichtes, delikates, aber zugleich charaktervolles Gewächs, das aus einer einheimischen Sorte namens Bombino Nero gewonnen wird, die nur in Apulien wächst. Sie wird auf extrem steinigen und humusarmen Böden zwischen 400 und 600 Metern Höhe kultiviert und relativ spät gelesen. Rund 700 000 Flaschen füllt Rivera von diesem Wein ab. Der rote Castel del Monte ist zweifellos der edlere Wein. Er wächst in den tiefer gelegenen Teilen der Murge. Seine Reben werden heute weitgehend im Pergolabau und am Drahtrahmen erzogen, die höhere Erträge ermöglichen. Mit der »Riserva Il Falcone« hat Carlo de Corato, heutiger Inhaber des Betriebes, versucht, den traditionellen Rotweinstil dieses Gebietes zu erhalten: ein mächtiges, bouquetreiches Gewächs mit intensivem Cassis-Aroma und großen Mengen bitterrauhen Tannins, das auf beste Weise den Typ des »klassischen italienischen« Rotweins repräsentiert. Der Wein wird zu 60 Prozent aus Trauben der Sorte Nero di Troia gekeltert, die von sehr alten, noch im »Alberello«-System angelegten Rebkulturen kommen. 40 Prozent macht die Montepulciano-Rebe aus. Seit den 80er Jahren wird er nach einem besonderen System gekeltert, bei dem der Most ohne die Maische vergoren und den Schalen weniger Tannin entzogen wird als nach der traditionellen Methode der Rotwein-Bereitung. Der Wein fällt dadurch eleganter, nicht so rauh aus. Knapp 40 000 Flaschen werden von ihm abgefüllt. Große Jahre: 1974, 1985. Sehr gute Jahre: 1975, 1978, 1981, 1983, 1984.

## LEONE DE CASTRIS, SALICE SALENTINO

Das hochwertigste Anbaugebiet des südlichen Apuliens ist das Salentino. Auf seinen tiefgelegenen, nicht sonderlich mageren, kalkarmen und eisenreichen Böden wird seit ältesten Zeiten die Negroamaro-Rebe angebaut, ein einheimisches Gewächs, aus dem fast alle Weine in diesem Landstrich gekeltert sind, das seine besten Qualitäten aber im Salice Salentino offenbart. Dieser, nach einem kleinen, wenig ansehnlichen, zwischen Lecce und Manduria gelegenen Städtchen benannte Wein zählt zu den körperreichsten, tanninhaltigsten und kompaktesten Rotweinen ganz Süditaliens. Zumindest gilt das für den roten Salice Salentino von Leone de Castris. Es ist das größte private Weingut Apuliens mit über 400 Hektar Reben im »Absatz« des italienischen Stiefels. Trotz seiner Größe ist Leone de Castris bis heute ein Familienbetrieb geblieben, an dessen Spitze der alte Graf Piero steht. Die Leitung hat sein Sohn Salvatore übernommen. Den Besucher überrascht der Betrieb auf den ersten Blick durch modernste computergesteuerte Kellertechnik, perfekt ausgestattete Labors und geradezu luxuriöse Freizeiteinrichtungen für seine 70 Angestellten, die von Tennisplatz und Swimmingpool bis zum eigenen Restaurant und zur eigenen Bibliothek reichen. Auf den zweiten Blick fällt die traditionelle Art des Weinmachens auf. In den Weingärten verfolgt man konsequent die Politik der niedrigen Erträge. Die Reben sind nach einem gemäßigten »Alberello«-System beschnitten. Steigerung der Erträge durch Düngung oder moderne Erziehungsformen lehnt man ab. Auch im Keller praktiziert man – trotz moderner Technik – die Prinzipien der traditionellen Kellerwirtschaft. So geht man davon aus, daß die Weine aus der Negroamaro ein langes Holzlager brauchen, insbesondere der Salice Salentino Rosato. Dieser extrakthaltige, hochprozentige Roséwein – unter dem Namen »Five Roses« bekannt – lagert bis zu sechs Jahren im Holzfaß. Der edlere Wein ist jedoch der rote Salice Salentino: schwarzrot in der Farbe, intensiv fruchtig im Geschmack und trotz rauhen Tannins weich und mundfüllend – insbesondere die »Riserva«. Sie wird zu 90 Prozent aus Negroamaro gekeltert, nur drei Tage lang auf den Schalen vergoren und vier Jahre im Keller ausgebaut.

zunehmend zur Drahtrahmen-Erziehung übergegangen. Sie ist rationeller und erhöht den Ertrag. Welch edler Wein sich aus den Troia-Trauben von kopfbeschnittenen Reben erzeugen läßt, zeigt am eindrucksvollsten *Rivera* mit seiner Castel del Monte-*Riserva* »Il Falcone«. Auch ältere *Riserve* von Torre Quarto, die bis zu sechs Jahren im Faß ausgebaut wurden, sind ungewöhnlich distinguierte Weine. Im Süden Apuliens werden die besten Rotweine dagegen aus der Negro Amaro gewonnen. Herausragend ist der Salice Salentino, ein Wein von üppiger Frucht und großer Geschmacksintensität, der zu den feinsten Kreszenzen gehört, die der Süden Italiens hervorbringt. Bis heute unübertroffen ist die *Riserva* von *Leone di Castris*. Sie hat in ganz Italien eine eigene Liebhabergemeinde. Ältere Jahrgänge werden zu Raritätenpreisen gehandelt. *Cosimo Taurino* in Guagnano erzeugt ebenfalls einen sehr guten Salice Salentino. Die Negro Amaro findet sich auch in den Weinen von Brindisi, Copertino, Leverano und Matino wieder. Mehr noch zeigen aber die Grafen *Zecco* mit ihrem Donna Marzia und Giuseppe *Calò* mit seinem Portulano, welche Qualitäten diese Sorte auf den fruchtbaren Lehmkalkböden des Salentino hervorbringen kann.

Einen in seiner Art unverwechselbaren, hochklassigen Wein ergibt die Primitivo-Rebe. Nach heutiger Auffassung ist sie mit der Zinfandel identisch, der häufigsten Rotweinsorte Kaliforniens. In Apulien wird sie vor allem bei Manduria, Gioia und Tarent angebaut. Meist werden aus ihren Trauben alkoholstarke natursüße Weine gekeltert, gelegentlich auch likörartige. *Amanda* in Sava, der herausragende Produzent, erzeugt jedoch auch einen trockenen, sehr charaktervollen, mäßig alkoholhaltigen Wein aus ihnen (14 Vol.%). Einer besonderen Erwähnung bedarf *Attilio Simonini*. Er ist gebürtiger Veneter und hat bei Foggia erfolgreich nord- und mittelitalienische Erfolgsreben angebaut. Zumindest sein Cabernet Franc ist ein interessanter Wein.

Im benachbarten Kalabrien werden weit weniger Reben angebaut. Die Produktion beträgt etwa ein Zehntel derjenigen Apuliens. Der bekannteste und beste Rotwein ist der Cirò. Die Gaglioppo, aus der er gewonnen wird, ist eine »noble« Sorte, was zwar nicht jeder Wein erkennen läßt, der in dem kleinen Ort am Ionischen Meer abgefüllt wird. wohl aber die der Genossenschaftskellerei *Caparra & Siciliani*, von *Fratelli Caruso, Vincenzo*

**CASTEL DEL MONTE:** *Das Jagdschloß Kaiser Friedrichs II. ist das Wahrzeichen*

*Ippolito* und einigen anderen. Aus der *classico*-Zone kommend, übertrifft er, wenn er einige Jahre gereift ist, viele im Norden gewachsene Weine an Fülle und Feinheit beträchtlich. Gleiches ließe sich von jenem Aglianico del Vulture sagen, der aus dem Keller von Donato *d'Angelo* kommt. Er wächst in der Basilicata an den Hängen des Monte Vulture, eines erloschenen Vulkans. Im benachbarten Kampanien, noch bis in die dreißiger Jahre dieses Jahrhunderts die Korn- und Obstkammer Roms, wird die Aglianico-Traube ebenfalls angebaut. Den besten Wein aus dieser Sorte erzeugen dort die Brüder *Mastroberardino* bei Avellino. Ihr Tanrasi besitzt »großen Atem«. Die *Mastroberardino* haben sich darauf spezialisiert, alte, teilweise antike Rebsorten aufzuspüren und wieder anzubauen. »Archäologische Weine« nennt sie Antonio Mastroberardino.

Das größte aller süditalienischen Weinanbaugebiete ist Sizilien. Auf seinen Äckern wächst doppelt soviel Wein wie in der gesamten Toskana und achtmal soviel wie im Friaul. Nur fünf Prozent seiner Produktion wurden aber bislang in Flaschen gefüllt. Der legendärste dieser Weine ist zweifellos der Marsala, ein von den Engländern erfundener, meist gespriteter, oft auch süßer, in seinen besten Qualitäten jedoch trockener Wein, der an einen Sherry erinnert. Außer ihm gibt es einige bemerkenswerte andere Weine: der weiße *Rapitalà* des französischen Grafen Hugues Bernard de la Gatinais aus Camporeale zum Beispiel; der stilvolle rote Donnafugata aus dem Marsala-Haus Rallo; der roséfarbene Cerasulo di Vittoria von *Giuseppe Coria*; die *Riserva speciale* von Steri, ein unvergleichlich opulenter Wein, der eine Eigenkreation des Apothekers *Giuseppe Camilleri* aus Naro ist; einige rote Etna-Weine, der weiße Corvo »Colomba platina« aus der Staatskellerei *Duca di Salaparuta* in Casteldaccia und der rote *Regaleali* des Grafen Giuseppe Tasca d'Almerita aus Sclafani Bagni. Nicht alle sind traditionsreiche Weine. Einige wollen nur einen bestimmten Marktstil treffen. Aber sie treffen ihn gut und stellen gelungene, gut vinifizierte Produkte dar. Der »Rosso del Conte«, die *Regaleali-Riserva* des Grafen Tasca, ist allerdings wesentlich mehr: ein sehr kompakter, anfänglich fast »wilder«, reifebedürftiger Wein, gewonnen aus Calabrese- und Perricone-Reben, aus denen auch viele andere sizilianische Weine gekeltert sind, doch spät gelesen und von ganz anderer geschmacklicher Eigenart als diese. Er ist ein Ausnahmewein, von dem nur wenige tausend Flaschen abgefüllt werden.

## VINCENZO IPPOLITO, CIRÒ MARINA

*Cirò Marina ist eine kleine Stadt am Ionischen Meer, die den besten kalabresischen Rotwein hervorbringt. Die »classico«-Zone dieses Weins liegt in der Küstenebene auf sandigen und stark kieshaltigen Böden. Dort wächst ein vollmundiger Wein mit üppiger Frucht und feinsten Aromen, der in seinen besten Qualitäten sogar Anklänge an die großen piemontesischen Rotweine zeigen kann, obwohl er ungleich säureärmer ist. Er heißt nach der Stadt »Cirò«. Beste Qualitäten kommen aus den Kellern von Salvatore und Antonio Ippolito. Sie zählen zu den größten Erzeugern dieser D.O.C.-Zone und zu den ehrgeizigsten und anspruchsvollsten Weinmachern Süditaliens überhaupt. Sie verfügen über hundert Hektar Reben in der »classico«-Zone, die größtenteils mit der Gaglioppo-Rebe bestockt sind. Aus diesem »antiken« Gewächs, das von den Griechen einst nach Italien gebracht wurde, werden die Cirò-Weine gewonnen. Außer in Cirò Marina und dem wenige Kilometer im Hinterland gelegenen Cirò (dieser Ort wurde auf den Ruinen der berühmten griechischen Siedlung Cremissa errichtet) findet man die Rebe noch an einigen anderen Stellen Kalabriens, zum Beispiel bei Amezia, ohne daß dort allerdings Weine von der Feinheit des Cirò entstünden. Die Ippolito, deren Betrieb nach ihrem Vater Vincenzo benannt ist, haben im Laufe der Jahre ein eigenes System entwickelt, diesen Wein herzustellen. Sie haben das traditionelle »Alberello«-Erziehungssystem abgeschafft und das moderne Cordon-System eingeführt, weil so die Säure in den Beeren besser erhalten wird. Im Keller haben sie die Maischegärung auf zwei Tage und den Holzfaßausbau auf ein Minimum reduziert. Der junge Cirò verläßt schon im Juni des auf die Ernte folgenden Jahres den Keller. Die »Riserva« reift drei Jahre, bevor sie in den Verkauf geht. Um sich in ihrer ganzen Fülle zu zeigen, benötigen beide Weine jedoch eine wenigstens fünfjährige Reifephase. Gesamtproduktion: eine Million Flaschen. Große Jahrgänge: 1978, 1985. Sehr gute Jahre: 1974, 1977, 1981, 1982, 1983. Gute Jahre: 1971, 1979, 1980.*

## »ROSSO DEL CONTE« REGALEALI, SCLAFANI BAGNI

*Der »Rosso del Conte« ist der beste Rotwein Siziliens. Er kommt aus der Tenuta Regaleali des Grafen Giuseppe Tasca d'Almerita, der 1963 begonnen hatte, die Weinerzeugung seines riesigen, 500 Hektar umfassenden Guts neu zu ordnen und auf die Produktion von Flaschenweinen umzustellen. Sie heißen – wie das Gut – Regaleali, sind Tafelweine und wachsen in 500 Meter hoch gelegenen Weinbergen im Inneren der Insel auf halbem Weg zwischen Palermo und Caltanisetta. Seine Vorfahren hatten das ehemals feudale Lehen 1834 erworben und zu einem modernen landwirtschaftlichen Betrieb ausgebaut, der nicht nur Wein produzierte. Der Wein spielte aber auch schon damals eine wichtige Rolle. Heute drehen sich die Aktivitäten des Gutes allein um ihn. 160 Hektar stehen derzeit unter Reben. Das wichtigste Produkt ist der weiße Regaleali: ein körperreicher, vollmundiger, unkomplizierter Wein. Zwei Millionen Flaschen werden von ihm abgefüllt. Feiner ist der weiße »Nozze d'Oro«, der zu 65 Prozent von Sauvignon-Trauben kommt. Der rote Regaleali (Sorten: Nerello Mascalese und Perricone) ist von gezügelter Fülle, sehr fleischig und gehaltvoll. Den »süditalienischen Geschmack« zeigt er nur entfernt. In guten Jahren wird von diesem Wein eine »Riserva« erzeugt, die sich erheblich von ihm unterscheidet. Sie wird teilweise aus anderen Trauben hergestellt (Uva Calabrese und Perricone), die bei der Ortschaft Casa Vecchia in 650 Meter Höhe auf Lavaböden wachsen. Sie werden erst spät im Oktober geerntet. Die Maischegärung dehnt Graf Tasca auf 15 bis 20 Tage aus, was für süditalienische Verhältnisse sehr lange ist. Danach wird der Wein abgestochen und zwei Jahre in Kastanienholzfässern ausgebaut. Die Maische wird zwar noch abgepreßt, aber der Preßwein nicht mehr dem »Rosso del Conte« zugesetzt. Er ist mithin allein aus Vorlaufmost gewonnen. Er weist mindestens 14 Vol.% auf und ist ein schwerer, rauher, extrem tanninhaltiger, »wilder« Wein, der erst nach einigen Jahren sein Gleichgewicht findet, dann aber den Typ des »klassischen italienischen Weins« in großer Vollendung darstellt. Knapp 30 000 Flaschen werden von ihm abgefüllt. Sehr gute Jahre: 1971, 1978, 1980, 1983, 1985. Gute Jahre: 1970, 1979, 1981.*

*des Südens. Der traditionelle Kopfschnitt der Reben ist selten geworden.*

malvasia delle lipari

Tipo passito denominazione d'origine controllata

capo salina

Imbottigliato da Carlo Hauner in Salina – Isole Eolie
lit. 0,750 n° reg. V 243 (ME) 12,5 vol. compl. 18%

# DIE DESSERT- UND LIKÖRWEINE

## VECCHIO SAMPERI MARSALA

*Die alte, einst von Karthagern gegründete Stadt im westlichen Zipfel Siziliens hat dem berühmtesten Likörwein Italiens den Namen gegeben: Marsala. Der schönste Wein dieser Stadt trägt jedoch nicht den Namen Marsala auf dem Etikett. Er heißt „Vecchio Samperi" und wird von Marco De Bartoli erzeugt. Marco De Bartoli ist ein Rebell. Er möchte einen Marsala, wie er war, bevor die Engländer kamen und sich seiner annahmen – also so, wie er vor 1770 hergestellt wurde: ohne zugesetzten Alkohol, ohne karamellisierten Most, mindestens zehn, oft 30 Jahre im Holzfaß gereift und noch nach der alten Traubenformel gekeltert. Das heißt: unter besonderer Berücksichtigung der Grillo, jener noblen Sorte, die immer schon die gute Qualität eines Marsala ausmachte, aber heute oft nur noch zu zehn Prozent in seinem Mischsatz enthalten ist. Marco De Bartolis Weine werden zur Hälfte aus ihr gekeltert (dafür verzichtet er fast ganz auf die Inzolia und reduziert den Anteil der Catarratto auf 40 Prozent). Sie sind nach dem alten Weingut seiner Familie benannt: Vecchio Samperi. Er erzeugt fünf Varianten: einen jungen, nur drei Jahre alten Marsala („Josephine doré") sowie einen zehn, einen 20, einen 30 und einen 45 Jahre lang in kleinen Kastanienholzfässern gereiften Wein („Riserva"). Sie alle werden nach der traditionellen „Solera"-Methode hergestellt: Der Schwund eines Fasses wird mit Wein aus dem vorhergehenden Jahrgang aufgefüllt. Sie sind ungemein körperreiche, trockene Weine, die den Vergleich mit den großen Likörweinen der Welt, insbesondere mit dem Sherry, bestens aushalten. Am Gaumen entwickeln sie eine geradezu exotische Fülle an Geschmackseindrücken, die sehr lange nachklingen und von einem kräftigen Teerstich umrahmt werden. Marco De Bartoli, Jahrgang 1940, ist ein promovierter Agraringenieur. Sein Vater besaß eine Nudelfabrik, seine Mutter stammt aus der Familie des berühmten Marsala-Produzenten Pellegrino. Er selbst war lange Zeit Rallyfahrer, arbeitete dann für mehrere Marsala-Häuser, bis er sich selbständig machte und das Weingut seiner Mutter übernahm, zu dem nicht nur 25 Hektar Reben bei Marsala gehörten. Es barg in seinen Gewölben auch einige Fässer ältesten Weins – ein unschätzbares Kapital für einen Anfänger.*

## CARLO HAUNER LINGUA SALINA (ISOLE EOLIE)

*Die Gruppe der Äolischen Inseln liegt nördlich von Sizilien. Sie gehört zur Provinz Messina. Reben wachsen auf allen Inseln dieser Gruppe, doch die Menge des Weins, der produziert wird, ist sehr gering. Der größte Erzeuger ist Carlo Hauner, Jahrgang 1926. Rund 90 000 Flaschen füllt er ab. Damit entfallen 60 Prozent der Weinproduktion der gesamten Äolischen Inseln auf ihn. Sein kleines Gut liegt bei Capo Faro auf der Insel Salina. Es existiert erst seit 1979, aber es liefert einen der schönsten, raffiniertesten Dessertweine Italiens: den Malvasia delle Lipari. Er ist ein edelsüßer Wein von großer Geschmacksfülle, konzentriert, sauber, mundfüllend, nie brandig oder plump. Hauner, Sohn eines böhmischen Professors und einer slawischen Mutter, erzeugt zwei Varianten dieses Weins: einen „dolce naturale" (natursüß) und einen „tipo passito". Letzterer ist ebenfalls ein natursüßer Wein, doch handelt es sich bei ihm – ihm Gegensatz zum ersten – um eine Spätlese. Die Trauben werden erst nach dem 20. Oktober gelesen, wenn sie schrumpelig geworden sind und Zucker und Extrakt sich in ihnen konzentriert haben. Der Most wird sehr langsam in Stahltanks vergoren. Nach zwei bis vier Monaten, wenn der Wein eine Gradation von knapp 15 Vol.% erreicht hat, stellen die Gärhefen ihre Tätigkeit ein. Im „dolce naturale" finden sich dann noch fünf bis sechs Gramm Zucker, im „tipo passito" elf bis 13 Gramm. Am Gaumen erinnern die Weine – wie fast alle Likörweine Südtaliens – an feinen Vermouth, in der Nase an Aprikose und Eukalyptushonig, bisweilen auch an den Duft verblühenden Ginsters. Sie sind authentische, unverwechselbare Weine dieses Teils von Sizilien, gewachsen auf Lavaböden zwischen wilder Buschvegetation und Meer, in einem Klima, das selbst im Winter die Durchschnittstemperatur von 12 Grad Celsius nicht unterschreitet. Die Malvasia-Rebe der Äolischen Inseln hat nichts mit den gleichnamigen, im Friaul und in Mittelitalien anzutreffenden Sorten zu tun. Sie wurde schon vor mehr als zwei Jahrtausenden von den Griechen nach Sizilien gebracht. Heute findet sie sich nur noch auf den Inseln Salina und Stromboli. Dort wird sie teils in terrassierten Steillagen, teils an den hängigen Schuttkegeln der Vulkane angebaut. Nur maximal 50 Hektoliter pro Hektar kann Hauner dort ernten.*

Süditalien ist auch ein Land alkoholreicher Spezialweine. Die besonderen Rebsorten, die im Süden angebaut werden, machen es, zusammen mit dem Klima, möglich, Moste mit hohem Zuckergehalt zu keltern. Diese werden dann zu Wein vergoren, der bis zu 16,5 Vol.% natürlichen Alkohol haben und darüber hinaus noch eine stattliche Restsüße aufweisen kann (aber nicht muß). *Dolce naturale* oder *passito dolce* steht in diesem Fall auf dem Etikett. Der wohl schönste dieser Dessertweine ist der Malvasia delle Lipari von *Carlo Hauner:* ein amber-gelber Trockenbeerenwein von der Insel Salina, die zur Gruppe der Äolischen Inseln gehört. Er ist mundfüllend, exotisch und von verschwenderischer Süße, wird völlig natürlich gekeltert und vergoren, nicht verschnitten, nicht angereichert, nicht künstlich gesüßt wie so viele „Südweine" Europas. Er legt Beweis dafür ab, daß sich hinter der etwas in Verruf gekommenen Kategorie der Dessertweine durchaus hohe Weinkultur verbergen kann. Ein anderer hochklassiger Dessertwein ist der Greco di Bianco. Er wächst um die Orte Bianco und Gerace unweit von Reggio Calabria an der „Stiefelspitze" Italiens und wird aus teilgetrockneten Trauben der Sorte Greco gekeltert – ein Strohwein also. Die beiden herausragenden Erzeuger sind *Umberto Ceratti* und Ferdinando Messinò *(Francesco Saporito).* Aus Apulien kommt der Primitivo di Manduria, ein schwerer, tiefroter Dessertwein von barocker Fülle, meist aus überreifen und schon leicht geschrumpelten Beeren gewonnen. Sehr gute Qualitäten liefern *Giovanni Soloperto* und Vittore Librale *(Amanda).* Am häufigsten wird jedoch die Moscato-Rebe zur Erzeugung von süßen Dessertweinen verwendet. Sie wird an vielen Stellen Süditaliens angebaut. Die Weine aus ihr können zart und fein sein, sind aber oft auch plump-süße Gaumenschmeichler.

Von fast allen Dessertweinen Süditaliens wird auch eine Likörvariante hergestellt. Dabei setzt man dem schon vergorenen Wein Äthylakohol (besser: Weinbrand) zu, um ihm eine Alkoholgradation von 17 oder mehr Vol.%zu geben. Der bekannteste Likörwein des Südens, überhaupt ganz Italiens, ist der Marsala. Er kommt aus Sizilien, genauer gesagt, aus dem westlichen Teil der Provinz Trapani. Er muß keineswegs süß, kann auch trocken wie ein Amontillado-Sherry sein. Doch gute Marsala sind rar. Eine lange, systematische und legalisierte Geschmacksverfälschung hat diesen großen italienischen Likörwein gründlich in Mißkredit gebracht. Der Sündenfall begann, als die Herkunft der Trauben beziehungsweise des Grundweins nicht mehr genau kontrolliert wurde. Gleichzeitig wurde die Grillo, die hochwertigste Marsala-Traube, zugunsten anderer, ergiebigerer Sorten zurückgedrängt. Zudem wurden die Hektarerträge verdoppelt: zuerst durch Vernachlässigung des Kopfschnittes bei der traditionellen Bäumchen-Erziehung *(alberello),* dann durch Einführung ganz neuer Rebenerziehungssysteme. Auch setzte man dem von Natur aus glanzhellen Jungwein, um ihm die typische, nur durch lange Reifung zu erhaltende dunklere Farbe zu geben, Most zu, der zu Sirup eingekocht war *(cotto).* So täuschte man eine längere Holzfaßlagerung vor. Schließlich wurden unter der Bezeichnung „Marsala" Weine verkauft, die mit Schokolade oder Eipulver aromatisiert waren. Ein großer Teil dieser Praktiken ist heute noch erlaubt, wenn auch die Neufassung des D.O.C.-Statuts von 1984 sie eingeschränkt, vor allem die Aromatisierung verboten hat. Der hochwertige Marsala kommt als *superiore riserva,* besser noch, als *vergine* (oder *soleras)* beziehungsweise *stravecchio* in den Handel. Die großen Marsalahäuser *De Vita, Rallo, Pellegrino, Mirabella, Florio* und *Fratelli Fici* produzieren ihn, auch einige kleine Produzenten. Eine Sonderstellung hat der *Vecchio Samperi* von Marco De Bartoli. Er ist der feinste Marsala-Wein, ohne sich allerdings so nennen zu dürfen. Er wird aus einer abweichenden Traubenmischung gewonnen und nicht mit Alkohol verstärkt. „Ein Marsala wie Gott ihn befahl", nennt sein Erzeuger ihn.

## BESINNUNG AUF DIE TRADITION

*Antonio Mastroberardino (unten) hält eine der merkwürdig kleinwüchsigen Fiano-Trauben in der Hand, aus denen er einen Wein keltert, der einmalig in Italien ist: vollmundig und subtil zugleich, rar und sich der Mode der jungen, frischen Konsumweine entschieden widersetzend. Kennern gilt er als einer der besten Weißweine Italiens. Marco De Bartoli (rechts) produziert einen Marsala, wie er vor 250 Jahren hergestellt wurde: ungespritet, nach der alten Traubenformel gekeltert und zehn, 20, 30 oder 45 Jahre im Holzfaß gelagert. „Vecchio Samperi" heißt er und ist einer der wahrhaft großen Likörweine der Welt. Die Geschichte des Marsala ist ebenso glorreich wie traurig. Um 1770 entdeckte der englische Kaufmann John Woodhouse, daß sich dieser Wein vorzüglich für seine Landsleute im kalten London eignete. Damit er auf der Überfahrt nicht verdarb, setzte er ihm, gleichsam zur Konservierung, Alkohol zu. So entstand der gespritete Marsala. Als 1860 die Truppen des Freischärlers Garibaldi in Marsala landeten zogen sich die Engländer aber wieder aus Sizilien zurück, um künftig nur noch Port und Sherry zu handeln. Der Niedergang begann.*

# JAHRGANGS-TABELLE

I n dieser Tabelle sind die wichtigsten, langlebigen Rotweine Italiens sowie die Qualität ihrer Jahrgänge dargestellt. Die Angaben stützen sich auf Unterlagen und Aussagen der Produzenten des jeweiligen Anbaugebietes. Sie beziehen sich immer auf die Qualität des eingebrachten Leseguts, nicht unbedingt immer auf die Qualität des Weins. Es ist durchaus möglich, kleine Weine auch in großen Jahren zu finden. Und es kommt ebenso vor, daß durch strenges Verlesen der Trauben im Herbst auch in kleinen Jahren noch sehr gute Weine entstehen können. Die offenen Kästchen (□) bedeuten, daß es in den betreffenden Jahren gewisse Schwankungen innerhalb des Anbaugebietes in Bezug auf Qualität und Reife der Trauben (beziehungsweise einzelner Sorten) zu verzeichnen waren.

| | BAROLO BARBARESCO | BARBERA D'ASTI | CAREMA | GATTINARA |
|---|---|---|---|---|
| 1945 | | | | |
| 1946 | | | | |
| 1947 | | | | |
| 1948 | | | | |
| 1949 | | | | |
| 1950 | | ■■■ | | ■■■ |
| 1951 | ■ ■■■ | ■ | | ■ |
| 1952 | ■ ■■■ | ■ | | ■■ ■■■ |
| 1953 | ■ | ■■ | | ■ |
| 1954 | ■ | ■■ | | ■■ |
| 1955 | ■■■ | ■■■ | | ■■■ |
| 1956 | ■ | | | ■■ |
| 1957 | ■■■ | ■■ | | ■■■ |
| 1958 | ■ ■■■ | ■■ ■■■ | | ■ ■■■ |
| 1959 | ■ | ■ | | ■ |
| 1960 | ■ | ■■ | | |
| 1961 | ■ ■■■ | ■■ ■■■ | | ■■■ |
| 1962 | ■ ■■■ | ■ ■■■ | | ■■■ |
| 1963 | ■ | ■ | | ■ |
| 1964 | ■ ■■■ | ■ ■■■ | | ■■ ■■■ |
| 1965 | ■■■ | ■ | | ■■ |
| 1966 | ■ | ■ | | |
| 1967 | ■ ■■■ | ■■ | | ■ ■■■ |
| 1968 | ■■■ | ■■ | | ■■■ |
| 1969 | ■■■ | ■■ | | ■■■ |
| 1970 | ■ ■■□ | ■■■ | ■■■ | ■ ■■□ |
| 1971 | ■■ ■■■ | ■■■ | ■ ■■□ | ■ ■□□ |
| 1972 | ■ | ■ | ■ | ■ |
| 1973 | ■■ | ■■ | ■■ | ■■ |
| 1974 | ■ ■■■ | ■■■ | ■ ■■■ | ■■ ■■■ |
| 1975 | ■■ | ■ | ■■ | ■■ |
| 1976 | ■■ | ■■ | ■ | ■ ■■□ |
| 1977 | ■ | ■■ | ■ | ■ |
| 1978 | ■■ ■■□ | ■ ■■■ | ■ ■■□ | ■■ ■■□ |
| 1979 | ■ ■■□ | ■■□ | ■ ■■□ | ■ ■■□ |
| 1980 | ■■□ | ■■□ | ■■ | ■ ■■□ |
| 1981 | ■■ | ■■ | ■■ | ■■ |
| 1982 | ■ ■■■ | ■ ■■■ | ■ ■■■ | ■ ■■■ |
| 1983 | ■■■ | | ■ ■□□ | ■■■ |
| 1984 | ■ | ■ | ■ | ■ |
| 1985 | ■■ ■■■ | ■■ ■■■ | ■■ ■■■ | ■■ ■■■ |
| 1986 | ■ ■■■ | ■ ■■□ | ■ ■■□ | ■ ■■□ |

## ZEICHENERKLÄRUNG

■ schlechter Jahrgang
■■ kleiner Jahrgang
■■■ guter Jahrgang
■ ■■■ sehr guter Jahrgang
■■ ■■■ großer Jahrgang

| VELTLIN | RECIOTO AMARONE | CHIANTI CLASSICO | CHIANTI RUFINA | CHIANTI COLLI FIORENTINI | CARMIGNANO | VINO NOBILE | BRUNELLO | TORGIANO ROSSO | AGLIANICO DEL VULTURE | TAURASI |
|---|---|---|---|---|---|---|---|---|---|---|

# BILD-
# NACHWEIS

Der größte Teil der in diesem Buch veröffentlichten Fotos stammt aus privaten Archiven. Der Dank für die Überlassung dieser Fotos geht an folgende Personen, Institutionen und Unternehmen: Borgo Conventi, Pietro Pittaro, Cantina Marco Felluga, Masi, Serègo Alighieri, Allegrini, Ca'del Bosco, Bellavista, Mauro Mascarello, Casa Vinicola Ceretto, Pio Cesare, Marchesi De Gresy, Luciano De Giacomi, Regione Piemonte, Braida, Cascina Castlèt, Giorgio Regni, Capannelle, Badia a Coltibuono, Francesco Giuntini, Castello di Volpaia, Editoriale Lariana, Castello di Brolio, Castello di San Polo in Rosso, Castello di Ama, Monte Vertine, Galiga e Vetrice, Travignoli, Marchesi de'Frescobaldi, Novello Parri, Avignonesi, Fattoria di Fognano, Le Casalte, Villa Banfi, Biondi-Santi, Caparzo, Mastrojanni, Carlo De Corato.

Gesonderter Bildnachweis: S. 26/27: Lisio Plozner; S. 38/39 (oben und unten): Nino Leto; S. 65: Lisio Plozner; S. 73 (oben rechts): Nino Leto; S. 74/75: Till Leeser/Bilderberg; S. 80/81: Till Leeser/Bilderberg; S. 83 (unten): Jan Bendermacher/New Eyes; S. 86 (unten): Eberhard Spangenberg; S. 93 (links): Lisa Achermann; S. 98 (unten): Jan Bendermacher/New Eyes; S. 99: Eberhard Spangenberg; S. 100 (unten links): Lisa Achermann; S. 110/111: Jan Bendermacher/New Eyes; S. 115: Jan Bendermacher/New Eyes; S. 129: Till Leeser/Bilderberg; S. 130: Jan Bendermacher/New Eyes; S. 132: Jan Bendermacher/New Eyes; S. 132: Jan Bendermacher/New Eyes; S. 145: Lisa Achermann; S. 146 (unten rechts): Alberto Verdelli; S. 158/159: Jan Bendermacher/New Eyes; S. 162 (oben): Riccucci e Tambellini/Lucca; S. 162 (unten links, unten rechts): Jan Bendermacher/New Eyes; S. 168: Andrej Reiser/Bilderberg; S. 173 (unten rechts): Nino Leto; S. 177/178: Wulf Ligges; S. 180: Jan Bendermacher/New Eyes; S. 200/201: Till Leeser/Bilderberg; S. 204/205: Jan Bendermacher/New Eyes; S. 207: Jan Bendermacher/New Eyes; S. 211 (Mitte rechts, unten): Jan Priewe; S. 232/233: Till Leeser/Bilderberg; S. 263 (oben rechts, oben links): Jan Priewe; S. 240/241: Heinz Walti; S. 250/251 (rechts oben, rechts unten): Claudio Grau; S. 253 (oben rechts, unten): Eberhard Spangenberg; S. 262/263: Jan Bendermacher/New Eyes; S. 266/267: Vittorio Rastellani; S. 268: Associazione Culturale Camigliano; S. 274/275: Associazione Culturale Camigliano; S. 282/283: Jan Priewe; S. 288 (oben links): Associazione Culturale Camigliano; S. 290 (oben): Associazione Culturale Camigliano; S. 290 (unten rechts): Vittorio Rastellani; S. 296/297: Jan Bendermacher/New Eyes; S. 299 (links): Jan Bendermacher/New Eyes; S. 300/301: Jan Bendermacher/New Eyes; S. 309 (unten): Till Leeser/Bilderberg; S. 309 (oben): Nino Leto.

# REGISTER

# ILLA ANDREAE
# Alle Schnäpse dieser Welt

Das internationale Buch der flüssigen Genüsse

*Komplett überarbeitete Neuauflage unter Mitwirkung*
*von Professor Dr. Bernard Andreae und Dr. Dieter W. Misch*
*240 Seiten und 16 farbige Bildseiten, Format 18,5 × 26 cm*
*Gebunden mit Schutzumschlag DM 98,–*

»Das hochprozentigste Buch der Welt – ein hinreißender Spirituosenreigen von Armagnac bis Zwetschgenwasser... Dem Titel nach gehört ›Alle Schnäpse dieser Welt‹ in die Reihe der Sachbücher, doch wo es so spritzig und amüsant und beschwingt zugeht, wird der bläßliche Sachbegriff von einer Woge des Frohsinns hinweggespült... Trotz aller gebotenen Vorsicht bei Prognosen erscheint es dem Kenner der (flüssigen!) Materie keinen Augenblick zweifelhaft, daß ein Titel bestimmt nicht bei der Erstauflage stehenbleibt: Das Buch ›Alle Schnäpse dieser Welt‹.«

Der Rezensent des »Diners Club Magazin« hat recht behalten. Und so kommt das in Fach- und Liebhaberkreisen gleichermaßen geschätzte Werk von Illa Andreae nun erneut in einer dritten, von Professor Bernard Andreae, dem Sohn der Autorin, und von Dr. Dieter Misch komplett überarbeiteten Neuauflage auf den Buchmarkt.

Nach fünfjährigen Erkundungen und Vorbereitungen verfaßte die Autorin dieses sorgfältig recherchierte und liebevoll gestaltete Buch, das schon bald unter den Kennern den Rang eines internationalen Standardwerks einnahm; dies um so mehr, als das Buch eine gelungene Einladung darstellt, auch das Seltene oder europäischen Blicken Ferne zu beachten und so immer wieder neue Köstlichkeiten ausfindig zu machen.

Das Werk enthält eine fröhliche Wissenschaft: die Kunst des Brandes von Wein, Beeren, Früchten, Kartoffeln, Weizen, Zuckerrohr, Reis, Kräutern, Knollen, Wacholderbeeren und Kümmelsamen bis hin zur Bereitung der bunten Palette der Liköre.

Anhand kurzweiliger, oft amüsanter Geschichten führt uns die Autorin durch die bunte Vielfalt der Spirituosen bei uns zu Hause und überall in der Welt: durch den Adel des gebrannten Weins, die Weinbrandsorten; zu den Köstlichkeiten aus Waldesgründen und Obsthainen, den herrlichen Obstbränden; zum flüssigen Brot aus den Getreidefeldern: Korn, Whisky und Genever; zum Lob der Kartoffel: dem Wodka vieler Länder; zum Ruhme der seligen Inseln: zu Rum und Arrak; zu Würzigem aus Kraut und Knolle: zu Bitter- und Magenschnäpsen; zu duftigen Weggenossen: Aquavit, Wacholder und Steinhagens Perlen; und natürlich zum farbig funkelnden Reigen der süßen und bittersüßen Preziosen – der Vielfalt der Liköre in aller Welt.

BusseSeewald Herford